EXTENDED TEACHER'S EDITION

FABIÁN A. SAMANIEGO
University of California, Davis

M. CAROL BROWN
California State University, Sacramento

PATRICIA HAMILTON CARLIN
University of California, Davis

SIDNEY E. GORMAN
Fremont Unified School District
Fremont, California

CAROL L. SPARKS
Mt. Diablo Unified School District
Concord, California

CONTRIBUTING WRITERS
Francisco X. Alarcón
Fanny Guía

D.C. Heath and Company
Lexington, Massachusetts
Toronto, Ontario

Director, Modern Languages
Roger D. Coulombe

Project Manager
Sylvia Madrigal

Managing Editor for Spanish
Marilyn Lindgren

Design Manager, Modern Languages
Victor Curran

Project Editors
Susan Cosentino
Lawrence Lipson

D.C. Heath National Modern Language Marketing Manager
Karen Ralston

D.C. Heath National Modern Language Coordinator
Teresa Carrera-Hanley

Production Coordinator
Patrick Finbarr Connolly

Teacher's Edition Design
Richard Curran, Marshall Henrichs,
David Reiffel

Author Team Manager
J. Thomas Wetterstrom

Published simultaneously in Canada

Printed in the United States of America

International Standard Book Number: 0-669-23997-6

2 3 4 5 6 7 8 9 10 VHP 99 98 97 96 95 94

EXTENDED TEACHER'S EDITION

PURPOSE AND PHILOSOPHY

As in **¡DIME! UNO**, the authors of **¡DIME! DOS** have taken into consideration current second-language acquisition research as well as their years of practical teaching experience to produce a program that will facilitate the development of **listening, speaking, reading,** and **writing** competency.

Continuing in the tradition of **¡DIME! UNO, ¡DIME! DOS** encourages students to develop fluency in the language by maintaining their focus on ***the message being communicated.*** Students continue to develop accuracy along a competency continuum that moves them through a grammatically simple sentence phase to a grammatically complex paragraph phase, and on to a cohesive essay stage.

In addition, **¡DIME! DOS** continues the development of listening comprehension in two exciting new ways: (1) by having students listen to authentic legends and short stories collected from all parts of the Spanish-speaking world, and (2) by having the teacher present **fotonovela** storylines, similar to the ones that are so popular today with teenagers throughout Latin America.

¡DIME! DOS is also a unique, culturally rich text. Each unit contains three different Hispanic short stories or legends, two **fotonovelas**, and three country-specific readings. The first of the three readings provides factual information about the country itself, the second addresses some aspect of its linguistic, historical, or literary traditions, and the third focuses on a contemporary cultural aspect of high interest to students. Reading and writing skills are developed systematically throughout the text.

THE EXTENDED TEACHER'S EDITION

The **Extended Teacher's Edition** is designed with margins that wrap around each two-page spread of the Student Text. They include the following information:

- Unit and lesson objectives stated in terms of *Communicative Goals, Culture, Reading and Writing Strategies,* and *Structure*
- Detailed information about the *Country of Focus* of the unit and the stage-setting photo spread that introduces each unit
- Active Vocabulary lists for each lesson
- Purpose and Suggestions for each major section of the Student Text
- Detailed suggestions for presenting comprehensible input and using *Early Production Checks* with or without video
- Suggestions for using the recorded short stories and legends
- Specific suggestions for doing the activities and exercises, including variations and expansion
- Answers to the activities and exercises
- Detailed suggestions for teaching Reading and Writing Strategies
- Additional cultural information
- Correlation to ancillary materials at point of use

COMPONENTS OF THE ¡DIME! PROGRAM

¡DIME! is a complete three-level program for junior high and senior high school students consisting of the following components:

- ***STUDENT TEXT***
- ***EXTENDED TEACHER'S EDITION***
- ***TEXT-INTEGRATED VIDEO/AUDIO PROGRAM***
  Videocassettes or Videodiscs
  Audiocassettes
- ***CUADERNO DE ACTIVIDADES***
  ¡A escuchar!
  ¡A escribir!
  ¡A leer!
- ***CUADERNO DE ACTIVIDADES, TEACHER'S EDITION***
- ***COMPETENCY-BASED TESTING PROGRAM***
  Lesson Quizzes (3 per unit)
  Unit Tests
  Midyear and Final Examinations
  Situation Cards for Oral Evaluation
  Audiocassette with Listening Comprehension Sections
- ***TESTING PROGRAM, STUDENT COPYMASTERS***
- ***TESTING PROGRAM, TEACHER'S GUIDE AND KEY***
- ***COPYMASTERS***
  Communicative Pair Activities
- ***OVERHEAD TRANSPARENCIES***
- ***TEACHER'S RESOURCE PACKAGE***

For a detailed description of the **¡DIME!** ancillaries, see page T26.

SCOPE AND SEQUENCE

UNIDAD 1 ¿Cómo pasan el tiempo? El Paso, Texas

Unit theme: Cross-cultural view of teenagers' activities

	LECCIÓN 1	*LECCIÓN* 2	*LECCIÓN* 3
Communicative Goals	• Exchanging greetings and introductions • Discussing likes and dislikes • Naming activities • Asking about favorite activities	• Shopping for a gift • Describing how people feel • Describing activities	• Exchanging information about where you are going, what you are going to do, what you have to do, and how long you have been doing something • Describing family, school, and friends
Culture *Para empezar, escuchemos una leyenda hispana*	• Introducción a El Paso, ciudad bilingüe	• Bailó con un bulto	• La nuera
Focus on EE.UU.: EL SUROESTE HISPANO	• El Paso del Norte: Una breve historia	• Poema de Francisco X. Alarcón	• Fiesta: *The Whole* Enchilada
Structure	• ***Repaso:*** **Gustar** and **encantar** • ***Repaso:*** Present indicative tense: Regular verbs • ***Repaso:*** Question words	• ***Repaso:*** The verb **estar** • ***Repaso:*** Present tense: Stem-changing verbs • ***Repaso:*** Present tense: Irregular verbs	• ***Repaso:*** Adjectives • ***Repaso:*** The verbs **ser**, **ir** and **tener** • **Hacer** in expressions of time: Present tense
Reading and Writing Strategies			• **Estrategias para leer:** Predecir con fotos, dibujos, gráficos o diagramas • **Estrategias para escribir:** Planificación

UNIDAD 2 ¡Qué chévere! Caracas, Venezuela

Unit theme: Geography and cultural diversity

	LECCIÓN 1	*LECCIÓN* 2	*LECCIÓN* 3
Communicative Goals	• Discussing the classes they are taking • Asking and answering questions about family members • Talking about possessions	• Discussing cultural stereotypes • Identifying points of contact with other cultures • Asking and answering questions about past summer vacations	• Talking about the environment • Talking about physical geography and diversity • Identifying geographical features and locations • Making comparisons
Culture *Para empezar, escuchemos una leyenda hispana*	• La familia Real	• El pájaro de los siete colores	• El león y las pulgas
Focus on VENEZUELA	• Venezuela: Un país para querer	• Jerga	• La selva tropical y yo
Structure	• ***Repaso:*** Direct object pronouns • ***Repaso:*** Possessive adjectives	• ***Repaso:*** The preterite of regular and three irregular verbs • Adjectives of nationality	• Comparatives • Superlatives
Reading and Writing Strategies			• **Estrategias para leer:** Ojear y anticipar • **Estrategias para escribir:** Obtener información y preparar un informe

UNIDAD 3 *Queridos televidentes . . . Caracas, Venezuela*

Unit theme: Communications media

	LECCIÓN 1	*LECCIÓN* 2	*LECCIÓN* 3
Communicative Goals	• Describing past activities • Predicting and describing the weather • Pointing out specific people and things	• Persuading someone to do something • Giving orders	• Talking about the past • Describing daily routines in present and past time
Culture ***Para empezar, escuchemos una leyenda hispana***	• Tío Tigre y Tío Conejo	• Los tres consejos	• La casa embrujada
Focus on CHILE	• Chile: Tierra de contrastes	• Gabriela Mistral: Maestra y amante de la humanidad	• La Isla de Pascua y sus misterios
Structure	• Preterite tense: Irregular verbs • ***Repaso:*** Demonstratives	• Affirmative **tú** commands: Regular and irregular • Negative **tú** commands: Regular and irregular • **Usted/Ustedes** commands	• Imperfect tense • ***Repaso:*** Reflexive verbs
Reading and Writing Strategies			• **Estrategias para leer:** Predecir el contenido • **Estrategias para escribir:** Selección de información para incluir en un artículo informativo

UNIDAD 4 *Era una ciudad muy . . . Caracas, Venezuela*

Unit theme: The way things were

	LECCIÓN 1	*LECCIÓN* 2	*LECCIÓN* 3
Communicative Goals	• Talking about what you used to do • Telling what chores you did • Describing habitual actions in the past • Describing your childhood • Telling what happened some time ago	• Talking about the past • Asking and answering questions about the past • Describing past events	• Describing in the past • Describing how you used to feel • Narrating in past time
Culture ***Para empezar, escuchemos una leyenda hispana***	• El Sombrerón	• El gallo de la cresta de oro	• La camisa de Margarita Pareja
Focus on PERÚ	• El Imperio de los Incas	• Pachacútec, el gran Inca	• Los enigmáticos diseños del Valle de Nasca
Structure	• The Imperfect: **Ser, ver, ir** • Uses of the imperfect: Habitual actions, time, age • **Hacer** to express *ago*	• Uses of the imperfect: Continuing actions • Uses of the peterite: Completed actions and beginning or ending actions • ***Repaso:*** Stem-changing **-ir** verbs in the preterite: **e→i** and **o→u**	• Uses of the imperfect: Description • Narrating in the past: Imperfect and preterite
Reading and Writing Strategies			• **Estrategias para leer:** Hacer un resumen • **Estrategias para escribir:** Decidir en un punto de vista

UNIDAD 5 *Recomiendo que . . .* *Caracas, Venezuela*

Unit theme: Mental and physical health

	LECCIÓN 1	LECCIÓN 2	LECCIÓN 3
Communicative Goals	• Expressing hopes • Giving advice • Expressing opinions	• Persuading someone to do something • Making suggestions and recommendations • Advising	• Expressing emotion • Making recommendations
Culture			
Para empezar, escuchemos una leyenda hispana	• El hijo ladrón	• La profecía de la gitana	• Las ánimas
Focus on ESPAÑA	• España, tierra de moros	• La España de Franco y la España de hoy	• Antonio Banderas: Un galán latino en Hollywood
Structure	• Present subjunctive: Regular forms and **ojalá** • Present subjunctive: Irregular forms • Present subjunctive: Impersonal expressions	• Expressions of persuasion • Present subjunctive: Stem-changing **-ar** and **-er** verbs • Present subjunctive: Stem-changing **-ir** verbs	• Present subjunctive: Expressions of anticipation or reaction
Reading and Writing Strategies			• **Estrategias para leer:** El pensar al leer • **Estrategias para escribir:** Entrevistas

UNIDAD 6 *¡Hagamos una excursión!* *El Paso, Texas*

Unit theme: A camping trip

	LECCIÓN 1	LECCIÓN 2	LECCIÓN 3
Communicative Goals	• Extending an invitation • Accepting and declining an invitation • Expressing opinions • Expressing doubt	• Asking for and giving directions • Exchanging information	• Narrating past events • Retelling a story • Expressing opinions
Culture			
Para empezar, escuchemos una leyenda hispana	• La ceniza	• El rico	• Caipora, el Padremonte
Focus on COSTA RICA	• Costa Rica: Rica en todo sentido	• Los "ticos" costarricenses	• Jorge Debravo: Poeta social
Structure	• Expressions of doubt • Double object pronouns: 1st and 2nd person	• Present perfect tense • Double object pronouns: 3rd person	• ***Repaso:*** Preterite and imperfect—Another look • Adjectives: Shortened forms
Reading and Writing Strategies			• **Estrategias para leer:** Leer un poema • **Estrategias para escribir:** Escribir un poema

UNIDAD 7 ¡Hay que buscar empleo! El Paso, Texas

Unit theme: Jobs and careers

	LECCIÓN 1	LECCIÓN 2	LECCIÓN 3
Communicative Goals	• Making speculations • Negotiating	• Expressing probability and improbability	• Comparing job descriptions • Identifying job requirements • Stating rules and regulations
Culture			
Para empezar, escuchemos una leyenda hispana	• El collar de oro	• Unos refranes	• Los árboles de flores blancas
Focus on MÉXICO	• Ciudad Juárez: ¿Ciudad gemela?	• Benito Juárez: El gran héroe de México	• Para el MIT: Cinco estudiantes sobresalen y brillan
Structure	• **Si** clauses in the present tense • The preposition **por**	• Present subjunctive: **Quizás, tal vez** • Present subjunctive: Adjective clauses	• Impersonal **se** • The preposition **para**
Reading and Writing Strategies			• **Estrategias para leer:** El hacer preguntas • **Estrategias para escribir:** Narrativa—Ensayo personal

UNIDAD  ¡Voy a Venezuela! El Paso, Texas

Unit theme: Making travel plans

	LECCIÓN 1	LECCIÓN 2	LECCIÓN 3
Communicative Goals	• Discussing future plans and activities • Making predictions	• Speculating • Giving advice and giving orders • Making suggestions • Expressing emotions and doubts	• Describing in the past • Describing how you used to feel • Narrating in past time • Expressing doubt
Culture			
Para empezar, escuchemos una leyenda hispana	• El origen del nopal	• Las manchas del sapo	• La calandria
Focus on ARGENTINA	• Argentina: Una búsqueda de la paz y la democracia	• El voseo	• Para volar
Structure	• Future tense: Regular forms • Future tense: Irregular forms	• The conditional: Regular and irregular verbs • ***Repaso:*** **Tú** and **usted/ustedes** commands • ***Repaso:*** Present subjunctive: Doubt, persuasion, anticipation, and reaction	• ***Repaso:*** Preterite and imperfect • ***Repaso:*** **Quizás** and **tal vez**
Reading and Writing Strategies			• **Estrategias para leer:** Interpretación de imágenes • **Estrategias para escribir:** Metáforas en poemas

BRIDGING WITH ¡DIME! UNO

Although **¡DIME! UNO** is intended to be taught in one school year, some teachers may find, particularly in the first year of use, that they are not able to complete all eight units. Teachers need not be overly concerned. Most of the language introduced in **¡DIME! UNO** is thoroughly recycled and reviewed within the first three units of **¡DIME! DOS**, though in new contexts and situations, and with new activities. Vital structures and vocabulary are reviewed in margin boxes at point of use and there is comprehensive review and practice material provided in the ***¿Por qué se dice así?*** grammar manual and the **Cuaderno de actividades**. If, in fact, teachers complete through Unit 6 of **¡DIME! UNO**, they will probably find the transition to **¡DIME! DOS** requires little pre-teaching or re-teaching.

The following chart indicates where the functions and structures of Unit 6, 7, 8 of **¡DIME! UNO** are re-entered in **¡DIME! DOS**. Underlined items are vocabulary categories that are not specifically addressed for re-teaching in **¡DIME! DOS**. Many of these items, however, do appear as passive vocabulary in the **¡DIME! UNO** short stories, legends, and **fotonovelas**.

¡DIME! UNO **Unit 6** **Functions and Structures**	¡DIME! DOS **Re-entry of Functions and Structures** **U = Unit L = Lesson**
Unit 6	
Lesson 1 Describing what you did	U2L2: Asking/telling about past summer vacations
6.1* Preterite of regular verbs 6.2 Preterite of *ir*	2.3 Preterite of regular and three irregular verbs
Lesson 2 Inviting; accepting and declining invitations	U6L1: Extending, accepting, and declining an invitation
6.3 Preterite of ***hacer, ser, dar, ver***	2.3 Preterite of ***hacer*** and ***ser*** 3.1 Preterite: Irregular verbs
Lesson 3 Describing a series of events in the past	U4L3: Narrating in the past
6.4 Preterite of ***poder, tener, venir, decir***	3.1 Preterite: Irregular verbs
Other Structures & Vocabulary	
Lesson 1 • Expressions which establish the past	4.2 Imperfect: Habitual Actions 4.5 Preterite: Completed Actions
Lesson 2 • ***conmigo, contigo***	U1L1/U5L2 Passive vocabulary
Lesson 3 • <u>Transportation</u> • Preterite of ***hay***	 3.1 Preterite: Irregular verbs

* These numbers refer to the ***¿Por qué se dice así?*** sections at the back of the book.

¡DIME! UNO
Unit 7
Functions and Structures

Unit 7

Lesson 1
Talking about sports
7.1 Demonstratives; <u>Names of sports</u>
7.2 Preterite: Spelling changes

Lesson 2
Describing how you feel; describing what happened in the past
7.3 Direct object pronouns
7.4 Preterite: Stem-changing verbs: e→i, o→u

Lesson 3
Giving orders
7.5 Affirmative irregular ***tú*** commands

7.6 Prepositions of location

Other Structures & Vocabulary

Lesson 1
• Names of sports

Lesson 2
• Parts of the body

Lesson 3
• ***Doler***
• Preterite: ***poner***

Suggestions for Working with Vocabulary

1. Underlined vocabulary categories are not directly addressed in quizzes or tests, though they may be used in context. Where this occurs, it is possible and reasonable to teach them as lexical items at point of use.
2. Teachers may wish to introduce all of these vocabulary categories at appropriate points because of their frequency or high-interest value. The following suggestions may be helpful:
   a. Transportation vocabulary: Introduce other modes of transportation in Unit 7, Lesson 1, using the list on page 296 of **¡DIME!** UNO.
   b. Names of sports: Show the Unit 7, Lesson 1 ***Para empezar*** video segment of **¡DIME!** UNO as a supplement to Unit 1, Lesson 1 of **¡DIME!** UNO, where students are reviewing how to talk about activities they like and dislike. Refer to pages 307, 315, and 323 of UNO or provide a list on the board or an overhead transparency of this supplementary vocabulary.
   c. Rooms in a house: Teach in context as they appear.
   d. Vocabulary for setting the table, getting seated, and ordering in a restaurant: Show ***Para empezar*** video segments from Unit 8, Lessons 1, 2, and 3 of UNO.

¡DIME! DOS **Re-entry of Functions and Structures** **U = Unit L = Lesson**	¡DIME! UNO **Unit 8** **Functions and Structures**	¡DIME! DOS **Re-entry of Functions and Structures** **U = Unit L = Lesson**
	Unit 8	
U1-U8: Passive vocabulary 3.2 Demonstratives 3.1 Preterite: Irregular verbs 4.6 Preterite: Stem-changing verbs	**Lesson 1** Describing daily routine 8.1 Reflexive pronouns 8.2 Adverbs	U3L3: Describing daily routines in past and present time 3.7 Reflexive verbs U1-U8: Passive vocabulary
U5L1 and L2: ***¿Qué decimos?*** U4L3: Narrating in the past 2.1 Direct object pronouns 4.6 Preterite: Stem-changing verbs	**Lesson 2** Expressing extremes; making comparisons 8.3 Preterite of ***estar*** 8.4 Absolute superlatives: ***-ísimo*** 8.5 Comparatives	U2L3: Talking about the environment; making comparisons 3.1 Preterite: Irregular verbs 2.6 Superlatives 2.5 Comparatives
U3L2: Giving orders 3.3 Affirmative ***tú*** commands: Regular and irregular U1-U8: Passive vocabulary	**Lesson 3** Describing what is happening; telling what you usually do; and describing something that happened 8.6 Present tense: Summary	U1-U8: Passive vocabulary U1L2: Describing activities U3L1: Describing past activities 1.2, 1.5, & 1.6 Present indicative: Regular, stem-changing and irregular verbs
	8.7 Present progressive tense	1.4 The verb ***estar***
	8.8 Preterite tense: Summary	2.3 & 3.1 Preterite: Regular and irregular verbs
U1-U8: Passive vocabulary	**Other Structures & Vocabulary**	
U3L3: ***Charlemos un poco*** and U4L3: ***Para empezar***	**Lesson 1** • Vocabulary for setting the table	
1.5 Present tense: Stem-changing verbs	**Lesson 2** • Rooms in a house	
3.1 Preterite: Irregular verbs	**Lesson 3** • Vocabulary for behavior in a restaurant	

Teaching with

BEGINNING A UNIT

Setting the Stage:* *Anticipating and critical thinking

Suggestions for beginning a unit

Each unit opens with a two-page photo spread designed to draw students into the unit's location and theme.

1. Have students study the photo and speculate on the identity of the people, the actions, and the observable cultural elements. Have students make cross-cultural comparisons.
2. Introduce the unit title and ask students to speculate on the likely content or theme of the unit.
3. Play the opening video montage to acquaint students with some of the cultural features, themes, and locations of the unit. Ask students to give their impressions and opinions about the people and location.
4. As proficiency increases, ask students to contribute explanations or descriptions in Spanish; guide discussions using comprehensible input techniques. (See pages T14-T17.)
5. Provide additional information or offer extra credit to students who investigate each geographical region and share information on climate, lifestyle, population, culture, etc.

Key to icons

In the Extended Teacher's Edition:

Video 

Audiocassette

Writing activity 

Overhead transparency 

Copymaster activity

In the Student Text:

Pair activity 

Group activity 

TEACHING A LESSON

Instructional Sequence

¡DIME! DOS is divided into eight units. Each unit consists of three lessons founded on the competency-based instructional sequence established in **¡DIME! UNO**:

- **SETTING THE STAGE** ***(Anticipating and critical thinking)***
- **COMPREHENSIBLE INPUT** ***(Listening to authentic language)***
- **GUIDED PRACTICE** ***(Early speech production)***
- **APPLICATION AND EXTENSION** ***(Creating with language)***
- **EVALUATION** ***(Ongoing in lessons and Testing Program)***

ANTICIPEMOS Setting the Stage: Anticipating and critical thinking

This opening section uses authentic realia, photos, and art as a way of motivating students to use their critical-thinking skills. They are asked to make cross-cultural comparisons as they discover for themselves the lesson theme and the new lesson structures and vocabulary.

Suggestions for Teaching *ANTICIPEMOS*

1. Have students work individually to study the illustrations and read the questions. Have them discuss the answers to the questions in pairs or small groups. Work together as a full class to recall what everyone has discovered. Offer, and encourage students to offer, additional observations on cultural features or other information.
2. An alternative approach is to have students prepare the *Anticipemos* as a homework assignment before beginning a new lesson. Then have them discuss the answers together in class.
3. All *Anticipemos* questions are in Spanish, though they may ask students to express concepts that are somewhat beyond their control of the language. Allow students to offer answers in English, but as language proficiency increases, encourage the use of Spanish. When students answer in English, paraphrase their responses in simple Spanish and ask the class to repeat after you.

LECCIÓN 1

¿Nos acompañan?

ANTICIPEMOS

¿Qué piensas tú?

1. ¿Quiénes crees que son los jóvenes en la foto? ¿Qué hora crees que es? ¿Adónde crees que fueron los jóvenes antes de venir a este café? ¿Por qué crees eso?
2. ¿De qué estarán hablando los jóvenes?
3. ¿De qué partes del mundo te recuerdan estas fotos? ¿Por qué? ¿Hay algunas fotos que no relacionas con nada?
4. ¿Crees que todas estas cosas se pueden encontrar en un lugar? ¿Dónde? ¿Están de acuerdo contigo tus compañeros de clase?
5. ¿Crees que todas estas cosas se pueden encontrar en Venezuela? ¿Por qué sí o por qué no?
6. ¿Qué impresiones tienes tú de Venezuela? ¿De dónde vienen tus impresiones?
7. Los autores de **¡DIME!** les preguntaron a estos jóvenes venezolanos si hay algo en particular que quieren que los jóvenes de EE.UU. piensen de ellos. ¿Qué crees que contestaron?
8. ¿Qué quieres tú que los jóvenes de otros países piensen de los jóvenes en EE.UU.?
9. En esta lección, van a repasar mucho de lo que aprendieron en **¡DIME! UNO** y a escuchar lo que estos jóvenes están diciendo. Si consideras esto y tus respuestas a las primeras tres preguntas, ¿qué crees que van a hacer en esta lección?

cincuenta y siete 57

PARA EMPEZAR **Comprehensible Input: Listening to authentic language**

This section is designed to further develop listening comprehension skills by having students enjoy a variety of **cuentos y leyendas** from Spain, Mexico, Guatemala, Peru, Bolivia, Chile, etc. Students are not expected to master the structures and vocabulary of these narratives, but rather to refine listening skills by simply focusing on the message being communicated as each short story or legend is narrated. These lively presentations of language in context have been beautifully illustrated in the student edition, allowing students to go back and read the stories if they need to, as well as on Overhead Transparencies, for the teacher's convenience. For ease of presentation, the narrations are provided on audiocassettes, recorded by professional Hispanic actors. In the Extended Teacher's Edition, the teacher will find specific suggestions for combining the use of audiocassettes, overhead transparencies, and text in a way that allows students to develop a thorough understanding of these culturally fascinating **cuentos** and **leyendas.** *Comprehension Check* questions are also provided in the Extended Teacher's Edition.

Suggestions for Teaching *PARA EMPEZAR*

1. Tell the stories much as you would tell a story to a young child. The students' entire focus should be on understanding and enjoying the rich variety of drama, mystery, humor, and "moral instruction" offered in these authentic legends, myths, and stories.
2. Point, demonstrate, act out, contrast, draw quick stick figures on the board or use overhead transparencies to communicate meaning. Avoid translating or explaining in English.
3. Ask *Comprehension Check* questions frequently to determine students' real comprehension. Use only yes/no and either/or questions. Have students point out, demonstrate, raise hands, and identify people or actions.
4. Personalize the *Comprehension Checks* by asking students about themselves, their friends and their families.
5. Frequent repetition of the target language is essential to allow students sufficient opportunities to hear and recognize the language being learned. ***Para empezar*** language is simple and focused. You may break up longer sentences at the outset, but narration should be spoken with natural intonation and speed.
6. Students should not be asked or expected to master, memorize, or reproduce the language of the stories in either oral or written production. Listening to these stories should be an enjoyable cultural experience.
7. ***Para empezar*** should not take more than parts of two class periods.

PARA EMPEZAR
Escuchemos una leyenda hondureña
1
BELICE
HONDURAS
TEGUCIGALPA
EL SALVADOR
NICARAGUA
COSTA RICA
Tegucigalpa es ahora la capital de Honduras, como ya saben ustedes, pero este cuento tiene lugar en tiempos antiguos, cuando era un pueblo pequeño sin mucho contacto con países extranjeros.
2
Es en esos tiempos que vive en el pequeño pueblo de Tegucigalp la familia Real—Don Periquito Real, su esposa Misia Pepa y su hijita, Laurita.
Es una familia feliz. Tienen bastante dinero y no tienen que traba
No son muy inteligentes pero viven contentos porque viven junto
3
La señora Real está muy orgullosa porque habla un poquito de francés e inglés. No los habla muy bien, pero cree que los habla a la perfección. Por eso, se cree superior a la gente del pueblo. Hasta pronuncia el nombre de su hija, Laurita, como en inglés—"Lorita".
LORITA
¿LAURITA?
¿LORITA?

Researchers and collectors of folklore have, in most cases, reported many versions of the stories presented in ¡DIME! DOS. Students may be able to recall similar stories from their own cultural milieu or may have heard other versions of these stories. It is the nature of folklore that it changes in the telling and becomes reflective of the cultural traditions, attitudes, and beliefs of the people telling it.

4
La diversión favorita de toda la familia Real es hablar. Hablan constantemente. El padre habla con los hombres del pueblo y la madre habla con sus esposas.
Y Lorita habla todo el día con sus amiguitos.
En la tarde hablan durante horas juntos. Verdaderamente, los vecinos y otros del pueblo los encuentran muy aburridos.
5
Les gusta mucho a los Real criticar a sus vecinos. Pero peor que eso, también les gusta mucho repetir lo que oyen en casas de sus amigos.
Provocan muchos problemas en el pueblo con sus chismes.
cincuenta y nueve 59

The stories in ¡DIME! DOS might be classified as follows.

Stories that teach values

1.3 *La nuera*
2.2 *El pájaro de los siete colores*
2.3 *El león y las pulgas*
3.2 *Los tres consejos*
4.2 *El gallo de la cresta de oro*
6.1 *La ceniza*
6.3 *Caipora, el Padremonte*
7.2 *Unos refranes*

Stories of magic, mystery, and ghosts

1.2 *Bailó con un bulto*
2.2 *El pájaro de los siete colores*
3.3 *La casa embrujada*
4.1 *El Sombrerón*
5.2 *La profecía de la gitana*
6.3 *Caipora, el Padremonte*
7.1 *El collar de oro*

Stories that explain history or the origin of something

2.1 *La familia Real*
4.3 *La camisa de Margarita Pareja*
7.3 *Los árboles de flores blancas*
8.1 *El origen del nopal*
8.2 *Las manchas del sapo*

Stories of clever tricks, ruses, deceptions

3.1 *Tío Tigre y Tío Conejo*
4.2 *El gallo de la cresta de oro*
4.3 *La camisa de Margarita Pareja*
5.1 *El hijo ladrón*
5.3 *Las ánimas*
6.2 *El rico*
7.1 *El collar de oro*
8.2 *Las manchas del sapo*
8.3 *La calandria*

Urban myth stories

1.2 *Bailó con un bulto*

¿QUÉ DECIMOS . . . ? Comprehensible Input: Listening to authentic language

In the first two lessons of each unit, this section takes the form of a highly motivating **fotonovela** which depicts the action and dialogues of the video. Through the *¿Qué decimos . . . ?* storylines, students learn a variety of new language functions in authentic everyday contexts. In addition, since the same characters appear throughout four chapters: South American characters in Units 2, 3, 4, 5 and Chicano characters in Units 1, 6, 7, 8, students get to really know and identify with Hispanic teenagers from South America and from the fifth largest Spanish-speaking country in the world, the United States.

The new lesson structures and lexical material are carefully developed within these multi-media presentations that require the student to use multiple language, thinking, and personal skills. The **fotonovelas** (both photos and dialogue) are available on overhead transparencies. The Extended Teacher's Edition gives ample suggestions for using the video, overhead transparencies, and text, independently or in combination with each other, in ways that will help students develop a comfortable working knowledge of the language they will use throughout the unit.

The *¿Qué decimos . . . ?* in Lesson 3 of each unit provides reading input rather than the audio-video input of the two previous lessons. Here students are asked to read a letter, a short story, or some other form of written communication that one of the Hispanic video characters has created. In many cases, this essay, letter, or fictional account contains the **desenlace**, or outcome, of the video story. This motivation, along with the photos and art that illustrate the contents of the reading, aid comprehension in a fun, engaging way. Suggestions on how to further enhance comprehension of these readings are provided in the Extended Teacher's Edition.

¿QUÉ DECIMOS...?
La primera noche en un campamento
1 ¿Por dónde vamos ahora?
Por fin llegamos.
¿Por dónde vamos ahora, Daniel?
Según este mapa, hay tres sitios distintos.
Para llegar al primero, hay que doblar a la derecha por el primer camino. Para el segundo y el tercero, sigue derecho en el camino principal. El primero parece el sitio más popular. Hay más de treinta lugares.
Bueno, vamos al primero, entonces. ¿Está bien?
2 Ayúdame a armar la carpa.
Daniel, ¿has visto las zanahorias y el apio?
Sí, creo que están en la hielera.
¿Te los traigo?
LECCIÓN 2
doscientos noventa y nueve 299

¿Qué decimos . . .?, **Lessons 1 & 2**

Suggestions for Teaching *¿QUÉ DECIMOS . . . ?*

1. In Lessons 1 and 2, this section uses the targeted language in a real-life context with the same cast of characters throughout four units. Encourage students to review and recycle what they know about the characters. Use techniques of comprehensible input to clarify new forms and language while narrating and describing the overhead transparencies or watching the video. In Lesson 3, guide students through the reading, using input techniques and the illustration to clarify new language and usages.

2. Ask students to close their books as you narrate the script using the drawings in the text, the overhead transparencies, and the video to clarify meaning without translation. Expect students to begin producing comprehensible language. Ask *Early Production Check* questions requiring one-word or short-phrase answers focused on target vocabulary.

3. Use the ***¿Qué decimos . . . ?*** dialogues for pronunciation practice, having students read aloud or act out the dialogues, after they fully understand them.

4. As review before the lesson quiz, use the overhead transparencies to have groups of students produce spontaneous dialogues. Rather than insist on memorization, encourage meaningful variation and creativity.

5. Play the video without sound and have students narrate the action.

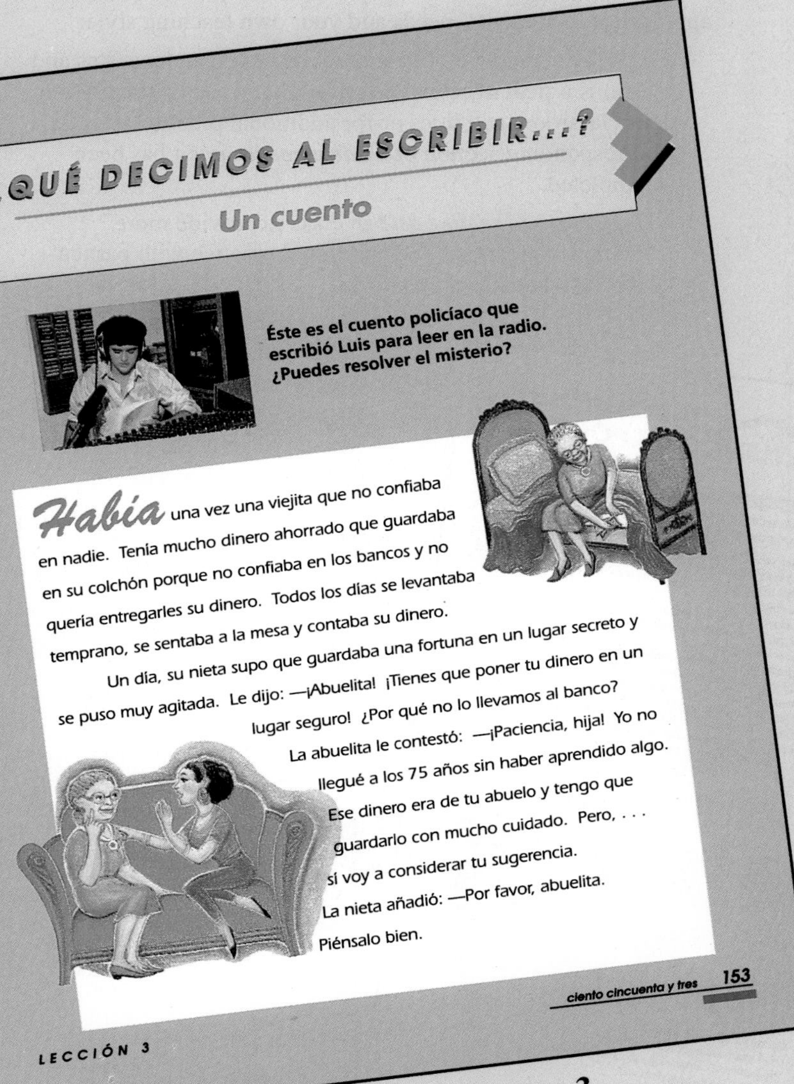

¿QUÉ DECIMOS AL ESCRIBIR...?
Un cuento
Éste es el cuento policíaco que escribió Luis para leer en la radio. ¿Puedes resolver el misterio?
Había una vez una viejita que no confiaba en nadie. Tenía mucho dinero ahorrado que guardaba en su colchón porque no confiaba en los bancos y no quería entregarles su dinero. Todos los días se levantaba temprano, se sentaba a la mesa y contaba su dinero.
Un día, su nieta supo que guardaba una fortuna en un lugar secreto y se puso muy agitada. Le dijo: —¡Abuelita! ¡Tienes que poner tu dinero en un lugar seguro! ¿Por qué no lo llevamos al banco?
La abuelita le contestó: —¡Paciencia, hija! Yo no llegué a los 75 años sin haber aprendido algo. Ese dinero era de tu abuelo y tengo que guardarlo con mucho cuidado. Pero, . . . sí voy a considerar tu sugerencia.
La nieta añadió: —Por favor, abuelita. Piénsalo bien.
ciento cincuenta y tres 153
LECCIÓN 3

¿Qué decimos . . .?, Lesson 3

Vary your presentation techniques, using text, overhead transparencies, and video in different sequences.

A. Using the text alone

Have students focus on the photos/drawings as you narrate, using the techniques suggested below. Break up longer sentences, recombining them after comprehension of the various elements is established.

B. Using the overhead transparencies

The transparencies are provided without written text so that students must rely on listening to your narration and responding to your *Early Production Check* questions. Have students close their books and begin by identifying the people, relationships, and activities. Then narrate as suggested, avoiding the use of English or translation to communicate meaning.

C. Using the video

Show the video section once without pausing. Then stop and ask students what they think it is about. Replay the video, pausing after each short segment. (Use the digital counter or the bar codes.) Ask the *Early Production Check* questions. Paraphrase or narrate again to support comprehension. Now play the segment a third time without sound, pausing to ask questions confirming comprehension. (For instructions on using the digital counter and the bar codes, see pages T26—T27.)

CHARLEMOS UN POCO Guided Practice: Early speech production

In this section, students are guided by the teacher as they make their first productive efforts with the new functions and new contexts in a combination of teacher-directed and student-centered communicative pair and group activities. They continue to develop the productive accuracy and control over the Spanish language that they began in **¡Dime!** UNO. The exercises in this section are contextualized or personalized in order to keep students focused on meaning and content rather than on the manipulation of grammar. Within each lesson students move quickly from controlled to open-ended responses. Throughout this section, concise grammar explanations are presented on a need-to-know basis in marginal sidebars. Also included in these sidebars are important grammar points for review from Level One. For more complete explanations, students are referred to the ***¿Por qué se dice así?*** manual at the back of the book. (For more information about the ***¿Por qué se dice así?*** grammar manual, see page T22).

Suggestions for Teaching *CHARLEMOS UN POCO*

1. Most activities can be treated as full-class activities followed by individual or pair/small-group practice, or vice versa.
2. It is not necessary for all students to do all exercises. When students demonstrate control of a concept, form, or structure, the remaining exercises can be skipped.
3. Pair and small-group activities should always be brought back to the full class by asking individuals or groups for quick reports or responses.
4. Many activities can be assigned for additional written practice. Activities particularly suited to writing are designated by an icon in the Teacher's Edition.
5. Specific suggestions for adapting or varying activities appear in the margins of the Teacher's Edition.
6. Brief grammar explanations appear in margin boxes at the point where they are needed to complete an activity. Each box is cross-referenced to the grammar section, ***¿Por qué se dice así?,*** at the back of the book. You may integrate these two sections as appropriate to students' needs and your own teaching style:
   - a. Assign appropriate ***¿Por qué se dice así?*** explanations and **Vamos a practicar** exercises as homework in preparation for classroom activities or for additional practice after the corresponding section of ***Charlemos un poco*** has been completed.
   - b. Use ***¿Por qué se dice así?*** in class to provide more detailed explanation and additional practice with particularly difficult structures.
   - c. Assign the ***¿Por qué se dice así?*** explanations and activities when the class or individuals need additional help in accomplishing the tasks in ***Charlemos un poco***.

CHARLEMOS UN POCO

A. PARA EMPEZAR . . . Indica si las siguientes oraciones son ciertas o falsas según la leyenda "El pájaro de los siete colores". Si son falsas, corrígelas.

1. Para poder ver, el hombre ciego tenía que escuchar el canto del pájaro de los siete colores.
2. Dos de los tres hijos salieron de la casa en busca del pájaro de los siete colores.
3. El hijo mayor no ayudó a nadie.
4. El hijo mayor se quedó profundamente dormido cuando tomó el agua del lago encantado.
5. El segundo hijo también se quedó profundamente dormido cuando tomó el agua del lago encantado.
6. El tercer hijo hizo lo mismo que el hermano mayor.
7. El pájaro de los siete colores vivía en una casa con tres viejitas.
8. El hijo menor encontró el pájaro de los siete colores y lo mató para poder llevarlo a casa de su padre.
9. Tan pronto como oyó el canto del pájaro de los siete colores, le volvió la vista al padre.

B. ¿QUÉ DECIMOS . . .? Según el diálogo, ¿quién hizo estas cosas?

Luis Meche Salvador Chela

1. Comió en un restaurante chino.
2. Leyó una novela sobre James Bond.
3. Vio jaguares, caimanes, anacondas y pirañas.
4. Recibió a sus primos alemanes.
5. Hizo un viaje a Brasil.
6. Vio una película francesa.
7. Comió en un restaurante italiano.
8. Visitó a unos parientes en Colombia.
9. Viajó por el río Amazonas.
10. Vio unos programas norteamericanos en la tele.

UNIDAD 2

CHARLEMOS UN POCO MÁS Application and Extension: Creating with language

In this section, students have the opportunity to interact with each other in real-life, communicative situations. These activities allow students to practice the functions just learned in more creative settings. Here students will get ample practice in taking learned language and recombining it to say what they want to say and not just what the model calls for. This section is accompanied by a booklet of lesson-specific Copymasters which facilitate cooperative pair and small group work: look-alike pictures, interview grids, bingo searches, etc. As with the previous phases, the pair/group interaction also focuses on all modalities: listening, speaking, reading, writing, and culture.

Suggestions for Teaching *CHARLEMOS UN POCO MÁS*

1. Because of the interactive and spontaneous nature of these activities, many of them can be done more than once, changing partners or groups.
2. It is not necessary for all students to do all exercises. Consider assigning different activities to different groups of students. When students demonstrate control of a concept, form, or structure, the remaining exercises can be eliminated.
3. Circulate and listen, keeping the students on task.
4. Monitor time, setting a limit for each activity so that students stay focused on the task.
5. It is better to end an activity before everyone has completed it than to allow so much time that students get off task.
6. Bring the class back together by asking for brief reports from some pairs or groups, or by asking pairs or small groups to reenact their exchanges.
7. Additional specific suggestions for adapting or varying the activities appear in the Teacher's Edition.
8. Pair activities on Copymasters are indicated by an icon: these highly motivating activities are carefully integrated into every lesson of the text.

DRAMATIZACIONES Application and Extension: Creating with language

In the ***Dramatizaciones*** section, students simulate real-life situations in a variety of contexts. These role plays are cumulative activities that carefully bring together the preceding phases of the instructional sequence and recycle previously learned material. As such, they are open-ended activities that invite students to use their creativity. Students feel encouraged to develop fluency in the language in these sections because they have always had ample practice in the preceding sections with the linguistic functions they are asked to perform in ***Dramatizaciones***.

Suggestions for Teaching *DRAMATIZACIONES*

1. Students should not prepare written or memorized scripts, but rather should play out the situation spontaneously.
2. Teachers may wish to grade student performance on some of these activities using a holistic approach to evaluate accomplishment of the assigned task.
3. Additional specific suggestions for adapting or varying activities appear in the Teacher's Edition.
4. If a video camera is available, have students tape their role plays occasionally. Students can choose some of their productions to show other classes or parents.

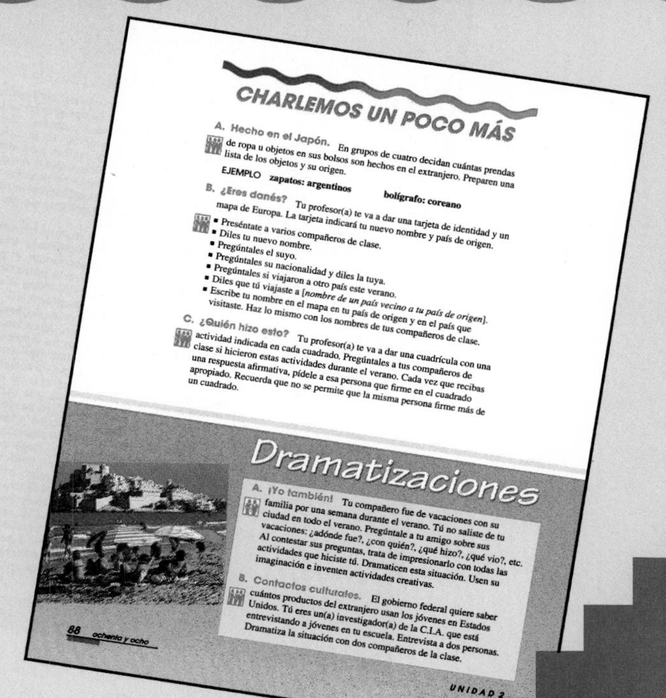

CHARLEMOS UN POCO MÁS

A. Hecho en el Japón. En grupos de cuatro decidan cuántas prendas de ropa u objetos en sus bolsos son hechos en el extranjero. Preparen una lista de los objetos y su origen.

EJEMPLO **zapatos: argentinos** **bolígrafo: coreano**

B. ¿Eres danés? Tu profesor(a) te va a dar una tarjeta de identidad y un mapa de Europa. La tarjeta indicará tu nuevo nombre y país de origen.

- Preséntate a varios compañeros de clase.
- Diles tu nuevo nombre.
- Pregúntales el suyo.
- Pregúntales su nacionalidad y diles la tuya.
- Pregúntales si viajaron a otro país este verano.
- Diles que tú viajaste a [*nombre de un país vecino a tu país de origen*].
- Escribe tu nombre en el mapa en tu país de origen y en el país que visitaste. Haz lo mismo con los nombres de tus compañeros de clase.

C. ¿Quién hizo esto? Tu profesor(a) te va a dar una cuadrícula con una actividad indicada en cada cuadrado. Pregúntales a tus compañeros de clase si hicieron estas actividades durante el verano. Cada vez que recibas una respuesta afirmativa, pídele a esa persona que firme en el cuadrado apropiado. Recuerda que no se permite que la misma persona firme más de un cuadrado.

Dramatizaciones

A. ¡Yo también! Tu compañero fue de vacaciones con su familia por una semana durante el verano. Tú no saliste de tu ciudad en todo el verano. Pregúntale a tu amigo sobre sus vacaciones: ¿adónde fue?, ¿con quién?, ¿qué hizo?, ¿qué vio?, etc. Al contestar sus preguntas, trata de impresionarlo con todas las actividades que hiciste tú. Dramaticen esta situación. Usen su imaginación e inventen actividades creativas.

B. Contactos culturales. El gobierno federal quiere saber cuántos productos del extranjero usan los jóvenes en Estados Unidos. Tú eres un(a) investigador(a) de la C.I.A. que está entrevistando a jóvenes en tu escuela. Entrevista a dos personas. Dramatiza la situación con dos compañeros de la clase.

88 ochenta y ocho

UNIDAD 2

IMPACTO CULTURAL Culture: Critical thinking

These cultural readings occur in the first two lessons of each unit. The first one, ***Excursiones***, is literally an excursion through the country of focus in each unit. In total, eight countries are visited: Argentina, Chile, Peru, Spain, Costa Rica, Mexico, Venezuela, and the southwestern United States. The second lesson contains a reading entitled either ***Nuestra lengua*** (a focus on cross-cultural misunderstandings that may occur while travelling in the country featured in the unit), or ***Tesoros nacionales*** (a focus on various linguistic, historical, or literary traditions of that same country). Pre- and post-reading activities involve students in an active discovery of culture, thus avoiding the usual passive reception of cultural information.

Suggestions for Teaching *IMPACTO CULTURAL*

1. Students are not expected to comprehend or master all the language of the readings, but rather to seek specific information and to become familiar with specific cultural content.
2. Have students do the **Antes de empezar** activities independently first. Then have them compare answers with one or two other students. Call on individuals to give the correct answers, if appropriate.
3. Vary your approach with the ***Excursiones*** and ***Tesoros nacionales*** readings.
   - a. Have students read the selection independently and work through the **Verifiquemos**, writing down their responses.
   - b. Have students read the selection in pairs and work on the **Verifiquemos** together.
   - c. Have different students read only one paragraph of the selection and become experts on it. Then regroup students so that each group has students that read all the paragraphs of the selection. With books closed, have each student tell the rest of the group the information in the paragraph he or she read. Then have students work on the **Verifiquemos** questions in pairs.
   - d. Have students read the selection independently. Then work through the **Verifiquemos** as a class.
4. Call on two or three students to read the ***Nuestra lengua*** dialogue aloud. Ask *Comprehension Check* questions to verify understanding. Use comprehensible input techniques to clarify meaning. Ask students to anwer the **Verifiquemos** questions independently in one unit and in pairs in another.
5. Specific suggestions for use of these sections appear in the margins of the Teacher's Edition.

IMPACTO CULTURAL

Argentina

Una búsqueda de la paz y la democracia

Situado al extremo sudeste del continente americano, el territorio de Argentina está compuesto en su mayor parte por fértiles tierras bajas llamadas *pampas*. Éstas son ideales para la agricultura y la ganadería. En su área andina, donde se levanta el Aconcagua, la cumbre más alta del hemisferio, hay extensos depósitos de minerales y reservas de gas natural. También es autosuficiente en petróleo, ha desarrollado significativamente su capacidad hidroeléctrica[1] y posee uno de los más desarrollados programas de energía nuclear, inclusive la bomba nuclear.

Un triste capítulo en la historia de este gran país es la manera en que trató a sus indígenas. Unos cincuenta años después de ganar su independencia, el gobierno argentino empezó una campaña contra la población indígena, hasta que, para fines del siglo XVIII, todos los grupos indígenas habían sido virtualmente exterminados.[2]

Otro grupo argentino que casi desapareció, éste por la llegada de la industrialización, eran los gauchos[3] o vaqueros argentinos. Mestizos en su mayoría, los gauchos eran una gente independiente e individualista que amaba la vida del campo. Vivían en la pampa y trabajaban de vez en cuando para los hacendados. Su importancia fue disminuyendo con el comienzo de la refrigeración y la exportación en masa del ganado. Poco a poco este grupo se vio obligado a abandonar su vida independiente y limitarse a las grandes haciendas e integrarse en la sociedad rural argentina.

A mediados del siglo XIX, Argentina abrió sus puertas a Europa. Miles de inmigrantes europeos llegaron a puertos argentinos y continuaron llegando hasta la primera mitad del siglo presente. En su mayoría fueron españoles e italianos, pero también había muchos franceses, polacos, rusos y alemanes. Aunque la mayoría de estos inmigrantes eran campesinos, los argentinos estaban decididos a crear una sociedad predominante urbana, europea, y lo lograron. Basta ver sus grandes ciudades modernas. Aún en su música y baile más representativo, el tango,[4] se ve ese gran predominio de lo europeo.

404 cuatrocientos cuatro

Con una población de 32,608,687 habitantes (censo 1990)[5] Argentina es uno de los países latinoamericanos con el más bajo índice de analfabetos. Efectivamente, el 95 por ciento de su población es alfabeta. Además, el 86 por ciento de su población es urbana y la mayoría pertenece a la clase media. El 90 por ciento de la población argentina es raza blanca de descendencia europea.

A pesar del alto nivel de educación de sus ciudadanos y de su deseo de lograr paz y estabilidad, Argentina ha tenido que sobrellevar en las últimas décadas gobiernos militares que han manchado su historia con lamentables asesinatos. Un ejemplo de esto es la llamada "guerra sucia" que ocurrió entre 1976-79, entre el gobierno militar y las guerrillas. En esta guerra murieron y desaparecieron miles de inocentes. Las madres y abuelas de estos "desaparecidos" fueron llamadas "Las Madres de la Plaza de Mayo",[6] porque estas mujeres se reunían en esta Plaza con las fotos de sus "desaparecidos" para reclamarle al gobierno.

Otro hecho lamentable fue la guerra de las Malvinas o Falkland, ocurrida en 1982. Después de esta humillante derrota ante Inglaterra, se inició en Argentina una nueva era de democratización y revitalización económica. Grandes problemas persisten, pero como todo país latinoamericano, Argentina sigue su búsqueda de la paz y la democracia.

Verifiquemos

1. Vuelve a la actividad **B** de **Antes de empezar** e indica otra vez si los comentarios son ciertos o falsos. ¿Cómo se comparan las opiniones del autor con las tuyas?
2. Compara la manera en que los indígenas fueron tratados en Argentina con el tratamiento que recibieron en EE.UU.
3. Prepara una lista de todo lo que hace que Argentina sea un país moderno y progresista.

LECCIÓN 1

cuatrocientos cinco 405

LEAMOS AHORA Reading: Critical thinking and skills getting

This end-of-unit section contains the principal reading of the unit. These readings focus on a contemporary cultural aspect of the country featured in the unit. Great care has been taken to select topics of particular interest to students. The selections themselves come from a variety of sources, among them leading Hispanic publications such as *Más, Mundo 21, Cambio 16,* etc. Students continue to use previously learned reading strategies while they learn new ones such as predicting, summarizing, questioning, mapping, networking, and note taking.

Suggestions for Teaching *LEAMOS AHORA*

1. Have students quickly read and make notes on the **Anticipemos** activity that precedes the reading selection. Then discuss their responses briefly.
2. Discuss the reading strategy targeted in the lesson. Point out that this is probably a strategy they have already learned to apply when reading in their native language. Ask them to give examples of when and how they use this strategy.
3. Ask students to read the selection independently and work through the **Verifiquemos,** making notes of their responses. Students should not be asked to translate, nor to memorize or reproduce the content. The focus should be on reading effectively.
4. Have students discuss their responses to the **Verifiquemos** in groups of three or four, then discuss briefly as a class. Have students explain how they arrived at their responses.
5. Have students go back to their predictions in **Anticipemos** to see if they predicted the reading content correctly.

ESCRIBAMOS AHORA Writing: Guided Practice, Application and Evaluation

In this end-of-unit section, students are asked to apply language acquired in the unit to a real-life writing task. They are asked to write reports, a newspaper article, a biography, an autobiography, a short story, and a cause and effect report. To help students develop writing skills, writing is presented as a process. Students always begin by brainstorming and organizing. Then they write a first draft and share it with their peers for comments and suggestions. A final draft is turned in for holistic grading.

Suggestions for Teaching *ESCRIBAMOS AHORA*

1. Discuss the introductory segment with the class. Guide the discussion or responses to questions.
2. Help students to brainstorm lists of ideas or vocabulary they may want to use. Record their suggestions on the board, an overhead transparency, or butcher paper. Or have several students record ideas as class members call them out.
3. Insist that students plan before they write a first draft, using the clustering, charting, or outlining techniques taught.
4. Either allow time in class to prepare a first draft or assign the draft as homework. Emphasize to students that at this stage, getting the ideas on paper is more important than accuracy. They will have opportunities to refine their work later.
5. Try having students do “timed writes” on a topic. On a signal, they begin writing and keep the pencil moving for the full three to five minutes that you allow. After several “timed writes”, have students develop one into a finished piece.
6. Allow class time for **Compartir—**peer feedback groups. Insist partners begin by noting what they liked or found interesting. Suggestions for improvement should be made tactfully.
7. After revision, a second peer feedback group can focus on accuracy of spelling, grammar, and punctuation. Teach students to edit by focusing on one or two points per composition (i.e., subject/verb agreement, present tense verb endings). Edit a sample composition on a transparency as a model.
8. Consider some form of “publication” for each finished piece—a class book, a newspaper, hanging the papers in a display case or on a classroom wall, an “author’s reading.”

¿POR QUÉ SE DICE ASÍ? Guided Practice: Early language production

All major grammatical explanations appear in this section at the end of the text. *¿Por qué se dice así?* is designed to be used in a variety of ways. Teachers may choose to work with the grammar explanations in class inductively or deductively or may simply assign the grammar as grammar exercises in **Vamos a practicar.**

These exercises are designed to be done individually, so that students may check their own comprehension of grammatical concepts. Each grammar explanation is keyed to the point-of-use marginal sidebars in the *Charlemos un poco* section of each lesson.

Suggestions for Teaching *¿POR QUÉ SE DICE ASÍ?*

The placement of all grammar explanations together at the end of the text allows you to use *¿Por qué se dice así?* as a separate grammar reference manual. As such, you have great flexibility in how much grammar you present and how you present it in class. Some possibilities are listed below. Others will become obvious to you as the needs of individual classes warrant them.

1. Assign appropriate *¿Por qué se dice así?* sections and activities as homework in preparation for classroom activities or for additional practice after the corresponding section of *Charlemos un poco* has been completed.
2. Provide more detailed explanation and additional practice with particularly difficult structures, using *¿Por qué se dice así?* in class.
3. Assign *¿Por qué se dice así?* explanations and activities when class or individuals need additional help in accomplishing tasks in *Charlemos un poco.*

CLASSROOM MANAGEMENT

In the five-step instructional sequence of **¡DIME!**, the teacher functions variously as producer, director, performer, and audience for the students' production.

At the beginning of the lesson, the teacher is the provider of the language examples, as well as the guide to achieving comprehension and progressing to language production. During the practice phase of each lesson, the teacher is the facilitator; at the end of the lesson, the student is the performer, and the teacher is the evaluator of the quality of the language used to accomplish a task.

Although **¡DIME!** provides for great flexibility in teaching style, teachers should find the following principles useful:

1. Provide clear and consistent guidance as to how the various phases of the lesson are to be accomplished.
2. Give clear, concise directions before students begin pair or group work.
3. Develop a system of rewards and consequences for appropriate behavior in pair/group work—staying focused on the task, using Spanish exclusively, completing the task, etc.
4. Limit time for pair/group work. Students who have too much time will get off task. It is always best to cut an activity off before it is completed than to allow too much time. If a few students always finish before the rest of the class, give them other tasks to keep them focused. Have them write answers on board, prepare comprehension check questions to ask their classmates, do activities orally with another pair, and so forth.
5. Circulate, watch, and listen during pair/group practice.
6. Provide for full-group feedback by asking for a report, a summary of responses, individual or group "reenactments," etc.
7. Establish a means for immediately getting the class to stop talking when you are ready to end an activity: quickly turn the lights on and off, instruct students that when they see you raise your hand they are to immediately stop talking and raise their hands, etc.
8. Evaluate student performance in pair/group work occasionally.
9. Develop a holistic rubric for evaluating/grading oral and written language production.

Holistic grading of written and oral work

If students are to be encouraged to use their new language for communication, we need to evaluate their communication efforts more globally and not just in terms of their mastery of grammar and vocabulary.

A holistic approach to grading can be used to evaluate the overall quality of communicative efforts. In this approach, students are evaluated based on satisfactory completion of the task(s) they are required to perform. It is, therefore, important that students understand the task and the way in which it will be evaluated. There are a number of approaches to holistic grading of activities. The following suggestions may prove helpful.

1. A simple, all-purpose rubric for grading oral and written production:

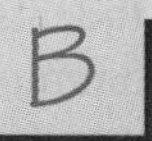
Task was accomplished completely. Language used had very few, minimal errors, none of which interfered with comprehensibility.

Task was accomplished. Language had some errors, but only two or three that interfered with comprehensibility.

Task was mostly accomplished. Several errors interfered with comprehensibility.

Task was not accomplished. Errors rendered language incomprehensible even to teacher and/or classmates.

F — Task was not accomplished. Language was totally incomprehensible. Little or no attempt was made. Majority of task was in English.

2. An even simpler, all-purpose rubric:

Performance exceeded expectations.

Performance satisfied expectations.

Performance failed to satisfy expectations.

3. A third approach to holistic grading:

- Specify precisely which elements of a given activity will affect the grade received–for example, pronunciation, number of utterances, variety of sentence types, use of a particular form, inclusion of specific pieces of information.
- Then develop a description of the performance (written or oral) that defines each grade category.

Maintaining a Student Portfolio

Today many schools and school districts are adopting a system of portfolio assessment. Such a system can serve both as an ongoing measure of a student's progress toward proficiency and as an ongoing gauge of a department's, a school's, or a district's progress toward meeting curriculum goals. **¡DIME!** provides teachers with a number of convenient opportunities to assemble a portfolio that would include samples of performance in all skill areas: listening, speaking, reading, writing, and cultural awareness. The portfolio should contain teacher-selected as well as student-selected samples and should follow the student throughout his or her years of Spanish study.

Because the **¡DIME!** Testing Program is designed to allow students to demonstrate not only mastery of vocabulary and structure but also of listening comprehension, of spontaneous writing proficiency, and of reading and cultural awareness, inclusion of one or more Lesson Quizzes or Unit Exams each semester is appropriate. Teachers may also choose one finished writing piece each semester and allow students to select a second writing piece for inclusion.

Samples of student speaking proficiency can easily be included through audio taping. Teachers may record student role plays from the ***Dramatizaciones*** section of each lesson and/or student-student or teacher-student interaction using the Situation Cards. Because it is unnecessary to record every student during every activity, technological requirements need not be oppressive. If each student provides a single audiocassette, and if the teacher provides two small cassette recorders, students may regularly record pair activities on a rotating basis.

Maintaining a video record for each student may prove more of a problem. Yet if teachers have access to the necessary equipment, video samples of student interaction for the whole class are feasible. Again, it is unnecessary to videotape every student for every activity.

A typical student portfolio at the end of the first year of Spanish using **¡DIME!** might include:

- Selected unit exams
- Semester exam
- Final exam
- Student-selected quizzes
- Teacher-selected writing piece each semester
- Student-selected writing piece each semester
- Other student-selected writings or projects
- Speaking sample on tape (at least one per semester)
- Video sample (at least one per semester)

WORKING WITH NATIVE SPEAKERS OF SPANISH

Given the wealth of cultural material in **¡DIME! DOS** and the richness of natural language used throughout, this program has much to offer students who are native speakers of Spanish (NSS), specifically those who already speak the language, but need extensive practice in developing fluency through vocabulary building, reading, and writing. The suggestions below point out how each section of **¡DIME! DOS** can be used with NSS. NSS who already speak Spanish fluently and who read and write without difficulty should probably begin in **¡DIME! TRES**, which is designed for students who are at the intermediate high level of proficiency.

ANTICIPEMOS Setting the Stage for NSS

- Ask all the **¿Qué piensas tú?** questions in Spanish. Expect students to answer in Spanish.
- Expect students to elaborate more when answering questions, drawing from experience within their own community.
- Have students personalize information given whenever appropriate. (e.g., have students retell similar stories and legends that they have heard or variations of the ones in **¡DIME! DOS** . Ask about customs within their own family or community relating to family travel, parents' and relatives' past, exercise and diet, part-time jobs, allowances, camping trips, local folklore, and summer plans.)
- Avoid passing judgment or allowing other students to pass judgment on any personal information individual students share with the class. All information should be treated as cultural enrichment as the class gets to know more about other Spanish-speaking groups.

PARA EMPEZAR Comprehensible Input For NSS

- Play the audiocassette versions of the short stories and legends all the way through in each section before asking *Comprehension Check* questions. Do not read just one or two sentences at a time.
- Point to the drawings in the text or on the overhead transparencies to aid comprehension as students listen to the narratives.
- Have the students recreate the dialogues and narratives in their own words using the overhead transparencies.
- Ask for variations on any of the vocabulary in the short stories and legends. Point out that the vocabulary and structures students use at home are also correct, especially within their own community. Explain that to communicate with Spanish speakers outside their community, it is sometimes necessary to learn other ways of saying the same thing.

¿QUÉ DECIMOS...? Additional Comprehensible Input For NSS

- Read the dialogues or narratives all the way through in each section before asking *Early Production Checks*; do not read just one sentence at a time. If video is readily available, use the video to do the initial input, stopping only to ask *Early Production Checks* at the end of each section.
- Use the overhead transparencies to have the students recreate the dialogues/narratives in their own words.
- Play the video a second time with the sound turned off and have the students create a script.
- Ask students for variations on any of the new vocabulary. Ask how they would say the same thing. Point out the importance of their variations in order to commmunicate within their own community. Point out that it is equally important to learn other ways of expressing themselves if they are to communicate effectively outside their own community.

CHARLEMOS UN POCO Guided Practice for NSS

- Go through these activities very quickly.
- If an activity seems too easy, skip it. Do not feel that you have to go over all these activities with native speakers.
- Have students write out answers to a third of these activities in every lesson.
- Frequently have several students do activities on the board so that you can correct their work and teach them to correct each other's work. NSS often need writing practice more than they need aural/oral practice.
- Be sure to focus thoroughly on structures that are especially problematic to your NSS. In those instances, do all the exercises and activities both in ***Charlemos un poco*** and in the corresponding **Vamos a practicar** sections of the ***¿Por qué se dice así?*** manual at the back of the book. Have students write answers on the board frequently.

CHARLEMOS UN POCO MÁS Application and Extension For NSS

- Encourage students to use their creativity when doing these activities.
  - Always allow time for each pair/group to report back to the class and for the class to comment on what is reported.
- Ask students other ways of saying something when they use vocabulary or structures unique to their community of speakers. Avoid labeling their Hispanic community's expressions as incorrect.

DRAMATIZACIONES Additional Application and Extension for NSS

- Ask students to do all the role plays.
- Have them perform their role plays in front of the class or for each other in groups of six or eight.
- Have students ask comprehension check questions on their role plays to make sure their classmates understood.
- When students perform a role play using their own community's language, accept it fully. Then, to help them focus on some of the distinctive features in their community's speech, ask them to repeat their lines using Spanish as spoken by non-members of their community.

IMPACTO CULTURAL Culture for NSS

- To have NSS practice narrating in detail, ask them to read the ***Excursiones*** and ***Tesoros nacionales*** sections in the following manner:

1. Divide the class into as many groups as there are paragraphs in the reading. Assign a number: **uno, dos, tres, etc.** to each group.
2. Have only one student in each group open his or her book and read the paragraph of the ***Excursiones*** reading selection that corresponds to the group number (e.g. group 1 reads paragraph 1, group 2, paragraph 2, etc.). The paragraph may be reread until all group members become "experts" on its contents.
3. Have the students form new groups so that each group has an **uno**, **dos**, **tres**, etc. With books closed, have the "expert" of paragraph 1 relate the information to his or her group, then the "expert" on paragraph 2, then 3, and so forth.
4. When finished, ask the class a number of comprehension check questions before having them answer the **Verifiquemos** questions.

- Ask NSS to role-play reading aloud the ***Nuestra lengua*** dialogues.
- Have the class discuss the linguistic or cultural misunderstanding built into each dialogue.
- Ask NSS if they can give other examples of similar situations they have either experienced or observed.

LEAMOS AHORA Reading for NSS

- Have students read the ***Leamos ahora*** silently, or aloud with the class.
- Have NSS expand on the topic of the reading and provide additional insights or personal reactions (e.g. ask them to describe, in Spanish, family or community festivals, regional mysteries, relatives' success stories, their favorite Hispanic artists, poets or writers, etc.).
- Ask students to do more writing with these sections. For example, ask them to write a summary of each reading selection, a description of similar personalities, a personalized version of the reading content.
- Ask them to keep a list of 10-15 new vocabulary words found in each reading that they would say differently. Beside each new word, have students write how they say it.

ESCRIBAMOS AHORA Writing for NSS

- Always have these students do the writing section.
- Train them to be good editors. Teach them to focus on problematic areas by having them single out one problem area at a time. For example, review accentuation rules and then have them focus specifically on accents on the first composition.
- Give extra points for each word they identify as peculiar to their linguistic community and can express in a more widely-used variation.

¿POR QUÉ SE DICE ASÍ? Guided Practice for NSS

- Always have these students read the grammar sections.
- Require that they write out the answers to all the exercises in **Vamos a practicar.**
- Regularly assign specific grammar sections for homework.
- Give frequent but easy pop quizzes on the grammar.
- Allow students who do poorly on a pop quiz to make it up either after school or before classes begin.

TESTING PROGRAM Evaluation for NSS

- Be very sensitive and accepting of your students' dialect.
- Do not penalize language use that is valid within the students' linguistic community.
- Offer extra credit to students able to rewrite a dialogue or composition changing all dialectal Spanish (which you have underlined on their exams) to a more standard variety.
- If you are accepting only standard varieties of Spanish in certain sections of a quiz or exam, be sure the contextualization of those sections warrants nonuse of local dialect. Specify an Argentine family in Spain, or a Mexican teenager in Mexico City, instead of a situation such as "you and your family".

Using the  Ancillaries

VIDEO PROGRAM

The **¡DIME!** DOS video offers exciting images from South America and the fifth largest Spanish-speaking country in the world, the United States. Half of the units were taped in Caracas, Venezuela with the same cast of Venezuelan students appearing in all four units. The other half of the units were taped in the Southwestern United States, in El Paso, Texas and around Las Cruces, New Mexico. There are 16 video segments, two per unit. Each video unit, which corresponds to the textbook, consists of the following:

- An opening montage of the location
- The ***¿Qué decimos...?*** comprehensible input section of the first two lessons of each unit

In the Teacher's Edition, *Video Notes* on the unit opener page provide detailed information about the characters and the *Video Montage.*

The *Video Program* is available in either videocassette or videodisc format.

Using the Video

Videocassette or Videodisc

The **¡DIME!** Video Program is available in two formats: on VHS videocassettes and on videodiscs. Notations in the margins of the Teacher's Edition will allow you to access quickly and easily the segments you want to use.

Using a videodisc player, refer to the bar codes or frame numbers.

Side 1, 2405 to 9016

(See below "Using a Videodisc Player.")

Using a videocassette player, refer to the digital clock counters.

03:34

The number on each counter corresponds to the number on the counter visible in the lower right corner of the video screen. Press the FAST FORWARD or QUICK button until you reach the counter number, then press PLAY.

Playing a segment

At the beginning of each unit under *Video Notes*, you will see two sets of notations. The first set allows you to play the montage as an introduction to the unit.

The second set allows you to play the entire unit from beginning to end without stopping.

Video Montage

To play the montage, use counter or bar code:

00:00 - 00:54

Side 1, 745 to 2383

To play the entire unit without stopping:

00:00 - 09:07

Side 1, 1 to 17144

Most of your video-assisted instruction will take place in the ***¿Qué decimos . . . ?*** section. At the beginning of these sections, you will find an icon box. The notations beneath the video icon and beneath the box allow you to play the entire ***¿Qué decimos . . . ?*** section without stopping. Example (***¿Qué decimos . . . ?***, Unit 1, Lesson 1):

¿QUÉ DECIMOS...?

Comprehensible Input 2

TAPE/DISC

00:55–04:35

Side 1, 2405 to 9016

Section is available on videocassette or videodisc.

Tape counter numbers show beginning and end of entire section.

Videodisc bar code to play entire section without stopping.

Videodisc frame numbers to play entire section without stopping.

The notations that appear throughout the ***¿Qué decimos . . . ?*** section allow you to play and to replay various short segments with pauses in order to ask the *Early Production Check* questions. A typical segment (Unit 1, Lesson 1) looks like this:

Beginning code for videocassette.

Number identifies segment and corresponds to text and photos / artwork. in the book

3

03:34

¿Qué dice? List typical bills: phone, local department stores, gas and electric company, etc. Act out opening a letter. Enumerate questions Luis has asked.

1 ¿Qué hay en el correo?
2 ¿Hay una carta para Martín? ¿para Daniel?
3 ¿De dónde es la carta de Daniel?
4 . . .

Side 1, 7156 to 9016

Bar code and frame numbers for videodisc.

Using a Videodisc player

The following explanation will show you how to access a video segment using the bar code or the frame number.

If you are using a remote control box:

- Press FRAME.
- Enter the first frame number: 2405.
- Press SEARCH.

Side 1, 2405 to 9016

The player will find frame 2405 and begin playing. It will play to the end of the scene (frame 9016) and freeze.

If you are using a bar code scanner:

- Hold down the READ button. (This button is often blue.)
- Trace the tip of the scanner horizontally across the bar code, from either direction. (You don't need to press hard.)
- When the scanner beeps, the code has been read.

If the scanner is connected by cable to the player, after a few seconds the player will find frame 2405 and begin playing. It will play to the end of the scene (frame 9016) and freeze.

If the scanner is not connected to a cable:

- Press the SEND/REPEAT button. (Usually red).
- Point the flat side (where the SEND/REPEAT button is) at the videodisc player's front control panel until you hear the beep.

Tips for using a bar code scanner:

- Make a full sweep back and forth across the bar code.
- Trace rather quickly across the bar code. (Generally the scanner reads the bar code more easily if the scanning speed is faster.)
- Start and end sweep in the space on either side of the code.

If your first sweep does not achieve a beep, try again:

- Hold the scanner at a different angle.
- If you traced across the top of the bar code, try the middle or bottom.

For specific instructions for operating your school's equipment, ask the Media Specialist for a demonstration.

AUDIO PROGRAM

Each unit of the text is accompanied by an audio program that includes:

- additional listening comprehension activities, coordinated with the ***¡A escuchar!*** sections of the **Cuaderno de actividades.**
- dramatic readings of the short stories and legends in the ***Para empezar*** sections of each unit. They are intended to be used during the initial presentation in conjunction with the ***Para empezar*** overhead transparencies.
- the video sound track, which may be used in conjunction with the ***¿Qué decimos...?*** **fotonovela** sections in the textbook or on overhead transparencies.

CUADERNO DE ACTIVIDADES

¡A escuchar!

The listening activities focus specifically on providing practice in, and enhancing, student comprehension of language in context. All listening activities are contextualized to reflect real-life listening. Comprehension is checked by having students fill out schedules, draw pictures, take partial notes, identify a picture being described, complete forms, and the like. Each unit includes practice in a specific listening strategy, such as identifying the main idea or listening for details. The listening activity pages are coordinated with the audiocassette program.

¡A escribir!

This section provides additional guided and extended writing practice for the communicative goals of each lesson. The activities are contextualized to focus students on the message being communicated. Writing practice ranges from fill-in-the-blank activities to creating short dialogues, paragraphs, and stories. Students will have an opportunity to expand further their Spanish vocabulary in **Con la palabra en la boca**, a word derivation section of each unit.

Vocabulario personal

The student's copy of active vocabulary lists for **¡DIME! DOS** appear in this section, at the end of each lesson. Here, students are also asked to regenerate active vocabulary and expressions from **¡DIME! UNO** in a systematic manner. For example, when students learn the names for new activities, they are asked to list as many activities as they recall having learned in Level One. Students are aided in doing this by having the names of activities taught in **¡DIME! UNO** appear in the current lesson of **¡DIME! DOS**. By personalizing the vocabulary list in this manner, students are encouraged to see the active vocabulary not as a finite list to be memorized, but as a **Vocabulario personal** to be constantly expanded to meet the student's individual needs. As such, this section becomes a personal reference for the students as they are involved in more extensive writing.

COPYMASTERS

Copymasters are provided for one or two pair/group activities per lesson. These are highly motivating cooperative learning activities that include look-alike pictures, bingo searches, interview grids, and the like. An icon next to the appropriate activities in the Teacher's Edition signals the use of the copymasters.

OVERHEAD TRANSPARENCIES

To facilitate providing comprehensible input, all of the ***Para empezar*** short stories and legends and the **fotonovela** illustrations of the ***¿Qué decimos...?*** are available as full-color transparencies. Although the narratives and dialogues are blacked-out when projected for the students, the teacher can read them off the transparencies. This truly facilitates the presentation of comprehensible input for the teacher. Also included as full-color transparencies are the ***Anticipemos*** pages from the textbook.

THE TESTING PROGRAM

The **¡DIME!** Testing Program consists of 24 lesson quizzes **(Pruebas comunicativas)** and eight unit tests **(Exámenes)**. There is also a midyear and a final examination. All tests are available on copymasters, and the listening portions are recorded on audiocassettes. The **Teacher's Guide** contains the *Answer Key* and listening comprehension scripts, as well as additional information on testing and evaluating oral performance.

Pruebas comunicativas

There is a quiz for each lesson in the text. Each quiz consists of four sections: (1) a taped listening comprehension section, (2) a section that requires students to demonstrate their ability to produce language in context and to show mastery of specific elements taught in the lesson, (3) a section that requires students to demonstrate reading comprehension and cultural awareness, and (4) an open-ended section requiring students to demonstrate their proficiency in writing Spanish. The **Pruebas comunicativas** are designed to be administered in 20-25 minutes. Each quiz is worth 50 points.

Exámenes

The unit tests follow the same format as the lesson quizzes: (1) a taped listening comprehension section, (2) a language-in-context section, (3) a reading/cultural comprehension section, and (4) a writing section. The **Exámenes** are designed to be administered in 40-45 minutes. Each test is worth 100 points. Like the unit tests, the midyear and final exams follow the same format except that the writing section is optional. Because of the limited time available to teachers for correcting midyear and final exams, these comprehensive tests have been designed to be effective commmunicative exams that can be graded quickly.

Interacciones: Situation Cards

These cards feature a series of "situations" or "contexts" designed to generate student-and-student or teacher-and-student interaction using the language taught in the unit and recycling language previously learned. The Situation Cards may also be used in conjunction with the unit exams for teachers who want to evaluate oral language production.

TEACHER'S RESOURCE PACKAGE

The Teacher's Resource Package contains a variety of useful classroom materials to aid the teacher. These materials include:

- Extended Teacher's Edition
- **Cuaderno de actividades:** Teacher's Edition
- Test Guide and Answer Key
- Comprehension/Early Production Check Cards
- Copymasters: Communicative pair activities
- Ancillary Sampler: Overhead Transparencies, Quizzes and Tests

PACING AND LESSON PLANNING WITH 

¡DIME! DOS is designed to be taught in a regular school year to students in grades 9 through 12, though some teachers may find that, particularly in the first year of use, this may be difficult to accomplish. Teachers will develop a sense of pacing as they become familiar with the kinds of activities provided in the various sections of the text and ancillaries. It is important to recognize that it is not expected or necessary to use every activity or exercise provided. ¡DIME! DOS provides tremendous flexibility in the way teachers integrate the various ancillaries and activities. As a rule of thumb, teachers should plan 7-8 days per lesson, 21-23 days per unit.

Sample Lesson Plans

The following are model lesson plans for two of the lessons in **¡DIME! DOS: Unit 1, Lesson 1 and Unit 4, Lesson 1.** These plans are based on class periods of 50 minutes. Teachers should understand that no model will reflect the specific conditions and needs of any one class, nor the variety of appropriate teaching styles and approaches. Considerable flexibility is possible. Although these lesson plans include all elements of every lesson and the ancillaries, teachers will probably not always make use of all elements.

Unit 1, Lesson 1 Review lesson: Opening of school year

DAY 1

1. Review greetings and introductions. Have students introduce themselves to classmates seated nearby. ***10 minutes***
2. Show Unit 1 video montage. Introduce El Paso teenagers, naming and describing them. ***5 minutes***
3. ***Anticipemos:*** Describe photos. Ask questions, encouraging students to answer with as much Spanish as possible. Review, recall, brainstorm days, dates, months, seasons, common activities. ***15 minutes***
4. ***Para empezar:*** Narrate with overhead transparencies and ask frequent *Comprehension Checks.* ***20 minutes***

Homework: Study 1.1, pages G2-G3. Write selected exercises from **Vamos a practicar**.

DAY 2

1. Check and correct homework. Suggestion: Consider putting correct answers on an overhead transparency and making students responsible for making corrections on their own or a classmate's paper as a daily opener. This will both save time and encourage students to use the homework exercises as learning experiences. ***5 minutes***
2. ***Charlemos un poco,*** Activity A. Use overhead transparencies of ***Para empezar*** as a prompt and to review and remind students of the content. ***5 minutes***
3. ***¿Qué decimos...?*** video. Narrate and ask *Early Production Checks.* ***20 minutes***
4. Review, discuss margin boxes, pages 10-11 as needed. ***5 minutes***
5. Personalize: Ask students about their preferences. Have them ask you about yours. ***5 minutes***
6. ***Charlemos un poco,*** Activities C and CH ***10 minutes***

Homework: Cuaderno, *¡A escribir!,* Activities A and B

DAY 3

1. Check and correct homework ***5 minutes***
2. Review ***¿Qué decimos...?*** with overhead transparencies ***10 minutes***
3. ***Charlemos un poco,*** Activity B ***3 minutes***
4. ***Charlemos un poco,*** Activities D and E ***10 minutes***
5. **Cuaderno, *¡A escuchar!,*** Activities A and B ***7 minutes***
6. Review margin boxes on pages 12 and 13, page G4, and telling time as needed. ***5 minutes***
7. ***Charlemos un poco*** Activities F and G ***10 minutes***

Homework: Selected activities from **Vamos a practicar**, pages G5-G6 or **Cuaderno, *¡A escribir!,*** Activities C-D.

DAY 4

1. Check and correct homework. ***5 minutes***
2. Review margin box page 14 and 1.3, page G7 as needed. ***6 minutes***
3. ***Charlemos un poco,*** Activities H and I ***9 minutes***
4. **Cuaderno, *¡A escuchar!,*** Activities C and CH ***8 minutes***
5. ***Charlemos un poco más,*** Activity A ***12 minutes***
6. ***Charlemos un poco más,*** Activities B and C ***10 minutes***

Homework: Cuaderno, *¡A escribir!* Activities E and G

DAY 5

1. Check and correct homework. ***10 minutes***
2. **Cuaderno, *¡A escuchar!,*** Activity D ***5 minutes***
3. ***Charlemos un poco más,*** Activity CH ***5 minutes***
4. ***Impacto cultural*** ***20 minutes***
5. Develop and share **Vocabulario personal** in small groups ***10 minutes***

Homework: Selected activities from G pages, **Cuaderno, *¡A escribir!*** or the ***Impacto cultural,* Verifiquemos.**

DAY 6

1. Check and correct homework. *10 minutes*
2. Discuss **Verifiquemos**. *10 minutes*
3. Review ***¿Qué decimos...?*** video. *minutes*
4. ***Dramatizaciones,*** Activities A and B *10 minutes*
5. **Cuaderno, *¡A escuchar!*** Activity E. *10 minutes*

Homework: Study for quiz.

DAY 7

1. 1.1 quiz *30 minutes*
2. Begin 1.2 ***Para empezar.*** *15 minutes*
3. Review **estar**. *5 minutes*

Homework: Prepare responses for 1.2 ***Anticipemos.***

Unit 4, Lesson 1

DAY 20

1. Unit 3 Test *45 minutes*
2. Unit 4 opening video montage. *5 minutes*

Homework: Prepare responses for 4.1 ***Anticipemos***.

DAY 1

1. Discuss ***Anticipemos***. *10 minutes*
2. ***Para empezar***. *25 minutes*
3. Unit 3 writing: sharing/revision *15 minutes*

Homework: Unit 3 writing, final version

DAY 2

1. ***Charlemos un poco,*** Activity A with overhead transparencies to review comprehension. *10 minutes*
2. ***¿Qué decimos...?*** with video. *20 minutes*
3. Practice vocabulary, page 177, with personalized questions. *10 minutes*
4. Discuss margin box, page 176, 4.1, page G51. *5 minutes*
5. ***Charlemos un poco,*** Activity C *5 minutes*

Homework: Cuaderno, *¡A escribir!,* Activity A or pages G51-G52 Activities **a** and **b**.

DAY 3

1. Check and correct homework. *5 minutes*
2. Review ***¿Qué decimos...?*** with overhead transparencies and ***Charlemos un poco,*** Activity B. *10 minutes*
3. Practice imperfect forms of irregular verbs. *5 minutes*
4. ***Charlemos un poco,*** Activities C and CH. *10 minutes*
5. **Cuaderno, *¡A escuchar!,*** Activity A. *7 minutes*
6. Discuss margin box on habitual actions, ***Charlemos un poco,*** Activity D. *8 minutes*
7. **Cuaderno, *¡A escuchar!,*** Activity B *5 minutes*

Homework: Cuaderno, *¡A escribir!,* Activities B and C

DAY 4

1. Check and correct homework. *5 minutes*
2. Discuss margin box on page 178. *5 minutes*
3. ***Charlemos un poco,*** Activities E and F. *10 minutes*
4. **Cuaderno, *¡A escuchar!,*** Activity F *5 minutes*
5. Discuss margin box on telling time. *5 minutes*
6. ***Charlemos un poco,*** Activity G *5 minutes*
7. Review 4.2, page G53. *5 minutes*
8. Practice selected activities from **a - ch,** on pages G53-G54 orally *10 minutes*

Homework: Cuaderno, *¡A escribir!,* Activities CH and D

DAY 5

1. Check and correct homework. *5 minutes*
2. Discuss margin box on ***hacer*** = ago, 4.3, page G54, do Activities **a** and **b,** page G55 orally. *10 minutes*
3. ***Charlemos un poco,*** Activities H and I. *10 minutes*
4. **Cuaderno, *¡A escuchar!,*** Activities CH. *5 minutes*
5. ***Charlemos un poco más,*** Activities A and B. *15 minutes*
6. ***Impacto cultural,* Antes de empezar** *5 minutes*

Homework: Cuaderno, *¡A escribir!,* Activities E and F

DAY 6

1. Check and correct homework. *5 minutes*
2. ***Charlemos un poco más,*** Activities C and CH *15 minutes*
3. ***Impacto cultural*** *15 minutes*
4. ***Dramatizaciones,*** Activities A - C. *10 minutes*
5. **Cuaderno, *¡A escuchar!,*** Activity D *5 minutes*

Homework: Vocabulario personal, *Impacto:* Verifiquemos

DAY 7

1. Discuss **Verifiquemos**. *15 minutes*
2. Compare, correct, and expand **Vocabulario personal** in small groups. *10 minutes*
3. ***Dramatizaciones***, practice in different groupings. *15 minutes*
4. Review ***¿Qué decimos...?*** with video. *10 minutes*

Homework: Study for quiz

DAY 8

1. 4.1 quiz. *30 minutes*
2. 4.2 ***Para empezar*** *20 minutes*

Homework: Prepare responses to 4.2 ***Anticipemos***

CULTURAL REFERENCES

This chart lists the cultural references in the Student Text. Page numbers followed by a P indicate a photo. A referenced item often contains cultural notes in the margins of the Teacher's Edition.

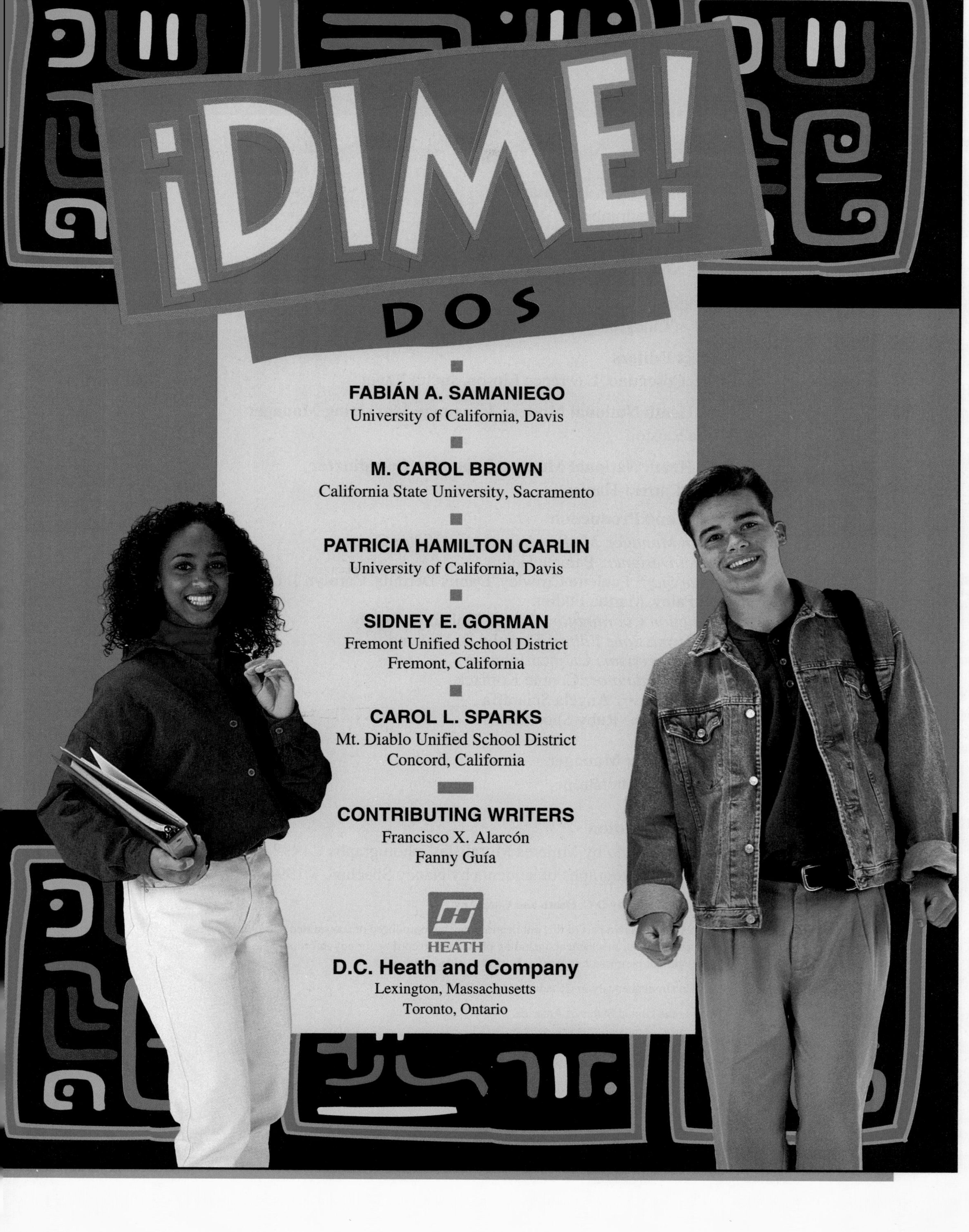

¡DIME!

DOS

FABIÁN A. SAMANIEGO
University of California, Davis

M. CAROL BROWN
California State University, Sacramento

PATRICIA HAMILTON CARLIN
University of California, Davis

SIDNEY E. GORMAN
Fremont Unified School District
Fremont, California

CAROL L. SPARKS
Mt. Diablo Unified School District
Concord, California

CONTRIBUTING WRITERS
Francisco X. Alarcón
Fanny Guía

HEATH
D.C. Heath and Company
Lexington, Massachusetts
Toronto, Ontario

Director, Modern Languages
Roger D. Coulombe

Project Manager
Sylvia Madrigal

Managing Editor for Spanish
Marilyn Lindgren

Project Editors
Susan Cosentino, Lawrence Lipson, Judith Ravin

D.C. Heath National Modern Language Marketing Manager
Karen Ralston

D.C. Heath National Modern Language Coordinator
Teresa Carrera-Hanley

Design and Production
Design Manager, Modern Languages: Victor Curran
Project Designer: Pamela Daly
Design Staff: Paulette Crowley, Daniel Derdula, Carolyn J. Langley, Joan Paley, Martha Podren
Production Coordinator: Patrick Finbarr Connolly
Text Permissions Editor: Dorothy B. McLeod
Photo Supervisor: Carmen Johnson
Photo Coordinator: Connie Komack
Book Designer: Angela Sciaraffa
Cover Design: Ruby Shoes Studio

Author Team Manager
J. Thomas Wetterstrom

Cover Illustration
Para el mercado by Mujeres Muralistas; photographs ©1992, by Timothy Drescher. Photographs of students by Nancy Sheehan, ©1994 by D.C. Heath.

Published simultaneously in Canada

Printed in the United States of America

International Standard Book Number: 0-669-23996-8

1 2 3 4 5 6 7 8 9 10 VHP 99 98 97 96 95 94 93

REVIEWERS AND CONSULTANTS

María Brock
Miami Norland
Senior High School
Miami, FL

Marie Carrera Lambert
Iona College
Eastchester High School
Eastchester, NY

Karen Davis
Southwest High School
Fort Worth, TX

Patricia McFarland
Concord Carlisle High School
Concord, MA

Joseph Moore
Tiffin City Schools
Tiffin, OH

Dr. Linda Pavian Roberts
Waverly Community Schools
Lansing, MI

Robin A. Ruffo
Chaparral High School
Scottsdale, AZ

Paul Sandrock
Appleton High School West
Appleton, WI

Roman J. Stearns
Arroyo Jr. Sr. High School
San Lorenzo, CA

Stephanie M. Thomas
Indiana University
Bloomington, IN

Gladys Varona-Lacey
Ithaca College
Ithaca, NY

Dr. Virginia D. Vigil
Northern Arizona University
Flagstaff, AZ

Marcos Williams
Landon School
Bethesda, MD

Richard V. Teschner
University of Texas at El Paso
El Paso, TX

Héctor Enríquez
University of Texas at El Paso
El Paso, TX

Guillermo Meza
University of Nevada
Reno, NV

LINGUISTIC CONSULTANT

William H. Klemme
Indiana University
Fort Wayne, IN

FIELD TEST USERS
¡DIME! UNO

Dena Bachman
Lafayette High School
St. Joseph, MO

Cathy Boulanger
L. Horton Watkins High School
St. Louis, MO

Janice Costella
Stanley Intermediate School
Lafayette, CA

Karen Davis
Southwest High School
Fort Worth, TX

Beatriz DesLoges
Lexington High School
Lexington, MA

Amelia Donovan
South Gwinnett High School
Snellville, GA

Velda Hughes
Bryan Senior High School
Omaha, NE

Sarah Witmer Lehman
P. K. Yonge Laboratory School
Gainesville, FL

Alita Mantels
Hall High School
Little Rock, AR

Ann Marie Mesquita
Encina High School
Sacramento, CA

Linda Meyer
Roosevelt Junior High School
Appleton, WI

Joseph Moore
Tiffin City Schools
Tiffin, OH

Craig Mudie
Dennis-Yarmouth Regional
High School
South Yarmouth, MA

Sue Rodríguez
Hopkins Junior High School
Fremont, CA

Janice Stangl
Bryan Senior High School
Omaha, NE

Teresa Hull Tolentino
Seven Hills Upper School
Cincinnati, OH

Grace Tripp
McCall School
Winchester, MA

Carol B. Walsh
Acton-Boxborough Regional
High School
Acton, MA

Margaret Whitmore
Morton Junior High School
Omaha, NE

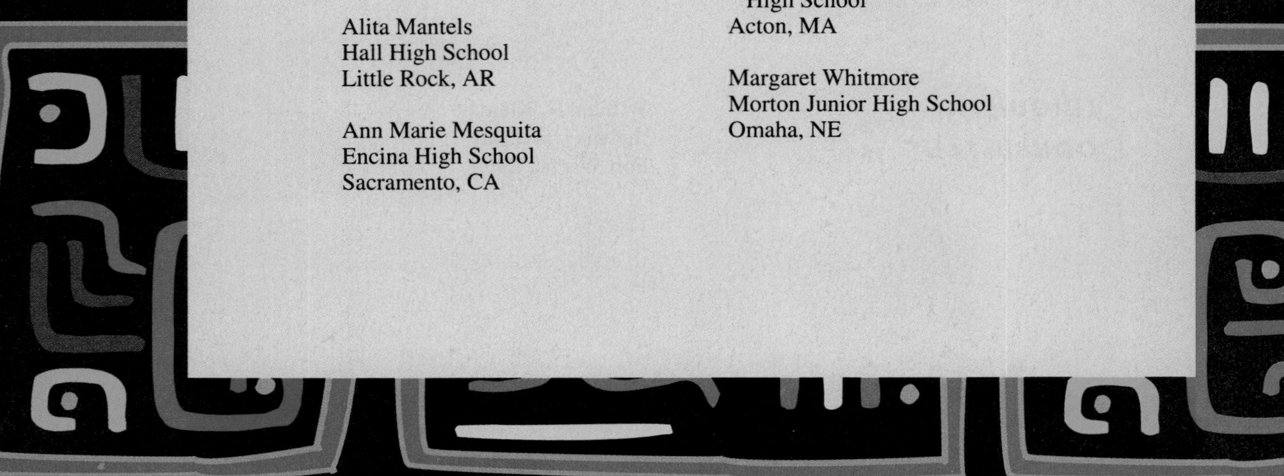

ATLAS

- El mundo
- México, el Caribe y Centroamérica
- Sudamérica
- España

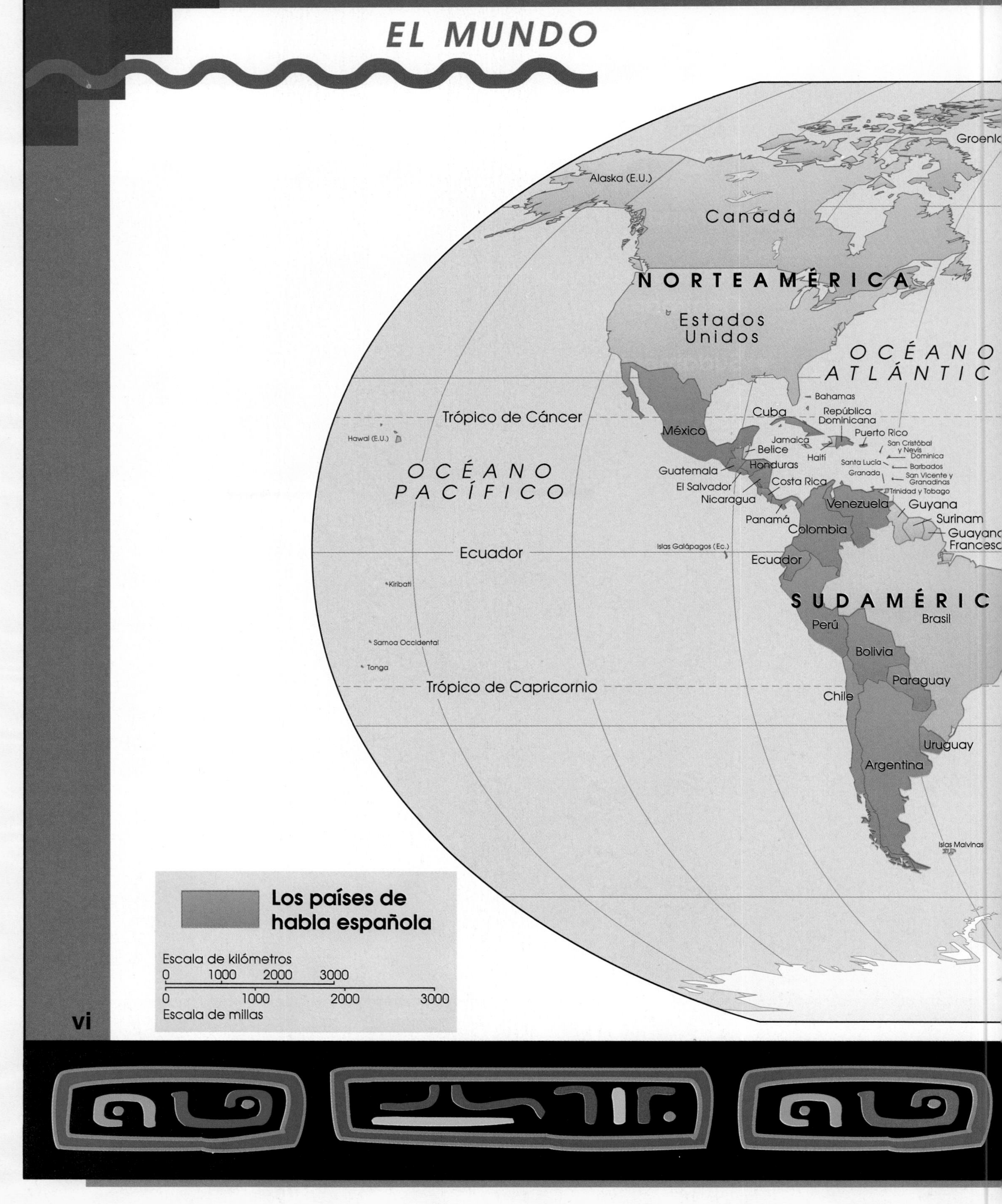

EL MUNDO
Groenl
Alaska (E.U.)
Canadá
NORTEAMÉRICA
Estados Unidos
OCÉANO ATLÁNTIC
Bahamas
Cuba
República Dominicana
Trópico de Cáncer
México
Hawai (E.U.)
Jamaica
Puerto Rico
San Cristóbal y Nevis
Dominica
Belice
Haití
Santa Lucía
Barbados
Honduras
Granada
San Vicente y Granadinas
OCÉANO PACÍFICO
Guatemala
El Salvador
Costa Rica
Trinidad y Tobago
Nicaragua
Venezuela
Guyana
Panamá
Surinam
Colombia
Guayana Francesa
Ecuador
Islas Galápagos (Ec.)
Ecuador
Kiribati
SUDAMÉRIC
Brasil
Perú
Samoa Occidental
Bolivia
Tonga
Trópico de Capricornio
Paraguay
Chile
Uruguay
Argentina
Islas Malvinas
Los países de habla española
Escala de kilómetros
0 1000 2000 3000
0 1000 2000 3000
Escala de millas
vi

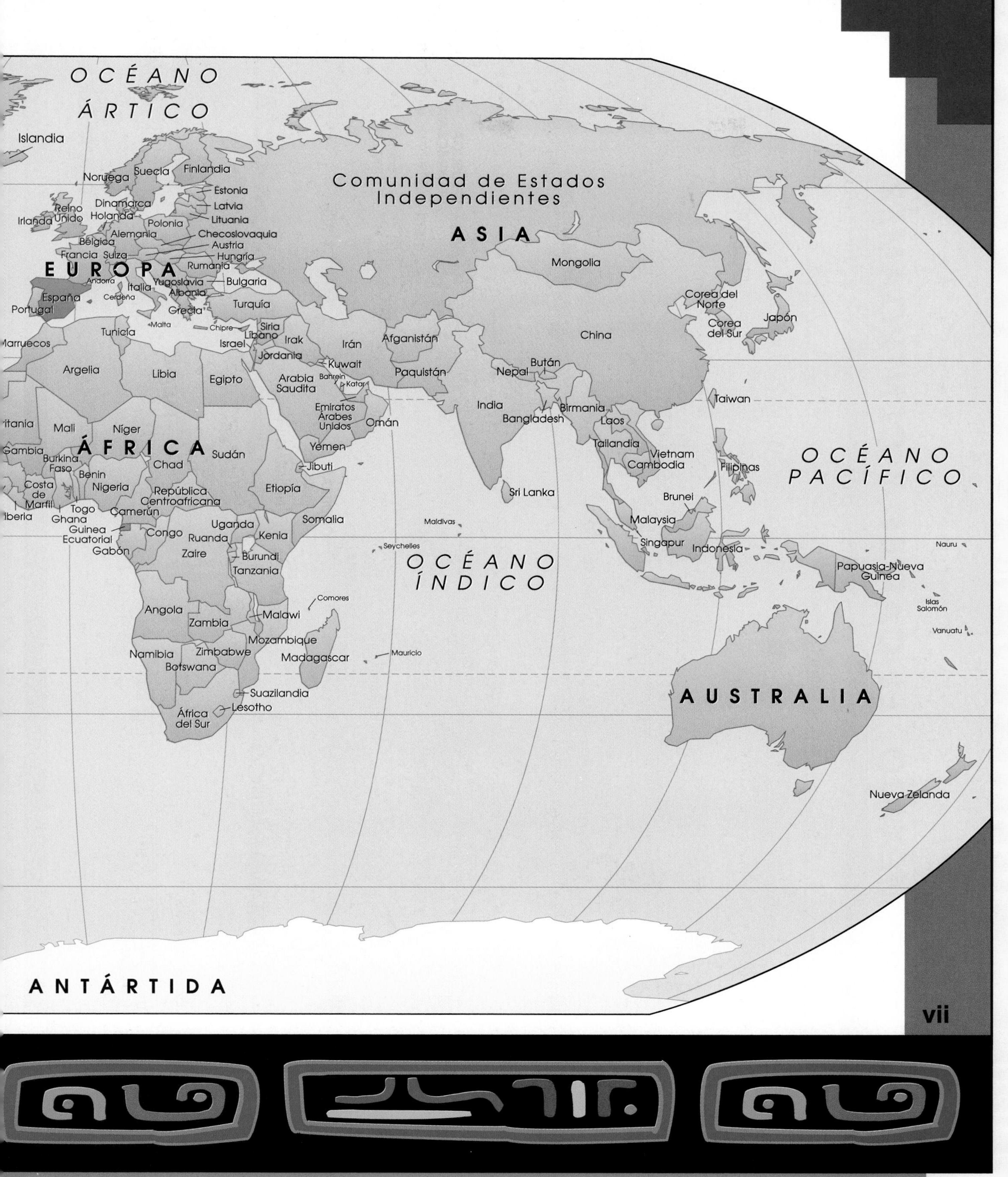

OCÉANO ÁRTICO
Islandia
Noruega
Suecia
Finlandia
Estonia
Latvia
Lituania
Reino Unido
Irlanda
Dinamarca
Holanda
Polonia
Bélgica
Alemania
Checoslovaquia
Austria
Hungría
Francia
Suiza
Rumania
EUROPA
Andorra
Yugoslavia
Bulgaria
Italia
Albania
España
Cerdeña
Portugal
Grecia
Turquía
Comunidad de Estados Independientes
ASIA
Mongolia
Corea del Norte
Corea del Sur
Japón
China
Malta
Chipre
Siria
Líbano
Irak
Irán
Afganistán
Israel
Jordania
Kuwait
Túnez
Marruecos
Argelia
Libia
Egipto
Arabia Saudita
Bahrein
Katar
Paquistán
Nepal
Bután
India
Taiwan
Emiratos Árabes Unidos
Omán
Birmania
Bangladesh
Laos
Mali
Níger
ÁFRICA
Sudán
Yemen
Tailandia
Vietnam
Cambodia
Filipinas
OCÉANO PACÍFICO
Burkina Faso
Chad
Jibuti
Benin
Costa de Marfil
Nigeria
República Centroafricana
Etiopía
Sri Lanka
Brunei
Togo
Ghana
Camerún
Somalia
Malaysia
Guinea Ecuatorial
Congo
Uganda
Kenia
Maldivas
Singapur
Indonesia
Gabón
Ruanda
Zaire
Burundi
Seychelles
Nauru
Tanzania
OCÉANO ÍNDICO
Papuasia-Nueva Guinea
Comores
Islas Salomón
Angola
Zambia
Malawi
Vanuatu
Mozambique
Namibia
Zimbabwe
Madagascar
Mauricio
Botswana
Suazilandia
AUSTRALIA
Lesotho
África del Sur
Nueva Zelanda
ANTÁRTIDA
vii

MÉXICO, EL CARIBE Y CENTROAMÉRICA

SUDAMÉRICA

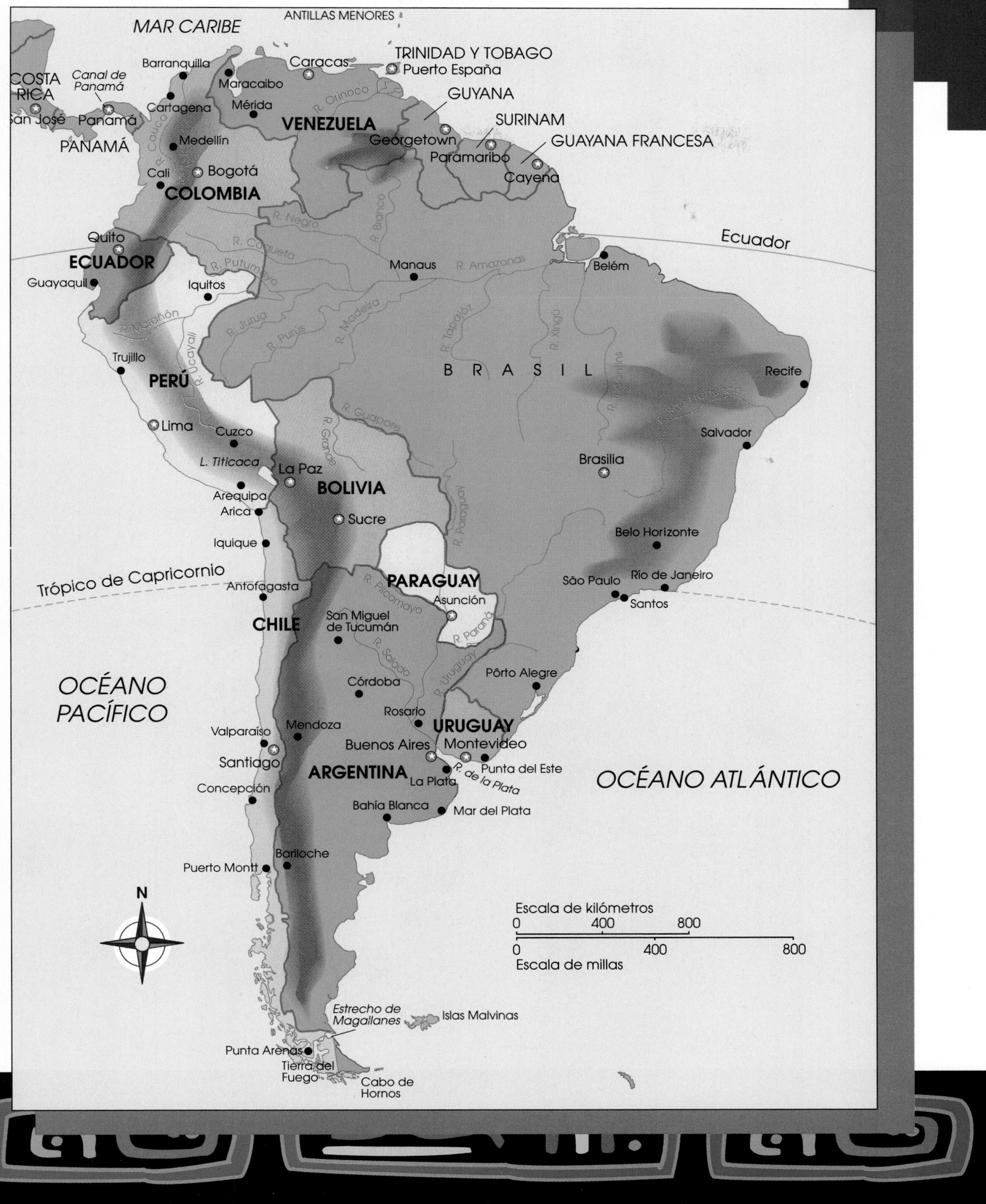
MAR CARIBE
ANTILLAS MENORES
TRINIDAD Y TOBAGO
Puerto España
Caracas
Barranquilla
Maracaibo
COSTA RICA
San José
Canal de Panamá
Panamá
PANAMÁ
Cartagena
Mérida
VENEZUELA
GUYANA
Georgetown
SURINAM
Paramaribo
GUAYANA FRANCESA
Cayena
Medellín
Bogotá
Cali
COLOMBIA
R. Orinoco
R. Cauca
R. Negro
R. Branco
R. Caquetá
R. Putumayo
R. Amazonas
Quito
ECUADOR
Guayaquil
Ecuador
Manaus
Belém
Iquitos
R. Marañón
R. Juruá
R. Purús
R. Madeira
R. Tapajóz
R. Xingu
R. Ucayali
Trujillo
PERÚ
BRASIL
Recife
R. Tocantins
R. São Francisco
Lima
Cuzco
R. Guaporé
R. Grande
Salvador
L. Titicaca
La Paz
Brasilia
BOLIVIA
Arequipa
Arica
Sucre
R. Paraguay
Iquique
Belo Horizonte
Trópico de Capricornio
Antofagasta
PARAGUAY
R. Pilcomayo
Asunción
São Paulo
Río de Janeiro
Santos
CHILE
San Miguel de Tucumán
R. Paraná
R. Salado
R. Uruguay
OCÉANO PACÍFICO
Córdoba
Pôrto Alegre
Rosario
Valparaíso
Mendoza
URUGUAY
Buenos Aires
Montevideo
Santiago
Punta del Este
ARGENTINA
La Plata
R. de la Plata
OCÉANO ATLÁNTICO
Concepción
Bahía Blanca
Mar del Plata
Bariloche
Puerto Montt
N
Escala de kilómetros
0
400
800
0
400
800
Escala de millas
Estrecho de Magallanes
Islas Malvinas
Punta Arenas
Tierra del Fuego
Cabo de Hornos

ESPAÑA

MAR CANTÁBRICO
CANTABRIA
Golfo de Vizcaya
La Coruña
Oviedo
ASTURIAS
Santander
Bilbao
San Sebastián
F R A N C I A
Tolosa
Marsella
Golfo de León
Santiago de Compostela
GALICIA
VASCONGADAS
R. Ebro
Pamplona
ANDORRA
Pontevedra
León
Logroño
NAVARRA
Vigo
Burgos
LA RIOJA
Costa Brava
CASTILLA-LEÓN
CATALUÑA
Zaragoza
Lérida
Valladolid
Oporto
R. Duero
Zamora
Barcelona
ARAGÓN
Tarragona
Salamanca
Segovia
OCÉANO ATLÁNTICO
Escorial
MADRID
Ávila
Guadalajara
Castellón
Madrid
ISLAS BALEARES
Menorca
P O R T U G A L
R. Tajo
Toledo
Mallorca
CASTILLA-LA MANCHA
R. Júcar
Cáceres
Valencia
Palma de Mallorca
EXTREMADURA
COMUNIDAD VALENCIANA
Ciudad Real
Albacete
Lisboa
Mérida
Ibiza
Badajoz
Formentera
Almadén
N
R. Guadiana
Alicante
R. Segura
Murcia
Costa Blanca
Linares
R. Guadalquivir
Córdoba
Jaén
MURCIA
Sevilla
Lorca
ANDALUCÍA
ALGARVE
Huelva
Cartagena
MAR MEDITERRÁNEO
Golfo de Cádiz
Granada
Almería
Argel
Málaga
Escala de kilómetros
0 100 200
Jérez de la Frontera
Cádiz
Costa del Sol
0 100 200
Escala de millas
Gibraltar (R.U.)
Estrecho de Gibraltar
Tánger
Ceuta (Esp.)
Orán
ISLAS CANARIAS
Lanzarote
Tetuán
ARGELIA
La Palma
Santa Cruz
Fuerteventura
Melilla (Esp.)
Las Palmas
Gomera
Tenerife
Gran Canaria
Hierro
MARRUECOS
0 100 Kilómetros
ÁFRICA
Rabat
Á F R I C A
0 100 Millas

¿Cómo te llamas tú?

Here are some of the most frequently used names in Spanish. Find your name in the list or select a name you would like to be called.

Alberto (Beto)
Alejandro (Alex)
Alfonso
Alfredo
Andrés
Antonio (Toni, Toño)
Arturo (Tudi)
Benjamín
Bernardo
Carlos
César
Clemente (Tito)
Cristóbal
Daniel (Dani)
David
Diego
Eduardo (Edi)
Emilio
Enrique (Quico)
Ernesto
Esteban
Federico (Fede)
Felipe
Fernando (Nando)
Francisco (Cisco, Paco, Pancho)
Gabriel (Gabi)
Germán
Gilberto
Gonzalo
Gregorio
Guillermo (Memo)
Gustavo
Hernán
Homero
Horacio
Hugo
Ignacio (Nacho)
Jacobo
Jaime
Javier
Jerónimo
Joaquín
Jorge
José (Pepe)
Juan (Juancho)
Julio
Lorenzo
Lucas
Luis
Manuel (Manolo)
Marcos
Mariano
Mario
Martín
Mateo
Miguel
Nicolás (Nico)
Octavio
Óscar
Pablo
Patricio
Pedro
Rafael (Rafa)
Ramiro
Ramón
Raúl
Ricardo (Riqui)
Roberto (Beto)
Rodrigo (Rodri)
Rubén
Salvador
Samuel
Sancho
Santiago (Santi)
Sergio
Teodoro
Timoteo
Tomás
Víctor

Adela
Adriana
Alicia
Amalia
Ana
Anita
Ángela
Antonia (Toni)
Bárbara
Beatriz (Bea)
Berta
Blanca
Carla
Carlota
Carmen
Carolina
Catalina
Cecilia
Clara
Concepción (Concha, Conchita)
Cristina (Cris, Tina)
Débora
Diana
Dolores (Lola)
Dorotea (Dora)
Elena
Elisa
Eloísa
Elvira
Emilia (Emi)
Estela
Ester
Eva
Florencia
Francisca (Paca, Paquita)
Gabriela (Gabi)
Gloria
Graciela (Chela)
Guadalupe (Lupe)
Inés
Irene
Isabel (Chavela)
Josefina (Pepita)
Juana (Juanita)
Julia
Laura
Leonor
Leticia (Leti)
Lilia
Lucía
Luisa
Marcela (Chela)
Margarita (Rita)
María
Mariana
Maricarmen
Marilú
Marta
Mercedes (Meche)
Mónica
Natalia (Nati)
Norma
Patricia (Pati)
Pilar
Ramona
Raquel
Rebeca
Rosa (Rosita)
Sara
Silvia
Sofía
Soledad (Sole)
Sonia
Susana (Susanita)
Teresa (Tere)
Verónica (Vero)
Victoria (Vicki)
Yolanda (Yoli)

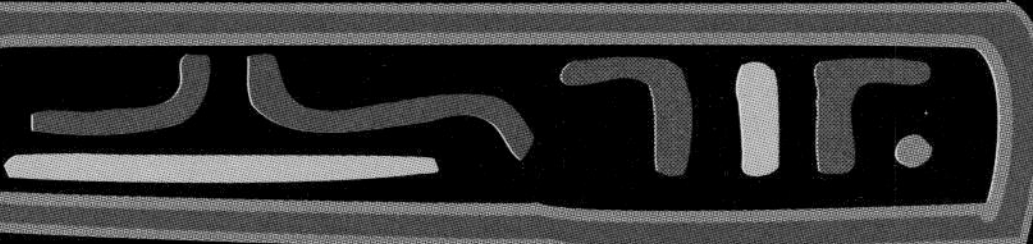

CONTENIDO

UNIDAD 1 ¿Cómo pasan el tiempo? 1

Featured Country: EE.UU., El suroeste hispano

UNIDAD 2 ¡Qué chévere! 54

Featured country: VENEZUELA

xiii

UNIDAD 3 Queridos televidentes... 110

Featured country: CHILE

xiv

UNIDAD 4 Era una ciudad muy... 166

Featured country: PERÚ

UNIDAD 4
Era una ciudad muy...
Caracas, 1940

xv

UNIDAD 5 Recomiendo que... 220

Featured country: ESPAÑA

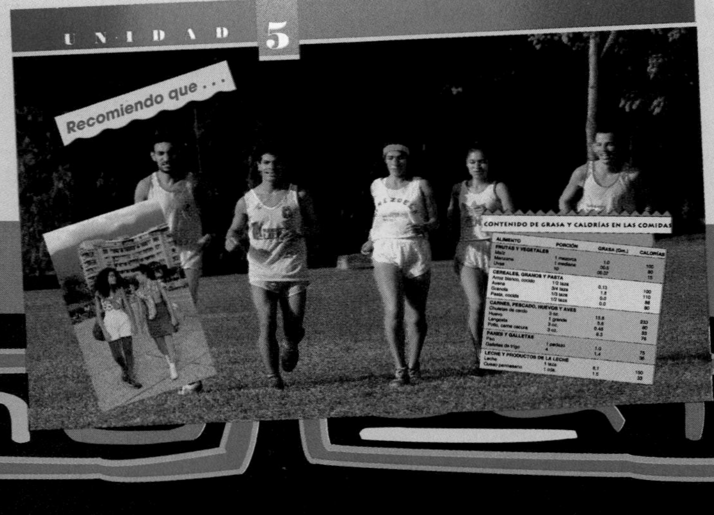

xvi

UNIDAD 6: ¡Hagamos una excursión! 274

Featured country: COSTA RICA

UNIDAD 7 ¡Hay que buscar empleo! 332

Featured country: MÉXICO

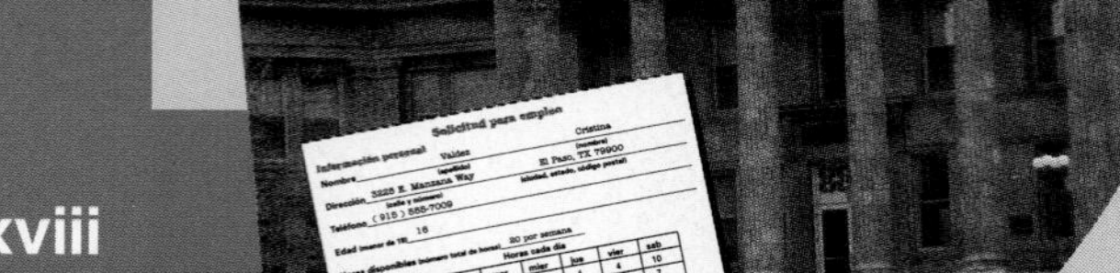

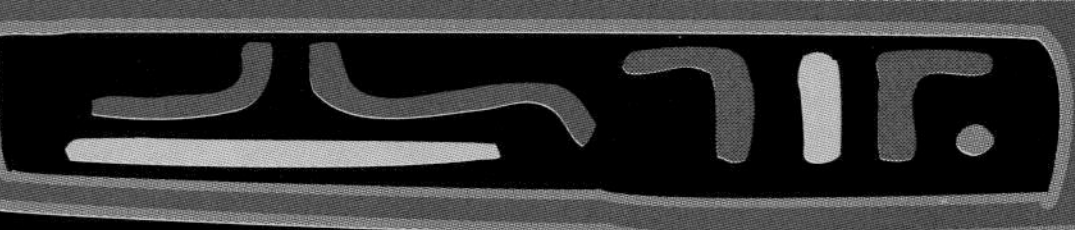

xviii

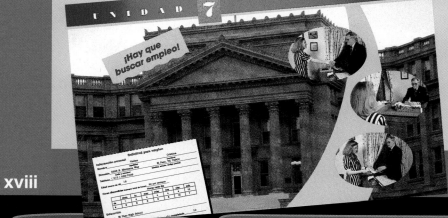

UNIDAD 8 ¡Voy a Venezuela! 386

Featured country: ARGENTINA

UNIDAD 8
¡Voy a Venezuela!

UNIT OBJECTIVES

Communicative Goals

After completing this review unit, students will be able to use Spanish . . .

- to exchange greetings and introductions
- to discuss likes and dislikes
- to name and ask about favorite activities
- to shop for a gift
- to ask about teachers and friends
- to describe activities, family, school, and friends
- to exchange information about where they are going, what they are going to do, what they have to do, and how long they have been doing something

Culture

In this unit, students will . . .

- listen to a brief description of El Paso, Texas
- listen to two short stories from New Mexico's Hispanic folklore
- read a short history entitled ***El Paso del Norte***
- read a short poem by a Chicano poet
- learn about a New Mexican fiesta called *The Whole Enchilada*

Reading and Writing Strategies

- Reading: **Predecir con fotos, dibujos, gráficos o diagramas**
- Writing: **Planificación**

Structure

- ***Repaso:*** **Gustar** and **encantar**
- ***Repaso:*** Present indicative tense–Regular verbs
- ***Repaso:*** Question words
- ***Repaso:*** The verbs **estar, ser, tener,** and **ir**
- ***Repaso:*** Present tense–Stem-changing verbs
- ***Repaso:*** Present tense–Irregular verbs
- ***Repaso:*** Adjectives
- **Hacer** in expressions of time: Present tense

UNIDAD 1

Focus on EE.UU.: EL SUROESTE HISPANO

In this unit, students will learn how **El Paso del Norte** became El Paso, Texas, and Ciudad Juárez, México. They will read about El Paso before the arrival of the Spaniards, during the Spanish occupation, and while under the flag of Mexico. Students will also learn how and why the U.S. government bought El Paso and most of the Southwest from Mexico. In addition, students will explore a sampling of Chicano literature as they read a short poem by the poet Francisco X. Alarcón. Lastly, in the unit reading, students will travel about 40 miles north of El Paso to Las Cruces, New Mexico, where they will attend the "The Whole Enchilada" fiesta.

Video Montage

To play the montage, use counter or bar code:

Side 1, 745 to 2383

To play the entire unit without stopping:

Side 1, 1 to 17144

Overview of downtown El Paso with Juárez Mountains, round structure=civic center; traffic on I-10, Franklin Mountains; El Paso trolley car, Railroad Station; Aztec calendar replica, glass building=County Court House; facade of the Cortés Building; Native American dancers and musicians; El Camino Real Hotel; El Paso/Juárez border crossing, Río Grande (Río Bravo) and flags; mural on the Centro de Salud Familiar La Fe; obelisque marking end of southern tip of the Rocky Mountains; street vendor on Stanton St.; snow-covered Juárez Mountains; El Paso-Juárez bus on Stanton St.; County Court house; Franklin Mountains; chili peppers; silver and turquoise jewelery, rugs from Oaxaca, native American mandala, Mexican and Southwest pottery.

Photo

Pictured against an overview of downtown El Paso, the five El Pasoan teenagers in the foreground are the main characters in the El Paso portion of the video. The boy on the far right is of Mexican-American/Apache descent; the other four are of Mexican-American descent.

El Paso is situated on the border of Mexico, with only the Río Grande—the Río Bravo to Mexicans—separating it from its twin city in Mexico, Ciudad Juárez. Their 400-year history on the border accounts for the great Mexican influence on Texas' fourth largest city. Sixty-nine percent of the population is of Hispanic origin. The Spanish, Mexican, and Native American influence manifests itself in a variety of ways, in particular through the food, crafts, and architecture of the city.

OBJECTIVES

Communicative Goals

- Exchanging greetings and introductions
- Discussing likes and dislikes
- Naming activities
- Asking about favorite activities

Culture and Reading

- **Para empezar** ***Introducción a El Paso***
- **Excursiones** ***El Paso del Norte***

Structure

- 1.1 ***Repaso:*** The verbs **gustar** and **encantar**
- 1.2 ***Repaso:*** Present tense–Regular verbs
- 1.3 ***Repaso:*** Question words

ACTIVE VOCABULARY

This section lists the new vocabulary students are responsible for upon completing each lesson. The list includes all new words and expressions that students are asked to produce in the ***Charlemos un poco*** and ***Charlemos un poco más*** sections. A few high-frequency expressions from the ***¿Qué decimos...?*** sections are also listed.

¡Ojo! The list that follows is the active vocabulary for the Unit. It does not appear as such in the Student Text. Instead, it appears in context in the ***¿Qué decimos...?*** and in the ***Charlemos un poco*** sections. The students' active vocabulary lists appear in the **Cuaderno de actividades** at the end of each lesson in a section called ***Vocabulario personal.*** Here students also reactivate active vocabulary from **¡DIME! UNO** by generating their own lists of vocabulary needed to perform the lesson functions.

LECCIÓN 1

¡En una semana empezamos!

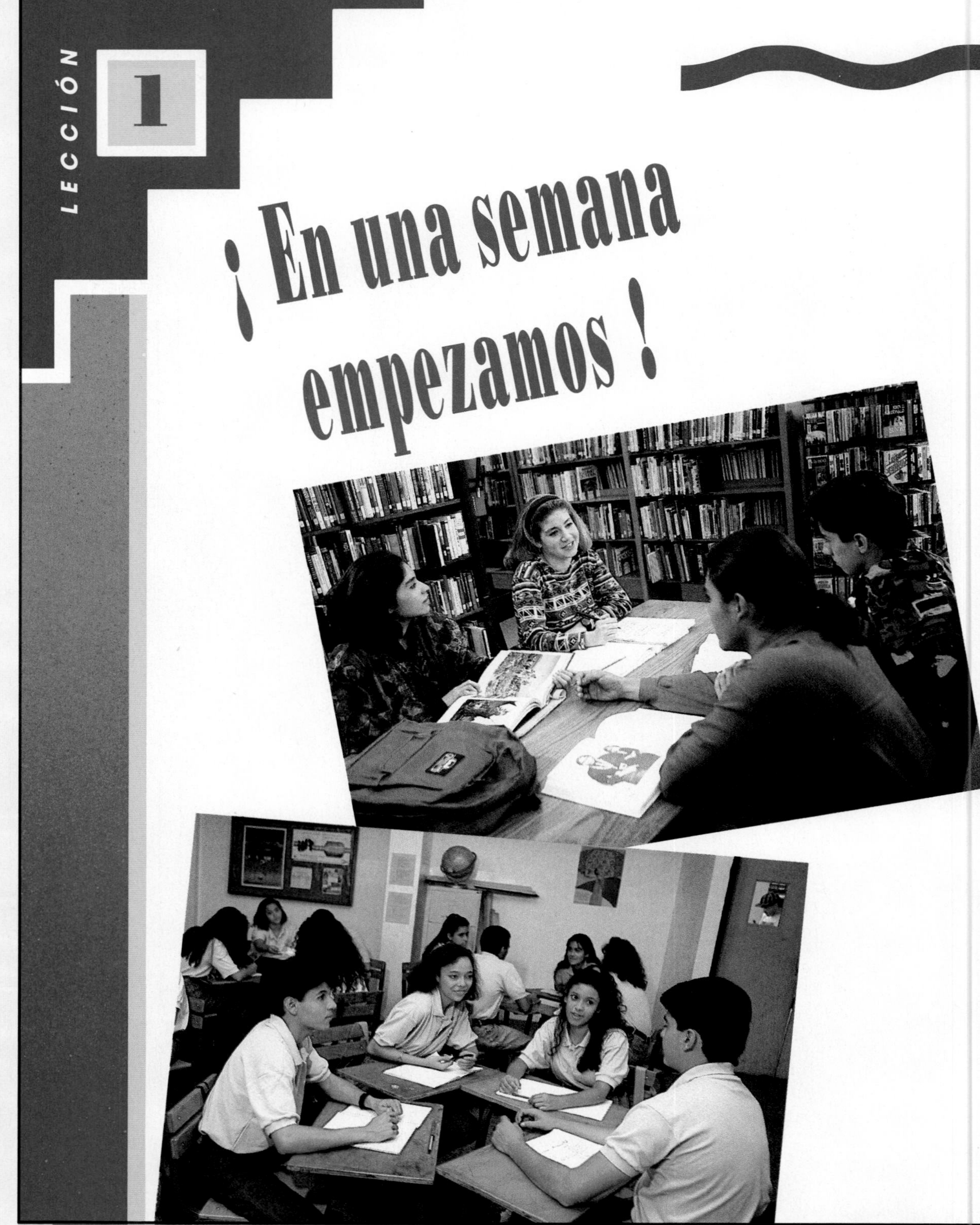

Sustantivos
correo
cuadrado
cuadrícula
lista
medio de transporte
nachos
personalidad
preferencia
pregunta
rutina
talento
vida

Verbos
acabar (de)
aprovechar
asistir a
cantar
gozar
nadar
viajar
vivir

Adjetivos
largo(a)
listo(a)
negativo(a)
positivo(a)

Palabras y expresiones
¡Aguafiestas!
amigo por correspondencia
echar de menos
Fue un placer.
hacer preguntas
la semana que viene
Nos vemos.
¿Qué hay de nuevo?
tener ganas de
Te toca a ti.

ANTICIPEMOS

¿Qué piensas tú?

1. ¿Crees que estas fotos se sacaron en la misma ciudad o en distintas ciudades? ¿Por qué crees eso?
2. En efecto, todas las fotos se sacaron en dos ciudades distintas: El Paso, Texas y Caracas, Venezuela. ¿Puedes identificar cuáles son de El Paso y cuáles son de Caracas? ¿Qué semejanzas ves en las dos ciudades? ¿Qué diferencias? ¿Cómo explicas estas semejanzas? ¿diferencias?
3. ¿En qué día del año crees que se sacaron las fotos en la página anterior? ¿Por qué crees eso? ¿De qué estarán hablando estos estudiantes?
4. ¿Qué están haciendo los jóvenes en las fotos de arriba? ¿Son actividades que tú y tus amigos hacen?
5. ¿Qué actividades te gusta hacer durante el año escolar? ¿durante las vacaciones de verano? ¿durante las vacaciones de invierno?
6. En **¡DIME! UNO**, los estudiantes expresaron sus impresiones de los jóvenes de otros países y descubrieron cómo son en realidad. ¿Creen tú y tus amigos que los jóvenes de Venezuela son similares a o diferentes de ustedes? ¿Por qué?
7. ¿Qué crees que vamos a hacer en esta lección?

Purpose To focus students on the language and functions to be reviewed in the lesson—daily activities, likes and dislikes, days and time of day. To engage students in a discussion of similarities and differences between an American city (El Paso) and a Venezuelan city (Caracas), and between American and Venezuelan teenagers. To raise awareness of and to spark interest in the lesson theme.

Suggestions Use the photos to introduce the lesson content. Encourage students to use Spanish whenever possible to respond to the ***¿Qué piensas tú?*** questions, but allow English where ideas may be more complex or vocabulary may be unknown. Summarize responses in Spanish, using comprehensible input techniques to clarify your language where necessary.

ANTICIPEMOS

Setting the Stage

¿Qué piensas tú?

Answers

1 Lo más probable es que unos estudiantes crean que las fotos son de la misma ciudad y otros de distintas ciudades. Pídales que digan por qué creen de una manera u otra.

2 Las fotos en la biblioteca, dentro de un café y en *Sunland Park Mall* son de El Paso y las otras son de Caracas. Semejanzas: el tiempo parece agradable, el modo de vestir es bastante informal, parecen ser estudiantes. Diferencias: unos comen adentro, otros afuera, unos hacen sus compras adentro, otros afuera. Un clima parecido, por lo menos durante parte del año, puede explicar las semejanzas. Diferentes costumbres relacionadas al comer y al hacer compras pueden explicar las diferencias.

3 Los estudiantes probablemente dirán que las dos fotos se sacaron un día de clases porque en ambas fotos parecen estar estudiando. También dirán que los estudiantes están hablando de sus clases o de la tarea o de sus profesores o de sus planes para el fin de semana.

4 En unas fotos están comiendo en un café y en otras parecen andar de compras. Ambas son actividades que los jóvenes en todas partes del mundo hacen.

5 Las respuestas van a variar muchísimo. Han de incluir una gran variedad de actividades y pasatiempos típicos.

6 Las respuestas van a variar. Es probable que digan que hay muchas semejanzas y algunas diferencias, según aprendieron en **¡DIME! UNO**.

7 **En esta lección, van a repasar cómo hablar de gustos y disgustos, pasatiempos favoritos, días de la semana y la hora del día.**

PARA EMPEZAR

Comprehensible Input 1

Comprehension Checks

Ask these questions to determine comprehension without translation. Look for yes/no or one- or two-word answers. If responses are weak or uncertain, provide additional clarification in Spanish.

A complete set of **Comprehension Checks** is available on cards in the Teacher's Resource Package.

Suggestions Point out El Paso on a map of the United States. Act out the exchange between two people meeting **(conocer)** and introducing a third **(presentar)**. Contrast with "meeting" and "introducing" a city.

1 ¿Quién es?

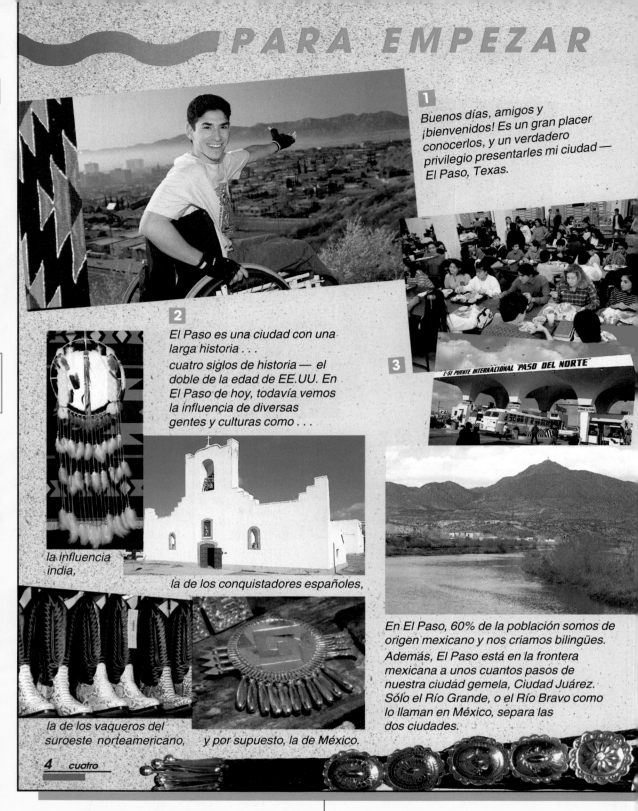

Suggestions Gesture for **larga.** Contrast with **corta. 100 años = un siglo.** Contrast **1776 - 1976 = dos siglos. EE.UU. tiene doscientos años; El Paso tiene cuatrocientos años.** Identify different peoples and cultures: **indios, españoles, mexicanos, norteamericanos.**

1 ¿Es El Paso una ciudad vieja?

Suggestions Explain **bilingües—hablamos dos lenguas—español e inglés.** Point out location of El Paso on the border. Name twins in your school population or draw two children with same age, birthdate, last name to clarify **gemela**. Explain: **En EE.UU. el río se llama Río Grande, en México se llama Río Bravo.**

1 ¿Qué parte de la población es de origen mexicano? ¿40%? ¿60%?

PARA EMPEZAR

1

Buenos días, amigos y ¡bienvenidos! Es un gran placer conocerlos, y un verdadero privilegio presentarles mi ciudad— El Paso, Texas.

2

El Paso es una ciudad con una larga historia . . . cuatro siglos de historia— el doble de la edad de EE.UU. En El Paso de hoy, todavía vemos la influencia de diversas gentes y culturas como . . .

la influencia india,

la de los conquistadores españoles,

la de los vaqueros del suroeste norteamericano,

y por supuesto, la de México.

3

En El Paso, 60% de la población somos de origen mexicano y nos criamos bilingües. Además, El Paso está en la frontera mexicana a unos cuantos pasos de nuestra ciudad gemela, Ciudad Juárez. Sólo el Río Grande, o el Río Bravo como lo llaman en México, separa las dos ciudades.

Purpose This section develops listening comprehension and active listening skills as students review language used to talk about daily activities, likes and dislikes. It provides comprehensible language without translation. The ***Para empezar*** section is not meant for memorization or mastery. It simply develops listening comprehension and introduces the lesson structures in context.

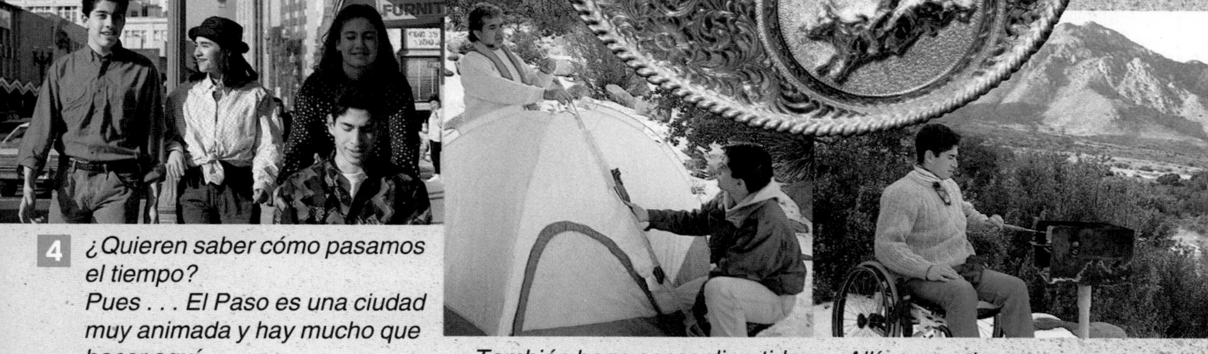

4 ¿Quieren saber cómo pasamos el tiempo?
Pues . . . El Paso es una ciudad muy animada y hay mucho que hacer aquí.

En primer lugar, el tiempo es fenomenal. ¡Hace sol 360 días al año! En el verano, cuando hace calor, mis amigos y yo nos divertimos mucho.

También hago cosas divertidas con mi familia. Por ejemplo, nos gusta ir a las montañas de Nuevo México. No quedan lejos de aquí.

Allí nos gusta acampar—incluso en invierno.

En el campamento mi actividad favorita es cocinar al aire libre. ¡Me encanta! Lo que no me explico es, si papá y Daniel insisten en que no les gusta mi comida, ¿por qué siempre se la comen?

5

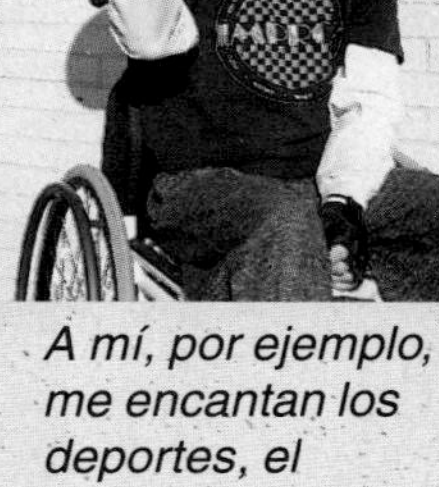

Ah, . . . pero quieren saber algo de mi escuela, ¿verdad? Mi hermano y yo vamos a El Paso High School. Estudiamos mucho, porque los profesores son muy exigentes. Nos dan mucha tarea.

Pero hay otras cosas que hacer.

A mí, por ejemplo, me encantan los deportes, el baloncesto en particular. Soy miembro de un equipo de baloncesto.

A Daniel le gusta el teatro y no es mal actor.

Se puede decir que los dos somos "estrellas", ¿no?

DOM	LUN	MAR	MIER	JUE	VIER	SAB
3	4	5	6	7	8	9

6

Pero ahora quiero contarles lo que hacemos en mi tiempo favorito . . . ¡los fines de semana!

A ver . . . Mi problema es que hay tanto que hacer que no sé qué contarles primero.

4

Suggestions Review weather expressions: **hace sol, hace calor**. Point out **las montañas de Nuevo México** on a map. Emphasize proximity by explaining that they are less than a two-hour drive away: **no quedan lejos.** Draw a tent for camping: **acampar.** Point out Martín cooking. Act out not liking the food.

1 ¿Es El Paso una ciudad animada o aburrida?
2 ¿Hay mucho que hacer?
3 ¿Cómo es el tiempo—bueno o malo?
4 . . .

5

Note Vocabulary is all review. Draw **una estrella**.

1 ¿A qué escuela van Martín y Daniel?
2 ¿Estudian mucho?
3 ¿Les dan los profesores mucha o poca tarea?
4 . . .

6

Suggestion Review days of the week, ordinal numbers: **primero, segundo, tercero,** etc.

1 ¿Cuál es el tiempo favorito de Martín?
2 ¿Hay mucho que hacer los fines de semana?
3 ¿Por qué Martín no sabe qué contarnos primero?

Suggestions Have students close books while you narrate each section using overhead transparencies to clarify meaning without translation. Use comprehensible input techniques: break longer sentences into shorter utterances, point to elements of each photo, act out, demonstrate, gesture to clarify meaning. Most of the language here is review, and comprehension should come easily and quickly.

***Using the recorded* Para empezar** Play one section at a time. As students listen, aid their comprehension by pointing to the appropriate part of each drawing on the transparencies. Stop the tape and ask the **Comprehension Checks.**

Vary your presentation routine by alternating the use of the recorded narratives and your own narrating, or by playing the recorded narrative one section at a time immediately after you narrate each section.

7

Suggestions Identify characters. Point out activities named.

1 ¿Quiénes son las amigas de Martín y Daniel?
2 ¿A quiénes les gusta mucho jugar tenis?
3 ¿A quiénes les gusta mucho ir de compras?
4 . . .

8

Suggestion Act out the list of activities.

1 ¿Qué les gusta hacer a Martín y sus amigos?

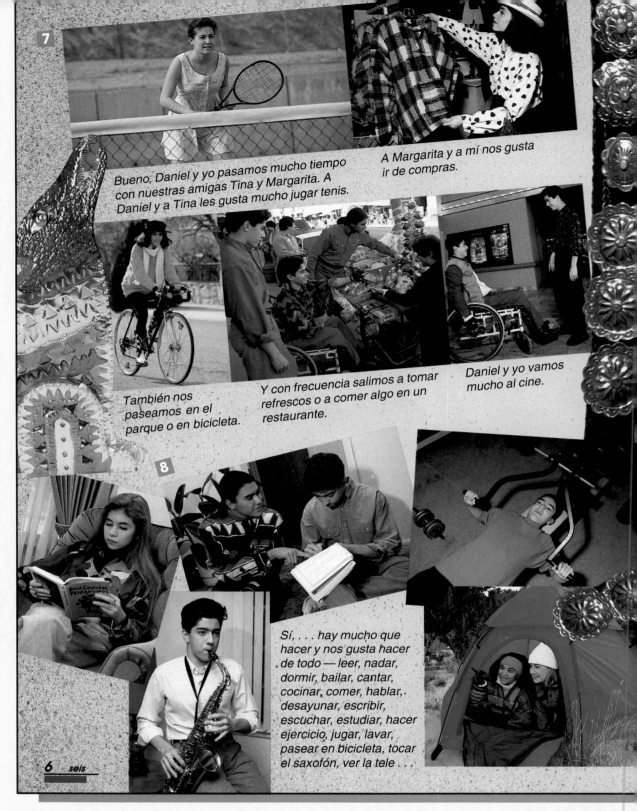

7

Bueno, Daniel y yo pasamos mucho tiempo con nuestras amigas Tina y Margarita. A Daniel y a Tina les gusta mucho jugar tenis.

A Margarita y a mí nos gusta ir de compras.

También nos paseamos en el parque o en bicicleta.

Y con frecuencia salimos a tomar refrescos o a comer algo en un restaurante.

Daniel y yo vamos mucho al cine.

8

Sí, . . . hay mucho que hacer y nos gusta hacer de todo — leer, nadar, dormir, bailar, cantar, cocinar, comer, hablar, desayunar, escribir, escuchar, estudiar, hacer ejercicio, jugar, lavar, pasear en bicicleta, tocar el saxofón, ver la tele . . .

¿QUÉ DECIMOS...?

Al hablar del comienzo del año escolar

1 ¿Qué hay de nuevo?

En casa de los Galindo, Martín y su hermano Daniel juegan baloncesto.

¡Bravo, Martín! ¡Qué talento!

¡Por supuesto, Margarita! ¿Cómo estás?

Muy bien, gracias, y lista para jugar.

Ah, pues entonces, te toca a ti.

¿Qué tal, Daniel? ¿Qué hay de nuevo?

Hola, Tina.

Aquí estamos aprovechando los últimos días de vacaciones.

¡Ay, sí! ¡Me encantaría tener otro mes de vacaciones!

Sí, verdad. Pero también tengo ganas de ver a todos mis amigos de nuevo. Los echo de menos.

Pues, muy pronto los vas a ver porque la semana que viene ya empiezan las clases.

¡Aguafiestas! ¡Déjanos gozar de la última semana!

Purpose This section introduces students to the language and functions of the lesson—greetings, introductions, leave-taking—and prepares them for discussions of daily activities in the context of natural conversation. Students should not be expected to memorize or master all utterances; listening comprehension is the principal goal. The teacher's use of overhead transparencies and video will aid comprehension and allow students to practice new language.

Suggestions Begin by having students close their books while you narrate each **fotonovela** segment, identifying characters and their relationships, and describing their activities. Ask **Early Production Checks** frequently to confirm understanding. Act out the dialogue between the characters.

¿QUÉ DECIMOS...?

Comprehensible Input 2

00:55–04:35

Side 1, 2405 to 9016

The overhead transparencies may also be used to review, to recreate the text dialogues, and to have students create their own dialogues. Students should not be asked to reproduce dialogues verbatim. They should produce logical, appropriate exchanges prompted by the pictured situations.

Using the video Play one section at a time after narrating it using the transparencies. Freeze the video and ask the **Early Production Checks.** Repeat this process with each section.

Early Production Checks

Ask these questions as you present each segment to be certain students understand context and characters. Accept short-phrase and sentence-fragment answers but rephrase responses in sentences. Encourage students to elaborate answers and give details. Extend questions to elicit further details.

A full set of **Early Production Checks** is available on cards in the Teacher's Resource Package.

1 01:05

¿Qué hay de nuevo? Identify characters and relationships. Contrast **últimos días** with **primeros días**—give example dates. Use tone of voice to communicate **Aguafiestas**. Ask students for terms they would use to express this in English.

1 ¿Dónde están Martín y Daniel?
2 . . .

Side 1, 2718 to 5147

2 02:27

Quiero presentarles a mi papá. Review names of months. Explain that Tina lived in another city, but moved to El Paso in July. Contrast **cerca/lejos**.

1. ¿Quién recoge el correo?
2. ¿A quién quiere presentar Daniel?
3. ¿Cuál es el apellido de las dos muchachas?
4. . . .

Side 1, 5160 to 7141

2 Quiero presentarles a mi papá.

El Sr. Galindo recoge el correo después del trabajo.

Papá, ven a conocer a unas amigas.

Muchachas, quiero presentarles a mi papá. Papá, Tina y Margarita.

Tina Valdez, encantada.

Igualmente, Alejandro Galindo.

Y yo soy Margarita Silva. Mucho gusto.

El gusto es mío, Margarita. ¿Son compañeros de clase?

Sí, Margarita y yo estamos en el mismo año y Tina y Daniel están juntos.

¿Viven por aquí cerca?

Yo, sí, a unas cuadras. Nos mudamos para acá en julio. Margarita también vive cerca—en el Paseo Real.

3 ¿Qué dice?

3 03:34

¿Qué dice? List typical bills: phone, local department stores, gas and electric company, etc. Act out opening a letter. Enumerate questions Luis has asked.

1 ¿Qué hay en el correo?
2 ¿Hay una carta para Martín? ¿para Daniel?
3 ¿De dónde es la carta de Daniel?
4 . . .

Side 1, 7156 to 9016

CHARLEMOS UN POCO

Guided Practice

A. PARA EMPEZAR . . .

Call on individual students. Have class confirm each answer and give the correct version of false statements.

1 falso. Tiene una historia de 400 años.
2 cierto
3 cierto
4 falso. Está a unos pasos de Cd. Juárez.
5 falso. Hace sol 360 días al año.
6 cierto
7 falso. Cd. Juárez es la ciudad gemela de El Paso.
8 falso. Son dos nombres para el mismo río.

B. 

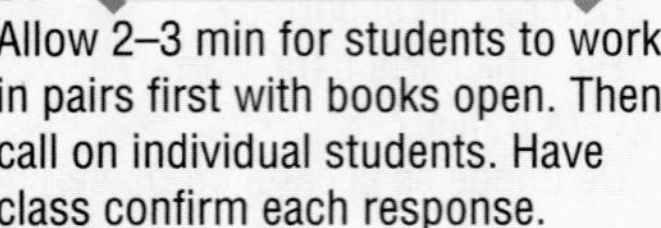

Allow 2–3 min for students to work in pairs first with books open. Then call on individual students. Have class confirm each response.

1 Margarita
2 Daniel
3 Tina
4 Tina
5 Papá
6 Tina
7 Papá
8 Daniel

C. Actividades favoritas.

Allow 2–3 min for pair work. Then call on several pairs to reenact each item. Answers may vary.

1 ¿Te gusta hacer la tarea? *No, no me gusta hacer la tarea.*
2 ¿Te gusta practicar deportes? *Sí, me gusta practicar deportes.*
3 ¿Te gusta ir a fiestas? *Sí, me encanta ir a fiestas.*
4 ¿Te gusta estudiar? *Sí, me gusta estudiar.*
5 ¿Te gusta salir los fines de semana? *Sí, me gusta salir los fines de semana.*
6 ¿Te gusta escribir composiciones? *No, no me gusta escribir composiciones.*
7 ¿Te gusta hacer excursiones? *Sí, me encanta hacer excursiones.*
8 ¿Te gusta ir al cine? *No, no me gusta ir al cine.*
9 ¿Te gusta escuchar música clásica? *Sí, me gusta escuchar música clásica.*
10 ¿Te gusta ir de compras? *No, no me gusta ir de compras.*

REPASO

Gustar and encantar

Talking about likes and dislikes:

me gusta(n)	no me gusta(n)
te gusta(n)	no te gusta(n)
le gusta(n)	no le gusta(n)
nos gusta(n)	no nos gusta(n)
les gusta(n)	no les gusta(n)

No me gusta bailar.
Me gustan mucho los deportes.

Talking about what you really like, or love:

me encanta(n)	nos encanta(n)
te encanta(n)	
le encanta(n)	les encanta(n)

Le encantan los tacos.
Nos encanta acampar.

See **¿Por qué se dice así?,** *page G2, section 1.1.*

REPASO

Indirect object pronouns

me	nos
te	
le	les

Me gusta correr.
Les encanta el teatro.

To clarify or emphasize: **a mí, a ti, a él, a ella,** etc.

Nunca les escribo **a ellos** pero siempre les escribo **a ustedes.**
Pues, **a mí** sí me gusta.

See **¿Por qué se dice así?,** *page G2, section 1.1.*

CHARLEMOS UN POCO

A. PARA EMPEZAR . . . Indica si los siguientes comentarios son ciertos o falsos. Si son falsos, corrígelos.

1. El Paso tiene una historia de 200 años más o menos, como EE.UU.
2. La cultura india y la española influyeron mucho en la historia de El Paso.
3. La mayoría de la población de El Paso es bilingüe.
4. El Paso está a unas cuántas millas de Ciudad Juárez, México.
5. En El Paso llueve mucho y casi siempre hace frío.
6. Nuevo México está muy cerca de El Paso.
7. La ciudad gemela de El Paso es Ruidoso.
8. El Río Grande y el Río Bravo son dos ríos muy cerca de El Paso.

B. ¿QUÉ DECIMOS . . .? Identifica a la persona que hace estos comentarios.

Daniel **Papá**

Tina

Margarita

1. "¡Bravo, Martín! ¡Qué talento!"
2. "Aquí estamos aprovechando los últimos días de vacaciones".
3. "¡Ay, sí! ¡Me encantaría tener otro mes de vacaciones!"
4. "¡Aguafiestas! ¡Déjanos gozar de la última semana!"
5. "¿Viven por aquí cerca?"
6. "Yo sí, a unas cuadras. Nos mudamos para acá en julio".
7. "¡Híjole, cuentas y cuentas y más cuentas!"
8. "¡Qué va! ¡Sus preguntas no tienen fin!"

C. Actividades favoritas. Tu compañero(a) quiere saber más de tus gustos. Contesta sus preguntas.

MODELO bailar
Compañero(a): **¿Te gusta bailar?**
Tú: **Sí, me gusta bailar.** o
No, no me gusta bailar. o
Sí, me encanta bailar.

1. hacer la tarea
2. practicar deportes
3. ir a fiestas
4. estudiar
5. salir los fines de semana
6. escribir composiciones
7. hacer excursiones
8. ir al cine
9. escuchar música clásica
10. ir de compras

Purpose These activities provide guided practice as students discuss likes and dislikes and talk about activities. The repetition built into the activities is intentional. Students need not do all the activities once they have demonstrated mastery of these functions.

CH. Gustos. La familia de Isabel es muy activa. Según ella, ¿qué les gusta hacer a todos?

yo

MODELO **A mí me gusta pasear en bicicleta.**

1. mi hermano Luis

2. mi papá

3. yo

4. mi mamá

5. mis abuelitos

6. mi hermana Elena

7. papá y Miguel

8. yo

9. mi mamá

REPASO

Actividades

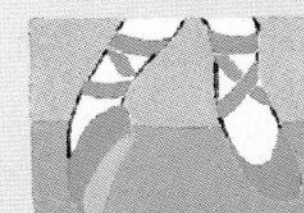

bailar

cantar

cocinar

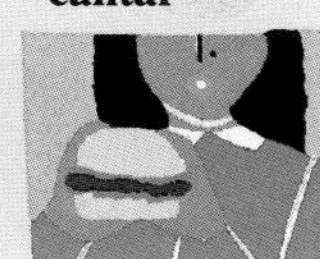

comer

desayunar

escribir

escuchar

estudiar

hablar

hacer ejercicio

jugar

lavar

leer

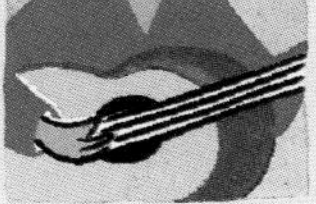

tocar la guitarra

nadar

ver la tele

pasear en bicicleta

CH. Gustos. Call on individual students. Have class confirm each response.

1. A mi hermano Luis le gusta nadar.
2. A mi papá le gusta tocar la guitarra.
3. A mí me gusta hacer ejercicio.
4. A mi mamá le gusta jugar volibol.
5. A mis abuelitos les gusta comer.
6. A mi hermana Elena le gusta ver la tele.
7. A papá y a Miguel les gusta lavar el carro.
8. A mí me gusta hablar por teléfono.
9. A mi mamá le gusta leer el periódico.

Extension Ask individual students what their family members like to do.

Using the margin boxes The margin boxes contain focused grammar explanations and vocabulary that students will need in order to do the corresponding activities. Teachers have the flexibility to limit the grammar explanation to what is in the box, to teach the corresponding structures in the ***¿Por qué se dice así?*** section at the back of the book before or after doing the activities, or simply to assign the grammar as homework and make the students responsible for learning it. Make sure students understand that the structure explanations in the boxes are brief summaries. Detailed explanations appear in the ***¿Por qué se dice así?*** section and should be referred to as necessary.

Note Additional practice/homework activities are provided in ***¿Por qué se dice así?*** and in the **Cuaderno de actividades.**

D. Le encanta. Allow 2–3 min to work in pairs first. Then call on individual students and have whole class confirm each response. Answers will vary.

A [. . .] y a [. . .] les gustan . . .
A mí me gusta . . .
A mi amigo(a) [. . .] le gustan . . .
Al (a la) profesor(a) le gusta . . .
A [. . .] y a mí nos gusta . . .

E. ¿Con qué frecuencia? Allow 2–3 min for pair work. Then ask individual students to tell you how often their partners do the listed activities. Answers will vary.

1 ¿Con qué frecuencia asistes a conciertos? *Nunca asisto a conciertos.*
2 ¿Con qué frecuencia escuchas la radio? *Escucho la radio todos los días.*
3 ¿Con qué frecuencia viajas en autobús? *Nunca viajo en autobús.*
4 ¿Con qué frecuencia abres regalos? *Abro regalos a veces.*
5 ¿Con qué frecuencia compras ropa nueva? *Compro ropa nueva a veces.*
6 ¿Con qué frecuencia cocinas? *Nunca cocino.*
7 ¿Con qué frecuencia comes en restaurantes mexicanos? *Como en restaurantes mexicanos a veces.*
8 ¿Con qué frecuencia lees novelas de aventura? *Leo novelas de aventura todos los días.*
9 ¿Con qué frecuencia paseas en bicicleta? *Paseo en bicicleta todos los días.*
10 ¿Con qué frecuencia sacas fotos? *Nunca saco fotos.*

REPASO

Present tense: Regular verb endings

-ar	-er, -ir
-o	-o
-as	-es
-a	-e
-amos	-emos, -imos
-an	-en

Yo **hablo** por teléfono, mamá **lee** el periódico y papá **prepara** la comida.

See **¿Por qué se dice así?,** *page G4, section 1.2.*

D. Le encanta. ¿Conoces los gustos de las otras personas? Di qué les gusta a tus amigos en la clase.

EJEMPLO **A Martín y a Margarita les gustan los deportes.**

a [. . .] y a [. . .] a mí a mi amigo(a) [. . .] al (a la) profesor(a) a [. . .] y a mí	los exámenes la música rock las películas románticas la televisión los deportes la natación los museos el fútbol americano

E. ¿Con qué frecuencia? Pregúntale a tu compañero(a) con qué frecuencia hace estas cosas.

EJEMPLO practicar karate
Tú: **¿Con qué frecuencia practicas karate?**
Compañero(a): **Nunca practico karate.** o **Practico karate todos los días.**

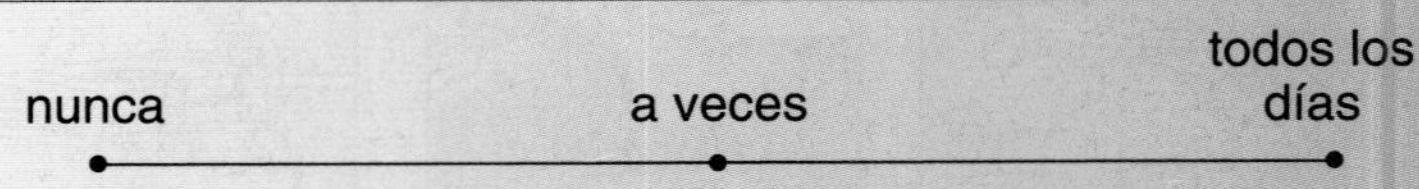

1. asistir a conciertos
2. escuchar la radio
3. viajar en autobús
4. abrir regalos
5. comprar ropa nueva
6. cocinar
7. comer en restaurantes mexicanos
8. leer novelas de aventura
9. pasear en bicicleta
10. sacar fotos

F. Siempre ocupados. Según Silvia León, ¿qué hacen los miembros de su familia a estas horas?

Enrique y yo

MODELO **Enrique y yo estudiamos a las nueve de la noche.**

1. Enrique

2. papá

3. mamá y yo

4. mis amigas y yo

5. mamá

6. toda la familia

7. mi hermano y su amigo

8. yo

REPASO

Asking for and giving the time

¿Qué hora es?

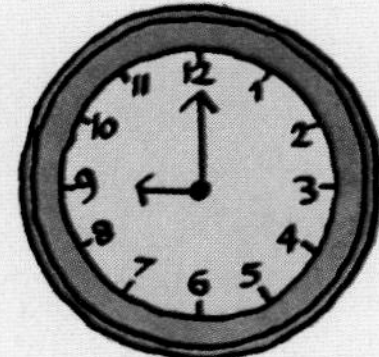

Son las nueve en punto.

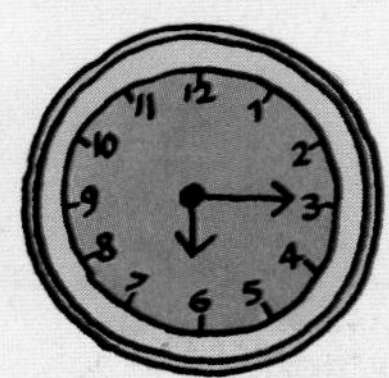

Son las seis y cuarto.

Son las once y media.

Son las dos menos veinte.

F. Siempre ocupados. Call on individual students. Have class confirm each response.

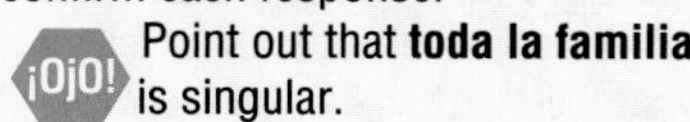

¡Ojo! Point out that **toda la familia** is singular.

1. Enrique escribe cartas a las cuatro y cuarto de la tarde.
2. Mi papá lee el periódico a las ocho de la mañana.
3. Mamá y yo hacemos ejercicio a las diez menos cuarto de la mañana.
4. Mis amigas y yo bailamos a las cinco de la tarde.
5. Mamá pasea en bicicleta a las tres y media de la tarde.
6. Toda la familia cena a las siete y cuarto de la noche.
7. Mi hermano y su amigo salen de la escuela a las dos y media de la tarde.
8. Yo hablo por teléfono a las siete menos cuarto de la noche.

G. Los fines de semana. Allow 2–3 min for pair work. Then call on individual students to tell you what their partners do on the weekends. Answers will vary.

H. ¿Qué pasa? Have students work in pairs first. Allow 2–3 min for pair work. Then call on individual students and have class confirm each response.
Amigo: Cómo
Tú: Qué
Tú: Qué
Tú: quién
Tú: cuántas
Amigo: Cómo
Tú: Cuándo
Amigo: Dónde
Amigo: por qué
Amigo: Adónde

I. Amiga por correspondencia. Call on individual students. Have class repeat each correct response.

1 ¿Cómo se llama la escuela? *o* ¿Cuál es el nombre de la escuela?
2 ¿A qué hora empiezan las clases? *o* ¿Cuándo empiezan las clases?
3 ¿Dónde estudias?
4 ¿Cómo son tus amigos?
5 ¿Cuántas personas hay en tu familia?
6 ¿Qué haces los fines de semana?
7 ¿Cuáles son tus grupos favoritos de música?
8 ¿Qué deportes prefieres?

REPASO

Requesting information: Question words

¿Adónde?	**¿Cuándo?**
¿Dónde?	**¿Cuánto(a)?**
¿Cómo?	**¿Cuántos(as)?**
¿Cuál(es)?	**¿Por qué?**
¿Qué?	**¿Quién(es)?**

Note that all question words require a written accent.

See **¿Por qué se dice así?**, *page G7, section 1.3.*

G. Los fines de semana. Pregúntale a tu compañero(a) qué hace con sus hermanos y con sus amigos los fines de semana.

EJEMPLO *Tú:* **¿Tú y tus hermanos limpian la casa?**
Compañero(a): **No, nunca limpiamos la casa los fines de semana.**

VOCABULARIO ÚTIL:

asistir a clases	jugar [. . .]	¿ . . . ?
bailar	leer novelas	
comer pizza	practicar deportes	
correr	practicar el piano	
escribir cartas	trabajar	
estudiar	ver televisión	
hablar por teléfono	visitar a los abuelos	

H. ¿Qué pasa? ¿Qué dicen tú y un(a) amigo(a) cuando se encuentran en el pasillo?

Amigo(a): Hola. ¿ _____ estás?
Tú: Bien, gracias, ¿y tú? ¿_____ tal?
Amigo(a): Regular. Tengo mucho que estudiar.
Tú: ¿_____ tienes que hacer?
Amigo(a): Tengo que escribir una composición.
Tú: ¿Para _____?
Amigo(a): Para el señor Guzmán.
Tú: ¿De _____ páginas es la composición?
Amigo(a): ¡Cinco! ¡Caramba! ¿_____ lo voy a hacer?
Tú: Te ayudo. ¿_____ vas a estudiar?
Amigo(a): Esta tarde después de las clases. ¿_____ te encuentro?
Tú: En la biblioteca.
Amigo(a): Después, ¿_____ no comemos algo?
Tú: ¡Excelente! Me encantan los nachos.
Amigo(a): ¿_____ vamos?
Tú: Al Café del Sol. Son muy buenos allí.

I. Amiga por correspondencia. Vas a escribirle una carta a tu nueva amiga por correspondencia. ¿Qué preguntas piensas hacerle?

MODELO edad: ¿número de años?
¿Cuántos años tienes?

1. escuela: ¿nombre?
2. clases: ¿hora?
3. estudiar: ¿lugar?
4. amigos: ¿personalidad?
5. familia: ¿número de personas?
6. actividades: ¿los fines de semana?
7. música: ¿grupos favoritos?
8. deportes: ¿preferencias?

CHARLEMOS UN POCO MÁS

A. Encuesta. Usa la cuadrícula que tu profesor(a) te va a dar para entrevistar a varias personas en la clase. Pregúntales si les gusta hacer las actividades indicadas en los cuadrados. Pídele a cada persona que conteste afirmativamente que firme el cuadrado apropiado. No se permite que una persona firme más de un cuadrado.

EJEMPLO pasear en bicicleta
Tú: **¿Te gusta pasear en bicicleta?**
Compañero(a): **Sí, me encanta.**
Tú: **Bien. Firma aquí, por favor.**

tocar el piano
Tú: **¿Te gusta tocar el piano?**
Compañero(a): **No, no me gusta.**
Tú: **¡Qué lástima!**

B. ¡Charada! En grupos de tres, preparen una lista de seis actividades que a todos les gusta hacer. Luego trabajando con otro grupo, dramaticen la primera actividad en su lista para ver si los otros pueden adivinar la actividad. Túrnense hasta dramatizar todas las actividades en sus listas.

C. ¿Y tu profesor(a)? Con un(a) compañero(a) de clase, escribe una lista de cinco o más actividades que crees que hace tu profesor(a) durante el fin de semana. Después, hazle preguntas al profesor(a) para verificar tu lista.

EJEMPLO *Tú escribes:* **calificar exámenes**
Tú preguntas: **¿Califica usted exámenes los fines de semana?**

CHARLEMOS UN POCO MÁS

Application and Extension

Unlike the **Modelo** responses in the activities of the ***Charlemos un poco*** section, the **Ejemplo** responses in this section are much more open-ended and often have several possible correct answers.

A. Encuesta. Tell students the goal is to see who can complete a vertical, horizontal, or diagonal line first, and then two lines, three lines, finally all the lines. Check signatures along the way by asking individuals that signed how long ago they last did the activity they signed.

B. ¡Charada! Allow 2 min to prepare lists and another 5–8 min to play the game. Then ask each group of six to present their best pantomime to the class.

C. ¿Y tu profesor(a)? Allow 2 min to prepare lists. Then call on individual students to ask you questions. Answer each question honestly.

Purpose The activities in this section are designed to allow students to create with language recently learned. Although they may sometimes appear repetitious of the guided practice in the previous section, these activities allow students to use language needed to describe likes and dislikes and to talk about favorite activities in a variety of possible combinations. Responses in this section are much more open-ended and often have several possible correct answers.

CH. ¿Cuándo juega fútbol Beto? Allow 5–8 min for pair work. Then have several students go to chalkboard and write a sentence for each drawing.

DRAMATIZACIONES

Application and Extension

A. Hola. Note that the first role play is more guided than the second. You may want to assign this one to slower students and **B** to more advanced ones.

B. Mucho gusto. Encourage students to be creative but suggest that they limit themselves to what they know and are able to say.

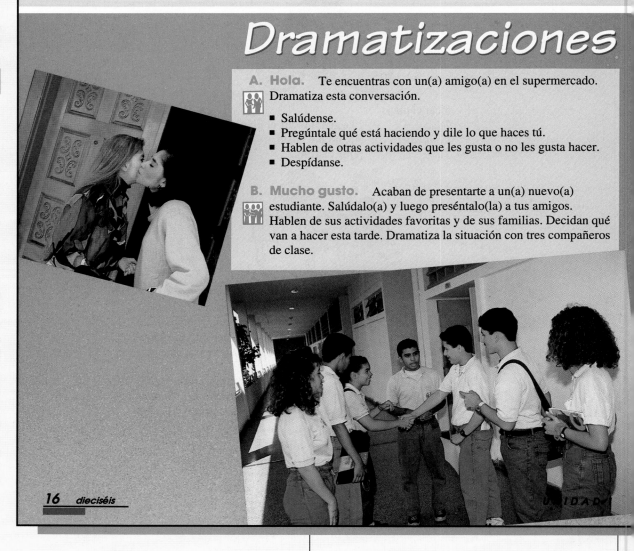

CH. ¿Cuándo juega fútbol Beto? Tu profesor(a) te va a dar un dibujo de varias personas que hacen distintas actividades en distintos días. El problema es que en algunos dibujos faltan los nombres y en otros faltan las fechas. Pregúntale a tu compañero(a) los nombres o las fechas que te faltan y dale la información que le falte a él o a ella. Cuando terminen, escriban una oración para describir cada dibujo.

EJEMPLO *Tú:* **¿Cómo se llama el chico que juega fútbol?**
Compañero(a): **Se llama Beto. ¿Cuándo juega fútbol?**
Tú: **Beto juega fútbol el sábado por la mañana.**

Dramatizaciones

A. Hola. Te encuentras con un(a) amigo(a) en el supermercado. Dramatiza esta conversación.

- Salúdense.
- Pregúntale qué está haciendo y dile lo que haces tú.
- Hablen de otras actividades que les gusta o no les gusta hacer.
- Despídanse.

B. Mucho gusto. Acaban de presentarte a un(a) nuevo(a) estudiante. Salúdalo(a) y luego preséntalo(la) a tus amigos. Hablen de sus actividades favoritas y de sus familias. Decidan qué van a hacer esta tarde. Dramatiza la situación con tres compañeros de clase.

Purpose The role plays in ***Dramatizaciones*** are designed to recycle the structures and vocabulary needed to exchange greetings and introductions, describe likes and dislikes, and talk about favorite activities. Encourage students to work without their books when performing their role plays.

IMPACTO CULTURAL

Excursiones

Antes de empezar

A. Ciudad fronteriza. Una ciudad fronteriza es una ciudad que está en la frontera *(línea que divide dos naciones)* con otro país. A veces vemos dos ciudades fronterizas, una en cada nación, lado a lado, la una con la otra. Contesta estas preguntas para ver cuánto sabes de ciudades fronterizas.

1. ¿Hay ciudades fronterizas en Estados Unidos? ¿Con qué países tienen fronteras?
2. ¿Conoces algunas ciudades fronterizas? ¿Cuáles? ¿Las has visitado alguna vez?
3. ¿Te gustaría vivir en una ciudad fronteriza? ¿Por qué sí o por qué no?

B. Anticipar. Mira las fotos en esta lectura y escribe tres preguntas que crees que la lectura va a contestar. Luego escribe otras dos preguntas que no estás seguro si la lectura va a contestar pero que te gustaría tener la información.

IMPACTO CULTURAL

Culture

Excursiones

Purpose This section provides additional reading practice as students learn a little history about the Southwest and El Paso. A conscious effort is made in this section, and throughout the text, to make students more aware of history and geography, two generally weak areas for many American students.

Antes de empezar

Use these questions as an advance organizer for the reading that follows. If students make negative comments about border cities, get them to think critically about what causes negative feelings across the border: haves and have-nots, distrust of all that is different, lack of communication, etc.

Answers

A. Ciudad fronteriza.

1 Sí. Hay ciudades fronterizas con México y con Canadá.
2 Las respuestas van a variar.
3 Las respuestas van a variar.

B. Anticipar. Las respuestas van a variar.

Note Throughout the reading sections of **¡DIME! DOS,** the circled superscript numbers in the text refer to the photographs in the margins.

IMPACTO CULTURAL

EL PASO DEL NORTE
UNA BREVE HISTORIA

que dividen naciones / hacen
hacer
conexiones
eventos / relacionada
área cercano
viñas de uvas
hombres de negocio
mejorar

Las líneas fronterizas* que se trazan* entre los países muchas veces no llegan a cumplir* su función de separación. Éste es el caso del suroeste de Estados Unidos donde muchas ciudades de esta región aún conservan lazos* culturales, sociales y económicos con el país vecino, México. Una de estas ciudades es El Paso, en el estado de Texas, que a pesar de hechos* históricos-políticos sigue fuertemente ligada* a su ciudad gemela mexicana, Ciudad Juárez.

Antes de la llegada de los conquistadores de España, la región que ahora ocupan El Paso-Ciudad Juárez en la meseta central de México, estaba ocupada por algunas tribus indígenas americanas como los Suma, los Manso, los Jacome y los Jumano. Estas tribus vivían en "rancherías" o pequeños pueblos de más o menos cien personas dedicadas a la agricultura.

En 1534, el conquistador Álvar Núñez Cabeza de Vaca y tres españoles más llegaron a la región de Texas. Ellos creyeron que estas tierras tenían muchas riquezas, pero se desilusionaron al no encontrar nada. Por el contrario, ésta era una zona desértica, de montañas áridas, fuertes vientos y temperaturas extremas.

Sin embargo, en 1581 los frailes franciscanos llegaron a Texas y empezaron a fundar muchas misiones.[1] En los alrededores* de El Paso fundaron las primeras dos misiones de Texas en 1682. Los frailes convirtieron esta región del Río Grande en una zona como la del Río Nilo en Egipto. Había muchos cultivos de árboles frutales, viñedos* y trigo. Los españoles dominaron la frontera norte hasta 1821 cuando ocurrió la independencia de México y esta región pasó a formar parte de la nueva nación mexicana.

Durante el período mexicano, la frontera norte siguió siendo una zona agrícola. También en este período, un grupo de comerciantes* que incluye a John G. Heathen y a Stephen F. Austin, empieza la gradual ocupación de la frontera norte por anglo-americanos, con la intención de desarrollar* estas zonas de Texas.

1

2

En 1836 se proclama la República de Texas y en 1844 se declara la anexión de este estado a Estados Unidos. En 1846, Estados Unidos le declara la guerra a México, la cual termina en 1848 con el Tratado de Guadalupe Hidalgo. En este tratado, se establece que California, Nevada, Utah, casi todo Arizona y Nuevo México y partes de Colorado y Wyoming pasan a ser parte de Estados Unidos por la suma de $15 millones pagados a México.

Desde 1848, las ciudades de Texas como El Paso, se empezaron a poblar* y desarrollar muy rápidamente. Cuando en 1848 se descubrió oro en California, El Paso del Norte se convirtió en "el último lugar para descansar" y comprar todos los víveres necesarios para llegar a California. En 1881, con la llegada de los trenes, ② El Paso se convirtió en una importante ciudad fronteriza.

Ahora El Paso es una moderna ciudad ③ occidental que, sin embargo, no ha cortado sus lazos con su ciudad hermana del otro lado del Río Grande, o Río Bravo, como lo llaman en México. Hay una gran interdependencia económica, cultural y social entre El Paso y Ciudad Juárez. El Paso conserva sus raíces mexicanas. El bilingüismo en El Paso es un fenómeno extendido por toda la ciudad. ④ Un experto en la historia de estas dos ciudades, Carey McWilliams, dice que el Río Grande no separa a la gente sino que la une.*

combina, junta

Verifiquemos

1. Prepara un diagrama como el siguiente, e incluye toda la información posible bajo cada categoría.

El Paso antes de los españoles
1.
2.

El Paso durante la ocupación española
1.
2.

El Paso bajo México
1.
2.

El Paso moderno
1.
2.

2. ¿Por qué crees que Estados Unidos declaró guerra contra México en 1846?
3. ¿Crees que Estados Unidos pagó suficiente por todo el área que ganó en el Tratado de Guadalupe Hidalgo? ¿Por qué sí o por qué no?

Verifiquemos

Answers

1

El Paso antes de los españoles
1 tribus indígenas: Suma, Manso, Jacome, Jumano
2 rancherías: pueblos de menos de cien personas dedicadas a la agricultura

El Paso durante la ocupación española
1 franciscanos: las primeras misiones, 1682
2 muchos cultivos: árboles frutales, viñedos, trigo

El Paso bajo México
1 zona agrícola
2 ocupación de la frontera norte por anglo-americanos como John G. Heathen y Stephen F. Austin
3 República de Texas, 1836
4 anexión, 1844
5 EE.UU. declara la guerra, 1846
6 Tratado de Guadalupe: EE.UU. compra California, Nevada, Utah, parte de Arizona y Nuevo México y Colorado y Wyoming por $15 millones

El Paso moderno
1 lazos con Ciudad Juárez: interdependencia económica, cultural y social
2 conserva raíces mexicanas
3 bilingüe

2 Las respuestas van a variar.

3 Las respuestas van a variar.

OBJECTIVES

Communicative Goals

- Shopping for a gift
- Describing how people feel
- Describing activities

Culture and Reading

- **Para empezar**
  Bailó con un bulto
- **Tesoros nacionales**
  Poema de Francisco X. Alarcón

Structure

- 1.4 ***Repaso:*** The verb **estar**
- 1.5 ***Repaso:*** Present tense–Stem-changing verbs
- 1.6 ***Repaso:*** Present tense–Irregular verbs

ACTIVE VOCABULARY

This section lists the new vocabulary students are responsible for upon completing each lesson. The list includes all new words and expressions that students are asked to produce in the ***Charlemos un poco*** and ***Charlemos un poco más*** sections. A few high-frequency expressions from the ***¿Qué decimos . . . ?*** sections are also listed.

¡Ojo! The list that follows is the active vocabulary for the Unit. It does not appear as such in the Student Text. Instead, it appears in context in the ***¿Qué decimos . . . ?*** and in the ***Charlemos un poco*** sections. The students' active vocabulary lists appear in the **Cuaderno de actividades** at the end of each lesson in a section called ***Vocabulario personal.*** Here students also reactivate active vocabulary from **¡DIME! UNO** by generating their own lists of vocabulary needed to perform the lesson functions.

LECCIÓN 2

¿Qué piensas de este collar?

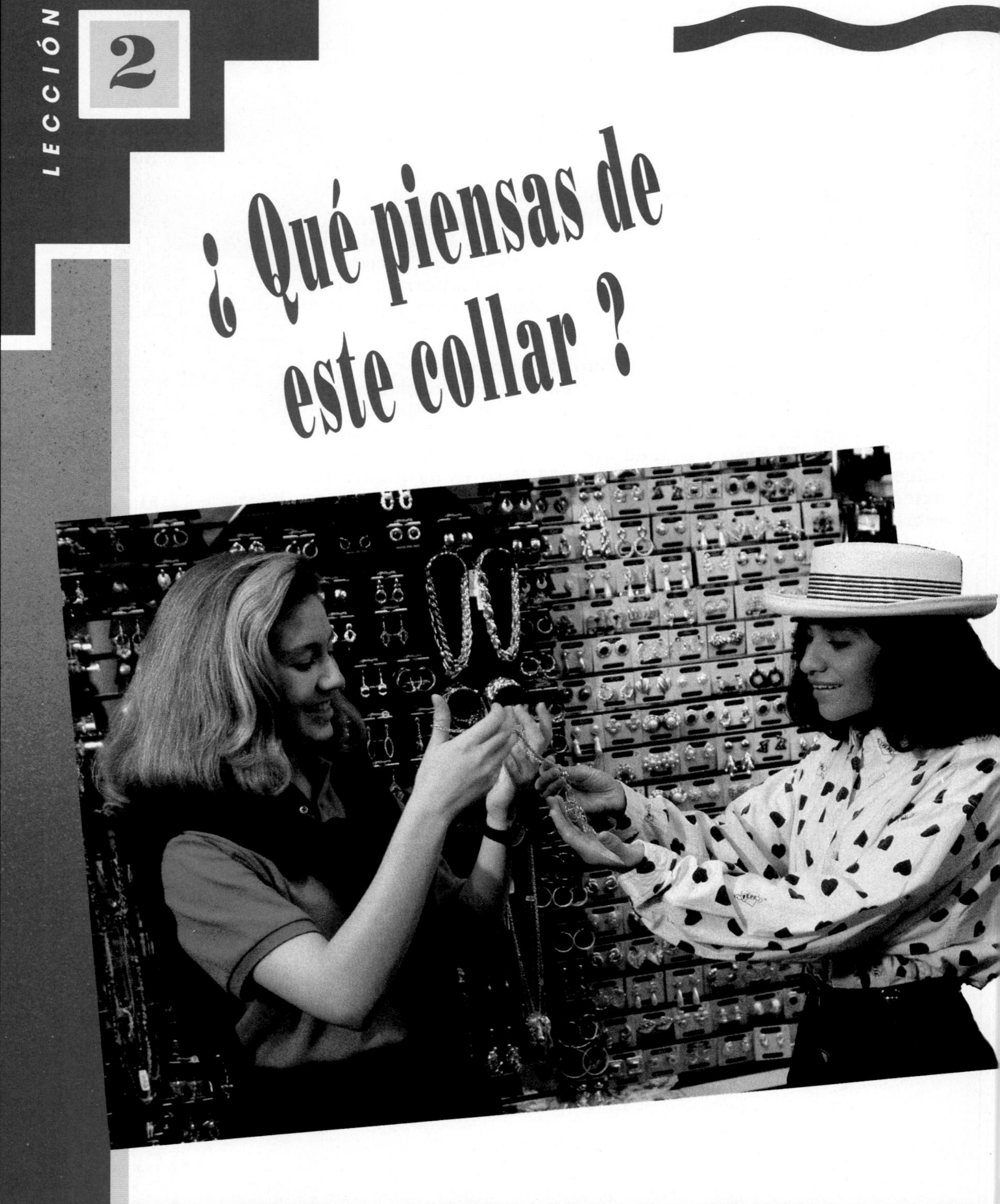

Regalos
arete
collar
juego
pulsera

Condiciones
estar frustrado(a)
estar seguro(a)
muerto(a) de hambre

Sustantivos
forma
impresión
impuesto
síntoma
vecino(a)

Verbos
contar
contestar

Adjetivos
completo(a)
rebajado(a)
venezolano(a)

Palabras y expresiones
Déjame ver.
lo mismo
¡Qué suerte!

ANTICIPEMOS

¿Qué piensas tú?

1. Estas jóvenes están en un centro comercial. ¿Qué crees que van a hacer?
2. Octubre siempre es muy costoso para Margarita. ¿Por qué?
3. Al comprar regalos para sus padres, su hermana y su amigo Víctor, Margarita tiene que considerar los gustos y las preferencias de cada uno. Basándote en las fotos, ¿qué crees que le va a interesar a cada uno?
4. ¿Qué regalos recomiendas tú para cada persona? Explica por qué.
5. ¿Qué tienes en común con tus mejores amigos? ¿Cómo son diferentes? Descríbete con una sola palabra. Describe a tus mejores amigos con una sola palabra. Describe a cada miembro de tu familia de la misma manera breve.
6. ¿Hay algunas diferencias entre este centro comercial y los centros comerciales en tu ciudad? Explica las diferencias.
7. ¿Qué crees que vas a aprender a decir y hacer en esta lección?

ANTICIPEMOS

Setting the Stage

¿Qué piensas tú?

Answers

1 Andan de compras. Tal vez busquen regalos o posiblemente ropa para sí mismas. Es probable que vayan a una variedad de tiendas y que busquen una variedad de cosas.
2 Aparentemente, un amigo, su hermana y sus padres cumplen años en octubre.
3 Las respuestas van a variar pero podrían decir que a Víctor le gustaría algo para el carro, a su hermana le gustaría un disco compacto, a su papá algo para la cocina y a su mamá joyería.
4 Las respuestas van a variar.
5 Las respuestas van a variar mucho. Los alumnos deben considerar apariencia física: talla, color del pelo, etc., personalidad y intereses específicos.
6 De lo poco que se ve, probablemente no hay muchas diferencias.
7 **Van a repasar y practicar la descripción: física, de personalidad y de sentimientos. También van a seguir desarrollando su habilidad para hablar de actividades comunes y corrientes.**

Purpose To focus students on the language and functions to be reviewed and developed in this lesson—description of physical, emotional, and personality traits, and additional daily activities. To get students to discuss differences they anticipate and can identify between shopping centers in the United States and in other countries.

Suggestions Encourage students to respond in Spanish, but allow English where concepts or vocabulary are unknown. Rephrase student responses in comprehensible Spanish. You may need to simplify and explain, using comprehensible input techniques to clarify your language where necessary. You may want to have students respond to the question in #5 in groups of four or five, then share some of the most interesting answers they heard.

PARA EMPEZAR

Comprehensible Input 1

Note For a complete discussion of the cultural content and pedagogical purpose of the ***Para empezar* cuentos** and **leyendas,** see page T14.

Comprehension Checks

The questions listed here are examples only. To confirm that students understand key language, ask as many yes/no, point-to, show-me, either/or, which one is . . .? type of questions as necessary.

A complete set of **Comprehension Checks** is available on cards in the Teacher's Resource Package.

Suggestions Point out Texas, New Mexico, Colorado, and Utah on map. Contrast rural areas with cities. Act out **hacer autostop**. Gesture for **tal vez**; provide **quizás** as a synonym.

1 ¿Hacen muchas personas autostop en partes rurales de Texas, Nuevo México, Utah y Colorado?

Suggestions Explain: **no hay sol, no hay luna, no hay muchas estrellas**. Point out soldier's uniform. Mime driving: **manejando**. Contrast a beat-up car with a brand new one. Compare **hacer autostop** with **pedir un aventón**.

1 ¿Hace sol?

Suggestions Mime coming to a stop: **para su coche.** Ask if soldier is worried. Act out feeling worried, then explain: **No, no siente ninguna aprehensión.**

1 ¿Sigue manejando el soldado?

PARA EMPEZAR

Escuchemos un cuento de Nuevo México

En las partes rurales de Texas, Nuevo México, Colorado y Utah, cuando se ve a una persona hacer autostop, no es raro que alguien diga, "Tal vez quiera ir al baile". ¿Por qué dicen eso?, preguntas. Pues, deja contarte algo que pasó hace varios años . . .

Imagínate que es una noche oscura y triste de sábado. Un joven soldado, que acaba de regresar a su casa del servicio militar, va manejando su viejo Chevy desgastado, cuando ve a una joven que pide un aventón.

El soldado para su coche y le pregunta, "¿Adónde vas?"
"Hay un baile en el pueblo. ¿Puede darme un aventón?"
Como el joven no siente ninguna aprehensión, decide darle un aventón.

Camino al pueblo, la muchacha no habla mucho, pero dice que se llama Crucita Delgado.
El joven queda fascinado con la hermosa muchacha.

Cuando llegan al baile la gente tiene mucha curiosidad. Todos conocen bien al joven soldado, pero nadie conoce a la muchacha.

22 *veintidós*

4

Suggestions Act out people asking questions about the girl: **mucha curiosidad.** Point to each of the people and say that each one knows the soldier, but not the girl: **Lo conocen a él, pero no a ella.**

1 ¿Adónde llegan los jóvenes? ¿a la casa de la muchacha? ¿al baile en el pueblo? ¿al partido de béisbol?

Purpose This section develops students' listening comprehension and active listening skills through a story from New Mexico. In it, a young man meets an enchanting and mysterious young woman, only to discover the next day that she has been in her grave since the end of the last century. In the narration, students will hear many examples of the vocabulary, concepts and structures to be developed in the lesson, including description and daily activities.

Ella es hermosa tanto como misteriosa. Tiene la cara pálida y lleva su largo pelo negro en un moño, estilo victoriano. En efecto, todo su vestir parece victoriano: su vestido largo y negro con florecitas de color rosa y azules, su cuello alto, decorado con encaje blanco. Sobre el encaje lleva un broche camafeo. También las medias y zapatos parecen ser de principios de siglo.

El soldado la saca a bailar pero la música es demasiado rápida y ruidosa para ella.

Después de sólo unas cuantas vueltas rápidas, la pobre mujer se cae al suelo. La gente quiere contener la risa pero les es imposible.

Muy avergonzada, Crucita empieza a llorar. Las lágrimas corren sobre las pálidas mejillas de la muchacha. El soldado trata de consolarla, pero está muy desconcertada.

Después de un rato, la música empieza de nuevo. Esta vez, es música mexicana. Crucita conoce bien estos bailes y en muy poco tiempo se convierte en la más bella mujer del baile. Toda la gente la mira con admiración.

Demasiado pronto termina la música y es hora de ir a casa. Al salir del baile, el soldado pone su chaqueta militar sobre los hombros de Crucita. Él está decidido que quiere mucho verla otra vez. La encuentra encantadora.

Suggestions Using the overhead transparencies, narrate the story, breaking up long sentences into smaller units and rebuilding them into longer utterances. Use comprehensible input techniques to clarify less accessible meanings. Students should not be expected to memorize, translate or master for production the content of any of the ***Para empezar*** stories. Rather, they should be used to develop active listening skills and for practice in understanding new language in context.

***Using the recorded* cuento** Play one section at a time. As students listen, aid their comprehension by pointing to the appropriate part of each drawing on the transparencies. Stop the tape and ask the **Comprehension Checks.**

Vary your presentation routine by alternating the use of the recorded narratives and your own narrating, or by playing the recorded narrative one section at a time immediately after you narrate each section.

5

Suggestion Point out each feature of the description of the girl and her clothes.

1. ¿Cómo es Crucita Delgado? ¿fea? ¿hermosa? ¿misteriosa?
2. ¿Tiene la cara rojiza? ¿pálida?
3. ¿Tiene pelo negro o rubio? ¿largo o corto?
4. . . .

6

Suggestions Name some fast, noisy music students would dance to. Mime falling down: **se cae al suelo.** Mime people trying not to laugh and failing. Act out trying to comfort the girl: **"¡No te preocupes! Todo está bien."**, etc.

1. ¿Quiere bailar el joven soldado? ¿Invita a Crucita a bailar?
2. ¿Cómo es la música? ¿lenta o rápida? ¿ruidosa? ¿moderna?
3. ¿Baila bien la muchacha?
4. . . .

7

Suggestions Play some Mexican music. Explain that Crucita is happy now—dances well, is beautiful, smiles, etc. Suggest what people are now saying: **¡Qué bella!, ¡Qué hermosa!, ¡Qué linda!**, etc.

1. Cuando la música empieza de nuevo, ¿qué tipo de música es? ¿ruidosa? ¿rápida? ¿moderna? ¿mexicana?
2. ¿Quiere Crucita bailar a esta música?
3. ¿Baila bien?
4. . . .

8

Suggestions Mime putting **la chaqueta** over her shoulders. Suggest what he might say in asking to see her again.

1. ¿Termina la música demasiado pronto?
2. ¿Termina el baile?
3. ¿Es hora de ir a la escuela? ¿Es hora de ir a casa?
4. . . .

9

Suggestions Go back to #1 to show that she gets out where he originally picked her up. Point out that she is still wearing **la chaqueta**.

1 ¿Ofrece el joven llevarla a su casa?
2 ¿Permite la muchacha que el joven soldado la acompañe a la puerta de su casa?
3 ¿Dónde baja del coche, en su casa o en la calle?
4 . . .

10

Suggestions Point out the path to the house: **vereda.** Point out the condition of the house: **abandonada.**

1 ¿Vuelve el soldado el día siguiente?
2 ¿Vuelve a pie o en su viejo Chevy?
3 ¿Cómo es la casa de Crucita Delgado? ¿magnífica? ¿abandonada? ¿elegante? ¿desgastada?

11

Suggestions Act out what he says to the old woman. Act out the old woman's anger, fear, amazement.

1 ¿Llama a la puerta?
2 ¿Contestan inmediatamente?
3 ¿Contesta la joven muchacha misteriosa?
4 . . .

12

Suggestions Point out the gravestones and the jacket: **lápida, chaqueta.** Note that **bulto** is an old expression for "ghost".

1 ¿Adónde lleva la viejita al joven soldado? ¿a otra casa? ¿al cementerio?
2 ¿Qué le muestra al soldado? ¿una estatua? ¿una tumba?
3 ¿Qué hay colgada sobre una lápida? ¿el sombrero del soldado? ¿la chaqueta militar? ¿el vestido de la muchacha?
4 . . .

9

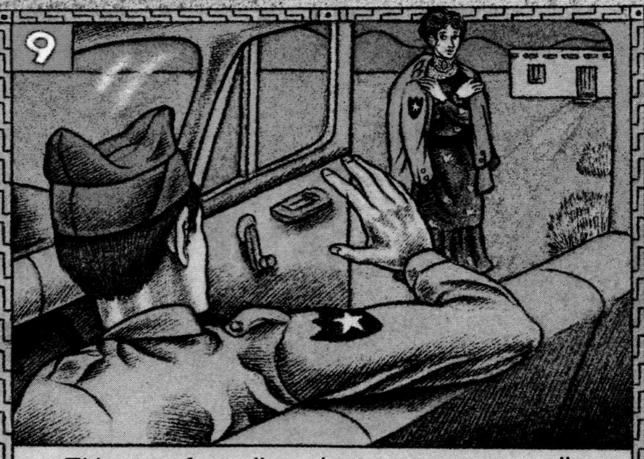

El joven ofrece llevarla a su casa, pero ella insiste en bajar del coche allá donde él la recogió.

Entonces, para tener buena excusa para volver a verla, el joven soldado insiste en dejar su chaqueta militar con ella hasta el día siguiente.

10

Por la mañana, bien temprano, el joven se sube al viejo Chevy y vuelve al sitio donde dejó a Crucita. Allí sigue una vereda que conduce a una casa de adobe abandonada.

11

Llama a la puerta varias veces y por fin una viejita contesta. El joven explica del baile de anoche. La viejita se asusta y le dice, "No es posible. ¡Váyase!" Pero cuando él sigue insistiendo ella le dice, "Bueno, venga. Sígame".

12

Y la viejita le conduce al cementerio, donde le mostra una tumba. Y allí, colgada sobre una lápida, ve su chaqueta militar.

Cuando recoge su chaqueta, puede leer la inscripción en la lápida:

CRUCITA DELGADO
1878–1897
Que Su Alma Alcance
la Paz Eterna

En ese instante, el soldado se dio cuenta que la noche anterior había bailado con un bulto.

¿QUÉ DECIMOS...?

Al andar de compras

1 ¿Le gustan los collares?

Tina y Margarita están de compras en un centro comercial.

Ya casi tengo todo. Tú también, ¿no? ¡Compraste muchísimo!
Sí, ¿verdad? Y todavía tengo que buscarle un regalo a mi mamá.

Estoy tan preocupada porque el lunes es su santo y todavía no tengo nada para ella.

¿Le gustan los collares? Están en oferta en esa joyería.

¡Buena idea! A mi mamá le encanta la joyería de fantasía. Le puedo comprar un lindo juego de collar y aretes.
Gracias, Tina. Siempre tienes ideas tan buenas.

Purpose This section introduces the language to be developed and practiced in the lesson—talking about going shopping—in the context of a continuing video/**fotonovela** with the same characters introduced in Lesson 1. Students should not be expected to master dialogue, but should begin to produce key elements in response to **Early Production Checks.** Incidental language is not included in quizzes or tests, but may become part of the more able students' oral language.

Suggestions Have students close their books while you narrate each segment of the episode, using techniques of comprehensible input to clarify any new or inaccessible language: point, act out, demonstrate, compare, contrast, explain, provide synonyms, draw simple stick figures, etc. Break longer sentences into segments, then build them back to longer utterances. Ask frequent **Early Production Checks.**

¿QUÉ DECIMOS...?

Comprehensible Input 2

04:37–09:07

Side 1, 9050 to 17144

Using the video

Play one section at a time after narrating it using the tranparencies. Freeze the video and ask the **Early Production Checks.** Repeat this process with each section.

Vary your presentation routine by showing one section of the video first, before your narrative with the transparencies, or by playing the video all the way through, stopping only to ask the **Early Production Checks.**

Early Production Checks

Ask these questions as you present each segment to be certain students understand context and characters. Accept short-phrase and sentence-fragment answers but rephrase responses in sentences. Encourage students to elaborate answers and give details. Extend questions to elicit further details.

A full set of **Early Production Checks** is available on cards in the Teacher's Resource Package.

1 04:46

¿Le gustan los collares?
Name local shopping centers. Explain that it is Margarita's mother's birthday, so she is looking for a present. Act out **preocupada**. Point out a necklace: **collar.** Contrast regular price, sale price: **en oferta.** Point out necklaces, rings, bracelets: **joyería**. Equate imitation gems with **la joyería de fantasía**.

1. ¿Dónde están Tina y Margarita?
2. ¿Qué hacen?
3. ¿Tiene Tina todo lo que necesita comprar?
4. . . .

Side 1, 9330 to 10958

2 05:41

Mamá prefiere el rojo.

Review colors. Review articles of clothing. Give examples of colors that go well/badly together: **combina bien.** Point out bracelet and earrings: **pulsera y aretes.** Point out the collection = **un juego**. Show regular price/reduced price: **está rebajado.** Do math on board. Show local tax rate: **el impuesto.**

1 ¿Qué collar le encanta a Tina?
2 ¿Qué color prefiere la madre de Margarita?
3 ¿De qué color es su vestido?
4 . . .

Side 1, 10973 to 13502

3 07:06

¿Qué hacen por aquí?

Draw happy/mad faces for **de buen/mal humor**. Show dates on board. Explain that Mateo likes vacation more than school. Break down **Mataestudiantes**. Explain: **el matador mata al toro**.

1 ¿Cómo está Margarita ahora?
2 ¿Le encantan sus compras?
3 ¿Qué le encanta en particular?
4 . . .

Side 1, 13515 to 15255

2 Mamá prefiere el rojo.

3 ¿Qué hacen por aquí?

4 ¿De qué se escriben?

4 08:04

¿De qué se escriben? Break down **se escriben—Daniel le escribe a Luis. Luis le escribe a Daniel. Los dos se escriben.** Name current films, types of music, sports, other activities. **Pienso hacerlo = Voy a escribirlo.**

1 ¿Sabía Margarita que Daniel tenía un amigo en Venezuela?
2 ¿Qué tipo de amigo es?
3 ¿Cómo es?
4 . . .

Side 1, 15279 to 17144

Point out Students will notice that the speaker on the video pronounces **beisbol** with the accent on the last syllable. This pronunciation has become more prevalent than the standard pronunciation in most of Latin America.

CHARLEMOS UN POCO

Guided Practice

A. PARA EMPEZAR . . .

Call on individual students. Have class confirm each response.

1 falso. Un joven soldado ve a una joven muy hermosa que hace autostop.
2 cierto
3 cierto
4 falso. La gente del pueblo conoce bien al soldado pero nadie conoce a Crucita Delgado.
5 falso. Crucita no está muy de moda en su vestido largo negro de florecitas color de rosa. Lleva ropa del estilo victoriano.
6 cierto
7 falso. El joven soldado no lleva a Crucita a su casa después del baile. La lleva al lugar donde él la recogió.
8 cierto
9 falso. Crucita Delgado está muerta.
10 cierto

B. ¿QUÉ DECIMOS . . .?

Have students work in pairs first. Allow 2 min, then call on individual students and have class confirm each response.

1 la carta de Venezuela
2 sus compras
3 la carta de Venezuela
4 sus clases
5 sus compras
6 sus compras
7 la carta de Venezuela
8 sus compras

REPASO

Talking about conditions: *Estar*

estoy	estamos
estás	
está	están

Está muy triste ahora.
¿Por qué **estás** tan cansada?

See **¿Por qué se dice así?**, *page G9, section 1.4.*

CHARLEMOS UN POCO

A. PARA EMPEZAR . . . Indica si estas oraciones son ciertas o falsas a base del cuento "Bailó con un bulto". Si son falsas, corrígelas.

1. Una joven muy hermosa ve a un joven soldado que hace autostop.
2. La joven dice que hay un baile en el pueblo y pide un aventón.
3. El joven queda muy impresionado con Crucita Delgado.
4. La gente del pueblo conoce bien a Crucita Delgado pero nadie conoce al soldado.
5. Crucita está muy de moda en su vestido largo negro de florecitas color de rosa. Claramente es la última moda.
6. Crucita no sabe bailar al ritmo de la música moderna pero baila muy bien a la música mexicana.
7. El joven soldado lleva a Crucita a su casa después del baile y entra a conocer a sus padres.
8. Al día siguiente, cuando llama a la puerta de la casa de Crucita, ella no está allí.
9. Ahora Crucita Delgado es una viejita que vive sola en la casa abandonada.
10. El joven soldado bailó toda la noche con un fantasma.

B. ¿QUÉ DECIMOS . . .? ¿De qué hablan Daniel y sus amigos: de sus compras, de sus clases o de la carta de Venezuela?

1. "Pienso hacerlo esta noche".
2. "¿A cuánto están?"
3. "Es de mi amigo venezolano".
4. "No sé qué me pasa. Echo de menos las vacaciones".
5. "Estoy segura que le van a gustar a mi mamá".
6. "¿Qué piensas de estos collares?"
7. "Sólo quiere saber qué hago los fines de semana".
8. "Me encanta el azul".

C. ¿Cómo están? Son las once de la mañana del primer día de clases. ¿Cómo se sienten estos alumnos y profesores?

Lucía

MODELO **Lucía está nerviosa y preocupada.**

Purpose These activities provide guided practice to students beginning to produce new language used for describing how people feel, shopping for a gift, and talking about activities. The repetition built into the activities is intentional. Students need not do all the activities once they have demonstrated mastery of these functions.

VOCABULARIO ÚTIL:

muerto de hambre	listo para las clases	aburrido	triste
emocionado	preocupado	frustrado	solo
cansado	contento	nervioso	tranquilo

1. Marcos **2.** Eugenio y Sofía **3.** Teodora

4. las profesoras **5.** Elena **6.** el señor Rubio

7. Clemente, Eva y Lupe **8.** Esteban y David

CH. A clase. Nena y Raúl están hablando antes de su clase. ¿Qué dicen?

Nena: Hola, Raúl. ¿Cómo ____?
Raúl: Hola, Nena. Bien, ¿y tú?
Nena: Bien, gracias. ¿Qué ____ haciendo?
Raúl: ____ mirando mi horario. Tengo la clase de química con la señora Rodarte ahora. Ella es muy exigente y yo ____ nervioso.
Nena: ¡Ah! Tú y yo ____ en la misma clase. Podemos estudiar juntos.
Raúl: ¿Y tú no ____ preocupada?
Nena: ¡Qué va! Me encantan las ciencias. ¡Vamos a clase!
Raúl: No sé dónde ____ mis cosas.
Nena: Allí ____ tu libro. ¿Qué más necesitas?
Raúl: Nada. Vamos.

REPASO

Describing people: Adjectives

Adjectives must agree in number and gender with the noun(s) they modify.

Elena está **muerta** de hambre.
Él y yo estamos **emocionados** y muy **contentos.**

REPASO

Uses of *estar*

Estar is used . . .

To express conditions:
Pepita **está** enferma.
El gazpacho **está** muy rico.
Tú **estás** muy guapa hoy.

To give location:
El Paso **está** en Texas.
¿Dónde **están** mis libros?

To form the present progressive:
Todos **están** trabajando.
¿Qué **están** haciendo?

See **¿Por qué se dice así?**, *page G9, section 1.4.*

C. ¿Cómo están? Have students do in pairs first. Allow 2–3 min, then call on individual students. Have class confirm each response. Answers may vary.

1. Marcos está solo y triste.
2. Eugenio y Sofía están cansados y aburridos.
3. Teodora está contenta y lista para las clases.
4. Las profesoras están contentas y listas para las clases.
5. Elena está nerviosa y frustrada.
6. El señor Rubio está cansado y preocupado.
7. Clemente, Eva y Lupe están emocionados y contentos.
8. Esteban y David están muertos de hambre.

CH. A clase. Call on individual students. Have class confirm each response. Follow up with some comprehension check questions: **¿Cómo está Nena? ¿Raúl? ¿Qué está haciendo Raúl?,** etc.

Nena: estás
Nena: estás
Raúl: Estoy, estoy
Nena: estamos
Raúl: estás
Raúl: están
Nena: está

Using the margin boxes The margin boxes contain focused grammar explanations and vocabulary that students will need in order to do the corresponding activities. Teachers have the flexibility to limit the grammar explanation to what is in the box, to teach the corresponding structures in the ***¿Por qué se dice así?*** section at the back of the book before or after doing the activities, or simply to assign the grammar as homework and make the students responsible for learning it. Make sure students understand that the structure explanations in the boxes are brief summaries. Detailed explanations appear in the ***¿Por qué se dice así?*** section and should be referred to as necessary.

Note Additional practice/homework activities are provided in ***¿Por qué se dice así?*** and in the **Cuaderno de actividades.**

Point out Point out that stem-changing verbs in the present tense change in all persons except the **nosotros** and **vosotros** forms.

D. De compras. Allow 2–3 min for pair work. Then ask individual students. Answers will vary.

1 ¿Prefieres la pulsera blanca o la morada? *Prefiero la morada. ¿Cuánto cuesta?*
2 ¿Prefieres los pantalones negros o los marrones? *Prefiero los negros. ¿Cuánto cuestan?*
3 ¿Prefieres el reloj grande o el pequeño? *Prefiero el pequeño. ¿Cuánto cuesta?*
4 ¿Prefieres los aretes verdes o los azules? *Prefiero los azules. ¿Cuánto cuestan?*
5 ¿Prefieres la falda larga o la corta? *Prefiero la larga. ¿Cuánto cuesta?*
6 ¿Prefieres las blusas anaranjadas o las rosadas? *Prefiero las rosadas. ¿Cuánto cuestan?*
7 ¿Prefieres el collar amarillo o el rojo? *Prefiero el amarillo. ¿Cuánto cuesta?*
8 ¿Prefieres los zapatos grises o los negros? *Prefiero los grises. ¿Cuánto cuestan?*

E. Todos los días. Call on individual students and have class confirm each response. Answers may vary slightly.

1 pienso
2 duerme
3 almorzamos
4 jugamos
5 pierdo
6 me acuesto

REPASO

Stem-changing verbs

querer: e → ie

quiero	queremos
quieres	
quiere	**quieren**

Quiero comprar una pulsera.
¿**Prefieres** la roja?

encontrar: o → ue

encuentro	encontramos
encuentras	
encuentra	**encuentran**

No **encuentro** los servicios.
Encontramos estos muy caros.

See **¿Por qué se dice así?,** *page G11, section 1.5.*

REPASO

Stem-changing verbs

The verb **jugar** is the only **u → ue** stem-changing verb.

jugar: u → ue

juego	jugamos
juegas	
juega	**juegan**

Tú **juegas** muy bien.
¿A qué hora **juegan?**

See **¿Por qué se dice así,** *page G11, section 1.5.*

D. De compras. Tú y tu compañero(a) están buscando un regalo en un almacén. ¿Qué dicen?

MODELO camiseta: ¿amarillo o blanco?
Tú: **¿Prefieres la camiseta amarilla o la blanca?**
Compañero(a): **Prefiero la amarilla. ¿Cuánto cuesta?** o **Prefiero la blanca. ¿Cuánto cuesta?**

1. pulsera: ¿blanco o morado?
2. pantalones: ¿negro o marrón?
3. reloj: ¿grande o pequeño?
4. aretes: ¿verde o azul?
5. falda: ¿largo o corto?
6. blusas: ¿anaranjado o rosado?
7. collar: ¿amarillo o rojo?
8. zapatos: ¿gris o negro?

E. Todos los días. Según Tere, ¿qué pasa todos los días?

Yo siempre 

MODELO **Yo siempre me despierto temprano.**

VOCABULARIO ÚTIL:

acostarse	jugar	almorzar	pensar
despertarse	perder	dormir	levantarse

1. A las 7:30 camino a la escuela y  en mis clases.
2. Mi amigo Samuel siempre  en la clase de las 11:00.
3. A mediodía mis amigas y yo  en la cafetería.
4. Después de las clases Micaela y yo 
5. Yo siempre 
6. En casa, después de comer y estudiar  a las 10:00.

F. ¡A comer! Tú y tu familia acaban de ir de compras y ahora están cenando en un restaurante. Describe lo que pasa en el restaurante.

EJEMPLO **El camarero nos consigue una mesa.**

el camarero yo mi hermano(a) mamá y papá un señor papá y yo	servir (i) encontrar (ue) querer (ie) pedir (i) probar (ue) contar (ue) conseguir (i)	un plato la cuenta una mesa el dinero las pizzas la comida una hamburguesa mucha comida la especialidad de la casa unas sillas

G. ¡Qué negativo! Tienes un(a) amigo(a) que siempre reacciona negativamente. ¿Qué te contesta cuando le haces estas preguntas?

MODELO hacer
Tú: **¿Qué haces?**
Compañero(a): **No hago nada.**

1. saber
2. decir
3. traer
4. tener
5. ver
6. oír

H. ¿Los conoces? ¿Conoces a todas estas personas de tu escuela? ¿Cómo se llaman?

EJEMPLO el (la) profesor(a) de historia
Conozco al profesor de historia. Se llama Juan Gómez. o
No conozco a la profesora de historia.

1. el (la) entrenador(a) de volibol
2. el (la) profesor(a) de español
3. el (la) director(a) de la banda
4. el (la) secretario(a) de la escuela
5. el (la) director(a) de la escuela
6. el (la) profesor(a) de inglés
7. el (la) entrenador(a) del equipo de fútbol
8. el (la) profesor(a) de química
9. el (la) enfermero(a) de la escuela

REPASO

Stem-changing verbs

pedir: e → i

pido	pedimos
pides	
pide	piden

¿Qué **pides** de postre?
¿**Sirven** buena comida mexicana?

See **¿Por qué se dice así?,** *page G11, section 1.5.*

REPASO

Present tense: Irregular verbs

The following verbs have irregular **yo** forms:

conocer	**conozco**
dar	**doy**
decir (i)	**digo**
hacer	**hago**
oír	**oigo**
poner	**pongo**
saber	**sé**
salir	**salgo**
tener (ie)	**tengo**
traer	**traigo**
venir (ie)	**vengo**
ver	**veo**

See **¿Por qué se dice así?,** *page G14, section 1.6.*

F. ¡A comer! Call on individual students. Have class repeat each response to practice pronunciation of stem-changing verbs. Call on several students to make up different sentences for each subject. Answers will vary. Following are sample sentences.

Mamá y papá consiguen una mesa.
Un señor encuentra unas sillas.
Yo pruebo la especialidad de la casa.
Mi hermana pide una hamburguesa.
El camarero nos sirve la comida.
Papá y yo pedimos la cuenta.

G. ¡Qué negativo! Allow 2 min to do in pairs first. Then call on individual students. Have class confirm each response.

1 ¿Qué sabes? *No sé nada.*
2 ¿Qué dices? *No digo nada.*
3 ¿Qué traes? *No traigo nada.*
4 ¿Qué tienes? *No tengo nada.*
5 ¿Qué ves? *No veo nada.*
6 ¿Qué oyes? *No oigo nada.*

H. ¿Los conoces? Allow 2–3 min to do in pairs first. Then call on individual students. Have class confirm each affirmative response. Answers will vary.

1 No conozco al entrenador de volibol.
2 Conozco a la profesora de español. Se llama . . .
3 No conozco a la directora de la banda.
4 No conozco al secretario de la escuela.
5 No conozco al director de la escuela.
6 Conozco al profesor de inglés. Se llama . . .
7 Conozco a la entrenadora del equipo de fútbol. Se llama . . .
8 Conozco a la profesora de química. Se llama . . .
9 No conozco a la enfermera de la escuela.

I. Encuesta. Allow 2–3 min for pair work. Then ask individual students how often their partners do each activity. Answers will vary.

1 ¿Das regalos frecuentemente? *No, nunca doy regalos.*
2 ¿Tienes que limpiar tu cuarto frecuentemente? *Sí, tengo que limpiar mi cuarto de vez en cuando.*
3 ¿Pones la mesa frecuentemente? *Sí, pongo la mesa frecuentemente.*
4 ¿Traes tu almuerzo a la escuela frecuentemente? *No, nunca traigo mi almuerzo a la escuela.*
5 ¿Vienes a la clase de español frecuentemente? *Sí, vengo a la clase de español frecuentemente.*
6 ¿Ves televisión frecuentemente? *No, veo televisión muy poco.*
7 ¿Haces ejercicios frecuentemente? *Sí, hago ejercicios todos los días.*
8 ¿Dices tu número de teléfono frecuentemente? *No, nunca digo mi número de teléfono.*

CHARLEMOS UN POCO MÁS

Application and Extension

A. María quiere leer. Insist that students not look at each other's pictures until they have finished the activity. When finished, call on individual students to tell what each person in the drawings wants to do.

I. Encuesta. ¿Con qué frecuencia hace tu compañero(a) estas actividades?

nunca	muy poco	de vez en cuando	todos los días

MODELO salir con tus amigos

Tú: **¿Sales con tus amigos frecuentemente?**

Compañero(a): **Sí, salgo frecuentemente.** o **No, nunca salgo con mis amigos.**

1. dar regalos
2. tener que limpiar tu cuarto
3. poner la mesa
4. traer tu almuerzo a la escuela
5. venir a la clase de español
6. ver televisión
7. hacer ejercicios
8. decir tu número de teléfono

CHARLEMOS UN POCO MÁS

A. María quiere leer. Usando el dibujo que tu profesor(a) te da, pregúntale a tu compañero(a) qué quieren hacer las personas. No mires el dibujo de tu compañero(a).

EJEMPLO María

Tú: **¿Qué quiere hacer María?**

Compañero(a): **María quiere leer. Pero no puede.**

Purpose The activities in the ***Charlemos un poco más*** section are designed to allow students to create with language recently learned. Although they may sometimes appear repetitious of the guided practice in the previous section, these activities enable students to use language needed to describe how people feel and talk about activities in a variety of possible combinations. Responses in this section are much more open-ended and often have several possible correct answers.

B. El cuento de Salchicha. Con un compañero(a), escribe un cuento sobre la perrita en el dibujo, Salchicha.

VOCABULARIO ÚTIL:

pelota	comida	perro	pensar
comenzar	perder	pedir	divertirse
acostarse	encontrar	despertarse	comer
jugar	vivir	beber	querer

C. Solamente la verdad. Formen grupos de tres personas. Su profesor(a) les va a dar un juego de nueve preguntas a cada uno. Ustedes deben hacerse las preguntas y contestarlas todas. La idea es que todos deben decir la verdad al contestar todas las preguntas menos una. Al terminar, el grupo tiene que adivinar cuál fue la pregunta que cada persona contestó falsamente.

Dramatizaciones

A. ¡Qué problemas! Estás hablando con tu mejor amigo(a) de tus problemas. Dramatiza la conversación con un(a) compañero(a).

- Dile cómo te sientes.
- Menciona algunos de los síntomas.
- Escucha mientras tu amigo(a) te dice lo que él o ella piensa.
- Invita a tu amigo(a) a hacer algo este fin de semana.
- Decidan qué van a hacer y luego despídanse.

B. ¿A qué hora te despiertas? Tú eres un(a) visitante extraterrestre que viene al mundo para conocer la vida de los jóvenes norteamericanos. Pregúntale a un(a) compañero(a) de clase acerca de su vida diaria y sus actividades. Dramatiza esta situación con un(a) compañero(a).

C. Día de las madres. Tú y tu amigo(a) van de compras. Tienen que comprar un regalo para sus madres porque el domingo es el Día de las madres. Dramaticen esta situación. Mencionen varias posibilidades para regalos hasta que cada uno(a) decida lo que va a comprar.

B. El cuento de Salchicha. Allow 5–8 min for writing. Ask for volunteers to read their stories to the class.

Extension Collect all the stories and put them in a special binder titled **Las aventuras de Salchicha.** Have students read them when they finish an exam or a communicative activity early.

C. Solamente la verdad. Allow 4–5 min for group work. Have each student ask his or her set of questions, alternating to whom he or she directs each question. Then call on several groups to see if they recognized when someone was not telling the truth. Ask them to repeat what the group member said when he or she answered falsely.

DRAMATIZACIONES

Application and Extension

A. ¡Qué problemas! You may need to suggest some symptoms: **Estoy muy triste. Estoy cansado.** etc. Call on volunteers to perform their role plays for the class.

B. ¿A qué hora te despiertas? Encourage students to be creative in the questions they ask but remind them to limit themselves to what they are able to say at this point.

C. Día de las madres. Tell students to suggest various possible gifts before deciding on one. Allow pairs 5–8 min to prepare. Then have students perform their role plays for each other in groups of 8 or 10. Tell students to select the best role play in their group and ask the pair to perform it for the entire class.

Purpose The role plays in ***Dramatizaciones*** are designed to recycle the structures and vocabulary needed to shop for a gift, describe how people feel, and describe activities. Encourage students to work without their books when performing their role plays.

IMPACTO CULTURAL

Culture

Tesoros nacionales

Purpose This section has students think back to their first day of school and compare it to that described by the Chicano poet Francisco X. Alarcón in his poem. In the process, students learn how to approach the reading of a poem.

Antes de empezar

Answers

A. Mi primer día de clases. Las respuestas van a variar.

B. Puntuación.

1 Las respuestas van a variar. Los alumnos deben asumir que no hay puntuación sólo por capricho del poeta.
2 Sí, es fácil ponerle puntuación. Hay 4 oraciones.
3 Frente a la teacher apreté más fuerte la mano de mi abuela.
La teacher se sonrió y dijo algo raro en inglés.
Mi abuela luego me dio su bendición y se fue.
Yo me quedé hecho silla en un mundo muy extraño.

Verifiquemos

Answers

A. Interpretemos.

1 falso. El niño no entiende inglés.
2 cierto. Se queda hecho silla.
3 cierto. Sonríe porque entiende.
4 falso. La abuela le da su bendición y se va.

B. Expliquemos. Las respuestas van a variar.

1 El dar la bendición al despedirse en situaciones emocionales es una costumbre hispana entre padres e hijos.
2 El niño se quedó paralizado de miedo en su silla.
3 La escuela era un nuevo mundo para el niño.

IMPACTO CULTURAL

Tesoros nacionales

Antes de empezar

A. Mi primer día de clases. Piensa en tu primer día de clases y contesta estas preguntas. Luego discute tus respuestas con dos compañeros de clase.

1. ¿Cuánto recuerdas de tu primer día de clases?
2. ¿Quién te llevó a la escuela?
3. ¿Cómo reaccionaste tú? ¿Te gustó? ¿Lloraste?

B. Puntuación. En grupos de tres, contesten estas preguntas acerca de la falta de puntuación en el poema.

1. ¿Por qué crees que no hay puntuación en este poema?
2. Es fácil ponerle puntuación al poema. ¿Cuántas oraciones completas hay? ¿Cuáles son?
3. Escribe todas las oraciones del poema como oraciones completas. No olvides empezar cada oración con letra mayúscula.

Verifiquemos

A. Interpretemos. Lee el poema en la siguiente página. Luego, indica si estas oraciones son ciertas o falsas para mostrar que entendiste el poema. Explica cada respuesta.

1. El niño entiende inglés.
2. El niño no está tranquilo cuando se va su abuela.
3. La *teacher* entiende el problema del niño.
4. La abuela decide quedarse con el niño durante su primer día de escuela.

B. Expliquemos. En grupos de tres o cuatro, preparen una explicación para la clase de las siguientes partes del poema.

1. mi abuela luego me dio su bendición y se fue
2. yo me quedé hecho silla
3. en un mundo muy extraño

Este poema es del bien conocido poeta chicano, Francisco X. Alarcón.
First Day of School
frente
a la teacher
apreté
más fuerte
la mano
de mi abuela
la teacher
se sonrió
y dijo algo
raro en inglés
mi abuela
luego me dio
su bendición
y se fue
yo me quedé
hecho silla
en un mundo
muy extraño.
LECCIÓN 2
treinta y cinco 35

OBJECTIVES

Communicative Goals

- Exchanging information about where you are going, what you are going to do, what you have to do, and how long you have been doing something
- Describing family, school, and friends

Culture and Reading

- **Para empezar** ***La nuera***
- **Leamos ahora** ***La fiesta de "The Whole Enchilada"***
- **Estrategias para leer** ***Predecir con fotos, dibujos, gráficos o diagramas***

Writing

- **Escribamos ahora** Writing a short newspaper article
- **Estrategias para escribir** ***Planificación***

Structure

- 1.7 ***Repaso:*** Adjectives
- 1.8 ***Repaso:*** The verbs **ser, ir,** and **tener**
- 1.9 **Hacer** in expressions of time: Present tense

LECCIÓN 3

¡Tienes que visitar El Paso!

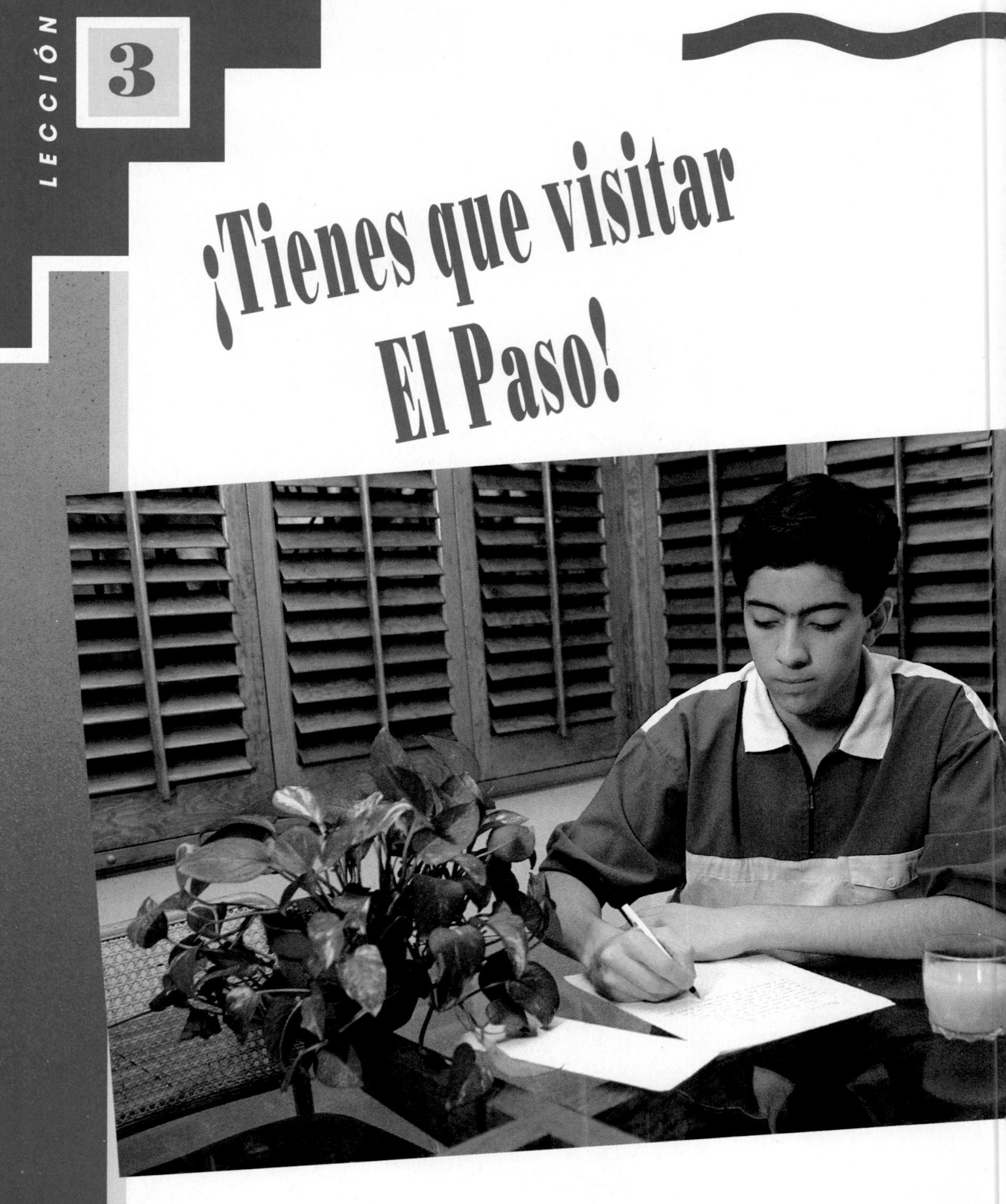

ACTIVE VOCABULARY

¡Ojo! The list that follows is the active vocabulary for the Unit. It does not appear as such in the Student Text. Instead, it appears in context in the ***¿Qué decimos...?*** and in the ***Charlemos un poco*** sections. The students' active vocabulary lists appear in the **Cuaderno de actividades** at the end of each lesson in a section called ***Vocabulario personal.*** Here students also reactivate active vocabulary from **¡DIME! UNO** by generating their own lists of vocabulary needed to perform the lesson functions.

Descripción de personas
débil
económico(a)
interesado(a)
latinoamericano(a)
lento(a)
loco(a)
perezoso(a)
tacaño(a)

Música
orquesta
saxofón

Sustantivos
campeonato
clima
cultura
interés
silla de ruedas
trabajador(a)

Modismos con *tener*
tener miedo
tener sueño
tener suerte

Verbos
acampar
cantar
esquiar
parecer
reunirse

Palabras y expresiones
Hace [siete] años que . . .
me fascina
sobre todo

ANTICIPEMOS

¿Qué piensas tú?

1. ¿Qué están haciendo las personas en los dibujos? ¿Qué crees que van a hacer estas personas al terminar lo que hacen ahora? ¿Por qué crees eso?
2. ¿Cuáles de estas personas hacen lo que hacen porque tienen que hacerlo? ¿Por qué tienen que hacer estas cosas?
3. ¿Qué relación hay entre las personas en los dibujos? ¿Por qué crees eso?
4. ¿Conoces bien a todos tus familiares — abuelos, tíos, primos, etc.? ¿Por qué sí o por qué no?
5. Compara tu respuesta a la pregunta número 4 a la de tus compañeros de clase. ¿Cómo se compara? ¿Por qué crees que unos conocen bien a sus familiares y otros no?
6. ¿Crees que la vida diaria de una familia hispana en un país de habla española es diferente o similar a la vida de una familia hispana en EE.UU.? ¿Por qué?
7. ¿Qué crees que vas a aprender en esta lección?

Purpose To focus students on the language and functions to be developed and practiced in the lesson—describing people, exchanging information about present and future plans, talking about obligations. To get students to speculate about similarities and differences between Hispanic families in the U.S. and in Spanish-speaking countries.

Suggestions Encourage students to respond in Spanish as much as possible, but allow English for more complex ideas or vocabulary. Rephrase student responses in comprehensible Spanish. You may need to simplify and explain, using comprehensible input techniques to clarify your language where necessary.

ANTICIPEMOS

Setting the Stage

¿Qué piensas tú?

Answers

1 Están: estudiando, haciendo tarea, hablando, leyendo . . .
Van a: ver la tele, acostarse, lavar los platos, recoger la mesa . . .
¿Por qué? Porque es lo lógico.

2 Los jóvenes tienen que hacer la tarea, el niño tiene que acostarse porque sus padres insisten, la hija tiene que recoger la mesa porque le toca hacerlo esta noche . . .

3 Probablemente son parientes—abuelos, padres e hijos. Parece que todos viven juntos en la misma casa y que todos comparten los quehaceres. Esto sugiere que son de la misma familia.

4 Las respuestas van a variar. Algunos alumnos vendrán de familias muy unidas. Otros tal vez estén muy alejados físicamente de sus parientes o quizás la familia haya sido separada debido a condiciones sociales tal como el divorcio.

5 Las respuestas van a variar. Probablemente habrá una gran variedad de circunstancias dentro de la clase. Lo importante es que los estudiantes reconozcan que estas diferencias no son ni buenas ni malas, simplemente reflejan la variedad de circunstancias en la familia típica de EE.UU.

6 Los estudiantes deben reconcer que no es válido crear estereotipos. Mientras muchas familias hispanas en EE.UU. mantienen los valores culturales de sus antepasados, los alumnos deben reconocer que el contacto continuo con la cultura anglosajona y otras culturas inevitablemente acaba por influir y afectar esos valores.

7 **Van a enfocar en repasar y extender su habilidad de intercambiar información acerca de lo que la gente hace, lo que tiene que hacer y lo que piensa hacer.**

PARA EMPEZAR

Comprehensible Input 1

Comprehension Checks

The questions listed here are examples only. To confirm that students understand key language, ask as many yes/no, point-to, show-me, either/or, which one is . . .? type of questions as necessary.

A complete set of **Comprehension Checks** is available on cards in the Teacher's Resource Package.

Suggestions Point out **Nuevo México** on map. Contrast **ancianos** with **jóvenes**. Explain that Hispanic cultures emphasize respect and consideration for the elderly in the society.

1 ¿Viene este cuento de Texas? ¿de Nuevo México?

2

Suggestions Identify the two main characters. Explain that **Las Fiestas de San Felipe** is a local religious festival. Identify Manuel and Dolores as **novios.** Point out the chaperone. Explain that she goes with them on their walks/dates.

1 ¿A quién conoce Manuel? ¿a una joven llamada Margarita? ¿a una joven llamada Dolores?

3

Suggestions Break down the first long sentence. **Manuel quiere casarse con Dolores. Tiene que pedirles permiso a los padres de Dolores.** Enumerate the passage of the weekdays. Nod to emphasize **aceptan**.

1 ¿Pide Manuel la mano de Dolores?

PARA EMPEZAR

Escuchemos un cuento de Nuevo México

Este cuento de Nuevo México habla de la importancia de amar y respetar a los ancianos, un tema que se ve en cuentos de todos los países de habla hispana.

1
Manuel, una persona muy trabajadora, vive en un ranchito con su padre que es viudo. Allí tienen muchos acres de tierra y numerosos ganados de vacas y borregas.

2
Durante las Fiestas de San Felipe, Manuel conoce a una joven llamada Dolores.
Empiezan a andar de novios, siempre como se acostumbra, en presencia de una persona mayor de edad. Después de unos meses, Manuel decide que quiere casarse con Dolores.

Siguiendo la tradición de la comunidad, Manuel y su padre van a casa de la señorita a pedirles a los padres su mano en matrimonio. Y como la tradición dicta, los padres de la novia esperan una semana antes de dar su respuesta. Aceptan la petición de Manuel.

Purpose This section encourages students to develop strong active listening skills and cultural awareness by listening to a story from New Mexico. The story emphasizes the value placed in Hispanic cultures on respecting and caring for the elder members of the family. It tells about the selfishness of a young man and his wife and how, through their son, they are made to realize that they, too, will one day become old.

Como regalo de boda, el padre del novio traspasa todas sus tierras, sus animales, su casa, en fin, todas sus posesiones, a su querido hijo y su futura esposa.

Dolores y Manuel, como dicta la costumbre, le proporcionan al padre de Manuel un cuarto de la casa para vivir.

Todo está bien mientras el padre de Manuel está en condiciones de trabajar.

Después de unos años, Dolores y su marido tienen un niño muy lindo. A la vez, el padre de Manuel empieza a debilitarse.

Dolores se queja constantemente de que su suegro es mucho trabajo para ella.

Resulta que la única razón que Dolores permite al viejito continuar allí con ellos es que ella siempre puede contar con él para cuidarle al bebé. Con el pasar de los años, como uno se puede imaginar, el abuelo y su nieto resultan muy prendidos el uno al otro.

4

Suggestions Equate **traspasa** with **da.** Point out each item—**tierras, animales, casa.** Explain what Manuel and Dolores say: **Usted va a vivir con nosotros. Es su cuarto, ahora y siempre.**

1 ¿Qué les da el padre del novio como regalo de boda? ¿sus tierras? ¿sus animales? ¿su casa? ¿todas sus posesiones?
2 ¿Dónde vive el padre de Manuel? ¿con los padres de Dolores? ¿con Dolores y Manuel?
3 ¿Es raro que el padre viva con Manuel y su joven esposa? ¿Es una costumbre?

5

Suggestion Break down the sentence: **El padre es fuerte. Trabaja todo el día. Todo está bien.**

1 ¿Es fuerte el padre de Manuel?
2 ¿Trabaja mucho?
3 ¿Está todo bien?

6

Suggestions Point out baby: **niño.** Explain that the grandfather is getting old, is no longer so strong, can no longer work all day: **empieza a debilitarse.** Act out Dolores' complaining: **se queja.** Break down long sentence: **El viejito cuida al bebé. Dolores cuenta con él. Permite al viejito continuar en su casa. ¿Por qué? Porque cuida al bebé. Es la única razón.** Explain that grandfather loves the child, child loves his grandfather: **muy prendidos.**

1 ¿Cuánto tiempo pasa? ¿unas semanas? ¿unos meses? ¿unos años?
2 ¿Tienen Manuel y Dolores una niña? ¿un niño?
3 ¿Cómo es el bebé? ¿feo? ¿bello?
4 . . .

Suggestions Have students close their books as you tell the story one section at a time, using the transparencies to clarify meaning without translation. Use comprehensible input techniques and ask frequent **Comprehension Checks.** Students should not be expected to master the text of the story. Rather, they should be encouraged to extract the significant elements of the story using context clues and other listening strategies.

***Using the recorded* cuento** Play one section at a time. As students listen, aid their comprehension by pointing to the appropriate part of each drawing on the transparencies. Stop the tape and ask the **Comprehension Checks.**

Vary your presentation routine by alternating the use of the recorded narratives and your own narrating, or by playing the recorded narrative one section at a time immediately after you narrate each section.

7

Suggestions Emphasize grandfather **se enferma, no puede trabajar, Dolores no lo quiere, el nieto le trae sus comidas.** Act out grandson's duties. Act out Dolores' impatience and short temper with the old man.

1 ¿Se enferma el abuelito?
2 ¿Quién lo cuida? ¿su nuera? ¿su hijo? ¿su nieto?
3 ¿Quién le trae sus comidas?
4 . . .

Suggestions Act out what Dolores says: **Necesito su cuarto. Abuelito tiene que dormir en el granero.** Point out the barn in Panels #1 and #4. Emphasize coldness. Point out blanket. Emphasize that she allows him only one blanket: **una cobija**. Take advantage of cognates like **sufrir**.

1 ¿Necesita Dolores el cuarto del abuelo?
2 ¿Dónde dice que tiene que dormir el abuelo? ¿en la sala? ¿en el comedor? ¿en la cocina? ¿en el granero?
3 ¿Hace frío en el granero?
4 . . .

9

Suggestions Emphasize that **la cobija** is old and thin. Act out asking father to cut it in two pieces. Break down grandson's answer into short sequential phrases.

1 ¿Qué encuentra el nieto al día siguiente? ¿una cobija nueva? ¿una cobija vieja?
2 ¿A quién le pide que corte la cobija? ¿a su madre? ¿a su padre? ¿a su abuelo?
3 ¿En cuántos pedazos quiere que su padre corte la cobija? ¿tres? ¿cuatro? ¿dos?
4 . . .

7
Desafortunadamente, dentro de poco el viejo se enferma. Y ahora es su nieto quien le cuida a él. Le trae sus comidas, le lava la cara, lo peina y lo afeita. A Dolores le sigue molestando la presencia del anciano.

8
Llega el día en que Dolores proclama que necesita el cuarto del abuelo y le dice a Manuel que su padre tiene que dormir en el granero.

Manuel y su hijo ponen la cama del viejo en el granero, donde hace mucho frío. Dolores no le permite ni una sola cobija. "Va a morirse de frío", le dijo el niño a su mamá y ella le contestó, "Allí está bien. Él está acostumbrado al frío". El nieto se pone muy triste al ver a su abuelo sufrir tanto.

El día siguiente, el nieto encuentra una vieja cobija y va a su padre y le pide, "Por favor, papa, corte esta cobija en dos".

"¿Por qué en dos?" pregunta su padre.

"Para poder dar a mi abuelo una mitad, y la otra la voy a guardar para cuando usted y mamá estén viejos y tengan que dormir en el granero".

Al oír eso Dolores se acuerda de un refrán que dice, "Joven eres y viejo serás". A los dos les viene un sentimiento profundo y rápido van a pedirle perdón al viejo. Le juran que nunca van a faltarle el respeto que se merece.

Y la familia pasa diez años maravillosos juntos. De allí en adelante, todos tratan al viejito con mucho cariño y respeto. Y no cabe duda que Dolores y Manuel estarán siempre agradecidos del consejo que les dio su hijo.

10

Suggestions Equate **serás** with **vas a ser**. Act out parents asking the old man for forgiveness. Act out what they say to the grandfather. Show the family happy together and loving toward each other. Show parents thanking son for his wisdom.

1 ¿De qué se acuerda Dolores al oír las palabras de su hijo? ¿de una canción popular? ¿de un refrán tradicional?
2 ¿Crees tú que es verdad el refrán: **Joven eres y viejo serás**?
3 ¿Le piden Dolores y Manuel perdón al viejo?
4 . . .

¿QUÉ DECIMOS AL ESCRIBIR...?

Una carta informativa

Ésta es la carta que Daniel le escribió a su amigo Luis.

Querido Luis,

Gracias por tu carta. Fue muy interesante. Estoy encantado de tener un nuevo amigo venezolano. Me encantaría conocer tu país algún día. Caracas parece una ciudad fascinante.

Hace siete años que vivo en El Paso. No es tan grande como Caracas, pero es la cuarta ciudad más grande de Texas. Lo único que nos separa de Ciudad Juárez, la cuarta ciudad más grande de México, es el Río Grande, o como dicen en México, el Río Bravo. No tendrías ningún problema aquí porque todo el mundo habla español. Me gusta mucho El Paso; tiene un clima ideal si te gusta el sol y el calor.

El Paso

Somos cinco en mi familia: mis padres, mi hermano Martín, mi hermana Nena y yo. Todos somos morenos y muy guapos, por supuesto. Mi hermano Martín tiene diecisiete años y, como resultado de un accidente automovilístico hace cinco años, usa silla de ruedas. Es muy activo, sin embargo, sobre todo en el baloncesto. Juega con un equipo especial que ganó el campeonato de Texas el año pasado y dicen que va a ganarlo este año también. Nena tiene trece años. Está muy interesada en el arte—pintura y dibujo. A todos nos gusta acampar y vamos a muchos lugares interesantes.

Mi familia

Purpose This section develops the language to be developed and practiced in the lesson—description, plans for the future, obligations—in the context of a narrative. Students should not be expected to translate or master each word, but should be guided to extract meaning from context. Reading comprehension and early production of key vocabulary and structures are the goals.

Suggestions Call on students to read aloud one paragraph at a time. Ask **Early Production Checks** frequently to confirm understanding and to develop accurate pronunciation of key elements. Use the photos and drawings and comprehensible input techniques to clarify any language the class does not understand.

¿QUÉ DECIMOS...?

Comprehensible Input 2

Extension Use this section for pronunciation and oral reading practice. Ask students to retell what Daniel wrote using overhead transparencies as prompts without text.

Early Production Checks

Ask these questions to be certain students understand context and characters. Accept short-phrase and sentence-fragment answers but rephrase responses in sentences. Encourage students to elaborate answers and give details. Extend questions to elicit further details.

A full set of **Early Production Checks** is available on cards in the Teacher's Resource Package.

Párrafo 1
Explain **algún día** in Spanish: not today, not tomorrow, no one specific day, but maybe next year, or in two years, or in three years.

1 Según Daniel, ¿cómo fue la carta de Luis?

Párrafo 2
Explain that Daniel and his family moved to El Paso seven years ago, so they have lived there seven years. Review ordinal numbers. Explain that Venezuelans speak Spanish and El Pasoans speak Spanish, so a Venezuelan would not have problems in El Paso.

1 ¿Cuántos años hace que Daniel y su familia viven en El Paso?

Párrafo 3
Point out students in class who share physical traits. Point out Martín's wheelchair. Name championships students would recognize—local school leagues, Superbowl, etc. Name some famous painters. Name several places. Say that they are interesting.

1 ¿Cuántos miembros tiene la familia de Daniel?

Párrafo 4

Make a list on the board of differences between the school in El Paso and the school in Venezuela: 6 classes/ 15 classes, classes meet every day/classes meet one, two, or three days a week, no school on Saturday/classes on Saturday.

1 ¿A qué escuela van Daniel y Martín?
2 ¿Son diferentes las escuelas de El Paso y de Caracas?
3 ¿Cuáles son algunas diferencias?
4 . . .

Párrafo 5

Name types of music—popular, rock, classical, etc. Name singers students know.

1 ¿A qué escuela van los amigos de Daniel?
2 ¿Cómo se llama su mejor amigo?
3 ¿Cómo es?
4 . . .

Párrafo 6

1 ¿Qué le gustaría saber a Daniel?
2 ¿Qué tiene que hacer Luis algún día en el futuro?
3 ¿Qué quiere Daniel hacer en el futuro?

Mi hermano y yo asistimos a El Paso High School. Aparentemente, es muy diferente de tu escuela. Tú dices que tienes quince clases—pues nosotros solamente tenemos seis. Yo, por ejemplo, tengo historia de Estados Unidos, inglés, álgebra, química, educación física y música. Todas nuestras clases se reúnen todos los días, de lunes a viernes. ¡Y no tenemos clases los sábados, como ustedes! A propósito, toco el saxofón en la orquesta. Tengo que practicar muchas horas pero me gusta.

Casi todos mis amigos también van a El Paso High School. Mi mejor amigo se llama Mateo Romero. Es muy simpático y hacemos todo juntos. Jugamos tenis, vamos al cine y a partidos de baloncesto y fútbol americano. También juego tenis con una chica muy divertida que se llama Tina Valdez. A veces los tres nos reunimos con otros amigos para escuchar música o para ir a conciertos. Me fascina toda clase de música, pero mi favorita es la música popular latinoamericana. ¿Cuáles son los cantantes y los "hits" de ahora en Venezuela?

Me gustaría saber más de Caracas y de tus amigos. ¿Cómo son tus amigos? ¿Qué hacen los fines de semana? ¿Tienes una amiga especial? ¿Cómo es el clima en Caracas? ¿Hace buen tiempo todo el año? Escríbeme pronto. Algún día en el futuro tienes que visitarme aquí en El Paso. Y sí, yo tendré que visitarte en Caracas también.

Saludos de tu amigo

Daniel

Mi saxofón

En frente de mi escuela

¡Pobre Mateo! No juega tenis muy bien.

Mi hermano, mis amigos y yo escuchamos música en casa.

CHARLEMOS UN POCO

A. PARA EMPEZAR . . . Pon los siguientes hechos en el orden apropiado según el cuento de ''La nuera''.

1. Los dos juran que nunca van a faltarle respeto al viejo.
2. Dolores le dice a Manuel que su padre puede dormir en el granero.
3. Dolores empieza a quejarse constantemente de que su suegro no hace nada.
4. Manuel y Dolores invitan al padre de Manuel a vivir con ellos.
5. Manuel y Dolores salen juntos por varios meses, en compañía de personas mayores.
6. El nieto le pide a su padre que corte la vieja cobija en dos.
7. Manuel conoce a una joven llamada Dolores en las Fiestas de San Felipe.
8. Dolores y su marido tienen un niño muy lindo.
9. Como regalo de matrimonio, el padre de Manuel les da todas sus posesiones.
10. Manuel les pide la mano de Dolores a sus padres.

B. ¿QUÉ DECIMOS . . .? Selecciona la respuesta apropiada según la carta que escribió Daniel.

1. Hace *(5 / 7 / 15)* años que Daniel vive en El Paso.
2. El Paso es la *(segunda / tercera / cuarta)* ciudad más grande de Texas.
3. *(Daniel / Martín / Mateo)* usa silla de ruedas.
4. *(Daniel / Martín / Luis)* tiene quince clases.
5. Daniel toca un instrumento en *(una orquesta / una banda / un restaurante)*.
6. A Daniel le gusta jugar tenis con *(Mateo / Tina / Mateo y Tina)*.
7. Daniel quiere saber más de *(las clases de Luis / la familia de Luis / el clima de Caracas)*.
8. A Daniel le encantaría *(visitar a Luis en Caracas / vivir con Luis / hablar con Luis por teléfono)*.

C. ¿Y tú? Tu compañero(a) quiere saber cómo eres. Contesta sus preguntas y luego hazle preguntas a él (ella).

MODELO romántico
Compañero(a): **¿Eres romántico(a)?**
Tú: **Sí, soy romántico(a).** o
No, no soy romántico(a).

VOCABULARIO ÚTIL:

estudioso	perezoso	tímido	popular
fuerte	débil	tonto	inteligente
simpático	antipático	organizado	desorganizado

REPASO

Adjectives

Adjectives must agree in number and gender with the word(s) they describe.

Carlos es guapo, tímido e inteligente.
Alicia y Paula son simpáticas, organizadas e inteligentes.

See **¿Por qué se dice así?**, *page G16, section 1.7.*

Purpose These activities provide guided practice as students exchange information about where they are going, what they are going to do, what they have to do, and how long they have been doing something. Students will also describe family, school, and friends. The repetition built into the activities is intentional. It is not necessary to do all activities in this section once students have demonstrated mastery of these functions.

CHARLEMOS UN POCO

Guided Practice

A. PARA EMPEZAR . . .
Have students work in pairs to decide on correct sequence. Then call on individual students and have class confirm each response.

1 Manuel conoce a una joven llamada Dolores en las Fiestas de San Felipe. (7)
2 Manuel y Dolores salen juntos por varios meses, en compañía de personas mayores. (5)
3 Manuel les pide la mano de Dolores a sus padres. (10)
4 Como regalo de matrimonio, el padre de Manuel les da todas sus posesiones. (9)
5 Manuel y Dolores invitan al padre de Manuel a vivir con ellos. (4)
6 Dolores y su marido tienen un niño muy lindo. (8)
7 Dolores empieza a quejarse constantemente de que su suegro no hace nada. (3)
8 Dolores le dice a Manuel que su padre puede dormir en el granero. (2)
9 El nieto le pide a su padre que corte la vieja cobija en dos. (6)
10 Los dos juran que nunca van a faltarle respeto al viejo. (1)

B. ¿QUÉ DECIMOS . . .?
Call on individual students for answers. Have class confirm each response.

1 7
2 cuarta
3 Martín
4 Luis
5 una orquesta
6 Mateo y Tina
7 el clima de Caracas
8 visitar a Luis en Caracas

C. ¿Y tú? Have students work in pairs first. Then ask individual students to tell you what their partners are like. Questions and answers will vary.

¿Eres tímido(a)? *No, no soy tímido(a).*
¿Eres perezoso(a)? *Sí, soy perezoso(a).*
¿Eres inteligente? *Sí, soy inteligente.*
¿Eres fuerte? *No, no soy fuerte.*

CH. Descripciones. Have students work in pairs first. Then ask individual students to describe a family member or a friend. Answers will vary. These are sample responses.

1 Mi mejor amigo David no es ni rubio ni moreno. Es pelirrojo.
2 Mis papás son serios e interesantes.
3 Mis amigos Rita y Carlos son atléticos y cómicos.
4 Yo soy joven, bajo(a) y rubio(a). No soy tacaño(a).
5 El profesor Kirkpatrick es bajo, inteligente y muy simpático.
6 Mi hermana Susana es pequeña y cómica.
7 Mi mejor amigo y yo somos guapos, atléticos y generosos.
8 Mi gata es gorda y débil.

D. Los domingos. Call on individual students. Call on several students for each subject. Answers will vary.

Yo voy al (a la) . . .
Mi familia va al (a la) . . .
Mis amigos y yo vamos al (a la) . . .
Mi amiga Laurie va al (a la) . . .
Mis abuelos van al (a la) . . .

E. El fin de semana. Have students work in pairs first. Allow 2–3 min. Then ask individual students what plans their partners have for the weekend. Answers will vary. The following are sample questions and responses.

¿Vas a comer pizza este fin de semana? *Sí, voy a comer pizza.*
¿Vas al cine Alameda este fin de semana? *No, no voy al cine.*
¿Vas a ver la tele este fin de semana? *Sí, voy a ver la tele.*
¿Vas a practicar la guitarra este fin de semana? *No, no voy a practicar la guitarra.*
¿Vas a pasear en bicicleta este fin de semana? *Sí, voy a pasear en bicicleta.*
¿Vas a jugar fútbol este fin de semana? *No, no voy a jugar fútbol.*

REPASO

Describing people: *Ser*

soy	somos
eres	
es	son

Soy inteligente y guapo.
Sí, y **eres** muy modesto también, ¿no?

See **¿Por qué se dice así?**, *page G17, section 1.8.*

REPASO

Describing future plans: *Ir*

voy	vamos
vas	
va	van

Voy al gimnasio a las dos.
¿**Van** a correr esta tarde?

See **¿Por qué se dice así?**, *page G17, section 1.8.*

CH. Descripciones. Describe a estas personas.

 EJEMPLO **Mi mejor amiga y yo no somos ni altas ni bajas; somos medianas.**

VOCABULARIO ÚTIL:

alto	débil	interesante	serio
atlético	delgado	joven	tacaño
bajo	gordo	moreno	
cómico	guapo	rubio	

1. mi mejor amigo(a) [. . .]
2. mis papás
3. mis amigos [. . .] y [. . .]
4. yo
5. el(la) profesor(a) [. . .]
6. mi hermano(a) [. . .]
7. mi mejor amigo(a) y yo
8. mi gato(a) o mi perro(a)

D. Los domingos. ¿Adónde van estas personas los domingos?

EJEMPLO **Mis abuelos van al parque.**

yo	gimnasio
mi familia	parque
mis amigos y yo	biblioteca
mi amigo(a) . . .	iglesia
mis abuelos	café
	cine
	centro comercial
	restaurante
	casa de unos amigos
	¿ . . . ?

E. El fin de semana. ¿Qué planes tiene tu compañero(a) para este fin de semana? Pregúntale si va a hacer las actividades representadas en este dibujo.

MODELO *Tú:* **¿Vas a jugar tenis este fin de semana?**
Compañero(a): **Sí, voy a jugar.** o **No, no voy a jugar.**

Using the margin boxes The margin boxes contain focused grammar explanations and vocabulary that students will need in order to do the corresponding activities. Teachers have the flexibility to limit the grammar explanation to what is in the box, to teach the corresponding structures in the ***¿Por qué se dice así?*** section at the back of the book before or after doing the activities, or simply to assign the grammar as homework and make the students responsible for learning it.

F. ¡Qué horario! Pregúntale a tu compañero(a) a qué hora tiene sus clases.

 MODELO *Tú:* **¿A qué hora tienes la clase de drama?**
Compañero(a): **Tengo drama a las [*dos*].** o **No tengo clase de drama.**

1.

2.

3.

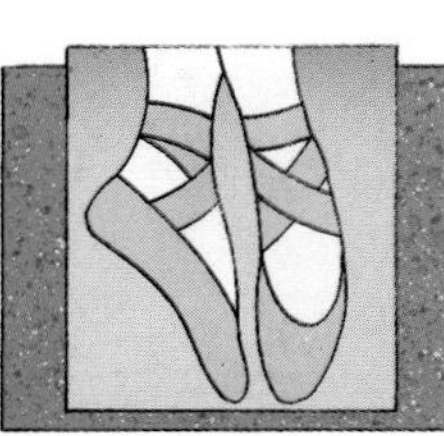
4.

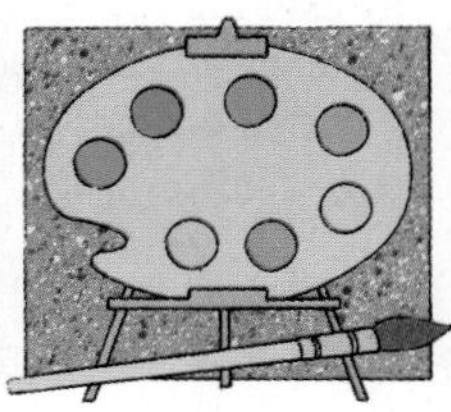
5.

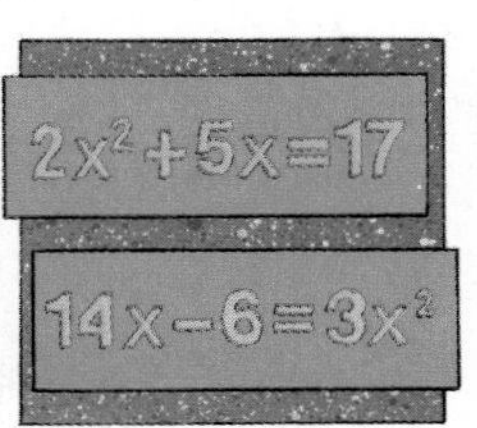

6.

7.

8.

9.

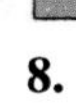

10.

11.

12.

REPASO

Tener

tengo	tenemos
tienes	
tiene	tienen

¿A que hora **tienes** inglés?
¿**Tenemos** que comprarlo?

See **¿Por qué se dice así?**, *page G17, section 1.8.*

F. ¡Qué horario! Allow 2–3 min for pair work. Then ask individual students what time their partners have each class. Answers will vary.

1 ¿A qué hora tienes la clase de inglés? *Tengo inglés a las [. . .].* o *No tengo clase de inglés.*
2 ¿A qué hora tienes la clase de historia? *Tengo historia a las [. . .].* o *No tengo clase de historia.*
3 ¿A qué hora tienes la clase de música? *Tengo música a las [. . .].* o *No tengo clase de música.*
4 ¿A qué hora tienes la clase de baile? *Tengo baile a las [. . .].* o *No tengo clase de baile.*
5 ¿A qué hora tienes la clase de arte? *Tengo arte a las [. . .].* o *No tengo clase de arte.*
6 ¿A qué hora tienes la clase de álgebra? *Tengo álgebra a las [. . .].* o *No tengo clase de álgebra.*
7 ¿A qué hora tienes la clase de educación física? *Tengo educación física a las [. . .].* o *No tengo clase de educación física.*
8 ¿A qué hora tienes la clase de drama? *Tengo drama a las [. . .].* o *No tengo clase de drama.*
9 ¿A qué hora tienes la clase de geografía? *Tengo geografía a las [. . .].* o *No tengo clase de geografía.*
10 ¿A qué hora tienes la clase de español? *Tengo español a las [. . .].* o *No tengo clase de español.*
11 ¿A qué hora tienes la clase de química? *Tengo química a las [. . .].* o *No tengo clase de química.*
12 ¿A qué hora tienes la clase de computación? *Tengo computación a las [. . .].* o *No tengo clase de computación.*

Make sure students understand that the structure explanations in the boxes are brief summaries. Detailed explanations appear in the ***¿Por qué se dice así?*** section and should be referred to as necessary.

Note Additional practice/homework activities are provided in ***¿Por qué se dice así?*** and in the **Cuaderno de actividades.**

G. ¡Mucho que hacer! Call on individual students. Ask several students who in their family does each activity. Answers will vary.

1 Mi mamá tiene que preparar el almuerzo.
2 Mis hermanos tienen que lavar el coche.
3 Mis hermanas tienen que preparar la comida.
4 Yo tengo que poner la mesa.
5 Mi papá tiene que lavar el perro.
6 Mis hermanos y yo tenemos que estudiar.
7 Mi hermana Diana tiene que limpiar la casa.
8 Yo tengo que lavar los platos.
9 Mi mamá tiene que hacer la cama.
10 Todos nosotros tenemos que ir de compras.

H. Familia y amigos. Call on individual students. Then ask several students how long it has been since different family members and friends have done the following things. Answers will vary. The following are sample responses.

Hace tres años que mi amigo Miguel sale con Sara.
Hace dos meses que trabajo en el supermercado.
Hace un año que mis amigos Roger y Mario asisten a este colegio.
Hace diez años que David y yo somos buenos amigos.
Hace ocho años que mi familia tiene un gato.

I. ¿Cuánto tiempo hace que . . . ? Allow 2–3 min for pair work. Then ask individual students how long their partners have been doing these activities. Answers will vary.

REPASO

Hacer in time expressions

To ask how long something has been happening, use:

¿Cuánto tiempo hace que + *[present tense verb]***?**

To tell how long something has been happening, use:

Hace + *[time]* + **que** + *[present tense verb]*

¿Cuánto tiempo hace que viven aquí?
Hace tres años que vivimos aquí.
Hace cuatro meses que estudio español.

See **¿Por qué se dice así?**, *page G20, section 1.9.*

G. ¡Mucho que hacer! Es sábado y todos en tu familia tienen que ayudar. ¿Quiénes tienen que hacer estas tareas?

EJEMPLO arreglar tu cuarto
Yo tengo que arreglar mi cuarto. o
Mi hermano tiene que arreglar su cuarto.

1. preparar el almuerzo
2. lavar el coche
3. preparar la comida
4. poner la mesa
5. lavar el perro
6. estudiar
7. limpiar la casa
8. lavar los platos
9. hacer la cama
10. ir de compras

H. Familia y amigos. Explica cuánto tiempo hace que tú, tu familia y tus amigos hacen estas cosas.

EJEMPLO **Hace 7 años que mi familia tiene un perro.**

mi amigo . . . yo mis amigos . . . y . . . . . . y yo mi familia	salir con . . . trabajar en . . . saber nadar ser buenos amigos cantar en español asistir a este colegio estudiar . . . tener un gato / perro saber esquiar ¿ . . . ?

I. ¿Cuánto tiempo hace que . . .? Pregúntale a tu compañero(a) si hace esto. Si dice que sí, pregúntale cuánto tiempo hace que lo hace.

EJEMPLO *Tú:* **¿Vives en *[tu ciudad]*?**
Compañero(a): **Sí.**
Tú: **¿Cuánto tiempo hace que vives en . . . ?**
Compañero(a): **Hace tres años.**

tu amigo . . . tú tus amigos . . . y . . . tú y . . . tu familia ¿ . . . ?	leer el periódico trabajar en . . . tener coche estudiar español vivir aquí tocar el piano ser buenos amigos asistir a este colegio estudiar baile conocer a tu mejor amigo(a) tener un gato / perro ir a esquiar salir con . . .

CHARLEMOS UN POCO MÁS

A. ¿Quién es? ¿Cuánto sabes de las personas que acabas de conocer? Selecciona a una de estas personas y descríbesela a tu compañero(a) sin mencionar el nombre. Tu compañero(a) tiene que adivinar *(decir)* quién es.

EJEMPLO *Tú:* **Es guapo. Tiene diecisiete años. Le gusta mucho el baloncesto.**
Compañero(a): **Es Martín Galindo.**

1.

2.

3.

4.

5.

B. La persona más seria . . . Su profesor(a) les va a dar una cuadrícula. En grupos de tres, primero escriban individualmente las respuestas a la pregunta en la primera columna. Luego hagan las preguntas a sus dos compañeros y anoten todas las respuestas. Informen a la clase los casos donde dos o tres personas estuvieron de acuerdo.

CHARLEMOS UN POCO MÁS

Application and Extension

A. ¿Quién es? Allow 3–5 min for pair work. Then ask individual students to identify each person.

Variation 1 In pairs, have one person describe anyone in the class. The partner has to identify the person being described.

Variation 2 Have everyone in the class stand face to face with a classmate for about 30 sec. Do not give any instructions. Then tell class to stand back to back with the same person and take turns describing everything they recall about the person—without looking at them!

B. La persona más seria . . . Allow 3–4 min for group work. Then do a quick check on those where all group members agreed, two group members agreed, no one agreed.

Purpose The activities in this section are designed to allow students to create with language used to exchange information and to describe school, family, and friends. Although they may appear repetitious of the guided practice in the previous section, these activities are much more open-ended and often have several possible correct answers.

C. Encuesta. Stop activity when one student completes his or her grid. Check answers by asking individuals that signed how long they have been doing the activities.

C. Encuesta. Tu profesor(a) te va a dar un cuestionario para usar al entrevistar a tus compañeros de clase. Pregúntales a varias personas cuánto tiempo hace que participan en estas actividades. Pídeles que firmen en el cuadrado apropiado y que escriban el número de años. Recuerda que no se permite que una persona firme más de una vez.

EJEMPLO estudiar inglés
Tú: **¿Cuánto tiempo hace que estudias inglés?**
Compañero(a): **Hace once años que estudio inglés.**
Compañero(a) escribe: **once** *(en el cuadrado apropiado)*

DRAMATIZACIONES

Application and Extension

A. El sábado. Allow students 2–3 min to organize thoughts. Then call on volunteers to present to class. Encourage students to present extemporaneously.

B. ¡Qué interesante! Encourage students to be creative but tell them to limit themselves to what they can say. Avoid giving too much vocabulary to anyone.

C. El nuevo estudiante. Encourage students to ask a lot of questions and to be detailed when describing.

Dramatizaciones

A. El sábado. Estás charlando con un(a) amigo(a) de las actividades del sábado que viene. Dramaticen su conversación.

- Saluda a tu amigo(a).
- Pregúntale qué tiene que hacer el sábado que viene.
- Dile lo que tú tienes que hacer.
- Pregúntale qué va a hacer el sábado por la noche.
- Invítalo(la) a ir al cine contigo.

B. ¡Qué interesante! Estás conversando con un(a) nuevo(a) estudiante que parece ser muy interesante. Para conocerlo(la) mejor, le haces muchas preguntas. Dramatiza la conversación con un compañero(a).

C. El nuevo estudiante. Tu amigo(a) quiere conocer al (a la) nuevo(a) estudiante también. Contesta todas las preguntas que tu amigo(a) te hace con la información que ya tienes. También describe al (a la) nuevo(a) estudiante.

Purpose The role plays in ***Dramatizaciones*** are designed to recycle the structures and vocabulary needed to exchange information and describe school, family, and friends. Encourage students to work without their books when performing their role plays.

Estrategias para leer:
Predecir con fotos, dibujos, gráficos o diagramas

A. Ilustraciones. Ciertas lecturas casi siempre vienen acompañadas de fotos, dibujos, gráficos o diagramas. Mira la lista que sigue y piensa en el tipo de lectura que tiende a usar cada tipo de ilustración. Luego indica el propósito de cada tipo de lectura.

Tipo de ilustración	Tipo de lectura	Propósito de lectura
Foto		
Dibujo		
Gráfico		
Diagrama		

B. Predecir. Un buen lector siempre usa las ilustraciones para predecir o anticipar el contenido de la lectura y también, para clarificar o confirmar al leer. Antes de leer esta selección, mira las fotos y anota lo que cada foto te hace anticipar.

¿Qué hay en la foto?	Lo que anticipo.	Lo que sé después de leer.
1.		
2.		
3.		
4.		

C. Confirmar. Ahora lee la selección. Vuelve a la actividad **B** y completa la tercera columna del cuadro.

D. Comparar. Compara tus predicciones en la segunda columna con el verdadero contenido de la tercera columna. ¿Acertaste? ¿Cómo te ayudó el predecir a leer mejor?

Purpose This is the principal reading of the unit. Its purpose is to teach students to read using appropriate strategies. Here students will learn to use the visuals that accompany a reading selection to predict its content. Students are not expected to understand every word they read. Rather, they should use the visuals and what they do know to try to predict what the reading will be about. This strategy can be applied to almost any reading.

Suggestions Use these questions as an advance organizer for the reading that follows. Have students work in pairs to complete the charts in both **A** and **B.** Then call on volunteers to read their charts and ask class to comment on answers and add to them, if possible.

LEAMOS AHORA

Reading: Critical thinking and skills getting

Answers

Las respuestas van a variar.

A. Ilustraciones.

Tipo de lectura

Foto—revistas, libros de texto, periódicos
Dibujo—libros de texto, tiras cómicas, revistas
Gráfico—libros de texto, revistas de economía
Diagrama—instrucciones, libros de texto, revistas científicas

Propósito de lectura

Foto—explicar algo
Dibujo—crear una impresión
Gráfico—dar estadísticas, datos y hacer comparaciones
Diagrama—explicar cómo funcionan las cosas

B. Predecir.

¿Qué hay en la foto?

1 Un hombre preparando comida, con un cucharón en la mano
2 un aparato
3 un hombre; algo que se parece un gran panqueque
4 mucha gente; varias personas llevando algo; un desfile
5 un hombre; una bolsa con algo
6 un hombre cortando la comida

Lo que anticipo.

Las respuestas van a variar.

C. Confirmar.

Lo que sé después de leer.

1 Roberto Estrada con un cucharón, preparando la enchilada
2 un aparato para hacer la enchilada
3 la enchilada, cocinando
4 varias personas llevando la enchilada
5 Roberto Estrada poniendo queso en la enchilada
6 Roberto Estrada cortando la enchilada

D. Comparar.

Las respuestas van a variar.

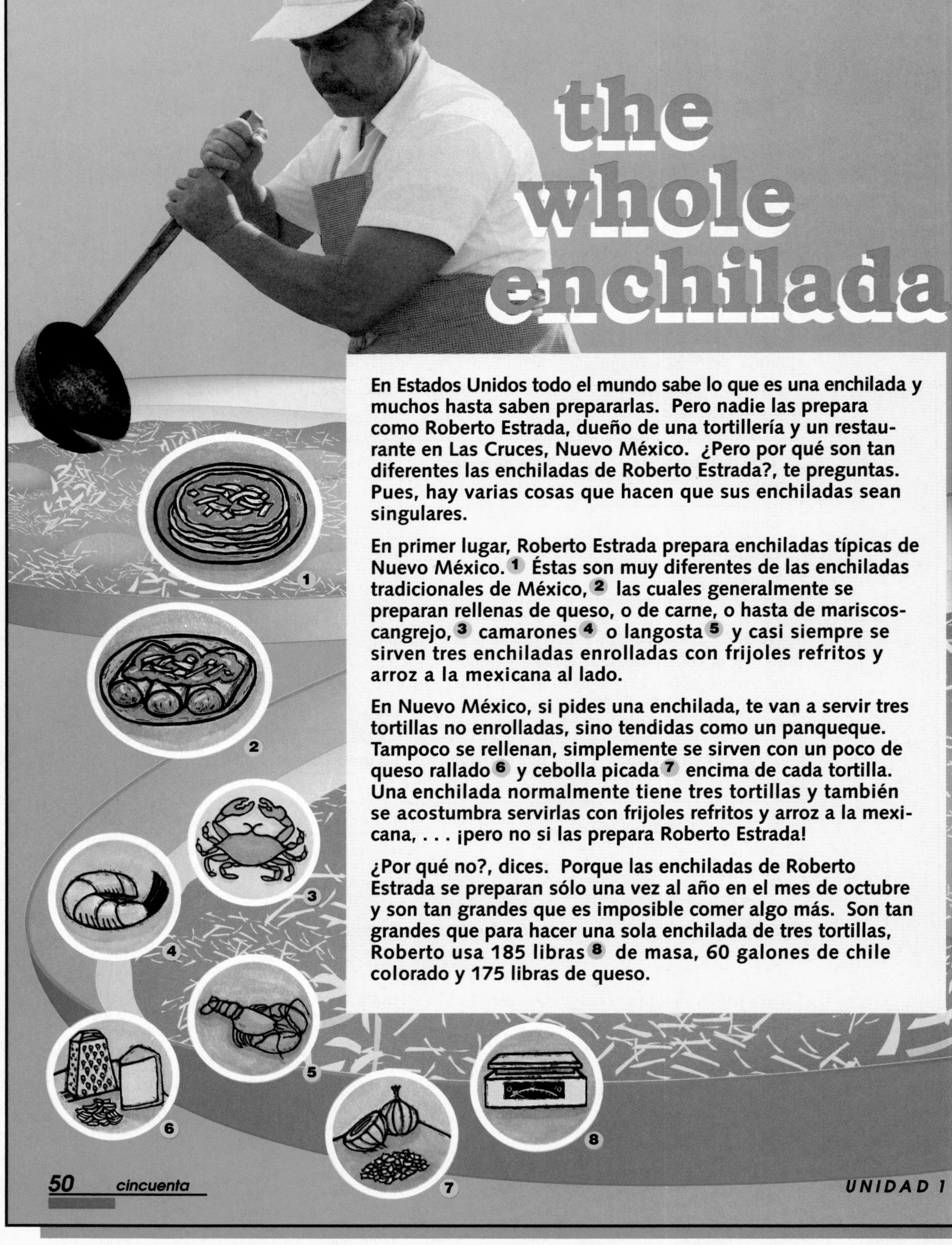

En Estados Unidos todo el mundo sabe lo que es una enchilada y muchos hasta saben prepararlas. Pero nadie las prepara como Roberto Estrada, dueño de una tortillería y un restaurante en Las Cruces, Nuevo México. ¿Pero por qué son tan diferentes las enchiladas de Roberto Estrada?, te preguntas. Pues, hay varias cosas que hacen que sus enchiladas sean singulares.

En primer lugar, Roberto Estrada prepara enchiladas típicas de Nuevo México. 1 Éstas son muy diferentes de las enchiladas tradicionales de México, 2 las cuales generalmente se preparan rellenas de queso, o de carne, o hasta de mariscos-cangrejo, 3 camarones 4 o langosta 5 y casi siempre se sirven tres enchiladas enrolladas con frijoles refritos y arroz a la mexicana al lado.

En Nuevo México, si pides una enchilada, te van a servir tres tortillas no enrolladas, sino tendidas como un panqueque. Tampoco se rellenan, simplemente se sirven con un poco de queso rallado 6 y cebolla picada 7 encima de cada tortilla. Una enchilada normalmente tiene tres tortillas y también se acostumbra servirlas con frijoles refritos y arroz a la mexicana, . . . ¡pero no si las prepara Roberto Estrada!

¿Por qué no?, dices. Porque las enchiladas de Roberto Estrada se preparan sólo una vez al año en el mes de octubre y son tan grandes que es imposible comer algo más. Son tan grandes que para hacer una sola enchilada de tres tortillas, Roberto usa 185 libras 8 de masa, 60 galones de chile colorado y 175 libras de queso.

Sin duda, Roberto Estrada prepara las enchiladas más grandes del mundo entero. Siempre las prepara para la fiesta de "The Whole Enchilada" en Las Cruces, Nuevo México. Ya lleva más de 12 años preparando "The Whole Enchilada" y cada año la enchilada parece crecer más y más. Cuando empezó a hacerla medía unos 6 pies de diámetro y servía a 2,000 personas, más o menos. La que hizo más recientemente midió 10 pies de diámetro y sirvió a 8,500 personas.

Más de 100,000 personas asistieron a la fiesta de "The Whole Enchilada" en '91, y los más de 1,500 voluntarios que ayudaron dicen que les gusta la fiesta no sólo porque acaban por "devorarse la enchilada más grande del mundo entero, sino también porque es como una fiesta de familia". Y de veras que lo es, ya que la mayoría de los voluntarios han servido de voluntarios desde que empezó la fiesta en 1981.

Verifiquemos

1. Preparen un esquema como éste y comparen las enchiladas mexicanas con las de Nuevo México y las de Roberto Estrada.

Enchiladas

Enchiladas mexicanas	Enchiladas nuevo mexicanas	Enchiladas de Roberto Estrada
1.	1.	1.
2.	2.	2.

2. Describe la fiesta de "The Whole Enchilada". ¿Dónde y cuándo es? ¿Cómo la celebran? ¿Quiénes asisten? ¿Cuánto tiempo hace que la celebran?
3. ¿Hay alguna fiesta que celebra un producto particular en tu ciudad? ¿Cuál es? Descríbelo.

Verifiquemos

Answers

1

Enchiladas mexicanas
1 rellenas de queso, de carne o de mariscos
2 enrolladas
3 con frijoles y arroz

Enchiladas nuevo mexicanas
1 tres tortillas
2 no enrolladas; tendidas como un panqueque
3 no rellenas
4 un poco de queso rallado y cebolla picada encima
5 con frijoles y arroz

Enchiladas de Roberto Estrada
1 una vez al año en octubre
2 grandísimas
3 una enchilada: 185 libras de masa, 60 galones de chile y 175 libras de queso
4 una enchilada mide 10 pies de diámetro
5 una enchilada sirve a 8,500 personas

2 La fiesta de "The Whole Enchilada" es en octubre en Las Cruces, Nuevo México. Roberto Estrada prepara la enchilada, y con la ayuda de 1,500 voluntarios, la sirve a 8,500 personas. Más de 100,000 personas asisten cada año. Ya hace más de doce años que celebran esta fiesta.

3 Las respuestas van a variar.

ESCRIBAMOS AHORA

Writing: Guided Practice, Application and Evaluation

A. Empezar. Answer questions as a class. As class brainstorms a list of local or regional festivals, write them on the board. Have students refer to this list in the next section.

B. Planificar. Allow students 4–5 min to begin their charts. Have them finish as homework. Tell students to start checking their sources for information that they need.

ESCRIBAMOS AHORA

Estrategias para escribir:
Planificación

A. Empezar. En *Leamos ahora* leíste de un evento, una fiesta que se celebra cada año en Las Cruces, Nuevo México. ¿Qué información acerca del evento incluyó el autor? ¿Cuál fue el enfoque del artículo? ¿Dónde crees que se publicó este artículo originalmente? ¿Qué eventos anuales se celebran en tu escuela? ¿tu comunidad? ¿tu región?

B. Planificar. Selecciona uno de los eventos que mencionaste en la sección anterior para describirlo en un artículo para el periódico escolar. Será necesario mencionar ciertos datos y tú tendrás que decidir cuáles otros datos van a interesar a tu público. Para ayudarte a planificar, prepara un cuadro como el que sigue. Identifica en el cuadro lo que ya sabes, lo que necesitas investigar y dónde podrás conseguir la información que necesitas.

Evento	Lo que ya sé	Lo que debo investigar	¿Dónde debo conseguir la información?
Título del evento			
Fecha / Hora			
¿Dónde es?			
¿Frecuencia?			
¿Desde cuándo?			
¿Cómo recibió su nombre?			
Actividades específicas			
Mi parte favorita			

Purpose In this section, students are asked to apply speaking and writing skills developed in the unit to writing a short newspaper article similar to the one in the reading. They will write using the process writing approach: prewriting, brainstorming, and clustering; writing a first draft; peer feedback; and revision.

C. Organizar. Antes de empezar a escribir tu artículo, decide cuál información en tu cuadro debes incluir y cuál es opcional. Luego piensa en lo que puede causar que el evento sea interesante y atractivo para tu público. Tal vez quieras usar un marcador para indicar la información que quieres incluir. El título "The Whole Enchilada" es muy llamativo porque tiene doble sentido. ¿Puedes pensar en un título llamativo para tu artículo?

CH. Primer borrador. Ahora, usa la información en tu cuadro y prepara la primera versión de tu artículo. No te detengas demasiado en forma o exactitud; simplemente desarrolla tus ideas. Vas a tener amplia oportunidad para corregir el formato y la estructura.

D. Compartir. Comparte el primer borrador de tu artículo con dos compañeros de clase. Pídeles sugerencias. Pregúntales si hay algo más que desean saber sobre tu evento, si hay algo que no entienden, si hay algo que puede o debe eliminarse. Dales la misma información sobre sus artículos cuando ellos te pidan sugerencias.

E. Revisar. Haz cambios en tu artículo a base de las sugerencias de tus compañeros. Luego, antes de entregar el artículo, compártelo una vez más con dos compañeros de clase. Esta vez pídeles que revisen la estructura y la puntuación. En particular, pídeles que revisen el uso de verbos en el presente y de concordancia entre sujeto / verbo y adjetivo / sustantivo.

F. Versión final. Escribe la versión final de tu artículo incorporando las correcciones que tus compañeros de clase te indicaron. Entrega una copia en limpio a tu profesor(a).

G. Publicar. Cuando tu profesor(a) te devuelva el artículo, léeselo a tus compañeros en grupos de cuatro. Luego piensen en un título para una libreta que incluya los cuatro artículos. Escriban una breve introducción para la libreta y entréguensela a su profesor(a).

C. Organizar. Allow 3–4 min for students to organize their thoughts and to begin thinking about a title for their article.

CH. Primer borrador. You may want to write a sample article on a transparency and read/show it to the class as a model. Allow students 20–25 min to write their reports.

D. Compartir. Have students gather in "response groups" of two or three. Allow them time to share reports. Remind group members to begin commentary with at least one positive comment, and then to make suggestions on content, structure, and vocabulary.

E. Revisar. Tell students that you will grade holistically, focusing on communication. Mention, however, that you will take off for errors on the focus structures—present tense verbs and agreement—so students should edit carefully for any errors with these structures.

F. Versión final. Grade the composition holistically, with a special focus on errors with present tense verbs and agreement. Underline other grammatical errors if you wish, but the grade should be affected only by errors that would confuse a native speaker accustomed to the writing of a nonnative and errors with present tense verbs and agreement.

G. Publicar. Provide construction paper and colored markers so that students can make a title page for their booklet. Staple the booklets together and make them available as extra reading for students that finish an exam early or that arrive to class early.

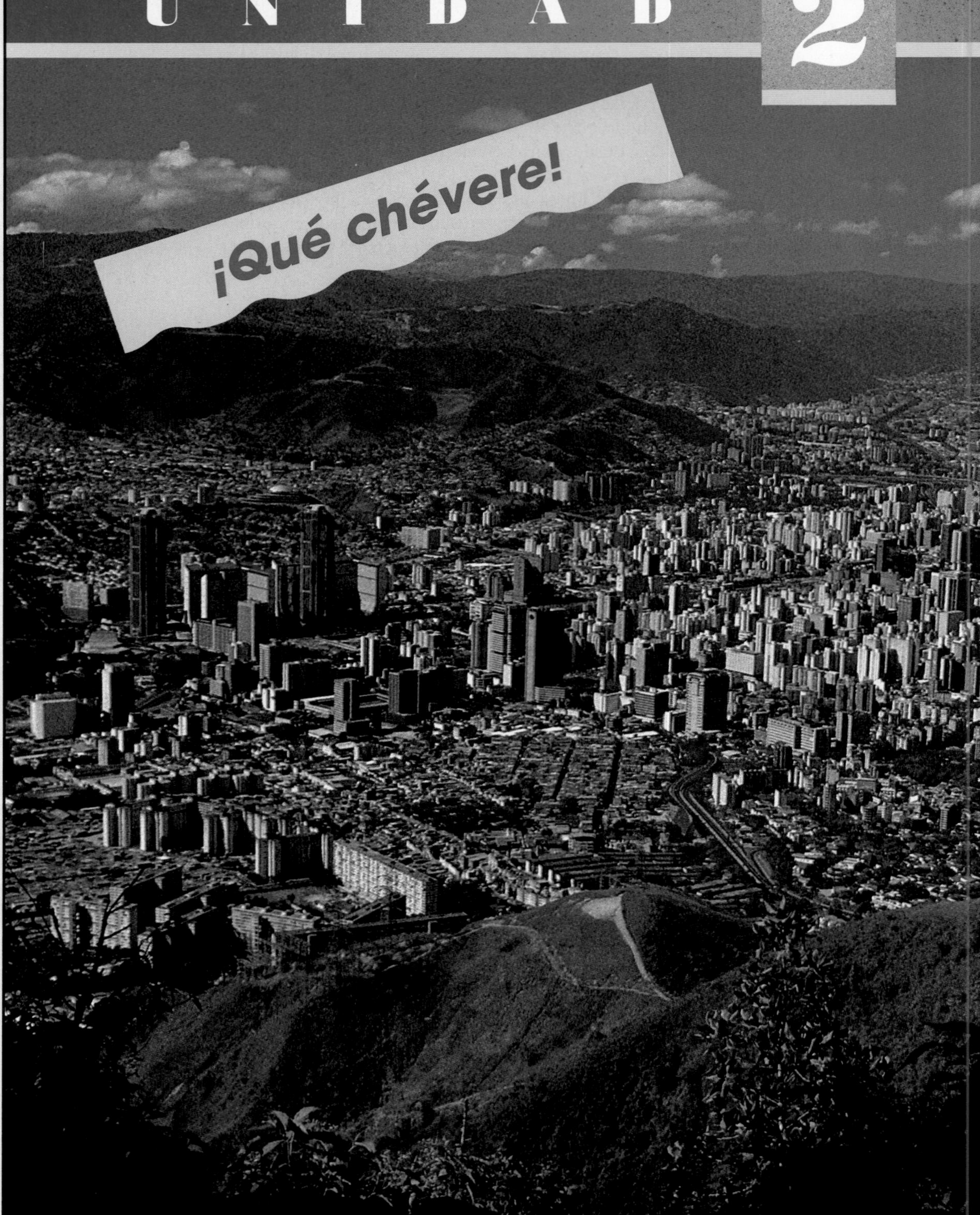

UNIT OBJECTIVES

Communicative Goals

After completing this unit, students will be able to use Spanish . . .

- to ask and answer questions about family members
- to talk about possessions
- to discuss cultural stereotypes
- to ask and answer questions about past summer vacations
- to identify points of contact with other cultures
- to talk about the environment and diversity
- to identify geographical features and locations
- to make comparisons

Culture

In this unit, students will . . .

- listen to legends from Venezuela, Honduras and a story from Bolivia
- read about Venezuela
- learn how directions are given in one of Caracas' oldest sections
- read about a trip down the Brazilian Amazon River
- learn how the rain forest affects our daily lives

Reading and Writing Strategies

- Reading: **Ojear y anticipar**
- Writing: **Obtener información y preparar un informe**

Structure

- ***Repaso:*** Direct object pronouns
- ***Repaso:*** Possessive adjectives
- ***Repaso:*** The preterite of regular and three irregular verbs
- Adjectives of nationality
- Comparatives
- Superlatives

Focus on VENEZUELA

In this unit, students will discover why Venezuelans refer to their country as **"¡Un país para querer!"** They will learn about el Salto Ángel—the world's tallest waterfall; Caracas—la ciudad de la eterna primavera; the traditional way to give an address in "old Caracas"; the animals of the rain forest; and finally the effects of the rain forest on each of us in our daily lives in a reading entitled **La selva tropical y yo.**

Video Montage

To play the montage, use counter or bar code:

09:08 - 10:11

Side 1, 17188 to 19050

To play the entire unit without stopping:

09:08 - 19:21

Side 1, 17188 to 37482

Overview of Caracas; subway=metro; center of Caracas; high rise apartments on hills of Caracas; mural in Parque Central; school kids in El Hatillo (a village near Caracas); Altamira Hotel with Mt. Ávila; oil rig in front of Museum of Science and Industry; teenagers; bougainvillea (flowers) and monarch butterfly; Canaima, Río Carrao, Tepue (butte) in background; Andes Mountains; pirhanas; Venezuelan Carribbean coast; Hacha Falls at Canaima lagoon; Simón Bolívar statues, busts, and birthplace (Caracas); people in Plaza Bolívar in Caracas; capital building and fountain in Capital Courtyard (Caracas); kids and church in El Hatillo; little league players in Caracas; masks from crafts store in El Hatillo; devil dance in celebration of Corpus Christi.

Photo

Caracas was founded in 1567 by Diego de Losada in a long, narrow valley in the coastal mountains at 3,000 feet above sea level. The capital of Venezuela enjoys one of the world's best climates, with temperatures averaging 75° F. Over the last few decades, Caracas has experienced rapid growth. Today there are nearly 4,000,000 people, double the population of 1960. Caracas is now a huge, modern city, which faces the problems of other urban centers. In a successful attempt at urban renewal, the city undertook the construction of a metro system and the first line opened in 1983. (See inset of the metro map on p.55.) The second inset is of **Parque Central,** a complex of offices, apartments, and shops which boasts two 56-story skyscrapers.

OBJECTIVES

Communicative Goals

- Discussing the classes they are taking
- Ask and answering questions about family members
- Talking about possessions

Culture and Reading

- **Para empezar**
  La familia Real
- **Excursiones**
  Venezuela, ¡Un país para querer!

Structure

- 2.1 ***Repaso:*** Direct object pronouns
- 2.2 ***Repaso:*** Possessive adjectives

ACTIVE VOCABULARY

En el café
arepa
batido
mango
mesonero(a)

Descripción
amable
calientico(a)
escolar

Verbos
aparecer
apetecer
crecer
fijarse
lavar
saludar

Palabras y expresiones
a lo mejor
a menudo
¡Chévere!
de mi parte
oración
hacer el papel
sección
vecino(a)

LECCIÓN 1

¿Nos acompañan?

ANTICIPEMOS

¿Qué piensas tú?

1. ¿Quiénes crees que son los jóvenes en la foto? ¿Qué hora crees que es? ¿Adónde crees que fueron los jóvenes antes de venir a este café? ¿Por qué crees eso?
2. ¿De qué estarán hablando los jóvenes?
3. ¿De qué partes del mundo te recuerdan estas fotos? ¿Por qué? ¿Hay algunas fotos que no relacionas con nada?
4. ¿Crees que todas estas cosas se pueden encontrar en un lugar? ¿Dónde? ¿Están de acuerdo contigo tus compañeros de clase?
5. ¿Crees que todas estas cosas se pueden encontrar en Venezuela? ¿Por qué sí o por qué no?
6. ¿Qué impresiones tienes tú de Venezuela? ¿De dónde vienen tus impresiones?
7. Los autores de **¡DIME!** les preguntaron a estos jóvenes venezolanos si hay algo en particular que quieren que los jóvenes de EE.UU. piensen de ellos. ¿Qué crees que contestaron?
8. ¿Qué quieres tú que los jóvenes de otros países piensen de los jóvenes en EE.UU.?
9. En esta lección, van a repasar mucho de lo que aprendieron en **¡DIME! UNO** y a escuchar lo que estos jóvenes están diciendo. Si consideras esto y tus respuestas a las primeras tres preguntas, ¿qué crees que van a hacer en esta lección?

Purpose To focus students on the language and functions to be reviewed in the lesson—everyday conversation about daily events and activities. To focus students on what they may already know about Venezuela.

Suggestions Encourage students to respond to the questions using Spanish whenever possible, but allow English where ideas may be more complex or vocabulary may be unknown. Summarize responses in Spanish, using comprehensible input techniques to clarify your language where necessary.

ANTICIPEMOS

¿Qué piensas tú?

Answers

1 Las respuestas van a variar. Es probable que digan que son estudiantes de secundaria en el suroeste de EE.UU., en México o en Sudamérica. También dirán que es hora del almuerzo o que están comiendo algo después de clases. Los jóvenes pueden haber salido de clases poco antes o simplemente pueden andar de compras.

2 Es posible que estén hablando de las clases, de amigos o familiares, de planes para el resto del día, de películas o programas de televisión—de las mismas cosas que les interesan a los jóvenes de secundaria en EE.UU.

3 Las respuestas van a variar. Es probable que no sepan de dónde viene el tapir. Viene principalmente de Sudamérica. Deberían reconocer que los precios en los anuncios están en bolívares (Bs), aunque tal vez no sepan a qué se refiere ni de que país es la moneda.

4 Es probable que no puedan nombrar un país donde se encuentren todas estas cosas. Ayúdelos a enfocar en el clima, los animales, la agricultura y otras cosas que deben considerar al contestar. Pregúnteles a otros estudiantes si están de acuerdo con las respuestas dadas y dígales que expliquen por qué sí o por qué no.

5 Tal vez no se den cuenta de lo grande y lo variado que es Venezuela y que es capaz de tener todos estos recursos.

6 Las respuestas van a variar.

7 Las respuestas van a variar. Lo que estos jóvenes dijeron, en efecto, es que quieren que los jóvenes de EE.UU. reconozcan que no son salvajes que viven en la selva.

8 Las respuestas van a variar.

9 **Van a practicar a conversar con amigos de una variedad de cosas: actividades diarias, familiares, etc.**

PARA EMPEZAR

Comprehension Checks

A complete set of **Comprehension Checks** is available on cards in the Teacher's Resource Package.

Suggestions Identify the countries on the map. Ask students to recall capital cities. Explain: **Este cuento no tiene lugar ahora, en 1994, pero en tiempos antiguos, quizás en 1800.** Write 1994 on board, cross it out; write 1800 on board, underline it: **tiempos antiguos.** Elaborate on **"sin mucho contacto": No tiene contacto con norteamericanos. Tampoco tiene contacto con franceses o alemanes,** etc.

1 ¿Cómo se llama este país? ¿Cuál es la capital?

2

Suggestions Identify family members. Break long sentences into sections, rebuild to longer sentence: **Tienen bastante dinero. Papá no tiene que trabajar; Mamá no tiene que trabajar; Laurita no tiene que trabajar.**

1 ¿Quién es? *(Point to each.)*

Suggestion Act out **orgullosa.** Explain: **En español la chica se llama Laurita, pero en inglés es Lorita. Misia Pepa dice Lorita. ¿Por qué? Porque habla inglés y está muy orgullosa de eso.**

1 ¿Quién es? ¿Es una vecina? *(Point to neighbors and Real family members.)*

PARA EMPEZAR

Escuchemos una leyenda hondureña

1

MÉXICO
BELICE
GUATEMALA
HONDURAS
TEGUCIGALPA
EL SALVADOR
NICARAGUA
COSTA RICA

Tegucigalpa es ahora la capital de Honduras, como ya saben ustedes, pero este cuento tiene lugar en tiempos antiguos, cuando era un pueblo pequeño sin mucho contacto con países extranjeros.

2

Es en esos tiempos que vive en el pequeño pueblo de Tegucigalpa, la familia Real—Don Periquito Real, su esposa Misia Pepa y su hijita, Laurita.

Es una familia feliz. Tienen bastante dinero y no tienen que trabajar. No son muy inteligentes pero viven contentos porque viven juntos.

3

La señora Real está muy orgullosa porque habla un poquito de francés e inglés. No los habla muy bien, pero cree que los habla a la perfección. Por eso, se cree superior a la gente del pueblo. Hasta pronuncia el nombre de su hija, Laurita, como en inglés—"Lorita".

LORITA
¿LAURITA?
¿LORITA?

Purpose This section develops students' listening comprehension and active listening skills through a humorous story from Honduras which explains the origin of the small, brightly colored South American parrots known as **loritos**. The ***Para empezar*** section is not meant for mastery, nor is incidental vocabulary expected to become part of the students' active language production. Students will, however, hear and read many examples of object pronouns and possessive adjectives—the structural elements which are the focus of this lesson—in context.

La diversión favorita de toda la familia Real es hablar. Hablan constantemente. El padre habla con los hombres del pueblo y la madre habla con sus esposas.

Y Lorita habla todo el día con sus amiguitos.

En la tarde hablan durante horas juntos. Verdaderamente, los vecinos y otros del pueblo los encuentran muy aburridos.

Les gusta mucho a los Real criticar a sus vecinos. Pero peor que eso, también les gusta mucho repetir lo que oyen en casas de sus amigos.

Provocan muchos problemas en el pueblo con sus chismes.

4

Suggestion Repeat key idea: **Le gusta hablar a la familia. Don Periquito habla mucho; Misia Pepa habla mucho; Lorita habla mucho. ¡Hablan constantemente! Son muy aburridos, ¿no?**

1 ¿Qué diversión le gusta a la familia Real? ¿Mirar la televisión? ¿Leer libros? ¿Pasear en el parque? ¿Hablar?
2 ¿Con quiénes habla el padre? ¿la madre? ¿Lorita?
3 ¿Habla muy poco? ¿mucho? ¿constantemente?
4 . . .

5

Suggestion Repeat key ideas: **criticar, repiten lo que oyen, hay problemas entre los vecinos.**

1 ¿Admiran los Real a sus vecinos? ¿Los critican? ¿Les gusta criticarlos?
2 ¿Les gustan los chismes?
3 ¿Repiten todo lo que oyen? ¿Guardan bien los secretos?
4 . . .

Suggestions Tell the story using the transparencies. Use comprehensible input techniques: identify characters and relationships; break complex sentences into sections; gesture, draw, act out, explain by comparison and contrast any vocabulary which may not be immediately understandable. Ask frequent **Comprehension Checks**—yes/no, point-to, show-me, either/or, which one is . . .?, etc.

***Using the recorded* leyenda** Play one section at a time. As students listen, aid their comprehension by pointing to the appropriate part of each drawing on the transparencies. Stop the tape and ask the **Comprehension Checks.**

Vary your presentation routine by alternating the use of the recorded narratives and your own narrating, or by playing the recorded narrative one section at a time immediately after you narrate each section.

6

Suggestions Act out a conversation between the neighbors: **Voy a tener una fiesta, pero no voy a invitar a los Real.** Point out: **Hay una fiesta. La gente está contenta. ¿Por qué? Porque la familia Real no está aquí.** Emphasize spending the day talking to each other: **Papá habla con su esposa y su hija. Está contento. No le molesta quedarse en casa, etc.**

1. ¿Es incorregible la familia Real?
2. ¿Invitan los vecinos a la familia Real a sus fiestas?
3. ¿Está la familia Real en esta fiesta?
4. . . .

Suggestion Write times on the board to emphasize events—breakfast, afternoon, supper—and passage of time.

1. ¿Cómo parecen estar los Real? ¿contentísimos? ¿tristes?
2. ¿Qué hacen todo el día?
3. ¿Qué hacen durante el desayuno?
4. . . .

Suggestions Draw a rocking chair to explain **silla mecedora.** Elaborate: **No oyen nada nuevo. No hay nada nuevo que discutir. Simplemente repiten lo que dicen cada día—Buenos días, ¿cómo estás?, me llamo...**

1. ¿Hay algo nuevo que discutir?
2. ¿Hablan de cosas interesantes?
3. ¿Repiten lo que oyen? ¿Repiten cosas interesantes o aburridas?
4. . . .

Suggestion Point out changes: beaks, wings. Gesture to indicate gradual changes in your own nose, arms.

1. ¿Hay una transformación notable?
2. ¿Qué crece? ¿el pelo? ¿las uñas? *(Point to fingernails.)* ¿la nariz?
3. ¿Es una nariz o un pico ahora?
4. . . .

Finalmente, la gente decide que la familia Real es incorregible. Y todo el pueblo se pone de acuerdo de no invitarlos más a sus fiestas y reuniones.

Por lo tanto, Misia Pepa, su marido y su hija tienen que quedarse en casa. Interesantemente, no parece molestarles mucho. Simplemente pasan el día hablando entre ellos.

7 *Y parecen estar contentísimos hablando juntos todo el día. Hablan durante el desayuno.*

Pasan el día en el jardín hablando.

Hablan mientras Misia Pepa prepara la comida.

8 ¿CÓMO TE LLAMAS? ¿CÓMO TE LLAMAS?

Y cada tarde los tres se sientan, cada uno en su silla mecedora, y porque no hay nada nuevo que discutir, simplemente repiten, palabra por palabra, de una manera automática, lo que oyen durante el día. Así se pasan los días, las semanas enteras y los meses.

9 *Poco a poco empieza a tener lugar una transformación notable en los tres personajes. La nariz de los tres crece hasta convertirse en un grotesco apéndice muy duro. Luego, sus brazos empiezan a cambiar y se convierten en alas de colores brillantes: amarillo, rojo y verde.*

10 *Y actualmente, en Honduras y en muchas partes de Sudamérica, h[ay] muchos pajaritos muy graciosos, que repiten todo lo que oyen. Y, ¿qué les llaman? "Periquitos o loritos reales", ¡por supuesto!*

10

Suggestion Explain: **Ahora no son humanos, ¡son pájaros!** Break down sentence: **Hay pájaros como éstos en Honduras, en Venezuela, etc. Son graciosos—repiten todo lo que oyen.**

1. ¿Dónde hay pajaritos como éstos? ¿en España? ¿en Honduras? ¿en Francia? ¿en Sudamérica?
2. ¿Son graciosos estos pájaros?
3. ¿Repiten lo que oyen?
4. . . .

¿QUÉ DECIMOS...?

Al charlar entre amigos

1 ¡Chévere!

Unos amigos se encuentran en el centro de Caracas.

Mira, Diana, allí están Luis y Salvador. Vamos a saludarlos.

Ven, Chela, y te presentamos.

¡Meche, Diana! ¿Qué tal?

¡Chévere!

Les presento a nuestra nueva vecina, Chela.

Es un placer. Salvador Méndez. Así que eres la nueva vecina de Meche y Diana, ¿eh?

Chela Fuentes. Encantada.

Mucho gusto. Luis Miranda.

Sí, acabo de mudarme de Maracaibo.

¿Ah, sí? Mis padres dicen que es una ciudad muy interesante pero no la conozco. ¿Nos acompañan?

Sí, siéntense. Las invitamos a unas arepas.

Gracias.

¡Qué amables!

Purpose This section reviews comprehension of vocabulary and structures used for greeting, introducing, and saying good-bye, and for ordering a snack in a restaurant. Students should not be overly concerned with understanding or translating every word. Comprehension will come with use of overhead transparencies which give students the opportunity to practice new language.

Suggestions Begin by having students close their books while you narrate each **fotonovela** segment in the third person, using the transparencies to clarify meaning without translation. Identify characters, places, objects, using comprehensible input techniques, and asking **Early Production Checks.** Relate known vocabulary to new forms or variations, i.e. **-itas/-icas, ¡Chévere!/¡Fantástico!**

¿QUÉ DECIMOS...?

10:12–15:03

Side 1, 19125 to 27826

Using the video Play one section at a time after narrating it using the transparencies. Freeze the video and ask the **Early Production Checks.** Repeat this process with each section.

Vary your presentation routine by showing one section of the video first, before your narrative with the transparencies, or by playing the video all the way through, stopping only to ask the **Early Production Checks.**

Early Production Checks

In dialogues 1-4, ask the **Early Production Checks** to be certain students understand context and characters. Accept short-phrase and sentence-fragment answers but rephrase responses in sentences. Encourage students to elaborate answers and give details. Extend questions to elicit further details.

A full set of **Early Production Checks** is available on cards in the Teacher's Resource Package.

1 10:21

¡Chévere!

1. ¿Dónde se encuentran los amigos?
2. ¿Cómo se llaman los amigos?
3. ¿Quiénes están en el café?
4. . . .

Side 1, 19362 to 21901

2 **11:46**

Tres arepas de pollo.

Point out **Arepas** are a staple food of Venezuela, eaten for breakfast, lunch, or dinner. They are cornmeal cakes similar in size and shape to English muffins. They can be served alone with butter as a bread, or stuffed with chicken, chopped meat, sausage, cheese, or other fillings and served as a snack or a light meal. The **arepa** can also be prepared by deep frying it. **Arepas** are quite popular in neighboring Colombia as well.

Fresh tropical fruit drinks, known as **batidos de fruta,** are very popular in Venezuela. Among the most popular flavors are mango, lechosa *(papaya)*, and parchita *(passion fruit)*. Other flavors include piña, guayaba *(guava)*, melón, guanábana, tamarinda, mandarina, and patilla *(watermelon)*. Those flavors followed by italics are terms particular to Venezuela.

Mesonero is commonly used instead of **camarero** in Venezuela. In some countries such as Venezuela and Cuba, **-ica,** as in **calienticas**, is a more common diminutive form than **-ita.**

1 ¿A quién le encantan las arepas?
2 ¿Las recomienda Meche?
3 ¿Cómo son las arepas en el café?
4 . . .

Side 1, 21915 to 23840

2 Tres arepas de pollo.

¡Me encantan las arepas! ¿Las recomiendas aquí, Meche?

Sí, claro. Y todas son buenas aquí pero las de pollo son mis favoritas. Siempre las pido.

Bueno, entonces yo también las voy a probar.

¿Y tú, Diana? ¿Qué te apetece?

A ver... Creo que las de queso.

¿Qué les puedo traer?

Pues, a ver... tres arepas de pollo y dos de queso, ¿no?

Sí. Bien. Chévere.

¿Algo de beber?

Batidos de mango para todos, ¿no?

El mesonero les sirve las arepas a los jóvenes.

¡Qué bien! ¡Están calienticas! Así me gustan.

A mí también. ¡Mmm, qué ricas están!

3 Salúdalo de mi parte.

Los amigos caminan en el Parque Central.

¿Por qué no vamos al Parque Central? ¿Lo conoces?

No, conozco muy poco de Caracas. Vamos.

¿Qué tal tus clases, Diana? ¿Son buenas?

Regulares. A mí me gustaría estar ya en la universidad — como tu hermano Héctor. ¿Y cómo está él?

¿Héctor? ¿Quién sabe? Parece estar bien. No lo veo muy a menudo porque está muy ocupado.

Pues, salúdalo de mi parte, por favor.

Y tú, Chela, ¿tienes hermanos?

Sí, tengo un hermano pequeño y una hermana que va a la Universidad Simón Bolívar.

¿De veras? Mi hermano también estudia allí. A lo mejor la conoce.

¿A su hermana?

¿Y por qué no?

4 Estamos todos juntos.

Luis, ¿ya hiciste la tarea para la clase de inglés?
Not yet pero la voy a hacer esta noche.
¿Quieres estudiar juntos?
No, fíjate que no puedo. Tengo que salir con mis padres.
Chela, ¿también vas a nuestro colegio?
Sí, mañana es mi primer día.
¡Y está en nuestra sección!
¡Qué chévere! Entonces vamos a estar todos juntos este año.

3 | 12:51

Salúdalo de mi parte.

Point out El Parque Central is an office and apartment complex located in downtown Caracas. A concrete city-within-a city, the complex is presently replacing the twin towers as the symbol of modern Caracas. Built over the course of sixteen years and completed in 1986, El Parque Central encompasses shops, supermarkets, restaurants, schools, a swimming pool, a hotel, museums, a convention center, ministerial offices, and two 56-story skyscrapers.

1 ¿Conoce Meche mucho de Caracas?
2 ¿Dónde caminan los jóvenes?
3 ¿Cómo son las clases de Diana?
4 . . .

Side 1, 23860 to 26721

4 | 14:27

Estamos todos juntos.

Point out The Teresa Carreño Cultural Complex in the background is a new performing arts center in downtown Caracas. With a theater, concert halls, and computer-modulated acoustics, the center serves as the home of the National Youth Orchestra and hosts concerts of the Venezuela Symphony Orchestra.

1 ¿Ya hizo Luis la tarea?
2 ¿Por qué dice Luis "not yet"?
3 ¿Cuándo va a hacerla?
4 . . .

Side 1, 26734 to 27826

CHARLEMOS UN POCO

A. PARA EMPEZAR . . .
Call on volunteers to complete each statement. Ask class to confirm each response.

1 **a** rica
b no muy inteligente
c aburrida
ch contenta

2 **a** orgullosa
b francés e inglés
c no muy bien

3 **a** vecinos
b repiten
c chismes

4 **a** hablando
b hablando
c hablando

5 **a** grotesca
b alas
c brillantes

B. ¿QUÉ DECIMOS . . .?
Allow 1–2 min for students to find answers in the **¿Qué decimos . . . ?** section. Then call on individuals to read each statement and identify the person(s) being described. Ask class to confirm each answer.

1 Meche
2 Luis
3 Chela
4 Luis
5 Chela
6 Diana
7 Luis
8 Chela
9 Salvador
10 Meche, Diana y Chela

CHARLEMOS UN POCO

A. PARA EMPEZAR . . . Después de leer la leyenda ''La familia Real'', completa estas oraciones.

1. La familia Real es . . .
  a. *rica / pobre.*
  b. *inteligente / no muy inteligente.*
  c. *interesante / aburrida.*
  ch. *contenta / triste.*

2. La señora Real . . .
  a. es *modesta / orgullosa / chismosa.*
  b. habla *alemán / francés / inglés / japonés.*
  c. habla lenguas extranjeras *no muy bien / bien / muy bien.*

3. Los Real provocan muchos problemas porque . . .
  a. critican a sus *vecinos / hijos.*
  b. *repiten / olvidan* todo lo que oyen.
  c. cuentan *chismes / historias.*

4. Los Real pasan el tiempo . . .
  a. *hablando / jugando* en el jardín.
  b. *trabajando / hablando* mientras preparan la comida.
  c. *durmiendo / hablando* en sus sillas mecedoras.

5. La transformación de los Real incluye . . .
  a. una nariz *aristocrática / grotesca.*
  b. brazos convertidos en *alas / serpientes.*
  c. colores *oscuros / brillantes.*

B. ¿QUÉ DECIMOS . . .? Di a quién o a quiénes describen estas oraciones.

Luis

Meche

Diana

Salvador

Chela

1. Prefiere las arepas de pollo.
2. Todavía no hacen su tarea para la clase de inglés.
3. Mañana es su primer día de clases.
4. Tiene un hermano en la universidad.
5. Es de Maracaibo.
6. Prefiere las arepas de queso.
7. Va a salir con sus padres esta noche.
8. Es la vecina de Meche.
9. No conoce Maracaibo.
10. Acompañan a sus amigos a comer arepas.

Purpose These activities provide guided practice to students beginning to produce new language. The repetition built into the activities is intentional. Students need not do all the activities once they have demonstrated mastery of the language used for chatting with friends about people they know, relatives, and possessions.

C. Todos los días. ¿Con qué frecuencia ves a estas personas?

MODELO tu médico(a)
Lo (La) veo raras veces. o
Nunca lo (la) veo.

nunca	raras veces	a veces	a menudo	todos los días

1. tus amigos(as)
2. tu profesor(a) de español
3. tus padres
4. el (la) director(a) de la escuela
5. tu dentista
6. tu mejor amigo(a)
7. tus abuelos
8. el (la) entrenador(a) de baloncesto

CH. Lo olvida todo. Tu compañero(a) tiene una memoria muy mala. Siempre olvida todo. Para ver que olvidó hoy, hazle preguntas mencionando todos los objetos en el dibujo.

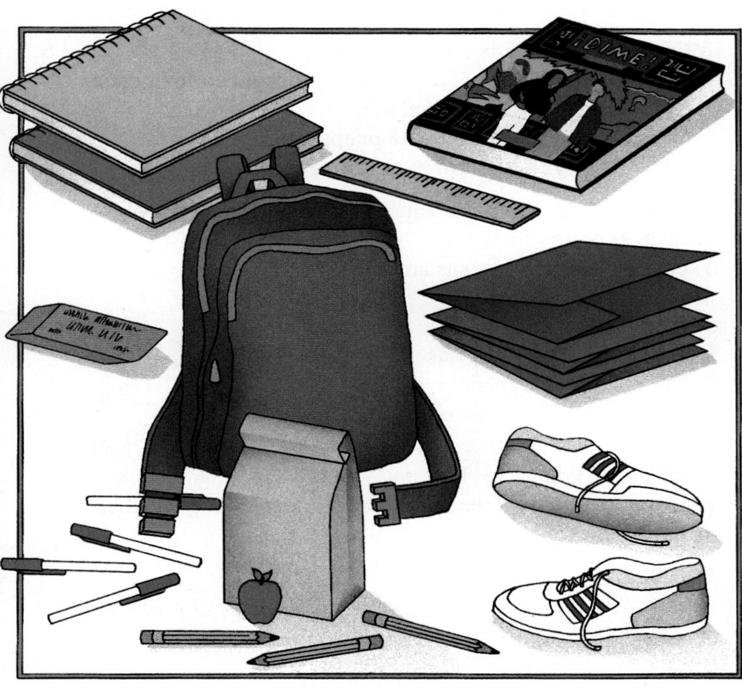

MODELO *Tú:* **¿Tienes tu almuerzo?**
Compañero(a): **Sí, lo tengo.** o
No, no lo tengo.

REPASO

Direct object pronouns

me	**nos**
te	
lo, la	**los, las**

Direct object pronouns usually precede conjugated verbs.

Siempre **nos** escuchan.
No **la** veo nunca.

See **¿Por qué se dice así?**, *page G22, section 2.1.*

C. Todos los días. Call on individuals. Ask several students to respond to each item.

CH. Lo olvida todo. Allow 2–3 min for pair work. Then call on several pairs to repeat the activity for the class.
Variation Have students ask each other whether or not they have certain objects in their backpacks or school bags.

Suggestions Demonstrate one or two examples in each activity, using volunteers or calling on more able students to make sure all students understand what is expected. These activities may first be done in pairs and then repeated with the whole class, calling on individuals. This approach works well with large classes.

D. Planes. Allow 2–3 min for pair work. Then ask several students if they are going to do these things. Vary the pronoun placement in your questions.

E. Lo sabe todo. Have students work in pairs, one playing the role of the grandfather. Allow 2–3 min. Then call on several pairs to do the activity for class.

1 Tu hermanita está ayudando a tu mamá, ¿verdad? *Sí, está ayudándola.* o *Sí, la está ayudando.*
2 Tu hermano está lavando el perro, ¿verdad? *Sí, está lavándolo.* o *Sí, lo está lavando.*
3 Gabi y sus amigos están comiendo papas, ¿verdad? *Sí, están comiéndolas.* o *Sí, las están comiendo.*
4 Tú estás haciendo la tarea, ¿verdad? *Sí, estoy haciéndola.* o *Sí, la estoy haciendo.*
5 Tu papá está tomando café, ¿verdad? *Sí, está tomándolo.* o *Sí, lo está tomando.*
6 Gabi y sus amigos están viendo televisión, ¿verdad? *Sí, están viéndola.* o *Sí, la están viendo.*
7 Tu papá está leyendo el periódico, ¿verdad? *Sí, está leyéndolo.* o *Sí, lo está leyendo.*
8 Tú estás escuchando tus discos favoritos, ¿verdad? *Sí, estoy escuchándolos.* o *Sí, los estoy escuchando.*

Variation Call on individuals to tell you what several members of their family are doing right now. If they are not sure, tell them to guess.

F. Escuelas rivales. Allow 2–3 min for pair work. Then call on several pairs. If students have problems recalling adjectives, brainstorm a list of adjectives they might use and write them on the board. Answers may vary.

1 Nuestros profesores son excelentes. Sus profesores son malos.
2 Nuestro equipo de fútbol es estupendo. Su equipo de fútbol es horrible.
3 Nuestros estudiantes son interesantes. Sus estudiantes son aburridos.
4 Nuestra biblioteca es muy buena. Su biblioteca es muy mala.
5 Nuestro(a) director(a) es muy inteligente. Su director(a) no es muy inteligente.
6 Nuestros entrenadores son simpáticos. Sus entrenadores son antipáticos.
7 Nuestras clases son difíciles. Sus clases son fáciles.
8 Nuestro gimnasio es grande. Su gimnasio es pequeño.

REPASO

Direct object pronouns: Placement

Object pronouns may precede the conjugated verb or may follow and be attached to infinitives and the **-ndo** form of the verb.

¿Vas a escribir**la** ahora?
No, **la** voy a escribir mañana.

¿Ya **lo** están haciendo?
Sí, estamos terminándo**lo.**

See **¿Por qué se dice así?,** *page G22, section 2.1.*

REPASO

Possessive adjectives

nuestro(a)	**su**
nuestros(as)	**sus**

Nuestros amigos son estupendos.
Sus amigas son muy simpáticas.

See **¿Por qué se dice así?,** *page G24, section 2.2.*

D. Planes. Pregúntale a tu compañero(a) sobre sus planes para el fin de semana.

MODELO *Tú:* **¿Vas a escuchar la radio?**
Compañero(a): **Sí, la voy a escuchar.** o **Sí, voy a escucharla.**

ver comer leer hacer jugar llamar escuchar visitar	la radio papas fritas a tus amigos televisión tenis pizza a tus abuelos el periódico volibol la tarea tus videos tu comida favorita tus discos

E. Lo sabe todo. Tu abuelo(a) siempre sabe lo que están haciendo todos a esta hora. ¿Cómo contestas sus preguntas?

MODELO preparar la cena (mamá)
Abuelo(a): **Tu mamá está preparando la cena, ¿verdad?**
Tú: **Sí, está preparándola.** o **Sí, la está preparando.**

1. ayudar a tu mamá (hermanita)
2. lavar el perro (hermano)
3. comer papas (Gabi y sus amigos)
4. hacer la tarea (tú)
5. tomar café (papá)
6. ver televisión (Gabi y sus amigos)
7. leer el periódico (papá)
8. escuchar tus discos favoritos (tú)

F. Escuelas rivales. Tú y un(a) amigo(a) son de escuelas rivales. Cada uno(a) cree que su escuela es mejor. ¿Qué dicen cuando comparan las dos instituciones?

MODELO escuela
Tú: **Nuestra escuela es fantástica.**
Compañero(a): **Su escuela es horrible.**

1. profesores
2. equipo de fútbol
3. estudiantes
4. biblioteca
5. director(a)
6. entrenadores
7. clases
8. gimnasio

G. Geografía. Tu profesor(a) quiere saber quién tiene los parientes que viven más lejos de su ciudad. Pregúntale a varios compañeros de clase dónde viven sus parientes. Luego en grupos de cuatro, decidan quién tiene los parientes que viven más lejos.

MODELO tíos
Tú: **¿De dónde son tus tíos?**
Compañero(a): **Mi tío es de [*lugar*] y mi tía es de [*lugar*].**

1. madre (madrastra)
2. padre (padrastro)
3. hermanos (hermanastros)
4. abuelos maternos
5. abuelos paternos
6. tíos
7. primos

H. Después de las clases. Estás ayudándole a tu profesor(a) a limpiar la sala de clase y encuentras varias cosas. Pregúntale a tu profesor(a) si son de él (ella). Tu compañero(a) va a hacer el papel de tu profesor(a).

MODELO *Tú:* **Profesor(a), ¿es su cuaderno?**
Profesor(a): **No, es de Mónica.**

Mónica

1. Sergio 2. Pilar y Hugo 3. Natalia 4. Jaime

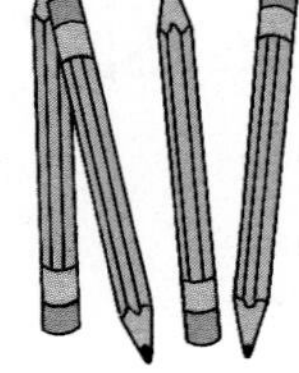
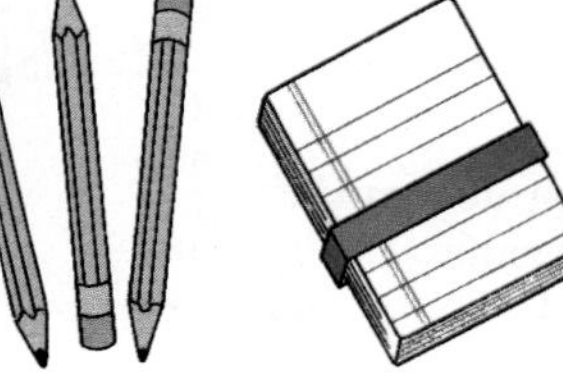
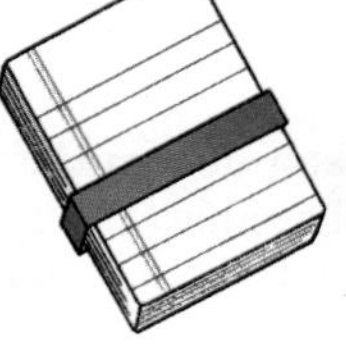
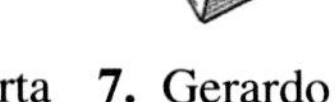

5. Adriana 6. Julio y Berta 7. Gerardo 8. Tere

REPASO

Possessive adjectives

mi	**tu**
mis	**tus**

Mis abuelos son de California.
¿De dónde es **tu** madrastra?

See **¿Por qué se dice así?,** *page G24, section 2.2.*

REPASO

Possessive adjectives: Summary

mi	**nuestro(a)**
mis	**nuestros(as)**
tu	
tus	
su	**su**
sus	**sus**

See **¿Por qué se dice así?,** *page G24, section 2.2.*

REPASO

Possession with *de*

de { nosotros, nosotras / usted, ustedes / él, ellos / ella, ellas / [nombre]

No es **de él**, es **de ellas**.
Ésos no son **de nosotras**, son **de ustedes.**

See **¿Por qué se dice así?,** *page G24, section 2.2.*

G. Geografía. Allow students 2–3 min to gather information and another 2 min to discuss the information in groups. Then have each group tell the class whose relatives live the farthest so the class can determine who has the relatives residing farthest away.

1 ¿De dónde es tu madre (madrastra)? *Mi madre (madrastra) es de [lugar].*
2 ¿De dónde es tu padre (padrastro)? *Mi padre (padrastro) es de [lugar].*
3 ¿De dónde son tus hermanos (hermanastros)? *Mis hermanos (hermanastros) son de [lugar].*
4 ¿De dónde son tus abuelos maternos? *Mis abuelos maternos son de [lugar].*
5 ¿De dónde son tus abuelos paternos? *Mis abuelos paternos son de [lugar].*
6 ¿De dónde son tus tíos? *Mis tíos son de [lugar].*
7 ¿De dónde son tus primos? *Mis primos son de [lugar].*

Variation After students ask each other where their relatives live, have them form a large circle beginning with those whose relatives live the closest to your community and ending with those that live the farthest away. Then check if they have put themselves in the correct order by having each student tell which relatives live farthest away and where: **Mi tía Isabel vive en Baltimore.** Go around the circle once more, having each student say where the relatives of the classmates standing at his or her right and left live: **Su prima vive en Santa Fé y sus abuelos viven en Alaska.**

H. Después de las clases. Allow 2–3 min for pair work. Call on several pairs to repeat the activity. Then personalize by asking about several items in the classroom: **¿Son tus libros? No, son de ...**

1 Profesor(a), ¿es su regla? *No, es de Sergio.*
2 Profesor(a), ¿son sus libros? *No, son de Pilar y Hugo.*
3 Profesor(a), ¿es su suéter? *No, es de Natalia.*
4 Profesor(a), ¿son sus bolígrafos? *No, son de Jaime.*
5 Profesor(a), ¿es su carpeta? *No, es de Adriana.*
6 Profesor(a), ¿son sus lápices? *No, son de Julio y Berta.*
7 Profesor(a), ¿es su papel? *No, es de Gerardo.*
8 Profesor(a), ¿es su borrador? *No, es de Tere.*

CHARLEMOS UN POCO MÁS

A. La sala de clase. Allow 5–8 min. Tell students the goal is to see who can find the most differences. Request that they not look at each other's drawing as they question each other. Circulate and encourage students to use object pronouns when appropriate. When time is up, ask one group to explain the differences found and have class add to the list, if possible.

B. No son mis zapatos. Allow 3-4 min. After students have finished, ask several groups to tell what clothing belongs to whom. Have class verify answers.

CHARLEMOS UN POCO MÁS

A. La sala de clase. Tu profesor(a) les va a dar un dibujo a ti y a tu compañero(a). Los dos dibujos son similares pero no son idénticos. Para descubrir cuántas diferencias hay, pregúntale a tu compañero(a) si lo que ves en tu dibujo aparece en el suyo. Recuerda que no se permite mirar el dibujo de tu compañero(a) hasta terminar la actividad.

EJEMPLO *Tú:* **¿Ves a dos muchachos estudiando?**
Compañero: **Sí, los veo.** o **No, no los veo.**

B. No son mis zapatos. Alicia y su hermano(a) empacaron rápidamente para las vacaciones con la familia. Ahora están desempacando y tienen que decidir de quién es cada prenda de ropa. Pregúntale a tu compañero(a) de quién son estas prendas. Él (Ella) te va a contestar usando la información en el dibujo que tu profesor(a) le va a dar.

EJEMPLO *Tú:* **¿Son los zapatos de mamá?**
Compañero(a): **No , no son sus zapatos.**
o
Tú: **¿Son tus botas?**
Compañero(a): **Sí, son mis botas.**

Purpose The activities in this section are designed to allow students to create with language as they describe people and objects in a classroom, talk about possessions, discuss gifts they might buy, and interview each other about their families. Although they

C. ¿Lo vas a comprar? Tú y tu amigo(a) ganaron un premio de un millón de bolívares. Claro, quieren comprarle regalos a sus familias y sus amigos. Estudien este anuncio y decidan qué les gustaría comprar y para quién.

EJEMPLO **Me gusta mucho la guitarra. La voy a comprar para mi hermano, [*nombre*].** o
Me gustan los videos. Voy a comprarlos para papá. o
Los videos son buenos. Los compro para papá.

C. ¿Lo vas a comprar? Tell students the goal is to see who can spend the most money without going over the prize total. After 5–8 min., call on several groups to report on their spending.

may sometimes appear repetitious of the guided practice in the previous section, these activities allow students to use language learned in this lesson in a variety of possible combinations. Responses in this section are much more open-ended and often have several possible correct answers.

CH. Las más interesantes. Remind students that a good reporter always asks who, what, where, etc. Allow 3–4 min for interviews. Then have each reporter go to the chalkboard and write the most interesting thing he or she learned about his or her partner's family.

Variation Offer extra credit to students who write a brief article about their partner's family, using the information they gathered in class. Post the articles around the classroom.

DRAMATIZACIONES

A, B, C. You may want to assign all three role plays at the same time to provide more variety when students present them to the class. An alternative would be to have the whole class do one of the role plays, half the class prepare a second role play, and the other half the remaining one.

CH. Las más interesantes. Tú eres reportero(a) con el periódico escolar y cada semana escribes una descripción de la familia para una sección del periódico titulada **Las familias más interesantes de [*tu comunidad*].** Entrevista a un(a) compañero(a) y consigue suficiente información para escribir un artículo sobre su familia.

Dramatizaciones

A. De compras. Estás en una tienda de discos con un(a) compañero(a). Quieres comprar cinco discos para regalarles a tus cinco mejores amigos. Ves muchos discos que te gustan pero tu compañero(a) casi nunca está de acuerdo con tu selección. Dramaticen esta situación.

B. En la Casa Blanca. El presidente de Estados Unidos y su esposa están planeando una fiesta en la Casa Blanca y quieren invitar a famosos actores y actrices, artistas y deportistas. Tú y tu compañero(a) tienen que decidir a quiénes van a invitar. Dramaticen la conversación.

C. Prefiero mi reloj. Tu amiga, Carmelita, tiene un problema muy serio. Ella siempre insiste en que todas sus cosas son mejores, más grandes o más costosas que las de otras personas. Tú y un(a) amigo(a) deciden que es necesario hablar con Carmelita sobre su mala actitud. Al hablar, compara algunas de tus cosas con las de Carmelita. Dramatiza la situación con dos compañeros(as) de clase.

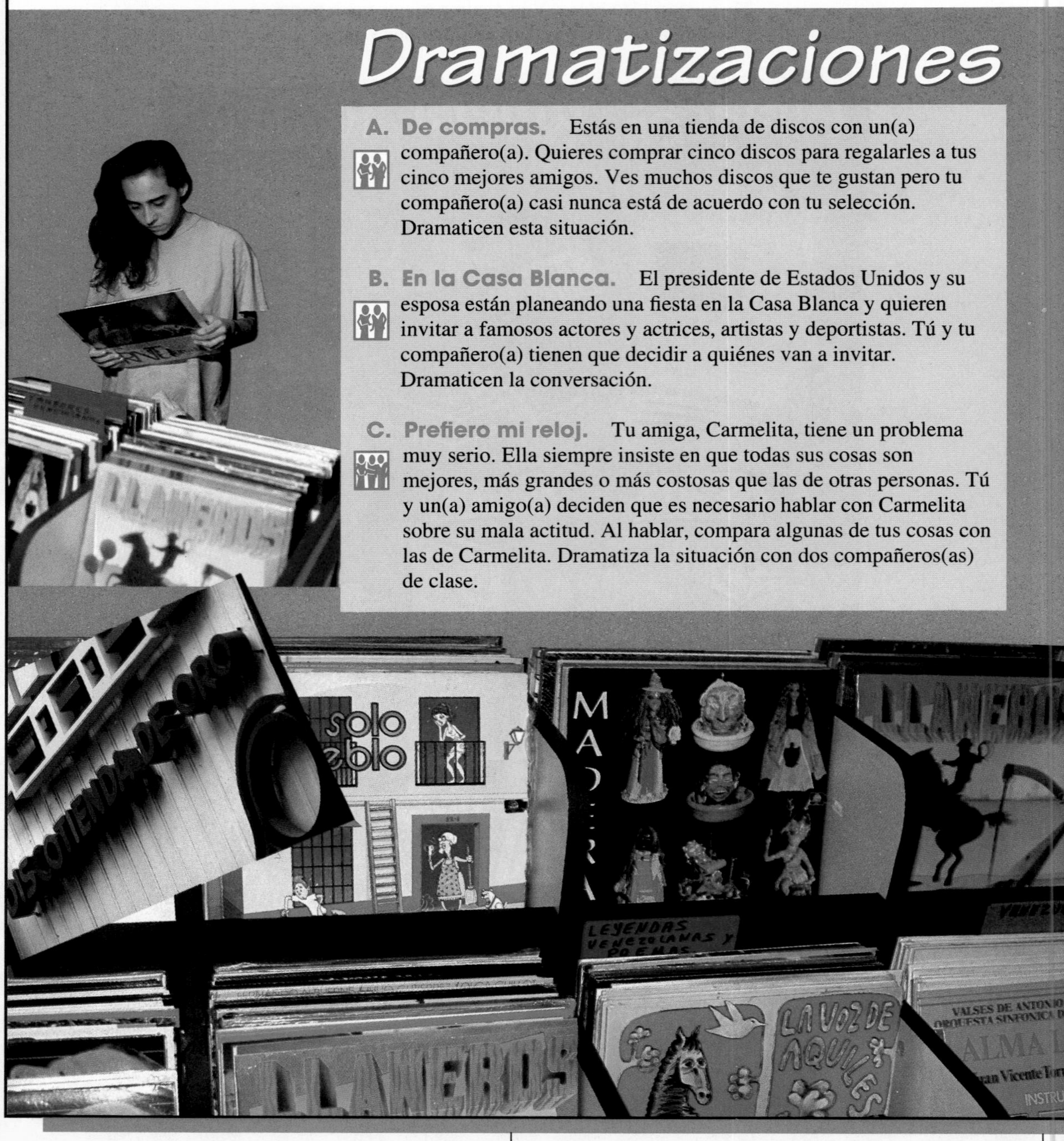

Purpose The role plays in ***Dramatizaciones*** are designed to recycle the structures and vocabulary needed when deciding what to buy and for whom, when deciding who to invite to a party, and when making comparisons. Encourage students to work without their books when performing their role plays.

IMPACTO CULTURAL

Excursiones

Antes de empezar

A. El mapa. Localiza estos lugares en el mapa: el Mar Caribe, Venezuela, Colombia, Brasil, Guyana, los Andes, el río Orinoco, el lago de Maracaibo.

B. Impresiones. Antes de leer esta lectura sobre Venezuela, indica cuáles son tus impresiones sobre el país. Luego, después de leer la selección, vuelve a estas preguntas y decide si necesitas cambiar algunas de tus impresiones iniciales.

1. Venezuela está en . . .
   - **a.** Norteamérica.
   - **b.** Sudamérica.
   - **c.** Centroamérica.
   - **ch.** Europa.
2. El clima en la mayor parte de Venezuela es . . .
   - **a.** muy variado.
   - **b.** muy árido.
   - **c.** tropical.
   - **ch.** frío.
3. La población venezolana incluye . . .
   - **a.** chinos.
   - **b.** canadienses.
   - **c.** japoneses.
   - **ch.** europeos.
4. La economía de Venezuela está basada principalmente en . . .
   - **a.** la exportación de frutas tropicales.
   - **b.** la exportación de café.
   - **c.** la producción de petróleo.
   - **ch.** la exportación de azúcar.
5. El origen del nombre de la nación de Venezuela es . . .
   - **a.** la ciudad italiana, "Venecia".
   - **b.** una tribu de indios llamados "venezolanos".
   - **c.** un general español.
   - **ch.** una mujer llamada Venezuela.

Venezuela

IMPACTO CULTURAL

Excursiones

Purpose This section provides additional reading practice as students learn about the geography, economy, and principal cities of Venezuela.

Antes de empezar

Use these questions as an advance organizer for the reading that follows.

A. El mapa. Have one student locate Venezuela and the other places on a map in front of the class. Then ask others to locate the same places on the map in their book on page 71.

B. Impresiones. Tell students to make intelligent guesses if they do not know the correct answers.

Answers

1 b
2 c
3 ch
4 c
5 a

Point out Salto Ángel was discovered and named in 1935 by Jimmy Angel, an American bush pilot, while he was looking for gold. Two years later, Angel crashed his plane on the summit of the mountain from which the falls sprang. He and the small party traveling with him emerged from the jungle eleven days later, claiming to have discovered 15 to 20 of the world's highest waterfalls. Of these, Salto Ángel remained the tallest.

IMPACTO CULTURAL

Venezuela

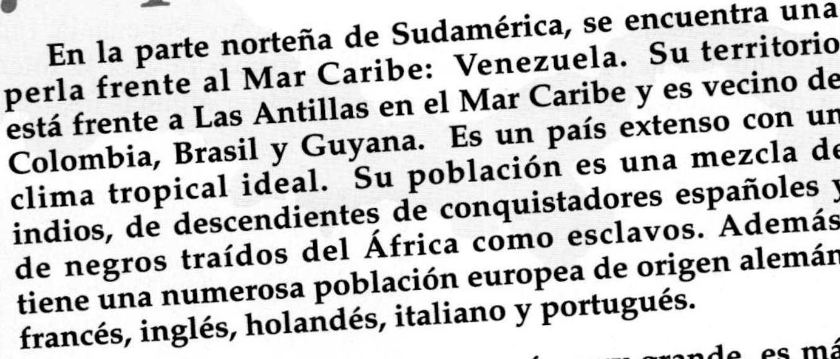

¡Un país para querer!

1

En la parte norteña de Sudamérica, se encuentra una perla frente al Mar Caribe: Venezuela. Su territorio está frente a Las Antillas en el Mar Caribe y es vecino de Colombia, Brasil y Guyana. Es un país extenso con un clima tropical ideal. Su población es una mezcla de indios, de descendientes de conquistadores españoles y de negros traídos del África como esclavos. Además, tiene una numerosa población europea de origen alemán, francés, inglés, holandés, italiano y portugués.

Aunque Venezuela no es un país muy grande, es más grande que Texas pero más pequeño que Alaska, y su geografía es muy variada. Hay montañas y clima frío en Los Andes, y llanuras, grandes ríos y clima tropical en el resto del país. Casi una mitad del país es de terreno montañoso y en gran parte de Venezuela, la temperatura no varía mucho de 80º F.

En las montañas, cerca del pueblo Icabarú se encuentran las famosas minas de diamantes de la Gran Sabana. Cerca de allí también está uno de los espectáculos naturales más impresionantes de todo el mundo, el Salto Ángel, (1) la cascada más alta del mundo. Con una caída de más de media milla, es quince veces más alta que las cataratas de Niágara.

2

Los llanos de la parte central y sur, donde corren los ríos Orinoco y Apure, es un área difícil que sufre inundaciones seis meses del año y sequías los otros seis meses. Al noroeste, en el Golfo de Venezuela y en el lago de Maracaibo, es donde navegaron Alonzo de Ojeda y Américo Vespucio cuando le dieron el nombre de Venezuela, o la pequeña Venecia, a la región. Esto porque vieron que los indígenas vivían en casas puestas sobre pilotes en el agua de las inundaciones. (2)

(3)

(4)

(5)

Venezuela tiene ciudades muy bellas, con características especiales. A Caracas, (3) la capital, se le llama "la ciudad de la eterna primavera". Es una ciudad muy moderna y cosmopolita con sus hermosos parques, varias universidades, hermosos centros comerciales y gran actividad política, económica y cultural. El Centro Cultural junto con la Plaza Bolívar son dos de los sitios más populares de los turistas en Caracas. Otras hermosas ciudades de Venezuela son Mérida en los Andes, Maracaibo frente al lago del mismo nombre, Barquisimeto en los llanos centrales, Puerto la Cruz y Cumaná en la costa del Mar Caribe y Ciudad Bolívar y Puerto Ordaz en la parte sur en las márgenes del río Orinoco.

La economía venezolana está basada principalmente en petróleo. (4) Se ha calculado que hasta un 85 por ciento de la economía de la nación depende de la producción de petróleo. Por eso, cuando baja el precio de este producto el país tiene problemas económicos. Actualmente, el país hace todo lo posible por introducir otros comercios como la producción del café, cacao, azúcar, frutas tropicales, maderas, caucho, hierro, acero, carbón, aluminio, oro y piedras preciosas.

Venezuela es especial por la gran variedad y diversidad de sus habitantes (5) y por la gran variedad de diversiones que ofrece, por la riqueza de su tierra y del mar y por la magia del trópico. Es por todo eso que los venezolanos dicen: "Venezuela: ¡Un país para querer!"

Verifiquemos

1. Prepara un diagrama de Venezuela, como el siguiente, e incluye toda la información posible bajo cada categoría.

Venezuela

En las montañas	En los llanos	En la capital	La economía
1. minas de diamantes	1. Río Orinoco	1. Caracas	1. petróleo
2.	2.	2.	2.
3.	3.	3.	3.

2. Dibuja el Salto Ángel o la vista que en tu imaginación vieron Alonzo de Ojeda y Américo Vespucio al nombrar Venezuela.
3. Explica el título de esta lectura.
4. Si tú podrías visitar Venezuela, ¿qué te gustaría ver y hacer?

Verifiquemos

Suggestion Students should be asked to answer these questions in their own words. Do not allow them to read answers out of the book verbatim.

Answers

1 **En las montañas**: minas de diamantes; pueblo Icabarú; la Gran Sabana; el Salto Ángel, la cascada más alta del mundo
En los llanos: la parte central y sur; el río Orinoco; el río Apure; inundaciones seis meses del año, sequías los otros seis meses; donde navegaron Alonza de Ojeda y Américo Vespucio; la pequeña Venecia; indígenas que vivían en casas puestas sobre pilotes
En la capital: Caracas, la ciudad de la eterna primavera; moderna y cosmopolita; hermosos parques; varias universidades; hermosos centros comerciales; gran actividad política, económica y cultural; el Centro Cultural; la Plaza Bolívar
La economía: petróleo, 85% de la economía basada en petróleo; tiene problemas económicos cuando baja el precio de petróleo; introduce otros comercios–la producción del café, cacao, azúcar, frutas tropicales, maderas, caucho, hierro, acero, carbón, aluminio, oro y piedras preciosas

2 Los dibujos van a variar.

3 Deben decir algo como "En Venezuela hay muchas cosas que querer".

4 Las respuestas van a variar.

LECCIÓN 2

Otras culturas y yo

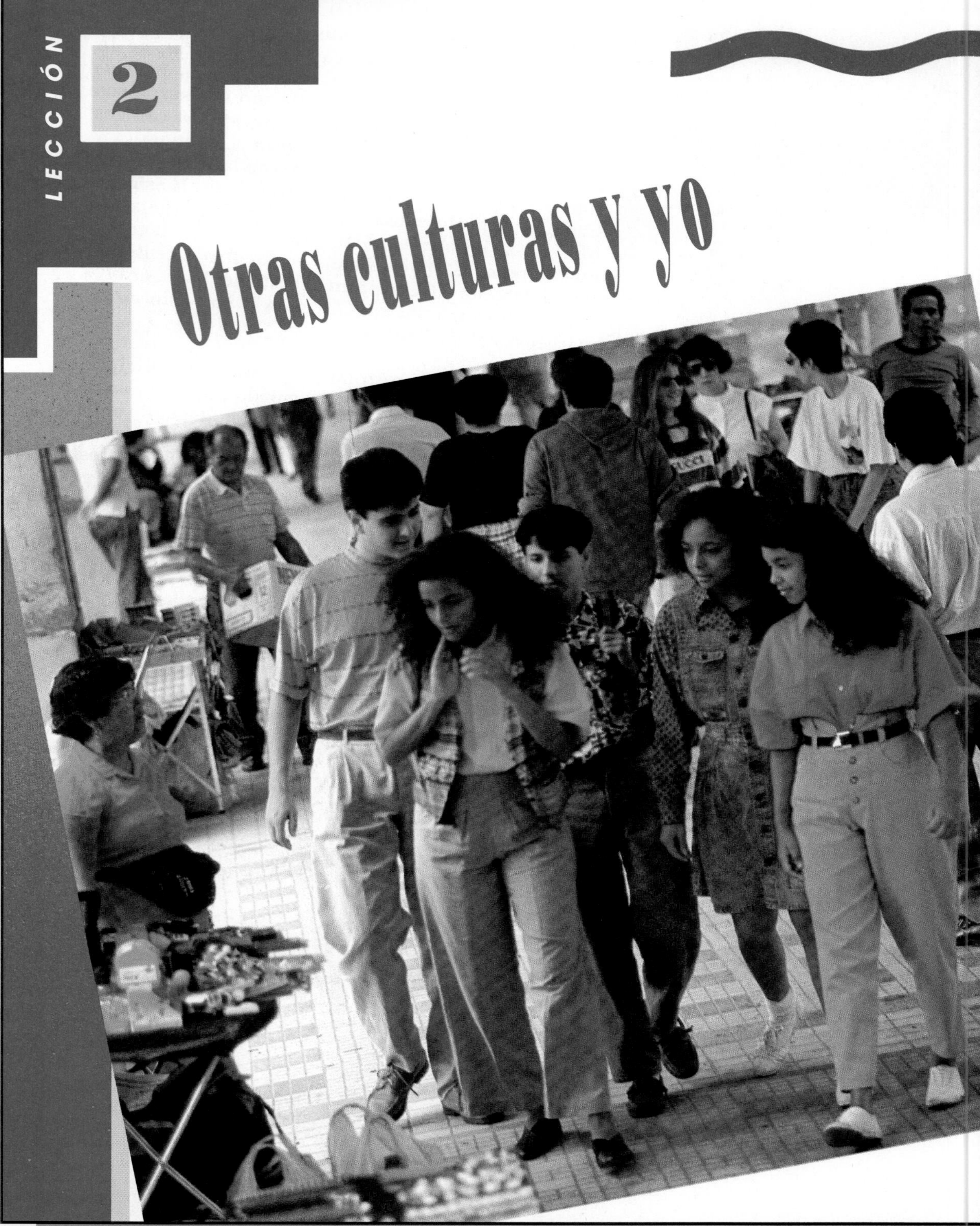

OBJECTIVES

Communicative Goals

- Discussing cultural stereotypes
- Identifying points of contact with other cultures
- Asking and answering questions about past summer vacations

Culture and Reading

- **Para empezar** ***El pájaro de siete colores***
- **Nuestra lengua** ***Jerga***

Structure

- 2.3 ***Repaso:*** The preterite of regular and three irregular verbs
- 2.4 Adjectives of nationality

ACTIVE VOCABULARY

Nacionalidades

alemán, alemana
brasileño(a)
chino(a)
coreano(a)
danés, danesa
escocés, escocesa
español, española
filipino(a)
francés, francesa
griego(a)
holandés, holandesa
israelita
italiano(a)
japonés, japonesa
marroquí
noruego(a)
paquistaní
portugués, portuguesa
ruso(a)
sueco(a)
suizo(a)
vietnamita

Selva tropical

anaconda
boa
caimán
capibara
científico ambiental
culebra
guacamaya
jaguar
pájaro
piraña
salvaje
selva
serpiente
tapir

Verbos

asistir
asustar
bailar
beber
comer
correr
durar
escribir
escuchar
firmar
iniciar
limpiar
llevar
odiar
pasear
reflexionar
salir
salvar
viajar
visitar

Palabras y expresiones

diario(a)
informe
No importa
dar miedo
hacer un viaje
¡Qué culto!
¡Qué tonto eres!
¡Quítate!
seguramente
telenovela
tema

ANTICIPEMOS

¿Qué piensas tú?

1. ¿Qué ciudad crees que es la ciudad en la foto? ¿Por qué crees eso?
2. ¿Qué puedes decir de la vida de la gente que vive en esta ciudad a base de la foto?
3. Nombra los países que reconoces en esta página. ¿Qué representa cada dibujo, algo típico o estereotípico de la cultura de estos países? ¿Por qué crees eso?
4. ¿Qué es un estereotipo? ¿Cómo empiezan los estereotipos?
5. ¿Son los estereotipos una representación verdadera y exacta de la cultura que representan? ¿Por qué crees eso? En tu opinión, ¿son buenos o malos los estereotipos? ¿Por qué?
6. ¿Puedes describir una sola cultura representativa de Estados Unidos? ¿de Sudamérica? ¿de otras partes del mundo? ¿Por qué sí o por qué no?
7. ¿Cuáles son algunos elementos que deben considerarse al describir la cultura de un pueblo o un país?
8. En esta lección, los estudiantes que conociste en la primera lección van a hablar de cómo pasaron el verano. ¿Cuáles son algunos temas que crees que vas a repasar en esta lección?

Purpose To engage students in a discussion of stereotypes and of how a culture is defined and described. Characters in the lesson will discuss contacts they have had with other cultures.

Suggestions Encourage students to respond in Spanish whenever possible, but allow English where concepts or vocabulary are unknown. Rephrase student responses in comprehensible Spanish. You may need to simplify and explain, using comprehensible input techniques.

ANTICIPEMOS

¿Qué piensas tú?

Answers

1 Las respuestas van a variar.
2 Las respuestas van a variar. Es probable que los alumnos mencionen la informalidad en el modo de vestir y en el estilo de vida en general.
3 Los países son México, Perú, Brasil, Argentina, España y Colombia. Todos los dibujos son estereotípicos. Representan una sola, bien conocida (y a veces única o primitiva) característica de la cultura del país.
4 Un estereotipo es una sola, bien conocida (y a veces única o primitiva) característica de una cultura. Los estereotipos se desarrollan cuando la gente decide enfatizar y, con frecuencia exagerar, la importancia de una sola característica que se destaca en una cultura.
5 Los estereotipos no pueden ser representativos porque siempre son demasiado limitados o exagerados. Los estereotipos con frecuencia reflejan actitudes negativas. No es apropiado usar "bueno" o "malo" al hablar de los estereotipos ya que carecen de verosimilitud.
6 Los estudiantes deben reconocer que es imposible describir los países de Norte y Sudamérica, o de cualquier país del mundo, a base de una sola cultura. La diversidad de razas, religiones, economía, clima, recursos, etc. hacen imposible generalizar de esta manera.
7 Hay que considerar raza, religión, valores, economía, clima, recursos naturales, geografía, industria, gobierno y otras características. También debe considerarse la diversidad dentro de todos estos elementos.
8 **Van a repasar y practicar a hablar de la influencia de otras culturas en la suya, de sus experiencias con otras culturas y de otras nacionalidades.**

PARA EMPEZAR

Comprehension Checks

A complete set of **Comprehension Checks** is available on cards in the Teacher's Resource Package.

1

Suggestions Name familiar legends from other countries and the heroes and villains in each or ask students to name the heroes/villains from the stories. Identify countries and nationalities using the maps on pages 86 and 87.

1 ¿Es "Paul Bunyan" una leyenda? *(Name others.)*

2

Suggestions Act out or identify good deeds: **buenos hechos.** Contrast them with selfish or deceitful behavior—helping an elderly person across the street/shoving elderly person out of the way. Associate **buena fortuna** with symbols—rabbit's foot, four-leaf clover—that represent good luck.

1 ¿Es una leyenda boliviana? *(Other nationalities.)*

3

Suggestions Act out being blind: **ciego.** Explain that the father cannot see. Draw a bird with musical notes coming from its beak: **canto.** Explain that the father can't see now, but if he hears the song of the bird he will be able to see. Have students name colors. Explain that this is a special bird with seven colors.

1 ¿Puede ver el padre?

4

Suggestions Draw the three brothers noticeably big, medium, small. Identify **el hijo mayor, el segundo hijo, el hijo menor**. Act out looking for something to clarify **en busca de**. Name some rivers: **río.** Draw a river and identify **la orilla**. Explain that the baby is in the water, mother can't swim, baby is drowning: **ahogándose.** Act out brother's hurry by pointing to watch: **tenía demasiada prisa.**

1 ¿Quién decidió salir en busca del pájaro? ¿el segundo hijo? ¿el hijo mayor? ¿el hijo menor?

PARA EMPEZAR

Escuchemos una leyenda venezolana

1 LEYENDAS DEL MUNDO.

Todos los países del mundo tienen sus cuentos y leyendas con sus héroes y villanos y otros personajes interesantes, divertidos, fantásticos o mágicos. Hay leyendas japonesas, alemanas, inglesas, griegas y norteamericanas, . . . y, por supuesto, hay leyendas hispanas.

Esta leyenda venezolana cuenta cómo los buenos hechos merecen y reciben la buena fortuna.

Había una vez . . .
. . .un hombre ciego y sus tres hijos. Todos sabían que al padre no le volvería la vista hasta escuchar el canto del pájaro de los siete colores.

4

Por eso, el hijo mayor decidió salir en busca del pájaro de los siete colores.

Llegó a la orilla de un río donde vio a un niño ahogándose. La madre del niño le pidió auxili[o] pero el jóven le dijo que no porque tenía demasiada prisa, y siguió en su camino.

76 setenta y seis

Purpose This section develops students' listening comprehension and active listening skills through a story from Venezuela. In the legend, the youngest of a blind man's three sons succeeds through honesty, kindness, and generosity in bringing his father the seven-colored bird which can restore his sight, while the two older brothers, through deceit, greed, and impatience fail. Students will hear and read many examples of verbs in the preterite—the structural element which is the focus of this lesson—in context.

Más adelante el hijo mayor llegó a la casa de una señora pobre. Ella le pidió dinero para poder enterrar a su esposo recientemente muerto. Pero él le dijo que no. Dijo que tenía muy poco dinero y siguió adelante.

5

Suggestions Point out the house. Show empty pockets to illustrate **pobre**. Point out husband's bier to clarify **muerto**. Explain that woman needs money to pay debts. Act out burying the coffin: **enterrar.** Mime eldest son saying "no". Explain that he has money, but *says* he doesn't have enough.

1 ¿Llegó a la casa de una señora rica? ¿pobre?
2 ¿Qué pidió la señora? ¿comida? ¿auxilio? ¿dinero?
3 ¿Está enfermo su esposo? ¿Está muerto?
4 . . .

Poco después, el hijo mayor llegó a un lago encantado. Como tenía mucha sed, tomó el agua del lago y se quedó encantado. Se quedó profundamente dormido.

Cuando el hijo mayor no regresó, el segundo hijo salió en busca del pájaro de los siete colores pero le pasó lo mismo que a su hermano mayor.

6

Suggestions Name familiar **lagos**. Act out **sed**, drinking from lake, falling asleep: **se quedó encantado.** Explain father and other two sons are waiting at home. Eldest son doesn't return. Narrate the same sequence of events for the second son.

1 ¿Adónde llegó? ¿a un río? ¿a un océano? ¿a un lago?
2 ¿Tenía hambre? ¿prisa? ¿sed? ¿miedo?
3 ¿Qué tomó? ¿una arepa? ¿leche? ¿agua?
4 . . .

Suggestions Have students close their books as you tell the story one section at a time, using the transparencies to clarify meaning without translation. Use comprehensible input techniques: identify characters and relationships, break complex sentences into sections, gesture, draw, act out, explain by comparison and contrast any vocabulary which may not be immediately understandable. Ask frequent **Comprehension Checks.**

Using the recorded leyenda

Play one section at a time. As students listen, aid their comprehension by pointing to the appropriate part of each drawing on the transparencies. Stop the tape and ask the **Comprehension Checks.**

Vary your presentation routine by alternating the use of the recorded narratives and your own narrating, or by playing the recorded narrative one section at a time immediately after you narrate each section.

7

Suggestions Explain again that father and son wait, but eldest and middle sons don't return. Contrast youngest's actions with the actions of the two brothers: eldest didn't save the child, second didn't save the child, youngest *did* save the child: **salvó la vida.** Show him giving all his money to the poor woman: **le dio dinero.**

1 ¿Regresó el tercer hijo a casa de su padre?
2 En el río, ¿le salvó la vida al niño o no?
3 Y en la casa de la señora pobre, ¿le dio dinero o no?
4 . . .

Suggestions Point out the sisters—eldest, second, youngest. Point out the bird. Act out youngest son explaining why he needs the bird: **"Mi padre está ciego. Si oye el canto del pájaro de siete colores, podrá ver de nuevo".**

1 ¿Quién vive en esta casa? ¿tres pájaros? ¿tres chicos? ¿tres hermanas?
2 ¿Vive el pájaro de los siete colores con las muchachas?
3 Cuando el hijo menor explicó su problema, ¿dijo sí o no la hermana menor?
4 . . .

9

Suggestion Show that father can see now, and all are happy.

1 ¿Cantó el pájaro?
2 ¿Está ciego el padre todavía?

7
Entonces, el tercer hijo decidió salir en busca del pájaro de los siete colores. Cuando llegó al río, inmediatamente se echó al agua y le salvó la vida al niño que se ahogaba. Luego continuó su búsqueda.
Al llegar a la casa de la señora pobre, el hijo menor le dio todo su dinero para enterrar al muerto y de nuevo continuó en su camino.

8
Al poco tiempo, el hijo menor llegó a una casa donde vivían tres hermanas, las dueñas del pájaro de los siete colores.
Cuando les contó a las jóvenes lo de su padre, la hija menor inmediatamente montó a caballo con él y rápidamente, regresaron a casa del ciego.

9
Tan pronto como llegaron, el pájaro empezó a cantar y en seguida le volvió la vista al padre.

¿QUÉ DECIMOS...?

Al hablar de lo que hicimos

1 Una actividad especial.

Buenos días, jóvenes. Atención, por favor. Hoy vamos a empezar nuestro estudio de geografía con una actividad especial. Esta actividad es para hacerlos reflexionar sobre el contacto que tenemos con otras culturas en la vida diaria.

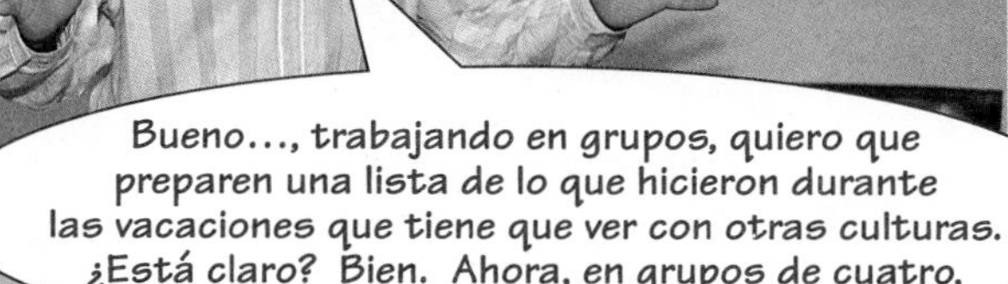

Bueno..., trabajando en grupos, quiero que preparen una lista de lo que hicieron durante las vacaciones que tiene que ver con otras culturas. ¿Está claro? Bien. Ahora, en grupos de cuatro, por favor.
Pues somos cuatro. ¿Empezamos?

No entiendo. Yo ni salí de Caracas.
No importa, Meche. Hiciste algo, seguramente. Por ejemplo, ¿no comiste en algún restaurante chino?
Pues, sí. Y también en uno italiano. ¡Ah!, y en otro mexicano.

Purpose This section uses the language and structures necessary to talk about what you did in real-life contexts. Students should not be overly concerned with understanding or translating every word. Comprehension will come with use of overhead transparencies and the video. Use of **Early Production Checks** gives students the opportunity to practice new language.

Suggestions Have students close their books while you narrate each **fotonovela** segment in the third person, using the transparencies to clarify meaning without translation. Identify characters, places, objects, using comprehensible input techniques, and asking **Early Production Checks.**

¿QUÉ DECIMOS...?

15:05–
19:21

Side 1, 27862 to 35568

Using the video Play one section at a time after narrating it using the transparencies. Freeze the video and ask the **Early Production Checks.** Repeat this process with each section.

Vary your presentation routine by showing one section of the video first, before your narrative with the transparencies, or by playing the video all the way through, stopping only to ask the **Early Production Checks.**

Early Production Checks

A full set of **Early Production Checks** is available on cards in the Teacher's Resource Package.

1 15:15

Una actividad especial.
Suggestions Gesture for **reflexionar.** Point out: **diaria = todos los días.**

Point out The school which these students attend is located in Caracas and is called Gustavo Herrera High School. It is interesting to note that the secondary school uniform in all of Venezuela is blue jeans and a polo shirt with the school insignia. Students in the upper grades wear beige shirts while younger students wear blue ones.

1 ¿En qué clase están los jóvenes?
2 ¿Qué van a empezar a estudiar hoy?
3 ¿Tienen los estudiantes contacto con otras culturas en la vida diaria?
4 . . .

Side 1, 28180 to 30799

2 ¿Qué hiciste tú?

16:44

1 ¿Qué tipo de película vio Salvador?
2 ¿Qué leyó Salvador?
3 ¿Qué vio en la televisión?
4 . . .

Side 1, 30848 to 32371

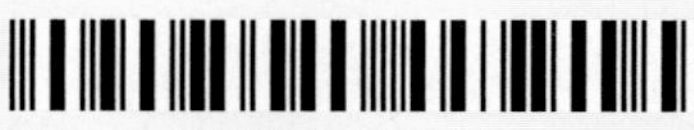

3 Hice un viaje.

17:35

Suggestion Name known **científicos**. Relate **ambiental** to known items of environmental concern.

1 ¿Qué hizo Chela?
2 ¿Adónde fue?
3 ¿Por qué fue a Brasil?
4 . . .

Side 1, 32385 to 33440

4 ¡Pirañas!

A ver, iniciamos el viaje en el Lago de Coari y fuimos hasta Manaus. Fue toda la familia—mi hermano, mi hermana, mis padres y yo. Pasamos dos meses en la selva.

¿Viste animales salvajes?

¡Ay, sí, muchos! Vimos guacamayas, jaguares, capibaras, tapires y muchos caimanes.

¿No te asustaron?
No, para nada, sólo las pirañas me asustaron.

¡Pirañas! ¿Y había culebras?
Sí, vimos varias anacondas y boas.

¿De veras? Me encantan las serpientes.

¡Huy! ¡Qué tonto eres!
¡Salvador! ¡Quítate! ¡Yo las odio!

Silencio, por favor. Como veo que todavía no terminaron, les voy a dar una tarea relacionada con este tema para la próxima clase.

Por favor, escriban un informe sobre el contacto más interesante que tuvieron con otra cultura durante las vacaciones.

4 18:11

¡Pirañas!

Suggestions Relate **iniciar** to **empezar**, **comenzar**. Contrast domestic and wild animals: **animales salvajes.** Show photos of unknown animals. Act out **asustar**.

1 ¿Dónde iniciaron Meche y su familia su viaje?
2 ¿Hasta dónde fueron?
3 ¿Quiénes hicieron este viaje?
4 . . .

Side 1, 33465 to 35568

CHARLEMOS UN POCO

A. PARA EMPEZAR . . .

Have students work in pairs first. Allow 2–3 min. Then call on individuals and have class confirm each answer.

1 cierto
2 falso. Los tres hijos salieron de la casa en busca del pájaro.
3 cierto
4 cierto
5 cierto
6 falso. El tercer hijo no hizo lo mismo que el hermano mayor.
7 falso. El pájaro vivía en una casa con tres hermanas jóvenes.
8 falso. El hijo menor llevó al pájaro a casa de su padre.
9 cierto

Animales del Amazonas

This list of animal nomenclature compares the names of these animals used in most of the Spanish-speaking world with the names Venezuelans give them. **Capibaras / chigüires** are oversized rodents that live in the water as well as on land. They are very tame, their meat is tasty, and they are being domesticated to provide a new food source. Large snakes like the boa or anaconda are called **tragavenado** because they are capable of killing a young deer by wrapping themselves around it and holding it tightly until it suffocates. Then they slowly gulp it down, taking weeks on end to digest it.

B. ¿QUÉ DECIMOS . . .?

Allow students to scan the **¿Que decimos...?** section as you read the items and they identify the person being described.

1 Meche
2 Salvador
3 Chela
4 Meche
5 Chela
6 Salvador
7 Meche
8 Luis
9 Chela
10 Luis

Variation Ask a student to read the descriptions and a volunteer to identify the person. Have class verify each response.

Animales del Amazonas

En general se dice:	En Venezuela se dice:

anaconda — **tragavenado**

boa — **tragavenado**

capibara — **chigüire**

cocodrilo — **caimán**

jaguar — **tigre**

piraña — **caribe**

serpiente — **culebra**

tapir — **danto**

CHARLEMOS UN POCO

A. PARA EMPEZAR . . . Indica si las siguientes oraciones son ciertas o falsas según la leyenda "El pájaro de los siete colores". Si son falsas, corrígelas.

1. Para poder ver, el hombre ciego tenía que escuchar el canto del pájaro de los siete colores.
2. Dos de los tres hijos salieron de la casa en busca del pájaro de los siete colores.
3. El hijo mayor no ayudó a nadie.
4. El hijo mayor se quedó profundamente dormido cuando tomó el agua del lago encantado.
5. El segundo hijo también se quedó profundamente dormido cuando tomó el agua del lago encantado.
6. El tercer hijo hizo lo mismo que el hermano mayor.
7. El pájaro de los siete colores vivía en una casa con tres viejitas.
8. El hijo menor encontró el pájaro de los siete colores y lo mató para poder llevarlo a casa de su padre.
9. Tan pronto como oyó el canto del pájaro de los siete colores, le volvió la vista al padre.

B. ¿QUÉ DECIMOS . . .? Según el diálogo, ¿quién hizo estas cosas?

Luis

Meche

Salvador

Chela

1. Comió en un restaurante chino.
2. Leyó una novela sobre James Bond.
3. Vio jaguares, caimanes, anacondas y pirañas.
4. Recibió a sus primos alemanes.
5. Hizo un viaje a Brasil.
6. Vio una película francesa.
7. Comió en un restaurante italiano.
8. Visitó a unos parientes en Colombia.
9. Viajó por el río Amazonas.
10. Vio unos programas norteamericanos en la tele.

Purpose These activities provide guided practice as students ask each other about past summer activities and discuss nationalities. The repetition built into the activities is intentional. Students need not do all the activities once they have demonstrated mastery of the language needed to talk about what they did.

C. El fin de semana. Los compañeros de clase de Herlinda hicieron muchas cosas el fin de semana pasado. Según Herlinda, ¿qué hicieron?

Blanca y Shotaro

MODELO **Blanca y Shotaro estudiaron.**

1. yo

2. Beto

3. mis amigos y yo

4. Luz

5. la profesora

6. José y Felipe

7. Eugenio y Pepita

8. Enrique

REPASO

Preterite: *-ar* verb endings

-é	-amos
-aste	
-ó	-aron

¿Alquilaste un video?
Sí, pero primero **limpié** mi cuarto y **estudié** un rato.

See **¿Por qué se dice así?,** *page G27, section 2.3.*

C. El fin de semana. Call on individual students. Have class confirm each response.

1 Yo nadé (Fui a nadar).
2 Beto habló por teléfono.
3 Mis amigos y yo jugamos fútbol.
4 Luz tocó la guitarra.
5 La profesora calificó exámenes.
6 José y Felipe pasearon en bicicleta.
7 Eugenio y Pepita escucharon la radio.
8 Enrique trabajó en el restaurante.

CH. Una fiesta. Call on individual students. Personalize by asking **¿Qué pasó en tu último cumpleaños?**

D. Durante el verano. Allow 2–3 min for pair work. Then ask individuals if their partners did the activity listed.

1 ¿Comiste en un restaurante italiano? *Sí/No comí . . .*
2 ¿Viajaste a otro estado? *Sí/No viajé . . .*
3 ¿Viajaste a otro país? *Sí/No viajé . . .*
4 ¿Jugaste tenis? *Sí/No jugué . . .*
5 ¿Asististe a un concierto? *Sí/No asistí . . .*
6 ¿Escribiste cartas? *Sí/No escribí . . .*
7 ¿Leíste un libro interesante? *Sí/No leí . . .*
8 ¿Paseaste en bicicleta? *Sí/No paseé . . .*
9 ¿Viste muchas películas? *Sí/No vi . . .*
10 ¿Visitaste a tus abuelos? *Sí/No*
11 ¿Trabajaste? *Sí/No trabajé . . .*
12 ¿Corriste mucho? *Sí/No corrí . . .*

E. Ocupados. Have students work in pairs first. Then call on individuals and have class confirm each response. Personalize by asking several students what they and their families did yesterday.

1 Irma escuchó la radio.
2 Irma y Marta comieron pizza.
3 Rubén corrió.
4 Mamá leyó el periódico.
5 Yo limpié la casa.
6 Susana y yo bailamos.
7 Papá tomó (bebió) un refresco.
8 Marta y Timoteo jugaron tenis.

REPASO

Preterite: *-er, -ir* verb endings

-í	-imos
-iste	
-ió	-ieron

¿**Vieron** televisión anoche?
No. Sal**imos** a cenar.
Com**í** unas arepas exquisitas.

See **¿Por qué se dice así?**, *page G27, section 2.3.*

REPASO

Preterite:
Regular verb endings

-ar	-er, -ir
-é	-í
-aste	-iste
-ó	-ió
-amos	-imos
-aron	-ieron

See **¿Por qué se dice así?**, *page G27, section 2.3.*

CH. Una fiesta. Ayer Pepe celebró su cumpleaños. Según él, ¿qué pasó en la fiesta?

MODELO **Yo recibí muchos regalos.**

mis amigos y yo	tomar	pastel
mamá	recibir	pizza
yo	leer	limonada
los invitados	romper	café
papá	ver	tarjetas
mis hermanos	abrir	regalos
Óscar	comer	piñata
		la tele

D. Durante el verano. Pregúntale a un(a) compañero(a) si hizo estas cosas durante el verano.

MODELO practicar deportes
Tú: **¿Practicaste deportes?**
Compañero(a): **Sí, practiqué deportes todos los días.**

1. comer en un restaurante italiano
2. viajar a otro estado
3. viajar a otro país
4. jugar tenis
5. asistir a un concierto
6. escribir cartas
7. leer un libro interesante
8. pasear en bicicleta
9. ver muchas películas
10. visitar a sus abuelos
11. trabajar
12. correr mucho

E. Ocupados. ¿Qué dice Roberto que él y su familia hicieron ayer?

Rubén y Timoteo

MODELO **Rubén y Timoteo caminaron en el parque.**

1. Irma

2. Irma y Marta

3. Rubén

4. mamá

5. yo

6. Susana y yo

7. papá

8. Marta y Timoteo

F. ¿Qué hicieron allá? Tú y unos amigos fueron a otros países durante el verano. ¿Adónde fueron y qué hicieron allá?

MODELO Gabriel: Segovia (ir al cine mucho)
Gabriel fue a España. Fue al cine mucho.

1. Julieta y Patricia: París (ir a muchas fiestas)
2. Enrico: Roma (ir a visitar a sus parientes)
3. Rosita y Jorge: Buenos Aires (ir de compras todos los días)
4. Carlota y yo: Guadalajara (hacer tres excursiones al lago Chapala)
5. Eduardo y Eva: Madrid (ir a la Biblioteca Nacional)
6. Tú: Cuzco (hacer una excursión a Machu Picchu)
7. Carmen y Héctor: México, D.F. (hacer excursiones a las pirámides)
8. Tú y yo: Venezuela (hacer una excursión por el río Orinoco)

REPASO

Preterite:
Three irregular verbs

Ir/Ser	Hacer
fui	hice
fuiste	hiciste
fue	hizo
fuimos	hicimos
fueron	hicieron

See **¿Por qué se dice así?**, *page G27, section 2.3.*

F. ¿Qué hicieron allá? Call on individuals. Have class confirm each answer.
1 Julieta y Patricia fueron a París. Fueron a muchas fiestas.
2 Enrico fue a Roma. Fue a visitar a sus parientes.
3 Rosita y Jorge fueron a Buenos Aires. Fueron de compras todos los días.
4 Carlota y yo fuimos a Guadalajara. Hicimos tres excursiones al lago Chapala.
5 Eduardo y Eva fueron a Madrid. Fueron a la Biblioteca Nacional.
6 Tú fuiste a Cuzco. Hiciste una excursión a Machu Picchu.
7 Carmen y Héctor fueron a México, a la capital. Hicieron excursiones a las pirámides.
8 Tú y yo fuimos a Venezuela. Hicimos una excursión por el río Orinoco.

G. Fiesta internacional.
Call on individuals. Personalize by asking about students in your class.

1 Él se llama Ricardo. Es mexicano.
2 Ella se llama María. Es boliviana.
3 Él se llama Tomás. Es argentino.
4 Ella se llama Tereza. Es brasileña.
5 Ellos se llaman Claude y Pierre. Son franceses.
6 Ella se llama Heidi. Es alemana.
7 Ellos se llaman Olga e Ivan. Son rusos.
8 Él se llama Jie. Es chino.
9 Ellas se llaman Yushiko y Miyoshi. Son japonesas.
10 Ella se llama Marcella. Es italiana.

Adjectives of nationality

Adjectives whose singular masculine form ends in **-o:**

argentino	hondureño
boliviano	italiano
brasileño	mexicano
colombiano	noruego
coreano	paraguayo
cubano	peruano
chileno	puertorriqueño
chino	ruso
dominicano	salvadoreño
ecuatoriano	sueco
europeo	suizo
filipino	uruguayo
griego	venezolano
guatemalteco	

Adjectives whose singular form ends in **-a, -e,** or **-í:**

canadiense	marroquí
costarricense	nicaragüense
estadounidense	paquistaní
israelita	vietnamita

Adjectives whose singular masculine form ends in a consonant:

alemán	holandés
danés	inglés
escocés	irlandés
español	japonés
francés	portugués

See **¿Por qué se dice así?,** *page G30, section 2.4.*

G. Fiesta internacional. Conociste a estas personas en una fiesta internacional. Identifícalas.

MODELO **Ellas se llaman Margaret y Christy. Son canadienses.**

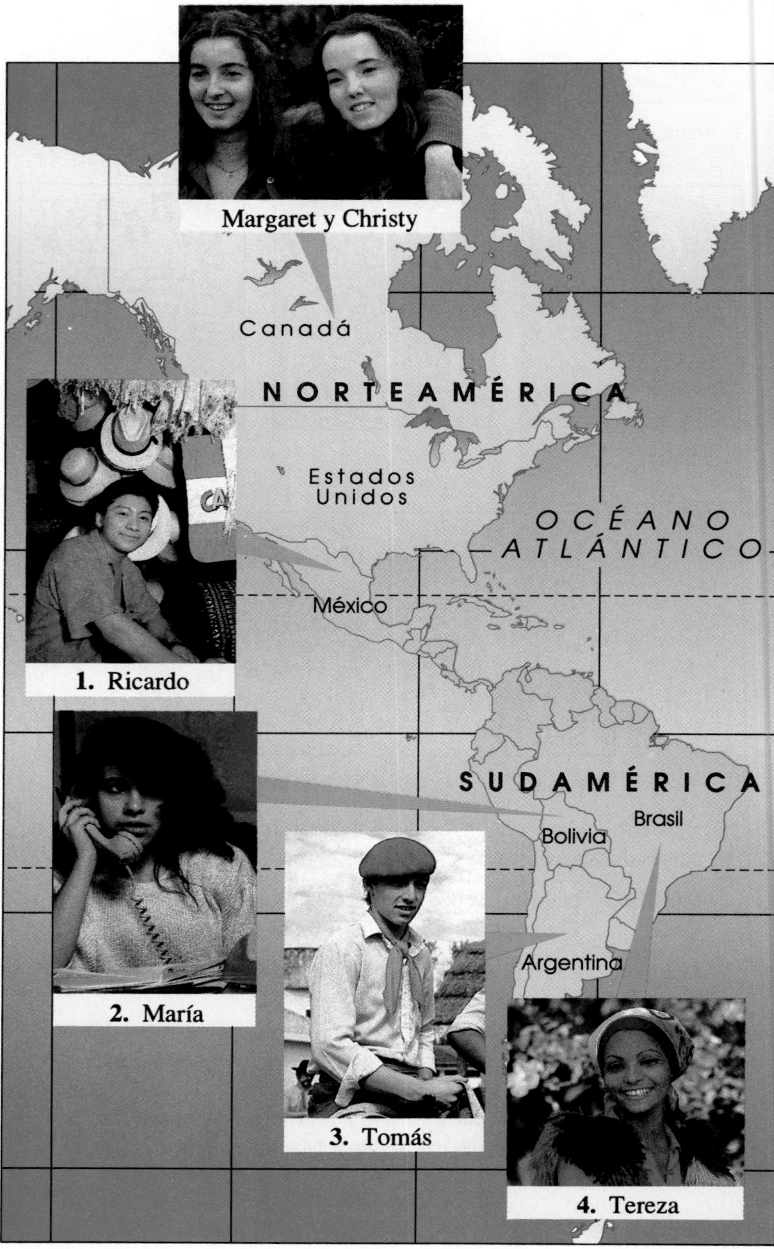

Margaret y Christy

1. Ricardo

2. María

3. Tomás

4. Tereza

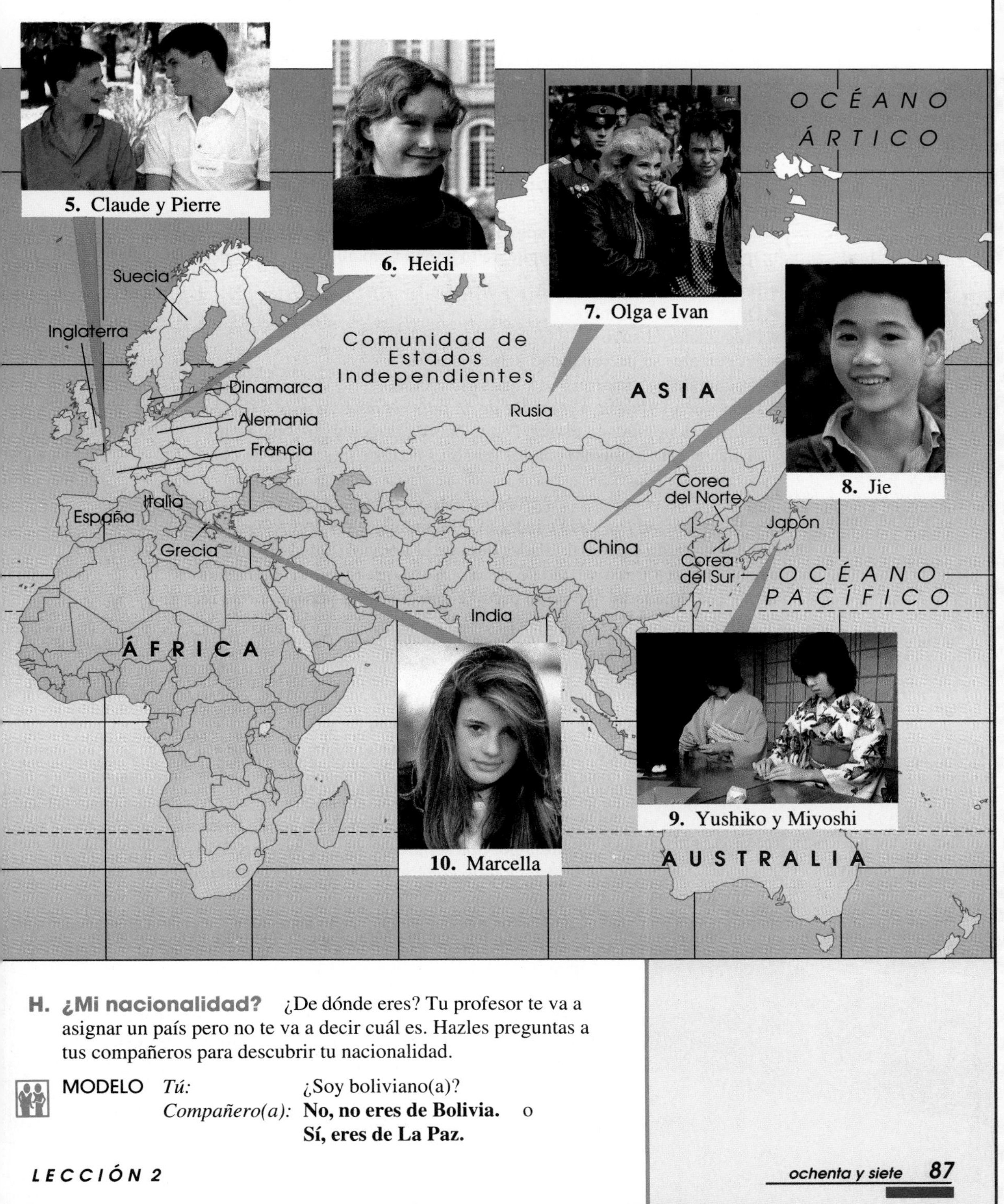

5. Claude y Pierre

6. Heidi

7. Olga e Ivan

8. Jie

9. Yushiko y Miyoshi

10. Marcella

H. ¿Mi nacionalidad? ¿De dónde eres? Tu profesor te va a asignar un país pero no te va a decir cuál es. Hazles preguntas a tus compañeros para descubrir tu nacionalidad.

MODELO *Tú:* ¿Soy boliviano(a)?
Compañero(a): **No, no eres de Bolivia.** o **Sí, eres de La Paz.**

H. ¿Mi nacionalidad? Write names of capital cities from all over the world on self-stick notes. Stick a note on the back of each student without letting him or her see it. Have students move around the class asking each other questions.

CHARLEMOS UN POCO MÁS

Purpose These activities are designed to allow students to create with language while talking about foreign-made clothing, discussing nationalities, and asking about summertime activities. Although they may sometimes appear repetitious of the guided practice in the previous section, these activities allow students to discuss daily contacts with other cultures, role-play being from another country, and talk about summer activities.

A. Hecho en el Japón. If students do not know where items in their possession were made, have them list all the foreign-made products at home that they can recall.

B. ¿Eres danés? Give each student an ID card and have them move around the class, introducing themselves and getting signatures on their maps. Allow about 10 min.

C. ¿Quién hizo esto? Allow 8–10 min for students to ask questions. Verify the names on several students' grids by asking the individuals who signed them if they did the indicated activity.

DRAMATIZACIONES

A and **B.** Have students do these role plays spontaneously, not from written scripts. Circulate among groups. Limit time allowed so that students do not get off task. Ask one or two pairs to recreate their exchange for the whole class.

CHARLEMOS UN POCO MÁS

A. Hecho en el Japón. En grupos de cuatro decidan cuántas prendas de ropa u objetos en sus bolsos son hechos en el extranjero. Preparen una lista de los objetos y su origen.

EJEMPLO **zapatos: argentinos** **bolígrafo: coreano**

B. ¿Eres danés? Tu profesor(a) te va a dar una tarjeta de identidad y un mapa de Europa. La tarjeta indicará tu nuevo nombre y país de origen.

- Preséntate a varios compañeros de clase.
- Diles tu nuevo nombre.
- Pregúntales el suyo.
- Pregúntales su nacionalidad y diles la tuya.
- Pregúntales si viajaron a otro país este verano.
- Diles que tú viajaste a [*nombre de un país vecino a tu país de origen*].
- Escribe tu nombre en el mapa en tu país de origen y en el país que visitaste. Haz lo mismo con los nombres de tus compañeros de clase.

C. ¿Quién hizo esto? Tu profesor(a) te va a dar una cuadrícula con una actividad indicada en cada cuadrado. Pregúntales a tus compañeros de clase si hicieron estas actividades durante el verano. Cada vez que recibas una respuesta afirmativa, pídele a esa persona que firme en el cuadrado apropiado. Recuerda que no se permite que la misma persona firme más de un cuadrado.

A. ¡Yo también! Tu compañero fue de vacaciones con su familia por una semana durante el verano. Tú no saliste de tu ciudad en todo el verano. Pregúntale a tu amigo sobre sus vacaciones: ¿adónde fue?, ¿con quién?, ¿qué hizo?, ¿qué vio?, etc. Al contestar sus preguntas, trata de impresionarlo con todas las actividades que hiciste tú. Dramaticen esta situación. Usen su imaginación e inventen actividades creativas.

B. Contactos culturales. El gobierno federal quiere saber cuántos productos del extranjero usan los jóvenes en Estados Unidos. Tú eres un(a) investigador(a) de la C.I.A. que está entrevistando a jóvenes en tu escuela. Entrevista a dos personas. Dramatiza la situación con dos compañeros de la clase.

Purpose In ***Dramatizaciones,*** students recycle, in student-centered role plays, all previously learned structures and vocabulary needed to talk about what they did during the summer break and how many foreign-made products they generally use.

IMPACTO CULTURAL
Nuestra lengua

Antes de empezar

A. Jerga. Cada país o región tiene su lenguaje especial o jerga. Por ejemplo, en algunas partes de EE.UU. los jóvenes dicen *bad* cuando algo es muy bueno.

1. ¿Cuáles son algunas palabras en inglés que usas tú para referirte o dirigirte directamente a un(a) amigo(a) pero no a un adulto?
2. ¿Cuáles son algunas palabras en inglés que tú y tus amigos usan entre ustedes cuando quieren decir que algo es muy bueno o muy especial?

B. Direcciones. Prepara una lista en español de varias maneras de dar direcciones cuando no recuerdas el número exacto o no sabes el nombre de la calle.

Peligro a Descanso. Pedro Valera, un estudiante venezolano, conversa con Steve, su nuevo amigo norteamericano. ¿De qué hablan?

Steve: **Hola, Pedro. ¿Cómo estás?**
Pedro: **Bien, mi vale, ¿y tú?**
Steve: **Pues, no muy bien. Estoy preocupado por el examen de mañana.**
Pedro: **¿Tú también? Memo y yo vamos a estudiar juntos esta noche. ¿Quieres acompañarnos?**
Steve: **¡Por supuesto! ¿Dónde van a estar?**
Pedro: **En casa de Memo. Vive cerca de mí, en Perico a El Muerto #320.**
Steve: **¡Ay! Siempre me pierdo en esa parte de la ciudad. ¿Por qué no usan el nombre de las calles? Es mucho más fácil.**
Pedro: **Es que es la parte más antigua de Caracas. Y es tradicional nombrar las esquinas. Todas las esquinas en esa sección tienen nombres: Angelitos, Peligro, Descanso, Las Monjas, San Jacinto . . .**
Steve: **Sí, es interesante, pero confuso.**
Pedro: **Bueno, entonces te esperamos a eso de las nueve.**
Steve: **Bien, mi vale. Hasta más tarde.**

Verifiquemos

A. ¿Qué dijo? Contesta estas preguntas para mostrar que entendiste el diálogo.

1. ¿Qué quiere decir "mi vale"?
2. ¿Por qué siempre se pierde Steve en la parte de Caracas donde viven Pedro y Memo?
3. La dirección de Memo no es como las direcciones en Estados Unidos. ¿Por qué no?
4. "Perico" y "El Muerto" no son nombres de calles. ¿De qué son nombres?
5. Con un(a) compañero(a), selecciona uno de los nombres mencionados en el diálogo. Luego usen su imaginación para explicar por qué creen ustedes que recibió este nombre el lugar.
   Perico El Muerto Angelitos Peligro Descanso Las Monjas
6. ¿Por qué dice Steve "mi vale" al despedirse?

IMPACTO CULTURAL
Nuestra lengua

Purpose To have students explore slang expressions used in the Spanish-speaking world and to look at a unique way of giving directions in the oldest section of Caracas.

Antes de empezar

Use these questions as an advance organizer for the dialogue that follows.

A. Jerga.
1 Las respuestas van a variar. Los estudiantes dirán algo como: *dude, man,* etc.
2 Las respuestas van a variar. Los estudiantes dirán algo como: *radical, bad, awesome,* etc.

B. Direcciones. Students should list things like **Está cerca de la biblioteca. o Está detrás del supermercado.**

Verifiquemos

A. ¿Qué dijo?
1 Mi amigo
2 Porque usan los nombres de las esquinas
3 Porque no usan los nombres de las calles, sólo los de las esquinas
4 De esquinas
5 Las respuestas van a variar. Pueden decir algo como:
Perico: Un hombre con un perico vivió en esa esquina.
El Muerto: Encontraron a un muerto en esa esquina.
Angelitos: Hay una estatua de un angelito en esa esquina.
6 Steve quiere hablar como los venezolanos.

OBJECTIVES

Communicative Goals

- Talking about the environment
- Talking about physical geography and diversity
- Identifying geographical features and locations
- Making comparisons

Culture and Reading

- **Para empezar**
  El león y las pulgas
- **Leamos ahora**
  La selva tropical y yo
- **Estrategias para leer:**
  Ojear y anticipar

Writing

- **Escribamos ahora**
  Preparing a questionnaire and writing a report
- **Estrategias para escribir:**
  Obtener información y preparar un informe

Structure

- 2.5 Comparatives
- 2.6 Superlatives

LECCIÓN 3

¡Pirañas!

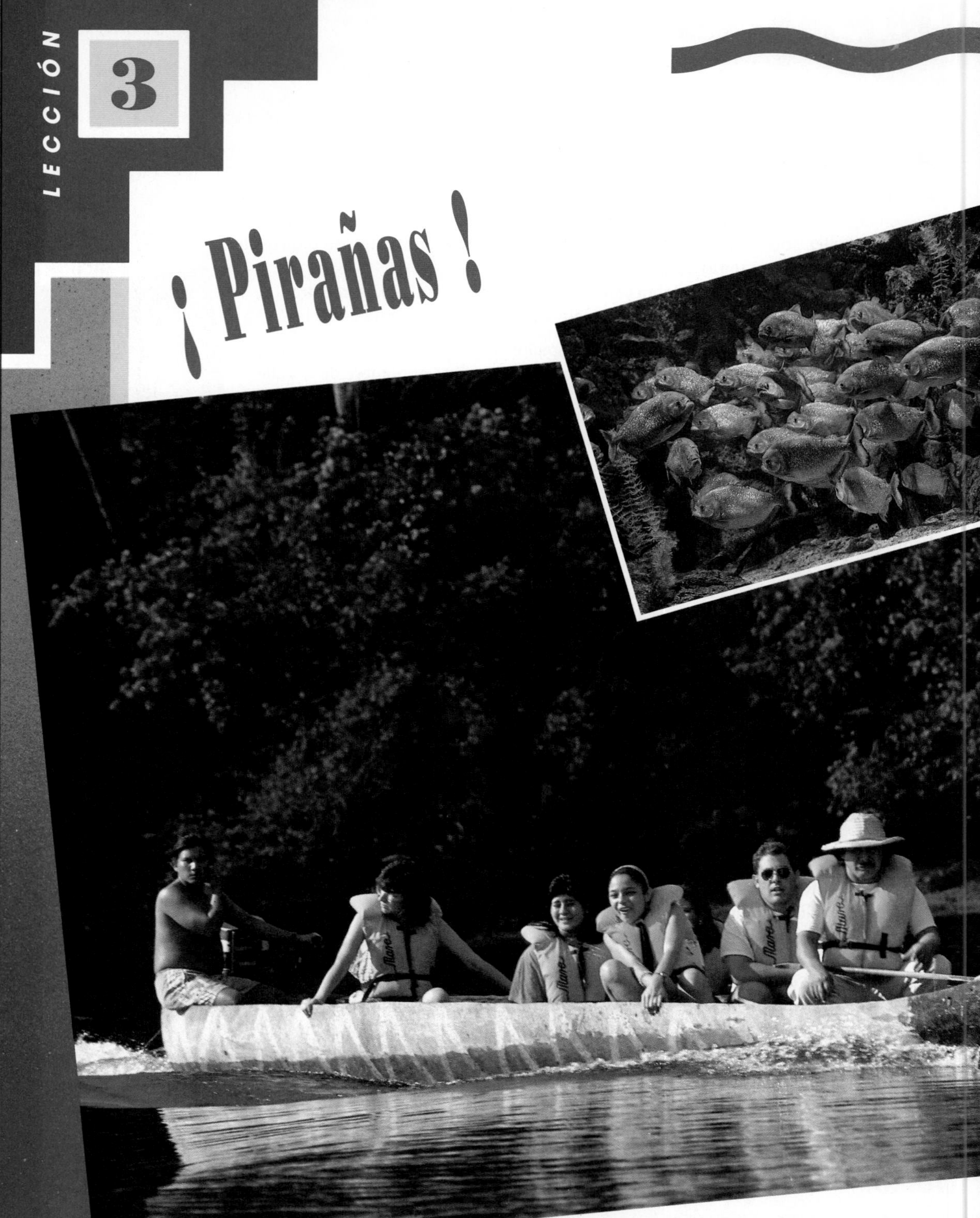

ACTIVE VOCABULARY

Animales
león
leopardo
mono
pulga
ratón
tortuga
tucán

Selva tropical
árbol
desarrollo
peligroso(a)
planta
preservar
producto
puerto
tropical

Descripción
diverso(a)
étnico(a)
feroz
lento(a)
mayor
menor
natural

Sustantivos
cordillera
costa
investigación
océano
pico
población
papelería
salud
temperatura

Verbos
comparar
desembocar
identificar
localizar
mencionar

Palabras y expresiones
ejercicio
medio ambiente
ser necesario
tierra

ANTICIPEMOS

¿Qué piensas tú?

1. ¿Dónde hay selvas tropicales? ¿Dónde crees que está esta selva tropical? ¿Por qué crees eso?
2. ¿Por qué hay tanto interés actualmente en preservar las selvas tropicales?
3. ¿Reconoces estos animales y plantas? ¿Son muy comunes? ¿Qué tienen en común?
4. ¿Se preocupan tú y tus amigos por el medio ambiente? ¿Por qué?
5. En tu opinión, ¿qué preocupaciones sobre el medio ambiente tienen los jóvenes en otras partes del mundo?
6. ¿Qué soluciones propones tú para estos problemas?
7. En esta lección,vamos a leer la composición que escribió Chela para su clase de geografía sobre su viaje por el río Amazonas. ¿Qué crees que vamos a repasar en la lección?

Purpose To engage students in sharing what they know about current environmental concerns and speculating about similar concerns and solutions being considered in other parts of the world. Also, to invite students to identify the functions, vocabulary, and structures that will be reviewed in the lesson.

Suggestions Encourage students to respond in Spanish whenever possible, but allow English where concepts or vocabulary require it. Rephrase student responses in comprehensible Spanish. You may need to simplify or explain, using techniques of comprehensible input.

ANTICIPEMOS

¿Qué piensas tú?

Answers

1 Hay selvas tropicales en México, Brasil, Costa Rica, Belice, las Guianas, Indonesia, las Filipinas, Burma, Laos, Cambodia, África, etc. Esta selva tropical podría estar en cualquiera de estos países aunque, en efecto, está en Brasil, en el Amazonas.

2 Mucha gente se preocupa por la destrucción de los sistemas ecológicos mundiales y en particular por las selvas tropicales. En las selvas tropicales se encuentra un sinnúmero de animales, peces y pájaros que no existen en ninguna otra parte del mundo. Las selvas tropicales también son esenciales en la producción de agua y oxígeno para mantener la capa de ozono. Con la destrucción de ésta, no tendríamos protección contra los rayos ultravioletas y se provocaría el calentamiento excesivo de la Tierra. Además, más de 50 por ciento de las medicinas que usamos actualmente son productos de plantas y animales que sólo se encuentran en la selva tropical.

3 Es probable que los estudiantes no reconozcan estas plantas y algunos de los animales. La flor amarilla es una Saxofrideicia, la otra es lobelia, el mono es un mono leonado, el pájaro es un papagayo azul purpúreo y el insecto blanco y rosado es una mariposa de seda (larva). Las dos plantas, el mono y el pájaro están en peligro de extinción.

4 Las respuestas van a variar.

5 Los jóvenes de otras partes del mundo tienen las mismas preocupaciones sobre el medio ambiente.

6 Las respuestas van a variar. Tal vez sea necesario ayudar a los alumnos a expresar sus ideas en español.

7 **Los estudiantes hablarán del medio ambiente, harán comparaciones e identificarán distintos lugares geográficos.**

PARA EMPEZAR

Comprehension Checks

A complete set of **Comprehension Checks** is available on cards in the Teacher's Resource Package.

Suggestions Gesture to suggest **proteger**. Name familiar rivers, lakes: **ríos, lagos.** Name plants, animals that students already know or that have cognate names. Point out the lion and the fleas in the transparencies. Show synonym relationship between **proteger/cuidar.**

1 En qué siglo estamos ahora, ¿en el siglo diecinueve? ¿en el siglo veinte?

2

Suggestions Gesture to show contrast between **mucho/muchísimo**. Show the African jungle on a map. Demonstrate **proclamar** with voice and body language. Point out **la corona**. Contrast three animals with the same qualities—**fuerte, más fuerte, el más fuerte**. Show that the lion has most of all qualities.

1 ¿Es un león? ¿un mono? ¿una jirafa? ¿un elefante? etc.

3

Suggestions Show days, weeks, months passing. Compare lion to well-known characters who are proud in movies, literature, and legends: **orgulloso.** Name well-known tyrants: **tiránico.** Break the paragraph down. Say that in the beginning the other animals had **respeto y admiración.** Contrast with now, when they have **miedo y terror.** Point out a flea: **pulga.** Explain that it has no fear of dogs, giraffes, *or* the lion king.

1 ¿Cómo se volvió el león? ¿tímido? ¿orgulloso? ¿tiránico? ¿simpático? *(Other adjectives.)*

PARA EMPEZAR

Escuchemos un cuento boliviano

En el siglo veinte, empezamos a darnos cuenta que tenemos que proteger la tierra—los ríos, lagos y costas, las plantas y los animales.

El cuento "El león y las pulgas" nos ayuda a entender lo que puede pasar si no cuidamos nuestro mundo.

2

Hace muchísimo tiempo, los animales de la selva africana proclamaron al león "rey de todos los animales", por ser el animal más majestuoso, más poderoso, más hermoso y más fuerte de todos los animales.

3

Desafortunadamente, con el pasar del tiempo, el león se volvió orgulloso y tiránico. A tal extremo llegó su tiranía, que del respeto y la admiración inicial, los animales pasaron a sentir miedo y terror de su monarca.

La única excepción fueron las pulgas, esos fastidiosos insectos que no sentían ni miedo ni respeto por el rey, ni por ningún otro animal.

92 *noventa y dos*

Purpose This section develops students' listening comprehension and active listening skills through an allegorical Bolivian story that appears to be humorous and fanciful, but illustrates the danger of depleting the environment of essential resources. The ***Para empezar*** section is not meant for mastery, nor is incidental vocabulary expected to become part of the students' active language production. Students will hear and read many examples of preterite verb forms, as well as comparatives and superlatives—the structural elements that are the focus of this lesson—in context.

Pues bien, las pulgas decidieron demostrarles a todos los demás animales que ellas eran más poderosas que el invencible león. Con esta idea, una pequeña colonia de pulgas se estableció en el lustroso y elegante pelaje dorado del león.

5
Con la excelente y noble sangre del león, la pequeña colonia empezó a crecer rápidamente y se extendieron por todas las partes del cuerpo del rey. Las pulgas vieron en el león un magnífico y delicioso banquete que les permitió tener una fiesta continua, día tras día.

4

Suggestions Demonstrate **demostrar** by showing things—how the pencil sharpener works. Show fleas' thoughts: **El rey es poderoso, sí, pero yo soy más poderoso.** Name some of the original American colonies: **colonias.** Tell when they were established: **se estableció**—Massachusetts, 1620; Delaware, 1638; South Carolina, 1670. Point out lion's fur. Point out something gold: **dorado.**

1. ¿Creían las pulgas que eran más poderosas que el león?
2. ¿Creían las pulgas que eran más tímidas que el león?
3. ¿Qué establecieron las pulgas—un monumento, una colonia o una universidad?
4. . . .

5

Suggestions Point to glasses to show that **las pulgas beben la sangre del león**. Gesture to show **crecer.** Name the parts of the lion's body where the fleas now live—leg, head, back, etc. **Banquete** and many other words are cognates. Show that the fleas have a party every day.

1. ¿Qué bebían las pulgas—leche, limonada o sangre?
2. ¿Empezó la colonia a crecer o a disminuir?
3. ¿Viven las pulgas en la cabeza del león? *(Other body parts.)*
4. . . .

Suggestions Have students close their books while you tell the story, one section at a time, using the transparencies to clarify meaning without translation. Use comprehensible input techniques: identify characters and relationships, break complex sentences into sections, gesture, draw, act out, explain by comparison/contrast any vocabulary that may not be immediately understandable. Ask the **Comprehension Checks**.

6

Suggestions Show the lion getting thinner, weaker, sicker: **se puso enfermo;** finally dying: **acabó por morirse.** Explain that fleas bite him and bite him until he is sick.

1 ¿Picaron las pulgas mucho al león?
2 ¿Se puso enfermo el león?
3 ¿Acabó por vivir muchos años?
4 . . .

7

Suggestions Emphasize the big party the fleas have. Contrast the size, beauty, and importance of a flea and a lion. Show that teams, armies win, conquer.

1 ¿Qué tuvieron las pulgas el día que murió el león—una gran fiesta o un gran funeral?
2 ¿Son grandes o pequeñas las pulgas?
3 ¿Quién venció al final—las pulgas o el león?
4 . . .

8

Suggestions Break long sentences into shorter ones. Explain: **Cuando murió el león se acabó la comida para las pulgas. Se acabaron las fiestas; se acabaron los banquetes. No había nada para comer ni para beber. Por eso, las pulgas empezaron a morir.** Draw a fountain: **fuente.**

1 ¿Continuaron las pulgas a vivir en el pelaje del león?
2 ¿Tenían todavía sus banquetes y fiestas? ¿Por qué no?
3 ¿Por qué murió el león?
4 . . .

9

Suggestion Ask **¿Qué puede representar el león? ¿Y las pulgas?**

1 ¿Hay una moraleja en este cuento?
2 ¿Qué representa el "león"— un animal, el mundo o simplemente un león?
3 ¿Tenemos que proteger nuestro mundo?
4 . . .

6
Desgraciadamente, las pulgas picaron tanto al león que éste finalmente se puso enfermo y acabó por morirse.
7
El día que murió el león, las pulgas tuvieron una gran fiesta. A pesar de ser tan pequeñas, feas e insignificantes, ¡ellas ganaron! ¡Vencieron al animal más poderoso de la selva!
8
Pero, ¿ganaron realmente? Una vez que murió el león, las pulgas perdieron el espléndido banquete de todos los días y, poco a poco, ellas empezaron a morir.
Las pulgas no se dieron cuenta que al matar al león, perdieron la fuente de su alimentación.

9

Hay una moraleja en este cuento para todas las gentes del mundo, ¿no? ¿Puedes ver algunos paralelos a tu vida personal? ¿al bienestar de tu ciudad? ¿de tu país?

¿QUÉ DECIMOS AL ESCRIBIR...?

De una excursión

Chela acaba de escribir su informe para la clase de geografía. Antes de pasar a la próxima página para leerlo, mira el mapa y examina su ruta por el río Amazonas. ¿Qué te parece?

VENEZUELA
GUYANA
SURINAM
COLOMBIA
OCÉANO ATLÁNTICO
Río Negro
Río Amazonas
Manaus
Lago de Coari
B R A S I L
PERÚ
BOLIVIA
Manaus
Lago de Coari

¿QUÉ DECIMOS...?

Early Production Checks

Ask these questions to be certain students understand context. Accept short-phrase and sentence-fragment answers but rephrase responses in sentences. Encourage students to elaborate answers and give details. Extend questions to elicit further details.

A full set of **Early Production Checks** is available on cards in the Teacher's Resource Package.

Introduction

1 ¿Dónde está Brasil?
2 ¿Dónde está el río Amazonas?
3 ¿Dónde empezaron Chela y su familia el viaje?
4 . . .

Purpose This section uses the language and structures needed to talk about geography and cultural perceptions while recounting experiences in the past. Students should not translate word for word, but should focus on comprehension of concepts. Reading comprehension and early production of key vocabulary are the goals.

Suggestions Call on students to read aloud one paragraph at a time. Ask **Early Production Checks** frequently to confirm understanding and to develop accurate pronunciation of key elements. Use the photoes and drawings and comprehensible input techniques to clarify any language the class does not understand.

1

1 ¿Qué hizo Chela con su familia?
2 ¿Qué es su padre?
3 ¿Qué investigaciones tuvo que hacer su padre?
4 . . .

2

1 ¿Sabía Chela que el río Amazonas era tan interesante?
2 ¿Es el río más largo del mundo?
3 ¿Qué río es más largo?
4 . . .

3

1 ¿Qué le gustó mucho a Chela?
2 ¿Es el puerto más grande de Brasil?
3 ¿Qué exportan de allí?

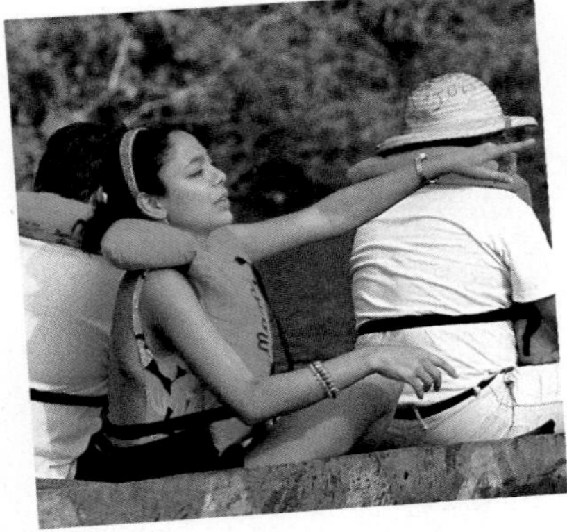

1

Durante las vacaciones hice un viaje con mi familia por el río Amazonas. Mi padre es científico ambiental y tuvo que hacer algunas investigaciones sobre el estado de la selva y el pantano del río. Esta área es muy importante porque la selva produce oxígeno y absorbe contaminantes. La salud de la selva afecta el bienestar del mundo entero.

2

No sabía que el río Amazonas era tan interesante. Es el río más largo de Sudamérica (6.450 kilómetros) y el segundo más largo del mundo. Sólo el río Nilo es más largo. Nosotros desembarcamos en uno de los tributarios más importantes, el río Negro, que desemboca en la ciudad de Manaus.❶

❶

❷

❸

3

Me gustó mucho la ciudad de Manaus. Es el puerto más grande de esa región. De allí se exportan muchos productos de la selva, como la nuez❷ del Brasil, el caucho❸ y varias clases de madera dura.❹

❹

4

Fue una sorpresa encontrar a diversas poblaciones a lo largo del río. Además de los indígenas,[5] vimos a personas de varios grupos étnicos—norteamericanos, europeos, negros, japoneses y gente de raza mixta.[6] La riqueza del país atrae a personas de negocio, de distintas partes del mundo, interesadas en establecer sus negocios allí. Pero el desarrollo de la selva tropical ya está causando problemas ambientales.

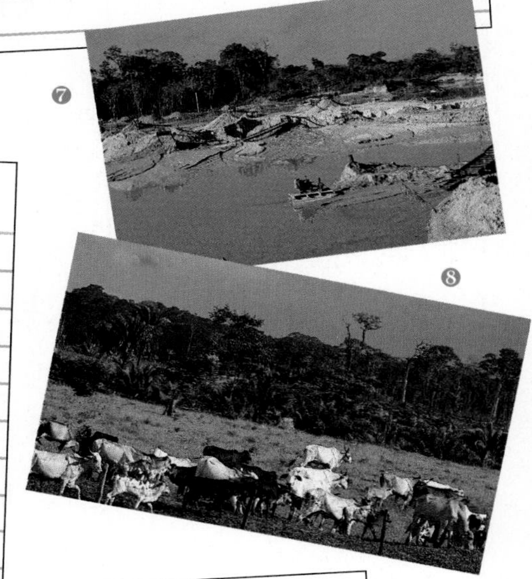

5

Los científicos se preocupan por el efecto de la explotación de la selva tropical en el medio ambiente. Por ejemplo, la minería del oro y otros metales contamina el agua.[7] Además, muchos agricultores cortan y queman los árboles para criar ganado y cultivar la tierra.[8] Estas prácticas sostienen la economía de la región, pero destruyen el equilibrio natural y amenazan algunas poblaciones indígenas.

6

Muchas especies de plantas y animales que vimos en nuestro viaje sólo viven en las selvas del Amazonas y hoy se encuentran en peligro de extinción por la destrucción de la selva. Sería terrible verlos desaparecer—¡aun las anacondas[9] y las pirañas![10]

4

1 ¿Hay una población o diversas poblaciones a lo largo del río?
2 ¿Qué grupos étnicos vieron Chela y su familia?
3 ¿Qué atrae a todas estas personas variadas?
4 . . .

5

1 ¿Por qué se preocupan los científicos?
2 ¿Qué problemas causa la minería del oro y otros metales?
3 ¿Qué problemas causan los agricultores?
4 . . .

6

1 ¿Son comunes todas las plantas y todos los animales de la selva?
2 ¿Cómo se encuentran estas plantas y estos animales ahora?
3 ¿Quiere Chela verlos desaparecer?
4 . . .

Point out Even though Chela went to the Amazon in Brazil, it should be noted that part of Venezuela is in the Amazon Basin, and many of the ecological concerns that she mentions in her report are true to Venezuela's Amazon region as well.

CHARLEMOS UN POCO

A. PARA EMPEZAR . . .
Have students work in pairs. Allow 2–3 min. Call on individuals to give correct order and have class confirm each item.

1 Los animales de la selva proclamaron al león "rey de todos los animales". (5)
2 El león se volvió orgulloso y tiránico. (2)
3 Los animales pasaron a sentir miedo y terror de su monarca. (8)
4 Las pulgas decidieron demostrar que ellas eran más poderosas e invencibles que el león. (4)
5 Las pulgas picaron tanto al león que se enfermó y se murió. (7)
6 Las pulgas tuvieron una gran fiesta para celebrar su victoria. (1)
7 Pero las pulgas perdieron el espléndido banquete de todos los días y empezaron a morir. (6)
8 Pronto, las pulgas se dieron cuenta de que al matar al león, perdieron su fuente de alimentación. (3)

B. ¿QUÉ DECIMOS . . .?
Allow 2–3 min to complete individually. Then call on students to give correct answers. Have class confirm each answer.

1 a
2 c
3 c
4 b
5 b
6 a

CHARLEMOS UN POCO

A. PARA EMPEZAR . . . Pon las siguientes oraciones en orden cronológico según la leyenda "El león y las pulgas".

1. Las pulgas tuvieron una gran fiesta para celebrar su victoria.
2. El león se volvió orgulloso y tiránico.
3. Pronto, las pulgas se dieron cuenta de que al matar al león, perdieron su fuente de alimentación.
4. Las pulgas decidieron demostrar que ellas eran más poderosas e invencibles que el león.
5. Los animales de la selva proclamaron al león "rey de todos los animales".
6. Pero las pulgas perdieron el espléndido banquete de todos los días y empezaron a morir.
7. Las pulgas picaron tanto al león que se enfermó y se murió.
8. Los animales pasaron a sentir miedo y terror de su monarca.

B. ¿QUÉ DECIMOS . . .? Completa estas frases según el informe de Chela.

1. El río más largo de Sudamérica es . . .
   a. el río Amazonas.
   b. el río Orinoco.
   c. el río Nilo.
2. El río más largo del mundo es . . .
   a. el río Amazonas.
   b. el río Orinoco.
   c. el río Nilo.
3. Un puerto importante en el Amazonas es . . .
   a. Maracaibo.
   b. Guayaquil.
   c. Manaus.
4. Tres productos de la selva son . . .
   a. el plástico, el cristal y la madera.
   b. el caucho, la madera y las nueces.
   c. las nueces, la madera y el cristal.
5. El desarrollo de la selva pone en peligro . . .
   a. las ciudades grandes.
   b. a la población indígena.
   c. la industrialización.
6. Unos animales salvajes del río Amazonas son . . .
   a. las pirañas y las anacondas.
   b. los leones y los elefantes.
   c. los tigres y las gorilas.

Purpose These activities provide guided practice to students as they make comparisons and discuss physical geography and diversity. Repetition built into the activities is intentional. It is not necessary to do all the activities in this section once students have demonstrated mastery of these lesson functions.

C. ¡Qué diferentes! ¿Cómo se comparan estos animales de la selva?

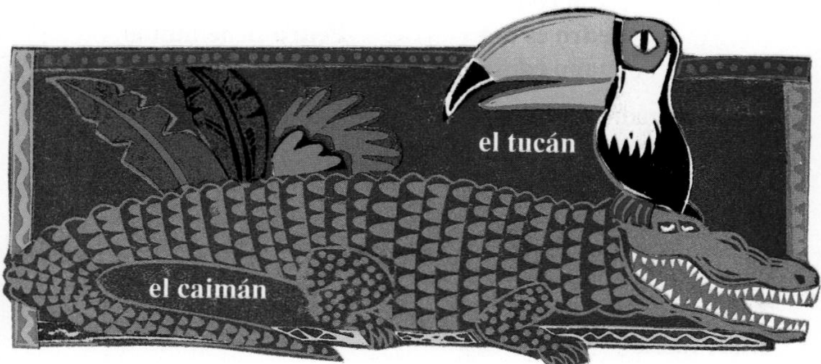

MODELO ser / largo
El caimán es más largo que el tucán.

1. ser / grande
2. tener / colores
3. ser / fuerte
4. tener / dientes
5. ser / pequeño
6. ser / lindo
7. tener ojos / grandes
8. ser / feroz

CH. Amigas. Éstas son Manuela y Carmen. Compara sus edades y di cuál de ellas es mejor o peor en estas actividades.

Carmen, 15 años **Manuela, 16 años**

EJEMPLO **Manuela juega fútbol mejor que Carmen.**

REPASO

Unequal comparisons: *más que/menos que*

Tú eres **más** alto **que** yo.
Epi tiene **menos** dinero **que** yo.

See **¿Por qué se dice así?,** *page G32, section 2.5.*

Unequal comparisons: *mayor/menor, mejor/peor*

Tú eres **mayor que** yo.
Sí, pero soy **menor que** Francisco.

Eva habla español **mejor que** yo.
Sí, pero habla inglés **peor que** tú.

See **¿Por qué se dice así?,** *page G32, section 2.5.*

C. ¡Qué diferentes! Call on individuals and have class confirm each response.

1 El caimán es más grande que el tucán.
2 El tucán tiene más colores que el caimán.
3 El caimán es más fuerte que el tucán.
4 El caimán tiene más dientes que el tucán.
5 El tucán es más pequeño que el caimán.
6 El tucán es más lindo que el caimán.
7 El tucán tiene ojos más grandes que el caimán.
8 El caimán es más feroz que el tucán.

CH. Amigas. Have students work in pairs. Tell them they should be able to come up with at least 10 different comparisons. Allow 2–3 min. Then call on one pair to give you three comparisons, then another pair for three more, etc.

D. Parecen gemelos. Call on individual students. Have class confirm each response. Personalize by asking **¿Quién es tan alto(a)/ rubio(a)/fuerte/etc. como tú? ¿Quién tiene tantos lápices/libros/ años/etc. como tú?**

1 Pedro es tan delgado como Paco.
2 Pedro tiene tantos zapatos como Paco.
3 Pedro es tan simpático como Paco.
4 Pedro tiene tantas camisetas como Paco.
5 Pedro es tan estudioso como Paco.
6 Pedro es tan alto como Paco.
7 Pedro tiene tantos discos como Paco.
8 Pedro es tan fuerte como Paco.

E. Materiales escolares. Call on individual students. Have class confirm each response. Personalize by asking about two stationery stores in your community.

1 Las reglas del almacén son más caras que las reglas de la papelería. *o* Las reglas de la papelería son más baratas que las reglas del almacén.
2 Los cuadernos del almacén son tan caros/baratos como los cuadernos de la papelería.
3 Las carpetas del almacén son más baratas que las carpetas de la papelería. *o* Las carpetas de la papelería son más caras que las carpetas del almacén.
4 Los bolígrafos del almacén son más baratos que los bolígrafos de la papelería. *o* Los bolígrafos de la papelería son más caros que los bolígrafos del almacén.
5 El papel del almacén es más caro que el papel de la papelería. *o* El papel de la papelería es más barato que el papel del almacén.
6 Los borradores del almacén son tan caros/baratos como los borradores de la papelería.
7 La mochila del almacén es más cara que la mochila de la papelería. *o* La mochila de la papelería es más barata que la mochila del almacén.
8 El papel de computadora del almacén es más barato que el papel de computadora de la papelería. *o* El papel de computadora de la papelería es más caro que el papel de computadora del almacén.

Equal comparisons:
tan/como, tanto/como

1. **tan** + adj. + **como**

Ella es **tan** alta **como** tú.
Ellos son **tan** inteligentes **como** nosotros.

2. **tanto (-a, -os, -as)** + noun + **como**

No tengo **tanto** dinero **como** ustedes.
Leí **tantas** novelas **como** tú.

See **¿Por qué se dice así?**, *page G32, section 2.5.*

D. Parecen gemelos. Pedro y Paco no son parientes pero son increíblemente parecidos. Compáralos.

MODELO ser guapo
Pedro es tan guapo como Paco.

tener libros
Pedro tiene tantos libros como Paco.

1. ser delgado
2. tener zapatos
3. ser simpático
4. tener camisetas
5. ser estudioso
6. ser alto
7. tener discos
8. ser fuerte

E. Materiales escolares. Meche necesita comprar materiales escolares para sus clases. ¿Cómo se comparan los precios en este almacén y esta papelería?

MODELO lápices
Los lápices del almacén son más baratos que los lápices de la papelería.
o
Los lápices de la papelería son más caros que los lápices del almacén.

	Almacén Bolívar	Papelería Torres
lápices	5 Bs	10 Bs
reglas	25 Bs	20 Bs
cuadernos	60 Bs	60 Bs
carpetas	20 Bs	25 Bs
bolígrafos	35 Bs	40 Bs
papel	160 Bs	150 Bs
borradores	30 Bs	30 Bs
mochila	725 Bs	715 Bs
papel de computadora	480 Bs	485 Bs

1. reglas
2. cuadernos
3. carpetas
4. bolígrafos
5. papel
6. borradores
7. mochila
8. papel de computadora

F. ¡Qué impresionante! Gabi acaba de regresar de un viaje al pantano del Amazonas. ¿Cómo describe su experiencia?

EJEMPLO **Los productos de la selva tropical son importantísimos.**

el río Amazonas	lindo
las plantas	rico
los animales	alto
la selva	largo
los problemas	importante
las frutas	interesante
la gente	feroz
los árboles	malo
los productos	simpático
	largo

G. Es el más . . . ¿Conoces estos animales salvajes? Asocia los dibujos con la palabra que mejor describe cada animal.

MODELO rápido
El leopardo es el animal más rápido de la selva.

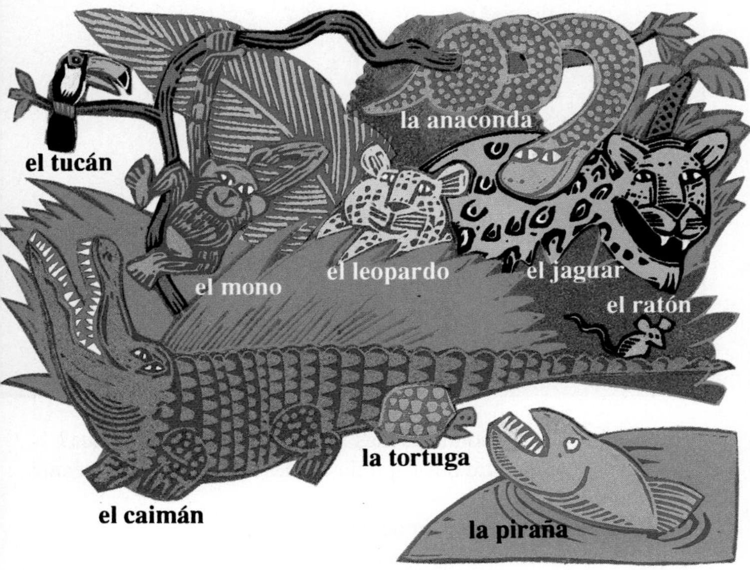

1. bonito
2. pequeño
3. largo
4. grande
5. feo
6. lento
7. peligroso
8. fuerte

REPASO

Superlatives: *-ísimo*

Spanish uses the **-ísimo(-a, -os, -as)** endings on adjectives to express a *very high* degree of quality. The English equivalent is *really, extremely,* or *very, very.*

Brasil es **grandísimo.**
Las plantas en la selva tropical son **hermosísimas.**

See **¿Por qué se dice así?,** *page G34, section 2.6.*

Superlatives

To express the *highest* degree of quality, Spanish uses the definite article (**el, la, los, las**) before the comparative construction.

Brasil es **el** país **más grande** de Sudamérica.
Es **el más** variado también.

See **¿Por qué se dice así?,** *page G34, section 2.6.*

F. ¡Qué impresionante! Call on individual students. Ask class to repeat each answer to practice pronunciation with **-ísimo** superlatives.

G. Es el más . . . Have students work in pairs. Allow 2–3 min for pair work. Then call on individuals and have class indicate if they agree or not. Answers may vary.

1. El tucán es el animal más bonito de la selva.
2. El ratón es el animal más pequeño de la selva.
3. La anaconda es el animal más largo de la selva.
4. El caimán es el animal más grande de la selva.
5. El mono el el animal más feo de la selva.
6. La tortuga es el animal más lento de la selva.
7. La piraña es el animal más peligroso de la selva.
8. El jaguar es el animal más fuerte de la selva.

H. Sudamérica. Allow 2–3 min for pair work. Then call on individuals to ask a question and have other students give the answer.

1 los Andes
2 el río de la Plata
3 Brasil
4 Colombia, Ecuador, Perú, Chile
5 el río Orinoco
6 Chile
7 Titicaca
8 Bolivia, Paraguay
9 Ecuador, Colombia, Brasil
10 Aconcagua

Variation Divide class into groups of 6 or 8. Divide each group in two teams. Have team members alternate asking and answering questions using this map. Allow one point for each valid question and each correct answer.

H. Sudamérica. Mañana tu compañero(a) va a tener un examen sobre Sudamérica en la clase de geografía. Ayúdalo(la) a prepararse para el examen.

MODELO ¿Cuál es el país con costas en dos océanos?
Colombia

1. ¿Cuáles son las montañas más importantes de Sudamérica?
2. ¿Qué río pasa entre dos capitales al desembocar en el Océano Atlántico?
3. ¿Cuál es el país más grande de Sudamérica?
4. ¿Qué países tienen una costa en el Océano Pacífico?
5. ¿Cómo se llama el río que pasa por toda Venezuela?
6. ¿Cuál es el país más largo de Sudamérica?
7. ¿Cómo se llama el lago que está entre dos países?
8. ¿Qué países no tienen costa?
9. ¿Qué países están en el ecuador?
10. ¿Cuál es el pico más alto de los Andes?

CHARLEMOS UN POCO MÁS

A. El Orinoco. Tú y tu compañero(a) están mirando las fotos en el álbum de Jacinto. Él y su familia hicieron un viaje por el río Orinoco durante el verano. Escriban subtítulos para cada foto explicando lo que Jacinto y su familia vieron en su viaje. Compartan sus subtítulos con otros compañeros de clase.

CHARLEMOS UN POCO MÁS

A. El Orinoco. Allow 2–3 min to write in pairs. Then in groups of six, have students read each other's captions. Tell students to select the most interesting captions in their group to be read to the whole class.

Purpose These activities are designed to allow students to create with language recently learned. Although they may sometimes appear repetitious of the guided practice in the previous section, these activities enable students to use structures and vocabulary necessary to describe a trip and make comparisons of geographical locations in a variety of combinations.

B. Nuestro continente. Have students work in pairs. Allow 2–3 min. Then call on individuals to make comparative statements and have class confirm them.

C. Un informe. Assign as homework. Allow one week to prepare. Tell students to try to limit themselves to language they already know and to avoid unfamiliar structures and vocabulary. If necessary, have them consult with you for essential vocabulary. Once the assignment has been completed, have students work in groups of six and read their reports to each other before turning them in to be graded. Grade holistically, focusing on communication rather than on number of errors made. Select two or three to be read to the class. You may want to offer extra credit for these reports.

CH. Países. Make 4 copies of the South American and Central American countries that can be found in the Copymasters. Cut out 3 copies of the shapes of each country and keep the other copy for students to paste on their assigned country. Mix all the shapes in a paper bag and give one to each student.

Variation Once students have identified their assigned countries, have them stand in front of the classroom in the shape of the continent by making sure they are next to the appropriate neighboring countries. Once all in place, have each one call off their country and capital.

DRAMATIZACIONES

A. Un viaje a Brasil. Remind students that a good reporter always asks **qué, quién, cuándo, dónde, cómo, por qué,** etc.

B. Otro viaje. If students have difficulty remembering Mexico City and Guadalajara, help them recall what they learned in **¡DIME! UNO.** Instruct students to first brainstorm a list of things to compare (size, appearance, activities, places to visit, etc.) before doing their role play.

B. Nuestro continente. Con un(a) compañero(a) de clase, compara Sudamérica con el mapa de Norteamérica que tu profesor(a) les va a dar. Menciona el tamaño, número de países, cordilleras y ríos principales, picos más altos, temperatura, etc.

C. Un informe. Con un amigo o una amiga, prepara un informe sobre un país de habla española. Comparen el país con Estados Unidos: tamaño, población, características físicas, ciudades principales, etc. Será necesario buscar información en la enciclopedia o en otras fuentes. Presenten su informe a la clase.

CH. Países. Tu profesor(a) te va a dar el mapa de un país de Sudamérica o Centroamérica. Tú tienes que identificar el país, escribir el nombre del país y su capital en el lugar apropiado y luego localizar el país en el mapa del (de la) profesor(a).

Dramatizaciones

A. Un viaje a Brasil. Tú eres reportero(a) del periódico de tu escuela. Ahora tienes que entrevistar a Chela Fuentes o a su hermano. Tu compañero(a) hará el papel de Chela o su hermano. La entrevista es para conseguir toda la información posible sobre su viaje de este verano a Brasil. Dramatiza esta situación con tu compañero(a). Usa tu imaginación para recrear el viaje de Chela.

B. Otro viaje. Ahora, como reportero(a) del periódico de tu escuela, tienes que entrevistar al (a la) profesor(a) de geografía sobre su viaje a México este verano. Pasó una semana en la capital y otra en Guadalajara. Pídele que compare las dos ciudades o una de las dos con una ciudad en EE.UU. Tu compañero(a) hará el papel del (de la) profesor(a). Dramaticen esta situación.

Purpose In ***Dramatizaciones,*** students recycle, in student-centered role plays, all previously learned structures and vocabulary needed to ask about and describe a trip taken, and to compare two cities visited. Encourage students to work without their books when performing their role plays.

Estrategias para leer:
Ojear y anticipar

A. **Ojear.** Ojear es mirar rápidamente una lectura para encontrar información específica. Cuando ojeamos, siempre es necesario saber exactamente qué información necesitamos. Ojea ahora los primeros dos párrafos de esta lectura para encontrar la siguiente información.

1. Prepara una lista de todas las acciones o actividades mencionadas en los primeros dos párrafos.
2. Mira el cuarto y el quinto párrafo ahora. ¿Hay algunas palabras que se repiten más de dos o tres veces? ¿Cuáles son?
3. Las palabras en esta lista son palabras afines con el inglés. ¿Cuál es su significado? Todas estas palabras caen en dos categorías principales, *Plantas y sus productos* y *Medicinas y enfermedades.* Ponlas en la categoría apropiada.

anticoagulante	filodendro
aspirina	medicina
cafeína	músculos
cáncer	planta
cirugía	SIDA
coco	sufrir
cola	tropical
fibra	vainilla

B. **Ojear y comparar.** Ahora lee las siguientes preguntas. Luego ojea los últimos dos párrafos de la lectura y compáralos con los primeros dos.

1. ¿Qué tipo de verbos se usan en los primeros dos párrafos que no se usan en los últimos dos?
2. ¿Para qué se usan estos verbos usualmente?

C. **Anticipar el tema.** Considera toda la información que ya tienes: la repetición de ciertas palabras en la lectura, las categorías de vocabulario en la lectura y el tipo de verbos o actividades que hay en los primeros párrafos.

1. ¿Qué relación hay entre todas estas cosas y el título de la lectura?
2. En tu opinión, ¿qué crees que vas a aprender en esta lectura? Sé específico(a).

Purpose This is the principal reading of the unit. Its purpose is to allow students to practice scanning a passage to locate specific information before reading for detailed answers to questions. Students are not expected to understand every word. Rather they should focus on looking for the specific pieces of information requested. This strategy should be applied when reading to locate specific information.

LEAMOS AHORA

Answers

A. Ojear. Have students answer these questions in pairs first. Then go over answers with class. Remind students that they should not have to read the selection in detail to answer these questions.

1 levantarse, bañarse, pintarse, vestirse, tomar el desayuno, coger el autobús, ir a almorzar, pedir el almuerzo, regresar al colegio, caminar a casa, comprar un dulce y chicle, hacer la tarea, cenar, ver la televisión, dar un poco de agua a la planta, tomar una aspirina, acostarse, dormirse

2 te, con, selva tropical, árbol

3 **Plantas y sus productos**
cafeína *caffeine*
coco *coconut*
cola *cola*
fibra *fiber*
filodendro *philodendron*
planta *plant*
tropical *tropical*
vainilla *vanilla*
Medicinas y enfermedades
anticoagulante *anticoagulant*
aspirina *aspirin*
cáncer *cancer*
cirugía *surgery*
medicina *medicine*
músculos *muscles*
SIDA *AIDS*
sufrir *suffer*

B. Ojear y comparar. Ask individual students to respond. Have class confirm answers.

1 Se usan muchos verbos reflexivos.

2 Se usan para hablar de la rutina diaria.

C. Anticipar el tema. You may want to have students answer these questions in pairs first. If students are unsure, have them make intelligent guesses. Tell students to return to their predictions after they have read the selection.

1 Las respuestas van a variar. Es posible que digan que la selva tropical produce plantas que se usan para hacer medicinas que "yo" uso.

2 Las respuestas van a variar.

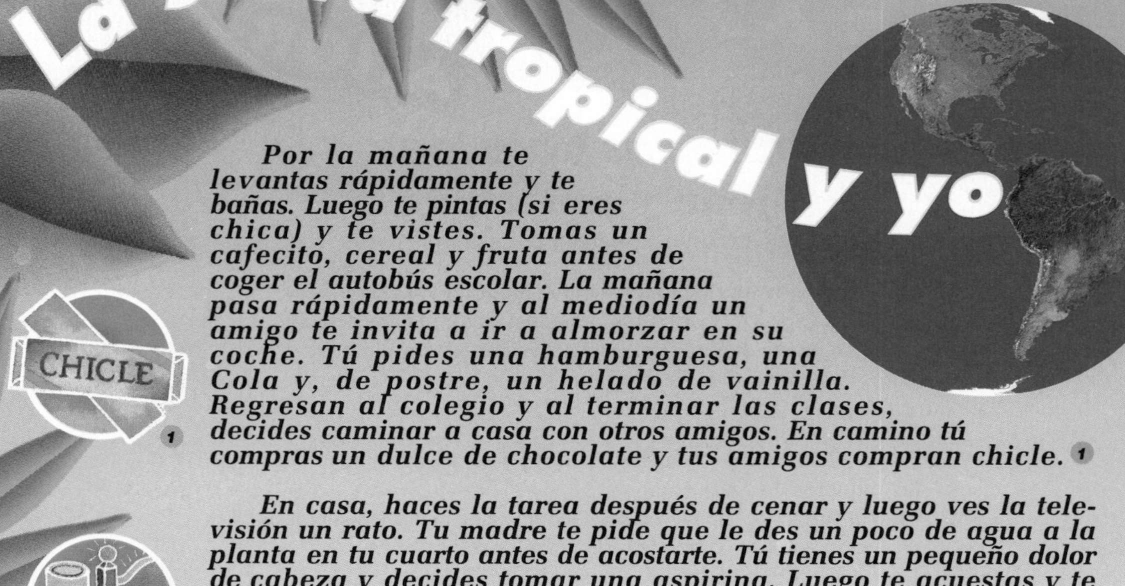

La selva tropical y yo

Por la mañana te levantas rápidamente y te bañas. Luego te pintas (si eres chica) y te vistes. Tomas un cafecito, cereal y fruta antes de coger el autobús escolar. La mañana pasa rápidamente y al mediodía un amigo te invita a ir a almorzar en su coche. Tú pides una hamburguesa, una Cola y, de postre, un helado de vainilla. Regresan al colegio y al terminar las clases, decides caminar a casa con otros amigos. En camino tú compras un dulce de chocolate y tus amigos compran chicle. 1

En casa, haces la tarea después de cenar y luego ves la televisión un rato. Tu madre te pide que le des un poco de agua a la planta en tu cuarto antes de acostarte. Tú tienes un pequeño dolor de cabeza y decides tomar una aspirina. Luego te acuestas y te duermes en seguida.

¿Es una descripción representativa de tu vida diaria? Es probable que tú no tomes café por la mañana, o a lo mejor tú no vas al colegio en el autobús escolar sino en tu propio coche. Fuera de eso, es probable que no haya grandes diferencias.

Bueno, pero ¿qué tiene que ver todo esto con la selva tropical?, te preguntas. Es una pregunta válida . . . y la respuesta es bien sencilla. Tiene todo que ver con la selva tropical. ¿Cómo? ¿Dices que no entiendes? Pues veamos. Examinemos tu rutina diaria.

Probablemente duermes en una cama pintada de laca o barniz, 2 **pinturas hechas de la resina de varios árboles de la selva tropical. Es probable también, que duermas en una almohada** 3 **rellena de fibra de los *árboles kapok* que crecen sólo en la selva tropical. En el**

Verifiquemos

A. Decide qué palabra o frase mejor completa estas oraciones.

1. *Barniz* y *laca* son (camas / pinturas / árboles tropicales).
2. Muchas *almohadas* están rellenas de (jabón / palo de rosa / productos de árboles tropicales).
3. El *palo de rosa* se usa para producir (aroma / color / fibra).
4. El *annatto* es un árbol que se usa para producir (aroma / color / fibra).
5. El *caucho* es esencial para el buen funcionamiento de (bicicletas / restaurantes / televisores).

Verifiquemos

Answers

A.
1 pinturas
2 productos de árboles tropicales
3 aroma
4 color
5 bicicletas

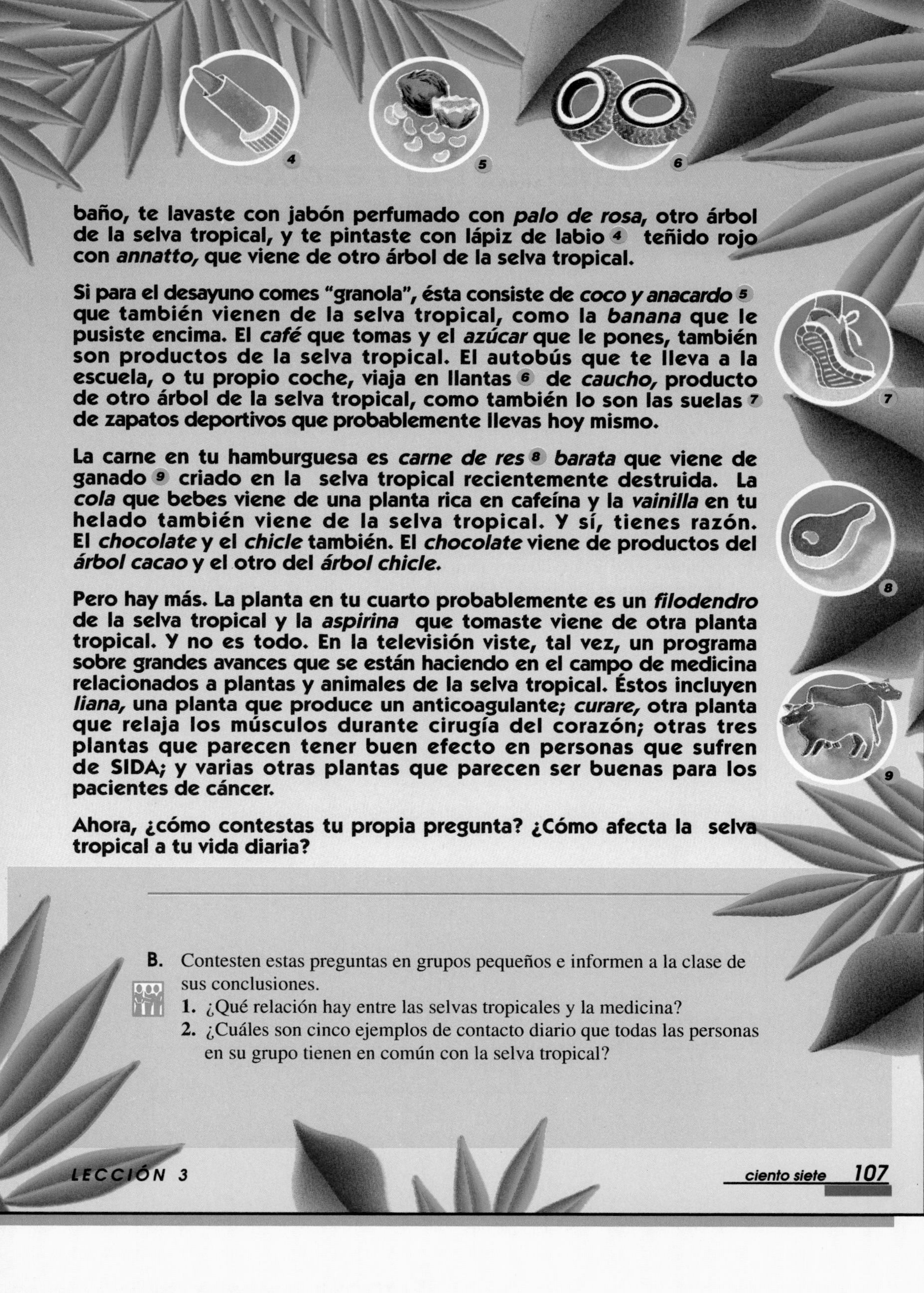

baño, te lavaste con jabón perfumado con *palo de rosa,* otro árbol de la selva tropical, y te pintaste con lápiz de labio 4 teñido rojo con *annatto,* que viene de otro árbol de la selva tropical.

Si para el desayuno comes "granola", ésta consiste de *coco y anacardo* 5 que también vienen de la selva tropical, como la *banana* que le pusiste encima. El *café* que tomas y el *azúcar* que le pones, también son productos de la selva tropical. El autobús que te lleva a la escuela, o tu propio coche, viaja en llantas 6 de *caucho,* producto de otro árbol de la selva tropical, como también lo son las suelas 7 de zapatos deportivos que probablemente llevas hoy mismo.

La carne en tu hamburguesa es *carne de res* 8 *barata* que viene de ganado 9 criado en la selva tropical recientemente destruida. La *cola* que bebes viene de una planta rica en cafeína y la *vainilla* en tu helado también viene de la selva tropical. Y sí, tienes razón. El *chocolate* y el *chicle* también. El *chocolate* viene de productos del *árbol cacao* y el otro del *árbol chicle.*

Pero hay más. La planta en tu cuarto probablemente es un *filodendro* de la selva tropical y la *aspirina* que tomaste viene de otra planta tropical. Y no es todo. En la televisión viste, tal vez, un programa sobre grandes avances que se están haciendo en el campo de medicina relacionados a plantas y animales de la selva tropical. Éstos incluyen *liana,* una planta que produce un anticoagulante; *curare,* otra planta que relaja los músculos durante cirugía del corazón; otras tres plantas que parecen tener buen efecto en personas que sufren de SIDA; y varias otras plantas que parecen ser buenas para los pacientes de cáncer.

Ahora, ¿cómo contestas tu propia pregunta? ¿Cómo afecta la selva tropical a tu vida diaria?

B. Contesten estas preguntas en grupos pequeños e informen a la clase de sus conclusiones.

1. ¿Qué relación hay entre las selvas tropicales y la medicina?
2. ¿Cuáles son cinco ejemplos de contacto diario que todas las personas en su grupo tienen en común con la selva tropical?

B.
1 Muchas medicinas se hacen de productos de plantas que sólo crecen en las selvas tropicales.
2 Las respuestas van a variar.

ESCRIBAMOS AHORA

A. Empezar. Do a brainstorming activity with the class. Have them call out all the contacts with other cultures that were mentioned in the lesson as you write them on the board. Then have them add their own experiences to the list.

B. Torbellino de ideas. In groups of 4, have students read their lists to each other. Tell them to add to their own list any activities that others mention that aren't already there.

C. Organizar. Allow 4–5 min for students to prepare questionnaires in the same groups of four as in the previous activity. There should be a question for every item on their list. Then with two groups working together, allow 2–3 min for members of groups to interview each other. Design a class profile based on information gathered.

ESCRIBAMOS AHORA

Estrategias para escribir:
Obtener información y preparar un informe

A. Empezar. En esta unidad, Chela y sus compañeros de clases tuvieron que pensar en todos los contactos que tuvieron con otras culturas durante el verano. ¿Cuáles son algunos contactos que mencionaron? ¿Cuáles son algunos contactos que tú tuviste con otras culturas durante el verano?

B. Torbellino de ideas. En grupos de cuatro, preparen una lista de todos los contactos que ustedes tuvieron con otras culturas durante el verano.

C. Organizar. Ahora usa la información de tu lista de ideas para preparar un cuestionario similar al que sigue pero con un mínimo de diez preguntas. Usa tu cuestionario para entrevistar a tus compañeros de clase y obtener información acerca de los contactos que ellos tuvieron con otras culturas durante el verano.

Actividad	¿Quién?	¿Dónde?	¿Cuánto tiempo?	¿Qué cultura?
¿Visitaste un país extranjero?				
¿Viste una película francesa / alemana / japonesa?				
¿ . . . ?				

Purpose In this section, students are asked to apply speaking and writing skills developed in the unit to produce a report on contacts the class has had with other cultures. They will use the strategies they began to develop in Unit 1: prewriting, brainstorming, and clustering; writing a first draft; peer feedback; revision.

CH. Primer borrador. Ahora, usa la información que obtuviste en tu encuesta y prepara un informe escrito. Incluye conclusiones en categorías apropiadas, según la información que tengas: un contraste entre hombres y mujeres, el porcentaje de individuos que participaron en la encuesta, los contactos más y menos comunes, interesantes, etc.

D. Compartir. Comparte el primer borrador de tu informe con dos compañeros de clase. Pídeles sugerencias. Pregúntales si hay algo más que desean saber sobre tu encuesta, si hay algo que no entienden, si hay algo que puede o debe eliminarse. Dales la misma información sobre sus informes cuando ellos(as) te pidan sugerencias.

E. Revisar. Haz cambios en tu informe a base de las sugerencias de tus compañeros. Luego, antes de entregar el informe, compártelo una vez más con dos compañeros de clase. Esta vez pídeles que revisen la estructura y la puntuación. En particular, pídeles que revisen el uso de verbos en el presente.

F. Versión final. Escribe la versión final de tu informe incorporando las correcciones que tus compañeros(as) de clase te indicaron. Entrega una copia en limpio a tu profesor(a).

G. Publicar. Cuando tu profesor(a) te devuelva el informe, léeselo a tus compañeros en grupos de cuatro. Luego cada grupo debe preparar una lista de la información más interesante y válida que escuchó.

CH. Primer borrador. On a transparency, write a sample report based on impressions you have and read/show it to the class as a model. Allow students 20–25 min to write their reports.

D. Compartir. Have students gather in "response groups" of two or three. Allow them time to share reports. Encourage them to comment on content, structure, and vocabulary. Remind group members to begin commentary with at least one positive comment.

E. Revisar. Tell students that you will grade the report holistically, focusing on communication. Mention that you will take off for errors with verbs in the preterite, however, since it is the focus structure of the unit. Encourage students to edit carefully for any errors with this structure.

F. Versión final. Grade the composition holistically, noting errors with verbs in the preterite. Underline other grammatical errors if you wish, but the grade should be affected only by errors that would confuse a native speaker accustomed to the writing of a nonnative and errors with verbs in the preterite.

G. Publicar. Tape several sheets of butcher paper to the board and provide marker pens. Have a member of each group write their list of most interesting facts on the butcher paper. Leave sheets up for the week so that students may read what other groups wrote.

UNIT OBJECTIVES

Communicative Goals

After completing this unit, students will be able to use Spanish . . .

- to describe past activities
- to predict and describe the weather
- to point out specific people and things
- to advise
- to give orders
- to talk about the past
- to describe daily routines

Culture

In this unit, students will . . .

- listen to short stories from South America, Mexico, and Peru
- read about Chile, a land of many contrasts
- learn about one of Chile's most renowned poets, Gabriela Mistral
- study the mysteries of Chile's Easter Island

Reading and Writing Strategies

- Reading: **Predecir el contenido**
- Writing: **Selección de información para incluir en un artículo informativo**

Structure

- Preterite tense: Irregular verbs
- ***Repaso:*** Demonstratives
- Affirmative and negative **tú** commands: Regular and irregular
- **Usted / ustedes** commands
- Imperfect tense
- ***Repaso:*** Reflexive verbs

UNIDAD 3

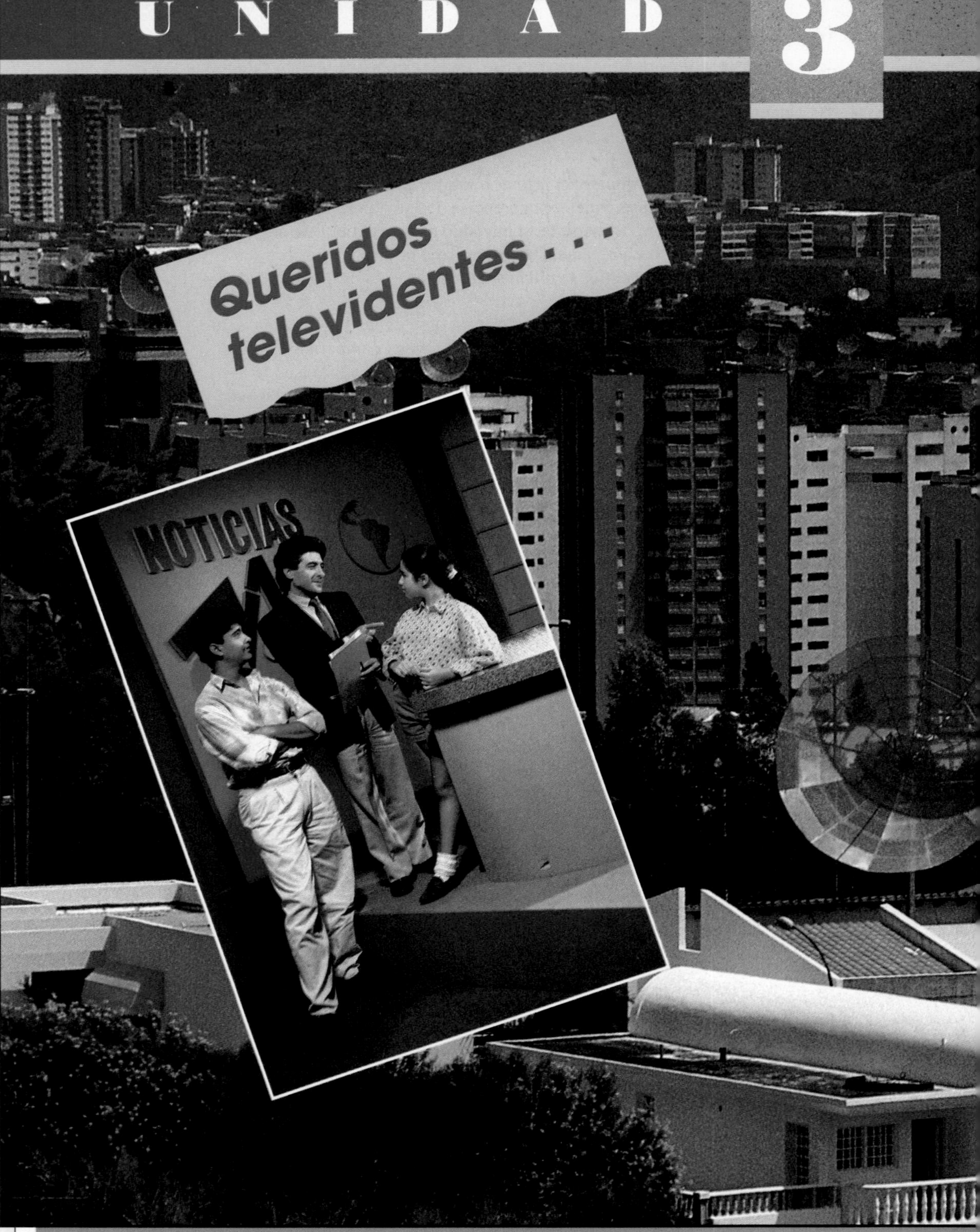

Focus on CHILE

In **Excursiones**, students will travel through **Chile: Tierra de contrastes** and learn how this country, with a span greater than the distance from Chicago to San Francisco, has the world's most arid desert, some of the most fertile and productive land in the world, some of the world's best skiing resorts, and some of the world's most beautiful lakes and volcanoes. In **Tesoros nacionales,** students will read **Maestra y amante de la humanidad**, the story of one of Chile's most outstanding educators who became the first Hispanic woman to receive the Nobel Prize for Literature—Gabriela Mistral. In the final unit reading, students will probe into **La Isla de Pascua y sus misterios**.

Video Montage

To play the montage, use counter or bar code:

19:24 - 19:57

Side 2, 758 to 1735

To play the entire unit without stopping:

19:24 - 28:24

Side 2, 1 to 16927

View of Caracas; Teatro Ayacucho; fountain near Capital; view toward San Francisco Church and National Library; public telephones; buildings in Parque Central; street signs; statue in Parque Central; Altamira Hotel and reflecting pool; traffic on Avenida Bolívar near Parque Central; museums: Museo de Ciencias Naturales, Museo de Bellas Artes, and Galería de Arte Nacional; Teresa Carreño Cultural Complex; shots of El Hatillo, a village near Caracas: Plaza Bolívar, a typical street, houses on hillside, local art gallery; handicrafts: masks, wooden parrots, clay bells, baskets, wind chimes, piranhas, woven goods, Quibor ceramics; apartment buildings in Caracas with satellite dishes.

Photo

Because Caracas sits in a valley sandwiched between mountains, it is common to see huge satellite dishes dotting the rooftops. Reflecting the modernity of the city, the dishes also suggest a community interested in television and other media. Caracas has a substantial film and TV industry, and it is here that many soap operas are produced. The three TV channel icons above offer a glimpse into some of the television options available to Caracans today. (Students may find it interesting that **Venezolana de televisión** is a government-owned, government-run channel.) The video action in this unit centers around a TV station and the inset on page 110 presents some of the characters at the station.

OBJECTIVES

Communicative Goals

- Describing past events and activities
- Predicting and describing the weather
- Pointing out specific people and things

Culture and Reading

- **Para empezar**
  Tío Tigre y Tío Conejo
- **Excursiones**
  Chile: Tierra de contrastes

Structure

- 3.1 Preterite tense: Irregular verbs
- 3.2 ***Repaso:*** Demonstratives

ACTIVE VOCABULARY

El tiempo	El incidente
centígrado	autoridad
grado	basura
lluvia	basurero
llovizna	bolsa
lloviznar	común y corriente
máximo(a)	empleado(a)
mínimo(a	honesto(a)
nublado(a)	honor
occidental	incidente
occidente	insólito(a)
oriental	plata
oriente	reclama
	vaciar el basurero

Palabras y expresiones

a eso de
aislado(a)
contrario
  al contrario
  por el contrario
escrito(a)
faltar tiempo
por escrito
policíaco(a)
posibilidad

LECCIÓN 1

Hoy va a llover y . . .

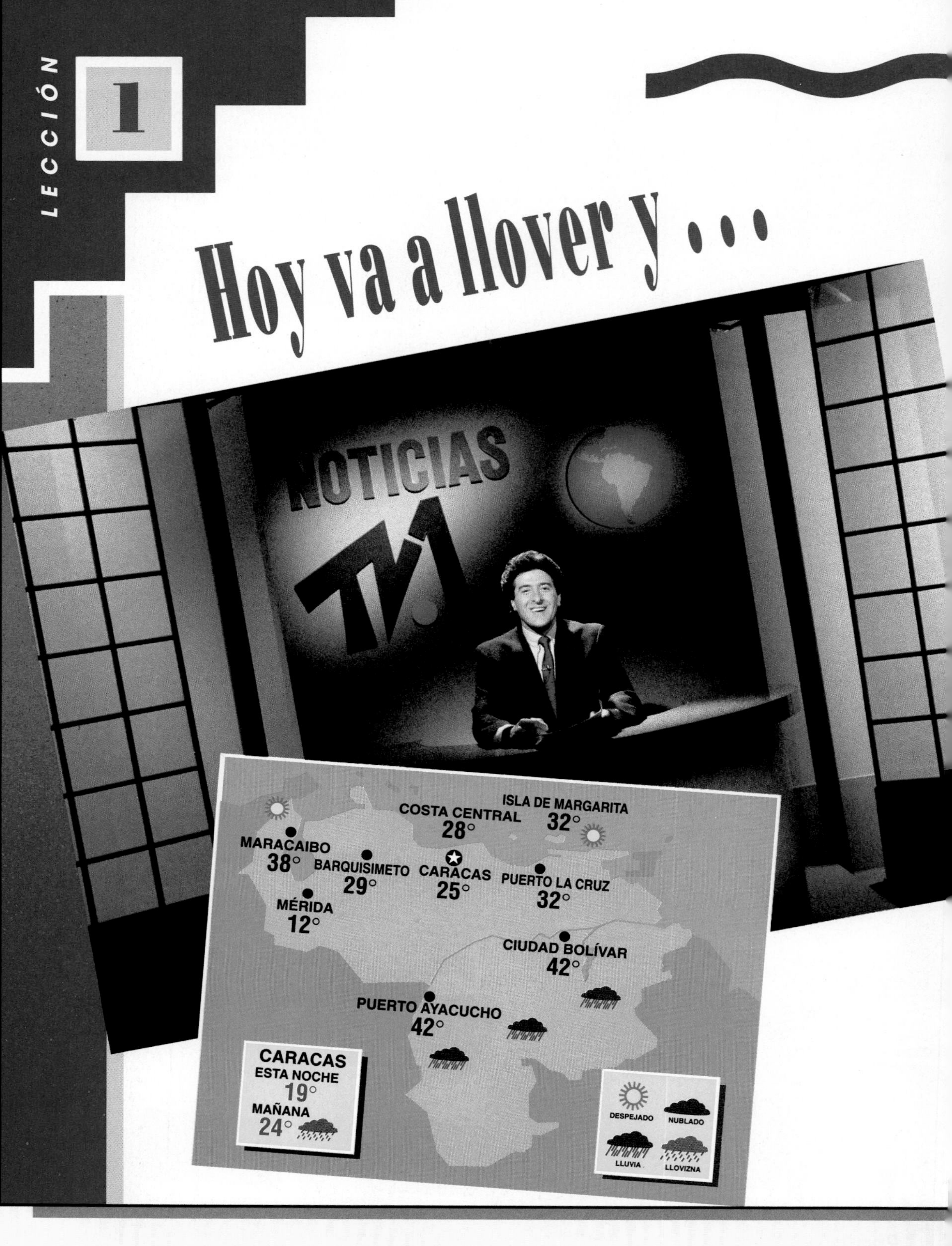

ANTICIPEMOS

¿Qué piensas tú?

1. ¿En qué parte(s) del mundo crees que se sacaron estas fotos? ¿Por qué crees eso?
2. Si te decimos que todas las fotos se sacaron el 15 de julio, ¿van a cambiar tus respuestas a la primera pregunta? ¿Cómo? ¿Por qué?
3. ¿Crees que todos los lugares representados en las fotos están poblados? ¿Por qué? En tu opinión, ¿cómo es el estilo de vida en todos estos lugares? ¿Por qué crees eso?
4. ¿Qué efecto tiene el tiempo en el estilo de vida de una gente? ¿Qué influencia tiene el tiempo en la cultura de una gente? ¿Por qué crees eso?
5. ¿Cómo puedes explicar la gran extensión de influencia hispana por todo el mundo? ¿Te sorprende esta extensión? ¿Por qué?
6. En esta lección, vamos a repasar mucho de lo que aprendiste en **¡DIME! UNO**. ¿Puedes decir cuáles son tres cosas que vamos a repasar?

Purpose To focus students on the language and functions to be reviewed and practiced in the lesson—discussing weather conditions and narrating incidents in the past. To lead students to consider the historical and geographic distribution of the Spanish-speaking world.

Suggestions Use the photos to introduce the lesson content. Encourage students to use Spanish whenever possible to respond to the ***¿Qué piensas tú?*** questions, but allow English where ideas may be more complex or vocabulary may be unknown. Summarize responses in Spanish, using comprehensible input techniques to clarify your language where necessary.

ANTICIPEMOS

¿Qué piensas tú?

Answers

1 Las respuestas van a variar. Anime a los estudiantes a explicar el por qué de sus respuestas. Es probable que algunos alumnos piensen que todas las fotos son de Venezuela debido al mapa en la página anterior. Otros tal vez piensen que las fotos son de otras partes del mundo. Las fotos son de los Galápagos, España, San Antonio, Texas, Chile y Argentina. Los estudiantes deben ofrecer buenas razones por las sugerencias que hacen: la foto del pingüino debería ser del extremo norte o del extremo sur, la de la costa podría ser cualquier costa, etc.

2 Las respuestas van a variar según las respuestas que dieron en la pregunta número **1**. Los estudiantes deben reconocer que las fotos representan varios hemisferios.

3 El del pingüino y el del vaquero sugieren que no son de un área muy poblado. Es probable que los estudiantes sugieran que las otras tres fotos son de lugares muy populares con turistas y, por lo tanto, muy poblados. El estilo de vida en estos lugares varía muchísimo.

4 No cabe duda que el tiempo afecta el tipo de industria, arquitectura y pasatiempos en una región. Esto en cambio, afecta el tipo de cultura que se establece en la región—la relación e interacción con el medio ambiente, el valor que se le da al trabajo y al tiempo libre, etc.

5 Los alumnos tendrán que pensar en la época española de descubrimiento y conquista durante los siglos XVI y XVII.

6 **Como sugiere el locutor y el mapa, en esta lección van a repasar y practicar la descripción del tiempo y la descripción de eventos y actividades del pasado. También explorarán una nueva área geográfica, Chile.**

PARA EMPEZAR

Comprehension Checks

Ask these questions to determine comprehension without translation. Look for yes/no or one- or two-word answers. If responses are weak or uncertain, provide additional clarification in Spanish.

A complete set of **Comprehension Checks** is available on cards in the Teacher's Resource Package.

Suggestions Point out **Tío Tigre** and **Tío Conejo**. Contrast the size and strength of the two animals. Equate **bobo** with **estúpido**. Name characters from popular TV shows or films who are **bobo/astuto**. Name known fictional/real characters who have beaten opponents.

1 ¿Hay muchos cuentos de Tío Tigre y Tío Conejo?
2 ¿Son populares en Estados Unidos? ¿en Sudamérica?
3 ¿Tienen estos cuentos su origen con la gente rica y elegante? ¿con los trabajadores?
4 . . .

2

Suggestions Review seasons. Give the date—November 21 = **primer día de invierno.** Review weather expressions. Name meals and things to eat. Use gestures and facial expressions to clarify **horroroso**. Write 1000 = **mil.** Point out cognate character of **demonios**. Point to cupboard: **el aparador.** Point out empty shelves, gesture for **no encontró nada**. Gesture to indicate **hambre**. Mime thinking hard. Explain in Spanish—**No quiere morirse de hambre, pero no quiere trabajar**.

1 ¿Ese día fue el primier día de verano o de invierno?
2 ¿Hizo frío o calor?
3 ¿Hizo buen tiempo o hizo viento?
4 . . .

PARA EMPEZAR

Escuchemos un cuento sudamericano

1

Los cuentos de Tío Tigre y Tío Conejo están entre los más populares de la tradición oral de las Américas. Se dice que tienen su origen con los trabajadores de las grandes haciendas y plantaciones. En estos cuentos, el pequeño y astuto Tío Conejo siempre vence al grande, fuerte y bobo Tío Tigre.

2

Ese día, el primer día de invierno, hizo mucho frío durante el día. También hizo viento y llovió continuamente. "¡Ay!" pensó Tío Conejo mientras pensaba en preparar la cena, "éste va a ser un invierno horroroso. Va a hacer un frío de mil demonios".

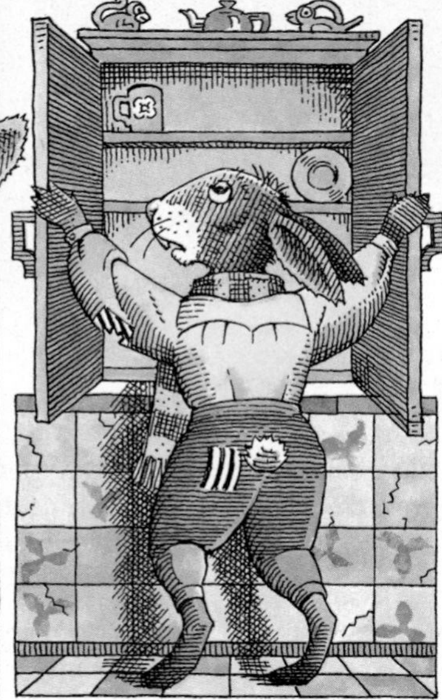

Buscó algo que comer en el aparador pero no encontró nada. "Y voy a sufrir mucha hambre también".

Pero como a Tío Conejo no le gustaba trabajar, "el trabajo es para los bobos" decía, tuvo que pensar cuidadosamente en cómo iba a sobrevivir el invierno.

Purpose This section develops strong listening comprehension and active listening skills through a Venezuelan tale. It also introduces students to the cultural insights and perceptions accessible through the literature of myth, legend, and folklore. This tale is one of many such ***Tío Conejo y Tío Tigre*** stories in which the smaller, weaker, but much more quick-witted hare outsmarts the bigger, stronger, but slow-thinking ***Tío Tigre***. Students will review language used to talk about the weather and for narrating a sequence of events. The ***Para empezar*** section provides comprehensible language without translation. It is not meant for memorization or mastery. It simply develops listening comprehension and introduces the lesson structures in context.

3
Tío Conejo salió a caminar y pensar en su dilema. En el camino descubrió un abrigo de lana muy elegante.
"Con este hermoso abrigo, voy a estar muy cómodo durante el invierno".
Y como no vio a nadie en el camino, se puso el abrigo y siguió caminando.
4
Un poco más tarde, Tío Conejo se encontró con Tío Tigre.
"¿Dónde conseguiste ese hermoso abrigo?" preguntó Tío Tigre.
"Lo hice yo mismo", respondió Tío Conejo. "¿No sabe usted que yo tejo abrigos de lana?"
"¿Ah, sí?" dijo Tío Tigre. "¿Podría tejerme uno a mí? Me gustaría mucho tener un abrigo como éste".
5
Tío Conejo se quedó pensando un rato, luego dijo que sí, pero con una condición...
"Usted tiene que traerme toda la lana que voy a necesitar y también algo de comer mientras trabaje en su abrigo", dijo al ingenuo tigre. "No voy a tener tiempo para ir de compras y tejer también".
ARROZ
FRIJOLES NEGROS
Tío Tigre quedó contentísimo. "Voy a tener el abrigo más hermoso de todos", se dijo.
ciento quince 115

3

Suggestions Demonstrate walking and thinking: **caminar y pensar.** Equate **dilema** with **problema**. Point out the coat: **abrigo.** Mime discovering the coat. Point to students' wool clothing or bring a wool scarf to class: **lana.** Mime looking around for someone who might see him, then putting on the coat and going on.

1 ¿Salió o se quedo en casa Tío Conejo?
2 ¿Qué descubrió en el camino? ¿Una camisa? *(Other articles of clothing, including a coat.)*
3 ¿De qué es el abrigo?
4 . . .

4

Suggestions Equate **un poco más tarde** with **dos o tres minutos más tarde**. Act out exchanges between **Tío Conejo** and **Tío Tigre**—meeting, greeting, questions, answers. Mime knitting: **tejo.** Point out thought bubble. Explain **Tío Tigre quiere un abrigo como el de Tío Conejo**.

1 ¿Con quién se encontró Tío Conejo?
2 ¿Admira Tío Tigre el abrigo de Tío Conejo?
3 ¿Piensa que el abrigo es muy hermoso?
4 . . .

5

Suggestions Mime thinking: **se quedó pensando;** agreeing: **dijo que sí.** Mime bringing/carrying: **traerme.** Point out the wool **(lana)**, the boxes and bags of food. Contrast **Tío Conejo** sitting and knitting while **Tío Tigre** buys and brings wool and food. Point to watch. Point out **Tío Tigre** smiling.

1 ¿Respondió inmediatamente Tío Conejo?
2 ¿Pensó un rato?
3 ¿Dijo que sí o que no?
4 . . .

Suggestions Have students close their books while you narrate each section using overhead transparencies and comprehensible input techniques to clarify meaning without translation. Break longer sentences into shorter utterances, pointing to elements of each drawing, acting out, demonstrating, gesturing to clarify meanings. Ask frequent **Comprehension Checks** to confirm understanding as you progress through the story.

6

Suggestions Enumerate the days, weeks, months passing: **pasaron los días**. Repeat the series of actions: **Tío Conejo teje. Tío Tigre va de compras. Trae lana y comida**. Point out the items mentioned. Point out the weather in each drawing. Point out that each time the tiger leaves, he has no coat: **sin abrigo.** Emphasize that in the last picture it is no longer winter, but is now spring: **primavera.**

1. ¿Qué hace Tío Conejo todo el invierno? ¿Va de compras? ¿Prepara la comida? ¿Compra lana? ¿Teje?
2. ¿Quién trae la lana?
3. ¿Quién trae la comida?
4. . . .

7

Suggestions Write the months **noviembre, diciembre, enero, febrero, marzo**. Point out that winter ends and spring begins in March: **se terminó . . . y llegó . . . .** Point out tiger is thin: **flaco.** Act out **cansado.** Explain that weather is now warm; he doesn't need the coat. Contrast the hare—fat **(gordito)**, warm **(calentito)**, happy. Shrug for **¡Así es la vida!**

1. ¿Terminó el invierno?
2. ¿Llegó la primavera?
3. ¿Cómo está Tío Tigre?
4. . . .

6
QUESO
ARROZ
HUEVOS
MERCADO
Y así pasaron los días con Tío Conejo tejiendo y Tío Tigre trayéndole más y más lana y comida. Cada día, todo el invierno Tío Tigre le llevó lana, huevos, salchichas, pan y otras comidas a Tío Conejo. Y cada tarde el pobre bobo salió de la casa de Tío Conejo sin su abrigo de lana.
Los días pasaron a semanas, las semanas a meses, y pronto, sin darse cuenta Tío Tigre, llegó la primavera.
SOPA
QUESO
LECHE
ARROZ
7
Sí, terminó el invierno y llegó la primavera.
Y el pobre Tío Tigre flaco y cansado de tanto trabajar todo el invierno, ya no necesitaba un abrigo. Y Tío Conejo, gordito y calentito bajo toda esa lana, sobrevivió un invierno más.
¡Pobre Tío Tigre!, ¿verdad? ¡Nunca gana!
¡Así es la vida!
116 ciento dieciséis

¿QUÉ DECIMOS...?

Al hablar de un incidente

1 Vamos a leerlos en la radio.

Luis y su hermanita, Irene, esperan a su papá en el canal de televisión donde trabaja.

¿Cuánto tiempo falta? Ya tengo hambre.

Faltan quince minutos. Déjame hacer la tarea.

¿Tienes mucha tarea?
Sí, para la clase de composición.

¿De veras? A ver.
Irene, ¡por favor!

Tengo que escribir un cuento policíaco. Después vamos a leer los cuentos en la radio de la escuela.

¿En la radio? ¡Qué divertido!

¿Divertido? ¡No tengo ni idea de lo que voy a escribir!

Pues, papá te puede ayudar, estoy segura.
Espero que sí.

Purpose This **fotonovela** section introduces students to the language and functions to be reviewed and practiced in the lesson—weather conditions and narration of a past incident—and prepares them for practice in the context of natural conversation. Students should not be expected to memorize or master all utterances. Listening comprehension and early production of key vocabulary and structures are the goals.

Suggestions Have students close their books while you narrate each **fotonovela** segment, identifying characters and their relationships, and describing their activities. Ask **Early Production Checks** frequently to confirm understanding and develop accurate pronunciation of key elements. Act out the dialogue between the characters.

¿QUÉ DECIMOS...?

19:58 – 24:36

Side 2, 1764 to 10133

Using the video Play one section at a time after narrating it using the transparencies. Freeze the video and ask the **Early Production Checks**. Repeat this process with each section.

Vary your presentation routine by showing one section of the video first, before your narrative with the transparencies, or by playing the video all the way through, stopping only to ask **Early Production Checks** or to clarify using techniques of comprehensible input.

Early Production Checks

A full set of **Early Production Checks** is available on cards in the Teacher's Resource Package.

1 **20:08**

Vamos a leerlos en la radio. Identify characters and relationships. Cross arms and tap foot to communicate **esperan**. Refer to the opening photo on page 112: **canal de televisión.** Identify their father; explain that he is the weather man for TV1. Use complaining tone for Irene's question. Add **¿Cinco minutos? ¿Diez minutos?** Gesture to indicate hunger: **hambre.** Equate **tarea** with **trabajo para la escuela**. Use tone of voice to communicate Luis' annoyance. Suggest some titles for **cuentos policíacos—El misterio de las tres hermanas; El detective y el ladrón**. Isolate the concept **Luis no tiene ideas. ¿Qué va a escribir?** Act out Irene's confidence: **segura.**

1. ¿Quién es? *(Point to one, then the other.)*
2. ¿Dónde esperan?
3. ¿Quién trabaja aquí?
4. . . .

Side 2, 2066 to 3983

2 21:12

Descubrió algo insólito.
Review weather expressions. Name local television weather reporters. Use "announcer" style to present this section. Point out locations, directions, cities, temperatures on map. Equate Celsius temperatures with Fahrenheit temperatures. (0°C=32°F; 17°C=63°F; 22°C=72°F; 30°C=86°F; (Cx9)/5+32=F) Gesture to suggest rising/falling, maximum/minimum. Explain, **un empleado municipal es una persona que trabaja para la ciudad**. Equate **insólito** with **curioso, raro**. Demonstrate emptying a garbage can: **vaciar un basurero.** Show a paper bag: **una bolsa.** Act out finding money: **encontró 100.000 bs.** Emphasize the amount. Equate **entrevisté** with **hablé con**.

1. ¿Qué hay ahora en la televisión?
2. ¿Quién habla?
3. ¿Qué temperatura hizo hacia el oriente del país?
4. . . .

Point out

- You may wish to examine the map of Venezuela more closely, pointing out differences in geographical areas and topography. The country is divided into four main areas—the coastal region, the Andean region which consists of snow-covered peaks and deciduous forests, the tropical Maracaibo region, and the southern region made up of savannah and rain forest. While extremely hot in Maracaibo, it could be snowing in the mountains and yet be a completely different climate in the jungle.
- **Caobo**, or mahogany, is an appropriate name for **El Parque los Caobos,** which is full of mahoganies that used to shade coffee bushes.

Side 2, 3996 to 6550

2 Descubrió algo insólito.

Y ahora el reporte del tiempo. Hoy hacia el oriente del país hizo una temperatura de 32° centígrados. En el occidente hizo aún más calor con temperaturas que llegaron hasta los 38° en la zona de Maracaibo.

Por el contrario, en la ciudad de Mérida hizo frío, registrándose una temperatura mínima de 12°. El sur del país estuvo nublado y con lluvias aisladas.

Aquí en la zona metropolitana de Caracas, la temperatura llegó a los 25° por la tarde. Esta noche va a hacer más fresco, bajando hasta los 19°. Mañana se anticipa una temperatura máxima de 24° con posibilidades de llovizna.

Y ahora más noticias. Primero quiero contarles un incidente muy curioso que ocurrió hoy día. Un empleado municipal, José Rivera, descubrió algo insólito al vaciar un basurero en el Parque los Caobos. Entre la basura encontró una bolsa con cien mil bolívares. Entrevisté a José Rivera después de su descubrimiento.

3 ¡No lo pude creer!

Señor Rivera, díganos cuándo descubrió el dinero.

Pues, sabe usted, lo encontré poco después de llegar al trabajo a eso de las nueve de la mañana.

¿Cómo lo encontró?

Se cayó de una bolsa de papel común y corriente. ¡Imagínese!

¿Qué pensó al encontrarlo?

Pues, no lo pude creer, sabe. ¡Tanta plata! ¿Y por qué aquí?

¿Entonces qué hizo?
Pues, llevé la bolsa con el dinero a las autoridades y no va a creer lo que me dijeron: "Toda esta plata va a ser suya si nadie la reclama". ¡Imagínese eso!
¿Y ya tiene planes para el dinero?
Pues, es muy pronto para hacer planes. No es mío todavía.
¡Qué buena gente es usted! ¡Y qué honesto! Es un honor hablar con usted.
Al contrario, señor Miranda. El gusto es mío.

4 ¡Irene, espera!

Luis, ¿oíste lo que dijo ese señor?
Sí. ¿Y qué?
Huy, ¿no te parece una excelente idea para el cuento que tienes que escribir?
Hmmm. Tal vez . . .
Bueno, papá está terminando. Voy a buscarlo.
ENSAYO
GRABANDO
¡Irene, espera! No debes entrar todavía.
¡AY, CARAMBA!
Pon un anuncio . . . ¡AHORA!

3 **22:38**

¡No lo pude creer! Act out the interview, changing places and voices to indicate each speaker. Break down Sr. Rivera's explanation: **Llegué al trabajo a eso de las nueve de la mañana. Poco después, encontré la bolsa.** Gesture to communicate **a eso de**. Demonstrate with paper bag full of play money/bill-sized pieces of paper how the bag and the money were discovered. Equate **plata** with **dinero**. Gesture to demonstrate amazement. Equate **las autoridades** with **la policía**. Act out someone claiming money. Simplify: **Si no hay dueño del dinero, ¡el dinero es mío!** Gesture/shake head to show denial.

1. ¿A qué hora llegó el señor Rivera al trabajo?
2. ¿Cuándo descubrió la bolsa?
3. ¿Cómo encontró el dinero?
4. . . .

Side 2, 6570 to 8361

4 **23:38**

¡Irene, espera! Point to ear to emphasize **oíste**. Use tone of voice to indicate Luis' disinterest. Point out **grabando** sign. Explain that no one can open the door yet. Explain what happens: Irene trips on electrical cords, breaks connections, TV transmission goes blank, someone like a news director orders a commercial to fill blank space.

1. ¿Oyó Luis el incidente que contó su padre?
2. ¿Se interesó mucho en este incidente?
3. ¿Es el incidente una buena idea para el cuento que Luis tiene que escribir?
4. . . .

Side 2, 83574 to 10133

CHARLEMOS UN POCO

A. PARA EMPEZAR . . .

Allow 3–4 min for students to decide on correct order while working in pairs. Then ask several pairs to give the correct order, one item at a time. Have class confirm each response.

1 Ese día hizo mucho frío, hizo viento y llovió continuamente. (7)
2 "Éste va a ser un invierno horroroso. Va a hacer un frío de mil demonios y voy a sufrir mucha hambre". (11)
3 En el camino, descubrió un abrigo de lana muy elegante. (3)
4 Se puso el abrigo y siguió caminando. (12)
5 "¿Dónde conseguiste ese hermoso abrigo?" preguntó Tío Tigre. (1)
6 "Lo hice yo mismo", respondió Tío Conejo. (5)
7 "¿Podría tejerme uno a mí?" (9)
8 "Sí, pero con una condición..." (2)
9 "Usted tiene que traerme toda la lana y algo de comer mientras trabaje". (6)
10 "Voy a tener el abrigo más hermoso de todos". (4)
11 Pronto terminó el invierno y llegó la primavera. (10)
12 Y Tío Conejo, gordito y calentito, sobrevivió un invierno más. (8)

B. ¿QUÉ DECIMOS . . .?

Call on individual students. Have class confirm each answer.

1 Irene
2 Diego
3 Diego
4 José
5 Irene
6 Diego
7 Luis
8 José
9 Diego
10 Diego

CHARLEMOS UN POCO

A. PARA EMPEZAR . . . Pon los siguientes incidentes en el orden que ocurrieron en el cuento ''Tío Tigre y Tío Conejo''.

1. ''¿Dónde conseguiste ese hermoso abrigo?'' preguntó Tío Tigre.
2. ''Sí, pero con una condición . . .''
3. En el camino, descubrió un abrigo de lana muy elegante.
4. ''Voy a tener el abrigo más hermoso de todos''.
5. ''Lo hice yo mismo'', respondió Tío Conejo.
6. ''Usted tiene que traerme toda la lana y algo de comer mientras trabaje''.
7. Ese día hizo mucho frío, hizo viento y llovió continuamente.
8. Y Tío Conejo, gordito y calentito, sobrevivió un invierno más.
9. ''¿Podría tejerme uno a mí?''
10. Pronto terminó el invierno y llegó la primavera.
11. ''Éste va a ser un invierno horroroso. Va a hacer un frío de mil demonios y voy a sufrir mucha hambre''.
12. Se puso el abrigo y siguió caminando.

B. ¿QUÉ DECIMOS . . .? ¿Quién hizo estos comentarios: Irene, Luis, Diego Miranda o José Rivera?

Irene

Luis

Diego

José

1. ¿Cuánto tiempo falta?
2. Díganos cuándo descubrió el dinero.
3. Mañana se anticipa una temperatura máxima de 24 grados.
4. ¡Tanta plata! ¿Y por qué aquí?
5. Bueno, papá está terminando. Voy a buscarlo.
6. El sur del país estuvo nublado.
7. Tengo que escribir un cuento policíaco.
8. Se cayó de una bolsa de papel.
9. ¿Y ya tiene planes para el dinero?
10. Esta noche va a hacer más fresco.

Purpose These activities provide guided practice to students as they describe past events, predict and describe weather, and point out specific people and things. It is not necessary to do all activities in this section once students have demonstrated mastery of these functions.

C. ¿Qué tiempo hace? Describe el tiempo que hace hoy en estas ciudades.

MODELO Los Ángeles 27°C (80°F)
En Los Ángeles hace veintisiete grados. Hace calor.

1. Caracas 23°C (72°F)
2. Chicago 7°C (45°F)
3. la Ciudad de México 20°C (68°F)
4. San Francisco 24°C (75°F)
5. Madrid 13°C (55°F)
6. Quebec 0°C (32°F)
7. San Juan 31°C (88°F)
8. Guadalajara 18°C (65°F)

CH. Pronóstico. ¿Qué tiempo va a hacer mañana en estas ciudades?

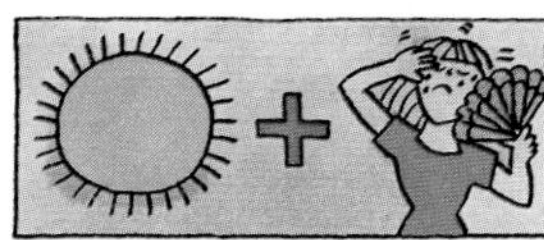
Miami

MODELO **En Miami va a hacer sol y mucho calor.**

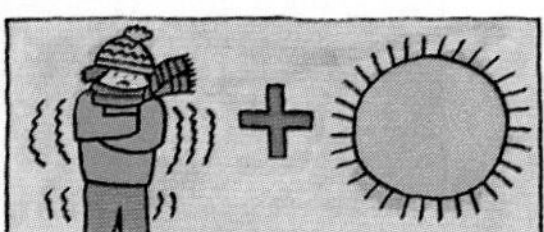
1. París

2. Managua

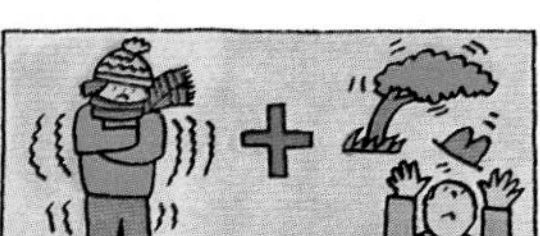
3. Moscú

4. Londres

5. Santiago

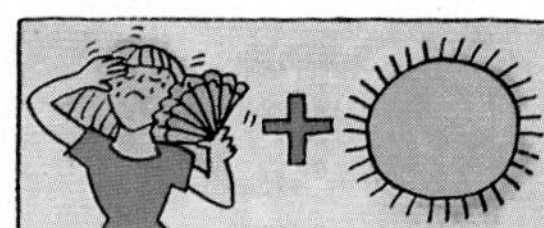
6. Cairo

7. Tokio

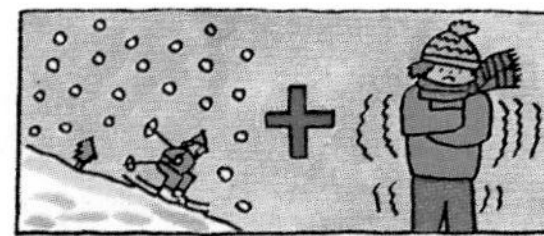
8. Berlín

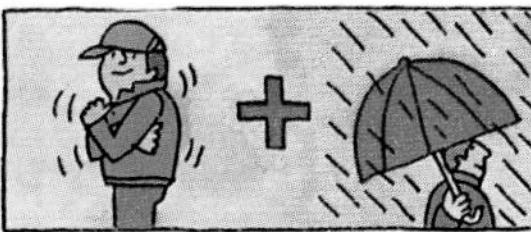
9. Nueva York

10. nuestra ciudad ¿ . . . ?

REPASO

Weather expressions

hace calor

hace frío

hace fresco

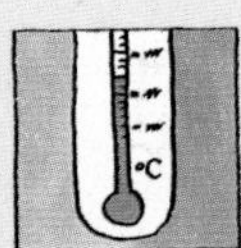
hace ___ grados

hace sol

hace buen tiempo

hace mal tiempo

hace viento

Llueve.
Está lloviendo.
(Va a llover.)

Llovizna.
Está lloviznando.
(Va a lloviznar.)

Nieva.
Está nevando.
(Va a nevar.)

Está nublado.

C. ¿Qué tiempo hace?
Call on individual students. Have class confirm each answer. Answers may vary.

1 En Caracas hace veintitrés grados. Hace buen tiempo.
2 En Chicago hace siete grados. Hace frío.
3 En la Ciudad de México hace veinte grados. Hace fresco.
4 En San Francisco hace veinticuatro grados. Hace buen tiempo.
5 En Madrid hace trece grados. Hace frío.
6 En Quebec hace cero grados. Hace mucho frío.
7 En San Juan hace treinta y un grados. Hace calor.
8 En Guadalajara hace dieciocho grados. Hace fresco.

CH. Pronóstico. Call on individual students. Have class confirm each answer.

1 En París va a hacer frío y sol.
2 En Managua va a hacer calor y va a llover.
3 En Moscú va a hacer frío y viento.
4 En Londres va a estar nublado y va a hacer mal tiempo.
5 En Santiago va a hacer sol y buen tiempo.
6 En Cairo va a hacer calor y sol.
7 En Tokio va a hacer fresco y viento.
8 En Berlín va a nevar y va a hacer frío.
9 En Nueva York va a hacer fresco y va a llover.
10 Las respuestas van a variar.

D. Los sábados. Have students work in pairs first. Allow 2–3 min for pair work. Then call on individuals. Have class confirm each response.

1. Por la mañana, yo pasé la aspiradora.
2. Por la mañana, mi hermano leyó el periódico.
3. Por la mañana, todos nosotros desayunamos.
4. Por la tarde, papá lavó el coche.
5. Por la tarde, papá y mi hermano jugaron golf.
6. Por la tarde, mamá fue de compras.
7. Por la noche, mis amigas y yo bailamos en una discoteca.
8. Por la noche, mamá y papá escucharon música.

D. Los sábados. Según Pepita, ¿qué hizo su familia el sábado pasado?

mamá

MODELO Por la mañana . . .
Por la mañana, mamá tomó café.

Por la mañana . . .

1. yo

2. mi hermano

3. todos nosotros

Por la tarde . . .

4. papá

5. papá y mi hermano

6. mamá

Por la noche . . .

7. mis amigas y yo

8. mamá y papá

E. Concierto. El director de la escuela acaba de aprobar un concierto de rock para este fin de semana y todos ya están informados. ¿Cuándo lo supieron?

MODELO Pablo: durante la clase de geografía
Pablo lo supo durante la clase de geografía.

1. Héctor y Lisa: después de la clase de álgebra
2. tú: durante el almuerzo
3. yo: en el trabajo
4. el profesor Rubio: entre la clase de español e inglés
5. Mario y yo: después de las clases
6. los señores Flores: ayer por la mañana
7. Martín: en la clase de arte
8. el profesor de historia: antes de las clases

F. Gustos diferentes. Hoy es el almuerzo del Club de español. Todos los socios y todos los profesores trajeron algo para comer. ¿Qué trajeron estas personas?

MODELO **Óscar trajo pizza.** Óscar

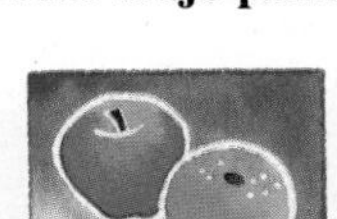

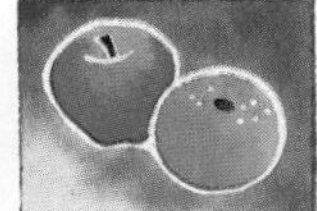

1. mi hermana y yo
2. profesora Valdivia
3. tú
4. profesor de español

5. Jorge y Ana
6. Beto
7. Silvia
8. Marta y tú

G. Una familia aburrida. La familia de Sergio nunca quiere hacer nada. ¿Qué dice Sergio del fin de semana pasado?

MODELO papá / no querer / ir / cine
Papá no quiso ir al cine.

1. mis abuelos / no querer / asistir / concierto
2. mamá / no querer / alquilar / video
3. mis hermanas / no querer / cantar / nuevo / canción
4. Norberto y Miguel / no querer / ir / partido / fútbol
5. mi prima Luisa / no querer / tocar / piano
6. mi hermano y yo / no querer / aprender / nuevo baile
7. ustedes / no querer / ver / programa / televisión
8. tú / no querer / asistir / clase / karate

Preterite of *saber*

supe	supimos
supiste	
supo	supieron

Lo **supimos** esta mañana.
No **supe** tu dirección.

See **¿Por qué se dice así?,** *page G37, section 3.1.*

Preterite of *traer*

traje	trajimos
trajiste	
trajo	trajeron

¿Quién **trajo** los discos?
Yo los **traje**.

See **¿Por qué se dice así?,** *page G37, section 3.1.*

Preterite of *querer*

quise	quisimos
quisiste	
quiso	quisieron

Ellas no **quisieron** hacerlo.
Yo no **quise** venir.

See **¿Por qué se dice así?,** *page G37, section 3.1.*

E. Concierto. Point out that **saber** may mean *to find out* in the preterite. Call on individual students. To confirm, have class repeat each answer. Students need lots of opportunities to hear and say these irregular verbs.

1. Héctor y Lisa lo supieron después de la clase de álgebra.
2. Tú lo supiste durante el almuerzo.
3. Yo lo supe en el trabajo.
4. El profesor Rubio lo supo entre la clase de español e inglés.
5. Mario y yo lo supimos después de las clases.
6. Los señores Flores lo supieron ayer por la mañana.
7. Martín lo supo en la clase de arte.
8. El profesor de historia lo supo antes de las clases.

F. Gustos diferentes. Have students work in pairs first. Allow 2–3 min for pair work. Then call on individuals. Have class confirm each response by repeating the correct answer.

1. Mi hermana y yo trajimos una hamburguesa.
2. La profesora Valdivia trajo fruta.
3. Tú trajiste ensalada.
4. El profesor de español trajo tortilla.
5. Jorge y Ana trajeron sándwiches.
6. Beto trajo sopa.
7. Silvia trajo pastel.
8. Marta y tú trajeron patatas fritas.

G. Una familia aburrida. Point out that **querer** in the preterite takes on the meaning of *to try* or, when used negatively, *to refuse.* Call on individual students. To confirm, have class repeat each answer. Students need lots of opportunities to hear and say these irregular verbs.

1. Mis abuelos no quisieron asistir al concierto.
2. Mamá no quiso alquilar un video.
3. Mis hermanas no quisieron cantar la nueva canción.
4. Norberto y Miguel no quisieron ir al partido de fútbol.
5. Mi prima Luisa no quiso tocar el piano.
6. Mi hermano y yo no quisimos aprender el nuevo baile.
7. Ustedes no quisieron ver el programa de televisión.
8. Tú no quisiste asistir a la clase de karate.

H. ¡Qué fiesta! Call on individual students. To confirm, have class repeat each answer. Students need lots of opportunities to hear and say these irregular verbs.

1 Gerardo no pudo encontrar la casa.
2 Los invitados no quisieron bailar.
3 Florencia anduvo y llegó tarde.
4 No hubo bastante pizza.
5 Paulina no puso sus discos favoritos.
6 La comida estuvo malísima.
7 Los hermanos de Paulina no dijeron nada a los invitados.
8 Mateo no supo de la fiesta.
9 Daniela y Pilar vinieron tarde.
10 La mamá de Paulina no tuvo tiempo para preparar nachos.

Point out Have students note that the masculine, first-person singular **ese** ends in **-e** rather than **-o**.

I. ¡Mejor! Call on individual students. Have class confirm each response. Answers will vary.

1 Estos pantalones son mejores que ésos.
2 Este suéter es más caro que aquél.
3 Esta camisa es peor que ésa.
4 Este sombrero es peor que ése.
5 Esta chaqueta es mejor que aquélla.
6 Este traje es más grande que aquél.
7 Estas camisetas son más pequeñas que ésas.
8 Estos calcetines son más baratos que aquéllos.
9 Esta falda es más corta que ésa.
10 Este vestido es mejor que ése.

J. En la mueblería. Allow 2–3 min for pair work. Then call on individuals and have class confirm each response. Answers will vary.

1 ¿Te gusta esa cama? *No, es más dura que aquélla.*
2 ¿Te gusta esa silla? *Sí, es más moderna que aquélla.*
3 ¿Te gustan esas mesitas? *No, son más bajas que aquéllas.*
4 ¿Te gusta esa lámpara? *Sí, es más bonita que aquélla.*
5 ¿Te gusta ese estante? *Sí, es más alto que aquél.*
6 ¿Te gustan esos sillones? *Sí, son más cómodos que aquéllos.*
7 ¿Te gusta esa mesa? *Sí, es más elegante que aquélla.*
8 ¿Te gusta ese televisor? *No, es más grande que aquél.*
9 ¿Te gusta esa alfombra? *Sí, es más hermosa que aquélla.*

REPASO

Preterite tense: Irregular verb endings and stems

-e	-imos
-iste	
-o	-ieron

-u stem:	andar	**anduv-**
	estar	**estuv-**
	haber	**hub-**
	tener	**tuv-**
	poder	**pud-**
	poner	**pus-**
	saber	**sup-**
-i stem:	querer	**quis-**
	venir	**vin-**
-j stem:	decir	**dij-**
	traer	**traj-**

See **¿Por qué se dice así?,** *page G37, section 3.1.*

REPASO

Demonstratives

cerca:	**este**	**esta**
	estos	**estas**
lejos:	**ese**	**esa**
	esos	**esas**
más lejos:	**aquel**	**aquella**
	aquellos	**aquellas**

See **¿Por qué se dice así?,** *page G39, section 3.2.*

REPASO

Demonstrative pronouns

Demonstratives require written accents when they replace a noun.

Esta lámpara es más grande que **ésa.**
Me gustan esos sofás pero prefiero **aquéllos.**

See **¿Por qué se dice así?,** *page G39, section 3.2.*

H. ¡Qué fiesta! ¿Por qué salió mal la fiesta de Paulina?

MODELO Graciela / no traer / refrescos
Graciela no trajo los refrescos.

1. Gerardo / no poder / encontrar / casa
2. los invitados / no querer / bailar
3. Florencia / andar / y llegar tarde
4. no haber / bastante pizza
5. Paulina / no poner / discos / favorito
6. comida / estar / malísimo
7. hermanos de Paulina / no decir / nada / invitados
8. Mateo / no saber de / fiesta
9. Daniela y Pilar / venir tarde
10. mamá de Paulina / no tener tiempo para preparar / nachos

I. ¡Mejor! Los dependientes de Galería Azul están comparando la ropa que venden con la de una tienda rival. ¿Qué dicen?

MODELO **Esta blusa es mejor que aquélla.** o
Esta blusa es más grande que ésa.

mejor **peor** **más [??] que . . .**

1.

2.

3.

4.

5.

6.

7.
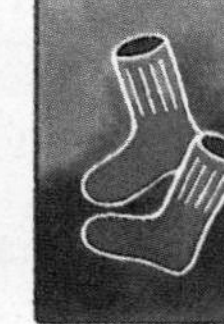
8.
9.

10.

J. En la mueblería. Tu familia quiere comprar nuevos muebles. ¿Qué comentarios hacen tú y tu hermano(a)?

MODELO sofá: largo
Tú: **¿Te gusta ese sofá?**
Hermano(a): **Sí (No), es más largo que aquél.**

1. cama: duro
2. silla: moderno
3. mesitas: bajo
4. lámpara: bonito
5. estante: alto
6. sillones: cómodo
7. mesa: elegante
8. televisor: grande
9. alfombra: hermoso

CHARLEMOS UN POCO MÁS

A. El sábado pasado. Prepara por escrito una lista de lo que hiciste el sábado pasado a las 9:00 y las 11:00 de la mañana, a la 1:00, las 3:00, las 5:00 y las 7:00 de la tarde y a las 9:00 y las 10:00 de la noche. Pregúntales a dos compañeros lo que hicieron ellos a esas horas. Luego díganle a la clase qué actividades todas las personas en su grupo hicieron al mismo tiempo.

B. Hoy en la costa . . . Todos los domingos un canal de televisión en tu ciudad invita a estudiantes del colegio a ser locutores. Hoy tú y un(a) compañero(a) van a dar el reporte del tiempo. Prepara la presentación con tu compañero(a). Usen el pronóstico que su profesor(a) les va a dar o uno de un periódico local.

C. ¡Caricaturistas! Tú y tu compañero(a) son famosos caricaturistas. Acaban de crear esta tira cómica y ahora van a escribir el diálogo. Cuando lo completen, léanle su diálogo a la clase.

CHARLEMOS UN POCO MÁS

A. El sábado pasado. Allow 2–3 min to make lists and 3–4 min to compare lists. As each group reports, have student at board compile a class list to see how many do the same thing at the same time.

B. Hoy en la costa . . . Allow students 3–4 min to prepare reports in pairs. Have them present in front of the class. You may want to videotape students and play back reports asking Comprehension Checks.

C. ¡Caricaturistas! Allow 2–3 min for pair work. Then have several students read their comic strips to the class or to each other in groups of 4 or 6.

Purpose The activities in this section are designed to allow students to create with language recently learned as they talk about past activities, predict and describe weather, and point out specific people and things. Responses in this section are much more open-ended and often have several possible correct answers.

CH. ¿Ésta o ésa? Have each student make a list of school items he or she would buy and use the personal list as a conversation basis.

DRAMATIZACIONES

A. Entrevista. Prepare students for interview format by reminding them to ask **quién, cuándo, dónde, qué, cómo, por qué, etc.**

CH. ¿Ésta o ésa? Tú y tu compañero(a) van de compras para el regreso a la escuela. Decidan qué van a comprar. Comenten sobre todos los objetos en el dibujo. Digan lo que les gusta y lo que deciden comprar.

EJEMPLO *Tú:* **Me gusta esta mochila negra.**
Compañero(a): **Prefiero ésa amarilla.**

Dramatizaciones

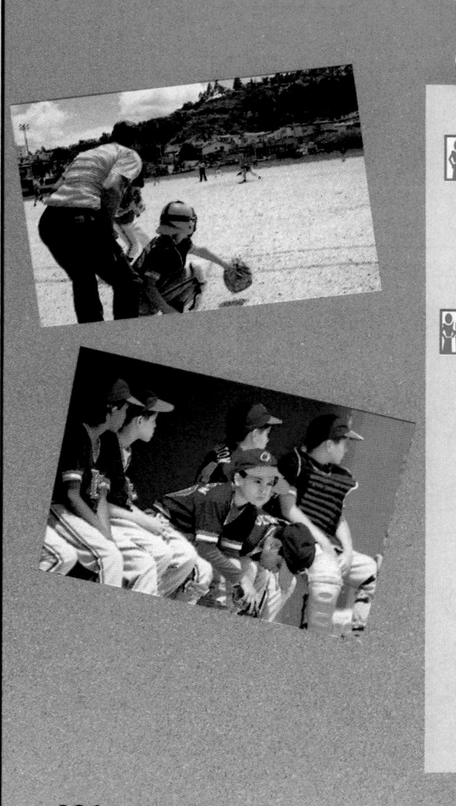

A. Entrevista. Hace un mes, alguien se robó una famosa máscara de oro del Museo de Antropología. Tu compañero(a), un(a) detective célebre, acaba de encontrar la máscara. Entrevístalo(la) y consigue todos los detalles de cómo la encontró. Dramaticen la entrevista.

B. ¡Qué fracaso! Anoche su equipo de béisbol perdió. ¡Fue un fracaso total! Ahora tú y tus amigos están discutiendo el partido, tratando de decidir por qué perdieron tan mal. Cada persona ofrece distintas razones por el fracaso. Dramaticen la discusión.

Vocabulario útil
receptor(a)
lanzador(a)
primera base
segunda base
tercera base
jardinero(a) corto(a)
jardinero(a) }
guardabosque }

Purpose These role plays are designed to have students talk about past events. Encourage students to work without their books when performing their role plays.

IMPACTO CULTURAL
Excursiones

Antes de empezar

A. El mapa. Estudia el mapa de Chile y contesta estas preguntas. Revisa tus respuestas después de leer la lectura.

1. El gran desierto de Atacama está en el . . .
   a. norte de Chile. **c.** este de Chile.
   b. sur de Chile. **ch.** oeste de Chile.
2. El valle central de Chile representa . . .
   a. una mitad del país. **c.** un cuarto del país.
   b. un tercio del país. **ch.** una parte insignificante del país.
3. Hay muchos lagos y volcanes en el . . .
   a. norte de Chile. **c.** este de Chile.
   b. sur de Chile. **ch.** oeste de Chile.
4. La cordillera de los Andes está en el . . .
   a. norte de Chile. **c.** este de Chile.
   b. sur de Chile. **ch.** oeste de Chile.
5. Chile tiene fronteras con . . .
   a. Perú, Bolivia y Brasil. **c.** Argentina, Bolivia y Perú.
   b. Bolivia, Paraguay y Argentina. **ch.** Bolivia, Perú, Argentina y Uruguay.

B. Impresiones. Antes de leer esta lectura, indica cuáles son tus impresiones sobre Chile. Luego, después de leer la selección, vuelve a estas preguntas y decide si necesitas cambiar algunas de tus impresiones iniciales.

1. Chile está en . . .
   a. Norteamérica. **c.** Centroamérica.
   b. Sudamérica. **ch.** Europa.
2. Chile es tan largo como . . .
   a. California y Arizona. **c.** Nuevo México y Texas.
   b. Texas, Nuevo México, Arizona y California. **ch.** Arizona y Nuevo México.
3. La población chilena consiste principalmente en . . .
   a. indios. **c.** mexicanos.
   b. indios y negros. **ch.** europeos.
4. El clima en Chile es . . .
   a. muy consistente en todo el país, frío.
   b. muy consistente en todo el país, tropical.
   c. muy similar al clima de California y la Florida.
   ch. muy variado como en EE.UU.

IMPACTO CULTURAL
Excursiones

Purpose This section provides additional reading practice as students learn about the geography, principal cities, and ethnicity of Chile. A conscious effort is made in this section, and throughout the text, to make students more aware of world geography, a generally weak area for many American students.

Antes de empezar

Use these questions as an advance organizer for the reading that follows. Have one student locate Chile and other places mentioned on a map in front of the class. Then ask others to locate the same places on the map in their textbook on page 127. Tell students to make intelligent guesses in **B** if they do not know the correct answers.

Answers

A. El mapa.
1 a
2 a
3 b
4 c
5 ch

B. Impresiones.
1 b
2 b
3 ch
4 ch

Chile

Tierra de contrastes

1

2

3

Chile, un país que mide unas dos mil seiscientas millas de largo, una distancia mayor que la que hay entre Chicago y San Francisco, se extiende desde Perú y Bolivia en el norte hasta Tierra del Fuego en el punto sur de Sudamérica. En el este, su frontera con Argentina está formada por la majestuosa cordillera de los Andes, y la del oeste por el Océano Pacífico.

Dentro de esos bordes hay cuatro regiones que verdaderamente forman una tierra de contrastes: el desierto en el norte, el valle central, las montañas y lagos en el sur y la cordillera de los Andes en el este.

El desierto de Atacama en el norte es el desierto más árido del mundo entero. La atmósfera es tan clara y pura allí que acaba por ser el sitio ideal para los astrónomos. Han construido varios observatorios en el desierto, el más famoso siendo el observatorio Cerro La Silla, el segundo más grande y más sofisticado del mundo. 1

En la cordillera de los Andes, a unas 80 millas (129 km) está Portillo, uno de los centros de esquí más populares con esquiadores profesionales. 2 Es aquí donde los mejores esquiadores del mundo pasan la temporada, que dura de mayo a octubre, manteniéndose en forma para las competencias mundiales de enero y febrero.

En contraste, en el valle central se dice que existe el mejor clima y la tierra más fértil del mundo entero. El promedio de la temperatura en el valle es 59°F (15°C) y es allí donde se produce y de dónde exportan unos de los vinos más exquisitos del mundo. Tres cuartos de la población de Chile vive en el valle central. 3

Al sur del valle central está una región de Chile llamada "la Suiza de Sudamérica". Es una región montañosa, de hermosos lagos y bosques. Es difícil decidir cuál de los muchos lagos de está región es el más hermoso. ¿Será el lago Laja, con la impresionante reflección del volcán Antuco, o tal vez es el lago Esmeralda con el volcán Osorno a la distancia? 4 ¿Qué opinas tú? En esta región también viven los araucanos, los indios nativos de Chile.

4

Esta tierra de contrastes está habitada por una gente muy variada. 5 Basta con ver sólo los nombres de algunos de sus líderes nacionales como O'Higgins, el héroe de la independencia de Chile y Cochrane, el fundador de la marina chilena. Entre los últimos presidentes de esta república están Alessandri (origen italiano), Frei (origen suizo), Allende Gossens (origen alemán), Pinochet (origen francés) y Aylwin (origen inglés). En Santiago, la capital, es común que las tiendas o fábricas lleven nombres como Küpfer, Haddad, Bercovich, Luchetti y Mackenzie. Todos son chilenos.

5

Y todo hace que Chile sea de veras una tierra de muchos contrastes.

Verifiquemos

1. Pasa a la pizarra y dibuja el mapa de Chile. Indica las cuatro secciones principales de este país.
2. ¿Por qué es ideal el desierto de Atacama para el estudio de astronomía?
3. ¿Por qué van tantos de los mejores esquiadores del mundo a esquiar en Portillo?
4. ¿Por qué vive tres cuartos de la población chilena en el valle central?
5. ¿Por qué se le llama al sur de Chile "la Suiza de Sudamérica"?
6. Describe a la población de Chile.
7. Explica el título de esta lectura.

Verifiquemos

Suggestion Have students answer these questions in groups of three or four. Tell them to use their own words. Do not allow them to read answers out of the book verbatim. Then call on individuals to confirm answers.

Answers

1 *(actuación de estudiantes)*
2 Es ideal porque la atmósfera allí es muy clara y pura.
3 Van a esquiar allí porque cuando es verano en Estados Unidos y Europa (de mayo a octubre) pueden esquiar en Portillo.
4 Viven allí porque tiene un clima ideal y porque la tierra es muy fértil.
5 Se llama así porque es muy montañoso, con hermosos lagos y bosques.
6 La población es muy variada. Hay principalmente europeos pero también hay personas de otras descendencias.
7 Las respuestas van a variar. Es probable que digan que Chile presenta muchos contrastes tanto en la geografía como en la población.

OBJECTIVES

Communicative Goals

- Persuading
- Giving orders

Culture and Reading

- **Para empezar**
  Los tres consejos
- **Tesoros nacionales**
  Maestra y amante de la humanidad

Structure

- 3.3 Affirmative **tú** commands: Regular and irregular
- 3.4 Negative **tú** commands: Regular and irregular
- 3.5 **Usted / ustedes** commands

LECCIÓN 2

Después de unos avisos comerciales

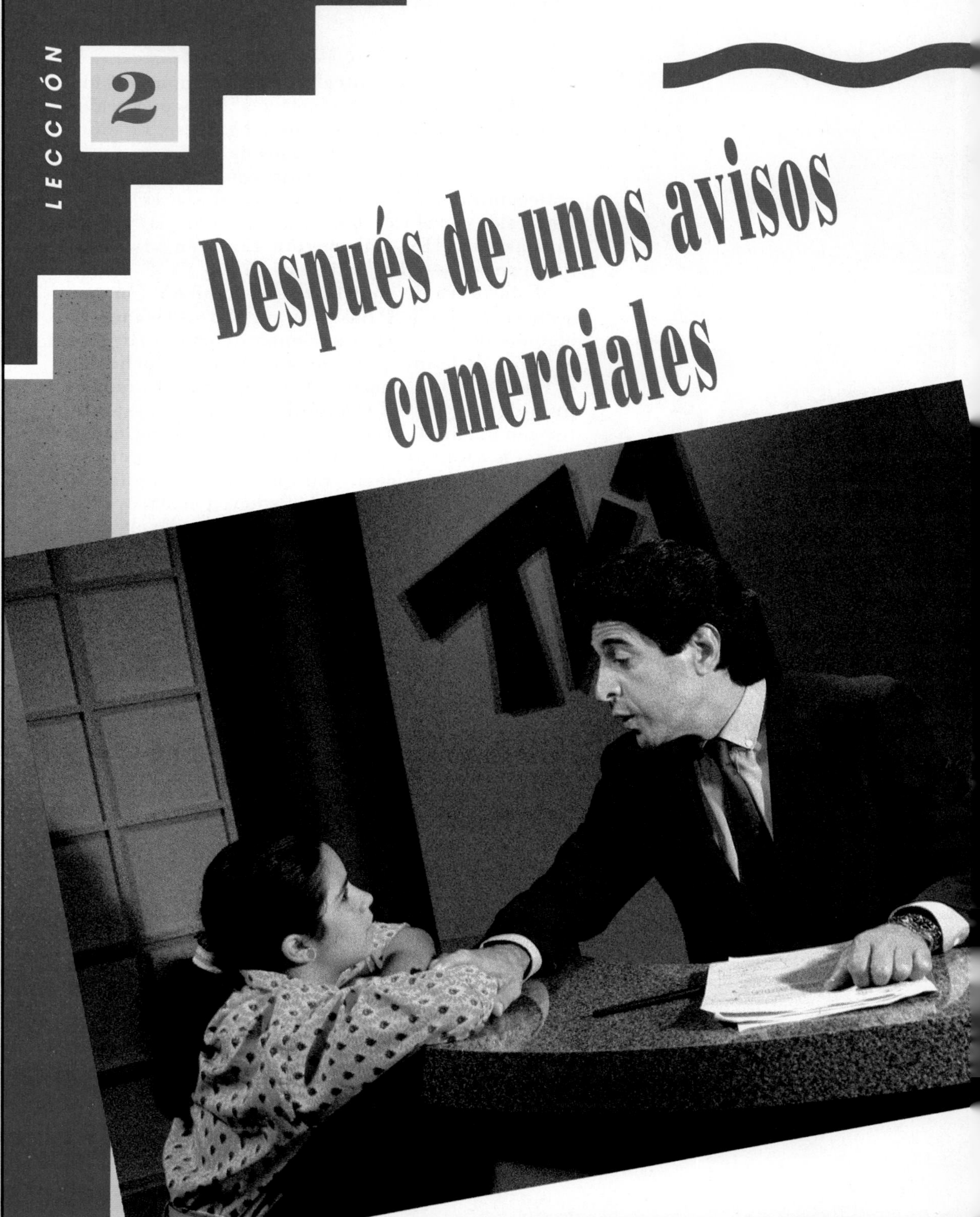

ACTIVE VOCABULARY

Arepas
harina
incomparable
miguita
rellenar
sabor

Quemaduras del sol
dañino(a)
evitar
loción protectora
piel
protección
proteger
quemado(a)
quemadura
rayo

El canal de TV
a continuación
apagar
cámara
desenchufar
informativo(a)
interrupción
noticiero
programación
serie
técnico(a)

Verbos
despedirse de
enseñar
permanecer
portarse
sustituir

Palabras y expresiones
abierto(a)
barato(a)
consejo
deshonesto(a)
por casualidad
¡Ven acá!

ANTICIPEMOS

Venezuela
Tierra nuestra

Para conservar un grato recuerdo de tu viaje . . .

- Conserva el ambiente: Cuida tus playas.
- Conserva la limpieza: Cuida tus paisajes.
- Conserva la belleza: Cuida tus parques.
- Conserva tu vida: Maneja con cuidado.
- Conserva el orden: Cumple las leyes.
- Conserva amistades: Respeta a los demás.

turismo para todos

PIEL PERFECTA 15
Máxima protección contra el sol

NUNCA SALGAN SIN LA LOCIÓN QUE MÁS PROTECCIÓN OFRECE. PÓNGANSE PIEL PERFECTA.

ADVERTENCIA:
Se ha comprobado que los rayos ultravioletas son dañinos para la piel.

¿Qué piensas tú?

1. ¿Para quién es el cartel de Venezuela? ¿Qué recomienda que las personas hagan? ¿Cómo sabes esto?
2. ¿Cómo sería un cartel para atraer a turistas a tu ciudad? ¿Qué dibujos o fotos tendría?
3. Es probable que no entiendas cada palabra en las fotos, el cartel y el anuncio para *Piel perfecta.* ¿Puedes adivinar lo que dicen? ¿Qué te ayuda a entender las palabras que no conoces?
4. ¿Qué atracciones se mencionarían en propaganda para atraer a turistas a Venezuela que no se mencionarían en anuncios para tu estado? ¿Por qué no se mencionarían en tu estado?
5. ¿Qué tipo de lenguaje se usa en letreros, en anuncios para viajeros y en anuncios para vender objetos? ¿Qué tipo de lenguaje se usa para dar consejos o hacer recomendaciones?
6. En esta lección, vamos a repasar mucho de lo que aprendiste el año pasado. ¿Puedes nombrar dos o tres cosas que vamos a repasar y practicar en esta lección?

ANTICIPEMOS

¿Qué piensas tú?

Answers

1. El cartel es para turistas venezolanos. Recomienda que los ciudadanos cuiden las playas y los parques, limpien las ciudades, manejen con cuidado, obedezcan las leyes y se respeten el uno al otro. Lo sabrán porque algunas palabras son familiares, otras son palabras afines. Los estudiantes deben poder llegar a la conclusión que el cartel consiste de una lista de mandatos.
2. Las respuestas van a variar. Los alumnos deben considerar la historia regional, monumentos, atracciones especiales, industrias únicas, teatros, museos, etc.
3. Anime a sus alumnos a pensar. Deben darse cuenta que con las palabras que ya saben y las que pueden adivinar por ser afines, junto con los dibujos en los anuncios, pueden saber el sentido de cada anuncio.
4. Las respuestas van a variar. Los estudiantes tendrán que considerar si su región tiene playas, parques, campamentos, etc., y el clima y la temperatura de la región.
5. Se usan mandatos en estas circunstancias. Los alumnos deben reconocer que usamos mandatos cuando hacemos sugerencias o damos consejos.
6. **Van a repasar el dar mandatos y practicar el hacer sugerencias y el dar consejos.**

Purpose To focus students on the language and functions to be reviewed and practiced in the lesson—making suggestions, recommendations, commanding. To engage students in discussing similarities and differences between their own regions and Venezuela in terms of attracting tourists and visitors. To invite students to consider the kinds of social and regional features a city might want to encourage and emphasize in its publicity.

Suggestions Use the photos and ads to introduce the lesson content. Encourage students to use Spanish whenever possible, but allow English where vocabulary may be unknown. Summarize responses in Spanish. You may want to have students work together in small groups and make notes of ideas they generate for questions 2–5, then debrief by asking a volunteer to summarize his/her group's list while others add items their groups thought of.

PARA EMPEZAR

Comprehension Checks

A complete set of **Comprehension Checks** is available on cards in the Teacher's Resource Package.

You can expect more language production with familiar vocabulary and as students' listening skills and comfort level increase. If students do not respond easily to the questions that prompt language production, offer alternative phrasing: yes/no or either/or types of questions.

Suggestions Contrast younger/ older: **anciano.** Illustrate advice: **El profesor dice que es importante estudiar y hacer tarea. Es buen consejo**. Act out a student who respects and follows such good advice and one who does not: **seguir los consejos.** Break down these and other long sentences, then build to longer sentences as presented in the text. Use repetition: **el hombre fue a un pueblo, buscó trabajo y fortuna, no los encontró, fue a otro pueblo,** etc.

1 ¿Dónde es popular este cuento?

2

Suggestions Point out old man: **viejecito.** Equate **hacerle una consulta** with **pedir consejos**. Equate **sabio** with **inteligente, astuto**. Equate **mejorar** with **hacer mejor**. Equate **más vale** with **es mejor**. Contrast **poco/ mucho**. Gesture to indicate listening. Hold up three fingers and count them off in section #3.

1 ¿Está el hombre todavía caminando de pueblo en pueblo?

Suggestions Describe the meaning of each drawing. Summarize each piece of advice as the old man expresses it. **Hay un camino principal y muchos caminos y veredas secundarias. Tiene que continuar en el camino principal, no en las veredas secundarias. No dejes camino principal por vereda**, etc.

1 ¿Debe el joven caminar en el camino principal o en las veredas secundarias?

PARA EMPEZAR

Escuchemos un cuento mexicano

Este cuento es muy popular en Estados Unidos, en México y en Sudamérica. Relata lo importante que es seguir los consejos de los ancianos.

Había una vez un hombre muy pobre que tuvo que dejar a su esposa y a su hijo para buscar trabajo. Pasó muchos años caminando de pueblo en pueblo buscando trabajo y fortuna.

Un día, en camino a todavía otro pueblo, encontró a un viejecito. Decidió hacerle una consulta. "Usted parece ser un hombre muy sabio", le dijo. "Por favor, déme algún consejo para mejorar mi situación".
"Bueno", dijo el viejo. "Más vale dar que recibir, si te lo puedes permitir. Los consejos nos cuestan poco a nosotros, los viejos. Escúchame. Hay tres consejos que te puedo dar".

3
"Primero, no dejes camino principal por vereda".
"Segundo, no preguntes lo que no te importa".
"Y tercero, no hagas nada sin considerar las consecuencias."

Purpose This section develops strong listening comprehension skills as students review language used to give advice, make recommendations and express commands. This story, popular all over the Spanish-speaking Americas, illustrates the practicality of heeding the advice of society's older and wiser citizens. The ***Para empezar*** section is not meant for memorization or mastery. It provides comprehensible language without translation and introduces the lesson structures in context.

4

Se despidieron, y el hombre pobre continuó el camino al siguiente pueblo donde pasó la noche.

5

Al día siguiente, empezó su viaje a otro pueblo con otros tres caminantes. Pero cuando ellos decidieron tomar una vereda para acortar el camino, el hombre recordó el primer consejo del viejo sabio, "No dejes camino principal por vereda", y decidió seguir en el camino principal.

Cuando llegó al pueblo, le dijeron que unos bandidos habían matado a sus compañeros de camino. El hombre dio gracias a Dios que siguió el consejo del viejito.

6

Unos meses más tarde, después de haber visitado varios otros pueblos, el hombre llegó a un rancho muy próspero. El propietario lo recibió cortésmente y le dio trabajo.

Al día siguiente, cuando el hombre conoció a la dama de la casa, vio que era muy, muy flaca y parecía estar muy triste. Pero otra vez, el hombre recordó el consejo del anciano, "No preguntes lo que no te importa", y no preguntó nada acerca de la dama.

Con ese hecho, el propietario decidió que este hombre tenía que ser el hombre de más confianza en el mundo entero. Lo puso a cargo del rancho y ofreció pagarle una fortuna.

4

Suggestions Act out saying goodbye to each other: **se despidieron.** Point out the next town in the transparency: **el siguiente pueblo.**

1 ¿Dijo adiós el joven? ¿el viejito?
2 ¿Siguió caminando el joven?
3 ¿Llegó al siguiente pueblo?
4 . . .

5

Suggestions Explain: **un caminante es una persona que camina**. Point out the three travelers. Point to the path the three others take: **vereda.** Show on the inset that the man remembers the old man's advice. Point to the main road that he takes. Point out the three dead men. Explain: **un matador mata el toro; unos bandidos han matado a los caminantes**. Mime the poor man thanking God.

1 ¿Empezó el hombre un viaje a otro pueblo?
2 ¿Caminó sólo?
3 ¿Cuántos caminantes lo acompañaron?
4 . . .

6

Suggestions Explain that the man has visited even more towns in his quest for work and good fortune. Point out the **rancho**. Describe it. Act out the owner's courteous greetings: **lo recibió cortésmente.** Act out the owner introducing his wife. Describe her. Point out the inset. Compare an honest man and a bandit. Explain that **puede confiar en el hombre honesto—es un hombre de confianza**. Contrast with the bandit, who can't be trusted. Act out the owner telling the man of his trust and offering him work and money.

1 ¿Adónde llegó el hombre unos meses más tarde? ¿a otro pueblo? ¿a un rancho pobre? ¿a un rancho próspero?
2 ¿Había visitado otros pueblos?
3 ¿Había encontrado trabajo y fortuna?
4 . . .

Suggestions Have students close their books while you narrate each section using overhead transparencies and comprehensible input techniques to clarify meaning without translation. Break longer sentences into shorter utterances, pointing to elements of each drawing, acting out, demonstrating, gesturing to clarify meanings. Ask frequent **Comprehension Checks** to confirm understanding as you progress through the story.

7

Suggestions Explain: **El hombre trabaja por diez años; ahorra su dinero; acumula una pequeña fortuna.** Explain that now he wants to see his wife and his son again.

1 ¿Cuántos años ha trabajado el hombre? ¿un año? ¿cinco años? ¿diez años?
2 ¿Cuánto dinero ha acumulado? ¿no mucho? ¿unos dólares? ¿una pequeña fortuna?
3 ¿Qué decidió, quedarse aquí en el rancho o regresar a casa?
4 . . .

8

Suggestions Point out a window: **ventana.** Mime peeking in the window. Point out the sleeping man: **un hombre durmiendo.** Show him thinking, **¿Es el nuevo esposo de mi esposa?** Explain that he's angry, wants to kill the sleeping man: **querer matar el desconocido.** Point out the inset. Explain that he didn't kill the man; he did nothing.

1 ¿Llegó a su casa?
2 ¿Entró inmediatamente por la puerta?
3 ¿Miró por la ventana?
4 . . .

9

Suggestions Point to ear to confirm **oyó**. Point out the wife. Emphasize her words. Explain who each of the characters is—**el hombre, su esposa, su hijo**.

1 ¿Qué oyó el hombre en ese momento? ¿la voz de su patrón? ¿la voz del viejito? ¿la voz de su esposa?
2 ¿A quién le estaba hablando? ¿a su nuevo esposo? ¿al viejito? ¿a su hijo?

10

Suggestions Explain that the son is no longer a child, but is now a man: **ya todo un hombre.** Explain that the son and the wife are happy to see him: **contentísimos de verlo.** Act out his telling them that he found a good job and has saved a lot of money. Point out the pile of money.

1 ¿Estaba la dama contentísima de ver a su marido?
2 ¿Era todavía niño el hijo?
3 ¿Cómo era el hijo ahora? ¿un niño? ¿un viejo? ¿un hombre?
4 . . .

7
Años después, cuando ya había acumulado una pequeña fortuna, el hombre decidió regresar a casa por su mujer y su hijo. Ya hacía más de diez años que no los veía.
8
Cuando llegó a su casa, miró por la ventana y vio a un hombre durmiendo en la cama. Creyó que su esposa se había casado con otro. Su primera reacción fue querer matar al desconocido. Pero recordó el consejo del viejo sabio, "No hagas nada sin considerar las consecuencias", y no hizo nada.
9
Y en ese momento, oyó la voz de su mujer diciendo, "Hijo, hijo, ¡levántate!"
10
Su mujer y su hijo, ya todo un hombre, estaban contentísimos de verlo regresar. Él les contó de su nuevo puesto y les enseñó toda su fortuna.
11
Al día siguiente los tres se fueron a vivir al rancho que el hombre dirigía. En camino, el hombre le dijo a su hijo, "Siempre presta atención a los consejos de los ancianos, porque ellos son muy sabios".
134 ciento treinta y cuatro

11

Suggestions Show them on the road: **en camino.** Explain that they are going back to the ranch together. Equate **escuchar** with **prestar atención**.

1 ¿Adónde se fueron a vivir? ¿a una casa nueva en el pueblo? ¿al rancho donde trabajaba el papá?
2 ¿Le dice el hombre a su hijo que debe prestar atención a los consejos de los ancianos?
3 ¿Cómo son los ancianos? ¿bobos? ¿astutos? ¿sabios?

¿QUÉ DECIMOS...?

Al dar mandatos

1 ¡Compre *Doña Arepa*!

María,
no sé qué hacer.
Los niños no quieren comer.
Hasta dejan la arepa en
el plato sin comer.

Perdone, señora. Usted necesita . . .

¡*DOÑAAAAA AREPAAAAA!*
¡La mejor harina para hacer arepas en casa!

Cómalas con mantequilla o rellénelas con jamón . . .

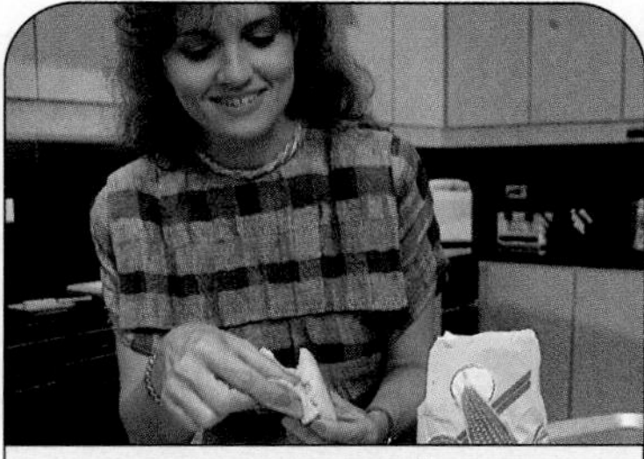

. . . con queso o con lo que a sus niños más les apetezca.

Déles arepas *Doña Arepa*.

Tienen un sabor incomparable.

¡Nunca queda ni una sola miguita con arepas hechas con *Doña Arepa*!

Busque *Doñaaaa Arepaaaa* en su tienda favorita hoy mismo. ¡Compre lo mejor! ¡Compre *Doñaaaa Arepaaaa*!

¿QUÉ DECIMOS...?

24:38–
28:24

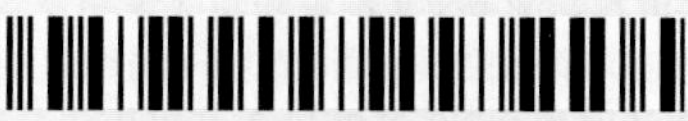

Side 2, 10190 to 16927

Using the video

See page 117.

Early Production Checks

A full set of **Early Production Checks** is available on cards in the Teacher's Resource Package.

1 24:47

¡Compre *Doña Arepa!*
Show video segment first. Ask students what this is? Identify woman and her two children. Point out kids' expressions. Explain that she hears a voice. Show them some flour: ***harina.*** Explain that this flour is made of corn: **de maíz.** Mime opening them, putting butter on them **(con mantequilla)**, filling them **(rellenas)**. Point out butter, ham **(jamón)**, cheese **(queso)**. Identify something you like, something you don't like. Explain that **apetezca = guste.** Mime giving: **Déle.** Point out mother giving **arepas** to her children. Act out how good they taste—¡UMMMMM!: **un sabor incomparable.** Point out empty plates. Name local stores. Draw 1st, 2nd, 3rd place medals/ ribbons. Identify them as **bueno, mejor, lo mejor**.

1 ¿Sabe la mamá que hacer?
2 ¿Quieren los niños comer?
3 ¿Dejan las arepas en el plato?
4 . . .

Side 2, 10442 to 12625

Purpose This **fotonovela** section introduces students to the language and functions to be reviewed and practiced in the lesson—giving advice, making recommendations, commanding—and prepares them for practice in the context of natural conversation. Students should not be expected to memorize or master all utterances. Listening comprehension and early production of key vocabulary and structures is the goal.

Suggestions Have students close their books while you narrate each **fotonovela** segment, identifying characters and their relationships, and describing their activities. Ask **Early Production Checks** frequently to confirm understanding and develop accurate pronunciation of key elements. Act out the dialogue between the characters.

2 **26:00**

¡Póngaselo *Piel perfecta!*

Show the second segment of the video. Ask students what this is. Identify the characters. Point out his red skin: **está quemado.** Point out Lourdes touching his sunburn. Point out his expression. Explain the sequence: **Está pálido; sale al sol; se queda bajo el sol por mucho tiempo; ahora su piel está roja; está quemado.** Contrast adjective and noun: **quemado/quemadura** Name some known sun lotions: **lociones.**

1 ¿Quién es?
2 ¿Cómo se encuentran Lourdes y César, intencionalmente o por casualidad?
3 ¿Es Lourdes la amiguita de César?
4 . . .

Side 2, 12649 to 13903

3 **26:43**

Mira lo que hiciste. Identify Irene and her father. Gesture for **¡ven acá!** Point around you. Demonstrate unplugging a cord: **desenchufar**. Demonstrate putting out lights/overhead projector: **apagar.** Use facial expression to express regret: **lo siento.** Act out giving permission: **dar permiso.** Point out that parents are always saying what Mr. Miranda says here. Equate **de otra forma** with **si no**. Gesture and contrast **ir/volver**. Explain that this last exchange is on camera.

1 ¿Qué quiere el papá que mire Irene?
2 ¿Qué hizo Irene?
3 ¿Lo siente?
4 . . .

Side 2, 13915 to 15353

2 ¡Pónganse *Piel perfecta*!

Lourdes y César se encuentran por casualidad.

Hola, César, ¿cómo estás? Hace tanto tiempo que no te veo. ¿Qué es de tu vida?

¡Ay, cuidado, Lourdes! No ves que estoy quemado. Ayer pasé toda la tarde en la playa y mírame ahora. ¡Me duele todo!

¡Pero César!
¿Por qué no te pusiste loción protectora? Sabes que tienes que protegerte de los rayos dañinos del sol.

Ustedes también.
Para evitar las quemaduras del sol, nunca salgan sin la loción que más protección ofrece.
¡Pónganse Piel perfecta!

3 Mira lo que hiciste.

¡Hija, ven acá! Mira lo que hiciste.
¿Qué papá?
Desenchufaste un cable y apagaste la cámara.
Lo siento, papá.

¿Quién te dio permiso para entrar aquí?
Nadie, papá. Es que yo venía . . .
¿Cuántas veces tengo que decirte que cuando estoy trabajando, no entres aquí? De aquí en adelante, haz lo que te digo.
Sí, papá.

De otra forma, no vuelves al canal. ¿Entiendes?
Sí, papá.
Y además . . .
(Sr. Miranda, Sr. Miranda. La cámara . . .)
(¡Ah! Irene, sal de aquí.)

Perdonen ustedes la interrupción. Tuvimos un problema técnico.

4 Permanezcan con nosotros.

NOTICIAS
TV1
A continuación les traemos una nueva serie, uestra Venezuela". Todo el mundo debe ver este interesantísimo programa informativo . . .

. . . sobre nuestro país y su futuro.

Luego vean en este mismo canal la sensacional telenovela "Doña Perfecta".

Esta noche jueguen a "Venezuela y punto" con Pepe Muñoz . . .

. . . y permanezcan con nosotros para el último noticiero del día. No se pierdan nuestra excelente programación. Por ahora, me despido de ustedes deseándoles una noche muy agradable.

4 27:31

Permanezcan con nosotros. Name some known television series. Describe a **telenovela**. Name some popular evening soap operas. Name some popular game shows. Equate **permanecer** with **quedar**. Enumerate things one can miss: **me perdí el bus de las siete, el último episodio de mi telenovela,** etc. Equate **me despido** with **digo adiós**. List things you can wish people: **Feliz cumpleaños, Feliz Navidad, Feliz Año Nuevo**, etc.

1. ¿Cómo se llama la nueva serie en el Canal TV1?
2. ¿Quién debe ver este programa?
3. ¿Cómo es este programa?
4. . . .

Point out The soap opera referred to in the dialogue is actually a mini-series based on the novel *Doña Perfecta*, written by one of Spain's leading novelists, Benito Pérez Galdós. Galdós lived from 1843 to 1920, completing *Doña Perfecta* in 1876. The literary work is considered to be one of his social, religious novels.

Side 2, 15366 to 16927

CHARLEMOS UN POCO

A. PARA EMPEZAR . . .

Call on individuals. Have class confirm each response.

1 el hombre pobre
2 el viejito
3 el hombre pobre
4 el viejito
5 los tres caminantes
6 el viejito
7 los tres caminantes
8 el propietario
9 el viejito
10 el propietario
11 el hombre pobre
12 el viejito

B. ¿QUÉ DECIMOS . . .?

Call on individuals to complete each command.

1 Rellene sus arepas **con jamón y queso.**
2 Usa *Piel perfecta* **para protegerte de los rayos dañinos.**
3 Perdonen ustedes **la interrupción.**
4 No se pierdan **nuestra excelente programación.**
5 Busque *Doña Arepa* en **su tienda favorita.**
6 Pónganse ***Piel perfecta.***
7 Permanezcan con nosotros para **el último noticiero.**
8 Esta noche jueguen a **"Venezuela y punto".**

REPASO

Regular affirmative *tú* commands

Infinitive	*Command*
-ar	**-a**
-er, -ir	**-e**

Recuerda llamarme esta tarde.
Come las arepas. Son excelentes aquí.
Pide un refresco para mí.

See **¿Por qué se dice así?,** *page G41, section 3.3.*

CHARLEMOS UN POCO

A. PARA EMPEZAR . . . ¿A cuál(es) personaje(s) del cuento "Tres consejos" se refiere cada comentario?

1. Tuvo que dejar a su esposa y a su hijo para buscar trabajo.
2. "Usted parece ser un hombre muy sabio".
3. Caminó de pueblo en pueblo buscando trabajo y fortuna.
4. "Más vale dar que recibir, si te lo puedes permitir".
5. Decidieron tomar una vereda para acortar el camino.
6. "No dejes camino principal por vereda".
7. Unos bandidos los habían matado.
8. Lo recibió cortésmente y le dio trabajo.
9. "No preguntes lo que no te importa".
10. Lo puso a cargo del rancho y ofreció pagarle una fortuna.
11. Al acumular una pequeña fortuna, decidió regresar a casa.
12. "No hagas nada sin considerar las consecuencias".

B. ¿QUÉ DECIMOS . . .? Siempre oímos muchos mandatos en la televisión. Completa los mandatos que acabas de escuchar.

1. Rellene sus arepas con . . .	el último noticiero.
2. Usa *Piel perfecta* . . .	*Piel perfecta.*
3. Perdonen ustedes . . .	jámon y queso.
4. No se pierdan . . .	"Venezuela y punto".
5. Busque *Doña Arepa* en . . .	para protegerte de los rayos dañinos.
6. Pónganse . . .	su tienda favorita.
7. Permanezcan con nosotros para . . .	nuestra excelente programación.
8. Esta noche juegen a . . .	la interrupción.

Purpose These exercises provide guided practice to students beginning to give advice and to give and understand orders. It is not necessary to do all exercises in this section, once your students have demonstrated mastery of these functions.

C. ¡Escucha y obedece! Tienes que cuidar a un niño difícil. ¿Qué le dices?

No quiero ponerme la chaqueta.

MODELO **Ponte la chaqueta ahora mismo.**

1.

No quiero lavarme los dientes.

2.

3.

No quiero salir para la escuela.

4.

No quiero hacer la tarea.

5.

No quiero poner la mesa.

6.

7.

8.

No quiero ir a mi cuarto.

9.

10.

REPASO

Irregular affirmative *tú* commands

dig**o**	**di**
pon**go**	**pon**
sal**go**	**sal**
ten**go**	**ten**
ven**go**	**ven**
hago	**haz**
voy	**ve**
soy	**sé**

See **¿Por qué se dice así?,** *page G41, section 3.3.*

REPASO

Pronouns and affirmative commands

Object and reflexive pronouns always follow and are attached to affirmative commands.

Teresa, **dame** los libros.
Pepito, **ponte** los zapatos.

See **¿Por qué se dice así?,** *page G41, section 3.3.*

C. ¡Escucha y obedece!
Allow 2–3 min to do in pairs. Then call on individuals and have class confirm each answer.

1. Levántate ahora mismo.
2. Lávate los dientes ahora mismo.
3. Péinate ahora mismo.
4. Sal para la escuela ahora mismo.
5. Haz la tarea ahora mismo.
6. Pon la mesa ahora mismo.
7. Come ahora mismo.
8. Báñate ahora mismo.
9. Ve a tu cuarto ahora mismo.
10. Acúestate ahora mismo.

CH. La primera cita. Call on individuals and have class confirm each answer.

1 No llegues tarde.
2 No entres en el restaurante primero.
3 No te sientes primero.
4 No digas cosas tontas.
5 No pidas el plato más barato.
6 No comas con la boca abierta.
7 No pongas los brazos en la mesa.
8 No dejes una propina muy pequeña.
9 No salgas del restaurante primero.
10 No vuelvas a casa muy tarde.

D. Examencito. Allow 2–3 min to do in pairs first. Then call on individuals and have class confirm each response.

1 No hables durante el examen.
2 No olvides el lápiz.
3 No seas deshonesto.
4 No mires los papeles de otros estudiantes.
5 No des respuestas a tus amigos.
6 No salgas antes de la hora.
7 No vayas al baño durante el examen.
8 No estés nervioso(a).

E. Nuevo(a) amigo(a). Allow 2–3 min for pair work. Then call on several pairs. Have class confirm each response.

1 ¿Preparo limonada? *Sí, prepárala.*
2 ¿Pongo la lámpara allí? *No, gracias, no la pongas allí.*
3 ¿Cambio el reloj? *Sí, cámbialo.*
4 ¿Saco estas cosas de las maletas? *No, gracias, no las saques.*
5 ¿Hago la cama? *No, gracias, no la hagas.*
6 ¿Arreglo los libros? *Sí, arréglalos.*
7 ¿Limpio el piso? *No, gracias, no lo limpies.*
8 ¿Te llamo más tarde para salir? *Sí, llámame.*

Regular negative *tú* commands

Infinitive	*Command*
-ar	**-es**
-er, -ir	**-as**

These endings are added to the **yo** form of present tense verbs.

No llam**es** a casa todos los días.
No hag**as** eso.
No pid**as** dinero constantemente.

See **¿Por qué se dice así?,** *page G43, section 3.4.*

Irregular negative *tú* commands

Infinitive	*Negative* ***tú*** *command*
dar	**no des**
estar	**no estés**
ir	**no vayas**
ser	**no seas**

See **¿Por qué se dice así?,** *page G43, section 3.4.*

Pronouns and commands

In negative commands, object and reflexive pronouns always precede the verb, but they follow and are attached to affirmative commands.

Memo, no **me** llames.
No **la** leas ahora.

Teresa, da**me** los libros.
Pepito, pon**te** los zapatos.

See **¿Por qué se dice así?,** *pages G41–G45, sections 3.3 and 3.4.*

CH. La primera cita. Pablo está dándole consejos a su hermanito que va a salir por primera vez en una cita. ¿Qué le dice?

MODELO no ponerse nervioso
No te pongas nervioso.

1. no llegar tarde
2. no entrar en el restaurante primero
3. no sentarse primero
4. no decir cosas tontas
5. no pedir el plato más barato
6. no comer con la boca abierta
7. no poner los brazos en la mesa
8. no dejar una propina muy pequeña
9. no salir del restaurante primero
10. no volver a casa muy tarde

D. Examencito. ¿Qué consejos recibes antes de un examen?

MODELO no perder / autobús
No pierdas el autobús.

1. no hablar / durante / examen
2. no olvidar / lápiz
3. no ser / deshonesto
4. no mirar / papeles / otro / estudiantes
5. no dar / respuestas a / tu / amigos
6. no salir / antes de la hora
7. no ir / baño / durante / examen
8. no estar / nervioso

E. Nuevo(a) amigo(a). Un(a) nuevo(a) compañero(a) de clase acaba de mudarse a una casa cerca de ti. ¿Qué dice cuando tú le ofreces ayuda?

MODELO ayudarte (sí)
Tú: **¿Te ayudo?**
Compañero(a): **Sí, ayúdame.**

traer unos sándwiches (no)
Tú: **¿Traigo unos sándwiches?**
Compañero(a): **No, gracias, no los traigas.**

1. preparar limonada (sí)
2. poner la lámpara allí (no)
3. cambiar el reloj (sí)
4. sacar estas cosas de las maletas (no)
5. hacer la cama (no)
6. arreglar los libros (sí)
7. limpiar el piso (no)
8. llamarte más tarde para salir (sí)

F. ¿Qué hago? Tú estás teniendo muchos problemas y decides hablar con un(a) consejero(a) en tu escuela. Dile tus problemas. ¿Qué consejos te da?

EJEMPLO *Tú:* **Siempre hago las mismas cosas.**
Consejero(a): **Cambia de rutina.**

Problemas	**Consejos**
Sacar malas notas.	Leer un libro interesante.
No saber bailar.	No pensar en tus problemas.
Ser muy tímido(a).	Ver una película.
Siempre estar cansado(a).	Hacer ejercicio.
No tener amigos.	Salir más.
Estar aburrido(a).	No ver tanta televisión.
Estar triste.	Asistir a una clase.
Tener muy poco dinero.	No beber café en la noche.
Nunca querer levantarme.	No trabajar tanto.
Siempre hacer las mismas cosas.	Trabajar más.
No poder dormir.	Poner música tranquila.
¿ . . . ?	Participar en más actividades sociales.
	Cambiar de rutina.
	No ir directamente a casa después de las clases.
	No acostarse tan tarde.
	¿ . . . ?

G. Me duele. Tú eres paciente en la oficina de un(a) doctor(a), tu compañero(a). Escucha lo que te dice y hazlo.

MODELO levantar los brazos
Compañero(a): **Levante los brazos.**
Tú: *(You raise your arms.)*

1. levantar el brazo derecho, el brazo izquierdo
2. bajar el brazo izquierdo, el brazo derecho
3. levantar y doblar la pierna derecha, la pierna izquierda
4. saltar en el pie derecho tres veces, en el izquierdo
5. bajar la cabeza, levantarla
6. abrir la boca, cerrarla
7. tocar el pie izquierdo, el pie derecho
8. doblar la cabeza a la izquierda, a la derecha
9. tocar la nariz con la mano izquierda, con la derecha
10. saltar en el pie izquierdo diez veces, en el derecho

Regular *Ud. / Uds.* commands

Infinitive	*Command*	
	Ud.	**Uds.**
-ar	**-e**	**-en**
-er, -ir	**-a**	**-an**

Estud**ien** esto para mañana.
No beb**a** el agua allí.
No abr**an** la boca.

See **¿Por qué se dice así?**, *page G45, section 3.5.*

F. ¿Qué hago? Tell students to work in pairs and do each situation like a mini role play. Then call on several groups to perform for the class. Answers will vary.
Saco malas notas.
No veas tanta televisión.
No sé bailar.
Asiste a una clase.
Soy muy tímido(a).
Participa en más actividades sociales.
Siempre estoy cansado(a).
No te acuestes tan tarde.
No tengo amigos.
Sal más.
Estoy aburrido(a).
Haz ejercicio.
Estoy triste.
No pienses en tus problemas.
Tengo muy poco dinero.
Trabaja más.
Nunca quiero levantarme.
No trabajes tanto.
Siempre hago las mismas cosas.
Lee un libro interesante.
No puedo dormir.
Pon música tranquila.

G. Me duele. Have students do in pairs first. Then call on several pairs and have class confirm their performance.

1 Levante el brazo derecho. Levante el brazo izquierdo.
2 Baje el brazo izquierdo. Baje el brazo derecho.
3 Levante y doble la pierna derecha. Levante y doble la pierna izquierda.
4 Salte en el pie derecho tres veces. Salte en el pie izquierdo tres veces.
5 Baje la cabeza. Levántela.
6 Abra la boca. Ciérrela.
7 Toque el pie izquierdo. Toque el pie derecho.
8 Doble la cabeza a la izquierda. Doble la cabeza a la derecha.
9 Toque la nariz con la mano izquierda. Toque la nariz con la mano derecha.
10 Salte en el pie izquierdo diez veces. Salte en el pie derecho diez veces.

Variation Call on one student to play the doctor while the rest of the class acts as the patients. As doctor gives orders, whole class carries them out.

H. ¡Promoción! Call on individual students. Have class confirm each response.

1 Venga a nuestro almacén para todas sus necesidades.
2 Busque los mejores precios aquí.
3 No salga sin probar nuestras comidas riquísimas.
4 Traiga a toda la familia a comer aquí.
5 Lave la ropa con nuestro detergente mágico.
6 No olvide nuestras revistas y nuestros libros.
7 Visite nuestra tienda las veinticuatro horas del día.
8 Descubra las mejores ofertas de la ciudad.

I. ¡Vivan una vida sana! Call on several individuals to give advice to class.

1 Hagan ejercicio.
2 Háganlo tres veces a la semana.
3 No coman comida con muchas calorías.
4 Duerman bastantes horas.
5 Participen en una variedad de actividades.
6 Practiquen deportes.
7 No los practiquen cuando hace mucho sol.
8 No se bañen al sol sin bronceador.
9 Pónganse bronceador frecuentemente.
10 No se acuesten muy tarde.

J. En el restaurante. Allow 2–3 min to practice in groups of three. Then call on several groups to read dialogue to class.

Camarero: Pasen
Camarero: Síganme
Camarero: siéntense
Tú: Dénos
Amigo: sírvanos
Tú: Tráigame
Amigo: Díganos
Camarero: pidan
Amigo: Sírvame

Ud. / Uds. commands: Irregular stems

Ud. / Uds. commands add their endings to the stem of the **yo** form of present tense verbs.

Pien**sen** en sus primos.
No pong**an** los pies en la mesa.
Dig**a** lo que necesita hoy.

See **¿Por qué se dice así?,** *page G45, section 3.5.*

Pronouns and *Ud./Uds.* commands

Remember that object and reflexive pronouns always follow and are attached to affirmative commands. In negative commands, they precede the verb.

Acuéstese temprano.
No las pongan en la mesa.

Note that a written accent is necessary when a pronoun is attached to the verb.

See **¿Por qué se dice así?,** *page G45, section 3.5.*

H. ¡Promoción! Tú preparas un anuncio para el almacén donde trabajas. ¿Qué dices en el anuncio para vender los productos?

MODELO comprar nuestros productos
Compre nuestros productos.

1. venir a nuestro almacén para todas sus necesidades
2. buscar los mejores precios aquí
3. no salir sin probar nuestras comidas riquísimas
4. traer a toda la familia a comer aquí
5. lavar la ropa con nuestro detergente mágico
6. no olvidar nuestras revistas y nuestros libros
7. visitar nuestra tienda las veinticuatro horas del día
8. descubrir las mejores ofertas de la ciudad

I. ¡Vivan una vida sana! Tus compañeros de clase quieren tener buena salud. ¿Qué les dices?

MODELO lavarse los dientes después de comer
Lávense los dientes después de comer.

1. hacer ejercicio
2. hacerlo tres veces a la semana
3. no comer comida con muchas calorías
4. dormir bastantes horas
5. participar en una variedad de actividades
6. practicar deportes
7. no practicarlos cuando hace mucho sol
8. no bañarse al sol sin bronceador
9. ponerse bronceador frecuentemente
10. no acostarse muy tarde

J. En el restaurante. Tú y un(a) amigo(a) van a comer a un restaurante. Dramatiza la situación al leer el diálogo con dos compañeros(as).

Camarero(a): (Pasar) ustedes.
Tú: Gracias.
Camarero(a): (Seguirme), por favor. ¿Está bien esta mesa?
Amigo(a): Sí, perfecta.
Camarero(a): Bueno, (sentarse), por favor.
Tú: Gracias. (Darnos) la carta, por favor.
Camarero(a): Sí, aquí la tienen. ¿Les traigo algo para empezar?
Amigo(a): Sí, (servirnos) los entremeses variados.
Tú: Me muero de sed. (Traerme) un refresco, por favor.
Camarero(a): ¿Qué van a comer?
Amigo(a): (Decirnos), ¿cuál es la especialidad de la casa?
Camarero(a): Pues, (pedir) el pescado. Está muy fresco hoy.
Tú: Bueno, el pescado para mí.
Amigo(a): Para mí, no. (Servirme) el arroz con pollo.

CHARLEMOS UN POCO MÁS

A. El pájaro de papel. Tu profesor(a) les va a dar a unas personas de la clase las instrucciones para construir un pájaro de papel colorido. A los demás les va a dar papel colorido, un grapador, tijeras, hilo y las ilustraciones que acompañan las instrucciones. En grupos pequeños, la persona con las instrucciones les va a decir a los otros lo que tienen que hacer con los materiales para construir un pájaro de papel. Mientras escuchan a su compañero(a), deben mirar bien las ilustraciones para comprender las instrucciones.

MODELO **Corten el papel en seis tiras de una pulgada por nueve pulgadas de tamaño.**

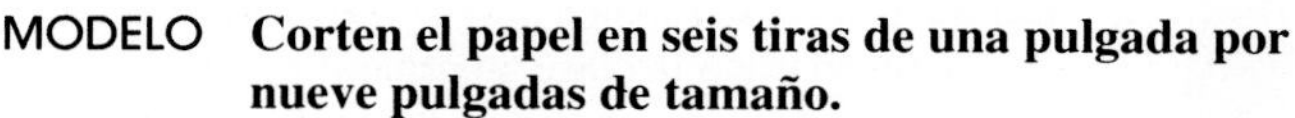

B. El premio. Tu profesor(a) de español ganó un premio extraordinario y tiene que asistir a un banquete formal para recibirlo. Dale consejos acerca de lo que debe hacer para prepararse y cómo debe portarse.

C. Clase, levanten las manos . . . Tú y tu compañero(a) van a enseñarle a una clase de tercer grado a hacer algo—por ejemplo, cómo hacer ejercicios, cómo bailar, cómo ponerse un suéter. Decidan qué van a enseñar a hacer y practíquenlo con sus compañeros de clase.

CH. ¿Eres un Picasso? En la cuadrícula que te va a dar tu profesor(a), hay dibujos en unos cuadrados pero faltan en otros. Tu compañero(a) tiene los dibujos que faltan en tu cuadrícula, y tú tienes los que faltan en la suya. Tu compañero(a) te va a describir los dibujos que faltan en tu cuadrícula y te va a decir dónde debes ponerlos. Dibújalos hasta llenar la cuadrícula. Describe los dibujos que faltan en la cuadrícula de tu compañero(a). Pueden alternar sus descripciones.

EJEMPLO **Dibuja un(a) . . . entre . . . y . . .**
Baja tres cuadrados y dobla a la . . .

CHARLEMOS UN POCO MÁS

A. El pájaro de papel. Form groups of three or four. Give one student in the group the instructions for making a paper bird and the others the accompanying illustrations and construction paper. Make scissors, a stapler, and thread or yarn available to all groups. Insist that groups speak only in Spanish as one student gives directions and the others do as they are told.

Materials: Scissors, stapler, 9" x 12" colorful construction paper, string or thread

B. El premio. Allow 2 min for students to individually jot down some advice they would give. Then call on individuals and ask class if they agree with advice being given.

C. Clase, levanten las manos. . . Allow 4–5 min for pairs to jot down what and how they are going to teach. Then call on several pairs to teach their lesson to the class.

Variation Allow more time to write and tell students you will collect and grade their "lesson plans".

CH. ¿Eres un Picasso? Allow students 5–8 min to describe and draw. So that students have a reference point, ask the student with FORMA A to begin by describing the box in the upper left-hand corner. Collect the art masterpieces and post them around the class for all to see.

Purpose The ***Charlemos un poco más*** section is designed to allow students to create with language in open-ended activities while giving advice and giving and understanding orders.

DRAMATIZACIONES

A. Un producto nuevo. Tell students to look at models in the ***¿Qué decimos . . .?*** section. Allow 4–5 min to prepare ads. Then call on several pairs to present their ads to the class.

B. ¿Una ensalada de frutas? Encourage students to use simple recipes like fruit salad or a sandwich. Circulate and help them with specialized vocabulary when necessary.

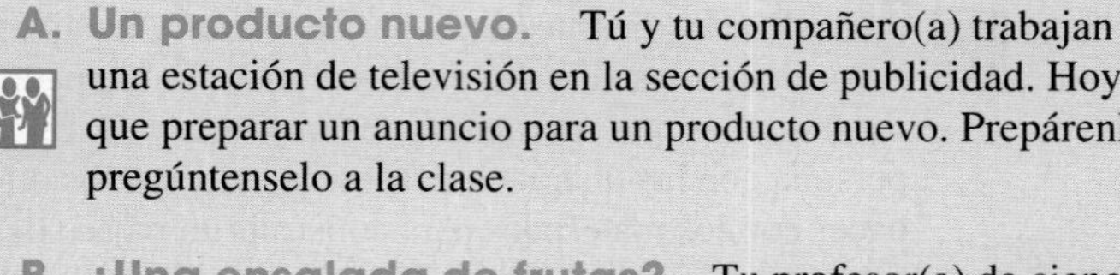

A. Un producto nuevo. Tú y tu compañero(a) trabajan para una estación de televisión en la sección de publicidad. Hoy tienen que preparar un anuncio para un producto nuevo. Prepárenlo y pregúntenselo a la clase.

B. ¿Una ensalada de frutas? Tu profesor(a) de ciencias domésticas tiene una llamada telefónica de emergencia y pide que tú y un(a) compañero(a) lo (la) sustituyan. Decidan qué receta van a enseñarle a la clase a preparar hoy. Dramaticen su presentación con la clase entera.

Purpose These role plays are designed to recycle the structures and vocabulary needed to write and present a TV advertisement and to give instructions for preparing a recipe. Encourage students to work without their books when performing their role plays.

IMPACTO CULTURAL

Tesoros nacionales

Antes de empezar

A. Hojeando. Lee rápidamente al buscar esta información en la lectura. No es necesario que entiendas o recuerdes toda la información. Sólo concéntrate en encontrarla.

1. ¿Cómo se llama la maestra?
2. ¿Dónde enseñó?
3. ¿Quién es José Vasconcelos?
4. ¿De qué fue amante la maestra?
5. ¿Cuál fue el incidente más trágico de su vida?
6. ¿Quién es Gabriela Mistral?
7. ¿Cuántos libros escribió?
8. ¿Cuál fue el premio más prestigioso que ella recibió?

B. La idea principal. Selecciona la frase que mejor exprese la idea principal de cada párrafo.

Párrafo 1
- **a.** el norte de Chile
- **b.** la juventud chilena
- **c.** dedicación a la enseñanza
- **ch.** las señoritas de Santiago

Párrafo 2
- **a.** los 31 años
- **b.** fama internacional
- **c.** José Vasconcelos
- **ch.** reforma educacional

Párrafo 3
- **a.** éxito en educación
- **b.** excelente trabajo como maestra
- **c.** manera de expresar amor
- **ch.** amor a Dios

Párrafo 4
- **a.** amor trágico
- **b.** los 17 años
- **c.** suicidio
- **ch.** tristeza y soledad

Párrafo 5
- **a.** triunfos literarios
- **b.** "Los sonetos de la muerte"
- **c.** *Desolación, Ternura, Tala* y *Lagar*
- **ch.** Amor intenso e íntimo

Párrafo 6
- **a.** Premio Nóbel de Literatura
- **b.** tres escritores
- **c.** una escritora de Hispanoamérica
- **ch.** honor

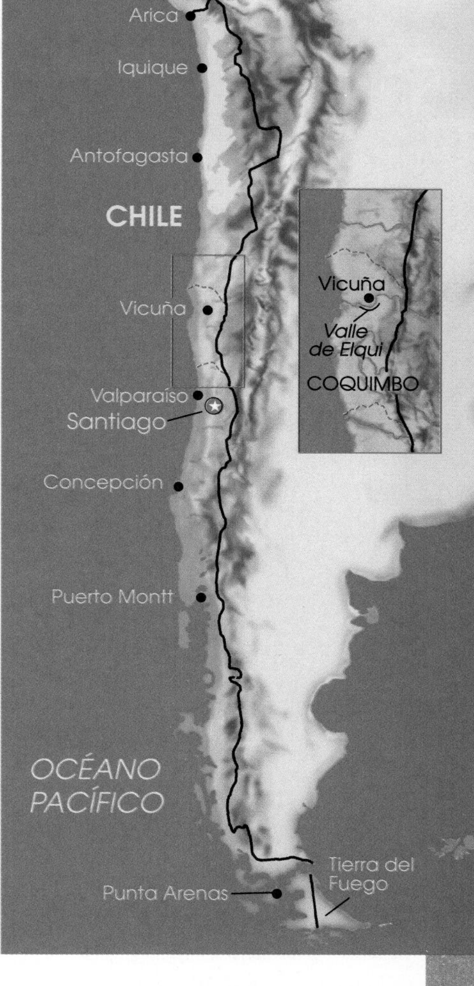

IMPACTO CULTURAL

Tesoros nacionales

Purpose This section provides additional reading practice as students learn about Gabriela Mistral, an internationally acclaimed Chilean educator and poet.

Antes de empezar

Answers

A. Hojeando.

1. Lucila Godoy Alcayaga
2. Enseñó en escuelas primarias y secundarias rurales en Chile.
3. José Vasconcelos es un famoso reformista de la educación mexicana y fue Ministro de Educación.
4. Fue amante del hombre, del universo, de Dios, de la naturaleza, de la justicia, de los humildes, de los abandonados y de los niños.
5. A los 17 años, su amante se suicidó.
6. Gabriela Mistral es una poeta chilena.
7. Escribió cuatro libros.
8. Recibió el Premio Nóbel de Literatura en 1945.

B. La idea principal.

Párrafo 1 c
Párrafo 2 b
Párrafo 3 c
Párrafo 4 a
Párrafo 5 a
Párrafo 6 a

Point out Hispanos que han ganado el Premio Nóbel de Literatura

1904	José Echegaray, España
1922	Jacinto Benavente, España
1945	Gabriela Mistral, Chile
1956	Juan Ramón Jiménez, Puerto Rico/España
1967	Miguel Ángel Asturias, Guatemala
1971	Pablo Neruda, Chile
1977	Vicente Aleixandre, España
1982	Gabriel García Márquez, Colombia/México

Maestra y amante de la humanidad

Nació en 1889 en el Valle de Elqui, provincia de Coquimbo, en el norte central de Chile. Su verdadero amor era la enseñanza, y se dedicó a educar a la juventud chilena. Fue maestra rural. Enseñó en escuelas primarias y secundarias. Sirvió como directora de escuelas y llegó a ser directora del Liceo de Señoritas de Santiago.

A los treinta y un años ya tenía fama internacional como educadora. En 1922, el famoso reformista de la educación mexicana, el Ministro de Educación José Vasconcelos, la invitó a México para cooperar en la reforma educacional de ese país.

Pero a pesar de todos estos éxitos en educación, Lucila Godoy Alcayaga es recordada no tanto por su excelente trabajo como maestra sino por la manera en que expresó su amor: amor al hombre, al universo, a Dios, a la naturaleza, a la justicia, a los humildes, a los abandonados y a los niños.

Este amor nació de un incidente trágico en la vida de la joven Lucila. Cuando ella sólo tenía diecisiete años, amó a un hombre que se suicidó, al parecer, por honor. Ella pudo haberse consumido en la tristeza de este trágico amor, tan trágico que ella nunca se casó. Pero la manera en que Lucila Godoy Alcayaga pudo sobrevivir el dolor, la tristeza y la soledad que sentía fue por expresarlos en poesía, bajo el nombre literario de Gabriela Mistral.

La poeta chilena Gabriela Mistral tuvo su primer gran triunfo literario ocho años después de la muerte de su amado cuando, en 1914, recibió el primer premio de los Juegos Florales de Santiago por "Los sonetos de la muerte". En 1922, se publicó su mejor libro, *Desolación*. En él expresa la tristeza y soledad que siente por la pérdida de su amado. En su segundo libro, *Ternura* (1924), canta el amor al hombre, a los niños, los humildes, los perseguidos y los abandonados. En su tercer libro, *Tala* (1938), se vuelve hacia el hombre, la humanidad, Dios y la naturaleza. En su último libro, *Lagar* (1954), el amor hacia todo lo creado es más intenso e íntimo.

Gabriela Mistral recibió el Premio Nóbel de Literatura en 1945. Antes de ella, sólo dos escritores de la lengua española habían recibido este honor, y ninguno había sido de Hispanoamérica.

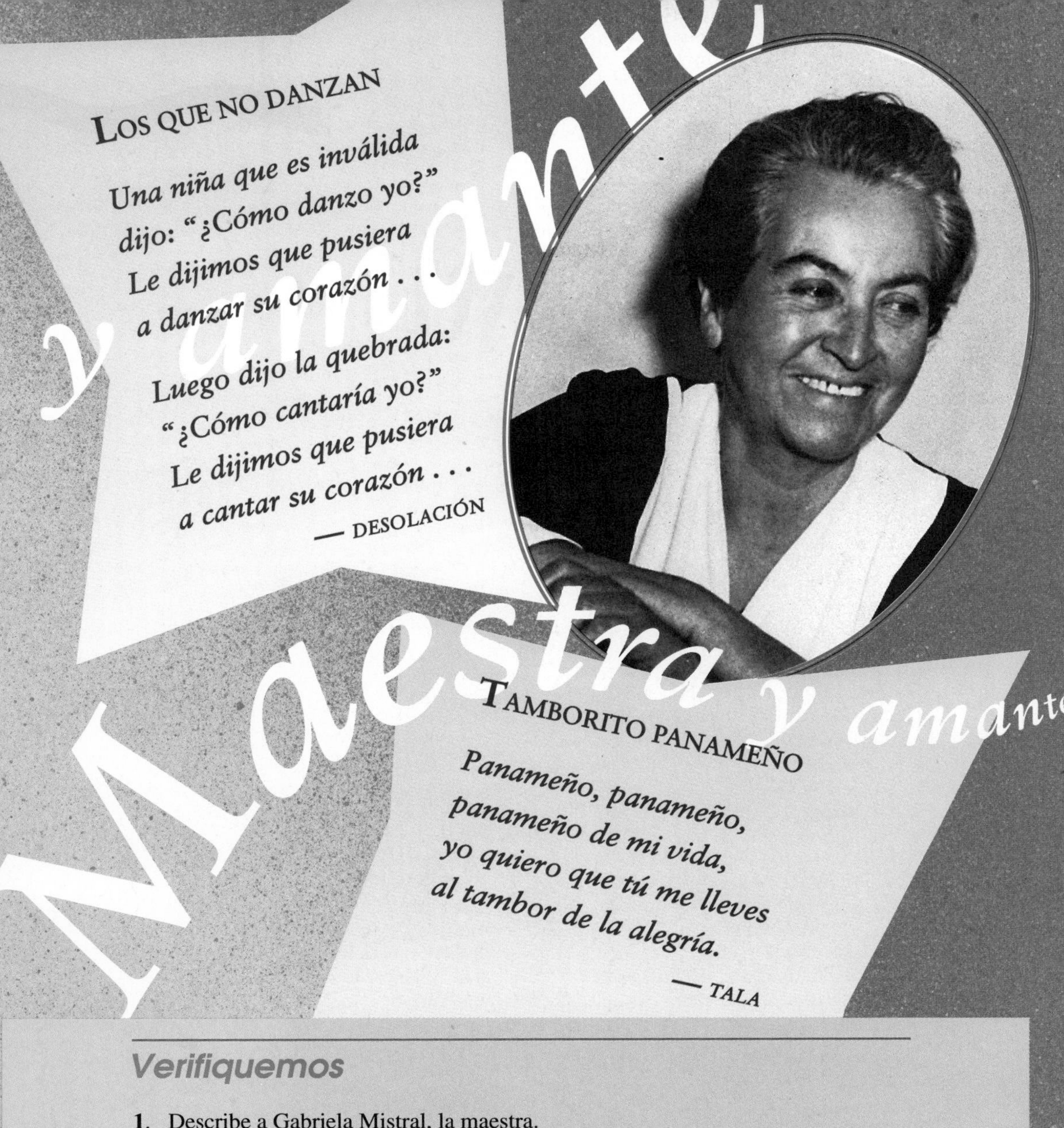

Maestra y amante
Los que no danzan
Una niña que es inválida
dijo: "¿Cómo danzo yo?"
Le dijimos que pusiera
a danzar su corazón . . .
Luego dijo la quebrada:
"¿Cómo cantaría yo?"
Le dijimos que pusiera
a cantar su corazón . . .
— DESOLACIÓN
Tamborito panameño
Panameño, panameño,
panameño de mi vida,
yo quiero que tú me lleves
al tambor de la alegría.
— TALA

Verifiquemos

1. Describe a Gabriela Mistral, la maestra.
2. Describe a Gabriela Mistral, la poeta.
3. ¿Por qué crees que Lucila Godoy Alcayaga usó el nombre literario Gabriela Mistral?
4. ¿Qué efecto tuvo la muerte de su amante en Gabriela Mistral?
5. ¿Por qué es especialmente significativo que Gabriela Mistral recibió el Premio Nóbel de Literatura en 1945?
6. Explica el título de esta lectura.

Verifiquemos

Answers

Las respuestas van a variar.

1 Gabriela Mistral enseñó en escuelas primarias y secundarias rurales. Sirvió como directora de varias escuelas, entre ellas el Liceo de Señoritas de Santiago.

2 Su poesía nació de un incidente trágico en su vida, la muerte de su amante, cuando ella tenía sólo 17 años. Escribe de la tristeza y soledad en su primer libro, *Desolación.* En su segundo libro de poesía, *Ternura*, escribe del amor al hombre, a los niños, los humildes, los perseguidos y los abandonados. En el tercer libro, *Tala*, vuelve al hombre, a la humanidad, Dios y la naturaleza y en el último, *Lagar,* escribe de un intenso e íntimo amor.

3 Ella probablemente quería mantener anonimidad porque escribía de sentimientos muy personales e íntimos.

4 Ella nunca se casó. Sobrevivió el dolor, la tristeza y la soledad a través de la poesía.

5 Es significativo porque ella fue la primera mujer hispana que recibió este honor.

6 Gabriela Mistral fue una gran maestra y, a la vez, una amante de la humanidad. Como maestra recibió reconocimiento internacional. Su poesía claramente muestra su amor a la humanidad.

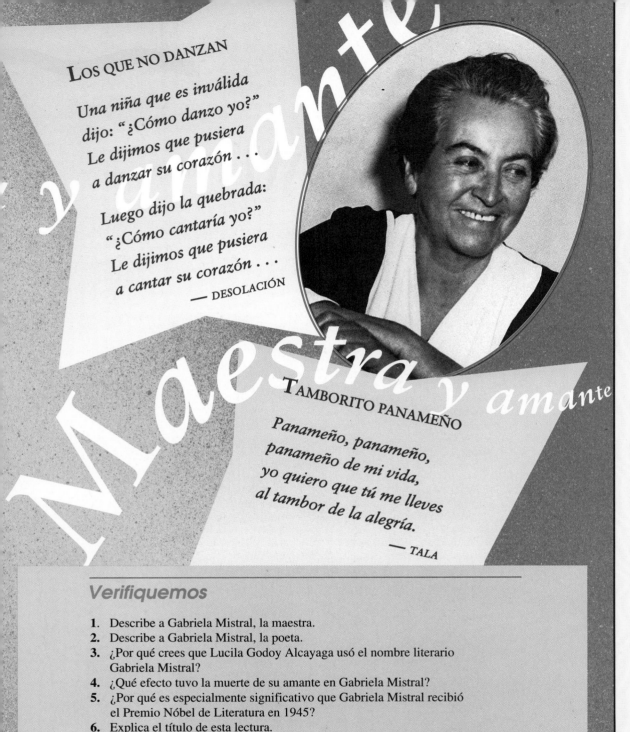

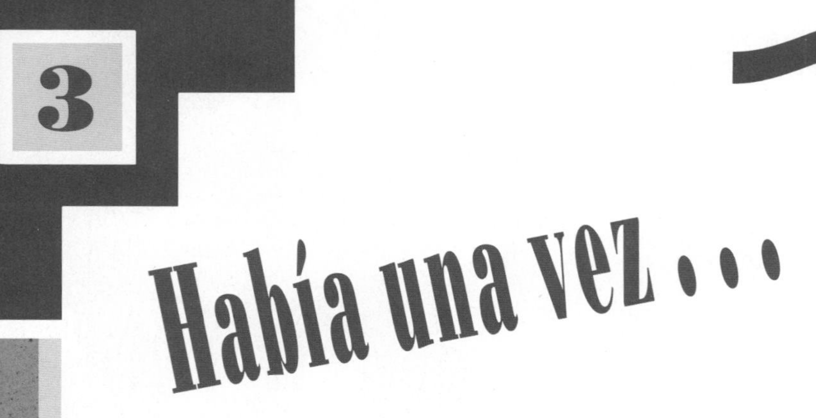

3 Había una vez . . .

OBJECTIVES

Communicative Goals

- Talking about the past
- Describing daily routines in present and past time

Culture and Reading

- **Para empezar**
  La casa embrujada
- **Leamos ahora**
  La Isla de Pascua y sus misterios . . .
- **Estrategias para leer**
  Predecir el contenido

Writing

- **Escribamos ahora**
  Writing an informative article
- **Estrategias para escribir**
  Selección de información para incluir en un artículo informativo

Structure

- 3.6 The imperfect tense
- 3.7 ***Repaso:*** Reflexive verbs

ACTIVE VOCABULARY

El cuento

acercarse
agitado(a)
ahorrado(a)
caja
cajero
colchón
con cuidado
confiar en
decisión
depositar
entregar
fortuna
guardar
meter
misterio
paciencia
resto
resolver
secreto(a)
seguro(a)
sorpresa
sugerencia
viejita

Verbos

bailar
cepillarse
correr
salir

Palabras y expresiones

cronológico(a)
cuestionario
encuesta
órden
subtítulo
suceso

ANTICIPEMOS

¿Qué piensas tú?

1. ¿Conoces algunos de estos lugares? ¿Cuáles? ¿Dónde están? ¿Qué sabes de ellos?
2. Imagínate que acabas de regresar de una excursión a uno de estos lugares. ¿Cómo lo describirías a tus amigos?
3. ¿Conoces otros monumentos o lugares misteriosos como éstos? ¿Cuáles? ¿Dónde están? Descríbelos.
4. ¿Cuáles son algunas explicaciones de lugares como éstos? ¿Son creíbles estas explicaciones? ¿Las crees tú? ¿Por qué sí o por qué no?
5. ¿Qué explicación puedes dar tú de estos tres lugares?
6. ¿Hay algunos lugares u objetos misteriosos en tu ciudad? ¿en tu estado?
7. ¿Por qué interesan tanto estos lugares misteriosos?
8. En esta lección, van a leer un cuento misterioso que escribió Luis para un programa de radio en su escuela. ¿Qué crees que vas a aprender en esta lección?

Purpose To focus students on the language and functions to be reviewed and practiced in the lesson—talking about the past. To engage students in a discussion of some of the possible explanations of mysteries such as Stonehenge, the Nasca drawings, and the Easter Island stone carvings. To invite them to speculate on why such mysteries are so intriguing.

Suggestions Use the photos to introduce the lesson content. Encourage students to use Spanish whenever possible to respond to the ***¿Qué piensas tú?*** questions, but allow English where ideas may be more complex or vocabulary may be unknown. Summarize responses in Spanish, using comprehensible input techniques to clarify your language where necessary.

ANTICIPEMOS

¿Qué piensas tú?

Answers

1 Las respuestas van a variar. Tal vez los estudiantes reconozcan algunos de estos lugares pero no sepan dónde están y no puedan nombrarlos. La foto en la página 148 es de Machu Picchu en Perú. En la página 149, la foto a la izquierda y la de abajo son de las líneas de Nasca, también en Perú. La foto de las estatuas es de la Isla de Pascua en la costa de Chile.

2 Las descripciones van a variar. Anímelos a describir usando expresiones como las siguientes: cuándo estábamos en . . . , íbamos a comer en . . . , nos levantábamos a las . . . . Permítales que contesten en inglés si es necesario.

3 Las respuestas van a variar. Tal vez mencionen lugares como *Stonehenge* en Inglaterra, *Medicine Wheel* en Wyoming, etc.

4 Se ha sugerido que fueron construidas por seres extraterrestres o misteriosas civilizaciones sofisticadas que desaparecieron misteriosamente. También han sugerido que unas de estas construcciones tuvieron importancia religiosa y que estaban relacionadas a las cuatro estaciones. Las opiniones de los alumnos sobre estas explicaciones van a variar mucho.

5 Las respuestas van a variar.

6 Las respuestas van a variar.

7 Mucha gente se interesa en lo misterioso, lo enigmático. Otros buscan las explicaciones a estos misterios con la esperanza de encontrar la solución a otros misterios.

8 **Los estudiantes aprenderán a hablar de lo que pasaba y a describir rutinas en el presente y en el pasado.**

PARA EMPEZAR

Comprehension Checks

A complete set of **Comprehension Checks** is available on cards in the Teacher's Resource Package.

Suggestions Describe a haunted house in simple Spanish: **una casa embrujada.** Outline a house on the board. Draw ghosts saying **¡Ayyy!** Then say: **Hay fantasmas en esta casa. Las puertas hacen ruidos misteriosos. Los niños tienen miedo.** Name precious metals and jewels to illustrate **tesoros.** Mime burying something: **enterrado.**

1 ¿Hay una casa embrujada en *(your town)*?

Suggestions Simplify long sentences, breaking them into segments, then rebuilding to longer sentences again. Act out being afraid: **tener miedo.** Make moaning and creaking noises: **gemidos y guejidos.** Point out flying objects—**silla, fantasma, escoba, estufa.** Show two halves of a broken pencil: **se rompían.** Explain that it's broken. Say you don't know why. Point out broken mirror, broken vase. Point out stairs: **escaleras.** Stamp feet and point to shoes on the stairs: **pasos.**

1 ¿Dónde está este pueblo? ¿en México? ¿en Guatemala? ¿en Perú?

Suggestions Explain: **Una costurera hace ropa.** Equate **una sirvienta** with **trabajadora, criada.** Explain that the dog is thin, weak, sick: **enfermizo.** Contrast **alquilar** with **comprar**. Show the seamstress and Ildefonsa saying that they don't believe in ghosts. Equate **se alquilaba a muy buen precio** with **no tenían que pagar mucho**.

1 ¿Cuál es la profesión de la joven? ¿Es cantante? ¿Es profesora? ¿Es costurera?

PARA EMPEZAR

Escuchemos un cuento peruano

1 *Los cuentos de casas embrujadas con tesoros enterrados abundan por todo el mundo. Este cuento es de Peru.*

2 *Había una vez una casa embrujada en la plaza central de un pueblo peruano. Todos los habitantes del pueblo le tenían mucho miedo a esa casa.*

¿Por qué?
Porque constantemente oían gemidos y quejidos.

Con frecuencia aparecían objetos volando por la casa.

También se rompían las cosas sin ninguna razón.

Y lo peor de todo, aunque nadie vivía en la casa, se oían los pasos de alguien que subía y bajaba las escaleras...

3 *Un día, una joven costurera con su sirvienta Ildefonsa y un perrito enfermizo, Salguerito, llegaron al pueblo. Buscaban una casa que alquilar. Como ni la costurera ni Ildefonsa creían en fantasmas, decidieron alquilar la casa embrujada porque se alquilaba a muy buen precio.*

Purpose This section develops strong active listening comprehension skills as students follow the narration of a story from Peru. This story tells of a house haunted by the spirit of its former owner until its secret is discovered by the new occupants, a theme common in "ghost" stories from Central and South America. Through the story, students will review language used to describe a sequence of events from the past. The ***Para empezar*** section provides comprehensible language without translation. It is not meant for memorization or mastery. While developing listening comprehension skills, it introduces the lesson structures in context.

4
En seguida, empezaron los problemas. ¡El pobre perro! No importaba si dormía dentro o fuera, a medianoche el fantasma de la casa le tiraba de la cola y de las orejas.
Tanto lo asustaba que sólo en la cocina quería dormir, siempre al pie de la estufa.
5
RRR
RRR
Pero no se limitaba al perro el fantasma. Malicioso como era, se pasaba mucho tiempo en el taller de la costurera. Jugaba con la máquina de coser. Se perdían las tijeras u otras cosas.
6
Las dos mujeres sentían la presencia de una persona que las seguía a todas partes de la casa.
7
El cura del pueblo vino y les dijo a las señoras que el fantasma no era asunto del diablo, sino del previo dueño de la casa.
8
Entonces, las mujeres invitaron a su casa a un hombre de nombre Florián, que era experto en encontrar a los fantasmas.
Florián se puso a buscar al fantasma por todas partes. Buscó de rincón en rincón. Dos años enteros estuvo buscando al fantasma y no lo encontró.
Durante todo ese tiempo, Salguerito siempre lo miraba, ladraba y corría a la cocina a echarse al pie de la estufa.
Al final, Florián se fue diciendo que en esa casa no había fantasmas.

4

Suggestions Mime sleeping: **dormía.** Point to the inside and the outside of the house: **dentro, fuera.** Mime pulling ears and tail: **le tiraba de la cola y de las orejas.** Mime being scared: **lo asustaba.** Point to dog sleeping by the stove: **estufa.**

1 ¿Empezaron los problemas inmediatamente?

2 . . .

5

Suggestions Equate **malicioso** with **malo, perverso**. Explain that the **taller** is the room where the seamstress works. Point out the sewing machine: **máquina de coser.** Show a pair of scissors: **tijeras.**

1 ¿Se limitaba el fantasma al perro?

2 . . .

6

Suggestions Mime checking over your shoulder to see if someone is there. Point out that the two women in the house are doing the same.

1 ¿Sentían las dos mujeres la presencia de otra persona?

2 . . .

7

Suggestions Point out priest's robes. Explain that the **cura** works in a church; many people call him **padre**. Equate **asunto** with **problema**; **previo** with **primero**.

1 ¿Vino el cura del pueblo?

2 . . .

8

Suggestions Point out corners of the room, street corners: **rincón.** Emphasize passage of time—**dos años**. Point out dog in each drawing—**mirando, ladrando, al pie de la estufa.** Show Florián saying there are no ghosts.

1 ¿A quién invitaron las mujeres a su casa? ¿a un hombre llamado Francisco? ¿a un hombre llamado Federico? ¿a un hombre llamado Florián?

2 . . .

Suggestions Have students close their books while you narrate each section using overhead transparencies and comprehensible input techniques to clarify meaning without translation. Break longer sentences into shorter utterances, pointing to elements of each drawing, acting out, demonstrating, gesturing to clarify meanings. Ask frequent **Comprehension Checks** to confirm understanding as you progress through the story.

9

Suggestions Point out Ildefonsa and the dog in the kitchen: **cocina.** Point out handle sticking out of the ground.

1 ¿Qué día era?
2 ¿Dónde estaba Ildefonsa?
3 ¿Qué estaba haciendo? ¿Preparaba la comida? ¿Limpiaba la casa?
4 . . .

10

Suggestions Equate **intrigada** with **curiosa**. Mime digging: **escarbar.** Point out knife: **cuchillo.** Mime dog scratching with his paws: **escarbó con sus patitas.**

1 ¿Se puso a escarbar por curiosidad o para calmar al perro?
2 ¿Cómo se puso a escarbar? ¿con las manos? ¿con una cuchara? ¿con un tenedor? ¿con una pala? ¿con un cuchillo?
3 ¿Escarbó Salguerito también?
4 . . .

11

Suggestions Point out **la olla.** List precious metals, jewels, and gemstones: **oro y plata, joyas y piedras preciosas.**

1 ¿Qué apareció? ¿un fantasma? ¿una olla?
2 ¿Qué había en la olla? ¿dinero? ¿diamantes? ¿rubíes? ¿perlas? ¿monedas de plata? ¿piedras preciosas?

12

Suggestions Break the long sentence into a sequence of shorter statements: **La costurera, su sirviente, y su perro salieron de la casa. Salieron del pueblo. Se llevaron el tesoro. Quizás se llevaron al fantasma también. ¿Por qué? Porque desde ese día nadie vio al fantasma.**

1 ¿Salieron la costurera, Ildefonsa, y Salguerito de la casa? ¿Salieron del pueblo?
2 ¿A qué hora salieron?
3 ¿Se llevaron el tesoro?
4 . . .

9
Poco después, un día domingo cuando Ildefonsa estaba en la cocina preparando la comida y Salguerito dormía en su lugar favorito, al pie de la estufa, Ildefonsa vio algo raro donde estaba Salguerito.
10
Intrigada, Ildefonsa se puso a escarbar con un cuchillo... Y Salguerito escarbó con sus patitas.
11
De repente, apareció una olla llena de tesoro magnífico—una olla repleta de monedas de oro y plata, de joyas y piedras preciosas.
12
Dicen que ese domingo, a medianoche, la costurera, Ildefonsa y Salguerito salieron del pueblo no sólo llevándose el tesoro, sino también al fantasma, porque después de ese día, no volvió a verse u oírse el fantasma en la casa.
Nadie sabe adónde se fueron.
152 ciento cincuenta y dos

Point out **El entierro** or **tesoro enterrado** is a common theme in the oral tradition of Peru and other Latin American countries. Many years ago, it was customary for the wealthy to bury their fortune in secret hiding places. Often they would die, without telling anyone where their fortune was hidden. Legend has it that when that would happen, the soul of the landlord would stay behind to try to communicate to family members where the treasure was hidden.

¿QUÉ DECIMOS AL ESCRIBIR...?

Un cuento

Éste es el cuento policíaco que escribió Luis para leer en la radio. ¿Puedes resolver el misterio?

Había una vez una viejita que no confiaba en nadie. Tenía mucho dinero ahorrado que guardaba en su colchón porque no confiaba en los bancos y no quería entregarles su dinero. Todos los días se levantaba temprano, se sentaba a la mesa y contaba su dinero.

Un día, su nieta supo que guardaba una fortuna en un lugar secreto y se puso muy agitada. Le dijo: —¡Abuelita! ¡Tienes que poner tu dinero en un lugar seguro! ¿Por qué no lo llevamos al banco?

La abuelita le contestó: —¡Paciencia, hija! Yo no llegué a los 75 años sin haber aprendido algo. Ese dinero era de tu abuelo y tengo que guardarlo con mucho cuidado. Pero, . . . sí voy a considerar tu sugerencia.

La nieta añadió: —Por favor, abuelita. Piénsalo bien.

¿QUÉ DECIMOS...?

Early Production Checks

A full set of **Early Production Checks** is available on cards in the Teacher's Resource Package.

Párrafo 1
Point out the old woman: **viejita.** Enumerate people and places she doesn't trust—**bancos, sus amigos, la gente en la calle**. Equate **ahorrado** with **acumulado; entregar** with **dar**. Point out that she is hiding money in the mattress: **el colchón.** Mime getting up **(se levantaba)**; sitting at table **(se sentaba)**; counting money **(contaba)**.

1 ¿En quién confiaba la viejita?
2 ¿Tenía mucho o poco dinero?
3 ¿Dónde lo guardaba?
4 . . .

Párrafo 2
Point out and identify woman and her granddaughter: **nieta.** Equate **supo** with **descubrió**. Act out **agitada**. Narrate what the girl and her grandmother say in the third person, then read their words: **La nieta no cree que el dinero está seguro. Quiere que su abuela lo ponga en un banco**, etc. Equate **considerar** with **pensar**.

1 ¿Quién es?
2 ¿Qué supo la nieta?
3 ¿Cómo se puso cuando lo supo?
4 . . .

Purpose This section introduces students to the language and functions to be reviewed and practiced in the lesson—describing ongoing past events—in the context of the mystery story Luis wrote for his composition class. It prepares students for practice with the lesson forms and structures in the context of a short story. Students should not be expected to memorize or master the text. Reading comprehension and early production of key vocabulary and structures are the goals.

Suggestions Call on students to read aloud one paragraph at a time. Ask **Early Production Checks** frequently to confirm understanding and to develop accurate pronunciation of key elements. Use the drawings and comprehensible input techniques to clarify any language the class does not understand.

Párrafo 3
Mime thinking: **pensó y pensó.** Nod thoughtfully. Equate **tal vez** with **quizás**. Mime her taking the money out of the mattress **(lo sacó)**; putting it in a paper bag **(lo metió)**. Point out the woman sitting on the bench eating her lunch: **se sentó a comer.** Point out the two paper bags—one with the money in it, one with her lunch.

1 ¿Consideró la abuela poner el dinero en el banco?
2 ¿Decidió que su nieta probablemente tenía razón?
3 ¿Dónde consideró guardar su dinero?
4 . . .

Párrafo 4
Point out the **caja** and the **cajero**. Act out greeting the cashier and handing him the bag: **le presentó.** Mime the cashier opening the bag. Act out his surprise: **sorpresa.** Quote what he might say: **Pero, señora. No hay dinero en esta bolsa. Hay los restos de un sándwich y una naranja, pero no hay dinero.** Act out the woman's reaction.

1 ¿Adónde fue cuando terminó de comer?
2 ¿A qué se acercó cuando entró en el banco?
3 ¿Qué le presentó al cajero?
4 . . .

La abuela pensó y pensó. —Tal vez mi nieta tenga razón. Tal vez deba meter mi dinero en el banco—. Entonces un día cuando hacía muy buen tiempo, la abuela tomó una decisión. Decidió ir al banco a depositar su dinero. Con mucho cuidado, lo sacó del colchón y lo metió en una bolsa de papel. Salió camino al banco, pero como hacía tan buen tiempo, se sentó a comer en el parque. Mientras comía, tomaba el sol y pensaba en su decisión.

Cuando terminó de comer, siguió al banco. Al llegar, entró y se acercó a una caja. Saludó al cajero y le presentó la bolsa de papel, diciendo:

—Ésta es toda mi fortuna. Quiero guardarla aquí en su banco.

—Cómo no, señora—, respondió el cajero y abrió la bolsa.

¡Y qué sorpresa tuvo cuando en la bolsa no encontró nada más que los restos del almuerzo de la abuelita! Cuando le mostró la bolsa a la abuelita, ésta empezó a gritar:

—¡Ave María purísima! ¡Mi dinero! ¡Mi dinero! ¿Qué pasó con mi dinero? ¡Dios mío! ¿Qué voy a hacer?

CHARLEMOS UN POCO

A. PARA EMPEZAR . . . Indica a quién(es) o a qué se refieren estas descripciones del cuento "La casa embrujada".

1. Hacía gemidos y quejidos constantemente.
2. Buscaba una casa que alquilar.
3. Tan asustado estaba que sólo quería dormir a pie de la estufa.
4. Jugaba con la máquina de coser.
5. Era experto en encontrar a los fantasmas.
6. Se oían sus pasos cuando subía y bajaba las escaleras.
7. Vio algo raro donde estaba Salguerito.
8. Salieron del pueblo y no volvieron.
9. Dos años estuvo buscando al fantasma y no lo encontró.
10. Se puso a escarbar con sus patitas.

B. ¿QUÉ DECIMOS . . .? Pon en orden cronológico los sucesos del cuento de la viejita.

1. Decidió ir al banco con su dinero.
2. Hacía muy buen tiempo.
3. Había una viejita que no confiaba en nadie.
4. No encontró el dinero.
5. La abuela pensó y pensó.
6. Guardaba mucho dinero en un colchón.
7. El cajero abrió la bolsa.
8. Su nieta le dijo: "¿Por qué no lo llevamos al banco?"
9. Comió en el parque.
10. Dijo que quería abrir una cuenta.

CHARLEMOS UN POCO

A. PARA EMPEZAR . . .
Call on individual students. Have class confirm each answer.

1. el fantasma
2. la costurera
3. Salguerito
4. el fantasma
5. Florián
6. el fantasma
7. Ildelfonsa
8. todos menos Florián
9. Florián
10. Salguerito

B. ¿QUÉ DECIMOS . . .?
Have students work in pairs first. Allow 2–3 min to decide on correct order. Then call on different pairs to tell what happened first, second, etc. Have class confirm each step.

1. Había una viejita que no confiaba en nadie. (3)
2. Guardaba mucho dinero en un colchón. (6)
3. Su nieta le dijo: "¿Por qué no lo llevamos al banco?" (8)
4. La abuela pensó y pensó. (5)
5. Decidió ir al banco con su dinero. (1)
6. Hacía muy buen tiempo. (2)
7. Comió en el parque. (9)
8. Dijo que quería abrir una cuenta. (10)
9. El cajero abrió la bolsa. (7)
10. No encontró el dinero. (4)

Purpose These exercises provide guided practice as students talk about what used to happen and describe daily routines. It is not necessary to do all exercises in this section, once your students have demonstrated mastery of these functions.

C. ¿Quieres ir al cine? Call on individual students. Have class confirm each response.

1 Marisol limpiaba su cuarto.
2 Tú y Alfredo preparaban la cena.
3 Lorena y Martín estudiaban para un examen.
4 Tú mirabas un video.
5 Pilar se lavaba el pelo.
6 Chavela y yo no estábamos en casa.
7 Alonso hablaba con su abuela.
8 Yo paseaba en bicicleta.
9 Elisa escuchaba la radio.
10 Nosotros jugábamos fútbol.

CH. Entrevista. Allow 2–3 min for pair work. Then call on individuals to tell what their partners used to do. Answers will vary.

1 ¿Bebías leche? *Sí, bebía leche.*
2 ¿Comías pizza? *No, no comía pizza.*
3 ¿Salías a jugar? *Sí, salía a jugar.*
4 ¿Aprendías muchas cosas nuevas? *Sí, aprendía muchas cosas nuevas.*
5 ¿Recibías cartas? *No, no recibía cartas.*
6 ¿Escribías tarjetas? *No, no escribía tarjetas.*
7 ¿Te dormías en clase? *Sí, me dormía en clase.*
8 ¿Hacías ejercicio? *No, no hacía ejercicio.*
9 ¿Leías cuentos? *Sí, leía cuentos.*
10 ¿Subías a los carros chocones? *No, no subía a los carros chocones.*
11 ¿Vivías en esta ciudad? *No, no vivía en esta ciudad.*
12 ¿Asistías a conciertos de rock? *No, no asistía a conciertos de rock.*

D. ¡El tiempo pasa volando! Have students work in pairs. Allow 2–3 min, then call on individual students. Have class confirm each response.

1 Nosotros los visitábamos todos los veranos.
2 Mi padre nos llevaba a la playa todos los días.
3 Mis hermanas y yo nadábamos y jugábamos en la playa todo el día.
4 Yo tenía cinco años en esa foto.
5 A mamá no le gustaba la playa.
6 Ella siempre llevaba sombreros grandes.
7 Abuela y mi mamá preferían sombreros grandes.

Imperfect tense: *-ar* verbs

-aba	-ábamos
-abas	
-aba	-aban

De niño, yo **estudiaba** mucho.
Nosotros nunca **comprábamos** nada allí.

See **¿Por qué se dice así?,** *page G48, section 3.6.*

Imperfect tense: *-er* / *-ir* verbs

-ía	-íamos
-ías	
-ía	-ían

Primero **leíamos** el periódico.
¿Dónde **vivías?**

See **¿Por qué se dice así?,** *page G48, section 3.6.*

C. ¿Quieres ir al cine? ¿Qué hacían tú y tus amigos cuando llamó Mario para invitarlos a salir?

MODELO Beto: trabajar
Beto trabajaba.

1. Marisol: limpiar su cuarto
2. tú y Alfredo: preparar la cena
3. Lorena y Martín: estudiar para un examen
4. tú: mirar un video
5. Pilar: lavarse el pelo
6. Chavela y yo: no estar en casa
7. Alonso: hablar con su abuela
8. yo: pasear en bicicleta
9. Elisa: escuchar la radio
10. nosotros: jugar fútbol

CH. Entrevista. Cuando eras niño(a), ¿hacías estas cosas? Contesta las preguntas de tu compañero(a).

MODELO correr mucho
Compañero(a): **¿Corrías mucho?**
Tú: **Sí, corría todos los días.** o **No, no corría mucho.**

1. beber leche
2. comer pizza
3. salir a jugar
4. aprender muchas cosas nuevas
5. recibir cartas
6. escribir tarjetas
7. dormirse en clase
8. hacer ejercicio
9. leer cuentos
10. subir a los carros chocones
11. vivir en esta ciudad
12. asistir a conciertos de rock

D. ¡El tiempo pasa volando! Solé está describiendo unas viejas fotos de su familia. ¿Qué dice?

EJEMPLO abuelos / vivir / esta casa
Mis abuelos vivían en esta casa.

1. nosotros / vistarlos / todos los veranos
2. padre / llevarnos / playa todos los días
3. hermanas y yo / nadar y / jugar / playa todo el día
4. yo / tener / cinco años / esa foto
5. mamá / no gustarle / playa
6. ella siempre / llevar sombreros / grandes
7. abuela y mi mamá / preferir / sombreros grandes

E. El sábado. ¿Qué hacían estas personas el sábado a las tres?

Maribel

MODELO **Maribel tocaba el piano.**

1. nosotros

2. Luisa y Pablo

3. Ramón y Gerardo

4. Gloria

5. yo

6. la familia Bravo

7. el secretario

8. mis amigos y yo

9. Dolores

10. Lucas y Anita

E. El sábado. Call on individual students.

1 Nosotros bailábamos.
2 Luisa y Pablo jugaban tenis.
3 Ramón y Gerardo comían pizza.
4 Gloria tomaba un refresco.
5 Yo me bañaba.
6 La familia Bravo escuchaba música.
7 El secretario escribía cartas.
8 Mis amigos y yo alquilábamos videos.
9 Dolores corría.
10 Lucas y Anita paseaban en bicicleta.

F. Todos los días. Allow 2–3 min for pair work. Then call on individual students to tell you what their partners do. Answers may vary.

1 ¿Qué haces primero, oyes la radio o te despiertas? *Me despierto antes de oír la radio.*
2 ¿Qué haces primero, tomas café or te levantas? *Me levanto antes de tomar café.*
3 ¿Qué haces primero, te pones la bata o te pones las zapatillas? *Me pongo la bata antes de ponerme las zapatillas.*
4 ¿Qué haces primero, te lavas los dientes o te cepillas el pelo? *Me lavo los dientes antes de cepillarme el pelo.*
5 ¿Qué haces primero, te arreglas o te vistes? *Me visto antes de arreglarme.*
6 ¿Qué haces primero, te bañas o te peinas? *Me baño antes de peinarme.*
7 ¿Qué haces primero, desayunas o te arreglas? *Desayuno antes de arreglarme.*
8 ¿Qué haces primero, te pones los pantalones o te pones los calcetines? *Me pongo los calcetines antes de ponerme los pantalones.*
9 ¿Qué haces primero, te acuestas o te duermes? *Me acuesto antes de dormirme.*
10 ¿Qué haces primero, te lavas los dientes o te quitas la ropa? *Me quito la ropa antes de lavarme los dientes.*

G. Cuando era niño . . . Call on individual students. Have class confirm each response. Sentences will vary.

Yo desayunaba lentamente.
Mamá se levantaba temprano.
Mis hermanitos se bañaban rápidamente.
Mis padres almorzaban a mediodía.
Mi hermana se vestía rápidamente.
Papá y yo nos acostábamos a las 9:00.

REPASO

Reflexive pronouns

me acuesto	**nos** acostamos
te acuestas	
se acuesta	**se** acuestan

Nos acostamos muy tarde anoche.
¿**Te** peinaste esta mañana?

See **¿Por qué se dice así?,** *page G49, section 3.7.*

F. Todos los días. Tu compañero(a) está haciéndote preguntas de una encuesta que encontró en una revista. ¿Qué le respondes?

MODELO afeitarse / peinarse
Compañero(a): **¿Qué haces primero, te afeitas o te peinas?**
Tú: **Me afeito antes de peinarme.** o **Me peino antes de afeitarme.**

1. oír la radio / despertarse
2. tomar café / levantarse
3. ponerse la bata / ponerse las zapatillas
4. lavarse los dientes / cepillarse el pelo
5. arreglarse / vestirse
6. bañarse / peinarse
7. desayunar / arreglarse
8. ponerse los pantalones / ponerse los calcetines
9. acostarse / dormirse
10. lavarse los dientes / quitarse la ropa

G. Cuando era niño . . . El abuelo de Andrea está contándole lo que hacían él y su familia los domingos cuando era niño. ¿Qué dice?

EJEMPLO **Mamá se acostaba tarde.**

yo mamá mis hermanitos mis padres mi hermana papá y yo	desayunar levantarse acostarse bañarse afeitarse vestirse almorzar	a las 10:30 temprano rápidamente a las 9:00 tarde lentamente al mediodía a las 8:00

CHARLEMOS UN POCO MÁS

A. Nuestro álbum. Tú y un(a) compañero(a) están viendo las fotos que sacaron el verano pasado. Escriban subtítulos para cada foto. Digan quiénes son las personas en las fotos y qué hacían estas personas. Luego en grupos de 4 a 6, lean los subtítulos a las otras personas en su grupo.

EJEMPLO **Son mamá y papá. Preparaban unas hamburguesas para nosotros el cuatro de julio.**

Ejemplo

1.

2.

3.

4.

5.

6.

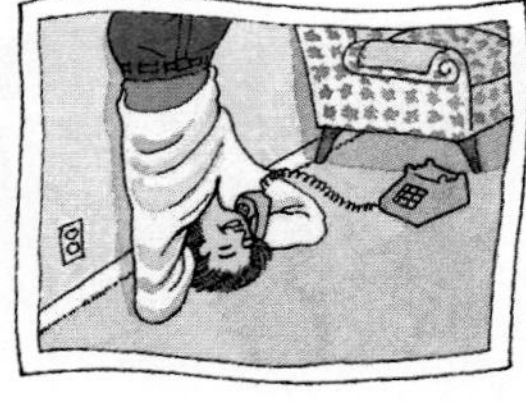

7.

B. Encuesta. Usa el cuestionario que te va a dar tu profesor(a) para entrevistar a varias personas de la clase. Pregúntales si hacían estas cosas cuando eran estudiantes en la escuela primaria. Pídeles a las personas que contesten afirmativamente que firmen el cuadrado apropiado. Recuerda que no se permite que una persona firme más de una vez.

MODELO **¿Visitabas a tus abuelos en el verano?**

CHARLEMOS UN POCO MÁS

A. Nuestro álbum. Allow 2–3 min for pair work and another 2 min for group work. Then call on individual students to describe each picture. Ask class if anyone has a different description for each picture. You may want to have students form new groups and describe their photos to the new group members.

Variation Have students bring in their own photos from the previous summer and in groups of four, describe what they were doing. Have each group decide who in their group had the most interesting summer.

B. Encuesta. Have students move around the class asking each other questions. Allow 6–8 min. Check answers by calling on individuals that signed.

Purpose These activities allow students to use recently learned language as they talk about what used to happen and about daily routines. Responses in this section are much more open–ended and often have several possible correct answers.

C. Me levanto a las seis. Allow 2 min to prepare individual list and another 2 min to compare lists in groups of three. Go over work on board asking class to correct any errors.

CH. ¡Al revés! Call on individual students. Ask class to confirm each response.

DRAMATIZACIONES

A. ¿Más fácil o más difícil? Allow 4–5 min to prepare role plays. Then have students perform their role plays in groups of 6 or 8. If time allows, have each group select the best role play and have it repeated for the whole class.

B. Probablemente jugaba a . . . Tell students to be creative in imagining what you were like as a high school student. Allow 4–5 min to prepare discussions. Then call on volunteers to present their dialogs to the class.

Extension Have students prepare questions to ask you to see if the dialogue they concocted had any basis in reality or not.

C. Me levanto a las seis. Prepara una lista de cinco actividades de tu rutina diaria al prepararte para ir a la escuela. Luego compara tu lista con la de dos compañeros. Escribe en la pizarra las actividades en tu lista que no aparecen en las listas de tus compañeros.

CH. ¡Al revés! Tu profesor(a) dice que cuando era estudiante de secundaria, siempre tenían una ''Semana Loca'' en su colegio. Según el (la) profesor(a), ¿qué hacían durante esa semana?

Dramatizaciones

A. ¿Más fácil o más difícil? Tú y tu compañero(a) están tratando de decidir si hace cinco años su vida era más fácil o más difícil de lo que es ahora. Dramaticen su conversación.

B. Probablemente jugaba a . . . Tú y tus compañeros están tratando de imaginarse cómo era y qué hacía su profesor(a) de español cuando era estudiante de secundaria. Dramaticen esta discusión.

Purpose These role plays are designed to recycle the structures and vocabulary needed to compare life five years ago with that of today and to discuss the teacher's life as a teenager. Encourage students to work without their books when performing their role plays.

LEAMOS AHORA

Estrategias para leer:
Predecir el contenido

A. Título e ilustraciones. La mayor parte del tiempo leemos para conseguir nueva información o más información sobre algún tópico. Con frecuencia, el título de un artículo anuncia el tema de la lectura y le da una idea al lector del tipo de información que se va a encontrar en el artículo.

1. Hay dos palabras afines en el título de esta lectura. Estas dos palabras te dicen que la lectura es de una ____ y que hay algún ____ relacionado a este lugar.
2. Ahora mira las fotos que acompañan la lectura. Es probable que no sepas el significado de la palabra *Pascua* en el título, pero en las fotos hay objetos que tú ya conoces. ¿Dónde están estas gigantescas esculturas? Bien. Entonces ya sabes que el artículo contiene información sobre ____ .

Bogotá
COLOMBIA
Quito
ECUADOR
PERÚ
Lima
Isla de Pascua
Océano Pacífico
3.700 kilómetros
CHILE
Santiago

B. Predecir el contenido. Una buena manera de prepararte para leer es tratar de predecir el contenido de la lectura. Prepárate para predecir el contenido de esta lectura por crear tres columnas en una hoja de papel y poner como título de las columnas:

1. **Lo que sé**
2. **Lo que no sé.**
3. **Lo que aprendí.**

Luego sigue este modelo al completar el formulario con toda la información que ya tienes a mano sobre la Isla de Pascua y la información que te gustaría saber.

Lo que sé	*Lo que no sé*	*Lo que aprendí*
1. La Isla de Pascua está en Sudamérica.	*1. ¿De qué país es la Isla de Pascua?*	

C. ¡A confirmar! Ahora lee el artículo dos veces, por lo menos. La primera vez, léelo sin parar, para tener una buena idea del mensaje principal. La segunda vez, llena la tercera columna en el formulario que preparaste en el ejercicio **B**. Una parte de lo que leíste va a confirmar lo que ya sabías, otra parte va a contestar algunas de las preguntas que escribiste en la segunda columna y otra parte va a incluir información que no anticipaste del todo.

Purpose This is the principal reading of the unit. Its purpose is to teach students to read using appropriate strategies. Here they will predict the reading content by focusing on the titles first, then the visuals. Students are not expected to understand every word in the title. Rather, they should use the visuals and what they do know to try to predict what the reading will be about. This strategy can be applied to almost any reading.

LEAMOS AHORA

Answers

A. Título e ilustraciones.
Suggestions Have students work in pairs and allow 2 min to answer these questions. Call on several pairs to share their answers with the class. Ask if others agree. Tell students to come back to their predictions after they have read the selection.
1 isla / misterio
2 la Isla de Pascua

B. Predecir el contenido.
This activity is designed to let students know that previous knowledge about a specific subject can help them predict the content of a reading as well as better understand what they read. (In a daily situation, they would most likely *not* write down this information, but rather process it mentally.)

Las respuestas van a variar.

C. ¡A confirmar!
Las respuestas van a variar.

La Isla de Pascua y sus misterios . . .

La Isla de Pascua—un lugar remoto y lleno de misterio, en el Océano Pacífico—continúa siendo un punto de interés para los arqueólogos e historiadores . . . ¡Allí se encuentra el secreto de sus antiguos habitantes, de los constructores de los formidables *moais* . . . esos gigantescos monolitos de piedra, dispersos por toda la isla, que constituyen uno de los misterios más grandes de todos los tiempos!

Según comenta el arqueólogo Eduardo Edwards, "el primer contacto que tuvieron los pascuenses con los hombres blancos europeos fue en 1722 en un domingo de Pascua de Resurrección de ese año, el navegante holandés Jacob Roggeween descubrió la isla y sus grandes estatuas de piedra . . . ¡pero ya en aquel entonces los nativos no sabían nada de ellas . . . desconocían su origen!

Poco a poco los científicos fueron concibiendo la idea de que los habitantes de la Isla de Pascua no eran en realidad descendientes de la cultura original que la habitó, sino que era un pueblo que había llegado posteriormente. Pero . . . ¿qué pueblo fue el primero en habitar la isla? Muchos historiadores se inclinan a creer que fueron los de la Polinesia, pues entre los habitantes de la isla existía una leyenda que narraba episodios de una guerra entre dos grupos humanos, en la que los polinesios exterminaron al grupo anterior. Además, los misioneros y los primeros europeos en llegar a Pascua encontraron mucha similitud entre sus habitantes y los del resto de la Polinesia . . . incluso hasta en el lenguaje.

Sin embargo, no todos los científicos piensan igual. Por ejemplo, en el año 1956 el famoso especialista noruego Thor Heyerdahl planteó la teoría de que el origen de los pascuenses era peruano. Según él, "algún grupo peruano-incaico podría haber partido de Perú en una balsa, llegado a la Isla y subyugado a sus habitantes hasta convertirlos en trabajadores que, bajo sus órdenes, tallaban las gigantescas estatuas". No obstante, las corrientes actuales de la ciencia parecen aceptar el origen polinesio de los habitantes del lugar . . . lo que todavía deja muchas preguntas sin contestar.

Según los estudios del polen realizados por el paleontólogo John Slenley de Inglaterra, "en la parte interior alta de la isla existían abundantes bosques, mientras que en la zona más baja—entre los 50 y 200 metros de altura—se encontraba una extensa sabana". Otras exploraciones permitieron suponer que los antiguos pascuenses cortaban madera para la construcción de botes.

Ni la historia, ni la arqueología han descubierto quiénes fueron los creadores de los aproximadamente 600 *moais* en la Isla de Pascua. ¡Algunos pesan más de 60 toneladas!

"Los Siete *Moais*", como los indentifican los nativos. ¿Por qué si todos los demás *moais* fueron ubicados de espaldas al mar, únicamente éstos recibieron una orientación diferente?

Todo esto parece indicar que los antiguos habitantes de la isla fueron destruyendo los bosques, y a medida que lo hacían, la tierra se fue secando, el clima fue cambiando y la gente que vivía en el interior ya no tuvo agua, viéndose obligados a regresar a la costa.

Nada se sabe de certeza al respecto, pero sin duda los *moais* son prueba del nivel tecnológico de aquellos hombres que fueron capaces de elevar esos gigantescos monolitos de piedra. ¡Y mientras los científicos continúan trabajando para responder todas las preguntas que hoy nos seguimos haciendo sobre la Isla de Pascua y sus misterios . . . los *moais* siguen allí, en su sitio, ¡como testigos del pasado, que los hombres de hoy se esfuerzan por conocer!

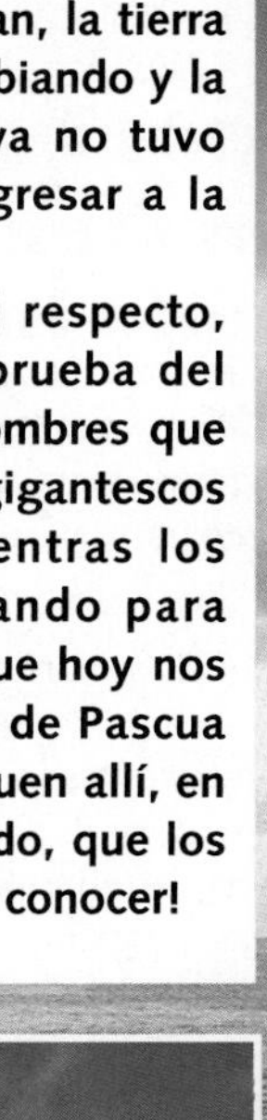

¿Qué representará la corona de este *moai*?

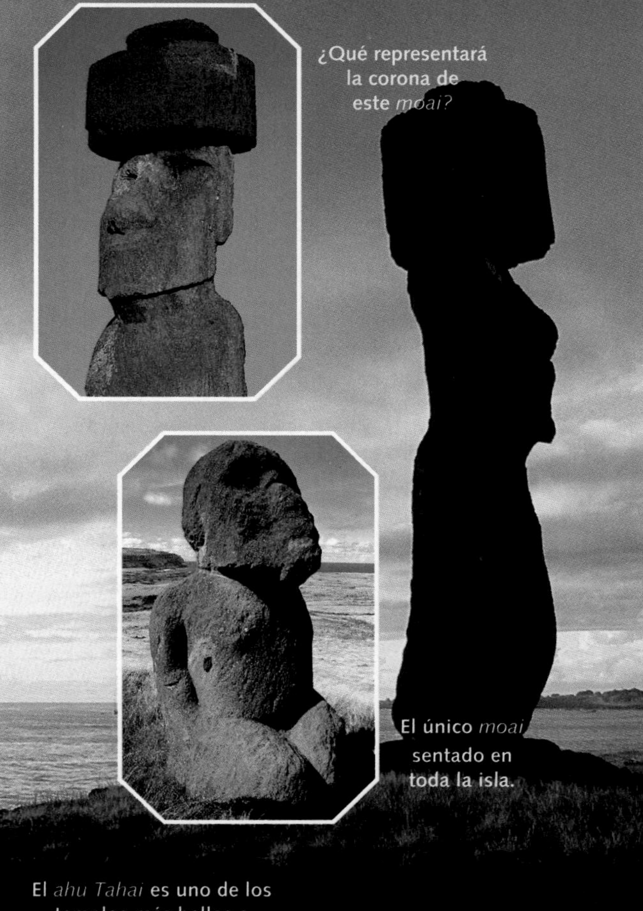

El único *moai* sentado en toda la isla.

El *ahu Tahai* es uno de los templos más bellos e importantes que aún se conservan en la Isla de Pascua.

Verifiquemos

A. Formulario. Ahora repasa la información en el formulario que preparaste en los ejercicios **B** y **C** y contesta estas preguntas.

1. ¿Confirmó el artículo toda la información que habías escrito en la primera columna? ¿Resultó incorrecto algo que escribiste en la primera columna?
2. ¿Contestó la lectura todas tus preguntas en la segunda columna? Si no, ¿dónde podrías encontrar más información sobre la Isla de Pascua?
3. ¿Qué aprendiste en esta lectura que no habías anticipado del todo?

B. ¡A compartir! Ahora compara tu formulario con el de dos o tres compañeros de clase. Escribe en la tercera columna de tu formulario todo lo que aparezca en la tercera columna de sus formularios que no aparece en la tuya.

Verifiquemos

Answers

A. Formulario.
Las respuestas van a variar.

B. ¡A compartir!
Las respuestas van a variar.

ESCRIBAMOS AHORA

A. Empezar.
Las respuestas van a variar.

B. Al seleccionar el tema.
Students may want to consult with their parents or grandparents to decide on an appropriate place. Allow them a day or two to do this.

C. Organizar. Allow 5–8 min for students to prepare charts individually.

ESCRIBAMOS AHORA

Estrategias para escribir:
Selección de información para incluir en un artículo informativo

A. Empezar. En la sección **Leamos ahora,** aprendiste estrategias para ayudarte a predecir y recordar información de un artículo. Veamos como puedes usar estrategias similares al prepararte para escribir un artículo informativo.

1. ¿Qué escribiste en cada columna del formulario anterior antes de leer el artículo sobre la Isla de Pascua?
2. ¿Cómo te ayudó esta información a encontrar y recordar la nueva información que leíste?
3. Si tuvieras que preparar un formulario similar para ayudarte a organizar información para un artículo que vas a escribir, ¿cuáles serían algunos títulos que podrías usar en las columnas de ese formulario?

B. Al seleccionar el tema. Selecciona un lugar o sitio en tu comunidad o estado que sería de interés para algunos lectores. Tal vez necesites buscar información sobre el lugar que seleccionaste. Puedes visitar el sitio, llamarlo por teléfono o escribir una carta a algún departamento de turismo para pedir información.

C. Organizar. Ahora prepara un formulario similar al que sigue. Puedes usar los mismos títulos para tus columnas o crear tus propios títulos.

¿Qué se sabe de mi tópico?	En mi opinión, ¿qué más se quiere saber?	¿Qué más quiero yo que se aprenda del tópico?
1. Nombre del sitio.	2. Origen del nombre.	3. ¿Por qué se considera importante este sitio?

Tu artículo probablemente va a incluir información apropiada para cada columna de tu formulario, pero es probable que no necesites usar toda la información que consigas sobre el sitio. Usa un marcador para indicar en tu formulario toda la información que en tu opinión tiene que incluirse. Si quieres, puedes usar marcadores de diferentes colores para indicar si la información debe estar en el primer, el segundo o el tercer (etc.) párrafo.

Purpose In this section, students are asked to apply speaking and writing skills developed in the unit to a real-life writing task. They will use strategies they began to develop in Unit 1 as they learn to organize information to be included in an informative article.

CH. Primer borrador. Ahora usa la información en tu formulario para escribir un artículo sobre el lugar o sitio que seleccionaste. Decide si ilustraciones o fotos harían tu artículo más interesante o informativo. Si decides que sí, indica dónde las pondrías y de qué sería cada foto.

D. Compartir. Comparte el primer borrador de tu artículo con dos compañeros de clase. Pídeles sugerencias. Pregúntales si hay algo más que desean saber sobre tu sitio, si hay algo que no entienden, si hay algo que puede o debe eliminarse. Dales la misma información sobre sus sitios cuando ellos te pidan sugerencias.

E. Revisar. Haz cambios en tu artículo a base de las sugerencias de tus compañeros. Luego, antes de entregar el informe, compártelo una vez más con dos compañeros de clase. Esta vez pídeles que revisen la estructura y la puntuación. En particular, pídeles que revisen las formas de verbos en el pretérito y en el imperfecto.

F. Versión final. Escribe la versión final de tu artículo incorporando las correcciones que tus compañeros de clase te indicaron. Si decidiste que es apropiado tener ilustraciones o fotos, inclúyelas. Puedes usar fotos o ilustraciones de alguna revista o periódico o simplemente puedes dibujarlas tú mismo(a). Entrega una copia en limpio a tu profesor(a).

G. Publicar. Cuando tu profesor(a) te devuelva el informe, júntate con tres compañeros de clase que escribieron sobre un sitio diferente. Combinen los cuatro artículos en un libro. Decidan en un título para su libro y preparen un contenido con el nombre de cada autor y el título de su artículo. Entreguen los libros para que su profesor(a) permita a toda la clase que los vea.

CH. Primer borrador. Allow students 20–25 min to write their articles or ask them to do it as homework.

D. Compartir. Have students gather in "response groups" of two or three. Allow them time to share articles. Remind group members to begin commentary with at least one positive comment, and then to make suggestions on content, structure, and vocabulary. Have them focus specifically on the preterite and imperfect verb forms.

E. Revisar. Tell students you will grade the composition holistically. Underline grammatical errors if you wish, but the grade should be affected only by errors that would confuse a native speaker accustomed to the writing of a nonnative and by errors with the preterite and imperfect tenses.

F. Versión final. Get students accustomed to turning in a clean final copy. Ask that articles be typed or written neatly double–spaced.

G. Publicar. Make "books" available for all students to see for a couple of weeks. Encourage students to look through them as they get to class early or when they finish an activity before the rest of the class.

Suggestions Be sure students answer the key questions always asked about informative articles: **¿qué? ¿quién? ¿cuándo? ¿dónde? ¿cómo?** y **¿por qué?**

UNIT OBJECTIVES

Communicative Goals

After completing this unit, students will be able to use Spanish . . .

- to talk about what they used to do
- to tell what chores they did
- to describe their childhood
- to tell what happened some time ago
- to describe past events
- to ask and answer questions about the past
- to describe how they used to feel
- to narrate in past time

Culture

In this unit, students will . . .

- listen to a Guatemalan, Venezuelan, and Peruvian short story
- read about the Incan Empire
- learn about *Pachacútec,* one of Peru's greatest Incas
- look at a time line of the history of Peru
- learn about the origin of the *Nasca* line drawings

Reading and Writing Strategies

- Reading: **Hacer un resumen**
- Writing: **Decidir en un punto de vista**

Structure

- The imperfect: **Ser, ver, ir**
- Uses of the imperfect: Habitual actions, time, age, continuing actions, description
- **Hacer** to express *ago*
- Uses of the preterite: Completed actions and beginning or ending actions
- Stem-changing **-ir** verbs in the preterite: **e→i** and **o→u**
- Narrating in the past: Imperfect and preterite

UNIDAD 4

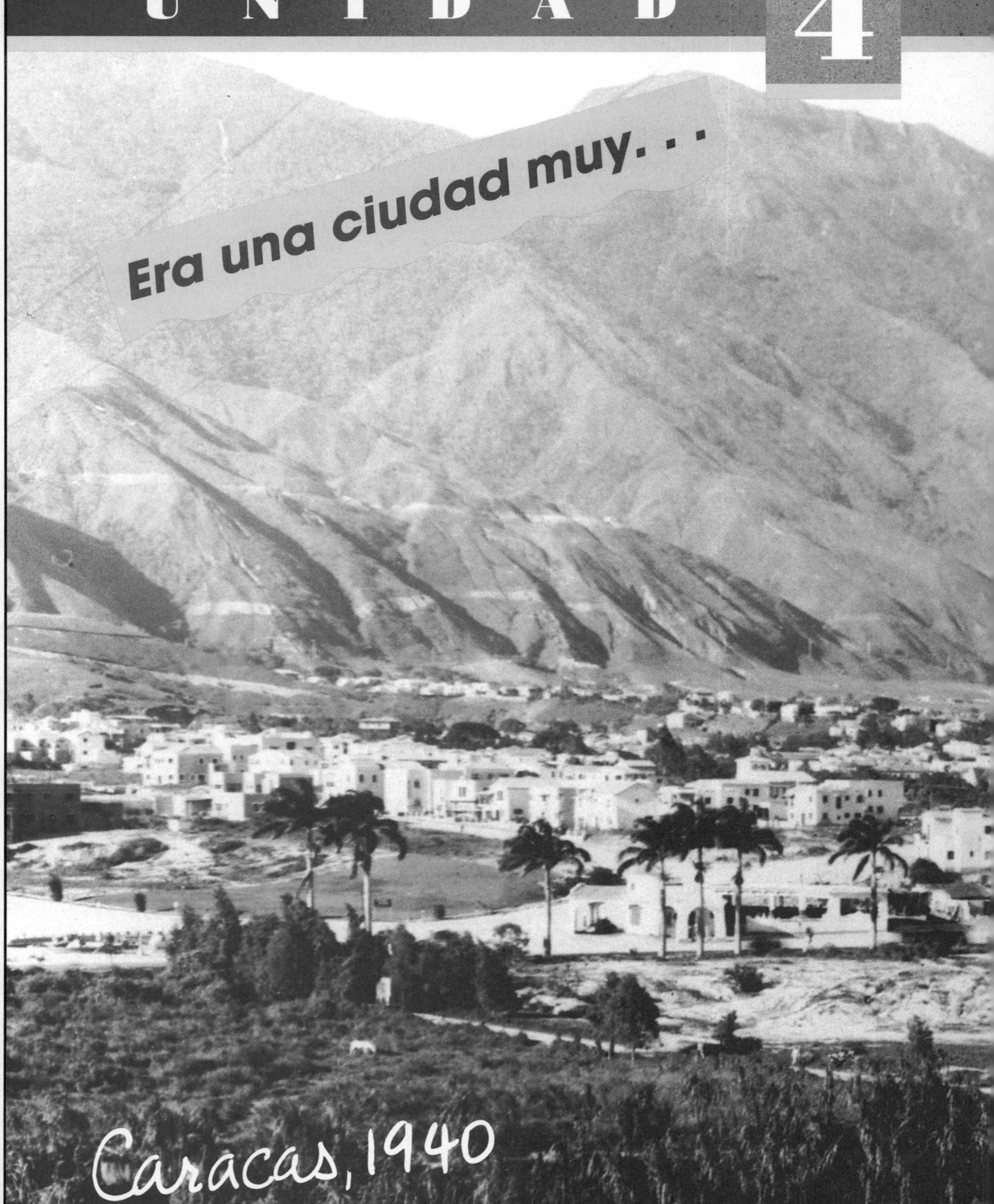

Focus on PERÚ

In **Excursiones**, students will learn about **El Imperio de los Incas**. They will read about Cuzco—the capital city of the Incas; about Machu Picchu—the lost city of the Incas; and about Incan architecture, engineering, and agricultural advances. They will learn that many aspects of Incan culture, including its religion and *Quechua* language, are kept alive in Peru today. In **Tesoros nacionales,** students will read about **Pachacútec, el gran Inca** and learn why he is often compared with Alexander the Great. In the final unit reading, students will probe into **Los enigmáticos diseños del Valle de Nasca**. They will read what the latest research says about the origin and purpose of these drawings.

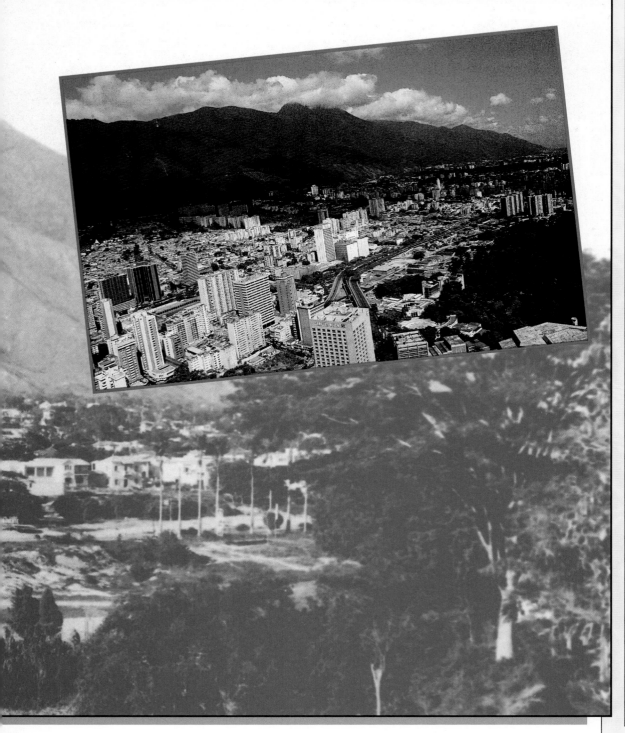

Video Montage

To play the montage, use counter or bar code:

28:25 - 29:05

Side 2, 16985 to 18192

To play the entire unit without stopping:

28:25 - 36:47

Side 2, 16985 to 32042

Gaita band in Bolívar Plaza, Caracas. ***Gaitas,*** typical of Maracaibo, are played during the Christmas season throughout Venezuela. Scenic shots from Canaima in the interior of Venezuela. Sightseeing plane; Río Carrao; Angel Falls; Hacha Falls in Canaima Lagoon; El Sapo Falls, both on the Carrao River.

Canaima is a camp carved out of the jungle 500 miles southeast of Caracas, in Canaima National Park. In this wilderness area, tourists take sightseeing flights over the savannah grasslands and thick forests, crisscrossed by waterways, to see Angel Falls on Auyantepuy (Devil's Mountain). **Salto Ángel**, the world's longest waterfall (3,200 ft), was named after Jimmy Angel, an American pilot who crash-landed on the mountain in 1937. Rocky flat-topped mountains called **tepuyes** are remnants of the Guayana Shield, one of the earth's oldest geological formations. The tallest, Mount Roraima (9,000 ft) inspired Sir Arthur Conan Doyle's *Lost World.*

Photo

The black and white photo of Caracas in 1940 and the color photo of Caracas today show the city from approximately the same vantage point. Around 1930, with the discovery of oil, Caracas began to modernize. Today oil represents a multibillion-dollar industry in Venezuela. Since World War II, Caracas has grown from about 400,000 to nearly 4,000,000 people.

The Ávila Range, in the background, separates Caracas from the coast. Its highest point, Naiguatá Peak, reaches 9,071 feet. Mount Ávila (7,000 ft), with its tropical forest and numerous trails, is a very popular place for hikers. Often referred to as the "lungs of Caracas," the Ávila offers Caracans not only a breath of fresh air but also a retreat from big city life.

OBJECTIVES

Communicative Goals

- Talking about what you used to do
- Telling what chores you used to do
- Describing habitual actions in the past
- Describing your childhood
- Telling what happened some time ago

Culture and Reading

- **Para empezar** ***El Sombrerón***
- **Excursiones** ***El Imperio de los Incas***

Structure

- 4.1 The imperfect: **Ser, ver, ir**
- 4.2 Uses of the imperfect: Habitual actions, time, age
- 4.3 **Hacer** to express *ago*

LECCIÓN 1

¿Era de abuelita la cajita?

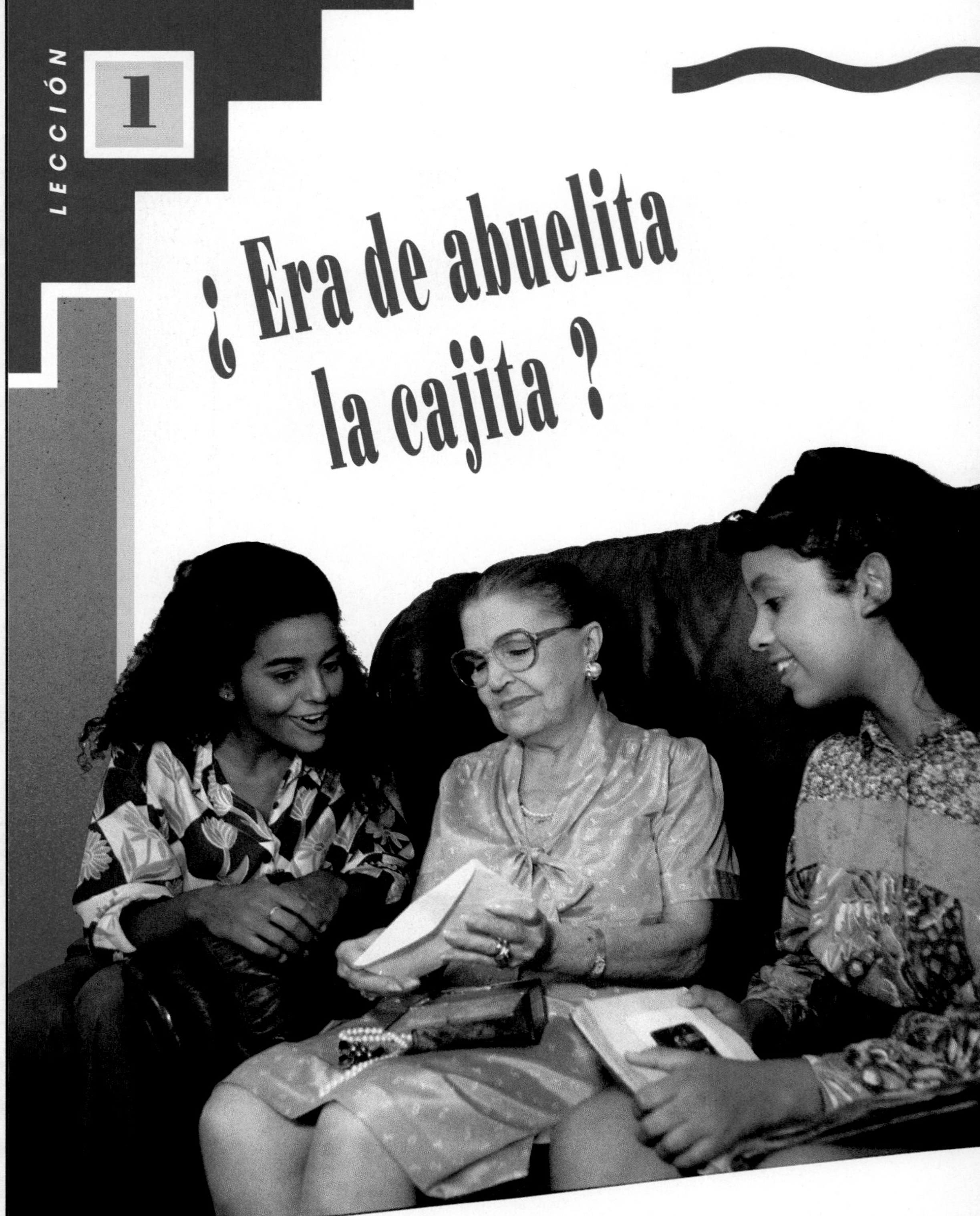

ACTIVE VOCABULARY

Quehaceres
barrer el patio
cortar el césped
hacer la cama
lavar el carro
limpieza
pasar la aspiradora
pasar un trapo
planchar la ropa
sacar la basura

Tesoros
álbum
cajita
fotografía
jaula
zarcillo

Para jugar
juego de damas
juguete
osito de peluche

Verbos
acordarse de
comportarse
ir
observar
reír(se)
separarse
ser
sonreír
ver

Palabras y expresiones
arriba
cuando
detalle
especie
frecuencia
niñez
pasado
trágico(a)

ANTICIPEMOS

¿Qué piensas tú?

1. Compara las fotos de esta página. ¿Qué están haciendo en cada foto? ¿Cuándo crees que las sacaron? ¿Por qué crees eso?
2. ¿Qué semejanzas y diferencias observas en el lugar? ¿en la gente? ¿en la actividad?
3. ¿Qué están haciendo la abuela y las dos chicas en la foto a la izquierda? ¿Qué señala una de las chicas? ¿Qué estará diciéndoles la abuela? ¿Por qué crees eso?
4. ¿Hay reuniones a las cuales asisten varias generaciones de tu familia? En estas reuniones, ¿de qué hablan tus padres, tíos y abuelos por lo general?
5. ¿Recuerdas algo específico de cuando tenías cinco años? ¿diez años? ¿Qué hacías a esas edades? ¿Qué te gustaba y no te gustaba? ¿Cómo te comportabas cuando te sentías contento(a)? ¿triste? ¿Cómo te comportabas cuando tenías visitas?
6. ¿Cuál es tu memoria más temprana? ¿Cuántos años tenías en aquel entonces?
7. Piensa en todo lo que hemos dicho y di qué crees que vas a aprender en esta lección.

Purpose To focus students on the language and functions to be reviewed and practiced in the lesson—discussing memories of the past and childhood—and to lead students to consider the way technology and science have altered lifestyles in the past century.

Suggestions Use the photos to introduce the lesson content. Encourage students to use Spanish whenever possible to respond to the ***¿Qué piensas tú?*** questions, but allow English where ideas may be more complex or vocabulary may be unknown. Summarize responses in Spanish, using comprehensible input techniques to clarify your language where necessary.

ANTICIPEMOS

¿Qué piensas tú?

Answers

1 En cada foto vemos a personas que viajan por tren o que trabajan para la compañía de ferrocarriles. Dos de las fotos parecen ser de tiempos actuales, una es de tiempos mucho más antiguos; quizás del siglo XIX. Las dos fotos a colores parecen ser de trenes modernos del metro. La foto en blanco y negro parece ser de un tren mucho más viejo y el vestir de la gente sugiere que es de fines del siglo XIX.

2 La foto a la izquierda parece ser de una estación subterránea del metro. Los viajeros probablemente son trabajadores, turistas o personas que andan de compras. A la derecha vemos un tren elevado en el cual los viajeros probablemente hacen viajes cortos, dentro de un área urbano. La foto más vieja parece ser más rural. En este tren los viajeros probablemente hacían viajes de distancias más largas y tal vez intentaban quedarse permanentemente al llegar a su destinación.

3 Parecen estar mirando recuerdos o joyas que la abuela guarda en una cajita. Las dos chicas están mirando un sobre o una foto que la abuela guarda en el sobre. La chica a la derecha parece tener un álbum en la mano. Tal vez la abuela esté hablando de las memorias relacionadas con cada recuerdo.

4 Las respuestas van a variar.

5 Las respuestas van a variar. Anime a los estudiantes a narrar bastante detalle de su niñez, manteniendo cierto enfoque en el uso del pretérito y el imperfecto.

6 Las respuestas van a variar. ¡Ojo con la mezcla de tiempos al narrar!

7 **Van a aprender a describir memorias de su juventud y, al hacer esto, a narrar usando dos tiempos verbales en el pasado: el pretérito y el imperfecto.**

PARA EMPEZAR

Comprehension Checks

A complete set of **Comprehension Checks** is available on cards in the Teacher's Resource Package.

1

Suggestions Point out Guatemala on a map. Break down the longer sentences. Point to **El Sombrerón**. Explain that people don't see him today, and haven't seen him in many years: **Hace años que no lo ven**. But, in the past people used to see him: **Lo veían de vez en cuando**. Refer to other things that mean bad luck—a broken mirror, stepping on a crack in the sidewalk, walking under a ladder: **Traía mala suerte**. Describe **El Sombrerón**. Point out the hand he is sitting on. Point out his **sombrero** and his **espuelas de plata.**

1 ¿De dónde viene este cuento?

2

Suggestions Point to the **guitarra.** Mime playing and singing: **tocaba y cantaba.** Beckon to communicate the effect of his music: **despertaba la admiración**. Explain that when he sees a pretty girl, he plays his guitar and sings, and she can't resist him. Point out the mules. Draw two mules on the board, one with a pack, one without: **una mula de carga/una mula sin carga**.

1 ¿Qué instrumento tocaba el Sombrerón?

3

Suggestions Point out the three drawings of Celina. Describe her. Point out her beautiful eyes and hair: **ojos/pelo.** Point out someone in class with long, wavy hair: **largo y ondulado**. Repeat key ideas: **Cuando tenía cinco años, era muy buena y bonita. La gente la admiraba. Cuando tenía doce años . . . Cuando tenía dieciocho años . . .**, etc. Gesture to communicate **crecía**.

1 ¿Cómo se llama la niña?

PARA EMPEZAR

Escuchemos un cuento guatemalteco

Los guatemaltecos nos cuentan esta triste historia del Sombrerón.

Dicen que hace muchos años que no lo ven, gracias a Dios, pero que en otros tiempos sí lo veían de vez en cuando; aunque nadie quería verlo porque inevitablemente, les traía mala suerte.

1

Era un hombrecito muy pequeño—tan pequeñito que cabía en la palma de una mano. Llevaba un sombrero enorme y zapatitos con espuelas de plata . . .

2

. . . y tenía una guitarra que tocaba cuando cantaba para despertar la admiración de las niñas bonitas. Y siempre iba acompañado de sus cuatro mulas de carga.

3

En un pequeño pueblo vivía Celina, una niña muy buena y muy bonita. Aún cuando tenía no más de cinco años, la gente no se cansaba de admirarla cada vez que la veían. Más crecía, más linda se ponía. ¡Sus ojos eran tan grandes y hermosos! ¡Y su pelo era tan largo y ondulado!

4

Además de ser bonita, Celina era muy trabajadora. Siempre ayudaba a su mamá a hacer tortillas para vender.

5

Una tarde, aparecieron cuatro mulas amarradas al poste del alumbrado eléctrico. "¡Dios nos libre!" comentó una mujer. "¡Debemos esconder a las niñas! ¡Son las mulas del Sombrerón!"

4

Suggestion Emphasize that Celina is not just pretty but hard-working as well: **trabajadora.**

1 ¿Era Celina trabajadora también?

5

Suggestion Point out and count the mules.

1 ¿Qué apareció en el pueblo? ¿cuatro hombres desconocidos? ¿cuatro mulas?

Purpose This section develops strong listening comprehension skills and introduces students to new cultural insights. This sad and somewhat mystical story from Guatemala tells of a tiny and frightening creature known as ***El Sombrerón*** who enchants young girls and takes them away from their homes and families. It suggests the power of parental love in the mother's desire to protect her daughter, and the potentially irresistible nature of a young person's first love.

Pero esa noche, y noche tras noche, Celina no podía dormir bien porque oía una música muy linda—la voz de alguien que cantaba acompañado de una guitarra. Lo interesante es que la madre de Celina no oía nada.

Celina ya no podía controlar su curiosidad. Tenía que conocer al dueño de esa voz. Una noche salió a espiar y vio que era el Sombrerón. Mientras él bailaba y cantaba tocando su guitarra, enamoraba a la niña.

Tan grande fue el amor que Celina sentía que pronto dejó de comer y ya no podía dormir ni aun sonreír.

La madre de Celina consultó a sus vecinos y todos le dijeron lo mismo. "Está enamorada del Sombrerón".

6

Suggestions Name the days of the week: **El sábado en la noche, el domingo en la noche,** etc., **noche tras noche**. Point out that Celina isn't sleeping: **no podía dormir**. Point to ear: **oía**. Point out that mother is sleeping. Explain that she doesn't hear the music: **no oía nada**.

1 ¿Pudo Celina dormir bien esa noche? ¿y la próxima noche? ¿y la próxima?

2 ¿Por qué no pudo dormir bien? ¿porque oía la televisión? ¿porque oía a los hombres del pueblo hablar en la calle? ¿porque oía la música del Sombrerón?

3 . . .

Suggestions Emphasize cognate nature of **controlar**. Elaborate: **¿Quién canta? ¿Quién es el dueño de la voz?** Mime going to the window, peeking out: **no podía controlar su curiosidad**. Point to **El Sombrerón**. Point out, mime, that he is dancing and singing. Draw a heart with an arrow through it on the board: **enamoraba a la niña**.

1 ¿Podía Celina controlar su curiosidad?

2 ¿Quería saber quién cantaba?

3 . . .

Suggestions Gesture to show size of her love: **tan grande fue el amor**. Explain that she no longer eats, sleeps, smiles. Draw a face smiling; then cross it out: **ni aun sonreír**.

1 ¿Cómo era el amor que Celina sentía?

2 ¿Comía bien?

3 . . .

Suggestions Equate **consultó** with **habló con**. Point to heart drawn on the board: **enamorada**.

1 ¿Con quién consultó la madre? ¿con el Sombrerón? ¿con el cura? ¿con sus vecinos?

2 ¿Dijeron todos lo mismo?

3 . . .

Students will hear many examples of language used to describe memories of a series of events in the past. The ***Para empezar*** section provides comprehensible language without translation. It is not meant for memorization or mastery. It develops listening comprehension and introduces the lesson structures in context.

Suggestions Have students close their books while you narrate each section using overhead transparencies and comprehensible input techniques to clarify meaning without translation. Break longer sentences into shorter utterances, pointing to elements of each drawing, acting out, demonstrating, gesturing to clarify meanings. Ask frequent **Comprehension Checks** to confirm understanding as you progress through the story.

10

Suggestions Equate **aconsejaron** with **dieron consejos**. Gesture to indicate distance: **lejos de la casa**. Mime locking a door: **encerrar**. Point to the church: **iglesia**. Explain that **el Sombrerón** is a ghost: **un fantasma**.

1 ¿Le dieron los vecinos consejos a la madre?
2 ¿Adónde le dijeron que debía llevar a su hija? ¿a un siquiatra? ¿a la casa de la vecina? ¿a una iglesia?
3 . . .

11

Suggestions Explain that **el Sombrerón** looks for her all over the town. Equate **en vano** with **sin éxito, no la encontró**. Draw a horizon on the board with an arrow to show the sun rising for **al amanecer**. Explain that he is not singing now. Look sad.

1 ¿Llegó la noche?
2 ¿Buscó el Sombrerón a Celina?
3 . . .

12

Suggestions Explain that Celina wanted to see him, but he wasn't there: **lo echaba de menos**. List things she doesn't eat—**el desayuno, el almuerzo, la cena**. Emphasize **nada**. Enumerate when she thinks of him—**por la mañana, por la tarde, por la noche, todo el día, toda la noche**. Emphasize how sad she is.

1 ¿A quién quería ver Celina?
2 ¿Comía mucho? ¿Cuánto comía?
3 . . .

13

Suggestions Mime being at Celina's wake. Equate **entierro** with **funeral.** Explain that **en el velorio** means **la gente visita y reza con la familia del muerto toda la noche**. Gesture to communicate listening: **escucharon**. Remind students that before, only Celina heard his songs. Give synonyms for **espantoso: terrible, horrible**. Mime crying: **llorando**. Equate **dolor** with **tristeza; pérdida** with **muerte**.

1 ¿Era la noche del entierro de Celina?
2 ¿Estaba la gente del pueblo con la familia de Celina en el velorio?
3 . . .

10
Los vecinos la aconsejaron que llevara a la niña lejos de la casa y que la encerrara en una iglesia. Todo el mundo sabía que los fantasmas no podían entrar en las iglesias.

11
Ese día, cuando llegó la noche, el Sombrerón no encontró a la niña en ninguna parte. La buscó toda la noche pero fue en vano. Al amanecer, se fue silencioso y triste.

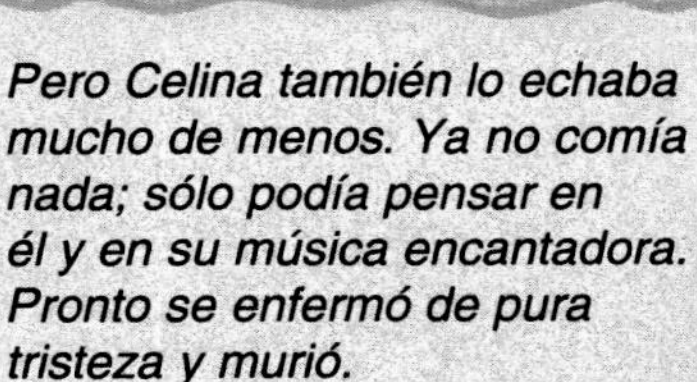

12
Pero Celina también lo echaba mucho de menos. Ya no comía nada; sólo podía pensar en él y en su música encantadora. Pronto se enfermó de pura tristeza y murió.

13
La noche antes del entierro, cuando la mamá de Celina y todo el pueblo estaban en el velorio de la niña, todos escucharon un llanto espantoso. Era el Sombrerón llorando el dolor que sentía por la pérdida de su Celina.

14
Por la mañana, cuando salieron de la casa, la gente del pueblo vio una maravilla. ¡Era como un milagro! ¡Había un reguero de lágrimas cristalizadas, como diamantes, sobre las piedras de la calle!

14

Suggestions Use tone of voice and facial expression to communicate **una maravilla**. Equate **maravilla** with **milagro**. Draw a tear: **lágrima**. Equate **reguero** with **río** or with **lluvia**. Emphasize cognate nature of **cristalizada**. Point to glitter in the street. Explain that these are the tears of **el Sombrerón**.

1 ¿Qué vio la gente por la mañana? ¿una maravilla? ¿un milagro?
2 ¿Qué había sobre las piedras de la calle? ¿un río? ¿unos diamantes? ¿unas lágrimas cristalizadas?
3 . . .

¿QUÉ DECIMOS...?

Al hablar de la niñez

1 Son cosas del pasado.

Meche y Diana están en casa de su abuela, ayudándola con la limpieza.

Abuelita, ya pasé un trapo a los muebles y pasé la aspiradora.

Yo saqué la basura y limpié las ventanas. ¿Qué más hay que hacer?

Pues, a ver. Este armario está muy desorganizado. Hace años que nadie lo arregla. ¿Por qué no empiezan aquí?

Saquen las cosas, límpienlas y pónganlas en orden.

¿Qué cosas tienes aquí, abuelita?

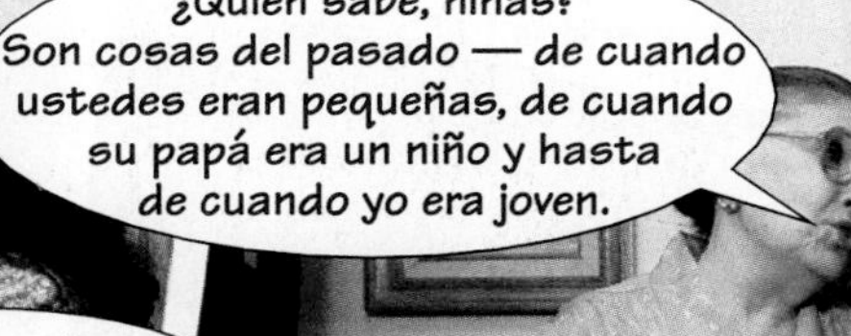

¿Quién sabe, niñas? Son cosas del pasado — de cuando ustedes eran pequeñas, de cuando su papá era un niño y hasta de cuando yo era joven.

Purpose This **fotonovela** section introduces students to the language and functions to be reviewed and practiced in the lesson—talking about childhood memories—and prepares them for practice in the context of natural conversation. Students should not be expected to memorize or master all utterances. Listening comprehension and early production of key vocabulary and structures are the goals.

Suggestions Have students close their books while you narrate each **fotonovela** segment, identifying the characters and their relationships, and describing their activities. Ask **Early Production Checks** frequently to confirm understanding and develop accurate pronunciation of key elements. Act out the dialogue between the characters.

¿QUÉ DECIMOS...?

29:06–32:37

Side 2, 18219 to 24525

Using the video Play one section at a time after narrating it using the transparencies. Freeze the video and ask the **Early Production Checks**. Repeat this process with each section.

Vary your presentation routine by showing one section of the video first, before your narrative with the transparencies, or by playing the video all the way through, stopping only to ask **Early Production Checks** or to clarify using techniques of comprehensible input.

Early Production Checks

A full set of **Early Production Checks** is available on cards in the Teacher's Resource Package.

29:16

Son cosas del pasado. Identify characters. Point out what the girls are doing: **Meche está pasando el trapo, Diana está lavando ventanas**. Point to objects named, either in the photos or in the classroom: **trapo, muebles, basura, ventanas, armario.** Contrast **organizado/desorganizado**. Act out taking things out, cleaning them, putting them back neatly: **arreglar**. Emphasize three different time periods: when girls were little, when their father was a child, when grandmother herself was young. Point out the old telephone—from grandmother's youth.

1 ¿Quién es? ¿Cómo se llama?
2 ¿Dónde están Meche y Diana?
3 ¿Qué están haciendo allí?
4 . . .

Side 2, 18496 to 20065

2 ¿Te acuerdas de esto?

30:08

Point out and identify the **osito de peluche** and other objects: **juego de damas**, **cajita**. Explain that the **osito** and the **juego de damas** are **juguetes**. Point to the box. Draw a large box and a small box—name each: **una caja/una cajita** Equate **querías** with **amabas**.

1 ¿Qué encontró Diana, un juego de damas o un osito de peluche?
2 ¿De quién es el osito de peluche?
3 ¿Se acuerda Meche de su osito?
4 . . .

Side 2, 20078 to 21437

3 Allí guardaba mis cosas.

30:54

Gesture at yourself to communicate **mía**. Equate **más queridos** with **que amaba más**. Point out and name **zarcillos, pulseras, collares**.

1 ¿Es la cajita nueva o vieja?
2 ¿De quién era?
3 ¿Cuántos años tenía la abuela cuando guardaba sus tesoros en la cajita?
4 . . .

Point out **Zarcillos** is the Venezuelan word for *earrings*. Most other Latin American speakers use **aretes.** Other regional variations: **pantallas** (Puerto Rico) and **pendientes** (Spain).

Side 2, 21451 to 23324

2 ¿Te acuerdas de esto?

3 Allí guardaba mis cosas.

Mis zarcillos, mis pulseras, mis collares — todas mis joyas — y otras cosas especiales.

¿Qué cosas, abuelita?

Allí guardaba mis fotografías y una carta.

¿Una carta?

¿Una carta de amor, abuelita?

¿Tú qué crees? Sí, fue la primera carta que me escribió tu abuelo.

¡Ay, qué romántico!

4 Parece una jaula.

¿Y esto? Parece una jaula.

¡Ja ja ja ja ja ja!

¿Por qué te ríes, abuelita?

Perdonen, niñas. Sí, es una especie de jaula. Pero para saber más detalles, tienen que preguntarle a su padre. Hace muchísimos años que la construyó.

¿Era de papá?

¿Papá la hizo? ¿Y para qué es?

No les voy a decir nada más. Llévenle la jaulita y pregúntenle a él.

4 31:57

Parece una jaula. Point to the cage: **jaula, jaulita**. Draw a large cat behind bars. Explain that a cage is where one puts animals, as in a **zoológico**. Read grandmother's laugh line. Explain that she is laughing. Equate **especie** with **tipo**; **construyó** with **hizo**. Mime taking the cage to the father.

1 ¿Qué cree Diana que es esta cosa?
2 ¿Cómo reacciona la abuela?
3 ¿De qué se ríe la abuela?
4 . . .

Side 2, 23345 to 24525

CHARLEMOS UN POCO

A. PARA EMPEZAR . . .
Call on individual students. Have class confirm each answer.
1 verdadero
2 falso. Era tan pequeño que cabía en la palma de una mano.
3 verdadero
4 falso. Celina era una joven de unos 15 a 19 años.
5 verdadero
6 falso. Él se enamoró de ella también.
7 falso. Él se puso muy triste pero no se murió.
8 verdadero
9 verdadero
10 falso. Las piedras de la calle se convirtieron en lágrimas cristalizadas.

B. ¿QUÉ DECIMOS . . .?
Call on individual students. Have class confirm each answer.
1 Abuela
2 Meche
3 Abuela
4 Diana y Meche
5 Meche
6 Papá
7 Meche
8 Abuela

Imperfect: *ser, ver, ir*

ser	ver	ir
era	veía	iba
eras	veías	ibas
era	veía	iba
éramos	veíamos	íbamos
eran	veían	iban

See **¿Por qué se dice así?**, *page G51, section 4.1.*

CHARLEMOS UN POCO

A. PARA EMPEZAR . . . Después de leer el cuento "Las lágrimas del Sombrerón", indica si estas oraciones son verdaderas o falsas. Si son falsas, corrígelas.

1. El Sombrerón siempre traía mala suerte.
2. El Sombrerón era más pequeño que un hombre pero más grande que un niño.
3. El Sombrerón siempre llevaba puesto un sombrero grande e iba acompañado de sus cuatro mulas de carga.
4. Celina era una niña muy hermosa de menos de cinco años.
5. Primero Celina oyó al Sombrerón cantar, luego lo vio bailar y tocar la guitarra.
6. Celina se enamoró totalmente del Sombrerón, pero él no se enamoró de ella.
7. Cuando Celina se fue del pueblo, el Sombrerón se puso tan triste que se enfermó y se murió.
8. Cuando el Sombrerón supo de la muerte de Celina, lloró lágrimas que se convirtieron en diamantes.
9. Todo el pueblo oyó al Sombrerón llorar por Celina.
10. La maravilla fue que las piedras de la calle se convirtieron en diamantes.

B. ¿QUÉ DECIMOS . . .? ¿Quiénes hacían estas actividades en el pasado?

Diana

Meche

Abuela

Papá

1. Guardaba sus cosas especiales en una cajita.
2. Jugaba con un osito de peluche.
3. Recibía cartas de amor.
4. Jugaban a las damas mientras llovía.
5. No se separaba de su juguete favorito.
6. Construyó una jaula.
7. Nunca ganaba cuando jugaban a las damas.
8. Tenía muchas joyas.

Purpose This section provides guided practice to students beginning to use the language and structures necessary to talk about what they used to do, describe habitual actions in the past, tell time in the past, and tell what happened some time ago. It is not necessary to do all the activities in this section once students demonstrate mastery of these functions.

C. ¡Muy diferente! Nuestras vidas cambian mucho cuando nos mudamos de una ciudad a otra. ¿Cómo era la vida de este estudiante antes de mudarse a tu ciudad?

MODELO mi vida / ser / muy distinto
Mi vida era muy distinta.

1. siempre / ir / escuela / 7:00
2. escuela / ser / muy pequeño
3. haber / 350 estudiantes
4. después / clases / mis amigos y yo / ir / cine
5. allí / nosotros ver / bueno / películas
6. por / noche / yo / hacer / tarea
7. a veces / familia / ver televisión
8. mi vida / ser / muy divertido

CH. Álbum. Tú le estás enseñando unas viejas fotos en el álbum de tu familia a un(a) amigo(a). ¿Qué dices de las personas en las fotos?

EJEMPLO **Mis padres eran más jóvenes.**

		películas cómicas
		a la escuela
mis hermanos y yo		más jóvenes
mis padres	**ser**	muy guapo
papá	**ver**	pequeño
mamá	**ir**	televisión muy poco
todos		a su trabajo todos los días
yo		a visitar a los abuelos

D. ¡Qué trabajo! Tu compañero(a) quiere saber quiénes en tu familia hacían los quehaceres diarios cuando eran niños. Contesta sus preguntas.

MODELO lavar la ropa
Compañero(a): **Cuando eras niño(a), ¿quién lavaba la ropa?**
Tú: **Mamá lavaba la ropa.** o **Mamá y yo lavábamos la ropa.**

1. sacar la basura
2. poner la mesa
3. cortar el césped
4. pasar un trapo a los muebles
5. pasar la aspiradora
6. lavar los platos
7. hacer la cama
8. planchar la ropa
9. lavar el carro
10. preparar la comida

Quehaceres domésticos

limpiar la casa

hacer la cama

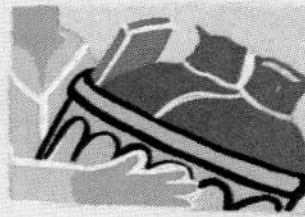
sacar la basura

lavar los platos

cortar el césped

pasar un trapo

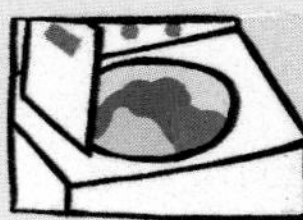
lavar la ropa

poner la mesa

barrer el patio

planchar la ropa

lavar el carro / coche

pasar la aspiradora

preparar la comida

limpiar las ventanas

Imperfect: Habitual actions

De niño **iba** al cine todos los sábados.
Siempre **lavábamos** el carro los sábados por la mañana.

See **¿Por qué se dice así?,** *page G53, section 4.2.*

C. ¡Muy diferente! Call on individual students. Have class confirm and repeat each response.
1 Siempre iba a la escuela a las 7:00.
2 La escuela era muy pequeña.
3 Había 350 estudiantes.
4 Después de las clases mis amigos y yo íbamos al cine.
5 Allí nosotros veíamos buenas películas.
6 Por la noche yo hacía la tarea.
7 A veces mi familia veía televisión.
8 Mi vida era muy divertida.

CH. Álbum. Have students work in pairs. Allow 2–3 min for pair work. Then call on individual students. Ask for several different responses for each subject. The sentences will vary.

Mis hermanos y yo íbamos a visitar a los abuelos.
Mis padres eran más jóvenes.
Papá era muy guapo.
Mamá iba a su trabajo todos los días.
Todos veíamos películas cómicas.
Yo era pequeño.

D. ¡Qué trabajo! Allow 2–3 min for pair work. Then ask individual students what household chores their partners used to do when they were young. Have whole class repeat each response to provide pronunciation practice with the imperfect tense. Answers will vary.
1 Cuando eras niño(a), ¿quién sacaba la basura? *Mi hermano sacaba la basura.*
2 Cuando eras niño(a), ¿quién ponía la mesa? *Yo ponía la mesa.*
3 Cuando eras niño(a), ¿quién cortaba el césped? *Papá cortaba el césped.*
4 Cuando eras niño(a), ¿quién pasaba un trapo a los muebles? *Mi abuela pasaba un trapo a los muebles.*
5 Cuando eras niño(a), ¿quién pasaba la aspiradora? *Mamá pasaba la aspiradora.*
6 Cuando eras niño(a), ¿quién lavaba los platos? *Mi hermano y yo lavábamos los platos.*
7 Cuando eras niño(a), ¿quién hacía la cama? *Papá hacía la cama.*
8 Cuando eras niño(a), ¿quién planchaba la ropa? *Mi mamá y mi abuela planchaban la ropa.*
9 Cuando eras niño(a), ¿quién lavaba el carro? *Mi papá y mi hermano lavaban el carro.*
10 Cuando eras niño(a), ¿quién preparaba la comida? *Todos nosotros preparábamos la comida.*

E. Recuerdos. Have students work in pairs. Allow 2–3 min. Then call on individual students.

1 Cuando tenía cuatro años, paseaba en bicicleta.
2 Cuando tenía seis años, leía en la cama.
3 Cuando tenía siete años, iba al zoológico.
4 Cuando tenía ocho años, jugaba volibol.
5 Cuando tenía nueve años, tocaba el piano.
6 Cuando tenía diez años, escribía cartas.
7 Cuando tenía once años, sacaba fotos.
8 Cuando tenía doce años, bailaba.

F. En primaria. Allow 2–3 min for pair work. Then ask individual students if their partners liked doing these activities when they were young. Answers will vary.

1 ¿Te gustaba hablar por teléfono? *Sí, hablaba por teléfono con mis amigos todos los días.*
2 ¿Te gustaba jugar con amigos? *Sí, jugaba con mis amigos los fines de semana.*
3 ¿Te gustaba comer pizza? *No, raras veces comía pizza.*
4 ¿Te gustaba ver televisión? *Sí, veía televisión todas las tardes.*
5 ¿Te gustaba limpiar la casa? *Nunca limpiaba la casa.*
6 ¿Te gustaba hacer la tarea? *No, raras veces hacía la tarea.*
7 ¿Te gustaba ir al cine? *Sí, iba al cine cada semana.*
8 ¿Te gustaba pasear en bicicleta? *Sí, paseaba en bicicleta todos los días.*

Imperfect: Age and habitual actions

Yo **tenía** seis años y mi hermano **tenía** cuatro.

Cuando papá **tenía** quince años, **trabajaba** en un almacén.

See **¿Por qué se dice así?,** *page G53, section 4.2.*

E. Recuerdos. ¿Qué dice Sonia al describir su álbum de fotos?

4 años

MODELO **Cuando tenía cuatro años, jugaba con mi osito de peluche.**

1. 4 años

2. 6 años

3. 7 años

4. 8 años

5. 9 años

6. 10 años

7. 11 años

8. 12 años

F. En primaria. Tu compañero(a) quiere saber con qué frecuencia te gustaba hacer estas cosas cuando estabas en la escuela primaria. Contesta sus preguntas.

MODELO pasear en bicicleta
Compañero(a): **¿Te gustaba descansar?**
Tú: **Sí, descansaba todos los días.** o **No, raras veces descansaba.**

nunca	raras veces	muchas veces	todos los días

1. hablar por teléfono
2. jugar con amigos
3. comer pizza
4. ver televisión
5. limpiar la casa
6. hacer la tarea
7. ir al cine
8. pasear en bicicleta

G. ¿Cuándo? ¿Qué hora era cuando hiciste estas cosas ayer?

MODELO Te despertaste.
Eran las seis y cuarto cuando me desperté. o
Cuando me desperté, eran las seis y cuarto.

1. Te levantaste.
2. Desayunaste.
3. Saliste para la escuela.
4. Llegaste a la escuela.
5. Almorzaste.
6. Regresaste a casa.
7. Cenaste.
8. Te acostaste.

H. Entrevista. Tu compañero(a) quiere saber cuándo aprendiste a hacer estas cosas. Contesta sus preguntas.

MODELO tocar el piano
Compañero(a): **¿Cuándo aprendiste a tocar el piano?**
Tú: **Hace [¿ ?] años.** o **Nunca aprendí a tocar el piano.**

1. jugar tenis
2. escribir tu nombre
3. contar hasta 100
4. caminar
5. leer
6. poner la mesa
7. hacer la cama
8. tocar la guitarra

I. Hace poquísimo tiempo. ¿Cuánto tiempo hace que hiciste estas cosas?

MODELO gritar
Grité hace una hora.

1. comer
2. sonreír
3. ir de compras
4. limpiar tu cuarto
5. lavar los dientes
6. visitar a tus abuelos
7. hacer un viaje
8. escuchar música

LECCIÓN 1

Imperfect: Telling time in the past

Eran las siete cuando llamó.
No, **era** la una menos cuarto cuando sonó el teléfono.

See **¿Por qué se dice así?**, *page G53, section 4.2.*

Hacer to express *ago*

To express the concept of *ago,* Spanish uses the following formula:

hacer + *[time]* + **que** + *[preterite]*

Hace cinco años que estuve en Los Ángeles.
Hace dos minutos que llamó.

See **¿Por qué se dice así?**, *page G54, section 4.3.*

F. En primaria. See previous page.

G. ¿Cuándo? Have students work in pairs. Allow 2–3 min. Then call on individual students. Have class confirm each response. Answers will vary.
1 Eran las seis y media cuando me levanté.
2 Eran las siete cuando desayuné.
3 Eran las ocho menos cuarto cuando salí para la escuela.
4 Eran las ocho y cinco cuando llegué a la escuela.
5 Era la una y cuarto cuando almorcé.
6 Eran las tres cuando regresé a casa.
7 Eran las seis y media cuando cené.
8 Eran las diez y cuarto cuando me acosté.

H. Entrevista. Allow 2–3 min for pair work. Then ask individual students when they learned to do these activities. Answers will vary.
1 ¿Cuándo aprendiste a jugar tenis? *Nunca aprendí a jugar tenis.*
2 ¿Cuándo aprendiste a escribir tu nombre? *Hace once años.*
3 ¿Cuándo aprendiste a contar hasta 100? *Hace doce años.*
4 ¿Cuándo aprendiste a caminar? *Hace trece años.*
5 ¿Cuándo aprendiste a leer? *Hace diez años.*
6 ¿Cuándo aprendiste a poner la mesa? *Hace ocho años.*
7 ¿Cuándo aprendiste a hacer la cama? *Nunca aprendí a hacer la cama.*
8 ¿Cuándo aprendiste a tocar la guitarra? *Nunca aprendí a tocar la guitarra.*

I. Hace poquísimo tiempo. Call on individual students. Have class confirm each response.
1 Comí hace dos horas.
2 Sonreí hace tres minutos.
3 Fui de compras hace una semana.
4 Limpié mi cuarto hace dos días.
5 Me lavé los dientes hace tres horas.
6 Visité a mis abuelos hace tres semanas.
7 Hice un viaje hace un año.
8 Escuché música hace cinco horas.

CHARLEMOS UN POCO MÁS

A. Quehaceres. Allow 3–5 min for students to interview each other. Then circulate to make sure students are asking questions in Spanish only. Allow another 2 min to do group tallies. As each group reports to the class, have students keep a class tally of most common activities.

B. ¿Angelitos o diablitos? Allow students 2–3 min to write answers and another 2–3 min to question each other. Then ask individual students these questions about both themselves and their partners: **¿Cómo se llamaban sus maestros favoritos? ¿Por qué les gustaban?**

C. ¿Hace mucho tiempo? Tell students the goal is to see who can get a vertical, horizontal, or diagonal line completed first—then two lines, three lines, finally all the lines. Check signatures along the way by asking individuals that signed how long ago they did the appropriate activity.

CHARLEMOS UN POCO MÁS

A. Quehaceres. Tú eres reportero(a) para el periódico de tu colegio y tienes que escribir un artículo sobre los quehaceres más comunes de los estudiantes durante el verano. Usa el formulario que tu profesor(a) te va a dar para entrevistar a tres compañeros de clase. Luego, en grupos de cuatro, decidan cuáles quehaceres eran los más comunes y díganselo a la clase.

MODELO *Tú:* **¿Con qué frecuencia lavabas el carro de tu papá?**
Compañero(a): **Lo lavaba cada sábado.** o **Nunca lo lavaba.**
Tú escribes: **cada sábado** *(en el cuadro apropiado)*

B. ¿Angelitos o diablitos? ¿Recuerdas cómo eras en la escuela primaria? Primero escribe las respuestas a estas preguntas en una hoja de papel. Luego, hazle las mismas preguntas a tu compañero(a) y comparen sus respuestas.

1. ¿Cómo se llamaba tu maestro(a) favorito(a)?
2. ¿Por qué te gustaba?
3. ¿Eras buen(a) estudiante?
4. ¿Cuánto estudiabas?
5. ¿Qué notas recibías?
6. ¿Qué hacías cuando recibías una mala nota? ¿Les decías a tus padres?
7. ¿Tenían que disciplinarte de vez en cuando? ¿Por qué?
8. ¿Quién era tu mejor amigo(a)? ¿Cómo era?
9. ¿Te gustaba practicar deportes? ¿Cuáles?
10. ¿Cuáles eran tus actividades favoritas los fines de semana?

C. ¿Hace mucho tiempo? Usa la cuadrícula que tu profesor(a) te va a dar para entrevistar a varias personas de la clase. Pregúntales cuánto tiempo hace que hicieron las actividades en cada cuadrado y pídeles que firmen el cuadrado apropiado. Recuerda que no se permite que una persona firme más de un cuadrado.

MODELO *Tú:* **¿Cuánto tiempo hace que sacaste la basura?**
Compañero(a): **Ya hace tres días.**

Purpose The activities in this section are designed to allow students to create with language as they talk about what they used to do, describe their childhood, discuss habitual actions in the past, and tell what happened some time ago. Responses in this section are much more open-ended and often have several possible correct answers.

CH. ¡Vacaciones! Princesa y Necio son dos gatos que siempre acompañaban a sus dueños en las vacaciones de verano. Cada verano iban al mismo lugar y hacían las mismas cosas. ¿Adónde iban y qué hacían? Con un compañero, describe los dibujos a continuación para contestar la pregunta. Muestren creatividad, pero limítense al español que ya saben bien.

1.

2.

3.

4.

5.

6.

7.

8.

CH. ¡Vacaciones! Remind students that they are describing what used to happen in the past. Suggest they write their descriptions. Allow 4–5 min for pair work. Then call on volunteers to read their descriptions to the class.

DRAMATIZACIONES

A. ¿A qué escuela asistías? Allow 2–3 min for students to prepare questions they want to ask their partners and another 3–5 min to interview each other. Call on volunteers to perform their role plays for the class.

Extension As homework, have students use the information they gathered to write a short article about what students used to do in the early '90s.

B. ¿Mejor o peor? Encourage students to talk about habitual actions in their years as elementary school students.

C. ¿Qué es? Encourage students to be creative but suggest that they limit themselves to what they know and are able to say.

Dramatizaciones

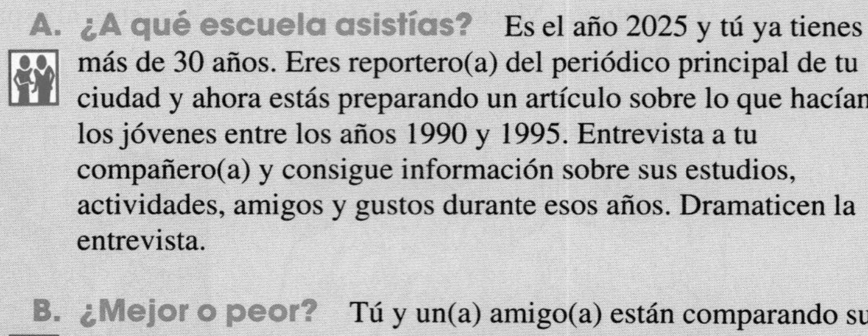

A. ¿A qué escuela asistías? Es el año 2025 y tú ya tienes más de 30 años. Eres reportero(a) del periódico principal de tu ciudad y ahora estás preparando un artículo sobre lo que hacían los jóvenes entre los años 1990 y 1995. Entrevista a tu compañero(a) y consigue información sobre sus estudios, actividades, amigos y gustos durante esos años. Dramaticen la entrevista.

B. ¿Mejor o peor? Tú y un(a) amigo(a) están comparando sus vidas cuando asistían a la escuela primaria. Hablan de sus personalidades, profesores, clases favoritas y actividades. Dramatiza la conversación con un(a) compañero(a).

C. ¿Qué es? Tú descubriste una caja grande en el patio de la casa de tu amigo(a). La caja tiene algo que hace muchos años era muy importante para tu amigo(a). Claro, tú quieres saber todos los detalles de por qué era tan importante este objeto. Dramatiza la situación con un(a) compañero(a).

Purpose In these role plays, students are expected to ask and answer questions about what they used to do and describe habitual actions in the past. Encourage students to work without their books when performing their role plays.

IMPACTO CULTURAL
Excursiones

Antes de empezar

A. Mapa y fotos. Estudia las fotos y el mapa sobre la cultura de los incas. Luego contesta y completa estas frases. No es necesario leer la lectura todavía.

1. ¿Por cuáles países de Sudamérica se extendía el Imperio de los Incas?
- **a.** Ecuador, Perú, Bolivia, Argentina y Chile
- **b.** Brasil, Paraguay y Uruguay
- **c.** Colombia, Venezuela y Brasil
- **ch.** Perú, Ecuador, Venezuela y Colombia

2. Un *quipu* probablemente es para . . .
- **a.** llevar dinero.
- **b.** llevar algo para comer.
- **c.** calentarse las manos.
- **ch.** contar.

3. Los edificios que construyeron los incas eran muy . . .
- **a.** pequeños.
- **b.** abiertos.
- **c.** sólidos.
- **ch.** frágiles.

4. Los incas construyeron las terrazas para . . .
- **a.** jugar deportes.
- **b.** construir más edificios.
- **c.** sembrar flores y decorar sus edificios.
- **ch.** cultivar diferentes comidas.

5. Machu Picchu probablemente fue . . .
- **a.** una fortaleza.
- **b.** un centro religioso.
- **c.** la capital de los incas.
- **ch.** un refugio para el Inca y sus nobles.

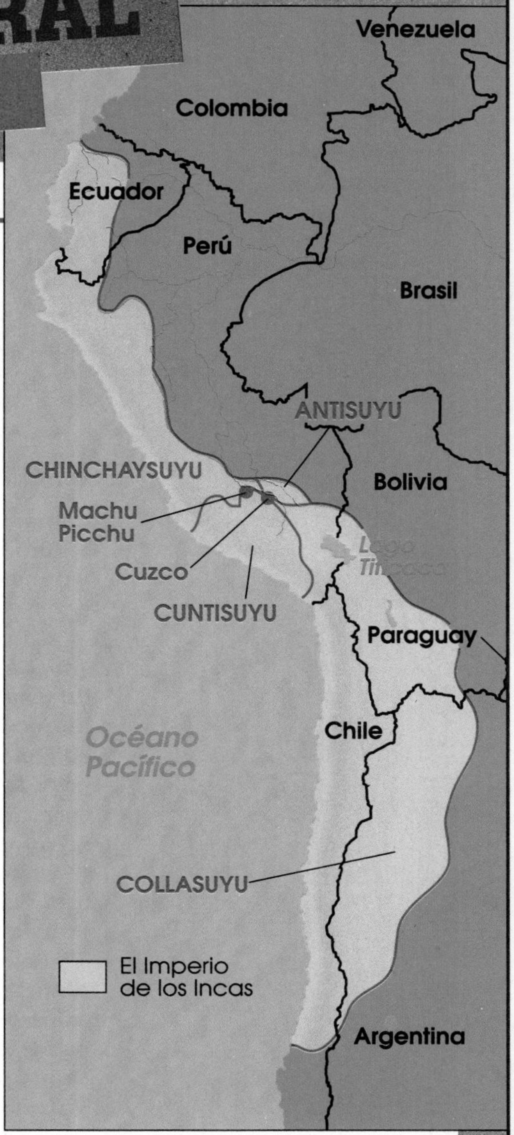

Venezuela
Colombia
Ecuador
Perú
Brasil
ANTISUYU
CHINCHAYSUYU
Bolivia
Machu Picchu
Cuzco
CUNTISUYU
Paraguay
Océano Pacífico
Chile
COLLASUYU
El Imperio de los Incas
Argentina

B. Impresiones. Antes de leer del Imperio de los Incas, indica si en tu opinión estos comentarios son ciertos o falsos. Si no sabes, usa tu sentido común para decidir.

C F **1.** El Imperio de los Incas estaba en Centro y Sudamérica.
C F **2.** En 1500, los españoles encontraron toda la historia de los incas en tres volúmenes muy impresionantes.
C F **3.** Machu Picchu son las ruinas de una cultura muy civilizada.
C F **4.** Los incas fueron excelentes agricultores.
C F **5.** Los incas no tenían buenos ingenieros ni buenos arquitectos.
C F **6.** Muchas tradiciones incaicas se practican actualmente en Perú.

IMPACTO CULTURAL
Excursiones

Purpose This section provides additional reading practice as students learn about the Incan Empire. A conscious effort is made in this section, and throughout the text, to make students more aware of world geography, which is a generally weak area for many American students.

Antes de empezar

Use these questions as an advance organizer for the reading that follows. Have students answer the questions by looking at the photos and map. Encourage critical thinking by having students make intelligent guesses when they do not know the correct answers. Always ask students to tell why they think their answer is correct.

Answers

A. Mapa y fotos.
1 a
2 ch
3 c
4 ch
5 Todas las posibles respuestas son correctas.

B. Impresiones.
1 falso
2 falso
3 cierto
4 cierto
5 falso
6 cierto

EL IMPERIO DE LOS INCAS

El Imperio de los Incas empezó con Manco Capac, el primer Inca, en el año 1100 y terminó con la muerte de Atahualpa en el año 1533. Se extendió en los Andes por una distancia de más de 2,500 millas (la distancia de Phoenix a Nueva York, más o menos), por los actuales territorios de Ecuador, Perú, Bolivia, Chile y Argentina. Cuando llegaron los españoles, el imperio incaico tenía entre 3.5 y 7 millones de habitantes. Entre ellos, había muchas tribus diferentes que habían sido conquistadas por los incas. Y todas las tribus en el imperio incaico tenían que aprender a hablar quechua, la lengua oficial de los incas. En efecto, *Inca* era el nombre del rey y *quechua* el nombre de su gente.

La capital de los incas fue la ciudad de Cuzco (1) que está situada casi en medio del imperio, en la parte sudoeste de Perú. En esta ciudad se encuentran los restos más impresionantes de lo que fue este gran imperio. Allí se pueden ver restos de edificios, casas, templos, fortalezas y andenes o terrazas para la agricultura incaica. Los incas no tuvieron una escritura verdadera, pero desarrollaron el *quipu,* un sistema de números que usa nudos en cuerdas de diferentes colores. (2) El *quipu* también se usó para grabar historia y versos. Esa tradición vive todavía entre la población quechua de Perú y Bolivia.

Los incas fueron excelentes arquitectos e ingenieros. Ellos planificaron muy cuidadosamente sus ciudades. Hicieron edificios de piedras de distintas formas: cuadradas, rectangulares y poligonales como la famosa Piedra de los doce ángulos. (3) Tan superior fue la arquitectura de los incas que, después de 500 años o más, todavía se conservan muchas de sus estructuras, a pesar de los muchos terremotos que occuren en el área.

Alrededor de la ciudad de Cuzco, los incas construyeron fortalezas para defenderse de sus enemigos. La fortaleza de Sacsahuamán es una de las fortalezas más impresionantes. (4) Los incas utilizaron piedras inmensas para construirla, pero no usaron ni cemento ni mortero para unir estas piedras. A pesar de esto, es imposible meter el filo de un cuchillo entre estas piedras.

Unos de los más famosos restos arqueológicos del mundo entero son las ruinas de Machu Picchu.[5] Estas ruinas están en la selva a tres horas de la ciudad de Cuzco, muy cerca de la zona del Río Urubamba, una de las fuentes del Amazonas. Machu Picchu no fue descubierta hasta el año 1911 por el profesor estadounidense Hiram Bingham. No se sabe definitivamente qué fue esta maravilla incaica. Una teoría dice que fue una fortaleza, otra que fue un centro religioso y todavía otra, que sirvió de refugio a los últimos incas que huían de los españoles.

La economía de los incas dependía intensamente de la agricultura. Cultivaban maíz, papas, calabazas, frijoles, chiles, cacahuates, tomates, camotes, aguacates y otras plantas. Por todo Cuzco, y en particular en Machu Picchu se conservan los más hermosos andenes o terrazas que los incas construyeron para poder trabajar la tierra montañosa.[6]

Actualmente, la ciudad de Cuzco está habitada por los descendientes de los incas. Los cuzqueños son *mestizos* como casi todos los habitantes del Perú.[7] Pero los cuzqueños han conservado la antigua cultura indígena. Su lengua es el *quechua*, la lengua de los antiguos peruanos. Su religión es una mezcla de catolicismo con viejas creencias religiosas indígenas. Los cuzqueños, como los descendientes más directos de los incas, conservan sus viejas tradiciones y costumbres.

Verifiquemos

1. Vuelve a las actividades **A** y **B** de **Antes de empezar** y decide si tus respuestas originales fueron correctas o no.
2. Dibuja la Piedra de los doce ángulos. ¿Por qué usaron los incas este tipo de piedra para construir sus edificios?
3. Prepara un diagrama del Imperio de los Incas, como el siguiente, e incluye toda la información posible bajo cada categoría.

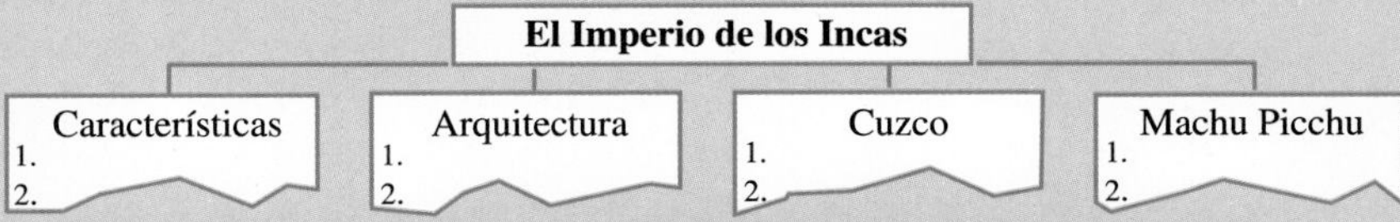

4. ¿Qué aspecto del imperio incaico te gustaría estudiar más? ¿Por qué?

Verifiquemos

Answers

1 Ask individual students if they had to correct any answers.

2 Point out that blocks with many angles are much more secure than square blocks.

3 Allow time to do diagrams in class or assign as homework. Have students compare diagrams and copy down additional information from classmates' diagrams.

Características
1. de 1100 a 1533
2. más de 2,500 millas
3. por Ecuador, Perú, Bolivia, Chile y Argentina
4. entre 3.5 y 7 millones de habitantes
5. muchos tribus conquistados
6. quechua era la lengua oficial
7. Inca era el rey
8. no tuvieron escritura
9. *quipu* para contar y recordar historia y versos
10. economía basada en agricultura: maíz, papas, calabazas, frijoles, chiles, cacahuates, tomates, camotes, aguacates y otras plantas

Arquitectura
1. excelentes arquitectos e ingenieros
2. ciudades planificadas
3. edificios de piedra
4. usaron piedras de distintas formas
5. arquitectura superior: sobrevive terremotos por 500 años
6. no usaron ni cemento ni mortero
7. construyeron impresionantes fortalezas como Sacsahuamán
8. Piedra de doce ángulos

Cuzco
1. capital de los incas
2. situada en medio del imperio
3. restos impresionantes: edificios, casas, templos, fortalezas y terrazas

Machu Picchu
1. está a 3 horas de Cuzco
2. descubierta en 1911 por Hiram Bingham.
3. teorías: una fortaleza, un centro religioso, un refugio
4. hermosas terrazas

4 Las respuestas van a variar.

LECCIÓN 2

Ahora les voy a contar.

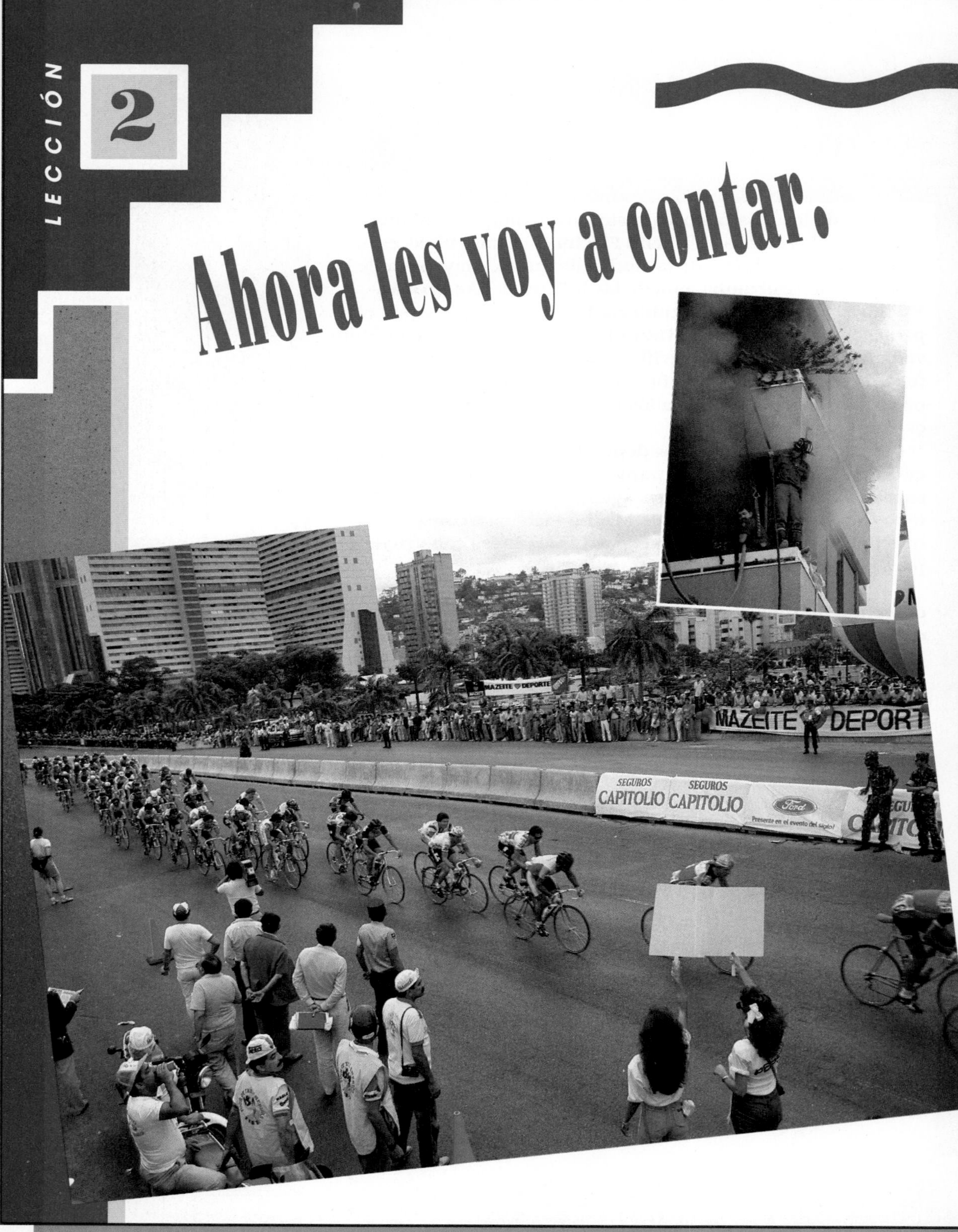

OBJECTIVES

Communicative Goals

- Talking about the past
- Asking and answering questions about the past
- Describing past events

Culture and Reading

- **Para empezar**
  El gallo de la cresta de oro
- **Tesoros nacionales**
  Pachacútec, el gran Inca

Structure

- 4.4 Uses of the imperfect: Continuing actions
- 4.5 Uses of the preterite: Completed actions and beginning or ending actions
- 4.6 Stem-changing **-ir** verbs in the preterite: **e→i** and **o→u**

ACTIVE VOCABULARY

En la casa
apagar la luz
dar de comer
gabinete
sonar el teléfono

Verbos
acostumbrarse
asustarse
convencer
morir (ue, u)
regalar
supervisar

Palabras y expresiones
concurso
en efecto
literario(a)
paja
premio
ratoncito
suave

ANTICIPEMOS

¿Qué piensas tú?

1. Las fotos a la izquierda son de un periódico venezolano. Cada una es de incidentes que ocurrieron la semana pasada. Descríbele una de las fotos a tu compañero(a) y luego que él o ella te describa la otra a ti. Incluyan todos los detalles posibles sobre el sitio y lo que pasaba antes, durante y después del incidente.
2. ¿Qué hacías tú esta mañana antes de la primera clase, cuando sonó el timbre? ¿Dónde y con quién estabas? ¿Había otras personas cerca de ustedes? ¿Qué hacían?
3. Imagínense que hubo simulacro contra incendios ayer, poco antes del almuerzo. Describe detalladamente lo que tú y tus amigos hacían antes de empezar el simulacro y lo que hicieron cuando oyeron el timbre.
4. Compara las fotos de Caracas. ¿Cuáles son las diferencias? ¿Cómo explicas esas diferencias?
5. ¿Hay diferencias de este tipo en tu ciudad? ¿en otras ciudades del estado?
6. Piensa en todo lo que hemos dicho y di qué crees que vas a aprender en esta lección.

Purpose To focus students on the language and functions to be developed and practiced in the lesson—continuing to develop their ability to talk about the past—and to lead students to consider how cities and towns and other elements of daily life change with time.

Suggestions Use the photos to introduce the lesson content. Encourage students to use Spanish whenever possible to respond to the ***¿Qué piensas tú?*** questions, but allow English where ideas may be more complex or vocabulary may be unknown. Summarize responses in Spanish, using comprehensible input techniques to clarify your language where necessary.

ANTICIPEMOS

¿Qué piensas tú?

Answers

1 Dígales a los alumnos que usen su imaginación al dar detalles: ¿Cuándo empezo el fuego? ¿Qué ocurría en el edificio cuando empezó? ¿Quiénes salieron del edificio? ¿Quién llamó a los bomberos? ¿Cuánto tardaron en llegar? ¿Qué hicieron primero al llegar? ¿Qué pasó después?, etc. Haga lo mismo con la foto de los ciclistas.

2 Las respuestas van a variar. Al contestar, llame la atención de los alumnos al hecho de que algunas de las acciones tienen aspecto continuo y otras tienen aspecto completo o interruptivo.

3 Las respuestas van a variar. Asegúrese de que los estudiantes reconozcan que describen distintos tipos de acciones: el comienzo o el final de una acción, una acción completa de comienzo a final o una acción en progreso en el pasado.

4 Las dos fotos a la derecha son de calles comerciales en el centro de Caracas. En éstas sí se ven diferencias notables en la arquitectura, el vestir de la gente y el transporte. Como la mayoría de las ciudades, ha sido necesario construir edificios más altos en el centro, para acomodar a más personas. La congestión de gente y autos en las ciudades ha creado la necesidad de desarrollar mejores sistemas de tránsito. También se tiene que notar que en la foto vieja, no se ve ninguna chica o mujer y todo mundo lleva sombrero. Que hagan lo mismo con las dos fotos a la izquierda.

5 Las respuestas van a variar. En las ciudades más viejas, los estudiantes podrán señalar edificios viejos y modernos. En las ciudades establecidas más recientemente, es probable que haya más homogeneidad en la arquitectura y en el desarrollo general.

6 **Van a continuar a describir y a narrar en el pasado.**

PARA EMPEZAR

Comprehension Checks

A complete set of **Comprehension Checks** is available on cards in the Teacher's Resource Package.

Suggestions Explain that a **mata** is a plant. Mime the woman planting: **está sembrando.** Point out the woman planting, then the plant in the ground in Panel 2.

1 ¿De dónde viene este cuento?
2 . . .

Suggestions Point to and identify **la mata**, **el techo**, **las nubes**. Point out the tomato plant beginning to grow in the first panel: **empezó a crecer**; as high as the roof in the second: **llegaba al techo**; and in the clouds above the house in the third: **a las nubes**.

1 ¿Cuándo empezó a crecer la mata de tomate?
2 . . .

Suggestions Mime climbing: **subió y subió**. Ask **¿Hay tomates sobre las nubes?** Mime looking down: **no veía su ranchito.** Point out that he's at the top, can't climb any further: **no podía subir más**. Point to clouds and sky: **estaba en el cielo**. Mime looking all around: **miró alrededor**. Point to **las piedritas** and **el gallo**. Point out/name **la cresta de oro**; compare it with a student's ring or watch: **de oro**. Mime gathering up stones and rooster: **recoger**. Point back down the stalk: **volvió**.

1 ¿En qué decidió subirse el viejito? ¿en el techo de la casa? ¿en la mata de tomate?
2 . . .

PARA EMPEZAR
Escuchemos un cuento venezolano

Este cuento venezolano es semejante a un cuento popular en Estados Unidos.

1

Había una vez unos viejitos muy, muy pobres. Lo único que tenían era su ranchito. La viejita un día sembró una mata de tomate, porque cuando no hay mucho de comer, los tomates siempre son buenos.

2

Inmediatamente la mata de tomate empezó a crecer y al día siguiente ya llegaba al techo. Al tercer día, la mata llegó a las nubes.

3

El viejito decidió subirse en la mata para ver si había tomates. Subió y subió tanto que ya no veía su ranchito. Cuando ya no podía subir más, vio que estaba en el cielo.

Miró alrededor y no vio nada más que unas piedritas y un gallo con la cresta de oro. Recogió las piedritas y al gallo también y volvió al ranchito.

Purpose This section develops active listening comprehension skills and exposes students to cultural insights and perceptions. As students follow this Venezuelan story, they may notice considerable similarities to the story of *Jack and the Beanstalk.* Noticeable differences illustrate how a story reflects the culture and its tradition: the magic in this version produces riches in food rather than in jewels and precious metals. In this story, the poor, honest, and hard-working older couple are rewarded for their virtue, while the lazy, dishonest man loses not only the "treasure," but also the respect and friendship of his neighbors. Students will hear and understand many examples of appropriate uses of the preterite and imperfect used to narrate a sequence of events. The ***Para empezar*** section provides comprehensible language without translation. It develops listening comprehension skills and introduces the lesson structures in context.

4
A la viejita le gustaron mucho las piedritas porque eran perfectas para moler la masa. Cuando se puso a moler, ¡algo mágico pasó! Cada vez que molía con las piedritas, salían toda clase de comidas buenas. Los viejitos estaban contentísimos, pues ya no tendrían que pasar hambre.
5
Un día llegó un señor y pidió posada. Los viejitos lo invitaron a pasar la noche y a cenar con ellos.
6
Cuando llegó la hora de comer, la viejita sacó sus piedritas mágicas y se puso a moler. El hombre vio que salía todo tipo de comida: arepas, pollo frito, guayaba y toda clase de dulces. El hombre, muy impresionado, quería comprar las piedritas mágicas pero los viejitos no querían venderlas.
7
Esa noche, mientras los viejitos dormían, el hombre se robó las piedritas mágicas y se fue corriendo. Por la mañana, los viejitos se dieron cuenta del robo y se pusieron muy tristes. Pero el gallo de la cresta de oro vio todo y siguió al hombre.
8
Cuando el hombre llegó a su casa, inmediatamente puso a su señora a moler con las piedritas mágicas. Y sí, cada vez que la mujer molía, salían comidas ricas y elegantes. Orgullosos de su buena fortuna, invitaron a muchos amigos y vecinos a comer.
ciento ochenta y nueve 189

4

Suggestions Mime grinding corn dough: **moler la masa**. Point to woman grinding corn dough. Explain that she is using the stones. Equate **se puso** with **empezó**. Look wide-eyed and amazed with **¡algo mágico pasó!** Point to and name all the food appearing as she grinds the corn. Point to the happy man. Explain that he had been hungry. Now he doesn't have to be: **no tendrían que pasar hambre**.

1 ¿Le gustaron mucho las piedritas a la viejita?
2 . . .

5

Suggestions Equate **posada** with **un lugar donde podría pasar la noche**; **cenar** with **comer**.

1 ¿Quién llegó?
2 . . .

6

Suggestions Mime taking/getting stones from pocket: **sacó**. Point to the woman grinding. Point to the man's eyes and to the foods. Name the foods. Point to the money in the man's hand. Explain: **El hombre ofreció a pagarles por las piedras mágicas.** Point to the old man shaking his head.

1 ¿Cuándo se puso la viejita a moler? ¿a la hora de dormir? ¿a la hora de cenar?
2 . . .

7

Suggestions Mime sneaking and robbing the stones: **se robó**. Point to the man running away: **se fue corriendo**. Point to the old couple. Explain that they looked for the stones, couldn't find them, realized they had been robbed: **se dieron cuenta del robo**. Point out their sad faces. Point out the rooster. Show the rooster following the running man: **siguió**.

1 ¿Qué hizo el hombre esa noche, mientras los viejitos dormían? ¿Dormía también? ¿Molía masa? ¿Se robó las piedritas?
2 . . .

Suggestions Have students close their books while you narrate each section using overhead transparencies and comprehensible input techniques to clarify meaning without translation. Break longer sentences into shorter utterances, pointing to elements of each drawing, acting out, demonstrating, gesturing to clarify meanings. Ask frequent **Comprehension Checks** to confirm understanding as you progress through the story.

8

Suggestions Explain that the man is at his own house. Point out his wife: **su señora**. Point out and imitate his proud expression: **orgulloso**.

1 ¿Adónde se fue el ladrón? ¿a un hotel? ¿a la casa de un vecino? ¿a su casa?
2 . . .

9

Suggestions Equate **sabrosísimo** with **muy, muy bueno**; **banquete** with **una cena elegante para muchas personas**.

1 ¿Vinieron los amigos y vecinos del ladrón?

2 . . .

10

Suggestions Equate **enfurecido** with **furioso, enojado**. Point to robber's expression: **enfurecido**. Mime grabbing the rooster and throwing him into the pot: **lo cogió del cuello y lo tiró en la olla**. Explain: **hay agua en la olla**. Point to the rooster drinking the water: **se tomó toda el agua**. Gesture to show rooster getting out of the pot.

1 ¿Cómo reaccionó el hombre? ¿Estaba contento? ¿Estaba enfurecido? ¿Se puso alegre? ¿Estaba enojado?

2 . . .

11

Suggestions Equate **se enojó** with **estaba furioso**. Point out and identify **el horno**. Mime grabbing rooster and throwing him into the oven: **lo tiró en el horno**. Point to rooster spitting water on the fire: **botó toda el agua**. Explain: **Con toda el agua, no hay más fuego**.

1 ¿Se enojó el hombre?

2 . . .

12

Suggestions Point to eyes and ears: **veían y oían todo**. Mime fear: **asustados**. Point to people running away. Explain: **El hombre y su esposa salieron corriendo también**.

1 ¿Quiénes veían todo? ¿los viejitos? ¿los bomberos? ¿los invitados?

2 . . .

13

Suggestions Mime **coger las piedritas:** use thumb and forefinger to represent rooster's beak. Mime flapping wings: **se fue volando**.

1 ¿Qué cogió el gallo? ¿La comida de la mesa? ¿las piedras mágicas?

2 . . .

9
¡LADRÓN!
Mientras todos comían un sabrosísimo banquete de comida elegantísima, apareció el gallo de la cresta de oro y gritó: "¡Quiquiriquí, ladrón! ¡Danos las piedras que nos robaste!"
10
El hombre, enfurecido, cogió al gallo del cuello y lo tiró en una olla llena de agua.
Pero el gallo se tomó toda el agua, salió de la olla y otra vez denunció al hombre. "¡Quiquiriquí, ladrón, ladrón!"
11
El hombre se enojó tanto que otra vez cogió al gallo del cuello y lo tiró en el horno. Pero el gallo de la cresta de oro era muy astuto y simplemente botó toda el agua que había tomado en la olla y apagó el fuego. Luego salió del horno y, como antes, denunció al hombre diciendo: "¡Quiquiriquí, ladrón, ladrón!"
12
Los invitados veían y oían todo y no lo podían creer. Asustados, todos salieron corriendo, hasta el señor y su mujer.
13
Entonces, el gallito de la cresta de oro cogió las piedritas mágicas y se fue volando hasta la casa de los viejitos.
Allí los tres, el gallito de la cresta de oro y los dos viejitos, vivieron felices muchos, muchos años.
190 ciento noventa

¿QUÉ DECIMOS...?

Al hablar del pasado

1 Mira lo que apareció.

¿Cómo les fue en casa de abuelita?
Muy bien papá. Estuvimos todo el día allí. La ayudamos a ordenar la casa y encontramos algunas cosas muy interesantes.

Sí, papá, mira lo que apareció.
¡Pero, caramba!

Abuelita nos dijo que esta jaula era tuya pero no quiso decirnos nada más.

Cuéntanos, papá, ¿para qué era?
Ahora les voy a contar.

¿QUÉ DECIMOS...?

32:38–35:44

Side 2, 24561 to 30137

Using the video

See page 173.

Early Production Checks

Ask questions frequently to be certain students understand context and characters. Accept short-phrase and sentence-fragment answers, but rephrase responses in sentences. Encourage students to elaborate answers and give details. Extend questions to elicit further details. Use comprehensible input techniques to reinforce comprehension where responses are weak, inaccurate, or hesitant.

A full set of **Early Production Checks** is available on cards in the Teacher's Resource Package.

 1 32:46

Mira lo que apareció. Point to and identify characters. Enumerate some of the things the girls did to help: **Pasaron un trapo a los muebles, pasaron la aspiradora, sacaron la basura, lavaron las ventanas, arreglaron el armario.** Equate **cuéntanos** with **dígancs**.

1. ¿Quién es? ¿Cómo se llama? *(Point to each.)*
2. ¿Cómo les fue a las chicas en casa de su abuelita?
3. ¿Cuánto tiempo estuvieron allí?
4. . . .

Side 2, 24806 to 26101

Purpose This **fotonovela** section introduces students to the language and functions to be developed and practiced in the lesson—narrating a childhood memory—and prepares them for practice in the context of natural conversation. Students should not be expected to memorize or master all utterances. Listening comprehension and early production of key vocabulary and structures are the goals.

Suggestions Have students close their books while you narrate each **fotonovela** segment, identifying characters and their relationships, and describing their activities. Ask **Early Production Checks** frequently to confirm understanding and develop accurate pronunciation of key elements. Act out the dialogue between the characters.

2 33:30

¿Tenías un ratón? Point out the **ratoncito** in dialog #3. Equate **me lo regaló** with **me lo dio**. Mime carrying the mouse home: **lo llevé a casa**. Identify the boy and the man in the fourth photo: **Es el padre cuando era niño y su papá, el abuelo de las chicas**. Point out that they are building the cage: **están construyendo una jaula**. Act out being afraid of the mouse. Equate **al principio** with **primero; se acostumbró** with **lo aceptó.**

1 ¿Para qué era la jaulita?
2 ¿Quién le regaló el ratoncito?
3 ¿Dónde estaba el ratoncito?
4 . . .

Side 2, 26114 to 27094

3 34:03

Lo quería mucho. Mime putting food and water into the cage: **le daba de comer y beber**. Mime taking it out of the cage: **lo sacaba**. Point out boy playing with the mouse: **jugaba**. Mime touching it: **lo tocaba**. Compare something hard with something soft: **suave**. Explain: **La paja es lo que comen los caballos**.

1 ¿Qué hacía el padre con el ratoncito todos los días?
2 ¿Lo sacaba de la jaula de vez en cuando?
3 ¿Dónde jugaba con él?
4 . . .

Side 2, 27109 to 28160

2 ¿Tenías un ratón?

Esta jaulita era para mi ratoncito, Miguelín.
¿De veras tenías un ratoncito?
¿Por qué un ratón, papá?

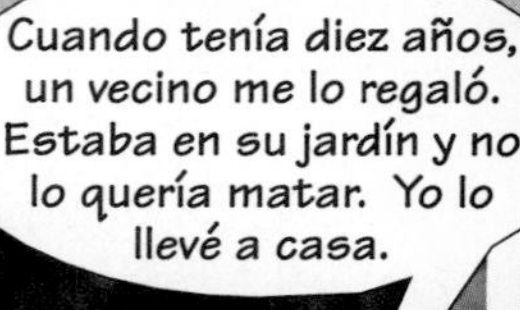

Cuando tenía diez años, un vecino me lo regaló. Estaba en su jardín y no lo quería matar. Yo lo llevé a casa.

Papá y yo le construimos la jaula y yo le puse el nombre de "Miguelín".

¿Y qué dijo la abuela? ¿No se asustó?
Bueno, al principio no sabía qué pensar, pero después se acostumbró.

3 Lo quería mucho.

Y de vez en cuando lo sacaba de la jaula y jugaba con él en el patio.

Era muy suave. Yo lo quería mucho y lo cuidaba muy bien.

Cada dos días le limpiaba la jaula y le cambiaba la paja. Me divertía mucho con él.

¿Y qué pasó con Miguelín?

4 La jaula estaba vacía.

Un día fui a darle de comer a mi ratoncito...

... pero la jaula estaba vacía y la puerta estaba abierta.

Busqué a Miguelín por todos lados pero nunca lo encontré. No sé lo que le pasó.

¡Ay, qué triste, papá! ¿Qué hiciste?

Saben que lloré por varios días.
Pero su abuelita me convenció de que para Miguelín era mejor estar libre.

Y en efecto, tenía razón. Todo salió bien.
¿Cómo? ¿Qué pasó?
Explícanos, papá.

Pues, hubo un concurso literario y escribí un cuento sobre Miguelín. ¿Y saben qué pasó?
¿Qué pasó?
Dinos.

Gané un premio. Y con el dinero del premio me compré un perrito.

4 34:39

La jaula estaba vacía. Point to open door of cage. Explain that there is no mouse in the cage: **la jaula estaba vacía**. Act out looking everywhere for the mouse: **lo busqué por todos lados**. Shake your head to show not knowing what happened. Mime crying: **lloré**. Point to the sad boy. Explain what his mother told him. Say that she told him several times: **Por fin, me convenció**. Name some **concursos** students would recognize—athletic or academic. Point to dog: **perrito**.

1. ¿Qué iba a hacer el padre el día trágico?
2. ¿Cómo encontró la jaula? ¿Estaba vacía?
3. ¿Cómo estaba la puerta?
4. . . .

Side 2, 28172 to 30137

CHARLEMOS UN POCO

A. PARA EMPEZAR . . .

Call on individual students. Have class confirm each response.

1 la viejita
2 el viejito
3 el viejito
4 la viejita
5 el hombre
6 el hombre
7 el hombre
8 el gallo
9 el hombre
10 el gallo
11 el gallo
12 el viejito, la viejita, el gallo

B. ¿QUÉ DECIMOS . . .?

Have students work in pairs first. Allow 2–3 min, then call on individual students to give the correct order. Have class confirm each response.

1 Un vecino le regaló un ratoncito al papá de Meche y Diana. (4)
2 Llevó al ratoncito a casa. (9)
3 Su papá y él le construyeron una jaula. (2)
4 Le dio el nombre de Miguelín. (7)
5 Todos los días le daba de comer y de beber. (5)
6 Un día vio que la jaula estaba vacía. (10)
7 Buscó a Miguelín en todas partes. (1)
8 No encontró al ratoncito y lloró mucho. (8)
9 Escribió un cuento y ganó un premio. (3)
10 Compró un perrito. (6)

CHARLEMOS UN POCO

A. PARA EMPEZAR . . . ¿Quién hizo esto en el cuento ''El gallo de la cresta de oro''?

1. Sembró una mata de tomate.
2. Decidió subirse en la mata.
3. Recogió unas piedritas en el cielo.
4. Se puso a moler y algo mágico pasó.
5. Quería comprar las piedritas.
6. Se robó las piedritas.
7. Invitó a muchos amigos a comer.
8. Apareció de repente y acusó al ladrón.
9. Trató de matar al gallo de la cresta de oro.
10. Denunció al ladrón dos veces más.
11. Devolvió las piedritas al ranchito.
12. Vivieron muchos años muy felices.

B. ¿QUÉ DECIMOS . . .? Según la historia de Miguelín, ¿en qué orden ocurrieron estas cosas?

1. Buscó a Miguelín en todas partes.
2. Su papá y él le construyeron una jaula.
3. Escribió un cuento y ganó un premio.
4. Un vecino le regaló un ratoncito al papá de Meche y Diana.
5. Todos los días le daba de comer y de beber.
6. Compró un perrito.
7. Le dio el nombre de Miguelín.
8. No encontró al ratoncito y lloró mucho.
9. Llevó al ratoncito a casa.
10. Un día vio que la jaula estaba vacía.

Purpose These activities provide guided practice as students talk about the past, ask and answer questions about the past, and describe past events. It is not necessary to do all the activities in this section once students demonstrate mastery of these functions.

C. Diferentes. Teo y Alicia nunca hacen la misma cosa al mismo tiempo. ¿Qué hacían los dos ayer a estas horas?

MODELO **A las ocho y media, Teo dormía mientras Alicia desayunaba.**

hora	Teo	Alicia
8:30	dormir	desayunar
9:00	ver televisión	arreglarse
9:30	leer el periódico	ir de compras
11:00	comer	mirar una película
12:00	jugar fútbol	almorzar
2:30	tomar refrescos	jugar tenis
4:30	pasear en bicicleta	descansar en casa
6:00	lavar el carro	cortar el césped
8:00	hacer un sándwich	leer una novela

CH. ¡Pero no llamaron! Según Margarita, ¿qué hacían los miembros de su familia cuando llegaron unos amigos sin llamar?

MODELO **Mamá preparaba la comida.**

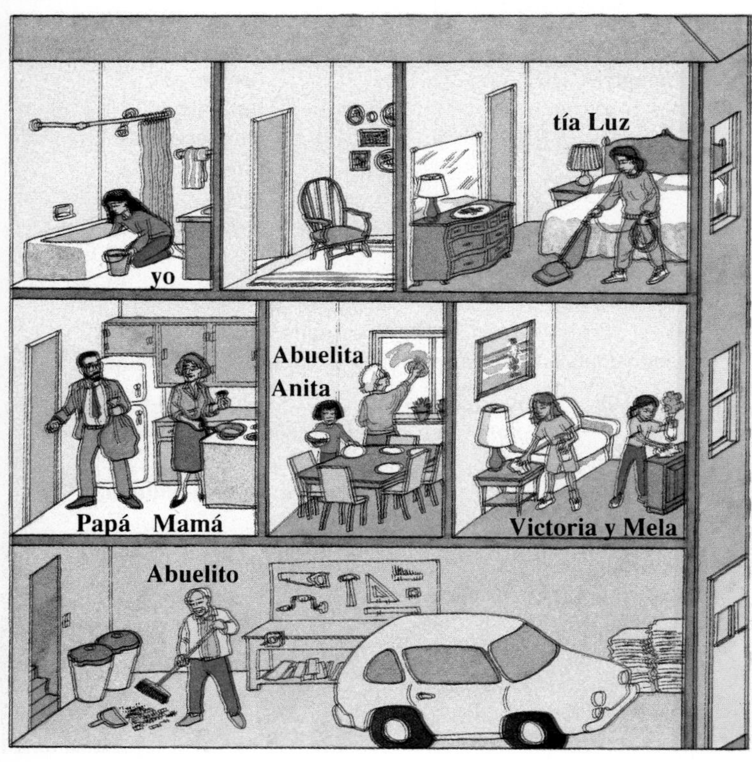

Imperfect: Continuing actions

Past actions viewed as continuing or in progress are expressed in the imperfect.

Mamá **leía** el periódico mientras papá **veía** la tele.

¿Con quién **hablabas**?

See **¿Por qué se dice así?**, *page G55, section 4.4.*

C. Diferentes. Have students do in pairs first. Allow 2–3 min, then call on individual students. Have class confirm each response. Ask class to repeat corrected answers after you for pronunciation practice with imperfect forms.

A las nueve, Teo veía televisión mientras Alicia se arreglaba.
A las nueve y media, Teo leía el periódico mientras Alicia iba de compras.
A las once, Teo comía mientras Alicia miraba una película.
A las doce, Teo jugaba fútbol mientras Alicia almorzaba.
A las dos y media, Teo tomaba refrescos mientras Alicia jugaba tenis.
A las cuatro y media, Teo paseaba en bicicleta mientras Alicia descansaba en casa.
A las seis, Teo lavaba el carro mientras Alicia cortaba el césped.
A las ocho, Teo hacía un sándwich mientras Alicia leía una novela.

CH. ¡Pero no llamaron! Have students do in pairs first. Then call on individual students and have class confirm each response.

Yo lavaba el baño.
Tía Luz pasaba la aspiradora.
Papá sacaba la basura.
Mamá preparaba la comida.
Abuelita limpiaba las ventanas.
Anita ponía la mesa.
Victoria y Mela pasaban un trapo a los muebles.
Abuelito barría el garaje.

D. Un día terrible. Call on individual students and have class confirm each response.

1 Mamá cocinaba cuando llamó la vecina.
2 Yo jugaba fútbol cuando empezó a llover.
3 Mis hermanos dormían cuando gritó papá.
4 Abuelita pasaba la aspiradora cuando la desenchufó Juanita.
5 Nosotros cenábamos cuando llegaron mis tíos.
6 Yo hacía ejercicio cuando sonó el teléfono.
7 Abuelita cantaba cuando empezó a llorar el bebé.
8 Mamá barría la cocina cuando encontró un ratón.

E. Nos divertimos. Allow 2–3 min for students to work in small groups first. Then call on individual students and have class confirm each response. Sentences will vary.

Yo compré discos compactos.
Mi amigo Jim jugó juegos de video.
Mi amiga Kristi buscó una camiseta.
Todos nosotros bebimos refrescos.
Mis amigos David y Lilia vieron una película.
Tú hablaste con los amigos.

F. Hace mucho tiempo. Allow 2–3 min for pair work. Then call on several pairs to act out each exchange. Answers will vary.

1 ¿Cuándo conociste al (a la) director(a) de la escuela? *Lo (La) conocí hace dos años.*
2 ¿Cuándo conociste al (a la) profesor(a) de español? *Lo (La) conocí hace cinco meses.*
3 ¿Cuándo conociste a tu amigo(a) Juan(a)? *Lo (La) conocí hace diez años.*
4 ¿Cuándo conociste a tu doctor(a)? *Lo (La) conocí hace doce años.*
5 ¿Cuándo conociste a tu dentista? *Lo (La) conocí hace tres años.*
6 ¿Cuándo conociste al (a la) entrenador(a) del equipo de fútbol? *Lo (La) conocí hace tres días.*
7 ¿Cuándo conociste al (a la) secretario(a) de la escuela? *Lo (La) conocí hace ocho meses.*
8 ¿Cuándo conociste a tus vecinos? *Los conocí hace cinco años.*

Preterite: Interrupted continuing actions

When a past action viewed as continuing or in progress is interrupted by another action, the latter is expressed in the preterite.

El teléfono **sonó** mientras comíamos.
Ellas caminaban en el parque cuando me **vieron.**

See **¿Por qué se dice así?**, *page G55, section 4.4.*

Preterite: Completed actions

When a past action is viewed as completed, it is expressed in the preterite.

Carlota me **llamó** esta mañana.
Ya le **escribí** a abuelita.

See **¿Por qué se dice así?**, *page G57, section 4.5.*

Preterite: Focus on beginning or end of past actions

When focused on the beginning or end of a past action, the verb is expressed in the preterite.

¿Ya **conociste** a la nueva estudiante?
Ellas **terminaron** primero.

See **¿Por qué se dice así?**, *page G57, section 4.5.*

D. Un día terrible. Según Eduardo, ¿qué hacían él y su familia cuando ocurrieron estas interrupciones el sábado pasado?

MODELO hermana estudiar: entrar Juanita
Mi hermana estudiaba cuando entró Juanita en su cuarto.

1. mamá cocinar: llamar vecina
2. yo jugar fútbol: empezar llover
3. mis hermanos dormir: gritar papá
4. abuelita pasar la aspiradora: desenchufarla Juanita
5. nosotros cenar: llegar mis tíos
6. yo hacer ejercicio: sonar teléfono
7. abuelito cantar: empezar a llorar el bebé
8. mamá barrer la cocina: encontrar un ratón

E. Nos divertimos. ¿Qué hicieron tú y tus amigos la última vez que fueron a un centro comercial?

EJEMPLO **Mi amigo José comió pizza.**

		pizza
		una camiseta
	comer	refrescos
yo	comprar	juegos de video
mi amigo [. . .]	beber	una película
mi amiga [. . .]	ver	los amigos
todos nosotros	hablar	las amigas
mis amigos [. . .] y [. . .]	jugar	hamburguesas
[. . .]	mirar	limonada
	buscar	ropa
		discos compactos
		[. . .]

F. Hace mucho tiempo. Tu compañero(a) quiere saber cuándo conociste a estas personas. Contesta sus preguntas.

MODELO el profesor de inglés
Compañero(a): **¿Cuándo conociste al profesor de inglés?**
Tú: **Lo conocí hace una semana.**

1. el(la) director(a) de la escuela
2. el(la) profesor(a) de español
3. tu amigo(a) [¿ ?]
4. tu doctor(a)
5. tu dentista
6. el(la) entrenador(a) del equipo de fútbol
7. el(la) secretario(a) de la escuela
8. tus vecinos

G. ¡Fiesta! Hubo una fiesta en casa de Chela. Según ella, ¿qué pasó?

EJEMPLO **Florencia preparó más limonada.**

yo	dormirse	canciones románticas
mamá	servir	en el comedor
Florencia	tocar	más pastel
Rubén y Lucas	pedir	el tango y el cha-cha-chá
Ramiro y yo	preparar	en el sofá
mis tíos	conseguir	discos populares
Rosario	bailar	más limonada
	comer	toda la noche
		tapas

REPASO

Preterite: e → i, o → u stem-changing *-ir* verbs

Stem-changing **-ir** verbs in the preterite undergo a one-vowel change only in the **usted/él/ella, ustedes/ellos/ellas** forms.

¿Qué **pidieron** ustedes?
Yo **serví** el postre y ella **sirvió** las bebidas.

Note: There are no **-ar, -er** stem-changing verbs in the preterite.

See ***¿Por qué se dice así?,*** *page G60, section 4.6.*

CHARLEMOS UN POCO MÁS

A. Los fines de semana. Cuando Julio era joven, él y su papá hacían varias cosas juntos durante los fines de semana. Usen los horarios que su profesor(a) les va a dar para identificar las cinco cosas que ellos hacían juntos. No se permite mirar el horario de su compañero(a) hasta terminar esta actividad.

EJEMPLO **El sábado a las seis y media de la tarde, el papá de Julio cenaba en casa. ¿Qué hacía Julio?**

B. Antes y ahora. Escribe siete u ocho actividades que siempre hacías cuando eras estudiante en la escuela primaria y compáralas con lo que haces ahora. Luego pregúntale a tu compañero(a) si hacía las mismas actividades. Informen a la clase de todo lo que hacían en común.

EJEMPLO *Tú escribes:* **En la escuela primaria siempre comía en casa; ahora como en la cafetería con frecuencia.**
Tú preguntas: **¿En la escuela primaria, siempre comías en casa?**
Compañero(a): **No. Comía en el colegio.** o **Sí, comía en casa.**

C. ¿Sí o no? Con tu compañero(a), prepara de ocho a diez preguntas para hacerle a tu profesor(a). Quieres descubrir qué tipo de estudiante era cuando asistía a la escuela secundaria. Luego háganle las preguntas a su profesor(a).

G. ¡Fiesta! Call on individual students. Have class confirm each response. Sentences will vary.

Yo me dormí en el sofá.
Mamá sirvió más limonada.
Florencia comió más pastel.
Rubén y Lucas consiguieron discos populares.
Ramiro y yo comimos tapas.
Mis tíos bailaron el tango y el cha-cha-chá.
Rosario tocó canciones románticas.

CHARLEMOS UN POCO MÁS

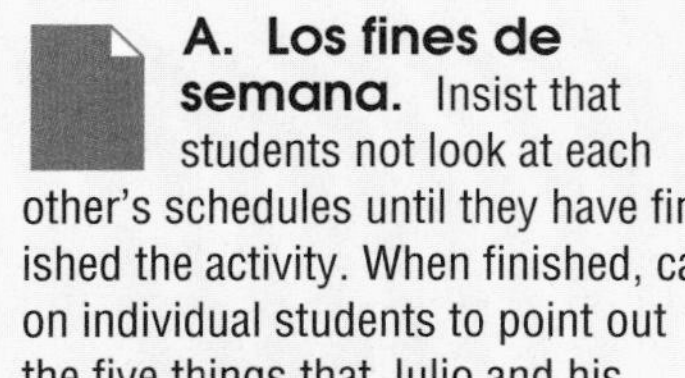

A. Los fines de semana. Insist that students not look at each other's schedules until they have finished the activity. When finished, call on individual students to point out the five things that Julio and his father did together.

Extension Personalize by asking individual students if they do these activities with their parents. **¿Trabajas en la oficina con tu papá? ¿Ves la tele con tu papá?**

B. Antes y ahora. Allow 2–3 min for writing and another 2–3 min for pair work. Have each pair report to class what activities both of them used to do.

Variation Have each pair go to chalkboard and write the activities both used to do. **En la escuela primaria Rick y yo siempre estudiábamos en casa; ahora siempre estudiamos en la biblioteca.**

C. ¿Sí o no? Encourage students to ask lots of different questions. Call on one student at a time to question you and after you respond, ask them if they do the same thing now.

Purpose The ***Charlemos un poco más*** activities are designed to allow students to create with language in open-ended activities while talking about the past, asking and answering questions about the past, and describing past events.

CH. Lo pasábamos muy bien. Allow 3–4 min to prepare lists. Then have students that described their own family activities pair up and compare lists with each other while those that described the picture pair up and compare their lists with one another. Call on a few pairs to read lists to the class.

CH. Lo pasábamos muy bien. Con un compañero, prepara una lista de todo lo que ustedes y sus familias hacían en el parque cuando eran más jóvenes. Si no iban al parque, describan lo que hacían estas personas.

DRAMATIZACIONES

A. ¡Era mi favorito! You may want to ask students to bring in their favorite childhood object. Call on volunteers to perform their role plays for the class.

B. Animales domésticos. If students did not have a pet, have them talk about a friend's favorite pet or simply have them explain why they never had a pet.

Dramatizaciones

A. ¡Era mi favorito! Tú y un(a) amigo(a) están conversando del objeto favorito que más recuerdan de su niñez. Tu amigo(a) te hace muchas preguntas para saber la importancia de tu objeto y tú le haces muchas preguntas a tu amigo(a). Dramaticen esta conversación.

B. Animales domésticos. Tú y un(a) amigo(a) están hablando de los animales domésticos que tenían cuando eran niños. Dramaticen la conversación.

Purpose The role plays in ***Dramatizaciones*** are designed to recycle the structures and vocabulary needed to ask and answer questions about the past and to describe past events. Encourage students to work without their books when performing their role plays.

IMPACTO CULTURAL
Tesoros nacionales

Antes de empezar

A. Al anticipar. Estudia cuidadosamente las fotos de la fortaleza, del camino y del puente en las siguientes páginas. ¿Cuánto puedes decir de la gente que los construyó? ¿Qué conocimientos debían tener para poder construirlos? ¿Qué habilidades necesitaban los trabajadores? ¿Qué herramientas usaron?

B. La idea principal. Identifica la idea principal de los primeros cuatro párrafos al hojear la lectura y selecciona la frase que mejor la exprese.

Párrafo 1
- **a.** la caída del imperio incaico
- **b.** la grandeza del imperio incaico
- **c.** el terreno difícil de los Andes
- **ch.** los grandes líderes del imperio incaico

Párrafo 2
- **a.** el noveno Inca
- **b.** Alejandro Magno
- **c.** Napoleón
- **ch.** la extensión del imperio incaico

Párrafo 3
- **a.** la importancia de los caminos y puentes que se siguen usando
- **b.** las fortalezas de Koricancha y Sacsahuamán
- **c.** la importancia de Cuzco
- **ch.** lo impresionante del imperio incaico

Párrafo 4
- **a.** la leyenda de una hermosa mujer de Ica
- **b.** la honestidad de la mujer nativa peruana
- **c.** los canales de irrigación
- **ch.** las terrazas o andenes de agricultura

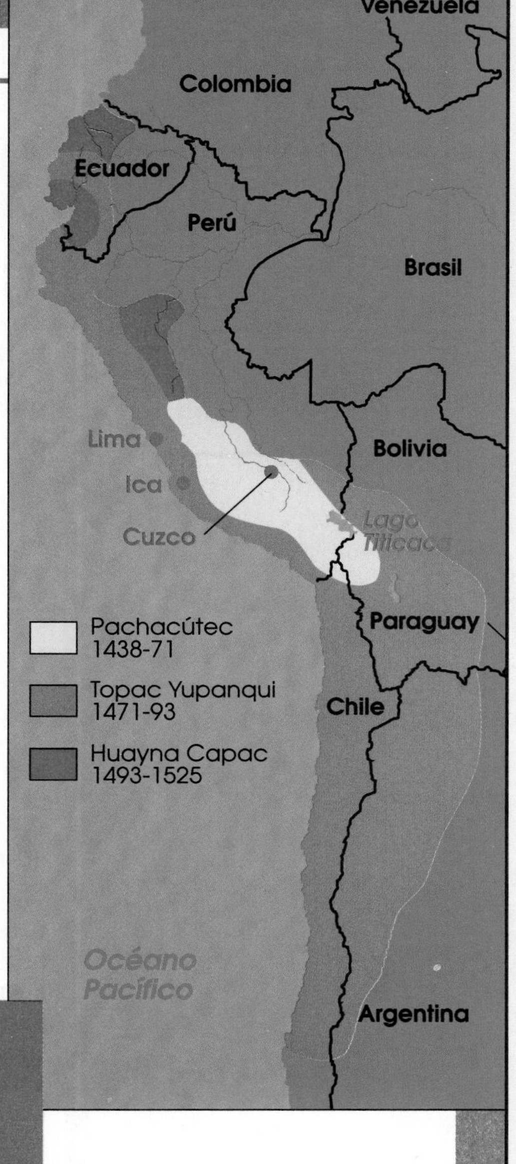

IMPACTO CULTURAL
Tesoros nacionales

Purpose This section provides additional reading practice as students learn about Pachacútec, the greatest Inca.

Antes de empezar

Suggestions In **A**, have students use critical thinking skills to infer as much information as possible from the photos. In **B**, have students scan the reading to answer the questions. They should not read the selection in full at this time.

Answers

A. Al anticipar. Answers will vary. From the photos, students should be able to deduce that the builders of the fortress were great architects and engineers, that they must have known a great deal about construction, masonry, surveying, etc., that they probably had slave labor to help them move such large and heavy stones since they didn't have equipment to do it, and so forth.

B. La idea principal.
Párrafo 1 b
Párrafo 2 a
Párrafo 3 c
Párrafo 4 c

IMPACTO CULTURAL

Pachacútec el gran Inca

1

El Imperio de los Incas tuvo trece reyes o Incas

MANCO CAPAC

SINCHI ROCA

LLOQUE YUPANQUI

MAYTA CAPAC

CAPAC YUPANQUI

INCA ROCA

YAHUAR HUACA

VIRACOCHA INCA

PACHACÚTEC (1438-71)

TOPAC YUPANQUI (1471-93)

HUAYNA CAPAC (1493-1525)

HUASCAR (1525-32)

ATAHUALPA (1532-33)

En cierto sentido, la ascendencia y caída de la civilización incaica es más impresionante que la de las grandes civilizaciones de Mesopotamia o del Egipto. ¿Por qué? Porque los incas crearon su imperio, no de extensos valles con magníficos ríos, sino de difíciles montañas con vastos cañones y de tierras casi imposibles de conquistar y cultivar. Sin embargo, bajo estos grandes líderes, el imperio se fue expandiendo, poco a poco, hasta cubrir los Andes desde más allá de Quito en Ecuador hasta más allá de Santiago de Chile.

De los muchos grandes líderes, el más responsable por las grandezas que todavía sobreviven en Perú es Pachacútec, el noveno Inca.[1] Tan grandes e impresionantes fueron las conquistas y hazañas de este Inca que se dice que Pachacútec es el nativo americano más grande en toda la historia del continente. Aun se le ha comparado con el macedonio, Alejandro Magno, y con el emperador francés, Napoleón. Cuando Pachacútec llegó a ser el Inca, su reino se extendía no más de 80 millas; cuando murió en 1471, el imperio ya tenía una extensión de más de 500 millas.

Fue Pachacútec quien hizo reconstruir la capital de Cuzco hasta que llegó a ser la imponente ciudad que encontraron los españoles. Bajo su dirección, se construyeron imponentes fortalezas, como las de Sacsahuamán y Koricancha,[2] y grandes templos y palacios como los de las hermosas ciudades de Cuzco y Machu Picchu. Bajo Pachacútec también se construyeron los primeros caminos del imperio,[3] caminos que transcurren en lo alto de los Andes y que incluyen puentes[4] que todavía siguen renovándose y usándose.

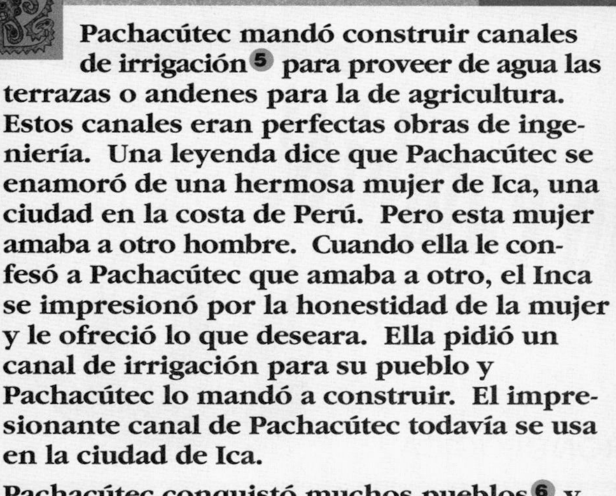

Pachacútec mandó construir canales de irrigación (5) para proveer de agua las terrazas o andenes para la de agricultura. Estos canales eran perfectas obras de ingeniería. Una leyenda dice que Pachacútec se enamoró de una hermosa mujer de Ica, una ciudad en la costa de Perú. Pero esta mujer amaba a otro hombre. Cuando ella le confesó a Pachacútec que amaba a otro, el Inca se impresionó por la honestidad de la mujer y le ofreció lo que deseara. Ella pidió un canal de irrigación para su pueblo y Pachacútec lo mandó a construir. El impresionante canal de Pachacútec todavía se usa en la ciudad de Ica.

Pachacútec conquistó muchos pueblos (6) y tenía fama de ser muy severo con sus enemigos. Pero también protejó a todos en su imperio y respetó las tradiciones y creencias de su gente.

Verifiquemos

1. Prepara un esquema araña, como el modelo, de las dificultades, la importancia mundial y las grandes hazañas en arquitectura, ingeniería y agricultura del noveno Inca, Pachacútec.

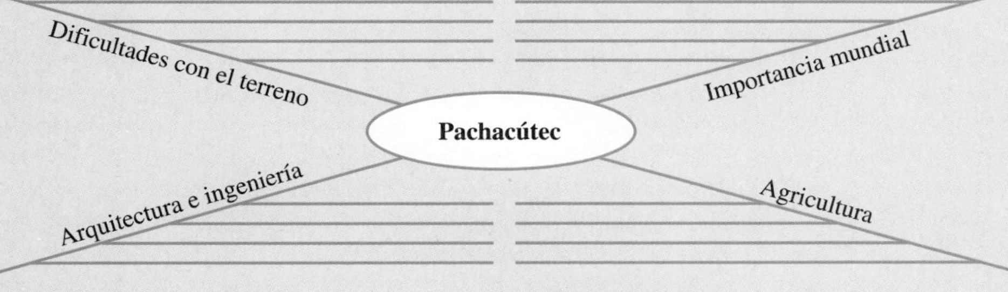

2. Con un(a) compañero(a) de clase, escribe un minidrama de la conversación de Pachacútec y la mujer de Ica, cuando ésta le confesó que tenía otro amante. Presenten su minidrama a la clase.

Verifiquemos

Answers

1 Dificultades con el terreno
1. los Andes
   a. vastos cañones
   b. tierras casi imposibles de conquistar y cultivar

Importancia mundial
1. nativo americano más grande en toda la historia del continente
2. se le compara con Alejandro Magno y Napoleón

Arquitectura e ingeniería
1. responsable por la reconstrucción de Cuzco: las imponentes fortalezas—Sacsahuamán y Koricancha, grandes templos y palacios y caminos que transcurren en lo alto de los Andes

Agricultura
1. responsable por la construcción de canales de irrigación

2 Las respuestas van a variar.

OBJECTIVES

Communicative Goals

- Describing in the past
- Describing how you used to feel
- Narrating in past time

Culture and Reading

- **Para empezar**
  La camisa de Margarita Pareja
- **Leamos ahora**
  Los enigmáticos diseños del Valle de Nasca
- **Estrategias para leer**
  Hacer un resumen

Writing

- **Escribamos ahora**
  Writing a short story from a certain point of view
- **Estrategias para escribir**
  Decidir en un punto de vista

Structure

- 4.7 Uses of the imperfect: Description
- 4.8 Narrating in the past: Imperfect and preterite

ACTIVE VOCABULARY

Descripciones
anciano(a)
asombrado(a)
asustado(a)
desesperado(a))
sabio(a)

Sustantivos
campo
cochino
edificio
hocico
migaja
orilla
voz

Verbos
atrapar
corregir
criar
esconderse

LECCIÓN 3

¡. . . y todo cambió!

TRAYECTORIA CRONOLÓGICA

	800 a. de J.C.–1200 d. de J.C.	1400	1500	1600	1700
DEL MUNDO	**753 a. de J.C.** La fundación de Roma	**1492** Cristóbal Colón llega a las Antillas		**1620** El *Mayflower* llega a Nueva Inglaterra	
DE PERÚ	**1200** La fundación de la dinastía de los incas	**1438 – 1532** Extensión del Imperio de los Incas	**1531** La llegada de los españoles **1535** Fundación de Lima		

Caracas
Lima
Buenos Aires

ANTICIPEMOS

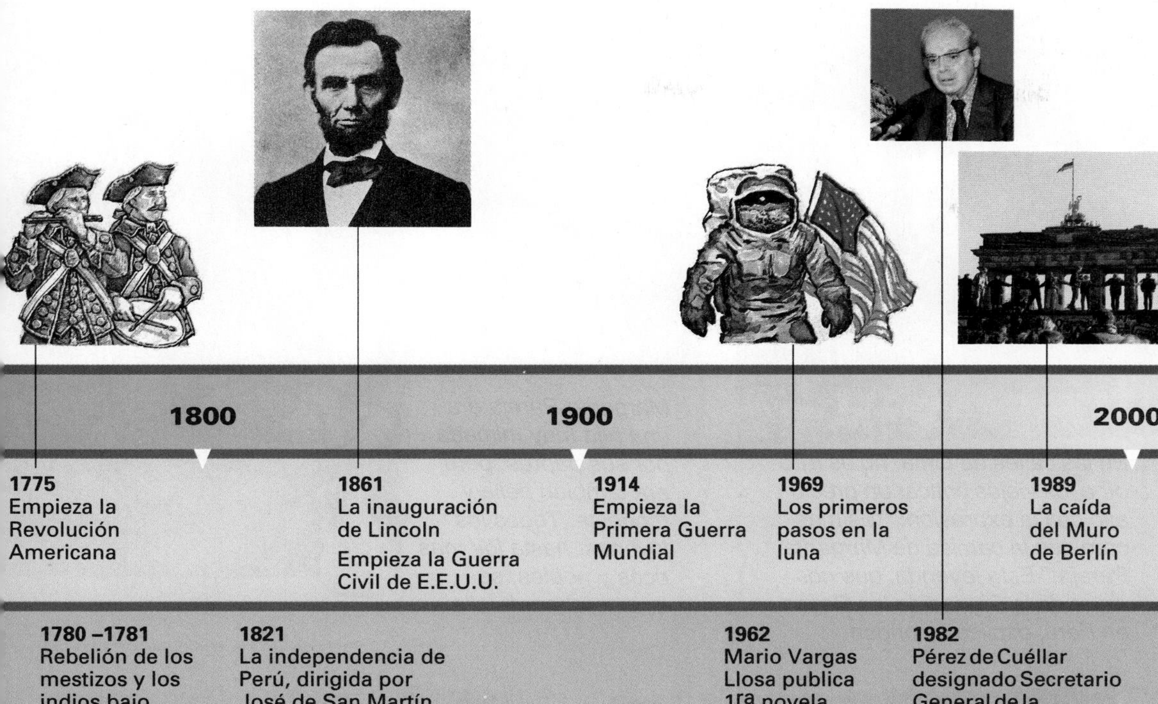

¿Qué piensas tú?

1. Con un(a) compañero(a), estudia la trayectoria cronológica de Perú y prepara una narración breve sobre la historia de Perú.
2. Ahora con tu compañero(a), estudia la trayectoria cronológica del mundo entero y prepara una narración breve de lo que pasaba en el resto del mundo durante los momentos históricos que mencionaste en tu narración sobre la historia de Perú.
3. Compara las tres ciudades en las fotos. ¿Cuáles son algunas semejanzas? ¿algunas diferencias?
4. Localiza las tres ciudades en un mapa y explica por qué crees que estas tres ciudades importantes sudamericanas se fundaron en ese local. En tu opinión, ¿por qué llegaron a ser ciudades de gran importancia en sus países?
5. ¿Cuáles son las ciudades principales de tu estado? ¿Puedes contar algo sobre la historia de tu ciudad o sobre la capital de tu estado? ¿Cuándo y cómo se fundaron? ¿Por qué se fundaron allí?
6. Piensa en todo lo que hemos dicho y di qué crees que vas a aprender en esta lección.

Purpose To focus students on telling a story and to engage them in a discussion of events in the history of Peru. Students are also asked to speculate on why major modern cities were founded, where they are located, and to recall what they can of their own city's history. Students will develop and apply higher level thinking skills and reading strategies in extracting meaning from entries on the time lines and speculating about the development of the cities named.

Suggestions Use the photos and art to introduce the lesson content. Encourage students to use Spanish whenever possible to respond to the ***¿Qué piensas tú?*** questions, but allow English where ideas may be more complex or vocabulary may be unknown. Summarize responses in Spanish, using comprehensible input techniques to clarify your language where necessary.

ANTICIPEMOS

¿Qué piensas tú?

Answers

1 Pídales a los estudiantes que narren en español. Ayúdeles un poco si es necesario: **El imperio incaico empezó en 1200. Entre 1438 y 1532 . . .**

2 Otra vez, anime a sus alumnos a narrar. Ayúdeles a empezar, si es necesario: **Casi 500 años después de la fundación de Roma, el imperio incaico se estableció en Perú. Cuando Cristóbal Colón descubrió . . .** Al terminar sus narraciones, hágales preguntas que contrastan lo que pasó en el mundo a cierto punto con lo que estaba pasando en Perú.

3 Las tres ciudades son las ciudades capitales de sus países. Caracas y Buenos Aires parecen ser ciudades bastante modernas mientras que los edificios en Lima parecen ser más tradicionales. Las tres parecen ser ciudades prósperas y sofisticadas. Caracas parece estar en las montañas. Las tres parecen estar superpobladas.

4 Las respuestas van a variar. Los estudiantes deben fijarse en lo accesible que son las ciudades al mar y a otro tráfico comercial. También deben fijarse en lo que rodea cada ciudad, los recursos que tienen y el transporte para ciudadanos y turistas. Cualquier respuesta es aceptable con tal que el alumno pueda explicar la lógica detrás de su respuesta. También deben reconocer la importancia de que estas ciudades estén en un sitio accesible, con buenos recursos, buen clima, buena protección de enemigos y con buenas rutas de comercio.

5 Las respuestas van a variar. Los estudiantes deben considerar lo que estaba pasando históricamente en su región y en el país cuando se estableció su ciudad.

6 **Van a practicar a narrar eventos históricos.**

PARA EMPEZAR

Comprehension Checks

A complete set of **Comprehension Checks** is available on cards in the Teacher's Resource Package.

Suggestions Point out Lima on a map. Explain that it was called **la Ciudad de los Reyes**. Draw two price tags on the board: one very high, one reasonable. Equate **caro** with **cuesta mucho**.

1 ¿De dónde viene esta leyenda?

2

Suggestions Explain **mimada: sus padres le dan todo lo que quiere.** Draw hearts with arrows: **se enamoraban de ella**.

1 ¿Cómo se llama la chica?
2 ¿Cómo era? ¿linda? ¿fea? ¿mimada? ¿orgullosa? ¿modesta?
3 . . .

Suggestions Point to **don Honorato**. Explain: **Quiere guardar su dinero. No es generoso; es todo lo contrario. Es avaro**. Use body language and facial expression to communicate **orgulloso.**

1 ¿Cómo se llamaba ese hombre?
2 ¿Dónde vivía?
3 . . .

4

Suggestions Explain **sobrino: el hijo de su hermana/hermano**. Explain **heredar: Cuando muera su tío, todo su dinero va a ser de Luis.** Point out the mouse: **ratón.**

1 ¿Cómo se llamaba el sobrino de don Honorato?
2 ¿Qué esperaba heredar? ¿la fortuna de sus padres? ¿la fortuna de su tío?
3 . . .

PARA EMPEZAR

Escuchemos un cuento peruano

1 *En las calles de Lima, no es raro oír a los viejos criticar un precio alto con la expresión: "¡Es más caro que la camisa de Margarita Pareja!" Esta leyenda, que nos viene de la Ciudad de los Reyes en Perú, explica su origen.*

2 *Margarita Pareja era una hija muy mimada por sus padres, pero era también bella y modesta. Todos los jóvenes, hasta los más ricos y nobles, se enamoraban de ella.*

3 *Vivía en Lima en esos tiempos, un don Honorato, el hombre más rico, más avaro y más orgulloso de toda la ciudad.*

4 *Don Honorato tenía un sobrino que se llamaba Luis Alcázar. Este joven esperaba heredar toda la fortuna de su tío, pero en los tiempos de que hablamos, Luis Alcázar vivía tan pobre como un ratón.*

Purpose This section develops strong active listening skills and exposes students to new cultural insights and perceptions as they listen to a Peruvian tale. In the tale, a sensitive and clever man finds a way to help his daughter and her poor but honorable suitor marry, in spite of the unreasonable demands of the young man's rich and cold-hearted uncle. Students will hear and comprehend many examples of the language needed to narrate a story that occurred in the past. The ***Para empezar*** section provides comprehensible language without translation. It is not meant for memorization or mastery. It develops listening comprehension and introduces the lesson structures in context.

5
Cuando en una procesión por la ciudad, Luis vio a la linda, la hermosa Margarita, se enamoró de ella al instante; a ella le pasó lo mismo. Tan enamorados estaban que no les importaba nada más. Ni la pobreza en la cual vivía Luis tenía importancia para los dos enamorados.

Luis le pidió al padre de Margarita la mano de su hija. Pero el padre se puso furioso. No quería tener como yerno a tal pobretón.

El tío de Luis— tan orgulloso como era—se puso aún más furioso. "Este don Raimundo insultó a mi sobrino, ¡el mejor joven en la ciudad de Lima!"

Y la hermosa Margarita también se puso furiosa. Se arrancó el pelo . . . y dijo que ya no quería ni comer ni beber absolutamente nada. Con el pasar de los días, la hermosa Margarita se ponía más y más pálida y flaca. ¡Parecía que iba a morir!

Suggestions Have students close their books while you narrate each section using overhead transparencies and comprehensible input techniques to clarify meaning without translation. Break longer sentences into shorter utterances, pointing to elements of each drawing, acting out, demonstrating, gesturing to clarify meanings. Ask frequent **Comprehension Checks** to confirm understanding as you progress through the story.

5

Suggestions Explain that the procession is probably religious. Point out the people with candles. Equate **al instante** with **inmediatamente.** Draw another heart with an arrow through it. Point out and emphasize that each falls in love with the other. Simplify: **Nada era importante. No importaba que Luis no tenía dinero**. Identify the two as **los enamorados.**

1 ¿A quién vio Luis?
2 ¿Cuándo la vio? ¿en la iglesia? ¿en el mercado? ¿en una procesión por la ciudad?
3 . . .

Suggestions Act out Luis asking to marry Margarita: **pedir la mano**. Point out father's angry expression. Explain **yerno**: **el esposo de una hija**. Equate **a tal pobretón** with **a una persona tan pobre**.

1 ¿Querían casarse los enamorados?
2 ¿A quién le pidió Luis la mano de Margarita? ¿a don Honorato? ¿al padre de la muchacha?
3 . . .

Suggestions Compare the two men. Explain that Margarita's father is angry, but Luis' uncle is even more angry. Ask why. Explain the insult: **insultó a su sobrino**.

1 ¿Cómo se puso el tío de Luis? ¿contentísimo? ¿furioso? ¿más furioso que el padre de Margarita?
2 ¿Por qué se puso más furioso? ¿porque el padre de Margarita lo insultó a él? ¿porque su padre insultó a Luis?
3 . . .

Suggestions Point out Margarita's angry expression. Act out and point to pulling her hair: **se arrancó el pelo**. Act out refusing to eat or drink. Equate **pálida** with **blanca**. Gesture to show thinness. Draw a cross to indicate dying. Compare her to Celina in **El Sombrerón**.

1 ¿Cómo se puso Margarita? ¿contentísima? ¿furiosa?
2 ¿Cómo reaccionó? ¿Se lavó el pelo? ¿Se peinó? ¿Se arrancó el pelo?
3 . . .

9

Suggestions Explain: **Una curandera es una médica o una enfermera sin licencia. No fue a la universidad, pero sabe mucho de la medicina popular: de hierbas, curas naturales**. Break down the long sentence. Draw a broken heart. Nod to communicate **aprobar**. Equate it with **decir que sí**.

1 ¿Con quién consultó el padre de Margarita? ¿con los vecinos? ¿con médicos? ¿con don Honorato? ¿con curanderas?

2 . . .

10

Suggestions Explain **dote: dinero, ropa, muebles que los padres le dan a una hija cuando se casa**. Emphasize that her father can't give her anything.

1 ¿Consintió don Honorato por fin?

2 . . .

Suggestions Equate **regalar** with **dar**. Explain: **Una camisa de novia es una parte del vestido que lleva una mujer el día de su boda**. Equate **consintió** with **aceptó**. Act out swearing: **jurar**.

1 ¿Estaba don Raimundo contento con la condición de don Honorato?

2 . . .

12

Suggestions Equate **tuvo lugar** with **pasó**; **cumplió** with **hizo lo que prometió**.

1 ¿Cuándo tuvo lugar la boda? ¿la semana siguiente? ¿el año siguiente? ¿el día siguiente?

2 . . .

13

Suggestions Point to the parts of the **camisa—el collar de diamantes, el hilo de oro y plata, las perlas**, etc. Mime embroidery: **la bordadura**. Draw or show a chain: **cadena**.

1 ¿Era la camisa de novia algo especial?

2 . . .

El padre de la joven consultó a médicos y a curanderas, pero todos le dijeron que no había remedio para un corazón destrozado. Pero tanto amaba don Raimundo a su hija, que por fin decidió aprobar la boda de Luis y la hermosa Margarita.

Antes de consentir de su parte, don Honorato, el tío de Luis, insistió en una condición: Don Raimundo tenía que prometer que ni ahora ni nunca le daría ni dote ni dinero a su hija. Margarita tendría que ir a casa de su marido sólo con la ropa que llevaba puesta y nada más.

Don Raimundo no estaba del todo contento con esta condición. Pidió, por lo menos, poder regalar a su hija una camisa de novia.

Don Honorato consintió y don Raimundo así tuvo que jurar: "Juro no dar a mi hija más que la camisa de novia".

Al día siguiente tuvo lugar la boda. La hermosa Margarita llevaba su camisa nueva y su padre cumplió su juramento. Ni en vida ni en muerte dio a su hija nada más.

13

Pero, ¡Dios mío! ¡Qué camisa! La bordadura que adornaba la camisa era de puro oro y plata. Y el cordón que ajustaba el cuello era un cadena de brillantes que valía una fortuna.

Y por eso es que todavía ahora, cuando se habla de algo caro, dicen los viejitos de Lima: "¡Es más caro que la camisa de Margarita Pareja!"

¿QUÉ DECIMOS AL ESCRIBIR...?

De un incidente en el pasado

Éste es el cuento de Miguelín que escribió el padre de Meche y Diana.

MIGUELÍN

Miguelín era un ratoncito muy aventurero. Vivía en una jaula muy cómoda y estaba bastante contento. Pero quería conocer el mundo. Un día, el muchacho que lo cuidaba no cerró bien la puerta. Entonces, Miguelín sacó el hocico y miró a su alrededor. No vio a nadie y decidió salir. Se fue a la calle donde encontró a un ratón anciano y muy sabio.

—Perdone, señor. Tengo ganas de conocer el mundo. ¿Adónde debo ir? —preguntó Miguelín.

—Pues, mira, chico. Aquí estás muy bien. La vida es tranquila y segura. Pero si insistes en conocer el mundo, no hay como Caracas. Súbete a ese carro y puedes llegar fácilmente.

Así fue como Miguelín llegó a la gran ciudad de Caracas. Quedó asombrado. Había gente por todas partes y edificios enormes. Tenía mucho cuidado porque había muchísimo tráfico. Pero también había muchos cafés al aire libre donde encontraba migajas debajo de las mesas.

Purpose This section introduces students to the language and functions to be developed and practiced in the lesson—telling a story—and prepares them for practice in the context of a short story. Students should not be expected to memorize or master all of the text. Reading comprehension and early production of key vocabulary and structures are the goals.

Suggestions Call on students to read aloud one paragraph at a time. Ask **Early Production Checks** frequently to confirm understanding and to develop accurate pronunciation of key elements. Use the drawings and comprehensible input techniques to clarify any language the class does not understand.

¿QUÉ DECIMOS...?

Early Production Checks

A full set of **Early Production Checks** is available on cards in the Teacher's Resource Package.

Párrafo 1
Name some adventurous fictional characters. Point to map or globe: **el mundo**. Show with door to the classroom that the door is not fully shut: **no cerró bien la puerta**. Point to mouse's snout: **hocico**. Act out poking nose out the door, looking around: **miró a su alrededor**. Point out the older, wiser rat: **anciano y sabio**.

1 ¿Cómo se llamaba el ratoncito?
2 ¿Cómo era?
3 . . .

Párrafo 2
Equate **tengo ganas** with **quiero**.

1 ¿Habla el ratoncito con el ratón anciano?
2 ¿Qué tiene ganas de hacer Miguelín?
3 . . .

Párrafo 3
Explain: **segura—sin problemas**. Explain that there are other cities. Name some. Say that Caracas is the best: **no hay como Caracas**. Point out the car. Mime getting in: **súbete**.

1 ¿Cómo dice el anciano que está Miguelín aquí en el jardín?
2 Según el anciano, ¿cómo es la vida aquí?
3 . . .

Párrafo 4
Explain that **Miguelín** got in the car and rode to Caracas. Act out amazement: **quedó asombrado**. Gesture the height of the buildings: **edificios enormes**. Explain that he looks right and left when crossing the street: **tenía mucho cuidado**. Point out the crumbs: **migajas**.

1 ¿Se subió Miguelín en un carro?
2 ¿Llegó a Caracas?
3 . . .

Párrafo 5

Look sad. Explain that Miguelín is thinking about home, and tranquility and safety: **extrañaba su vida en el campo**. Draw trees: **árboles**. Explain that the city only has a few trees; the country has many. Point to Miguelín holding his stomach. Act out a stomach ache: **dolores de estómago**. Explain that each of these is bad, but the worst is the cats. Point to the cats: **los gatos feroces**. Act out chasing Miguelín: **lo atacaron**. Act out running away. Hide several objects: **esconder**.

1. ¿Qué hacía Miguelín durante los días?
2. ¿Qué hacía para divertirse?
3. ¿Se divertía mucho?
4. . . .

Párrafo 6

Gesture towards ear: **oyó**. Point out the girl mouse and emphasize feminine ending on the word. Mime crying: **lloraba**. Act out looking for and finding her behind the tree: **la buscó y la encontró**. Play the two parts in the dialogue, changing places and voices.

1. ¿Qué oyó Miguelín?
2. ¿De quién era la voz?
3. ¿Dónde encontró Miguelín a la ratoncita?
4. . . .

Último párrafo

Explain **criaron: Tuvieron varios hijos**.

1. ¿Adónde regresaron Miguelín y Minerva?
2. ¿Qué encontraron allí?
3. ¿Qué criaron?
4. . . .

Durante varios días, Miguelín caminaba y caminaba. Lo miraba todo y se divertía mucho. Pero luego, empezó a extrañar su vida en el campo. En la ciudad había pocos árboles y aunque la comida era muy rica le causaba dolores de estómago. Y lo peor de todo eran los gatos feroces que querían atraparlo. Un día cuando Miguelín buscaba comida, unos gatos lo atacaron. Como él no tenía casa donde esconderse, tuvo que correr y correr hasta encontrar un lugar seguro. Decidió que ya no le gustaba la ciudad y empezó a sentirse muy triste y desesperado. Quería regresar a su casa.

En ese momento, Miguelín oyó una voz. Era una ratoncita que lloraba. Miguelín la buscó y por fin la encontró detrás de un árbol. Se le acercó y le preguntó:

—¿Por qué lloras? ¿Te puedo ayudar?

—¿Quién eres tú?

—Yo soy Miguelín. ¿Y tú?

—Me llamo Minerva y estoy muy triste aquí en la ciudad. Quiero regresar al campo donde estaba muy contenta y llevaba una vida muy tranquila en mi casa.

—¿Tú también? Yo vine a la ciudad hace poco y también quiero regresar. ¿Vamos juntos?

—¡Oh, sí! —dijo la ratoncita.

Y así fue. Miguelín y Minerva regresaron al campo donde encontraron una buena casa y criaron una familia de bellos ratoncitos. Y vivieron muy felices.

CHARLEMOS UN POCO

A. **PARA EMPEZAR . . .** Pon en orden cronológico el cuento de ''La camisa de Margarita Pareja''.

1. Margarita rehusó comer y se puso muy enferma.
2. Don Honorato era el hombre más rico y más avaro de toda la ciudad.
3. El padre de Margarita le dio una camisa que valía una fortuna.
4. Luis pidió permiso para casarse con Margarita.
5. Margarita Pareja era una joven muy hermosa y modesta.
6. El padre de Margarita juró no dar a su hija más que una camisa de novia.
7. Cuando Luis vio a la hermosa Margarita por primera vez, se enamoró.
8. El padre de Margarita decidió aprobar la boda de Luis y Margarita.
9. Por eso, los viejitos de Lima dicen que algo es más caro que la camisa de Margarita Pareja.
10. Luis Alcázar era el sobrino de don Honorato.
11. Don Honorato dijo que el padre de Margarita insultó a su sobrino.
12. Don Honorato insistió en que Margarita tendría que casarse sólo con la ropa que llevaba puesta y nada más.
13. El padre de Margarita no le dio permiso a Luis para casarse con su hija.

B. **¿QUÉ DECIMOS . . .?** Según el cuento de Miguelín, indica si las oraciones son ciertas o falsas. Si son falsas, corrígelas.

1. Miguelín estaba muy triste cuando vivía en una jaula.
2. Miguelín salió para conocer el mundo.
3. A Miguelín le gustaba la comida de Caracas.
4. Miguelín empezó a extrañar los árboles del campo.
5. Miguelín y unos gatos se hicieron buenos amigos.
6. Miguelín conoció a una ratoncita en Caracas.
7. Minerva también era del campo.
8. A Minerva le gustaba la vida de la ciudad.
9. Minerva y Miguelín decidieron vivir en Caracas.
10. Miguelín y Minerva tuvieron una familia.

Purpose These activities provide guided practice as students describe and begin to narrate in past time. It is not necessary to do all the activities in this section once students have demonstrated mastery of these functions.

CHARLEMOS UN POCO

A. **PARA EMPEZAR . . .**
Have students work in pairs to decide on correct sequence. Then call on individual students for correct sequence. Have class confirm each response.

1 Margarita Pareja era una joven muy hermosa y modesta. (5)
2 Don Honorato era el hombre más rico y más avaro de toda la ciudad. (2)
3 Luis Alcázar era el sobrino de don Honorato. (10)
4 Cuando Luis vio a la hermosa Margarita por primera vez, se enamoró. (7)
5 Luis pidió permiso para casarse con Margarita. (4)
6 El padre de Margarita no le dio permiso a Luis para casarse con su hija. (13)
7 Don Honorato dijo que el padre de Margarita insultó a su sobrino. (11)
8 Margarita rehusó comer y se puso muy enferma. (1)
9 El padre de Margarita decidió aprobar la boda de Luis y Margarita. (8)
10 Don Honorato insistió en que Margarita tendría que casarse sólo con la ropa que llevaba puesta y nada más. (12)
11 El padre de Margarita juró no dar a su hija más que una camisa de novia. (6)
12 El padre de Margarita le dio una camisa que valía una fortuna. (3)
13 Por eso, los viejitos de Lima dicen que algo es más caro que la camisa de Margarita Pareja. (9)

B. **¿QUÉ DECIMOS . . .?**
Call on individual students for answers. Have class confirm each response.

1 falso. Estaba bastante contento.
2 cierto
3 cierto
4 cierto
5 falso. Miguelín y unos gatos no se hicieron buenos amigos.
6 cierto
7 cierto
8 falso. A Minerva no le gustaba la vida de la ciudad.
9 falso. Minerva y Miguelín decidieron volver al campo.
10 cierto

C. ¡Qué desastre! Have students work in pairs first. Then call on individual students and have class confirm each response. Answers may vary.

1. El suéter estaba en la silla. *o* Había un suéter en la silla.
2. La camisa estaba debajo de la cama. *o* Había una camisa debajo de la cama.
3. Las camisetas estaban en la cómoda. *o* Había camisetas en la cómoda.
4. El sombrero estaba en la cómoda. *o* Había un sombrero en la cómoda.
5. La mochila estaba debajo de la cama. *o* Había una mochila debajo de la cama.
6. Los libros estaban en el piso. *o* Había libros en el piso.
7. Los cuadernos estaban en el piso. *o* Había cuadernos en el piso.
8. Los calcetines estaban en la cama (en el piso). *o* Había calcetines en la cama (en el piso).

CH. ¡Qué emoción! Have students work in pairs first. Then ask individual students what emotions they and their partners used to describe each situation. Ask if others in the class felt differently. Answers will vary.

1. Cuando papá compraba un carro nuevo, se sentía contento.
2. Cuando mamá encontraba una serpiente en la casa, se sentía asustada.
3. Cuando los abuelitos pasaban la semana en el campo, se sentían tranquilos.
4. Cuando yo recibía una carta de amor, me sentía emocionado(a).
5. Cuando no había buenos programas en la televisión, los hermanos se sentían furiosos.
6. Cuando mi mejor amigo y yo hacíamos mucho ejercicio, nos sentíamos cansados.
7. Cuando tú encontrabas un perro feroz, te sentías nervioso(a).
8. Cuando papá tenía una cita con el dentista, se sentía preocupado.
9. Cuando unos gatos lo atacaban, Miguelín se sentía desesperado.
10. Cuando los amigos recibían una mala nota, se sentían tristes.

Imperfect: Description of an ongoing situation

The imperfect is used when describing past situations that are viewed as in-progress.

Había un sillón grande en la sala de familia.
La lámpara **estaba** en la mesita.

See **¿Por qué se dice así?**, *page G61, section 4.7.*

Imperfect: Description of emotional states

The imperfect is used when describing emotional states in the past.

Todos nos **sentíamos** muy contentos.
Él me **amaba** locamente.

See **¿Por qué se dice así?**, *page G61, section 4.7.*

C. ¡Qué desastre! Máximo acaba de limpiar su cuarto y ahora todo está en su lugar. ¿Dónde estaban estas cosas antes de limpiarlo según el dibujo?

 EJEMPLO libros
Los libros estaban en el piso. o
Había libros en el piso.

1. suéter	**3.** camiseta	**5.** mochila	**7.** cuadernos
2. camisa	**4.** sombrero	**6.** libros	**8.** calcetines

CH. ¡Qué emoción! ¿Cómo se sentían estas personas en las situaciones indicadas?

 EJEMPLO nosotros: perder los partidos de fútbol
Cuando perdíamos los partidos de fútbol, nos sentíamos muy tristes.

VOCABULARIO ÚTIL:

contento	triste	furioso	aburrido
emocionado	nervioso	preocupado	tranquilo
desesperado	asustado	cansado	asombrado

1. papá: comprar un caro nuevo
2. mamá: encontrar una serpiente en la casa
3. abuelitos: pasar la semana en el campo
4. yo: recibir una carta de amor
5. hermanos: no haber buenos programas en la televisión
6. mi mejor amigo y yo: hacer mucho ejercicio
7. tú: encontrar un perro feroz
8. papá: tener una cita con el dentista
9. Miguelín: unos gatos atacarlo
10. amigos: recibir una mala nota

D. ¡Qué diferente! ¿Cómo eran estas personas cuando tenían ocho años?

Manuel Manuela

EJEMPLO **Manuel y Manuela eran bajos y morenos. Los dos eran delgados. Les gustaba jugar tenis y jugaban todos los días.**

1. Jaime

2. Rafael

3. Adela

4. Paulina

5. Lorenzo

6. Melinda

7. ¿tú?

8. ¿tu amigo(a)?

D. ¡Qué diferente! Have students work in pairs. Assign a drawing to each pair. It doesn't matter if several pairs have the same drawing. Allow 2 min to write descriptions. Call on different pairs to describe their drawing and ask other pairs working with the same drawing if they have anything to add. The following are sample descriptions.

1 Jaime era alto, delgado y moreno. A él le gustaba practicar karate.
2 Rafael era gordito y pelirrojo. Le gustaba tocar la guitarra.
3 Adela era rubia y muy atlética. Le gustaba jugar fútbol.
4 Paulina era alta. Leía libros y estudiaba todos los días.
5 Lorenzo era moreno y muy malo. Le gustaba asustar a las chicas.
6 Melinda era rubia. No le gustaba bañarse.
7 Tú eras . . .
8 Tu amigo(a) era . . .

E. Un cuento. Call on individual students. Have class confirm each response.

1 Todos vivían contentos en el rancho.
2 Un día los tres cochinillos salieron de casa.
3 Vieron una lancha cerca del río.
4 Dos cochinillos subieron a la lancha.
5 De repente la lancha empezó a separarse de la orilla.
6 Todos los cochinillos gritaban y gritaban pero nadie oyó.
7 El cochinillo que estaba en la orilla corrió a buscar a su abuelo.
8 El abuelo era sabio.
9 El abuelo y el cochinillo regresaron al río.
10 Cuando los dos cochinillos vieron a su abuelo, saltaron al agua y se salvaron.

F. Había una vez . . . Allow 4–5 min for pair work. Then have class work in groups of four as one pair tells its story to the other and vice versa. Stories will vary.

1 Adriana estaba en casa y estaba muy aburrida.
2 Llamó a su amiga Emi y decidieron pasear en bicicleta.
3 Fueron al parque donde había mucha gente.
4 En el parque tomaron helados y miraron las lanchas en el lago.
5 De repente empezó a llover y decidieron regresar a casa.
6 En casa jugaron a las damas y se divirtieron toda la tarde.

Variation Organize students in groups of 2 or 3 and have them write a story based on the pictures. Then have students read their stories to each other in groups of 6 or 8.

Imperfect and preterite

Imperfect	Preterite
• Continuous, in progress • Habitual	• Completed • Focus: beginning or end

See ***¿Por qué se dice así?****, page G64, section 4.8.*

E. Un cuento. ¿Qué les pasó a estos cochinillos aventureros?

MODELO haber una vez / familia / cochinillos
Había una vez una familia de cochinillos.

1. todos vivir / contento / rancho
2. un día / 3 cochinillos / salir / casa
3. ver / lancha / cerca / río
4. 2 cochinillos / subir / lancha
5. de repente / lancha / empezar a separarse de la orilla
6. todos / cochinillos / gritar / gritar / pero nadie / oír
7. cochinillo que / estar / la orilla / correr a buscar / abuelo
8. abuelo / ser / sabio
9. abuelo y cochinillo / regresar / río
10. cuando / 2 cochinillos / ver / abuelo / saltar al agua / salvarse

F. Había una vez . . . Éste es el cuento de una chica que se llamaba Adriana. Con tu compañero(a), describe cada dibujo para completar el cuento.

EJEMPLO ser / día
hacer / tiempo
Era un día de octubre y hacía muy buen tiempo. o
Era un día muy bonito y hacía sol.

1. Adriana / estar en casa
estar / aburrido

2. llamar / amiga Emi
decidir pasear / bicicleta

3. ir / parque
haber / mucha gente

4. en / parque / tomar helados
mirar / lago / lanchas

5. de repente / empezar a llover
decidir regresar / casa

6. en casa / jugar a las damas
divertirse / la tarde

CHARLEMOS UN POCO MÁS

Purpose These activities allow students to use language needed to describe and narrate in past time. Responses in this section are much more open-ended and often have several possible correct answers.

A. En agosto viajaba por . . . Tell students the objective is to get a signature in every square. When the first student finishes, check his or her grid by asking everyone that signed if they used to do the indicated activity.

B. La familia Elgorriaga. Allow 3–5 min for pair work. Then ask individual students what each family member was doing: **Felipe**, **Alicia**, **Zorro**, **Beatriz**, **Sergio**, **Luisa**, **Toño**, **papá**, **Amazona y Califa.**

C. La vida de . . . You may want to assign this as homework and encourage students to illustrate their narrative with cut-outs from magazines or with drawings of their own. Have students present their biographies to the class.

CH. ¿Era muy diferente? Allow 2–3 min for pair work. Then call on different pairs to ask you questions. Ask the students questioning you if they do the thing they are asking about.

DRAMATIZACIONES

A. Todos los veranos íbamos a . . . Allow students 2–3 min to organize thoughts. Then ask volunteers to do presentation to class. Encourage students to present extemporaneously.

B. ¡Era ideal! Encourage students to be creative but suggest that they limit themselves to what they can say. Avoid giving too much vocabulary to anyone.

CHARLEMOS UN POCO MÁS

A. En agosto viajaba por . . . ¿Cómo pasaban el verano cuando eran niños tus compañeros de clase? Usa la cuadrícula que tu profesor(a) te va a dar para entrevistarlos. Pregúntales si de costumbre hacían estas actividades en el verano. Pídeles a las personas que contesten afirmativamente que firmen el cuadrado apropiado. Recuerda que no se permite que una persona firme más de un cuadrado.

MODELO *Tú:* **¿Ibas al cine?**

B. La familia Elgorriaga. Los fines de semana siempre eran muy interesantes en la familia Elgorriaga. Tu profesor(a) te va a dar un dibujo de las actividades de la familia Elgorriaga pero no aparecen los nombres de todos los miembros de la familia. Dile a tu compañero(a) qué hacían las personas y los animales indicados en tu dibujo y pídele que te diga lo que hacían las personas en su dibujo. Escribe los nombres que faltan en tu dibujo en el blanco apropiado.

C. La vida de . . . Con un compañero(a), crea y escribe una descripción de una semana típica el año pasado en la vida de uno de tus personajes favoritos. Puedes escoger a un personaje histórico, una estrella de cine, un cantante, un deportista o una caricatura cómica, o puedes inventar a un personaje original. Si quieres, incluye dibujos del personaje.

CH. ¿Era muy diferente? ¿Cómo era la vida social de tu profesor(a) cuando era un(a) joven de quince o dieciséis años? ¿Era similar o muy diferente de tu vida ahora? Con tu compañero(a), prepara por escrito una lista de ocho a diez preguntas para hacerle a tu profesor(a).

Dramatizaciones

A. Todos los veranos íbamos a . . . Tú y tu compañero(a) están hablando del lugar favorito adonde iba toda la familia para pasar las vacaciones. Mencionen por qué iban allá y qué hacían para divertirse. Dramaticen esta conversación.

B. ¡Era ideal! Imagínate que antes de venir a este colegio tú vivías en un lugar ideal donde la escuela y la vida eran muy diferentes. Tú le estás explicando a tu compañero(a) cómo era tu vida antes de venir acá. Claro, tu compañero(a) quiere hacerte muchas preguntas. Dramaticen la conversación.

Purpose The role plays in ***Dramatizaciones*** are designed to recycle the structures and vocabulary needed to describe and narrate in past time. Encourage students to work without their books when performing their role plays.

LEAMOS AHORA

Estrategias para leer: Hacer un resumen

Sumarios. Generalmente cuando leemos lecturas informativas, tratamos de recordar lo que leímos. Los resúmenes nos ayudan a hacer esto.

La forma más fácil de hacer un sumario es empezar por tomar buenos apuntes al leer. Luego, hay que escribir una oración que resuma la lectura entera y una oración que resuma cada párrafo de la lectura.

Para hacer un resumen de la lectura ***Los enigmáticos diseños del Valle de Nasca***, el lector probablemente empezó por sacar estos apuntes muy generales:

Tema	Comienzo	Desarrollo	Conclusiones
diseños nascas	enormes diseños geométricos y de animales	descubiertos por Kroeber y Mejía en 1926 y estudiados por Reiche en los años 1940	creados por una gran civilización precolombina

Luego el lector escribió el siguiente sumario en una oración:

> Los diseños nascas, enormes dibujos geométricos y de animales, fueron descubiertos en 1926 por Alfred Kroeber y Toribio Mejía y estudiados en 1940 por María Reiche. Fueron creados por una de las más grandes civilizaciones precolombinas.

Ahora para preparar un sumario, empieza por leer el artículo una vez sin parar para tener una idea general del contenido. Luego, prepara un cuadro de cuatro columnas como el anterior. Completa el cuadro al leer cada párrafo detenidamente, haciéndote estas preguntas cada vez: (1) ¿De qué se trata el párrafo? (2) ¿Cómo comienza? (3) ¿Cómo se desarrolla? (4) ¿Cómo termina?

Usa la información en tu cuadro para escribir un sumario de una oración para cada uno de los seis párrafos de la lectura. Luego, compara tus sumarios con los de dos o tres compañeros. Revísalos si encuentras que no incluiste alguna información importante o si incluiste información insignificante.

LEAMOS AHORA

Answers

The answers will vary. Have students compare the information they gathered in pairs. Tell them they may want to add or delete information in their charts based on what their partners had.

Have students also compare their completed summaries in groups of three or four. Then call on individual students to read a summary of each paragraph and have class comment on its thoroughness.

Purpose Here students will practice summarizing a paragraph at a time, then an entire reading. This strategy can be applied to any informative reading for which students want to recall what they read.

Suggestions Have students read **Sumarios** individually. Then discuss the sample summary and ask students to comment on its completeness. You may want to do the summary of the first paragraph with the whole class after students have done the information-gathering activity individually. Then have them work individually, summarizing the remaining paragraphs.

Los Enigmáticos Diseños del Valle de Nasca

La figura de este mono es de dimensiones tan grandes como las de un terreno de fútbol.

Sabemos que el pueblo nasca, como las grandes civilizaciones precolombinas de regiones situadas más al norte: los mochicas, los maya y los aztecas, fue caracterizado por la construcción de templos, pirámides y complejos acueductos subterráneos. Sabemos también que sus habitantes crearon cerámicas que son obras de exquisita belleza y a la vez fueron feroces guerreros que les cortaban la cabeza a sus enemigos y las exhibían como trofeos.

Pero no es por eso que recordamos la cultura nasca. No. Es por los fabulosos diseños trazados en las rocas y arenas del desierto . . . enormes triángulos, trapecios y espirales que cubren incontables hectáreas de una tierra tan árida como la de un paisaje lunar . . . animales estilizados de tamaños tan inmensos que sólo pueden ser contemplados desde un avión.

¿Cuándo se descubrieron las líneas de Nasca? Sabemos que en 1926, dos prestigiosos arqueólogos—el norteamericano Alfred Kroeber y el peruano Toribio Mejía—observaron algunas líneas en el desierto peruano pero pensaron que eran intentos prehistóricos de irrigación. Luego, durante la década de los años treinta, unos pilotos comenzaron a observar en sus vuelos que las líneas formaban figuras. Pero no fue hasta los años cuarenta que el mundo comenzó a tomar conciencia de estos dibujos, gracias en parte a los esfuerzos de María Reiche, una maestra escolar de matemáticas, de origen alemán. Tanto se interesó María Reiche en estas figuras que dedicó el resto de su vida a estudiarlas.

¿Dónde vivieron los nascas? ¿En el desierto? El descubrimiento en la región sudeste de Perú de una ciudad perdida de 2,000 años de antigüedad está arrojando una nueva luz sobre los famosos dibujos del desierto peruano. "Indudablemente ésta fue una gran civilización . . . En muchos aspectos, los nascas fueron verdaderos genios", dice la arqueóloga Helaine I. Silverman (de la Universidad de Illinois, en Estados Unidos), quien descubrió los restos de lo que ella considera "el mayor núcleo de población de la cultura nasca".

Ahora sabemos que el trazado de los diseños nascas no dependió de un alto nivel de habilidades tecnológicas. Niños de las escuelas peruanas han duplicado algunas de las mayores figuras geométricas, utilizando estacas, cuerdas y montañas de rocas. Una explicación para las elaboradas figuras de animales es que ellas fueron ampliadas a base de los diseños familiares encontrados en los tejidos, utilizando para ello el mismo sistema de rejillas.

La arqueóloga Silverman no tiene duda de que "las figuras fueron elaboradas para rendir culto a los dioses . . . básicamente pienso que todo el mundo nasca se entregaba con dedicación al trazado de estas líneas y figuras que hoy tanto admiramos".

Esta ave mide más de 200 metros de largo. ¿Sabes cuántos pies hay en 200 metros?

¿Son las figuras nascas diseños de tejidos familiares ampliados?

Los nascas crearon cerámicas de exquisita belleza.

Verifiquemos

Estudia el esquema que sigue sobre el pueblo nasca. Luego prepara un esquema similar sobre cada uno de los siguientes temas.

I. El pueblo nasca
II. Las líneas nascas
III. Descubrimiento de las líneas de Nasca
IV. El trazado de los diseños nascas

I. El pueblo nasca
  A. Vivieron hace 2000 años
  B. Fue una gran civilización
    1. Templos
    2. Pirámides
    3. Acueductos subterráneos
  C. Practicaron diferentes profesiones
    1. Artistas
      a. Cerámica de exquisita belleza
      b. Dibujos de nasca
    2. Guerreros
      a. Feroces
      b. Les cortaban la cabeza a enemigos
      c. Exhibían cabezas como trofeos

Verifiquemos

Answers

The outlines will vary.

ESCRIBAMOS AHORA

A. Empezar. Go over the instructions in class, then assign as homework.

ESCRIBAMOS AHORA

Estrategias para escribir:
Decidir en un punto de vista

A. Empezar. Un buen escritor siempre piensa cuidadosamente antes de decidir en el punto de vista que va a representar. Por ejemplo, en un artículo sobre un partido de fútbol, ¿crees que el equipo que ganó va a describir el partido de una manera diferente de la del equipo que perdió? ¡Claro que sí! Cada equipo va a describirlo de su propio punto de vista.

Ahora repasa todos los cuentos y leyendas que has escuchado y leído en **¡DIME! DOS**. Piensa en los personajes indicados aquí y escribe una oración sobre lo que tú crees que cada personaje opina de lo ocurrido en el cuento. Los comentarios de ***La familia Real*** ya están escritos.

Cuento/Leyenda	Personaje 1	Personaje 2
1.2 Bailó con un bulto	**El joven soldado**	**Crucita Delgado**
1.3 La nuera	**El abuelo**	**El nieto**
2.1 La familia Real	**Papá Real:** Somos una familia muy simpática y amistosa. Nos encanta charlar pero la gente del pueblo no es muy amistosa.	**Gente del pueblo:** Son muy raros, aburridos y chismosos. Tuvimos que dejar de invitarlos porque hablan constantemente y no dicen nada.
2.2 El pájaro de los siete colores	**El hijo mayor**	**El hijo menor**
2.3 El león y las pulgas	**El león**	**El líder de las pulgas**
3.1 Tío Tigre y Tío Conejo	**Tío Tigre**	**Tío Conejo**
3.2 Los tres consejos	**Esposo**	**Esposa**
3.3 La casa embrujada	**La costurera**	**El perro**
4.1 El Sombrerón	**El Sombrerón**	**Madre de Celina**
4.2 El gallo de la cresta de oro	**El gallo**	**El ladrón**
4.3 La camisa de Margarita Pareja	**Margarita Pareja**	**El padre de Margarita**

Purpose In this section, students are asked to apply the skill of summarizing to writing. They will use strategies they began to develop in Unit 1: pre-writing, brainstorming, and clustering; writing a first draft; peer feedback; and revision.

B. Planear. Ahora tú vas a escribir uno de los cuentos mencionados en la actividad **A** desde el punto de vista de uno de los personajes. Al empezar a planear tu cuento, selecciona uno de los cuentos y el personaje que tú vas a representar. Luego en dos columnas, prepara una lista de todos los eventos principales en tu cuento y cómo ve esos eventos tu personaje.

Cuento: ______________________________

Personaje: ______________________________

Eventos:	**Punto de vista de mi personaje:**

C. Primer borrador. Ahora, usa la información de las listas que preparaste en la actividad **B** para escribir el primer borrador de tu cuento. No olvides que estás relatando el cuento desde el punto de vista de un personaje particular.

CH. Compartir. Comparte el primer borrador de tu cuento con dos compañeros de clase. Pídeles sugerencias. Pregúntales si es lógico tu cuento, si hay algo que no entienden, si hay algo que puedes o debes eliminar. Dales la misma información sobre sus cuentos cuando ellos te pidan sugerencias.

D. Revisar. Haz cambios en tu cuento a base de las sugerencias de tus compañeros. Luego, antes de entregar el cuento, compártelo una vez más con dos compañeros de clase. Esta vez pídeles que revisen la estructura y la puntuación. En particular, pídeles que revisen el uso de los verbos en el pretérito y el imperfecto.

E. Versión final. Escribe la versión final de tu cuento incorporando las correcciones que tus compañeros de clase te indicaron. Entrega una copia en limpio a tu profesor(a).

F. Publicar. Junten todos los cuentos en un solo volumen titulado, **¡DIME! DOS: Otro punto de vista.** Guarden su primer "libro" en la sala de clase para leer cuando tengan un poco de tiempo libre.

B. Planear. Have students begin work on these lists in class. Then have them finish as homework.

C. Primer borrador. You may have students do their first drafts in class, if time permits, or they can do them as homework.

CH. Compartir. Have students gather in "response groups" of two or three. Allow them time to read each other's stories. Encourage them to comment on content, structure, and vocabulary. Remind group members to begin commentary with at least one positive comment.

D. Revisar. Tell students that you will grade holistically, focusing on communication. Mention, however, that you will take off for errors on the focus structure—preterite and imperfect tenses—so they should edit carefully for any errors with these verbs.

E. Versión final. Grade the short stories holistically, with a special focus on errors in the preterite and imperfect tenses. Underline other grammatical errors if you wish, but the grade should be affected only by errors that would confuse a native speaker accustomed to the writing of a nonnative, and errors in the use of preterite and imperfect tenses. Ask students to type their final version to facilitate the publication described below.

F. Publicar. Ask some computer-wise students to make a cover page and prepare a table of contents, listing the author and title of each short story. Then have a couple of volunteers assemble all the short stories into one book. Make the book available for extra reading for whenever students finish quizzes or tests early or if they are ahead on homework assignments.

UNIT OBJECTIVES

Communicative Goals

After completing this unit, students will be able to use Spanish . . .

- to express hopes
- to give advice
- to express opinions
- to persuade
- to make suggestions
- to express emotion
- to make recommendations

Culture

In this unit, students will . . .

- listen to a Guatemalan short story and two Spanish (Asturian and Andalusian) legends
- learn about Moorish Spain
- compare Franco's Spain to Spain today
- learn about one of Spain's popular young actors, Antonio Banderas

Reading and Writing Strategies

- Reading: **El pensar al leer**
- Writing: **Entrevistas**

Structure

- Present subjunctive: Regular and irregular forms
- **Ojalá**
- Impersonal expressions
- Expressions of persuasion
- Present subjunctive: Stem-changing verbs
- Expressions of anticipation or reaction

UNIDAD 5

Recomiendo que . . .

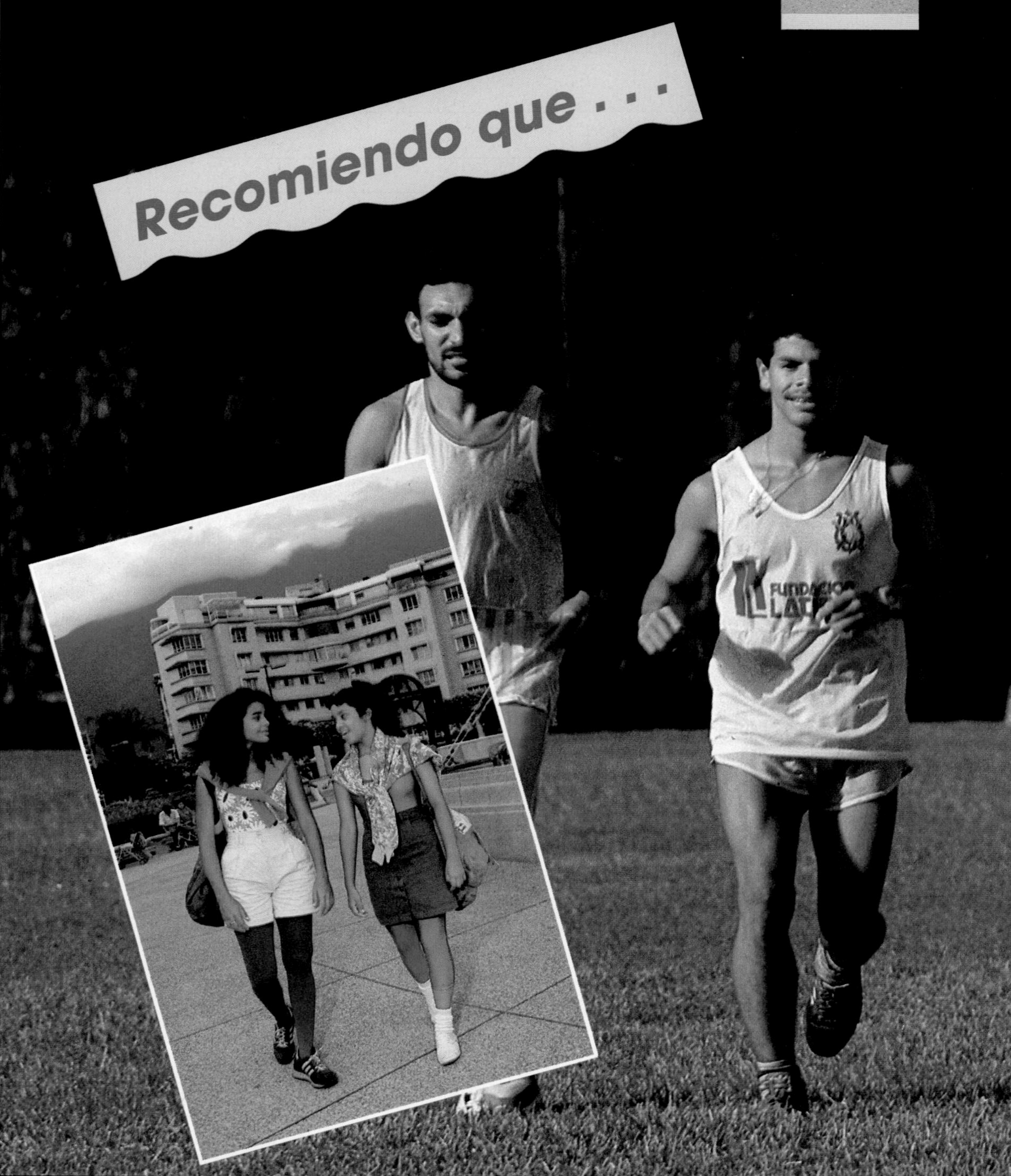

Focus on ESPAÑA

In **Excursiones**, students will travel through **España, tierra de moros** and learn how Christians, Arabs, and Jews coexisted on the Iberian Peninsula for almost 800 years. Here they will also learn about the impact Arabic culture had at that time not only on Spain but on Western civilization as well. In **Tesoros nacionales,** students will read the comments of a man who lived most of his life under the Franco regime and is now able to compare life in **La España de Franco y la España de hoy**. In the final unit reading, **Antonio Banderas: Un galán latino en Hollywood**, students will see what one of Spain's most popular, contemporary young actors has to say about his youth, his extraordinary success in the United States, and his hopes and expectations as an actor.

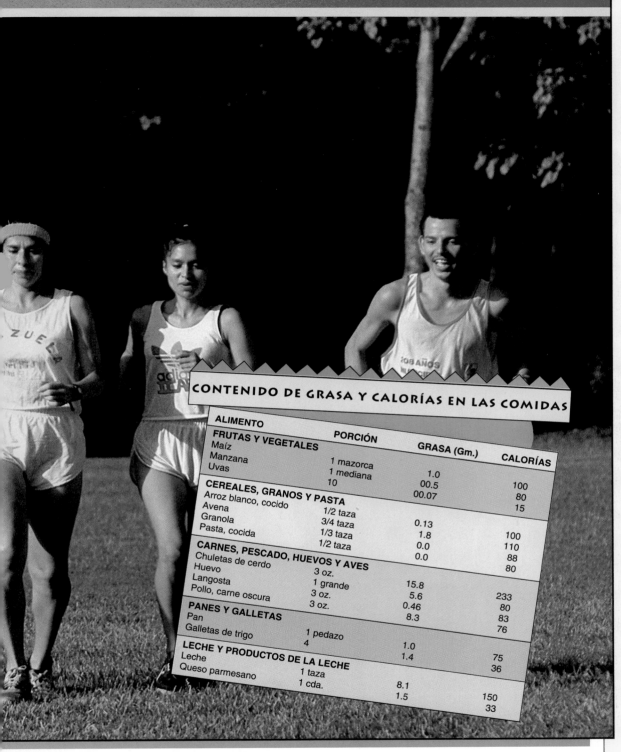

CONTENIDO DE GRASA Y CALORÍAS EN LAS COMIDAS

ALIMENTO	PORCIÓN	GRASA (Gm.)	CALORÍAS
FRUTAS Y VEGETALES			
Maíz	1 mazorca	1.0	100
Manzana	1 mediana	00.5	80
Uvas	10	00.07	15
CEREALES, GRANOS Y PASTA			
Arroz blanco, cocido	1/2 taza	0.13	100
Avena	3/4 taza	1.8	110
Granola	1/3 taza	0.0	88
Pasta, cocida	1/2 taza	0.0	80
CARNES, PESCADO, HUEVOS Y AVES			
Chuletas de cerdo	3 oz.	15.8	233
Huevo	1 grande	5.6	80
Langosta	3 oz.	0.46	83
Pollo, carne oscura	3 oz.	8.3	76
PANES Y GALLETAS			
Pan	1 pedazo	1.0	75
Galletas de trigo	4	1.4	36
LECHE Y PRODUCTOS DE LA LECHE			
Leche	1 taza	8.1	150
Queso parmesano	1 cda.	1.5	33

Video Montage

To play the montage, use counter or bar code:

00:00 - 00:32

Side 3, 753 to 1753

To play the entire unit without stopping:

00:00 - 11:09

Side 3, 1 to 20810

Soccer, basketball, and volleyball players at the public courts in the Parque del Este; black squirrel, horses, and flowers; outdoor pavilion for family gatherings and signs in the Parque del Este; little league baseball game; Altamira Hotel and Plaza; downtown Caracas; collage of Venezuelan people and a dog; banana tree and produce market in El Hatillo; red tile roofs in residential area of Caracas; view of Caracas with El Ávila in background.

Photo

On any given morning, it is common to see joggers—from students to business people to politicians—out for a morning run in the Parque del Este. The park even opens early for joggers. In Latin America, much like in the U.S., there is a strong interest in health and physical fitness. An increasing number of sporting goods stores and athletic shoe and aerobics wear shops as well as vegetarian restaurants and health food stores can be found in Caracas. The inset features Diana and Chela walking through the Altamira Plaza as they return from an aerobics class.

You may wish to use the food chart as a springboard for a discussion of foods, diet, and general health.

OBJECTIVES

Communicative Goals

- Expressing hopes
- Giving advice
- Expressing opinions

Culture and Reading

- **Para empezar**
  El hijo ladrón
- **Excursiones**
  España, tierra de moros

Structure

- 5.1 Present subjunctive: Regular forms and **ojalá**
- 5.2 Present subjunctive: Irregular forms
- 5.3 Present subjunctive: Impersonal expressions

LECCIÓN 1

¡Hagan más ejercicio!

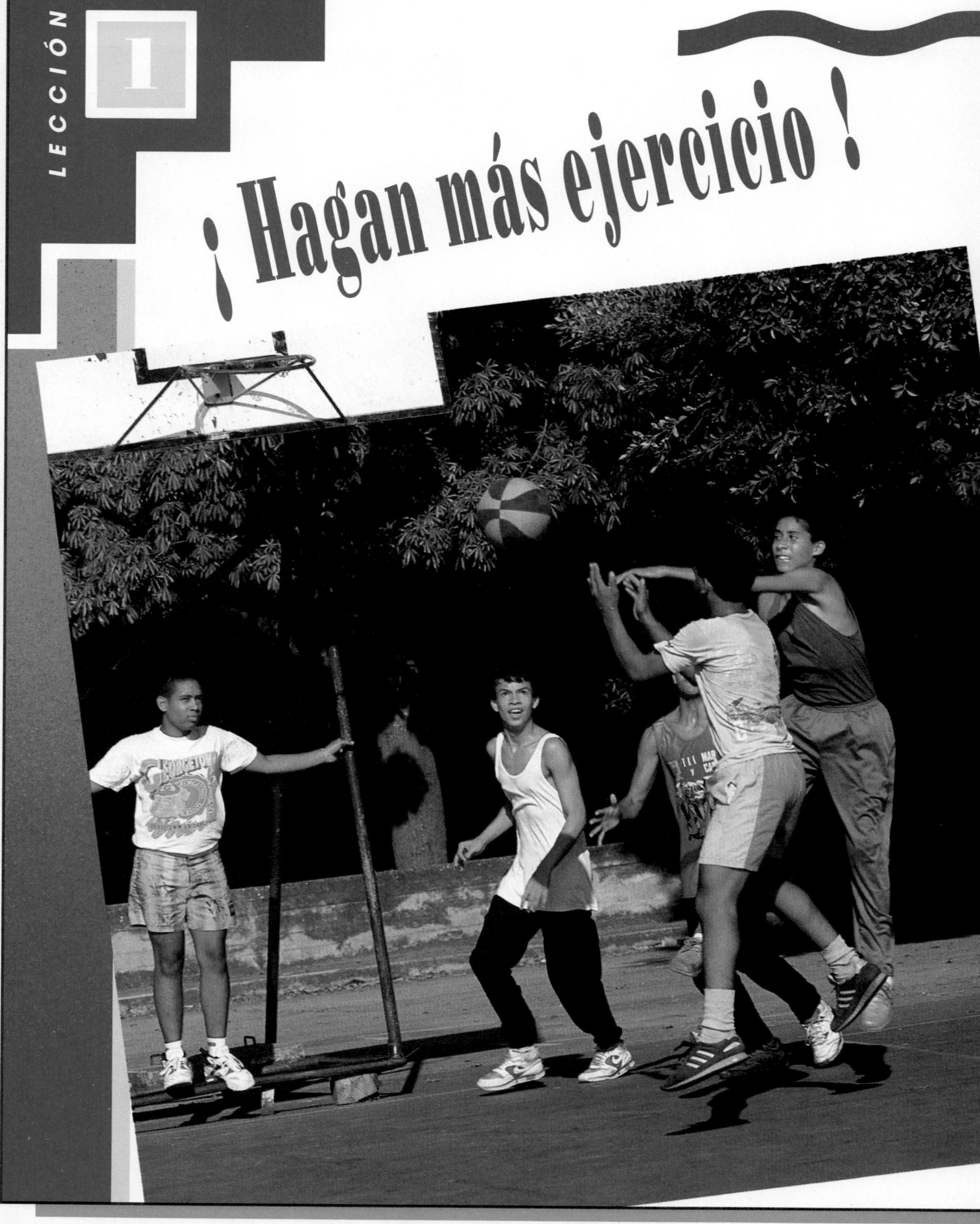

ACTIVE VOCABULARY

Salud y ejercicio

adelgazar
aeróbico(a)
dieta
dulce
energía
engordar(se)
galleta
galletita
medicina
nutritivo(a)
pesa
piscina
sueño

Sustantivos

contaminación
crimen
chuchería
esperanza
instructor(a)
mansión
millonario(a)
papita frita
recomendación
socio(a)

Expresiones impersonales

es cierto
es claro
es dudoso
es obvio
es preciso
es probable

Verbos en presente del subjuntivo

aprender
dar
decir
estar
exigir
inventar
ir
nadar
necesitar
prestar
saber
salir
ser
tener sueño
trabajar
ver

Palabras y expresiones

afortunadamente
dormido(a)
mundial
ojalá
olímpico(a)
¡Qué caballero!
quizás
recomendable
unido(a)

ANTICIPEMOS

"Te recomiendo la leche más completa pero sin grasa"
Milka García
L.N. Ph.D
Nutricionista.
Mi Vaquita
Mi Vaquita, la leche que tiene todas las vitaminas, proteínas y minerales necesarios para tu buena salud, y la de tu familia. Además, Mi Vaquita tiene un bajo contenido de sodio y colesterol. Es la económica leche en polvo que se disuelve al instante. Es 100% natural, deliciosa y fácil de digerir. Por eso la usamos en casa y la recomiendo profesionalmente.
Mi Vaquita. Lo mejor de la leche y sin grasa. Naturalmente mejor.
Valle Arriba Centro Atlético
La nueva forma de estar en forma
Las más modernas instalaciones: circuito de máquinas Body Master, sala de pesas libres, centro cardiovascular, canchas múltiples, gimnasia olímpica, sauna vapor
Supervisión profesional
Asesoramiento médico especializado
Restaurante
Tienda de deportes
Peluquería unisex
Visítenos en la Av. Principal Colinas de Valle Arriba (frente al segundo retorno), Urb. Colinas de Valle Arriba
telfs. 238.35.46/238.38.66/238.50.28
El ejercicio aeróbico
Primer paso para una vida mejor
El ejercicio aeróbico desarrollado hace relativamente pocos años por un especialista norteamericano, el doctor Kenneth Cooper, no sólo ha demostrado ser un elemento clave para mejorar nuestra condición física, sino una valiosa herramienta para adquirir una mejor calidad de vida

¿Qué piensas tú?

1. ¿Para qué son estos anuncios?
2. ¿Qué resultados prometen los anuncios?
3. ¿Qué hacen los jóvenes en la foto del parque? ¿Cómo crees que se sienten los padres o los profesores de estos jóvenes sabiendo que están allí, en el parque?
4. Si un(a) amigo(a) se pasa todo el día frente al televisor comiendo y viendo la tele, ¿qué consejos podrías darle?
5. ¿Qué recomendaciones puedes darle a una persona para que tenga buena salud?
6. Por todo el mundo, nosotros, los estadounidenses, tenemos la reputación de estar obsesionados por la buena salud y un buen estado físico. En tu opinión, ¿tienen las mismas actitudes hacia esto en otros países? ¿Por qué crees eso?
7. ¿Qué vocabulario se necesita para hacer sugerencias o recomendaciones?
8. ¿Qué crees que vas a aprender a decir en esta lección?

ANTICIPEMOS

¿Qué piensas tú?

Answers

1. El anuncio a la izquierda es para leche en polvo sin grasa. El siguiente es para un centro atlético. El tercer anuncio explica el origen y las ventajas de hacer ejercicio aeróbico.
2. ***Mi Vaquita:*** Promete todas las vitaminas, proteínas y minerales necesarios para la buena salud. Dice que es económica y fácil de digerir. ***Club Atlético:*** Promete las más modernas instalaciones: máquinas Body Master, etc. ***Ejercicio aeróbico:*** Promete que el ejercicio aeróbico ayuda a mejorar nuestra condición física y la calidad de vida.
3. Las respuestas van a variar.
4. Las respuestas van a variar.
5. Las respuestas van a variar. Podrían decirle que haga ejercicio regularmente, que coma comidas saludables, etc.
6. Las respuestas van a variar. Todos deben reconocer que hoy en día, en algunos países del mundo, la pobreza y el hambre son mucho más importantes que el estar preocupado por la dieta o la necesidad de ser más activo. Sin embargo, en la mayoría de los países del mundo hay una preocupación entre los de la clase media o la clase alta por mantenerse en forma. A la vez, investigaciones médicas con respecto a dieta y la buena salud están cambiando la manera de pensar del mundo entero.
7. Es probable que sugieran expresiones como: Tienes que..., Debes..., etc. Ayude a los estudiantes a enfocar en expresiones impersonales, como las que usaron en en la pregunta número 5.
8. **Van a aprender a aconsejar y a hacer recomendaciones y sugerencias relacionadas a la buena salud y otros comportamientos.**

Purpose To focus students on the language and functions to be reviewed and practiced in the lesson—giving advice, making recommendations, and expressing opinions on health matters and other behaviors—and to engage students in speculating about and comparing attitudes towards health and fitness in the U.S. and in other countries.

Suggestions Use the photos and ads to introduce the lesson content. Students should not be concerned with translating all the information in the ads, but should capitalize on the cognates, photos, and drawings to determine probable meanings. Encourage students to use Spanish whenever possible to respond to the ***¿Qué piensas tú?*** questions, but allow English where ideas may be more complex or vocabulary may be unknown.

PARA EMPEZAR

Comprehension Checks

A complete set of **Comprehension Checks** is available on cards in the Teacher's Resource Package.

1

Suggestions Point out Guatemala on a map. Remind students of **ladrón** in the Unit 4, Lesson 2 story. Give examples of things that change into other things—ice/water/steam: **se convirtió**. Name mayor and deputy mayor(s) in your town or a city nearby: **alcalde, subalcalde**. Explain: **es como presidente de una ciudad**. Explain **viuda: su marido está muerto.** Relate **honrada** to **honor, honorable; varón/hombre, masculino.** Explain each profession: **el sastre hace ropa; el zapatero hace zapatos; el carpintero construye casas y otros edificios; el ladrón roba**. Act out mother's suffering. Use mother's tone of voice and facial expression.

1 ¿De dónde viene este cuento?

2

Suggestions Point out D.C. Heath on book cover. Explain: D.C. Heath **publicó este libro.** Explain **un asesino mata a gente**. Equate **desee** with **quiera; ocupar este puesto** with **tener este trabajo**.

1 ¿Qué publicó el alcalde del pueblo? ¿un libro? ¿un anuncio?

3

Suggestions Identify known candidates for political/school offices. Point out cognate nature of both **candidato** and **reaccionó**. Gesture for **ve**.

1 ¿Quién vio el anuncio? ¿el hijo sastre? ¿el zapatero? ¿el carpintero? ¿el ladrón?

4

Suggestions Equate **probar** with **evaluar; adecuado** with **bastante bueno**. Demonstrate trying and failing to do something—lift a very heavy object in the classroom: **intentar**.

1 ¿Qué quiere probar el alcalde? ¿el sistema de policía? ¿el sistema de bomberos? ¿el sistema de seguridad?

5

Suggestions Equate: **Es preciso/es necesario**; **un par/dos**; **de primera categoría/muy, muy buenas**.

1 ¿Con quién se fue el hijo ladrón a hablar? ¿con su hermano sastre? ¿carpintero? ¿zapatero?

PARA EMPEZAR

Escuchemos un cuento guatemalteco

En este cuento guatemalteco, vamos a ver cómo un ladrón se convirtió en sub-alcalde protector de su pueblo.

En un pueblecito guatemalteco vivía una viuda honrada. Era madre de cuatro hijos, varones todos y de temperamento muy diferente. Uno era sastre, otro zapatero, otro carpintero y el menor . . . era ladrón. Era inteligente el más joven, pero nada le interesaba y prefería la vida fácil del robo. La viuda sufría mucho por este hijo. Siempre le decía, "Hijo, es necesario que trabajes como tus hermanos. No es bueno que seas ladrón".

Un día el alcalde del pueblo publicó este anuncio:

La Honorable Alcaldía Municipal busca un hombre muy inteligente que pueda proteger al pueblo de ladrones y asesinos. La persona que desee ocupar este puesto debe pasar tres exámenes pertinentes.

Cuando vio el anuncio, el hijo ladrón le preguntó a su madre, "¿No es lógico que un ladrón como yo sea el mejor candidato?" Su madre contestó, "Es posible que tengas razón, mi hijo". Inmediatamente el hijo ladrón reaccionó diciendo, "Pues, mamá, ve y pregunta cuáles son las tres pruebas". Y así lo hizo la buena mujer.

Para probar si el sistema de seguridad del pueblo era adecuado, el futuro sub-alcalde tenía que intentar robar cuatro mulas cargadas de plata y protegidas por un capitán y cuatro soldados.

El hijo ladrón se fue a hablar inmediatamente con su hermano, el zapatero. "Es preciso que tú me hagas un par de botas de primera categoría. Es importante que sean excelentes". Y su hermano lo hizo.

Purpose This section develops strong active listening skills to enhance comprehension and introduces students to cultural insights as they listen to a Guatemalan story. In it, the youngest son of a hardworking and honorable family is a thief because he can't find any other job that interests him. He becomes a respected member of the community, when, by using his quick wit and agile mind, he proves to the town's mayor that he is the best thief, and therefore the best

Cuando los soldados salieron con las mulas cargadas de plata, el ladrón los esperaba oculto. Puso una de las hermosas botas en medio del camino. Los soldados la encontraron y dijeron, "¡Es curioso que sólo una bota esté aquí! ¡Qué lástima, porque es una maravilla!" Y la dejaron en el camino.

Al rato, se encontraron con la segunda bota y el capitán dijo, "¡Dios mío! ¡La otra bota! El que llegue primero a la primera bota se hace dueño de las dos". Y todos se fueron corriendo a buscar la primera bota.

Y en ese momento el hijo ladrón aprovechó para robarse las mulas y la plata.

El alcalde se enfureció tanto que puso, como segunda prueba, una segunda carga de mulas protegidas esta vez por diez soldados fuertes y valientes.

El ladrón se fue de prisa a su hermano, el sastre. "Es preciso que tú me hagas una sotana de fraile".
Y su hermano lo hizo.

6

Suggestions Act out **esperaba oculto.** Mime putting the boot in the road, the soldier finding it. Emphasize **sólo una bota**. Explain: **Es como un concurso. Todos los soldados corren, y el que llegue primero gana**. Explain: **Cuando los soldados regresaron por la primera bota, el ladrón pudo fácilmente robarse el tesoro.**

1 ¿Dónde estaba el ladrón cuando salieron los soldados? ¿con los soldados? ¿con las mulas? ¿oculto detrás de unas piedras?
2 ¿Qué puso en la calle? ¿las dos botas? ¿sólo una bota?
3 ¿Quién encontró la bota? ¿las mulas? ¿el alcalde? ¿los soldados?
4 . . .

7

Suggestions Equate: **se enfureció/se puso furioso**. Emphasize numbers—**segunda prueba**, **diez soldados.** Mime strong: **fuerte**.

1 ¿Cómo reaccionó el alcalde? ¿Se puso contento? ¿Se enojó? ¿Se enfureció?
2 ¿Puso una segunda prueba?
3 ¿En qué consistía la segunda prueba? ¿en más mulas cargadas de plata?
4 . . .

8

Suggestions Equate: **de prisa/muy rápido**. Point out the monk's robe: **sotana de fraile**.

1 ¿A cuál hermano fue el ladrón esta vez? ¿al hermano zapatero? ¿al carpintero? ¿al sastre?
2 ¿Qué le pidió a su hermano? ¿un par de botas elegantes? ¿una sotana de fraile?
3 ¿Lo hizo su hermano?

candidate for the job of protecting the town from thieves and other evil-doers. Students will hear many examples of language used to give advice and make suggestions and recommendations. The ***Para empezar*** section provides comprehensible language without translation. It is not meant for memorization or mastery. It develops listening comprehension and introduces the lesson structures in context.

Suggestions Have students close their books while you narrate each section using overhead transparencies and comprehensible input techniques to clarify meaning without translation. Break longer sentences into shorter utterances, pointing to elements of each drawing, acting out, demonstrating, gesturing, defining, providing synonyms, comparing, contrasting to clarify meanings. Ask frequent **Comprehension Checks** to confirm understanding.

9

Suggestions Explain that the **falso fraile** is the thief dressed in the monk's robe that his brother made. Demonstrate **diciendo a grandes gritos**. Emphasize **muy cerca=quizás mañana**. Act out **aterrorizados**. Act out blessing: **bendición**. Point out the bottle: **botella**. Equate **bendita** with **santa/religiosa**. Act out drinking the water and asking for, then drinking more. Act out sleepiness, falling deeply asleep. Note: **dormilera** is an herb that causes drowsiness.

1 ¿A quién encontraron los soldados? ¿al alcalde? ¿al hermano sastre? ¿al hermano carpintero? ¿a un fraile falso?

10

Suggestions Explain: **su propia casa = su casa**. Point out the bedsheets: **sábanas**.

1 ¿Cómo se puso el alcalde? ¿contentísimo? ¿furioso? ¿furiosísimo?

11

Suggestions Explain: **Un muñeco es un hombre falso, hecho de madera**.

1 ¿A cuál hermano se fue el ladrón esta vez? ¿al hermano sastre, al zapatero o al carpintero?

12

Suggestions Draw a two-story house on the board. Point out the second floor: **segundo piso**. Point out the mannequin next to the window: **muñeco**. Act out hiding: **se ocultó**. Imitate him making noise: **hizo un ruido**. Act out waking up suddenly, seeing man at the window. Quote mayor's words: **¡Ay! ¿Qué pasa? ¡Ay, no! ¡Hay un asesino en la ventana! ¡Quiere matarme! ¡Socorro!** Act out taking sheets off the bed: **quitó**; folding them: **dobló**; putting them under his arm and strolling off casually: **se llevó**.

1 ¿Qué estaban haciendo el alcalde y su familia? ¿Estaban viendo la tele? ¿Estaban escuchando la radio? ¿Estaban durmiendo?

13

Suggestions Equate: **tuvo mucho éxito/fue excelente.**

1 ¿De qué se dio cuenta el alcalde? ¿de los talentos del sastre? ¿del zapatero? ¿del carpintero? ¿del ladrón?

Los soldados encontraron al falso fraile en el camino diciendo a grandes gritos, "El fin del mundo está muy cerca. Arrepiéntanse". Los soldados oyeron esto y aterrorizados, le pidieron su bendición al falso fraile. Éste les dio una botella de agua bendita para beber inmediatamente. Los soldados pidieron otra, porque les gustó, y luego una botella más para cada uno.

No sabían que en realidad el "agua bendita" era un té de dormilera y pronto todos se durmieron profundamente.

Otra vez el hijo ladrón robó fácilmente la valiosa carga.

Esta vez el alcalde se puso furioso, pero empezó a admirar la inteligencia del ladrón. Como tercera prueba, dijo que el ladrón tenía que entrar en su propia casa y robar las sábanas de la cama en que dormía.

Esta vez el ladrón fue a ver a su hermano, el carpintero. "Hermano mío, es necesario que tú me hagas un muñeco grande como un hombre".

Y así lo hizo el carpintero.

Esa noche, cuando todos en la casa del alcalde estaban durmiendo, el ladrón subió hasta el segundo piso, al dormitorio del alcalde mismo. Puso el muñeco contra la ventana para dar la impresión de ser un hombre a punto de entrar en el dormitorio.

El ladrón se ocultó a un lado del balcón e hizo un ruido muy fuerte. El alcalde se despertó y cuando vio al "hombre" en la ventana, pensó que alguien lo quería matar. Salió de la casa gritando y pidiendo ayuda.

El ladrón entró al dormitorio por la ventana, quitó las sábanas de la cama, las dobló cuidadosamente y se las llevó.

El alcalde se dio cuenta de los talentos del joven y lo invitó a ser sub-alcalde protector del pueblo. El nuevo protector tuvo mucho éxito en su nuevo puesto durante muchos años.

¿QUÉ DECIMOS...?

Al dar consejos y expresar opiniones

1 ¡Despiértate!

Luis y Meche están en su última clase del día.

Bien, es todo por hoy.
Hasta mañana. No olviden la tarea.
Es preciso entregarla mañana.

¡Meche, Meche!
¡Despiértate!
¿Cómo?
¿Qué pasa?
Estabas dormida.
Ya terminó la clase.

¡No me digas!
¡Qué vergüenza!
Gracias por despertarme.
No sé por qué siempre estoy tan cansada.
¡Es terrible que me duerma en clase tanto!
¿Me vio la profesora?
Afortunadamente, no.
Ay, no sé
qué me pasa.

¡Qué va! Mi problema es
todo lo contrario. No puedo
dormir de noche.

Ah, mira.
Ahí está Diana. ¿Las
acompaño al metro?
Ay, ¡qué caballero!

Hola, Diana.
Hola, Luis.
¿Qué hay de nuevo?
Pues, nada. Oye, ¿qué me cuentas
de tu hermano, Héctor?
¿De Héctor?

¿QUÉ DECIMOS...?

00:33–
06:07

Side 3, 1766 to 11753

Using the video Play one section at a time after narrating it using the transparencies. Freeze the video and ask the **Early Production Checks**. Repeat this process with each section.

Vary your presentation routine by showing one section of the video first, before your narrative with the transparencies, or by playing the video all the way through, stopping only to ask **Early Production Checks** or to clarify using techniques of comprehensible input.

Early Production Checks

A full set of **Early Production Checks** is available on cards in the Teacher's Resource Package.

1 00:43

¡Despiértate! Compare **última clase** with the time of the last class in your school day. Equate: **Es preciso/Es necesario; entregarla/traerla**. Point out that Meche is asleep. Gesture for **despiértate**. Act out embarrassment: **vergüenza**. Use facetious tone for **¡Qué caballero!**

1 ¿Dónde están Luis y Meche?
2 ¿Tienen los estudiantes tarea?
3 ¿Cuándo deben entregarla?
4 . . .

Side 3, 2051 to 4222

Purpose This **fotonovela** section introduces students to the language and functions to be developed and practiced in the lesson—giving advice, expressing hopes, and expressing opinions—and prepares them for practice in the context of natural conversation. Students should not be expected to memorize or master all utterances. Listening comprehension and early production of key vocabulary and structures are the goals.

Suggestions Have students close their books while you narrate each **fotonovela** segment, identifying characters and their relationships, and describing their activities. Ask **Early Production Checks** frequently to confirm understanding and develop accurate pronunciation of key elements. If responses are weak or hesitant, use techniques of comprehensible input to clarify. Act out the dialogue between the characters.

2 01:56

¡No seas así!
Point out Caracas' French-built metro opened in 1983. It is modern, quiet, air-conditioned, and clean. **Ojalá que no me pase otra vez/Espero no dormirme en clase otra vez**. Demonstrate **hacer ejercicio**. Emphasize cognate nature of **instructora, aeróbico**. Compare **No seas así/No debes hacer excusas**.

1 ¿Dónde están Meche y Diana?
2 ¿Sabe Diana lo que le pasó a Meche?
3 ¿Qué le pasó?
4 . . .

Side 3, 4236 to 7665

3 03:50

¡Es necesario que hagas ejercicio! Identify Meche's mother. Equate: **¿Qué almorzaste?/¿Qué comiste para el almuerzo?; papitas/papas**. Demonstrate **saltar**. Equate: **en compañía de otros/en grupo**. Mime swimming: **nadar**. Equate: **Déjame pensarlo/Voy a decidir más tarde; Quizás vaya./Es posible que decida ir.**

1 ¿Qué está haciendo Meche?
2 ¿Quién entra en su cuarto?
3 ¿Es lógico que Meche tenga tanto sueño?
4 . . .

Side 3, 7681 to 9301

2 ¡No seas así!

Meche y Diana están en camino a casa.

3 ¡Es necesario que hagas ejercicio!

Meche está dormida en su cuarto.

¿Qué te pasa, hija?

No es posible que tengas tanto sueño a esta hora. ¿No dormiste bien anoche?

4 04:45

¡No comas eso! Equate: **Ya casi es.../En unos minutos va a ser**. Gesture to communicate **engordar, aldelgazar**. Equate: **me presten/me den**; **socio/miembro**. Mime lifting weights: **pesas**. Equate: **chucherías/dulces, comida poco nutritiva**. Mime setting the table: **poner la mesa**.

1 ¿Dónde está Luis?
2 ¿Qué busca?
3 ¿Qué toma?
4 . . .

Side 3, 9310 to 11753

CHARLEMOS UN POCO

A. PARA EMPEZAR . . .
Have students work in pairs to decide on chronological order. Then call on individual students and have class confirm each response.

1 En un pueblecito guatemalteco vivía una viuda con sus cuatro hijos. (4)
2 Uno era sastre, otro zapatero, otro carpintero y el menor . . . era ladrón. (12)
3 El alcalde del pueblo anunció que buscaba un sub-alcalde. (5)
4 El hijo ladrón le preguntó a su madre, "¿No es lógico que un ladrón como yo sea el mejor candidato?" (1)
5 "Mamá", dijo el hijo, "ve y pregunta cuáles son las tres pruebas". (9)
6 El futuro sub-alcalde tenía que intentar robar cuatro mulas cargadas de plata y protegidas por un capitán y cuatro soldados. (3)
7 Los soldados encontraron una sola bota en el medio del camino. (8)
8 "El que llegue primero a la primera bota se hace dueño de las dos". (13)
9 Como segunda prueba tenía que robar una segunda carga de mulas protegidas esta vez por diez soldados. (11)
10 En realidad el "agua bendita" era un té de dormilera y pronto todos se durmieron. (7)
11 El hijo ladrón robó fácilmente la carga valiosa. (6)
12 Como prueba, dijo que el ladrón tenía que entrar en su propia casa y robarse las sábanas de la cama en que dormía. (2)
13 El alcalde invitó al ladrón a ser sub-alcalde del pueblo. (10)

B. ¿QUÉ DECIMOS . . .?
Call on individual students. Have class confirm each response.

1 Luis
2 Meche
3 Luis
4 Luis
5 Meche
6 Luis
7 Luis
8 Meche

CHARLEMOS UN POCO

A. PARA EMPEZAR . . . Pon las oraciones en orden cronológico según el cuento de "El hijo ladrón".

1. El hijo ladrón le preguntó a su madre, "¿No es lógico que un ladrón como yo sea el mejor candidato?"
2. Como prueba, dijo que el ladrón tenía que entrar en su propia casa y robarse las sábanas de la cama en que dormía.
3. El futuro sub-alcalde tenía que intentar robar cuatro mulas cargadas de plata y protegidas por un capitán y cuatro soldados.
4. En un pueblecito guatemalteco vivía una viuda con sus cuatro hijos.
5. El alcalde del pueblo anunció que buscaba un sub-alcalde.
6. El hijo ladrón robó fácilmente la carga valiosa.
7. En realidad el "agua bendita" era un té de dormilera y pronto todos se durmieron.
8. Los soldados encontraron una sola bota en el medio del camino.
9. "Mamá", dijo el hijo, "ve y pregunta cuáles son las tres pruebas".
10. El alcalde invitó al ladrón a ser sub-alcalde del pueblo.
11. Como segunda prueba tenía que robar una segunda carga de mulas protegidas esta vez por diez soldados.
12. Uno era sastre, otro zapatero, otro carpintero y el menor . . . era ladrón.
13. "El que llegue primero a la primera bota se hace dueño de las dos".

B. ¿QUÉ DECIMOS . . .? ¿Quién recibe estos consejos? ¿Meche o Luis?

Meche **Luis**

1. No es bueno que veas tanta televisión.
2. Es necesario que hagas más ejercicio.
3. No te comas ese chocolate ahora.
4. Es mejor que salgas de casa por la tarde.
5. Es importante comer comida nutritiva.
6. No es bueno que comas tantos dulces.
7. ¿Por qué no te haces socio del Club Atlético?
8. ¿Por qué no me acompañas a la clase de ejercicios aeróbicos?

Purpose These activities provide guided practice as students begin to express hopes, give advice, and express opinions. It is not necessary to do all the activities in this section once students have demonstrated mastery of these functions.

C. El futuro. ¿Cómo reaccionas a estos pronósticos sobre tu futuro?

MODELO Vas a trabajar en otro país.
¡Chévere! Ojalá que trabaje en otro país. o
¡Ay, no! Ojalá que no trabaje en otro país.

1. Vas a recibir honores en la universidad.
2. Vas a practicar muchos deportes.
3. Vas a salir con personas importantes.
4. Vas a vivir en una mansión.
5. Vas a tener que trabajar mucho.
6. Vas a participar en los Juegos Olímpicos.
7. Vas a casarte pronto.
8. Vas a inventar algo nuevo.
9. Vas a descubrir una nueva medicina.
10. Vas a comer en restaurantes elegantes todos los días.

CH. Esperanzas. ¿Qué esperanzas tienen Yolanda y Rafael para el Año Nuevo?

MODELO nosotros / ganar / todo / partidos
Ojalá que nosotros ganemos todos los partidos.

1. tú / tener / bueno / suerte
2. entrenador / escogerme para / equipo / béisbol
3. yo / aprender a tocar / guitarra
4. profesores / no exigir / mucho / tarea
5. tú y yo / asistir a / mucho / conciertos
6. nuestro / familias / hacer / viaje / interesante
7. Trini / prestarme / más atención
8. todo / estudiantes / sacar / bueno / notas

D. ¿Bueno o malo? Estás en una nueva escuela. ¿Qué esperas?

MODELO clases no ser difíciles
Ojalá que las clases no sean difíciles.

1. profesores dar buenas notas
2. haber un club de español
3. estudiantes ir al patio a comer
4. padres no ir a hablar con el director
5. clases no ser difíciles
6. mejor amigo(a) y yo estar en la misma clase
7. profesores saber hablar español
8. haber bailes todos los fines de semana
9. nadie verme llegar tarde
10. saber todo lo que me pregunte la profesora
11. director ser muy simpático
12. estar muy contento(a) en esta escuela

Present subjunctive: Regular verb endings

-ar	-er, -ir
-e	-a
-es	-as
-e	-a
-emos	-amos
-en	-an

Ojalá que mamá lo **compre**.
Ojalá que me **escriba** hoy.
Ojalá que **tengan** el dinero.

See **¿Por qué se dice así?,** *page G66, section 5.1.*

Present subjunctive: Verbs with irregular stems

dar	estar	ir
dé	esté	vaya
des	estés	vayas
dé	esté	vaya
demos	estemos	vayamos
den	estén	vayan

saber	ser	ver
sepa	sea	vea
sepas	seas	veas
sepa	sea	vea
sepamos	seamos	veamos
sepan	sean	vean

haber: haya

Ojalá que no **sepa** mi número.
Ojalá **estemos** todos aquí.
Ojalá que **haya** más boletos.

See **¿Por qué se dice así?,** *page G68, section 5.2.*

C. El futuro. Call on individual students. Have class confirm and repeat each response. Answers will vary.
1 ¡Chévere! Ojalá que reciba honores en la universidad.
2 ¡Ay, no! Ojalá que no practique muchos deportes.
3 ¡Chévere! Ojalá que salga con personas importantes.
4 ¡Chévere! Ojalá que viva en una mansión.
5 ¡Ay, no! Ojalá que no tenga que trabajar mucho.
6 ¡Chévere! Ojalá que participe en los Juegos Olímpicos.
7 ¡Ay, no! Ojalá que no me case pronto.
8 ¡Ay, no! Ojalá que no invente algo nuevo.
9 ¡Chévere! Ojalá que descubra una nueva medicina.
10 ¡Ay, no! Ojalá que no coma en restaurantes elegantes todos los días.

CH. Esperanzas. Have students work in pairs first. Allow 2–3 min for pair work. Then call on individual students. Point out in #2 and #4 that *g* changes to *j* to preserve the sound of the infinitive.
1 Ojalá que tú tengas buena suerte.
2 Ojalá que el entrenador me escoja para el equipo de béisbol.
3 Ojalá que yo aprenda a tocar la guitarra.
4 Ojalá que los profesores no exijan mucha tarea.
5 Ojalá que tú y yo asistamos a muchos conciertos.
6 Ojalá que nuestras familias hagan un viaje interesante.
7 Ojalá que Trini me preste más atención.
8 Ojalá que todos los estudiantes saquen buenas notas.

D. ¿Bueno o malo? Call on individual students. Have whole class repeat each response to provide pronunciation practice with these irregular verb forms.
1 Ojalá que los profesores den buenas notas.
2 Ojalá que haya un club de español.
3 Ojalá que los estudiantes vayan al patio a comer.
4 Ojalá que los padres no vayan a hablar con el director.
5 Ojalá que las clases no sean difíciles.
6 Ojalá que mi mejor amigo y yo estemos en la misma clase.
7 Ojalá que los profesores sepan hablar español.
8 Ojalá que haya bailes todos los fines de semana.
9 Ojalá que nadie me vea llegar tarde.
10 Ojalá que sepa todo lo que me pregunte la profesora.
11 Ojalá que el director sea muy simpático.
12 Ojalá que esté muy contento(a) en esta escuela.

E. Recomendaciones. Have students work in pairs. Allow 2–3 min. Then call on individual students. Answers will vary.

1 Es bueno que corras.
2 Es importante que comas mucha fruta.
3 Es terrible que te levantes muy tarde.
4 Es bueno que pasees en bicicleta.
5 Es importante que tomes una clase de baile.
6 Es fantástico que hagas ejercicio.
7 Es malo que veas demasiado televisión.
8 Es malo que comas una pizza entera.

F. Invitados. Allow 2–3 min for pair work. Then call on several pairs to repeat exchanges for the class.

1 ¿Paso la aspiradora? *Claro. Es necesario que pases la aspiradora.*
2 ¿Hago las camas? *Claro. Es necesario que hagas las camas.*
3 ¿Corto el césped? *Claro. Es necesario que cortes el césped.*
4 ¿Barro el patio? *Claro. Es necesario que barras el patio.*
5 ¿Lavo las ventanas? *Claro. Es necesario que laves las ventanas.*
6 ¿Pongo la mesa? *Claro. Es necesario que pongas la mesa.*
7 ¿Paso un trapo a los muebles de la sala? *Claro. Es necesario que pases un trapo a los muebles de la sala.*
8 ¿Preparo los entremeses? *Claro. Es necesario que prepares los entremeses.*
9 ¿Saco la basura? *Claro. Es necesario que saques la basura.*

Impersonal expressions

Certainty:

Es cierto	Es seguro
Es claro	

Es cierto que hace mucho frío.
Es claro que vamos a ganar.

All other impersonal expressions:

Es bueno	Es necesario
Es curioso	Es posible
Es dudoso	Es preciso
Es fantástico	Es probable
Es importante	Es terrible
Es mejor	Es triste

Es bueno que hagas tanto ejercicio.
Es terrible que vean tanta televisión.

See **¿Por qué se dice así?,** *page G69, section 5.3.*

E. Recomendaciones. Tu amigo(a) no tiene mucha energía. ¿Qué le recomiendas?

EJEMPLO **Es malo que tomes mucho helado.**

1. 2. 3. 4.

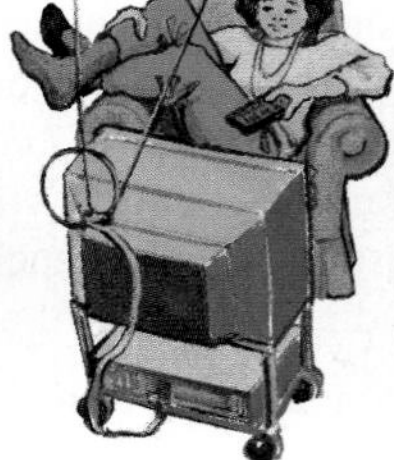

5. 6. 7. 8.

F. Invitados. Tus padres están limpiando la casa porque hoy vienen unos invitados a cenar. ¿Qué sugieres hacer tú para ayudarles y qué te contestan?

MODELO limpiar el cuarto de baño
Tú: **¿Limpio el cuarto de baño?**
Mamá (Papá): **Claro. Es necesario que limpies el cuarto de baño.**

1. pasar la aspiradora
2. hacer las camas
3. cortar el césped
4. barrer el patio
5. lavar las ventanas
6. poner la mesa
7. pasar un trapo a los muebles de la sala
8. preparar los entremeses
9. sacar la basura

G. ¡Qué talento! Tu clase de español va a hacer un programa cultural. ¿Cómo van a participar todos?

MODELO tocar la guitarra
Es probable que [. . . y . . .] toquen la guitarra. o
Es probable que [. . .] y yo toquemos la guitarra.

1. bailar
2. escribir el programa
3. tocar el piano
4. recibir al público
5. hacer los anuncios
6. organizar el programa
7. comprar los refrescos
8. traer las sillas
9. estar en el programa
10. ir por la comida

H. Problemas. Toda tu familia dice que tú das muy buenos consejos. ¿Qué consejos das cuando tus parientes te dicen sus problemas?

MODELO no dormir bien
ser / importante hacer ejercicio
Pariente: **No duermo bien.**
Tú: **Es importante que hagas ejercicio.**

1. necesitar perder peso
   ser / recomendable ponerse a dieta
2. no tener energía
   ser / mejor nadar todos los días
3. siempre tener sueño
   ser / importante descansar bastante
4. no poder meter goles
   ser / recomendable practicar más
5. no conocer a nadie
   ser / importante hacerse socio de un club
6. no saber bailar
   ser / recomendable ir a una clase de baile
7. estar aburrido(a)
   ser / preciso salir más

I. El mundo. ¿Qué opinas tú de estas situaciones mundiales?

EJEMPLO Hay mucha contaminación en el mundo.
Es lástima que haya mucha contaminación en el mundo.

1. Pocas personas en Estados Unidos hablan otra lengua.
2. Muchas personas europeas hablan dos o tres lenguas.
3. Algunos países no practican la democracia.
4. Muchas personas no saben nada de la política.
5. Las familias latinoamericanas son muy unidas.
6. Muchas personas no prestan atención al medio ambiente.
7. Cada año hay menos árboles en la selva.
8. Hay poco crimen en algunas ciudades mundiales.

G. ¡Qué talento! Have students work in small groups. Allow 2–3 min. Then call on individual students. Answers will vary.

1 Es probable que Mario y Lola bailen.
2 Es probable que Consuelo escriba el programa.
3 Es probable que yo toque el piano.
4 Es probable que los profesores reciban al público.
5 Es probable que Hilaria haga los anuncios.
6 Es probable que tú organices el programa.
7 Es probable que Raúl y Memo compren los refrescos.
8 Es probable que Julio traiga las sillas.
9 Es probable que todos nosotros estemos en el programa.
10 Es probable que el director vaya por la comida.

H. Problemas. Allow 2–3 min for pair work. Then ask several pairs to repeat the activity for the class.

1 Necesito perder peso. Es recomendable que te pongas a dieta.
2 No tengo energía. Es mejor que nades todos los días.
3 Siempre tengo sueño. Es importante que descanses bastante.
4 No puedo meter goles. Es recomendable que practiques más.
5 No conozco a nadie. Es importante que te hagas socio de un club.
6 No sé bailar. Es recomendable que vayas a una clase de baile.
7 Estoy aburrido(a). Es preciso que salgas más.

I. El mundo. Have students work in pairs first. Then call on individual students. Have class comment on each response. Answers may vary.

1 Es lástima que pocas personas en Estados Unidos hablen otra lengua.
2 Es bueno que muchas personas europeas hablen dos o tres lenguas.
3 Es lástima que algunos países no practiquen la democracia.
4 Es curioso que muchas personas no sepan nada de la política.
5 Es fantástico que las familias latinoamericanas sean muy unidas.
6 Es terrible que muchas personas no presten atención al medio ambiente.
7 Es triste que cada año haya menos árboles en la selva.
8 Es posible que haya poco crimen en algunas ciudades mundiales.

CHARLEMOS UN POCO MÁS

Purpose These activities allow students to use learned language for giving advice and expressing hopes and opinions in a variety of possible combinations. Responses in this section are much more open-ended and often have several possible correct answers.

A. Galletitas de fortuna. Allow 3–5 min for students to write. Allow another 2–3 min for pair work. Ask some students to go to the board and write their reaction to the most interesting fortune they heard.

B. ¡Necesito sus consejos! Allow 2 min to write. If students say they don't have any problems, have them describe a friend's problem or make one up. Then collect all papers and read only the appropriate ones. (Be careful not to read any in which students may have been too creative or the problem described may be too personal.) Encourage class to come up with a number of possible solutions for each problem.

Extension After you have read 3 or 4 "problems", have students form groups of four or five and give each group one or two problems to address. Allow 2–3 min for the groups to come up with specific advice. Call on each group to read the problem they were addressing and give their solutions. Ask class if they can think of any other solutions.

C. ¡Un desfile! Allow students 2–3 min to prepare lists. Then have one pair of students compare their list with another pair and make a composite list. Repeat the process with a group of eight. Ask one group to read their composite list to the class and have other groups add to it, if possible.

Variation Have students do same activity varying the context:

- A coach talking to the team before a game
- Parents talking to their teenager before final exams
- Teacher talking to the class before a field trip
- Principal talking to two students who were sent out of class

CHARLEMOS UN POCO MÁS

A. Galletitas de fortuna. Tú trabajas en una panadería china donde tu responsabilidad es escribir fortunas para poner en las galletitas de fortuna. Es importante siempre escribir fortunas positivas y negativas. Escribe unas quince fortunas. Luego léeselas a un(a) compañero(a) para ver si reacciona positiva o negativamente.

EJEMPLO *Tú escribes y lees:* **Hoy vas a conocer a un millonario.**
Tu compañero(a): **Ojalá que conozca a un millonario hoy.**

B. ¡Necesito sus consejos! ¿Tienes algún problema ahora? Pues, ésta es tu oportunidad para recibir consejos de tus compañeros de clase. Escribe una breve descripción de tu problema en media hoja de papel pero no firmes tu nombre — todos los problemas deben ser anónimos. Tu profesor(a) va a recoger todos los problemas y va a leerlos uno por uno. Entonces, toda la clase va a dar consejos.

EJEMPLO *Problema:* **Mis padres no me permiten salir de noche durante la semana.**
Clase: **Es mejor que pidas permiso para salir una o dos veces al mes, nada más.** o **Es posible que tus padres tengan razón. Debes quedarte en casa a estudiar.**

C. ¡Un desfile! La semana que viene la banda de la escuela va a marchar en un desfile por las calles principales de tu ciudad. Tú y tu amigo(a) son los directores estudiantiles de la banda. Ahora están preparando una lista de consejos que van a tener que darles a los miembros de la banda. Preparen su lista y léansela a la clase.

EJEMPLO **Es importante que todos los músicos practiquen mucho.**

Dramatizaciones

A. ¡Ojalá ganemos! Tú y tu amigo(a) son candidatos en las elecciones de su escuela. Ahora están haciéndose recomendaciones sobre lo que deben hacer si van a ganar. Dramaticen su discusión.

B. Una excursión a . . . Tú y dos amigos son el(la) presidente, el(la) vice-presidente y el(la) secretario(a) del club de español. Ahora están planeando una excursión para todos los miembros. Decidan adónde van, qué van a hacer y todo lo que es necesario hacer antes de salir en su viaje. Dramaticen su conversación.

DRAMATIZACIONES

Purpose In this section, students role-play giving each other advice in a school election and planning a Spanish Club excursion. Students are encouraged to work without their books when performing their role plays.

A. ¡Ojalá ganemos! Allow 2–3 min to prepare. Call on volunteers to perform for the class.
Variation Have students role-play a group of four students giving advice to the candidates for student body elections.

B. Una excursión a . . . Encourage students to be creative but suggest that they limit themselves to language they have acquired.

IMPACTO CULTURAL

Excursiones

Antes de empezar

A. Probablemente . . . Antes de leer la lectura, indica cuáles de las siguientes posibilidades es la más probable, en tu opinión.

1. Los musulmanes conquistaron y controlaron gran parte de la Península Ibérica por casi 800 años, desde 711 hasta 1492.
   - **a.** Obviamente, hay mucha influencia árabe en la cultura española.
   - **b.** Hay muy poca influencia árabe en España por falta de tolerancia religiosa de parte de los musulmanes tanto como los cristianos.
2. Durante los 800 años de la época musulmana, tres diferentes grupos étnicos y religiosos tuvieron que convivir, o vivir juntos.
   - **a.** Fue una época muy difícil durante la cual hubo muy poco progreso en España porque los tres grupos constantemente estaban guerreando.
   - **b.** Gracias a la tolerancia de los árabes, los tres grupos pudieron trabajar juntos y lograron hacer grandes avances en educación, ciencias y literatura.
3. Fuera de España, los árabes no tuvieron buenas relaciones con los países europeos.
   - **a.** Por eso, los musulmanes nunca compartieron sus conocimientos científicos y técnicos con los países del occidente.
   - **b.** Sabían mucho de las ciencias y el comercio y compartían sus conocimientos con los muchos visitantes de otros países europeos a España.
4. En la arquitectura árabe de esa época son notables los motivos florales, geométricos o caligráficos, el arco de herradura y las paredes cubiertas de azulejos.
   - **a.** Pero cuando los reyes católicos, Fernando e Isabel, reconquistaron España en 1492, destruyeron todos los edificios árabes, en particular los palacios y templos musulmanes.
   - **b.** Por eso en la España de hoy podemos ver grandes mezquitas y hermosos palacios musulmanes.

Estados islámicos en la Península Ibérica

Estados islámicos
Estados cristianos

B. ¡Por siglos y siglos! Los árabes invadieron y controlaron la mayor parte de España por casi 800 años. Trata de imaginar cómo cambiaría EE.UU. si un país hispano, digamos México, invadiera y controlara nuestro país por 800 años.

1. ¿Por qué no podría México invadir EE.UU. hace 800 años? ¿Cuántos años tiene EE.UU.?
2. ¿Cómo era México hace 800 años? ¿Cómo era Estados Unidos?
3. ¿Sería diferente EE.UU. después de 800 años de dominación mexicana? ¿Cómo? Sé específico(a); menciona la religión, la educación, las comidas, la arquitectura, las artes, etc.

IMPACTO CULTURAL

Excursiones

Purpose This section provides additional reading practice as students learn about Moorish Spain. A conscious effort is made in this section, and throughout the text, to make students more aware of world geography and history, two generally weak areas for many American students.

Antes de empezar

Use these questions as an advance organizer for the reading that follows. Encourage critical thinking by having students make intelligent guesses when they do not know the answers. Always ask students to tell why they think their answer is correct.

Answers

A. Probablemente . . .
1 a
2 b
3 a
4 b

B. ¡Por siglos y siglos!
1 Hace 800 años, Estados Unidos no existía. América no había sido descubierta. Estados Unidos tiene 200 años y pico.
2 Hace 800 años, México no había sido descubierto. Era un país de distintas tribus indígenas bastante sofisticadas. Estados Unidos tampoco había sido descubierto. También tenía muchas tribus indígenas.
3 Las respuestas van a variar.

IMPACTO CULTURAL

España, tierra de moros*

Grupos musulmanes* de Asia y África invadieron y conquistaron la Península Ibérica en el año 711 d. de J.C. trayendo con ellos su gran cultura, sin duda una de las más extraordinarias en la historia del mundo. En un largo período que duró ocho siglos, es decir, hasta 1492, los árabes dejaron en la Península una riquísima herencia de conocimientos* científicos, filosóficos y artísticos. Durante este período se fundaron las primeras universidades de la Península y de Europa, y varias ciudades españolas, como Granada,(1) Sevilla,(2) y Toledo,(3) se convirtieron en las ciudades más avanzadas del continente europeo.

Gracias a la tolerancia religiosa de los árabes, esta etapa* de dominio árabe en España se caracterizó por la convivencia* entre principalmente tres diferentes grupos étnicos y religiosos: los judíos,* los musulmanes y los cristianos. En muchos casos hubo fusión de culturas, como la de los españoles cristianos y los árabes, creando un nuevo grupo: los hispanoárabes.

Los sabios* hispanoárabes imitaron a sus maestros árabes y crearon bibliotecas y escuelas como la famosa escuela de traductores de la ciudad de Toledo. En ésta se reunían musulmanes, judíos y cristianos para traducir al latín y al hebreo los conocimientos de matemáticas, astronomía, medicina, física y química aprendidos de la cultura árabe. Hacia 1218, el rey cristiano Alfonso IX de León fundó la Universidad de Salamanca,(4) la primera de España.

Esta etapa de la historia española significó una apertura* hacia el resto del mundo debido en parte al florecimiento agrícola e industrial y de actividad comercial. Por medio de estas relaciones comerciales, empezaron a propagarse* rápidamente numerosos adelantos* científicos y técnicos que llegaban a la Península del Oriente musulmán.

musulmanes
árabes que creen en Islam
entendimiento
período
vivir juntos
israelitas
eruditos/personas que saben mucho
entrada y salida
reproducirse
progresos

236 doscientos treinta y seis — UNIDAD 5

el arte de cantar

canciones cortas en español

horseshoe

ladrillo de colores

edificio religioso

En las letras, la cultura árabe fue una de las más literarias de todos los tiempos. Cultivaron la poesía y el canto,* los cuales eran muy importantes para la educación. En la poesía hispanoárabe se incorporaron elementos de la poesía árabe como los temas de guerra y amor. En poemas bilingües llamados *muwashshahas,* intercalan versos árabes y *jarchas*.* En prosa, los escritores hispanoárabes tuvieron mucho interés por los cuentos y fábulas orientales. Aun en la lengua española, el árabe ha tenido una gran influencia, empezando con la expresión "ojalá" (*Washah Allah* = quiera Dios) y continuando a un sinnúmero de palabras de agricultura, ciencias y arquitectura: *alfalfa, algodón, acequia, albaricoque, almendra, alcohol, alquimia, álgebra, alhaja, alcázar, alfombra, almohada*...

En la arquitectura, los hispanoárabes también se inspiraron en ejemplos orientales. En los edificios construidos en esta época se pueden notar los motivos florales, geométricos o caligráficos. (5) También el arco de herradura* y las paredes cubiertas de azulejos.* Los ejemplos más hermosos de arquitectura son la mezquita* de Córdoba (6) y el palacio de Medina az-Zahra de los siglos VII y IX. De los siglos XI y XII están la mezquita de Sevilla con su famosa Giralda y, en la misma ciudad, la llamada Torre de Oro (7) junto al río Guadalquivir. De los siglos XIII–XIV se conserva en Granada el famoso palacio de la Alhambra (8) y el Generalife.

5

6

7

8

Verifiquemos

1. Vuelve a la actividad **A** de **Antes de empezar** y decide si tus respuestas originales fueron correctas o no.
2. Dibuja una puerta en la forma de arco de herradura. ¿Por qué crees que los árabes construyeron estos tipos de puertas? ¿Crees que fue por motivos de seguridad o artísticos?
3. Haz un esquema araña, como el de la página 201 de **Unidad 4**, indicando las contribuciones de los árabes en *(a)* educación *(b)* arquitectura *(c)* literatura y *(ch)* lengua.
4. ¿Qué aspecto de la civilización árabe te interesa más? ¿Por qué?
5. Compara la convivencia de los distintos grupos étnicos de la España musulmana con la convivencia multicultural de Estados Unidos de hoy.

Verifiquemos

Answers

1 Ask individual students if they had to correct any answers.

2 Drawings will vary but all should have some semblance of a horseshoe.

3 Outlines will vary but should include the following elements:

(a) **educación**
crearon bibliotecas y escuelas, escuela de traductores de Toledo; tradujeron al latín y al hebreo los conocimientos de la cultura árabe; se fundó la Universidad de Salamanca—la primera de España

(b) **arquitectura**
motivos florales, geométricos o caligráficos; el arco de herradura; paredes cubiertas de azulejos; la mezquita de Córdoba, palacio de Medina az-Zahra, mezquita de Sevilla, la Giralda, Torre de Oro, el palacio de la Alhambra y el Generalife

(c) **literatura**
poesía y canto; temas de guerra y amor; poemas bilingües llamados *muwashshahas;* cuentos y fábulas orientales

(ch) **lengua**
"ojalá" (Washah Allah); sinnúmero de palabras de la agricultura (alfalfa, algodón, acequia, albaricoque, almendra), de las ciencias (alcohol, alquimia, álgebra, alhaja) y de la arquitectura (alcázar, alfombra, almohada) . . .

4 Answers will vary.

5 Answers will vary but it should be understood that Moors and Christians lived in peaceful coexistence much as minorities in the U.S. live today. Like today, they assimilated the daily survival aspects of each other's cultures but continued to live primarily in their own communities or their own neighborhoods. Like today, they respected each other's religions, but had skirmishes with each other occasionally. Finally, like the U.S. government, the Moorish lords governed Moorish Spain and the Jews and Christians living there as minorities had to abide by their laws.

OBJECTIVES

Communicative Goals

- Persuading
- Making suggestions and recommendations
- Advising

Culture and Reading

- **Para empezar**
  La profecía de la gitana
- **Tesoros nacionales**
  La España de Franco y la España de hoy

Structure

- 5.4 Expressions of persuasion
- 5.5 Present subjunctive: Stem-changing **-ar** and **-er** verbs
- 5.6 Present subjunctive: Stem-changing **-ir** verbs

LECCIÓN 2

¡Recomiendo que comas aquí!

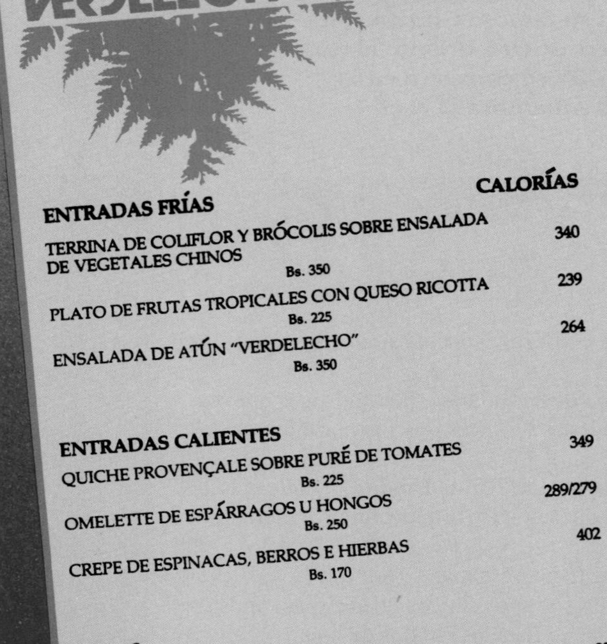

VERDELECHO Restaurante Naturista

ENTRADAS FRÍAS	CALORÍAS
TERRINA DE COLIFLOR Y BRÓCOLIS SOBRE ENSALADA DE VEGETALES CHINOS Bs. 350	340
PLATO DE FRUTAS TROPICALES CON QUESO RICOTTA Bs. 225	239
ENSALADA DE ATÚN "VERDELECHO" Bs. 350	264

ENTRADAS CALIENTES	
QUICHE PROVENÇALE SOBRE PURÉ DE TOMATES Bs. 225	349
OMELETTE DE ESPÁRRAGOS U HONGOS Bs. 250	289/279
CREPE DE ESPINACAS, BERROS E HIERBAS Bs. 170	402

SOPAS	
GAZPACHO ANDALUZ Bs. 190	98
SOPA DE LENTEJAS CON PLÁTANOS Bs. 170	163
CALDO DE POLLO CON LEGUMBRES Bs. 170	165

PLATOS PRINCIPALES	CALORÍAS
PIMIENTOS RELLENOS CON LEGUMBRES Y ARROZ SALVAJE Bs. 325	215
PECHUGA DE PAVO CON SALSA DE NUECES Bs. 425	947
PECHUGA DE POLLO CON COULIS DE TOMATES Bs. 375	448
GULASH DE LEGUMBRES CON SPAETZLI Bs. 300	945
FILETE DE ATÚN CON SALSA "NAIGUATA" Bs. 450	320
LOS PLATOS ANTERIORES SON SERVIDOS CON VEGETALES FRESCOS, ARROZ O PAPAS	56 / 10[illegible] Cada Ració[illegible]

POSTRES	
TORTA DE PIÑA Bs. 165	1[illegible]
TORTA DE FRUTAS Bs. 165	2[illegible]
COCTEL DE FRUTAS CON QUESO RICOTTA Bs. 130	
GELATINA DE FRESAS Bs. 125	

Restaurante Naturista VERDELECH[illegible]

ACTIVE VOCABULARY

Salud
grasa
grasoso(a)
líquido
nutrición
peso
régimen
saludable
vegetal

Descripción
atento(a)
balanceado(a)
cortés
deprimido(a)

Verbos
aconsejar
animar
divertirse
dormirse
estar muerto(a)
importar
insistir en
pedir
pensar
poder
respirar
seguir
sentirse
sugerir

Palabras y expresiones
buen(a) mozo(a)
carrera
demostración
especialidad
excusa
gasolinera
litro
¡No es para tanto!
veterinario

ANTICIPEMOS

¿Qué piensas tú?

1. ¿Cuáles comidas reconoces en este menú? ¿Puedes adivinar qué son algunas de las otras comidas?
2. Tu mejor amigo está a régimen porque quiere perder peso. ¿Qué comidas del menú le recomendarías? Otro amigo sólo quiere comer comida saludable. ¿Qué comidas le recomendarías a él? ¿Por qué?
3. Si un amigo venezolano viene a visitarte, ¿cuáles son algunas cosas de la ''cultura norteamericana'' que vas a tener que explicarle? ¿Qué le puedes recomendar que vea y haga en tu ciudad? ¿Qué restaurante le puedes recomendar? ¿Cuáles selecciones del menú le recomendarías? ¿Por qué?
4. ¿A quién le pides consejos cuando los necesitas? ¿A quién le das consejos, aun cuando no te los piden?
5. ¿De qué país crees que son estos tres edificios? ¿Por qué crees eso? ¿Para qué crees que se usaron los edificios originalmente? ¿Por qué crees eso? ¿Por qué crees que hay diferencias tan grandes en la arquitectura de estos edificios? ¿Qué puede haber causado estas diferencias?
6. ¿Qué sabes tú de la invasión de España por los árabes? ¿Cuándo ocurrió? ¿Cuánto tiempo estuvieron los árabes en España? ¿Qué más puedes decir de esta época?
7. Piensa en cómo contestaste estas preguntas y di qué crees que vas a aprender en esta lección.

Purpose To focus students on the language and functions to be developed and practiced in the lesson—suggesting, recommending, and persuading—and engage students in trying to define "American" culture. To consider why and how a country such as Spain would show evidence of many cultures. To get students to recall what they might know about the history of Spain, particularly concerning the Moorish invasion and influence.

Suggestions Use the photos to introduce the lesson content. Encourage students to use Spanish whenever possible to respond to the ***¿Qué piensas tú?*** questions, but allow English where ideas may be more complex or vocabulary may be unknown. Summarize responses in Spanish, using comprehensible input techniques to clarify your language where necessary.

ANTICIPEMOS

¿Qué piensas tú?

Answers

1 Las respuestas van a variar. Los estudiantes deben reconocer la mayoría de estas comidas aprovechándose de palabras afines y comidas que ya aprendieron. Note: **berro** = watercress, **legumbres** = legumes (bean family), **pechuga** = breast.

2 Para perder peso: Comidas bajas en calorías como frutas tropicales, omelette de espárragos, el gazpacho andaluz, etc. Para comer comida saludable: Casi todo en el menú es saludable.

3 Las respuestas van a variar. Tal vez quieran explicar las costumbres relacionadas a las horas de comer, cómo se saludan y se despiden, lo que se puede hacer y no hacer en una tienda o un supermercado, etc.

4 Las respuestas van a variar. Al hablar de a quiénes le piden consejos, tal vez mencionen a amigos, padres, hermanos, etc. Al hablar de a quiénes le dan consejos, es probable que mencionen a amigos, hermanos y quizás otras personas.

5 Las respuestas van a variar. Si no adivinan que es España, guíelos a considerar la edad de cada edificio, el propósito, la arquitectura, etc. El primero es el Alcázar de Segovia, el del centro es la Catedral de Salamanca, y el de la derecha son edificios en la Plaza de Colón, Madrid. Son diferentes debido a que se construyeron en diferentes épocas con diferentes propósitos y según diferentes gustos de estilo.

6 Las respuestas van a variar. Los estudiantes deben recordar lo que leyeron en la lectura anterior: que los moros invadieron la Península Ibérica en el año 711 y no salieron hasta casi ochocientos años más tarde, en 1492; que influyeron mucho en la arquitectura, la lengua, y la cultura de España, etc.

7 **Van a aprender a hacer sugerencias y recomendaciones y también algo más de la historia de España.**

PARA EMPEZAR

Comprehension Checks

A complete set of **Comprehension Checks** is available on cards in the Teacher's Resource Package.

Introducción Point out Spain and Africa, the province of Asturias. Remind students: **Cien años son un siglo**. Mention the dates of the Moorish occupation: **711-1492.**

1 ¿De dónde viene esta leyenda? ¿de África? ¿de México? ¿de España?

Suggestions Point out the soldiers of the two armies. Identify: **el ejército moro/los soldados moros, el ejército cristiano/los soldados cristianos.** Explain that don Pelayo's army is stronger.

1 ¿Qué año era? ¿700? ¿780? ¿718?

Suggestions Explain that many soldiers died. Point out the soldiers who are still alive: **los que no murieron**. Identify don Pelayo. Point out the prince and his servant: **el príncipe y su criado**. Give synonyms: **criado/sirviente**.

1 ¿Murieron muchos soldados moros?

Suggestions Act out tiredness: **muertos de fatiga**. Gesture for hunger and thirst: **muertos de hambre y sed**. Act out fear: **por miedo**. Explain: **No querían que los soldados cristianos los vieran**. Explain: **No tenían amigos; no podían esperar ayuda**. Point out the mountains: **las montañas**.

1 ¿Cómo estaban los dos moros? ¿contentos? ¿seguros? ¿fatigados?

PARA EMPEZAR
Escuchemos una leyenda española

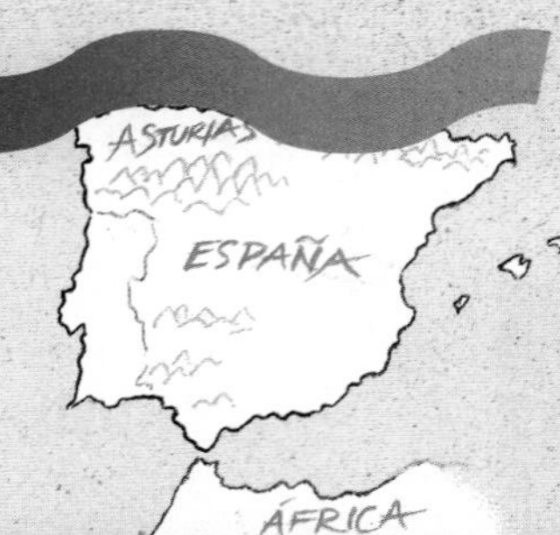

Entre las leyendas españolas hay muchas que tratan del largo conflicto entre los moros, del norte de África, y los habitantes de la Península Ibérica, que hoy se llama España. Este cuento del siglo VIII, es de don Pelayo, un noble que vivía en lo que hoy día es la provincia de Asturias.

Era el año 718 y continuaba en el norte de la Península Ibérica, el conflicto entre los soldados de don Pelayo, un noble cristiano, y los del príncipe moro, Abd al-Aziz.
En esta batalla, el ejército de don Pelayo acababa de ganar su primera batalla contra el príncipe moro, Abd al-Aziz.

Todos los soldados moros que no murieron en la batalla fueron hechos prisioneros por don Pelayo. Sólo el príncipe y su criado escaparon.

Los dos moros estaban casi muertos de fatiga, de hambre y de sed. Pero por miedo de ser descubiertos, decidieron no buscar ayuda, sino escaparse a las montañas donde podrían pasar la noche.

Después de caminar hasta la noche, llegaron a una montaña donde descubrieron una cueva inmensa.
El criado dijo, "Ya está bastante oscuro. Sugiero que nos quedemos aquí. Es difícil que nos encuentren".

240 *doscientos cuarenta*

4

Suggestions Draw a sun in the sky over mountains. Show the sun going down. Explain that the prince and his servant walked until night time. Point out the cave. Equate **inmensa/muy grande**. Explain: **La noche viene. No hay ni luna ni estrellas. Está oscuro**. Equate: **sugiero/recomiendo**; **Es difícil que.../Es imposible que...**

1 ¿Caminaron una larga distancia?

Purpose This section develops active listening comprehension skills and introduces students to cultural and historical insights through a Spanish legend which recalls the Moorish occupation during the eighth century. In this story, a Moorish prince and his servant escape discovery by the Christian soldiers who are hunting them, thanks to the predictions of a gypsy

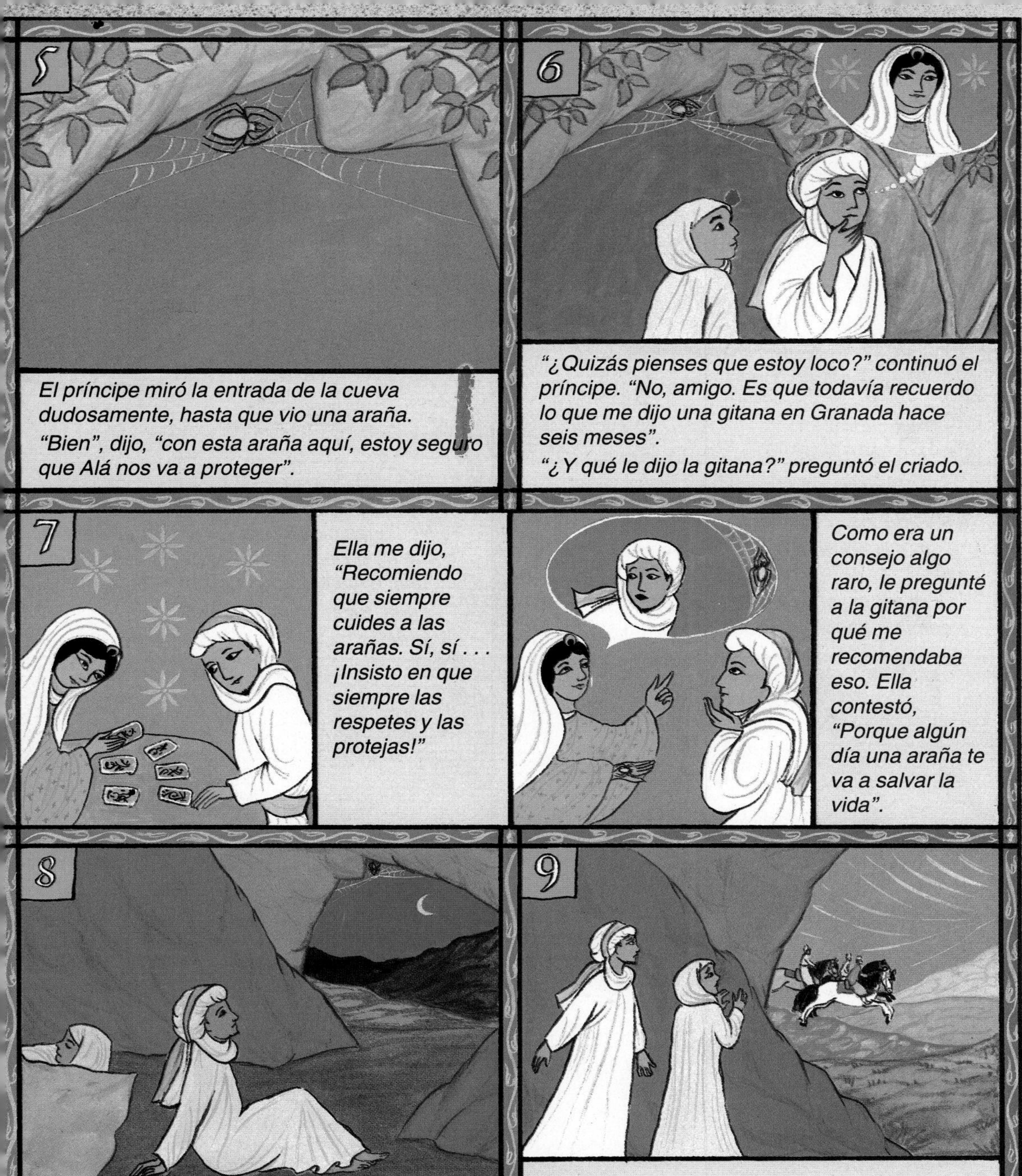

5

Suggestions Point out the entrance to the cave: **la entrada**. Look doubtful: **miró dudosamente**. Act out noticing the spider: **la araña**. Explain **Alá es el díos de los moros**. Gesture for **proteger**.

1 ¿Cómo miró el príncipe la entrada de la cueva? ¿con confianza? ¿con duda?
2 . . .

6

Suggestions Gesture for **loco**. Point out the gypsy: **una gitana**. Point out Granada on a map. Gesture to your head and point to the gypsy. Explain: **Ahora es agosto. Hace seis meses, en marzo, habló con una gitana**.

1 ¿Es posible que el príncipe esté loco?
2 . . .

7

Suggestions Change voices for the gypsy. Equate: **Cuides/Seas bueno con...; raro/extraño**.

1 ¿Qué le recomienda la gitana al príncipe? ¿que cuide a su familia? ¿que cuide a sus hijos? ¿que cuide a las arañas?
2 . . .

8

Suggestions Point out the servant: **el criado**. Explain that he is not listening; he is sleeping: **se durmió.** Mime the prince looking at him, realizing he is asleep. Mime going to sleep.

1 ¿Cómo estaba el criado? ¿alerto? ¿vigilante? ¿cansado? ¿dormido?
2 . . .

9

Suggestions Point out that it is morning. Mime waking up. Put hand to ear. Point out the soldiers on horses: **los soldados**. Explain that they are talking; horses are making noise. Whisper the prince's words.

1 ¿Es la mañana?
2 . . .

fortune teller some months earlier. Students will hear many examples of the language used to persuade, to make suggestions, and to make recommendations. The ***Para empezar*** section provides comprehensible language without translation. It is not meant for memorization or mastery. It develops listening comprehension and introduces the lesson structures in context.

Suggestions Have students close their books while you narrate each section using overhead transparencies and comprehensible input techniques to clarify meaning without translation. Break longer sentences into shorter utterances, pointing to elements of each drawing, acting out, demonstrating, etc. Use cognates or simple explanations, comparisons and contrasts to enable understanding. Ask frequent **Comprehension Checks** to confirm understanding.

10

Suggestions Use voices for the soldiers. Point to the cave. Equate: **Es inútil/No es necesario; nadie/ninguna persona**. Mime walking toward cave: **hacia la cueva**.

1 ¿Qué quería hacer uno de los soldados? ¿comer algo? ¿buscar en la cueva?
2 ¿Necesitan buscar en la cueva?
3 ¿Por qué no? ¿No hay entrada? ¿No hay nadie en la cueva?
4 . . .

11

Suggestions Point to eyes: **ojos**. Point out the spider web: **telaraña**. Demonstrate how it covers the whole entrance: **cubre de un lado a otro**.

1 ¿Tiene ojos el primer soldado?
2 ¿Qué debe ver a la entrada de la cueva? ¿al príncipe moro? ¿un oso muy grande? ¿una telaraña?
3 ¿Cubre la telaraña toda la entrada?
4 . . .

12

Suggestions Explain that soldiers are returning to don Pelayo's house. Equate: **listos/inteligentes**.

1 ¿Adónde van los soldados de don Pelayo? ¿a otra cueva? ¿a casa de don Pelayo?
2 Según los dos soldados, ¿cómo son el príncipe y su criado? ¿más bobos que los soldados? ¿más listos que los soldados?

13

Suggestions Contrast inside/outside something—a box, cupboard: **dentro**. Mime amazement: **no podían creerlo**. Equate: **providencial/de Alá; milagro/no se puede explicar**. Point out a screen or curtain in the classroom: **cortina**.

1 ¿Dónde estaban el príncipe y su criado? ¿fuera de la cueva? ¿dentro de la cueva?
2 ¿Podían creer su buena fortuna?
3 ¿Qué causó la araña providencial? ¿un desastre? ¿una catástrofe? ¿un milagro?
4 . . .

"Vamos a buscar aquí", gritó uno de los soldados.
"Es inútil", contestó otro. "¡Nadie ha entrado allí!"
"¿Y cómo lo sabes?" dijo el primero y empezó a caminar hacia la entrada de la cueva.

"¿No tienes ojos? ¿No ves la telaraña que cubre de un lado al otro? ¡Es imposible que alguien haya entrado aquí!"
"Tienes razón", dijo el primero.
"Vámonos".

Y los soldados empezaron a bajar la montaña diciendo, "Tenemos que confesarle a don Pelayo que el príncipe moro y su fiel criado son más listos que nosotros".

El príncipe y su compañero, dentro de la cueva, no podían creerlo. "Es la araña providencial de la gitana", dijo el príncipe. "Es un milagro".
Durante la noche, la araña había construido una cortina que cubría la entrada de la cueva.

¿QUÉ DECIMOS...?

Al sugerir o recomendar algo

1 No tengo ganas.

Anímate, chica. ¿Por qué no vienes conmigo, Meche?
Ay, no sé, Diana. No tengo ganas.

Tu hermana tiene razón, Meche. Acompáñala.
¿Por qué insisten tanto en que vaya?

Porque te vas a sentir mejor, Meche. Ya verás. Además, conoces a muchas personas allí—Chela, Salvador, Luis...

¿Ah, sí? Pues, quizás no sea tan mala idea. Sí, voy contigo. En dos minutos estoy lista.
Te espero.

2 Es un buen comienzo.

Antes de terminar, acérquense, que necesito darles unos consejos.

¡Ufa! Estoy muerta.

Purpose This **fotonovela** section introduces students to the language and functions to be developed and practiced in the lesson—persuading, making suggestions and recommendations—and prepares them for practice in the context of natural conversation. Students should not be expected to memorize or master all utterances. Listening comprehension and early production of key vocabulary and structures are the goals.

Suggestions Have students close books while you narrate each **fotonovela** segment, identifying characters and their relationships, and describing their activities. Ask **Early Production Checks** frequently to confirm understanding and develop accurate pronunciation of key elements. Act out the dialogue between the characters.

¿QUÉ DECIMOS...?

06:08–11:09

Side 3, 11807 to 20810

Using the video See page 227.

Early Production Checks

A full set of **Early Production Checks** is available on cards in the Teacher's Resource Package.

1 06:17

No tengo ganas. Identify characters. Contrast dull, listless behavior with lively behavior. Gesture to communicate invitation. Equate: **no tengo ganas/no quiero**. Gesture mother's insistence: **Ya verás/Es verdad**. Contrast **buena/mala idea**. Mime waiting.

1 ¿Está Meche animada o cansada?
2 ¿Adónde va Diana?
3 . . .

Side 3, 12073 to 13515

2 07:06

Es un buen comienzo. Mime breathing deeply: **respiren profundamente**. Gesture to show kids gathering around Diana: **acérquense**. Equate: **Es un buen comienzo/Está muy bien por ser la primera vez; suficiente/bastante**. Gesture for **balanceada**. Name fruits, vegetables, meats, dairy products. Show pictures of foods. Gesture for **eviten**. Name and identify fatty foods as **grasoso**, like **papas fritas y hamburguesas**. Name sweets: **los dulces**. Name fruit juices: **jugos**. Draw a face with eyes wide open. List the hours: 1AM, 2AM, etc. Explain that this person drank coffee and can't sleep.

1 ¿Qué hacen los jóvenes?
2 ¿Qué deben hacer ahora?
3 . . .

Side 3, 13529 to 17266

Bueno, es un buen comienzo. Pero el ejercicio no es suficiente para la buena salud.
Es también importante la nutrición.
Les recomiendo que sigan todos una dieta balanceada de frutas, vegetales, carne, ...

...pan, productos lácteos como la leche y el queso. Y sugiero que eviten las comidas grasosas y los dulces.

¡Ay, no! ¡Ay!
Y es bueno beber por lo menos dos litros de líquido cada día.
¿Esto incluye el café?

En realidad, no deben tomar mucho café. Es preferible que beban jugos y agua. El café puede quitarles el sueño—otro factor importantísimo para la buena salud.

Es recomendable que durmamos ocho horas.
¡Qué lista eres!
Es buena excusa para no terminar la tarea.

3 Recomiendo que sigas mis consejos.

¡Ayyy! ¡Me duele todo el cuerpo! Nunca voy a llegar a casa. Apenas puedo caminar.
Yo tampoco. Sobre todo me duelen las piernas.

Y tengo un hambre feroz. Pero no me gusta nada la idea de comer tantos vegetales y frutas.
Las papitas fritas también son vegetales, ¿no?
Ay, Luis, sí, son vegetales, pero las papitas fritas tiene mucha grasa y sal. Es mejo que no las comas.

3 09:11

Recomiendo que sigas mis consejos. List parts of the body that hurt: **me duele todo el cuerpo**. Equate: **Nunca voy a llegar.../No voy a poder caminar...**; **Un hambre feroz/muchísima hambre; ¡Qué barbaridad!/¡Qué absurdo**!

1. ¿Qué le duele a Luis?
2. ¿Puede caminar fácilmente?
3. ¿Adónde no cree que va a llegar?
4. . . .

Side 3, 17284 to 19009

¡Uf! Otra de mis comidas favoritas que no debo comer. ¡Qué barbaridad!
Pues, si te importa la salud, recomiendo que sigas mis consejos.
Está bien, Diana.
A propósito, Luis, ¿por qué no viene tu hermano, Héctor, a estas clases?
No sé.

4 Clara Consejera lo sabe todo.

Un poco más tarde…
Diana, ¿qué piensas de Luis?
Es simpático pero un poco joven, ¿no crees?
Para ti, quizás, pero no para mí. ¿No te parece muy guapo y fascinante?
Bueno, no es para tanto. Es buen mozo. ¿Por qué? ¿Te gusta?

Muchísimo. Pero ni hace caso. Para él, simplemente soy otra amiga. No sé qué hacer para llamarle la atención.
Hmmm. No sé qué aconsejarte. Pero mira, ¿por qué no le escribes a Clara Consejera?
Ella siempre da excelentes consejos y contesta en seguida. Es muy buena.
¿Clara? ¿La consejera del periódico? ¡Qué buena idea! Lo voy a hacer ahora mismo.

4 10:09

Clara Consejera lo sabe todo. Gesture for **para ti, para mí.** Equate: **mozo/joven; ni me hace caso/no me presta atención**. Gesture for **llamarle la atención**. Equate: **No sé qué aconsejarte.../ No tengo consejos para ti**. Explain: **una consejera da consejos**. Equate: **en seguida/inmediatamente.**

1. ¿Qué piensa Diana de Luis?
2. ¿Es joven para Diana? ¿para Meche?
3. ¿Qué piensa Meche de Luis?
4. . . .

Side 3, 19024 to 20810

CHARLEMOS UN POCO

A. PARA EMPEZAR . . .
Call on individual students. Have class confirm each response.

1 falso. Vivió a principios del siglo VIII.
2 cierto
3 falso. Don Pelayo ganó su primera batalla contra el príncipe moro.
4 cierto
5 cierto
6 falso. Por miedo de ser descubiertos, no le pidieron ayuda a nadie.
7 cierto
8 falso. Una gitana le había dicho que algún día una araña le iba a salvar la vida.
9 cierto
10 falso. No fueron capturados. Los soldados ni entraron en la cueva.
11 falso. No pudieron verlos porque una araña había construido una telaraña que cubría la entrada de la cueva.
12 cierto

B. ¿QUÉ DECIMOS . . .?
Have students work in pairs first. Allow 2–3 min, then call on individual students. Have class confirm each response.

1 f El café puede quitarles el sueño.
2 c El sueño es importantísimo para la salud.
3 e El ejercicio no es suficiente para la buena salud.
4 a Es bueno beber dos litros de líquido cada día.
5 g Es recomendable que duerman ocho horas.
6 ch Es importante la nutrición.
7 d Les recomiendo que sigan todos una dieta balanceada.
8 b Sugiero que eviten comidas grasosas y los dulces.

CHARLEMOS UN POCO

A. PARA EMPEZAR . . . Di si las siguientes frases son ciertas o falsas, según el cuento ''La profecía de la gitana''. Si son falsas, corrígelas.

1. Don Pelayo vivió a fines del siglo VIII.
2. Don Pelayo protegió el norte de la península contra la invasión de los moros.
3. El príncipe moro, Abd al-Aziz, ganó una batalla muy importante contra don Pelayo y sus soldados.
4. Los soldados del príncipe Abd al-Aziz que no murieron en la batalla fueron hechos prisioneros.
5. Sólo el príncipe y su criado escaparon.
6. El príncipe y su criado le pidieron ayuda a una familia que vivía en el campo.
7. Los dos moros decidieron pasar la noche en una cueva en las montañas de Asturias.
8. Una gitana le había dicho a Abd al-Aziz que iba a morir de picada de araña.
9. Los soldados de don Pelayo encontraron la cueva donde estaban el príncipe y su criado.
10. Abd al-Aziz y su criado fueron capturados en la cueva.
11. Los soldados no pudieron ver al príncipe y a su criado porque ellos cubrieron la entrada de la cueva con una cortina de metal.
12. En efecto, una araña les salvó la vida al príncipe y a su criado.

B. ¿QUÉ DECIMOS . . .? ¿Qué le aconseja Diana a su clase de ejercicios aeróbicos?

1. El café puede . . .	**a.** dos litros de líquido cada día.
2. El sueño es . . .	**b.** grasosas y los dulces.
3. El ejercicio no es suficiente . . .	**c.** importantísimo para la salud.
4. Es bueno beber . . .	**ch.** la nutrición.
5. Es recomendable que duerman . . .	**d.** una dieta balanceada.
6. Es importante . . .	**e.** para la buena salud.
7. Les recomiendo que sigan todos . . .	**f.** quitarles el sueño.
8. Sugiero que eviten comidas . . .	**g.** ocho horas.

Purpose These activities provide guided practice to students beginning to give advice, be persuasive, or make suggestions and recommendations. It is not necessary to do all the activities in this section once students have demonstrated mastery of these functions.

C. ¿Eres buen consejero? ¿Qué aconsejas que estas personas hagan ahora en preparación para su futura carrera?

Mario quiere ser mecánico.

EJEMPLO **Aconsejo que Mario trabaje en una gasolinera.**

1. Román quiere ser veterinario.

2. Tomasina quiere ser ingeniera.

3. Bárbara y Carlos quieren ser maestros.

4. Miriam y Rafael quieren ser cocineros.

5. Pablo quiere ser jugador de fútbol.

6. Paco y Matilde quieren ser reporteros.

7. Mi amiga quiere ser escritora.

8. Matías y Germán quieren ser músicos.

Expressions of persuasion

aconsejar
insistir en
pedir (e → i)
preferir (e → ie, i)
querer (e → ie)
recomendar (e → ie)
sugerir (e → ie, i)

Aconsejamos que ustedes no vean esa película.
Mamá **insiste en** que no salga contigo.
Prefiero que tú me llames.

See **¿Por qué se dice así?,** *page G73, section 5.4.*

C. ¿Eres buen consejero?
Call on individual students. Have class confirm each response. Ask class to repeat correct answers after you for pronunciation practice with subjunctive forms. Answers will vary.

1 Aconsejo que Román trabaje con animales.
2 Aconsejo que Tomasina estudie mucho.
3 Aconsejo que Bárbara y Carlos trabajen en una escuela primaria.
4 Aconsejo que Miriam y Rafael trabajen en un restaurante.
5 Aconsejo que Pablo practique el cabezazo.
6 Aconsejo que Paco y Matilde sean reporteros para las noticias escolares.
7 Aconsejo que mi amiga escriba mucho.
8 Aconsejo que Matías y Germán practiquen sus instrumentos todos los días.

CH. ¡Marciano! Allow 2–3 min for pair work. Then call on several pairs to act out each exchange. Answers will vary.

1 ¿Sugieres que estudie en la escuela? *Sí, recomiendo que estudies en la escuela.*
2 ¿Sugieres que practique deportes? *Sí, recomiendo que practiques deportes, especialmente la natación.*
3 ¿Sugieres que vea mucha televisión? *No, no recomiendo que veas mucha televisión. Es mejor leer mucho.*
4 ¿Sugieres que compre un coche? *No, no recomiendo que compres un coche. Ir en autobús es más barato.*
5 ¿Sugieres que trabaje en el centro? *Sí, recomiendo que trabajes en el centro.*
6 ¿Sugieres que salga a comer frecuentemente? *No, no recomiendo que salgas a comer frecuentemente. Es mejor comer en casa.*
7 ¿Sugieres que aprenda karate? *Sí, recomiendo que aprendas karate.*
8 ¿Sugieres que visite los museos? *Sí, recomiendo que visites los museos.*
9 ¿Sugieres que estudie español? *Sí, recomiendo que estudies español.*

D. Entrevista. Allow 2–3 min to do in pairs first. Then call on individual students and have class confirm each response.

1 Mamá pide que llegue a tiempo.
2 Papá insiste en que hable cortésmente.
3 Yo quiero que no esté nerviosa.
4 Sus amigos sugieren que escuche bien.
5 Su hermano aconseja que sea atenta.
6 Sofía aconseja que piense antes de responder.
7 Sus padres recomiendan que haga buenas preguntas.
8 Su abuela sugiere que prepare una demostración.

CH. ¡Marciano! Un(a) marciano(a) acaba de mudarse a la Tierra y necesita consejos. ¿Qué consejos le das cuando hace preguntas? Tu compañero(a) debe hacer el papel del (de la) marciano(a).

MODELO vivir en la ciudad
Marciano(a): **¿Sugieres que viva en la ciudad?**
Tú: **Sí, recomiendo que vivas en la ciudad.**
o
No, no recomiendo que vivas en la ciudad. El campo es mejor.

1. estudiar en la escuela
2. practicar deportes
3. ver mucha televisión
4. comprar un coche
5. trabajar en el centro
6. salir a comer frecuentemente
7. aprender karate
8. visitar los museos
9. estudiar español

D. Entrevista. Xochitl tiene una entrevista con el señor Pérez para trabajar como instructora de ejercicios aeróbicos. ¿Qué consejos recibe antes de la entrevista?

MODELO entrenador / recomendar / practicar / todo / ejercicios
El entrenador recomienda que practique todos los ejercicios.

1. mamá / pedir / llegar a tiempo
2. papá / insistir en / hablar cortésmente
3. yo / querer / no estar / nervioso
4. su / amigos / sugerir / escuchar bien
5. su / hermano / aconsejar / ser / atento
6. Sofía / aconsejar / pensar antes de responder
7. su / padres / recomendar / hacer / bueno / preguntas
8. su / abuela / sugerir / preparar una demostración

E. Problemas. Estas personas quieren tus consejos. ¿Qué les dices para ayudarles con sus problemas?

Rubén

EJEMPLO **Sugiero que sigas una buena dieta.** o
Recomiendo que no comas pastel. o
Aconsejo que pierdas peso.

1. la señora Blanco

2. el señor Torres

3. José

4. Rita

5. Patricia y Esteban

6. el director

7. Flaquito y Flaquita

8. Marta

E. Problemas. Allow 2–3 min for students to work in pairs first. Then call on individual students and have class confirm each response. Answers will vary.

1. Sugiero que no se levante tan tarde.
2. Aconsejo que se afeite todos los días.
3. Recomiendo que limpies tu cuarto.
4. Sugiero que duermas más.
5. Aconsejo que laven los platos después de cada comida.
6. Recomiendo que no trabaje por la noche.
7. Sugiero que coman más.
8. Aconsejo que te peines más a menudo.

F. ¡Terrible! ¡Fantástico! ¡Importante! Allow 2–3 min to do in pairs first. Then call on individual students. Have class confirm each response. Answers will vary.

1 Es terrible que las clases empiecen a las 7:00 de la mañana.
2 Es fantástico que todos almorcemos en casa.
3 Es importante que todos perdamos peso al hacer más ejercicio.
4 Es imposible que los profesores jueguen fútbol con los estudiantes.
5 Es fantástico que todos nos sentemos en sillones en la biblioteca.
6 Es terrible que los estudiantes vuelvan a la escuela por la noche.
7 Es horrible que los materiales escolares cuesten más dinero.
8 Es fantástico que los estudiantes puedan hacer más recomendaciones.

G. ¡A comer! Allow 2–3 min to do in pairs first. Then call on individual students. Have class confirm each response. Sentences will vary.

Recomiendo que pidas los entremeses variados.
No aconsejo que consigas una mesa cerca de la cocina.
Sugiero que consigas un camarero cortés.
Es posible que sirva el gazpacho.
Es bueno que sirva la carne asada.

H. Consejos locos. Allow 2–3 min for students to work in groups of three. Then call on several groups to act out each exchange.

1 No podemos dormir. *Duerman en el piso.* ¿Usted quiere que durmamos en el piso?
2 Sacamos malas notas. *No piensen tanto.* ¿Usted quiere que no pensemos tanto?
3 No podemos despertarnos. *Acuéstense más tarde.* ¿Usted quiere que nos acostemos más tarde?
4 Estamos aburridos(as). *No se diviertan tanto.* ¿Usted quiere que no nos divertamos tanto?
5 Queremos hacer algo nuevo. *Repitan su rutina.* ¿Usted quiere que repitamos nuestra rutina?
6 Somos muy flacos(as). *Pierdan peso.* ¿Usted quiere que perdamos peso?
7 Queremos llamar la atención. *Sigan mis consejos.* ¿Usted quiere que sigamos sus consejos?
8 Preferimos recibir buenos consejos. *Consigan otro consejero.* ¿Usted quiere que consigamos otro consejero?

Present subjunctive: Stem-changing *-ar* and *-er* verbs

empezar	poder
e → ie	o → ue
empiece	**pueda**
empieces	**puedas**
empiece	**pueda**
empecemos	podamos
empiecen	**puedan**

Quiero que **empieces** esta tarde.
No creo que **podamos** hacerlo.

See **¿Por qué se dice así?,** *page G75, section 5.5*

Present subjunctive: Stem-changing *-ir* verbs

pedir	servir
e → i	e → i
pida	**sirva**
pidas	**sirvas**
pida	**sirva**
pidamos	**sirvamos**
pidan	**sirvan**

Recomiendo que **pidas** las arepas.
Es probable que **sirvan** arepas de pollo hoy.

See **¿Por qué se dice así?,** *page G77, section 5.6.*

Present subjunctive Stem-changing *-ir* verbs

divertir	dormir
e → ie, i	o → ue, u
divierta	**duerma**
diviertas	**duermas**
divierta	**duerma**
divirtamos	**durmamos**
diviertan	**duerman**

Quiero que te **diviertas.**
Es imposible que **duerman** aquí.

See **¿Por qué se dice así?,** *page G77, section 5.6.*

F. ¡Terrible! ¡Fantástico! ¡Importante! El(La) director(a) está anunciando algunos cambios en tu escuela para el año que viene. ¿Qué opinas de los cambios?

MODELO Los estudiantes no van a poder venir a la escuela en autobús.
Es terrible que no podamos venir a la escuela en autobús.

1. Las clases van a empezar a las 7:00 de la mañana.
2. Todos vamos a almorzar en casa.
3. Todos vamos a perder peso al hacer más ejercicio.
4. Los profesores van a jugar fútbol con los estudiantes.
5. Todos vamos a sentarnos en sillones en la biblioteca.
6. Los estudiantes van a volver a la escuela por la noche.
7. Los materiales escolares van a costar más dinero.
8. Los estudiantes van a poder hacer más recomendaciones.

G. ¡A comer! Acabas de comer en un nuevo restaurante. ¿Qué les recomiendas a tus amigos?

EJEMPLO **Sugiero que pidan la especialidad de la casa.**

(no) recomendar (no) aconsejar sugerir es posible es bueno	servir conseguir pedir almorzar	la carne asada la especialidad de la casa una mesa cerca de la cocina el gazpacho los entremeses variados un(a) camarero(a) cortés

H. Consejos locos. Tú y un(a) amigo(a) tienen varios problemas y le piden consejos al señor Bocaloca. ¿Qué le dicen y qué consejos les da?

MODELO siempre terminar tarde / comenzar más tarde
Tú: **Siempre terminamos tarde.**
Bocaloca: **Comiencen más tarde.**
Amigo(a): **¿Usted quiere que comencemos más tarde?**

1. no poder dormir / dormir en el piso
2. sacar malas notas / no pensar tanto
3. no poder despertarse / acostarse más tarde
4. estar aburridos(as) / no divertirse tanto
5. querer hacer algo nuevo / repetir su rutina
6. ser muy flacos(as) / perder peso
7. querer llamar la atención / seguir mis consejos
8. preferir recibir buenos consejos / conseguir otro consejero

CHARLEMOS UN POCO MÁS

A. Sugiero que tú . . . Tú y tu compañero(a) tienen que ayudar a limpiar la sala de clase. Antes de empezar, van a dividir el trabajo. Usen el dibujo que les va a dar su profesor(a) para decidir lo que cada uno quiere que el otro haga.

B. En el café. Un(a) amigo(a) de Venezuela está visitándote en EE.UU. Tú lo (la) llevas a comer a tu restaurante favorito. Recomiéndale varias cosas para comer. Él (Ella) va a decirte si le gusta o no le gusta lo que recomiendas o si prefiere comer otra cosa.

EJEMPLO *Tú:* **Recomiendo que pidas el melón.** o **Sugiero que pruebes el melón.**
Compañero(a): **Pues, no me gusta ¿Qué más hay?** o **Bueno, lo voy a probar.**

CHARLEMOS UN POCO MÁS

A. Sugiero que tú . . . Insist that students not look at each other's pictures until they have finished the activity.

B. En el café. Allow 2–3 min for pair work. Then call on several pairs to act out each exchange.

Purpose The ***Charlemos un poco más*** activities are designed to allow students to create with language used for persuading, advising, and making suggestions and recommendations.

C. Comida saludable. In pairs, have one student prepare a list of all the healthy foods he or she can think of while the other student prepares a list of typical foods eaten by teenagers. When they have finished working on their individual lists, have students compare and then combine lists to come up with a new list—healthy foods that all teenagers eat.

C. Comida saludable. ¿Normalmente comen ustedes comida saludable? Para saberlo, prepara una lista de toda la comida saludable que puedes nombrar. Tu compañero(a) va a preparar una lista de todo lo que los jóvenes típicos comen durante la semana. Luego su profesor(a) les va a dar un esquema como el siguiente, para que combinen las dos listas.

Comida saludable	Comida saludable que comemos todos	Comida típica de jóvenes
1 ____	1 ____	1 ____
2 ____	2 ____	2 ____
3 ____	3 ____	3 ____
4 ____	4 ____	4 ____
5 ____	5 ____	5 ____
6 ____	6 ____	6 ____
7 ____	7 ____	7 ____

DRAMATIZACIONES

A. Tú puedes recomendarle que . . . Allow 3–5 min to prepare. Call on volunteers to perform their role plays for the class.

B. Quiero que vayas conmigo. Encourage students to be creative but suggest that they limit themselves to vocabulary they already know.

C. ¡Por favor! Allow 3–5 min to prepare. Call on volunteers to perform their role plays for the class.

Dramatizaciones

A. Tú puedes recomendarle que . . . Su profesor quiere darles un examen mañana pero tú y dos compañeros quieren convencerle que no les dé el examen. Ahora están hablando de cómo van a convencerle. Dramaticen su conversación.

B. Quiero que vayas conmigo. Tú estás tratando de convencer a tu amigo(a) a acompañarte a una clase de baile. Pero tu amigo no quiere ir. Dramaticen su conversación.

C. ¡Por favor! Tú y tu amigo(a) están discutiendo cómo pueden convencer a sus padres que les den permiso de ir al cine esta noche. Dramaticen la conversación.

Purpose The role plays in ***Dramatizaciones*** are designed to recycle the structures and vocabulary needed to persuade, make suggestions and recommendations, and give advice. Encourage students to work without their books when performing their role plays.

IMPACTO CULTURAL
Tesoros nacionales

Antes de empezar

A. Impresiones. ¿Cuánto sabes de la España de la segunda mitad del siglo XX? Indica si en tu opinión, estos comentarios son ciertos o falsos. Luego, después de leer la lectura, revisa tus respuestas.

C F 1. Actualmente el Generalísimo Franco es el rey de España.
C F 2. Franco es considerado un dictador.
C F 3. La España de Franco fue muy liberal y progresista.
C F 4. Franco creía que España era única y superior moralmente.
C F 5. El gobierno militar del General Franco afectó todos los aspectos de la vida de los españoles: la educación, la política y la vida social.
C F 6. Las costumbres y modas de otros países eran bien recibidas en la España de Franco.
C F 7. Ahora no se permite criticar al gobierno en España.
C F 8. Hoy en día en España, sólo se permite la música clásica y la música tradicional española; no se permite ni música rock ni salsa.
C F 9. Ahora en España, como en EE.UU., la juventud española está expuesta a las enfermedades venéreas y al SIDA.
C F 10. Ahora, los españoles tienen la responsabilidad de seleccionar entre lo bueno y lo malo que la vida les ofrece.

B. Sumarios. Ahora lee el tercer párrafo y el último de **La España de Franco y la España de hoy** y selecciona el mejor sumario de los siguientes.

Tercer párrafo:

1. El gobierno de Franco fue una dictadura sumamente autoritaria y católica.
2. En las escuelas primarias, durante la época de Franco, los niños aprendían que España era única y superior moralmente.
3. El gobierno militar de Franco impuso la religión católica en todas las escuelas españolas.

Último párrafo:

1. Lamentablemente, el gobierno español actual no controla el crimen tan bien como lo controlaba Franco.
2. La libertad permite escoger entre lo bueno y lo malo y, desafortunadamente, algunas personas van a escoger lo malo.
3. En la época de Franco todo era bueno, ahora todo es malo porque los españoles no son responsables.

IMPACTO CULTURAL
Tesoros nacionales

Purpose This section provides additional reading practice as students learn about Spain under Franco and Spain as it is today.

Antes de empezar

Use these questions as an advance organizer for the reading that follows. Encourage critical thinking by having students make intelligent guesses when they do not know the answers.

Answers

A. Impresiones.
1 falso
2 cierto
3 falso
4 cierto
5 cierto
6 falso
7 falso
8 falso
9 cierto
10 cierto

B. Sumarios.
Tercer párrafo 1
Último párrafo 2

IMPACTO CULTURAL

La España de Franco y la España de hoy

1

2

3

El Generalísimo Francisco Franco (1892-1975), (1) participó en 1936 en un movimiento militar (2) que empezó la Guerra Civil en España. Tras* el triunfo de 1939, llegó a ser jefe de Estado y se mantuvo en este puesto hasta que murió en 1975.

Soy Roberto R. y soy testigo* de los años que gobernó el Generalísimo Francisco Franco. Nací en 1939 , el mismo año en que terminó la Guerra Civil Española y Franco y la Falange, su partido político, empezaron a gobernar España. Alrededor de 4.000.000 españoles se exiliaron* en 1939, entre ellos maestros, artistas famosos como Pablo Picasso, escritores y políticos. Por 35 años España vivió un estado de estancamiento* político, cultural y económico.

El gobierno militar del General Franco constituyó una dictadura. La ideología falangista era sumamente autoritaria y católica, y se impuso en todos los aspectos de la vida de los españoles, desde la educación en las escuelas y universidades hasta el comportamiento* y actividades políticas y sociales. Cuando yo estaba en la escuela primaria, nosotros teníamos un libro llamado *España es así.* Este libro decía que España era católica desde el año 589 y siempre sería así. Decía que España era diferente al resto de los países de Europa porque España era única y superior moralmente. Por esta razón recitábamos "España Grande y Libre" y teníamos una clase de religión obligatoria.

La moral era muy importante en la época de Franco y por esta razón sus seguidores* desempeñaron un papel paternalista. Nuestros profesores nos enseñaban que las costumbres y modas de otros países eran malas para España. Debíamos evitar las malas tentaciones para mantener la pureza de nuestras mujeres. Por eso, había policías en las playas (3) y piscinas públicas para dar multas a las personas que usaban trajes de baño impropios. Las piscinas públicas tenían diferentes horarios para hombres y mujeres. Se estableció la Censura para las revistas, periódicos y películas. Aun prohibió el divorcio. La mujer debía quedarse en casa y representar fielmente* su papel de esposa y madre.

Por medio de

observador

salieron

paralización

manera de actuar

personas que siguen

con devoción

¡Qué diferente es la España de hoy! En 1975 Francisco Franco murió y España volvió a abrir sus puertas al mundo. Ahora España participa con el resto de los países de Europa en acontecimientos* culturales, políticos, sociales y económicos. Muchas ciudades de España se han convertido en capitales de acontecimientos internacionales importantes en las artes, los deportes (4) y las ferias. Ahora la educación en las escuelas y universidades es más abierta. La crítica, incluso del propio gobierno español actual, forma parte importante de la educación. Durante el gobierno de Franco, la crítica del falangismo era algo inconcebible.*

Libres de la Censura falangista, la libertad de expresión y acción se ha generalizado en todos los aspectos. Ahora nosotros los españoles podemos adoptar las modas* en el vestido y la música como todos los europeos. Las mujeres pueden usar el traje de baño de su gusto sin ningún problema. (5) Podemos escuchar rock y salsa, y no solamente música clásica sino también música tradicional española.

En la época de Franco todo esto estaba muy bien controlado. Ahora el español tiene derecho de escoger* entre lo bueno y lo malo que la vida le ofrece en una España libre. Lamentablemente, siempre hay personas que se aprovechan* de esa libertad y optan por lo malo. Es responsabilidad de todo español usar los derechos que la libertad les otorga,* para su propio bien y el bien de su país.

actividades
imposible
usos más recientes
el privilegio de seleccionar
abusan
ofrece

Verifiquemos

1. Vuelve a las actividades **A** y **B** de **Antes de empezar** y decide si tus respuestas originales fueron correctas o no.
2. Compara mediante un esquema la España de Franco y la España de hoy en los siguientes aspectos:

	España de Franco	España de hoy
La educación	1. 2.	1. 2.
Las modas	1. 2.	1. 2.
La mujer	1. 2.	1. 2.
La música	1. 2. . . .	1. 2. . . .

3. ¿Crees que la dictadura de Franco tuvo algunos aspectos positivos? Explica tu respuesta.

Verifiquemos

Answers

1 Ask individual students if they had to correct any answers.

2 ***La España de Franco***

La educación
1. *España es así*
   a. católica
   b. única
   c. superior moralmente
2. religión obligatoria
3. crítica del gobierno inconcebible

Las modas
1. modas de otros países eran malas
2. evitar las malas tentaciones

La mujer
1. mantener pureza de mujeres españolas
   a. policías en las playas y piscinas públicas
   b. multas por trajes de baño impropios
   c. horarios diferentes para hombres y mujeres
2. se prohibía el divorcio
3. mujer en casa como esposa y madre

La música
1. solamente música clásica o tradicional española

La España de hoy

La educación
1. más abierta
2. crítica del gobierno, una parte importante

Las modas
1. modas de otros países aceptables

La mujer
1. Puede usar el traje de baño de su gusto

La música
1. toda música aceptable
2. pueden escuchar rock y salsa

3 Las respuestas van a variar.

OBJECTIVES

Communicative Goals

- Expressing emotion
- Making recommendations

Culture and Reading

- **Para empezar**
  Las ánimas
- **Leamos ahora**
  Antonio Banderas: Un galán latino en Hollywood
- **Estrategias para leer**
  El pensar al leer

Writing

- **Escribamos ahora**
  Writing an article based on an interview
- **Estrategias para escribir**
  Entrevistas

Structure

- 5.7 Present subjunctive: Expressions of anticipation or reaction

ACTIVE VOCABULARY

Sentimientos
alegrarse
amor
calmarse
confundido(a)
enamorado(a)
enfurecer
enojar
entristecer
estar loco(a) por

Palabras y expresiones
aunque
complicado(a)
consejero(a)
chisme
darse cuenta de
hacer(le) caso (a alguien)
lastimar
molestar
ponerse en línea
resultado
titular
universitario(a)

LECCIÓN 3

¡Temo que esté enamorado de mí!

ANTICIPEMOS

¿Qué piensas tú?

1. Piensa en los jóvenes en estas dos páginas. ¿Qué están pensando? ¿De qué se preocupan? ¿Qué los contenta?
2. En tu opinión, ¿qué esperanzas tienen?
3. ¿De qué crees que tienen miedo estos jóvenes? ¿Qué les enoja? ¿Qué los entristece?
4. ¿Crees que estos jóvenes son muy diferentes de ti y de tus amigos? ¿Por qué y cómo?
5. Toma el tiempo necesario para preparar una lista de todas las expresiones que usas para expresar tus sentimientos y emociones. Compara tu lista con las de dos compañeros de clase y añade expresiones que te falten.
6. ¿De qué vas a poder hablar al terminar esta lección?

ANTICIPEMOS

¿Qué piensas tú?

Answers

1 Las respuestas van a variar un poco. Piensan en el colegio, ahora y en el futuro. También han de pensar en el medio ambiente, en animales en peligro de extinción, en sus propios futuros, en sus familias, en sus amigos, en el dinero, en la posibilidad de una guerra mundial, en los deportes y en muchas otras cosas. Los alumnos no tendrán dificultad en identificar sus preocupaciones ni lo que los contenta.

2 Las respuestas van a variar. Es probable que digan que esperan tener la paz, un futuro lleno de prosperidad, un buen puesto, una familia feliz, un medio ambiente protegido, etc.

3 Las respuestas van a variar. Es probable que digan que tienen miedo de o se enojan o se entristecen con la posibilidad de una guerra, con la destrucción del medio ambiente, con la pobreza, con el hambre, con la contaminación, con la injusticia, con el racismo, etc.

4 Las respuestas van a variar. Es probable que los estudiantes digan que tienen mucho en común con estos jóvenes.

5 Ayude a los alumnos a enfocar en expresiones que introducen emociones y reacciones como "espero que . . . , me alegro que . . . , me molesta que . . . , me preocupa que . . . , me entristece que . . . , odio que . . .", etc. Permítales que contesten en inglés si es necesario pero usted debe repetir las expresiones en español.

6 **Van a aprender a hablar de sus sentimientos y sus emociones.**

Purpose To focus students on the language and functions to be developed and practiced in the lesson—discussing feelings and emotions. To ask students to consider what issues and ideas concern young people today—what worries them, what makes them happy, what they fear, etc.—and to speculate on similar concerns of young people in other countries.

Suggestions Use the photos and art to introduce the lesson content. Encourage students to use Spanish whenever possible to respond to the ***¿Qué piensas tú?*** questions, but allow English where ideas may be more complex or vocabulary may be unknown. Summarize responses in Spanish, using comprehensible input techniques to clarify your language where necessary.

PARA EMPEZAR

Comprehension Checks

A complete set of **Comprehension Checks** is available on cards in the Teacher's Resource Package.

1

Suggestions Explain: **En España durante los años de la colonización del Nuevo Mundo, la gente llamaba "indianos" a personas que volvían de "Las Indias".** Point out **Andalucía** on a map. Point out the woman and her niece: **viejita, sobrina**. Remind students: **La viejita es la tía de la joven**. Equate **perezosa/no le gusta trabajar**; **temía/tenía miedo de**. Point out spinning wheel: **hilar**; sewing pattern: **coser**; and embroidery: **bordar**. Mime appropriate actions.

1 ¿De dónde viene esta leyenda?
2 . . .

2

Suggestions Remind students what an **indiano** is. Quote aunt's words: **Necesito un libro para escribir todos sus talentos**. Quote the man's words: **Quiero mucho conocerla**.

1 ¿Quién llegó al pueblo? ¿un indio? ¿un príncipe moro? ¿un indiano? ¿Qué es un indiano?
2 . . .

3

Suggestions Draw a heart with an arrow through it: **se enamoró**. Point out spinning wheel: **hilar**. Quote man's question. Equate **su mayor gusto/le gusta más que nada**. Count out many servants: **un criado, cinco criados, diez criados**. Point out skeins of flax: **madejas de lino**.

1 ¿A quién vio el indiano el día siguiente? ¿a su ex-esposa? ¿al novio de la sobrina? ¿a la joven sobrina?
2 . . .

PARA EMPEZAR

Escuchemos una leyenda española

Esta leyenda española se trata de un indiano que se hizo muy rico con el oro y la plata de las Américas.

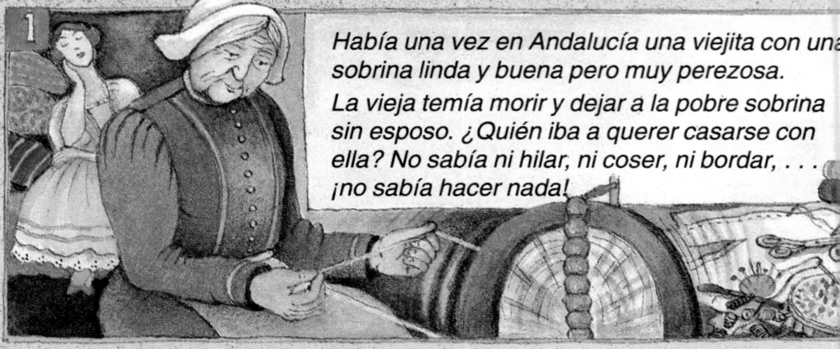

Había una vez en Andalucía una viejita con una sobrina linda y buena pero muy perezosa.

La vieja temía morir y dejar a la pobre sobrina sin esposo. ¿Quién iba a querer casarse con ella? No sabía ni hilar, ni coser, ni bordar, . . . ¡no sabía hacer nada!

Un día llegó al pueblo un indiano muy rico y guapo, que quería casarse. La tía fue inmediatamente al caballero y le dijo que ella tenía una sobrina con tantos talentos que tendría que escribir un libro para contarlos. Él le contestó que le gustaría mucho conocerla.

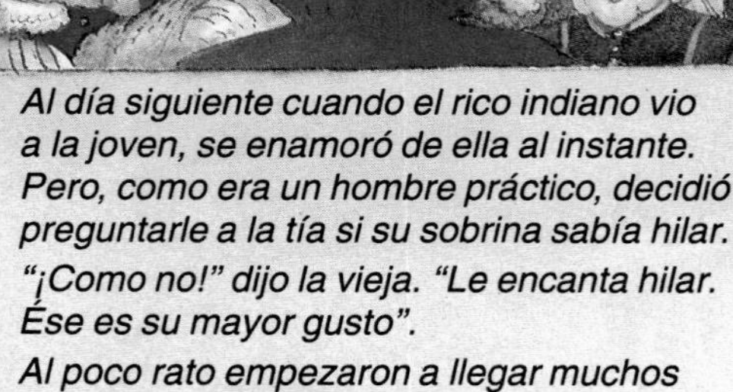

Al día siguiente cuando el rico indiano vio a la joven, se enamoró de ella al instante. Pero, como era un hombre práctico, decidió preguntarle a la tía si su sobrina sabía hilar.

"¡Como no!" dijo la vieja. "Le encanta hilar. Ése es su mayor gusto".

Al poco rato empezaron a llegar muchos criados con madejas de lino. El jefe de los criados le explicó a la joven, "Dice mi señor que para mañana todo debe estar hilado".

La muchacha se puso a llorar porque ella no sabía hilar.

"Ay. Cuánto siento no saber hilar", dijo, porque ella también se había enamorado del guapo indiano.

En ese instante aparecieron tres ánimas buenas, vestidas de blanco, y se pusieron inmediatamente a trabajar. Cuando todo el lino estaba transformado en hilo fino, desaparecieron.

Cuando a la mañana siguiente llegó el rico caballero indiano, quedó muy impresionado.

4

Suggestions Mime crying: **se puso a llorar**. Point out the three spirits: **tres ánimas**. Emphasize their goodness. Point out that they are spinning. Explain: **Desaparecieron/Ahora están. ¡Puf! Ahora no están; quedó/estaba**.

1 ¿Cómo reaccionó la muchacha? ¿Se puso a reír? ¿Se puso a hilar? ¿Se puso a llorar?
2 . . .

Purpose This section develops active listening comprehension skills and introduces students to cultural insights through a Spanish legend. In it, three spirits come to the rescue of a nice but lazy young woman whose future husband has high expectations concerning her homemaking skills. Students will hear

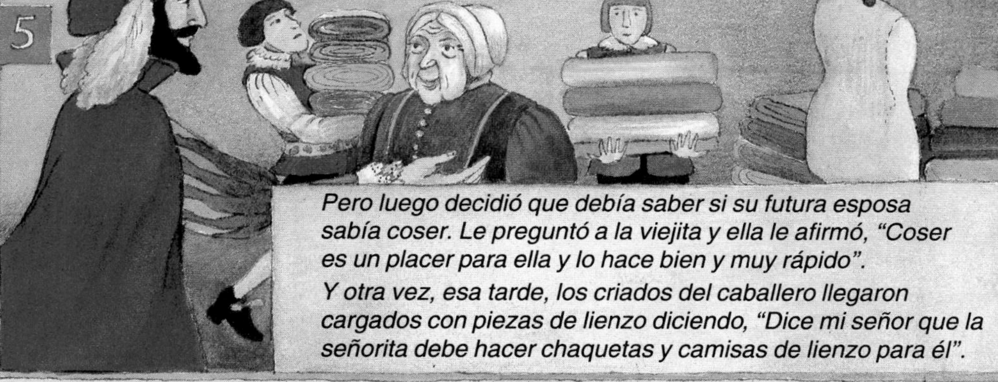

5

Pero luego decidió que debía saber si su futura esposa sabía coser. Le preguntó a la viejita y ella le afirmó, "Coser es un placer para ella y lo hace bien y muy rápido".

Y otra vez, esa tarde, los criados del caballero llegaron cargados con piezas de lienzo diciendo, "Dice mi señor que la señorita debe hacer chaquetas y camisas de lienzo para él".

6

Y otra vez la muchacha que no sabía nada de cortar ni coser se puso a llorar.

Pero en la noche las tres ánimas volvieron y en poco tiempo todo el lienzo estaba transformado en chaquetas y camisas.

El caballero indiano no podía creer que tenía una novia tan lista.

7

Pero luego el rico caballero quería saber si la joven sabía bordar. Con este fin, mandó docenas de chalecos con sus criados diciendo, "Mi señor los quiere bordados, todos diferentes y de todos los colores".

8

Y otra vez la muchacha comenzó a llorar. No sabía bordar tampoco.

Y como en las otras ocasiones las tres ánimas aparecieron y en poco tiempo tenían todos los chalecos bordados.

"Nos gusta mucho hacer este trabajo", dijeron las ánimas, "pero queremos que usted nos invite a la boda".

"¡Sí, con mucho gusto!" contestó la muchacha.

5

Suggestions Mime sewing: **coser**. Act out exchange between man and aunt. Count out servants again. Point out the bolts of cloth. Mime setting table with linen tablecloth and napkins: **lienzo**. Point out jackets and shirts: **chaquetas y camisas**.

1. ¿Qué quería saber el caballero ahora? ¿si su futura esposa sabía cocinar? ¿si su futura esposa sabía bordar? ¿si su futura esposa sabía coser?
2. ¿Qué le dijo la tía?
3. ¿Dijo la vieja que su sobrina sabía coser bien? ¿rápido?
4. . . .

6

Suggestions Mime cutting: **cortar**; sewing: **coser**.

1. ¿Cómo reaccionó la joven? ¿Se enojó? ¿Se puso a cantar? ¿Se puso a llorar?
2. ¿Por qué lloraba? ¿porque no sabía hilar? ¿porque no sabía cortar? ¿porque no sabía coser?
3. ¿Volvieron las tres ánimas?
4. . . .

7

Suggestions Point out embroidery: **bordar**. Point out his vest: **chaleco**. Count out servants again. Say that they are bringing vests. Emphasize: **todos diferentes y de todos los colores**.

1. ¿Qué quería saber el indiano luego? ¿si su novia sabía bailar? ¿si su novia sabía tocar un instrumento? ¿si su novia sabía bordar?
2. ¿Qué mandó con sus criados? ¿chaquetas? ¿camisas? ¿vestidos? ¿chalecos?
3. ¿Cómo debía la muchacha bordarlos? ¿todos iguales? ¿todos con hilo rojo? ¿todos diferentes? ¿de todos los colores?

8

Suggestion Equate: **nos invite/nos dé una invitación**.

1. ¿Cómo reaccionó la muchacha?
2. ¿Por qué?
3. ¿Aparecieron las ánimas otra vez?
4. . . .

many examples of the language used to talk about feelings and emotions. The ***Para empezar*** section provides comprehensible language without translation. It is not meant for memorization or mastery. It develops listening comprehension and introduces the lesson structures in context.

Suggestions Have students close their books while you narrate each section using overhead transparencies and comprehensible input techniques to clarify meaning without translation. Ask frequent **Comprehension Checks** to confirm understanding. Students may choose to offer longer or more complex responses. The ***Para empezar*** section is primarily for recognition and comprehension.

9

Suggestion Explain: **capaz/con más talento**.

1 ¿Cómo reaccionó el indiano cuando vio los chalecos? ¿Se enfureció? ¿Le gustaron mucho?
2 ¿Qué pensó de su novia? ¿Pensó que era muy boba? ¿que era muy lista? ¿que era la mujer más capaz de toda España?
3 . . .

10

Suggestions Look worried: **preocupada**. List the things he thinks she can do.

1 ¿Estaba contenta la muchacha?
2 ¿Por qué? ¿porque tenía tantos talentos? ¿porque su futuro marido la amaba?
3 . . .

Suggestions Point out wedding clothes. Mime sitting, eating: **sentados comiendo**. Point out the spirits. Emphasize how old and ugly they are. Mime gawking: **miraban con la boca abierta**. Act out introducing them: **las presentó**.

1 ¿Qué día llegó? ¿Navidad? ¿el cumpleaños de la novia? ¿el día de la boda?
2 ¿Qué estaban haciendo los invitados? ¿Estaban bailando? ¿Estaban cantando? ¿Estaban comiendo?
3 . . .

12

Suggestions Act out speaking kindly to the old ladies: **Bienvenidas. Es un verdadero placer conocerlas,** etc. Point out long arm, short arm: **brazo largo, corto**. Mime spinning: **he hilado**. Point out bulging red eyes: **saltones y rojos**. Mime cutting and sewing: **cortando y cosiendo**. Point out bent back: **cuerpo torcido**. Mime embroidering: **bordar**.

1 ¿Cómo les habló el novio? ¿con indiferencia? ¿de una manera ofensiva? ¿con cariño?
2 ¿Qué quería saber de la primera? ¿por qué tenía una pierna corta y una larga? ¿por qué tenía un ojo grande y uno pequeño? ¿por qué tenía un brazo largo y uno corto?
3 . . .

Cuando el indiano vio todos los chalecos bordados y en tan poco tiempo, pensó que tenía la novia más capaz de toda España y decidió casarse al instante.

Pero la muchacha, aunque contenta de que su novio la amaba, se sentía muy triste. "¿Cómo puedes estar triste?" le preguntó su tía. "Estoy preocupada de que mi futuro marido no sepa la verdad". Su tía le contestó, "Sí, hija. A mí también me inquieta que él piense que tú puedes hacerlo todo".

Llegó el día de la boda. Todos estaban sentados comiendo un banquete espléndido cuando llegaron las tres ánimas. Eran tan viejas y feas que todos los invitados las miraban con la boca abierta. La muchacha las presentó a su nuevo marido diciendo, "Son tres tías mías muy especiales".

El novio les habló con mucho cariño. A la primera le dijo, "Debo preguntarle, ¿por qué tiene un brazo corto y un brazo largo?" "Los tengo así por lo mucho que he hilado", le contestó.

A la segunda le preguntó, "¿Por qué tiene los ojos tan saltones y colorados?" Ésta le contestó, "He pasado la vida cortando y cosiendo".

Y a la tercera, "¿Por qué tiene el cuerpo tan torcido?" Ella le contestó, "Estoy así de tanto inclinarme para bordar".

El novio, tan enamorado de su nueva y hermosa esposa, le dijo, "De aquí en adelante, no quiero que tú hiles, ni cortes, ni cosas, ni bordes jamás en tu vida". Y al decir esto, las tres ánimas desaparecieron y el caballero y su esposa fueron muy felices.

Suggestions Equate: **de aquí en adelante/hoy y en el futuro**. Shake head to emphasize that he doesn't want her to do these things. Mime spinning, sewing, embroidering.

1 ¿Amaba mucho el caballero a su novia?
2 ¿Quería que ella hilara más?
3 . . .

¿QUÉ DECIMOS AL ESCRIBIR...?

De nuestras emociones

¿Qué opinas de estas cartas que recibió Clara Consejera?

Querida Clara Consejera:

Espero que me pueda ayudar con mi problema. Estoy muy enamorada de un amigo mío, pero él no se da cuenta de mi amor. No me considera más que una amiga aunque nos vemos muy a menudo. Estamos en el mismo colegio y a veces me acompaña a casa después de las clases. Sin embargo, me trata como a una hermana.

Fui a una clase de ejercicios aeróbicos y ahora estoy poniéndome en línea, pero el muchacho de mis sueños no se fija en mí. ¿Qué debo hacer? Ayúdeme. Temo que nunca me vaya a hacer caso. ¿Qué me aconseja, Clara Consejera? Yo sé que me puede ayudar.

Sola y triste

Purpose This section introduces students to the language and functions to be developed and practiced in the lesson—expressing feelings and emotions—and prepares them for practice in the context of natural written language. Students should not be expected to memorize or master all language used in the letters. Reading comprehension and early production of key vocabulary and structures are the goals.

Suggestions Call on students to read aloud one paragraph at a time. Ask **Early Production Checks** frequently to confirm understanding and to develop accurate pronunciation of key elements. Use comprehensible input techniques to clarify any language the class does not understand.

¿QUÉ DECIMOS...?

Early Production Checks

Ask questions frequently to be certain students understand context and characters. Accept short-phrase and sentence-fragment answers, but rephrase responses in sentences. Encourage students to elaborate answers and give details. Extend questions to elicit further details.

A full set of **Early Production Checks** is available on cards in the Teacher's Resource Package.

Primera carta

Explain that the letters are written to **Clara Consejera** who answers letters and gives advice in the newspaper. Each letter is written by someone the students will recognize and be able to identify. Each letter-writer has a problem and hopes that **Clara Consejera** can help. Explain that the first letter is from a girl. She's in love: **enamorada**, but the boy doesn't notice her: **no se da cuenta de mí**, etc.

1. ¿Es esta carta de una muchacha o de un muchacho?
2. ¿Tiene un problema?
3. ¿Por qué escribe? ¿Qué espera?
4. . . .

Segunda carta
Explain that a boy wrote this letter. Tell their ages. Equate: **me molesta/no me gusta; asisto/voy; hablar a solas/hablar sin otras personas presentes**. Compare ages of the two girls. Explain: **Le gusta bastante la hermana menor, pero ama a la hermana mayor**. Explain: **lastimarla/hacerla triste**.

1 ¿Quién ha escrito esta carta, un muchacho o una muchacha?
2 ¿Qué tipo de problema tiene?
3 ¿Qué es su problema?
4 . . .

Tercera carta Explain that this letter is written by a girl. Equate: **a pesar de que.../aunque...; desenredar/arreglar**.

1 ¿Quién escribió esta carta, un muchacho o una muchacha?
2 ¿Es complicado el problema de esta muchacha?
3 ¿De qué está segura?
4 . . .

Querida Clara Consejera:

Tengo un problema romántico. Estoy enamorado de la hermana de una amiga mía. Ella es mayor que yo y me trata como a un niño. Me molesta que no me vea como hombre. Asisto a su clase de ejercicios aeróbicos (ella es instructora) y sigo todos sus consejos pero no me da resultados con ella.

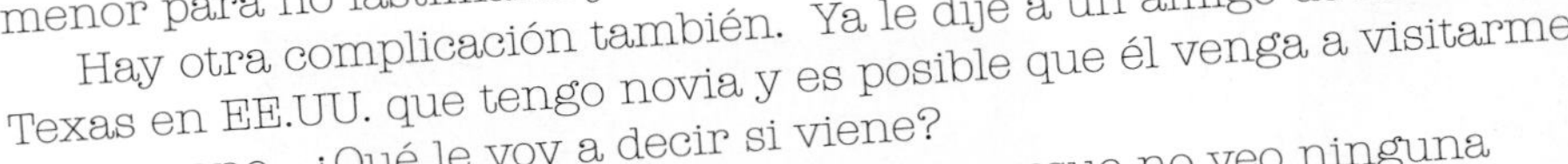

Además, cuando trato de hablar a solas con ella, siempre está su hermana menor. Tengo miedo de que su hermana esté enamorándose de mí. Ella es muy simpática, pero no me atrae igual que su hermana mayor. Por eso necesito sus consejos. ¿Cómo puedo llamar la atención de la hermana mayor? ¿Y qué debo hacer con la menor para no lastimarla y no causar problemas entre las dos?

Hay otra complicación también. Ya le dije a un amigo de El Paso, Texas en EE.UU. que tengo novia y es posible que él venga a visitarme este verano. ¿Qué le voy a decir si viene?

Espero que me pueda contestar pronto porque no veo ninguna solución.

Desesperado

Querida Clara Consejera:

Tengo un problema un poco complicado. Pero estoy segura que Ud. me puede ayudar.

Éste es mi problema. Un joven, estudiante universitario, me interesa mucho, pero nunca lo veo porque estudio en el colegio todavía. Conozco a su hermano menor y siempre le pregunto por mi amor, pero él nunca me dice mucho.

Además, temo que el hermano menor esté enamorado de mí. Esto a pesar de que mi hermana menor está loca por él. ¿Qué puedo hacer para desenredar esta situación?

¿Cómo puedo interesar al hermano mayor? ¿Debo escribirle una carta y declarar mis sentimientos? ¿O debo hablar con el hermano menor? ¿Qué recomienda que haga? Ayúdeme, por favor.

Confundida

CHARLEMOS UN POCO

A. PARA EMPEZAR . . . Combina las tres columnas con hechos de la leyenda de "Las ánimas".

La tía	tenía un brazo corto y uno largo	en poco tiempo bordaron todo.
La sobrina	ni hilaba, ni cosía, ni bordaba;	cargados de lienzo.
El indiano	fue al caballero diciendo	de cortar ni de coser.
El ánima	empezaron a llegar	la joven sabía bordar.
Las tres viejitas	aparecieron vestidas de blanco y	fueron muy felices.
Los criados	quería saber si	más capaz de toda España.
	dijo que no sabía nada	por lo mucho que hilaba.
	pensó que tenía la novia	se pusieron a trabajar.
	desaparecieron y el caballero y su esposa	que tenía una sobrina muy hábil.
	volvieron a aparecer y	no sabía hacer nada.

B. ¿QUÉ DECIMOS . . .? ¿Quién tiene estos problemas?

Sola y triste

Desesperado

Confundida

1. ¿Debo escribirle una carta y declarar mis sentimientos?
2. ¿Y qué debo hacer con la menor para no lastimarla?
3. El chico de mis sueños no se fija en mí.
4. Me molesta que no me vea como hombre.
5. Me trata como a una hermana.
6. Sigo todos sus consejos pero no me da resultados.
7. Temo que el hermano menor esté enamorado de mí.
8. Un joven, estudiante universitario, me interesa mucho.

CHARLEMOS UN POCO

A. PARA EMPEZAR . . .
Have students work in pairs to decide on correct sentences. Then call on individual students and have class confirm each response.

La tía fue al caballero diciendo que tenía una sobrina muy hábil.
La sobrina ni hilaba, ni cosía, ni bordaba; no sabía hacer nada.
La sobrina dijo que no sabía nada de cortar ni de coser.
El indiano quería saber si la joven sabía bordar.
El indiano pensó que tenía la novia más capaz de toda España.
El ánima tenía un brazo corto y uno largo por lo mucho que hilaba.
Las tres viejitas aparecieron vestidas de blanco y se pusieron a trabajar.
Las tres viejitas desaparecieron y el caballero y su esposa fueron muy felices.
Las tres viejitas volvieron a aparecer y en poco tiempo bordaron todo.
Los criados empezaron a llegar cargados de lienzo.

B. ¿QUÉ DECIMOS . . .?
Call on individual students for answers. Have class correct any wrong answers.

1 Confundida
2 Desesperado
3 Sola y triste
4 Desesperado
5 Sola y triste
6 Desesperado
7 Confundida
8 Confundida

Purpose These activities provide guided practice to students beginning to express emotion and to make recommendations. It is not necessary to do all the activities in this section once students have demonstrated mastery of these functions.

C. En el autobús. Have students work in pairs first. Then call on individual students and have class confirm each response.

1 ch
2 c
3 d
4 a
5 e
6 b

Present subjunctive: With and without a subject change

With subject change:
Me alegro de que todos **estén** aquí.
Siento que no **puedas** venir.

Without subject change:
Me alegro de **estar** aquí.
Siento no **poder** venir.

See **¿Por qué se dice así?,** *page G80, section 5.7.*

Present subjunctive: Expressions of anticipation or reaction

alegrarse de	sentir
esperar	temer
gustar	tener miedo (de)

Mis padres **temen** que yo **sufra** un accidente.
Papá **espera** que yo **haga** mis quehaceres.

See **¿Por qué se dice así?,** *page G80, section 5.7.*

C. En el autobús. Al viajar en autobús escuchas varias conversaciones. Selecciona el comentario en la segunda columna que mejor complete cada comentario de la primera columna.

A	B
1. Perdí cinco kilos.	**a.** ¡Tengo miedo de que saque una mala nota!
2. Vi una serpiente en el parque.	**b.** Me molesta que siempre perdamos.
3. Invité a muchas personas a cenar.	**c.** ¡Ay! Espero que no haya más.
4. Andrés tuvo un examen difícil hoy.	**ch.** Me alegro de que estés más delgado. ¡Estás guapísimo!
5. Perdí todo mi dinero.	**d.** Buena suerte. A mí no me gusta preparar la comida.
6. El equipo rival ganó el partido.	**e.** Siento no poder darte nada.

CH. ¡Lo teme! ¿Qué opinan tus padres cuando tú haces estas cosas? ¿Cómo reaccionan?

EJEMPLO **Mamá teme que yo viaje en avión.** o **Le gusta a mamá que yo vuele.**

1.

2.

3.

4.

5.

6.

7.

8.

D. Chismes. Tú y tu compañero(a) están hablando de personas que conocen. ¿Qué dicen?

MODELO la profesora / furioso (calmarse)
Tú: **La profesora está furiosa.**
Compañero(a): **Tienes razón. Espero que se calme.**

1. Susana / cansado (dormir más)
2. Ramón / gordo (perder peso)
3. Gloria y Carlota / aburrido (salir más)
4. Marcos / triste (pensar en algo alegre)
5. Esteban y Yolanda / nervioso (calmarse)
6. muchos estudiantes / preocupado por sus notas (estudiar más)
7. el director / flaco (comer más)
8. Timoteo / enfermo (guardar cama)

CH. ¡Lo teme! Call on individual students. Have class confirm each response. Answers will vary.

1 Papá se alegra de que yo estudie.
2 Mamá espera que yo baile mucho en la fiesta.
3 Le gusta a papá que yo corte el césped.
4 Papá teme que yo coma demasiada pizza.
5 Mamá se alegra de que yo limpie el baño.
6 Papá teme que yo suba a la montaña rusa.
7 Mamá espera que yo haga ejercicio.
8 Papá tiene miedo de que yo duerma demasiado.

D. Chismes. Allow 2–3 min for pair work. Then have several pairs act out each exchange.

1 Susana está cansada. *Tienes razón. Espero que duerma más.*
2 Ramón es gordo. *Tienes razón. Espero que pierda peso.*
3 Gloria y Carlota están aburridas. *Tienes razón. Espero que salgan más.*
4 Marcos está triste. *Tienes razón. Espero que piense en algo alegre.*
5 Esteban y Yolanda están nerviosos. *Tienes razón. Espero que se calmen.*
6 Muchos estudiantes están preocupados por sus notas. *Tienes razón. Espero que estudien más.*
7 El director es flaco. *Tienes razón. Espero que coma más.*
8 Timoteo está enfermo. *Tienes razón. Espero que guarde cama.*

E. Las noticias. Have students work in pairs first. Then ask individual students how they and their partners feel about each situation. Ask if others in the class feel differently. Answers will vary.

1 Estoy furioso(a) de que haya más contaminación en el lago.
2 Estoy preocupado(a) de que vaya a nevar todo el día mañana.
3 Estoy triste de que el equipo local vaya a tener un nuevo entrenador.
4 Estoy preocupado(a) de que la directora del colegio quiera cancelar las clases mañana.
5 Estoy alegre de que el ballet folklórico venga a nuestra ciudad.
6 Estoy contento(a) de que el cine local dé una nueva película romántica.
7 Estoy contento(a) de que el almacén más grande tenga grandes ofertas este fin de semana.
8 Estoy preocupado(a) de que la situación económica esté peor.

F. Yo, ¿consejero(a)? Have students work in pairs first. Then ask individual students what their partners recommended for each situation. Ask class if they would make different recommendations. Answers will vary.

1 Sugiero que te quedes en casa.
2 Recomiendo que hables con ella.
3 Aconsejo que le expliques tus sentimientos.
4 Sugiero que seas responsable.
5 Recomiendo que hables más con él.
6 Aconsejo que limpies tu cuarto.
7 Sugiero que cambies clases.
8 Recomiendo que vayas al parque de vez en cuando.
9 Sugiero que hables con tus padres.
10 Recomiendo que uses tu bicicleta.
11 Aconsejo que vuelvas a casa a tiempo.

Present subjunctive: Expressions with *estar*

Anticipation or reaction with ***estar:***
estar alegre (de)
estar contento(a) (de)
estar furioso(a) (de)
estar preocupado(a) (de)
estar triste (de)

Estoy muy **contento de** que vengas.
Estamos tristes de que tengan que hacerlo otra vez.

See **¿Por qué se dice así?,** *page G80, section 5.7.*

E. Las noticias. Estás leyendo los titulares del periódico. ¿Cómo reaccionas?

EJEMPLO Hay miles de habitantes sin casa.
Estoy preocupado(a) de que haya miles de habitantes sin casa.

1. Hay más contaminación en el lago.
2. Va a nevar todo el día mañana.
3. El equipo local va a tener un nuevo entrenador.
4. La directora del colegio quiere cancelar las clases mañana.
5. El ballet folklórico viene a nuestra ciudad.
6. El cine local da una nueva película romántica.
7. El almacén más grande tiene grandes ofertas este fin de semana.
8. La situación económica está peor.

F. Yo, ¿consejero(a)? ¿Qué les aconsejas a estas personas cuando te cuentan sus problemas?

EJEMPLO Mis hermanos siempre me molestan y no puedo estudiar en casa.
(Recomiendo que . . .)
Recomiendo que estudies en la biblioteca. o
Recomiendo que les expliques tus sentimientos.

1. Mis padres no me permiten salir cuando yo quiero. (Sugiero que . . .)
2. Me interesa una chica en mi clase de inglés. (Recomiendo que . . .)
3. Quiero romper con mi novio pero temo lastimarlo. (Aconsejo que . . .)
4. Mis padres me tratan como un bebé. (Sugiero que . . .)
5. El chico de mis sueños no se fija en mí. (Recomiendo que . . .)
6. Mis padres insisten en que limpie mi cuarto pero yo odio limpiarlo. (Aconsejo que . . .)
7. Estoy loco por mi profesora de arte. (Sugiero que . . .)
8. Tengo una familia muy grande y nunca estoy a solas. (Recomiendo que . . .)
9. Mis padres insisten en que mi hermanito siempre me acompañe. (Sugiero que . . .)
10. Papá nunca me permite usar su carro. (Recomiendo que . . .)
11. Mamá insiste en que siempre regrese a casa a las diez de la noche. (Aconsejo que . . .)

CHARLEMOS UN POCO MÁS

A. Temo que... Pregúntales a tres compañeros de clase qué temen en estos lugares.

EJEMPLO en la calle

Tú: **¿Qué temes en la calle?**
Compañero(a): **Temo que alguien me robe la cartera.** o **Tengo miedo que mi coche no funcione.**

1. en la escuela
2. en las fiestas
3. en la oficina del médico
4. en un restaurante elegante
5. en un carro
6. en la clase de español
7. en la oficina de la directora
8. en la clase de matemáticas
9. en el parque
10. en la ciudad

B. El problema es que... ¿Qué les dices a tus amigos cuando hablas con ellos y se presentan estas situaciones? Con un(a) compañero(a), prepara un minidrama para cada una de estas situaciones.

EJEMPLO Tú invitaste a una amiga a ir al parque a comer contigo hoy día. El problema es que ya es hora de ir por ella pero hace mucho viento y parece que va a llover.

Tú: ***(Rin, rin.)*** **¡Hola, Patricia! Mira, es probable que no podamos ir al parque hoy.**
Compañero(a): **¿No? ¿Por qué? ¿No te sientes bien?**
Tú: **No, no es eso. Es que hace mucho viento y temo que vaya a llover.**

1. Estás con unos amigos en casa y te piden un helado. El problema es que no hay helado en la heladera.
2. Hablas con tu mejor amigo(a) por teléfono y te dice que tiene una cita con tu amiga(o) el sábado. El problema es que tú ibas a invitarlo(la) al cine el sábado.
3. Tus amigas vienen por ti para ir a la fiesta. El problema es que tus padres dicen que tú no puedes salir esta noche.
4. Tú le dijiste a tu novia(o) que sabes tocar la guitarra. Él (Ella) te pide que la toques para su papá. El problema es que no sabes tocar ningún instrumento.
5. Hablas con un(a) amigo(a) por teléfono. Te invita a salir a pasear en su carro. El problema es que tienes un examen de matemáticas mañana.
6. Estás comiendo en casa de una buena amiga. Su mamá te sirve rosbif. El problema es que tú eres vegetariano(a).
7. Esta noche después del partido de fútbol todos tus amigos van a una pizzería. El problema es que tú tienes que adelgazar.
8. Dos hermanas te invitan a pasar el fin de semana con su familia en las montañas. El problema es que es el fin de semana que tus abuelos vienen a visitarte.

CHARLEMOS UN POCO MÁS

A. Temo que... Allow 2–3 min for pair work. Then call on several students and ask them what their partners fear in each place.

Variation Have students ask each other what they like and don't like about these places or what makes them happy and sad about them.

B. El problema es que... Allow students 5–8 min to prepare mini role plays in pairs. Then call on several pairs to act out their exchanges.

Purpose These activities allow students to use language needed to express emotion and make recommendations. Responses in this section are much more open-ended and often have several possible correct answers.

C. Querida Clara Consejera. Allow students 4–5 min to write letters. Then in pairs, have students read their letters to one another and ask that they give each other specific advice.

DRAMATIZACIONES

A. ¡Qué horror! Allow students 2–3 min to organize thoughts. Then call on volunteers to present to class. Encourage students to present extemporaneously.

B. Consejos por teléfono. Encourage students to be creative but suggest that they limit themselves to what they can say. Avoid giving too much vocabulary to anyone.

C. Querida Clara Consejera. Tú tienes un problema serio y necesitas consejos. Escríbele una carta a Clara Consejera explicándole el problema. Menciona lo que temes y lo que te alegra de tu situación. Luego léele la carta a tu compañero(a) y él (ella) te va a dar consejos. Cuando él (ella) te lea su carta, dale consejos tú.

Dramatizaciones

A. ¡Qué horror! Tú tienes un amigo(a) que está muy deprimido(a). Decides hablar con un(a) consejero(a) para pedir consejos de cómo debes ayudar a tu amigo(a). Dramatiza esta situación con un compañero(a) de clase haciendo el papel del (de la) consejero(a).

B. Consejos por teléfono. Tú eres el (la) locutor(a) en un programa de radio que da consejos. Esta noche recibes tres llamadas de amigos en tu escuela. Uno tiene problemas en la escuela, otro con un animal doméstico y el otro con su familia. Dramatiza la situación con tres amigos.

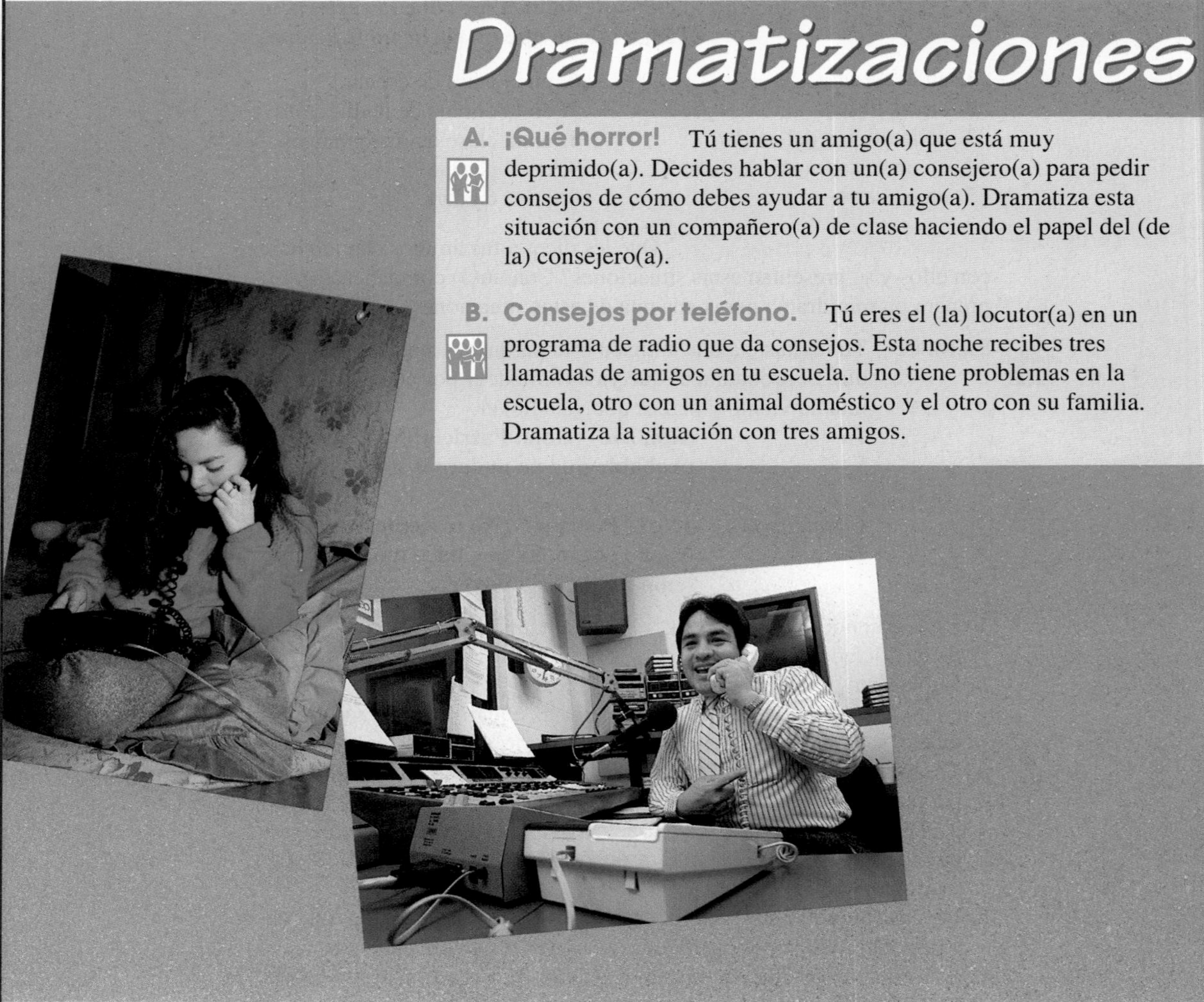

Purpose The role plays in ***Dramatizaciones*** are designed to recycle the structures and vocabulary needed when expressing emotion and when making recommendations. Encourage students to work without their books when performing their role plays.

LEAMOS AHORA

Estrategias para leer:
El pensar al leer

A. **El pensar al leer.** Los buenos lectores siempre piensan al leer. Piensan al anticipar o predecir, al hacer comparaciones y al crear imágenes visuales imaginarias. También piensan al explicar o interpretar el texto, al confirmar sus interpretaciones y al arreglar o reajustar sus interpretaciones.

Para reflexionar en cómo piensas tú al leer, prepárate para sacar apuntes de lo que piensas al leer este artículo. Tendrás que expresar tus pensamientos en frases como las que siguen.

Al anticipar o predecir:	"El título me hace anticipar que este artículo va a ser de . . ." "En la siguiente parte creo que va a explicar cómo . . ."
Al describir:	"Creo que esto describe a . . ." "Ahora lo veo en mi imaginación. Hay . . ."
Al comparar:	"Esto es como cuando yo / nosotros / mi hermano . . ." "Esto me hace pensar en . . ."
Al interpretar:	"Otra manera de decir esto es . . ." "Esto probablemente quiere decir . . ."
Al confirmar la comprensión:	"No entiendo esto porque . . ." "Creo que esto quiere decir que . . ."
Al reajustar:	"Necesito leerla otra vez porque . . ." "Esta palabra nueva probablemente quiere decir . . ." "Necesito buscar esta palabra . . ."

B. **¡A sacar apuntes!** Ahora al leer este artículo sobre Antonio Banderas, hazlo con papel y lápiz en mano. Usa las sugerencias en el margen al anotar lo que piensas. Éstas son sugerencias y nada más. Tú debes sacar apuntes de todo lo que estés pensando al leer el artículo.

LEAMOS AHORA

Suggestions Encourage students to become conscious of how they are thinking and what they are thinking about as they read. After addressing their thoughts about the title of the reading, have students read one paragraph at a time and on a sheet of paper write what they are thinking related to the suggestion in the margin or any other thoughts they may have. Ask volunteers to tell the class what they wrote. Repeat process with each paragraph.

Purpose This is the principal reading of the unit. Its purpose is to teach students to read using appropriate strategies. Here they will learn to analyze the thinking processes that take place as one reads: predicting, making mental descriptions, comparing, paraphrasing, checking for understanding, and making adjustments for miscomprehension.

Antonio Banderas

Un galán latino en Hollywood

Anticipar
Confirmar comprensión
Comparar
Describir

Con su película *Los reyes del mambo*, Antonio Banderas se convirtió en el nuevo galán latino de Hollywood. ¿Cómo era de niño y cómo reacciona Antonio ahora frente a tanto éxito? Esto fue el tema de una entrevista que tuvo Lola Díaz de *Cambio 16* con Antonio.

Predecir

Según Lola, Antonio dice que de niño era muy tímido. "Miedoso y extremadamente tímido". Dice que en el colegio siempre hablaba bajito porque tenía la sensación de que su voz sonaba rara y diferente. Nunca quería sobresalir, prefería estar al fondo, perdido en las masas. Sin embargo, ¡ahora es actor por excelencia en Hollywood!

Comparar
Describir

A pesar de parecer tenerlo todo: amor, belleza, juventud y éxito, Antonio dice que a veces le da miedo estar tan feliz. En su propia percepción, Antonio se siente muy inseguro en el fondo, y es precisamente esa inseguridad que le causa el miedo.

Comparar
Describir

Lola Díaz le preguntó si no le daba cierto miedo el hacer una película en Hollywood. "Yo siempre tuve mucho miedo antes de ir allí", dijo, pero fue "mucho más fascinante de lo que uno se pueda imaginar. Ellos me alquilaron un chalé en un barrio pegado a Beverly Hills, me pusieron un coche con chófer y me traían y me llevaban a todo tipo de fiestas y de cenas y siempre me trataron a cuerpo de rey. Luego, después de siete meses, me fui acostumbrando bastante a ese mundo. Hollywood no me da ningún miedo, todo lo contrario. Lo que estoy deseando es que me ofrezcan algo".

Comparar
Describir

Según Antonio, lo único que ha querido durante toda su vida es conquistar un espacio de libertad. "Mi espacio de libertad", dice, "comienza cuando el director en escena dice *acción*, y termina cuando dice *corte*. Ésa es la única verdad . . . que debo trabajar. Todo lo que hay alrededor, el dar o recibir un Óscar, el que te admiren, el que te consideren especial o el que te inviten a las fiestas más importantes no significa nada".

Confirmar comprensión
Reajustar
Interpretar

El popular actor dice que lo único que es importante para él es que "cuando salgo a la pantalla la gente me crea". En otras palabras, lo más importante para este joven actor es que en los ojos de su público siempre pueda dejar de ser Antonio Banderas y llegar a ser el personaje que representa.

Confirmar comprensión
Reajustar

270 doscientos setenta — UNIDAD 5

Los hermanos César y Néstor Castillo (Armand Assante y Antonio Banderas) con Desi Arnaz (Desi Arnaz hijo), en el centro. De la película *Los reyes del mambo.*

Verifiquemos

A. ¿Cómo piensas tú? Compara tus apuntes con los de dos o tres compañeros de clase. ¿Son los apuntes de tus compañeros más completos que los tuyos a veces? ¿Cuándo son más completos los tuyos?

B. Título. Explica el título de esta lectura.

C. Cambios. Según este artículo, Antonio Banderas cambió mucho en algunos aspectos y no cambió en otros. Prepara un diagrama como el que sigue e indica cómo era Antonio antes, cómo es ahora y en qué aspectos no ha cambiado.

ANTONIO BANDERAS

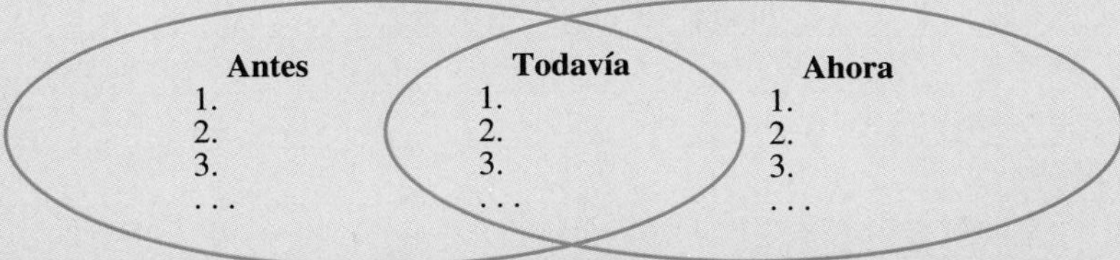

Verifiquemos

Answers

A. ¿Cómo piensas tú? Las respuestas van a variar.

B. Título. Las respuestas van a variar. Es probable que digan que Antonio Banderas es un hombre joven, simpático y guapo que ahora trabaja en películas de Hollywood.

C. Cambios.

Antes
1. miedoso y extremadamente tímido
2. no quería sobresalir
3. prefería estar al fondo
4. tenía miedo de Hollywood

Todavía
1. siente miedo
2. quiere conquistar un espacio de libertad

Ahora
1. actor por excelencia en Hollywood
2. tiene amor, belleza, juventud y éxito
3. no tiene miedo de Hollywood

ESCRIBAMOS AHORA

A. Empezar. Allow students 3–4 min to prepare questions. Then ask one pair to read their list and have class add to it, if possible.

B. Planear. Go over the model form in class. Then have students create their own as homework. Allow time for them to compare their forms with two classmates in class. Suggest they add to or subtract from theirs as appropriate.

ESCRIBAMOS AHORA

Estrategias para escribir: Entrevistas

A. Empezar. El artículo sobre Antonio Banderas es interesante porque nos permite verlo no sólo como estrella de Hollywood pero como una persona común y ordinaria. Nos dice algunas cosas que recuerda de su juventud y de cómo se siente ahora que es estrella. Es un poco sorprendente saber que de niño era muy tímido y es fascinante cuando dice que, a pesar de ser tan famoso, sólo se siente libre mientras actúa.

Lola Díaz, la escritora del artículo, consiguió toda esta información en una entrevista, después de planear las preguntas que le quería hacer a Antonio.

Antes de escribir un artículo corto sobre un hispano en tu escuela o comunidad, vas a tener que entrevistar a la persona que seleccionaste. Como Lola Díaz, tienes que planear tu entrevista cuidadosamente. Vas a necesitar hacer preguntas sobre actividades específicas y también sobre lo que piensa y siente la persona que seleccionaste. En preparación para tu entrevista, estudia el artículo de Antonio Banderas con un(a) compañero(a) de clase y traten de adivinar qué preguntas le hizo Lola Díaz a Antonio para conseguir toda la información. Preparen una lista por escrito de todas las preguntas que creen que preparó Lola Díaz.

B. Planear. Lo primero que tienes que hacer es hablar con la persona que vas a entrevistar para decidir la fecha, la hora y el lugar de la entrevista. Luego debes preparar un formulario similar al que sigue para ayudarte a organizar tus preguntas.

Información	Necesito confirmar. . .	Necesito preguntar. . .
Nombre		
Edad		
Profesión		
Descripción		
Familia		
Experiencias . . .		
Lo que piensa de . . .		
Lo que siente . . .		

Purpose In this section, students are asked to apply speaking and writing skills developed in the unit to a real-life writing task. They will learn how to prepare for and conduct an interview to collect information for an article. Students will write a first draft, seek and provide peer feedback, revise their drafts, and finally publish their articles.

C. Para sacar apuntes. Al entrevistar a la persona que seleccionaste, debes sacar muchos apuntes en la entrevista. Es importante ser lo más exacto posible, en particular al citar *(escribir exactamente)* lo que la persona dice. Durante la entrevista lo más importante es sacar muchos apuntes. Ahora puedes organizar tus apuntes y decidir si vas a usar toda la información o sólo parte de la información. Por ejemplo, si todos tus lectores ya saben los datos biográficos de la persona que seleccionaste, probablemente es mejor que no incluyas esa información en tu artículo.

CH. Primer borrador. ¿Cómo empezó Lola Díaz su artículo? Empezó por hacer algunos comentarios sobre Antonio Banderas ahora, el estrella de Hollywood. Luego habló de sus recuerdos del pasado y finalmente, volvió a hablar de los éxitos de Antonio actualmente. Al repasar tus apuntes y organizar tu primer borrador, recuerda que no es siempre necesario escribir la información cronológicamente. Con frecuencia hay otras maneras más interesantes de presentar la información.

D. Compartir. Comparte el primer borrador de tu artículo con dos compañeros de clase. Pídeles sugerencias. Pregúntales si es lógico tu artículo, si hay algo que no entienden, si hay algo que puedes o debes eliminar. Dales la misma información sobre sus artículos cuando ellos te pidan sugerencias.

E. Revisar. Haz cambios en tu artículo a base de las sugerencias de tus compañeros. Luego, antes de entregar el artículo, compártelo una vez más con dos compañeros de clase. Esta vez pídeles que revisen la estructura y la puntuación. En particular, pídeles que revisen la concordancia: verbo / sujeto y sustantivo / adjetivo.

F. Versión final. Escribe la versión final de tu artículo incorporando las correcciones que tus compañeros de clase te indicaron. Si es posible, incluye una foto de la persona que entrevistaste. Entrega una copia en limpio a tu profesor(a).

G. Publicar. Junten todos los artículos en un solo volumen. En grupos de cuatro, decidan en un título apropiado para el volumen. Luego, cada grupo puede sugerir un título y la clase puede votar para decidir cuál van a usar. Guarden su segundo ''libro'' en la sala de clase para leer cuando tengan un poco de tiempo libre.

C. Para sacar apuntes. Allow 5–6 min for students to organize their interview notes and to discuss them with peers.

CH. Primer borrador. You may have students do their first drafts in class, if time permits, or as homework. Encourage them to experiment with nonlinear approaches to writing.

D. Compartir. Have students gather in "response groups" of two or three. Allow them time to read each other's articles. Encourage them to comment on content, structure, and vocabulary. Remind group members to begin commentary with at least one positive comment.

E. Revisar. Tell students that you will grade holistically, focusing on communication. Mention, however, that you will take off for errors on the focus structure—the present subjunctive—so they should edit carefully for any errors with this structure.

F. Versión final. Grade the articles holistically with a special focus on subjunctive errors. Underline other grammatical errors if you wish, but the grade should be affected only by errors that would confuse a native speaker accustomed to the writing of a nonnative and errors in the present subjunctive. Ask students to type their final version to facilitate the publication described below.

G. Publicar. Ask several students to make a cover page and prepare a table of contents, listing the author and title of each article. Then have a couple of volunteers assemble all the articles into one book. Make the book available as extra reading for whenever students finish quizzes or tests early or are ahead on homework assignments.

UNIT OBJECTIVES

Communicative Goals

After completing this unit, students will be able to use Spanish . . .

- to express doubts and opinions
- to extend invitations
- to accept and decline invitations
- to ask for and give directions
- to exchange information
- to tell where things are located
- to narrate past events
- to retell a story

Culture

In this unit, students will . . .

- listen to two New Mexican short stories and a Brazilian myth
- read about Costa Rica
- learn about the "-tico" dialect variance in Costa Rica
- read a poem by Jorge Debravo, a Costa Rican poet interested in social themes

Reading and Writing Strategies

- Reading: **Leer un poema**
- Writing: **Escribir un poema**

Structures

- Expressions of doubt
- Double object pronouns: 1st and 2nd persons
- Present perfect
- Double object pronouns: 3rd person
- Preterite and imperfect: Another look
- Adjectives: Shortened form

UNIDAD 6

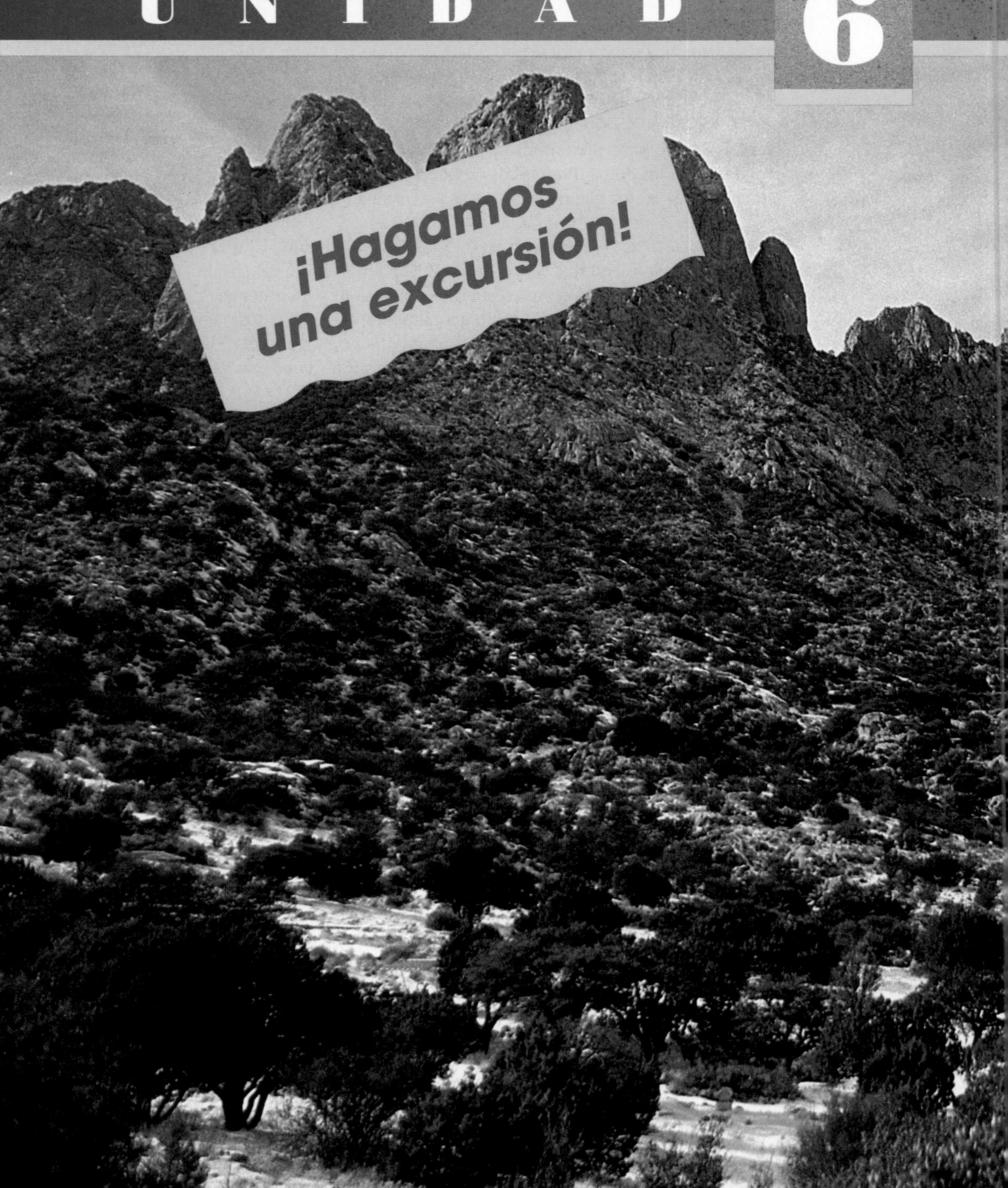

Focus on COSTA RICA

In **Excursiones**, students will read **Costa Rica: Rica en todo sentido** and learn how this country not only survives in war torn Central America but stands out as being Latin America's most democratic country, with most of its income going to the education of its children and no resources going to the military. Students will also read about the beauty and range of Costa Rica's flora and fauna. In **Nuestra lengua,** students will learn about **Los "ticos"**, a unique Costa Rican linguistic phenomena. The final unit reading, **nocturno sin patria**, expresses the dreams and hopes of a Costa Rican poet of the '60s, Jorge Debravo.

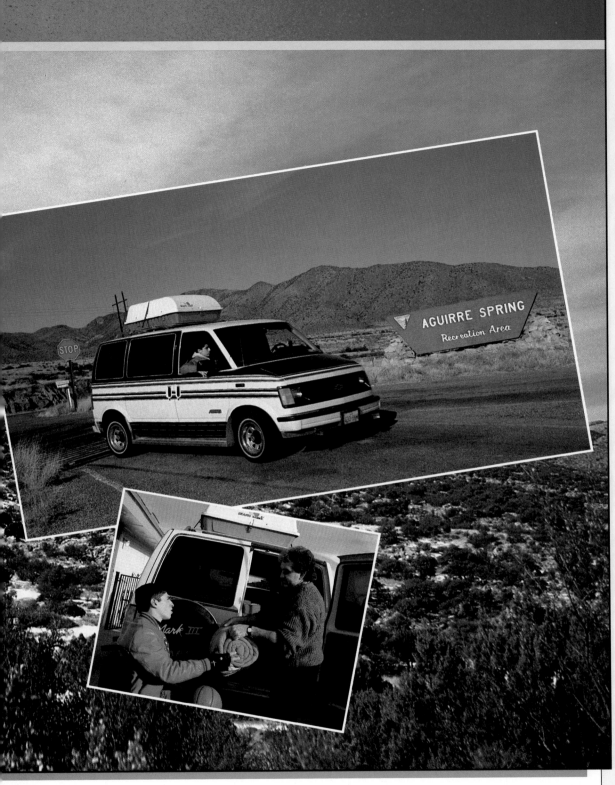

Video Montage

To play the montage, use counter or bar code:

11:11 - 12:01

Side 3, 20869 to 22364

To play the entire unit without stopping:

11:11 - 23:56

Side 3, 20864 to 43783

Overview of El Paso; Hueco Tanks National Park: cliffs, rock formations, prehistoric and historic Indian pictographs; climber on rocks; desert scenery: rocks, cactus plants, and other vegetation; hikers, horses; Organ Mts. (craggy formations resemble pipes of an organ); Aguirre Spring sign and scenery approaching the recreation area; La Cueva sign; more desert scenery; nightfall; sunset viewed from inside La Cueva.

Note

Hueco Tanks derives its name from the natural wells or holes formed in the rocks by erosion. The shelter of rock caves, the water that collected in the **huecos,** and the plant and animal life attracted people beginning about 10,000 years ago. There are more than 3000 rock paintings depicting the religious ceremonies and everyday life of prehistoric peoples, as well as the Apache and other Native Americans throughout the history of the region.

Photo

El Paso and its surroundings is an ideal place to go camping, hiking, or simply spend time outdoors. The Franklin Mountains, which nearly divide El Paso in two, are only one of the many sites for such activity. Nearby in Las Cruces, New Mexico, lie the Organ Mountains (pictured here), so-called because the rock formations resemble a pipe organ. In this unit, Daniel, Martín, and their father take a weekend excursion to the Aguirre Spring Campground in the Organ Mountains. Other campgrounds such as Ruidoso and Cloudcroft, sister communities in New Mexico, offer great skiing in winter and a beautiful landscape all year round. About an hour east of El Paso is the Hueco Tanks State Park which served as an Indian habitat, dating back as far as 2,000 years according to some.

OBJECTIVES

Communicative Goals

- Extending an invitation
- Accepting and declining an invitation
- Expressing opinions
- Expressing doubt

Culture and Reading

- **Para empezar**
  La ceniza
- **Excursiones**
  Costa Rica: Rica en todo sentido

Structure

- 6.1 Expressions of doubt
- 6.2 Double object pronouns: 1st and 2nd persons

ACTIVE VOCABULARY

Acampar
anochecer
batería
carretera
saco de dormir
sierra

Verbos
aguantar
colgar
dudar
revisar
sospechar

Palabras y expresiones
exagerado(a)
genio
¡que les vaya bien!
¡quíhubole!
sucio(a)

LECCIÓN 1

¡Vamos a Aguirre Springs!

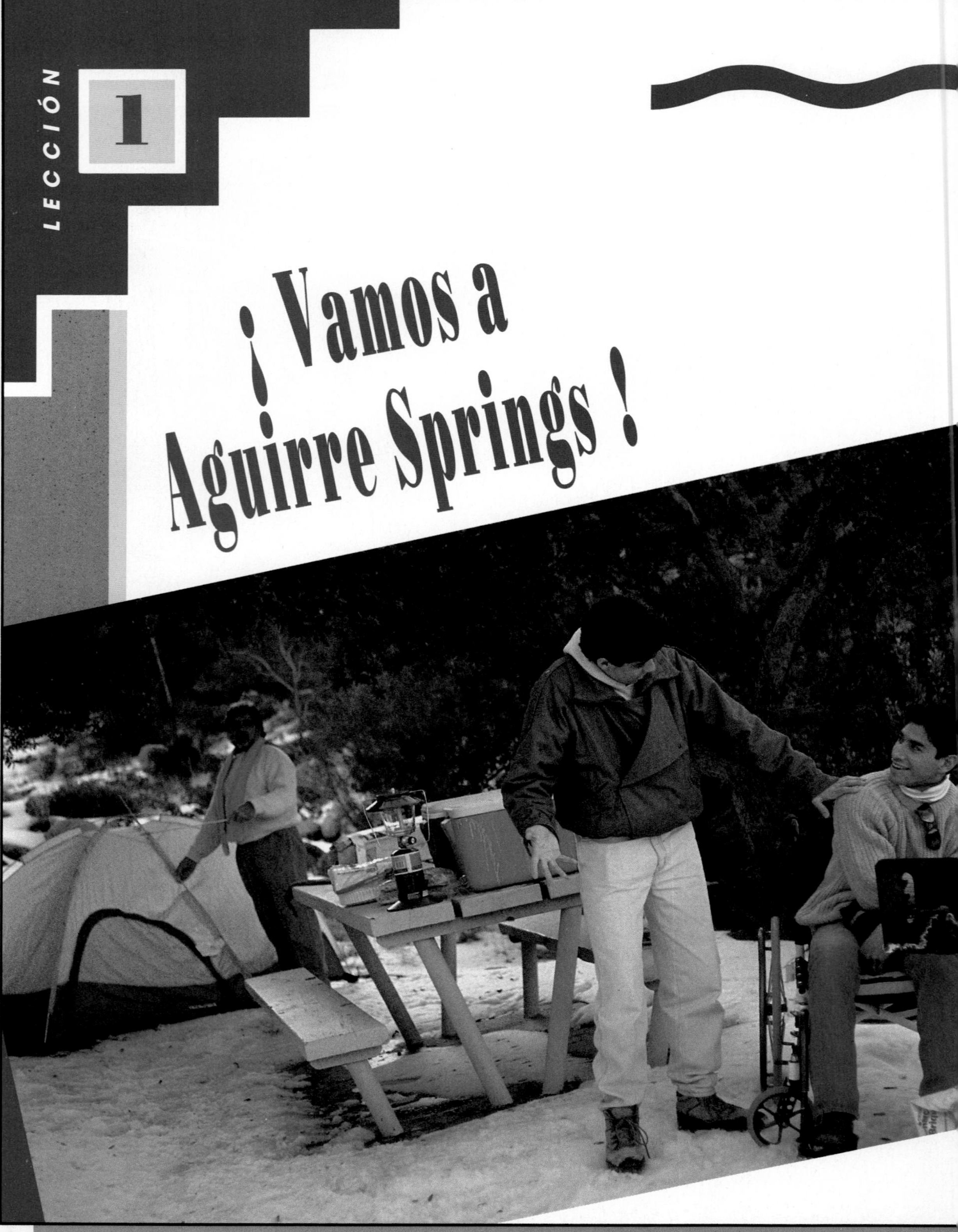

ANTICIPEMOS

¿Qué piensas tú?

1. Los dos muchachos en la foto son Martín y su hermano Daniel. ¿Qué está haciendo Martín ahora? ¿Tiene todo lo que necesita? ¿Qué le falta? ¿Qué está haciendo su hermano Daniel? ¿Cuál es la manera más fácil para que Martín consiga lo que necesita?
2. Imagínate la conversación entre los dos hermanos. ¿Qué crees que va a decir Daniel si quiere descansar y no tiene ganas de hacer nada?
3. ¿Qué está haciendo el padre de los muchachos? ¿Qué crees que está diciendo?
4. ¿Qué está leyendo la chica en el dibujo? ¿Cómo sabes? ¿Qué va a decir si acepta la invitación? ¿Qué va a decir si quiere ir pero no puede? ¿si puede ir pero no quiere?
5. ¿Qué dices al extender una invitación informal, por ejemplo al cine o a un partido de baloncesto? ¿Qué dices al extender una invitación más formal, como a salir con una chica o un chico a una fiesta? ¿Hay diferencias en los dos tipos de invitaciones?
6. ¿Qué dices cuando te invitan a hacer algo que quieres hacer? ¿a hacer algo que no quieres hacer? ¿a hacer algo que sospechas que tus padres no te vayan a permitir hacer?
7. ¿Qué crees que vas a aprender a hacer y decir en esta lección?

Purpose To focus students on the language and functions to be developed and practiced in the lesson—extending, accepting, and refusing invitations; and suggesting, agreeing and rejecting suggestions. Also to invite students to consider the formality/informality of certain kinds of invitations and responses.

Suggestions Use the photo and art to introduce the lesson content. Encourage students to use Spanish whenever possible to respond to the ***¿Qué piensas tú?*** questions, but allow English where ideas may be more complex or vocabulary may be unknown. Summarize responses in Spanish, using comprehensible input techniques to clarify your language where necessary.

ANTICIPEMOS

¿Qué piensas tú?

Answers

1 Martín está empezando a preparar la comida. Parece tener el carbón y los fósforos y está por encender la parrilla. Su hermano Daniel le está diciendo o preguntando algo. Tal vez esté bromeando. La manera más fácil para que Martín consiga lo que necesita es que Daniel se lo traiga.

2 Tal vez diga: "Estoy ocupado" o "No puedo. Tengo que ayudarle a papá" o "Hazlo tú".

3 El papá está armando la carpa. Tal vez esté llamando a los muchachos que le ayuden.

4 Está leyendo una invitación a una fiesta. Claramente dice "**Fiesta**". Tal vez diga: "¡Claro que sí! Me encantaría ir". Si no puede ir, podría decir: "Lo siento pero ya tengo planes". Tal vez mencionaría los planes que tiene. Si simplemente no quiere ir, es probable que diga algo similar a lo anterior.

5 Informalmente diríamos: "¿Por qué no vamos a . . ." o "¿Quieres ir a . . . ?" o "¿Tienes ganas de . . . ?" Formalmente diríamos: "¿Me acompañas a . . . ?" o "¿Quieres acompañarme a . . . ?" Las diferencias no son muy grandes. Con frecuencia, los jóvenes sugieren cuando invitan informalmente y preguntan cuando quieren ser más formales.

6 Cuando te invitan a hacer algo que quieres hacer, es normal reaccionar con entusiasmo, diciendo algo como: "¡Cómo no!" o "¡Claro que sí!" Tus respuestas cuando no quieres hacer algo carecen de energía: "Bueno, está bien" o "No sé si estoy libre ese día". Si sospechas que tus padres no te vayan a permitir hacer algo, es probable que digas: "Me gustaría pero no creo que mis padres me permiten".

7 **Vas a aprender a hacer sugerencias, a invitar a alguien a hacer algo y a aceptar y rehusar sugerencias e invitaciones.**

PARA EMPEZAR

Comprehension Checks

A complete set of **Comprehension Checks** is available on cards in the Teacher's Resource Package.

1

Suggestions Explain: **compadres/amigos.** You may want to explain the formal custom of **compadre** relationships that develop between a child's parents and godparents (i.e., the child's sponsors at the Catholic services of baptism and confirmation.) Equate: **serena/tranquila.**

1 ¿De dónde viene este cuento?
2 . . .

2

Suggestions Equate: **de sol a sol/todo el día; ganaba muy poco/recibía poco dinero**.

1 ¿Cómo parecía la vida del pobre? ¿difícil? ¿tranquila?
2 . . .

3

Suggestions Equate: **mejorar/hacer mejor; lo dudo/no lo creo**.

1 ¿Qué estaban haciendo el pobre y su esposa? ¿Estaban cantando? ¿Se estaban divirtiendo? ¿Estaban discutiendo sus problemas?
2 . . .

4

Suggestions Explain: **la mayor parte del tiempo/casi todos los días.** Point out the fireplace. Explain that the black stuff in his hand is **lo que queda después de una combustión completa: ceniza.**

1 ¿Adónde se fue el compadre pobre? ¿a visitar a su madre? ¿a visitar a sus hermanos? ¿a visitar a su compradre rico?
2 . . .

PARA EMPEZAR

Escuchemos un cuento de Nuevo México

Este cuento, del norte de Nuevo México, tiene que ver con dos compadres, uno rico, el otro pobre.
1
Para uno de ellos, la vida parecía pasar muy serena. No tenía que trabajar mucho.
2
El otro compadre tenía una vida muy difícil. Trabajaba de sol a sol, pero ganaba muy poco.

Un día, el compadre pobre y su esposa estaban discutiendo sus problemas.

"¿Por qué no vas a ver a nuestro compadre?" sugirió la mujer.

"Es posible que pueda decirte el secreto—cómo mejorar nuestra fortuna".

"¡Lo dudo!", dijo su marido. "No creo que él quiera ayudarnos! Pero, sí, puedo hablar con él".

Y el compadre pobre se fue a visitar a su compadre rico. "Trabajo muy duro todo el día", le dijo, "pero la mayor parte del tiempo mi esposa y yo nos acostamos con hambre. Quiero vivir como tú. ¿Es posible que me digas tu secreto? ¿Cómo puedo hacerme rico?"

El compadre rico le contestó, "Sólo porque eres tú, te voy a ayudar. Voy a decirte mi secreto. Yo me hice rico vendiendo ceniza. Tú debes hacer lo mismo". (Por supuesto, el compadre rico no estaba diciendo la verdad, pero el pobre le creyó.)

Purpose This section develops strong listening comprehension skills and introduces students to the cultural insights and perceptions accessible through the literature of myth, legend, and folklore as they listen to a story from New Mexico. In it, a poor man, deceived by his selfish neighbor, has a series of unfortunate adventures before he is finally rewarded for his trust and innocence. Students will hear several examples of the language used to extend, accept, and reject suggestions and invitations. The ***Para empezar*** section provides comprehensible language without translation. It is not meant for memorization or mastery. It develops listening comprehension and introduces the lesson structures in context.

5

Esa noche el compadre pobre y su esposa empezaron inmediatamente a llenar sacos de ceniza.

No dejaron de trabajar hasta la madrugada, cuando el carro estaba cargado de sacos de ceniza. El compadre pobre le dio un beso a su mujer y se fue a vender ceniza. Su esposa pensó, "Estoy segura que va a volver hombre rico, como su compadre".

6

Algunas gentes eran bondadosas con el pobre hombre.

Otras se asombraban.

Pero la mayoría se reía de él. "Es probable que esté loco", decían. Pero aunque no vendía ni siquiera un puñado de ceniza, el pobre hombre seguía de puerta en puerta por días, luego por semanas y aún por meses.

7
Poco a poco, el pobre hombre reconoció que su compadre lo había engañado. Y como echaba terriblemente de menos a su familia, decidió volver a casa. Como ya no tenía sentido seguir cargando los sacos de ceniza, empezó a arrojar la ceniza. ¡Hacía una cochinada!
8
En ese momento llegó un oficial, y, muy enojado, se lo llevó a la cárcel.

5

Suggestions Point out the bags (**sacos de ceniza**) and the two fireplaces/oven. Equate: **hasta la madrugada/hasta muy temprano en la mañana/cuando sale el sol por la mañana**. Point out **el carro**. Mime: **le dio un beso**.

1 ¿Qué hicieron el compadre pobre y su esposa toda la noche? ¿Durmieron toda la noche? ¿Discutieron sus problemas? ¿Llenaron sacos de ceniza?

2 . . .

6

Suggestions Equate: **bondadosas/buenas/generosas; se asombraban/reaccionaban con sorpresa.** Demonstrate amazement. Explain: **la mayoría/casi todos**. Point out people laughing at the poor man. Gesture for **loco**. Demonstrate and emphasize **ni un puñado**. Explain: **Va a una puerta, y a la próxima, y a la próxima,** etc.

1 ¿Cómo eran algunas gentes? ¿malas? ¿buenas? ¿bondadosas? ¿asombradas?

2 . . .

7

Suggestions Equate: **reconoció/se dio cuenta/aceptó; lo había engañado/no era honesto; echaba de menos/tenía ganas de; no tenía sentido/no era lógico**. Demonstrate and point out the man: **arrojar la ceniza**. Explain that there were ashes all over, on the road, on the grass, in the trees, etc.: **cochinada.**

1 ¿Era honesto el compadre rico?

2 . . .

8

Suggestions Point out sheriff's badge: **oficial.** Draw a wall with a barred window and a face behind it: **cárcel.**

1 ¿Quién llegó en ese momento? ¿su esposa? ¿su compadre? ¿un oficial?

2 . . .

Suggestions Have students close their books while you narrate each section using overhead transparencies and comprehensible input techniques. Break longer sentences into shorter utterances, pointing to elements of each drawing, acting out, demonstrating, gesturing to clarify meanings. Explain in simpler Spanish, offer synonyms, and take advantage of cognates to help clarify meanings. Ask frequent **Comprehension Checks** to confirm understanding.

9

Suggestions Equate: **cambiado/diferente; fracasado/frustrado porque hace todo mal; le dio lástima/sintió compasión**. Explain: **un nicle es lo que dicen en Nuevo México para "cinco centavos"**. Point out the devil mask: **máscara.**

1 ¿Cuándo salió de la cárcel? ¿después de un mes? ¿después de diez años? ¿después de un año?

2 . . .

10

Suggestions Gesture for **largo**. Point to the two horsemen and gesture that they are moving closer: **acercarse**. Explain that he didn't want the men to see him. Mime putting on the mask. Explain: **Se puso la máscara porque necesitaba sus manos para subirse al árbol.** Mime climbing the tree: **subió a un arbol**. Point to the men under the tree. Explain: **Tenían sacos llenos de monedas de oro. Probablemente habían robado el oro de gente honesta. Probablemente eran ladrones.** Mime digging and burying the sacks. Mime leaning over too far, losing balance and falling: **perdió el equilibrio y se cayó.** Point out men running from the devil. Mime horror.

1 ¿Iba de prisa el pobre a casa?

2 . . .

11

Suggestions Point out the man loading the sacks onto the horse. Explain: **Salió pobre, pero volvió rico**.

1 ¿Sabía el pobre hombre qué hacer?

2 . . .

12

Suggestions Identify the two men in the drawing. Quote the rich man's words: **¡Eres tan rico! ¡Y en sólo un año! ¿Cómo lo hiciste?** Point out the "poor" man gesturing towards the fireplace. Mime his action. Identify the fireplace: **hoguera.** Smile, then point out his smile: **sonrió**.

1 ¿Quién vino a ver al compadre "pobre"? ¿el oficial? ¿los ladrones? ¿el compadre rico?

2 . . .

9
No salió de la cárcel hasta un año después. El pobre hombre estaba muy cambiado y se sentía totalmente fracasado. Pensaba, "¿Cómo es posible que sea tan desafortunado?"

Cuando una señora en la calle vio al pobre hombre, le dio lástima y le regaló un ***nicle*** *para ayudarle.*

Con el nicle el pobre compró una máscara de diablo pensando, "Creo que mis hijos deben saber cómo es el diablo".

10
En el largo camino a casa, el pobre hombre se preparaba para pasar la noche cuando oyó acercarse unos caballos.

No queriendo ser visto por nadie, se puso la máscara de diablo y se subió a un árbol. Dos ladrones a caballo se detuvieron debajo del árbol y empezaron a enterrar unos sacos llenos de monedas de oro.

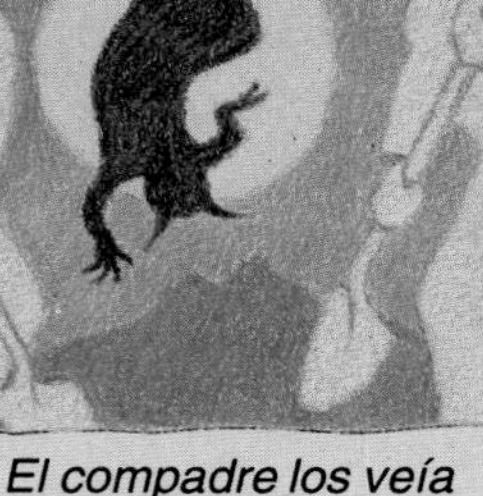

El compadre los veía con tanta curiosidad que perdió el equilibrio y se cayó al suelo.

"¡El diablo!", gritó uno. "Creo que viene por nosotros", dijo el otro y los dos ladrones se fueron corriendo horrorizados.

11
El pobre hombre no sabía qué hacer. Por fin decidió cargar los sacos de monedas de oro en los caballos y llevárselos a casa.

Así es que el compadre pobre llegó a casa hombre rico—con dos caballos finos y sacos de oro.

12
Cuando el compadre rico vino a ver a su compadre, éste quería saber cómo llegó a ser tan rico tan pronto. El compadre que había sido pobre simplemente señaló la ceniza en la hoguera y sonrió.

¿QUÉ DECIMOS...?

Al prepararnos para una excursión

1 Vamos a acampar.

El Sr. Galindo y sus hijos se preparan para una excursión.

Martín, dudo que necesites tanta práctica. Además, te necesitamos. Ven, ayúdanos con las maletas y tráeme los sacos de dormir.

Sí, papá. Te los traigo en seguida.

¡Quíhubole, Martín! Sr. Galindo, ¿qué tal?

Hola, Mateo.

¿Qué hacen ustedes? ¿Y dónde está Daniel?

Hola, Mateo. Vamos a acampar este fin de semana.

e veras? ¡Qué padre! ¿Adónde van?

Vamos a Aguirre Springs, en la sierra, cerca de Las Cruces. ¿Por qué no nos acompañas, Mateo?

Sí, Mateo, ven con nosotros.

Híjole, me encantaría, pero es posible que tenga que trabajar. Además, les tendría que pedir permiso a mis papás.

¿Te puedo decir más tarde?

Claro, Mateo. Espero tu llamada.

¿QUÉ DECIMOS...?

12:02–18:15

Side 3, 22388 to 33590

Using the video Play one section at a time after narrating it using the transparencies. Freeze the video and ask the **Early Production Checks**. Repeat this process with each section.

Vary your presentation routine by showing one section of the video first, before your narrative with the transparencies, or by playing the video all the way through, stopping only to ask **Early Production Checks** or to clarify using techniques of comprehensible input.

Early Production Checks

A full set of **Early Production Checks** is available on cards in the Teacher's Resource Package.

1 **12:11**

Vamos a acampar. Point out the luggage and a sleeping bag in the photos: **maletas y sacos de dormir.** Explain what Martín does in the second row of photos: **Mete el balón en el cesto. Entonces lanza el saco de dormir y lo mete en el cesto también**. Identify Mateo, a friend of Daniel's. If necessary, remind students that the Galindo's are camping. Equate: **¡Qué padre!/¡Fantástico!** Point out Las Cruces and the nearby mountains on a map of New Mexico. Equate: **¿Por qué no nos acompañas?/¿Quieres ir con nosotros?; Híjole/Caramba; además/también.** Gesture to communicate telephone call.

1 ¿Para qué se preparan los Galindo?
2 ¿Qué hace Martín?
3 ¿Necesita practicar?
4 . . .

Side 3, 22661 to 25932

Purpose This **fotonovela** section introduces students to the language and functions to be reviewed and practiced in the lesson—making suggestions about activities, inviting people to do things, and accepting or rejecting suggestions and invitations—and prepares them for practice in the context of natural conversation. Students should not be expected to memorize or master all utterances. Listening comprehension and early production of key vocabulary and structures are the goals.

Note To facilitate a discussion, you may wish to provide students with the Spanish word for *van* **(camioneta)**.

2 14:00

¡Que les vaya bien! Equate: **sólo falta/todavía no tenemos; eso lo dejamos para mañana/vamos a hacer eso mañana; ¡Quíhubole!/¿Qué tal?** Remind students of winter months. Gesture for **locos**. Contrast cold/hot temperatures. **¡Qué va!/No importa**. Gesture for **fuertes**. **Nos vamos a abrigar bien/Tenemos buenos abrigos**. Draw a tent: **carpa**. Imitate Margarita's teasing tone. **Tenemos prisa/No tenemos mucho tiempo**. Look at watch. **Que les vaya bien/Espero que no tengan problemas.**

1 ¿Está todo en el carro?
2 ¿Qué falta?
3 ¿Hasta cuándo dejan la comida?
4 . . .

Side 3, 25942 to 27567

3 14:55

¿Por qué no vamos nosotras? Explain that Margarita has an idea. Equate: **nunca cambia/nunca es diferente; aguantar/tolerar; no es para tanto/no es tan mala**. Emphasize teasing nature of this exchange. Identify Nena, younger sister. **Acaba de llamar Mateo/Nena acaba de hablar por teléfono con Mateo**. Mime hanging up phone: **ya colgaste**. Gesture, act out Nena's apology.

1 ¿Adónde van Tina y Margarita?
2 ¿Tiene Margarita una idea?
3 ¿Qué quiere hacer?
4 . . .

Side 3, 27581 to 29272

2 ¡Que les vaya bien!

Ya está todo, ¿no?
Sólo falta la comida— pero eso lo dejamos para mañana.
¡Quíhubole, Tina, Margarita!
¡Hola! ¿Qué tal?
Hola, chicas.
Buenas tardes, muchachas.
¡Hola!
¿Adónde van con tantas cosas?
A Aguirre Springs, a acampar.
Ayyy, ¿en el invierno? ¿Están locos? Hace mucho frío, ¿no?
¡Qué va! Somos fuertes. Además, nos vamos a abrigar bien.
Bueno, que les vaya bien... en el fffffrííííooo.
Ya, ya, vámonos, Margarita. Tenemos prisa. Que les vaya bien. Hasta luego.
Sí, que les vaya bien . . . en el fffffrííííooo.

3 ¿Por qué no vamos nosotras?

Tina, ¿por qué no vamos nosotras también?
A mis papás les encanta acampar.
Si mis padres tienen que trabajar este fin de semana, no creo que podamos ir. Pero voy a preguntárselo.
¡Pues, vamos!
¡Ay, esa Margarita! ¡Qué exagerada! Y siempre es así. Nunca cambia.
¿Cómo la aguantas?
No es para tanto...

Daniel, acaba de llamar Mateo. Dice que no puede ir con ustedes. Tiene que trabajar todo el fin de semana.

¡Ay, Nena! ¿Ya colgaste? Quería hablar con él.

Lo siento. La comida ya está y mamá dice que vengan a comer.

4 ¡Eres un genio!

En la carretera a Nuevo México. . .

¡No comprendo por qué no funciona este carro!

Ni yo tampoco, papá. Creo que todos los fusibles están bien. No veo ninguno fundido.

Ven, hijo. Ayúdame aquí. ¿Ves ese desarmador grande? Pásamelo, por favor.

¿Éste, papá?

Sí. Gracias.

Sabes, no creo que sea nada del motor tampoco. ¡Caramba! Ya va a anochecer pronto. Y dudo que haya una gasolinera por aquí.

No te preocupes, papá. No puede ser nada serio. Andábamos bien hace poco y el carro no es tan viejo. ¿Revisaron la batería?

Ay, Martín. ¿Tú qué sabes de carros? La batería sólo tiene dos años y tiene garantía de cinco.

De todos modos, si las terminales están sucias...

¡Martín, eres un genio! Una de las terminales están bastante corroídas.

Dame ese cepillo, Daniel.

Gracias.

Ahora, pruébalo, Daniel.

Perdón, Daniel. ¿Qué decías? ¿Me lo puedes repetir?

4 15:52

¡Eres un genio! Point out the road: **carretera**. Equate: **No funciona/Tiene un problema.** Describe a fuse: **un pequeño aparatito eléctrico**. Explain: **Están fundidos cuando no funcionan**. Point out the screwdriver: **desarmador**. Gesture father putting out his hand, Daniel handing it over. Explain: **El motor parece estar bien = no hay problema.** Draw a sun going down. Explain that it will be dark soon: **va a anochecer**. Explain: **el carro funciona=el carro anda**. Compare old/new. Equate: **revisaron/examinaron**. Draw a battery, point out the terminals. Explain: **si las terminales están sucias/si hay depósitos de sedimento**. Point out cognate nature of **corroída**. Draw a brush: **cepillo**. Act out trying the starter. Point out expressions on boys' faces. Remind students of what Daniel said.

Point out In Mexico and the Southwest, **desarmador** is the word for *screwdriver*. In other Spanish-speaking countries, **destornillador** is used.

1. ¿Dónde están los Galindo?
2. ¿Funciona el carro?
3. ¿Qué no comprende el señor Galindo?
4. ...

Side 3, 29286 to 33590

CHARLEMOS UN POCO

A. PARA EMPEZAR . . .
Call on individual students and have class confirm each response.

1 el compadre pobre
2 la esposa del pobre
3 el compadre pobre
4 el compadre pobre
5 el compadre rico
6 la esposa del pobre
7 el compadre pobre
8 el compadre pobre

B. ¿QUÉ DECIMOS . . .?
Have students work in pairs to decide on chronological order. Then call on individual students and have class confirm each response.

1 Martín juega baloncesto. (7)
2 Los Galindo empacan el carro. (4)
3 Papá invita a Mateo a acompañarlos. (9)
4 Unas chicas saludan a los Galindo. (5)
5 Las chicas hablan de ir también. (3)
6 Mateo llama para decir que tiene que trabajar. (8)
7 Los Galindo entran en la casa para comer. (6)
8 El carro ya no anda. (2)
9 Martín sugiere que revisen la batería. (10)
10 Daniel admite que Martín tenía razón. (1)

C. ¿Me invitas? Allow 2–3 min for pair work. Then call on several pairs to act out each exchange for the class. Answers will vary.

1 Voy a jugar tenis. ¿Me acompañas? *Lo siento pero tengo que limpiar mi cuarto.*
2 Voy a alquilar un video. ¿Me acompañas? *Gracias, pero tengo que estudiar para un examen.*
3 Voy a pasear en bicicleta. ¿Me acompañas? *Gracias, pero tengo que ayudar a mi mamá.*
4 Voy a ir de compras. ¿Me acompañas? *Lo siento pero tengo que cortar el césped.*
5 Voy a tomar un café. ¿Me acompañas? *Lo siento pero tengo que hacer mi tarea.*
6 Voy a ir al zoológico. ¿Me acompañas? *Gracias, pero tengo que lavar el coche.*
7 Voy a acampar. ¿Me acompañas? *Lo siento pero tengo que visitar a mis abuelos.*
8 Voy a cenar en un restaurante. ¿Me acompañas? *Gracias, pero tengo que escribir una composición.*

Variation Tell students they may accept the invitation by saying **¡Claro que sí!**, **¡Cómo no!**, or **¡Qué divertido!**

REPASO

Extending, accepting and declining invitations

Extending invitations:
¿Me (Nos) acompañas?
¿Quieres acompañarme?

Accepting invitations:
¡Claro que sí!
¡Cómo no!
¡Qué divertido!
¿Cuándo quieres ir?

Declining invitations:
Lo siento pero ya tengo planes.
Gracias, pero tengo que trabajar.

CHARLEMOS UN POCO

A. PARA EMPEZAR . . . Según el cuento de "La ceniza", ¿quién hizo o dijo lo siguiente: el compadre rico, el compadre pobre o la esposa del pobre?

1. Trabajaba de sol a sol, pero ganaba muy poco.
2. "Es posible que pueda decirte el secreto — cómo mejorar nuestra fortuna".
3. "¿Es posible que me digas tu secreto? ¿Cómo puedo hacerme rico?
4. "¡No creo que él quiera ayudarnos! Pero, sí, puedo hablar con él".
5. "Yo me hice rico vendiendo ceniza. Tú debes hacer lo mismo".
6. "Estoy segura que va a volver hombre rico, como su compadre".
7. "¿Cómo es posible que sea tan desafortunado?"
8. Señaló la ceniza en la hoguera y sonrió.

B. ¿QUÉ DECIMOS . . .? Pon las siguientes oraciones en orden cronológico, según el diálogo.

1. Daniel admite que Martín tenía razón.
2. El carro ya no anda.
3. Las chicas hablan de ir también.
4. Los Galindo empacan el carro.
5. Unas chicas saludan a los Galindo.
6. Los Galindo entran en la casa para comer.
7. Martín juega baloncesto.
8. Mateo llama para decir que tiene que trabajar.
9. Papá invita a Mateo a acompañarlos.
10. Martín sugiere que revisen la batería.

C. ¿Me invitas? ¿Qué dices y qué te contesta tu compañero(a) cuando lo (la) invitas a hacer estas cosas?

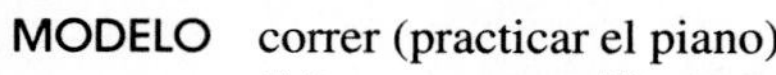

MODELO correr (practicar el piano)
Tú: **Voy a correr. ¿Me acompañas?**
Compañero(a): **Gracias, pero tengo que practicar el piano.** o
Lo siento pero tengo que practicar el piano.

1. jugar tenis (limpiar mi cuarto)
2. alquilar un video (estudiar para un examen)
3. pasear en bicicleta (ayudar a mi mamá)
4. ir de compras (cortar el césped)
5. tomar un café (hacer mi tarea)
6. ir al zoológico (lavar el coche)
7. acampar (visitar a mis abuelos)
8. cenar en un restaurante (escribir una composición)

Purpose These activities provide guided practice to students beginning to express doubt and opinions and to extend, accept, or decline an invitation. It is not necessary to do all the activities in this section once students have demonstrated mastery of these functions.

CH. Una visita. Tu primo está visitándote y tú y él reciben varias invitaciones. ¿Cómo respondes?

MODELO *Compañero(a):* **¿Quieren acompañarme a la fiesta?**
Tú: **¡Qué divertido! ¡Claro que sí!** o **Lo siento, pero ya tenemos planes.**

1.

2.

3.

4.

5.

6.

7.

8.

CH. Una visita. Allow 2–3 min for pair work. Then call on different pairs to replay each item for class. The following are sample exchanges.

1 ¿Quieren acompañarme al parque? *¡Qué divertido!*
2 ¿Quieren acompañarme al gimnasio? *Gracias, pero tenemos que visitar a nuestros abuelos.*
3 ¿Quieren acompañarme al cine? *¡Claro que sí!*
4 ¿Quieren acompañarme a cenar en un restaurante? *¡Cómo no!*
5 ¿Quieren acompañarme al partido de fútbol? *Lo siento pero ya tenemos planes.*
6 ¿Quieren acompañarme al concierto de rock? *Gracias, pero tenemos que trabajar.*
7 ¿Quieren acompañarme a la discoteca? *Lo siento pero ya tenemos planes.*
8 ¿Quieren acompañarme al centro comercial? *¡Qué divertido!*

D. En cinco años. Have students work in pairs. Allow 2–3 min for one student to ask the questions, the other to answer. Then ask individuals how their partners answered each question. Answers will vary.

1 Es probable que tenga un trabajo.
2 Es dudoso que gane mucho dinero.
3 Es posible que viva en la misma ciudad.
4 Es improbable que salga con los mismos amigos.
5 Es dudoso que viva con mi familia.
6 Es probable que viaje mucho.
7 Es improbable que tenga un carro elegante.
8 Es imposible que escuche música clásica.
9 No es posible que asista a muchos conciertos.
10 Es probable que lea el periódico todos los días.

E. Secretos. Call on individuals and have class confirm their answers. Answers will vary.

1 Está claro que hacen mucho ejercicio.
2 Es obvio que come demasiado.
3 Es posible que estudie poco.
4 Es cierto que se levantan tarde.
5 Es dudoso que haga mucho ejercicio.
6 Es probable que no salga mucho.
7 Es evidente que estudian poco.
8 Dudo que coma demasiado.

Variation Ask students to make up situations and call on classmates to comment on them.

Expressions of doubt

dudar / es dudoso
es posible / es imposible
es probable / es improbable

Expressions of doubt are followed by the subjunctive.

Dudo que **puedan** ir.
Es probable que no **tengan** el dinero.
Es imposible que lo **haga** hoy.

See **¿Por qué se dice así?**, *page G82, section 6.1.*

Expressions of certainty

es cierto
es verdad
es obvio
es evidente
está claro

Expressions of certainty are followed by the indicative.

Es cierto que **está** aquí.
Es evidente que no **saben** la verdad.

See **¿Por qué se dice así?**, *page G82, section 6.1.*

D. En cinco años. ¿Cómo va a ser tu vida en cinco años?

MODELO ¿Vas a estudiar en la universidad?
Es probable que estudie en la universidad. o
Es imposible que estudie en la universidad. o
Es dudoso que estudie en la universidad.

1. ¿Vas a tener un trabajo?
2. ¿Vas a ganar mucho dinero?
3. ¿Vas a vivir en la misma ciudad?
4. ¿Vas a salir con los mismos amigos?
5. ¿Vas a vivir con tu familia?
6. ¿Vas a viajar mucho?
7. ¿Vas a tener un carro elegante?
8. ¿Vas a escuchar música clásica?
9. ¿Vas a asistir a muchos conciertos?
10. ¿Vas a leer el periódico todos los días?

E. Secretos. Tú sabes los secretos de muchos amigos. ¿Qué opinas de sus problemas?

EJEMPLO Beltrán está cansado durante el día. Es dudoso que . . .
Es dudoso que duerma bastante.

VOCABULARIO ÚTIL:
acostarse: temprano / tarde
comer: demasiado / poco
dormir: bastante / poco
estudiar: mucho / poco
hacer ejercicio: mucho / poco
levantarse: temprano / tarde
salir: mucho / poco
tomar: mucho / poco

1. Bárbara y Alicia están muy delgadas.
Está claro que . . .
2. Ernesto está muy gordo.
Es obvio que . . .
3. Guillermina tiene mucha tarea.
Es posible que . . .
4. Pepe y Daniela llegan tarde a la escuela.
Es cierto que . . .
5. Zacarías tiene poca energía.
Es dudoso que . . .
6. Micaela conoce a pocas personas.
Es probable que . . .
7. Dionisio y Florencia sacan malas notas.
Es evidente que . . .
8. Federico está perdiendo peso.
Dudo que . . .

F. Opiniones. Tú quieres saber la opinión de tu compañero(a) sobre estos temas controversiales. ¿Qué les preguntas y qué te contestan?

MODELO Hay vida en otros planetas.
Tú: **¿Crees que haya vida en otros planetas?** o **¿Crees que hay vida en otros planetas?**
Compañero(a): **Sí, creo que hay vida en otros planetas.** o **No, no creo que haya vida en otros planetas.**

1. Los padres saben más que los hijos.
2. La educación universitaria es importante.
3. Vamos a tener una sociedad perfecta algún día.
4. Los perros son más inteligentes que los gatos.
5. Es mejor vivir en la ciudad que en el campo.
6. Debemos cortar los árboles en la selva.
7. Hay bastante petróleo en este país.
8. Debemos limitar la población del planeta.

G. Muy de moda. A Rosario le encanta su ropa internacional y siempre habla de ella. ¿Qué dice?

MODELO collar mexicano: primos
Me encanta este collar. Mis primos me lo trajeron de México.

1. suéter peruano: tío Felipe
2. falda puertorriqueña: papá
3. blusas guatemaltecas: abuelos
4. sombrero boliviano: amiga Susana
5. zapatos argentinos: tías
6. chaqueta panameña: primo Pepe
7. pantalones uruguayos: mamá
8. pulsera española: amigo Joaquín

PRECISIÓN AZTECA PARA VOLAR A LA MEXICANA

Porque todos los vuelos de MEXICANA DE AVIACIÓN tienen la precisión del calendario azteca, para que usted parta desde Venezuela rumbo a su destino en México o en Estados Unidos, a la hora exacta.

Volar a la mexicana significa descubrir toda una nueva cultura para viajar, con el prestigio de MEXICANA DE AVIACIÓN.

Con el orgullo de ser...
MEXICANA de aviación

Expressions of doubt: *Creer*

In negative statements, the verb **creer** is followed by the subjunctive. In affirmative statements, it is followed by the indicative. In questions, it may be followed by the subjunctive or the indicative.

¿Crees que **puedan** hacerlo?
¿Crees que **pueden** hacerlo?
No, no creo que lo **puedan** hacer.
Pues, yo sí creo que lo **pueden** hacer.

See **¿Por qué se dice así?**, *page G82, section 6.1.*

Double object pronouns: Placement

When two object pronouns occur in a sentence, the indirect object pronoun always comes first.

No **me lo** explicó.
¿**Nos las** vas a mandar?

See **¿Por qué se dice así?**, *page G84, section 6.2.*

F. Opiniones. Allow 2–3 min for pairs to alternate responding to these statements. Then call on individuals to check answers. Answers may vary.

1. ¿Crees que los padres sepan más que los hijos? *Sí, creo que saben más que los hijos.*
2. ¿Crees que la educación universitaria sea importante? *Sí, creo que la educación universitaria es importante.*
3. ¿Crees que vayamos a tener una sociedad perfecta algún día? *No, no creo que vayamos a tener una sociedad perfecta algún día.*
4. ¿Crees que los perros sean más inteligentes que los gatos? *No, no creo que los perros sean más inteligentes que los gatos.*
5. ¿Crees que sea mejor vivir en la ciudad que en el campo? *Sí, creo que es mejor vivir en la ciudad que en el campo.*
6. ¿Crees que debamos cortar los árboles en la selva? *No, no creo que debamos cortar los árboles en la selva.*
7. ¿Crees que haya bastante petróleo en este país? *No, no creo que haya bastante petróleo en este país.*
8. ¿Crees que debamos limitar la población del planeta? *Sí, creo que debemos limitar la población del planeta.*

Variation Have students make up their own controversial statements and ask classmates if they agree with them.

G. Muy de moda. Call on individuals. Have class confirm each response.

1. Me encanta este suéter. Mi tío Felipe me lo trajo de Perú.
2. Me encanta esta falda. Mi papá me la trajo de Puerto Rico.
3. Me encantan estas blusas. Mis abuelos me las trajeron de Guatemala.
4. Me encanta este sombrero. Mi amiga Susana me lo trajo de Bolivia.
5. Me encantan estos zapatos. Mis tías me los trajeron de Argentina.
6. Me encanta esta chaqueta. Mi primo Pepe me la trajo de Panamá.
7. Me encantan estos pantalones. Mi mamá me los trajo de Uruguay.
8. Me encanta esta pulsera. Mi amigo Joaquín me la trajo de España.

H. ¡Qué generoso! Allow 2–3 min. Then call on different pairs to role-play each item. Answers will vary.

¿Te compro esos bolígrafos?
Sí, cómpramelos.
¿Te compro esa guitarra?
No, gracias, no me la compres.
¿Te compro ese libro?
Sí, cómpramelo.
¿Te compro esa sudadera?
No, gracias, no me la compres.
¿Te compro esa lámpara?
No, gracias, no me la compres.
¿Te compro ese teléfono?
Sí, cómpramelo.
¿Te compro ese oso de peluche?
No, gracias, no me lo compres.
¿Te compro ese disco compacto?
No, gracias, no me lo compres.
¿Te compro ese radio?
Sí, cómpramelo.
¿Te compro ese reloj?
Sí, cómpramelo.

I. De visita. Allow 2–3 min. Then call on different pairs to role-play each item. Have class confirm use of object pronouns. Answers may vary.

1 ¿Ya les enseñó Angélica la iglesia? *No, va a enseñárnosla mañana.*
2 ¿Ya les enseñó Angélica los colegios? *No, nos los va a enseñar mañana.*
3 ¿Ya les enseñó Angélica la biblioteca? *No, va a enseñárnosla mañana.*
4 ¿Ya les enseñó Angélica los teatros? *No, va a enseñárnoslos mañana.*
5 ¿Ya les enseñó Angélica las plazas? *No, nos las va a enseñar mañana.*
6 ¿Ya les enseñó Angélica el parque? *No, nos lo va a enseñar mañana.*
7 ¿Ya les enseñó Angélica el centro comercial? *No, va a enseñárnoslo mañana.*
8 ¿Ya les enseñó Angélica las fuentes? *No, va a enseñárnoslas mañana.*

Double object pronouns with commands

When used with commands, object pronouns follow and are attached to affirmative commands, and they precede negative commands.

Vénde**melas.**
Dá**melo** por favor.
No **te las** pongas.
No **me los** traigas.

See **¿Por qué se dice así?,** *page G84, section 6.2.*

Double object pronouns with infinitives

Object pronouns precede conjugated verbs or may follow and be attached to infinitives.

¿**Te** dio su dirección?
Va a dár**mela** más tarde.
Me la va a dar más tarde.

See **¿Por qué se dice así?,** *page G84, section 6.2.*

Object pronouns with *-ndo* verb forms

Object pronouns may precede the conjugated verb or follow and be attached to the **-ndo** verb form of the present progressive.

Ernesto está haciéndo**melo**.
¿**Te las** están preparando ahora mismo?

See **¿Por qué se dice así?,** *page G84, section 6.2.*

H. ¡Qué generoso! Estás de compras con tu tío(a) que quiere comprarte muchas cosas. ¿Qué le dices?

 MODELO *Tío(a):* **¿Te compro ese libro?**
Tú: **Sí, cómpramelo.** o
No, gracias, no me lo compres.

I. De visita. Tú y tu hermano(a) acaban de llegar al pueblo de tu prima Angélica. ¿Cómo contestan ustedes las preguntas que les hace su tío(a)?

 MODELO monumentos
Tío(a): **¿Ya les enseñó Angélica los monumentos?**
Tú: **No, nos los va a enseñar mañana.** o
No, va a enseñárnoslos mañana.

1. iglesia
2. colegios
3. biblioteca
4. teatros
5. plazas
6. parque
7. centro comercial
8. fuentes

J. Ahora mismo. Tú amigo(a) es candidato(a) para presidente del Club de español. Tú y varios amigos están ayudándole. ¿Qué le dices cuando te pregunta cuándo se van a hacer estas cosas?

 MODELO escribir la carta (Rafael)
Presidente: **¿Cuándo me va a escribir la carta Rafael?**
Tú: **Te la está escribiendo ahora mismo.** o
Está escribiéndotela ahora mismo.

1. buscar la información (Alicia)
2. escribir el artículo para el periódico (Teodoro)
3. conseguir los números de teléfono (Blanca)
4. preparar los cheques (Gonzalo)
5. hacer la lista de miembros (Flora)
6. traer los casetes (Adán)

J. Ahora mismo. Allow 2–3 min for pair work. Then have different pairs role-play each item for class. Answers will vary.

1 ¿Cuándo me va a buscar la información Alicia? *Te la está buscando ahora mismo.*
2 ¿Cuándo me va a escribir el artículo para el periódico Teodoro? *Está escribiéndotelo ahora mismo.*
3 ¿Cuándo me va a conseguir los números de teléfono Blanca? *Está consiguiéndotelos ahora mismo.*
4 ¿Cuándo me va a preparar los cheques Gonzalo? *Te los está preparando ahora mismo.*
5 ¿Cuándo me va a hacer la lista de miembros Flora? *Te la está haciendo ahora mismo.*
6 ¿Cuándo me va a traer los casetes Adán? *Está trayéndotelos ahora mismo.*

CHARLEMOS UN POCO MÁS

A. ¿Me acompañas? Hay muchas cosas que quieres hacer este fin de semana. Dile a tus compañeros qué vas a hacer e invítalos a acompañarte. Tus compañeros van a responder que sí a tres o cuatro de tus invitaciones.

B. Excusas. Tus amigos van a invitarte a acompañarlos a varios lugares el sábado. Tú no quieres salir el sábado. Por eso tienes que darles excusas.

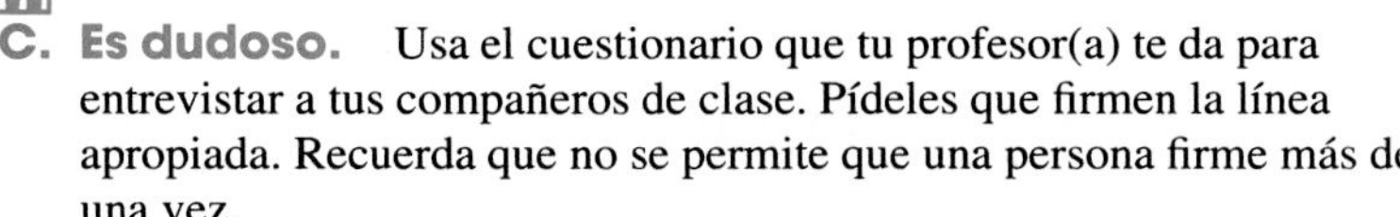

C. Es dudoso. Usa el cuestionario que tu profesor(a) te da para entrevistar a tus compañeros de clase. Pídeles que firmen la línea apropiada. Recuerda que no se permite que una persona firme más de una vez.

EJEMPLO *Tú:* **¿Vas a vivir en Europa?**
Compañero(a): **Es probable que viva en Europa.**

CHARLEMOS UN POCO MÁS

A. ¿Me acompañas? Allow 2–3 min. Then call on individuals to role-play extending and accepting invitations for class.

B. Excusas. Have students work in groups of three. Allow 2–3 min to practice. Then call on different pairs to role-play declining an invitation.

C. Es dudoso. Have students move around class talking with several classmates. Check students' work by asking the individuals whose names appear on the form if the information is true.

Purpose These activities allow students to use language needed to express doubt and opinions and to extend, accept, or decline an invitation. Responses in this section are much more open-ended and often have several possible correct answers.

CH. ¿Por qué? Allow 2–3 min for pair work. Then, in groups of four, have pairs compare their responses and report to class on any items where they differed. Have class decide which is the more appropriate response.

CH. ¿Por qué? Después de mirar estos dibujos, tú y tu compañero(a) deben decidir por qué ocurre cada situación.

Sergio

EJEMPLO **Es obvio que Sergio se levanta tarde.** o
Es probable que Sergio se levante tarde.

1. Susana

2. Tomás y Memo

3. Rodrigo

4. Conchita y Lupe

5. Rosario

6. Alegra

7. Diego

8. Eduardo

DRAMATIZACIONES

A, B. Assign **A** to half the class and **B** to the other half. Allow students 5–6 min to prepare role plays in pairs. Then call on several pairs to present their role plays to class. Be sure to ask comprehension check questions after each presentation.

Dramatizaciones

A. El baile. Hay un baile en la escuela el viernes por la noche. Tu amigo(a) va a invitarte al baile. Pero como no sabes bailar, no quieres ir. Decidan qué van a hacer. Dramaticen esta situación.

B. ¿Qué pasa con Ricardo? Tú y tu amigo(a) están muy preocupados porque Ricardo, otro amigo, está haciendo cosas muy extrañas. Hoy, por ejemplo, lleva puesta una camisa amarilla con pantalones rojos y ahora, está comiendo sopa con tenedor. Traten de explicar las acciones raras de su amigo.

Purpose In these ***Dramatizaciones*** role plays, students practice extending, accepting, and declining an invitation and expressing doubt. Encourage students to work without their books when performing their role plays.

IMPACTO CULTURAL

Excursiones

Antes de empezar

A. Yo digo que . . . ¿Cuánto sabes de Costa Rica? Indica si crees que estos comentarios son ciertos o falsos. Si no estás seguro(a), adivina usando lo que ya sabes de Latinoamérica.

Yo digo que . . .			Los autores	
Sí	**No**	**1.** Costa Rica, como los otros países latinoamericanos, tiene una historia muy violenta.	**Sí**	**No**
Sí	**No**	**2.** En Costa Rica es posible nadar en el Océano Atlántico por la mañana y en el Pacífico por la tarde del mismo día.	**Sí**	**No**
Sí	**No**	**3.** En Costa Rica, la mayor parte de la población vive en el Valle Central.	**Sí**	**No**
Sí	**No**	**4.** El clima de Costa Rica varía mucho, frío en las montañas, calor en el Valle Central y templado en las costas.	**Sí**	**No**
Sí	**No**	**5.** En Costa Rica hay selva tropical con toda especie de animales.	**Sí**	**No**
Sí	**No**	**6.** La selva tropical en Costa Rica siempre ha sido protegida por el gobierno federal.	**Sí**	**No**
Sí	**No**	**7.** El gobierno federal costarricense, como el de EE.UU., ha establecido un sistema de parques nacionales para proteger la ecología.	**Sí**	**No**
Sí	**No**	**8.** Costa Rica tiene una larga tradición de democracia.	**Sí**	**No**
Sí	**No**	**9.** La constitución de Costa Rica no permite tener ejército.	**Sí**	**No**
Sí	**No**	**10.** En 1987 el presidente de Costa Rica recibió el Premio Nóbel de la Paz.	**Sí**	**No**

B. Los autores dicen . . . Ahora lee la lectura y vuelve al formulario de la actividad **A** e indica si los comentarios son ciertos o falsos según los autores.

IMPACTO CULTURAL

Excursiones

Purpose This section provides additional reading practice as students learn about Costa Rica. A conscious effort is made in this section, and throughout the text, to make students more aware of world geography and history, two generally weak areas for many American students.

Antes de empezar

Use this activity as an advance organizer for the reading that follows. Encourage critical thinking by having students make intelligent guesses when they do not know the answers. Always ask students to tell why they think their answer is correct.

Answers

A. Yo digo que . . . Answers will vary.

B. Los autores dicen . . .
1 No
2 Sí
3 Sí
4 No
5 Sí
6 No
7 Sí
8 Sí
9 Sí
10 Sí

COSTA RICA
Rica en todo sentido

En medio de una zona llena de conflictos y guerras, Costa Rica constituye un verdadero paraíso de gente alegre y pacífica y de bosques tropicales con una gran variedad de plantas y animales.

Costa Rica es un país muy pequeño, más o menos del tamaño de West Virginia. Una persona puede viajar a la capital, San José, que está en el Valle Central, y decidir si quiere nadar en el Atlántico o el Pacífico esa misma tarde. (1)

En Costa Rica se distinguen tres regiones naturales: las costas del Pacífico y el Atlántico, las zonas montañosas con sus volcanes como el Irazú (11.260 pies) y el Poas (2) (9.000 pies), y la región del Valle Central (3) donde vive la mayoría de los habitantes. (4) El país tiene una tierra muy fértil creada por la actividad de los volcanes. En estas diferentes regiones hay una variedad de climas pero sin llegar a los extremos, es decir, ni hace mucho frío ni mucho calor.

Debido a la gran variedad de terrenos y al buen clima, Costa Rica tiene una gran diversidad de especies de plantas y animales. Por ejemplo, por pequeño que es el país, hay más de ochocientas cincuenta especies de pájaros, muchos de ellos de bello plumaje, como los loros, los picaflores (5) y, claro, el quetzal, (6) el más famoso del país. También hay 1239 especies de mariposas de hermosos colores y una variedad de reptiles, gatos silvestres primates y marsupiales. Entre los animales nativos americanos más curiosos están los perezosos (7) y los armadillos. También tiene una gran variedad de flora con sus más de ochocientas especies de helechos, mil doscientas especies de orquídeas (8) y dos mil variedades de árboles.

Lamentablemente todas estas especies de animales están en peligro de extinción debido a la deforestación de los bosques tropicales. 9 En 1950, el 72 por ciento de Costa Rica estaba cubierto de bosques. En 1973, era el 49 por ciento, en 1978 el 34 por ciento y en 1985 el 26 por ciento. Si continúa así, para el año 2000 todos los bosques de Costa Rica serán destruidos. Por eso, en un esfuerzo para mantener su riqueza natural, el gobierno ha creado un sistema de parques nacionales 10 que cubren el 11 por ciento de su territorio. En estos parques habitan por lo menos un ejemplar de cada especie de plantas y animales.

Además de sus riquezas naturales, Costa Rica se distingue por su fuerte tradición democrática. Sólo ha tenido dos períodos violentos en su historia: uno de 1917 a 1919 bajo un dictador militar y otro durante su Guerra Civil en 1948-49. En 1949, después de la Guerra Civil, se adoptó una nueva constitución en la que se prohibió el establecimiento de un ejército nacional. Sólo hay una Guardia Nacional con cuatro mil miembros y la Guardia de Asistencia Rural con tres mil miembros no profesionales.

Debido a este estado de paz, Costa Rica ha concentrado sus esfuerzos en la educación de sus ciudadanos. Así, esta nación goza de uno de los más altos índices de alfabetismo de Latinoamérica. También Costa Rica ha contribuido internacionalmente para lograr la paz en Centroamérica, especialmente su ex-presidente Óscar Arias. 11 Éste recibió el Premio Nóbel de la Paz en 1987, por su esfuerzo en traer la paz a los países de Centroamérica.

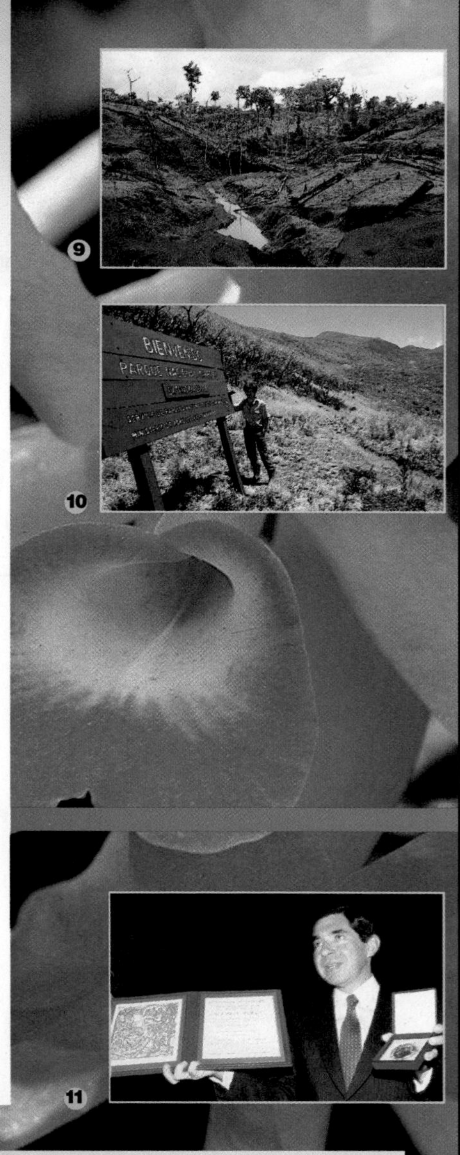

9

10

11

Verifiquemos

1. Prepara un esquema como el que sigue y compara Costa Rica a EE.UU. en las áreas indicadas.
2. ¿Crees que es importante que Costa Rica haya establecido un sistema de parques nacionales para proteger los bosques tropicales? ¿Por qué?
3. ¿Qué podrías hacer tú para protegerlos?

Costa Rica	Estados Unidos
1. gobierno	1. gobierno
2. geografía	2. geografía
3. educación	3. educación
4. ejército	4. ejército

Verifiquemos

1 Costa Rica
1. gobierno: fuerte tradición democrática
2. geografía: gran variedad de terreno
3. educación: alto índice de alfabetismo
4. ejército: no tiene ejército, sólo una guardia civil

Estados Unidos
1. gobierno: fuerte tradición democrática
2. geografía: gran variedad de terreno y climas
3. educación: alto índice de alfabetismo
4. ejército: tiene ejército, marina, guardia civil, etc.

2 Las respuestas van a variar.
3 Las respuestas van a variar.

OBJECTIVES

Communicative Goals

- Asking for and giving directions
- Exchanging information

Culture and Reading

- **Para empezar**
  El rico
- **Nuestra lengua**
  Los "ticos"

Structure

- 6.3 Present perfect tense
- 6.4 Double object pronouns: 3rd person

ACTIVE VOCABULARY

Acampar
armar
carpa
camino
cueva
hielera
linterna
milla
morirse de miedo
oscuro(a)
puma
sitio

Participios
abierto
descubierto
dicho
escrito
hecho
muerto
puesto
resuelto
roto
visto
vuelto

Verbos
dibujar
pesar
sobresalir

Palabras y expresiones
refugio
sospechoso(a)

LECCIÓN 2

He oído de «La cueva».

ANTICIPEMOS

¿Qué piensas tú?

1. ¿De qué es el mapa? ¿Puedes describir el área? ¿Es un desierto? ¿Hay montañas? ¿playas? ¿lagos? ¿Qué se puede hacer en este lugar? ¿Cómo lo sabes?
2. Si tú estuvieras en la entrada a este lugar, ¿qué dirías para dirigir a alguien al primer campamento número 1? ¿al número 7? ¿a los servicios más cercanos? ¿al comienzo del camino Pine Tree? ¿al camino para personas en sillas de ruedas?
3. ¿Qué busca el hombre en el dibujo? ¿Dónde ha buscado ya?
4. ¿Dónde sugieres que busque? ¿Por qué?
5. Cerca de donde tú vives, ¿adónde puede ir una familia a pasar el fin de semana? ¿Cuál es el atractivo de ese lugar?
6. ¿Conoces algunos cuentos, leyendas o misterios relacionados a algún lugar cerca de donde vives tú? Si conoces alguno, cuéntaselo a la clase.
7. ¿Qué crees que vas a aprender a hacer y decir en esta lección?

Purpose To focus students on the language and functions to be reviewed and practiced in the lesson—giving directions, listing things that have happened—and to ask students to identify and describe recreational facilities in their area. Also, to get students to recall local stories and legends they have heard about their region.

Suggestions Use the photo, map and drawing to introduce the lesson content. Encourage students to use Spanish whenever possible to respond to the ***¿Qué piensas tú?*** questions, but allow English where ideas may be more complex or vocabulary may be unknown. Summarize responses in Spanish, using comprehensible input techniques to clarify your language where necessary.

ANTICIPEMOS

¿Qué piensas tú?

Answers

1 Es un mapa del campamento Aguirre Spring. Está en el sur de Nuevo México en las montañas cerca de Las Cruces y El Paso, Texas. No hay playas porque está en el desierto. Tampoco hay lagos. Se puede acampar, escalar montañas y montar a caballo. Hay campamentos para una familia, para grupos y para personas en sillas de ruedas. Parece haber más fáciles senderos (de cemento) y otros no tan fáciles. "Trailhead Parking" implica que de allí empiezan varias excursiones de mochila. Toda esta información viene del mapa.

2 Para llegar al campamento número 1, sigue derecho y dobla a la derecha en la primera oportunidad. Sigue derecho en ese camino hasta llegar al primer estacionamiento a la izquierda. Estaciona allí y camina al campamento número 1 que es el tercero a la izquierda del estacionamiento. Para llegar al número 7. . . Para llegar al sendero "Pine Tree" . . . Para llegar al camino para personas en sillas de ruedas . . .

3 Busca sus anteojos. Ya ha buscado encima del televisor, en el sofá y en la credencia/el estante.

4 Debe buscar debajo del periódico, en la mesita, al lado del teléfono, en la silla, en el cesto, etc. Todos son lugares donde uno con frecuencia olvida los anteojos.

5 Las respuestas van a variar. Los alumnos deben pensar en lugares para acampar, pescar, ir de excursión, parques de diversiones, lugares históricos, etc.

6 Las respuestas van a variar. Los mitos urbanos y cuentos de fantasmas son comunes en todas partes.

7 **Van a aprender a dar direcciones y a describir dónde están ciertas cosas. También hablarán de lo que ha pasado recientemente.**

PARA EMPEZAR

Comprehension Checks

A complete set of **Comprehension Checks** is available on cards in the Teacher's Resource Package.

Suggestions Act out the typical melodrama characters, pointing them out in the drawings. Equate: **malvado/malo; índole/tipo; lleva su merecido/recibe lo que merece**. Point out all the young man's possessions: **propiedades**. Draw a large circle representing the region. Shade in the bigger part and identify it as all belonging to him: **dueño de la mayor parte**. List all the things he has: **casa, tierras, animales, dinero; era joven, fuerte, bello, de buena salud, . . .** Explain that he wants/needs a wife: **esposa**.

1 ¿De dónde viene este cuento?

2 . . .

Suggestions Draw a road. Show where the poor man lives, down the road from the rich man: **camino abajo**. Explain: **El pobre no tenía bastante dinero. Hace unos años, tuvo que pedirle dinero al rico. El rico le prestó el dinero. Ahora el rico quiere a la hija del pobre o todo su dinero.**

1 ¿Dónde vivía el otro hombre? ¿camino abajo, a una larga distancia? ¿camino abajo, a una corta distancia?

2 . . .

Suggestions Explain: **El rico quería casarse. Ha considerado otras muchachas, pero ha decidido casarse con . . .** Act out the girl's refusal, the rich man's anger. Equate: **yo he determinado/yo he decidido**. Point to the characters: father, rich man, daughter. Gesture for **dar.** Simplify: **Si ella no se casa conmigo, les voy a quitar. . . /No les voy a permitir que vivan aquí.**

1 ¿Adónde va el rico? ¿a visitar a su madre? ¿a visitar a don Gonzalo?

2 . . .

PARA EMPEZAR

Escuchemos un cuento de Nuevo Méxic

1

Este cuento, que nos viene del norte de Nuevo México, tiene sabor de un melodrama típico — con un rico malvado, un honesto hombre pobre y una bellísima y virtuosa heroína. Y como en todos los cuentos de esta índole, el malvado lleva su merecido.

Hace muchos años, en un pueblito tranquilo, vivía un joven que era dueño de la mayor parte de las propiedades de la región. También se le consideraba ser el hombre más rico del país. La gente lo llamaba "el rico". Lo único que le faltaba era una esposa.

2

Camino abajo, a una corta distancia, vivía otro hombre llamado don Gonzalo. Don Gonzalo le debía al rico una cantidad considerable de dinero.

3

Un día, el rico fue a visitar a don Gonzalo y le dijo, "He decidido casarme con tu hija, la bella Angelita". Pero antes de poder contestar don Gonzalo, Angelita reaccionó diciéndole a su padre, "¡Yo también he decidido! No tengo ninguna intención de casarme con este malvado". El rico se puso furioso y le dijo a don Gonzalo, "Pues, yo he determinado que, si no me da la mano de su hija, les voy a quitar la casa y el terreno".

Purpose This section develops active listening comprehension skills and introduces students to cultural insights through another New Mexican story. In this story, a pompous and egocentric rich man gets his comeuppance when his servants and neighbors follow his directions to the letter, with unexpected results. Students will hear many examples of the language used to

Cuando Angelita y su padre trataron de razonar con el rico, él reaccionó diciendo, "¿No han oído lo que he dicho? Yo pienso tomar lo que legítimamente es mío. Van a perder su ranchito y tendrán que vivir en la calle con los mendigos". Don Gonzalo se puso muy triste. No quería perder lo poco que tenía. Se vio obligado a firmar unos papeles en los que daba su consentimiento.

El día de la boda, el rico andaba algo nervioso. Quería tener una boda perfecta para impresionar a su nueva esposa. Él llamó al criado encargado de los otros criados y le preguntó, "¿Han hecho todo lo que les dije? Éste le contestó, "Sí, señor. Hemos limpiado la casa del techo al sótano y hemos preparado el cochinillo asado. Y sí, la costurera ha hecho un hermosísimo túnico de novia y un velo".

Luego, el rico llamó a una criada y le dio una larga lista de instrucciones. La pobre muchacha salió volada e hizo exactamente lo que le pidió el rico.

4

Suggestions Explain: **Don Gonzalo y su hija suplicaron** (gesture), **y explicaron que no tenían el dinero** (quote their words). Gesture to ear: **no han oído**. Repeat what the rich man said: **He dicho, si . . .** Gesture taking: **tomar lo mío**. Equate: **Yo pienso/Es mi intención**. Point out cognate nature of **legítimamente**. **Van a perder/No van a tener**. Act out begging, panhandling: **mendigos**. Look sad. Gesture to show how little they have. **Se vio obligado/Tuvo que**. Act out signing. Point to the father signing. **Daba su consentimiento/Decía que sí**.

1 ¿Suplicaron don Gonzalo y su hija?
2 . . .

5

Suggestions Demonstrate rich man's nervous pacing: **andaba algo nervioso**. Point out the servants: **criados**. Identify **el jefe de los criados**. Count off each task the servants have done. Draw a house. Point out the roof and the ground: **del techo al sótano**. Point out the roast pig: **cochinillo asado**. Point out the seamstress and the veil: **costurera, túnico y velo**.

1 ¿Cómo estaba el rico el día de la boda? ¿tranquilo? ¿nervioso?
2 . . .

6

Suggestions Point out the servant girl. Point out his list. Mime her rushing around: **volada/rápidamente.** Emphasize **exactamente**.

1 ¿A quién llamó el rico? ¿otra vez al jefe de los criados? ¿a un criado? ¿a una criada?
2 . . .

give directions and to talk about things that have happened or have been done. The ***Para empezar*** section provides comprehensible language without translation. It is not meant for memorization or mastery. It develops listening comprehension and introduces the lesson structures in context.

Suggestions Have students close their books while you narrate each section using overhead transparencies and comprehensible input techniques to clarify meaning without translation. Break longer sentences into shorter utterances, pointing to elements of each drawing, acting out, demonstrating, gesturing to clarify meanings. Ask frequent **Comprehension Checks** to confirm understanding as you progress through the story.

7

Suggestions Remind students: Don Gonzalo's house and lands really belong to the rich man. Also, don Gonzalo has signed the paper that says Angelita will marry him. Equate: **lo que le pertenece legalmente/lo que es oficialmente de él; le debía/tenía que pagarle**. Explain that the donkey is worth some money.

1. ¿Adónde fue la criada primero? ¿a la cocina? ¿al pueblo? ¿a la casa de don Gonzalo?
2. ¿Qué le dijo la criada a Angelita? "¿Mi patrón me ha mandado por usted?" "¿Mi patrón me ha mandado por lo que le pertenece legalmente?"
3. . . .

8

Suggestions Explain that it is time for the ceremony: **era tiempo de empezar**. The head servant hasn't seen the bride yet. Draw two stick figures to represent the two servants talking. They are outside the room where the bride waits. Emphasize the servant's word: **exactamente**. Point out servant with donkey. Gesture to show she opened the door and had the donkey come in: **he metido lo que legalmente . . .** Emphasize that it is the servants' door, and explain that the rich man didn't want anyone to see her: **para que nadie la vea**. Point to the servant leading the donkey upstairs. Point to her dressing the donkey in the bridal veil. Repeat the phrase **lo que legalmente le pertenece al patrón** with each of the things she did. Gesture to show the man telling the servant to bring the bride: **le gritó que bajara con su novia**. Say that the bride is ready now. Point cut the servant leading the donkey down the stairs.

1. ¿Qué hora era? ¿la hora de acostarse? ¿la hora de almorzar? ¿la hora de la boda?
2. ¿Ha visto a la novia el criado encargado de los otros criados?
3. . . .

7
Primero, fue a la casa de Angelita y le dijo, "Mi patrón me ha mandado por lo que le pertenece legalmente". Como Angelita sabía que su padre le debía mucho dinero al rico, decidió empezar a pagarle por mandarle su burra.
8
Cuando ya era tiempo de empezar la celebración y la novia todavía no llegaba, el criado encargado de los otros fue a hablar con la criada. Ésta le dijo, "He hecho exactamente lo que el patrón pidió. He metido lo que legalmente le pertenece al patrón por la puerta de los sirvientes para que nadie la vea".
"La he subido a la alcoba en el piso de arriba".
"La he vestido con el túnico y el velo de novia".
"Y ya está lista para llevarla a la sala de baile". En ese instante le gritó el rico a la criada que bajara con su novia. Claro, la criada sacó a la burra del dormitorio donde estaba y la llevó al baile.
9
Toda la gente se reía a carcajadas. Había algunos que estaban desmorecidos de risa. El rico se sentía como un idiota y no volvió a molestar a Angelita.
298 doscientos noventa y ocho

9

Suggestions Point out the people laughing: **se reía a carcajadas/se reía muchísimo; estaban desmorecidos de risa/estaban casi muertos de risa**. Act out rich man's embarrassment. Point out Angelita and her father. Equate: **no volvió a molestar/no causó más problemas.**

1. ¿Cómo reaccionó la gente? ¿Estaban muy serios todos? ¿Se reían del rico?
2. ¿Cuánto se reían? ¿sólo un poco? ¿mucho? ¿muchísimo? ¿a carcajadas? ¿Estaban desmorecidos de risa?
3. . . .

¿QUÉ DECIMOS...?

La primera noche en un campamento

1 ¿Por dónde vamos ahora?

Por fin llegamos.
¿Por dónde vamos ahora, Daniel?
Según este mapa, hay tres sitios distintos.
Para llegar al primero, hay que doblar a la derecha por el primer camino. Para el segundo y el tercero, sigue derecho en el camino principal. El primero parece el sitio más popular. Hay más de treinta lugares.
Bueno, vamos al primero, entonces. ¿Está bien?

2 Ayúdame a armar la carpa.

Daniel, ¿has visto las zanahorias y el apio?
Sí, creo que están en la hielera.
¿Te los traigo?

Purpose This **fotonovela** section introduces students to the language and functions to be developed and practiced in the lesson—giving directions to a location, describing the location of something, and saying what has been done—and prepares them for practice in the context of natural conversation. Students should not be expected to memorize or master all utterances. Listening comprehension and early production of key vocabulary and structures are the goals.

Suggestions Have students close their books while you narrate each **fotonovela** segment, identifying characters and their relationships, and describing their activities. Ask **Early Production Checks** frequently to confirm understanding and develop accurate pronunciation of key elements. Act out the dialogue between the characters.

¿QUÉ DECIMOS...?

18:17–23:56

Side 3, 33651 to 43783

Using the video See page 281.

Early Production Checks

A full set of **Early Production Checks** is available on cards in the Teacher's Resource Package.

1 18:27

¿Por dónde vamos ahora? Point out the map. Explain: **sitios distintos/lugares diferentes donde pueden acampar**. Trace the route as Daniel describes them. Refer students to the map on page 294.

1. ¿Adónde llegan los Galindo?
2. ¿Qué quiere saber el señor Galindo?
3. ¿Cuántos sitios distintos hay?
4. . . .

Side 3, 33914 to 36174

2 19:42

Ayúdame a armar la carpa. Point out and explain that they have chosen a campsite. They are unloading the car. Draw or show pictures and identify: **zanahorias, apio**. Point out the cooler in the second to last photo: **la hielera**. Point to eyes to communicate seeing: **has visto**. Act out bringing them to Martín: **los traigo**. Act out bringing the cooler. Compare heavy and light things in the classroom: **pesa mucho**. Point out the lantern on the table: **linterna**. Gesture for **ven acá.** Gesture to communicate **armar la carpa**.

1. ¿Han seleccionado un lugar?
2. ¿Desempacan el carro?
3. ¿Qué busca Martín?
4. . . .

Side 3, 36189 to 38970

Mejor tráeme toda la hielera y así no te molesto más.
Pero, Martín, pesa mucho.
¡Qué va, hijo! Llévasela y ya.
Ah, también, pon la linterna ahí encima de la mesa.
¿Algo más?
Daniel, ven acá. Ayúdame a armar la carpa.

3 Vamos a «La cueva».

Bueno, hijos, ¿qué vamos a hacer mañana?
¡Papá! ¿Te has olvidado? Vamos a «La cueva».
Ah, sí. Se lo prometí a ustedes. He oído hablar de la cueva, pero realmente no recuerdo los detalles.
Es un sitio arqueológico. En la escuela hicimos una excursión al museo de la universidad y nos enseñaron unos artefactos que descubrieron allí.

3 21:15

Vamos a "La cueva".

Explain: **ha olvidado/no recuerda**. Remind students of the cave with the spider web in Unit 5, Lesson 2: **la cueva**. Explain: **se lo prometí/hizo una promesa**. Point out cognate nature of **arqueológico**. Demonstrate showing. Explain: **varias/diferentes**.

1 ¿Qué quiere saber el padre?
2 ¿Adónde van?
3 ¿Quién lo ha olvidado?
4 ...

Side 3, 38986 to 40608

4 Casi me muero de miedo.

4 22:10

Casi me muero de miedo.
Equate: **universitarios/estudiantes en la universidad; ya había oscurecido/se hizo noche**. Act out looking for cave while holding up lantern, entering cave carefully. Act out fear, nervousness. Equate: **de repente/de pronto; lo único que vieron/sólo vieron; puma/gato salvaje**. Act out turning around and running away. Act out Daniel's facetiousness. Act out the puma creeping around. Explain: **Yo estaba bromeando/Yo decía cosas para hacerte reír**.

1. ¿Cuándo tuvo lugar el cuento de Daniel?
2. ¿Quiénes vinieron a la cueva?
3. ¿Por qué vinieron a la cueva?
4. ...

Side 3, 40626 to 43783

CHARLEMOS UN POCO

A. PARA EMPEZAR . . .
Allow 2–3 min for students to work out correct order in pairs. Then call on several pairs to give the correct order. Have class confirm each response.

1 "He hecho exactamente lo que el patrón pidió". (3)
2 "He metido lo que legalmente le pertenece al patrón por la puerta de los sirvientes para que nadie la vea". (1)
3 "La he subido a la alcoba en el piso de arriba". (4)
4 "La he vestido con el túnico y el velo de novia". (5)
5 "Y ya está lista para llevarla a la sala de baile". (2)

B. ¿QUÉ DECIMOS . . .?
Have students do in pairs with books open. Then call on individuals. Have class confirm each answer.

1 Papá
2 Daniel
3 Martín
4 Martín
5 Martín
6 Papá
7 Papá
8 Papá
9 Martín
10 Daniel
11 Daniel
12 Martín

CHARLEMOS UN POCO

A. PARA EMPEZAR . . . Pon en orden lo que dijo la criada cuando el criado encargado le preguntó si había seguido las instrucciones que le dio el patrón.

1. ''He metido lo que legalmente le pertenece al patrón por la puerta de los sirvientes para que nadie la vea''.
2. ''Y ya está lista para llevarla a la sala de baile''.
3. ''He hecho exactamente lo que el patrón pidió''.
4. ''La he subido a la alcoba en el piso de arriba''.
5. ''La he vestido con el túnico y el velo de novia''.

B. ¿QUÉ DECIMOS . . .? ¿Quién dijo estas cosas: Daniel, Martín o papá?

Daniel

Martín

Papá

1. ''Por fin llegamos. ¿Por dónde vamos ahora?''
2. ''Hay que doblar a la derecha por el primer camino''.
3. ''¿Has visto las zanahorias y el apio?''
4. ''Mejor tráeme toda la hielera y así no te molesto más''.
5. ''Ah, también, pon la linterna ahí encima de la mesa''.
6. ''Ven acá. Ayúdame a armar la carpa''.
7. ''¿Qué vamos a hacer mañana?''
8. ''He oído hablar de la cueva, pero realmente no recuerdo los detalles''.
9. ''En la escuela hicimos una excursión al museo de la universidad''.
10. ''Pues, yo he oído otras cosas de la cueva''.
11. ''Lo único que vieron en lo oscuro de la cueva fueron los ojos brillantes de un puma''.
12. ''Casi me muero de miedo''.

Purpose These activities provide guided practice to students beginning to ask for and give directions and exchange information. It is not necessary to do all the activities in this section once students have demonstrated mastery of these functions.

C. ¿Por dónde vamos? La familia Galindo está en ''Aguirre Spring Campground''. Quieren visitar «La cueva» y almorzar allí. ¿Qué direcciones reciben? Pon las direcciones en orden cronológico según el mapa.

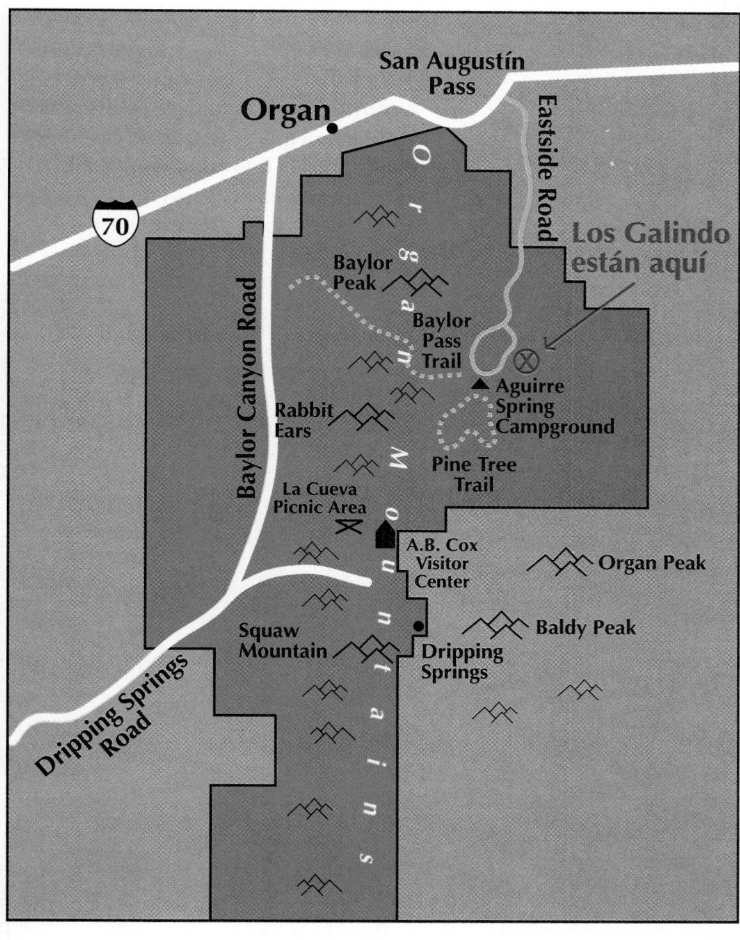

1. Entonces, doblen a la izquierda en el camino Baylor Canyon.
2. Doblen a la izquierda y sigan adelante unas millas.
3. Luego, doblen a la izquierda y sigan unas dos millas más y allí están las mesas.
4. «La cueva» está detrás de las mesas.
5. Pasando el pueblo de Organ, sigan una milla más.
6. Salgan por el camino principal del campamento y regresen a la carretera 70.
7. Sigan todo derecho unas seis millas hasta llegar a otro camino.

REPASO

Giving directions

Dobla a la derecha (izquierda).
Sigue derecho.
Camina media (una, dos, . . .) cuadra(s).
Toma el autobús (metro, tren).
Pasa por el parque.
Cruza la calle.

C. ¿Por dónde vamos?
Allow 2–3 min for students to work out correct order individually. Then have them decide on correct order in groups of three or four. Call on one group to give you correct order and have class confirm it.

1 Salgan por el camino principal del campamento y regresen a la carretera 70. (6)
2 Doblen a la izquierda y sigan adelante unas millas. (2)
3 Pasando el pueblo de Organ, sigan una milla más. (5)
4 Entonces, doblen a la izquierda en el camino Baylor Canyon. (1)
5 Sigan todo derecho unas seis millas hasta llegar a otro camino. (7)
6 Luego, doblen a la izquierda y sigan unas dos millas más y allí están las mesas. (3)
7 "La cueva" está detrás de las mesas. (4)

CH. ¿Cómo llego? Have students practice saying how to get from the airport to #1, from #1 to #2, from #2 to #3, etc. Allow 3–4 min. Then call on individuals to repeat directions for class. The following are sample directions.

From #1 (hotel) to #2 (heladería)
Sal del hotel por el Paseo de la Justicia. Dobla a la izquierda y camina media cuadra. Dobla a la derecha en la Avenida de las Flores. Camina una cuadra y la heladería está en la esquina a la derecha.

From #2 (heladería) to #3 (cine)
Sal de la heladería y cruza la Avenida de las Flores. Sigue en la Calle de la Paz y el cine está a la izquierda.

From #3 (cine) to #4 (restaurante)
Sal del cine por la Calle de la Paz. Dobla a la derecha y camina hasta la Avenida de las Flores. Dobla a la izquierda. Camina una cuadra y dobla a la derecha en la Avenida de la Libertad. El restaurante está allí en la esquina.

From #4 (restaurante) to #5 (colegio)
Sal del restaurante por la Avenida de la Libertad. Dobla a la izquierda y camina hasta la Avenida de las Flores. Dobla a la izquierda. Camina una cuadra. Dobla a la derecha en la calle de la Paz. Sigue caminando media cuadra y el colegio está a la derecha.

From #5 (colegio) to #6 (almacén)
Sal del colegio por la Calle de la Paz. Dobla a la izquierda. Camina un poco y el almacén está a la izquierda.

From #6 (almacén) to #7 (correos)
Sal del almacén por la Calle de la Paz. Dobla a la izquierda. Camina hasta la Avenida de las Flores y dobla a la derecha. Camina una cuadra. Dobla a la derecha en el Paseo de la Justicia. Sigue caminando y en medio de la cuadra a la derecha está correos.

From #7 (correos) to #8 (café)
Sal de correos por el Paseo de la Justicia. Dobla a la izquierda. Camina media cuadra. Cruza la Avenida de las Flores. Sigue caminando en el Paseo de la Justicia. Casi al final de la calle, a la derecha, está el café.

CH. ¿Cómo llego? Estás en el aeropuerto de una nueva ciudad y necesitas direcciones para llegar a varios lugares. Pregúntale a tu compañero cómo llegar a los lugares indicados.

EJEMPLO hotel

Tú: **¿Puedes decirme cómo llegar al hotel?**

Compañero(a): **Sal del aeropuerto por la Avenida de la Libertad. Dobla a la derecha y camina media cuadra. Dobla a la izquierda en la Avenida de las Flores. Sigue dos cuadras y dobla a la izquierda en el Paseo de la Justicia. El hotel está a la derecha en la esquina.**

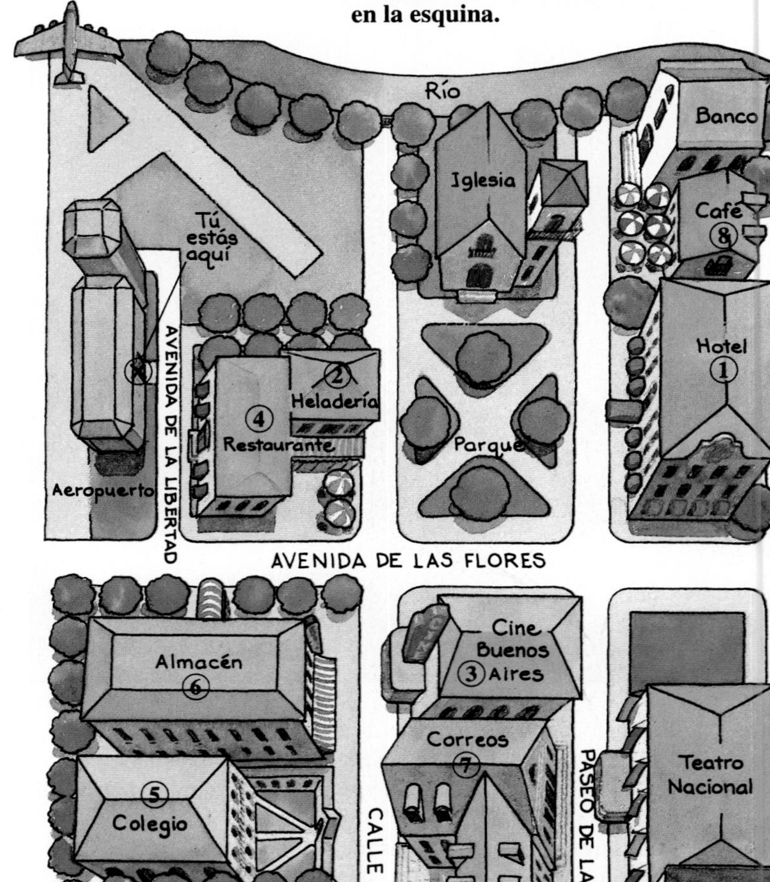

D. Quehaceres. Al volver de una excursión durante el fin de semana, tu madre o padre quiere saber los quehaceres que has hecho. ¿Qué te preguntan y qué les contestas?

MODELO limpiar la casa
Madre (Padre): **¿Ya limpiaste la casa?**
Tú: **Todavía no he limpiado la casa pero voy a hacerlo en seguida.**

1. lavar el carro
2. pasar la aspiradora
3. sacar la basura
4. limpiar los baños
5. cortar el césped
6. pasar un trapo
7. lavar los platos
8. preparar la cena

E. Para sobresalir, yo . . . ¿Qué han hecho tú y tus amigos para salir bien en la escuela este año?

MODELO Pedro y Mario: dormir ocho horas cada noche
Para sobresalir, Pedro y Mario han dormido ocho horas cada noche.

1. yo: leer todas las lecciones
2. Pepe y Hernando: responder a todas las preguntas
3. Federica: aprender los elementos químicos
4. Irma y yo: traer cosas interesantes a la clase
5. tú: asistir a todas las clases
6. tú y Constanza: comer un buen desayuno
7. nosotros: salir solamente los fines de semana
8. los hermanos Sánchez: pedir ayuda a los profesores

F. Ocupados. Estás de vacaciones en Centroamérica. Tu familia quiere saber qué han hecho tú y tus compañeros de viaje. ¿Qué les dices cuando les hablas por teléfono?

EJEMPLO **Yo he descubierto muchas cosas fascinantes.**

el guía	descubrir	mucha ropa nueva
yo	ponerse	unas películas
mi amigo(a) [. . .]	hacer	mucho ejercicio
todos nosotros	escribir	muchas cosas fascinantes
[. . .] y [. . .]	romper	un nuevo hotel
	ver	muchas cartas
		varios museos
		el brazo
		un tour de la capital

Present perfect tense: *-ar* verbs

he, has, ha, hemos, han } + **-ado** verb form

No **hemos comprado** los regalos todavía.
¿**Has estudiado** para el examen?

See **¿Por qué se dice así?,** *page G86, section 6.3.*

Present perfect tense: *-er* and *-ir* verbs

he, has, ha, hemos, han } + **-ido** verb form

No **he comido** todavía
¿**Has recibido** mi regalo?

See **¿Por qué se dice así?,** *page G86, section 6.3.*

Irregular past participles

abrir	**abierto**
decir	**dicho**
descubrir	**descubierto**
escribir	**escrito**
hacer	**hecho**
morir	**muerto**
poner	**puesto**
resolver	**resuelto**
romper	**roto**
ver	**visto**
volver	**vuelto**

Todavía no **han descubierto** al ladrón.
No **hemos visto** a Carlos.

See **¿Por qué se dice así?,** *page G86, section 6.3.*

D. Quehaceres. Allow students 2–3 min. Then call on various pairs to role-play each item for class.

1 ¿Ya lavaste el carro? *Todavía no he lavado el carro pero voy a hacerlo en seguida.*
2 ¿Ya pasaste la aspiradora? *Todavía no he pasado la aspiradora pero voy a hacerlo en seguida.*
3 ¿Ya sacaste la basura? *Todavía no he sacado la basura pero voy a hacerlo en seguida.*
4 ¿Ya limpiaste los baños? *Todavía no he limpiado los baños pero voy a hacerlo en seguida.*
5 ¿Ya cortaste el césped? *Todavía no he cortado el césped pero voy a hacerlo en seguida.*
6 ¿Ya pasaste un trapo? *Todavía no he pasado un trapo pero voy a hacerlo en seguida.*
7 ¿Ya lavaste los platos? *Todavía no he lavado los platos pero voy a hacerlo en seguida.*
8 ¿Ya preparaste la cena? *Todavía no he preparado la cena pero voy a hacerlo en seguida.*

E. Para sobresalir, yo . . . Call on individuals. Have class confirm each response.

1 Para sobresalir, yo he leído todas las lecciones.
2 Para sobresalir, Pepe y Hernando han respondido a todas las preguntas.
3 Para sobresalir, Federica ha aprendido los elementos químicos.
4 Para sobresalir, Irma y yo hemos traído cosas interesantes a la clase.
5 Para sobresalir, tú has asistido a todas las clases.
6 Para sobresalir, tú y Constanza han comido un buen desayuno.
7 Para sobresalir, nosotros hemos salido solamente los fines de semana.
8 Para sobresalir, los hermanos Sánchez han pedido ayuda a los profesores.

F. Ocupados. Call on individuals. Have class confirm each response. Sentences will vary.

El guía ha descubierto muchas cosas fascinantes.
Yo he visto varios museos.
Mi amigo Rubén se ha roto el brazo.
Todos nosotros hemos hecho un tour de la capital.
Gloria y Chela han visto unas películas.

G. Antes de salir. Have students do in pairs first. Allow 2–3 min. Then call on individuals.

1 Mi hermanita se ha levantado a las cinco y media.
2 Ana se ha lavado el pelo.
3 Mi papá se ha bañado.
4 Ana se ha lavado los dientes.
5 Yo me he afeitado.
6 Mi mamá se ha peinado.
7 Mi hermanita se ha vestido.
8 Ana y mi mamá se han pintado.

H. Mandón. Allow 2–3 min for pair work. Then call on various pairs to role-play each item for class.

1 Haz la tarea. *Ya la he hecho.*
2 Lee el libro de historia. *Ya lo he leído.*
3 Limpia tu cuarto. *Ya lo he limpiado.*
4 Pon la mesa. *Ya la he puesto.*
5 Lava el carro. *Ya lo he lavado.*
6 Barre el piso. *Ya lo he barrido.*
7 Saca la basura. *Ya la he sacado.*
8 Pasa un trapo a los muebles. *Ya lo he pasado.*

Present perfect tense and object pronouns

Object pronouns precede the auxiliary verb in the present perfect tense.

Te hemos escrito tres cartas.
Ellas no **nos** han llamado todavía.

See **¿Por qué se dice así?,** *page G86, section 6.3.*

G. Antes de salir. ¿Qué ha hecho cada miembro de la familia de Javier en preparación para su viaje a Miami?

yo

MODELO **Yo me he despertado a las cinco.**

1. mi hermanita

2. Ana

3. mi papá

4. Ana

5. yo

6. mi mamá

7. mi hermanita

8. Ana y mi mamá

H. Mandón. Tu hermano(a) mayor siempre te dice qué hacer cuando tú ya lo has hecho. ¿Cómo le contestas?

MODELO escribir tu composición
Hermano(a): **Escribe tu composición.**
Tú: **Ya la he escrito.**

1. hacer la tarea
2. leer el libro de historia
3. limpiar tu cuarto
4. poner la mesa
5. lavar el carro
6. barrer el piso
7. sacar la basura
8. pasar un trapo a los muebles

I. ¿A quién? Acabas de empezar tu nuevo puesto de camarero(a) pero a veces tienes problemas recordando quién pidió qué. ¿Qué les preguntas a los clientes?

MODELO carne: ¿señora o niños?
La carne, ¿se la sirvo a la señora o a los niños?

1. ensalada: ¿señorita o señor?
2. entremeses: ¿niños o todos?
3. pollo: ¿señora o niña?
4. arepas: ¿señorita o señor?
5. sopa: ¿señor o señora?
6. hamburguesa: ¿niño o niña?
7. papas: ¿niños o adultos?
8. postre: ¿señorita o señor?
9. el café: ¿señor o señora?
10. la tortilla española: ¿niña o señorita?

J. Llorón. Tú y tu hermano(a) están cuidando a un niño difícil. Cada vez que el niño necesita algo, tu hermano(a) quiere que tú lo hagas. ¿Qué te dice que hagas y cómo le contestas?

MODELO cantar una canción
Hermano(a): **Cántale una canción.**
Tú: **No quiero. Cántasela tú.**

1. contar un cuento
2. servir una taza de leche
3. traer sus juguetes
4. buscar un libro
5. dibujar unos animales
6. dar una banana
7. preparar su comida
8. hacer unas figuritas

K. ¿Qué pasó? Anoche hubo una tormenta y en las casas de muchos de tus amigos se cortó la electricidad. Hoy, todo el mundo quiere saber qué pasó en su telenovela favorita, *Vidas y sueños*. ¿Qué dicen cuando les preguntas cómo supieron lo que pasó?

EJEMPLO Manuel me lo explicó a mí.

yo	decir	a Manuel
Manuel	explicar	a ti
Irma	contar	a nosotros
nosotros	repetir	a Irma
tú		a Tomás y Paulina
ellos		a mí
Tomás y Paulina		a ellos

Double object pronouns: 3rd person

In sentences with two object pronouns, when both pronouns begin with the letter **l**, the first one (**le** or **les**) becomes **se**:

Yo le di el libro ayer.
↓
Yo ~~le~~ **lo** di ayer.
↓
Yo **se lo** di ayer.

¿**Se los** vendió?
Nosotros **se la** escribimos.

See **¿Por qué se dice así?**, *page G89, section 6.4.*

I. ¿A quién? Call on individual students. Have class confirm each response.

1 La ensalada, ¿se la sirvo a la señorita o al señor?
2 Los entremeses, ¿se los sirvo a los niños o a todos?
3 El pollo, ¿se lo sirvo a la señora o a la niña?
4 Las arepas, ¿se las sirvo a la señorita o al señor?
5 La sopa, ¿se la sirvo al señor o a la señora?
6 La hamburguesa, ¿se la sirvo al niño o a la niña?
7 Las papas, ¿se las sirvo a los niños o a los adultos?
8 El postre, ¿se lo sirvo a la señorita o al señor?
9 El café, ¿se lo sirvo al señor o a la señora?
10 La tortilla española, ¿se la sirvo a la niña o a la señorita?

J. Llorón. Allow 2–3 min for pair work. Then call on several pairs to role-play each item for class.

1 Cuéntale un cuento. *No quiero. Cuéntaselo tú.*
2 Sírvele una taza de leche. *No quiero. Sírvesela tú.*
3 Tráele sus juguetes. *No quiero. Tráeselos tú.*
4 Búscale un libro. *No quiero. Búscaselo tú.*
5 Dibújale unos animales. *No quiero. Dibújaselos tú.*
6 Dale una banana. *No quiero. Dásela tú.*
7 Prepárale su comida. *No quiero. Prepárasela tú.*
8 Hazle unas figuritas. *No quiero. Házselas tú.*

K. ¿Qué pasó? Allow 2–3 min to do in pairs first. Then call on individuals. Have class confirm each response. Sentences will vary.

Yo se lo dije a Irma.
Irma se lo repitió a Tomás y Paulina.
Tomás y Paulina nos lo contaron a nosotros.
Nosotros te lo dijimos a ti.
Tú se lo contaste a Manuel.
Manuel se lo explicó a ellos.
Ellos me lo repitieron.

CHARLEMOS UN POCO MÁS

A. Al salir de . . . Allow 4–5 min. Then call on individuals to tell you how to get to several of the places on each map.

B. ¿Qué han hecho? Allow 2–3 min for writing. Then have two pairs get together and compare their written descriptions. At the same time, send six individuals to the board to write one description each. Go over descriptions on board with class.

CHARLEMOS UN POCO MÁS

A. Al salir de . . . Tu profesor(a) va a darles a ti y a tu compañero(a) un plano de una ciudad. Tú necesitas ir a ciertos lugares indicados en tu mapa y tu compañero(a) necesita ir a otros lugares indicados en el suyo. Pídele direcciones a los lugares indicados y dile cómo llegar a los lugares donde él o ella quiere ir. Marquen la ruta a cada destinación empezando cada vez desde la casa.

B. ¿Qué han hecho? Mira los dibujos aquí. Con un compañero(a) decidan qué ha pasado en cada dibujo. Luego escriban una breve descripción para cada dibujo.

1. Marcos

2. Pámela, David y Juan

3. Linda y Marcela

4. Luis

5. yo

6. tú

Purpose These activities are designed to allow students to create with language as they ask for and give directions and exchange information.

C. ¡De veras! ¿Hay algo que quieres saber de alguna persona en la clase? Con un(a) compañero(a), prepara de ocho a diez preguntas para hacerle a una persona en la clase [hasta puede ser su profesor(a)] sobre lo que ha hecho en los últimos cinco años. Luego entrevisten a la persona.

EJEMPLO **¿Ha(s) visitado México?**
¿Ha(s) vivido en otro estado?

Dramatizaciones

A. ¿Dónde está? Tu compañero(a) quiere ir a varios lugares en tu pueblo pero no sabe dónde están. Dile cómo llegar allí cuando te pida direcciones específicas. Dramaticen esta situación.

B. He visitado a mi tía. Te encuentras con un(a) amigo(a) que no has visto desde hace dos años. Tú quieres saber qué ha hecho en los últimos dos años y tu amigo(a) quiere saber qué has hecho tú. Dramaticen esta situación.

C. ¡De veras! Allow students 2–3 min to prepare questions. While they prepare, check to see to whom they are addressing their questions. Then in groups of three or four, have them ask their questions to the appropriate persons. Students answering questions will not get to ask theirs.

DRAMATIZACIONES

A and B. Have half the class prepare **A** and the other half prepare **B.** Then in groups of eight (two pairs of **A**s and two pairs of **B**s) have them present their role plays to each other. Ask each group to select one role play to be presented to the class.

Purpose In these ***Dramatizaciones*** role plays, students ask for and give directions and exchange information about what they have done in the last two years. Encourage students to work without their books when performing their role plays.

IMPACTO CULTURAL
Nuestra lengua

Purpose This section provides additional reading practice as students learn about a special use of the diminutive in Costa Rica.

Antes de empezar

Through this brief introduction to the diminutive in Spanish, and by reflecting on various linguistic markers in their own language, students are prepared to identify a special use of the diminutive in Costa Rica.

Answers

A. Diminutivo. hermanito, primita, abuelitos, hermanitas, perrito, gatita

Afecto o cariño en inglés: Answers will vary. Students are likely to mention *mommy/daddy, opa/oma, nana, honey, sweetie,* etc.

B. ¡Es de Texas! Answers will vary. Students are likely to mention southern drawl, Massachusetts elongated vowels, eastern short vowels, etc.

IMPACTO CULTURAL
Nuestra lengua

Antes de empezar

A. Diminutivo. En español, usamos el diminutivo, es decir, la terminación **-ito(s)/-ita(s)**, para expresar afecto o cariño. Por ejemplo, decimos *abuelita* en vez de *abuela* y *perritos* en vez de *perros.* ¿Puedes dar el diminutivo de estas palabras?

hermano	prima	abuelos
hermanas	perro	gata

¿Cuáles son algunas maneras que tú usas en inglés para expresar afecto o cariño con tus familiares?

B. ¡Es de Texas! Con frecuencia podemos identificar el origen de unas personas por su habla. Por ejemplo, si una persona dice "you all" con frecuencia sabemos que son de Texas o por lo menos del suroeste. ¿Cuáles son otras marcas lingüísticas en inglés que identifican el origen de ciertas personas?

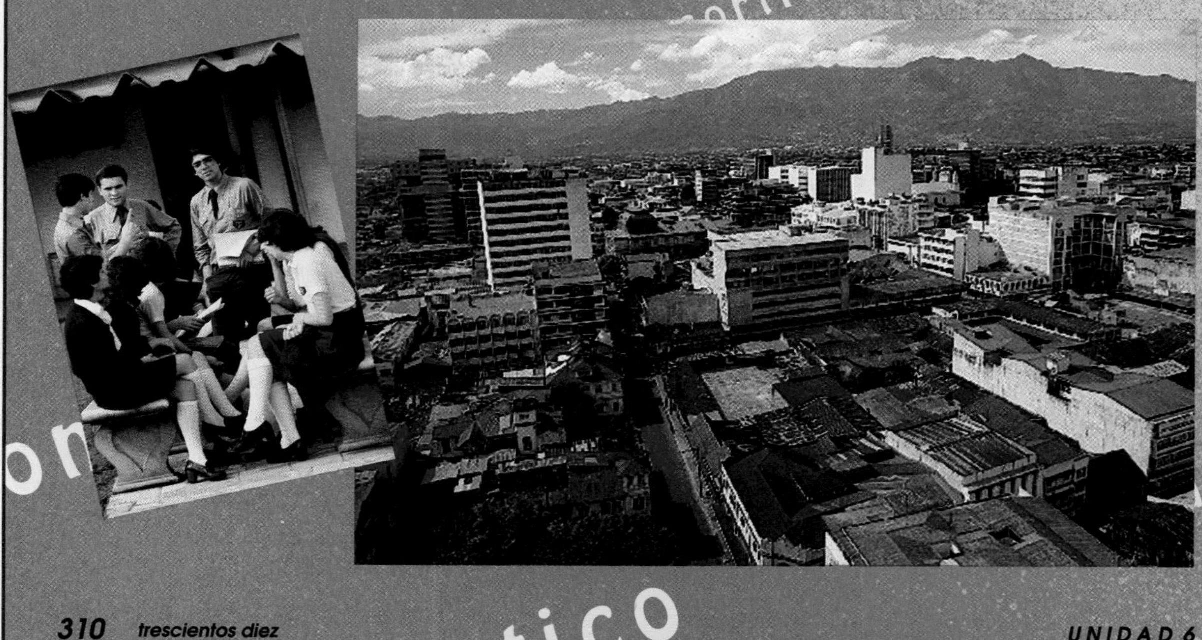

Los "ticos"

Dos muchachos conversan en el patio de un colegio de San José. Luis es de Costa Rica y Miguel es de Colombia.

Luis: **Miguel, ¿puedes esperarme un momentico? . . . porque todavía tengo que llamar a mi primo para desearle "feliz cumpleaños".**

Miguel: **Sí, perfecto. No hay problema. Dime, Luis, ¿por qué no vamos a cenar algo antes de la película?**

Luis: **¡Qué buena idea! Conozco un sitio chiquitico que queda muy cerca del cine. Sé que te va a gustar.**

Miguel: **¡¡Chévere!! Pero dime, Luis, ¿qué es eso del "tico"? ¿Es una costumbre nueva de todos los jóvenes aquí? Suena muy bien, eh.**

Luis: **¡Qué va, Miguel! ¿No sabes que en mi país todos somos "ticos"?**

quitico ratico raticos momentico

Verifiquemos

1. Luis usa dos palabras que le suenan un poco raro a Miguel. ¿Cuáles son? ¿Cuál es su significado?
2. ¿Es una nueva costumbre de todos los jóvenes en Costa Rica usar el "tico"? Explica tu respuesta.
3. ¿Qué diría Luis: poquito o poquitico, ratito o ratico, cortito o cortico? ¿Cómo lo sabes?
4. ¿Cuál es la regla que explica lo que dicen los costarricenses en comparación con el resto de los hispanohablantes?

Verifiquemos

Answers

1 momentico y chiquitico. Su significado es *momento* y *chiquito,* o pequeño.
2 No. Según Luis, todos los costarricenses usan el diminutivo "-tico".
3 Luis diría poquitico, ratico, cortico. Lo sabemos porque los costarricenses usan el diminutivo "-tico".
4 La regla es que en Costa Rica el diminutivo no se forma con "-ito" sino con "-tico".

OBJECTIVES

Communicative Goals

- Narrating past events
- Retelling a story
- Expressing opinions

Culture and Reading

- **Para empezar**
  Caipora, el Padremonte
- **Leamos ahora**
  Jorge Debravo: Poeta social
- **Estrategias para leer**
  Leer un poema

Writing

- **Escribamos ahora**
  Writing a poem
- **Estrategias para escribir**
  Escribir un poema

Structure

- 6.5 ***Repaso:*** Preterite and imperfect—Another look
- 6.6 Adjectives: Shortened form

ACTIVE VOCABULARY

Cuento
ermitaño
espanto(a)
prender un fuego
¡Qué susto!
ruido
señal

Palabras y expresiones
acostumbrado(a)
advertir
chistoso(a)

LECCIÓN 3

¡Qué susto!

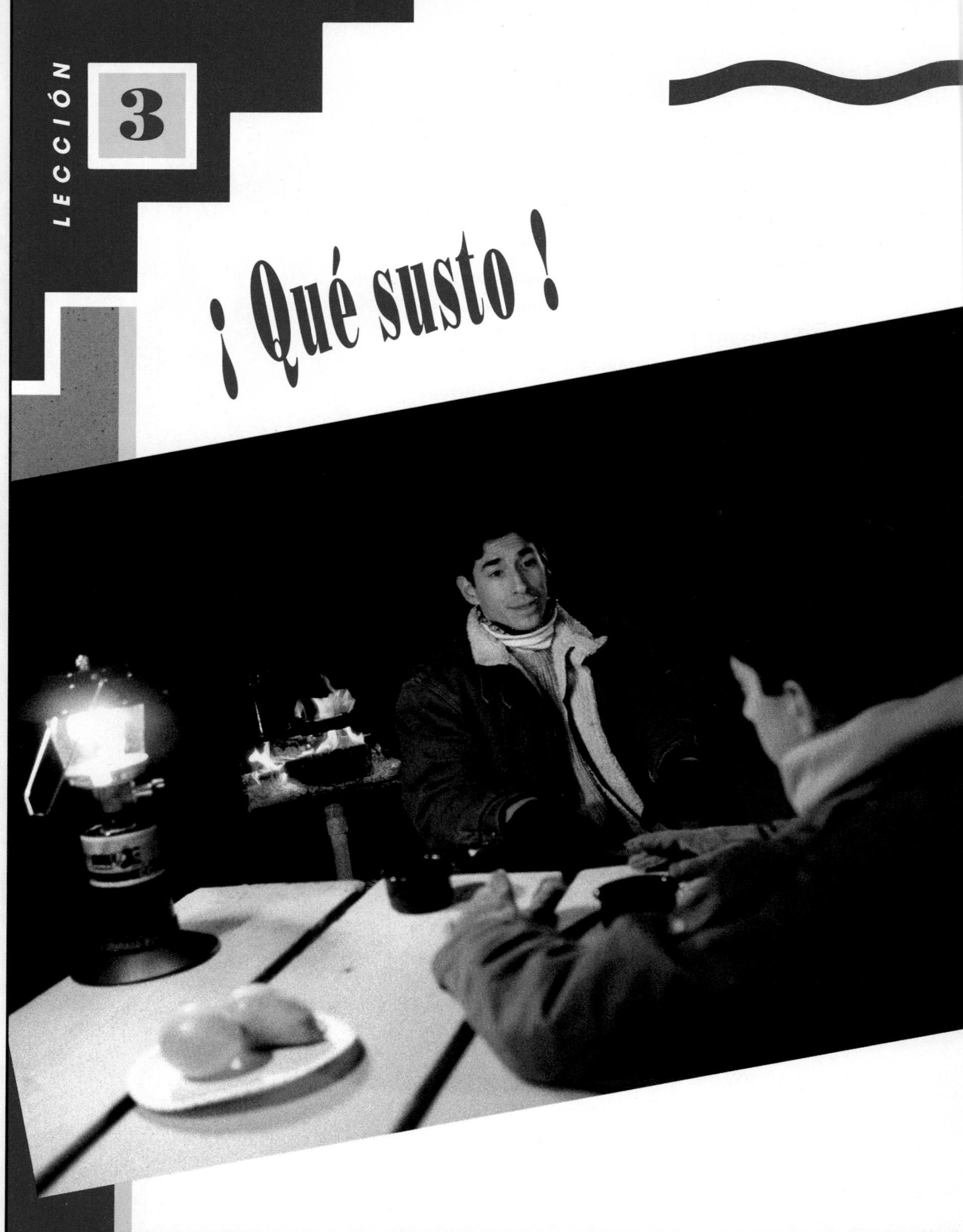

ANTICIPEMOS

¿Qué piensas tú?

1. Daniel le escribió una carta a un amigo, contándole lo que pasó en Aguirre Springs. ¿Qué crees que dice en su carta?
2. Si Martín escribe una carta describiendo el viaje a Aguirre Springs, ¿cómo va a variar su versión de la de su hermano? ¿de la versión de su padre?
3. Mira el dibujo ahora. ¿Qué pasó? ¿Qué está pasando ahora? ¿Quién creen los padres que es el culpable?
4. ¿Qué dice cada hijo para explicar su inocencia? ¿Quién crees tú que es el culpable? ¿Por qué?
5. ¿Has hecho algo ridículo alguna vez? ¿Cómo te sentiste? ¿Qué le dijiste a tus padres o a tus amigos cuando les contaste lo que te pasó?
6. ¿Qué crees que vas a aprender a decir y hacer en esta lección?

Purpose To focus students on the language and functions to be developed and practiced in the lesson—talking about what else was happening at a particular time in the past. To get students to consider how point of view might influence several peoples' accounts of the same incident.

Suggestions Use the photo and drawing to introduce the lesson content. Encourage students to use Spanish whenever possible to respond to the ***¿Qué piensas tú?*** questions, but allow English where ideas may be more complex or vocabulary may be unknown. Summarize responses in Spanish, using comprehensible input techniques to clarify your language where necessary.

ANTICIPEMOS

¿Qué piensas tú?

Answers

1 Guíe a los estudiantes con una serie de preguntas: ¿Qué hicieron en Aguirre Springs? ¿Quiénes fueron? ¿Qué hicieron en la cueva? ¿Qué pasó mientras Daniel contaba de un incidente en la cueva? ¿Qué oyeron? ¿Cómo reaccionaron al oír el ruido?

2 Guíe a los estudiantes a reconocer que los puntos de vista son diferentes. Daniel probablemente diría: "Yo le estaba contando un cuento espantoso a Martín cuando de repente oímos un ruido extraño. Yo sólo estaba bromeando pero . . ." La versión de Martín podría ser: "Daniel trató de asustarnos con un cuento de un puma. Mientras nos decía eso oímos un ruido espantoso. Daniel sólo bromeaba pero él se asustó bastante. Yo no me asusté". La versión del padre sería: "Los muchachos trataban de asustarse con cuentos de animales salvajes . . ."

3 El florero esta roto y el padre quiere saber quién es el culpable. Cada hijo está explicando lo que hacían cuando se rompió el florero. Los padres no saben a quién creer.

4 La joven: "No fui yo. Yo estaba hablando por teléfono cuando se rompió". El hijo mayor: "Yo no lo hice. Yo estaba haciendo la tarea cuando oí un ruido". El chico: "¡No fui yo! Yo andaba en mi bicicleta. Cuando llegué a casa, ya estaba roto". Tal vez crean que el gato lo hizo ya que se ve culpable y no ofrece ninguna excusa.

5 Las respuestas van a variar. Lo más probable es que digan que se sintieron ridículos y avergonzados. Tal vez le dijeron a sus padres o amigos algo como: Yo estaba . . . cuando . . . Me sentí muy . . .

6 **Van a aprender a describir algo que pasó mientras otras cosas ocurrían y a describir todas las circunstancias del momento.**

PARA EMPEZAR

Comprehension Checks

A complete set of **Comprehension Checks** is available on cards in the Teacher's Resource Package.

1

Suggestions Point out Brazil on a map. Equate: **poder/fuerza**. Gesture to indicate strength. List elements of nature: sun, wind, rain, plants, animals, etc.: **la naturaleza. Padremonte/padre de la montaña**. Write **5:00 AM** on the board. Identify Toño (without mustache) and Chico. **Monte/montaña**. Mime cutting: **cortaba**. Point out and identify firewood in #3: **leña**. **Era una belleza/era bellísimo**. Contrast bright/dark: **claro y oscuro**. Point out bushes and trees in drawings: **matas y árboles**. Point out birds, butterflies: **pájaros y mariposas**. Explain: **una bandada es un grupo**.

1 ¿De dónde viene este mito?
2 ¿Tienen todas las culturas mitos y fábulas para explicar la naturaleza?
3 . . .

2

Suggestions Point out branches: **ramas**. Contrast high and low: **bajas**. Explain: **lastimar/romper/matar**. Point out animals. Explain that they are safe with Toño. Point out trees lying on the ground, tree stump: **troncos**. Demonstrate breaking: **quebraba**. Point out Chico shooting, animals running away. Demonstrate aiming: **practicar puntería.**

1 ¿Cuáles ramas cortaba Toño? ¿todas las ramas? ¿las ramas más altas? ¿las ramas más bajas?
2 ¿Qué no quería hacer? ¿Proteger los árboles? ¿Matar los árboles?
3 . . .

PARA EMPEZAR

Escuchemos un mito brasileño

1

Parece que todas las culturas del mundo tienen mitos y fábulas para explicar el gran poder de la naturaleza. Éste es el caso en el mito brasileño: Caipora, el Padremonte.

Cada mañana, muy temprano, dos compadres — uno se llamaba Toño y el otro Chico — iban juntos al monte a cortar leña. El monte era una belleza: claro y oscuro, con matas y árboles de todo tipo . . . y además, el canto de pájaros y las bandadas de mariposas de colores brillantes.

2

Toño cortaba con cuidado las ramas más bajas, para no lastimar mucho a los árboles. Él siempre respetaba a todas las plantas y jamás molestaba a los muchos animalitos del bosque.

El compadre Chico cortaba troncos. Él no respetaba a la naturaleza. Quebraba ramas sin necesidad. Y a veces mataba un animal, sólo para practicar la puntería.

3

Un día, el compadre Chico no fue al monte. Toño entró solo en el bosque. Le pareció que todo era diferente. Los animales — todo el bosque en efecto — parecían estar inquietos y temerosos. Se oían ruidos extraños y se sentía un viento frío. Un gris oscuro y misterioso parecía predominar.

3

Suggestions Explain that only Toño went to the mountain this day. Act out worried, scared: **inquietos, temerosos**. Act out: **ruidos extraños**. Point out darkness in drawing.

1 ¿Quién no fue al monte ese día? ¿Toño? ¿Chico?
2 ¿Era lo mismo que en otros días? ¿diferente?
3 . . .

Purpose This section develops active listening comprehension skills and introduces students to cultural insights through a Brazilian myth. This story demonstrates that concern for the environment is not a new or exclusively American issue, as two woodcutters have very different encounters with a frightening forest creature—**el Caipora.** Students will hear many exam-

4
De repente, Toño vio en lo oscuro del bosque, una aparición espantosa. ¡Era el Caipora, el Padremonte! El leñador se quedó paralizado de miedo. Era enorme, verde de la cabeza a los pies. Tenía piernas fuertes y grandes, el cuerpo cubierto de pelos gruesos y brazos tan largos que casi tocaban el suelo. Tenía también cabeza de zorro y más horrible de todo, tenía los pies volteados con los dedos hacia atrás.
5
De pronto, Caipora preguntó, "Tienes una pipa ahí, muchacho?" "¿Pipa? ¿Yo?", contestó el leñador. "Sí, aquí en mi mochila". Y le dio al monstruo su pipa. Caipora agarró la pipa y se fue trotando. El leñador se secó el sudor de la frente y dijo: "¡Uf! Tengo que trabajar para olvidar esta experiencia".

6
Ese día el compadre Toño volvió con la carreta cargada de leña de la mejor calidad.

El día siguiente usó la leña como siempre, para fabricar carbón para vender en el pueblo. Cuando terminó el proceso, Toño decidió que sin duda esta leña produjo el mejor carbón que jamás había fabricado. Con este carbón, Toño muy pronto se hizo rico y no tuvo que ir más al bosque.

4

Suggestions Equate: **espantosa/horrorosa; leñador/un hombre que corta leña**. Act out paralyzed, fear: **paralizado de miedo**. Point out features of the creature as you describe them: **cubierto de pelos gruesos/tenía mucho pelo largo y denso**. Describe a fox: **zorro**. Point out creature's long nose, pointed ears. Point out feet facing backwards: **los pies volteados**.

1 ¿Qué vio Toño en lo oscuro del bosque? ¿a Chico? ¿un animalito tímido? ¿un monstruo horroroso?
2 ¿Quién era?
3 ¿Cómo reaccionó el leñador? ¿con calma? ¿rígido con terror?
4 ...

5

Suggestions Point out the pipe: **pipa**. Point out a backpack, bag: **mochila**. Act out giving it to the monster, the monster grabbing it: **agarró**; wiping away sweat from forehead: **se secó el sudor**. Explain: **No va a olvidar a Caipora, pero quizás quiera olvidarlo**.

1 ¿Qué quería el Caipora? ¿la leña del leñador? ¿su hacha? *(Draw or demonstrate an axe.)* ¿una pipa?
2 ¿Tenía Toño una pipa?
3 ¿Le dio al monstruo su pipa?
4 ...

6

Suggestions Point out the cart loaded with wood: **carreta cargada de leña**. Explain that it is more and better than usual: **de la mejor calidad**. Break down the longer sentences: Explain: **El leñador convierte leña en carbón. Vende el carbón en el pueblo. El carbón de Toño siempre es bueno pero éste es superior. Hace tanto dinero que no tiene que trabajar más.**

1 ¿Recogió Toño mucha leña ese día?
2 ¿Cómo era la leña que recogió? ¿como siempre? ¿normal? ¿de la mejor calidad?
3 ¿Qué hizo Toño con la leña? ¿Hizo un fuego para preparar su comida? ¿La vendió? ¿Fabricó carbón?
4 ...

ples of language used to describe the circumstances surrounding an incident and to talk about what was going on when a particular event occurred. The ***Para empezar*** section provides comprehensible language without translation. It is not meant for memorization or mastery. It develops listening comprehension and introduces the lesson structures in context.

Suggestions Have students close their books while you narrate each section using overhead transparencies and comprehensible input techniques to clarify meaning without translation. Break longer sentences into shorter utterances, pointing to elements of each drawing, acting out, demonstrating, gesturing to clarify meanings. Ask frequent **Comprehension Checks** to confirm understanding as you progress through the story.

7

Suggestions Point out and identify Toño and Chico. Equate: **supo/descubrió**. Explain what Toño said: **"Me encontré con un monstruo. Le di mi pipa. Creo que el monstruo me pasó su buena suerte. No estoy seguro".**

1 ¿Supo Chico de la buena fortuna de su compadre?
2 ¿Se puso envidioso?
3 . . .

8

Suggestions Explain that Chico was greedy: **codicioso/quería mucho dinero**. Chico wanted to meet Caipora and have the same luck as Toño. Point out that he is offering Caipora his pipe, a better pipe than Toño's: **una pipa muy elegante.** Act out his eagerness. Say: **Chico espera hacerse rico al darle su pipa al Caipora.**

1 ¿Quería Chico encontrar el Caipora?
2 ¿Por qué? ¿porque quería verlo? ¿porque quería tener buena suerte como Toño? ¿porque era codicioso? ¿porque quería que el Caipora le diera carbón?
3 . . .

Suggestions Point out the green sparks: **chispas**. Use a threatening, angry tone for Caipora's words. Paraphrase: **Tú matas los árboles. Tú matas los animales**. Act out, point out grabbing Chico: **lo agarró**.

1 ¿Cómo reaccionó el Caipora? ¿Estaba contento de ver a Chico? ¿Estaba furioso?
2 ¿Por qué se enfureció? ¿porque Chico era bondadoso con los animales? ¿porque Chico mostraba tanto respeto hacia el bosque? ¿porque Chico mataba los árboles y los animales?
3 . . .

Suggestions Point out ghost: **un espanto**. Demonstrate having head and feet backwards: **al revés**. Explain: **vaga/anda**. Remind students of the spirit in the haunted house in Unit 3, Lesson 3. Explain: **Su espíritu todavía vaga entre los árboles.**

1 ¿Qué apareció después de ese día? ¿un nuevo animal extraño? ¿un nuevo espanto?
2 ¿Cómo era ese espanto? ¿como un hombre normal? ¿como un esqueleto? ¿como un esqueleto normal? ¿como un esqueleto vuelto al revés?
3 . . .

7

Cuando su compadre Chico supo de la buena fortuna de su compañero, insistió en saber el secreto de su riqueza. Toño decidió no darle muchos detalles de su encuentro con el monstruo del bosque. Simplemente le dijo, "Pienso que mi suerte fue por causa del encuentro, pero no estoy seguro . . ."

8

Un buen día el compadre Chico se encontró con el Caipora. En seguida le ofreció una pipa muy elegante, casi gritando de codicia. "Caipora, ¿puedes darme carbón? Mira, te doy mi mejor pipa".

9

El Caipora se enfureció. De sus ojos salían chispas verdes de odio.

"¡Eres tú — el matador de árboles y de animales!" Luego el Padremonte agarró al codicioso del cuello.

10

Y desde ese día, apareció en el bosque un nuevo espanto: un hombre vuelto al revés que vaga entre los árboles como alma en pena.

¿QUÉ DECIMOS AL ESCRIBIR...?

Un cuento que nos contaron

Al regresar a casa, Martín les escribió una carta a sus primos en Monterrey, México.

Queridos primos:

Saludos de El Paso. Espero que todos estén bien. ¿Cómo está tía Gabriela? Mamá le manda recuerdos.

El fin de semana pasado mi papá, mi hermano y yo fuimos a Nuevo México a acampar en las montañas, los Órganos, cerca de Las Cruces. Nos divertimos muchísimo. Es un gran lugar para acampar. Ojalá algún día podamos ir allí todos juntos.

El segundo día fuimos a un sitio de excavaciones arqueológicas. Es una cueva que tiene una historia de siete mil años. Todo fue muy interesante, pero lo más fascinante fue lo que aprendimos sobre un señor del siglo pasado.

¿QUÉ DECIMOS...?

Early Production Checks

Ask questions frequently to be certain students understand context and characters. Accept short-phrase and sentence-fragment answers, but rephrase responses in sentences. Encourage students to elaborate answers and give details. Extend questions to elicit further details.

A full set of **Early Production Checks** is available on cards in the Teacher's Resource Package.

Párrafos 1, 2, 3

Explain: **mamá le manda.../mamá la saluda.** Use maps to point out locations. **Ojalá/espero**. Write **1800, 1900** on board. Explain that **1900 = el siglo presente**, **1800 = el siglo pasado**.

1 ¿A quiénes les escribió Martín esta carta?
2 ¿Dónde viven sus primos?
3 ¿Qué espera Martín?
4 . . .

Purpose This narrative section introduces students to the language and functions to be developed and practiced in the lesson—decribing the circumstances surrounding an incident in the past—and prepares them for practice in the context of a letter. Students should not be expected to memorize or master all elements. Reading comprehension and early production of key vocabulary and structures are the goals.

Suggestions Call on students to read aloud one paragraph at a time. Ask **Early Production Checks** frequently to confirm understanding and to develop accurate pronunciation of key elements. Use the photos and drawings and comprehensible input techniques to clarify any language the class does not understand.

Párrafos 4–5
Equate: **excéntrico/extraño**. Explain what an **ermitaño** is. Point out the hermit at the cave's entrance. Explain: **le advirtió/le dijo; no les hizo caso/no les prestó atención**. Explain that the people worried. Use repetition: **La gente insistió e insistió**. Explain: **para complacerlos/para satisfacerlos**. Point out the fire: **un fuego. Todos se alarmaron/se preocuparon**.

1 ¿Cómo era este señor?
2 ¿Cómo lo llamaba todo el mundo?
3 ¿Cómo vivía?
4 ...

Párrafos 6–7
Equate: **chistosa/cómica**. Act out drinking chocolate. Explain: **los dos pasamos/nosotros tuvimos; supimos/descubrimos**.

1 ¿Qué tiene que contar Martín ahora?
2 ¿Cuándo ocurrió este incidente?
3 ¿Qué estaban haciendo cuando ocurrió?
4 ...

Párrafo 8
Equate: **¿qué nos cuentan?/¿qué hay?**

1 ¿Qué quiere saber Martín?
2 ¿Cuándo deben sus primos escribirles?
3 ¿Qué les manda Martín a sus primos?

Era un señor bien excéntrico a quien todo el mundo llamaba el Ermitaño. Se pasó casi toda la vida viviendo solo en las montañas. Cuando el Ermitaño ya era viejo, se instaló en la cueva que visitamos.

La gente de Las Cruces le advirtió que era peligroso vivir solo allí, pero él no les hizo caso. Muchas personas del pueblo siguieron insistiendo hasta que, para complacerlos, dijo que iba a prender un fuego frente a la cueva cada noche para señalar que estaba bien. Una noche la gente del pueblo no vio la señal acostumbrada y todos se alarmaron. Al día siguiente salieron a buscarlo y lo encontraron muerto. Nadie sabe cómo murió, pero como te puedes imaginar, abundan las explicaciones.

Tengo que contarte una cosa chistosa que nos ocurrió la primera noche en el campamento. Después de cenar, mientras tomábamos chocolate, mi hermano nos empezó a contar otro cuento sobre esa misma cueva. Se trataba de un puma que vivía en la cueva y que una noche atacó a unos jóvenes universitarios.

El cuento era tan fantástico que yo sabía que él lo iba inventando. Sin embargo, los dos pasamos un gran susto cuando de repente, oímos unos ruidos extraños, como de un animal grande, cerca de nosotros. ¡Casi nos morimos de miedo! ¡Qué sorpresa llevamos cuando supimos que eran dos compañeras de clase! Ellas sabían que íbamos a estar allí, y vinieron al campamento con sus padres. Cuando oyeron a Daniel contar su cuento, decidieron asustarnos. ¡Qué malas!, ¿no?

¿Qué nos cuentan de nuevo? ¿Y cuándo vienen a visitarnos? Podemos ir a pasar la noche en « La cueva ». Escríbanos pronto.

Un fuerte abrazo de su primo,

Martín

CHARLEMOS UN POCO

A. **PARA EMPEZAR . . .** Pon estas oraciones en orden según el mito brasileño "El Caipora, el Padremonte".

1. Un día, Toño vio en lo oscuro del bosque, una aparición espantosa. ¡Era el Caipora!
2. Cuando su compadre Chico le ofreció su pipa, casi gritando de codicia, Caipora lo convirtió en un nuevo espanto: un hombre vuelto al revés.
3. El Caipora le pidió su pipa al leñador y éste se lo dio.
4. Con el carbón que fabricó de la leña que cortó ese día, Toño se hizo rico, y no tuvo que ir más al bosque.
5. Toño cortaba con cuidado para no lastimar mucho a los árboles. Su compadre Chico cortaba los troncos.
6. Tenía también cabeza de zorro y más horrible de todo, tenía los pies volteados con los dedos hacia atrás.
7. Dos compadres, Toño y Chico, iban siempre al monte a cortar leña.
8. Tenía piernas fuertes y grandes, el cuerpo cubierto de pelos gruesos y brazos tan largos que casi tocaban el suelo.

B. **¿QUÉ DECIMOS . . .?** Di si son ciertos o falsos estos comentarios sobre la carta que escribió Martín. Si son falsos, corrígelos.

1. Martín escribió una carta a sus abuelos en México.
2. Martín y su familia fueron a acampar a las montañas en Texas.
3. Lo pasaron bien.
4. La cueva que visitaron era muy vieja.
5. Muchas personas vivieron en «La cueva».
6. El Ermitaño llegó a la cueva cuando era joven.
7. El Ermitaño tenía miedo de vivir en la cueva.
8. Cada noche el Ermitaño les daba una señal a sus amigos.
9. El Ermitaño todavía vive en la cueva.
10. Daniel contó un cuento de espantos sobre la cueva.
11. Daniel y Martín se asustaron cuando oyeron los ruidos de un puma.
12. Dos compañeras de clase también fueron a acampar al mismo lugar.

Purpose These activities provide guided practice to students beginning to narrate past events, retell a story, and express opinions. It is not necessary to do all the activities in this section once students have demonstrated mastery of these functions.

CHARLEMOS UN POCO

A. **PARA EMPEZAR . . .**
Have students work in pairs while ordering the story. Then call on several pairs to give you the correct sequence one item at a time. Have class confirm each item.

1. Dos compadres, Toño y Chico, iban siempre al monte a cortar leña. (7)
2. Toño cortaba con cuidado para no lastimar mucho a los árboles. Su compadre Chico cortaba los troncos. (5)
3. Un día, Toño vio en lo oscuro del bosque, una aparición espantosa. ¡Era el Caipora! (1)
4. Tenía piernas fuertes y grandes, el cuerpo cubierto de pelos gruesos y brazos tan largos que casi tocaban el suelo. (8)
5. Tenía también cabeza de zorro y más horrible de todo, tenía los pies volteados con los dedos hacia atrás. (6)
6. El Caipora le pidió su pipa al leñador y éste se la dio. (3)
7. Con el carbón que fabricó de la leña que cortó ese día, Toño se hizo rico, y no tuvo que ir más al bosque. (4)
8. Cuando su compadre Chico le ofreció su pipa, casi gritando de codicia, Caipora lo convirtió en un nuevo espanto: un hombre vuelto al revés. (2)

B. **¿QUÉ DECIMOS . . .?**
Call on individuals. Have class confirm each response.

1. falso. Martín les escribió una carta a sus primos.
2. falso. Fueron a acampar a las montañas de Nuevo México.
3. cierto
4. cierto
5. falso. Sólo el Ermitaño vivió en "La cueva".
6. falso. Era viejo cuando se instaló en la cueva.
7. falso. El Ermitaño no tenía miedo de nada.
8. cierto
9. falso. Un día lo encontraron muerto en la cueva.
10. cierto
11. falso. Se asustaron cuando oyeron ruidos pero eran ruidos de las chicas.
12. cierto

C. En mi niñez. Call on individuals. Have class repeat each correct response for pronunciation practice with imperfect tense.

Yo subía a la montaña rusa.
Simón escuchaba música en la radio y bailaba.
Angelita tomaba helado.
Mamá leía una novela.
Abuelita y Mariano paseaban en bicicleta.
Papa y José corrían.
Abuelito dormía / descansaba.
Tío Rafa y tía Chucha jugaban tenis.

The imperfect

-ar	-er, -ir
-aba	-ía
-abas	-ías
-aba	-ía
-ábamos	-íamos
-aban	-ían

De niño, yo **estudiaba** mucho.
Nosotros **vivíamos** en San Antonio.
Yo siempre **me dormía** inmediatamente.

See **¿Por qué se dice así?**, *page G92, section 6.5.*

C. En mi niñez. Cuando Isabel era niña, siempre iba al parque con su familia en el verano. Según ella, ¿qué hacían allí?

EJEMPLO **Angelita tomaba helado.**

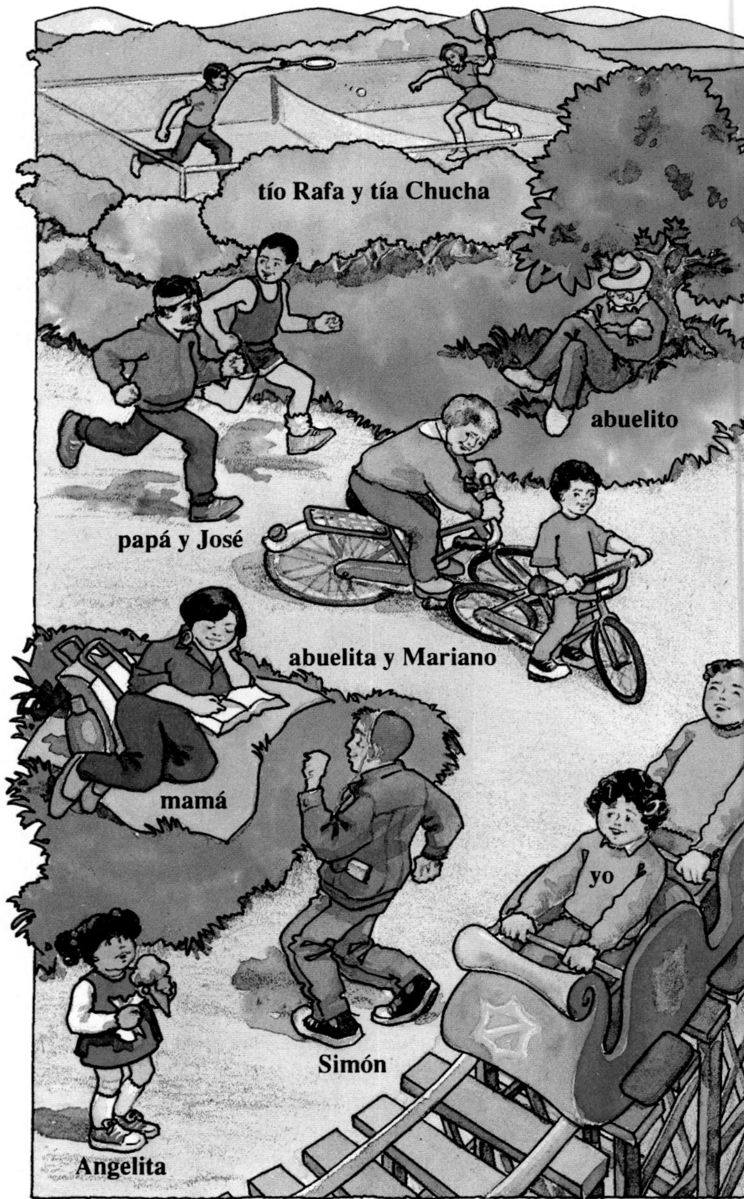

CH. El verano pasado. El año pasado, la familia de Rosario pasó las vacaciones en México. Según ella, ¿qué hicieron?

MODELO mis hermanos y yo: bailar en una discoteca
Mis hermanos y yo bailamos en una discoteca.

1. Simón: tomar el metro por primera vez
2. mamá y yo: comer en la Zona Rosa el último día en la capital
3. toda la familia: ver el Ballet Folklórico un domingo por la tarde
4. mi hermano: asistir a un partido de jai alai con papá
5. mis abuelos: visitar el Museo de Antropología un domingo por la tarde
6. papá y Angelita: comprar artesanías en Puebla
7. yo: subir al restaurante de la Torre Latinoamericana con mi tía
8. Simón y José: escuchar un concierto en la universidad
9. toda la familia: cenar en Coyoacán
10. José: ir al museo de Frida Kahlo

D. ¡Los Canguros! ¿Qué pasó ayer cuando tú y un(a) amigo(a) vieron a su grupo rock favorito? Para contestar, completa este diálogo.

Tú: ¡Imagínate! Ayer (vi / veía) a Los Canguros en persona.
Amigo(a): ¡En persona! ¿Dónde (estuvieron / estaban)? ¿Qué (pasó / pasaba)? ¿Dónde (estuviste / estabas)?
Tú: Pues, (fui / iba) de compras al centro comercial con mi hermano. Él (necesitó / necesitaba) unos zapatos nuevos y yo (quise / quería) comprar una camiseta.
Amigo(a): Sí, sí. Pero ¿dónde (encontraron / encontraban) a Los Canguros?
Tú: Pues, (fuimos / íbamos) a entrar en el almacén cuando de repente (oímos / oíamos) su música.
Amigo(a): Ay, ¿sí? Y, ¿qué (hicieron / hacían) ustedes entonces? ¿(Supieron / sabían) dónde buscarlos?
Tú: ¡Claro que sí! (Salimos / Salíamos) a buscarlos en seguida. (Estuvimos / Estábamos) muy emocionados y . . .
Amigo(a): ¡Por favor! Finalmente, ¿dónde los (vieron / veían)?
Tú: (Estuvieron / Estaban) en frente de la tienda de música tocando para el público. Además, la tienda (vendió / vendía) sus discos a un precio muy reducido.
Amigo(a): ¿(Compraste / Comprabas) unos discos?
Tú: ¡Qué va! (Compré / Compraba) todos los discos de ellos que todavía no (tuve / tenía) en casa.
Amigo(a): ¡Caramba! ¿Cuánto (gastaste / gastabas)?
Tú: Pues, te puedo decir que no (compré / compraba) la camiseta.

REPASO
The preterite

-ar	-er, -ir
-é	-í
-aste	-iste
-ó	-ió
-amos	-imos
-aron	-ieron

Trabajé toda la noche.
¿Ya **comiste**?
Salió esta mañana a las 10:00.

See ***¿Por qué se dice así?,*** *page G92, section 6.5.*

REPASO
Preterite: Irregular verbs

Irregular endings

-e	-imos
-iste	
-o	-ieron

Irregular stems:

-u stem	
andar	**anduv-**
estar	**estuv-**
haber	**hub-**
poder	**pud-**
poner	**pus-**
saber	**sup-**
tener	**tuv-**
-i stem	
querer	**quis-**
venir	**vin-**
-j stem	
decir	**dij-**
traer	**traj-**

See ***¿Por qué se dice así?,*** *page G92, section 6.5.*

CH. El verano pasado. Call on individuals. Have class repeat each correct answer for pronunciation practice with the preterite.
1. Simón tomó el metro por primera vez.
2. Mamá y yo comimos en la Zona Rosa el último día en la capital.
3. Toda la familia vio el Ballet Folklórico un domingo por la tarde.
4. Mi hermano asistió a un partido de jai alai con papá.
5. Mis abuelos visitaron el Museo de Antropología un domingo por la tarde.
6. Papá y Angelita compraron artesanías en Puebla.
7. Yo subí al restaurante de la Torre Latinoamericana con mi tía.
8. Simón y José escucharon un concierto en la universidad.
9. Toda la familia cenó en Coyoacán.
10. José fue al museo de Frida Kahlo.

D. ¡Los Canguros! Allow 2–3 min to do in pairs first. Then call on individuals. Have class repeat each verb for pronunciation practice.
Tú: vi
Amigo: estaban, pasó, estabas
Tú: fui, necesitaba, quería
Amigo: encontraron
Tú: íbamos, oímos
Amigo: hicieron, Supieron
Tú: Salimos, Estábamos
Amigo: vieron
Tú: Estaban, vendía
Amigo: Compraste
Tú: Compré, tenía
Amigo: gastaste
Tú: compré

E. Una fábula. Allow 3–4 min for students to work in pairs. Then call on individuals to give the correct sequence. Have class confirm each response.

1 Había una vez una mujer que era muy vieja. (7)
2 Tenía una hija que se llamaba Lucía. (10)
3 También tenía un perro que se llamaba Tiempos. (9)
4 Una vez vinieron a la casa de la vieja dos hombres malos que pensaban robarla. (11)
5 Ese día su hija Lucía y su perro Tiempos estaban dormidos en otro cuarto y no oyeron nada. (6)
6 Después de robar sus cosas, los ladrones entraron donde estaba la viejita y la iban a matar. (4)
7 Al ver que ni su hija ni su perro venían, la viejita les pidió un favor a los ladrones. (3)
8 —Antes de matarme, —dijo ella, —déjenme gritar una cosa. (1)
9 —Bueno, —le dijeron los ladrones, —pero rápido. Tenemos mucha prisa. (2)
10 Ella gritó: —¡Ay, cuándo en mis Tiempos, Lucía! (5)
11 Lucía y Tiempos oyeron y salieron pronto. (8)
12 Y el perro atacó a los ladrones. (12)

F. Examen. Allow 2–3 min to do in pairs first. Then call on individuals. Ask class if they agree with each response.

1 Tenía un examen en la clase de química al día siguiente.
2 Pasó toda la tarde estudiando.
3 A las siete su amigo Andrés llamó.
4 Andrés lo invitó a ir al cine, pero Ernesto dijo que no.
5 Más tarde su amiga Valentina vino a su casa.
6 Ella invitó a Ernesto a salir para tomar un refresco.
7 Otra vez Ernesto declinó la invitación.
8 En la mañana entró en el laboratorio de química.
9 Se sentía bien preparado.
10 Había un mensaje en la pizarra: "No hay examen hoy".

E. Una fábula. Con un(a) compañero(a), decide el orden correcto de las oraciones de este cuento.

1. —Antes de matarme, —dijo ella, —déjenme gritar una cosa.
2. —Bueno, —le dijeron los ladrones, —pero rápido. Tenemos mucha prisa.
3. Al ver que ni su hija ni su perro venían, la viejita les pidió un favor a los ladrones.
4. Después de robar sus cosas, los ladrones entraron donde estaba la viejita y la iban a matar.
5. Ella gritó: —¡Ay, cuándo en mis Tiempos, Lucía!
6. Ese día su hija Lucía y su perro Tiempos estaban dormidos en otro cuarto y no oyeron nada.
7. Había una vez una mujer que era muy vieja.
8. Lucía y Tiempos oyeron y salieron pronto.
9. También tenía un perro que se llamaba Tiempos.
10. Tenía una hija que se llamaba Lucía.
11. Una vez vinieron a la casa de la vieja dos hombres malos que pensaban robarla.
12. Y el perro atacó a los ladrones.

F. Examen. Ernesto tuvo una experiencia muy interesante. ¿Qué pas

MODELO Ernesto / estar / muy preocupado.
Ernesto estaba muy preocupado.

1. tener / examen / clase de química al día siguiente
2. pasar / todo / tarde estudiando
3. a / siete / amigo Andrés / llamar
4. Andrés invitarlo / ir al cine, pero Ernesto / decir / que no
5. más tarde / amiga Valentina / venir / casa
6. ella invitar / Ernesto a salir para tomar / refresco
7. otra vez / Ernesto declinar / invitación
8. en la mañana / entrar / laboratorio de química
9. sentirse / bien preparado
10. haber / un mensaje / pizarra: ''No hay examen hoy''

G. Una caminata. Ramona y Jacobo Vargas fueron a acampar. Basándote en los dibujos, cuenta lo que pasó.

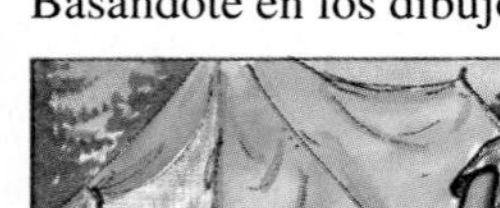

1. levantarse / hacer buen (mal) tiempo / sentirse

2. decidir caminar / montañas / caminar millas

3. de repente / comenzar / llover / hacer viento

4. ver cueva / decidir buscar refugio / correr

5. llegar / ver ojos / asustarse

6. (¿ . . . ?)

H. ¡Qué día! Tu compañero(a) te está describiendo el tiempo. ¿Qué opinas?

MODELO *Compañero(a):* **Hace viento.**
Tú: **¡Es un mal día!** o **¡Es un buen día!** o **¡Es un gran día!**

1.

2.

3.

4.

5.

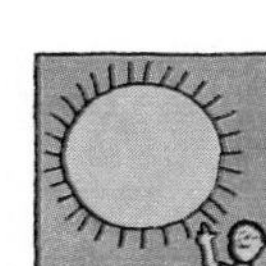

6.

7.

8.

Adjectives: Shortened forms

bueno	**buen**
grande	**gran**
malo	**mal**
primero	**primer**
tercero	**tercer**
alguno	**algún**
ninguno	**ningún**

Éste es mi **primer** examen.
Simón Bolívar fue un **gran** hombre.

See **¿Por qué se dice así?,** *page G95, section 6.6*

G. Una caminata. Allow 3–4 min to do in pairs first. Then ask various pairs to describe each drawing. Answers will vary.

1 Ramona y Jacobo se levantaron muy temprano. Hacía muy buen tiempo y ellos se sentían muy enérgicos.
2 Decidieron caminar por las montañas. Caminaron millas y millas.
3 De repente comenzó a llover y hacía mucho viento.
4 A la distancia vieron una cueva y decidieron buscar refugio allí. Corrieron rápidamente a la cueva.
5 Pero cuando llegaron a la entrada, vieron unos ojos verdes en la cueva. Se asustaron mucho.
6 Tuvieron mucho miedo y decidieron no entrar en la cueva.

H. ¡Qué día! Allow 2–3 min. Then call on various pairs to role-play each item for class. Answers may vary

1 Hace sol y hace mucho calor. *Es un buen día.*
2 Hace fresco. *Es un buen día.*
3 Llueve mucho. *Es un mal día.*
4 Hace mucho frío. *Es un mal día.*
5 Hace muy buen tiempo. *Es un gran día.*
6 Nieva mucho. *Es un gran día.*
7 Hace mucho sol. *Es un gran día.*
8 Hace mal tiempo y parece que va a llover. *No es un buen día.*

I. Encuesta. Allow 2–3 min. Then call on various pairs to role-play each item for class. Answers will vary.

1 ¿Recibiste alguna carta? *No, no recibí ninguna carta.*
2 ¿Tocaste algún instrumento musical? *Sí, toqué el piano.*
3 ¿Oíste algún cuento? *No, no oí ningún cuento.*
4 ¿Conociste a alguna persona nueva? *No, no conocí a ninguna persona nueva.*
5 ¿Hiciste algún viaje? *Sí, hice un viaje a Puerto Rico.*
6 ¿Fuiste a algún restaurante? *No, no fui a ningún restaurante.*
7 ¿Compraste alguna cosa interesante? *Sí, compré un libro sobre perros.*
8 ¿Leíste algún libro de aventura? *No, no leí ningún libro de aventura.*

CHARLEMOS UN POCO MÁS

A. Está enfrente de . . . Allow 5–8 min. Then have students compare papers to check their accuracy. If students claim they cannot draw, have them simply draw lines instead of pieces of furniture.

B. Encuesta. Have students move around class questioning their classmates. When someone has completed a vertical or horizontal line, stop student activity and check responses by calling on individuals that signed each square. Repeat process several times.

C. ¿Qué hicieron? Allow 2–3 min to write questions and another 2–3 min for group interviews.

I. Encuesta. Entrevista a tu compañero(a) sobre sus actividades de la semana pasada. Luego él (ella) te va a entrevistar a ti.

EJEMPLO ver programa de televisión
Tú: **¿Viste algún programa de televisión?**
Compañero(a): **No, no vi ninguno.** o **Sí, vi [. . .]**

1. recibir carta
2. tocar instrumento musical
3. oír cuento
4. conocer a persona nueva
5. hacer viaje
6. ir a restaurante
7. comprar cosa interesante
8. leer libro de aventura

CHARLEMOS UN POCO MÁS

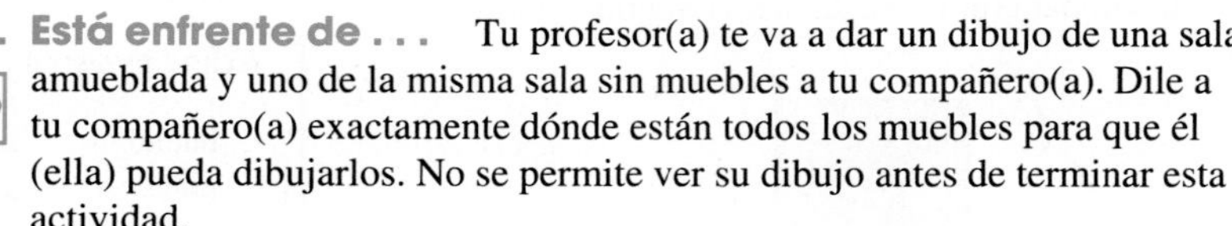

A. Está enfrente de . . . Tu profesor(a) te va a dar un dibujo de una sala amueblada y uno de la misma sala sin muebles a tu compañero(a). Dile a tu compañero(a) exactamente dónde están todos los muebles para que él (ella) pueda dibujarlos. No se permite ver su dibujo antes de terminar esta actividad.

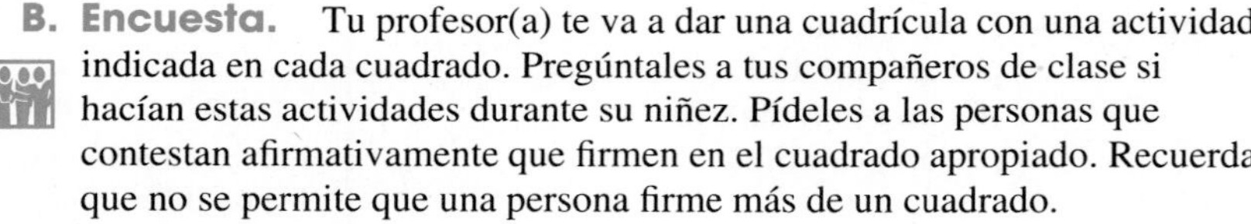

B. Encuesta. Tu profesor(a) te va a dar una cuadrícula con una actividad indicada en cada cuadrado. Pregúntales a tus compañeros de clase si hacían estas actividades durante su niñez. Pídeles a las personas que contestan afirmativamente que firmen en el cuadrado apropiado. Recuerda que no se permite que una persona firme más de un cuadrado.

EJEMPLO llorar
¿Llorabas mucho?

C. ¿Qué hicieron? Tú y tu amigo(a) van a entrevistar a otra pareja de estudiantes sobre sus actividades la semana pasada. Preparen por escrito de ocho a diez preguntas sobre las actividades más comunes de sus amigos. Luego háganselas a otra pareja y contesten las preguntas que ellos van a hacerles a ustedes.

EJEMPLO **¿Estudiaste química con [*nombre*]?** o
¿Estudiaron química tú y [*nombre*]?

Purpose These activities allow students to use language for narrating past events in a variety of possible combinations, and for asking and answering questions about the past. Responses in this section are much more open-ended and often have several possible correct answers.

CH. ¡Fue fascinante! Con tu compañero(a), escribe un cuento basado en estos dibujos del viaje de Mercedes y su familia a Los Ángeles.

lunes

martes

miércoles

jueves

viernes

sábado

domingo

CH. ¡Fue fascinante! Allow 3–4 min to write. Then call on volunteers to read their stories.

DRAMATIZACIONES

A, B, C. Divide the class in thirds and assign one role play to each third. Allow students 4–5 min to prepare role plays and then call on volunteers to perform them for class. Encourage students not to read what they have written but simply ad lib each conversation.

Dramatizaciones

A. ¡Qué susto! Tu amigo(a) acaba de regresar de visitar a sus abuelos en otra ciudad. Durante su visita su abuelo tuvo un susto muy grande. Ahora tú quieres saber todos los detalles de la visita. Dramatiza la conversación con un compañero(a).

B. Íbamos a una cueva. El (La) director(a) de la escuela quisiera saber lo que pasó cuando tú y dos amigos fueron a acampar en la lluvia. Cada persona tiene una versión distinta de ese fin de semana. Dramatiza esta situación con dos compañeros. Uno puede hacer el papel de director(a).

C. ¿*Escargot* o caracoles? Tú y un(a) amigo(a) están discutiendo lo que ocurrió cuando los miembros del Club de francés fueron a un restaurante elegante y comieron una comida típica. Dramaticen su conversación.

Purpose These role plays are designed to recycle the structures and vocabulary needed when narrating past events. Encourage students to work without their books when performing their role plays.

Estrategias para leer:

Leer un poema

A. ¡Es como la música! El leer poesía es, de varios puntos de vista, como escuchar música. En efecto, hay varias características de música en la poesía. Como una canción, un poema tiene palabras, imágenes, ritmo y significado. Los buenos lectores siempre escuchan la música dentro de un poema. También se hacen preguntas sobre el significado de las palabras en el poema y de cómo las usa el poeta. Para leer y entender *nocturno sin patria* por Jorge Debravo, un poeta costarricense, tu también tendrás que escuchar la música del poema y pensar sobre el significado de las palabras del poeta.

Escucha el poema y contesta estas preguntas:

1. ¿Tiene rima el poema?
2. ¿Cuáles palabras y sonidos se repiten en el poema?
3. ¿Dónde empieza y termina cada oración?
4. Describe el ritmo del poema. ¿Es lento o rápido? Es tranquilizante o vibrante?
5. Describe los sonidos del poema. ¿Son abruptos y fuertes o son lentos y suaves?
6. ¿Qué emociones te hacen sentir o te sugieren el ritmo y los sonidos de este poema?

B. El significado. Piensa en las palabras del poema. ¿Cuál es su significado? ¿Cómo las usa el poeta? ¿Literalmente? ¿Simbólicamente? ¿Qué sientes al ver estas palabras de *nocturna sin patria?* ¿Sabes su significado? ¿Sabes el significado que le da el poeta?

Palabra	Significado	Simbolismo	Lo que veo...	Lo que siento...
cuchillo	un utensilio para cortar	defensores de fronteras	el cuchillo corta y puede matar	miedo furia peligro
patria				
aire				
salvajes				
arrancar				
traje				
punta				

Este poema tiene cinco estrofas. Lee el poema ahora y trata de decir en pocas palabras el significado de cada estrofa. La primera ya está completada.

Estrofa	Significado según el poeta
1ra	Lo que al poeta no le gusta
2da	

¿Qué impresión tienes ahora en cuanto al mensaje principal del poeta? Contesta simplemente por completar una de estas dos frases:

1. En mi opinión, el poeta no cree que . . .
2. En mi opinión, el poeta cree que . . .

Purpose This is the principal reading of the unit. Its purpose is to teach students to read using appropriate strategies. Here they will learn how to approach the reading of poetry.

Suggestions Use these questions as an advance organizer for the reading that follows. Tell students to make intelligent guesses if they do not know the answers. Then go over each question with the class, making sure students understand the concepts of form and rhythm.

LEAMOS AHORA

Answers

Todas las respuestas van a variar.

A. ¡Es como la música!

1 No, no tiene rima.
2 ***aire*** y ***tierra***
3 Cada estrofa es una oración.
4 El poema tiene un ritmo rápido y vibrante, casi militante.
5 Al hablar de lo negativo, el poeta usa palabras con sonidos fuertes y abruptos (***cuchillo, rifle, violentas, salvaje***); al hablar de lo positivo, usa palabras con sonidos suaves y tranquilizantes (***como si fuera, su parcela***).
6 El ritmo y los sonidos hacen a uno sentirse militante, con ganas de proteger la tierra.

B. El significado.

Significado
patria: nación
aire: atmósfera
salvajes: violento, rudo
arrancar: sacar con violencia
traje: chaqueta y pantalón
punta: extremidad

Simbolismo
patria: democracia
aire: libertad
salvajes: no controladas
arrancar: eliminar
traje: posesiones
punta: para terminar las guerras

Lo que veo . . .
patria: un buen gobierno
aire: espacio abierto
salvajes: fuerza
arrancar: un solo país
traje: posesiones personales
punta: fin de todas las guerras

Lo que siento . . .
patria: orgullo personal
aire: armonía
salvajes: poder violento
arrancar: un mundo en armonía
traje: control
punta: paz

El significado de cada estrofa es:
1ra estrofa: Lo que al poeta no le gusta; no quiere violencia.
2da estrofa: Quiere crear un mundo con un solo país, una sola gente.
3ra estrofa: Nadie debe poseer la tierra porque la tierra es para todos.
4ta estrofa: Quiere eliminar las guerras y dar la tierra a todos.
5ta estrofa: El aire no es de nadie sino de todos.

Jorge Debravo

poeta social

Jorge Debravo, el poeta costarricense, publica su primer libro de poesía, *Milagro abierto,* en 1959. En los diez años que siguen, salen otras cinco colecciones, las cuales se publican de nuevo en un solo tomo en 1969 bajo el nombre de su primera publicación. Desde entonces, han salido cuatro más colecciones: *Nosotros los hombres,* 1966, *Canciones cotidianas,* 1967, *Los despiertos,* 1972, y *Antología mayor,* 1974.

Debravo es considerado uno de los poetas más involucrados en el drama social. Su poesía trata de temas sociales: la protesta, la miseria del pueblo, la angustia . . . Como él mismo ha dicho:

> *He tomado partido . . . Todos los hombres somos hermanos. Comprendo, sin embargo, que a algunos habrá de obligarlos a comportarse como hermanos. Porque hay hombres que todavía no son humanos. Debemos enseñarles a serlo . . .*
>
> *Mi poesía no se sujeta a ninguna norma ideológica preconcebida. Nace simplemente, dice lo que se ha de decir y no calcula los intereses que resultarán favorecidos o golpeados.*

nocturno sin patria

Yo no quiero un cuchillo en manos de la patria.
Ni un cuchillo ni un rifle para nadie:
la tierra es para todos,
como el aire.

Me gustaría tener manos enormes,
violentas y salvajes,*
para arrancar* fronteras* una a una
y dejar de frontera solo el aire.

Que nadie tenga tierra
como se tiene traje:
que todos tengan tierra
como tienen el aire.

Cogería* las guerras* de la punta*
y no dejaría una en el paisaje*
y abriría la tierra para todos
como si fuera el aire . . .

Que el aire no es de nadie, nadie, nadie . . .
Y todos tienen su parcela de aire.

no doméstico, rudo
sacar con violencia / límite de un estado

Tomaría / estado de combate /
de la cabeza / mundo

Verifiquemos

1. Explica lo que el poeta quiere decir cuando dice "Yo no quiero un cuchillo en manos de la patria".
2. ¿Le gustan las fronteras al poeta? ¿Por qué sí o por qué no?
3. ¿Qué relación hace el poeta entre tierra y un traje? ¿entre tierra y aire?
4. ¿Cómo es posible "Que el aire no es de nadie, nadie, nadie . . .", pero sin embargo "todos tienen su parcela de aire"? Explica el último verso del poema.
5. La introducción dice que Jorge Debravo escribe sobre temas sociales. ¿Es verdad en *nocturno sin patria?* Explica.

Verifiquemos

1 Quiere decir que no quiere violencia ni control a la fuerza en ninguna patria.
2 El poeta no cree en fronteras y quisiera deshacerlas. Piensa que las fronteras crean problemas.
3 Dice que la tierra no debe ser una posesión de nadie como un traje. Dice que la tierra debe ser de todo el mundo, como el aire.
4 Según el poeta, el aire no es de ninguna sola persona; todos pueden usarlo, respirarlo, etc. Por eso, todos tenemos una parte del aire, aunque no es de nadie.
5 *nocturno sin patria* trata de varios temas sociales—la eliminación de la violencia, las guerras y las fronteras y la redistribución de la tierra que está en manos privadas para que sea de todos.

ESCRIBAMOS AHORA

Estrategias para escribir:
Escribir un poema

A. Reflexionar. En *nocturno sin patria* de Jorge Debravo, el poeta habló de algo en el mundo que no está bien; dijo lo que haría para cambiarlo y, finalmente, habló de cómo sería el mundo después de este cambio. Aunque *nocturno sin patria* no rima, está lleno de imágenes vivas y el ritmo del poema ayuda a expresar los sentimientos del poeta. Ahora tú vas a escribir un poema corto sobre algo que quieres cambiar.

B. Empezar. Primero, debes pensar en un tema. Piensa en algo que te preocupa: la ecología, la escuela, la familia, los animales . . . No tiene que ser un asunto tan grande como ''la falta de fronteras en el mundo entero'' de Jorge Debravo. Sólo debe ser algo de interés personal para ti. Selecciona un tema que te permita describir lo que no está bien y lo que tú puedes cambiar.

C. Torbellino de ideas. Tu poema va a tener tres estrofas. En la primera vas a describir el problema y decir qué es lo que no está bien. En la segunda estrofa vas a decir lo que vas a cambiar o cómo vas a solucionar el problema. En la tercera hablarás del resultado después del cambio. Prepara listas de palabras que te ayudan a expresar cada una de estas ideas. Usa un marcador para seleccionar las palabras más vivas.

El problema	La solución	El resultado
No quiero . . . No me gusta . . .	Voy a . . .	Va a . . .
Palabras expresivas: 1. 2. 3. . . .	1. 2. 3. . . .	1. 2. 3. . . .

CH. Primer borrador. Escribe el primer borrador de tu poema. Si quieres, vuelve a mirar *nocturno sin patria* y estudia el formato. Fíjate que no hay una oración completa en cada verso o línea del poema. También nota que no es necesario tener rima, pero sí debe tener ritmo.

B. Empezar. Allow students 3–4 min to decide on a theme. Ask them to tell you their themes once they have chosen one. Be sure that they have selected themes within their linguistic abilities in Spanish.

C. Torbellino de ideas. Encourage students to write as many words as they can think of for each category before they start selecting the words they will use.

CH. Primer borrador. You may have students do their first drafts in class, if time permits, or as homework. Encourage them to experiment with various formats for breaking up sentences and building rhythm into the poem.

Purpose In this section, students are asked to follow the example of the poem they read in ***Leamos ahora*** and write a poem of their own. They will brainstorm before writing a first draft, then share and revise the first draft, and finally complete a final draft. You may wish to collect all the poems and put them into a class book of poems.

D. Compartir. Lee los poemas de tus compañeros y que ellos lean el tuyo. Pídeles que hagan un breve resumen de tu poema para ver si lo entendieron. También pídeles sugerencias para hacerlo más claro y más efectivo. Haz el mismo tipo de comentarios sobre sus poemas.

E. Revisar. Haz cambios en tu poema a base de las sugerencias de tus compañeros. Luego, antes de entregar el poema, dáselo a dos compañeros de clase para que lo lean una vez más. Esta vez pídeles que revisen la estructura y la puntuación. En particular, pídeles que revisen la concordancia: verbo / sujeto y sustantivo / adjetivo.

F. Versión final. Escribe la versión final de tu poema incorporando las correcciones que tus compañeros de clase te indicaron. Presta mucha atención al formato. Piensa en la versión final como una obra de arte que tiene atractivo visual tanto como auditivo.

G. Publicar. Cuando tu profesor(a) te devuelva tu poema, prepáralo para publicar. Dibuja una ilustración apropiada (o recorta unas de revistas) para cada estrofa de tu poema. Pongan todos los poemas en un cuaderno. ¡Éste será el primer libro de poemas de la clase! Denle un título a su primer libro de poesía.

D. Compartir. Have students gather in "response groups" of two or three. Allow them time to read each other's poems. Remind group members to begin commentary with at least one positive comment, and then to make suggestions on content, structure, and vocabulary.

E. Revisar. Tell students that you will grade holistically, focusing on communication.

F. Versión final. Grade the poems holistically. Underline grammatical errors if you wish, but the grade should be based on ability to communicate a message.

G. Publicar. In groups of four, have students suggest a title for the book. Let class decide which title to use. Ask a volunteer to make the title page and put all the poems in a binder. Make the binder available as extra reading for whenever students finish quizzes or tests early or are ahead on homework assignments.

UNIT OBJECTIVES

Communicative Goals

After completing this unit, students will be able to use Spanish . . .

- to make speculations
- to negotiate
- to express probability and improbability
- to identify job requirements
- to compare job descriptions
- to state rules and regulations

Culture

In this unit, students will . . .

- listen to short stories from Mexico and New Mexico as well as several proverbs from Mexico and the southwestern U.S.
- read about Ciudad Juárez, Mexico's fifth-largest city
- learn about Benito Juárez, Mexico's liberator

Reading and Writing Strategies

- Reading: **El hacer preguntas**
- Writing: **Narrativa—Ensayo personal**

Structure

- **Si** clauses in the present tense
- The prepositions **por** and **para**
- **Quizás** and **tal vez**
- Present subjunctive: Adjective clauses
- The impersonal **se**

UNIDAD 7

¡Hay que buscar empleo!

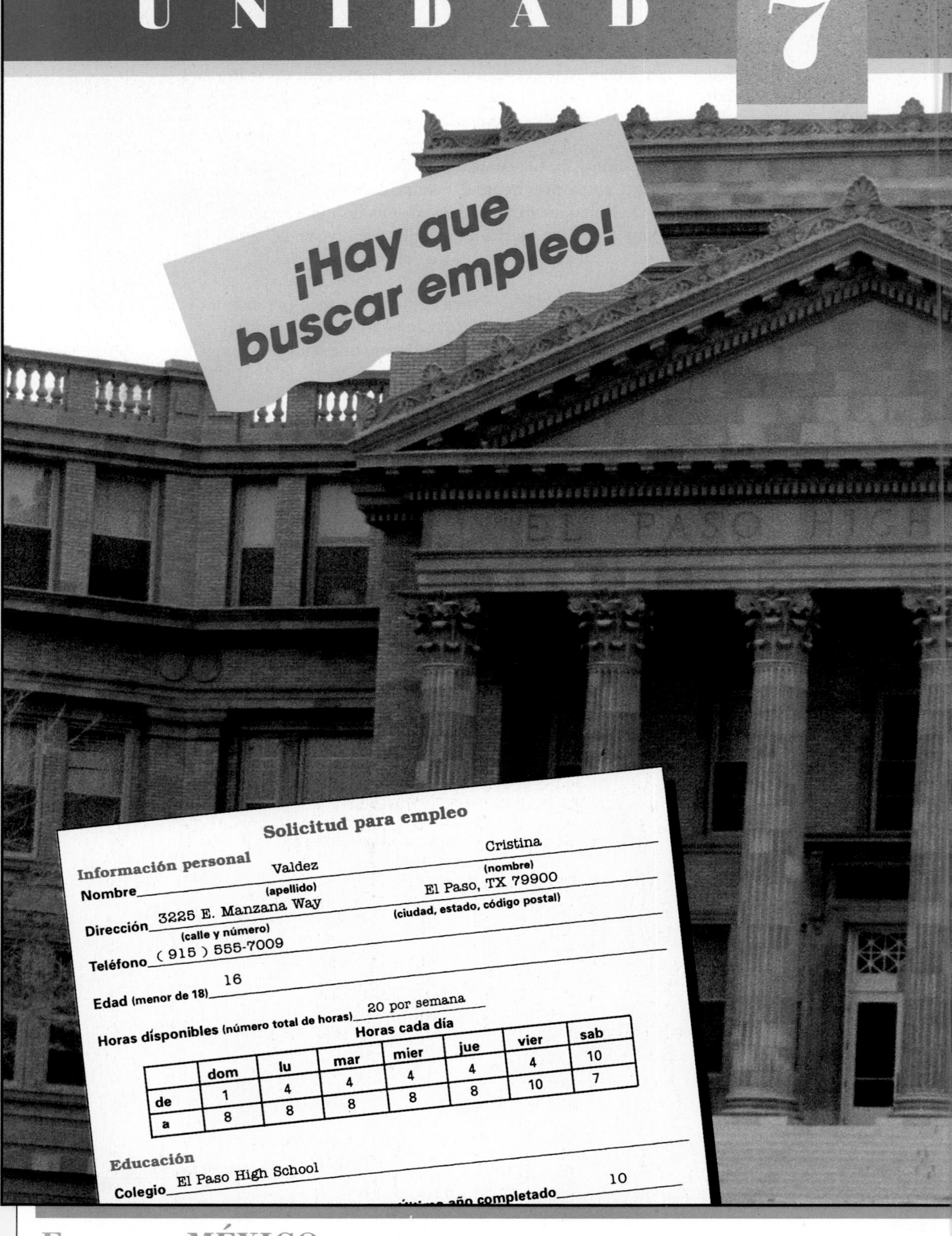

Solicitud para empleo

Información personal

Nombre Valdez (apellido) Cristina (nombre)

Dirección 3225 E. Manzana Way (calle y número) El Paso, TX 79900 (ciudad, estado, código postal)

Teléfono (915) 555-7009

Edad (menor de 18) 16

Horas disponibles (número total de horas) 20 por semana

Horas cada día

	dom	lu	mar	mier	jue	vier	sab
de	1	4	4	4	4	4	10
a	8	8	8	8	8	10	7

Educación

Colegio El Paso High School

último año completado 10

Focus on MÉXICO

In **Excursiones**, students will read **Ciudad Juárez: ¿Ciudad gemela?** to learn how two neighboring cities, one on the U.S. side of the border and the other on the Mexican side, have evolved. In **Tesoros nacionales,** students will read about **Benito Juárez, el gran héroe de México**. They will follow his life as a poor Zapotec Indian boy in the state of Oaxaca through to his death as President of Mexico. In the final unit reading, **Para el MIT: Cinco estudiantes de El Paso sobresalen y brillan**, students will meet five outstanding students from Ysleta High School—a barrio school on the El Paso/Juárez border—whose seniors are receiving scholarship offers from Cornell, Rice, Yale, Harvard, Stanford, West Point, and MIT.

Video Montage

To play the montage, use counter or bar code:

23:57 - 24:40

Side 4, 755 to 2030

To play the entire unit without stopping:

23:57 - 34:56

Side 4, 1 to 20495

High school track meet in El Paso. Young cowboy learning to cut cattle at McCracken Properties where riders and quarter horses are trained. Goats are used because they are quicker and more agile than cattle. Muralist Carlos Flores paints a mural on wall of Los Paisanos Art Gallery in Chamizal National Memorial Park. The mural commemorates the Chamizal Treaty of 1963 and celebrates the unique blend of Anglo, Mexican, and Native American cultures found in the El Paso/Juárez border communities. The Chamizal Settlement signed by Presidents John F. Kennedy and Adolfo López Mateos created a concrete channel to contain the Río Grande. The ever-changing course of the river boundary between the U.S. and Mexico has caused controversy since the 1880's. Today the park hosts intercultural fiestas of music and dance, art shows, crafts markets, and other activities.

Photo

Internationally known architects Trost and Trost were chosen to design El Paso High School in 1914. A unique landmark since its opening in 1916, El Paso High has been declared a historical site by the state of Texas. Recent plans to add a larger library and cafeteria were drawn and redrawn until they met the approval of the Texas State Historical Association. The high school, which is the oldest in El Paso, has a student population that is 89% Hispanic.

As the school year ends, some students are busy looking for summer jobs, and others are thinking about their careers.The insets show Tina on a job interview. The unit will explore her search for the ideal job and the realities of the job market for high school students.

OBJECTIVES

Communicative Goals

- Making speculations
- Negotiating

Culture and Reading

- **Para empezar**
  El collar de oro
- **Excursiones**
  Ciudad Juárez: ¿Ciudad gemela?

Structure

- 7.1 **Si** clauses in the present tense
- 7.2 The preposition **por**

ACTIVE VOCABULARY

Gastos
ahorrar

El carro
gasolina
manejar
seguro
vuelta

Palabras y expresiones
absolutamente
burlarse
costumbre
depender
duda
llamativo(a)
puesto
realista

LECCIÓN 1

Si trabajo, puedo comprarme un . . .

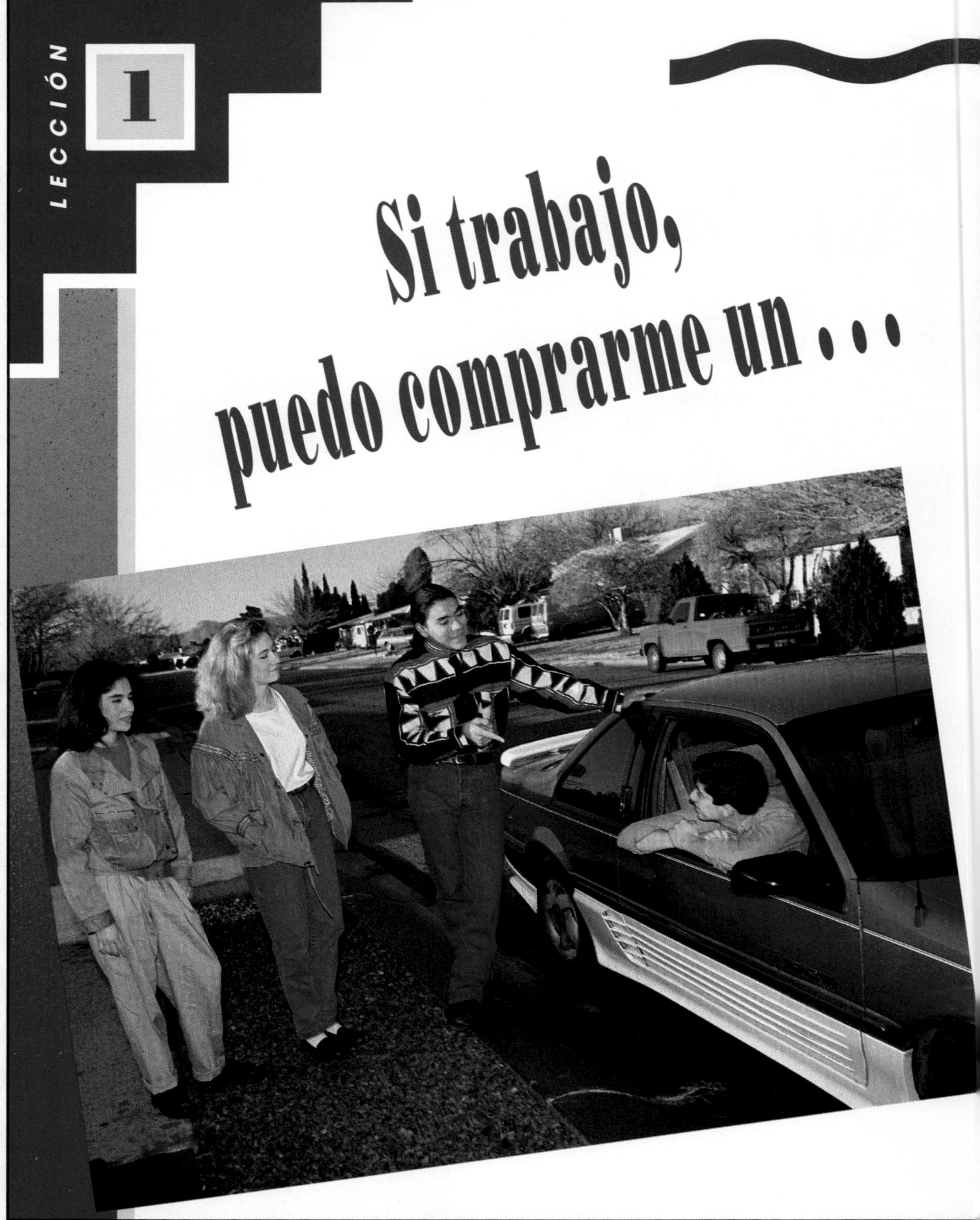

Purpose To focus students on the language and functions to be developed and practiced in the lesson—speculating and negotiating—and to engage students in discussion about the expenses involved in buying/owning/operating a car, and of other expenses in a teenager's "cost of living." To get students to compare their own and their parents' expectations, and their sources of pocket money and money to pay other expenses. Finally, to invite students to consider the kinds of paid employment available to teenagers in their region, how much such jobs pay, and how much of their expenses their earnings could support.

ANTICIPEMOS

Exclusive Auto, c.a.
Su Garantía
Haga su sueño realidad. Le ofrecemos el Carro Importado de su preferencia, garantizado en talleres especializados. Y lo más importante: FINANCIAMIENTO AL 12% ANUAL.
ACCORD
Desde $14.000.00
MAZDA MX 3
Desde $18.000.00
Teléfonos: 376-1200
368-1400
Mercedes Benz
450 SLC
Se vende por motivo de viaje. Deportivo rojo, $7,000.00. Detalles: 612-1023 cualquier hora.
Vendo Camioneta Cherokee Limited
Año 92, color rojo atardecer, full equipo. Favor llamar por el precio: 396-2311, señor Mariátegui.
DODGE
EDICIÓN ESPECIAL
Tremenda ocasión, año 1978, poco uso, perfecto de motor, carrocería y cauchos. Con vidrios, maleta, asientos eléctricos. Teléfono: 432-1693 mañanas y tardes, Manuel Luis.
Se vende Toyota Samurai
$5,000.00.
Año 87, full equipo, como nueva.
Informes: ☎ 962-1798,
señora Sabanes.

¿Qué piensas tú?

1. ¿Tienes un carro? ¿Quién hace los pagos? Si no tienes carro, ¿te gustaría tener tu propio carro? ¿Quién te lo compraría?
2. ¿Cuál de los carros en estos anuncios te gustaría tener? ¿Por qué?
3. ¿Hay muchos gastos en mantener un carro? Explica. Prepara una lista de los costos mensuales para mantener tu carro o el que seleccionaste de estos anuncios. Compara tu lista con la de dos compañeros de clase. ¿Han sido realistas? ¿Han considerado el costo de gasolina, aceite y seguro?
4. ¿Recibes "dinero de bolsillo" de tus padres? ¿Qué haces para ganar dinero "extra"? ¿Te pagan tus padres cuando haces tareas adicionales en casa?
5. ¿Qué gastos esperan tus padres que pagues con tu propio dinero? ¿Ropa? ¿Diversiones? ¿Regalos de cumpleaños y de Navidad?
6. ¿Cómo ganan dinero los jóvenes en tu ciudad? ¿Qué tipo de trabajo hay para jóvenes? ¿Pagan estos puestos? ¿Cuánto pagan? ¿Ganarías suficiente en uno de estos puestos para pagar el carro que seleccionaste en la pregunta número 2?
7. ¿Qué crees que vas a aprender en esta lección?

ANTICIPEMOS

¿Qué piensas tú?

Answers

1 Las respuestas van a variar. Es probable que haya gran variedad en las respuestas. Algunos estudiantes probablemente no tendrán su propio carro; otros tal vez tengan uno o por lo menos puedan usar el de sus padres. Unos tendrán que pagar todos los gastos relacionados con el carro; otros dejan que sus padres paguen todos los gastos. Unos tal vez trabajen medio tiempo para pagar los gastos, otros tal vez reciban dinero de sus padres. Sin duda, a todos les gustaría tener su propio carro si sus padres se lo compraran o si ganaran suficiente para pagarlo ellos mismos.

2 Las respuestas van a variar según los gustos, el estilo, las finanzas, el interés y habilidad en mantener un carro usado, etc.

3 Las respuestas van a variar. Algunos estudiantes tal vez reciban dinero de bolsillo regularmente; otros tal vez reciban cierta cantidad por cumplir con los quehaceres en casa; otros tal vez reciban dinero sólo cuando lo necesitan y otros tal vez nunca reciban dinero de bolsillo.

5 Las respuestas van a variar.

6 Empleos para jóvenes pueden incluir cuidar a niños, trabajar en una gasolinera, limpieza de casas, mantenimiento de jardines, etc. Estos puestos rara vez pagan más del salario mínimo especificado por el estado. En la mayoría de los casos trabajo de media jornada apenas alcanza para pagar los gastos de mantener un carro, en particular si los jóvenes tienen que pagar otros gastos, como ropa y diversiones, con su propio dinero.

7 Van a aprender a hablar de dinero, carros y empleos. También aprenderán a especular *(Si consigo empleo...,)* y a negociar *(Yo lavaré el carro si tú...)*.

Suggestions Use the photos and advertisements to introduce the lesson content. It will not be necessary for students to translate or understand every word of each advertisement. They should rely on known vocabulary, cognates, and specific reading skills to extract sufficient meaning to answer the questions. Encourage students to use Spanish whenever possible to respond to the ***¿Qué piensas tú?*** questions, but allow English where ideas may be more complex or vocabulary may be unknown. Summarize responses in Spanish, using comprehensible input techniques to clarify your language where necessary. For question 3, you may want to have students prepare a list of expenses at home, then compare them in class. Ask students if they were realistic. Ask them if they had previously realized the expenses involved in owning and operating a car.

PARA EMPEZAR

Comprehension Checks

A complete set of **Comprehension Checks** is available on cards in the Teacher's Resource Package.

1

Suggestions Give examples of magic **(magia)**, supernatural **(sobrenatural)**, goodness **(bondad)**, evil **(maldad)**, cleverness **(listo)** from earlier stories. Point out the two witches: **brujas**. Identify their relationship (daughter has green hair). Describe the three female characters: **mala; tonta; buena e inteligente**. Point out the family. Act out going to bed, hunger: **acostarse con hambre**. Quote the father's words: "**Mi hija. Es necesario que trabajes**", etc.

1. ¿Trata este cuento de lo mágico? ¿de lo sobrenatural? ¿del triunfo de la bondad sobre la maldad? ¿de individuos listos e inteligentes que se burlan de personajes tontos?
2. . . .

2

Suggestions Explain that Zenaida looked for work in many places but found none. Emphasize the exchange: **trabajar bien, pagar bien.** Point out **un real** = *25 cents.*

1. ¿Era fácil conseguir trabajo en aquellos días?
2. . . .

3

Suggestions Explain that Zenaida had to work from six in the morning until midnight every day. Point out and describe the old woman's daughter. Point out and act out the witches' rites. Act out listening and watching: **escuchar y observar**.

1. ¿Cuánto tenía que trabajar Zenaida? ¿unas dos o tres horas por día? ¿todo el día? ¿toda la noche? ¿todo el día y parte de la noche?
2. . . .

PARA EMPEZAR

Escuchemos un cuento de Nuevo México

Unos cuentos tratan de lo mágico y de lo sobrenatural, otros del triunfo de la bondad sobre la maldad y otros de individuos listos e inteligentes que se burlan o aprovechan de personajes tontos. Este cuento de una bruja mala, su hija tonta y una joven buena e inteligente, trata de todos estos temas.

1

Hace muchos años, había un hombre y una mujer que tenían muchos hijos. Eran muy pobres, y muchas veces no había comida para todos y tenían que acostarse con hambre. Un día, el padre de la familia decidió enviar a su hija mayor a buscar trabajo. Zenaida, la hija, era muy trabajadora y siempre estaba lista para ayudar a la familia.

2

En aquellos días no era fácil conseguir trabajo, pero una vieja le ofreció trabajo a Zenaida. "Si trabajas bien", dijo la vieja, "voy a pagarte bien. Unos dos o tres reales por semana".

3

La vieja hacía trabajar a la muchacha todo el día y parte de la noche.

Tenía una hija que era tan mala y fea como su madre.

Después de escuchar sus conversaciones y observar sus ritos, Zenaida se dio cuenta de que podían ser brujas.

Purpose This section develops active listening comprehension skills and introduces students to cultural insights and perceptions through a story from New Mexico in which a courageous and hard-working girl from a poor and honest family outwits a pair of witches. Students will hear many examples of the language used to express speculations and to negotiate an exchange. The ***Para empezar*** section provides comprehensible language without translation.

4
Zenaida trabajó para la vieja bruja y su hija por una semana, luego por dos, y tres . . . , y la vieja no le pagó ni uno, ni dos, ni tres reales por semana. ¡No le pagó nada!
Por fin, la muchacha le dijo a la vieja, "Ya hace más de un mes que trabajo para usted. ¿Cuándo me va a pagar?"
La vieja contestó, amenazando a la pobre muchacha. "No me enojes", dijo. "Si me enojas, te voy a castigar".

5
Esa noche, Zenaida encontró un collar de oro en el pasillo cerca de su cuarto. Se lo puso y a medianoche se fue de casa de las brujas.
6
Caminó la mayor parte del día y a punto de meterse el sol, llegó a un castillo muy grande. Tocó a la puerta y salió un viejito. Zenaida le explicó su situación y le dijo que andaba buscando trabajo. El viejito tenía muchos cuartos que necesitaban limpiarse y le dio trabajo.
Cuando el viejito vio el collar de oro que llevaba la muchacha, le preguntó de dónde era. Zenaida le explicó lo de la bruja al anciano y él dijo que sabía de quién hablaba. Dijo que la bruja le había robado una espada con diamantes y perlas y dos sacos de oro.
7
Zenaida se puso furiosa y dijo que ella sabía exactamente dónde estaban. Dijo, "Yo misma voy por ellos en seguida".

trescientos treinta y siete 337

4

Suggestions Count off the passage of days and weeks. Act out threatening: **amenazando**; punishing: **castigando**.

1 ¿Cuánto trabajó Zenaida para la vieja bruja? ¿una semana? ¿dos semanas? ¿tres semanas? ¿cuatro semanas? ¿más de cuatro semanas?

2 . . .

5

Suggestions Point out the necklace: **collar**. Act out putting it on: **se lo puso**. Point out the necklace around Zenaida's neck. Point out the moon and stars. Act out sneaking from the house: **se fue de la casa**.

1 ¿Qué encontró Zenaida esa noche? ¿muchos reales? ¿aretes de oro? ¿una pulsera de oro? ¿un collar de oro?

2 . . .

6

Suggestions Act out walking: **caminó**. Draw a horizon with the sun going down: **meterse el sol**. Point out the castle: **castillo**. Act out knocking: **tocó a la puerta**. Act out asking for work. Act out the conversation about the necklace between Zenaida and the old man. Point out, draw a sword: **espada**. Point out the sacks of gold: **dos sacos de oro**.

1 ¿Adónde llegó Zenaida? ¿a la casa de su familia? ¿a una pequeña casa? ¿a un castillo muy grande?

2 . . .

7

Suggestions Act out getting angry: **se puso furiosa**. Act out her words: **"Yo los he visto. Yo sé exactamente dónde están"**. Explain that she will go to the witches' house, get the sword and the gold, and return right away: **en seguida**.

1 ¿Cómo reaccionó Zenaida? ¿Se puso contenta? ¿Se puso triste? ¿Se puso furiosa?

2 . . .

Suggestions Have students close their books while you narrate each section using overhead transparencies and comprehensible input techniques to clarify meaning without translation. Break longer sentences into shorter utterances. Provide synonyms, cognates, and/or simple definitions or descriptions in Spanish. Ask frequent **Comprehension Checks** to confirm understanding as you progress through the story.

8

Suggestions Act out entering the house. Demonstrate noises—doors, furniture. Emphasize that Zenaida came in quietly: **sin hacer ruido**. Act out running into the witch: **se topó con**. Demonstrate grabbing: **agarró**.

1 ¿Adónde llegó Zenaida? ¿a la casa de sus padres? ¿al castillo del viejito? ¿a la casa de las brujas?
2 ¿Cómo entró? ¿ruidosamente? ¿silenciosamente?
3 ¿Encontró las posesiones del viejo?
4 . . .

9

Suggestions Act out thinking. Point out the bag: **saco**. Act out getting into the bag: **me mete**, **metió;** pulling the bag up to the ceiling: **me cuelga de las vigas**. Point out the stick in the third panel: **un buen palo**. Act out beating her with the stick: **para golpearme**. Explain that Zenaida is pretending to see something wonderful and beautiful. Use a sing-song voice. Act out gathering up the stolen things: **cogió la espada y el oro**. Point out Zenaida hurrying away: **se fue corriendo**.

1 ¿Quién sugiere un buen castigo? ¿la bruja? ¿la hija de la bruja? ¿Zenaida?
2 ¿Dónde va a meter la bruja a Zenaida? ¿en su cuarto? ¿en la cocina? ¿en la cárcel? ¿en un saco colgado de una viga en la cocina?
3 Y luego, ¿qué va a hacer? ¿Llamar a la policía? ¿Ir al monte?
4 . . .

10

Suggestions Point out smiles on old man's and Zenaida's faces. Act out giving her a sack of gold: **saco de oro**.

1 ¿Cómo estaba el viejito? ¿triste? ¿enojado? ¿contento?
2 ¿Qué le dio a Zenaida? ¿el collar de oro? ¿la espada con perlas y diamantes? ¿los dos sacos de oro? ¿un saco de oro?
3 ¿Adónde regresó Zenaida? ¿a la casa de la bruja? ¿al castillo del viejito? ¿a la casa de su familia?
4 . . .

Cuando llegó a la casa de la bruja, entró sin hacer ruido y encontró la espada y los sacos de oro. Ya estaba por salir cuando se topó con la vieja. La bruja agarró a Zenaida y gritó, "Ahora no te me escapas. Por robar mi collar, mis diamantes y mi oro, te voy a castigar".

Zenaida tuvo que pensar pronto y sugirió, "¿Por qué no me mete en un saco y me cuelga de una de las vigas de la cocina? Entonces, puede irse al monte a buscar un buen palo para golpearme". "¡Qué buena idea!", pensó la vieja y metió a Zenaida en un saco, la colgó de una viga en la cocina y se fue a buscar un buen palo.

Tan pronto salió la vieja, entró al cuarto su hija. Dentro del saco, Zenaida se puso a cantar, "¡Oh, si ves lo que yo veo, te va a fascinar! Oh, si ves lo que yo veo, te va a fascinar!" Muy curiosa, la hija de la bruja insistió en ver lo que Zenaida veía. Pero Zenaida le dijo que para ver la maravilla, ella tenía que estar colgada del saco también. La hija no pudo controlar su curiosidad e insistió en cambiar lugar con Zenaida.

Fuera del saco, por fin, Zenaida cogió la espada y el oro y se fue corriendo. Cuando la bruja llegó con su palo, ¡oyó a su hija gritando suspendida en el saco!

El viejito estaba tan contento de ver su espada y su oro, que le dio a Zenaida uno de los sacos de oro.

Zenaida regresó a su familia y todos, con excepción de la mala bruja y su hija, vivieron felices para siempre.

¿QUÉ DECIMOS...?

Al hablar de cómo ganar dinero

1 ¡Súbanse y damos una vuelta!

¡Qué aburrido! No hay nada que hacer esta tarde.

¡Mira! ¡Es Daniel!

¡Y Mateo está manejando!

Hola.

¿Qué tal, chicas?

¿De quién es este carro?

Es mío. ¿Les gusta?

¡Ay, qué suave! ¿Dónde lo compraste?

Un amigo de mi papá me lo vendió hoy mismo.

¡Es absolutamente fantástico! ¿Te costó mucho?

Bastante. Tres mil dólares.

¿Pagaste tres mil por un carro? ¿Dónde conseguiste tanto dinero?

Pues, hace tiempo que trabajo. He estado ahorrando mi dinero.

Sí... y su papá le prestó el resto.

¿Y qué? Vamos, muchachas. Súbanse y las llevo a dar una vuelta.

¿QUÉ DECIMOS...?

24:41–
30:05

Side 4, 2060 to 11753

Using the video Play one section at a time after narrating it using the transparencies. Freeze the video and ask the **Early Production Checks**. Repeat this process with each section.

Vary your presentation routine by showing one section of the video first, before your narrative with the transparencies, or by playing the video all the way through, stopping only to ask **Early Production Checks** or to clarify using techniques of comprehensible input.

Early Production Checks

A full set of **Early Production Checks** is available on cards in the Teacher's Resource Package.

1 24:51

¡Súbanse y damos una vuelta! Mime driving: **está manejando**. Explain that one drives a car: **se maneja un carro**. Give synonyms for **suave: bonito, fantástico**. Review large numbers. Explain: **Mateo no gastaba su dinero; lo estaba ahorrando; lo puso en el banco**. Explain **prestar: Su padre le dio el dinero por ahora, pero Mateo tiene que pagárselo en el futuro**. Gesture the invitation to get in: **súbanse**.

1 ¿Qué hay que hacer esta tarde?
2 ¿A quién ven las muchachas?
3 ¿Quién está manejando?
4 . . .

Side 4, 2362 to 4786

Purpose This **fotonovela** section introduces students to the language and functions to be developed and practiced in the lesson—suggesting and negotiating exchanges—and prepares them for practice in the context of natural conversation. Students should not be expected to memorize or master all utterances. Listening comprehension and early production of key vocabulary and structures are the goals.

Suggestions Have students close their books while you narrate each **fotonovela** segment, identifying characters and their relationships, and describing their activities. Ask **Early Production Checks** frequently to confirm understanding and develop accurate pronunciation of key elements. Act out the dialogue between the characters.

2 **26:13**

¡Un convertible de lo más llamativo! Point out various shades of red. Call attention to the brightest, most showy: **rojo de lo más llamativo**. Equate: **hacer ilusiones/imaginar/creer lo que no es posible**.

1 ¿Qué dice Tina del carro de Mateo?
2 ¿Cómo debe Mateo manejar?
3 ¿A quién le gustaría tener un carro?
4 . . .

Side 4, 4805 to 7119

3 **27:30**

¿Me puedes pagar algo? Identify various household chores: **limpiar el baño; sacar la basura; limpiar las ventanas; pasar la aspiradora**.

1 ¿Ha estado pensando Tina?
2 ¿Qué sugiere hacer Tina para ganar dinero?
3 ¿Es costumbre en su familia pagar los quehaceres?
4 . . .

Side 4, 7134 to 8809

2 ¡Un convertible de lo más llamativo!

3 ¿Me puedes pagar algo?

4 ¡No te burles de mí!

¿Qué tal, Tina? Ven. Vamos a dar un paseo en bicicleta. Luego podemos ir de compras a Cielo Vista. Hay buenas ofertas hoy.
No puedo, Margarita. Tengo demasiado que hacer. Después de aspirar el carro, todavía tengo que limpiar el baño y mi cuarto. Además, si gasto mi dinero, no voy a poder comprar mi carro.
¡Ay, Tina! Casi nunca nos vemos ya. A propósito, ¿cuánto dinero tienes guardado ya?
A ver... al terminar las tareas de hoy, voy a tener setenta y cinco dólares, más o menos.
¡Setenta y cinco! Sólo te hacen falta dos mil novecientos veinticinco, ¿no?
¡No te burles de mí! No entiendes lo difícil que es. Parece que trabajo y trabajo y ¿para qué? Nunca voy a tener suficiente dinero.
Tienes razón. Si sigues como vas, creo que vas a terminar la universidad antes de poder comprarte un carro. ¿Por qué no te consigues otro trabajo?
Margarita, ¡eres un genio! Obviamente, es la solución. Con mi talento, estoy segura de poder conseguir un buen puesto y ganar los tres mil en un par de meses.

4 28:27

¡No te burles de mí! Point out the bike: **bicicleta**. Point out the vacuum cleaner: **aspirar el carro**. Contrast saving/spending money. Enumerate things the girls don't do together: go to the movies, go shopping, go for bike rides, etc. Write Margarita's calculations on the board: **$75.00 + $2925 = $3000**. Act out making fun of someone: **no te burles**. Equate: **no entiendes/no sabes**; **si sigues como vas/si continúas.**

1. ¿Qué quiere hacer Margarita?
2. ¿Qué es Cielo Vista? ¿Qué hay allí?
3. ¿Por qué no puede ir Tina con Margarita?
4. . . .

Side 4, 8824 to 11753

CHARLEMOS UN POCO

A. PARA EMPEZAR . . .

Call on individual students. Ask for volunteers to correct false statements.

1 falso. Zenaida no era la única hija. Sus padres tenían muchos hijos.
2 falso. La vieja le dijo, "Si trabajas bien, voy a pagarte bien".
3 cierto
4 falso. Tenía una hija tan mala y fea como su madre.
5 cierto
6 cierto
7 falso. Zenaida se escapó con un collar de oro.
8 falso. Le habían robado una espada y dos sacos de oro.
9 falso. Zenaida consiguió traerle la espada y el oro al viejito.
10 falso. Todos menos la bruja y su hija vivieron felices para siempre y la familia de Zenaida no continuó en la pobreza.

B. ¿QUÉ DECIMOS . . .?

Allow 2–3 min to complete sentences in pairs first. Then call on individuals to go over each item.

1 d
2 g
3 b
4 c
5 a
6 e
7 ch
8 f

CHARLEMOS UN POCO

A. PARA EMPEZAR . . . Di si los siguientes comentarios son ciertos o falsos según el cuento, "El collar de oro". Si son falsos, corrígelos.

1. Zenaida tuvo que salir a buscar trabajo porque era la única hija y sus padres eran muy pobres.
2. Una vieja le ofreció trabajo a Zenaida diciendo, "No puedo pagarte mucho si trabajas conmigo".
3. La vieja hizo trabajar mucho a la muchacha, día y noche.
4. La vieja tenía una hija hermosa y muy inteligente.
5. La vieja y su hija eran brujas.
6. Cuando Zenaida pidió su salario, la vieja la amenazó diciendo, "Si me enojas, te voy a castigar".
7. Esa noche, Zenaida se escapó con un hermoso collar de perlas.
8. Zenaida consiguió trabajo con un viejito a quien le habían robado una espada y tres sacos de oro.
9. Zenaida intentó traerle la espada y el oro al viejito pero la vieja bruja la captó y la mató.
10. La bruja y su hija vivieron felices para siempre y la familia de Zenaida continuó en la pobreza.

B. ¿QUÉ DECIMOS . . .? Completa los comentarios de Tina, su mamá y sus amigos.

Tina

Mamá

Margarita

Mateo

1. "¿Por todo eso? . . .
2. "Estoy segura de poder . . .
3. "Súbanse y las llevo . . .
4. "No hay manera que tú compres tu carro . . .
5. "¿Pagaste tres mil . . .
6. "Nunca voy a tener . . .
7. "Si hago más quehaceres en casa, . . .
8. "Vas a terminar la universidad . . .

a. por un carro?"
b. a dar una vuelta".
c. a menos que ahorres mucho dinero".
ch. ¿me puedes pagar algo?"
d. Unos veinte dólares, tal vez".
e. suficiente dinero".
f. antes de poder comprarte un carro".
g. conseguir un buen puesto".

Purpose These activities provide guided practice as students begin to make speculations and to negotiate. It is not necessary to do all the activities in this section once students have demonstrated mastery of these functions.

C. Consejos. Todos tus amigos te consideran un(a) excelente consejero(a) y siempre vienen a ti con sus problemas. ¿Qué consejos les das cuando vienen con estos problemas?

MODELO tener sueño
Compañero:(a): **Tengo sueño.**
Tú: **Si tienes sueño, debes dormir más.**

VOCABULARIO ÚTIL:

conseguir un trabajo
hacerte miembro de un club
dormir más
estudiar todas las noches
evitar el café
hacer más ejercicio
llamar a un(a) amigo(a)
salir
usar los anteojos
tomar clases
usar bronceador

1. estar aburrido
2. no saber bailar
3. dolerme los ojos
4. no tener amigos
5. no tener ganas de estudiar
6. sacar malas notas
7. no poder dormir
8. siempre quemarme al sol
9. no tener energía
10. querer un carro

CH. Esperanzas. Estas personas acaban de conseguir trabajo. ¿Qué piensan comprar con el dinero que van a ganar?

Leticia

MODELO **Si gana bastante dinero, Leticia piensa comprar zapatos.**

1. Pancho

2. Pepe

3. yo

4. Gregorio

5. tú

6. Luisa

7. Marcos y yo

8. Ana y Juan

9. Débora

10. Esteban y Lupe

Making speculations: *Si*

The expression **si** is followed by the indicative when used in the present tense:

Si quieres, puedo ir contigo.
Si llama Carlos, no estoy aquí.

See **¿Por qué se dice así?,** *page G96, section 7.1.*

C. Consejos. Allow 2–3 min for pair work. Then call on several pairs to role-play each item for class. Answers may vary.

1. Estoy aburrido. *Si estás aburrido, debes llamar a un(a) amigo(a).*
2. No sé bailar. *Si no sabes bailar, debes tomar clases.*
3. Me duelen los ojos. *Si te duelen los ojos, debes usar los anteojos.*
4. No tengo amigos. *Si no tienes amigos, debes hacerte miembro de un club.*
5. No tengo ganas de estudiar. *Si no tienes ganas de estudiar, debes hacer más ejercicio.*
6. Saco malas notas. *Si sacas malas notas, debes estudiar todas las noches.*
7. No puedo dormir. *Si no puedes dormir, debes evitar el café.*
8. Siempre me quemo al sol. *Si siempre te quemas al sol, debes usar bronceador.*
9. No tengo energía. *Si no tienes energía, debes dormir más.*
10. Quiero un carro. *Si quieres un carro, debes conseguir un trabajo.*

CH. Esperanzas. Call on individual students. Have class confirm each response.

1. Si gana bastante dinero, Pancho piensa comprar una guitarra.
2. Si gana bastante dinero, Pepe piensa comprar un video.
3. Si gano bastante dinero, yo pienso comprar una carpa.
4. Si gana bastante dinero, Gregorio piensa comprar un saco de dormir.
5. Si ganas bastante dinero, tú piensas comprar un teléfono.
6. Si gana bastante dinero, Luis piensa comprar perfume.
7. Si ganamos bastante dinero, Marcos y yo pensamos comprar un coche.
8. Si ganan bastante dinero, Ana y Juan piensan comprar un televisor.
9. Si gana bastante dinero, Débora piensa comprar un collar.
10. Si ganan bastante dinero, Esteban y Lupe piensan comprar un disco compacto.

D. Soñador(a). Call on individual students. Have several respond to each item. Answers will vary.
1 Si gano mucho dinero, puedo viajar mucho.
2 Si practico muchos deportes, puedo participar en los juegos olímpicos.
3 Si consigo un trabajo en un restaurante, voy a ahorrar mi dinero.
4 Si limpio toda la casa, puedo tener una fiesta.
5 Si me quedo en casa, voy a leer una nueva novela.
6 Si escribo muchas cartas, voy a recibir muchas.
7 Si compro un saco de dormir, puedo ir a acampar.
8 Si viajo a Venezuela, voy a visitar a Chela.
9 Si compro un carro, puedo pasear con mis amigos.
10 Si tomo clases de ejercicios aeróbicos, voy a perder peso.

E. Quehaceres. Allow students 2–3 min to practice negotiating in pairs. Then call on several pairs to role-play negotiating for the class.

F. ¿Cuántas veces? Call on individuals. Have class confirm each response. Answers will vary.
1 Voy al cine dos veces por mes.
2 Asisto a la clase de español cuatro veces por semana.
3 Me peino tres veces por día.
4 Practico deportes tres veces por semana.
5 Voy a acampar dos veces por año.
6 Hablo por teléfono cinco veces por día.
7 Alquilo un video cuatro veces por mes.
8 Me lavo los dientes tres veces por día.

Negotiating: *Si*

The expression **si** is often used in negotiating:

Yo lavo el carro **si** tú limpias el interior.
Si tu sacas la basura, yo preparo los sándwiches.

See **¿Por qué se dice así?,** *page G96, section 7.1.*

The preposition *por:* Per / By

Los tomates están a seis **por** un dólar.
Siempre alquilamos tres videos **por** semana.

See **¿Por qué se dice así?,** *page G97, section 7.2.*

D. Soñador(a). Tú eres un(a) gran soñador(a). ¿Qué te imaginas que va a pasar si haces estas cosas?

EJEMPLO sacar buenas notas
Si saco buenas notas, puedo asistir a la universidad. o
Si saco buenas notas, voy a conseguir un buen trabajo.

1. ganar mucho dinero
2. practicar muchos deportes
3. conseguir un trabajo en un restaurante
4. limpiar toda la casa
5. quedarme en casa
6. escribir muchas cartas
7. comprar un saco de dormir
8. viajar a Venezuela
9. comprar un carro
10. tomar clases de ejercicios aeróbicos

E. Quehaceres. Tú y tu compañero(a) tienen que limpiar la escuela. Ahora tienen que negociar para ver quién va a hacer qué.

EJEMPLO **Yo lavo el piso de la cafetería si tú limpias los baños.**

limpiar los baños
barrer el pasillo
cortar el césped
lavar las pizarras
limpiar los borradores
arreglar los estantes
limpiar los pupitres
pasar un trapo a los escritorios de los profesores
sacar la basura
lavar las ventanas
limpiar el laboratorio
lavar el piso de la cafetería

F. ¿Cuántas veces? ¿Con qué frecuencia haces estas cosas?

EJEMPLO salir a comer / mes
Salgo a comer [*número*] veces por mes.

1. ir al cine / mes
2. asistir a la clase de español / semana
3. peinarse / día
4. practicar deportes / semana
5. ir a acampar / año
6. hablar por teléfono / día
7. alquilar un video / mes
8. lavarse los dientes / día

G. Intercambios. Tú y tu compañero(a) tienen varias cosas que intercambiar. Decidan cómo van a hacer sus intercambios.

EJEMPLO *Tú:* **Te doy mi reloj por tu mochila.**
Compañero(a): **No, te doy mi collar por tu reloj.**

TÚ

COMPAÑERO(A)

H. ¿Tanto? ¿Sabes el valor de estas cosas? ¿Cuánto pagarías por cada una?

EJEMPLO un viaje a Europa
Pagaría dos mil dólares por un viaje a Europa.

1. una clase de baile
2. una radio
3. boleto para un concierto de rock
4. un viaje de esquí
5. un video
6. una cena con tu artista favorito(a)
7. una excursión a Disneylandia
8. un carro
9. una semana en San Juan, Puerto Rico
10. una bicicleta

The preposition *por:* In exchange for

Me dio cinco dólares **por** la mochila.
¡Pagué demasiado **por** este carro!

See **¿Por qué se dice así?,** *page G97, section 7.2.*

G. Intercambios. Allow students 2–3 min to negotiate in pairs. Then call on several pairs to role-play negotiating for class.

H. ¿Tanto? Allow 2–3 min for students to decide on values in pairs. Then call on individuals to give the value of each item. Ask class if they agree with each value stated. Answers will vary.

1. Pagaría diez dólares por una clase de baile.
2. Pagaría cuarenta dólares por un radio.
3. Pagaría treinta dólares por un boleto para un concierto de rock.
4. Pagaría cien dólares por un viaje de esquí.
5. Pagaría veinte dólares por un video.
6. Pagaría setenta y cinco dólares por una cena con mi artista favorito(a).
7. Pagaría noventa dólares por una excursión a Disneylandia.
8. Pagaría nueve mil dólares por un carro.
9. Pagaría seiscientos dólares por una semana en San Juan, Puerto Rico.
10. Pagaría ochenta dólares por una bicicleta.

I. Vacaciones. Have students do in pairs first. Allow 2–3 min. Then call on individuals to tell where they and their family or friends are going. Sentences will vary.

Mi familia y yo vamos a estar en Paraguay por tres meses.
Yo voy a estar en Rusia por dos semanas.
Mi amiga Shadee va a estar en Egipto por un mes.
Mis amigos Mali y Trevor van a estar en Australia por dos meses.
Tú vas a estar en Guatemala por una semana.

The preposition *por:* Duration of time

Vamos a estar allá **por** un mes.
No comí nada **por** días.

See **¿Por qué se dice así?,** *page G97, section 7.2.*

I. Vacaciones. Tú y tus amigos van a viajar durante las vacaciones de verano. ¿Cuánto tiempo van a estar de vacaciones?

EJEMPLO **Mario va a estar en Italia por tres semanas.**

mi familia y yo	Italia	3 semanas
yo	India	1 semana
mi amigo(a) . . .	Egipto	1 mes
mis amigos . . . y . . .	Australia	2 meses
tú	Guatemala	3 meses
	Paraguay	10 días
	Rusia	2 semanas
	¿ . . . ?	5 días
		¿ . . . ?

CHARLEMOS UN POCO MÁS

A. Si gano la lotería . . . Allow 4–5 min to gather information. Then have students form groups of four and compare information gathered. Ask each group to select the best or funniest response and read it to class.

B. Entrevista. Allow students 2–3 min to prepare lists and another 2–3 min to ask questions. Ask each pair to select the most creative response they received and report it to class.

CHARLEMOS UN POCO MÁS

A. Si gano la lotería . . . Usa la encuesta que tu profesor(a) te va a dar para entrevistar a tus compañeros de clase. Haz cada pregunta a tres personas y anota sus respuestas. No hagas más de una pregunta a la misma persona. Al terminar, compara tu información con la de tus compañeros de clase.

EJEMPLO ganar la lotería
Compañero(a): **¿Qué vas a hacer si ganas la lotería?**
Tú: **Si gano la lotería, voy a viajar a España.**

B. Entrevista. Prepara una lista de diez situaciones problemáticas y típicas. Luego, pregúntale a un compañero(a) qué hace en cada situación en tu lista. Informa a la clase las respuestas más creativas que recibes.

EJEMPLO *Tú escribes:* **Ves al novio de tu mejor amiga con otra persona.**
Tú preguntas: **¿Qué haces si ves al novio de tu mejor amiga con otra persona?**
Compañero(a) dice: **Si veo al novio de mi mejor amiga con otra persona, inmediatamente se lo digo a mi amiga.** o
Si veo al novio de mi mejor amiga con otra persona no digo nada. o . . .

Purpose These ***Charlemos un poco más*** activities allow students to use language for making speculations and negotiating in a variety of possible combinations. Responses in this section are much more open-ended and often have several possible correct answers.

C. Subtítulos. Con un(a) compañero(a), escribe subtítulos para estos dibujos. Después en grupos de seis, lean sus subtítulos, decidan cuáles son los mejores y leánselos a la clase.

1. Sergio

2. Luisa y Paco

3. los hermanos

4. Rosario y Sra. Ortiz

5. Gloria y Beatriz

6. Ricardo

C. Subtítulos. Allow students 3–4 min to write subtitles and another 2–3 min to read their subtitles to two other pairs. Have each group of six read to the class the most interesting caption in their group.

DRAMATIZACIONES

A and B. Assign **A** to half the class and **B** to the other half. Allow 4–5 min to prepare role plays and call on volunteers to present them to the class.

Dramatizaciones

A. Si ganamos diez mil . . . Tú y dos compañeros son finalistas en la lotería y tienen la posibilidad de ganar 10, 25, 50, 75, 100 mil o 1 millón de dólares. Hablen de lo que piensan hacer si ganan cada cantidad de dinero. Todos tienen que estar de acuerdo. Dramaticen su conversación.

B. El carro. Tú quieres usar el carro de tu hermano(a) este fin de semana pero él (ella) no quiere prestártelo. Tú mencionas varias razones por las cuales lo necesitas pero tu hermano(a) siempre tiene una excusa para no prestártelo. Dramaticen esta situación. Tu compañero(a) va a tomar el papel de tu hermano(a).

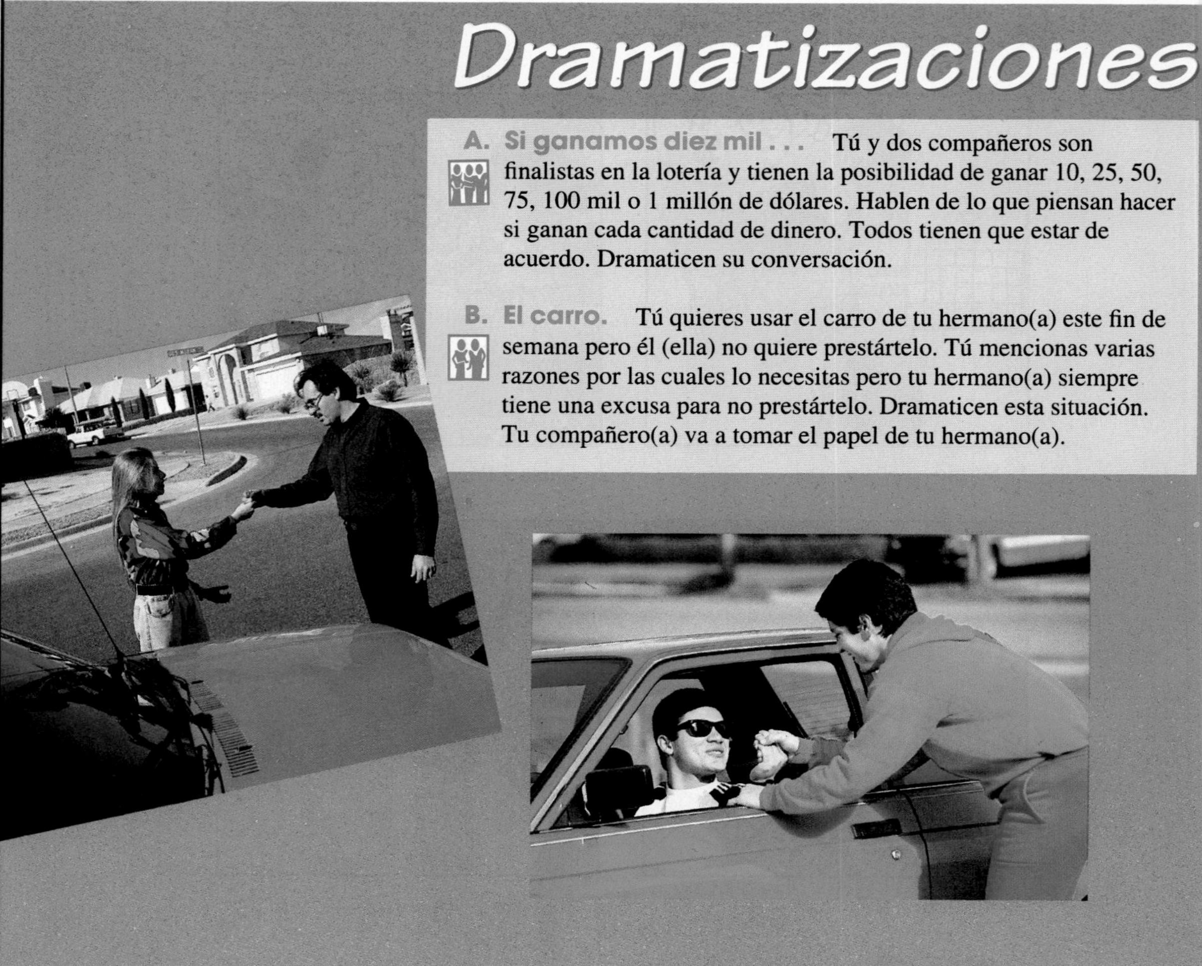

Purpose These role plays are designed to review the lesson structures and functions. Here students are expected to practice negotiating and making speculations. Encourage students to work without their books when performing their role plays.

IMPACTO CULTURAL
Excursiones

Antes de empezar

A. Mi ciudad. ¿Cuánto sabes de tu ciudad? Contesta estas preguntas con un(a) compañero(a) de clase para saber cuánto saben del lugar donde viven.

1. ¿Cuándo se fundó su ciudad? ¿Por qué se fundó en ese sitio? ¿Cuál era la industria principal?
2. ¿De dónde viene el nombre de su ciudad?
3. ¿Cuál es la importancia de tu ciudad en el estado? ¿Es la más grande? ¿la más pequeña?
4. ¿Cuáles son las industrias principales en tu ciudad ahora?
5. ¿Cuáles son las atracciones turísticas de tu ciudad?
6. ¿Te gusta vivir donde vives o preferirías vivir en otra ciudad? ¿Por qué?

B. Ciudad vecina. Muchas ciudades en EE.UU. tienen ciudades vecinas. Con un(a) compañero(a), contesta estas preguntas para ver cuáles son las ventajas o desventajas de tener una ciudad vecina.

1. ¿Tiene tu ciudad una ciudad vecina? Si no, ¿cuáles son dos ciudades vecinas en tu estado?
2. ¿Cuál de las dos ciudades es la más grande?
3. ¿Cuál de las dos ciudades tiene las mejores diversiones? ¿los mejores restaurantes? ¿los mejores centros comerciales? ¿las mejores escuelas?
4. ¿Cuál ofrece más oportunidad de empleo? Explica por qué.
5. ¿En cuál de las dos ciudades te gustaría vivir? ¿Por qué?

Palacio Municipal, Ciudad Juárez

IMPACTO CULTURAL
Excursiones

Purpose This section provides additional reading practice as students learn about Ciudad Juárez, Mexico's fifth largest city. A conscious effort is made in this section, and throughout the text, to make students more aware of world geography and history, two generally weak areas for many American students.

Antes de empezar

Use this activity as an advance organizer for the reading that follows. Encourage critical thinking by having students make intelligent guesses when they do not know the answers. Always ask students to tell why they think their answer is correct.

Answers

A. Mi ciudad.
Las respuestas van a variar.

B. Ciudad vecina.
Las respuestas van a variar.

IMPACTO CULTURAL

Ciudad Juárez: ¿Ciudad gemela?

Las ciudades fronterizas son, en ciertos aspectos, diferentes a las ciudades del interior de un país. Ciudad Juárez en el estado de Chihuahua, México, es una de ellas. Olvidada hasta cierto punto por el gobierno mexicano, Ciudad Juárez no se ha desarrollado de la misma manera que su ciudad gemela americana, El Paso, desde su separación en 1848. Sin embargo, Ciudad Juárez sigue fuertemente ligada a la ciudad de El Paso y, por esta razón, presenta características peculiares muy interesantes que representan, en una visión amplia, la relación problemática de Estados Unidos y Latinoamérica.

Gobernada por distintos gobiernos desde 1848, el desarrollo de Ciudad Juárez y El Paso ha sido desigual. El Paso se ha convertido en una ciudad americana moderna con una economía muy diversificada. Ciudad Juárez impresiona por sus contrastes de extrema pobreza de la mayoría de la población que vive en los barrios o las "colonias", 1 y de extrema riqueza de los ricos que viven en áreas exclusivas como Campestre. 2 Esta brecha entre ricos y pobres se ha cerrado un poco desde los años cincuenta, debido al desarrollo gradual de la clase media.

Para incentivar el desarrollo de Ciudad Juárez, el gobierno mexicano ha invertido millones de pesos para desarrollar el turismo en el área. Miles de turistas americanos cruzan la frontera para visitar los modernos centros comerciales, 3 museos de arte e historia, restaurantes y hoteles que se han construido en toda la frontera.

Así como miles de turistas americanos cruzan la frontera hacia Ciudad Juárez, miles de mexicanos visitan El Paso. 4 (En 1991, más de 42 millones de mexicanos cruzaron la frontera entre El Paso y Ciudad Juárez legalmente.) Indudablemente, el comercio entre las dos ciudades es muy intenso. Como dice un prominente ciudadano de esta ciudad americana, "El Paso y Ciudad Juárez son dos gemelas que se encuentran en la caja registradora".

A pesar de todos los mexicanos que cruzan la frontera por turismo o por comercio,(5) cientos de ellos llegan a El Paso para quedarse. Ellos son los "ilegales" que van en busca de una vida mejor en Estados Unidos. Éste es un problema muy serio en la frontera y muy difícil de controlar por el intenso tráfico que existe en el área. El problema se hace peor debido a que en invierno, el Río Grande—o Río Bravo, como se llama en México—no consta más de un chorrito de agua. Esto permite que los ilegales puedan saltar sin aun mojarse los zapatos.

Una solución parcial para el problema de la migración a EE.UU. ha sido el desarrollo industrial en la frontera de El Paso—Ciudad Juárez. En 1965 se estableció la industria "maquiladora" ***(twin plant program)*** en esta área. De acuerdo a este plan de desarrollo industrial, compañías americanas se establecen en la frontera, en suelo mexicano, y dan trabajo a miles de trabajadores mexicanos. Ambos países se han beneficiado hasta cierto punto, pero también existen serios problemas como la explotación de los trabajadores mexicanos por las industrias americanas y la pérdida de trabajos en EE.UU. cada vez que una compañía americana se establece en suelo mexicano.

¿Cómo va a afectar la situación de las ciudades gemelas el Tratado de Libre Comercio entre Canadá, EE.UU. y México?(6) Esto es difícil de predecir. Lo único que es seguro es que estas dos ciudades siempre vivirán la una para la otra, buscándose siempre, como dos hermanas gemelas separadas por la fuerza.

Verifiquemos

1. Con un(a) compañero(a), preparen un diagrama como el siguiente. Hagan una comparación entre su ciudad, Ciudad Juárez y su ciudad gemela, El Paso, Texas. Decidan primero qué es o qué van a comparar, e indiquen cuáles serán las subcategorías. La primera, industria, ya está señalada.

Mi ciudad	Ciudad Juárez	El Paso
1. Industria	1. Industria	1. Industria
2.	2.	2.

2. Explica el título de la lectura.
3. ¿Cuáles son las razones principales por las cuales Ciudad Juárez y El Paso se desarrollaron desigualmente?
4. ¿Conoces tú otras ciudades fronterizas? ¿Cuáles son?

Verifiquemos

Answers

1 Mi ciudad
Las respuestas van a variar.

Ciudad Juárez
1. industria
   a. maquiladora
2. turismo
   a. miles de turistas americanos cruzan la frontera
3. comercio
   a. muy intenso entre Ciudad Juárez y El Paso
4. frontera
   a. cruzan por turismo
   b. cruzan por comercio
5. impresión
   a. contrastes de extrema pobreza y de extrema riqueza
   b. desarrollo gradual de la clase media

El Paso
1. industria
   a. maquiladora
2. turismo
   a. miles de mexicanos visitan El Paso
3. comercio
   a. muy intenso entre Ciudad Juárez y El Paso (42 millones de mexicanos cruzaron legalmente de Ciudad Juárez a El Paso en 1991)
4. frontera
   a. cruzan por turismo
   b. cruzan por comercio
   c. cruzan en busca de una vida mejor
5. impresión
   a. ciudad moderna
   b. economía muy diversificada

2 Las respuestas van a variar. Los alumnos deben reconocer que estas dos ciudades no se han desarrollado paralelamente. Se puede decir que son gemelas pero no idénticas.

3 Esto es debido a que las dos ciudades han sido gobernadas por distintos gobiernos desde 1848. El gobierno de EE.UU. ha tenido una economía más estable y por lo tanto ha podido apoyar más el desarrollo de El Paso. Problemas económicos, entre otros, han causado que el gobierno mexicano casi olvide sus ciudades fronterizas.

4 Las respuestas van a variar.

OBJECTIVES

Communicative Goals

- Expressing probability and improbability
- Talking about unknown entities

Culture and Reading

- **Para empezar** ***Unos refranes***
- **Tesoros nacionales** ***Benito Juárez, el gran héroe de México***

Structure

- 7.3 Present subjunctive: **Quizás, tal vez**
- 7.4 Present subjunctive: Adjective clauses

ACTIVE VOCABULARY

Empleo
capacitado(a)
clasificado(a)
emplear
empleo
escribir a máquina
gerente
mecanografía
repartir
requerir
salario
solicitar
taquigrafía

Palabras y expresiones
categoría
espectáculo
fuera
previo(a)
venta

LECCIÓN 2

¡Tal vez pueda trabajar!

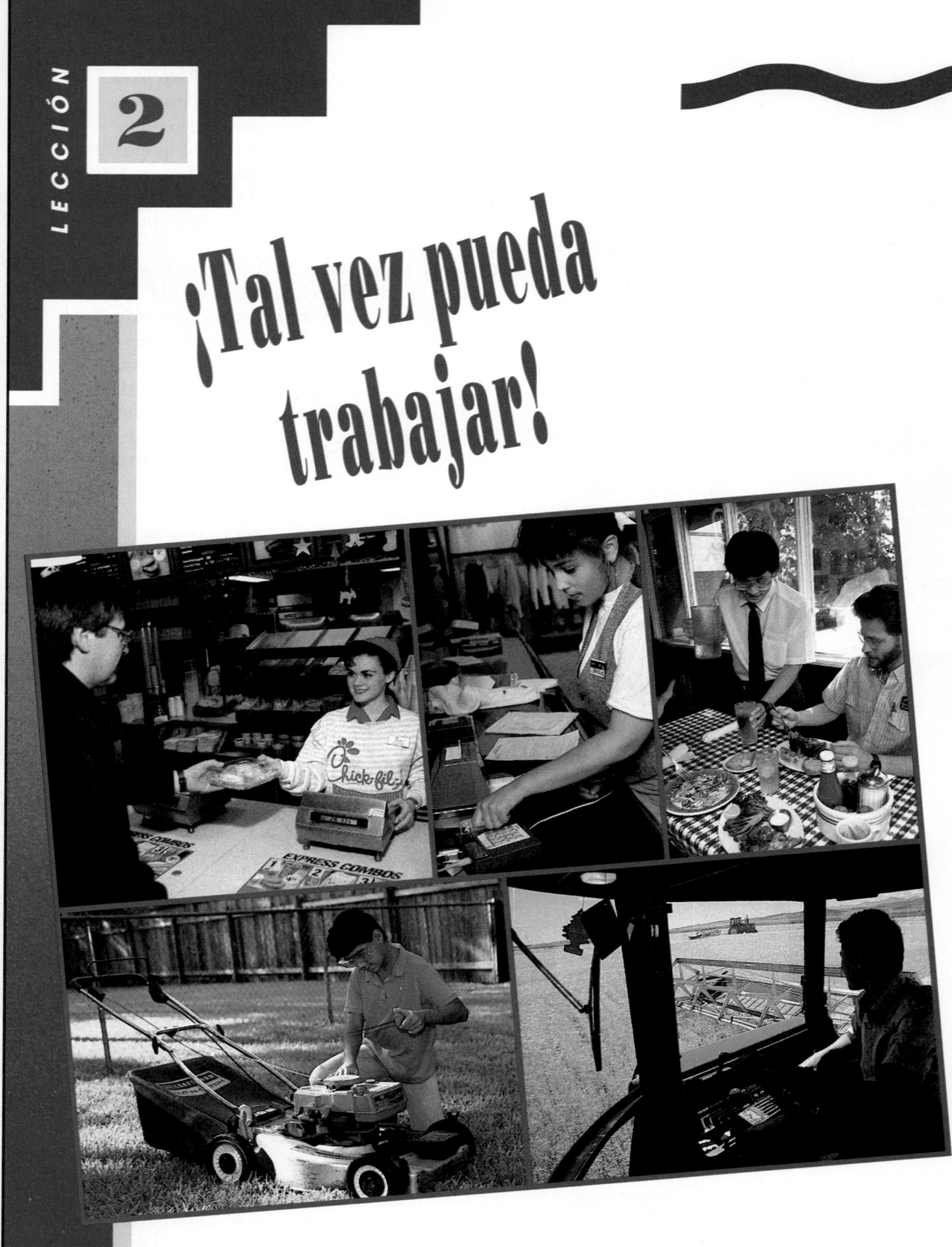

Purpose To focus students on the language and functions to be developed and practiced in the lesson—expressing possibility, probability, improbability and predicting unknowns—and to lead students to consider their qualifications and probable wages for various jobs. Also, to get students to consider what influences the cost of living and to think about the qualifications necessary for jobs they might be considering in the future.

ANTICIPEMOS

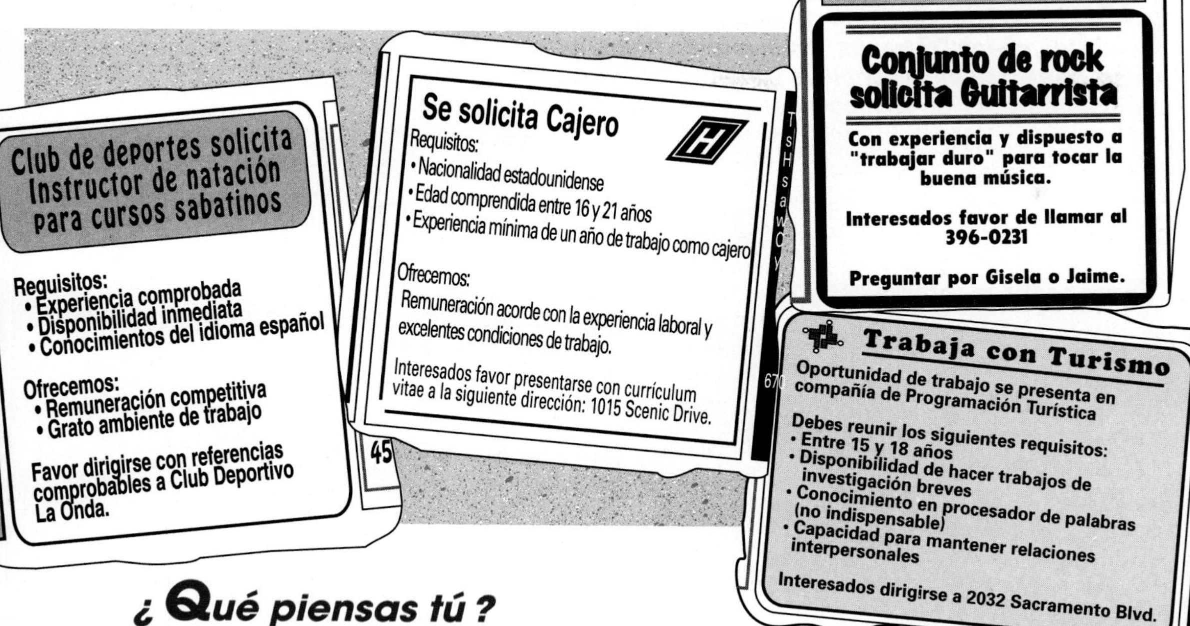

Club de deportes solicita Instructor de natación para cursos sabatinos
Requisitos:
• Experiencia comprobada
• Disponibilidad inmediata
• Conocimientos del idioma español
Ofrecemos:
• Remuneración competitiva
• Grato ambiente de trabajo
Favor dirigirse con referencias comprobables a Club Deportivo La Onda.
Se solicita Cajero
Requisitos:
• Nacionalidad estadounidense
• Edad comprendida entre 16 y 21 años
• Experiencia mínima de un año de trabajo como cajero
Ofrecemos:
Remuneración acorde con la experiencia laboral y excelentes condiciones de trabajo.
Interesados favor presentarse con currículum vitae a la siguiente dirección: 1015 Scenic Drive.
Conjunto de rock solicita Guitarrista
Con experiencia y dispuesto a "trabajar duro" para tocar la buena música.
Interesados favor de llamar al 396-0231
Preguntar por Gisela o Jaime.
Trabaja con Turismo
Oportunidad de trabajo se presenta en compañía de Programación Turística
Debes reunir los siguientes requisitos:
• Entre 15 y 18 años
• Disponibilidad de hacer trabajos de investigación breves
• Conocimiento en procesador de palabras (no indispensable)
• Capacidad para mantener relaciones interpersonales
Interesados dirigirse a 2032 Sacramento Blvd.

¿Qué piensas tú?

1. ¿Crees que todos los jóvenes en estas fotos reciben un salario por lo que están haciendo? Si no, ¿cuáles sí y cuáles no? ¿Cuánto crees que gana cada uno? ¿Te interesaría hacer algunos de estos trabajos? ¿Cuáles? ¿Por qué?
2. ¿Estás capacitado(a) para hacer algunos de estos trabajos? ¿Cuáles? ¿Por qué crees que no estás capacitado(a) para todos?
3. En la primera lección, preparaste una lista de todos los gastos que tendrías si tuvieras carro. Ahora prepara una lista de tus otros gastos mensuales: ropa, materiales escolares, diversión, etc. Combina este total con el de tener carro. ¿Ganarías lo suficiente en cualquiera de estos puestos *(trabajos)* para pagar todos tus gastos? ¿Cuántas horas tendrías que trabajar por semana?
4. ¿Dónde crees que vas a estar y qué crees que estarás haciendo en diez años? ¿Serán tus gastos mensuales iguales a lo que son ahora? ¿Por qué crees eso?
5. ¿Qué condiciones influyen el costo de vida?
6. ¿Qué tipo de puesto esperas tener cuando ya seas un adulto? ¿Qué habilidades debes tener para conseguir tal puesto? ¿Qué puede influir en tu preferencia de puesto? ¿Tus padres? ¿Tus notas en la escuela? ¿La manera en que quieres vivir? ¿. . . ?
7. ¿Qué crees que vas a aprender en esta lección?

Suggestions Use the photos and job advertisements to introduce the lesson content. Encourage students to take advantage of cognates and context to determine meaning without translation and to use Spanish whenever possible to respond to the ***¿Qué piensas tú?*** questions. Allow English where ideas may be more complex or vocabulary may be unknown. Summarize responses in Spanish. You may want to have students prepare their answers for question 3 ahead of time and compare them in class.

ANTICIPEMOS

¿Qué piensas tú?

Answers

1 Las respuestas van a variar. Sin duda los que trabajan en restaurantes reciben recompensa, pero el trabajo de jardinero y de agricultor con frecuencia se considera parte de los quehaceres en casa. A la vez, es posible hacer estos trabajos y ser recompensado. Tanto la cuestión de salario como las respuestas a cuáles puestos les interesan más van a variar de región a región y de individuo a individuo.

2 Las respuestas van a variar.

3 Las respuestas van a variar.

4 Las respuestas van a variar según los planes que tengan: asistir a la universidad o empezar a trabajar en seguida. Obviamente tendrán que esperar que sus gastos mensuales serán mayores en diez años de lo que son ahora. La mayoría de ellos ya no vivirán con sus padres o con las personas que ahora se encargan de pagar sus gastos, alojamiento, comida, etc.

5 El estado económico del gobierno nacional y gobiernos internacionales influyen el costo de vida. Los alumnos deben reconocer conceptos tales como el de la ley de la oferta y la demanda, el del control de precios del gobierno, el de la competición, el de productos importados, etc.

6 Las respuestas van a variar muchísimo. Los alumnos deben tener presente la educación y entrenamiento que requieren los diferentes puestos. También deben recordar que la calidad de su trabajo ahora en el colegio junto con sus propios deseos y los de sus padres también van a influir en su decisión.

7 **Van a aprender a hablar de posibles empleos y de los requisitos y responsabilidades de varios puestos. También aprenderán a especular sobre lo posible, lo probable, lo improbable y lo desconocido.**

PARA EMPEZAR

Comprehension Checks

A complete set of **Comprehension Checks** is available on cards in the Teacher's Resource Package.

Introduction Explain: **sin número/tantos que es imposible contarlos; dichos=refranes/proverbios.** Break down the long sentences into short statements, then rebuild to longer, more complex sentences. Explain: **el conocimiento/lo que alguien sabe; sabio/una persona que sabe mucho; vivas/gráficas, descriptivas; sencillas/fáciles, no complicadas.**

1 ¿Tienen todas las culturas dichos?

2 . . .

Suggestions Review **conocer**. Emphasize: a **sabelotodo** doesn't learn or believe anything new because s/he already knows everything. Point out young Columbus' friends. One won't look. One won't listen. Ask students: **¿Es verdad lo que dice el joven Cristóbal Colón?** Equate: **ciego/persona que no puede ver; sordo/persona que no puede oír**.

1 ¿Qué llamamos a una persona que cree que lo sabe todo? ¿un "nosabenada"? ¿un "sabelotodo"?

2 . . .

2

Suggestions Point out man talking continuously. Explain: **Hablar por los codos quiere decir hablar continuamente**. Remind students of the Real family in Unit 2, who talked all the time but had nothing to say. Equate: **incesantemente/continuamente**. Act out boredom: **aburridísimas**. Point out the ox. Explain: **Es un animal como una vaca, pero no es una vaca; es un buey**.

1 ¿Qué decimos de una persona que habla continuamente sin decir nada? ¿que habla por las orejas? ¿que habla por las rodillas? ¿que habla por los codos?

2 . . .

PARA EMPEZAR

Escuchemos unos refranes

Todas las culturas tienen un sinnúmero de dichos populares que expresan la verdad o el conocimiento de algún sabio del pasado. Estas perlas de la lengua, llamadas "refranes" en el mundo hispanohablante, siempre son vivas, con frecuencia sencillas y todas creativas. Escuchemos ahora algunos refranes de México y del suroeste de Estados Unidos.

1

Quizás conozcas a algunas personas que creen que lo saben todo. Sí, los que llamamos "sabelotodos" porque siempre se rehusan a ver o escuchar la evidencia. Simplemente insisten en que ya lo saben todo. Pues, dos buenos refranes para estas personas son:

No hay peor ciego que el que no quiere ver. y...
El peor sordo es el que no quiere oír.

2

O tal vez tengas algún amigo que habla continuamente. Sí, uno de esos que "habla por los codos". A pesar de hablar incesantemente, estas personas nunca tienen nada que decir. Son aburridísimos. De estas personas se puede decir:

Habló el buey y dijo mu.

3

Y quizás sepas de alguna persona que critica todo. Son las personas que llamamos "criticones" porque constantemente se la pasan criticando. En inglés se dice de estas personas que "el que vive en una casa de vidrio no debe tirar piedras". En español decimos:

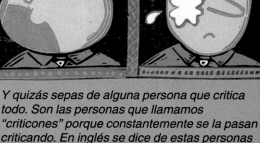

El que al cielo escupe, en la cara le cae.

3

Suggestions Act out criticizing: **critica, criticones**. Point out something made of glass: **vidrio**. Explain that someone who criticizes a lot is often criticized by others. Point out man spitting: **escupe**. Point out where it lands: **en la cara le cae**.

1 ¿Hay personas que critican todo?

2 . . .

Purpose This section develops active listening comprehension skills and introduces students to cultural insights and perceptions through a series of illustrated proverbs drawn from Hispanic tradition. Students will hear many examples of the language used to express possibility and probability. The ***Para empezar*** section provides comprehensible language without translation. It is not meant for memorization or mastery. It develops listening comprehension and introduces the lesson structures in context.

4
Tal vez tengas amigos que son inteligentes pero que tienden a no pensar antes de actuar. Son las personas que siempre parecen atraer algún desastre. A veces los llamamos "bobos". De estas personas se puede decir:
La mala suerte y los tontos caminan del brazo.
5
Cuando nos encontramos con un amigo o un conocido en un lugar inesperado, en inglés decimos que "el mundo es muy pequeño". En Nuevo México se dice:
Las piedras rodando se encuentran.
6
Tal vez tengas algunos conocidos que se creen la gran cosa. Un buen refrán que los pinta como de veras son es el que dice:
La mona, aunque se vista de seda, mona se queda.
trescientos cincuenta y cinco 355

Suggestions Have students close their books while you narrate each section using overhead transparencies and comprehensible input techniques to clarify meaning without translation. Break longer sentences into shorter utterances, pointing to elements of each drawing, acting out, demonstrating, gesturing to clarify meanings. Provide synonyms, cognates, and/or simple definitions or descriptions in Spanish. Ask frequent **Comprehension Checks** to confirm understanding as you progress through each proverb.

4

Suggestions Point out the two drawings. Explain that each is intelligent. Explain that neither thinks before he acts. Explain: **Este hombre saca una lata del fondo. No pensó en las consecuencias. Este otro caminó debajo de la escalera sin ver hacia arriba para saber si algo estaba por caerse.** Contrast symbols of good and bad luck: **suerte**. Mime walking arm in arm: **caminan del brazo**.

1. ¿Es inteligente este hombre? ¿y este hombre? *(Point to each.)*
2. ¿Qué problema tienen? ¿No ven el peligro? ¿No piensan en las consecuencias de lo que hacen?
3. ¿Qué atraen estas personas? ¿la buena suerte? ¿la mala suerte? ¿algunos desastres?
4. . . .

5

Suggestions Point out the two men. Explain that they are friends: **conocidos**. Explain that each is from Las Cruces, Nuevo México, but now they are in Yucatán, México. Explain that they did not expect or plan to meet here. They are surprised. Point out the rolling stones: **piedras rodando**. Point out that they are going to meet: **se encuentran**.

1. ¿De dónde es este hombre? ¿y este hombre?
2. ¿Dónde están ahora?
3. ¿Esperaban encontrarse en este lugar?
4. . . .

6

Suggestions Point out the people with their noses in the air. Explain that they think they are better-looking, smarter, more important than anyone else: **se creen la gran cosa**. Explain that the monkey (**la mona**) is wearing a dress. Now it believes it is a human, but it's still a monkey: **es todavía una mona**.

1. ¿Cómo se creen estas personas? ¿mejores que todos los demás? ¿más inteligentes que todos los demás? ¿más hermosas que todos los demás? ¿la gran cosa?
2. ¿Cómo son de veras? ¿mejores que todos los demás?, etc.
3. ¿Qué lleva esta mona?
4. . . .

7

Suggestions Point out the man and his lawnmower: **cortacéspedes**. Explain that he has been planning to mow the lawn: **cortar el césped**, but he hasn't done it. Explain that he always plans to mow the lawn, but he never does. Explain: **nunca lo lleva a cabo/nunca lo completa, termina, acaba**. Point out the child with the soup. Explain that she plans to eat the soup, but when she gets the spoon to her mouth, the soup is gone: **se pierde**.

1 ¿Tiene planes este hombre?
2 ¿Va a terminar de cortar el césped?
3 ¿Promete hacer muchas cosas?
4 . . .

8

Suggestions Point out the student taking a test. Explain that he hasn't studied. Explain that he doesn't know the answers. Explain that he is discouraged: **desanimado**. Point out the first door. Explain that it is closing: **se cierra**. Point out the other doors and explain that each one is opening: **se abren**.

1 ¿Cómo se siente este muchacho? ¿animado? ¿contento? ¿curioso? ¿triste? ¿preocupado? ¿desanimado?
2 ¿Se cierra esta puerta?
3 ¿Se abren estas puertas?
4 . . .

9

Suggestions Point out that this is the same man in all three panels, since he is wearing the same clothes. In the first he is being kind and generous: **generoso**. Point out the clouds (**nubes**) in the second panel. Explain he is daydreaming: **anda por las nubes.** Explain that he is not working, not thinking of anything important. In the third panel he is doing something silly, walking a fish: **hace una cosa tonta**.

1 ¿Tenemos todos sólo una personalidad?
2 ¿Cambiamos de personalidad de vez en cuando?
3 ¿Cómo se siente este hombre? ¿generoso? ¿amable? ¿bueno?
4 . . .

7
O tal vez conozcas a alguien que nunca lleva a cabo sus planes. Ya sabes, es la persona que promete hacer un sinnúmero de cosas y no hace nada. A esa persona le puedes decir:
De la mano a la boca se pierde la sopa.
8
Algunos refranes son muy apropiados para animar a alguien que se siente desanimado. Por ejemplo, hay uno que dice:
Donde una puerta se cierra, cien se abren.
9
Hay un refrán muy bueno para explicar que todos cambiamos de personalidad de vez en cuando: a veces nos sentimos muy generosos, otras veces parece que andamos por las nubes y otras veces hacemos cosas tontas. Este refrán dice:
De médico, poeta y loco, todos tenemos un poco.
356 trescientos cincuenta y seis

¿QUÉ DECIMOS...?

Al hablar de posibilidades de empleo

1 Un trabajo que pague bien.

Mamá, lo he pensado mucho y he decidido que debo tratar de conseguir trabajo fuera de casa. Si no lo hago, voy a ser una viejita cuando compre mi carro.

Vamos, hija. No es para tanto. Pero, estoy de acuerdo. Si tanto quieres un carro, es mejor que busques trabajo. ¿Qué clase de trabajo quieres?

No sé, mamá—uno que pague bien. ¿Qué me recomiendas?

Ay, no sé, hija. Es bien difícil conseguir trabajo estos días. ¿Por qué no hablas con tus amigos? Quizás uno de ellos sepa de un buen puesto. Ah, y también puedes mirar los anuncios clasificados del periódico.

Es cierto. Mateo trabaja. Quizás necesiten a alguien allí.

Bueno, ya me voy, mamá.

Adiós, hija.

2 Quizás pueda ser gerente de ventas.

Mateo, busco trabajo. Yo también pienso comprarme un carro tan pronto como tenga suficiente dinero. ¿Necesitan personas donde tú trabajas?

Lo dudo, Tina, porque acaban de despedir a varias. ¿Qué quieres hacer?

Algo interesante—donde pueda usar mi talento creativo.

Purpose This **fotonovela** section introduces students to the language and functions to be reviewed and practiced in the lesson—discussing the possibility of finding a job and earning money and the probability of being qualified for various jobs—and prepares them for practice in the context of natural conversation. Students should not be expected to memorize or master all utterances. Listening comprehension and early production of key vocabulary and structures are the goals.

Suggestions Have students close their books while you narrate each **fotonovela** segment, identifying characters and their relationships, and describing their activities. Ask **Early Production Checks** frequently to confirm understanding and develop accurate pronunciation of key elements. Act out the dialog between the characters.

¿QUÉ DECIMOS...?

30:06–
34:56

Side 4, 11793 to 20495

Using the video

See page 339.

Early Production Checks

A full set of **Early Production Checks** is available on cards in the Teacher's Resource Package.

1 **30:15**

Un trabajo que pague bien.

1 ¿Quién ha pensado mucho?
2 ¿Qué ha decidido?
3 Si no lo hace, ¿qué va a ser cuando compre su carro?
4 . . .

Side 4, 12050 to 13671

2 **31:09**

Quizás pueda ser gerente de ventas. Explain that some of Mateo's work colleagues are not working now. Gesture for **despedir**. Equate: **solicitar/buscar trabajo**. Explain that ***Viva El Paso*** is a show staged in El Paso each summer which celebrates the history and diversity of the area. Most of the cast and crew are students in local high schools and universities. Mime typing: **mecanografía/escribir a máquina**. Explain **taquigrafía: escribir rápidamente usando símbolos**. Explain: **gerente/directora; dependientes/personas que venden en un almacén**.

1 ¿Qué busca Tina?
2 ¿Qué piensa comprarse?
3 ¿Cuándo piensa comprarse un carro?
4 . . .

Side 4, 13686 to 16344

3 **32:38**

Buscan personas que hablen español. Explain: **requieren/necesitan**. Act out washing and ironing: **lavar y planchar**.

1 ¿Ve Tina un puesto para ella?
2 Y Margarita, ¿ve algo?
3 ¿Qué encuentra Margarita?
4 . . .

Side 4, 16359 to 18932

3 Buscan personas que hablen español.

4 ¿Has encontrado algo?

A ver, pásame el periódico. Quizás yo vea algo. Un buen trabajo que no requiera experiencia. ¿Qué tal este restaurante? Buscan meseros y lavaplatos.

Mira éste, el *El Paso Times* busca personas para repartir periódicos.

Yo quería algo más interesante.

4 34:05

¿Has encontrado algo?

Act out waiter: **mesero;** dishwasher: **lavaplatos;** newspaper delivery: **repartir periódicos**.

1 ¿Ha encontrado algo Tina?
2 ¿Parece que hay un puesto para ella?
3 ¿Está sorprendida su madre?
4 . . .

Side 4, 18947 to 20495

CHARLEMOS UN POCO

A. PARA EMPEZAR . . .
Allow students to work in pairs to figure out meanings. Then call on volunteers to interpret each proverb and have the class confirm each interpretation.

B. ¿QUÉ DECIMOS . . .?
Call on individual students. Have class confirm each response.

1 Tina
2 mamá
3 Tina
4 Margarita
5 Tina
6 Tina
7 Margarita
8 Margarita
9 mamá
10 mamá

C. Marte. Call on individual students. Have several students comment on each item.

1 Tal vez haya criaturas exóticas.
2 Tal vez las criaturas no tengan pelo.
3 Tal vez vivan en cuevas.
4 Tal vez coman árboles.
5 Tal vez todo el mundo duerma de día.
6 Tal vez todos salgan de noche.
7 Tal vez la gente use carros eléctricos.
8 Tal vez los marcianos construyan edificios bajo la tierra.
9 Tal vez no haya agua.
10 Tal vez los marcianos hablen una lengua rara.

Expressing probability and improbability: *Tal vez*

When expressing doubt, **tal vez** is followed by the subjunctive:

Tal vez **vengan** mañana.
Tal vez **tengas** que hacerlo tú.

See **¿Por qué se dice así?**, *page G99, section 7.3.*

CHARLEMOS UN POCO

A. PARA EMPEZAR . . . En tus propias palabras, explica el significado de cada uno de estos refranes.

1. La mona, aunque se vista de seda, mona se queda.
2. De la mano a la boca se pierde la sopa.
3. La mala suerte y los tontos caminan del brazo.
4. El peor sordo es el que no quiere oír.
5. Donde una puerta se cierra, cien se abren.
6. El que al cielo escupe, en la cara le cae.
7. Las piedras rodando se encuentran.
8. No hay peor ciego que el que no quiere ver.
9. Habló el buey y dijo mu.
10. De médico, poeta y loco, todos tenemos un poco.

B. ¿QUÉ DECIMOS . . .? ¿Quién dice lo siguiente: Tina, Margarita o mamá?

1. ''He decidido que debo tratar de conseguir trabajo fuera de casa''.
2. ''Quizás uno de tus amigos sepa de un buen puesto''.
3. ''Yo también pienso comprarme un carro''.
4. ''¿Por qué no vemos los clasificados?''
5. ''Quizás pueda ser gerente de ventas en un almacén''.
6. ''Requieren personas que tengan auto''.
7. ''Pues, sabes hablar por teléfono, ¿no?''
8. ''Solicitan una persona para lavar y planchar''.
9. ''Quizás yo vea algo. Un buen trabajo que no requiera experiencia''.
10. ''El *El Paso Times* busca personas para repartir periódicos''.

C. Marte. Estás imaginando la vida en el planeta Marte. ¿Qué dices?

MODELO el planeta ser rojo
Tal vez el planeta sea rojo.

1. haber criaturas exóticas
2. criaturas no tener pelo
3. vivir en cuevas
4. comer árboles
5. todo el mundo dormir de día
6. todos salir de noche
7. gente usar carros eléctricos
8. marcianos construir edificios bajo la tierra
9. no haber agua
10. marcianos hablar una lengua rara

Purpose These activities provide guided practice to students beginning to produce new language. Repetition built into the activities is intentional. It is not necessary to do all the activities in this section once students have demonstrated mastery of structures and vocabulary necessary to express probability and improbability and to describe unknown entities.

CH. Vacaciones. ¿Qué planes tienes para las vacaciones? Contesta las preguntas de tu compañero(a).

MODELO dormir mucho: un poco
Compañero(a): **¿Piensas dormir mucho?**
Tú: **No sé. Tal vez duerma un poco.**

1. leer muchos libros: uno o dos
2. nadar en el océano: en el río
3. hacer ejercicio: corer un poco
4. practicar deportes: tenis y volibol
5. ir a acampar: a Aguirre Springs
6. asistir a un concierto: al concierto de Los Lobos
7. aprender karate: judo
8. viajar a otro país: a Canadá

D. ¡Fiesta! Hay una gran fiesta este fin de semana y tú estás muy emocionado(a). ¿Qué estás pensando?

MODELO quizás / ser / mejor fiesta del año
Quizás sea la mejor fiesta del año.

1. quizás / todo / mi / amigos / ir
2. quizás / la / decoraciones / ser / bonito
3. quizás / haber / banda / fantástico
4. quizás / banda / tocar / mi canción / favorito
5. quizás / yo / bailar / todo / noche
6. quizás / servir / refrescos / rico
7. quizás / yo / conocer / persona / interesante
8. quizás / todo / nosotros / salir a comer / después

E. Tu escuela ideal. ¿Qué características tiene la escuela de tus sueños?

MODELO **Prefiero una escuela que tenga una montaña rusa, que no permita exámenes y que dé buenas notas a todo el mundo.**

VOCABULARIO ÚTIL:
no dar notas
emplear profesores excelentes
tener una montaña rusa
requerir mucho recreo
permitir salir para comer
tener clases al aire libre
estar en el campo
dar muchas películas
hacer muchas fiestas
¿ . . . ?

Expressing probability and improbability: *Quizás*

When expressing doubt, **quizás** is followed by the subjunctive:

Quizás no **quieran** ir.
Quizás **estén** enfermos.

See **¿Por qué se dice así?**, *page G99, section 7.3.*

Describing unknown entities: Adjective clauses

The subjunctive is used when referring to unknown entities.

Mis padres quieren **una casa** que **sea** más grande.
Busco **un novio** que **sea** guapo y que **tenga** mucho dinero.

See **¿Por qué se dice así?**, *page G100, section 7.4.*

CH. Vacaciones. Allow 2–3 min for pair work. Then call on several pairs to role-play each item for class.

1 ¿Piensas leer muchos libros? No sé. Tal vez lea uno o dos.
2 ¿Piensas nadar en el océano? No sé. Tal vez nade en el río.
3 ¿Piensas hacer ejercicio? No sé. Tal vez corra un poco.
4 ¿Piensas practicar deportes? No sé. Tal vez practique tenis y volibol.
5 ¿Piensas ir a acampar? No sé. Tal vez vaya a Aguirre Spring.
6 ¿Piensas asistir a un concierto? No sé. Tal vez asista al concierto de Los Lobos.
7 ¿Piensas aprender karate? No sé. Tal vez aprenda judo.
8 ¿Piensas viajar a otro país? No sé. Tal vez viaje a Canadá.

D. ¡Fiesta! Call on individual students. Have class confirm each response.

1 Quizás todos mis amigos vayan.
2 Quizás las decoraciones sean bonitas.
3 Quizás haya una banda fantástica.
4 Quizás la banda toque mi canción favorita.
5 Quizás yo baile toda la noche.
6 Quizás sirvan refrescos ricos.
7 Quizás yo conozca a una persona interesante.
8 Quizás todos nosotros salgamos a comer después.

E. Tu escuela ideal. Have students work in pairs first. Allow 2–3 min. Then call on individuals to tell you what their partner's ideal school is like. Answers will vary.

Prefiero una escuela que tenga clases al aire libre, que permita a los estudiantes salir para comer y que requiera mucho recreo. También quiero una escuela que emplee profesores excelentes y que esté en el campo.

F. En el mercado. Call on individual students. Have the class confirm each response.

1 Luisa quiere una bicicleta que ande bien.
2 Yo busco un saco de dormir que sirva para el frío.
3 Everardo necesita una guitarra que tenga buen tono.
4 Mis papás desean un televisor que esté en buenas condiciones.
5 Pablo y Diana quieren comprar unos discos compactos que no sean viejos.
6 Mi abuelita busca unas joyas que combinen con su nueva blusa.
7 Mi hermanita necesita una jaula que sirva para un canario.
8 Mi papá quiere encontrar una carpa que sea bastante grande para todos.

G. ¿Quiénes? Allow 2–3 min for pair work. Then call on several pairs to role-play each item for class. Answers will vary.

1 ¿Conoces a alguien que viva en México? *Sí, conozco a alguien que vive en México. Se llama Felipe.*
2 ¿Conoces a alguien que juegue jai alai? *No conozco a nadie que juegue jai alai.*
3 ¿Conoces a alguien que trabaje de noche? *Sí, conozco a alguien que trabaja de noche. Se llama Mike.*
4 ¿Conoces a alguien que hable tres lenguas? *No conozco a nadie que hable tres lenguas.*
5 ¿Conoces a alguien que tenga familia en otro país? *Sí, conozco a alguien que tiene familia en otro país. Se llama Jin.*
6 ¿Conoces a alguien que reparta periódicos? *No conozco a nadie que reparta periódicos.*
7 ¿Conoces a alguien que maneje muy rápido? *No conozco a nadie que maneje muy rápido.*
8 ¿Conoces a alguien que ahorre dinero? *Sí, conozco a alguien que ahorra dinero. Se llama Bob.*
9 ¿Conoces a alguien que sea famoso? *No conozco a nadie que sea famoso.*
10 ¿Conoces a alguien que cuente cuentos de espantos? *No conozco a nadie que cuente cuentos de espantos.*

Describing known entities: Adjective clauses

The indicative is used when referring to known entities.

Mis padres conocen a **un hombre** que **tiene** 102 años.
Busco a **un niño** que **lleva** una chaqueta roja. Es mi hijo.

See **¿Por qué se dice así?,** *page G100, section 7.4.*

F. En el mercado. La familia de María va de compras a un mercado al aire libre. Según ella, ¿qué buscan todos?

MODELO hermano / buscar / suéter / ser / de su talla
Mi hermano busca un suéter que sea de su talla.

1. Luisa / querer / bicicleta / andar bien
2. yo / buscar / saco de dormir / servir para el frío
3. Everardo / necesitar / guitarra / tener / bueno / tono
4. papás / desear / televisor / estar en / bueno / condiciones
5. Pablo y Diana / querer comprar / discos compactos / no ser / viejo
6. abuelita / buscar / joyas / combinar con / su nuevo / blusa
7. hermanita / necesitar / jaula / servir / para un canario
8. papá / querer encontrar / carpa / ser / bastante grande para todos

G. ¿Quiénes? Pregúntale a un(a) compañero(a) si conoce a personas con estas características.

MODELO saber hablar ruso
Tú: **¿Conoces a alguien que sepa hablar ruso?**
Compañero(a): **No conozco a nadie que sepa hablar ruso.** o **Sí, conozco a alguien que sabe hablar ruso. Se llama [*nombre*].**

1. vivir en México
2. jugar jai alai
3. trabajar de noche
4. hablar tres lenguas
5. tener familia en otro país
6. repartir periódicos
7. manejar muy rápido
8. ahorrar dinero
9. ser famoso
10. contar cuentos de espantos

H. Anuncios. Tú y un(a) amigo(a) están mirando los anuncios clasificados para encontrar un empleo. Dile a tu compañero(a) qué tipo de persona buscan estos lugares.

MODELO **Servicio Varela busca un(a) mecánico(a) que tenga cinco años de experiencia.**

Necesitamos mecánico.
Debe tener 5 años de experiencia.
Llamar a Servicio Varela.

H. Anuncios. In pairs, have students alternate telling each other what the ads say.

Pueblito Mexicano busca dependientes que tengan 25 años y que tengan experiencia.
Academia de Danza busca un instructor de baile que sepa danza moderna y ballet clásico.
Empresas Rodarte busca una recepcionista que hable y escriba inglés.
Mercado González busca jóvenes que sean responsables para ayudar a los clientes.
Mundo Digital busca vendedores que tengan buena presencia.
Deportes Ratón busca dependientes que sepan jugar varios deportes.

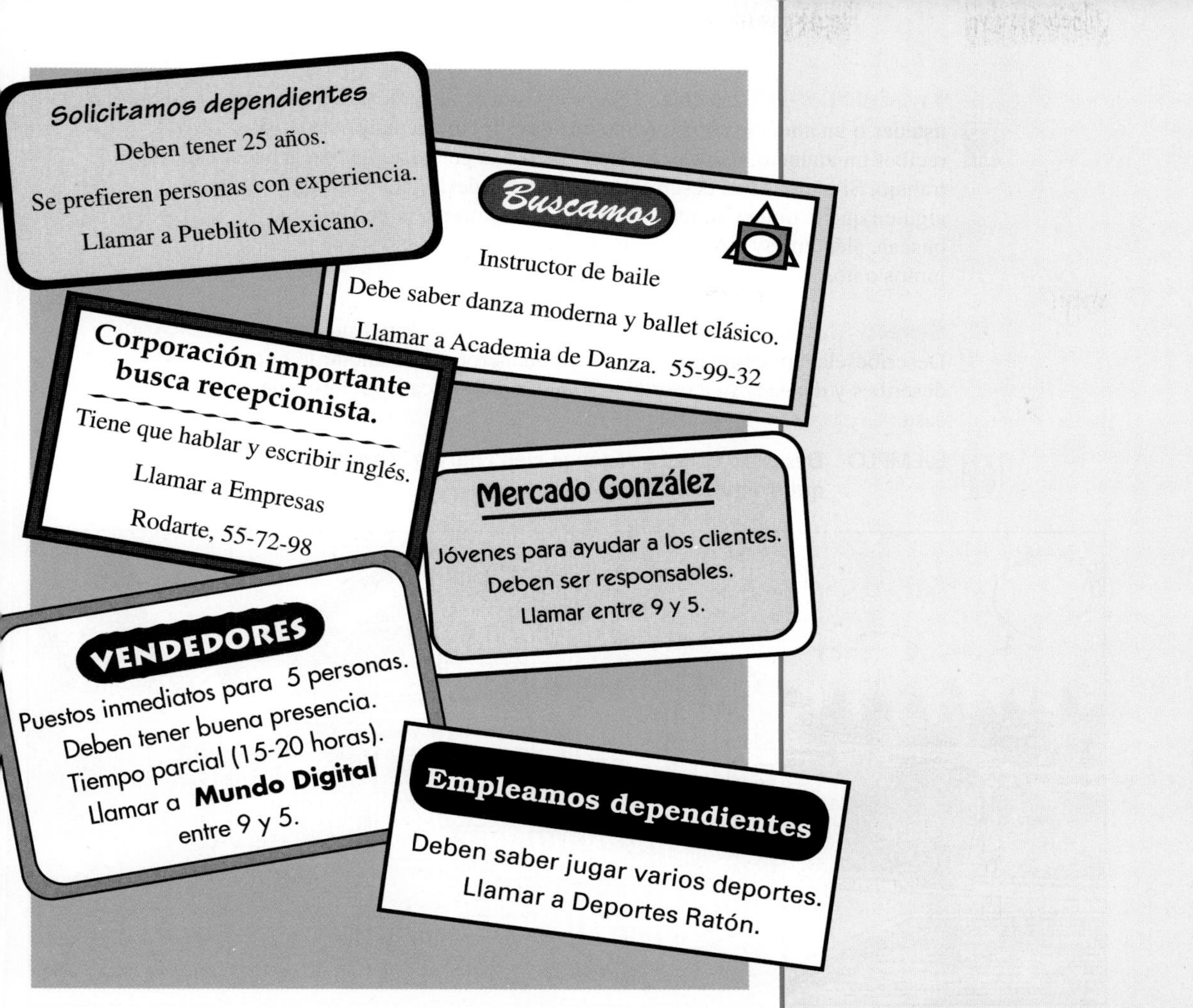

Solicitamos dependientes
Deben tener 25 años.
Se prefieren personas con experiencia.
Llamar a Pueblito Mexicano.
Buscamos
Instructor de baile
Debe saber danza moderna y ballet clásico.
Llamar a Academia de Danza. 55-99-32
Corporación importante busca recepcionista.
Tiene que hablar y escribir inglés.
Llamar a Empresas Rodarte, 55-72-98
Mercado González
Jóvenes para ayudar a los clientes.
Deben ser responsables.
Llamar entre 9 y 5.
VENDEDORES
Puestos inmediatos para 5 personas.
Deben tener buena presencia.
Tiempo parcial (15-20 horas).
Llamar a Mundo Digital
entre 9 y 5.
Empleamos dependientes
Deben saber jugar varios deportes.
Llamar a Deportes Ratón.

CHARLEMOS UN POCO MÁS

A. Encuesta. Usa el cuestionario que tu profesor(a) te va a dar para entrevistar a dos compañeros de clase. Pregúntales si creen que su profesor(a) hace las cosas en la lista y anota sus respuestas, marcando la columna apropiada. En grupos de seis, resuman en tablas todas las respuestas que recibieron.

EJEMPLO escribir a máquina
Tú: **¿Crees que el(la) profesor(a) no escribe a máquina?**
Estudiante #1: **Tal vez no escriba a máquina.** o **Es verdad que no escribe a máquina.**

Purpose These ***Charlemos un poco más*** activities allow students to use learned language for expressing probability and improbability and describing unknown entities in a variety of possible combinations. Responses in this section are much more open-ended and often have several possible correct answers.

CHARLEMOS UN POCO MÁS

A. Encuesta. Allow 4–5 min to gather information, then have students form groups of six and tally the responses they received. As each group reports its tally results, have one student do a class tally on the board.

B. Anuncios clasificados. Give half the class a classified ad and the other half a personalized abilities assessment. Model how students should ask for the type of person they wish to employ or for the type of job they are seeking. Allow 10 min.

C. Quiero una casa que . . . Allow 2–3 min to describe dream house and another 3 min to write ad.

B. Anuncios clasificados. Su profesor(a) va a darle a cada uno de ustedes o un anuncio clasificado o una descripción de habilidades. Si recibes un anuncio, úsalo para encontrar a una persona que pueda hacer el trabajo. Si recibes una descripción de habilidades, úsala para encontrar a alguien que te quiera emplear. Cuando encuentren a la persona que buscan, siéntense y tengan una entrevista para decidir si van a trabajar juntos o no.

C. Quiero una casa que . . . ¿Cómo es la casa de tus sueños? Descríbesela a tu compañero(a). Tu compañero(a) va a anotar lo que describes y después va a escribir un anuncio clasificado en busca de tal casa.

EJEMPLO **Deseo una casa que tenga cien cuartos. También quiero que sea . . .**

DRAMATIZACIONES

A and B. Assign both **A** and **B** at the same time. Allow students 4–5 min to prepare role plays. Call on volunteers to present their role plays to the class.

Dramatizaciones

A. Tal vez . . . Tú y un(a) amigo(a) van de compras a su centro comercial favorito a buscar ropa para la escuela. Desafortunadamente, tu amigo(a) está muy negativo(a) hoy y sólo tiene comentarios negativos que hacer. Tú tratas de ser lo más positivo(a) posible. Dramaticen esta situación.

B. Agencia de motos. Tu compañero(a) quiere comprar la motocicleta de sus sueños. Tú quieres vender una moto. Dramaticen esta situación.

Purpose The role plays in ***Dramatizaciones*** are designed to review the lesson structures and functions. Here students are expected to practice expressing probability and improbability and describing unknown entities. Encourage students to work without their books when performing their role plays.

IMPACTO CULTURAL
Tesoros nacionales

Antes de empezar

A. Héroes nacionales. En grupos de tres o cuatro, definan lo que es un héroe nacional. ¿Cómo se determina quién puede serlo? ¿Qué características debe tener tal persona? ¿Qué tipo de hazañas debe haber hecho? ¿Cuáles son algunos héroes nacionales de EE.UU.?

B. Abraham Lincoln. ¿Cuánto sabes del presidente número 16 de Estados Unidos? Con un(a) compañero(a), contesta estas preguntas.

1. ¿Dónde nació Abraham Lincoln?
2. ¿Qué puedes contar de la niñez de Lincoln?
3. ¿Qué estudió Lincoln, en preparación para una carrera con el gobierno?
4. ¿Con quién se casó Abraham Lincoln?
5. ¿Cuál fue la hazaña más importante en la vida de Lincoln?
6. ¿Dónde y cómo murió Abraham Lincoln?

IMPACTO CULTURAL
Tesoros nacionales

Purpose This section provides additional reading practice as students learn about Mexico's liberator, Benito Juárez.

Antes de empezar

Use this activity as an advance organizer for the reading that follows. Encourage critical thinking by playing devil's advocate and making students defend their responses.

Answers

A. Héroes nacionales. Las respuestas van a variar. Sugiera que los estudiantes piensen en varios héroes nacionales al contestar las preguntas. Deben darse cuenta que hay varios tipos de héroes nacionales y que los que son héroes para algunos no lo son necesariamente para otros.

B. Abraham Lincoln.

1 Nació el 12 de febrero de 1809 en Hardin, que ahora es el condado de Larue, Kentucky.
2 Las respuestas van a variar. Tal vez recuerden que ayudó a su padre a construir una cabaña de troncos cuando se mudaron a Indiana, que su madre murió cuando tenía nueve años, que fue criado por su madrastra, que trabajó de dependiente en New Salem, Illinois, etc.
3 Estudió derecho y gramática.
4 Se casó con Mary Todd en Springfield, Illinois en 1842.
5 Las respuestas van a variar pero lo más probable es que digan que fue la emancipación de los esclavos.
6 Lincoln fue asesinado por J. Wilkes Booth el 14 de abril de 1865 en el Teatro Ford en Washington, D.C.

IMPACTO CULTURAL

BENITO JUÁREZ

EL GRAN HÉROE DE MÉXICO

Por muchas razones, se dice que Benito Juárez es el Abraham Lincoln de México. Juárez fue un indígena de la Nación Zapoteca del estado de Oaxaca en México. Nació el 21 de marzo de 1806 en el Pueblo de Guelatao, Oaxaca. Quedó huérfano* desde los tres años y vivió con su tío Bernardino Juárez hasta la edad de doce años. En estos años Benito trabajó en labores del campo. Tuvo una educación mínima porque en su pueblo no había escuelas. Benito no hablaba español. Su tío le enseñó un poco de español y le hizo entender la importancia de saber hablar español para salir adelante.

Entusiasmado con la idea de educarse, dejó su pueblo en 1818 para ir a la capital del estado. En Oaxaca, Benito conoció a su mentor y padrino* Don Antonio Salanueva. Éste lo ayudó a ingresar en la escuela; pero en las escuelas no se enseñaba gramática española, solamente se recitaba de memoria el catecismo. También había mucha injusticia contra los indios pobres como Benito. Éstos tenían que estudiar en departamentos separados de los niños "decentes" que eran hijos de buenas familias.

Por estas razones, Benito decidió estudiar en el seminario, y en 1828, cuando se abrió el colegio civil llamado Instituto de Ciencias y Artes, Benito pasó a estudiar leyes* a esta institución. En 1834 recibió su título de abogado.

Efectivamente, Juárez fue un liberal del partido republicano de México que luchó por la democracia y el progreso de México. Combatió contra las fuerzas conservadoras del país como la Iglesia, los oligarcas y el ejército que por mucho tiempo dominaron el país y los mantuvieron en virtual atraso y pobreza. En vida, Juárez desempeñó* varios cargos* públicos, entre los más importantes fueron los de gobernador del estado de Oaxaca, Ministro de Justicia y Educación Pública de México y finalmente, el de presidente de la República.

huérfano* — murieron sus padres
padrino* — protector
leyes* — para ser abogado
desempeñó* / cargos* — tuvo / puestos

Los cambios que logró* Juárez en sus gobiernos fueron no solamente revolucionarios, sino que se caracterizaron por dar una lección genuina de honestidad, energía y buena administración. A pesar de los sangrientos eventos que ocurrieron durante sus períodos de gobierno, como la guerra civil o la guerra de la reforma y la intervención extranjera* en México de Francia, Juárez actuó siempre con rectitud* cuidando del bienestar de su país.

Entre muchas cosas, Juárez se preocupó mucho por la educación de todos los ciudadanos mexicanos. Instituyó la educación pública gratis y obligatoria para todos. Se preocupó también por el desarrollo económico del país y abrió las puertas de México al mercado mundial. Disminuyó* la inmensa burocracia y trató de pagar la deuda* externa. Terminó de construir el Ferrocarril Mexicano (1) iniciado por el gobierno anterior que era muy importante para la unión y desarrollo del país.

Cuando murió Benito Juárez el 19 de julio de 1872, miles de ciudadanos fueron a su entierro.* Aún muchos años después de su muerte, muchos mexicanos iban en peregrinación a visitar su tumba en la Ciudad de México. En su honor ahora, se puede ver su nombre en muchos lugares de toda la nación mexicana, (2) desde la Institución de Ciencias y Artes donde recibió su título de abogado y que ahora lleva su nombre, hasta la Ciudad Juárez (antes El Paso del Norte) donde Benito Juárez se estableció para luchar desde allí contra las fuerzas francesas cuando éstas invadieron su país.

Verifiquemos

1. ¿Por qué se dice que Benito Juárez es el Abraham Lincoln de México? Para contestar, prepara un diagrama como el que sigue y haz una comparación de la vida de Abraham Lincoln y Benito Juárez en las tres áreas señaladas. En los dos extremos pon las diferencias y en el área que los dos óvalos comparten, pon lo que estos dos ex-presidentes tienen en común.

NIÑEZ EDUCACIÓN GRANDES HAZAÑAS

Abraham Lincoln		Benito Juárez
1.	1.	1.
2.	2.	2.
3.	3.	3.
...	...	...

2. ¿Qué problemas tuvo el Presidente Juárez con Francia? ¿con Estados Unidos?
3. ¿Qué evidencia hay que el Presidente Juárez fue y sigue siendo amado de la gente mexicana?

Verifiquemos

1 Abraham Lincoln
1. Nació en 1809.
2. Trabajó de dependiente.
3. Combatió contra la esclavitud.
4. Fue legislador.
5. Murió en 1865.

Abraham Lincoln y Benito Juárez
1. Quedaron huérfanos de niños.
2. Trabajaron en labores de campo de niños.
3. Tuvieron una educación mínima porque en sus pueblos no había escuelas.
4. Estudiaron derecho.
5. Fueron republicanos.
6. Fueron presidentes de sus países.
7. Fueron presidentes durante la guerra civil en sus países.

Benito Juárez
1. Nació en 1806.
2. Estudió en el seminario.
3. Combatió contra las fuerzas conservadoras: la iglesia, los oligarcas y el ejército.
4. Fue gobernador.
5. Murio en 1872.

2 Francia intervino en México bajo el orden de Napoleón III en 1863. En 1864, Francia impuso a Maximiliano, un príncipe austriano, como emperador de México. Cuando Francia sacó sus tropas de México en 1867, el ejército de Benito Juárez capturó y condenó a muerte al príncipe austriano. Estados Unidos reconoció a Benito Juárez como presidente de México pero no pudo apoyarlo hasta después de la Guerra Civil (1861–1865). Benito Juárez se vio obligado a tomar refugio en El Paso del Norte en 1865 para escapar las tropas francesas.

3 Cuando Benito Juárez murió en 1872, miles de mexicanos fueron a su entierro y muchos hacían peregrinación a su tumba por años después de su muerte. Muchos lugares—teatros, monumentos, calles—llevan su nombre, incluso Cd. Juárez.

OBJECTIVES

Communicative Goals

- Comparing job descriptions
- Identifying job requirements
- Stating rules and regulations

Reading

- **Para empezar**
  Los árboles de flores blancas
- **Leamos ahora**
  Para el MIT: Cinco estudiantes de El Paso sobresalen y brillan
- **Estrategias para leer**
  El hacer preguntas

Writing

- **Escribamos ahora**
  Writing a personal essay
- **Estrategias para escribir**
  Narrativa—Ensayo personal

Structure

- 7.5 The impersonal **se**
- 7.6 The preposition **para**

ACTIVE VOCABULARY

Empleo
calificación
operador(a)
empresa
referencia
recepcionista
entrenamiento
requisito
pagado(a)
puntualidad
solicitud

Palabras y expresiones
necio(a)
entrevistador(a)
promedio
reciente

LECCIÓN 3

¡Buscamos a alguien con experiencia!

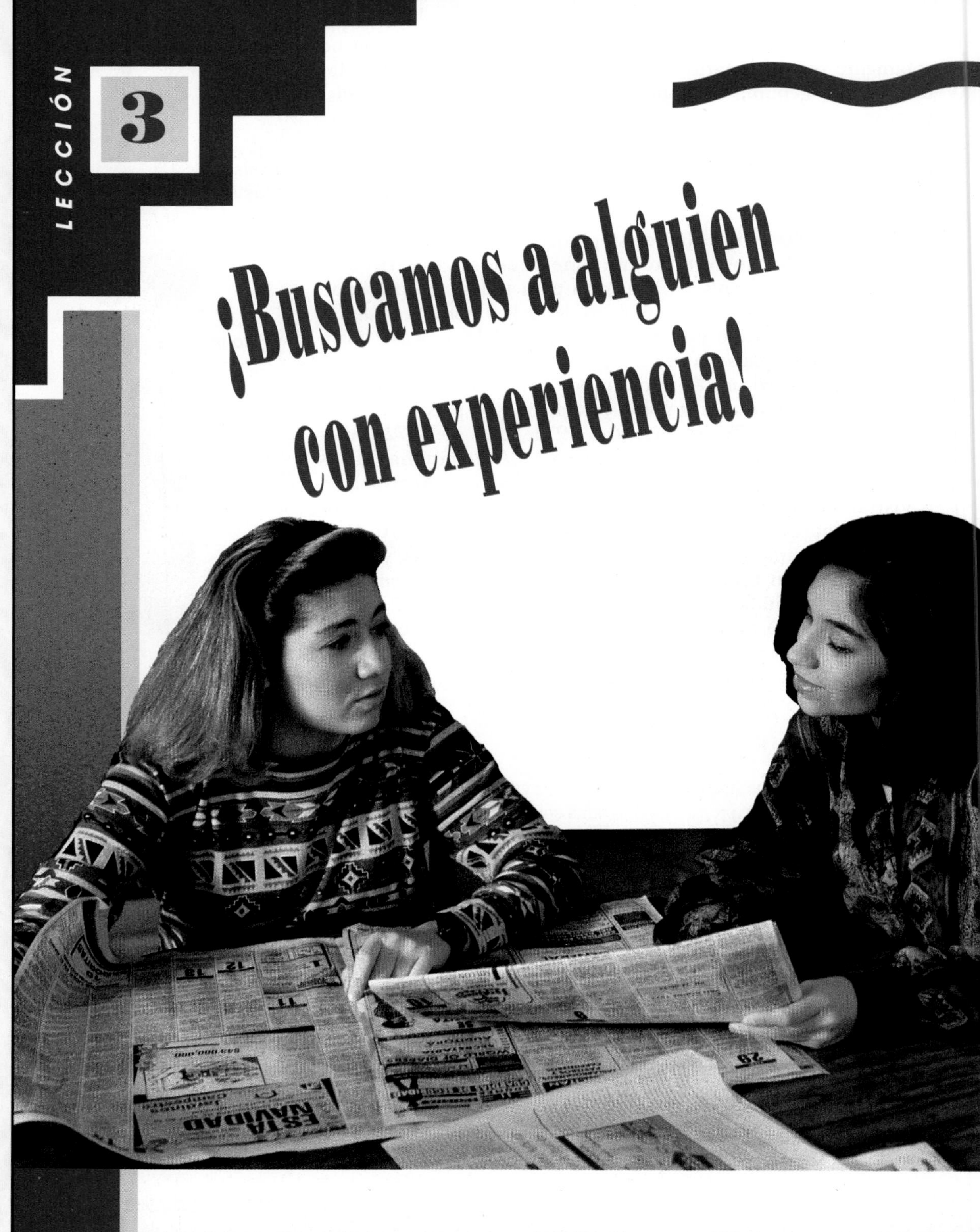

ANTICIPEMOS

¿Qué piensas tú?

1. ¿Qué características crees que buscaba la persona que emplea a cada uno de estos jóvenes? ¿Qué otras habilidades debe tener una persona interesada en estos puestos?
2. De lo que sabemos de Tina, ¿cuáles de estos puestos son buenos para ella? ¿Por qué crees eso?
3. Con un(a) compañero(a) de clase, dramatiza la entrevista que Tina tuvo para conseguir uno de estos puestos. Tú puedes hacer el papel de entrevistador(a) y tu compañero(a) el de Tina.
4. ¿Qué habilidades o características tienes que te hacen pensar que eres un(a) buen(a) candidato(a) para estos puestos? ¿Tendrías problemas al trabajar cinco o seis días por semana? Explica.
5. ¿Te gustaría trabajar mientras estás en el colegio? ¿Por qué?
6. ¿Creen tus amigos que debes conseguir empleo ahora? ¿tus padres? ¿tus profesores?
7. ¿Qué crees que vas a aprender en esta lección?

Purpose To focus students on the language and functions to be developed and practiced in the lesson—describing requirements, qualifications, and experience when applying for work, and expressing the purpose and relationships between actions and/or people. To lead students to consider their own possibilities for earning while they are in school.

Suggestions Use the photos to introduce the lesson content. Encourage students to use Spanish whenever possible to respond to the ***¿Qué piensas tú?*** questions, but allow English where ideas may be more complex or vocabulary may be unknown. Summarize responses in Spanish, using comprehensible input techniques to clarify your language where necessary.

ANTICIPEMOS

¿Qué piensas tú?

Answers

1 Los empleadores siempre buscan a personas responsables y de confianza capaces de entender y seguir instrucciones, que sean puntuales, que estén dispuestas a trabajar ocho horas al día, etc. Cada puesto también tiene ciertos requisitos especiales: saber leer y poder levantar y cargar mercancía pesada, saber usar la computadora, saber de coches, etc.

2 Sabemos que Tina y sus amigos creen que tiene mucho talento, por lo tanto, *Viva El Paso* parece ideal para ella. Hay varias otras posibilidades.

3 Las respuestas van a variar. Las entrevistas deben hacerse en español.

4 Las respuestas van a variar. El horario escolar hace casi imposible que la mayoría de los alumnos trabajen cinco a seis horas por semana.

5 Las respuestas van a variar. Es probable que algunos estudiantes ya estén trabajando, tal vez ahorrando para asistir a la universidad o para hacer alguna compra especial. Otros tal vez digan que no pueden trabajar con todas las obligaciones escolares que tienen.

6 Las respuestas y opiniones van a variar. Algunas ventajas en trabajar incluyen el desarrollar responsabilidad, el poder hacer más compras, más independencia, el ahorrar para la universidad, etc. Algunas desventajas incluyen el tener menos tiempo para pasar con amigos, el cansancio, el distraerse del trabajo escolar, etc.

7 **Van a continuar a desarrollar su habilidad para hablar de los requisitos, las calificaciones y la experiencia necesaria para varios empleos.**

PARA EMPEZAR

Comprehension Checks

A complete set of **Comprehension Checks** is available on cards in the Teacher's Resource Package.

Suggestions Point out the Oaxaca region on a map of Mexico. Equate: **gozar/disfrutar**. Point out the white flowers: **flores blancas**. Emphasize that they are only found in **Juchitán**.

1 ¿De dónde viene esta leyenda?
2 ¿Cuándo tuvo lugar este cuento? ¿en el siglo XX? ¿en el siglo XIX? ¿en el siglo XV?
3 . . .

2

Suggestions Point out the messengers: **emisarios**. Emphasize that Ahuizotl is an enemy: **enemigo**. Explain: **Según la ley de los zapotecas, no se permite sacar estos árboles de Juchitán**.

1 ¿Quiénes vinieron a los jardines de Cosijoeza? ¿unos emisarios de su amigo Ahuizotl? ¿unos emisarios de su enemigo Ahuizotl?
2 ¿Quién es Ahuizotl? ¿el rey de los zapotecas? ¿el rey de los aztecas?
3 . . .

3

Suggestions Explain: **apoderarse/llevarse**. Point out Cosijoeza talking to his soldiers. Equate: **pelear/luchar**. Point out the walls and the arrows: **fortificaciones y flechas**. Act out putting poison on arrow heads: **envenenadas**.

1 ¿Estaría Ahuizotl satisfecho con la respuesta de Cosijoeza?
2 ¿Mandaría a sus guerreros?
3 . . .

PARA EMPEZAR

Escuchemos un cuento mexicano

Esta leyenda mexicana viene de la región que hoy conocemos como el estado de Oaxaca.

En el siglo XV el joven rey Cosijoeza acaba de ocupar el trono de los zapotecas en la bella ciudad de Juchitán, en el actual estado de Oaxaca. Era bondadoso, sabio y valiente. Era también un guerrero muy astuto que, a la vez, le gustaba gozar de la belleza de la naturaleza. En sus jardines gozaba en particular de unos árboles de flores blancas, árboles que solamente se encontraban en Juchitán.

Una tarde, cuando el joven rey paseaba por los jardines, vinieron unos emisarios de su enemigo, el rey azteca Ahuizotl.
Los emisarios explicaron: "Nuestro rey quiere que le mandes unos árboles de flores blancas. Quiere plantarlos a lo largo de los canales de su ciudad, Tenochtitlán".
Después de pensarlo, el joven rey dijo: "No es posible. Se prohibe sacar estos árboles de mi reino".

Cosijoeza sabía que su enemigo Ahuizotl mandaría a sus guerreros aztecas a apoderarse de los árboles de las flores blancas y del reino zapoteca. Reunió a sus jefes guerreros y les dijo que otra vez tenían que pelear para salvar sus vidas y su reino del poder de los aztecas. Y los jefes prepararon las fortificaciones y las flechas envenenadas.

Purpose This section develops strong active listening comprehension skills and introduces students to cultural insights and perceptions through a Mexican legend that explains how the magnolia tree came to Mexico City. It is the story of a young Zapotec king who falls in love with the daughter of his Aztec enemy, who in turn plans an elaborate ruse to steal the beautiful trees. But the princess finds herself unable to betray her young Zapotec husband, and he offers the trees to

4

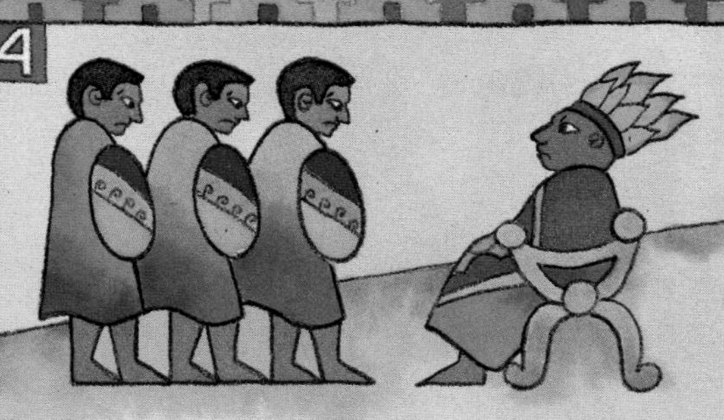

Tres meses más tarde, el ejército azteca volvió vencido a Tenochtitlán, la capital azteca. Su rey Ahuizotl se puso muy furioso.

Resolvió hacer uso de la astucia para obtener los árboles de las flores blancas y la derrota de los zapotecas. Llamó a Coyolicatzín, su hija más hermosa y más amada, y le explicó su plan.

5

Como el plan pedía, la princesa salió secretamente de la ciudad con dos criados. Después de un viaje largo y difícil, llegaron los tres a un bosque cerca del palacio del rey zapoteca y allí pasaron la noche.

Al día siguiente, cuando el joven rey paseaba por el bosque vio a esa joven bella, hermosamente vestida y adornada con joyas preciosas.

La invitó a su palacio donde su madre la cuidó con cariño. En pocos días el joven rey se enamoró completamente de la misteriosa joven.

Cuando Cosijoeza le dijo a la bella joven que quería casarse con ella, ésta le contestó: "Es muy difícil que yo pueda ser tu esposa, pues mi padre es el rey azteca, Ahuizotl".

6

Coyolicatzín volvió a Tenochtitlán, y pocos días después vinieron unos emisarios del rey zapoteca, cargados de riquezas para el rey azteca. Vinieron a pedir la mano de la bella Coyolicatzín. Como su plan dictaba, el rey azteca aceptó los regalos del joven rey y anunció que la hermosa Coyolicatzín sería la esposa del rey zapoteca.

4

Suggestions Explain that there was a battle: **batalla**. The Zapotec army was victorious. Act out Ahuizotl's anger. Equate: **la derrota/conquistar a**. Explain: **Ahuizotl quería castigar a los zapotecas**. Point out and identify Coyolicatzín.

1. ¿Cuánto tiempo duró la batalla? ¿una semana? ¿un mes? ¿tres meses?
2. ¿Cuál ejército ganó? ¿el ejército azteca? ¿el ejército zapoteca?
3. . . .

5

Suggestions Point out and identify the princess and her servants: **princesa, criados**. Mime secrecy: **secretamente**. Point out the two meeting. Point out the king's mother. Emphasize her kindliness and generosity: **la cuidó con cariño**. Draw a heart to represent love: **se enamoró**.

1. ¿Cómo salió la princesa de la ciudad? ¿con un gran ejército? ¿con todos sus hermanos y sus criados? ¿secretamente con sólo dos criados?
2. ¿Adónde llegaron? ¿al palacio de Cosijoeza? ¿a la Ciudad de Juchitán? ¿a la Ciudad de Tenochtitlán? ¿a un bosque cerca de Juchitán?
3. . . .

6

Suggestions Explain that she goes home: **volvió a . . .** Point out her father, the Aztec king. Point out and identify the Zapotec messengers: **emisarios**. Point out their gifts: **cargados de riquezas**. Emphasize that it is part of the secret plan for Coyolicatzín to marry Cosijoeza.

1. ¿Adónde volvió Coyolicatzín? ¿al palacio de Cosijoeza? ¿al palacio de Ahuizotl?
2. ¿Quiénes vinieron? ¿Cosijoeza? ¿unos emisarios aztecas? ¿unos emisarios zapotecas?
3. . . .

the Aztec king as a gift given in a gesture of peace. Students will hear many examples of the language used to express requirements and demands and to describe the purpose and relationships between actions and people. The ***Para empezar*** section provides comprehensible language without translation. It is not meant for memorization or mastery. It develops listening comprehension and introduces the lesson structures in context.

Suggestions Have students close their books while you narrate each section using overhead transparencies and comprehensible input techniques to clarify meaning without translation. Break longer sentences into shorter utterances, pointing to elements of each drawing, acting out, demonstrating, gesturing to clarify meanings. Provide synonyms, cognates, and/or simple definitions or descriptions in Spanish. Ask frequent **Comprehension Checks** to confirm understanding as you progress through the story.

7

Suggestions Explain that this is the wedding: **las bodas**. Describe the scene.

1 ¿Tuvieron lugar las bodas de la princesa azteca y el rey zapoteca?
2 ¿Cómo fue la celebración? ¿elegante? ¿espléndida? ¿alegre?
3 ¿Cómo se sintieron los zapotecas? ¿tristes? ¿contentos?
4 . . .

8

Suggestions Remind students that Coyolicatzín is playing a part: **está haciendo un papel**. She is still loyal to her father, who is the enemy of the Zapotec king. Point out the princess watching and listening to the soldiers, talking to them about the wall: **los secretos de las fortificaciones**; talking to them about the poisoned arrows: **las flechas envenenadas**.

1 ¿Amaba Coyolicatzín a su esposo?
2 ¿Era todavía fiel a su padre?
3 ¿Cómo se consideraba el rey azteca? ¿como amigo de los zapotecas? ¿como enemigo?
4 . . .

Suggestions Draw another heart: **corazón.** Explain that Coyolicatzín fell in love with her husband and the peaceful Zapotecs: **amaba.** Explain that she no longer wants to tell her father their secrets: **nunca traicionarlos**. Draw tears: **con lágrimas**. Explain that she tells Cosijoeza about her father's plan: **le contó todo.**

1 ¿Qué otras cosas descubrió la princesa? ¿que odiaba a su esposo? ¿que amaba a su esposo? ¿que odiaba a la gente zapoteca? ¿que amaba a la gente zapoteca?
2 ¿Quería todavía traicionar a su marido y a la gente zapoteca?
3 ¿Qué le contó a su esposo? ¿los secretos del ejército azteca? ¿la verdad del plan de su padre?

7

Las bodas de la princesa azteca y el rey zapoteca se celebraron con gran esplendor y alegría en Juchitán, la capital zapoteca, y el rey se sintió el más feliz de todos los hombres.

8

Pero como el plan del rey azteca pedía, la princesa poco a poco iba descubriendo los secretos del ejército zapoteca.

Aprendió los secretos de las fortificaciones.

Y, más importante, aprendió cómo se hacían las flechas envenenadas.

9

Pero la princesa descubrió algo más también. Descubrió que amaba con todo su corazón a su esposo y a los zapotecas y sabía que nunca sería capaz de traicionarlos. Finalmente, con lágrimas de amor, le contó todo a su esposo.

10

El joven rey, con palabras muy cariñosas, perdonó a su esposa, y en gratitud por su lealtad, envió como regalo al rey azteca unos árboles de flores blancas.

Hoy día se pueden ver árboles de esta clase en Tenochtitlán, la vieja capital de los aztecas, que ahora se llama la Ciudad de México.

372 *trescientos setenta y dos*

10

Suggestions Explain that Cosijoeza was not angry and forgave her: **perdonó a su esposa**. Point out his messengers bringing the trees to the Aztec king. Explain that the last picture is Tenochtitlán, the ancient capital of the Aztec kingdom and the location of modern Mexico City. Point out the magnolia blossom.

1 ¿Se enojó Cosijoeza?
2 ¿Cómo reaccionó? ¿Decidió atacar a su enemigo? ¿Metió a su esposa en la cárcel? ¿Perdonó a su esposa?
3 ¿Qué le envió al rey azteca? ¿a Coyolicatzín, su esposa? ¿unas flechas envenenadas? ¿su ejército para hacer guerra? ¿unos árboles de flores blancas?
4 . . .

¿QUÉ DECIMOS AL ESCRIBIR...?

Una solicitud de empleo

Éstos son algunos de los anuncios que vio Tina. ¿Para cuáles tiene las calificaciones que se buscan? ¿Cuáles no debe solicitar? ¿Por qué?

2 VENDEDORES SE BUSCAN

- De 25 a 35 años
- Profesionales de la venta
- Teléfono y coche propio
- Área de trabajo: El Paso y Juárez
- Indispensable: buenos informes y referencias

Interesados, llamar al teléfono 762-4360, preguntando por el señor Cuadros, hoy de 10:00 AM a 5:00 PM.

BILINGÜE

¡Urgente! Se necesita recepcionista bilingüe (inglés/español). Con experiencia, para trabajar en oficina de empleos.

Responsabilidades:

- Entrevistar a futuros empleados
- Contestar el teléfono
- Escribir a máquina

Una gran oportunidad para personas responsables y maduras. Llamar a TEMPS en Las Cruces.

791-2432

SE SOLICITAN PERSONAS

Para trabajar en restaurante de comida rápida.

Se ofrece:
- Ambiente agradable
- Horas flexibles
- Entrenamiento pagado
- Uniformes
- Comidas gratis
- Pago atractivo

Se requiere
- Buena presencia
- Puntualidad
- Buenas referencias

Solicite en persona en La Hamburguesa Gorda

Centro Comercial Cielo Vista

OPERADORES/AS

Con experiencia en aguja sencilla, para coser bolsas, faldas y pantalones. Con permiso de trabajo o residencia. Le garantizamos $4.75 la hora.

616 S. Santa Fe
El Paso, TX

SE NECESITAN

secretarias bilingües, operadoras de terminales, taquimecanógrafas. Trabaje para empresa importante.

Escriba con "currículum" a 534 Mesa St.

tel. 791-9139

BUENOS DÓLARES $$$$

REPARTA PERIÓDICOS

Lunes a domingo de 3 AM a 6 AM.
Se puede ganar hasta $550 al mes.
Llamar entre las 8 AM y 5 PM al:

762-6164.

Purpose This section introduces students to the language and functions to be reviewed and practiced in the lesson—expressing requirements, purpose, and relationships between actions and people—and prepares them for practice in the context of looking for a job. Students should not be expected to memorize or master all elements. Reading comprehension is the goal.

Suggestions Call on students to read aloud one ad at a time. Ask **Early Production Checks** frequently to confirm understanding and develop accurate pronunciation of key elements. Use the drawings and comprehensible input techniques to clarify any language the class does not understand.

¿QUÉ DECIMOS...?

Early Production Checks

A full set of **Early Production Checks** is available on cards in the Teacher's Resource Package.

Introducción Explain that these are the ads that Tina read.

1. ¿Qué son éstos?
2. ¿Dónde vio Tina estos anuncios?
3. ¿Tiene las calificaciones que se buscan para todos los anuncios?

Se solicitan personas

1. ¿Qué clase de restaurante es?
2. ¿Cómo se llaman unos restaurantes de comida rápida?
3. . . .

2 vendedores se buscan

1. ¿Cuántos vendedores se buscan?
2. ¿Cuántos años deben tener los candidatos?
3. . . .

Operadores/as Explain: **aguja sencilla = un tipo de máquina a coser.**

1. ¿Qué empleo se ofrece?
2. ¿Se requiere experiencia? ¿Qué tipo de experiencia?
3. . . .

Buenos dólares $$$$

1. ¿Es posible ganar mucho dinero en este puesto?
2. ¿Qué va a hacer?
3. . . .

Se necesitan Equate: **empresa/compañía**

1. ¿Qué tipo de empleados necesitan?
2. ¿Qué hace una taquimecanógrafa?
3. . . .

Bilingüe

1. ¿Qué tipo de empleado buscan?
2. ¿Qué lenguas debe saber hablar esta persona?
3. . . .

Solicitud para empleo

1 ¿Cuál es el apellido de Tina?
2 ¿Cuál es su nombre?
3 ¿Dónde vive?
4 . . .

Éste es el formulario que llenó Tina al solicitar un trabajo. ¿A cuál de los anuncios respondió?

Solicitud para empleo

Información personal

Nombre Valdez (apellido) Cristina (nombre)

Dirección 3225 E. Manzana Way (calle y número) El Paso, TX 79900 (ciudad, estado, código postal)

Teléfono (915) 555-7009

Edad (menor de 18) 16

Horas disponibles (número total de horas) 20 por semana

Horas cada día

	dom	lu	mar	mier	jue	vier	sab
de	1	4	4	4	4	4	10
a	8	8	8	8	8	10	7

Educación

Colegio El Paso High School

Promedio de notas B Último año completado 10

Experiencia Trabajos más recientes (pagados o voluntarios)

El verano pasado trabajé como ayudante en un campamento para niños.

Durante el año escolar, soy ayudante de oficina de la escuela.

Referencias

Sra. Olga Urrutia, El Paso HS

Sr. Ernesto Padilla, Campamento Coronado

Miss Leona Mendenhall, El Paso HS

Actividades

Miembro del Club de francés, miembro del coro, miembro del equipo de tenis.

CHARLEMOS UN POCO

A. PARA EMPEZAR . . . ¿A quién describe o quién dice esto en el cuento azteca de "Los árboles de flores blancas"?

Cosijoeza **Ahuizotl** **Coyolicatzín**

1. Acaba de ocupar el trono de los zapotecas en la bella ciudad de Juchitán, en el actual estado de Oaxaca.
2. "Es muy difícil que yo pueda ser tu esposa, pues mi padre es el rey azteca, Ahuizotl".
3. Reunió a sus jefes guerreros y les dijo que otra vez tenían que pelear para salvar sus vidas y su reino.
4. Perdonó a su esposa, y en gratitud por su lealtad, envió como regalo al rey azteca unos árboles de flores blancas.
5. Poco a poco iba descubriendo los secretos del ejército zapoteca.
6. Era también un guerrero muy astuto que, a la vez, le gustaba gozar de la belleza de la naturaleza.
7. Descubrió que amaba con todo su corazón a su esposo y a los zapotecas, y sabía que nunca sería capaz de traicionarlos.
8. Resolvió hacer uso de la astucia para obtener los árboles de las flores blancas y la derrota de los zapotecas.

B. ¿QUÉ DECIMOS . . .? ¿Descubre Tina esta información al leer los anuncios clasificados? ¿Sí o no?

1. Se busca recepcionista que sepa inglés y español.
2. Una empresa busca secretarias bilingües.
3. Los operadores de máquinas de coser ganan más de $5.00 por hora.
4. Se ofrecen comidas gratis en La Hamburguesa Gorda.
5. Una persona de dieciséis años puede conseguir el trabajo de vendedor.
6. Para trabajar de cajero se necesita saber inglés.
7. Los cajeros ganan más que los operadores.
8. Se buscan personas para repartir periódicos entre las ocho y las cinco.
9. Nadie busca ayuda para limpiar la casa.
10. Se necesita coche para ser vendedor.

CHARLEMOS UN POCO

A. PARA EMPEZAR . . .
Call on individual students. Have class confirm each response.
1 Cosijoeza
2 Coyolicatzín
3 Cosijoeza
4 Cosijoeza
5 Coyolicatzín
6 Cosijoeza
7 Coyolicatzín
8 Ahuizotl

B. 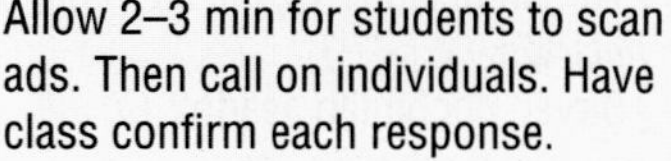

Allow 2–3 min for students to scan ads. Then call on individuals. Have class confirm each response.
1 sí
2 sí
3 no
4 sí
5 no
6 sí
7 sí
8 no
9 sí
10 sí

Purpose These activities provide guided practice to students beginning to produce new language. Repetition built into the activities is intentional. It is not necessary to do all the activities in this section once students have demonstrated mastery of structures and vocabulary necessary to identify job requirements and compare job descriptions, state rules and regulations, and give personal information on job applications.

C. En la biblioteca. Call on individuals. Have class confirm each response.

1 No comas, por favor. Se prohibe comer aquí.
2 No hagas ruido, por favor. Se prohibe hacer ruido aquí.
3 No tomes refrescos, por favor. Se prohibe tomar refrescos aquí.
4 No escuches música, por favor. Se prohibe escuchar música aquí.
5 No escribas en nuestros libros, por favor. Se prohibe escribir en libros aquí.
6 No cantes, por favor. Se prohibe cantar aquí.
7 No corras, por favor. Se prohibe correr aquí.
8 No duermas, por favor. Se prohibe dormir aquí.

CH. España. Allow 2–3 min for pair work. Then call on several pairs to role-play each item for class.

1 ¿Hablan inglés? *No, allí no se habla inglés.*
2 ¿Comen al aire libre? *Sí, allí se come al aire libre.*
3 ¿Viajan en metro? *Sí, allí se viaja en metro.*
4 ¿Dan un paseo por la noche? *Sí, allí se da un paseo por la noche.*
5 ¿Cenan temprano? *No, allí no se cena temprano.*
6 ¿Toman helado? *Sí, allí se toma helado.*
7 ¿Sirven cochinillo asado? *Sí, allí se sirve cochinillo asado.*
8 ¿Llegan a la hora exacta? *No, allí no se llega a la hora exacta.*

D. ¿Dónde? Allow 2–min for pair work. Then call on several pairs to role-play each item for class. The following are sample answers.

¿Dónde se alquilan televisores? *Se alquilan televisores en [nombre de tienda].*
¿Dónde se compra pizza? *Se compra pizza en [nombre de tienda].*
¿Dónde se compran discos compactos? *Se compran discos compactos en [nombre de tienda].*
¿Dónde se venden relojes? *Se venden relojes en [nombre de tienda].*
¿Dónde se compran camisetas? *Se compran camisetas en [nombre de tienda].*
¿Dónde se venden zapatos? *Se venden zapatos en [nombre de tienda].*

When stating rules and regulations: Impersonal *se*

Se prohibe hablar inglés en la clase.
No se permite fumar.

See **¿Por qué se dice así?**, *page G103, section 7.5.*

When referring to non-specific people or things: Impersonal *se*

No se habla inglés allí.
¿Dónde **se venden** televisores?

See **¿Por qué se dice así?**, *page G103, section 7.5.*

C. En la biblioteca. ¿Qué les dice el (la) bibliotecario(a) a los estudiantes que no se portan bien?

MODELO hablar
No hables, por favor. Se prohibe hablar aquí.

1. comer
2. hacer ruido
3. tomar refrescos
4. escuchar música
5. escribir en nuestros libros
6. cantar
7. correr
8. dormir

CH. España. Un(a) amigo(a) va a visitar Madrid con su familia y tiene muchas preguntas para ti. Contesta sus preguntas.

MODELO almorzar a las 12:00
Compañero(a): **¿Almuerzan a las doce?**
Tú: **No, allí no se almuerza a las doce.**

comer paella
Compañero(a): **¿Comen paella?**
Tú: **Sí, allí se come paella.**

1. hablar inglés
2. comer al aire libre
3. viajar en metro
4. dar un paseo por la noche
5. cenar temprano
6. tomar helado
7. servir cochinillo asado
8. llegar a la hora exacta

D. ¿Dónde? Tú acabas de mudarte a esta ciudad. Pregúntale a tu compañero(a) dónde puedes conseguir los objetos en el dibujo.

EJEMPLO *Tú:* **¿Dónde se alquilan videos?**
Compañero(a): **Se alquilan videos en [*nombre de tienda*].**

VOCABULARIO ÚTIL:
vender comprar alquilar

E. Empleos. Tú y tu compañero(a) trabajan en el departamento de anuncios clasificados del periódico. Hoy están preparando una página de anuncios modelos para sus clientes. Prepárenlos.

EJEMPLO **Se solicitan empleados que sean responsables.**

buscar	operadores	poder trabajar de noche
requerir	secretario(a)	hablar inglés
solicitar	empleados	tener experiencia
necesitar	cajero(a)	ser responsable
	persona	tener buena presencia
	vendedores	saber escribir a máquina
		tener coche propio
		conocer bien la ciudad

F. Mesero principal. Tú eres mesero en un restaurante. Hoy estás entrenando a un mesero nuevo. ¿Qué le dices de estos objetos?

MODELO **Este platillo es para el postre.**

postre

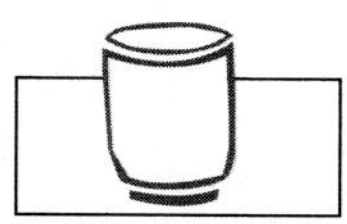

1. leche

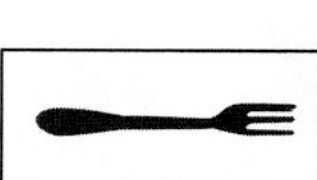

2. ensalada

3. café

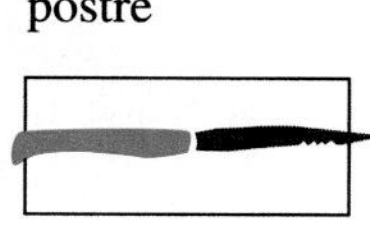

4. carne

5. sopa

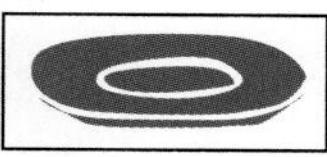

6. comida

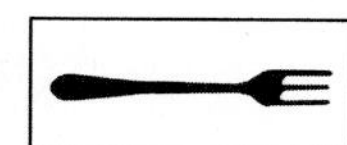

7. pescado

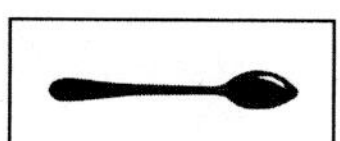

8. helado

G. ¡Qué necio! Tu hermanito(a) es muy curioso(a). Te hace preguntas constantemente. ¿Qué te pregunta y qué le contestas tú?

EJEMPLO estudiar todo el día
Hermanito(a): **¿Por qué estudiaste todo el día?**
Tú: **Lo hice para salir bien en el examen.**

VOCABULARIO ÚTIL:

no escuchar tus preguntas	conservar energía
conversar con mis amigos	perder peso
ganar dinero	planear una fiesta
salir bien en el examen	ganar el partido
hacer ejercicio	ver las noticias

1. practicar el cabezazo
2. apagar la lámpara
3. prender la tele
4. correr
5. no comer el postre
6. hablar por teléfono
7. trabajar el sábado
8. ir al café
9. cortar el césped
10. cerrar la puerta

The preposition *para:* Purpose

¿Eso? Es **para** cortar manzanas.
Estas pastillas son **para** tu dolor de estómago.

See **¿Por qué se dice así?,** *page G104, section 7.6.*

E. Empleos. Allow students 2–3 min to write a number of ads working in pairs. Then call on several pairs to read their ads to the class. Sentences will vary.

Se buscan operadores que sepan escribir a máquina.
Se requieren empleados que tengan experiencia.
Se solicita secretaria que hable inglés.
Se necesita cajero(a) que sea responsable.
Se busca una persona que tenga su coche propio.
Se requieren vendedores que conozcan bien la ciudad.

Variation Have students write ads individually. Then in groups of two or three, have them read ads to each other. Finally have everyone go to board and write the most interesting announcement they heard.

F. Mesero principal. Call on individual students. Have class confirm each response.

1. Este vaso es para la leche.
2. Este tenedor es para la ensalada.
3. Esta taza es para el café.
4. Este cuchillo es para la carne.
5. Esta cuchara es para la sopa.
6. Este plato es para la comida.
7. Este tenedor es para el pescado.
8. Esta cuchara es para el helado.

G. ¡Qué necio! Allow 2–3 min for pair work. Then ask several pairs to role-play each item for class. Answers may vary.

1. ¿Por qué practicaste el cabezazo? *Lo hice para ganar el partido.*
2. ¿Por qué apagaste la lámpara? *Lo hice para conservar energía.*
3. ¿Por qué prendiste la tele? *Lo hice para ver las noticias.*
4. ¿Por qué corriste? *Lo hice para hacer ejercicio.*
5. ¿Por qué no comiste el postre? *Lo hice para perder peso.*
6. ¿Por qué hablaste por teléfono? *Lo hice para conversar con mis amigos.*
7. ¿Por qué trabajaste el sábado? *Lo hice para ganar dinero.*
8. ¿Por qué fuiste al café? *Lo hice para planear una fiesta.*
9. ¿Por qué cortaste el césped? *Lo hice para ayudar a papá.*
10. ¿Por qué cerraste la puerta? *Lo hice para no escuchar tus preguntas.*

H. ¡De vuelta! Call on individual students. Call on several students to comment on each item.

I. Profesiones. Have students work in pairs first. Allow 2–3 min. Then call on individuals to respond to each item. Sentences may vary.

Los políticos trabajan para el gobierno.
Los enfermeros trabajan para el hospital.
Los abogados trabajan para sus clientes.
Los bomberos trabajan para la ciudad.
Los camareros trabajan para el restaurante.
Los maestros trabajan para las escuelas.
Los secretarios trabajan para las compañías.
Los médicos trabajan para el hospital.
Los cocineros trabajan para el restaurante.

The preposition *para:* Intended recipient

¿**Para** quién es ese regalo?
El collar es **para** ti, mi amor.

See **¿Por qué se dice así?,** *page G104, section 7.6.*

The preposition *para:* Employer

Trabajamos **para** una compañía de petróleo.
Tu mamá trabaja **para** la universidad, ¿no?

See **¿Por qué se dice así?,** *page G104, section 7.6.*

H. ¡De vuelta! Acabas de volver de un viaje a México donde compraste mucho. ¿Para quiénes compraste estos recuerdos?

EJEMPLO **El plato es para mi abuela.**

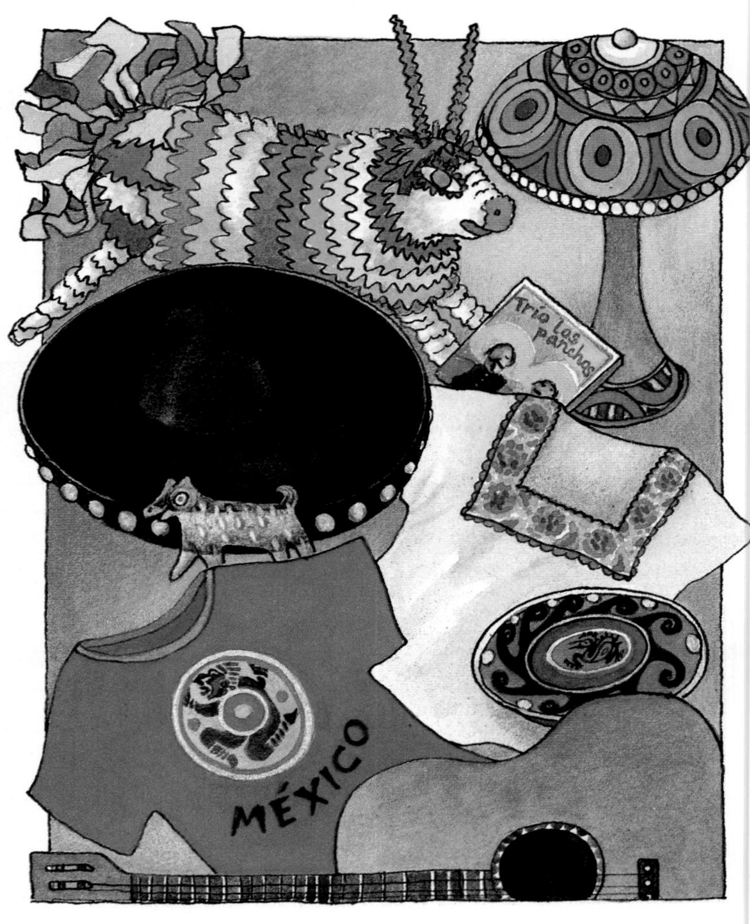

I. Profesiones. ¿Dónde trabajan estas personas?

MODELO **Los bomberos trabajan para la ciudad.**

políticos	sus clientes
enfermeros	el restaurante
abogados	el gobierno
bomberos	las compañías
camareros	el hospital
maestros	las escuelas
secretarios	la ciudad
médicos	
cocineros	

CHARLEMOS UN POCO MÁS

A. Se habla español. Su profesor(a) va a darle a cada uno de ustedes o un anuncio clasificado o una descripción de un servicio que buscan. Si recibes un anuncio, úsalo para encontrar a una persona que necesite el servicio que tú ofreces. Si recibes una descripción de lo que buscas, úsala para encontrar a alguien que ofrezca ese servicio. Cuando encuentren a la persona que buscan, siéntense y decidan si van a hacer negocio juntos.

EJEMPLO **Busco flores para el cumpleaños de mi madre.**

B. Letreros. Con un(a) compañero(a), diseña y escribe cinco letreros para la escuela o la clase. Luego en grupos de tres o cuatro, comparen sus letreros y decidan cuál es el más creativo. Preséntenselo a la clase.

CHARLEMOS UN POCO MÁS

A. Se habla español. Allow 5–10 min. Then call on individuals to tell class what they are looking for and who is providing it.

B. Letreros. Suggest that each sign have a **refrán** from the Lesson 2 ***Para empezar*** and an application of the **refrán** to the class or the school. This activity may be done in class or assigned as homework. If done in class, bring in several colored magic markers and construction paper cut to appropriate size. Allow 5–10 min. Post some of the **letreros** every day for a week.

Purpose These activities allow students to use learned language in a variety of ways. Responses in this section are much more open-ended and often have several possible correct answers.

C. Simplemente hay que . . . Allow 2–3 min for pair work. Then call on individual students to tell what advice they gave each person. Ask others if they agree.

Variation Ask students to write their advice on the board.

C. Simplemente hay que . . . Hoy, Clara Consejera, la consejera del periódico escolar, no está. Tú y tu compañero(a) están sustituyéndola. ¿Qué consejos les dan a estas personas?

EJEMPLO bailar bien
Para bailar bien hay que practicar mucho.

1. perder peso

2. aprender español

3. tener dinero

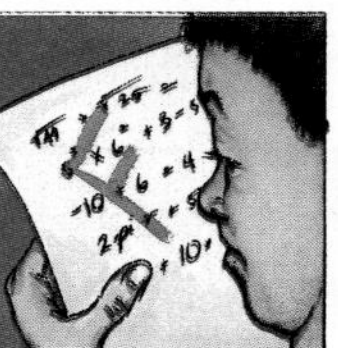

4. sacar buenas notas

5. no tener sueño

6. ganar el partido

7. comprar un coche

8. hacer un viaje

DRAMATIZACIONES

A and B. Assign **A** to half the class and **B** to the other half. Allow 4–5 min to prepare role plays. Call on several students to do their role plays for the class.

Dramatizaciones

A. Los requisitos. Tú eres el (la) recepcionista para una compañía internacional. Tu compañero(a) está interesado(a) en trabajar con la compañía. Quiere saber cuáles son los requisitos para conseguir empleo en la compañía. Dramaticen esta situación.

B. ¿Para quién? Sólo falta una semana para Navidad y tú necesitas comprar regalos para tu familia y tus amigos. Estás ahora en un almacén grande pidiéndole consejos a un(a) dependiente. Dramaticen esta situación. Tu compañero(a) va a hacer el papel del (de la) dependiente.

Purpose These role plays are designed to review the lesson structures and functions. Here students will practice identifying job requirements and comparing job descriptions. Encourage students to work without their books when performing their role plays.

Estrategias para leer:
El hacer preguntas

El hacer preguntas. En la **Unidad 6,** aprendiste a hacer preguntas para ayudarte a entender un poema. El hacer preguntas es una estrategia muy valiosa para entender todo tipo de lectura. Hay varios tipos de preguntas que un buen lector se puede hacer, dependiendo del tipo de lectura. Por ejemplo, algunas preguntas sólo se pueden contestar . . .

1. con información ***específica*** que viene de una sola oración en la lectura.
2. con una ***combinación*** de información que sólo se puede hacer después de leer varios párrafos.
3. si el lector cuenta con su ***propia experiencia*** o ***pasado***.
4. si hay una ***interacción*** entre autor y lector basada en una combinación de lo que el lector ya sabía y lo que acaba de aprender en la lectura.

El artículo que sigue se publicó en el *Sacramento Bee*, basado en un artículo que originalmente se publicó en Texas, en el *Dallas Morning News*. Antes de leer este artículo, estudia las preguntas que siguen con un(a) compañero(a). En una hoja de papel, indiquen si son preguntas que sólo se pueden contestar con información ***específica***, con una ***combinación*** de información, si el lector cuenta con su ***propia experiencia*** o ***pasado*** o si hay una ***interacción*** entre autor y lector.

Preguntas	Tipo	Respuestas
¿Cómo se llama la alumna que da el discurso de fin de curso?		
¿Quiénes son los otros jóvenes mencionados en el artículo?		
¿Qué hicieron estos jóvenes?		
¿Bajo qué circunstancias asistieron a la escuela secundaria estos jóvenes?		
¿Por qué crees que estas noticias fueron de interés periodístico en Dallas, Texas?		
¿Por qué fueron de interés periodístico en Sacramento, California?		

Ahora, lean el artículo individualmente. Al leer, tengan presente estas preguntas y anoten toda la información que les ayude a contestarlas. Tal vez sea necesario leer el artículo varias veces para encontrar todas las respuestas.

LEAMOS AHORA

Answers

El hacer preguntas.
¿Cómo se llama la alumna que da el discurso de fin de curso?
Tipo: específica
Respuesta: Alicia Ayala

¿Quiénes son los otros jóvenes mencionados en el artículo?
Tipo: combinación
Respuesta: Liliana Ramírez, David Villarreal, Enrique Arzaga, Albert Martínez

¿Qué hicieron estos jóvenes?
Tipo: combinación
Respuesta: Se encaminan a asistir al prestigioso MIT. Cada uno tiene una beca de más de $20,000 dólares al año.

¿Bajo qué circunstancias asistieron a la escuela secundaria estos jóvenes?
Tipo: combinación
Respuesta: Una no hablaba inglés cuando empezó la secundaria en los EE.UU., otro trabaja medio tiempo en la noche. Todos vienen de una zona de El Paso donde abundan las pandillas.

¿Por qué crees que estas noticias fueron de interés periodístico en Dallas, Texas?
Tipo: interacción
Respuesta: Las respuestas van a variar. Deben señalar que como los cinco jóvenes son del estado de Texas, el artículo es de interés para todos los texanos. También, siendo chicanos, sus éxitos sirven de modelo para cualquier otro joven minoritario.

¿Por qué fueron de interés periodístico en Sacramento, California?
Tipo: propia experiencia
Respuesta: Si conocen Sacramento, es probable que digan que es de interés porque hay muchos chicanos en Sacramento. Si no, tal vez digan que es de interés por todas partes debido a que hay grupos minoritorios por todo el país.

Extension Working in pairs, ask students to think of at least one more question of each type that might help someone else read this article efficiently.

Purpose This is the principal reading of the unit. Its purpose is to teach students to read using appropriate strategies. Here they will learn how to ask various types of questions to help them understand a newspaper article.

Suggestions Use these questions as an advance organizer for the reading that follows. Tell students to make intelligent guesses in the **Tipo** column if they do not know the answers. Ask them why they think a question is **específica, combinación,** etc. Then, after students have read the article and filled in the **Respuestas** column, go over each question with the class.

Liliana Ramírez, Albert Martínez, Enrique Arzaga, Alicia Ayala y David Villarreal

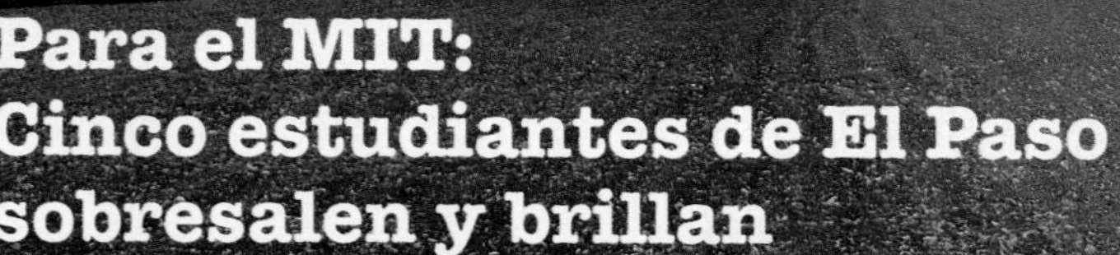

Para el MIT: Cinco estudiantes de El Paso sobresalen y brillan

El PASO, Texas—La conocen como la escuela bajo el *freeway* (autopista), y está entre la Carretera Interestatal 10 y la frontera con México, en un barrio de cantinas, taquerías y tiendas de "pesos por dólares".

"Ysleta High School", la pobre y desvencijada* Escuela Secundaria Ysleta, también está localizada en una zona de El Paso donde abundan las pandillas.* Pero hoy existe una nueva pandilla en Ysleta. A cinco de sus estudiantes recién graduados se les olvidó* lo pobre que son o que deberían ser pandilleros y ahora se encaminan* a asistir al prestigioso Instituto Tecnológico de Massachusetts (MIT) este otoño.

"Es un admirable logro",* afirmó John Hammond, el director asociado de admisiones de MIT, señalando que de los 7,000 estudiantes que solicitan* a MIT cada año sólo 600 consiguen matricularse. Cerca del ocho por ciento de los 4,300 estudiantes subgraduados son hispanos.

"Nosotros reclutamos a todos estos cinco jóvenes", continuó Hammond. "Ellos pasaron por todo el proceso de admisiones, individualmente, debido a sus propios méritos, antes de darnos cuenta* siquiera que venían de la misma escuela secundaria".

Los cinco estudiantes de Ysleta cada uno ganaron becas* de más de $20,000 dólares al año. Alicia Ayala, la hija de un aseador de edificios* pensionado fue la estudiante que dio el discurso oficial en la graduación de su generación. "Soy una mujer hispana, pero eso no quiere decir que no pueda hacer grandes cosas", dijo ella. "Yo tengo muchos planes".

Luego está el caso de Liliana Ramírez quien no hablaba inglés cuando su familia se mudó de México a EE.UU. hace

desvencijada: sin ventajas
pandillas: grupo de jóvenes con mal fin
se les olvidó: no recordaron
se encaminan: van en camino
logro: éxito
solicitan: piden entrar en
darnos cuenta: descubrir
becas: dinero para sus estudios
aseador de edificios: conserje

sólo — apenas* dos años y medio. Y David Villarreal, un adelantero del equipo de básquetbol que valora* más sus éxitos* académicos que sus victorias deportivas. Y Enrique Arzaga, que cree que "cualquiera que no lo haga y luego le eche la culpa a la escuela o al medio ambiente simplemente está buscando excusas". Y ahí está Albert Martínez, a quien le fascinan las computadoras y que también canta como tenor en el coro de la escuela y trabaja medio tiempo en la noche limpiando edificios. Su madre, Dolores, es viuda y también limpia edificios. "La mayor parte de mi vida, me he privado* de muchas cosas", dijo Albert, que bien podría hablar en nombre de sus cuatro compañeros.

a más valor / triunfos

no he tenido

"Nosotros siempre tuvimos que limitarnos y contentarnos con poco. Pero yo nunca aprendí lo que significa ser un 'desventajado'.* Comparados con cualquiera, mi madre y yo somos pobres. Pero yo no. Yo tengo otras riquezas".

uno sin oportunidades

El director de la escuela, Roger Parks no intenta dar excusas por la realidad de Ysleta. Reconoce que el treinta y seis por ciento de los estudiantes no terminan la escuela secundaria. "Esta cifra* es tan alta como la de cualquier otra escuela de El Paso". También apunta* que "el sesenta y ocho por ciento de nuestros estudiantes provienen de familias que son consideradas económicamente desventajadas".

número

indica

"Nuestro estereotipo es ser 'la escuela bajo el *freeway*'", dijo Parks, "pero nunca hemos aceptado las limitaciones que otra gente nos impone. Lograr* que cinco de nuestros estudiantes entren a MIT quizás nunca se vuelva a repetir, pero nosotros siempre tendremos estudiantes de este calibre".

Conseguir

Cada año más o menos una docena de los estudiantes más sobresalientes de Ysleta pueden en realidad escoger a qué universidad asistir—Cornell, Rice, Yale, Harvard, Stanford, West Point. MIT de Cambridge, Massachusetts, hasta tiene una persona que funge* como reclutador voluntario en busca de estudiantes sobresalientes, y muchas veces los encuentra en Ysleta.

actúa

Verifiquemos

1. Compara Ysleta High School con tu escuela. ¿Cuáles son las semejanzas? ¿las diferencias?
2. ¿Hay escuelas en tu ciudad semejantes a Ysleta High School? ¿Cuáles son y cuáles no son las semejanzas?
3. ¿Cuál de los cinco jóvenes te impresionó más? ¿Por qué?
4. ¿Qué piensas del director de la escuela, Roger Parks? ¿Crees que es un buen director? ¿Por qué?
5. ¿Cómo explicas tú que una escuela tan pobre produzca no sólo a cinco estudiantes que sean aceptados a M.I.T. en el mismo año, sino también a otros que puedan ser aceptados en Cornell, Rice, Yale, Harvard, Stanford y West Point?

Verifiquemos

Answers

Las respuestas van a variar.

ESCRIBAMOS AHORA

A. Empezar. Allow students 3–4 min to prepare a chart listing various types of incidents they recall from their childhood.

B. Organizar. Have students select one of the incidents they listed in the chart in **A**. Allow 4–5 min for students to organize all the information they want to include in their narrative. Encourage them to decide on an organizing approach they have used before and to stick with it.

C. Primer borrador. You may have students do their first drafts in class, if time permits, or as homework. In either case, have students write their topic sentence in class. You may want to have students read their topic sentence to each other for peer feedback.

ESCRIBAMOS AHORA

Estrategias para escribir:

Narrativa—Ensayo personal

A. Empezar. El ensayo personal te permite compartir tus pensamientos y experiencias personales con otros. Este tipo de ensayo tiene varios usos: el narrar un cuento, el describir o explicar algo, o el persuadir a alguien que piense de cierta manera o que haga algo. En esta escritura, tú vas a narrar una anécdota de tu niñez.

Primero tendrás que seleccionar un incidente de tu niñez. Puede ser algo divertido, triste, conmovedor, misterioso, raro u otro tipo de incidente. Para ayudarte a decidir, prepara una lista de incidentes de tu niñez que recuerdas. Categoriza esos incidentes en un cuadro como el que sigue.

Divertido	Triste	Conmovedor	Misterioso	Raro	Otro

B. Organizar. Primero, selecciona uno de los temas que incluiste en la lista que preparaste en la actividad **A.** Piensa acerca de la información que vas a necesitar para poder contar este incidente en detalle: quiénes participaron; dónde ocurrió el incidente; cuál fue el orden cronológico; por qué fue divertido, triste o conmovedor . . . Tal vez te ayude organizar todos los incidentes en orden cronológico o tal vez prefieras organizarte usando otras de las técnicas que hemos mencionado en otras unidades: hacer un torbellino de ideas, usar racimos, hacer esquemas, etc.

C. Primer borrador. Al empezar a escribir tu ensayo, piensa en una oración que comunique el tema y el resultado que esperas lograr. Por ejemplo, podrías empezarlo: ''Cuando yo empecé a asistir a la escuela, a la edad de cinco años, descubrí algo sorprendente''. Desarrolla tu cuento usando tus apuntes y lo que hiciste en **B** para organizar el tema. Recuerda tu primera oración a lo largo de escribir este ensayo y asegúrate de que todo lo que digas esté relacionado a lo que dices en la primera oración.

Purpose In this section, students practice narrative writing by writing a personal essay retelling some anecdote from their childhood. They will brainstorm before writing a first draft, then share and revise the first draft, and lastly complete a final draft. You may wish to collect all the essays and put them into a class book of childhood anecdotes.

CH. Compartir. Lee el ensayo personal de dos compañeros y comparte con ellos el tuyo. Pídeles que hagan un breve resumen de tu ensayo para ver si lo entendieron. También pídeles sugerencias para hacerlo más claro y más efectivo. Haz el mismo tipo de comentarios sobre sus ensayos.

D. Revisar. Haz cambios en tu ensayo a base de las sugerencias de tus compañeros. Luego, antes de entregarlo, dáselo a dos compañeros de clase para que lo lean una vez más. Esta vez pídeles que revisen la estructura y la puntuación. En particular, pídeles que revisen la concordancia — verbo / sujeto y sustantivo / adjetivo — y el uso del pretérito y del imperfecto.

E. Versión final. Escribe la versión final de tu ensayo incorporando las correcciones que tus compañeros de clase te indicaron. Presta mucha atención al formato. Piensa en la versión final como uno de varios cuentos que se van a publicar en un libro de anécdotas.

F. Publicar. Cuando tu profesor(a) te devuelva tu ensayo, prepáralo para publicar. Dibuja una o dos ilustraciones apropiadas (o sácalas de revistas) para ilustrar lo interesante de tu anécdota. Luego pongan todos los ensayos en un cuaderno y decidan cúal es el título más apropiado para un libro de anécdotas sobre la niñez de toda la clase.

CH. Compartir. Have students gather in "response groups" of two or three. Allow them time to read each other's personal essays. Remind group members to begin commentary with at least one positive comment, and then to make suggestions on content, structure, and vocabulary.

D. Revisar. Tell students that you will grade holistically, focusing on communication and on the focus structures mentioned in **D**.

E. Versión final. Grade the essays holistically. Underline grammatical errors if you wish, but the grade should be affected by ability to communicate a message and by errors with the focus structures.

F. Publicar. In groups of four, have students suggest a title for the book. Let class decide which title to use. Ask a volunteer to make the title page and put all the essays in a binder. Make the binder available as extra reading for whenever students finish quizzes or tests early or are ahead on homework assignments.

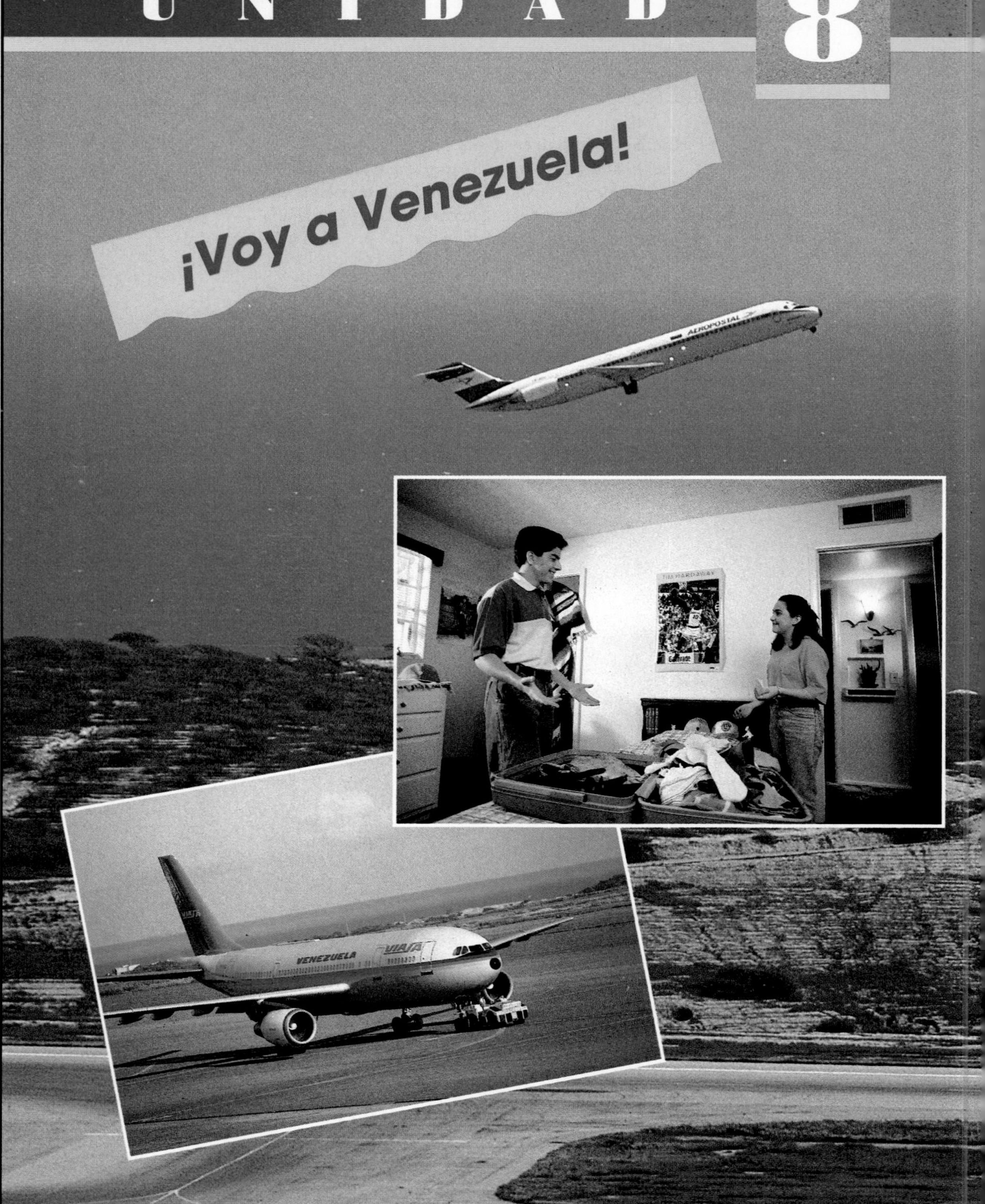

UNIT OBJECTIVES

Communicative Goals

After completing this unit, students will be able to use Spanish . . .

- to discuss future plans and activities
- to make suggestions, predictions, and speculations
- to give advice and orders
- to talk about emotions and doubts
- to discuss past, present, and future activities
- to express doubt

Culture

In this unit, students will . . .

- listen to short stories from Mexico and Argentina as well as a song from Mexico
- read about Argentina's search for peace and democracy
- learn about the use of **el voseo** in Argentina
- read a poem by the Chicano poet Francisco X. Alarcón

Reading and Writing Strategies

- Reading: **Interpretación de imágenes**
- Writing: **Metáforas en poemas**

Structure

- Future tense: Regular and irregular forms
- The conditional: Regular and irregular verbs
- ***Repaso:*** Commands
- ***Repaso:*** Present subjunctive—Doubt, persuasion, anticipation, and reaction
- ***Repaso:*** Preterite and imperfect
- ***Repaso:*** **Quizás** and **tal vez**

Focus on ARGENTINA

In **Excursiones**, students will read **Argentina: Una búsqueda de la paz y la democracia** and learn how this country—rich in natural resources, self-sufficient in its productions of hydroelectric and nuclear power, and with one of the highest literacy rates on the continent (95%)—is still struggling to attain peace and stability. In **Nuestra lengua**, students will discover a unique Argentine linguistic phenomena, the **voseo**, and in the final unit reading students will soar through the air as they learn, in Francisco X. Alarcón's poem **"Para volar,"** how words, like birds, teach all of us to fly.

Video Montage

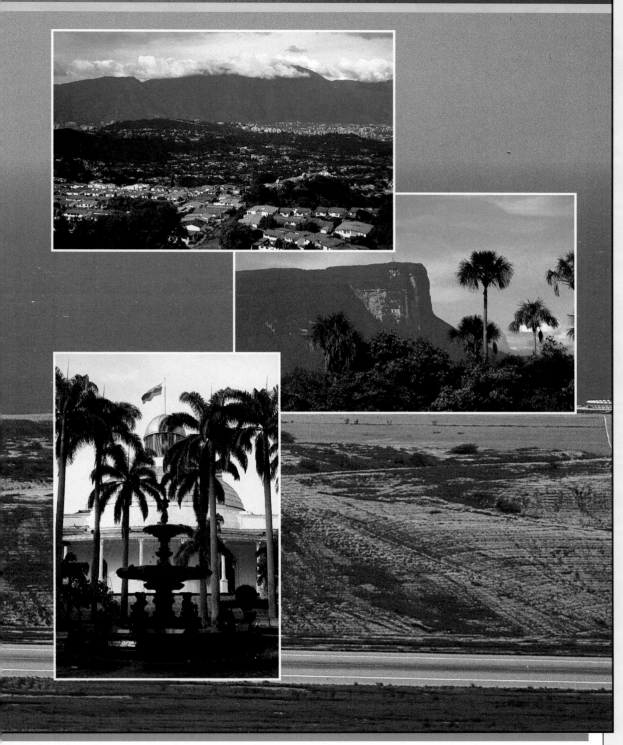

To play the montage, use counter or bar code:

34:58 - 35:46

Side 4, 20547 to 22004

To play the entire unit without stopping:

34:58 - 47:13

Side 4, 20547 to 42576

View of El Paso and Franklin Mts.; kids on Stanton Street. Horse and carriage in Old Mesilla, New Mexico; money exchange shop near the border; adobe buildings in Old Mesilla; Texas produce: chile peppers and pecans; Billy the Kid poster; Spanish mission churches on Mission Trail, south of El Paso, dating back to the 17th century; old cemetery; Mexican flag; Juárez: road sign, Mariachi band, market displays of handicrafts, fruits and vegetables, including different types of chiles; Guadalupe Mission in Juárez, Av. Benito Juárez, plaza, Av. 16 de septiembre (Mexican Independence Day); flags: U.S. and State of Texas; cowboy boots made in El Paso, home of some of the best-known boot manufacturers; local businesses in Stanton St. area; stadium at UTEP (University of Texas at El Paso); crafts, cowboy hats (steamed to shape), and western wear.

Photo

In this unit, Daniel visits his pen pal Luis in Caracas. The background photo is of the airport that serves Caracas. Because of the mountains that surround the capital, you cannot fly directly into Caracas. The airport is on the coast, about a 45-minute drive from the capital. The inset on page 386 features Viasa, one of the two national airlines of Venezuela. The photos pictured on this page offer three shots of various sites in Venezuela. The top inset is a panoramic view of Caracas; the middle photo features a **tepui**, or flat mountain common to the Canaima region (see Video Montage, Unit 4 for more information on **tepuyes**); the bottom picture is of the state capitol building in Caracas.

OBJECTIVES

Communicative Goals

- Discussing future plans and activities
- Making predictions

Culture and Reading

- **Para empezar**
  El origen del nopal
- **Excursiones**
  Argentina: Una búsqueda de la paz y la democracia

Structure

- 8.1 Future tense: Regular forms
- 8.2 Future tense: Irregular forms

ACTIVE VOCABULARY

El futuro
anticipación
curiosidad
predecir
predicción

Verbos
competir
correr
decir
discutir
dormir
haber
hacer
nadar
poder
poner
querer
salir
tener
venir
ver

Palabras y expresiones
dormilón(a)
pañuelo
¡Qué envidia!

LECCIÓN 1

¿Cuándo saldrás?

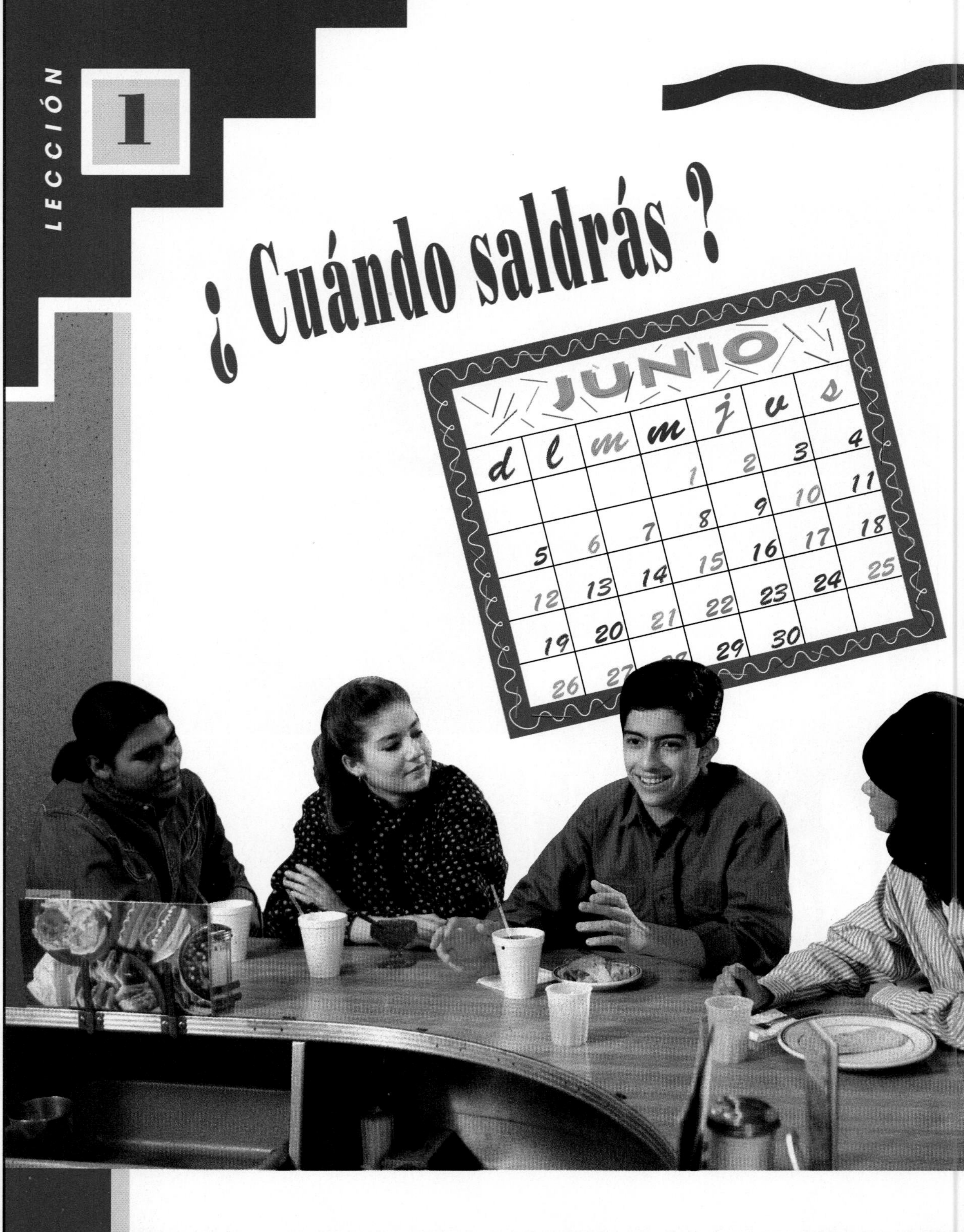

JUNIO
d l m m j v s
1 2 3 4
5 6 7 8 9 10 11
12 13 14 15 16 17 18
19 20 21 22 23 24 25
26 27 29 30

ANTICIPEMOS

¿Qué piensas tú?

1. ¿Qué estación es? ¿otoño? ¿invierno? ¿Qué crees que esperan con anticipación estos jóvenes? ¿Por qué crees eso?
2. Sabiendo lo que sabes de estos jóvenes, ¿cómo crees que van a pasar el verano?
3. ¿Para qué son los anuncios en esta página? ¿Cuál te llama la atención? ¿Por qué te atrae?
4. ¿Qué podrá hacer y ver una persona que haga el viaje a La Guaira en Venezuela? ¿Cómo viajarán? ¿Qué lugares visitarán?
5. ¿Qué puedes decir de alguien que decida hacer un viaje a España? ¿Cuánto tiempo durará el viaje? ¿Cuándo van a salir?
6. ¿Qué planes tienes tú para el verano? ¿Tienes algunos planes específicos para el año próximo?
7. ¿Qué crees que vas a aprender en esta lección?

Purpose To focus students on the language and functions to be developed and practiced in the lesson—making plans for the future—and to lead students to consider what kinds of activities various people might plan for the coming summer.

Suggestions Use the photos to introduce the lesson content. Encourage students to use Spanish whenever possible to respond to the ***¿Qué piensas tú?*** questions, but allow English where ideas may be more complex or vocabulary may be unknown. Summarize responses in Spanish, using comprehensible input techniques to clarify your language where necessary.

ANTICIPEMOS

¿Qué piensas tú?

Answers

1. Es junio, principios de verano. Sin duda, los jóvenes anticipan la llegada de las vacaciones de verano para no tener que asistir a clases y para poder viajar, visitar con amigos, trabajar tiempo completo, etc.
2. Es probable que Mateo y Tina trabajen buena parte del verano debido a que Mateo tiene que mantener su carro y pagar el préstamo a su padre y Tina insiste en ganar suficiente dinero para comprar su propio carro. Daniel y Margarita no han indicado que piensan trabajar, lo que implica que probablemente van a ir de vacaciones con sus familias y pasar tiempo con sus amigos.
3. El anuncio a la izquierda es para personas mayores de edad. El de la derecha es para cualquier persona que tenga dinero y esté interesada en hacer una excursión por el Caribe en un barco de lujo. Sin duda el anuncio a la derecha es el que llamará la atención de jóvenes, porque enfoca en aventura, buena comida, vida nocturna y lugares exóticos.
4. Hay mucho que hacer en el barco: buenas comidas, vida nocturna, mucha diversión, etc. Viajarán por barco a la República Dominicana, Puerto Rico, Santo Tomás, Trinidad y la Guaira en Venezuela.
5. Serán personas mayores de 60 años, interesadas en viajar a España. No indica cuánto tiempo durará el viaje. Sólo indica que habrá salidas a Tenerife en febrero y marzo y a Madrid en enero y marzo.
6. Las respuestas van a variar. Algunos tendrán planes para viajar o para trabajar. Otros no tendrán ningún plan. Anímelos a especular sobre posibles actividades: ir al cine, ir a acampar los fines de semana, etc. Planes para el año próximo también van a variar mucho.
7. **Aprenderán a hablar de sus planes para el futuro.**

PARA EMPEZAR

Comprehension Checks

A complete set of **Comprehension Checks** is available on cards in the Teacher's Resource Package.

Suggestions Point out the nopal plant as you describe it. Equate: **abunda/hay muchos**; **figuró/apareció, estaba**; **escudo/emblema, símbolo.**

1 ¿De dónde viene esta leyenda?

2

Suggestions Point out the northern part of Mexico and the area around Mexico City. Indicate the route to the south, decribing the country. Emphasize that they do not see the symbol now, but will see it **en el futuro**. Explain: **posada/de pie.** Point out the eagle: **ave, águila**; its beak: **pico**; and the snake: **serpiente**. Emphasize that there is no city there now, but they will build it: **la construirán**.

1 ¿Dónde vivían los aztecas hace muchos años? ¿en Estados Unidos? ¿en el sur de México? ¿en el norte de México?

3

Suggestions Equate: **mandato/orden.** Emphasize the length and difficulty of the trip. Point out the Aztecs arriving in the valley. Point out the mountains: **montañas**; the lake: **lago**; and the islands: **islas**. Draw a circle to clarify **rodeaban**.

1 ¿Obedecieron los aztecas el mandato de sus dioses?

PARA EMPEZAR

Escuchemos un cuento mexicano

1

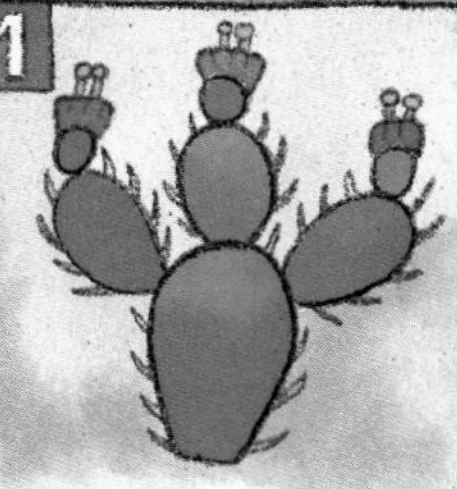

El nopal es un cacto muy bien conocido en las Américas, pero sin duda abunda más en México. Es una bella planta verde con flores rojas.

Esta leyenda mexicana explica el origen de esta planta que figuró en el escudo azteca y después en el escudo de la República de México.

2

Hace muchos siglos los aztecas vivían en el norte de México. Cerca del año 800 d. de J.C., sus dioses les hablaron diciendo: "Pronto irán al sur, donde encontrarán una nueva tierra más grande y bonita que la de aquí. Un día verán un águila hermosa posada en una planta desconocida. El ave tendrá una serpiente en el pico. Y allí construirán una gran ciudad".

3

Los aztecas obedecieron el mandato de sus dioses, pero el viaje fue largo y difícil y duró por muchos siglos. No fue hasta el año 1300 cuando los primeros aztecas llegaron al gran valle de México. De las montañas que rodeaban el valle, vieron el lago de Texcoco con sus islas grandes y pequeñas.

4

"Aquí viviremos", anunció el supremo sacerdote, "hasta que nuestros dioses nos den una señal indicando dónde debemos construir nuestra ciudad". Pero, como toda la tierra alrededor del lago ya estaba ocupada por otras tribus, los aztecas tuvieron que establecerse en una de las islas grandes del lago.

4

Suggestions Define **sacerdote: un líder religioso**. Equate: **señal/indicación.** Point out the evidence of other tribes on the land surrounding the lake in panels **#3** and **#4**. Compare the island where they are building with the largest island in **#3**.

1 ¿Qué decidió el supremo sacerdote? ¿que debían continuar su viaje? ¿que iban a vivir en el valle?

Purpose This section develops active listening comprehension skills and introduces students to cultural insights and perceptions through another Mexican legend. This story tells the origin of the nopal cactus, which grows commonly throughout Mexico. In this story, both the nopal and the eagle pictured on the Mexican flag are used by the warlike Aztec god Huitzilopochtli as signals to his people to identify where

5

Con los aztecas vino su dios Huitzilopochtli, el dios de la guerra. Lo veneraban más que a los otros dioses. Y como este dios exigía sacrificios humanos, los aztecas hacían guerra sin cesar contra sus vecinos quienes antes habían vivido en paz y armonía.

6

Lejos, al norte, vivía la buena hermana del dios Huitzilopochtli con su esposo y su hijito Cópil. Pertenecían a una tribu pacífica. "Cuando yo sea mayor", dijo el chico, "voy a hacer prisionero a mi tío para que no pueda causar tanta aflicción".

"No puedes hacerlo, hijito", dijo su madre. "Tu tío es muy fuerte y poderoso".

"Sí, lo haré", respondió el muchacho.

7

Pasaron años y más años. Cópil se convirtió en un joven valiente, hermoso, hábil, bueno e inteligente. Y tenía todavía en el corazón el deseo de vencer a su tío y proteger a las otras tribus pacíficas.

Con mil hombres valientes, se puso en marcha en el largo viaje hacia el valle de México.

Cuando llegaron al gran bosque que rodeaba al lago de Texcoco, Cópil dijo: "Descansaremos aquí, y mañana llevaremos a cabo nuestros planes".

8

Pero el dios azteca tenía espías y ya sabía las intenciones de Cópil.

Llamó a sus sacerdotes y les dio este mandato terrible: "Irán al campamento de mi sobrino Cópil. Lo matarán y me traerán su corazón como ofrenda".

5

Suggestions Point out the god and his sword and shield: **dios de la guerra**. Mime bowing down before him: **lo veneraban**. Emphasize cognate nature of **sacrificios humanos**. Compare how the other tribes lived before the Aztecs came **(en paz y armonía)** with how they live now **(hacen guerra continuamente)**.

1 ¿Quién era Huitzilopochtli? ¿el rey de los aztecas? ¿el sacerdote supremo de los aztecas? ¿el dios de la guerra de los aztecas?
2 ¿Lo veneraban los aztecas?
3 . . .

6

Suggestions Contrast north, where Huitzilopochtli's sister lives, with the valley where he now lives. Identify the characters. Equate: **pacífica/vive en paz**. Paraphrase Cópil's words: "**Voy a meter a mi tío en la cárcel para que no pueda hacer tantas guerras**". Gesture to clarify strength and power: **fuerte y poderoso**. Emphasize Cópil's determination: "**En el futuro, lo haré**".

1 ¿Quiénes vivían lejos, al norte? ¿los dioses aztecas? ¿la madre de Huitzilopochtli? ¿la hermana de Huitzilopochtli con su familia?
2 ¿Cómo era esta hermana? ¿mala? ¿bondadosa?
3 . . .

7

Suggestions Point out Cópil now. Explain that now he is 25 years old. Equate: **convirtió/cambió; hábil/astuto**. Draw a heart: **corazón**. Mime marching: **se puso en marcha**. Equate: **llevaremos a cabo/vamos a completar**.

1 ¿Cuántos años pasaron? ¿unos dos o tres? ¿unos diez u once? ¿unos veinte o veintiuno?
2 ¿Cómo es Cópil ahora?
3 . . .

8

Suggestions Mime spying: **espías**. Point out the heart. Remind students that Huitzilopochtli demands human sacrifices.

1 ¿Qué tenía el dios azteca? ¿muchos amigos? ¿espías?
2 ¿Qué sabía? ¿las intenciones de su hermana? ¿las intenciones de sus amigos? ¿las intenciones de Cópil?
3 . . .

they should build their capital city, Tenochtitlán. Students will hear many examples of the language used to talk about the future. The ***Para empezar*** section provides comprehensible language without translation. It is not meant for memorization or mastery. It develops listening comprehension and introduces the lesson structures in context.

Suggestions Have students close their books while you narrate each section using overhead transparencies and comprehensible input techniques to clarify meaning without translation. Break longer sentences into shorter utterances, pointing to elements of each drawing, acting out, demonstrating, etc. Ask frequent **Comprehension Checks** to confirm understanding as you progress through the story.

9

Suggestions Mime burying: **enterrar**. Point out the rocks: **rocas**; and weeds: **mala hierba**.

1 ¿Mataron los sacerdotes a Cópil?
2 ¿Llevaron su corazón a su dios?
3 ¿Qué les mandó hacer entonces? ¿enterrar el corazón en las montañas? ¿enterrar el corazón en la isla grande donde vivían? ¿enterrar el corazón en la isla al centro del lago?

Suggestions Emphasize that only one night has passed: **la mañana siguiente**. Describe the plant. Gesture to clarify growing: **había crecido**. Remind students of Huitzilopochtli's orders about where the heart should be buried. Act out amazement. Point out the eagle and the snake.

1 ¿Qué había pasado durante la noche? ¿nada? ¿algo aburrido? ¿algo asombroso?
2 ¿Qué vieron los aztecas en la isla donde enterraron el corazón de Cópil? ¿un árbol de flores blancas? ¿una gran ciudad? ¿un cacto desconocido?
3 ¿Cómo era el cacto? ¿De qué color era? ¿Qué tenía?
4 . . .

Suggestions Mime listening. Point out the god in the sky. Equate: **cumplida/terminada**; **fundarán/construirán**; **guiar/dirigir**.

1 ¿Qué oyó la gente? ¿la voz de Cópil? ¿la voz del sacerdote? ¿la voz de Huitzilopochtli?
2 Según el dios, ¿está la profecía de los dioses cumplida?
3 ¿Dónde fundarán su ciudad? ¿en la isla donde viven? ¿en la tierra alrededor del lago? ¿en la isla donde enterraron el corazón de Cópil? ¿en el lugar donde creció el cacto asombroso?
4 . . .

12

Suggestions Gesture to clarify **creció**. Explain that the city became rich: **prosperó**. Explain that the photo is the same city—modern Mexico City. Point out the plant. Explain that the blossoms remind us of Cópil.

1 ¿Creció Tenochtitlán? ¿Prosperó?
2 ¿Existe ahora esta ciudad?
3 ¿Cómo se llama ahora? ¿Ciudad Juárez? ¿Guadalajara? ¿Ciudad de México?
4 . . .

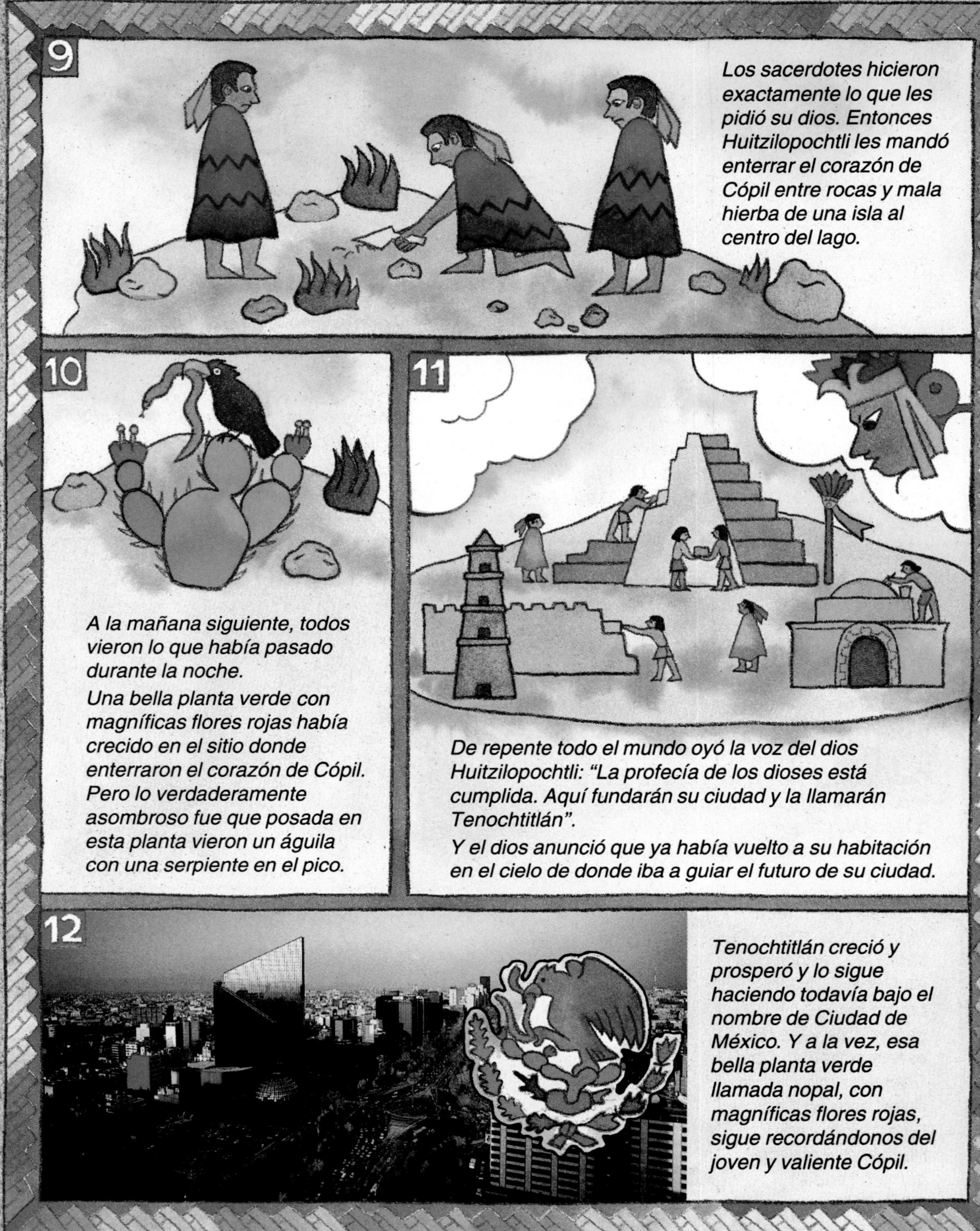

9

Los sacerdotes hicieron exactamente lo que les pidió su dios. Entonces Huitzilopochtli les mandó enterrar el corazón de Cópil entre rocas y mala hierba de una isla al centro del lago.

10

A la mañana siguiente, todos vieron lo que había pasado durante la noche.

Una bella planta verde con magníficas flores rojas había crecido en el sitio donde enterraron el corazón de Cópil. Pero lo verdaderamente asombroso fue que posada en esta planta vieron un águila con una serpiente en el pico.

11

De repente todo el mundo oyó la voz del dios Huitzilopochtli: "La profecía de los dioses está cumplida. Aquí fundarán su ciudad y la llamarán Tenochtitlán".

Y el dios anunció que ya había vuelto a su habitación en el cielo de donde iba a guiar el futuro de su ciudad.

12

Tenochtitlán creció y prosperó y lo sigue haciendo todavía bajo el nombre de Ciudad de México. Y a la vez, esa bella planta verde llamada nopal, con magníficas flores rojas, sigue recordándonos del joven y valiente Cópil.

¿QUÉ DECIMOS...?

Al hacer planes para el futuro

1 ¡Podremos hacer tantas cosas!

Tina y Margarita andan de compras en Stanton Street.

PARA LEER
PULSERAS
ACCESORIOS
RAINSTON
¡Increíble! ¡Sólo faltan dos semanas para las vacaciones!

Que bien lo sé. Pronto podremos nadar, jugar tenis, ir de compras...
Pero, chica, no olvides, voy a seguir trabajando. Si trabajo tiempo completo durante el verano, podré comprar mi carro en septiembre.

¿Tan pronto? ¡En septiembre! Tina, te felicito. No sabía que te faltaba tan poco. Pues, hace poco que cumplí los dieciséis años. Y ahora yo también podré trabajar.

¡Mira! Creo que solicitaré con «Viva El Paso». ¿Qué tal te parece?
¡Sería perfecto para ti, como eres tan dramática!

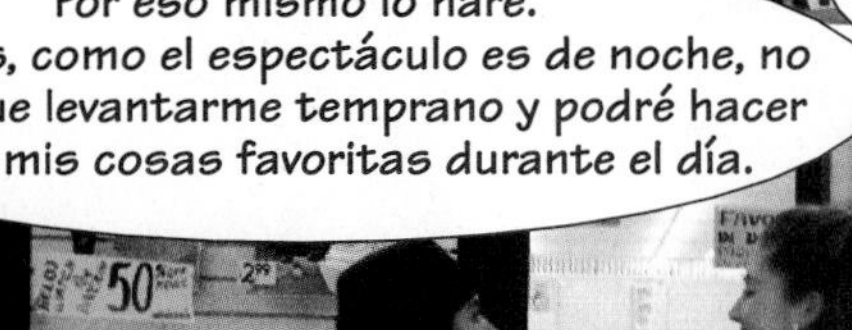

Por eso mismo lo haré. Y además, como el espectáculo es de noche, no tendré que levantarme temprano y podré hacer todas mis cosas favoritas durante el día.
Pero, fíjate. Tú estarás trabajando de noche y yo de día. ¡Nunca nos veremos!
Vamos, chica, no es para tanto. Necesito entrar aquí. Busco un pañuelo azul y verde. Creo que aquí es donde los vi.

Purpose This **fotonovela** section introduces students to the language and functions to be reviewed and practiced in the lesson—talking about future plans and activities—and prepares them for practice in the context of natural conversation. Students should not be expected to memorize or master all utterances. Listening comprehension and early production of key vocabulary and structures are the goals.

Suggestions Have students close their books while you narrate each **fotonovela** segment, identifying characters and their relationships, and describing their activities. Ask **Early Production Checks** frequently to confirm understanding and develop accurate pronunciation of key elements. Act out the dialogue between the characters.

¿QUÉ DECIMOS...?

35:47–40:37

Side 4, 22028 to 30726

Using the video Play one section at a time after narrating it using the transparencies. Freeze the video and ask the **Early Production Checks**. Repeat this process with each section.

Vary your presentation routine by showing one section of the video first, before your narrative with the transparencies, or by playing the video all the way through, stopping only to ask **Early Production Checks** or to clarify using techniques of comprehensible input.

Early Production Checks

A full set of **Early Production Checks** is available on cards in the Teacher's Resource Package.

1 35:55

¡Podremos hacer tantas cosas! Give appropriate dates for "now" and when school gets out. Equate: **tiempo completo/8 horas por día**. Explain that Margarita is referring to the fact that Tina has already earned a lot of money. Explain that she has recently had a birthday. She must be 16 to work. Act out **dramática**. Equate: **fíjate/imagínate**. Show a scarf: **pañuelo**.

Point out See note on page 357 regarding **Viva El Paso.**

1 ¿Dónde andan Tina y Margarita de compras?
2 ¿Cuántas semanas faltan para las vacaciones?
3 ¿Qué podrán hacer?
4 . . .

Side 4, 22258 to 25112

2 37:31

Ya veremos. Point out, identify the boys: Martín, Daniel, and Mateo. Name championships students might know: high school league, Superbowl, etc.

1 ¿Qué hacen las muchachas?
2 ¿De qué están hablando?
3 ¿Qué piensan las dos?
4 . . .

Side 4, 25130 to 27542

2 Ya veremos.

¡Hola, Tina, Margarita! ¿Qué hacen por aquí?

Andamos de compras, como siempre.

Sí, y estamos también hablando de nuestros planes para el verano. Las d pensamos trabajar. Yo voy a estar en « El Paso». Y ustedes, ¿tienen planes

Yo tengo que trabajar, pero claro, también voy a jugar tenis todos los días.

Y tú, Daniel, ¿qué vas a hacer?

No sé. Ya veremos.

Pues, yo puedo jugar contigo, Mateo. Pienso trabajar sólo de noche.

Martín, ¿qué vas a hacer tú? ¿Pasarte todo el verano jugando baloncesto?

Pues sí. Nuestro equipo jugará en el campeonato del estado este julio. Después de eso, no sé.

Supongo que iré a acampar con mi familia, como de costumbre. Queremo llevar a mi mamá y a Nena a la cueva cerca d Las Cruces. Esta vez iremos todos juntos. Bueno, todos menos Daniel.

¿Cómo que todos menos Daniel? ¿Qué vas a hacer tú, Daniel?

¿Por qué no pasamos allí a tomar algo y les cuento mis planes?

3 ¡No me digas!

Vamos, Daniel. Me muero de curiosidad. ¿Qué vas a hacer este verano?

Pues en agosto, voy a ir a un campamento de música por dos semanas.

¡No andes con rodeos, Daniel! ¿Qué vas a hacer durante junio y julio?

Bueno, en junio tendré que hacer todos los preparativos ...

¡Por Dios, Daniel! ¿Los preparativos para qué?

Para mi viaje.

¿Adónde vas?

A Venezuela, a visitar a mi amigo, Luis.

¡No me digas! ¿Por cuánto tiempo? ¿Cuándo sales?

A fines de junio y no regreso hasta principios de agosto. ¡Estaré allí cinco semanas!

¡Ay, qué envidia! ¡Cinco semanas en Sudamérica! Bueno, entonces te tendré que hacer una lista de las cosas que quiero que me traigas.

Mira, Daniel, mira lo que te compré para tu viaje.

Ah, gracias.

3 38:52

¡No me digas! Explain: **andar con rodeos: hablar mucho sin decir mucho**. Explain that this expression means "to beat around the bush."

1 ¿Quién se muere de curiosidad?
2 ¿Qué quiere saber?
3 ¿Adónde va Daniel en agosto?
4 . . .

Side 4, 27558 to 30726

CHARLEMOS UN POCO

A. PARA EMPEZAR . . .
Have students decide on order, working in pairs first. Then call on individual students to give the correct order one item at a time. Have class confirm each item.

1 Hace muchos siglos que vivían en el norte de México los aztecas. (5)
2 Sus dioses les dijeron, "Un día verán un águila hermosa posada en una planta desconocida. El ave tendrá una serpiente en el pico. Y allí construirán una gran ciudad". (8)
3 En el año 1300, los primeros aztecas llegaron al gran valle de México con Huitzilopochtli, el dios de la guerra. (6)
4 Para satisfacer a Huitzilopochtli, los aztecas hacían guerra sin cesar contra sus vecinos que antes habían vivido en paz y armonía. (4)
5 Cópil, el sobrino de Huitzilopochtli, dijo, "Voy a hacer prisionero a mi tío para que no pueda causar tanta aflicción". (2)
6 Con mil hombres valientes, se puso en marcha en el largo viaje hacia el valle de México. (9)
7 Pero los sacerdotes mataron a Cópil y enterraron su corazón en una isla. (3)
8 A la mañana siguiente, todos vieron una bella planta en el sitio donde enterraron el corazón de Cópil. (1)
9 En esta planta vieron un águila con una serpiente en el pico y allí construyeron su ciudad, Tenochtitlán, que ahora es la Ciudad de México. (7)

B. ¿QUÉ DECIMOS . . .?
Call on individual students. Have class confirm each response.

1 Margarita
2 Tina o Mateo
3 Daniel
4 Margarita
5 Mateo o Margarita
6 Martín
7 Daniel
8 Margarita

CHARLEMOS UN POCO

A. PARA EMPEZAR . . . Pon estas escenas en orden cronológico según lo que escuchaste en el cuento ''El origen del nopal''.

1. A la mañana siguiente, todos vieron una bella planta en el sitio donde enterraron el corazón de Cópil.
2. Cópil, el sobrino de Huitzilopochtli, dijo, ''Voy a hacer prisionero a mi tío para que no pueda causar tanta aflicción''.
3. Pero los sacerdotes mataron a Cópil y enterraron su corazón en una isla.
4. Para satisfacer a Huitzilopochtli, los aztecas hacían guerra sin cesar contra sus vecinos que antes habían vivido en paz y armonía.
5. Hace muchos siglos que vivían en el norte de México los aztecas.
6. En el año 1300, los primeros aztecas llegaron al gran valle de México con Huitzilopochtli, el dios de la guerra.
7. En esta planta vieron un águila con una serpiente en el pico y allí construyeron su ciudad, Tenochtitlán, que ahora es la Ciudad de México.
8. Sus dioses les dijeron, ''Un día verán un águila hermosa posada en una planta desconocida. El ave tendrá una serpiente en el pico. Y allí construirán una gran ciudad''.
9. Con mil hombres valientes, se puso en marcha en el largo viaje hacia el valle de México.

B. ¿QUÉ DECIMOS . . .? ¿Quiénes harán estas cosas durante el verano?

Tina

Margarita

Daniel

Martín

Mateo

1. Irá de compras.
2. Seguirá trabajando.
3. Irá al campamento de música.
4. No tendrá que levantarse temprano.
5. Jugará tenis.
6. Participará en un campeonato.
7. Hará un viaje largo.
8. Participará en ''Viva El Paso''.

Purpose These activities provide guided practice to students beginning to produce new language. Repetition built into the activities is intentional. It is not necessary to do all the activities in this section once students have demonstrated mastery of structures and vocabulary necessary to discuss future plans and make predictions.

C. Este fin de semana. ¿Qué hará tu compañero(a) este fin de semana?

MODELO asistir a un concierto
Asistirá a un concierto.

1. trabajar el sábado
2. correr por las tardes
3. sacar muchas fotos en el zoológico
4. pedir una pizza
5. aprender a tocar la guitarra
6. repartir periódicos como siempre
7. ir a acampar con su familia
8. competir en el campeonato de béisbol

CH. El verano. ¿Qué planes tienen Esteban y sus amigos para el fin de semana?

Quico y Carmen

MODELO **Quico y Carmen pasearán en bicicleta.**

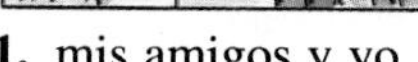

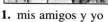

1. mis amigos y yo

2. Lilia y Juana

3. Leticia

4. yo

5. Pablo y Soledad

6. todos nosotros

7. Mariela

8. yo

Talking about the future: The future tense

The future tense has one set of endings for **-ar**, **-er**, and **-ir** verbs. These endings are attached to the infinitive.

veré	ver**emos**
ver**ás**	
verá	ver**án**

Te **veré** en San Francisco.
¿**Correrán** ustedes?

See **¿Por qué se dice así?**, *page G107, section 8.1.*

C. Este fin de semana. Allow 2–3 min for pair work. Then call on individual students. Have class confirm each response.

1 Trabajará el sábado.
2 Correrá por las tardes.
3 Sacará muchas fotos en el zoológico.
4 Pedirá una pizza.
5 Aprenderá a tocar la guitarra.
6 Repartirá periódicos como siempre.
7 Irá a acampar con su familia.
8 Competirá en el campeonato de béisbol.

CH. El verano. Call on individual students. Have class confirm each response.

1 Mis amigos y yo iremos al cine.
2 Lilia y Juana leerán revistas.
3 Leticia verá la televisión.
4 Yo descansaré.
5 Pablo y Soledad jugarán tenis.
6 Todos nosotros comeremos hamburguesas.
7 Mariela nadará.
8 Yo escribiré cartas.

D. ¡Fiesta internacional! Have students work in pairs first. Allow 2–3 min. Then call on several students for each item. Sentences will vary.

Mis padres pasearán en San Juan.
Mi amiga Lilia irá de compras en Londres.
El profesor descansará en Acapulco.
Mis amigos Jerónimo y Jean-Paul comerán en París.
Consuelo y yo jugaremos tenis en Buenos Aires.
Tú cantarás en Madrid.

E. Posesiones. Allow 2–3 min for pair work. Then ask individual students what they and their partner will have in ten years.

Talking about the future: Future tense of irregular verbs

Irregular verbs in the future tense use the same endings as regular future tense verbs; only the stems are irregular.

poner	**pondr-**
salir	**saldr-**
tener	**tendr-**
venir	**vendr-**
decir	**dir-**
hacer	**har-**
haber	**habr-**
poder	**podr-**
querer	**querr-**

tendré	**tendr**emos
tendrás	
tendrá	**tendr**án

¿**Tendrás** muchos hijos?
No. **Tendré** sólo un hijo.

See **¿Por qué se dice así?**, *page G109, section 8.2.*

D. ¡Fiesta internacional! Tu colegio va a tener una fiesta internacional este fin de semana y todos tendrán que participar. ¿Qué harán estas personas? Usa tu imaginación.

EJEMPLO **Mis amigos Linda y David bailarán en Moscú.**

mis padres	cantar	Londres
mi amigo(a) [. . .]	descansar	Madrid
el(la) profesor(a)	asistir a un concierto	Acapulco
mis amigos [. . .] y [. . .]	ir de compras	Buenos Aires
[. . .] y yo	pasear	Caracas
¿ . . . ?	comer	Moscú
	visitar	París
	bailar	San Juan
	¿ . . . ?	¿ . . . ?

E. Posesiones. Tu compañero(a) de clase quiere saber si tendrás todo esto en unos diez años. Contesta sus preguntas.

MODELO *Compañero(a):* **¿Tendrás una lancha?**
Tú: **No, pero tendré un(a) . . .**

F. ¿Sí o no? Algunos estudiantes quieren que se suspendan las clases la semana que viene. ¿Qué opinas tú? ¿Qué crees que dirán estas personas?

MODELO tus padres
Mis padres dirán que sí. o
Mis padres dirán que no.

1. tus amigos
2. el (la) director(a)
3. los estudiantes de francés
4. el (la) profesor(a) de español
5. el (la) secretario(a) de la escuela
6. el (la) entrenador(a)
7. los miembros de la banda
8. los profesores de ciencias
9. el enfermero
10. la consejera

G. Proyectos. Tu mejor amigo dice que va a hacer muchos cambios el próximo año. ¿ Qué cambios hará?

MODELO ponerse en línea
Se pondrá en línea.

1. hacer más ejercicio
2. ponerse a dieta
3. salir más
4. hacerse socio de un club atlético
5. decir la verdad siempre
6. venir a clases todos los días
7. saber usar la computadora mejor
8. poder salir más en coche

H. El futuro. ¿Puedes predecir el futuro de estas personas?

EJEMPLO **Mi amiga Manuela será artista de cine.**

mi amiga [. . .]	querer ser presidente
yo	tener muchos hijos
el (la) profesor(a)	ser doctor(a)
mis amigos [. . .] y [. . .]	sacar buenas notas en la universidad
[. . .] y yo	cantar con una banda
mi amigo [. . .]	ser artista de cine
el (la) director(a)	tener su propia compañía
	hablar tres lenguas
	trabajar para NASA como astronauta
	saber más español que la profesora
	vivir en otro país

Talking about the future: *Decir*

diré	**dir**emos
dirás	
dirá	**dir**án

¿**Dirás** la verdad?
Yo no **diré** nada.

See **¿Por qué se dice así?**, *page G109, section 8.2.*

F. ¿Sí o no? Call on individual students. Ask class if they agree with each answer given. Answers will vary.

1 Mis amigos dirán que sí.
2 La directora dirá que no.
3 Los estudiantes de francés dirán que no.
4 La profesora de español dirá que no.
5 La secretaria de la escuela dirá que sí.
6 El entrenador dirá que sí.
7 Los miembros de la banda dirán que no.
8 Los profesores de ciencias dirán que sí.
9 El enfermero dirá que no.
10 La consejera dirá que no.

G. Proyectos. Allow 2–3 min for pair work. Call on individual students. Have class confirm each response.

1 Hará más ejercicio.
2 Se pondrá a dieta.
3 Saldrá más.
4 Se hará socio de un club atlético.
5 Dirá la verdad siempre.
6 Vendrá a clases todos los días.
7 Sabrá usar la computadora mejor.
8 Podrá salir más en coche.

H. El futuro. Have students work in pairs first. Allow 2–3 min. Then call on individuals to predict the future of several people. Sentences will vary.

Mi amiga Patricia tendrá su propia compañía.
Yo trabajaré para NASA como astronauta.
El profesor tendrá muchos hijos.
Mis amigos Rodrigo y Adán hablarán tres lenguas.
Donna y yo cantaremos con una banda.
Mi amigo Tom querrá ser presidente.
El director vivirá en otro país.

Variation Have students predict the future of other students in the class and of teachers and administrators.

CHARLEMOS UN POCO MÁS

A. Año Nuevo. Allow students 2 min to prepare lists and another 2–3 min to ask questions. Then have everyone write their most interesting resolution on board. Go over sentences on board, correcting errors.

B. Este verano. Allow students 2–3 min to talk about summer plans and another 2–3 min to draw. (You may want to provide sheets of butcher paper and marking pens.) Then have each group explain their drawing to the class.

CHARLEMOS UN POCO MÁS

A. Año Nuevo. Prepara por escrito una lista de ocho a diez resoluciones para el Año Nuevo. Luego pregúntales a varios compañeros de clase qué resoluciones tienen ellos y diles las tuyas. Decide cuál es la resolución más interesante entre todas y escríbela en la pizarra.

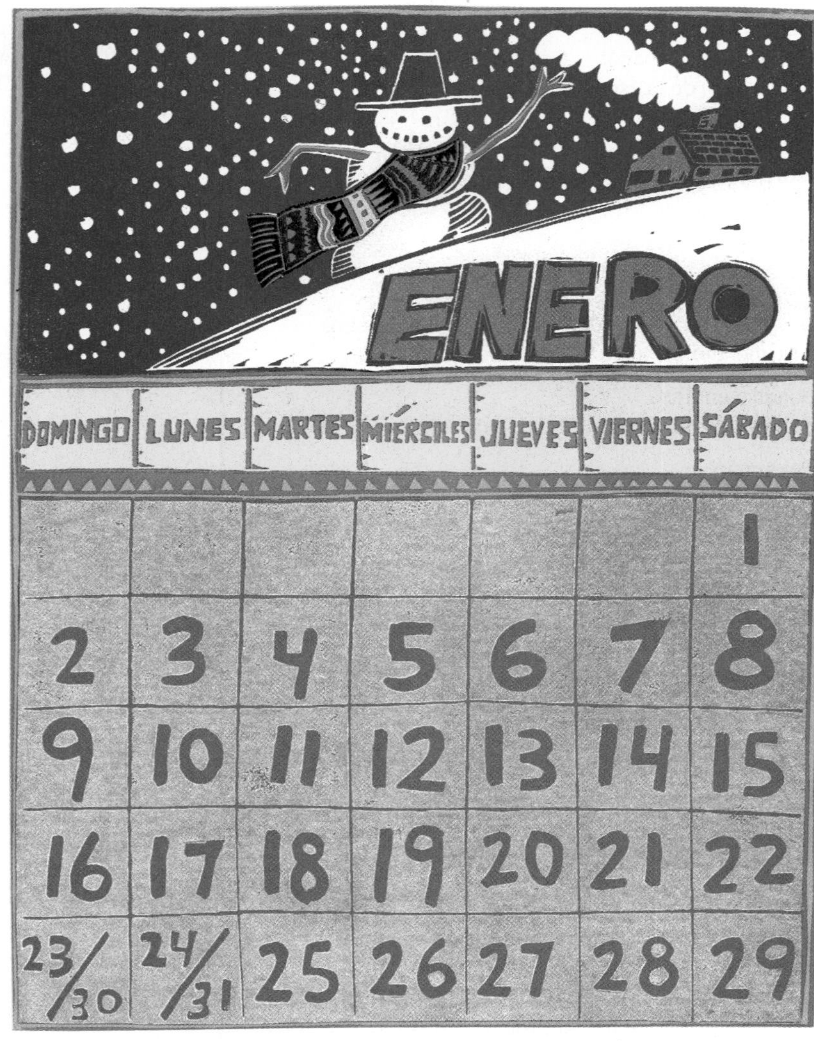

B. Este verano. En grupos de cuatro discutan lo que harán este verano. Luego preparen un dibujo de sus actividades. Usen el dibujo para contarle a la clase los planes de todos en su grupo.

Purpose These activities allow students to use learned language for discussing future plans and making predictions in a variety of possible combinations. Responses in this section are much more open-ended and often have several possible correct answers.

C. Predecir el futuro. Tú y tu compañero(a) son editores del periódico escolar. Hoy es el 5 de enero y están preparando una edición humorística enfocada en el futuro. Escriban subtítulos cómicos para estas fotos, indicando lo que harán o lo que serán estas personas en el futuro.

CH. Las aventuras de Riso. Tu profesor(a) va a darles a ti y a dos compañeros dibujos que muestran las actividades de una semana en la vida de Riso. Pongan los dibujos en un orden apropiado y escriban un cuento narrando las aventuras de este joven. Luego en grupos de seis, léanse los cuentos.

C. Predecir el futuro. Allow 3–4 min for students to write subtitles in pairs. Then, in groups of six, have students read their subtitles to two other pairs. Have each group of six select the most interesting caption in their group and read it to the class.

CH. Las aventuras de Riso. Cut pictures apart and give a complete set to each group of three students. Allow 4–5 min to create stories. Then allow another 4–5 min for two groups to exchange stories. Ask one or two volunteer groups to read their story to the class.

DRAMATIZACIONES

A and B. Assign **A** to half the class and **B** to the other half. Allow 4–5 min to prepare role plays and call on volunteers to present them to the class.

Dramatizaciones

A. La visita. Tu primo Salvador vendrá a visitarte. Con un(a) compañero(a) planea qué harán y qué verán durante su visita. Ustedes deben sugerir varios lugares y varias actividades. Dramaticen su conversación.

B. ¿Quién será . . . ? El (La) director(a) de la escuela y un(a) consejero(a) están discutiendo el futuro de unos estudiantes en tu clase de español. Tú y tu compañero(a) van a hacer estos papeles. Dramaticen la conversación.

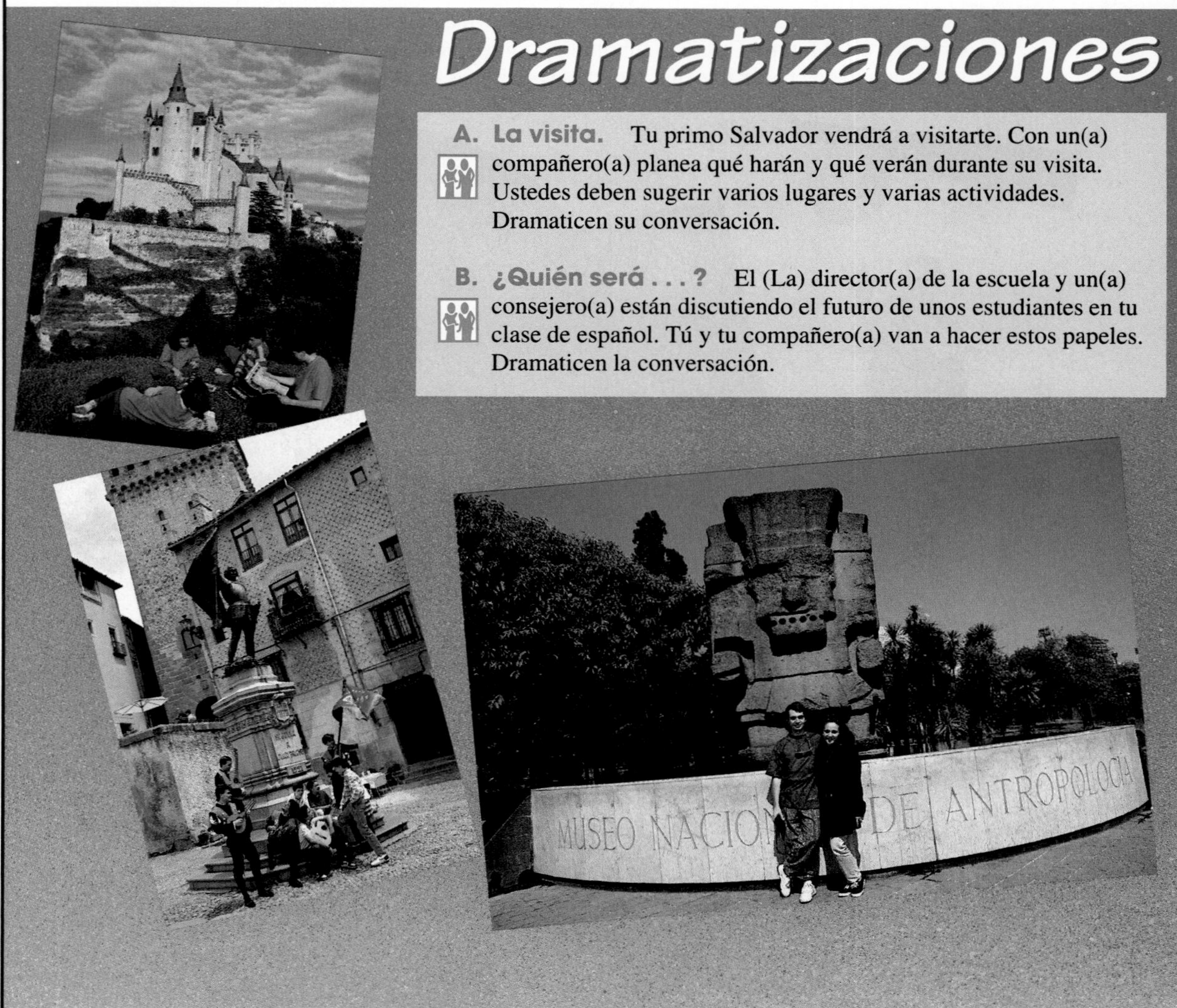

Purpose These role plays are designed to review the lesson structures and functions. Here students are expected to practice discussing future plans and making predictions. Encourage students to work without their books when performing their role plays.

IMPACTO CULTURAL

Excursiones

Antes de empezar

A. Torbellino de ideas. Con dos compañeros de clase, haz un torbellino de ideas sobre Argentina. Simplemente escriban todo lo que saben de Argentina en dos minutos. Su profesor(a) va a controlar el tiempo.

B. Datos y más datos. ¿Sabes algo de la historia de Argentina? Para ver cuánto sabes, indica si estos comentarios son ciertos o falsos. Luego, después de leer la lectura, vuelve a contestar las preguntas, pero esta vez, del punto de vista del autor.

Tú	Argentina	Autor
sí no	**1.** Argentina es relativamente diferente de los otros países latinoamericanos.	sí no
sí no	**2.** Como México, Peru y Brasil, Argentina tiene una población indígena muy grande.	sí no
sí no	**3.** Argentina es un país muy industrializado.	sí no
sí no	**4.** Ya no hay muchos gauchos en Argentina.	sí no
sí no	**5.** En Argentina hay muchísimos europeos, especialmente españoles e italianos.	sí no
sí no	**6.** Los argentinos están muy orgullosos de sus tradiciones nativas. Por eso no aceptan lo extranjero, en particular lo europeo.	sí no
sí no	**7.** En Argentina, 95 por ciento de la población sabe leer y escribir.	sí no
sí no	**8.** Argentina declaró la guerra contra Inglaterra en 1982.	sí no

IMPACTO CULTURAL

Excursiones

Purpose This section provides additional reading practice as students learn about Argentina, its history, and its people. A conscious effort is made in this section, and throughout the text, to make students more aware of world geography and history, two generally weak areas for many American students.

Antes de empezar

Use this activity as an advance organizer for the reading that follows. In **A**, encourage students to write as much as they can in the time allotted. Then have a volunteer group put their list on the board and have the rest of the class add to it as appropriate. In **B**, encourage critical thinking by having students make intelligent guesses when they do not know the answers.

Answers

A. Torbellino de ideas.
Las respuestas van a variar.

B. Datos y más datos.
1 sí
2 no
3 no
4 sí
5 sí
6 no
7 sí
8 sí

IMPACTO CULTURAL

Argentina

Una búsqueda de la paz y la democracia

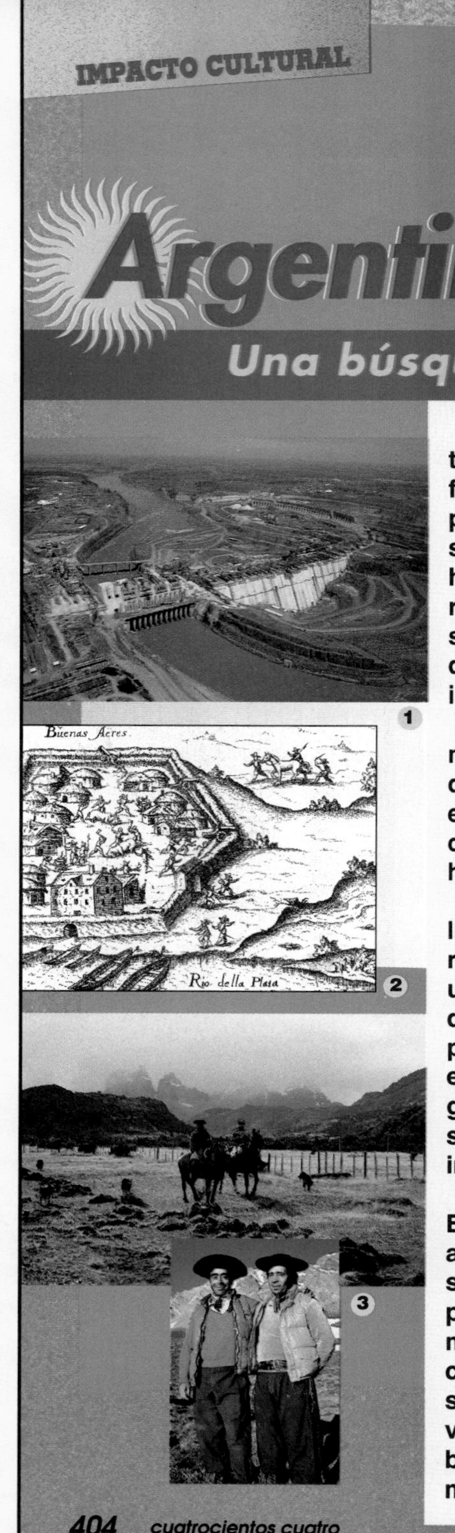

Situado al extremo sudeste del continente americano, el territorio de Argentina está compuesto en su mayor parte por fértiles tierras bajas llamadas *pampas*. Éstas son ideales para la agricultura y la ganadería. En su área andina, donde se levanta el Aconcagua, la cumbre más alta del hemisferio, hay extensos depósitos de minerales y reservas de gas natural. También es autosuficiente en petróleo, ha desarrollado significativamente su capacidad hidroeléctrica 1 y posee uno de los más desarrollados programas de energía nuclear, inclusive la bomba nuclear.

Un triste capítulo en la historia de este gran país es la manera en que trató a sus indígenas. Unos cincuenta años después de ganar su independencia, el gobierno argentino empezó una campaña contra la población indígena, hasta que, para fines del siglo XVIII, todos los grupos indígenas habían sido virtualmente exterminados. 2

Otro grupo argentino que casi desapareció, éste por la llegada de la industrialización, eran los gauchos 3 o vaqueros argentinos. Mestizos en su mayoría, los gauchos eran una gente independiente e individualista que amaba la vida del campo. Vivían en la pampa y trabajaban de vez en cuando para los hacendados. Su importancia fue disminuyendo con el comienzo de la refrigeración y la exportación en masa del ganado. Poco a poco este grupo se vio obligado a abandonar su vida independiente y limitarse a las grandes haciendas e integrarse en la sociedad rural argentina.

A mediados del siglo XIX, Argentina abrió sus puertas a Europa. Miles de inmigrantes europeos llegaron a puertos argentinos y continuaron llegando hasta la primera mitad del siglo presente. En su mayoría fueron españoles e italianos, pero también había muchos franceses, polacos, rusos y alemanes. Aunque la mayoría de estos inmigrantes eran campesinos, los argentinos estaban decididos a crear una sociedad predominante urbana, europea, y lo lograron. Basta ver sus grandes ciudades modernas. Aún en su música y baile más representativo, el tango, 4 se ve ese gran predominio de lo europeo.

Con una población de 32,608,687 habitantes (censo 1990) (5) Argentina es uno de los países latinoamericanos con el más bajo índice de analfabetos. Efectivamente, el 95 por ciento de su población es alfabeta. Además, el 86 por ciento de su población es urbana y la mayoría pertenece a la clase media. El 90 por ciento de la población argentina es raza blanca de descendencia europea.

A pesar del alto nivel de educación de sus ciudadanos y de su deseo de lograr paz y estabilidad, Argentina ha tenido que sobrellevar en las últimas décadas gobiernos militares que han manchado su historia con lamentables asesinatos. Un ejemplo de esto es la llamada "guerra sucia" que ocurrió entre 1976-79, entre el gobierno militar y las guerrillas. En esta guerra murieron y desaparecieron miles de inocentes. Las madres y abuelas de estos "desaparecidos" fueron llamadas "Las Madres de la Plaza de Mayo", (6) porque estas mujeres se reunían en esta Plaza con las fotos de sus "desaparecidos" para reclamarle al gobierno.

Otro hecho lamentable fue la guerra de las Malvinas o Falkland, ocurrida en 1982. Después de esta humillante derrota ante Inglaterra, se inició en Argentina una nueva era de democratización y revitalización económica. Grandes problemas persisten, pero como todo país latinoamericano, Argentina sigue su búsqueda de la paz y la democracia.

4

5

6

Verifiquemos

1. Vuelve a la actividad **B** de **Antes de empezar** e indica otra vez si los comentarios son ciertos o falsos. ¿Cómo se comparan las opiniones del autor con las tuyas?
2. Compara la manera en que los indígenas fueron tratados en Argentina con el tratamiento que recibieron en EE.UU.
3. Prepara una lista de todo lo que hace que Argentina sea un país moderno y progresista.

Verifiquemos

Answers

1 Las respuestas van a variar.

2 Las respuestas van a variar. Deben mencionar que unos 50 años después de ganar su independencia, el gobierno argentino empezó una campaña contra la población indígena, hasta que, para fines del siglo XVIII, ya habían sido virtualmente exterminados todos los grupos indígenas. En EE.UU. ocurrió algo parecido. La mayoría de los indígenas fueron matados o encarcelados en reservas.

3 Argentina, moderna y progesista

a. El 95 por ciento de la población es alfabeta.
b. El 86 por ciento de la población es urbana.
c. La mayoría pertenece a la clase media.
ch. El 90 por ciento de la población es raza blanca de descendencia europea.
d. Tiene una capacidad hidroeléctrica impresionante.
e. Posee un programa de energía nuclear muy desarrollado, inclusive la bomba nuclear.

OBJECTIVES

Communicative Goals

- Speculating
- Giving advice and giving orders
- Making suggestions
- Expressing emotions and doubts

Culture and Reading

- **Para empezar** ***Las manchas del sapo***
- **Nuestra lengua** ***El voseo***

Structure

- 8.3 The conditional: Regular and irregular verbs
- 8.4 ***Repaso:*** **Tú** and **usted/ustedes** commands
- 8.5 ***Repaso:*** Present subjunctive—Doubt, persuasion, anticipation, and reaction

ACTIVE VOCABULARY

Empacar

cepillo de dientes
corbata
champú
pantalones cortos
pasta dental
peine
piyamas
rasuradora
saco
sandalias
toalla
traje de baño

Verbos

decir
haber
hacer
llevar
mejorar
pedir
poder
poner
querer
saber
salir
ser
tener
venir

LECCIÓN 2

¡No deberías llevar tanto!

Palabras y expresiones

dentro de
esencial
por si acaso
vuelo

ANTICIPEMOS

¿Qué piensas tú?

1. ¿Qué consejos de último momento crees que le va a dar su hermana a Daniel? ¿su padre? ¿su madre?
2. ¿Qué harías tú si fueras testigo al robo y al accidente de bicicleta en estos dos dibujos?
3. ¿Cómo reaccionarías si tú fueras el chofer del carro? ¿la víctima del robo? ¿el ciclista?
4. Si pudieras cambiar una cosa en tu persona, ¿qué cambiarías? ¿Por qué cambiarías eso? ¿Qué efecto tendría tal cambio?
5. Si pudieras cambiar algo en tu escuela, ¿qué cambiarías? ¿Qué efecto tendría el cambio en los estudiantes?
6. Si un(a) amigo(a) tuyo(a) estuviera por hacer algo peligroso o deshonesto, ¿qué harías para convencerlo(la) que no lo hiciera?
7. ¿Qué crees que vas a aprender en esta lección?

Purpose To focus students on the language and functions to be developed and practiced in the lesson—speculating, talking about what people would do, and giving advice. Also to engage students in a discussion of what they would do in various circumstances, what changes they would make in themselves, their schools, and what advice they would give to friends at risk.

Suggestions Use the photos to introduce the lesson content. Encourage students to use Spanish whenever possible to respond to the ***¿Qué piensas tú?*** questions, but allow English where ideas may be more complex or vocabulary may be unknown. Summarize responses in Spanish, using comprehensible input techniques to clarify your language where necessary.

ANTICIPEMOS

¿Qué piensas tú?

Answers

1. Las respuestas van a variar. Nena le estará diciendo lo que debe empacar. Tal vez su madre se preocupe por su comportamiento y su salud y bienestar. Lo más probable es que los consejos de su padre sean parecidos a los de su madre. Tal vez él le diga cómo debe usar el dinero que lleva y le pida que sea cortés y atento con la familia de su amigo venezolano.
2. Anime a los alumnos a describir lo que harían sistemáticamente. Repita sus respuestas en buen español. En el robo deberían mencionar que tratarían de recordar la descripción del ladrón, el órden en que todo ocurrió, adónde se fue el ladrón, etc. Los testigos del accidente dirían algo similar.
3. Anime a los alumnos a decir lo que harían en orden cronológico. Ayúdeles con el español si es necesario.
4. Las respuestas varían. Es posible que los estudiantes enfoquen en características físicas. Anímelos a pensar también en su comportamiento: ¿estudiarían más? ¿participarían en más actividades? ¿serían menos tímidos? etc. El por qué variarán y el efecto que tendría tal cambio dependería de los cambios que harían.
5. Las respuestas van a variar. Es posible que los estudiantes enfoquen en actividades: sugerir el tener más bailes, menos clases, etc. Anímelos a pensar también en actitudes y asuntos sociales: descuido y destrucción de propiedad, diversidad cultural, etc.
6. Las respuestas van a variar. Anímelos a elaborar sus respuestas para que no solo digan "No debes hacer eso": que den razones, que sugieran posibles consecuencias, que sugieran alternativas, etc.
7. **Van a repasar el hacer recomendaciones y el dar consejos. Van a aprender a especular en lo que podrían o deberían hacer en distintas circunstancias.**

PARA EMPEZAR

Comprehension Checks

A complete set of **Comprehension Checks** is available on cards in the Teacher's Resource Package.

Suggestions Point out Argentina on a map. Point out the toad's dark spots in panel #**9: los sapos llevan manchas**. Contrast the earlier drawings where he has no spots. Explain that there will be a **espectáculo/programa** at the birds' party. It is not necessary that students be able to name each variety of songbird. Explain: **ruiseñores/aves que cantan maravillosamente por la noche** (nightingales); **calandrias/aves que cantan muy dulcemente de día** (larks); **sinsontes/aves que imitan las canciones de las otras aves** (mockingbirds). Name known comedians to clarify **contarían chistes**.

1 ¿De dónde viene esta leyenda?

2 . . .

2

Suggestions Point out the crow. Equate: **le habría gustado/quería, le gustaría**.

1 ¿Qué ave no fue invitada? ¿el ruiseñor? ¿la calandria? ¿el canario? ¿el sinsonte? ¿el loro? ¿el tucán? ¿el flamenco? ¿el águila? ¿el cóndor? ¿el cuervo?

2 . . .

3

Suggestions Point out birds' wings, feathers: **ni alas ni plumas**. Explain: **plumaje/muchas plumas.**

1 ¿Con quién habló el cuervo? ¿con el flamenco? ¿con el águila? ¿con la reina de las aves? ¿con el sapo?

2 . . .

PARA EMPEZAR

Escuchemos un cuento argentino

Esta leyenda de la Argentina cuenta las aventuras del señor Sapo, el primer astronauta entre los animales, y explica por qué los sapos de hoy llevan manchas oscuras en su piel.

Una vez en tiempos muy remotos, todas las aves fueron invitadas a una fiesta en el cielo. En seguida, cada una de ellas empezó a hablar de lo que haría para participar en el programa.

Los ruiseñores, las calandrias, los canarios y los sinsontes cantarían.

Los loros y los tucanes contarían chistes.

Los flamencos bailarían.

Y las águilas y los cóndores demostrarían la acrobacia aérea.

Sólo el cuervo negro no fue invitado porque no tenía ningún talento; no sabía ni cantar ni bailar. Le habría gustado mucho tocar su guitarra, pero tocaba con más entusiasmo que talento y no les gustaba a las otras aves escucharlo.

Pero nada de esto molestó al cuervo. Él le dijo a su amigo, el sapo, que practicaría mucho y el día de la fiesta, simplemente iría.

"Ah, sí", respondió el sapo, "a mí me gustaría tanto volar con las aves al cielo y participar en tal fiesta".

El cuervo se burló del sapo diciendo, "¡No seas ridículo! No tienes ni alas ni plumas, . . . además, eres muy feo. Sólo van los que pueden volar a gran altura y tienen plumaje hermoso".

Purpose This section develops active listening comprehension skills and introduces students to cultural insights and perceptions through a fanciful story from Argentina which tells how the toad got his spots. In this story, the toad sneaks into a birds' party in the sky. On the return trip to earth, he falls from his hiding place and gets badly bruised—thus his spots. Students will hear many examples of the language used to speculate and give advice. The ***Para empezar*** section provides comprehensible language without translation. It is not meant for memorization or mastery. It develops listening comprehension and introduces the lesson structures in context.

Pero el sapo decidió que si no iba, se perdería una oportunidad única. Por eso, cuando el cuervo puso su guitarra en el suelo y se dirigió al río para beber agua, el sapo se metió en la guitarra sin ser visto.

¡Y qué fiesta era! El coro de cantores cantaba hermosas melodías. Los chistes eran bien cómicos. Los danzantes entretenían a los invitados. Y la demostración de acrobacia aérea fue increíble. El señor Sapo encontró todo muy divertido.

Cuando todas las aves empezaron a bailar, el sapo no pudo resistir acompañarlas. Cantaba y bailaba con tal agilidad, entusiasmo y alegría, que todos aplaudieron ruidosamente. Lo único que inquietaba al sapo fue la posibilidad que el cuervo lo viera y se enojara con él. Y sí, ¡el cuervo lo vio!

4

Suggestions Point out the guitar on the ground: **en el suelo**. Explain that the crow is not looking. Point out the frog climbing into the guitar: **se metió, se ocultó**.

1 ¿Qué decidió el sapo? ¿que se quedaría en la tierra? ¿que iría a la fiesta?
2 ¿Dónde puso el cuervo su guitarra? ¿en el río? ¿en el agua? ¿en el suelo?
3 ¿Qué hizo el sapo? ¿Bebió del río? ¿Tocó la guitarra? ¿Se ocultó en la guitarra?
4 . . .

5

Suggestions Explain: **el coro/todas las aves cantando juntas**. Point out singers: **cantores**; comedians: **chistes bien cómicos**; dancers: **danzantes**. Refer to panel #**1** to identify **acrobacia aérea**. Point out frog's enjoyment.

1 ¿Cómo era la fiesta?
2 ¿Qué cantaba el coro? ¿melodías feas? ¿melodías hermosas?
3 ¿Cómo eran los chistes?
4 . . .

6

Suggestions Point out all the birds dancing—the frog, too. Explain that the frog sang and danced very well: **con agilidad, entusiasmo** and happily: **con alegría**. Mime applauding: **aplaudieron**. Mime being worried: **inquietaba**. Explain that the frog didn't want the crow to see him. Mime being mad: **se enojara**. Point out the crow's eye: **lo vio**.

1 ¿Bailaba el sapo en la fiesta?
2 ¿Cantaba en la fiesta?
3 ¿Cantaba bien? ¿Bailaba bien?
4 . . .

Suggestions Have students close their books while you narrate each section using overhead transparencies and comprehensible input techniques to clarify meaning without translation. Break longer sentences into shorter utterances, pointing to elements of each drawing, acting out, demonstrating, gesturing to clarify meanings. Provide synonyms, cognates, and/or simple definitions or descriptions in Spanish. Ask frequent **Comprehension Checks.**

7

Suggestions Point out the frog getting into the guitar: **se metió**. Emphasize that he thinks no one sees him. Point out the crow's eye.

1 ¿Qué hizo el sapo al terminar la fiesta? ¿Voló con las aves a la tierra? ¿Habló con su amigo el cuervo? ¿Le pidió perdón a su amigo el cuervo? ¿Se ocultó otra vez en la guitarra?
2 ¿Pensaba que el cuervo lo había visto?
3 ¿Lo vio el cuervo, en efecto?

Suggestions Mime turning the guitar over on purpose: **dio vuelta**. Emphasize distance of the earth: **muy distante**. Act out his fear: **temía morirse**. Slap hands together to suggest hitting the rocks: **chocar con las rocas**.

1 ¿Qué hizo el cuervo mientras regresaba a la tierra? ¿Habló con el sapo? ¿Perdonó al sapo? ¿Dio vuelta a su guitarra?
2 ¿Qué le pasó al pobre sapo? ¿Voló a la tierra con las aves? ¿Salió por la boca de la guitarra?
3 ¿Estaba ya muy cerca de la tierra?
4 . . .

9

Suggestions Point out rocks: **rocas**. Gesture to indicate hitting the rocks, bouncing around: **chocó fuertemente**. Show a Band-Aid. Act out putting a Band-Aid on a wound, looking under the Band-Aid to see if the wound is healed, taking it off when the wound is healed. Point out the spots: **iguales**. Point out the spots on all the frogs in the last panel. Explain that frogs talk all night long. Mime pride. Equate: **antepasados/abuelos y sus parientes**.

1 ¿Murió el sapo cuando llegó a la tierra?
2 ¿Tenía muchas heridas?
3 ¿Sanaron las heridas?
4 . . .

7
Al terminar la fiesta, el sapo se metió otra vez en la guitarra sin que nadie lo viera . . . o por lo menos es lo que pensaba el sapo. El hecho es que su amigo, el cuervo, lo vio.

8
Mientras regresaba a la tierra guitarra en mano, el cuervo, deliberadamente, dio vuelta a su guitarra y el aventurero sapo salió proyectado por la boca de la guitarra en dirección al suelo que estaba muy distante. El pobre sapo temía morirse de miedo o de chocar con las rocas en el suelo.

9
Por fin llegó a la tierra y chocó fuertemente, pero no en las rocas. No murió, gracias a Dios, pero se golpeó mucho. Y cuando sanaron las heridas que le resultaron de sus aventuras, le quedaron en su lugar unas manchas iguales a las que tienen los sapos de hoy.
Sí, ¡es verdad! Y todavía hablan estos sapos con orgullo del viaje extraordinario de su antepasado ilustre.

410 cuatrocientos diez

¿QUÉ DECIMOS...?

Al hacer los preparativos para un viaje

1 Yo llevaría más.

¿Podrías ayudarme en vez de estar allí sin hacer nada?

¿Qué quieres que haga?

Toma. Léeme esta lista que me hizo mamá mientras que hago las maletas.

A ver. Necesitas ropa interior, calcetines, camisetas y pantalones cortos.

Bien. Ropa interior . . .

. . . calcetines, camisetas, pantalones cortos.

¿Eso es todo? Yo llevaría más. Vas a estar por mucho tiempo.

Tienes razón.

Allí está. ¿Qué más hay en la lista?

Piyamas, zapatillas y bata . . .

Piyamas, zapatillas, bata . . .

No creo que pueda poner más en esta maleta. Tráeme otra, Nena.

Purpose This **fotonovela** section introduces students to the language and functions to be reviewed and practiced in the lesson—speculating, making suggestions, and giving advice—and prepares them for practice in the context of natural conversation. Students should not be expected to memorize or master all utterances. Listening comprehension and early production of key vocabulary and structures are the goals.

Suggestions Have students close their books while you narrate each **fotonovela** segment, identifying characters and their relationships, and describing their activities. Ask **Early Production Checks** frequently to confirm understanding and develop accurate pronunciation of key elements. Act out the dialogue between the characters.

¿QUÉ DECIMOS...?

40:39–46:09

Side 4, 30767 to 40675

Using the video See page 393.

Early Production Checks

A full set of **Early Production Checks** is available on cards in the Teacher's Resource Package.

1 40:48

Yo llevaría más. Explain: **En vez de.../como estás aquí, entonces puedes ayudarme**. Mime packing. Show pictures of various garments.

1. ¿Quién va a ayudarle a Daniel?
2. ¿Qué quiere Daniel que haga?
3. ¿Quién hizo la lista?
4. . . .

Side 4, 31047 to 33569

2 **42:13**

¡Ojalá que salgamos mucho! Explain: **por si acaso/si los necesitas**. Contrast **dentro/fuera**. Show pictures of clothing named. Equate: **salgamos/visitemos muchos lugares**. Mime being cold.

1 ¿Cuántas maletas le trae Nena a Daniel?
2 ¿Qué hay dentro de la maleta?
3 ¿Es posible que las necesite todas?
4 . . .

Side 4, 33584 to 36955

2 ¡Ojalá que salgamos mucho!

Te traje dos, por si acaso.

Ah, gracias.

Mira, hay otra dentro de ésta. Es posible que las necesite todas.

¿Qué más recomienda mamá que empaque?

Ropa para salir: Pantalones . . . saco . . . camisas blancas . . . corbatas . . . y zapatos.

¡Ojalá que salgamos mucho!

Ah, también llevaré mi traje.

Pues, ya está ésta. ¡Adelante!

Ya no hay más en la lista. Pero, ¿no debes llevar ropa para el frío? Yo llevaría por lo menos una chaqueta.

Dicen que no hace frío en Caracas pero no lo creo.

¿Cuál sería mejor?

No sé. Lleva las dos.

Ah, ¿y si hace calor?

Ah, sí. Luis dice que hay playas cerca. Debo llevar el traje de baño y las sandalias.

Y una toalla para la playa, ¿no? Ah, ¡y tu loción protectora!

Buena idea. ¿Me las traes?

3 ¡No olvides...!

4 No puedo cerrarla.

3 44:06

¡No olvides . . . ! Contrast **olvidar/recordar**. Show pictures/point out toothbrush and toothpaste. Show hairbrush/mime brushing hair. Name some shampoos. Mime shaving.

1 ¿Qué le recuerda su madre a Daniel?
2 ¿Quién le trae la pasta dental y el cepillo?
3 ¿Qué otras cosas le trae?
4 . . .

Side 4, 36967 to 38348

4 44:53

No puedo cerrarla. Explain: **vuelo/viaje por avión**.

1 ¿Está listo Daniel?
2 ¿Cuántas maletas lleva Daniel?
3 ¿Cuántas maletas permiten en los vuelos internacionales?
4 . . .

Side 4, 38380 to 40675

CHARLEMOS UN POCO

A. PARA EMPEZAR . . .
Read each item and have class respond. Then ask class to repeat each item for pronunciation practice with the conditional tense.

1 el sapo
2 otra ave
3 el cuervo
4 otra ave
5 el cuervo
6 otra ave
7 el sapo
8 otra ave

B. ¿QUÉ DECIMOS . . .?
Call on individual students. Have class confirm each response.

1 falso. Sí lo ayuda.
2 cierto
3 cierto
4 falso. Decide llevar dos chaquetas.
5 falso. Nena las busca.
6 cierto
7 falso. Permiten dos maletas.
8 falso. Es difícil.

CHARLEMOS UN POCO

A. PARA EMPEZAR . . . Según el cuento ''Las manchas del sapo'', ¿quién dice que haría o le gustaría hacer lo siguiente?

1. Le gustaría volar al cielo y participar en la fiesta.
2. Contaría chistes.
3. Practicaría mucho.
4. Demostraría acrobacia aérea.
5. Le habría gustado tocar su guitarra.
6. Bailaría.
7. Decidió que no se perdería una oportunidad única.
8. Cantaría.

B. ¿QUÉ DECIMOS . . .? Di si son ciertos o falsos estos comentarios sobre los preparativos de Daniel. Si son falsos, corrígelos.

1. Nena no ayuda a su hermano.
2. Mamá le hizo una lista de cosas para empacar.
3. Daniel empaca ropa para salir.
4. Daniel decide no llevar chaqueta.
5. Daniel busca varias cosas en el baño.
6. Daniel empaca cuatro maletas.
7. Sólo permiten una maleta en los vuelos internacionales.
8. Al final, es fácil cerrar las maletas.

Purpose These activities provide guided practice to students beginning to produce new language. Repetition is intentionally built into the activities. It is not necessary to do all the activities in this section once students have demonstrated mastery of structures and vocabulary necessary to make suggestions and speculations, to give advice and orders, and to express emotions and doubts.

C. ¡A comer! Si tú y tu familia estuvieran en el restaurante "Chihuahua Charlie's" en Cd. Juárez, ¿qué pedirían para comer?

SOPAS	ENSALADAS
Crema de frijol Sopa de cebolla Sopa de tortilla	Ensalada mixta Ensalada César
ENTREMESES	**POSTRES**
Enchiladas Tacos de pollo ChimiCharlie's Combinación	Pastel Flan Helado con cajeta Café

MODELO Mi tía [*nombre*]
Mi tía Paula pediría la ensalada César y flan.

1. mi abuelita
2. mis hermanitos
3. mi tío [*nombre*]
4. yo
5. papá
6. mis primos
7. mamá
8. todos nosotros

CH. De viaje. ¿Qué llevarías y que no llevarías en un viaje a Sudamérica? Contesta las preguntas de tu compañero(a).

EJEMPLO *Compañero(a):* **¿Qué llevarías?**
Tú: **Llevaría camiseta y . . .** o **No llevaría . . .**

VOCABULARIO ÚTIL:

llevar	camisetas	ropa interior
empacar	ropa formal	cámara
comprar	sandalias	champú
	traje de baño	perro
	computadora	bicicleta
	cepillo y pasta	piyamas
	toalla	loción protectora
	rasuradora	

Speculating: The conditional

Conditional verb endings:

pedir**ía**	pedir**íamos**
pedir**ías**	
pedir**ía**	pedir**ían**

¿**Pedirías** la comida más cara?
¿Qué **pedirían** ustedes?

See **¿Por qué se dice así?**, *page G111, section 8.3.*

C. ¡A comer! Call on individual students. Have several students respond to each item. Answers will vary.

Point out You may want to explain that **cajeta** is a popular caramel sauce or candy frequently served in Mexico.

1 Mi abuelita pediría ChimiCharlie's Combinación y helado con cajeta.
2 Mis hermanitos pedirían tacos de pollo y pastel.
3 Mi tío Butch pediría las enchiladas y flan.
4 Yo pediría la sopa de tortilla y helado con cajeta.
5 Papá pediría la crema de frijol, la ensalada César y café.
6 Mis primos pedirían todo.
7 Mamá pediría la sopa de cebolla y café.
8 Todos nosotros pediríamos la ensalada mixta.

CH. De viaje. Allow 2–3 min for pair work. Then call on individuals to tell you what their partners are planning to take. Answers will vary.

¿Empacarías champú? *Sí, empacaría champú.*
¿Comprarías loción protectora? *Sí, compraría loción protectora.*
¿Empacarías tu bicicleta? *No, no empacaría mi bicicleta.*
¿Llevarías camisetas? *Sí, llevaría camisetas.*
¿Llevarías una cámara? *Sí, llevaría una cámara.*
¿Empacarías sandalias y un traje de baño? *No, no empacaría sandalias ni un traje de baño.*
¿Llevarías tus piyamas? *Sí, llevaría mis piyamas.*

D. ¿Yo, director(a)? Have students work in pairs first. Allow 2–3 min. Then call on individuals and have class confirm each response.

1 Yo sabría los nombres de todos los estudiantes.
2 Habría más asambleas.
3 Nosotros vendríamos más tarde.
4 Nosotros saldríamos más temprano.
5 Habría muchos días de fiesta.
6 Los estudiantes harían poca tarea.
7 Los profesores siempre darían buenas notas.
8 Los estudiantes podrían hablar en todas las clases.
9 Yo tendría una oficina enorme.
10 Tú dirías las noticias todos los días.

E. Entrevista. Allow 2–3 min for pair work. Then call on several pairs to role-play each item for class. Answers may vary.

1 ¿Debo prestar atención? Sí, presta atención.
2 ¿Debo ser cortés? Sí, sé cortés.
3 ¿Debo llegar a tiempo? Sí, llega a tiempo.
4 ¿Debo hacer muchas preguntas? No, no hagas muchas preguntas.
5 ¿Debo decir la verdad? Sí, di la verdad.
6 ¿Debo llevar ropa informal? No, no lleves ropa informal.
7 ¿Debo hablar lentamente? No, no hables lentamente.
8 ¿Debo pedir café? No, no pidas café.
9 ¿Debo estar nervioso(a)? No, no estés nervioso(a).

F. Sugerencias. Call on individual students. Have class confirm each response.

1 Enseñe bailes típicos.
2 Toque más música en clase.
3 Traiga dulces a clase.
4 Prepare comida en clase.
5 Vaya con nosotros a un restaurante.
6 Dé buenas notas.
7 Pida más películas.
8 Haga un viaje con los estudiantes.
9 Explique las lecciones en español e inglés.

Speculating: The conditional of irregular verbs

Irregular verbs in the conditional use the same endings as regular verbs and have the same irregularities in the stem as irregular verbs in the future tense.

poner	**pondr-**
salir	**saldr-**
tener	**tendr-**
venir	**vendr-**
decir	**dir-**
hacer	**har-**
haber	**habr-**
poder	**podr-**
querer	**querr-**

podría	**podr**íamos
podrías	
podría	**podr**ían

¿**Podrían** venir temprano?
Yo **podría** hacerlo esta tarde.

See **¿Por qué se dice así?,** *page G111, section 8.3.*

REPASO

Giving advice/orders: Affirmative *tú* commands

Affirmative **tú** commands are formed by dropping the **-s** of the **tú** form of the present indicative.

Escríbeme, por favor.
Invita a tus padres.

There are eight irregular forms:

decir	**di**
poner	**pon**
salir	**sal**
tener	**ten**
venir	**ven**
hacer	**haz**
ir	**ve**
ser	**sé**

See **¿Por qué se dice así?,** *page G113, section 8.4.*

D. ¿Yo, director(a)? Si fueras director(a) de la escuela, ¿qué sería diferente?

MODELO los estudiantes / tener menos clases
Los estudiantes tendrían menos clases.

1. yo saber / los nombres de todos los estudiantes
2. haber / más asambleas
3. nosotros venir / más tarde
4. nosotros salir / más temprano
5. haber / muchos días de fiesta
6. los estudiantes hacer / poca tarea
7. los profesores siempre dar / buenas notas
8. los estudiantes poder / hablar en todas las clases
9. yo tener / una oficina enorme
10. ¿ . . . ?

E. Entrevista. Un(a) amigo(a) tiene una entrevista para un nuevo trabajo. ¿Qué consejos le das?

MODELO hablar mucho
Amigo(a): **¿Debo hablar mucho?**
Tú: **Sí, habla mucho.** o **No, no hables mucho.**

1. prestar atención
2. ser cortés
3. llegar a tiempo
4. hacer muchas preguntas
5. decir la verdad
6. llevar ropa informal
7. hablar lentamente
8. pedir café
9. ¿ . . . ?

F. Sugerencias. A veces los padres de los estudiantes le hacen sugerencias ridículas al profesor Soto. ¿Qué sugerencias le hicieron recientemente?

MODELO dar menos exámenes
Dé menos exámenes.

1. enseñar bailes típicos
2. tocar más música en clase
3. traer dulces a clase
4. preparar comida en clase
5. ir con nosotros a un restaurante
6. dar buenas notas
7. pedir más películas
8. hacer un viaje con los estudiantes
9. ¿ . . . ?

G. Abuelos. Tus abuelos acaban de limpiar su casa y encontraron muchas cosas tuyas. ¿Qué quieres que te traigan?

MODELO *Abuelo(a):* **¿Te traemos el osito de peluche?**
Tú: **Sí, tráiganmelo, por favor.** o
No, no lo traigan.

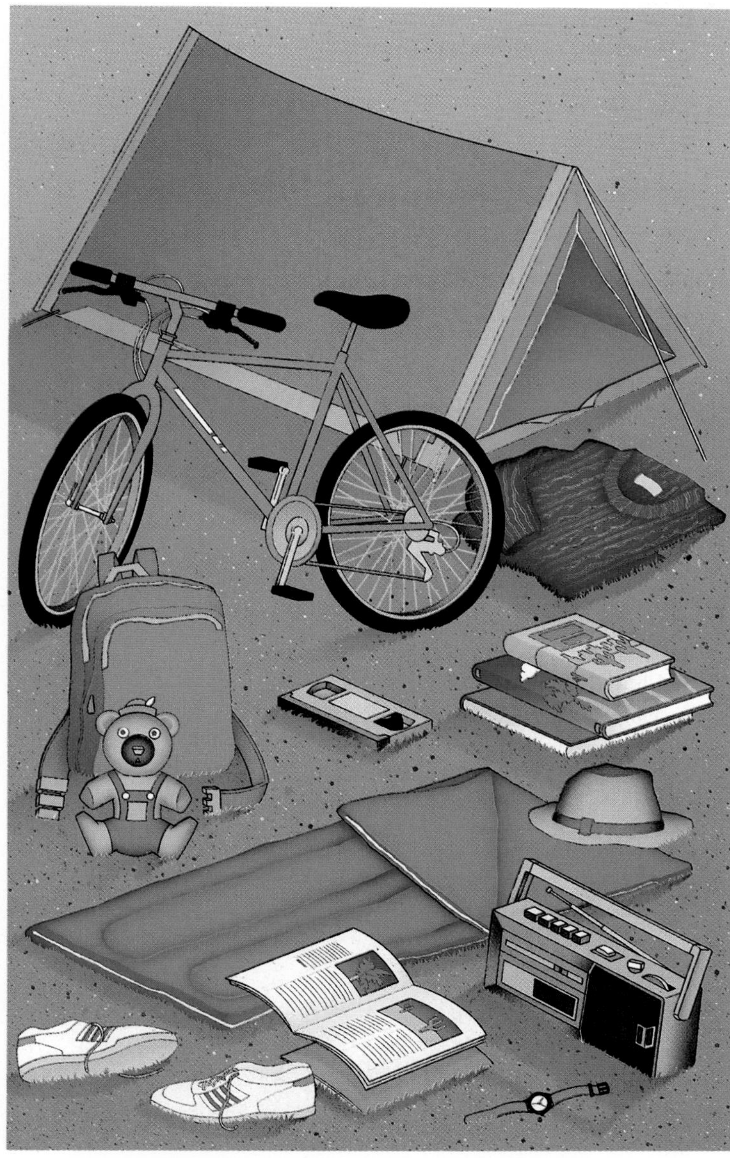

REPASO

Giving advice/orders: Negative *tú* commands

Negative **tú** commands are formed by using the **tú** form of the present subjunctive.

No me **llames**.
No **te pongas** esa camisa.

The following verbs have irregular forms:

dar	**digas**
estar	**estés**
ir	**vayas**
ser	**seas**

See **¿Por qué se dice así?,** *page G113, section 8.4.*

REPASO

Giving advice/orders: *Ud./Uds.* commands

Ud./Uds. commands use the **Ud./Uds.** forms of the present subjunctive.

No vuelva muy tarde.
Digan la verdad.

The following verbs have irregular forms:

dar	**dé(n)**
estar	**esté(n)**
ir	**vaya(n)**
ser	**sea(n)**

See **¿Por qué se dice así?,** *page G114, section 8.4.*

REPASO

Commands and object pronouns

Direct and indirect object pronouns follow and are attached to affirmative commands and precede negative commands.

Pídeselo a tu papá.
No **me lo** expliquen, por favor.

See **¿Por qué se dice así?,** *page G114, section 8.4.*

G. Abuelos. Allow 2–3 min for pair work. Then call on several pairs to role-play each item for class. Answers may vary.

¿Te traemos la carpa?
Sí, tráiganmela, por favor.
¿Te traemos la bicicleta?
No, no la traigan.
¿Te traemos el suéter?
No, no lo traigan.
¿Te traemos la mochila?
Sí, tráiganmela, por favor.
¿Te traemos el video?
Sí, tráiganmelo, por favor.
¿Te traemos los libros?
No, no los traigan.
¿Te traemos el saco de dormir?
Sí, tráiganmelo, por favor.
¿Te traemos el sombrero?
No, no lo traigan.
¿Te traemos la radio?
No, no la traigan.
¿Te traemos el reloj?
No, no lo traigan.
¿Te traemos los zapatos?
Sí, tráiganmelos, por favor.

H. A finales del año. Have students work in pairs first. Allow 2–3 min. Then call on individuals to tell you what their partner's hopes are. Answers may vary.

1 Ojalá que la directora visite las clases.
2 Ojalá que los profesores hagan fiestas en clase.
3 Ojalá que muchas clases no tengan exámenes difíciles.
4 Ojalá que hagamos excursiones.
5 Ojalá que haya un banquete.
6 Ojalá que los profesores no pidan mucho trabajo.
7 Ojalá que el coro y la banda den conciertos especiales.
8 Ojalá que no tengamos que trabajar muchísimo.

I. No lo creo. Call on individual students. Ask class if they agree with opinions expressed. Answers will vary.

1 Es cierto que hay ruinas importantes en Perú.
2 Dudo que el clima de Venezuela cambie mucho.
3 Creo que Chile es un país largo.
4 Es cierto que Venezuela produce mucho petróleo.
5 Es cierto que los descendientes de los incas hablan quechua.
6 Dudo que el viejo Imperio de los Incas se limite a Perú y Ecuador.
7 Dudo que leones y elefantes vivan en la selva sudamericana.
8 Dudo que el río de la Plata sea el río más largo de Sudamérica.

REPASO

Present subjunctive forms

Verb endings are added to the stem of the **yo** form of the present indicative.

-ar		-er, -ir	
-e	-emos	-a	-amos
-es		-as	
-e	-en	-a	-an

Ojalá que todos **recibamos** una *A*.
Ojalá que yo no **tenga** que ir.

The following verbs have irregular forms:

dar	dé, des, dé, . . .
estar	esté, estés, esté, . . .
haber	haya, hayas, haya, . . .
ir	vaya, vayas, vaya, . . .
saber	sepa, sepas, sepa, . . .
ser	sea, seas, sea, . . .
ver	vea, veas, vea, . . .

See **¿Por qué se dice así?**, *page G116, section 8.5.*

REPASO

Expressing doubt

Doubt:
Duda que **podamos** hacerlo.
No creo que **quiera** venir.

Certainty:
Yo sé que **puede** hacerlo.
Creo que **quiere** venir.

See **¿Por qué se dice así?**, *page G117, section 8.5.*

H. A finales del año. Sabes lo que normalmente pasa a finales del año escolar. ¿Qué esperanzas tienes para este año?

MODELO Hay actividades especiales.
Ojalá que haya actividades especiales. o
Ojalá que no haya actividades especiales.

1. El (La) director(a) visita las clases.
2. Los profesores hacen fiestas en clase.
3. Muchas clases tienen exámenes difíciles.
4. Hacemos excursiones.
5. Hay un banquete.
6. Los profesores piden mucho trabajo.
7. El coro y la banda dan conciertos especiales.
8. Tenemos que trabajar muchísimo.

I. No lo creo. ¿Cuánto sabes de Sudamérica? ¿Qué opinas de estos comentarios?

VOCABULARIO ÚTIL:
Es cierto que . . .
Creo que . . .
Dudo que . . .

MODELO Es posible esquiar en Chile.
Es cierto que se puede esquiar en Chile. o
Creo que se puede esquiar en Chile. o
Dudo que sea posible esquiar en Chile.

1. Hay ruinas importantes en Perú.
2. El clima de Venezuela cambia mucho.
3. Chile es un país largo.
4. Venezuela produce mucho petróleo.
5. Los descendientes de los incas hablan quechua.
6. El viejo Imperio de los Incas se limita a Perú y Ecuador.
7. Leones y elefantes viven en la selva sudamericana.
8. El río de la Plata es el río más largo de Sudamérica.

J. Mis nuevos amigos. ¿Cuál es tu emoción frente a las actividades de tus nuevos amigos de **¡DIME! DOS**?

VOCABULARIO ÚTIL:

Es bueno que	Es triste que
Me alegro (de) que	Es malo que
Es terrible que	Es interesante que

Diego Miranda

MODELO **Es terrible que Diego Miranda se enoje con su hija.**
o . . .

1. Martín

2. Diana

3. Tina

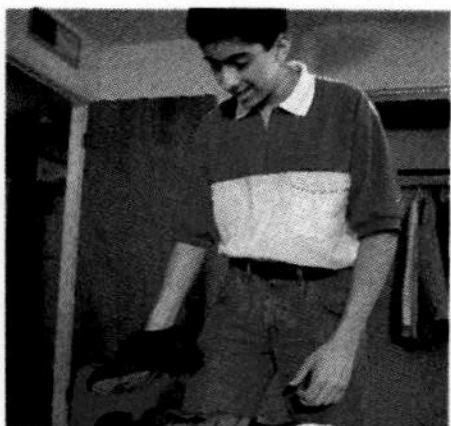

4. Daniel

5. Miguelín

6. Meche

7. Margarita

8. Luis

REPASO

Expressing anticipation or reaction

Esperamos que todos **vengan.**
Me alegro que no **haya** clases hoy.
Ojalá que **se diviertan.**

See **¿Por qué se dice así?,** *page G117, section 8.5.*

J. Mis nuevos amigos. Have students work in pairs first. Allow 2–3 min. Then call on individuals to tell you what they think. Answers will vary.

K. ¡Es rico(a)! Call on individual students. Have class confirm each response. Answers will vary.

1 Sugiero que viajes a Sudamérica.
2 Recomiendo que vayas a las ruinas incas.
3 Quiero que compres una computadora.
4 Es necesario que asistas a clases de artesanía.
5 Prefiero que visites Buenos Aires.
6 Aconsejo que comas en restaurantes regionales.
7 Insisto en que des dinero a la gente pobre.
8 Es preciso que conozcas Machu Picchu.

L. El verano. Have students work in pairs first. Allow 2–3 min. Then call on individuals to tell you their thoughts. Sentences will vary.

Creo que mis amigos salen frecuentemente.
Es importante que mi amiga Felicia lea muchos libros.
Espero que mis abuelos viajen a otro país.
Temo que mi hermana duerma tarde.
Prefiero que mi familia vaya a la playa.
Dudo que mi hermano consiga un trabajo.
Es probable que yo practique deportes.
Ojalá que tú te diviertas.
Me alegro de que todos vengan a visitarnos.

CHARLEMOS UN POCO MÁS

A. Encuesta. Allow 5–10 min. Then call on students that have one or more vertical or horizontal rows completed to tell who on their list would do what. Confirm with individuals being named.

REPASO

Persuading

Quiero que **vengas** sola.
Sugieren que lo **hagamos** aquí.
Recomienda que tú la **escribas**.

See **¿Por qué se dice así?,** *page G117, section 8.5.*

K. ¡Es rico(a)! Tu compañero(a) tiene mucho dinero y mucho tiempo libre este verano. ¿Qué recomiendas que haga?

MODELO ser importante que / comer . . .
Es importante que comas en restaurantes elegantes.

1. sugerir que / viajar a . . .
2. recomendar que / ir a . . .
3. querer que / comprar . . .
4. ser necesario que / asistir a . . .
5. preferir que / visitar . . .
6. aconsejar que / comer . . .
7. insistir en que / dar . . .
8. ser preciso que / conocer . . .

L. El verano. ¿Qué deseos, temores, preferencias y probabilidades ves para el verano?

EJEMPLO **Ojalá que mi familia viaje a otro país.**

		ir a la playa
creo		venir a visitar
es importante	mis amigos	practicar deportes
espero	mi amigo(a) [. . .]	viajar a otro país
temo	mi familia	no estar aquí
prefiero	mis abuelos	leer muchos libros
dudo	mi hermano(a)	divertirse
es probable	todos	salir frecuentemente
ojalá	¿ . . . ?	dormir tarde
¿ . . . ?		conseguir un trabajo
		¿ . . . ?

CHARLEMOS UN POCO MÁS

A. Encuesta. Usa la cuadrícula que te dará tu profesor(a) para entrevistar a tus compañeros de clase. Pregúntales si harían estas cosas en diez años. Pídeles a las personas que contestan afirmativamente que firmen el cuadrado apropiado. Recuerda que no se permite que una persona firme más de una vez.

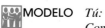

MODELO *Tú:* **¿Vivirías en otro país?**
Compañero(a): **No. Yo sólo viviría en EE.UU.** o **Sí, viviría en *[país]*.**

Purpose The ***Charlemos un poco más*** activities allow students to use learned language for making suggestions and speculations, giving advice and orders, and talking about emotions and doubts in a variety of possible combinations. Responses in this section are much more open-ended and often have several possible correct answers.

B. Compraríamos mucho. Tú y un(a) amigo(a) están discutiendo lo que comprarían si ganaran diez mil dólares en la lotería. ¿Comprarían algunas de las cosas en el dibujo, u otras cosas?

C. ¿Cómo llego a Correos? Tu compañero(a) es un(a) nuevo(a) profesor(a) que no conoce tu ciudad. Necesita ir a varios lugares este fin de semana. Usa el mapa que tu profesor(a) te va a dar para decirle cómo llegar a esos lugares. Tu compañero(a) va a escribir los nombres de cada edificio que visita en su mapa. Recuerda que no se permite ver el mapa de tu compañero(a) hasta terminar la actividad.

B. Compraríamos mucho. Allow 2–3 min for pair work. Then call on individual students to tell class what they would buy and what their partners would buy.

C. ¿Cómo llego a Correos? Allow 5–8 min. Insist that students not look at each other's map as they work. Tell person receiving directions to write the name of each building on the building itself. When finished, have students compare maps to see if they were on target.

CH. Opiniones. Allow 3–4 min. Encourage students to use expressions such as **Dudo que . . .**, **Es verdad que . . .**, **Me alegro (de) que . . .**, etc. Call on individual students to give their opinions to the class.

CH. Opiniones. ¿Qué opinan tú y tu amigo(a) de estos titulares del periódico? Discútanlos y compartan sus opiniones con la clase.

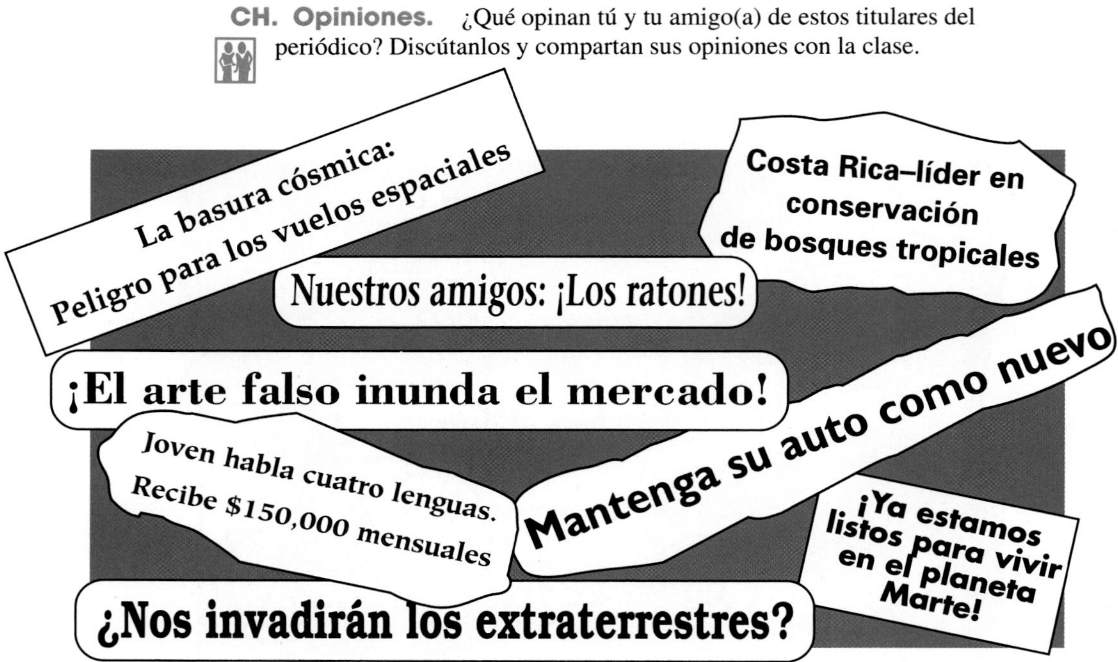

La basura cósmica:
Peligro para los vuelos espaciales
Costa Rica–líder en conservación de bosques tropicales
Nuestros amigos: ¡Los ratones!
¡El arte falso inunda el mercado!
Mantenga su auto como nuevo
Joven habla cuatro lenguas. Recibe $150,000 mensuales
¡Ya estamos listos para vivir en el planeta Marte!
¿Nos invadirán los extraterrestres?

DRAMATIZACIONES

A, B, and C. Assign **A** to one third of the class, **B** to the second third, and **C** to the last third. Allow 4–5 min to prepare role plays and call on volunteers to present them to the class.

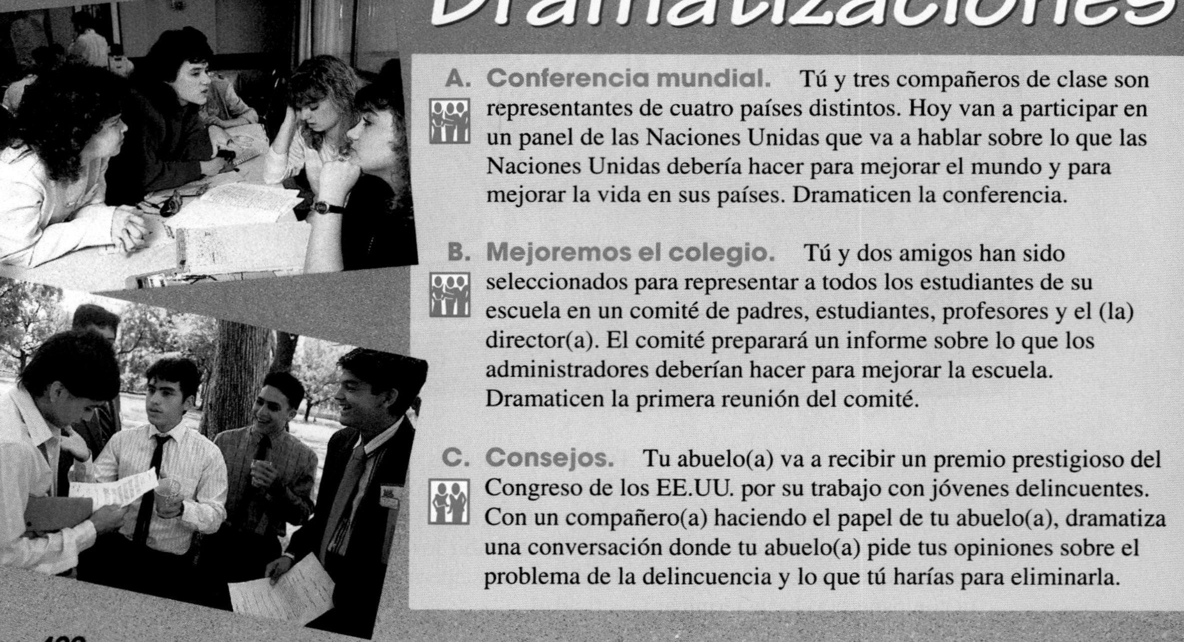

Dramatizaciones

A. Conferencia mundial. Tú y tres compañeros de clase son representantes de cuatro países distintos. Hoy van a participar en un panel de las Naciones Unidas que va a hablar sobre lo que las Naciones Unidas debería hacer para mejorar el mundo y para mejorar la vida en sus países. Dramaticen la conferencia.

B. Mejoremos el colegio. Tú y dos amigos han sido seleccionados para representar a todos los estudiantes de su escuela en un comité de padres, estudiantes, profesores y el (la) director(a). El comité preparará un informe sobre lo que los administradores deberían hacer para mejorar la escuela. Dramaticen la primera reunión del comité.

C. Consejos. Tu abuelo(a) va a recibir un premio prestigioso del Congreso de los EE.UU. por su trabajo con jóvenes delincuentes. Con un compañero(a) haciendo el papel de tu abuelo(a), dramatiza una conversación donde tu abuelo(a) pide tus opiniones sobre el problema de la delincuencia y lo que tú harías para eliminarla.

Purpose The role plays in ***Dramatizaciones*** are designed to review the lesson structures and functions. Here students are expected to practice making speculations, giving advice, and making suggestions. Encourage students to work without their books when performing their role plays.

IMPACTO CULTURAL
Nuestra lengua

Antes de empezar

A. Dialecto: una definición. El diccionario define "dialecto" como una variedad regional de una lengua. Dice que esta variedad puede basarse en diferencias en la pronunciación, el vocabulario o la gramática.

1. ¿Puedes pensar en algunos ejemplos de dialecto en inglés basados en pronunciación?
2. ¿Puedes pensar en algunos ejemplos de dialecto en inglés basados en vocabulario? ¿en gramática?

B. En el mundo de hispanohablantes. El español es la lengua nativa de 362 millones de personas en más de veintiuna naciones. Obviamente, el español tiene muchos dialectos también.

1. ¿Cuáles son algunos dialectos que conoces tú?
2. En tu opinión, ¿deben aceptarse y respetarse todos los dialectos? ¿Por qué sí o por qué no? ¿Aceptas y respetas tú los dialectos en inglés que identificaste en la actividad anterior?

El voseo

Dos amigas argentinas conversan en su colegio.
Un muchacho de Chile las ve y empieza a conversar con ellas.

Rosita: **¡Vos no sabés la cantidad de dinero que gasté hoy!**
Ana María: **Sí che, ya me imagino vos siempre gastando.**
Rosita: **Claro, linda, ¡cómo vos no comprás nunca nada!**
Jorge: **¡Qué argentinas se ponen ustedes dos cuando se enojan! . . . ¡ja, ja, ja!**

Verifiquemos

1. ¿Por qué encuentra Jorge cómica y muy argentina la manera de hablar de sus amigas?
2. ¿Cuáles son algunas diferencias en el habla de las dos amigas que tú observas?
3. ¿Es el habla de Rosita y Ana María un dialecto? Explica tu respuesta.

IMPACTO CULTURAL
Nuestra lengua

Purpose This section provides additional reading practice as students learn about the Spanish language as it is spoken in Argentina. A conscious effort is made in this section, and throughout the text, to make students more aware of dialectical variance in the Americas.

Antes de empezar

Use this activity as an advance organizer for the reading that follows. Encourage critical thinking by asking students to explain their answers.

Answers

A. Dialecto: una definición. Answers will vary.

1 Some possible answers are Texan, Bostonian, and Maine dialects.
2 Vocabulary dialect differences certainly occur in the three areas listed in **1**. Dialects based on grammatical differences can be found in regions that continue to use *ain't, cain't,* etc.

B. En el mundo de hispanohablantes. Answers will vary.

1 Students may mention the Chicano dialect with its use of Spanglish or Castillian with its use of the *th* sound.
2 Lead students to recognize that all dialects are valid languages of the communities that speak them and therefore should be respected. They should conclude that just as Texan or Bostonian English are accepted and respected dialects of the English language, Chicano and Puerto Rican dialects, among many others, are accepted and respected dialects of the Spanish language.

Verifiquemos

Answers

1 Las respuestas van a variar. No hay nada divertido en lo que dicen Rosita y Ana María. Tal vez lo divertido para Jorge es el escuchar un dialecto distinto del suyo. Todos tendemos a considerar lo desconocido como extraño, raro o divertido.
2 Los alumnos deben señalar el uso de *vos, sabés, che,* y *comprás.*
3 Las respuestas van a variar pero los estudiantes deben reconocer que el habla de los argentinos varía en vocabulario *(vos, che)* y gramática *(sabés, comprás),* lo cual lo hace un dialecto.

OBJECTIVES

Communicative Goals

- Describing in the past
- Describing how you used to feel
- Narrating in past time
- Expressing doubt

Culture and Reading

- **Para empezar** ***La calandria***
- **Leamos ahora** ***Para volar***
- **Estrategias para leer** ***Interpretación de imágenes***

Writing

- **Escribamos ahora** Using metaphors in poems
- **Estrategias para escribir** ***Metáforas en poemas***

Structure

- 8.6 ***Repaso:*** Preterite and imperfect
- 8.7 ***Repaso:*** **Quizás** and **tal vez**

ACTIVE VOCABULARY

Viaje
arepera
catarata
salto

Descripción
escolástico(a)
indeciso(a)
lingüístico(a)
programado(a)
sabroso(a)
plano(a)
pintoresco(a)

Palabras y expresiones
bandera
especializar
con mucho cariño

LECCIÓN 3

Ayer fuimos a . . .

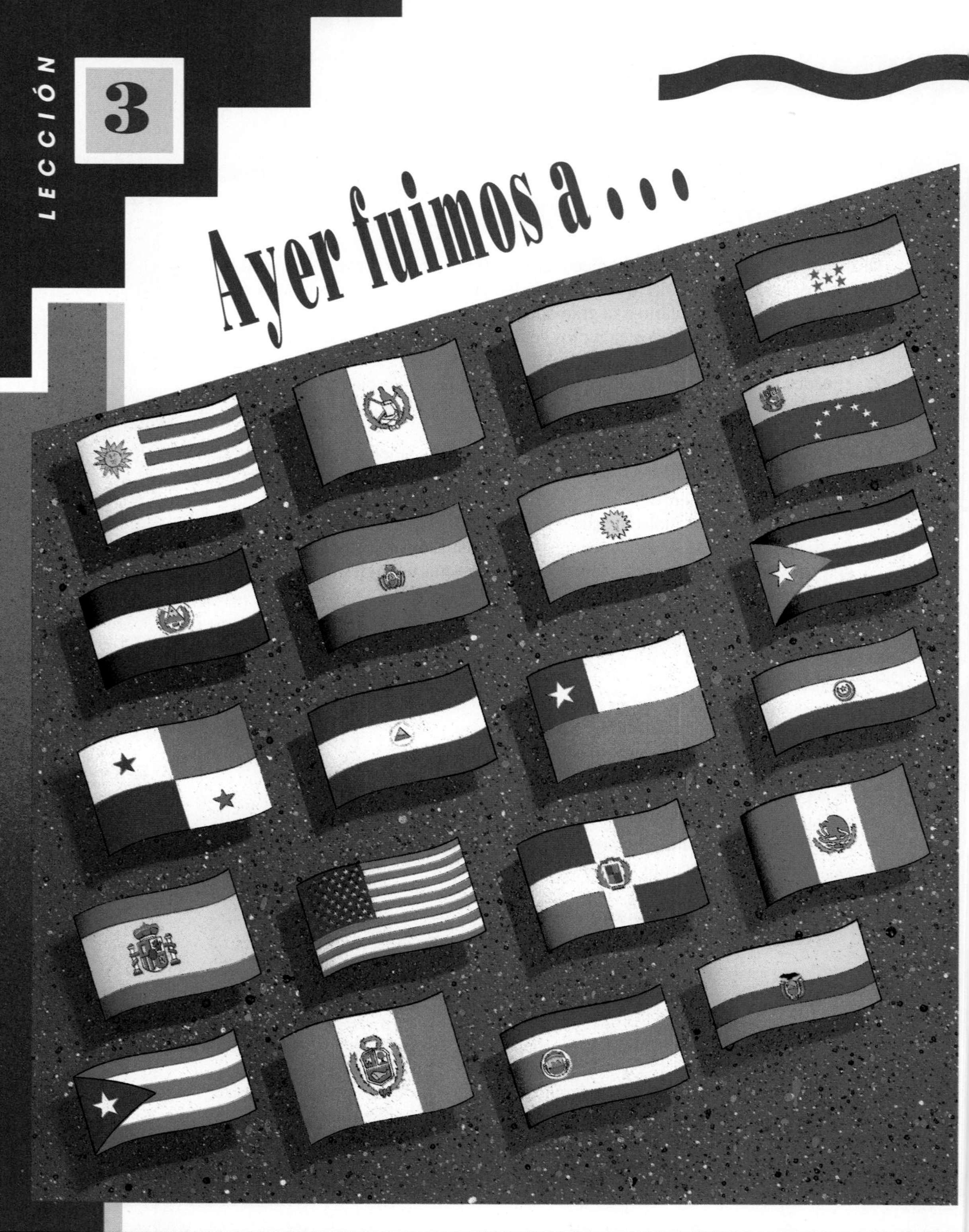

ANTICIPEMOS

¿Qué piensas tú?

1. ¿Reconoces algunas de estas banderas? ¿Cuáles? ¿Puedes adivinar de qué países son algunas de las que no reconoces?
2. ¿Sabes cuál es el significado del símbolo en la bandera mexicana? ¿del símbolo en otras de las banderas?
3. El regalo en esta página es para una de las personas en las fotos. ¿Qué podría ser? ¿Para quién será? ¿Qué sería un buen regalo para cada una de las personas en las fotos?
4. ¿Cuál de todas las leyendas y todos los cuentos que has escuchado este año es tu favorito? ¿Por qué?
5. ¿Sabes algunos cuentos o algunas leyendas de tu propia cultura? En grupos de tres o cuatro, traten de narrar uno de los cuentos o las leyendas que identificaron en la pregunta anterior.
6. ¿Por qué crees que una cultura inventa cuentos y leyendas como los que has escuchado en **¡DIME! DOS**?
7. ¿Qué crees que vas a aprender en esta lección?

Purpose To focus students on the language and functions to be reviewed and practiced in the lesson—talking about past activities and expressing doubt—and to lead students to review some of what they've learned about various Spanish-speaking countries. Also to review what they know about the **fotonovela**/video characters and to retell a legend or story from those they've heard or one from their own culture.

Suggestions Use the photos to introduce the lesson content. Encourage students to use Spanish whenever possible to respond to the ***¿Qué piensas tú?*** questions, but allow English where ideas may be more complex or vocabulary may be unknown. Summarize responses in Spanish, using comprehensible input techniques to clarify your language where necessary.

ANTICIPEMOS

¿Qué piensas tú?

Answers

1 Los alumnos deben reconocer algunas. Empezando con la primera a la izquierda (rayas de azul claro y blanco con un sol) y siguiendo verticalmente, de columna a columna, son de Uruguay, El Salvador, Panamá, España, Puerto Rico

Guatemala, Bolivia, Nicaragua, Estados Unidos, Perú

Colombia, Argentina, Chile, República Dominicana, Costa Rica

Honduras, Venezuela, Cuba, Paraguay, México, Ecuador

2 Los alumnos deben recordar que el águila con una serpiente en el pico posada en un nopal representa el símblo que identificaría el lugar donde los aztecas debían construir su ciudad. El nopal se supone creció del corazón enterrado de Cópil. Lo más probable es que los alumnos no sepan nada de los otros escudos. Se les podría pedir que en parejas consigan información sobre el significado de una bandera e informen al resto de la clase.

3 Las respuestas van a variar. Pídales a los alumnos que identifiquen a cada persona en las fotos. Luego déjeles sugerir un regalo apropiado para cada uno, por ejemplo, una foto de las chicas para la abuelita, equipo para acampar para el Sr. Galindo, etc.

4 Las respuestas van a variar. Pídales a todos que den razones por sus preferencias.

5 Las respuestas van a variar. Circule entre grupos y, si el tiempo permite, pídale a algunos grupos que le cuenten a la clase uno de los cuentos de su propia cultura.

6 Los estudiantes deben especular que estos cuentos y leyendas se usan para enseñar a los niños y para mantener ciertas tradiciones culturales incluso el entretener a los niños.

7 **Van a repasar el narrar cuentos, el describir y el especular.**

PARA EMPEZAR

Comprehension Checks

A complete set of **Comprehension Checks** is available on cards in the Teacher's Resource Package.

Introducción Ask students to tell what they know about ***mariachis*** from **¡DIME! UNO.** Explain: **engaño/Es cuando una persona no dice la verdad para obtener algo—dinero, ayuda**, etc.

1 ¿De dónde viene esta canción?
2 . . .

Suggestions Point out the cage: **jaula**; the balcony rail: **balcón**. Point out something hanging: **pendiente**. Equate: **se hallaba/se encontraba; calandria/un hermoso pájaro que canta bien** (lark); **dolor/tristeza, melancolía**.

1 ¿Dónde estaba la calandria? ¿en el cielo? ¿en una casa grande? ¿en una jaula?
2 . . .

Suggestions Explain: **gorrioncillo/un pájaro común** (sparrow). Demonstrate letting/getting one thing out of another: **sacar**.

1 ¿Quién llegó? ¿una persona? ¿otra calandria? ¿un flamenco? ¿un gorrioncillo común?
2 . . .

Suggestions Draw a heart with an arrow: **se enamoró**. Explain: **como pudo/de cualquier manera.** Point out the bars of the cage: **los alambres.** Act out the sparrow pulling apart the bars of the cage: **los alambres rompió**.

1 ¿Qué le pasó al gorroncillo? ¿Se fue volando inmediatamente? ¿Se enamoró de la calandria?
2 . . .

PARA EMPEZAR
Escuchemos una canción mexicana

La música de los mariachis es la música nacional de México. "La calandria" es una canción que cuenta la triste historia de un engaño amoroso. ¿Qué relación a la vida verdadera ven ustedes en lo que le pasa a este pobre pájaro?

1
En una jaula de oro,
pendiente de un balcón,
se hallaba una calandria,
cantando su dolor.

2
Hasta que un gorrioncillo
a su jaula llegó...
"Si Ud. puede sacarme,
con Ud. yo me voy".

3
El pobre gorrioncillo
de ella se enamoró;
el pobre como pudo
los alambres rompió.

4
Y la ingrata calandria
después que la sacó,
tan luego se vio libre,
voló, voló y voló.

426 *cuatrocientos veintiséis*

4

Suggestions Equate: **ingrata/malagradecida, no siente gratitud; tan luego/inmediatamente**. Mime flying: **voló**.

1 ¿Mostró la calandria mucha gratitud?
2 . . .

Purpose This section develops active listening comprehension skills and introduces students to cultural insights and perceptions through a Mexican ballad. In this song a poor sparrow is tricked into helping a caged lark escape her cage. She promises to go away with him if he will open the door, but when he does, she flies away, refusing even to say that she knows him.

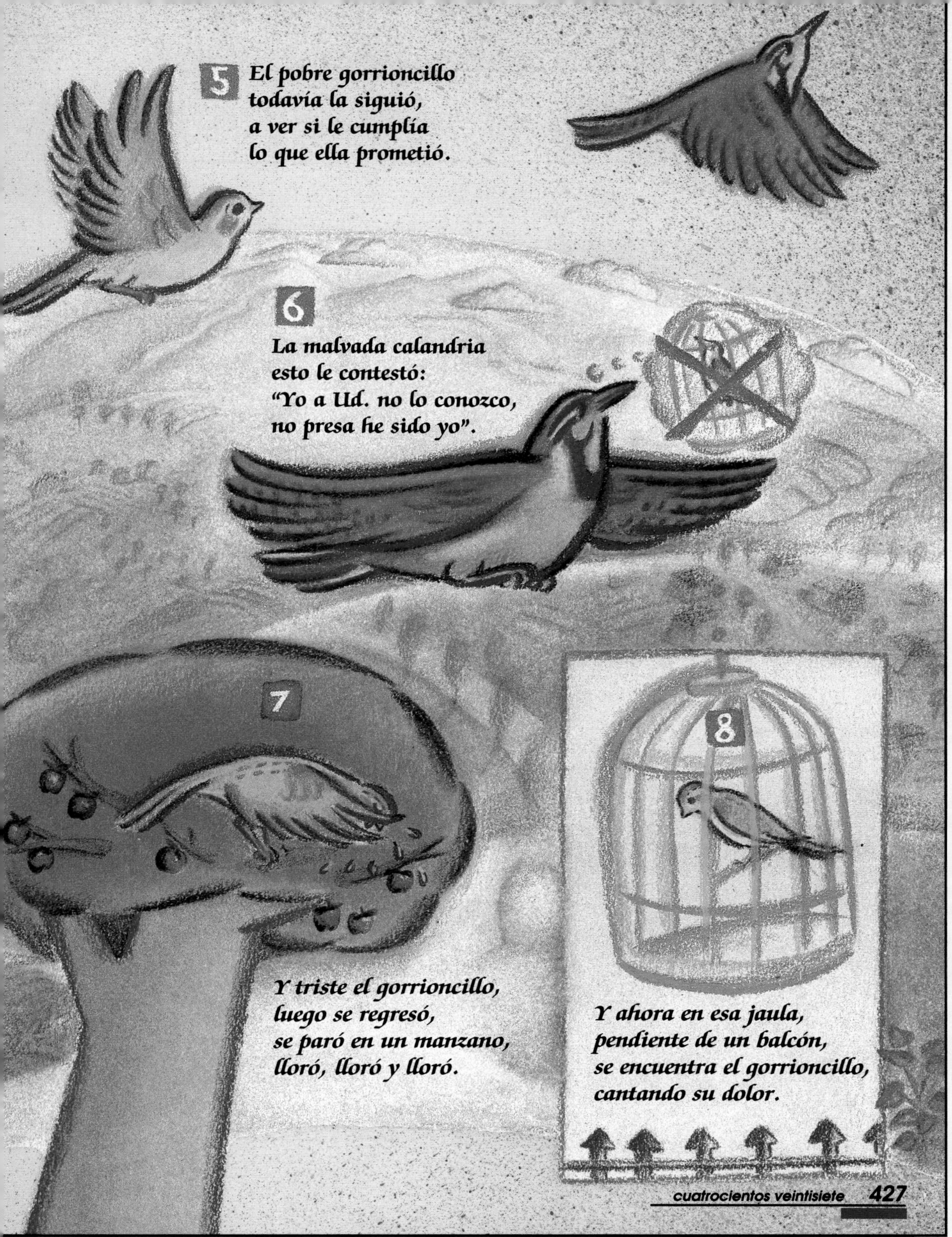

5

El pobre gorrioncillo
todavía la siguió,
a ver si le cumplía
lo que ella prometió.

6

La malvada calandria
esto le contestó:
"Yo a Ud. no lo conozco,
no presa he sido yo".

7

Y triste el gorrioncillo,
luego se regresó,
se paró en un manzano,
lloró, lloró y lloró.

8

Y ahora en esa jaula,
pendiente de un balcón,
se encuentra el gorrioncillo,
cantando su dolor.

5

Suggestions Point out the sparrow following the lark: **la siguió**. Explain: **cumplía/hacía**.

1 ¿Qué hizo el gorrioncillo cuando la calandria se fue? ¿Lloró? ¿Se enojó? ¿La siguió?
2 ¿Qué quería saber? ¿si ella podría verdaderamente cantar bien? ¿si ella haría lo que prometió?

Suggestions Equate: **malvada/ mala**; **Ni presa he sido yo/Yo nunca fui prisionera en una jaula.**

1 ¿Cómo era la calandria? ¿buena? ¿bondadosa? ¿generosa? ¿mala?
2 ¿Admite que conoce al gorrioncillo?
3 ¿Admite que estuvo en una jaula?

Suggestions Point out apples on the apple tree: **manzano.** Act out stopping/perching: **se paró**.

1 ¿Dónde se paró el gorrioncillo? ¿en el suelo? ¿en la jaula? ¿en un manzano?
2 ¿Cómo estaba? ¿alegre? ¿enojado? ¿triste?
3 ¿Qué hizo? ¿Se rió? ¿Cantó? ¿Bailó? ¿Lloró mucho?

8

Suggestions Point out the sparrow in the cage: **se encuentra/ se halla, está**.

1 ¿Quién está en la jaula ahora? ¿la calandria? ¿el gorrioncillo?
2 ¿Está contento?
3 ¿Qué está haciendo? ¿Está bailando? ¿Está hablando de su tristeza? ¿Está cantando su tristeza?

Students will hear many examples of the language used to narrate a sequence of events in the past. The ***Para empezar*** section provides comprehensible language without translation. It is not meant for memorization or mastery. It develops listening comprehension and introduces the lesson structures in context.

Suggestions Have students close their books while you narrate each section using overhead transparencies and comprehensible input techniques to clarify meaning without translation. Break longer sentences into shorter utterances, pointing to elements of each drawing, acting out, demonstrating, gesturing to clarify meanings. Provide synonyms, cognates, and/or simple definitions or descriptions in Spanish. Ask frequent **Comprehension Checks.**

¿QUÉ DECIMOS...?

Early Production Checks

Ask questions frequently to be certain students understand context and characters. Accept short-phrase and sentence-fragment answers, but rephrase responses in sentences. Encourage students to elaborate answers and give details. Extend questions to elicit further details.

A full set of **Early Production Checks** is available on cards in the Teacher's Resource Package.

El sobre, las fotos y las postales
Point out and name the letter, postcards, photographs.

1 ¿Quién escribió la carta?
2 ¿A quién se la escribió?
3 ¿Dónde están Luis y Daniel en la foto?

¿QUÉ DECIMOS AL ESCRIBIR...?

De un viaje que hicimos

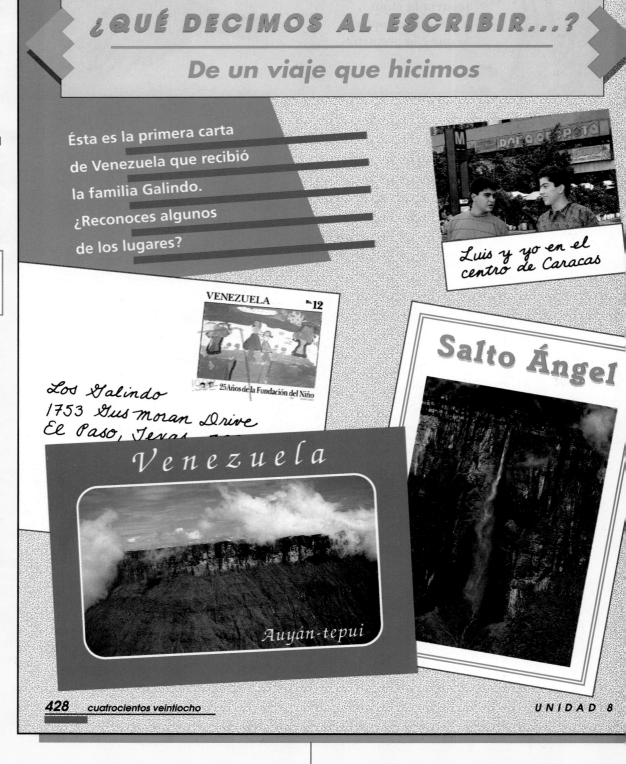

Ésta es la primera carta de Venezuela que recibió la familia Galindo. ¿Reconoces algunos de los lugares?

Luis y yo en el centro de Caracas

VENEZUELA Bs.12
25 Años de la Fundación del Niño

Los Galindo
1753 Gus Moran Drive
El Paso, Texas

Venezuela
Auyán-tepui

Salto Ángel

Purpose This section introduces students to the language and functions to be reviewed and practiced in the lesson—recounting past events and speculating on possibilities—and prepares them for practice in the context of a letter. Students should not be expected to memorize or master all elements. Reading comprehension and early production of key vocabulary and structures are the goals.

14 de julio

Queridos Papá, Mamá, Martín y Nena:

Saludos desde Caracas. ¿Cómo les va a todos? ¿Ya fueron a acampar a los Órganos o a Ruidoso? Martín, ¿qué tal el equipo este año? ¿Han ganado muchos partidos? Escríbeme pronto y cuéntame todo.

¡Caracas es una ciudad fantástica! ¡Hay tanto que hacer! Conocemos lugares nuevos todos los días y casi siempre tomamos el metro. ¡Me encanta! Es mucho más interesante que el autobús y la comida aquí es riquísima, mamá. Ayer fuimos a comer a una arepera, un restaurante que se especializa en arepas — una comida típica de Venezuela. Son muy sabrosas. Probé varios tipos: de pollo, de carne y de queso — y me encantaron todas.

La primera semana visitamos dos universidades, la Central y la Simón Bolívar. Fuimos de compras cerca de la Plaza Bolívar, la plaza principal de Caracas. También fuimos a un parque. Luis me contó que cuando era niño, su familia iba al parque todos los domingos y se divertían mucho. Son muy bonitos los parques aquí. Todo es tan verde y la ciudad está rodeada de montañas.

Universidad Simón Bolívar

Primer párrafo

1 ¿A quiénes les escribe Daniel?
2 ¿Dónde está Daniel?
3 ¿Qué quiere saber con respecto a los Órganos y a Ruidoso?
4 . . .

Point out See photo note on page 275 for more about Ruidoso.

Segundo párrafo

1 ¿Cómo es Caracas?
2 ¿Hay mucho que hacer en Caracas?
3 ¿Adónde van todos los días?
4 . . .

Tercer párrafo

1 ¿Qué visitaron la primera semana?
2 ¿Cómo se llaman las universidades?
3 ¿Adónde fueron de compras?
4 . . .

Suggestions

Call on students to read aloud one paragraph at a time. Ask **Early Production Checks** frequently to confirm understanding and to develop accurate pronunciation of key elements. Use photos and comprehensible input techniques to clarify any language the class does not understand.

Primer párrafo

1 ¿Cómo era el centro comercial que visitaron?
2 ¿Ha visto Daniel centros comerciales como ése?
3 ¿Cómo se llama ese centro comercial?
4 . . .

Segundo párrafo

1 ¿Qué tipo de excursión hicieron la semana pasada?
2 ¿Cómo viajaron al Salto Ángel?
3 ¿Qué piensa Daniel del Salto Ángel?
4 . . .

Tercer párrafo

1 ¿Adónde fueron Daniel y Luis ayer?
2 ¿Dónde vive su tía?
3 ¿Cómo es El Hatillo?
4 . . .

Ultimos párrafos

1 ¿Cuáles ciudades espera Daniel visitar en el futuro?
2 ¿Dónde está Maracaibo?
3 ¿Dónde está Mérida?
4 . . .

Centro Comercial Concresa

También fuimos a un centro comercial super moderno. No he visto nada que se compare. Cielo Vista Mall ni se le acerca. Es enorme. Estoy seguro que a Margarita le encantaría. Ojalá que volvamos allí porque todavía tengo que comprarles regalos a todos.

La semana pasada hicimos una excursión a caravana y luego tomamos el sobrevuelo al Salto Ángel. ¡Qué impresionante! Pasamos por los tepuyes, unas montañas planas típicas de esta región. Me fascinó. El Salto Ángel es la catarata más alta del mundo.

Ayer Luis y yo fuimos a visitar a su tía en un pueblo muy pintoresco que se llama El Hatillo. Me gustó mucho el pueblo y saqué muchas fotos. Cuando estábamos allí, hubo una boda en la plaza. ¡Imagínense! La tía de Luis es muy simpática. Esa noche nos preparó una cena fantástica.

En el futuro espero visitar otras ciudades como Maracaibo en la costa y Mérida en los Andes.

Bueno, se me hace tarde y mañana Luis quiere salir a correr bien temprano. Escríbanme pronto.

Con mucho cariño,

Daniel

Luis y yo en el Hatillo

430 cuatrocientos treinta

UNIDAD 8

CHARLEMOS UN POCO

A. PARA EMPEZAR . . . Decide si las siguientes oraciones son ciertas o falsas según la triste historia de "La calandria". Si son falsas, corrígelas.

1. Un gorrioncillo estaba en una jaula de oro.
2. La calandria le pidió ayuda al gorrioncillo para escaparse de la jaula.
3. La calandria no prometió hacer nada por el gorrioncillo.
4. El gorrioncillo se enamoró de la calandria y ella se enamoró de él.
5. El gorrioncillo abrió los alambres de la jaula y la calandria se escapó.
6. La calandria invitó al gorrioncillo que la siguiera.
7. La calandria cumplió con la promesa que le hizo al gorrioncillo.
8. El gorrioncillo y la calandria volvieron muy contentos a la jaula de oro.
9. El gorrioncillo se fue a un manzano a llorar.
10. La calandria volvió muy triste a la jaula de oro y lloró, lloró y lloró.

B. ¿QUÉ DECIMOS . . .? ¿Dónde hizo Daniel las siguientes cosas: en el centro de Caracas, en El Hatillo o en el Salto Ángel?

Caracas

el Hatillo

Salto Ángel

1. Cenó con la tía de Luis.
2. Comió en una arepera.
3. Sacó muchas fotos.
4. Fue a un parque.
5. Vio unas montañas planas.
6. Vio una boda en la plaza.
7. Tomó el metro.
8. Vio la catarata más alta del mundo.

CHARLEMOS UN POCO

A. PARA EMPEZAR . . .
Allow students 2–3 min to work in pairs first. Then call on individuals. Have class verify each response.

1 falso. Una calandria estaba en la jaula de oro.
2 cierto
3 falso. Prometió irse con él.
4 falso. Él se enamoró de ella pero ella no se enamoró de él.
5 cierto
6 falso. Ella se fue sin él.
7 falso. No cumplió con su promesa.
8 falso. El gorrioncillo volvió a la jaula de oro, solo y triste.
9 cierto
10 falso. El gorrioncillo volvió muy triste y lloró, lloró y lloró.

B. ¿QUÉ DECIMOS . . .?
As you call out each item, have class respond as a group.

1 el Hatillo
2 Caracas
3 el Hatillo
4 Caracas
5 Salto Ángel
6 el Hatillo
7 Caracas
8 Salto Ángel

Purpose These activities provide guided practice as students talk about the past and express doubt. Repetition is intentionally built into the activities. It is not necessary to do all the activities in this section once students have demonstrated mastery of these functions.

C. ¡Qué divertido! Allow 2–3 min for students to complete sentences in pairs first. Then call on individuals to go over each item.

1 Yo jugué volibol con el equipo de la escuela este año.
2 Nosotras ganamos el campeonato de la ciudad.
3 La escuela hizo un banquete para nosotras en la cafetería.
4 Mis padres fueron al banquete.
5 Yo recibí un trofeo.
6 Todos lo pasaron bien.
7 Después hubo un baile.
8 Jaime me invitó a bailar.
9 Después él y yo salimos del baile y fuimos a comer.
10 Yo llegué a casa tarde pero contenta.

CH. Ocupados. Call on individual students. Have class confirm each response. Answers will vary.

Yo estudiaba en mi cuarto.
Abuelita dormía en su cama.
Abuelito leía el periódico.
Mis hermanitos jugaban en la sala.
Mi hermana ponía la mesa.
Mamá preparaba la cena.
Papá jugaba baloncesto.

REPASO

Discussing past activities: Preterite

Is used to:

- Describe completed single actions or a series of actions
- Focus on an action beginning
- Focus on an action coming to an end

Ellos **ganaron** anoche.
Corrió cuando me **vio**.
Pobrecito, se le **cayó** el taco.

See **¿Por qué se dice así?**, *page G119, section 8.6.*

REPASO

Discussing past activities: Imperfect

Used to talk about:

- Continuing actions
- Ongoing situations
- Physical or emotional states
- Habitual actions
- Age (with **tener**)
- Telling time

Allí, **trabajábamos** día y noche.
De niña siempre **estaba** enferma.
En esa foto yo **tenía** tres años.
Eran las ocho y todos **estaban** durmiendo.

See **¿Por qué se dice así?**, *page G119, section 8.6.*

C. ¡Qué divertido! Según Inés, ¿qué pasó una noche muy especial al final del año escolar?

MODELO yo / divertirse / mucho / sábado pasado
Me divertí mucho el sábado pasado.

1. yo / jugar / volibol / equipo / escuela / este año
2. nosotras / ganar / campeonato / ciudad
3. escuela / hacer / banquete para nosotras / cafetería
4. mis padres / ir / banquete
5. yo / recibir / trofeo
6. todos / pasarlo bien
7. después / haber / baile
8. Jaime / invitarme / bailar
9. después / él y yo / salir / baile / y / ir / a comer
10. yo / llegar / casa / tarde pero contenta

CH. Ocupados. Eran las ocho de la noche. Según Felipe, ¿qué hacían todos los miembros de su familia?

EJEMPLO **Papá se bañaba en el baño.**

D. De niño(a). ¿Con qué frecuencia hacía tu compañero(a) estas actividades durante el verano cuando era niño(a)?

MODELO ir a la playa
Tú: **Cuando eras niño(a), ¿ibas a la playa?**
Compañero(a): **Sí, siempre iba a la playa en [. . .]** o **A veces iba a la playa.** o **No, nunca iba a la playa; iba a [. . .]**

1. alquilar muchos videos
2. caminar en el bosque
3. acampar en las montañas
4. ver mucha televisión
5. asistir a partidos de béisbol
6. ir al cine
7. pasear en bicicleta
8. nadar en la piscina

E. El cuento de Puma. Puma es un gato aventurero. ¿Qué le pasó un día? Para saberlo, pon las oraciones en orden cronológico y pon los verbos en la forma apropiada. El cuento empieza así:

MODELO **Había una vez un gato que se llamaba Puma.**

- Caramba. En ese momento, la puerta del garaje **(cerrarse)**.
- En el mismo patio Puma **(ver)** un ratón y **(empezar)** a correr detrás de él.
- Puma lo **(seguir)**.
- Un día **(hacer)** buen tiempo y Puma **(sentirse)** muy bien.
- **(Haber)** una vez un gato que **(llamarse)** Puma.
- Gato y ratón **(correr)** y **(correr)**.
- Pobre Puma. El garaje **(estar)** oscuro y él **(estar)** atrapado.
- Por fin, el ratón **(ver)** un escape y **(entrar)** en un garaje.
- Primero **(ir)** al jardín del vecino para saludar a su amigo, pero el gato vecino **(dormir)** al sol del patio.
- Por eso, **(decidir)** salir de la casa en busca de aventuras.

D. De niño(a). Allow 2–3 min for pair work. Then ask individual students how often their partners did these things. Answers will vary.

1 Cuando eras niño(a), ¿alquilabas muchos videos? *No, nunca alquilaba videos.*
2 Cuando eras niño(a), ¿caminabas en el bosque? *A veces caminaba en el bosque.*
3 Cuando eras niño(a), ¿acampabas en las montañas? *Sí, siempre acampaba en las montañas.*
4 Cuando eras niño(a), ¿veías mucha televisión? *A veces veía televisión.*
5 Cuando eras niño(a), ¿asistías a partidos de béisbol? *No, nunca asistía a partidos de béisbol.*
6 Cuando eras niño(a), ¿ibas al cine? *A veces iba al cine.*
7 Cuando eras niño(a), ¿paseabas en bicicleta? *Sí, siempre paseaba en bicicleta.*
8 Cuando eras niño(a), ¿nadabas en la piscina? *Sí, siempre nadaba en la piscina.*

Variation After students do this activity in the imperfect, have them ask their partners if they did these things last summer. **¿Fuiste a la playa el verano pasado? *Sí, fui a la playa.*** o ***No, no fui a la playa.***

E. El cuento de Puma.
Allow students 2–3 min to order sentences in pairs. Then call on individuals to narrate the story one sentence at a time. Have class confirm each response.

- **Había** una vez un gato que **se llamaba** Puma.
- Un día **hacía** buen tiempo y Puma **se sentía** muy bien.
- Por eso, **decidió** salir de la casa en busca de aventuras.
- Primero **fue** al jardín del vecino para saludar a su amigo, pero el gato vecino **dormía** al sol del patio.
- En el mismo patio Puma **vio** un ratón y **empezó** a correr detrás de él.
- Gato y ratón **corrieron** y **corrieron.**
- Por fin, el ratón **vio** un escape y **entró** en un garaje.
- Puma lo **siguió**.
- Caramba. En ese momento, la puerta del garaje **se cerró.**
- Pobre Puma. El garaje **estaba** oscuro y él **estaba** atrapado.

F. Fin de semana. Allow students 2–3 min to create stories in pairs first. Then call on individuals to go over each item. Answers will vary.

1. Se levantó a las siete y hacía buen tiempo.
2. Llegó su amiga Luisa y decidieron hacer una excursión.
3. Prepararon la comida y fueron en bicicleta al parque.
4. Hacía sol y había muchas personas. Se divirtieron mucho.
5. Comían cuando empezó a llover y decidieron regresar.
6. Llegaron a casa. Tomaban algo mientras veían la tele. Las dos estaban muy cansadas.

F. Fin de semana. Usa el vocabulario que acompaña cada dibujo para contar lo que estas dos chicas hacían para pasar el tiempo un fin de semana típico.

ser / sábado / no haber clases

MODELO **Era sábado y no había clases.**

1. levantarse a las siete / hacer buen tiempo

2. llegar amiga Luisa / decidir hacer una excursión

3. preparar comida / ir en bicicleta al parque

4. hacer sol / haber muchas personas / divertirse

5. comer / empezar a llover / decidir regresar

6. llegar a casa / ver TV / tomar algo / estar cansado

G. Indeciso(a). Tu compañero(a) es una persona muy indecisa. Pregúntale si piensa hacer estas cosas durante el fin de semana.

VOCABULARIO ÚTIL:

hacer un viaje	estudiar
visitar a los parientes	asistir a una clase
nadar mucho	pasear en bicicleta
jugar tenis	trabajar
ir a acampar	dormir mucho
aprender a tocar un instrumento	¿ . . . ?

EJEMPLO *Tú:* **¿Vas a nadar este fin de semana?**
Compañero(a): **No, pero quizás nade hoy por la tarde.**

H. El año que viene. ¿Qué crees que van a hacer tú, tu familia y tus mejores amigos el año que viene?

EJEMPLO **Tal vez Ana y Raúl jueguen volibol.**

VOCABULARIO ÚTIL:

jugar baloncesto, fútbol, etc.	ser miembro del Club de español
estudiar química, álgebra, etc.	cantar en el coro
tener seis clases	tocar en la orquesta
sacar buenas notas	salir mucho
trabajar en la oficina	¿ . . . ?
ir a todos los partidos	

REPASO

Expressing doubt: *Quizás* and *tal vez*

Quizás no **haya** clase hoy.
Tal vez **tengamos** que regresar.

See **¿Por qué se dice así?,** *page G121, section 8.7.*

CHARLEMOS UN POCO MÁS

A. Las aventuras de . . . Tú y tu compañero(a) van a crear un cuento basado en los dibujos que su profesor(a) les va a dar. Primero decidan en qué orden van a poner los dibujos. Luego desarrollen su cuento y, finalmente, cuéntenselo a la clase.

B. Había una vez . . . Con un compañero(a) de clase, escriban un cuento o leyenda breve que explique uno de los fenómenos que siguen o algún otro que ustedes escojan. Ilustren su cuento con dibujos o fotos de revistas. Compartan su cuento con el resto de la clase.

- ¿Por qué vuelan los pájaros?
- ¿Por qué sale el sol cada día?
- ¿Por qué son verdes los pinos?
- ¿Por qué los perros son nuestros mejores amigos?
- ¿Por qué hay siete días en una semana?
- ¿Por qué hay desiertos?

Purpose The ***Charlemos un poco más*** activities allow students to use language for discussing past activities and expressing doubt in a variety of possible combinations. Responses in this section are much more open-ended and often have several possible correct answers.

G. Indeciso(a). Allow 2–3 min for pair work. Then call on several pairs to role-play each item for class. Answers will vary.

¿Vas a hacer un viaje este fin de semana? *Quizás haga un viaje.*
¿Vas a pasear en bicicleta este fin de semana? *No, pero quizás pasee en bicicleta mañana.*
¿Vas a ir a acampar este fin de semana? *Quizás vaya a acampar.*
¿Vas a nadar mucho este fin de semana? *Quizás nade mucho.*
¿Vas a dormir mucho este fin de semana? *No, pero quizás duerma mucho el próximo fin de semana.*
¿Vas a visitar a los parientes este fin de semana? *No, pero quizás los visite el lunes.*

H. El año que viene. Call on individual students. Sentences will vary.

Tal vez mi papá toque en la orquesta.
Tal vez mi hermano Chip trabaje en la oficina.
Tal vez yo saque buenas notas.
Tal vez Susana estudie álgebra.
Tal vez mis padres salgan mucho.
Tal vez tú seas miembro del Club de español.
Tal vez nosotros vayamos a todos los partidos.
Tal vez mi tía viaje a México.

CHARLEMOS UN POCO MÁS

A. Las aventuras de . . . Allow students 4–5 min to organize drawings and write. Then call on volunteers to read their stories to the class. Have them hold up appropriate drawings as they read.

B. Había una vez . . . Allow students 4–5 min to write and another 4–5 min to illustrate their stories. Then in groups of six, have them share their pieces with each other.

C. Quizás visites . . . Allow 2–3 min for group work. Then call on several groups to role-play trying to convince a classmate of the advantages of spending the summer in Costa Rica.

C. Quizás visites . . . Tomás vivirá con una familia en Costa Rica este verano. Está muy preocupado. Usa este dibujo y con un(a) compañero(a) traten de convencer a su amigo de que tal vez le guste Costa Rica.

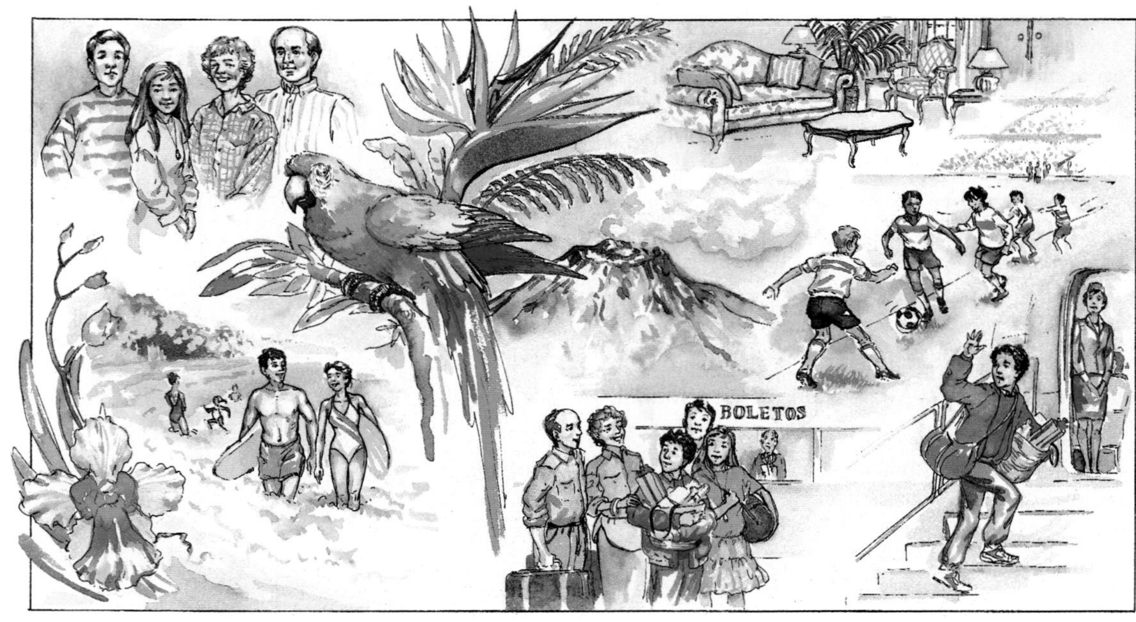

DRAMATIZACIONES

A and B. Assign **A** to half the class and **B** to the other half. Allow students 4–5 min to prepare role plays and call on volunteers to present them to the class.

Variation of A Have students make awards and present them to their classmates, explaining why particular students are deserving of such awards.

Dramatizaciones

A. ¡Premios! Es el fin del año escolar. Tú estás en un comité con el (la) director(a) de la escuela y un(a) profesor(a). Ustedes tres tienen que decidir quiénes van a recibir los siguientes premios. Sólo pueden nombrar a una persona para cada premio pero puede ser profesor(a) o estudiante. Dramatiza la situación con dos compañeros que harán el papel de director(a) y profesor(a).

El (La) más cómico(a)
El (La) más estudioso(a)
El (La) más activo(a)
El (La) más ¿ . . . ?
El (La) más deportivo(a)
El (La) más dramático(a)
El (La) más indeciso(a)

B. ¡No metas la pata! Tú y tres amigos van a preparar una breve sátira mostrando lo que han aprendido en la clase de español este año. Luego presentarán la sátira a la clase. La sátira puede ser sobre algo cultural o lingüístico.

Purpose The role plays in ***Dramatizaciones*** are designed to review the lesson structures and functions. Here students are expected to practice discussing past activities and expressing doubt. Encourage students to work without their books when performing their role plays.

LEAMOS AHORA

Estrategias para leer:
Interpretación de imágenes

A. El papel de las imágenes. Si tuvieras que seleccionar un animal como símbolo de ti mismo, ¿qué animal seleccionarías? ¿Por qué? ¿Qué cualidades comparten tú y el animal? ¿Cómo son similares el movimiento, la "personalidad" y el comportamiento del animal con los tuyos?

B. Metáforas. Muchos escitores literarios usan comparaciones inesperadas entre dos objetos, para hacer sus ideas o imágenes más vivas. Una comparación que dice que una cosa ***es*** otra cosa es una ***metáfora.*** En este poema, vas a encontrar una metáfora que empieza en los primeros dos versos *(líneas)* del poema y se mantiene hasta el último verso.

Lee el título del poema y mira los dibujos. ¿A qué cosa que vuela se refiere el poeta? Ahora lee los primeros dos versos del poema. ¿Cuáles son las dos cosas que Alarcón está comparando?

C. Para anticipar. Antes de leer el poema, piensa un poco en los pájaros. Prepara una lista de todas las cualidades y características de los pájaros que se te ocurran. ¿Tienen todos los pájaros las mismas cualidades? Después de leer el poema, vuelve a leer tu lista. ¿Mencionó el poeta todo lo que hay en tu lista? ¿Mencionó el poeta algunas cualidades o características de pájaros que no se te ocurrieron a ti?

CH. Interpretación de imágenes. Ahora lee el poema completo. Léelo otra vez y, aún una tercera vez. Fíjate en la riqueza de imágenes visuales. Prepara un cuadro similar al que sigue. Escribe en una columna los símbolos que el poeta menciona en cada estrofa *(agrupación de cinco versos)* y en otra lo que las imágenes creadas por estos símbolos representan para ti.

Símbolos que veo . . .	**Imágenes de "palabras". . .**
1ra estrofa: pájaros	Las palabras en libros pueden llevarte a todas partes como los pájaros que vuelan a todas partes.
2da estrofa: nubes, viento, árboles	Las palabras pueden decribir lo imaginario, lo que sentimos, lo que vemos.

1. En tu opinión, ¿cuáles de los símbolos fueron los más fáciles de interpretar? ¿Por qué?
2. ¿Cuáles imágenes te gustaron más? ¿Por qué?
3. ¿Hay algunas imágenes que no supiste interpretar? ¿Cuáles?
4. Piensa en el poema completo. ¿Es posible que Alarcón esté usando "palabras" como una metáfora para otra cosa? ¿Qué podría ser esa cosa? ¿Por qué crees eso?

LEAMOS AHORA

Suggestions Use these questions as an advance organizer for the reading that follows. Allow students time to think about each question before calling on them to answer. In **CH**, get several interpretations of each symbol to illustrate how we often interpret the same things differently. In the last question, try to get students to see the metaphor between **palabras** and **libros**.

A. El papel de las imágenes. Las respuestas van a variar.

B. Metáforas. El poeta se refiere a los pájaros. Alarcón está comparando las palabras y los pájaros.

C. Para anticipar. Las respuestas van a variar.

CH. Interpretación de imágenes. Las respuestas van a variar.

Purpose This is the principal reading of the unit. Its purpose is to teach students to read using appropriate strategies. Here they will look at the relationship between poetic symbols and the images they represent for each of us.

Para volar

por
Francisco X. Alarcón

las palabras
son pájaros
que siguen
a los libros
y la primavera

a las palabras
les gustan
las nubes
el viento
los árboles

hay palabras
mensajeras
que vienen
de muy lejos
de otras tierras

para éstas
no existen
fronteras
sino estrellas
canto y luz

hay palabras
familiares
como canarios
y exóticas
como el quetzal

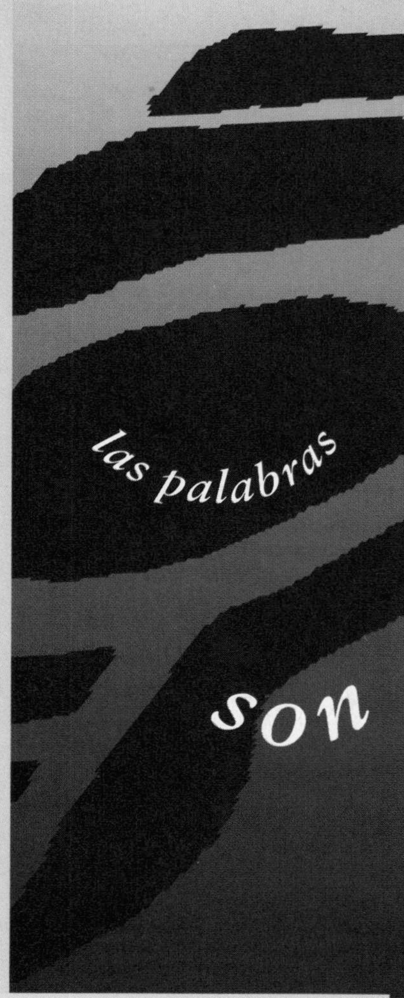

Verifiquemos

1. ¿Qué son las palabras, según el poeta? ¿Qué siguen las palabras? ¿Qué les gusta a las palabras?
2. ¿De dónde vienen las palabras mensajeras? ¿Qué no existe para las palabras mensajeras? ¿Qué sí existe?
3. ¿Con qué tipo de palabras compara el poeta los canarios? ¿El quetzal? ¿Por qué?
4. Aunque el poeta no lo dice directamente, ¿qué les pasa a las palabras que resisten el frío?
5. ¿Adónde se van las palabras que no resisten el frío? ¿Qué les pasa a las palabras difíciles de traducir?

Verifiquemos

Answers

1 Son pájaros. Siguen a los libros y la primavera. Les gustan las nubes, el viento y los árboles.
2 Vienen de muy lejos, de otras tierras. No existen fronteras; sólo existen estrellas, canto y luz.
3 Los canarios son como las palabras familiares, el quetzal es como las palabras exóticas. Dice esto porque los canarios son muy familiares, comunes y el quetzal es muy exótico.
4 Se quedan durante el invierno; no emigran.
5 Se van con el sol hacia el sur. Las difíciles de traducir se mueren enjauladas.
6 El orden correcto es: d, f, c, e, a, ch, b.
7 Las respuestas van a variar.

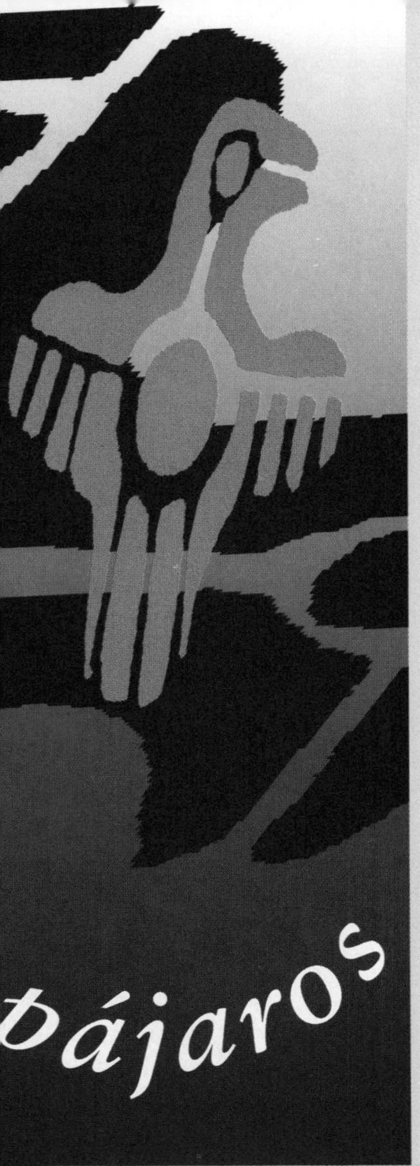

unas resisten
el frío
otras se van
con el sol
hacia el sur

hay palabras
que se mueren
enjauladas
difíciles
de traducir

y otras
hacen nido 1
tienen crías 2
les dan calor
alimento 3

les enseñan
a volar
y un día
se marchan
en parvadas 4

las letras
en la página
son las huellas 5
que dejan
junto al mar

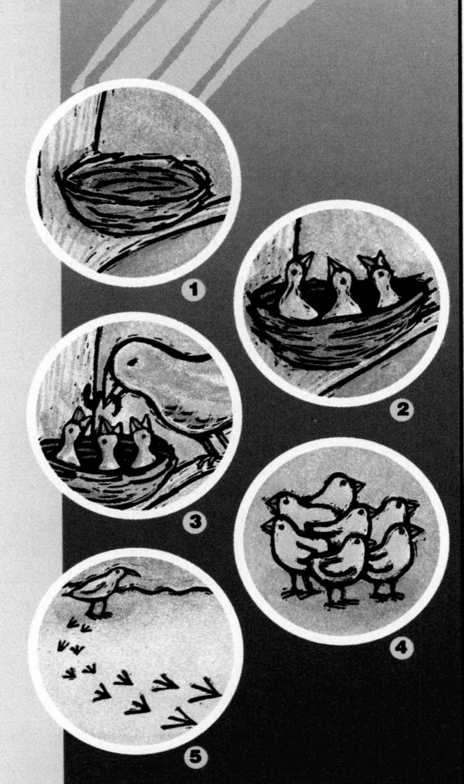

6. Pon en orden cronológico el proceso de las palabras que hacen nido:

- **a.** enseñan a las crías a volar
- **b.** dejan impresiones de sus pies en la playa
- **c.** les dan un lugar cómodo y calentito para vivir a las crías
- **ch.** se van, todas en grupo
- **d.** hacen nido
- **e.** les dan de comer a las crías
- **f.** tienen crías

7. ¿Qué opinas tú: son las palabras como los pájaros? Explica tu respuesta.

ESCRIBAMOS AHORA

A. Empezar. Have students read individually. Then ask if the **camino/lengua** metaphor is a vaild one. Have them explain why or why not.

B. Seleccionar. Allow 3–4 min for group work. Then give students a couple of minutes to decide on the metaphor they wish to develop further.

C. Organizar. Allow students 4–5 min to organize all the information they want to include in their poem. Encourage them to decide on an organizing approach and to stick with it.

ESCRIBAMOS AHORA

Estrategias para escribir:
Metáforas en poemas

A. Empezar. En *Para volar,* Alarcón usa los pájaros como metáfora para las palabras. A pesar de ser muy sencillo en forma, es un poema lleno de imágenes visuales fuertes que comparan a los pájaros con las palabras. Ahora, después de dos años de estar aprendiendo a comunicar en español, tú vas a seleccionar tu propia metáfora para desarrollar en un poema sobre el significado que una ''lengua'' tiene para ti. Puedes, por ejemplo, comparar las lenguas a los caminos. En ese caso, podrías pensar en los diferentes tipos de caminos que hay, adónde van los caminos, de qué están hechos, qué se puede ver al viajar por un camino, quiénes usan los caminos, etc. Y claro, tendrás que pensar en cómo cada una de estas cualidades y características puede representar algo importante de las lenguas.

B. Seleccionar. Primero debes seleccionar una metáfora. Puedes usar la de camino / lengua o, si prefieres, puedes seleccionar una propia. Para ayudarte a decidir, trabaja con tres o cuatro amigos y preparen una lista de cosas que se pueden comparar con una lengua. De la lista, selecciona una o dos cosas que te interesen a ti y empieza a preparar una lista de cualidades y características que podrías usar en tu poema.

C. Organizar. Ahora organiza tus ideas. Usa un cuadro como el que sigue, u otra manera de organizar tus ideas para el poema que prefieras. Usa un marcador para ayudarte a agrupar ideas similares o enumera *(ordena)* tus ideas en el orden en que piensas usarlas en tu poema.

Símbolos: caminos	Imágenes: lenguas
Van a todas partes.	Comunican con todo el mundo.

Purpose In this section, students practice using metaphors by writing a poem about what language means to them. They will brainstorm before writing a first draft, then share and revise the first draft, and lastly complete a final draft. You may want to ask students to illustrate their poems in the publication phase.

CH. Primer borrador. Escribe ahora la primera versión de tu poema. Tal vez quieras usar *Para volar* como modelo. Trata de usar palabras vivas y descriptivas que le ayuden al lector de tu poema a "ver" lo que tú te imaginas. Dale un título apropiado a tu poema. Debe ser un título que sugiera la metáfora que piensas desarrollar.

D. Compartir. Lee el poema de dos compañeros y que ellos lean el tuyo. Pídeles que hagan un breve resumen de tu poema para ver si lo entendieron. También pídeles sugerencias para hacerlo más claro y más efectivo. Haz el mismo tipo de comentario sobre sus poemas.

E. Revisar. Haz cambios en tu poema a base de las sugerencias de tus compañeros. Luego, antes de entregarlo, dáselo a dos compañeros de clase para que lo lean una vez más. Esta vez pídeles que revisen la forma y la estructura. En particular, pídeles que te digan si has sido consistente en el uso de tu metáfora.

F. Versión final. Escribe la versión final de tu poema incorporando las correcciones que tus compañeros de clase te indicaron. Presta mucha atención al formato. Piensa en la versión final como uno de varios poemas que se van a presentar en una sala de exhibiciones.

G. Publicar. Cuando tu profesor(a) te devuelva tu poema, prepáralo para publicar. Escríbelo en una hoja de papel especial de 8 1/2 x 14 o más grande. Luego dibuja varias imágenes visuales apropiadas (o usa dibujos de revistas) para ilustrar los símbolos o las imágenes de tu poema. Las ilustraciones pueden estar en el margen, todo alrededor del poema o en el fondo del poema. Entrega tu creación artística para que tu profesor(a) pueda usarla para decorar la sala de clase a principios del año próximo. Considera tu obra maestra un mensaje literario personal para una futura clase de estudiantes de español.

CH. Primer borrador. You may have students do their first drafts in class, if time permits, or as homework. Encourage students to use descriptive and visual words.

D. Compartir. Have students gather in "response groups" of two or three. Allow them time to read each other's poems. Remind group members to begin commentary with at least one positive comment, and then to make suggestions on content, structure, and vocabulary.

E. Revisar. Tell students that you will grade holistically, focusing on communication and on the appropriateness and consistency in use of the metaphor.

F. Versión final. Grade the essays holistically. The grade should be affected only by ability to communicate a message and by the effectiveness of the metaphor.

G. Publicar. You may want to have students do this as homework. As students turn in their illustrated poems, put them up on the classroom walls for all to see.

¿POR QUÉ SE DICE ASÍ?

Manual de gramática

1.1 **Margin box: page 10**

Note Sections 1.1 through 1.8 are grammar review from **¡DIME! UNO.**

UNIDAD 1

LECCIÓN 1

1.1 THE VERBS GUSTAR AND ENCANTAR

In ¡**DIME!** UNO you learned that the verb **gustar** expresses likes and dislikes and that the verb **encantar** is used to talk about things you really like, or love. Both verbs are always preceded by an indirect object pronoun.

Indirect Object Pronouns			
a mí	**me** gusta(n)	**nos** gusta(n)	a nosotros(as)
a ti a usted	**te** gusta(n) **le** gusta(n)	**os** gusta(n) **les** gusta(n)	a vosotros(as) a ustedes
a él, a ella	**le** gusta(n)	**les** gusta(n)	a ellos, a ellas

¿**Te** gusta? — *Do you like it?*
Le gusta la música. — *He (She) likes music.*
Nos encanta bailar. — *We love to dance.*

- If more than one thing is liked or loved, the verb is in the plural.

Me encant**an** las vacaciones. — *I love vacations.*
Le gust**an** los deportes. — *He (She) likes sports.*
No nos gust**an** los huevos. — *We don't like eggs.*
Les encant**an** sus clases. — *They really like their classes.*

Note that **encantar** is not used negatively.

- The formula **a** + [*a name or pronoun*] is frequently used to clarify or emphasize who is doing the liking or disliking.

To clarify:
¿Le gusta **a Rafael**? — *Does Rafael like it?*
A **ellos** no les gusta. — *They don't like it.*

To emphasize:
¡Tú sabes que **a mí** me encantan los postres! — *You know that I love desserts!!*
Pues, ¡**a todos nosotros** nos encantan! — *Well, we all love them.*

Vamos a practicar

UNIDAD 1

a. ¿Te gusta? ¿Cuáles de estas actividades te gustan y cuáles no? ¿Hay algunas que te encantan?

MODELO correr
Me gusta correr. o
No me gusta correr. o
Me encanta correr.

1. limpiar la casa
2. hacer la tarea
3. viajar
4. trabajar
5. bailar
6. escribir poemas
7. ir al cine
8. hablar por teléfono

b. Actividades favoritas. Éstas son las actividades favoritas de ciertas personas. ¿Qué puedes decir tú de las personas y sus actividades favoritas?

MODELO a Roberta: tocar la guitarra
A Roberta le encanta tocar la guitarra.

1. a Toni: asistir a conciertos
2. a Ernesto y a mí: preparar la comida
3. a Andrea: llevar ropa elegante
4. a todos nosotros: escuchar música
5. a Elisa y a Víctor: practicar los deportes
6. a mamá: ver televisión
7. a mí: ir a fiestas
8. a ti: pasear en bicicleta

c. Siempre de moda. Hortensia siempre lleva ropa muy elegante y siempre dice lo que piensa de la ropa de los demás. ¿Qué piensa de esta ropa?

MODELO pantalones morados ☺
Le gustan esos pantalones morados.

sudadera marrón ☹
No le gusta esa sudadera marrón.

1. camisa anaranjada ☹
2. calcetines verdes ☹
3. suéter rojo ☺
4. zapatos blancos ☺
5. chaqueta azul ☹
6. sombrero negro ☺
7. traje amarillo ☹
8. camisetas rosadas ☺

Vamos a practicar

These exercises may be done as oral or written work.

Additional Exercises
Textbook: pages 10–12
Cuaderno: Unidad 1, Lección 1

a. ¿Te gusta? Answers will vary.
1 No me gusta limpiar la casa.
2 Me gusta hacer la tarea.
3 Me encanta viajar.
4 No me gusta trabajar.
5 Me gusta bailar.
6 Me encanta escribir poemas.
7 Me gusta ir al cine.
8 Me encanta hablar por teléfono.

b. Actividades favoritas.
1 A Toni le encanta asistir a conciertos.
2 A Ernesto y a mí nos encanta preparar la comida.
3 A Andrea le encanta llevar ropa elegante.
4 A todos nosotros nos encanta escuchar música.
5 A Elisa y a Víctor les encanta practicar los deportes.
6 A mamá le encanta ver televisión.
7 A mí me encanta ir a fiestas.
8 A ti te encanta pasear en bicicleta.

c. Siempre de moda.
1 No le gusta esa camisa anaranjada.
2 No le gustan esos calcetines verdes.
3 Le gusta ese suéter rojo.
4 Le gustan esos zapatos blancos.
5 No le gusta esa chaqueta azul.
6 Le gusta ese sombrero negro.
7 No le gusta ese traje amarillo.
8 Le gustan esas camisetas rosadas.

ch. Preferencias. Answers will vary.

1.2 **Margin box: page 12**

ch. Preferencias. ¿Qué opinan los miembros de tu familia de estas bebidas y comidas?

EJEMPLO **A mi mamá le gustan las albóndigas.**

a mi mamá		las hamburguesas
a mi hermano(a)		el café
a mis hermanos(as)	gustar	las albóndigas
a mí	no gustar	la salsa picante
a [¿ . . . ?] y a mí	encantar	los postres
a mi papá		la ensalada
a [¿ . . . ?]		las papas fritas

1.2 PRESENT INDICATIVE TENSE: REGULAR VERBS

You have learned that there are three types of verbs: **-ar**, **-er**, **-ir** and that these verbs are conjugated in the present indicative tense by replacing the **-ar**, **-er**, **-ir** endings with the ending corresponding to the subject. The following chart shows the present tense endings.

Present Tense			
	-ar mirar	*-er* leer	*-ir* asistir
yo	mir**o**	le**o**	asist**o**
tú	mir**as**	le**es**	asist**es**
usted	mir**a**	le**e**	asist**e**
él, ella	mir**a**	le**e**	asist**e**
nosotros(as)	mir**amos**	le**emos**	asist**imos**
vosotros(as)	mir**áis**	le**éis**	asist**ís**
ustedes	mir**an**	le**en**	asist**en**
ellos, ellas	mir**an**	le**en**	asist**en**

Siempre **miramos** los mismos programas.	*We always watch the same programs.*
¿Qué **lees**?	*What are you reading?*
¿**Asiste** a la universidad?	*Does he attend the university?*

Vamos a practicar

UNIDAD 1

a. Los fines de semana. ¿Qué hacen estas personas los fines de semana?

EJEMPLO **La profesora califica exámenes.**

la profesora	asistes a conciertos
tú	salen con sus amigos
Beto y Jaime	charlamos mucho
yo	camino en las montañas
el director	llevan ropa elegante
mis padres	come pizza
Clara y yo	visitas a los parientes
ustedes	preparamos comida especial
	practica deportes
	alquilo videos
	leen revistas y libros
	califica exámenes

b. Nueva amiga. Óscar acaba de conocer a Paula y quiere saber más de ella. Completa su conversación con estos verbos.

ayudar	bailar	invitar	nadar
pasar	pasear	practicar	trabajar

Óscar: ¿____ tú muchos deportes durante el verano?
Paula: Sí, ____ todos los días. Además, mis amigos y yo ____ en bicicleta.
Óscar: ¿____ también?
Paula: No, solamente en la casa. Mis hermanos y yo ____ a mamá con la casa.
Óscar: ¿Y de noche? ¿Qué haces?
Paula: ____ tiempo con mis amigos. A veces ellos me ____ a una discoteca y nosotros ____ toda la noche.

c. Mi colegio. ¿Cómo describe Febe su rutina en el nuevo colegio?

MODELO todo / días / (yo) asistir a / colegio Central
Todos los días asisto al colegio Central.

1. (ellos) abrir / puertas / 7:00 / y yo / entrar / en seguida
2. (yo) aprender mucho / en todo / mi / clases
3. en / clase de inglés / profesora hacer / mucho / preguntas y todo / nosotros / responder
4. (nosotros) leer / libros / interesante / y escribir / mucho / composiciones
5. mediodía / todos / comer / cafetería
6. durante / recreo / (nosotros) beber / refrescos / patio
7. mi / amigos y yo / salir / colegio / 4:00
8. ¿qué / hacer tú / en / colegio?

Vamos a practicar

These exercises may be done as oral or written work.

Additional Exercises
Textbook: pages 12–14
Cuaderno: Unidad 1, Lección 1

a. Los fines de semana.
Answers will vary. The following are sample responses.
1 La profesora califica exámenes.
2 Tú asistes a conciertos.
3 Beto y Jaime salen con sus amigos.
4 Yo camino en las montañas.
5 El director come pizza.
6 Mis padres llevan ropa elegante.
7 Clara y yo charlamos mucho.
8 Ustedes leen revistas y libros.

b. Nueva amiga.
Óscar: Practicas
Paula: nado, paseamos
Óscar: Trabajas
Paula: ayudamos
Paula: Paso, invitan, bailamos

c. Mi colegio.
1 Abren las puertas a las 7:00 y entro en seguida.
2 Aprendo mucho en todas mis clases.
3 En la clase de inglés la profesora hace muchas preguntas y todos nosotros respondemos.
4 Leemos unos libros interesantes y escribimos muchas composiciones.
5 A mediodía todos comemos en la cafetería.
6 Durante el recreo bebemos unos refrescos en el patio.
7 Mis amigos y yo salimos del colegio a las 4:00.
8 ¿Qué haces tú en el colegio?

UNIDAD 1

ch. Después de las clases.

1 Rebeca y Daniela hablan por teléfono.
2 La profesora descansa.
3 Mis amigos y yo bailamos
4 Yo lavo el carro.
5 Santiago saca fotos.
6 Nena escribe una carta.
7 Enrique y Jacobo beben limonada.
8 Rafa y Bea corren.
9 Consuelo y Noemí pasean en bicicleta.
10 David y Hernando compran discos compactos.

ch. Después de las clases. ¿Qué hacen estas personas al salir de la escuela?

el director

MODELO **El director limpia la casa.**

VOCABULARIO ÚTIL:

bailar	beber	comprar	correr	descansar
escribir	hablar	lavar	pasear	sacar

1. Rebeca y Daniela

2. la profesora

3. mis amigos y yo

4. yo

5. Santiago

6. Nena

7. Enrique y Jacobo

8. Rafa y Bea

9. Consuelo y Noemí

10. David y Hernando

1.3 QUESTION WORDS

Question words are used to request information. Note that all question words have written accents.

Question Words			
¿Adónde?	*Where (to)?*	**¿Cuándo?**	*When?*
¿Dónde?	*Where?*	**¿Cuánto(a)?**	*How much?*
¿Cómo?	*How, what?*	**¿Cuántos(as)?**	*How many?*
¿Cuál(es)?	*Which, what?*	**¿Por qué?**	*Why?*
¿Qué?	*What?*	**¿Quién(es)?**	*Who?*

- Some question words have more than one form.

¿**Quién** es tu amiga? — *Who is your friend?*
¿**Quiénes** son esas chicas? — *Who are those girls?*

¿**Cuál** es tu carro? — *Which (one) is your car?*
¿**Cuáles** son sus deportes favoritos? — *What are your favorite sports?*

¿**Cuánto** dinero tienes? — *How much money do you have?*
¿**Cuánta** leche bebes? — *How much milk do you drink?*
¿**Cuántos** libros hay? — *How many books are there?*
¿**Cuántas** personas asistieron? — *How many people attended?*

- When **quién(es)** is used as the direct or indirect object, **a** must precede it.

¿**A** quién vas a llamar? — *Who(m) are you going to call?*
¿**A** quiénes les das regalos? — *Who(m) do you give gifts to?*

- Both **qué** and **cuál** correspond to the English word *what.* They are not always interchangeable, however.

Qué asks for a definition or explanation.

¿**Qué** es un "capibara"? — *What is a "capibara"?*
¿**Qué** hay de nuevo? — *What's new?*

Cuál asks for a selection.

¿**Cuál** es la fecha hoy? — *What's the date today?*
¿**Cuál** es tu nombre? — *What is your name?*
¿**Cuál** es tu dirección? — *What is your address?*
¿**Cuál** es tu teléfono? — *What is your phone number?*

- Question words that appear in statements still require the written accent.

Quiere saber **cómo** es Lima. — *He wants to know what Lima is like.*
No se a **qué** colegio asiste. — *I don't know what school he goes to.*

Vamos a practicar

These exercises may be done as oral or written work.

Additional Exercises
Textbook: page 14
Cuaderno: Unidad 1, Lección 1

a. Nueva ciudad.
1 Quién
2 Cuál
3 Qué
4 Cómo
5 Cuáles
6 Dónde
7 Cuándo
8 Por qué

b. ¡Cuántas preguntas!
1 Mi amiga quiere saber cuántas clases tengo.
2 Mi amiga quiere saber cuál es mi clase favorita.
3 Mi amiga quiere saber qué hago después de las clases.
4 Mi amiga quiere saber con quiénes estudio.
5 Mi amiga quiere saber adónde voy los fines de semana.
6 Mi amiga quiere saber cuántos años tengo.
7 Mi amiga quiere saber cómo es mi familia.
8 Mi amiga quiere saber cuándo practico deportes.

c. Conversando.
1 ¿Por qué no vas al cine conmigo?
2 ¿Qué tienes que estudiar?
3 ¿Dónde vas a estudiar?
4 ¿Con quién vas a estudiar?
5 ¿Cuándo es el examen?
6 ¿Cómo se llama el profesor?
7 ¿Cómo es?
8 ¿Adónde vas después del examen?

UNIDAD

Vamos a practicar

a. Nueva ciudad. Acabas de mudarte a una nueva ciudad. ¿Qué preguntas le haces a un nuevo amigo?

MODELO ¿____ escuelas secundarias hay aquí?
¿Cuántas escuelas secundarias hay aquí?

1. ¿____ es el alcalde *(mayor)*?
2. ¿____ es el medio de transporte más rápido?
3. ¿____ tiempo hace en el verano?
4. ¿____ son los restaurantes — caros?
5. ¿____ son las mejores tiendas para comprar ropa?
6. ¿____ está la oficina de correos?
7. ¿____ hay más festivales municipales — en verano o en invierno?
8. ¿____ te gusta vivir en esta ciudad?

b. ¡Cuántas preguntas! Acabas de recibir una carta de tu nueva amiga por correspondencia y le dices a tu mamá que tiene muchas preguntas. Ahora tu mamá quiere saber qué información pide tu amiga. ¿Qué le dices a tu mamá?

MODELO ¿A qué escuela asistes?
Mi amiga quiere saber a qué escuela asisto.

1. ¿Cuántas clases tienes?
2. ¿Cuál es tu clase favorita?
3. ¿Qué haces después de las clases?
4. ¿Con quiénes estudias?
5. ¿Adónde vas los fines de semana?
6. ¿Cuántos años tienes?
7. ¿Cómo es tu familia?
8. ¿Cuándo practicas deportes?

c. Conversando. Patricio habla por teléfono. ¿Qué preguntas le hace su amigo?

MODELO ¿____?
Estoy *bien* gracias, ¿y tú?
¿Cómo estás?

Amigo: ¿ 1 ?
Patricio: No voy al cine contigo *porque tengo que estudiar.*
Amigo: ¿ 2 ?
Patricio: Tengo que estudiar *química.*
Amigo: ¿ 3 ?
Patricio: Voy a estudiar *en la biblioteca.*
Amigo: ¿ 4 ?
Patricio: Voy a estudiar *con Lisa.* Es muy inteligente.
Amigo: ¿ 5 ?
Patricio: El examen es *el lunes.*
Amigo: ¿ 6 ?
Patricio: El profesor se llama *López.*
Amigo: ¿ 7 ?
Patricio: Es muy *exigente* pero es *bueno.*
Amigo: ¿ 8 ?
Patricio: Después del examen voy *al gimnasio.*

LECCIÓN 2

1.4 THE VERB ESTAR

The verb **estar** *(to be)* has the following forms:

estar	
estoy	estamos
estás	estáis
está	están

The verb **estar** is used in the following ways:

- To talk about conditions: health, taste, current appearance

Estoy muy cansado.	*I'm very tired.*
El postre **está** rico.	*The dessert is delicious.*
Estás muy guapo hoy.	*You look very handsome today.*

- To indicate location of people and things

¿Dónde **están** las papas?	*Where are the potatoes?*
Estamos en la misma clase.	*We're in the same class.*
Está a la derecha.	*It's on the right.*

- To form the progressive, with the **-ndo** form of verbs

¿Qué **están** haciendo?	*What are you doing?*
Estamos cantando una nueva canción.	*We're singing a new song.*
Abuelita **está** leyendo el periódico.	*Grandma is reading the newspaper.*

Vamos a practicar

a. ¡Qué día! ¿Cómo están estas personas?

MODELO Tengo que hacer mil cosas hoy.
Estoy muy ocupado.

VOCABULARIO ÚTIL:

aburrido	cansado	contento	rico	triste	furioso
guapo	listo	nervioso	ocupado	emocionado	

1. Irma tiene examen hoy.
2. No dormí bien anoche.
3. Llevas ropa muy elegante hoy.
4. A mí me encanta este helado.
5. Los novios van a su boda.
6. Los jugadores perdieron el partido.
7. Saqué una ''A'' en el examen.
8. El novio de Cristina salió con su amiga.
9. No tenemos nada que hacer.
10. Estudié mucho para el examen.

1.4 Margin boxes: pages 28–29

Vamos a practicar

These exercises may be done as oral or written work.

Additional Exercises
Textbook: pages 28–29
Cuaderno: Unidad 1, Lección 2

a. ¡Qué día! Answers may vary.

1. Irma está muy nerviosa.
2. Estoy muy cansado(a).
3. Estás muy guapo(a).
4. Estoy muy contento(a). *o* El helado está muy rico.
5. Están muy emocionados.
6. Están muy tristes.
7. Estoy muy contento(a).
8. Cristina está muy furiosa.
9. Estamos muy aburridos.
10. Estoy muy cansado(a). *o* Estoy listo(a).

b. Un tour.

1 Rebeca e Iris están en el Centro Cívico.
2 La doctora Fuentes está en el Museo de Historia.
3 Tú estás en la Plaza San Jacinto.
4 Francisco y Mariano están en el Parque Chamizal.
5 Beto está en el Estadio del Sun Bowl.
6 Yo estoy en Ciudad Juárez.
7 Nosotras estamos en la Misión Ysleta.
8 Ustedes están en el parque de diversiones "Western Playland".

c. El sábado.

1 Enrique y Sandra están jugando tenis.
2 La señora Martínez está abriendo un regalo.
3 Jorge está leyendo el periódico.
4 Clara y Micaela están tomando refrescos.
5 Ana está nadando.
6 Yo estoy comiendo pizza.
7 Papá está lavando el carro.
8 Carlos está escribiendo una carta.

b. Un tour. Hay ocho autobuses de turistas haciendo un tour por la ciudad de El Paso y sus alrededores. Di dónde están todos ahora.

MODELO el profesor Ramírez (la Universidad de Texas)
El profesor Ramírez está en la Universidad de Texas.

1. Rebeca e Iris (Centro Cívico)
2. la doctora Fuentes (el Museo de Historia)
3. tú (la Plaza San Jacinto)
4. Francisco y Mariano (el Parque Chamizal)
5. Beto (el Estadio del Sun Bowl)
6. yo (Ciudad Juárez)
7. nosotras (la Misión Ysleta)
8. ustedes (el parque de diversiones ''Western Playland'')

c. El sábado. Es el sábado y todos están ocupados. ¿Qué están haciendo estas personas?

Mamá

MODELO **Mamá está limpiando la casa.**

1. Enrique y Sandra

2. la señora Martínez

3. Jorge

4. Clara y Micaela

5. Ana

6. yo

7. Papá

8. Carlos

1.5 PRESENT TENSE: STEM-CHANGING VERBS

1.5 **Margin boxes: pages 30–31**

Some verbs in Spanish have irregular stems. (The stem is the infinitive minus the **-ar, -er,** or **-ir** ending.) In these verbs, the stressed vowel of the stem changes from **e → ie, o → ue,** or **e → i** in all forms except **nosotros** and **vosotros.** You should learn which verbs are stem-changing verbs.

Stem-Changing Verbs		
e → ie **empezar**	**o → ue** **contar**	**e → i** **pedir**
emp**ie**zo emp**ie**zas emp**ie**za	c**ue**nto c**ue**ntas c**ue**nta	p**i**do p**i**des p**i**de
empezamos empezáis emp**ie**zan	contamos contáis c**ue**ntan	pedimos pedís p**i**den

¿A qué hora **empieza** la clase? — *What time does class begin?*
Siempre me **cuentas** tus problemas. — *You always tell me your problems.*
Allí **pedimos** papas fritas. — *We order french fries there.*

Following is a list of common stem-changing verbs:

e → ie

cerrar, comenzar, despertar(se), divertir(se), empezar, entender, pensar, perder, preferir, querer, recomendar, sentar(se), sentir

o → ue

acostarse, almorzar, contar, costar, doler, dormir, encontrar, morir, poder, probar, recordar, volver

e → i

conseguir, pedir, repetir, seguir, servir, vestir(se)

Jugar is the only verb in which the stem vowel changes from **u → ue** in all present indicative forms except **nosotros** and **vosotros**.

Norma **juega** muy bien. — *Norma plays very well.*
Jugamos todos los días. — *We play every day.*

Vamos a practicar

These exercises may be done as oral or written work.

Additional Exercises
Textbook: pages 30–31
Cuaderno: Unidad 1, Lección 2

a. Los sábados.

Siempre **empiezo** los sábados a las diez de la mañana con un buen desayuno. (Los fines de semana **duermo** tarde, por supuesto.) Después **limpio** la casa y **lavo** el carro. Al terminar, **almuerzo** y si **puedo, salgo** a caminar en el parque. **Sigo** en el parque hasta la hora de merendar. Entonces **camino** a un café donde **pido** algo de beber. A veces **pruebo** los entremeses también. Luego **vuelvo** a casa. Después de cenar, **veo** televisión o **juego** a las cartas. **Me acuesto** tarde porque los domingos también **me despierto** tarde. **Me divierto** mucho los fines de semana.

UNIDAD

Vamos a practicar

a. Los sábados. Micaela acaba de escribir una carta sobre sus actividades. Personaliza la carta un poco más usando *yo* como sujeto en vez de *nosotros*.

> Querida amiga:
>
> Siempre *empezamos* los sábados a las diez de la mañana con un buen desayuno. (Los fines de semana *dormimos* tarde, por supuesto.) Después *limpiamos* la casa y *lavamos* el carro. Al terminar, *almorzamos* y si *podemos*, *salimos* a caminar en el parque. *Seguimos* en el parque hasta la hora de merendar. Entonces *caminamos* a un café donde *pedimos* algo de beber. A veces *probamos* los entremeses también. Luego *volvemos* a casa. Después de cenar, *vemos* televisión o *jugamos* a las cartas. *Nos acostamos* tarde porque los domingos también *nos despertamos* tarde. *Nos divertimos* mucho los fines de semana.

b. ¡Examen de español! Este fin de semana Micaela y sus amigos tienen que estudiar para un examen de español. Todos quieren hacer otras cosas pero no pueden. ¿Qué quieren hacer?

Raúl

MODELO **Raúl quiere ir al cine pero no puede.**

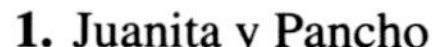

1. Juanita y Pancho

2. Aurelio

3. ustedes

4. yo

5. Amalia y Marcos

6. tú

7. Cecilia

8. nosotros

9. Dulce, María y Silvia

10. Armando

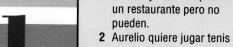

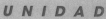

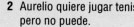

b. ¡Examen de español!

1 Juanita y Pancho quieren ir a un restaurante pero no pueden.
2 Aurelio quiere jugar tenis pero no puede.
3 Ustedes quieren ir a un concierto pero no pueden.
4 Yo quiero ir a una fiesta pero no puedo.
5 Amalia y Marcos quieren pasear en bicicleta pero no pueden.
6 Yo quiero ir al parque de diversiones pero no puedo.
7 Cecilia quiere comer pizza pero no puede.
8 Nosotros queremos ver la tele pero no podemos.
9 Dulce, María y Silvia quieren (ir a) nadar pero no pueden.
10 Armando quiere descansar pero no puede.

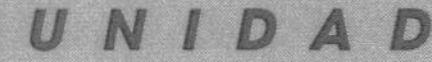

c. ¡Desorganizada!
1 cuentas
2 puedo
3 pierdes
4 ayudo
5 encuentro
6 puedes
7 cuestan
8 quiero
9 pides
10 podemos

c. ¡Desorganizada! Jorge acaba de llegar a casa. Completa la conversación que tiene con su hermana.

Jorge: ¡Hola hermana! ¿Qué me __1__ (contar)?
María: Hola. ¿Sabes? No __2__ (poder) encontrar mi regla.
Jorge: ¡Caramba, María! Tú siempre __3__ (perder) todo. ¿Te __4__ (ayudar) a buscarla?

Un poco después
María: Yo no la __5__ (encontrar).
Jorge: Ni yo tampoco. Pues, __6__ (poder) comprar otra. Por lo menos, las reglas no __7__ (costar) mucho.
María: Pero yo no __8__ (querer) usar mi dinero.
Jorge: ¿Por qué no le __9__ (pedir) dinero a mamá?
María: ¿Me acompañas?
Jorge: Sí, __10__ (poder) ir juntos.

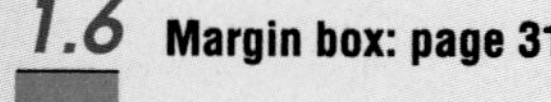

1.6 Margin box: page 31

1.6 PRESENT TENSE: IRREGULAR VERBS

Some verbs have irregular forms in the present tense. The following verbs have irregular **yo** forms:

conocer	**conozco**
dar	**doy**
decir (i)	**digo**
hacer	**hago**
oír	**oigo**
poner	**pongo**
saber	**sé**
salir	**salgo**
tener (ie)	**tengo**
traer	**traigo**
venir (ie)	**vengo**
ver	**veo**

Note that **decir**, **tener** and **venir** are also stem-changing verbs and that **oír (oigo, oyes, oye, oímos, oís, oyen)** is irregular throughout its conjugation.

Vamos a practicar

a. Marta. Ésta es la composición que Julia, la mejor amiga de Marta, escribió sobre Marta. ¿Qué piensa Marta al leer la composición? Para contestar la pregunta, cambia todos los verbos a la forma de *yo*.

> *Tiene* muchísimos amigos. *Conoce* a todo el mundo y siempre *da* buena impresión. *Asiste* a muchas fiestas y *sabe* bailar muy bien. *Sale* con un muchacho muy guapo. Lo *ve* mucho y *hace* muchas cosas con él. Le *dice* a todo el mundo que *tiene* una vida muy feliz.

b. ¡Feliz cumpleaños! Felipe está describiendo las fiestas de cumpleaños de su familia. Para saber lo que dice, completa este párrafo.

> Me encantan las fiestas de cumpleaños. Yo siempre ____ (hacer) mucho para ayudar a mi mamá. Antes de la fiesta, mamá y yo le ____ (preparar) un pastel muy rico. Más tarde yo ____ (salir) con papá para comprar los refrescos. Después, yo ____ (traer) unos discos de mi cuarto y ____ (poner) la música. Cuando Paquita, la vecina, ____ (oír) la música, ella ____ (venir) a la fiesta inmediatamente. Durante la fiesta nosotros ____ (comer) y ____ (escuchar) música y ____ (dar) regalos. Yo siempre ____ (dar) regalos muy bonitos. ¡Cuánto me ____ (gustar) las fiestas!

c. ¡Pobres padres! Todos los años los niños en el *kindergarten* dicen cosas muy divertidas los primeros días de clases. Completa estas oraciones para saber algunas de las cosas que dijeron este año.

1. Yo ____ (saber) que ____ (tener) diecinueve años.
2. No duermo bien porque ____ (oír) a mi hermano roncar *(snore)* toda la noche.
3. Yo no ____ (venir) a clase todos los días porque mis padres duermen toda la mañana.
4. Hoy ____ (traer, yo) a mi perro porque necesita una educación. Mamá dice que es tonto.
5. El 4 de julio siempre me ____ (poner) camisa blanca, pantalones rojos y calcetines azules.
6. Yo no ____ (conocer) a mi tía.
7. Yo siempre ____ (hacer) el desayuno para mis padres.
8. Papá dice que yo nunca ____ (decir) la verdad.

Vamos a practicar

These exercises may be done as oral or written work.

Additional Exercises
Textbook: pages 31–32
Cuaderno: Unidad 1, Lección 2

a. Marta

Tengo muchísimos amigos. **Conozco** a todo el mundo y siempre **doy** buena impresión. **Asisto** a muchas fiestas y **sé** bailar muy bien. **Salgo** con un muchacho muy guapo. Lo **veo** mucho y **hago** muchas cosas con él. Le **digo** a todo el mundo que **tengo** una vida muy feliz.

b. ¡Feliz cumpleaños!

Me encantan las fiestas de cumpleaños. Yo siempre **hago** mucho para ayudar a mi mamá. Antes de la fiesta, mamá y yo le **preparamos** un pastel muy rico. Más tarde yo **salgo** con papá para comprar los refrescos. Después, yo **traigo** unos discos de mi cuarto y **pongo** la música. Cuando Paquita, la vecina, **oye** la música, ella **viene** a la fiesta inmediatamente. Durante la fiesta nosotros **comemos** y **escuchamos** música y **damos** regalos. Yo siempre **doy** regalos muy bonitos. ¡Cuánto me **gustan** las fiestas!

c. ¡Pobres padres!

1 sé, tengo
2 oigo
3 vengo
4 traigo
5 pongo
6 conozco
7 hago
8 digo

UNIDAD 1

1.7 Margin box: page 43

Vamos a practicar

These exercises may be done as oral or written work.

Additional Exercises
Textbook: pages 43–44
Cuaderno: Unidad 1, Lección 3

a. Gemelos.
Tengo unos buenos amigos que se llaman Matilde y Mateo. Son bajos y morenos y muy delgados. Son muy simpáticos e inteligentes. Hablan tres lenguas. Además, son buenos estudiantes. Son serios y estudiosos. También son divertidos y muy alegres. Son muy buenos amigos.

UNIDAD 1

LECCIÓN 3

1.7 ADJECTIVES

Adjectives are words that describe nouns.

- Adjectives whose singular masculine form ends in **-o** have endings reflecting both *gender* (masculine or feminine) and *number* (singular or plural).

	Singular	Plural
masculine	alt**o**	alt**os**
feminine	alt**a**	alt**as**

- Most other adjectives have endings reflecting *number,* not gender.

Singular	Plural
inteligente	inteligent**es**
fenomenal	fenomenal**es**

- Adjectives must agree with the nouns they describe in number and gender. Adjectives usually follow the noun they describe.

¿Quién es esa chica moren**a**?	*Who is that dark girl?*
El señor brasileñ**o** canta bien.	*The Brazilian man sings well.*
¿Dónde están las carpetas viej**as**?	*Where are the old folders?*
No tengo zapatos azul**es**.	*I don't have blue shoes.*

- An adjective which describes both a masculine and a feminine noun must be in the masculine plural form.

El colegio y las clases son **fantásticos**.	*The school and the classes are fantastic.*

Vamos a practicar

a. Gemelos. Cambia esta descripción de Matilde a una descripción de Matilde y su hermano gemelo, Mateo. Matilde y Mateo son gemelos idénticos.

MODELO **Tengo unos buenos amigos que . . .**

Tengo una buena amiga que se llama Matilde. Es baja y morena y muy delgada. Es muy simpática e inteligente. Habla tres lenguas. Además, es buena estudiante. Es seria y estudiosa. También es divertida y muy alegre. Es muy buena amiga.

b. No es así. Héctor y Roberto fueron al mismo restaurante para comer anoche, pero tienen impresiones totalmente opuestas. ¿Cómo responde Roberto a los comentarios de Héctor? Selecciona los adjetivos apropiados.

aburrido / antipático / caro / lento / malo / poco / terrible / viejo

Héctor: ¡Qué buen restaurante es el Bodegón!
Roberto: ¡Al contrario! Ese restaurante es _____.
Héctor: La comida es excelente y económica.
Roberto: ¡No! La comida es _____ y _____.
Héctor: Dan mucha comida.
Roberto: Al contrario, dan _____ comida.
Héctor: El servicio es muy rápido.
Roberto: ¡Estás loco! El servicio es _____.
Héctor: Los camareros son simpáticos y jóvenes.
Roberto: ¡Qué va! Ellos son _____ y _____.
Héctor: Yo creo que es muy interesante comer allí.
Roberto: Yo no. Yo creo que es _____.

b. No es así.
malo
terrible, cara
poca
lento
antipáticos, viejos
aburrido

1.8 THE VERBS SER, IR AND TENER

1.8 **Margin boxes: pages 44–45**

The common verbs **ser**, **ir** and **tener** are irregular. The following chart presents their present tense conjugation.

ser	ir	tener
soy	voy	tengo
eres	vas	tienes
es	va	tiene
somos	vamos	tenemos
sois	vais	tenéis
son	van	tienen

The verb **ser** is used in the following ways:

- To identify a person, place, idea or thing

Ellas **son** mis primas. — *They are my cousins.*
Caracas **es** una ciudad hermosa. — *Caracas is a beautiful city.*
La educación **es** importante. — *Education is important.*
Sus libros **son** interesantísimos. — *His books are extremely interesting.*

- To describe inherent characteristics

El colegio **es** grande. — *The school is big.*
Siempre **eres** tan original. — *You are always so original.*

- To tell origin or nationality

Es de Maracaibo. — *She is from Maracaibo.*
Somos venezolanas. — *We are Venezuelan.*

The verb **ir** is used in the following ways:

- To talk about going places, with **ir a** + *place*

Vamos a El Paso.	*We're going to El Paso.*
Después de las clases, **voy a** mi clase de baile.	*After school, I go to my dance class.*

- To talk about future activities, with **ir a** + *infinitive*

Mañana **van a jugar** fútbol.	*Tomorrow they are going to play soccer.*
¿**Vas a contestar** la carta?	*Are you going to answer the letter?*

The verb **tener** is used in the following ways:

- To talk about possessions, relationships, commitments, and age

Tengo una mochila nueva.	*I have a new backpack.*
Tenemos muchos amigos.	*We have a lot of friends.*
Pepe **tiene** clase a las 9:00.	*Pepe has class at 9:00.*
Mi hermano **tiene** catorce años.	*My brother is fourteen.*

- To talk about obligations with **tener que** + *infinitive*

Tengo que llamarla.	*I have to call her.*
Tienen que practicar.	*They have to practice.*

- To form certain idiomatic expressions

tener calor	*to be hot*
tener frío	*to be cold*
tener hambre	*to be hungry*
tener sed	*to be thirsty*
tener cuidado	*to be careful*
tener sueño	*to be sleepy*
tener ganas de	*to feel like*
tener prisa	*to be in a hurry*
tener miedo (de)	*to be afraid (of)*
tener razón	*to be right*
tener suerte	*to be lucky*

No **tengo ganas de** ir.	*I don't feel like going.*
Los niños **tienen sueño.**	*The children are sleepy.*
Nosotros **tenemos razón;** ellos no.	*We're right; they're not.*
Yo **tengo calor,** pero ellos dicen que **tienen frío.**	*I'm hot, but they say they are cold.*
Nadie **tiene prisa,** ¿verdad?	*No one's in a hurry, right?*
¿**Tienes miedo de** caminar solo?	*Are you afraid to walk alone?*

Vamos a practicar

UNIDAD 1

a. Amigas por correspondencia. Josefina acaba de escribirle una carta a su nueva amiga por correspondencia. Para saber lo que dice, completa su carta con **ser.**

> Querida Susana:
>
> Yo ____ tu nueva amiga por correspondencia. Mi nombre ____ Josefina Delgado. ____ (yo) alta y rubia. Mi familia ____ de Italia pero vivimos en Nicaragua. Mis dos hermanos ____ estudiantes universitarios y mi hermanita y yo ____ estudiantes del Colegio San Juan. Mi papá ____ arquitecto y mi mamá ____ ingeniera. Los dos ____ muy trabajadores y buenos papás. ¿Cómo ____ tú? ¿Cómo ____ tu familia? Escríbeme pronto. Tengo muchas ganas de conocerte.
>
> Tu nueva amiga,
> Josefina

b. Planes. Todos tus amigos tienen planes para mañana. ¿Qué van a hacer?

MODELO Andrés: parque (jugar tenis)
Mañana Andrés va al parque. Va a jugar tenis.

1. María y Teresa: museo (ver artesanías)
2. tú: Restaurante Ofelia (probar la comida)
3. los Perón: aeropuerto (salir de viaje)
4. yo: cine (ver la nueva película)
5. la profesora: gimnasio (hacer ejercicio)
6. nosotros: tienda (comprar ropa)
7. ustedes: discoteca (bailar)
8. Luis: biblioteca (buscar un libro)

c. Obligaciones. Varios estudiantes están hablando en el patio de la escuela antes de empezar las clases. ¿Qué dicen?

MODELO Iris / tener que / escribir / composición
Iris tiene que escribir una composición.

1. Olga / tener / matemáticas / 10:00
2. yo / tener que / estudiar / después de / clases
3. Felipe / no tener / mochila
4. tú / tener / nuevo / computadora / ¿no?
5. Horacio / tener miedo / perros / grande
6. nosotros / tener / práctica de fútbol / 4:00
7. profesores / tener que / hablar / con el director / este / mañana
8. tú y yo / tener / francés / 1:30
9. Raquel y Mario / tener / mucho / libros / interesante
10. yo / tener ganas de / ir / cine

Vamos a practicar

These exercises may be done as oral or written work.

Additional Exercises
Textbook: pages 43–46
Cuaderno: Unidad 1, Lección 3

a. Amigas por correspondencia

Yo **soy** tu nueva amiga por correspondencia. Mi nombre **es** Josefina Delgado. **Soy** alta y rubia. Mi familia **es** de Italia pero vivimos en Nicaragua. Mis dos hermanos **son** estudiantes universitarios y mi hermanita y yo **somos** estudiantes del Colegio San Juan. Mi papá **es** arquitecto y mi mamá **es** ingeniera. Los dos **son** muy trabajadores y buenos papás. ¿Cómo **eres** tú? ¿Cómo **es** tu familia? Escríbeme pronto. Tengo muchas ganas de conocerte.

b. Planes.

1 Mañana María y Teresa van al museo. Van a ver artesanías.
2 Mañana tú vas al Restaurante Ofelia. Vas a probar la comida.
3 Mañana los Perón van al aeropuerto. Van a salir de viaje.
4 Mañana yo voy al cine. Voy a ver la nueva película.
5 Mañana la profesora va al gimnasio. Va a hacer ejercicio.
6 Mañana nosotros vamos a la tienda. Vamos a comprar ropa.
7 Mañana ustedes van a la discoteca. Van a bailar.
8 Mañana Luis va a la biblioteca. Va a buscar un libro.

c. Obligaciones.

1 Olga tiene matemáticas a las 10:00.
2 Yo tengo que estudiar después de las clases.
3 Felipe no tiene mochila.
4 Tú tienes una nueva computadora, ¿no?
5 Horacio tiene miedo de perros grandes.
6 Nosotros tenemos práctica de fútbol a las 4:00.
7 Los profesores tienen que hablar con el director esta mañana.
8 Tú y yo tenemos francés a la 1:30.
9 Raquel y Mario tienen muchos libros interesantes.
10 Yo tengo ganas de ir al cine.

ch. En el pasillo.

Paco: estás
Sara: Estoy, tengo, tengo
Paco: es
Sara: Es
Paco: es
Sara: Es, tiene
Paco: es
Sara: Es
Paco: tienes
Sara: Voy

ch. En el pasillo. Paco y Sara se encuentran en el pasillo de la escuela antes de las clases. Para saber lo que dicen, completa su conversación con la forma apropiada de **estar**, **ir**, **ser** o **tener**.

Paco: ¡Hola, chica! ¿Cómo ____?
Sara: Regular. ____ un poco preocupada porque ____ un examen en la clase de historia y ____ que estudiar mucho.
Paco: ¿Quién ____ el profesor?
Sara: ____ una profesora nueva — la señora Bustamante.
Paco: ¿Cómo ____? No la conozco.
Sara: ____ alta y ____ el pelo negro.
Paco: ¿A qué hora ____ la clase?
Sara: ____ mañana a las 2:00.
Paco: Entonces, ____ tiempo para estudiar.
Sara: Sí. ____ a la biblioteca a estudiar ahora mismo.

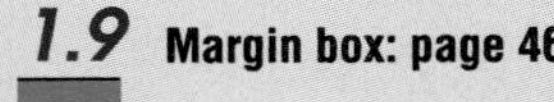

1.9 Margin box: page 46

1.9 HACER IN EXPRESSIONS OF TIME: PRESENT TENSE

To tell how long someone has been doing something, Spanish uses the verb **hacer** in the following structure:

hace + *[time]* + **que** + *[present tense]*

Hace dos semanas **que** asiste a la universidad.	*He has been attending the university for two weeks.*
Hace tres años **que** vivo aquí.	*I've lived here for three years.*
Hace un año **que** estudiamos español.	*We've been studying Spanish for a year.*

To ask how long someone has been doing something, Spanish uses the following structure:

¿Cuánto tiempo hace que + *[present tense]***?**

¿Cuánto tiempo hace que estudias español?	*How long have you been studying Spanish?*
¿Cuánto tiempo hace que toca el piano Pedro?	*How long has Pedro been playing the piano?*

Vamos a practicar

UNIDAD 1

a. Hace . . . ¿Cuánto tiempo hace que estas personas viven en El Paso?

MODELO Mariano: 2 años
Hace dos años que Mariano vive en El Paso.

1. Verónica: 1 año
2. Matías y Gloria: 10 meses
3. yo: 11 años
4. Rubén y Nacho: 7 años
5. la familia Sandoval: 3 semanas
6. mi hermano y yo: 5 años
7. tú: 8 meses
8. ustedes: muchos años

b. La familia de Leonor. Según Leonor, su familia es muy especial. ¿Por qué?

MODELO 5 años / tía / cantar ópera
Hace cinco años que mi tía canta ópera.

1. 9 años / mamá / tocar / piano
2. 11 años / papá / jugar fútbol
3. 6 años / hermano / hablar chino
4. 3 años / primos / bailar / ballet folklórico
5. 5 años / yo / practicar karate
6. 15 años / abuelo / escribir poemas
7. 13 años / tío / ser artista
8. 4 años / hermanas / hacer gimnasia

c. ¿Cuánto tiempo? Eres reportero(a) para el periódico escolar. Ahora estás preparando una lista de preguntas para hacerles a los profesores. ¿Qué les vas a preguntar a los profesores que tú tienes que entrevistar?

MODELO hablar español
¿Cuánto tiempo hace que usted habla español?

1. vivir en esta ciudad
2. ser profesor(a) de español
3. ser casado(a)
4. tener interés en otras culturas
5. escribir cartas en español
6. tener amigos que hablan español
7. leer novelas en español
8. tocar la guitarra
9. bailar el tango
10. participar en festivales internacionales

Vamos a practicar

These exercises may be done as oral or written work.

Additional Exercises
Textbook: page 46
Cuaderno: Unidad 1, Lección 3

a. Hace . . .

1 Hace un año que Verónica vive en El Paso.
2 Hace diez meses que Matías y Gloria viven en El Paso.
3 Hace once años que yo vivo en El Paso.
4 Hace siete años que Rubén y Nacho viven en El Paso.
5 Hace tres semanas que la familia Sandoval vive en El Paso.
6 Hace cinco años que mi hermano y yo vivimos en El Paso.
7 Hace ocho meses que tú vives en El Paso.
8 Hace muchos años que ustedes viven en El Paso.

b. La familia de Leonor.

1 Hace nueve años que mamá toca el piano.
2 Hace once años que papá juega fútbol.
3 Hace seis años que mi hermano habla chino.
4 Hace tres años que mis primos bailan ballet folklórico.
5 Hace cinco años que yo practico karate.
6 Hace quince años que mi abuelo escribe poemas.
7 Hace trece años que mi tío es artista.
8 Hace cuatro años que mis hermanas hacen gimnasia.

c. ¿Cuánto tiempo?

1 ¿Cuánto tiempo hace que usted vive en esta ciudad?
2 ¿Cuánto tiempo hace que usted es profesor(a) de español?
3 ¿Cuánto tiempo hace que usted es casado(a)?
4 ¿Cuánto tiempo hace que usted tiene interés en otras culturas?
5 ¿Cuánto tiempo hace que usted escribe cartas en español?
6 ¿Cuánto tiempo hace que usted tiene amigos que hablan español?
7 ¿Cuánto tiempo hace que usted lee novelas en español?
8 ¿Cuánto tiempo hace que usted toca la guitarra?
9 ¿Cuánto tiempo hace que usted baila el tango?
10 ¿Cuánto tiempo hace que usted participa en festivales internacionales?

2.1 Margin boxes: pages 65–66

LECCIÓN 1

2.1 DIRECT OBJECT PRONOUNS

You have learned that direct objects answer the questions *what?* or *who(m)?* after the verb. You have also learned that direct object pronouns are used to avoid repetition of nouns.

Comemos **arepas.**	*We eat arepas.*
Las comemos con mantequilla.	*We eat them with butter.*
¿Ves a **Luis**?	*Do you see Luis?*
No, no **lo** veo.	*No, I don't see him.*

The direct object pronouns in Spanish are given below.

Direct Object Pronouns			
me	**me**	**nos**	*us*
you (familiar)	**te**	**os**	*you (familiar)*
you (m. formal)	**lo**	**los**	*you (m. formal)*
you (f. formal)	**la**	**las**	*you (f. formal)*
him, it (m.)	**lo**	**los**	*them (m.)*
her, it (f.)	**la**	**las**	*them (f.)*

Like indirect object pronouns, direct object pronouns are placed . . .

- before conjugated verbs.

¿**Me** quieres?	*Do you love me?*
Te adoro, mi amor.	*I adore you, my love.*

- either before the conjugated verb or after and attached to an infinitive or the **-ndo** verb form.

Voy a hacer**la** ahora. **La** voy a hacer ahora.	*I'm going to do it now.*
Están mirándo**nos**. **Nos** están mirando.	*They're looking at us.*

- after and attached to the affirmative command form.

Di**me**.	*Tell me.*
Pídelas.	*Order them.*

- A written accent is always required when a pronoun is attached to the **-ndo** verb form or to command forms with two or more syllables.

Estoy **escuchándote**.	*I'm listening to you.*
Salúdalo de mi parte.	*Say hello to him for me.*

Vamos a practicar

a. ¿Los conoces? ¿Conoces estos lugares?

MODELO el Museo de Antropología en México
Lo conozco. o
No lo conozco

1. el río Misisipí
2. los parques de tu ciudad
3. la Casa Blanca
4. el Teatro Degollado en Guadalajara
5. las pirámides de Egipto
6. el Alcázar de Segovia
7. la catedral de Notre Dame en París
8. las Montañas Rocosas

b. ¡Qué triste! Tienes unos amigos muy pesimistas. Siempre se quejan *(complain)* de todo. ¿De qué se están quejando ahora?

MODELO invitar
Nadie nos invita.

1. saludar
2. ayudar
3. llamar
4. comprender
5. escuchar
6. querer
7. acompañar
8. visitar

c. ¡Mamáaa! Es el primer día de la escuela y Pepita está muy preocupada. ¿Qué dicen ella y su mamá?

MODELO llevar a la escuela (sí)
Pepita: **¿Vas a llevarme a la escuela?** o
¿Me vas a llevar a la escuela?
Mamá: **Sí, voy a llevarte.** o
Sí, te voy a llevar.

1. acompañar a la clase (no)
2. esperar después de las clases (sí)
3. ayudar con la tarea (sí)
4. visitar en la clase (no)
5. llamar al mediodía (no)
6. buscar a las tres (sí)

Vamos a practicar

These exercises may be done as oral or written work.

Additional Exercises
Textbook: pages 65–66
Cuaderno: Unidad 2, Lección 1

a. ¿Los conoces?
Answers will vary.
1 No lo conozco.
2 Los conozco.
3 No la conozco.
4 No lo conozco.
5 No las conozco.
6 Lo conozco.
7 La conozco.
8 Las conozco.

b. ¡Qué triste!
1 Nadie nos saluda.
2 Nadie nos ayuda.
3 Nadie nos llama.
4 Nadie nos comprende.
5 Nadie nos escucha.
6 Nadie nos quiere.
7 Nadie nos acompaña.
8 Nadie nos visita.

c. ¡Mamáaa! Answers will vary.
1 ¿Vas a acompañarme a la clase? *No, no te voy a acompañar a la clase.*
2 ¿Vas a esperarme después de las clases? *Sí, voy a esperarte después de las clases.*
3 ¿Me vas a ayudar con la tarea? *Sí, te voy a ayudar con la tarea.*
4 ¿Me vas a visitar en la clase? *No, no voy a visitarte en la clase.*
5 ¿Vas a llamarme a mediodía? *No, no voy a llamarte a mediodía.*
6 ¿Me vas a buscar a las tres? *Sí, te voy a buscar a las tres.*

ch. ¡Qué divertido!
1 Está jugándolo ahora.
2 Están viéndola ahora.
3 Estamos escuchándola ahora.
4 Está leyéndolas ahora.
5 Estoy haciéndola ahora.
6 Están lavándolos ahora.
7 Están tomándolo ahora.
8 Está tocándola ahora.

2.2 Margin boxes: pages 66–67

ch. ¡Qué divertido! La familia Torres pasa mucho tiempo haciendo sus cosas favoritas. Según Sancho, ¿qué están haciendo ahora?

MODELO A mamá le gusta leer el periódico.
Está leyéndolo ahora.

1. A Joaquín le gusta jugar tenis.
2. A mis hermanitos les gusta ver televisión.
3. A mamá y a mí nos gusta escuchar música.
4. A mi tía Celia le gusta leer sus revistas favoritas.
5. A mí me gusta hacer la tarea.
6. A papá y a Elena les gusta lavar los carros.
7. A mis abuelitos les gusta tomar chocolate.
8. A mi tío Pepe le gusta tocar la guitarra.

2.2 POSSESSIVE ADJECTIVES

In **¡DIME! UNO** you learned that possessive adjectives are used to indicate that something belongs to someone or to establish a relationship between people or things. You also learned possessive adjectives precede and agree in number and gender with the noun they modify.

Possessive Adjectives			
Singular	Plural	Singular	Plural
mi	**mis**	**nuestro** **nuestra**	**nuestros** **nuestras**
tu	**tus**	**vuestro** **vuestra**	**vuestros** **vuestras**
su	**sus**	**su**	**sus**

Es para **mi** clase de composición. — *It's for my composition class.*
¡Tú y **tus** ideas! — *You and your ideas!*
Nuestra clase es muy grande. — *Our class is very large.*
Ese niño no come **sus** arepas. — *That boy isn't eating his arepas.*

- Possession can also be expressed with the preposition **de**. This construction is especially useful if the meaning of **su(s)** is not clear from the context.

Su examen es mañana.
El examen **de ellos** es mañana. — *Their exam is tomorrow.*

Sus hermanos están en Perú. — *His brothers are in Peru.*
Los hermanos **de David** están en Perú. — *David's brothers are in Peru.*

Vamos a practicar

a. ¡Qué noche! Después de pasar la noche en casa de Amanda, todas las chicas están teniendo problemas en encontrar sus cosas. Según Amanda, ¿qué no encuentran?

Juanita

MODELO **Juanita no encuentra su reloj.**

1. nosotras

2. Noemí y Clara

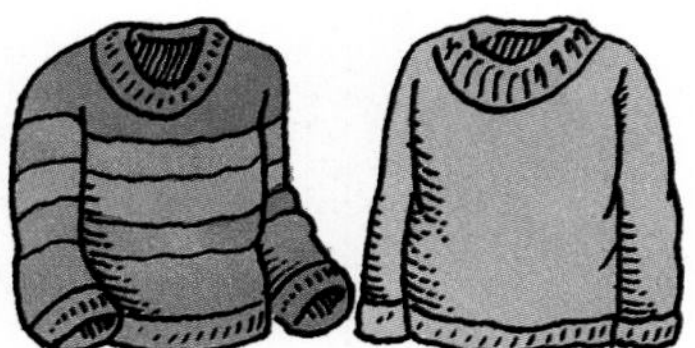

3. yo

4. Julia

5. Lilia

6. Marta y Eva

7. Enriqueta

8. tú

Vamos a practicar

These exercises may be done as oral or written work.

Additional Exercises
Textbook: pages 66–67
Cuaderno: Unidad 2, Lección 1

a. ¡Qué noche!

1 Nosotras no encontramos nuestros discos compactos.
2 Noemí y Clara no encuentran sus sombreros.
3 Yo no encuentro mis suéteres.
4 Julia no encuentra sus zapatos.
5 Lilia no encuentra sus fotos.
6 Marta y Eva no encuentran sus camisetas.
7 Enriqueta no encuentra su guitarra.
8 Tú no encuentras tu video.

b. Su orden. Tú y un grupo de amigos están en su restaurante favorito. Cuando el mesero trae la comida, te pregunta si sabes lo que pidieron todos. ¿Qué le dices?

MODELO La pizza, ¿es de David y Carlos?
Sí, es su pizza.

1. Los sándwiches, ¿son de Sole y Jorge?
2. La hamburguesa, ¿es de Amalia?
3. El pollo, ¿es de Matías y Yolanda?
4. Los refrescos, ¿son de Édgar y Chela?
5. El pastel de manzana, ¿es de Inés?
6. La sopa, ¿es de Lucas?
7. Las papas, ¿son de Laura?
8. El café, ¿es de Virginia y Roberto?

c. Álbum de fotos. Le estás enseñando un álbum de fotos a una nueva amiga. ¿Qué dicen?

MODELO abuela / tía
Tú: **¿Es tu abuela?**
Amiga: **No, es mi tía.**

1. primos / hermanos
2. mamá / tía
3. hermanos / sobrinos
4. tío / abuelo
5. hermana / prima
6. primo / papá

ch. Nuestra casa Describe la casa donde vives.

VOCABULARIO ÚTIL:
cómodo / incómodo
duro / blando
grande / pequeño
bonito / feo
moderno / viejo
elegante / ordinario

EJEMPLO sala
Nuestra sala es pequeña.

1. sofá
2. sillas
3. baños
4. televisor
5. cocina
6. comedor
7. alcobas
8. camas

b. Su orden.
1 Sí, son sus sándwiches.
2 Sí, es su hamburguesa.
3 Sí, es su pollo.
4 Sí, son sus refrescos.
5 Sí, es su pastel de manzana.
6 Sí, es su sopa.
7 Sí, son sus papas.
8 Sí, es su café.

c. Álbum de fotos.
1 ¿Son tus primos? *No, son mis hermanos.*
2 ¿Es tu mamá? *No, es mi tía.*
3 ¿Son tus hermanos? *No, son mis sobrinos.*
4 ¿Es tu tío? *No, es mi abuelo.*
5 ¿Es tu hermana? *No, es mi prima.*
6 ¿Es tu primo? *No, es mi papá.*

ch. Nuestra casa.
Answers will vary.
1 Nuestro sofá es cómodo.
2 Nuestras sillas son feas.
3 Nuestros baños son grandes.
4 Nuestro televisor es moderno.
5 Nuestra cocina es ordinaria.
6 Nuestro comedor es elegante.
7 Nuestras alcobas son pequeñas.
8 Nuestras camas son duras.

LECCIÓN 2

2.3 Margin boxes: pages 83–85

2.3 THE PRETERITE OF REGULAR AND THREE IRREGULAR VERBS

The preterite is used to talk about what happened in the past. There are two sets of endings for regular verbs in the preterite: one for **-ar** verbs and one for **-er** and **-ir** verbs.

Preterite of *-ar* and *-er, ir* Verbs		
pas**ar**	com**er**	sal**ir**
pas**é**	com**í**	sal**í**
pas**aste**	com**iste**	sal**iste**
pas**ó**	com**ió**	sal**ió**
pas**amos**	com**imos**	sal**imos**
pas**asteis**	com**isteis**	sal**isteis**
pas**aron**	com**ieron**	sal**ieron**

Lo **pasé** muy bien. — *I had a great time.*
¿No **comiste** nada? — *Didn't you eat anything?*
Ni **salimos** de Caracas. — *We didn't even leave Caracas.*

Some verbs require a spelling change in the preterite to maintain consistent pronunciation of the verb stem.

- An unaccented **i** between two vowels changes to **y.**

Papá lo **leyó** ayer. — *Dad read it yesterday.*
No **oyeron** las noticias. — *They didn't hear the news.*

Note that this rule affects the **usted / él / ella** and the **ustedes / ellos / ellas** forms of the preterite.

- The letter **c** changes to **qu** before **e** or **i**.

Practiqué el piano una hora. — *I practiced the piano an hour.*

Note that this rule affects the **yo** form of verbs ending in **-car**: practi**car**, califi**car**, expli**car**, etc.

- The letter **g** changes to **gu** before **e** or **i**.

Llegué tarde. — *I got there late.*

Note that this rule affects the **yo** form of verbs ending in **-gar**: lle**gar**, pa**gar**, ju**gar**, obli**gar**, etc.

- The letter **z** changes to **c** before **e** or **i**.

Comencé mi tarea.	*I began my homework.*

Note that this rule affects the **yo** form of verbs ending in **-zar**: comen**zar**, empe**zar**, almor**zar**, especiali**zar**, etc.

The verbs **ir, ser,** and **hacer,** which are very common, are irregular in the preterite. Note that **ir** and **ser** have identical forms. The context in which they are used always clarifies meaning.

Preterite of *ir, ser,* and *hacer*

ir	ser	hacer
fui	fui	hice
fuiste	fuiste	hiciste
fue	fue	hizo
fuimos	fuimos	hicimos
fuisteis	fuisteis	hicisteis
fueron	fueron	hicieron

Fuimos a Brasil.	*We went to Brasil.*
El viaje **fue** fantástico.	*The trip was fantastic.*
¿Qué **hicieron** ustedes?	*What did you do?*

Vamos a practicar

a. Ayer. La familia de Inés hace estas cosas todos los días. Según Inés, ¿qué hicieron ayer?

MODELO Ayer, yo me **desperté** a las . . .

Yo me **despierto** a las seis y cuarto pero no me **levanto** hasta las seis y media. Primero **desayunamos** y después, mi mamá **prepara** el almuerzo y mis hermanos y yo nos **arreglamos** para las clases. Mi papá nos **lleva** a la escuela. **Llegamos** a la escuela a las ocho y **pasamos** seis horas allí. Después de las clases yo **trabajo** en un café y mis hermanos **practican** deportes. Raúl **juega** fútbol y Micaela, tenis. **Llego** a casa muy cansada a eso de las seis. Todos **cenamos**, y después **estudio** mis lecciones y me **acuesto** temprano.

Vamos a practicar

These exercises may be done as oral or written work.

Additional Exercises
Textbook: pages 83–85
Cuaderno: Unidad 2, Lección 2

a. Ayer. Ayer, yo me **desperté** a las seis y cuarto pero no me **levanté** hasta las seis y media. Primero **desayunamos** y después, mi mamá **preparó** el almuerzo y mis hermanos y yo nos **arreglamos** para las clases. Mi papá nos **llevó** a la escuela. **Llegamos** a la escuela a las ocho y **pasamos** seis horas allí. Después de las clases yo **trabajé** en un café y mis hermanos **practicaron** deportes. Raúl **jugó** fútbol y Micaela, tenis. **Llegué** a casa muy cansada a eso de las seis. Todos **cenamos**, y después **estudié** mis lecciones y me **acosté** temprano.

b. En el parque. León y sus amigos pasaron la tarde en el parque. Según León, ¿qué hicieron?

MODELO mi / amigos / yo / decidir ir / parque
Mis amigos y yo decidimos ir al parque.

1. yo / aprender/ nuevo juego / y recibir / premio
2. Jaime / descubrir / carros chocones
3. nosotros / subir a los carros / divertirse
4. todos / oír / nuestro / gritos
5. Pablo / comer / mucho / hamburguesas
6. Enrique / Tomás / beber / mucho / refrescos
7. nosotros / salir tarde / y perder el autobús
8. yo / volver / casa / y escribir / carta / mi abuelo

c. Un buen día. Sofía le escribió esta notita a su amiga Ana. Completa la nota con las formas apropiadas de **hacer, ir** y **ser**.

Ayer (1) un día buenísimo. Yo (2) al colegio a pie. (3) muy buen tiempo todo el día. Las clases (4) divertidas. (5) muchas cosas interesantes. Por la tarde, mi clase de biología (6) una excursión al lago. Y tú, ¿qué (7) ? ¿(8) (tú) a una parte interesante? Escríbeme.

ch. Después de las clases. Antonio y Bárbara están hablando. Para saber lo que dicen, completa su conversación con la forma apropiada del verbo indicado.

1. ir
2. buscar (yo)
3. encontrar
4. ir
5. ver (ustedes)
6. ver (nosotros)
7. gustar
8. ser
9. llegar
10. hacer
11. jugar
12. jugar
13. conocer
14. ganar
15. ser

Antonio: ¿Adónde (1) ayer después de las clases? Te (2) pero no te (3) .
Bárbara: (4) al cine con Verónica.
Antonio: ¿Ah sí? ¿Qué (5) ?
Bárbara: (6) una nueva película de terror.
Antonio: ¿Les (7) ?
Bárbara: Sí, (8) buenísima y muy larga. Yo no (9) a casa hasta las siete. Y tú, ¿qué (10) ?
Antonio: (11) tenis.
Bárbara: ¿Con quién (12) ?
Antonio: Con Manuel, un nuevo amigo que (13) allí.
Bárbara: ¿Quién (14) ?
Antonio: Nadie. (15) un empate.

b. En el parque.
1 Yo aprendí un nuevo juego y recibí un premio.
2 Jaime descubrió los carros chocones.
3 Nosotros subimos a los carros y nos divertimos.
4 Todos oyeron nuestros gritos.
5 Pablo comió muchas hamburguesas.
6 Enrique y Tomás bebieron muchos refrescos.
7 Nosotros salimos tarde y perdimos el autobús.
8 Yo volví a casa y le escribí una carta a mi abuelo.

c. Un buen día.
1 fue
2 fui
3 Hizo
4 fueron
5 Hice
6 hizo
7 hiciste
8 Fuiste

ch. Después de las clases.
1 fuiste
2 busqué
3 encontré
4 Fui
5 vieron
6 Vimos
7 gustó
8 fue
9 llegué
10 hiciste
11 Jugué
12 jugaste
13 conocí
14 ganó
15 Fue

2.4 **Margin box: page 86**

2.4 ADJECTIVES OF NATIONALITY

The masculine/feminine and singular/plural forms of most adjectives of nationality follow one of three patterns depending on whether the singular forms end in a vowel or a consonant.

- Adjectives of nationality whose singular masculine form ends in **-o** have a feminine form ending in **-a.** The plural of these adjectives is formed by adding **-s.**

	singular	plural
masculine	colombian**o**	colombian**os**
feminine	colombian**a**	colombian**as**

The following are some common adjectives of nationality whose singular masculine form ends in **-o.**

argentino
boliviano
brasileño
colombiano
coreano
cubano
chileno
chino
dominicano
ecuatoriano
europeo
filipino
griego
guatemalteco
hondureño
italiano
mexicano
paraguayo
peruano
puertorriqueño
ruso
salvadoreño
sueco
suizo
uruguayo
venezolano

- Adjectives of nationality whose singular form ends in **-e, -a,** or an accented **-í** have only one form which is both masculine and feminine. The plural of these adjectives is formed by adding **-s** to those ending in **-e** or **-a** and **-es** to those ending in **-í.**

	singular	plural
masculine / **feminine**	canadiens**e**	canadiens**es**
	israelit**a**	israelit**as**
	paquistan**í**	paquistan**íes**

The following are some common adjectives of nationality whose singular form ends in **-e, -a,** or **-í.**

canadiense
costarricense
estadounidense
israelita
marroquí
nicaragüense
paquistaní
vietnamita

- Adjectives of nationality that end in a consonant form the feminine singular by adding **-a.** The plural of these adjectives is formed by adding **-es** to masculine adjectives and **-s** to feminine ones.

	singular	plural
masculine	españo**l** japoné**s**	españo**les** japone**ses**
feminine	españo**la** japone**sa**	españo**las** japone**sas**

The following are some common adjectives of nationality whose singular masculine form ends in a consonant.

alemán	francés	irlandés
escocés	holandés	japonés
español	inglés	portugués

Vamos a practicar

a. Familias internacionales. ¿Cuál es la nacionalidad de las familias de estos estudiantes?

MODELO Enrique es cubano.
Su familia es cubana.

1. Benito es italiano.
2. Kwang Mi es coreana.
3. Pierre es francés.
4. Keiko es japonesa.
5. Heinrich es alemán.
6. Gabriela es nicaragüense.
7. Tomás es español.
8. Lisa es estadounidense.

b. Campamento. Sonia acaba de regresar de un campamento internacional. ¿Cómo describe las fotos que sacó?

MODELO Este señor alto es inglés. Es muy simpático. (señoras)
Estas señoras altas son inglesas. Son muy simpáticas.

1. Ésta es la directora. Es francesa y muy inteligente. (director)
2. Este chico es peruano. Es muy divertido. (chica)
3. Esta chica es mi mejor amiga. Es rusa y es tímida. (chicas)
4. Este niño es filipino. Es muy cómico. (niños)
5. Los chicos morenos son mis amigos chilenos. (chicas)
6. La joven venezolana es simpática. (jóvenes)
7. Él es mi compañero costarricense. (compañeras)
8. Estos chicos altos son puertorriqueños. (chica)

Vamos a practicar

These exercises may be done as oral or written work.

Additional Exercises
Textbook: pages 86–87
Cuaderno: Unidad 2, Lección 2

a. Familias internacionales.
1 Su familia es italiana.
2 Su familia es coreana.
3 Su familia es francesa.
4 Su familia es japonesa.
5 Su familia es alemana.
6 Su familia es nicaragüense.
7 Su familia es española.
8 Su familia es estadounidense.

b. Campamento.
1 Éste es el director. Es francés y muy inteligente.
2 Esta chica es peruana. Es muy divertida.
3 Estas chicas son mis mejores amigas. Son rusas y son tímidas.
4 Estos niños son filipinos. Son muy cómicos.
5 Las chicas morenas son mis amigas chilenas.
6 Los jóvenes venezolanos son simpáticos. *o* Las jóvenes venezolanas son simpáticas.
7 Ellas son mis compañeras costarricenses.
8 Esta chica alta es puertorriqueña.

LECCIÓN 3

2.5 **Margin boxes: pages 99–100**

2.5 COMPARATIVES

Spanish uses various structures when making equal and unequal comparisons.

Unequal comparisons:

Ellos salen **más que** nosotros.	*They go out more than we do.*
Este disco cuesta **menos que** ése.	*This record costs less than that one.*
Tú hablas **mejor que** yo pero escribes **peor que** yo.	*You speak better than I do but you write worse than I do.*
Ella es **mayor que** tú pero **menor que** yo.	*She is older than you but younger than I am.*

- When making unequal comparisons with **más que** and **menos que**, the thing or quality being compared is often expressed between **más** or **menos** and **que**:

> **más** + [adjective, adverb or noun] + **que**
> **menos** + [adjective, adverb or noun] + **que**

Jorge es **más alto que** Alberto.	*Jorge is taller than Alberto.*
Esta cama es **menos dura que** la mía.	*This bed is less hard than mine.*
Ana corre **más rápido que** tú.	*Anna runs faster than you.*
La profesora habla **menos lento que** los estudiantes.	*The teacher talks less slowly than the students.*
La biblioteca tiene **más libros que** revistas.	*The library has more books than magazines.*
Tengo **menos dinero que** tú.	*I have less money than you do.*

- Some unequal comparisons are made with **mejor, peor, mayor** or **menor:**

mejor	*better*	**mayor**	*older*
peor	*worse*	**menor**	*younger*

Esta pizza está **peor que** la otra.	*This pizza is worse than the other one.*
Mi hermano es **mayor que** yo.	*My brother is older than I am.*

Equal comparisons:

¿Es **tan** inteligente **como** yo? — *Is he as intelligent as I am?*
Tú tienes **tantos** libros **como** yo. — *You have as many books as I do.*

- Equal comparisons are made with **tan . . . como** or **tanto . . . como**, depending on whether the comparison being made refers to an adjective or adverb, or a noun.

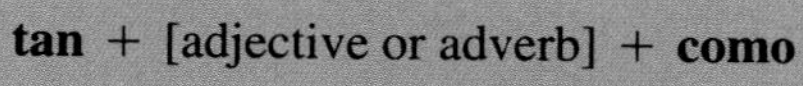

tan + [adjective or adverb] + **como**

La película es **tan buena como** el libro. — *The movie is as good as the book.*
Julia no come **tan tarde como** su hermano. — *Julia doesn't eat as late as her brother.*

tanto(a, os, as) + [noun] + **como**

No hay **tanta limonada como** leche. — *There isn't as much lemonade as milk.*
Esta clase tiene **tantos chicos como** chicas. — *This class has as many boys as girls.*

Vamos a practicar

a. En la clínica. Hugo y Paco son hermanos. ¿Cómo se comparan?

Nombre:	Hugo Ruiz	Nombre:	Paco Ruiz
edad:	18	edad:	15
estatura:	175 cm	estatura:	173 cm
peso:	100 kg	peso:	80 kg

MODELO ____ es más grande que ____.
Hugo es más grande que Paco.

1. ____ es más bajo que ____.
2. ____ es más alto que ____.
3. ____ es menos gordo que ____.
4. ____ es más pequeño que ____.
5. ____ es menor que ____.
6. ____ es más delgado que ____.
7. ____ es menos grande que ____.
8. ____ es mayor que ____.

Vamos a practicar

These exercises may be done as oral or written work.

Additional Exercises
Textbook: pages 99–100
Cuaderno: Unidad 2, Lección 3

a. En la clínica.
1 Paco es más bajo que Hugo.
2 Hugo es más alto que Paco.
3 Paco es menos gordo que Hugo.
4 Paco es más pequeño que Hugo.
5 Paco es menor que Hugo.
6 Paco es más delgado que Hugo.
7 Paco es menos grande que Hugo.
8 Hugo es mayor que Paco.

b. ¡Casi idénticos!
1 Carlota es tan delgada como Luis.
2 Carlota es tan simpática como Luis.
3 Carlota es tan guapa como Luis.
4 Carlota tiene tantos amigos como Luis.
5 Carlota es tan popular como Luis.
6 Carlota es tan estudiosa como Luis.
7 Carlota es tan inteligente como Luis.
8 Carlota tiene tantas clases como Luis.
9 Carlota es tan divertida como Luis.
10 Carlota tiene tantas actividades como Luis.

c. Es evidente.
1 El autobús es más lento. *o* El avión es menos lento.
2 El elefante es más gordo. *o* La serpiente es menos gorda.
3 Los coches son más caros. *o* Las bicicletas son menos caras.
4 La nota "F" es peor. *o* La nota "A" es mejor.
5 El tren es más rápido. *o* El perro es menos rápido.
6 La limonada es más deliciosa. *o* El agua es menos deliciosa.
7 Los sábados son mejores. *o* Los lunes son peores.
8 Una pizza es más cara. *o* Una hamburguesa es menos cara.
9 El hijo es más joven. *o* El padre es menos joven.
10 El tigre es más feroz. *o* Las pulgas son menos feroces.

2.6 Margin boxes: page 101

b. ¡Casi idénticos! Todo el mundo dice que Carlota es la mujer ideal para Luis porque los dos son muy similares en apariencia y personalidad. Son casi idénticos.

MODELO alto
Carlota es tan alta como Luis.
años
Carlota tiene tantos años como Luis.

1. delgado
2. simpático
3. guapo
4. amigos
5. popular
6. estudioso
7. inteligente
8. clases
9. divertido
10. actividades

c. Es evidente. ¿Cómo se comparan estas cosas?

MODELO las computadoras y los lápices (moderno)
Las computadoras son más modernas. o
Los lápices son menos modernos.

1. el autobús y el avión (lento)
2. la serpiente y el elefante (gordo)
3. los coches y las bicicletas (caro)
4. la nota ''F'' y la nota ''A'' (malo)
5. el perro y el tren (rápido)
6. el agua y la limonada (delicioso)
7. los sábados y los lunes (bueno)
8. una pizza y una hamburguesa (caro)
9. el hijo y el padre (joven)
10. el tigre y las pulgas (feroz)

2.6 SUPERLATIVES

You have already learned that the **-ísimo** form of an adjective is used to express a very high degree (*really, extremely, very, very)* of the characteristic that adjective names.

Esta paella está **riquísima**.	*This paella is really delicious.*
Tomasita e Irma son **inteligentísimas**.	*Tomasita and Irma are extremely smart.*
Es **buenísima.**	*It's very, very good.*

To express the *highest* degree of quality, Spanish uses the definite article (**el, la, los, las**) with the thing or quality being compared before the comparative construction.

el, la / **los, las** } [noun] + { **más** / **menos** } + [adjective]

Éstas son **las blusas más bonitas.** — *These are the prettiest blouses.*
Tienen **el carro menos elegante.** — *They have the least elegant car.*
El Amazonas es **el río más largo** de Sudamérica. — *The Amazon is the longest river in South America.*

When the thing or quality being compared is *not* mentioned, the definite article alone precedes the comparative structure.

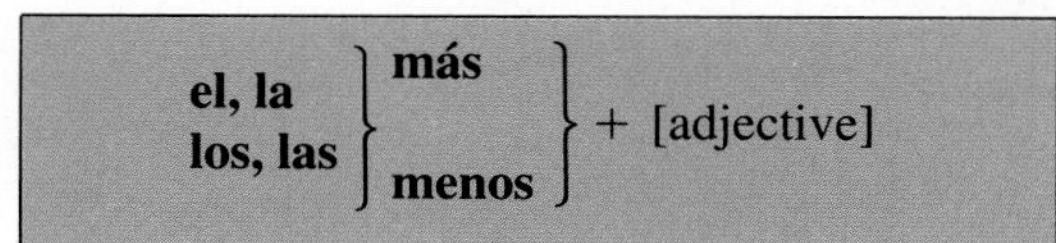

el, la / **los, las** } { **más** / **menos** } + [adjective]

El Nilo es **el más largo** del mundo. — *The Nile is the longest in world.*
Éstos son **los menos** importantes. — *These are the least important.*

- When referring to the *best / worst* or the *oldest / youngest,* Spanish uses **mejor / peor** and **mayor / menor** preceded by the definite article. Note that **de** is used when the comparison group is mentioned.

Éstos son **los mejores** estudiantes del colegio. — *These are the best students in the school.*
Es verdad. Somos **los mejores.** — *It's true. We're the best.*
Acabo de ver **la peor** película del año. — *I just saw the worst movie of the year.*

Vamos a practicar

a. De viaje. En su viaje por Venezuela, todo lo que ve le impresiona a Leticia. ¿Qué dice cuando regresa a Estados Unidos?

MODELO montañas: alto
Las montañas son altísimas.

1. hoteles: elegante	**5.** río: largo
2. ciudad: grande	**6.** gente: simpático
3. edificios: alto	**7.** cama: cómodo
4. comida: rico	**8.** tren: rápido

Vamos a practicar

These exercises may be done as oral or written work.

Additional Exercises
Textbook: pages 101–102
Cuaderno: Unidad 2, Lección 3

a. De viaje.
1 Los hoteles son elegantísimos.
2 La ciudad es grandísima.
3 Los edificios son altísimos.
4 La comida es riquísima.
5 El río es larguísimo.
6 La gente es simpatiquísima.
7 La cama es comodísima.
8 El tren es rapidísimo.

b. Los Vargas.
1 Abuelita
2 Papá
3 Mamá
4 Abuelita
5 René
6 Cristina
7 Teodoro
8 Papá

c. Fanfarrón.
1 Yo tengo el carro más rápido de la ciudad.
2 Mis hermanos y yo somos los jóvenes más inteligentes de la escuela.
3 Yo soy el estudiante más estudioso de la clase.
4 Mi hermano es el jugador más fuerte del equipo.
5 Yo tengo los amigos más simpáticos del mundo.
6 Yo soy el hijo más listo de la familia.
7 Mi novia es la chica más bonita de la escuela.
8 Yo tengo la familia más famosa de la ciudad.

b. Los Vargas. ¿Cómo son los miembros de la familia Vargas?

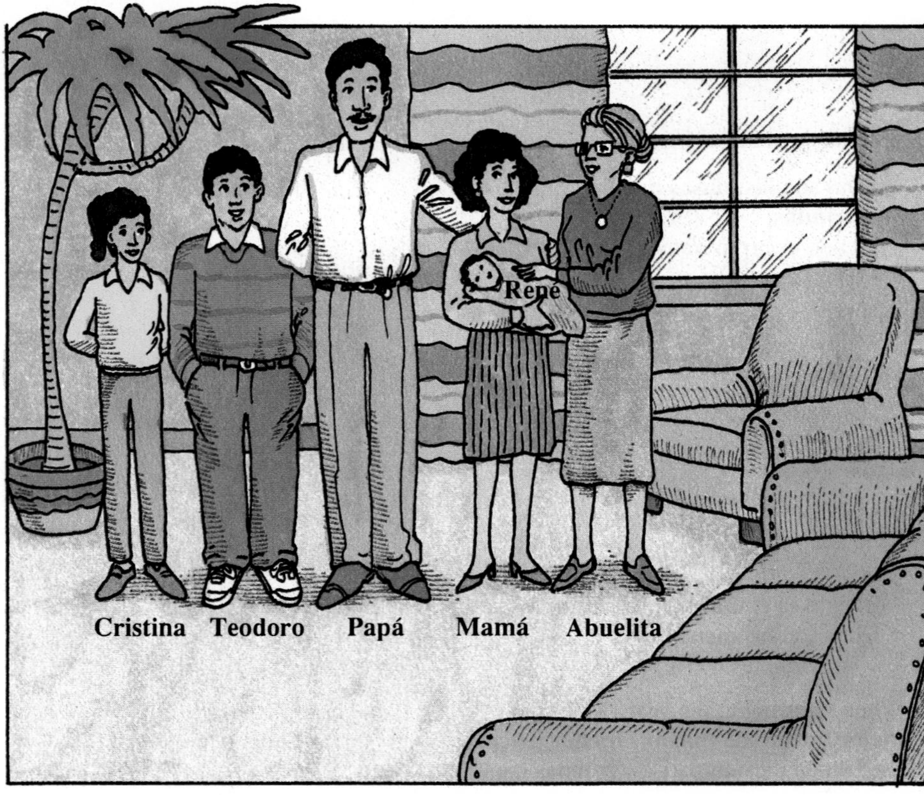

MODELO La persona más joven es ____.
La persona más joven es René.

1. La persona mayor es ____.
2. La persona más grande es ____.
3. La adulta más baja es ____.
4. La persona menos joven es ____.
5. La persona más pequeña es ____.
6. La persona más delgada es ____.
7. La persona menos delgada es ____.
8. La persona más alta es ____.

c. Fanfarrón. Máximo cree que todo lo que tiene y hace es lo mejor. ¿Qué dice?

MODELO yo / tener / clases / interesante / escuela
Yo tengo las clases más interesantes de la escuela.

1. yo / tener/ carro / rápido / ciudad
2. mis hermanos y yo / ser / jóvenes / inteligente / escuela
3. yo / ser / estudiante / estudioso / clase
4. mi hermano / ser / jugador / fuerte / equipo
5. yo / tener / amigos / simpático / mundo
6. yo / ser / hijo / listo / familia
7. mi novia / ser / chica / bonita / escuela
8. yo / tener / familia / famosa / ciudad

LECCIÓN 1

3.1 THE PRETERITE TENSE: IRREGULAR VERBS

3.1 Margin boxes: pages 123–124

In **Unidad 2,** you learned three irregular verbs in the preterite: **ir, ser,** and **hacer.** Like the verb **hacer,** the following verbs have irregular stems in the preterite and all take the same irregular preterite verb endings.

estar	**estuv-**	
tener	**tuv-**	**-e**
poder	**pud-**	**-iste**
poner	**pus-**	**-o**
saber	**sup-**	**-imos**
querer	**quis-**	**-isteis**
venir	**vin-**	**-ieron (-eron*)**
decir	**dij-***	
traer	**traj-***	

Estuvo enfermo ayer.	*He was sick yesterday.*
Tere lo **puso** en la mesa.	*Tere put it on the table.*
Supe† el secreto.	*I found out the secret.*
No quisimos† hacerlo.	*We refused to do it.*
Dijimos* la verdad.	*We told the truth.*
Trajeron* pizza a la fiesta.	*They brought pizza to the party.*

*Verbs whose stem ends in **j** drop the **i** and add **-eron** to the **ustedes / ellos / ellas** ending.
†Note that in the preterite tense, **saber** means *to find out* and **no querer** means *to refuse.*

The verbs **dar** and **haber** are also irregular in the preterite.

dar
di
diste
dio
dimos
disteis
dieron

haber
Present tense:
hay *(there is / there are)*
Preterite tense:
hubo *(there was / there were)*

Me **dieron** un regalo especial.	*They gave me a special gift.*
¿Qué le **diste** a Elena?	*What did you give Elena?*
Hubo una gran fiesta ayer.	*There was a great party yesterday.*
Hubo varios participantes.	*There were several participants.*

Vamos a practicar

These exercises may be done as oral or written work.

Additional Exercises
Textbook: pages 123–124
Cuaderno: Unidad 3, Lección 1

a. Buenas intenciones.

1 Raúl quiso leer veinte libros y pudo hacerlo.
2 Constanza y Edgar quisieron leer veinte libros pero no pudieron hacerlo.
3 Tú quisiste leer veinte libros pero no pudiste hacerlo.
4 Yo quise leer veinte libros y pude hacerlo.
5 Ustedes quisieron leer veinte libros pero no pudieron hacerlo.
6 Nosotros quisimos leer veinte libros y pudimos hacerlo.
7 Elena quiso leer veinte libros y pudo hacerlo.
8 Narciso y Silvia quisieron leer veinte libros pero no pudieron hacerlo.
9 Usted quiso leer veinte libros y pudo hacerlo.

b. ¡Ganó Sara!

1 Sara los supo inmediatamente.
2 Los profesores los supieron después de las clases.
3 Yo los supe a las tres y media.
4 Jacobo y Marisela los supieron después de la clase de música.
5 Tú los supiste al llegar a casa.
6 Ustedes los supieron al hablar con Sara.
7 Diego los supo por la noche.
8 Las secretarias los supieron hoy por la mañana.
9 Ellos los supieron el día siguiente.

UNIDAD

Vamos a practicar

a. Buenas intenciones. Todos quisieron leer veinte libros durante el verano. ¿Qué pasó? ¿Lo hicieron?

MODELO Patricia (sí)
Patricia quiso leer veinte libros y pudo hacerlo.

Hortensia (no)
Hortensia quiso leer veinte libros pero no pudo hacerlo.

1. Raúl (sí)
2. Constanza y Edgar (no)
3. tú (no)
4. yo (sí)
5. ustedes (no)
6. nosotros (sí)
7. Elena (sí)
8. Narciso y Silvia (no)
9. usted (sí)

b. ¡Ganó Sara! Hubo elecciones estudiantiles ayer. ¿Cuándo supieron estas personas los resultados?

MODELO el director: primero
El director los supo primero.

1. Sara: inmediatamente
2. los profesores: después de las clases
3. yo: a las tres y media
4. Jacobo y Marisela: después de la clase de música
5. tú: al llegar a casa
6. ustedes: al hablar con Sara
7. Diego: por la noche
8. las secretarias: hoy por la mañana
9. ellos: el día siguiente

c. ¡Pobrecito! Si Federico hace esto todos los días, ¿qué hizo ayer?

MODELO **Ayer caminé a la . . .**

Camino a la escuela. ¡Uf! *Traigo* muchos libros en mi mochila. *Llego* a las ocho y *estoy* allí hasta las tres. *Tengo* que estudiar mucho porque *hay* mucho que aprender. Los profesores *dan* mucha tarea y por eso, no *puedo* ver televisión. ¡Pobre de mí!

c. ¡Pobrecito! Ayer **caminé** a la escuela. ¡Uf! **Traje** muchos libros en mi mochila. **Llegué** a las ocho y **estuve** allí hasta las tres. **Tuve** que estudiar mucho porque **hubo** mucho que aprender. Los profesores **dieron** mucha tarea y por eso, no **pude** ver televisión. ¡Pobre de mí!

ch. ¡Auxilio! Diego está entrevistando a dos personas sobre un accidente. ¿Qué le dicen que vieron?

1. ver	**4.** pasar	**7.** llamar	**10.** haber	**13.** poner
2. poder	**5.** chocar	**8.** venir	**11.** tener	**14.** decir
3. ver	**6.** correr	**9.** hacer	**12.** dar	

Diego: ¿__1__ ustedes el accidente?
Mamá: Yo no __2__ ver mucho, pero mi hijo lo __3__ todo.
Diego: ¿Ah, sí? ¿Qué __4__, joven?
Hijo: Dos carros __5__ en la esquina. Yo __6__ a mi casa y mamá __7__ a la policía. Muy pronto __8__ la policía y la ambulancia.
Diego: ¿Qué __9__?
Hijo: Pues, __10__ una mujer lastimada y __11__ que llevarla al hospital. Le __12__ un calmante y la __13__ en una ambulancia.
Diego: ¡Qué lástima! ¿Va a estar bien?
Mamá: La policía __14__ que sí.
Diego: Gracias por la entrevista.

ch. ¡Auxilio!
1 Vieron
2 pude
3 vio
4 pasó
5 chocaron
6 corrí
7 llamó
8 vinieron
9 hicieron
10 hubo
11 tuvieron
12 dieron
13 pusieron
14 dijo

3.2 DEMONSTRATIVES

3.2 Margin box: page 124

In **¡DIME! UNO,** you learned that Spanish has three sets of demonstratives: one to point out someone or something *near the speaker*, another to point out someone or something *farther away,* and a third one to refer to someone or something *a good distance* from both the speaker and the listener.

Demonstratives

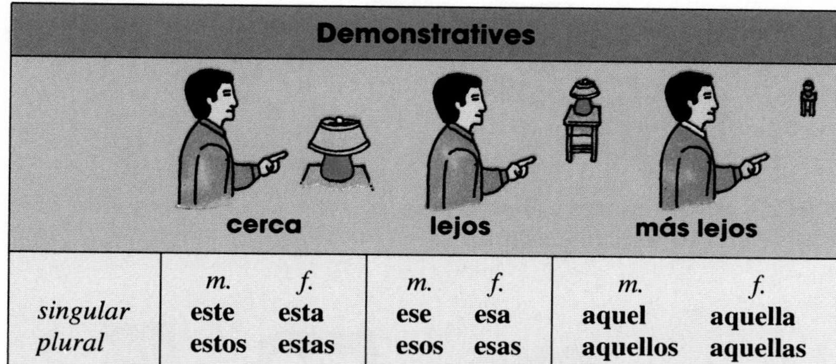

	m.	*f.*	*m.*	*f.*	*m.*	*f.*
singular	**este**	**esta**	**ese**	**esa**	**aquel**	**aquella**
plural	**estos**	**estas**	**esos**	**esas**	**aquellos**	**aquellas**

- Demonstrative adjectives must agree in number and gender with the noun they modify and always go before the noun.

Esta loción es buena.	*This suntan lotion is good.*
¿De quién es **ese** dinero?	*Whose money is that?*
Aquella mujer es preciosa.	*That woman (over there) is lovely.*

- Demonstratives may be used as pronouns to take the place of nouns. When they do, they reflect the number and gender of the noun they replace and require a written accent.

Este libro es más interesante que **ése**.	*This book is more interesting than that one.*
Estas arepas son mejores que **aquéllas.**	*These arepas are better than those.*

- **Esto** and **eso** are used to refer to concepts, to ideas, and to situations, and also to things unknown to the speaker. They never require a written accent.

¿Qué es **esto**?	*What is this?*
Eso no puede ser.	*That can't be.*

Vamos a practicar

a. Fotos. Felipe le está enseñando a su amigo Alejandro su álbum de fotos. ¿Qué dice?

MODELO señora / tía Luisa
Esta señora es mi tía Luisa.

1. chico / amigo Raúl
2. chicos / primos Jorge y Virginia
3. señora / tía Yolanda
4. chica / amiga Linda
5. muchachas / sobrinas Elena y Lilia
6. señor / abuelo materno

b. De compras. Tú estás de compras en un almacén grande. ¿Qué dices al comparar estas cosas?

MODELO **Esta guitarra es buena pero aquélla es buenísima.**

1.

2.

3.

4.

Vamos a practicar

These exercises may be done as oral or written work.

Additional Exercises
Textbook: page 124
Cuaderno: Unidad 3, Lección 1

a. Fotos.
1 Este chico es mi amigo Raúl.
2 Estos chicos son mis primos Jorge y Virginia.
3 Esta señora es mi tía Yolanda.
4 Esta chica es mi amiga Linda.
5 Estas muchachas son mis sobrinas Elena y Lilia.
6 Este señor es mi abuelo materno.

b. De compras.
1 Esta bicicleta es buena pero aquélla es buenísima.
2 Estas mochilas son buenas pero aquéllas son buenísimas.
3 Este televisor es bueno pero aquél es buenísimo.
4 Estos pantalones son buenos pero aquéllos son buenísimos.
5 Estas camisetas son buenas pero aquéllas son buenísimas.
6 Estos pianos son buenos pero aquéllos son buenísimos.
7 Esta computadora es buena pero aquélla es buenísima.
8 Este disco compacto es bueno pero aquél es buenísimo.

5. 6. 7. 8.

c. Opiniones. Iris es una persona muy positiva y Samuel es una persona muy negativa. ¿Qué dicen ellos?

MODELO libro: interesante / aburrido
Iris: **Este libro es interesante.**
Samuel: **¿Ése? Es aburrido.**

1. clase: organizado / desorganizado
2. muebles: hermoso / feo
3. noticias: excelente / terrible
4. video: estupendo / horrible
5. idea: muy bueno / ridículo
6. carros: muy bueno / muy malo
7. doctor: simpático / antipático
8. hamburguesas: especial / ordinario

LECCIÓN 2

3.3 AFFIRMATIVE *TÚ* COMMANDS: REGULAR AND IRREGULAR

In **¡DIME! UNO,** you learned that affirmative **tú** commands are used to tell someone you normally address as **tú** to do something. You also learned that regular affirmative **tú** commands use the verb ending of the **usted / él / ella** form in the present tense:

Affirmative *Tú* Commands		
escuch**ar**	**-a**	escuch**a**
com**er**	**-e**	com**e**
abr**ir**	**-e**	abr**e**

Escucha lo que te digo. — *Listen to what I tell you.*
Come tu arepa. — *Eat your arepa.*
Abre la carta. — *Open the letter.*

c. Opiniones.
1 Esta clase es organizada. *¿Ésa? Es desorganizada.*
2 Estos muebles son hermosos. *¿Ésos? Son feos.*
3 Estas noticias son excelentes. *¿Ésas? Son terribles.*
4 Este video es estupendo. *¿Ése? Es horrible.*
5 Esta idea es muy buena. *¿Ésa? Es ridícula.*
6 Estos carros son muy buenos. *¿Ésos? Son muy malos.*
7 Este doctor es simpático. *¿Ése? Es antipático.*
8 Estas hamburguesas son especiales. *¿Ésas? Son ordinarias.*

3.3 **Margin boxes: pages 138–139**

- There are eight irregular affirmative **tú** commands and almost all are derived from the **yo** form of the present tense, eliminating the **-go** ending.

Irregular Affirmative *tú* Commands		
Infinitive	*Yo* Present	Command
decir	**di**go	**di**
poner	**pon**go	**pon**
salir	**sal**go	**sal**
tener	**ten**go	**ten**
venir	**ven**go	**ven**
hacer	hago	**haz**
ir	voy	**ve**
ser	soy	**sé**

¡**Di**me la verdad! — *Tell me the truth!*
Haz la tarea ahora. — *Do your homework now.*
Ponlo allí. — *Put it there.*
Ven acá. — *Come here.*

- Object pronouns are always attached to the end of affirmative commands. Written accents may be required to preserve the original stress of the command.

Escúchame. — *Listen to me.*
Hazlo ahora. — *Do it now.*
Escríbeme pronto. — *Write to me soon.*

Vamos a practicar

a. ¡A trabajar! Es tu primer día de trabajo en un restaurante. ¿Qué te dicen los otros empleados?

MODELO trabajar más rápido
Trabaja más rápido.

1. venir al trabajo temprano
2. salir después de terminar de limpiar
3. contar los cubiertos
4. tener paciencia
5. saludar a los clientes
6. almorzar a las dos
7. ir a comprar más leche
8. decir gracias por las propinas

Vamos a practicar

These exercises may be done as oral or written work.

Additional Exercises
Textbook: pages 138–141
Cuaderno: Unidad 3, Lección 2

a. ¡A trabajar!
1 Ven al trabajo temprano.
2 Sal después de terminar de limpiar.
3 Cuenta los cubiertos.
4 Ten paciencia.
5 Saluda a los clientes.
6 Almuerza a las dos.
7 Ve a comprar más leche.
8 Di gracias por las propinas.

b. Procrastinadora. Susana siempre deja para mañana lo que debe hacer hoy. ¿Qué consejos le das?

MODELO Prefiero comenzar el trabajo mañana.
Comiénzalo ahora.

1. Prefiero escribir la composición mañana.
2. Prefiero lavar los platos mañana.
3. Prefiero limpiar la casa mañana.
4. Prefiero lavar el carro mañana.
5. Prefiero hacer la tarea mañana.
6. Prefiero leer el libro mañana.
7. Prefiero ayudarte mañana.
8. Prefiero pagar la cuenta mañana.
9. Prefiero practicar la guitarra mañana.
10. Prefiero aprender las palabras mañana.
11. Prefiero llamar a mi prima mañana.
12. Prefiero pensar en este problema mañana.

b. Procrastinadora.
1 Escríbela ahora.
2 Lávalos ahora.
3 Límpiala ahora.
4 Lávalo ahora.
5 Hazla ahora.
6 Léelo ahora.
7 Ayúdame ahora.
8 Págala ahora.
9 Practícala ahora.
10 Apréndelas ahora.
11 Llámala ahora.
12 Piénsalo ahora.

3.4 NEGATIVE *TÚ* COMMANDS: REGULAR AND IRREGULAR

3.4 Margin box: page 140

Negative **tú** commands are formed by adding **-es** to ***-ar*** verbs and **-as** to ***-er*** and ***-ir*** verbs. The command ending is added to the stem of the **yo** form of present tense verbs. (The stem is the present tense form minus the **-o** ending.) The formation of negative **tú** commands is summarized in the chart below.

Infinitive	*Yo* Present	*Tú* Command
escuchar	**escuche**	**no escuches**
pensar	**piense**	**no pienses**
contar	**cuente**	**no cuentes**
comer	**come**	**no comas**
hacer	**hage**	**no hagas**
abrir	**abre**	**no abras**
dormir	**duerme**	**no duermas**
pedir	**pide**	**no pidas**
decir	**dige**	**no digas**

No escuches. *Don't listen.*
No cuentes con él. *Don't count on him.*
No hagas eso. *Don't do that.*
No pidas papas. *Don't order potatoes.*

■ The following high-frequency verbs have irregular negative **tú** command forms:

Infinitive	Negative *Tú* Command
dar	**no des**
estar	**no estés**
ir	**no vayas**
ser	**no seas**

No les **des** nada. — *Don't give them anything.*
No estés triste. — *Don't be sad.*
No vayas con ellas. — *Don't go with them.*
No seas así. — *Don't be like that.*

■ In negative commands, object pronouns always come directly before the verb.

¡No **me** digas! — *You don't say!*
No **la** escribas allí. — *Don't write it there.*
No **te** duermas ahora. — *Don't fall asleep now.*
No **les** hables ahora. — *Don't talk to them now.*

Vamos a practicar

a. ¿Qué hago? Es tu primer día de trabajo en un almacén. ¿Cómo te contestan los otros empleados?

MODELO ¿Trabajo en la caja?
No, no trabajes en la caja.

1. ¿Hablo mucho con los clientes?
2. ¿Voy al banco?
3. ¿Cuento el dinero?
4. ¿Escribo los precios?
5. ¿Organizo las cosas?
6. ¿Limpio el piso?
7. ¿Como al mediodía?
8. ¿Salgo a las cuatro y media?

b. Traviesa. Tienes que cuidar a una niña muy activa. ¿Qué le dices?

MODELO no tocar las fotos
No toques las fotos.

1. no jugar con el perro
2. no salir al patio
3. no ir a la tienda
4. no abrir la nevera
5. no ver ese programa
6. no hablar por teléfono
7. no poner el gato en la mesa
8. no decir nada

Vamos a practicar

These exercises may be done as oral or written work.

Additional Exercises
Textbook: pages 140–141
Cuaderno: Unidad 3, Lección 2

You may want to point out that in order to preserve the sound of the infinitive, verbs ending in **-gar**, **-car**, **-zar**, and **-ger** undergo the following spelling changes:

-gar → -gues pa**gar** → pa**gues**
-car → -ques bus**car** → bus**ques**
-zar → -ces empe**zar** → empie**ces**
-ger → -jas esco**ger** → esco**jas**

a. ¿Qué hago?
1 No, no hables mucho con los clientes.
2 No, no vayas al banco.
3 No, no cuentes el dinero.
4 No, no escribas los precios.
5 No, no organices las cosas.
6 No, no limpies el piso.
7 No, no comas al mediodía.
8 No, no salgas a las cuatro y media.

b. Traviesa.
1 No juegues con el perro.
2 No salgas al patio.
3 No vayas a la tienda.
4 No abras la nevera.
5 No veas ese programa.
6 No hables por teléfono.
7 No pongas el gato en la mesa.
8 No digas nada.

c. Consejos. Tu primo va a entrar en una nueva escuela. ¿Qué consejos le das?

1. llegar	**3.** hablar	**5.** dar	**7.** escribir
2. ser	**4.** estar	**6.** ir	**8.** poner

Tengo muchos buenos consejos para ayudarte en la escuela. Primero, nunca _1_ tarde a clase. Y no _2_ descortés, sobre todo con los profesores y no _3_ demasiado. Los días de exámenes, no _4_ nervioso y no le _5_ las respuestas a tus compañeros nunca. No _6_ al patio durante las clases. No _7_ en el pupitre y no _8_ chicle allí tampoco. Pero no te preocupes. Todo va a salir bien y vas a tener mucho éxito.

ch. ¿Te ayudo? Ahora estás en tu fiesta de cumpleaños y tu hermanito quiere ayudarte. ¿Qué le dices?

MODELO ¿Preparo la limonada?
No, no la prepares.

1. ¿Pongo la mesa?
2. ¿Sirvo los nachos?
3. ¿Canto mi canción favorita?
4. ¿Toco la guitarra?
5. ¿Paso los entremeses?
6. ¿Corto el pastel?
7. ¿Traigo el helado?
8. ¿Te ayudo?

3.5 *USTED / USTEDES* COMMANDS

Usted / ustedes commands are used with people you address as **usted** or **ustedes**. Regular affirmative and negative **usted / ustedes** commands are formed by adding **-e / -en** to ***-ar*** verbs and **-a / -an** to ***-er*** and ***-ir*** verbs. As with negative **tú** commands, the command ending is added to the stem of the **yo** form of present tense verbs.

***Usted / Ustedes* Commands**			
Infinitive	***Yo*** Present	***Ud.*** Command	***Uds.*** Command
hablar	hablo	**hable**	**hablen**
cerrar	cierro	**cierre**	**cierren**
comer	como	**coma**	**coman**
tener	tengo	**tenga**	**tengan**
abrir	abro	**abra**	**abran**
salir	salgo	**salga**	**salgan**

Hable con la Srta. García. — *Talk to señorita García.*
Cierre la puerta, por favor. — *Close the door, please.*
Tenga cuidado. — *Be careful.*
Pidan la paella. — *Order the paella.*
Salgan temprano. — *Leave early.*

c. Consejos.
1 llegues
2 seas
3 hables
4 estés
5 des
6 vayas
7 escribas
8 pongas

ch. ¿Te ayudo?
1 No, no la pongas.
2 No, no los sirvas.
3 No, no la cantes.
4 No, no la toques.
5 No, no los pases.
6 No, no lo cortes.
7 No, no lo traigas.
8 No, no me ayudes.

3.5 Margin boxes: **pages 141–142**

- The following high-frequency verbs have irregular **usted / ustedes** command forms:

Infinitive	***Usted*** Command	***Ustedes*** Command
dar	dé	den
estar	esté	estén
ir	vaya	vayan
ser	sea	sean

Déme los libros, por favor. — *Give me the books, please.*
Esté aquí a las dos en punto. — *Be here at two sharp.*
Vayan a verlos. — *Go see them.*
Sean buenos. — *Be good.*

- As with **tú** commands, object pronouns precede the verb in negative commands and are attached to the end of affirmative commands. When attaching pronouns, accents are usually required to preserve the original stress of the infinitive.

Denme la bolsa de papel. — *Give me the paper bag.*
Siéntense, por favor. — *Sit down please.*
No lo **pague.** — *Don't pay it.*
No me **miren**. — *Don't look at me.*

Vamos a practicar

a. ¡Ay de mí! En un programa de radio varias personas hablan de sus problemas. ¿Qué les dice el locutor?

MODELO Yo soy muy flaco porque como poco.
La solución es fácil. ¡Coma más!

1. Soy muy tímido y hablo poco.
2. Siempre estoy cansada porque duermo poco.
3. Tengo poco dinero porque trabajo poco.
4. Estoy aburrido porque salgo poco.
5. Conozco pocos lugares porque viajo poco.
6. No soy fuerte porque hago poco ejercicio.
7. No converso bien porque leo poco.
8. Toco la guitarra mal porque practico poco.

b. ¡Sean buenos! Tienes que cuidar a dos niños. Su mamá te dijo lo que deben hacer. ¿Qué les dices a ellos?

MODELO Deben venir directamente a casa.
Vengan directamente a casa.

1. Deben comer unas frutas.
2. Deben tomar leche.
3. Deben salir a jugar un rato.
4. Deben empezar su tarea a las cuatro.
5. Deben hacer toda su tarea.
6. Deben poner la mesa.
7. Deben lavar los platos.
8. Deben limpiar su cuarto.

Vamos a practicar

These exercises may be done as oral or written work.

Additional Exercises
Textbook: pages 141–142
Cuaderno: Unidad 3, Lección 2

a. ¡Ay de mí!
1 La solución es fácil. Hable más.
2 La solución es fácil. Duerma más.
3 La solución es fácil. Trabaje más.
4 La solución es fácil. Salga más.
5 La solución es fácil. Viaje más.
6 La solución es fácil. Haga más ejercicio.
7 La solución es fácil. Lea más.
8 La solución es fácil. Practique más.

b. ¡Sean buenos!
1 Coman unas frutas.
2 Tomen leche.
3 Salgan a jugar un rato.
4 Empiecen su tarea a las cuatro.
5 Hagan toda su tarea.
6 Pongan la mesa.
7 Laven los platos.
8 Limpien su cuarto.

c. A la tienda. Papá manda a los niños a la tienda. ¿Qué les dice?

MODELO escuchar bien
Escuchen bien.

1. ir a la tienda
2. ser responsables
3. escoger frutas maduras
4. pedir carne fresca
5. pagar en la caja
6. ser simpáticos
7. saludar al cajero
8. dar el dinero al cajero
9. volver a casa directamente
10. ser buenos

ch. Primer día. Hoy Matilde empieza a trabajar de camarera. ¿Cómo contesta sus preguntas la camarera principal?

MODELO ¿Pongo la mesa?
Sí, póngala.

1. ¿Llevo un uniforme blanco?
2. ¿Saludo a los clientes?
3. ¿Traigo el menú?
4. ¿Sirvo las bebidas primero?
5. ¿Escribo la orden?
6. ¿La llevo a la cocina?
7. ¿Les sirvo inmediatamente?
8. ¿Traigo el café con el postre?
9. ¿Llevo el dinero a la caja?
10. ¿Guardo las propinas?

d. Pobre Paulina. Tu tía Paulina necesita consejos. ¿Qué le dices?

MODELO Yo como demasiado chocolate.
¡No coma tanto chocolate!

1. Hablo por teléfono demasiado.
2. Duermo demasiado.
3. Trabajo demasiadas horas.
4. Lloro demasiado.
5. Limpio la casa demasiado.
6. Bebo demasiado café.
7. Leo demasiadas revistas.
8. Veo televisión demasiado.

e. Al contrario. Tú no estás de acuerdo con los mandatos que tu hermano les da a tus amigos. ¿Qué les dices tú?

MODELO Lean mi cuento.
No lo lean.

1. Hagan mi tarea.
2. Preparen mi almuerzo.
3. Traigan los refrescos.
4. Escriban mi composición.
5. Laven mis perros.
6. Coman mi ensalada.
7. Limpien mi cuarto.
8. Saquen la basura.

c. A la tienda.
1 Vayan a la tienda.
2 Sean responsables.
3 Escojan frutas maduras.
4 Pidan carne fresca.
5 Paguen en la caja.
6 Sean simpáticos.
7 Saluden al cajero.
8 Den el dinero al cajero.
9 Vuelvan a casa directamente.
10 Sean buenos.

ch. Primer día.
1 Sí, llévelo.
2 Sí, salúdelos.
3 Sí, tráigalo.
4 Sí, sírvalas.
5 Sí, escríbala.
6 Sí, llévela a la cocina.
7 Sí, sírvales inmediatamente.
8 Sí, tráigalo con el postre.
9 Sí, llévelo a la caja.
10 Sí, guárdelas.

d. Pobre Paulina.
1 ¡No hable por teléfono tanto!
2 ¡No duerma tanto!
3 ¡No trabaje tantas horas!
4 ¡No llore tanto!
5 ¡No limpie la casa tanto!
6 ¡No beba tanto café!
7 ¡No lea tantas revistas!
8 ¡No vea televisión tanto!

e. Al contrario.
1 No la hagan.
2 No lo preparen.
3 No los traigan.
4 No la escriban.
5 No los laven.
6 No la coman.
7 No lo limpien.
8 No la saquen.

LECCIÓN 3

3.6 **Margin box: page 156**

Vamos a practicar

These exercises may be done as oral or written work.

Additional Exercises
Textbook: pages 156–158
Cuaderno: Unidad 3, Lección 3

¡Ojo! Only the regular forms of the imperfect are introduced in this section. Irregular verbs and the use of the imperfect will be introduced in Unit 4. Note that *was/were + -ing verb* has not been given as an alternative translation of the imperfect. This is to avoid giving students a false sense of security, since *was/were + -ing verb* is frequently expressed in the past progressive in Spanish.

a. Antes . . .
1 . . . pero antes estudiaba todos los días.
2 . . . pero antes descansabas todos los días.
3 . . . pero antes trabajábamos todos los días.
4 . . . pero antes llorabas todos los días.
5 . . . pero antes jugaba fútbol todos los días.
6 . . . pero antes tocaba el piano todos los días.
7 . . . pero antes escuchábamos la radio todos los días.
8 . . . pero antes bailaban todos los días.
9 . . . pero antes tomaba café todos los días.
10 . . . pero antes cantaban todos los días.

3.6 THE IMPERFECT TENSE

You have already learned to use the preterite tense to talk about things that happened in the past. In this lesson, you will learn another way to talk about the past, using the imperfect tense.

- In the imperfect tense, ***-ar*** verbs take **-aba** verb endings and ***-er*** and ***-ir*** verbs take **-ía** endings.

Imperfect Tense		
***-ar* verbs**	***-er* and *-ir* verbs**	
bail**ar**	corr**er**	sal**ir**
bail**aba**	corr**ía**	sal**ía**
bail**abas**	corr**ías**	sal**ías**
bail**aba**	corr**ía**	sal**ía**
bail**ábamos**	corr**íamos**	sal**íamos**
bail**abais**	corr**íais**	sal**íais**
bail**aban**	corr**ían**	sal**ían**

The **nosotros** form of ***-ar*** verbs and all forms of ***-er*** and ***-ir*** verbs require written accents.

Bailábamos mucho. — *We used to dance a lot.*
Corrían todos los días. — *They ran every day.*
Salía a las cinco todos los días. — *I would leave at 5:00 every day.*

Note that the imperfect tense may be translated as *"used to," "would,"* or just the simple past tense in English.

Vamos a practicar

a. Antes . . . Sarita está escuchando a sus abuelitos hablar sobre el pasado. ¿Qué comentarios hacen?

MODELO Ahora yo no bailo pero antes . . .
Ahora yo no bailo pero antes bailaba todos los días.

1. Ahora tu mamá no estudia . . .
2. Ahora tú no descansas mucho . . .
3. Ahora nosotros no trabajamos . . .
4. Ahora tú no lloras mucho . . .
5. Ahora yo no juego fútbol . . .
6. Ahora tu papá no toca el piano . . .
7. Ahora nosotros no escuchamos la radio . . .
8. Ahora tus padres no bailan . . .
9. Ahora yo no tomo mucho café . . .
10. Ahora tus tíos y tus tías no cantan mucho . . .

b. Y no había luz. ¿Qué estaban haciendo estas personas ayer a las cuatro de la tarde cuando cortaron la electricidad?

MODELO Manuel / leer / libro
Manuel leía un libro.

1. Raquel / hacer / comida
2. tú / aprender / baile / nuevo
3. Nela y Timoteo / pedir / pizza
4. nosotros / hacer / ejercicio
5. mis papás / salir para / cine
6. yo / correr en / gimnasio
7. usted / abrir / regalo
8. el bebé / dormir en / cuarto
9. mi abuelo / escribir / carta
10. mis hermanos / leer / periódico

c. Una sorpresa. Hoy, a eso de las tres de la tarde, alguien dejó una docena de rosas muy bonitas en la puerta de la casa de los García. Ahora la señora García quiere saber por qué nadie contestó la puerta. ¿Qué hacían todos?

MODELO Clara: practicar el piano
Clara practicaba el piano.

1. yo: escribir una composición
2. mi papá: trabajar en el garaje
3. mi hermano y yo: estudiar
4. mis hermanas: escuchar música
5. mi abuelo: leer el periódico en la sala
6. mi mamá y mi tía: no estar en casa
7. tú: jugar golf
8. mi abuela: comprar algo especial para mamá
9. mi tío: dormir
10. mis primas: hablar por teléfono

3.7 REFLEXIVE VERBS

In **¡DIME! UNO,** you learned that reflexive pronouns are used when the subject and the object are identical.

Reflexive Pronouns			
yo	**me**	peino	*I comb*
tú	**te**	peinas	*you comb*
usted	**se**	peina	*you comb*
él / ella	**se**	peina	*he / she / it combs*
nosotros(as)	**nos**	peinamos	*we comb*
vosotros(as)	**os**	peináis	*you comb*
ustedes	**se**	peinan	*you comb*
ellos / ellas	**se**	peinan	*they comb*

Se sentaron a mi lado. *They sat down beside me.*
El bebé **se durmió**. *The baby went to sleep.*
Me levanté tarde hoy. *I got up late today.*

UNIDAD 3

b. Y no había luz.
1 Raquel hacía la comida.
2 Tú aprendías un baile nuevo.
3 Nela y Timoteo pedían pizza.
4 Nosotros hacíamos ejercicio.
5 Mis papás salían para el cine.
6 Yo corría en el gimnasio.
7 Usted abría el regalo.
8 El bebé dormía en su cuarto.
9 Mi abuelo escribía una carta.
10 Mis hermanos leían el periódico.

c. Una sorpresa.
1 Yo escribía una composición.
2 Mi papá trabajaba en el garaje.
3 Mi hermano y yo estudiábamos.
4 Mis hermanas escuchaban música.
5 Mi abuelo leía el periódico en la sala.
6 Mi mamá y mi tía no estaban en casa.
7 Tú jugabas golf.
8 Mi abuela compraba algo especial para mamá.
9 Mi tío dormía.
10 Mis primas hablaban por teléfono.

3.7 Margin box: page 158

- Like direct and indirect object pronouns, reflexive pronouns precede conjugated verbs and add verbs in negative commands but follow and are attached to affirmative commands. They may also follow and be attached to infinitives and the **-ndo** form of the verb.

Marta **se levanta** muy temprano.	*Marta gets up very early.*
Pues, **apúrate**.	*Well, hurry up.*
Lupe **está bañándose**.	*Lupe is bathing.*
Tuvieron que **acostarse** muy tarde.	*They had to go to bed very late.*
No **se duerman.**	*Don't fall asleep.*

Vamos a practicar

a. Buenos días. ¿Qué pasa por la mañana en la casa de Felipe?

MODELO todo / familia / despertarse / 6:00
Toda la familia se despierta a las seis.

1. primero / mamá / quitarse las piyamas / ponerse / bata
2. yo / bañarse / afeitarse / baño
3. todos / sentarse a / mesa / para desayunar
4. hermano / lavarse / cepillarse / pelo
5. hermanas / peinarse / su cuarto
6. yo / ponerse / jeans / camiseta
7. papá / tener que / lavarse / dientes / porque irse / 8:00
8. mis hermanos y yo / despedirse / irse a / colegio / 8:15

b. De vacaciones. ¿Cómo describe Leonor sus últimas vacaciones en una carta a su amiga Tomasita?

1. levantarse	**4.** arreglarse	**7.** sentarse	**10.** despedirse
2. salir	**5.** ponerse	**8.** divertirse	**11.** vestirse
3. bañarse	**6.** quemarse	**9.** caerse	**12.** acostarse

Cuando estábamos de vacaciones en la Florida, __1__ a eso de las diez de la mañana todos los días. Un poco después mis hermanos y yo __2__ al océano a jugar todas las mañanas. Mientras tanto mis papás __3__ y __4__ para el día. Antes de salir del hotel, mamá __5__ loción protectora para no __6__ en el sol. Entonces, los dos __7__ en la playa a mirarnos. Yo __8__ mucho jugando volibol. Mis hermanitos querían jugar también pero siempre __9__ y mamá les decía que no. Después yo __10__ de mis amigos y todos volvíamos al hotel para __11__. Por la tarde, hacíamos muchas cosas diferentes, y cada noche __12__ cansados pero muy contentos.

Vamos a practicar

These exercises may be done as oral or written work.

Additional Exercises
Textbook: page 158
Cuaderno: Unidad 3, Lección 3

a. Buenos días.
1 Primero mamá se quita las piyamas y se pone la bata.
2 Yo me baño y me afeito en el baño.
3 Todos nos sentamos a la mesa para desayunar.
4 Mi hermano se lava y se cepilla el pelo.
5 Mis hermanas se peinan en su cuarto.
6 Yo me pongo los jeans y una camiseta.
7 Papá tiene que lavarse los dientes porque se va a las 8:00.
8 Mis hermanos y yo nos despedimos y nos vamos al colegio a las 8:15.

b. De vacaciones.
1 nos levantábamos
2 salíamos
3 se bañaban
4 se arreglaban
5 se ponía
6 quemarse
7 se sentaban
8 me divertía
9 se caían
10 me despedía
11 vestirnos
12 nos acostábamos

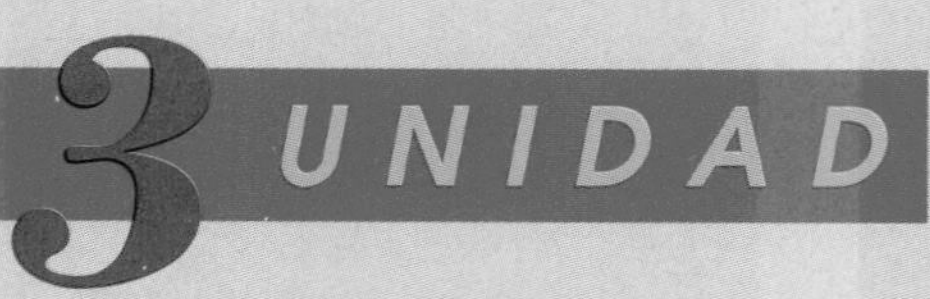

LECCIÓN 1

4.1 THE IMPERFECT: SER, VER, IR

There are just three irregular verbs in the imperfect.

ser	ver	ir
era	veía	iba
eras	veías	ibas
era	veía	iba
éramos	veíamos	íbamos
erais	veíais	ibais
eran	veían	iban

Éramos muy jóvenes. — *We were very young.*
La **veía** frecuentemente. — *I used to see her often.*
Iban a llamarnos. — *They were going to call us.*

Vamos a practicar

a. Los gustos. Muchas veces los programas que nos gusta ver en la televisión reflejan nuestra personalidad. ¿Cómo eran estas personas de niños y qué tipo de programas veían en la televisión?

MODELO Roque / terrible / películas de terror
Roque era terrible y siempre veía películas de terror.

1. yo / activo / programas de música rock
2. Felipe / serio / programas documentales
3. Julia y Delfina / alegre / programas musicales
4. tú / drámatico / obras de teatro
5. mis tías / sentimental / telenovelas
6. Elena / triste / películas trágicas
7. ustedes / inteligente / películas históricas
8. Marcos y yo / atléticos / programas deportivos

4.1 Margin box: page 176

Vamos a practicar

These exercises may be done as oral or written work.

Additional Exercises
Textbook: pages 177–179
Cuaderno: Unidad 4, Lección 1

a. Los gustos.
1 Yo era activo(a) y siempre veía programas de música rock.
2 Felipe era serio y siempre veía programas documentales.
3 Julia y Delfina eran alegres y siempre veían programas musicales.
4 Tú eras dramático y siempre veías obras de teatro.
5 Mis tías eran sentimentales y siempre veían telenovelas.
6 Elena era triste y siempre veía películas trágicas.
7 Ustedes eran inteligentes y siempre veían películas históricas.
8 Marcos y yo éramos atléticos y siempre veíamos programas deportivos.

b. Hay que cancelar.
1 Iba a lavar el coche.
2 Iban a ir al zoológico.
3 Íbamos a jugar fútbol.
4 Iban a pasear en bicicleta.
5 Íbamos a alquilar videos.
6 Ibas a ir al parque de diversiones.
7 Iba a subir a lancha.
8 Iba a comer al aire libre.

b. Hay que cancelar. Ayer por la tarde estas personas tenían planes especiales, pero llovió toda la tarde y tuvieron que suspender sus planes. ¿Qué iban a hacer?

MODELO yo
Iba a ir al parque.

nosotras
Íbamos a jugar tenis.

1. Juana

2. los niños

3. mis amigos y yo

4. Inés y José

5. nosotras

6. tú

7. yo

8. mi familia

4.2 USES OF THE IMPERFECT: HABITUAL ACTIONS, TIME, AGE

UNIDAD 4

The imperfect is used to talk about things that happened in the past. It has several specific uses.

- The imperfect is used to describe habitual or customary actions. It is often used with expressions such as **todos los días**, **generalmente**, **siempre**, **muchas veces**, and the like.

De niño, **jugaba** fútbol todos los sábados.	*As a kid, I used to play soccer every Saturday.*
Siempre **íbamos** a la biblioteca.	*We always used to go to the library.*
Cuando **llovía**, **veíamos** películas.	*When it rained, we would watch movies.*

- The imperfect is used to tell time in the past.

Era mediodía y hacía mucho calor.	*It was noon and it was very hot.*
Eran las once de la noche y los niños tenían sueño.	*It was 11:00 at night and the children were sleepy.*

- The imperfect is used to express age in the past.

Julia **tenía** siete años en 1993.	*Julia was seven in 1993.*
Todavía era fuerte cuando **tenía** setenta y cinco años.	*He was still strong when he was seventy five.*

Vamos a practicar

a. Siempre lo mismo. Andrés Salazar siempre seguía la misma rutina. ¿Qué hacía? Cambia su rutina al pasado.

Todos los días, **se levanta** temprano, **se baña** y **se viste**. Después, **va** a la cocina y **prepara** el desayuno. Mientras **toma** su café, **lee** el periódico. A las 7:30 **sale** para el trabajo. **Trabaja** toda la mañana y **almuerza** a mediodía. Después del almuerzo, **camina** y **conversa** con sus amigos. A las cinco **regresa** a casa y **hace** ejercicios. Después de cenar, **ve** televisión o **alquila** un video. **Se acuesta** a las diez y **se duerme** después de leer un poco.

b. ¡Otra vez! El timbre de tu escuela no funcionó bien todo el día. ¿Qué hora era cuando sonó?

MODELO 8:05
Eran las ocho y cinco cuando sonó.

1. 8:30	**3.** 10:07	**5.** 12:35	**7.** 1:45
2. 9:45	**4.** 11:50	**6.** 1:20	**8.** 2:57

4.2 Margin boxes: pages 177–179

Vamos a practicar

These exercises may be done as oral or written work.

Additional Exercises
Textbook: pages 177–179
Cuaderno: Unidad 4, Lección 1

a. Siempre lo mismo.
Todos los días, **se levantaba** temprano, **se bañaba** y **se vestía**. Después, **iba** a la cocina y **preparaba** el desayuno. Mientras **tomaba** su café, **leía** el periódico. A las 7:30 **salía** para el trabajo. **Trabajaba** toda la mañana y **almorzaba** a mediodía. Después del almuerzo, **caminaba** y **conversaba** con sus amigos. A las cinco **regresaba** a casa y **hacía** ejercicios. Después de cenar, **veía** televisión o **alquilaba** un video. **Se acostaba** a las diez y **se dormía** después de leer un poco.

b. ¡Otra vez!
1 Eran las ocho y media cuando sonó.
2 Eran las diez menos cuarto cuando sonó.
3 Eran las diez y siete cuando sonó.
4 Eran las doce menos diez cuando sonó.
5 Era la una menos veinticinco cuando sonó.
6 Era la una y veinte cuando sonó.
7 Eran las dos menos cuarto cuando sonó.
8 Eran las tres menos tres cuando sonó.

c. **¡Qué grandes están!**
1 Mi abuelo tenía setenta años.
2 Papá tenía cuarenta y dos años.
3 Pepito y Pepita tenían doce años.
4 Mi tía Sara tenía cincuenta y cuatro años.
5 Mi abuela materna tenía sesenta y tres años.
6 Mi primo José tenía veintiún años.
7 Yo tenía quince años.
8 Mamá y mi tía Josefa tenían treinta y siete años.

ch. **De niño.**
1 era
2 era
3 vivíamos
4 íbamos
5 tomábamos
6 jugábamos
7 encantaba
8 Llegábamos
9 regresábamos
10 tenía

4.3 Margin box: page 179

c. ¡Qué grandes están! El año pasado, en la reunión de la familia Peralta, Riqui Peralta preguntó las edades de todos. Según él, ¿cuántos años tenían?

MODELO mi tío Alfredo: 35
Mi tío Alfredo tenía treinta y cinco años.

1. mi abuelo: 70
2. papá: 42
3. Pepito y Pepita: 12
4. mi tía Sara: 54
5. mi abuela materna: 63
6. mi primo José: 21
7. yo: 15
8. mamá y mi tía Josefa: 37

ch. De niño. David acaba de escribirle a su amigo por correspondencia. ¿Qué le dice de su niñez? Completa su carta con el imperfecto de los verbos indicados.

1. ser
2. ser
3. vivir
4. ir
5. tomar
6. jugar
7. encantar
8. llegar
9. regresar
10. tener

Querido Samuel,

Cuando yo (1) niño, mi vida (2) muy diferente. Nosotros (3) en Maracaibo y mi hermana y yo (4) a la playa todos los días de vacaciones. Allí (5) el sol y (6) en el lago. Nos (7) el agua. (8) muy temprano y no (9) a casa hasta muy tarde. Cuando (10) diez años, nos mudamos a Caracas y todo cambió.

4.3 HACER TO EXPRESS AGO

To express the concept of *ago*, Spanish uses the verb **hacer** in the following structure:

hace + *[time]* + **que** + *[preterite]*

Hace muchos años **que** construyó la jaula.	*He built the cage many years ago.*
Hace dos meses **que** compré estos pantalones.	*I bought these trousers two months ago.*

Vamos a practicar

a. De otra parte. Todos los vecinos de la Calle Montemayor vinieron de otra ciudad. Según Pablo, ¿cuánto tiempo hace que se mudaron para acá?

MODELO 5 años: los Bermúdez
Hace cinco años que vinieron los Bermúdez.

1. 3 años: la familia Alarcón
2. 7 años: los Méndez
3. 2 años: el señor Fuentes
4. 1 año: los Vega
5. 15 años: la señora Estrada
6. 6 años: mis tíos
7. 1 año: nosotros
8. 11 años: las hermanas Robledo

b. Prodigiosa. Cecilia sólo tiene doce años pero aprendió a hacer muchas cosas a una edad muy temprana. ¿Cuánto tiempo hace que aprendió a hacer estas cosas?

MODELO 2 años / aprender / tocar / guitarra / clásico
Hace dos años que aprendió a tocar la guitarra clásica.

1. 5 años / escribir / primer poema / portugués
2. 7 años / empezar / cantar ópera / italiano
3. 8 años / ganar / trofeo / natación
4. 1 año / construir / bicicleta
5. 3 años / aprender / hablar / japonés
6. 4 años / leer / *Don Quijote*
7. 6 años / preparar / primera paella
8. 9 años / comenzar / usar / computadora

LECCIÓN 2

4.4 USES OF THE IMPERFECT: CONTINUING ACTIONS

- Past actions may be viewed as either completed or continuing. Those seen as continuing or in progress are expressed in the imperfect.

Hablaban mientras **caminaban**.	*They were talking while they were walking.*
Hacía su tarea a esa hora.	*He was doing his homework at that hour.*

- Sometimes a continuing action is interrupted by another action. In this case the continuing action is expressed in the imperfect and the interrupting action is in the preterite.

Abuelita **llamó** mientras **comíamos.**	*Grandma called while we were eating.*
Jugaba muy bien cuando **chocó** con un defensor.	*He was playing very well when he ran into a guard.*

Vamos a practicar

These exercises may be done as oral or written work.

Additional Exercises
Textbook: page 179
Cuaderno: Unidad 4, Lección 1

a. De otra parte.
1 Hace tres años que vino la familia Alarcón.
2 Hace siete años que vinieron los Méndez.
3 Hace dos años que vino el señor Fuentes.
4 Hace un año que vinieron los Vega.
5 Hace quince años que vino la señora Estrada.
6 Hace seis años que vinieron mis tíos.
7 Hace un año que vinimos nosotros.
8 Hace once años que vinieron las hermanas Robledo.

b. Prodigiosa.
1 Hace cinco años que escribió su primer poema en portugués.
2 Hace siete años que empezó a cantar ópera en italiano.
3 Hace ocho años que ganó un trofeo en natación.
4 Hace un año que construyó una bicicleta.
5 Hace tres años que aprendió a hablar japonés.
6 Hace cuatro años que leyó *Don Quijote.*
7 Hace seis años que preparó su primera paella.
8 Hace nueve años que comenzó a usar la computadora.

4.4 Margin boxes: pages 195–196

Vamos a practicar

These exercises may be done as oral or written work.

Additional Exercises
Textbook: pages 195–196
Cuaderno: Unidad 4, Lección 2

a. Una visita inesperada.
1 Claudio escuchaba música.
2 Estela y Susana paseaban en bicicleta.
3 Mamá y yo comíamos pastel.
4 Papá leía el periódico.
5 Los gatitos jugaban.
6 Yo tomaba un refresco.
7 Mis primos veían televisión.
8 El perro dormía.

Vamos a practicar

a. Una visita inesperada. Según Rebeca, ¿qué hacían ella y su familia el domingo por la tarde cuando de repente llegaron sus abuelos?

el bebé

MODELO **El bebé tomaba leche.**

1. Claudio

2. Estela y Susana

3. Mamá y yo

4. Papá

5. los gatitos

6. yo

7. mis primos

8. el perro

b. Día de limpieza. Una vez al año todos los estudiantes de la señora Gutiérrez ayudaban a limpiar la escuela. ¿Qué hacía cada uno?

MODELO Marta: limpiar las ventanas
Pedro: pintar las paredes
Marta limpiaba las ventanas mientras Pedro pintaba las paredes.

1. Paco: barrer el pasillo
   Begoña: limpiar los baños
2. Chavela: sacar la basura
   yo: vaciar los basureros
3. tú: pasar la aspiradora
   el profesor: mover los muebles
4. la profesora: guardar los libros
   Laura y Raúl: pasar un trapo a los muebles
5. Jacobo: preparar limonada
   Esther: hacer sándwiches
6. Concepción: limpiar los escritorios
   Mateo: lavar las pizarras
7. Jerónimo: cortar el césped
   ustedes: barrer el patio
8. la secretaria: organizar los gabinetes
   el director: supervisar

c. ¡Caramba! Germán dice que nadie pudo terminar lo que hacía porque hubo tantas interrupciones. ¿Qué pasó?

MODELO perro / entrar / mientras yo / escribir una carta
El perro entró mientras yo escribía una carta.

1. Luisito apagar las luces / cuando mamá / leer el periódico
2. Toño y yo / estudiar para un examen / cuando Olga / llamar
3. el perro / desenchufar / computadora / cuando Pablo / hacer / tarea
4. Jaime y Gloria / jugar tenis / cuando empezar a llover
5. papá abrir la puerta / mientras el bebé / dormir
6. nuestro / abuelos / llegar / mientras todos nosotros / limpiar la casa
7. papá / cambiar el canal / mientras Luisito / ver un programa de niños
8. el bebé comenzar a gritar / mientras mi tía / calificar exámenes

4.5 USES OF THE PRETERITE: COMPLETED ACTIONS AND BEGINNING OR ENDING ACTIONS

The preterite is used to express past actions viewed as a completed whole. Words which specify a limited time period are frequently associated with the preterite. Some typical words are **ayer, el lunes, el fin de semana pasado, un día, una vez.**

Ayer **cenamos** temprano.	*Yesterday we ate supper early.*
Leí la lección antes de la clase.	*I read the lesson before class.*
Hicimos muchas cosas durante las vacaciones: **nadamos**, **visitamos** a los abuelos y **fuimos** a acampar.	*We did a lot of things during vacation: we swam, visited our grandparents, and went camping.*

b. Día de limpieza.
1 Paco barría el pasillo mientras Begoña limpiaba los baños.
2 Chavela sacaba la basura mientras yo vaciaba los basureros.
3 Tú pasabas la aspiradora mientras el profesor movía los muebles.
4 La profesora guardaba los libros mientras Laura y Raúl pasaban un trapo a los muebles.
5 Jacobo preparaba limonada mientras Esther hacía sándwiches.
6 Concepción limpiaba los escritorios mientras Mateo lavaba las pizarras.
7 Jerónimo cortaba el césped mientras ustedes barrían el patio.
8 La secretaria organizaba los gabinetes mientras el director supervisaba.

c. ¡Caramba!
1 Luisito apagó las luces cuando mamá leía el periódico.
2 Toño y yo estudiábamos para un examen cuando Olga llamó.
3 El perro desenchufó la computadora cuando Pablo hacía la tarea.
4 Jaime y Gloria jugaban tenis cuando empezó a llover.
5 Papá abrió la puerta mientras el bebé dormía.
6 Nuestros abuelos llegaron mientras todos nosotros limpiábamos la casa.
7 Papá cambió el canal mientras Luisito veía un programa de niños.
8 El bebé comenzó a gritar mientras mi tía calificaba exámenes.

4.5 Margin boxes: page 196

The preterite is used to focus attention on the beginning or the end of a past action.

Focus on beginning:

Comimos a las 6:00.	*We ate at 6:00.*
De repente **brilló** el sol.	*Suddenly the sun began to shine.*
Irma **habló** a los diez meses.	*Irma started to talk at ten months.*

Focus on end:

Regresó muy tarde.	*He returned very late.*
La clase **terminó** a la una.	*Class ended at one.*
Pasó la tormenta.	*The storm ended.*

Vamos a practicar

a. ¡Otro año más! El sábado pasado fue el cumpleaños de Antonio. ¿Qué hicieron él y sus amigos para celebrarlo?

MODELO mis amigos y yo
Fuimos al cine.

1. yo

2. mis amigos y yo

3. el guitarrista

4. el camarero

Vamos a practicar

These exercises may be done as oral or written work.

Additional Exercises
Textbook: pages 196–197
Cuaderno: Unidad 4, Lección 2

a. ¡Otro año más!
1 Yo tomé un refresco.
2 Mis amigos y yo comimos en un restaurante.
3 El guitarrista tocó la guitarra.
4 El camarero trajo el pastel.
5 Mis amigos cantaron *¡Feliz cumpleaños!*
6 Yo abrí regalos.
7 Todos fuimos a una discoteca.
8 Susana y yo bailamos.

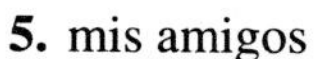
5. mis amigos

6. yo

7. todos

8. Susana y yo

b. Una visita especial. El viernes pasado el director de la compañía de papá vino a cenar a nuestra casa. Según Rosa, ¿qué hicieron todos en preparación?

1. Carmelita: contar los cubiertos, poner la mesa, limpiar su cuarto
2. Papa: comprar las bebidas, lavar el carro, cortar el césped
3. yo: sacar la basura, pasar la aspiradora, hacer las camas
4. Rogelio: barrer el patio, dar de comer al perro, limpiar las ventanas
5. Mamá: preparar la comida, lavar y secar los platos elegantes
6. los abuelos: pasar un trapo a los muebles, comprar flores, decorar la mesa

c. ¡Ay de mí! Catalina pasó un día muy malo ayer. ¿Por qué?

1. salir	4. chocar	7. seguir	10. encontrar
2. terminar	5. lastimarse	8. llegar	11. empezar
3. montarse	6. levantarse	9. abrir	12. regresar

Catalina __(1)__ corriendo del colegio a la 1:00 porque su clase __(2)__ tarde y tenía mucha hambre. __(3)__ en su bicicleta para ir a su casa. En el camino __(4)__ con otra bicicleta pero, por suerte, no __(5)__. Sin llorar, __(6)__ y __(7)__ rápidamente a casa. Cuándo __(8)__ Catalina, __(9)__ la puerta y no __(10)__ a nadie en la casa. __(11)__ a llorar. Y todavía lloraba cuando su mamá __(12)__ a casa. ¡Pobrecita!

b. Una visita especial.

1. Carmelita contó los cubiertos, puso la mesa y limpió su cuarto.
2. Papá compró las bebidas, lavó el carro y cortó el césped.
3. Yo saqué la basura, pasé la aspiradora y hice las camas.
4. Rogelio barrió el patio, dio de comer al perro y limpió las ventanas.
5. Mamá preparó la comida, lavó y secó los platos elegantes.
6. Los abuelos pasaron un trapo a los muebles, compraron flores y decoraron la mesa.

c. ¡Ay de mí!

1. salió
2. terminó
3. Se montó
4. chocó
5. se lastimó
6. se levantó
7. siguió
8. llegó
9. abrió
10. encontró
11. Empezó

4.6 STEM-CHANGING -IR VERBS IN THE PRETERITE: E → I and O → U

You have learned that stem-changing verbs that end in **-ir** undergo stem changes in the preterite. In these verbs, **e** becomes **i** and **o** becomes **u** in the **usted /él / ella** and **ustedes / ellos / ellas** forms. There are no **-ar** or **-er** verbs with a stem change in the preterite.

pedir (e → i)	
pedí	pedimos
pediste	pedisteis
pidió	pidieron

morir (o → u)	
morí	morimos
moriste	moristeis
murió	murieron

Murieron pocas personas en el accidente. — *Few people died in the accident.*

Pidió una hamburguesa pero le **sirvieron** una ensalada. — *She ordered a hamburger but they brought her a salad.*

The following is a list of common stem-changing **-ir** verbs. Note that the letters in parentheses indicate respective stem changes in the present tense and in the preterite.

e → i (present and preterite)	
conseguir (i, i)	*to get, obtain*
pedir (i, i)	*to ask for*
reírse (i, i)	*to laugh*
repetir (i, i)	*to repeat*
seguir (i, i)	*to follow*
vestirse (i, i)	*to get dressed*

e → ie (present), e → i (preterite)	
divertirse (ie, i)	*to have a good time*
preferir (ie, i)	*to prefer*
sentir (ie, i)	*to feel*

o → ue (present), o → u (preterite)	
dormir (ue, u)	*to sleep*
morir (ue, u)	*to die*

Vamos a practicar

a. Exploradores. ¿Cuándo murieron estos exploradores?

MODELO Vasco Núñez de Balboa, 1519
Vasco Núñez de Balboa murió en mil quinientos diez y nueve.

1. Juan Ponce de León, 1521
2. Diego de Almagro, 1538
3. Francisco Pizarro, 1541
4. Hernando de Soto, 1542
5. Francisco de Orellana, 1546
6. Hernán Cortés, 1547
7. Pedro de Valdivia, 1554
8. Alvar Núñez Cabeza de Vaca, 1557

b. Lo de siempre. Ayer fue un día normal en el restaurante donde trabaja Diana. Según esta descripción de su rutina, describe lo que pasó ayer. Cambia los verbos del presente al pretérito.

Llega a las cuatro y **busca** su uniforme. **Se viste** y **sale** a trabajar. **Saluda** a los clientes y ellos la **siguen** a la mesa. Después de darles la carta, Diana les **sirve** agua y **toma** su orden. Para estar segura, **repite** la orden de cada persona. Entonces les **sirve** la comida que **piden**. Ella **se divierte** en su trabajo y **recibe** buenas propinas. Al llegar a casa, **cena, se acuesta** y **se duerme** en seguida, muy cansada pero contenta.

LECCIÓN 3

4.7 USES OF THE IMPERFECT: DESCRIPTION

- In addition to describing habitual actions, telling time in the past and talking about age in the past, the imperfect is used when describing an ongoing situation, and physical, emotional or mental states. Generally, possession and physical location are considered ongoing situations and the imperfect is used.

Ongoing situations:

Tenía muchos amigos.	*I had a lot of friends.*
Había muchas carpetas en el pupitre.	*There were a lot of folders on the desk.*
La jaula **estaba** en el jardín.	*The cage was in the garden.*

Vamos a practicar

These exercises may be done as oral or written work.

Additional Exercises
Textbook: page 197
Cuaderno: Unidad 4, Lección 2

a. Exploradores.

1. Juan Ponce de León murió en mil quinientos veintiuno.
2. Diego de Almagro murió en mil quinientos treinta y ocho.
3. Francisco Pizarro murió en mil quinientos cuarenta y uno.
4. Hernando de Soto murió en mil quinientos cuarenta y dos.
5. Francisco de Orellana murió en mil quinientos cuarenta y seis.
6. Hernán Cortés murió en mil quinientos cuarenta y siete.
7. Pedro de Valdivia murió en mil quinientos cincuenta y cuatro.
8. Alvar Núñez Cabeza de Vaca murió en mil quinientos cincuenta y siete.

b. Lo de siempre.
Llegó a las cuatro y **buscó** su uniforme. **Se vistió** y **salió** a trabajar. **Saludó** a los clientes y ellos la **siguieron** a la mesa. Después de darles la carta, Diana les **sirvió** agua y **tomó** su orden. Para estar segura, **repitió** la orden de cada persona. Entonces les **sirvió** la comida que **pidieron**. Ella **se divirtió** en su trabajo y **recibió** buenas propinas. Al llegar a casa, **cenó**, **se acostó** y **se durmió** en seguida, muy cansada pero contenta.

4.7 Margin boxes: page 210

Physical, emotional or mental states:

Tenía dolor de cabeza.	*I had a headache.*
Ese invierno mamá no **se sentía** bien.	*That winter Mom didn't feel well.*
Yo lo **amaba**, pero él ya no me **quería.**	*I loved him, but he no longer loved me.*
Estaba nerviosísima.	*She was really nervous.*
Estábamos aburridos.	*We were bored.*

- The imperfect is frequently used to provide the background for other imperfect or preterite actions. It describes what was happening before other actions began.

Había una vez una viejita que no **confiaba** en nadie. Un día **decidió** poner todo su dinero en. . .	*Once upon a time there was a little old lady who didn't trust anybody. One day she decided to put all her money in. . .*

Vamos a practicar

a. ¡Qué cansados! Nadie durmió bien anoche. ¿Por qué?

MODELO Patricia: estar nervioso
Patricia estaba nerviosa.

1. Fernando: no estar cansado
2. Estela y Ramón: tener mucha tarea
3. yo: tener que leer un libro muy interesante
4. mi papá: no tener sueño
5. ustedes: estar preocupado
6. nosotros: no sentirse bien
7. Luisita: tener miedo
8. Amalia: pensar en su novio

b. En el campamento. Pedro escribió esta descripción. Ahora la quiere cambiar al pasado para usarla en un cuento. ¿Cómo la cambia?

Estoy descansando debajo de un árbol. **Es** un día muy bonito; **hace** mucho sol y un calorcito muy agradable. Algunos compañeros **están** ocupados. Unos **preparan** la comida mientras que otros **ponen** la mesa o **duermen** la siesta. Nadie **habla** y el silencio **es** tranquilizador. Todos **estamos** muy contentos.

Vamos a practicar

These exercises may be done as oral or written work.

Additional Exercises
Textbook: pages 210–211
Cuaderno: Unidad 4, Lección 3

a. ¡Qué cansados!

1. Fernando no estaba cansado.
2. Estela y Ramón tenían mucha tarea.
3. Yo tenía que leer un libro muy interesante.
4. Mi papá no tenía sueño.
5. Ustedes estaban preocupados.
6. Nosotros no nos sentíamos bien.
7. Luisita tenía miedo.
8. Amalia pensaba en su novio.

b. En el campamento.

Estaba descansando debajo de un árbol. **Era** un día muy bonito; **hacía** mucho sol y un calorcito muy agradable. Algunos compañeros **estaban** ocupados. Unos **preparaban** la comida mientras que otros **ponían** la mesa o **dormían** la siesta. Nadie **hablaba** y el silencio **era** tranquilizador. Todos **estábamos** muy contentos.

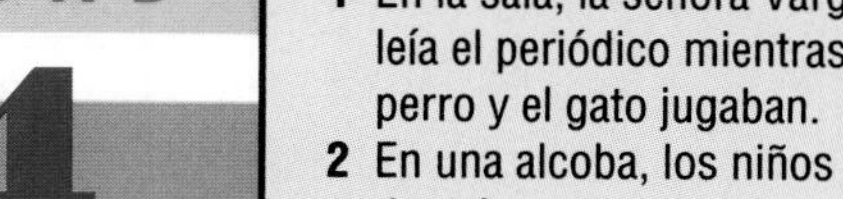

c. La familia Vargas. Vas a escribir un cuento sobre la familia Vargas. Escribe el primer párrafo usando las expresiones que siguen.

MODELO afuera: hacer mal tiempo, llover
Afuera hacía mal tiempo. Llovía mucho.

1. en la sala: leer el periódico, jugar
2. en una alcoba: dormir
3. en el cuarto de baño: peinarse
4. en la cocina: preparar la cena, hacer limonada
5. en el comedor: poner la mesa
6. en otra alcoba: escribir cartas, descansar

c. La familia Vargas.
1 En la sala, la señora Vargas leía el periódico mientras el perro y el gato jugaban.
2 En una alcoba, los niños dormían.
3 En el cuarto de baño, un hijo se peinaba.
4 En la cocina, el señor Vargas preparaba la cena mientras su hijo hacía limonada.
5 En el comedor, una hija ponía la mesa.
6 En otra alcoba, la abuela Vargas escribía cartas mientras el abuelo Vargas descansaba.

4.8 **Margin box: page 212**

UNIDAD 4

4.8 NARRATING IN THE PAST: IMPERFECT AND PRETERITE

When talking about the past, it is common to use both the imperfect and preterite in the same paragraph. The uses you have been studying determine which one should be used.

The imperfect is used to describe past actions that are . . .	*The preterite is used to describe past actions that are . . .*
1. viewed as continuous or in progress. 2. habitual.	1. viewed as completed. 2. focused on the beginning or end of the actions.

The difference between the preterite and imperfect is similar to the difference between seeing a series of snapshots and watching a video. The preterite is like a snapshot, which reduces an event to a single moment. The imperfect is more like a video, which captures the ongoing nature of a past event.

Note the use of both the preterite and the imperfect in the following paragraph.

Un día cuando **hacía** muy buen tiempo, la abuela **decidió** ir al banco a depositar su dinero. Con mucho cuidado lo **sacó** del colchón y lo **metió** en una bolsa de papel. **Salió** camino al banco, pero como **hacía** tan buen tiempo, **se sentó** a comer en el parque. Mientras **comía**, **tomaba** el sol y **pensaba** en su decisión.

One day when the weather was good, the grandmother decided to go to the bank to deposit her money. Very carefully she took it out of the mattress and put it in a paper bag. She headed for the bank, but since it was a beautiful day, she sat down to eat in the park. While she ate, she enjoyed the sun and thought about her decision.

Vamos a practicar

a. ¡Una sorpresa! David está describiendo una experiencia especial. ¿Qué dice?

Cuando **(era / fui)** niño, cada año en el mes de agosto **(iba / fui)** a visitar a mi abuelo. Él **(era / fue)** viudo y **(vivía / vivió)** solo en un rancho lejos de mi casa. Yo siempre **(tenía / tuve)** que pasar seis horas en el autobús para llegar a su casa. Me **(gustaba / gustó)** estar con él porque **(sabía / supo)** mucho y me **(enseñaba / enseñó)** muchas cosas del rancho. Yo siempre le **(ayudaba / ayudé)** con los quehaceres. **(Limpiaba / Limpié)** los corrales y le **(daba / di)** de comer a los animales.

Un agosto, cuando **(tenía / tuve)** ocho años, **(pasaba / pasó)** algo muy especial. Cuando **(llegaba / llegué)** al rancho, mi abuelo me **(llevaba / llevó)** al corral. Un caballo nuevo **(estaba / estuvo)** allí. **(Era / Fue)** pequeño y negro y muy bonito. ¡Y qué sorpresa! Mi abuelo me **(decía / dijo)**: ''Este caballo es tuyo''. Yo no **(sabía / supe)** qué decir. Mi abuelo me **(ayudaba / ayudó)** a subir y **(empezaba / empezó)** a enseñarme a montar a caballo. **(Pasaba / Pasé)** todo el mes con mi caballo. **(Me divertía / Me divertí)** mucho ese verano.

b. Caperucita Roja. Éste es un cuento muy conocido. Cuéntalo en el pasado.

Hay una niña muy bonita y simpática que siempre **lleva** puesta una caperuza roja, y por eso se **llama** Caperucita Roja. Un día **descubre** que su abuela **está** enferma y **decide** llevarle unas frutas. En una canasta **pone** manzanas, naranjas y bananas y **sale** para la casa de su abuela. **Lleva** puesta su caperucita roja, por supuesto. En el camino un lobo (un animal muy feroz) **se acerca** a la niña y le **pregunta**:

—¿Adónde vas, preciosa?

La niña **responde**:

—A casa de mi abuela. Le llevo estas frutas porque está enferma. —y ella se **va**.

Cuando Caperucita **llega**, **encuentra** a su abuela muy diferente. **Tiene** los ojos, la nariz y la boca muy grandes. En muy poco tiempo **sabe** que no **es** su abuela.

—**Es** el lobo. **Grita** y **grita**.

En pocos minutos **viene** un cazador y **salva** a la niña. Después **encuentran** a la abuela en el armario. Ella **está** asustada pero bien.

Vamos a practicar

These exercises may be done as oral or written work.

Additional Exercises
Textbook: pages 212–213
Cuaderno: Unidad 4, Lección 3

a. ¡Una sorpresa!
Cuando **era** niño, cada año en el mes de agosto **iba** a visitar a mi abuelo. Él **era** viudo y **vivía** solo en un rancho lejos de mi casa Yo siempre **tenía** que pasar seis horas en el autobús para llegar a su casa. Me **gustaba** estar con él porque **sabía** mucho y me **enseñaba** muchas cosas del rancho. Yo siempre le **ayudaba** con los quehaceres. **Limpiaba** los corrales y le **daba** de comer a los animales.

Un agosto, cuando **tenía** ocho años, **pasó** algo muy especial. Cuando **llegué** al rancho, mi abuelo me **llevó** al corral. Un caballo nuevo **estaba** allí. **Era** pequeño y negro y muy bonito. ¡Y qué sorpresa! Mi abuelo me **dijo**: "Este caballo es tuyo". Yo no **sabía** qué decir. Mi abuelo me **ayudó** a subir y **empezó** a enseñarme a montar a caballo. **Pasé** todo el mes con mi caballo. **Me divertí** mucho ese verano.

b. Caperucita Roja.
Había una niña muy bonita y simpática que siempre **llevaba** puesta una caperuza roja, y por eso se **llamaba** Caperucita Roja. Un día **descubrió** que su abuela **estaba** enferma y **decidió** llevarle unas frutas. En una canasta **puso** manzanas, naranjas y bananas y **salió** para la casa de su abuela. **Llevaba** puesta su caperucita roja, por supuesto. En el camino un lobo (un animal muy feroz) **se acercó** a la niña y le **preguntó:**

—¿Adónde vas, preciosa?

La niña **respondió:**

—A casa de mi abuela. Le llevo estas frutas porque está enferma. —y ella se **fue**.

Cuando Caperucita **llegó**, **encontró** a su abuela muy diferente. **Tenía** los ojos, la nariz y la boca muy grandes. En muy poco tiempo **supo** que no **era** su abuela.

—**Era** el lobo. **Gritó** y **gritó**.

En pocos minutos **vino** un cazador y **salvó** a la niña. Después **encontraron** a la abuela en el armario. Ella **estaba** asustada pero bien.

UNIDAD

LECCIÓN 1

5.1 PRESENT SUBJUNCTIVE: FORMS AND OJALÁ

The verb tenses you have been using up until now belong to the **Indicative Mode**. Verb tenses in the indicative mode are used to express what we know or believe to be true or factual. There is another mode, the **Subjunctive Mode**, which consists of verb tenses used to talk about things which are not facts, such as hopes, persuasion, doubt, emotion and the like.

Following are the **-ar**, **-er,** and **-ir** endings for the present subjunctive tense.

Present Subjunctive		
-ar **nadar**	*-er* **aprender**	*-ir* **salir**
nad**e** nad**es** nad**e**	aprend**a** aprend**as** aprend**a**	salg**a** salg**as** salg**a**
nad**emos** nad**éis** nad**en**	aprend**amos** aprend**áis** aprend**an**	salg**amos** salg**áis** salg**an**

Ojalá que **nademos** hoy. *I hope we swim today.*
Ojalá que **salgan** temprano. *I hope they leave early.*

- Note that the theme vowels of the present subjunctive are the exact opposites of the present indicative:

Theme Vowels		
Verbs	Present Indicative	Present Subjunctive
-ar	**-a**	**-e**
-er, -ir	**-e**	**-a**

Present Subjunctive:
-ar: **-e, -es, -e, -emos, -éis, -en**
-er, -ir: **-a, -as, -a, -amos, -áis, -an**

You may also recognize the subjunctive endings as identical to the endings you learned for **Ud. / Uds.** and **tú** negative commands.

- The present subjunctive makes use of the stem of the **yo** form in the present indicative.

Yo Present Indicative	Present Subjunctive
trabajo **teng**o **dig**o	**trabaj**e, **trabaj**es, **trabaj**e, **trabaj**emos . . . **teng**a, **teng**as, **teng**a, **teng**amos, **teng**áis, . . . **dig**o, **dig**as, **dig**a, **dig**amos, **dig**áis, **dig**an

The present subjunctive is always used after the expression **ojalá (que)**, which came to Spanish from an Arabic expression meaning ''May Allah grant that.'' In modern Spanish it means *I hope (that) . . .*

Ojalá que no me **pase** otra vez.	*I hope it doesn't happen to me again.*
Ojalá saques buenas notas.	*I hope you get good grades.*

- Note that the use of **que** is optional after **ojalá.**
- Two useful expressions are **Ojalá que sí** *(I hope so)* and **Ojalá que no** *(I hope not).*

—¿Vamos a perder?	*Are we going to lose?*
—**Ojalá que no**.	*I hope not.*
—¿Vas a jugar tú?	*Are you going to play?*
—**Ojalá que sí**.	*I hope so.*

Vamos a practicar

a. Galletas. ¿Qué dicen tus amigos cuando ven sus fortunas en las galletas chinas al terminar de comer en un restaurante chino?

MODELO Vas a vivir muchos años.
Ojalá que viva muchos años.

1. Vas a hablar muchas lenguas.
2. Vas a viajar por el mundo entero.
3. Vas a conocer a muchas personas famosas.
4. Vas a cenar en París pronto.
5. Vas a ganar un millón de dólares.
6. Vas a tener buena suerte en el amor.

b. De vacaciones. ¿Qué deseos tienen tú y tus amigos para las vacaciones de invierno?

MODELO descansar mucho
Ojalá que descansemos mucho.

1. recibir muchas cartas
2. esquiar
3. trabajar poco
4. ver a muchos parientes
5. salir todos los días
6. bailar mucho
7. comer bien
8. viajar a otro país

Vamos a practicar

These exercises may be done as oral or written work.

Additional Exercises
Textbook: page 231
Cuaderno: Unidad 5, Lección 1

a. Galletas.
1 Ojalá que hable muchas lenguas.
2 Ojalá que viaje por el mundo entero.
3 Ojalá que conozca a muchas personas famosas.
4 Ojalá que cene en París pronto.
5 Ojalá que gane un millón de dólares.
6 Ojalá que tenga buena suerte en el amor.

b. De vacaciones.
1 Ojalá que recibamos muchas cartas.
2 Ojalá que esquiemos.
3 Ojalá que trabajemos poco.
4 Ojalá que veamos a muchos parientes.
5 Ojalá que salgamos todos los días.
6 Ojalá que bailemos mucho.
7 Ojalá que comamos bien.
8 Ojalá que viajemos a otro país.

c. El porvenir. Answers may vary.
1 Ojalá que no.
2 Ojalá que sí.
3 Ojalá que sí.
4 Ojalá que no.
5 Ojalá que sí.
6 Ojalá que no.

5.2 **Margin box: page 231**

Vamos a practicar

These exercises may be done as oral or written work.

Additional Exercises
Textbook: page 231
Cuaderno: Unidad 5, Lección 1

a. Nuevos alumnos.
1 Ojalá que sepan su dirección y teléfono.
2 Ojalá que den la información correcta a la maestra.
3 Ojalá que vayan directamente al patio para el recreo.
4 Ojalá que haya buena comida en la cafetería.
5 Ojalá que sepan dónde esperarme después de las clases.
6 Ojalá que no haya problemas con los otros niños.
7 Ojalá que sean buenos.
8 Ojalá que estén contentos.

c. El porvenir. ¿Esperas tener estas cosas en el futuro?

MODELO ¿Un coche grande?
Ojalá que sí. o **Ojalá que no.**

1. ¿Poco dinero?
2. ¿Cinco perros y cinco gatos?
3. ¿Una profesión importante?
4. ¿Un(a) esposo(a) famoso(a)?
5. ¿Una casa en el campo?
6. ¿Muchos hijos?

5.2 PRESENT SUBJUNCTIVE: IRREGULAR VERBS

The following verbs have irregular forms in the present subjunctive.

Present Subjunctive: Irregular Verbs					
dar	estar	ir	saber	ser	ver
dé	esté	vaya	sepa	sea	vea
des	estés	vayas	sepas	seas	veas
dé	esté	vaya	sepa	sea	vea
demos	estemos	vayamos	sepamos	seamos	veamos
deis	estéis	vayáis	sepáis	seáis	veáis
den	estén	vayan	sepan	sean	vean

Ojalá que **vayamos** a Italia. *I hope we go to Italy.*
Ojalá que **sepan** esto. *I hope they know this.*
Ojalá que no **sea** mañana. *I hope it's not tomorrow.*

- The present subjunctive of **hay** (*haber*) is **haya**.

Ojalá **haya** bastante tiempo. *I hope there is enough time.*
Ojalá que no **haya** examen hoy. *I hope there isn't an exam today.*

Vamos a practicar

a. Nuevos alumnos. Pepito y Pepita empezaron la escuela hoy y su mamá está preocupada. ¿Qué dice ella?

MODELO estar bien
Ojalá que estén bien.

1. saber su dirección y teléfono
2. dar la información correcta a la maestra
3. ir directamente al patio para el recreo
4. haber buena comida en la cafetería
5. saber dónde esperarme después de las clases
6. no haber problemas con los otros niños
7. ser buenos
8. estar contentos

b. ¡Una fiesta! Ramona está muy emocionada porque va a una fiesta esta noche. ¿Qué está pensando?

MODELO haber buena comida
¡Ojalá que haya buena comida!

1. todos mis amigos estar allí
2. mi vestido ser bastante elegante
3. todos saber la dirección
4. Pablo ir a la fiesta
5. yo dar una buena impresión
6. haber otras fiestas grandes este año
7. la música ser buena
8. dar regalos a los invitados

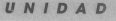

5.3 THE PRESENT SUBJUNCTIVE: IMPERSONAL EXPRESSIONS

Impersonal expressions are expressions that do not have a specific subject. The verb **Es** *(It is)* followed by an adjective forms a large number of impersonal expressions in Spanish.

Es + *adjective* = impersonal expression

When impersonal expressions that express a certainty are followed by a conjugated verb, the conjugated verb is always expressed in an indicative tense.

Es cierto que **tiene** mucho dinero.	*It is true that he has a lot of money.*
Es verdad que **llegan** esta tarde.	*It is true that they arrive this afternoon.*
Es verdad que **vino** ayer.	*It is true she came yesterday.*

The following is a list of common impersonal expressions of certainty:

es cierto	*it is certain, true*
es claro	*it is clear*
es obvio	*it is obvious*
es seguro	*it is sure*
es verdad	*it is true*

All other impersonal expressions followed by a conjugated verb require that the conjugated verb be in the subjunctive.

Es terrible que **me duerma** en clase.	*It's awful that I fall asleep in class.*
Es posible que **necesites** hacer más ejercicio.	*It's possible that you need to exercise more.*
Es importante que **entreguen** toda la tarea.	*It's important for you to turn in all your homework.*

b. ¡Una fiesta!
1 Ojalá que todos mis amigos estén allí.
2 Ojalá que mi vestido sea bastante elegante.
3 Ojalá que todos sepan la dirección.
4 Ojalá que Pablo vaya a la fiesta.
5 Ojalá que yo dé una buena impresión.
6 Ojalá que haya otras fiestas grandes este año.
7 Ojalá que la música sea buena.
8 Ojalá que den regalos a los invitados.

5.3 Margin box: page 232

- Note that impersonal expressions are always connected to the conjugated verb with the conjunction **que**. This is always the case when you have a change of subject — two conjugated verbs in a sentence, each with their own subject.

The following is a list of common impersonal expressions that require the subjunctive:

es bueno	*it is good*
es mejor	*it is better*
es fantástico	*it is fantastic*
es terrible	*it is terrible*
es triste	*it is sad*
es curioso	*it is odd*
es dudoso	*it is doubtful*
es posible	*it is possible*
es imposible	*it is impossible*
es probable	*it is probable*
es improbable	*it is improbable*
es importante	*it is important*
es necesario	*it is necessary*
es preciso	*it is necessary*
es recomendable	*it is recommendable*

Vamos a practicar

a. La buena salud. Manuel está estudiando la salud en la escuela y todos los días le dice a su mamá lo que deben hacer para tener buena salud. ¿Qué le dice a su mamá?

MODELO hacer ejercicio (importante)
Es importante que hagamos ejercicio.

1. ver televisión todo el día (malo)
2. correr (recomendable)
3. practicar deportes (bueno)
4. ir al médico una vez al año (importante)
5. descansar bastante (necesario)
6. cambiar de rutina de vez en cuando (preferible)
7. comer frutas y vegetales (importante)
8. beber muchos líquidos (bueno)
9. caminar mucho (necesario)
10. dormir ocho horas (recomendable)
11. no fumar (importante)
12. ser activo (mejor)

Vamos a practicar

These exercises may be done as oral or written work.

Additional Exercises
Textbook: pages 232–233
Cuaderno: Unidad 5, Lección 1

a. La buena salud.
1 Es malo que veamos televisión todo el día.
2 Es recomendable que corramos.
3 Es bueno que practiquemos deportes.
4 Es importante que vayamos al médico una vez al año.
5 Es necesario que descansemos bastante.
6 Es preferible que cambiemos de rutina de vez en cuando.
7 Es importante que comamos frutas y vegetales.
8 Es bueno que bebamos muchos líquidos.
9 Es necesario que caminemos mucho.
10 Es recomendable que durmamos ocho horas.
11 Es importante que no fumemos.
12 Es mejor que seamos activos.

b. Invitados. La familia Ramírez tiene invitados esta noche. Según la mamá, ¿qué deben hacer todos para ayudarle con las preparaciones?

yo

MODELO **Es necesario que yo haga las camas.**

1. Gloria

2. Diego

3. Papá

4. Diego y yo

5. Abuelita

6. los niños

7. Papá

8. tú

b. Invitados. Answers will vary.

1 Es importante que Gloria lave los platos.
2 Es preciso que Diego ponga la mesa.
3 Es recomendable que Papá barra el patio.
4 Es necesario que Diego y yo saquemos la basura.
5 Es importante que Abuelita pase la aspiradora.
6 Es preciso que los niños pasen un trapo a los muebles.
7 Es necesario que Papá corte los vegetales.
8 Es importante que tú limpies el baño.

c. El partido. Hoy hay un partido de fútbol. ¿Qué opina Rosa María del partido?

MODELO necesario / todos / jugadores / llegar temprano
Es necesario que todos los jugadores lleguen temprano.

1. importante / aficionados / gritar mucho
2. dudoso / otro equipo / ser / muy bueno
3. terrible / Lilia Gómez / estar / enfermo
4. probable / Tania / meter / mucho / goles
5. increíble / haber / tanto / aficionados / aquí
6. bueno / jugadores / escuchar / instrucciones del entrenador
7. fantástico / banda / tocar / hoy
8. probable / nosotros / ganar / partido

ch. Una fiesta. Estás invitado(a) a una fiesta este fin de semana. ¿Cómo contestas estas preguntas de tu hermanito(a)?

EJEMPLO ¿Van a traer pizza?
Es probable que traigan pizza.

VOCABULARIO ÚTIL:

dudoso	horrible	ridículo	imposible
fantástico	importante	posible	probable

1. ¿Van a tocar música clásica?
2. ¿Va a haber mucha comida?
3. ¿Van a bailar el tango?
4. ¿Vas a saludar a todo el mundo?
5. ¿Va a haber alguien que toque la guitarra?
6. ¿Van a beber leche?
7. ¿Vas a traer los refrescos?
8. ¿Van a ir todos tus amigos?

d. ¡Qué bueno! Hay una una nueva escuela en tu ciudad. ¿Cómo reaccionas a estos comentarios sobre la escuela?

EJEMPLO Sólo hay diez estudiantes por clase.
Es bueno que sólo haya diez estudiantes por clase.
Es dudoso que sólo haya diez estudiantes por clase.

1. Los estudiantes van a casa para almorzar.
2. Los profesores son inteligentísimos.
3. No hay biblioteca.
4. La directora sabe hablar cinco lenguas.
5. Los consejeros conocen bien a todos los estudiantes.
6. Todos tienen que estar en clase a las siete de la mañana.
7. Las clases terminan a las dos de la tarde.
8. El gimnasio es enorme.
9. Los estudiantes siempre hacen excursiones los viernes.
10. Los equipos de fútbol y baloncesto nunca practican.

c. El partido.
1 Es importante que los aficionados griten mucho.
2 Es dudoso que el otro equipo sea muy bueno.
3 Es terrible que Lilia Gómez esté enferma.
4 Es probable que Tania meta muchos goles.
5 Es increíble que haya tantos aficionados aquí.
6 Es bueno que los jugadores escuchen las instrucciones del entrenador.
7 Es fantástico que la banda toque hoy.
8 Es probable que nosotros ganemos el partido.

ch. Una fiesta. Answers will vary.
1 Es ridículo que toquen música clásica.
2 Es probable que haya mucha comida.
3 Es dudoso que bailen el tango.
4 Es importante que salude a todo el mundo.
5 Es posible que haya alguien que toque la guitarra.
6 Es imposible que beban leche.
7 Es preciso que traiga los refrescos.
8 Es fantástico que vayan todos mis amigos.

d. ¡Qué bueno! Answers will vary.
1 Es fantástico que los estudiantes vayan a casa para almorzar.
2 Es bueno que los profesores sean inteligentísimos.
3 Es terrible que no haya biblioteca.
4 Es mejor que la directora sepa hablar cinco lenguas.
5 Es importante que los consejeros conozcan bien a todos los estudiantes.
6 Es imposible que todos tengan que estar en clase a las siete de la mañana.
7 Es dudoso que las clases terminen a las dos de la tarde.
8 Es bueno que el gimnasio sea enorme.
9 Es improbable que los estudiantes siempre hagan excursiones los viernes.
10 Es curioso que los equipos de fútbol y baloncesto nunca practiquen.

LECCIÓN 2

5.4 EXPRESSIONS OF PERSUASION

5.4 Margin box: page 247

You previously learned that sentences having two conjugated verbs and a change of subject require the conjunction **que** between the two verbs. It may help to think of the two parts of subject-change sentences as a truck and trailer rig with **que** being the connecting hitch. The two parts of the sentence, the one beginning with **que** and the one preceding it, are called the dependent and independent clauses, respectively. Note that like the truck below, the independent clause can function as an independent sentence. The dependent clause depends on the other clause to function, just as the trailer depends on the truck to pull it.

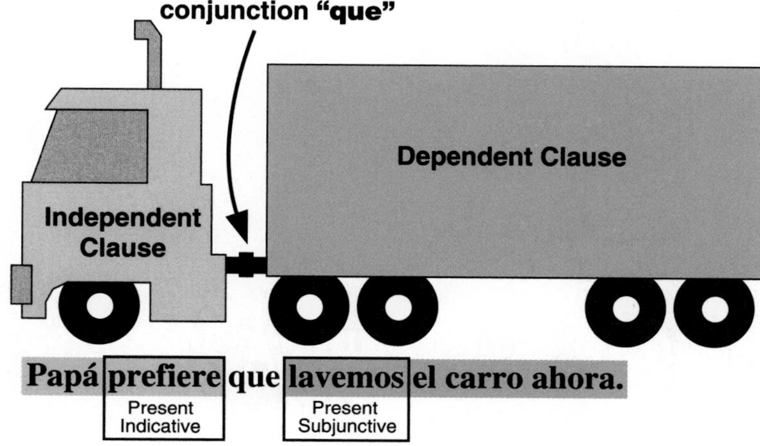

Papá prefiere que lavemos el carro ahora.
Present Indicative — Present Subjunctive

The present subjunctive is used after expressions of persuasion, when someone is advising, insisting on, recommending, suggesting, etc. a certain course of action to someone else.

¿Por qué **insisten en que vaya?**	*Why do you insist that I go?*
Recomiendo que sigan mis consejos.	*I recommend that you follow my advice.*
Sugerimos que eviten las comidas grasosas.	*We suggest that you avoid greasy foods.*

Here are some common verbs of persuasion:

aconsejar	*to advise*
insistir en	*to insist (on)*
pedir (e → i)	*to ask (a favor)*
preferir (e → ie, i)	*to prefer*
querer (e → ie)	*to want (someone to do something)*
recomendar (e → ie)	*to recommend*
sugerir (e → ie, i)	*to suggest*

Vamos a practicar

These exercises may be done as oral or written work.

> **Additional Exercises**
> Textbook: pages 247–249
> Cuaderno: Unidad 5, Lección 2

a. Mucho trabajo.

1 Insisten en que haga la cama.
2 Insisten en que pase el trapo a los muebles.
3 Insisten en que pase la aspiradora.
4 Insisten en que saque la basura.
5 Insisten en que ponga la mesa.
6 Insisten en que corte el césped.
7 Insisten en que barra el patio.
8 Insisten en que planche su ropa.

b. Están aburridos.

1 Sugiero que vayan al cine.
2 Sugiero que paseen en bicicleta.
3 Sugiero que bailen.
4 Sugiero que naden.
5 Sugiero que escuchen música.
6 Sugiero que alquilen videos.
7 Sugiero que toquen la guitarra.
8 Sugiero que lean unos libros.

Vamos a practicar

a. Mucho trabajo. Raúl tiene que ayudar mucho en casa. ¿En qué insisten sus padres?

MODELO lavar los platos
Insisten en que lave los platos.

1. hacer la cama
2. pasar el trapo a los muebles
3. pasar la aspiradora
4. sacar la basura
5. poner la mesa
6. cortar el césped
7. barrer el patio
8. planchar su ropa

b. Están aburridos. Cuando estas personas están aburridas, ¿qué sugieres tú que hagan?

MODELO **Sugiero que corran.**

1. 2. 3. 4.

5. 6. 7. 8.

c. Banquete internacional. El club de español va a tener un programa internacional. ¿Qué quiere la profesora que hagan todos?

MODELO recomendar / Pancho / limpiar / sala
Recomienda que Pancho limpie la sala.

1. querer / tú / escribir / invitación
2. sugerir / Rosa y yo / comprar / refrescos
3. insistir en / todos / llevar / ropa / típico
4. pedir / Carlota y Eugenio / cantar / canciones
5. preferir / yo / recibir / invitados
6. querer / ustedes / poner / mesas
7. recomendar / Hugo / preparar / comida
8. preferir / Soledad y Benito / traer / música
9. aconsejar / nosotros / practicar / bailes
10. querer / todos / llegar temprano
11. pedir / yo / ayudar / con los refrescos
12. sugerir / todos / participar / programa

5.5 PRESENT SUBJUNCTIVE: -AR AND -ER STEM-CHANGING VERBS

The stem-changing **-ar** and **-er** verbs you learned in the present indicative undergo the same pattern of changes in the present subjunctive.

Present Subjunctive: Stem-Changing Verbs	
pensar **e → ie**	**poder** **o → ue**
piense	**pueda**
pienses	**puedas**
piense	**pueda**
pensemos	podamos
penséis	podáis
piensen	**puedan**

Es importante que **pienses** mucho. — *It is important for you to think hard.*
Es posible que **podamos** salir esta noche. — *It's possible that we can go out tonight.*

c. Banquete internacional.
1 Quiere que tú escribas las invitaciones.
2 Sugiere que Rosa y yo compremos los refrescos.
3 Insiste en que todos lleven ropa típica.
4 Pide que Carlota y Eugenio canten unas canciones.
5 Prefiere que yo reciba a los invitados.
6 Quiere que ustedes pongan las mesas.
7 Recomienda que Hugo prepare la comida.
8 Prefiere que Soledad y Benito traigan la música.
9 Aconseja que nosotros practiquemos los bailes.
10 Quiere que todos lleguen temprano.
11 Pide que yo ayude con los refrescos.
12 Sugiere que todos participen en el programa.

5.5 Margin box: page 250

Vamos a practicar

These exercises may be done as oral or written work.

Additional Exercises
Textbook: page 250
Cuaderno: Unidad 5, Lección 2

a. Cambios.
1 Aconseja que empiecen el día con ejercicios.
2 Recomienda que no se sienten por mucho tiempo seguido.
3 Insiste en que piensen en la salud cada día.
4 Recomienda que almuercen bien.
5 Quiere que prueben nuevos vegetales.
6 Sugiere que jueguen tenis o volibol.
7 Prefiere que se acuesten temprano.
8 Aconseja que recuerden sus consejos.

b. ¡Buena salud!
1 Insisten en que los hijos se despierten más temprano.
2 Aconsejan que Susana y yo comencemos una clase de karate.
3 Recomiendan que los abuelos se acuesten más temprano.
4 Prefieren que yo me siente al escritorio para estudiar.
5 Quieren que el bebé juegue con otros juguetes.
6 Insisten en que los niños piensen más en las lecciones.
7 Aconsejan que todos nosotros empecemos a caminar juntos.
8 Recomiendan que Susana almuerce con comida nutritiva.

c. ¡Anímate! Answers will vary.
1 Sugiero que se siente a planear unos cambios en su rutina.
2 Recomiendo que pierda un poco de peso.
3 Es mejor que pruebe unos deportes nuevos.
4 Es importante que encuentre una buena clase de aeróbicos.
5 Aconsejo que empiece unos nuevos proyectos.
6 Sugiero que juegue tenis conmigo todos los días.
7 Es mejor que almuerce con sus amigos los sábados.
8 Es necesario que piense más en cosas positivas.

Vamos a practicar

a. Cambios. El instructor de la clase de aeróbicos tiene unas sugerencias para toda la clase. ¿Cuáles son?

MODELO recomendar: despertarse temprano
Recomienda que se despierten temprano.

1. aconsejar: empezar el día con ejercicios
2. recomendar: no sentarse por mucho tiempo seguido
3. insiste en: pensar en la salud cada día
4. recomendar: almorzar bien
5. querer: probar nuevos vegetales
6. sugerir: jugar tenis o volibol
7. preferir: acostarse temprano
8. aconsejar: recordar sus consejos

b. ¡Buena salud! Los padres de Susana y Miguel son fanáticos para la buena salud. ¿Qué dice Miguel de sus padres?

MODELO sugerir / toda la familia / perder peso
Sugieren que toda la familia pierda peso.

1. insistir en / hijos / despertarse / más temprano
2. aconsejar / Susana y yo / comenzar / clase de karate
3. recomendar / abuelos / acostarse / más temprano
4. preferir / yo / sentarse al escritorio / para estudiar
5. querer / bebé / jugar con / otro / juguetes
6. insistir en / niños / pensar más en / lecciones
7. aconsejar / todos nosotros / empezar a / caminar juntos
8. recomendar / Susana / almorzar / comida / nutritivo

c. ¡Anímate! El profesor Martínez está calificando los exámenes finales. ¿Cómo contestaron estos estudiantes la pregunta sobre una chica que se siente muy triste y aburrida?

EJEMPLO comenzar el día con un buen desayuno.
Aconsejo que comience el día con un buen desayuno. o
Es importante que comience el día con un buen desayuno.

VOCABULARIO ÚTIL:

aconsejar	ser importante	ser necesario
recomendar	ser mejor	sugerir

1. sentarse a planear unos cambios en tu rutina
2. perder un poco de peso
3. probar unos deportes nuevos
4. encontrar una buena clase de aeróbicos
5. empezar unos nuevos proyectos
6. jugar tenis conmigo todos los días
7. almorzar con tus amigos los sábados
8. pensar más en cosas positivas

5.6 PRESENT SUBJUNCTIVE: STEM-CHANGING -IR VERBS

5.6 Margin boxes: page 250

The **e → i** stem-changing **-ir** verbs you learned in the present indicative undergo the same change in the present subjunctive, but in all persons.

Present Subjunctive: Stem-Changing *-ir* Verbs	
pedir **e → i**	**seguir** **e → i**
pida **pidas** **pida** **pidamos** **pidáis** **pidan**	**siga** **sigas** **siga** **sigamos** **sigáis** **sigan**

Es probable que **pidan** el cochinillo asado. — *It is likely they will order the roast suckling pig.*
Es importante que **sigas** mis consejos. — *It's important that you follow my advice.*

The **e → ie** and **o → ue** stem-changing **-ir** verbs you learned in the present indicative undergo the following changes in the present subjunctive: e → ie, i; o → ue, u.

Present Subjunctive: Stem-Changing *-ir* Verbs	
divertir **e → ie, i**	**dormir** **o → ue, u**
divierta **diviertas** **divierta** **divirtamos** **divirtáis** **diviertan**	**duerma** **duermas** **duerma** **durmamos** **durmáis** **duerman**

Es probable que **nos divirtamos**. — *It's likely that we'll have a good time*
Es recomendable que **durmamos** ocho horas. — *It's recommended that we sleep eight hours.*

Vamos a practicar

a. Un banquete. Estás hablando de un banquete este fin de semana. ¿Qué dices?

VOCABULARIO ÚTIL:
es importante recomiendo es dudoso ojalá

EJEMPLO nosotros: conseguir una buena mesa.
Ojalá que nosotros consigamos una buena mesa.

1. nosotros: pedir una mesa cerca de la mesa principal
2. ellos: no repetir el programa del año pasado
3. ellos: servir comida rica
4. todos: vestir elegantemente
5. la directora: seguir las recomendaciones de los estudiantes
6. ellos: conseguir unos buenos músicos
7. mis amigos: pedir sus canciones favoritas
8. los profesores: servir los refrescos

b. Una cita. Julio quiere invitar a Susana a salir a comer a un nuevo restaurante. ¿Qué consejos le da su mamá?

Julio: ¿Qué sabes del restaurante Rincón Delicioso? Pienso invitar a Susana.
Mamá: Es muy buena idea que (ir, ustedes) allí. Es un restaurante fabuloso.
Julio: ¿Es necesario que (vestirse, nosotros) formalmente?
Mamá: Es recomendable que (ponerse, tú) saco y corbata porque el restaurante es elegante. Sugiero que (conseguir) una mesa cerca de la ventana. Hay una vista preciosa.
Julio: ¿Qué recomiendas que (pedir, nosotros)?
Mamá: Sugiero que (comenzar) con el gazpacho y que (seguir) con la paella. También recomiendo que (probar) sus albondiguitas.
Julio: ¡Mamá, no podemos comer tanto! Además, es probable que todo (costar) mucho dinero.
Mamá: Es probable que no (costar) demasiado. La comida allí es muy buena pero económica.

c. Mucho sueño. Las siguientes personas dicen que tienen mucho sueño. ¿Qué les aconseja su médico?

MODELO José: 1
Sugiere que José duerma una hora más.

1. yo: 2
2. Isabel: 3
3. los señores Solís: 1
4. tú y yo: 2
5. el bebé: 5
6. ustedes: 1
7. nosotros: 3
8. tú: 2

Vamos a practicar

These exercises may be done as oral or written work.

Additional Exercises
Textbook: page 250
Cuaderno: Unidad 5, Lección 2

a. Un banquete. Answers will vary.

1 Es importante que nosotros pidamos una mesa cerca de la mesa principal.
2 Ojalá que ellos no repitan el programa del año pasado.
3 Es dudoso que ellos sirvan comida rica.
4 Recomiendo que todos se vistan elegantemente.
5 Ojalá que la directora siga las recomendaciones de los estudiantes.
6 Es importante que ellos consigan unos buenos músicos.
7 Es dudoso que mis amigos pidan sus canciones favoritas.
8 Es dudoso que los profesores sirvan los refrescos.

b. Una cita.
Mamá: vayan
Julio: nos vistamos
Mamá: te pongas, consigas (consigan)
Julio: pidamos
Mamá: comiencen, sigan, prueben
Julio: cueste
Mamá: cueste

c. Mucho sueño.
1 Sugiere que yo duerma dos horas más.
2 Sugiere que Isabel duerma tres horas más.
3 Sugiere que los señores Solís duerman una hora más.
4 Sugiere que tú y yo durmamos dos horas más.
5 Sugiere que el bebé duerma cinco horas más.
6 Sugiere que ustedes duerman una hora más.
7 Sugiere que nosotros durmamos tres horas más.
8 Sugiere que tú duermas dos horas más.

ch. Agente de viajes. Alicia, una agente de viajes, siempre tiene el mismo deseo para todos sus clientes. ¿Qué deseos tiene para estos clientes?

MODELO Margarita / México
Ojalá que Margarita se divierta en México.

1. la familia López / Colombia
2. yo / España
3. los Ruiz / Guatemala
4. mis padres y yo / Europa
5. Samuel / Argentina
6. ustedes / China
7. nosotros / Francia
8. tú / Israel

d. Una carta. Juan Pedro se siente triste y deprimido. ¿Qué consejos le da su prima Eva? Para contestar, completa esta carta con la forma correcta de los verbos entre paréntesis.

> Querido primo:
>
> Es triste que (sentirse, tú) tan deprimido. Ojalá que mis consejos te (ayudar).
>
> Primero, sugiero que (dormir, tú) bastante. Es importante que (dormir, nosotros) ocho horas cada noche. También recomiendo que (seguir, tú) una dieta balanceada. Aun al comer en un restaurante es mejor que (pedir, nosotros) comidas nutritivas. Si comes así, es probable que (perder) peso y que (tener) más energía.
>
> Respecto a tus actividades, te aconsejo que no (repetir) lo mismo todos los días. Es posible que no (divertirse, tú) porque no sales bastante. Esto tiene que cambiar. Ojalá que tú y tus amigos (encontrar) algunas actividades nuevas y que (divertirse) mucho.
>
> Un abrazo,
> Eva

ch. Agente de viajes.
1 Ojalá que la familia López se divierta en Colombia.
2 Ojalá que yo me divierta en España.
3 Ojalá que los Ruiz se diviertan en Guatemala.
4 Ojalá que mis padres y yo nos divirtamos en Europa.
5 Ojalá que Samuel se divierta en Argentina.
6 Ojalá que ustedes se diviertan en China.
7 Ojalá que nosotros nos divirtamos en Francia.
8 Ojalá que tú te diviertas en Israel.

d. Una carta.
Querido primo:

Es triste que **te sientas** tan deprimido. Ojalá que mis consejos te **ayuden**.

Primero, sugiero que **duermas** bastante. Es importante que **durmamos** ocho horas cada noche. También recomiendo que **sigas** una dieta balanceada. Aun al comer en un restaurante es mejor que **pidamos** comidas nutritivas. Si comes así, es probable que **pierdas** peso y que **tengas** más energía.

Respecto a tus actividades, te aconsejo que no **repitas** lo mismo todos los días. Es posible que no **te diviertas** porque no sales bastante. Esto tiene que cambiar. Ojalá que tú y tus amigos **encuentren** algunas actividades nuevas y que **se diviertan** mucho.

Un abrazo,
Eva

5.7 **Margin boxes: pages 264, 266**

UNIDAD

LECCIÓN 3

5.7 THE PRESENT SUBJUNCTIVE: EXPRESSIONS OF ANTICIPATION OR REACTION

In sentences with a subject change, the present subjunctive is used in the dependent clause after expressions of anticipation or reaction in the independent clause.

Espero que él **llegue** temprano.	*I hope that he gets there early.*
Sentimos mucho que no **tengan** tiempo.	*We're very sorry they don't have time.*
Estoy contento que **sirvan** pizza.	*I'm glad they serve pizza.*
Me alegro que **estén** aquí.	*I'm happy that they are here.*

- Remember that the subjunctive is only required when there is a subject change. If there is only one subject, the second verb is not conjugated. It remains in the infinitive form.

Sentimos no **tener** tiempo.	*We're sorry we don't have time.*
¿**Tienes miedo conocerla**?	*Are you afraid of meeting her?*
Me gusta estar aquí.	*I like being here.*

Here are some common verbs of anticipation or reaction:

alegrarse (de)	*to be happy (about)*
esperar	*to hope*
sentir	*to regret, to be sorry*
temer	*to fear*
tener miedo (de)	*to be afraid (of)*
estar preocupado (de)	*to be worried (about)*
gustar	*to like*
estar contento(a) / alegre / triste / furioso(a)	*to be happy, content / happy, joyous / sad / furious*

Some impersonal expressions also indicate anticipation or reaction:

es bueno
es fantástico
es terrible
es triste

Es triste que no puedan venir.	*It's sad that they can't come.*
Es terrible que estés enferma.	*It's terrible that you're sick.*

Vamos a practicar

a. Reacciones. ¿Qué anticipas o cómo reaccionas en estas situaciones?

MODELO No podemos jugar fútbol hoy.
Siento que no podamos jugar fútbol hoy.

VOCABULARIO ÚTIL:
sentir esperar temer

1. Hace mal tiempo hoy.
2. No hay examen en la clase de español mañana.
3. Sirven pizza en la cafetería.
4. Tenemos que trabajar después de las clases.
5. Vemos una película en la clase de historia hoy.
6. El director visita la clase de inglés.
7. Hacemos experimentos en la clase de química.
8. Alicia va al médico durante la clase de educación física.

b. ¡Qué negativo! Paco es una persona muy negativa. Nunca está contento. ¿Qué dice bajo estas situaciones?

MODELO tener que comer vegetales (no gustarle)
No me gusta tener que comer vegetales.

1. sacar malas notas (tener miedo de)
2. no saber bailar (sentir)
3. jugar mal (no gustarle)
4. leer tantas páginas (molestarle)
5. perder el partido (temer)
6. sentirse mejor (esperar)

c. Una carta. Tú eres el (la) consejero(a) del periódico de tu escuela y recibiste esta carta. Completa la carta con la forma apropiada de los verbos entre paréntesis.

> Querido(a) consejero(a):
>
> Espero que usted (poder) ayudarme con este problema. Me molesta que los profesores siempre (dar) exámenes los lunes cuando estoy cansada. Es terrible que mis amigos y yo (tener) que pasar los fines de semana estudiando y siento que no (poder) divertirnos. ¡No nos gusta (tener) que estudiar tanto! Mis padres insisten en que yo (estudiar) día y noche porque tienen miedo que yo (sacar) malas notas. Pero no les gusta que yo no (divertirse) tampoco. No es justo que los profesores nos (tratar) así. Pido que usted me (sugerir) una solución. Espero (recibir) su respuesta pronto.
>
> Loca los lunes

Vamos a practicar

These exercises may be done as oral or written work.

Additional Exercises
Textbook: pages 264–266
Cuaderno: Unidad 5, Lección 3

a. Reacciones. Answers may vary.

1 Siento que haga mal tiempo hoy.
2 Espero que no haya examen en la clase de español mañana.
3 Espero que sirvan pizza en la cafetería.
4 Siento que tengamos que trabajar después de las clases.
5 Espero que veamos una película en la clase de historia hoy.
6 Temo que el director visite la clase de inglés.
7 Espero que hagamos experimentos en la clase de química.
8 Temo que Alicia vaya al médico durante la clase de educación física.

b. ¡Qué negativo!

1 Tengo miedo de sacar malas notas.
2 Siento no saber bailar.
3 No me gusta jugar mal.
4 Me molesta leer tantas páginas.
5 Temo perder el partido.
6 Espero sentirme mejor.

c. Una carta.

Espero que usted **pueda** ayudarme con este problema. Me molesta que los profesores siempre **den** exámenes los lunes cuando estoy cansada. Es terrible que mis amigos y yo **tengamos** que pasar los fines de semana estudiando y siento que no **podamos** divertirnos. ¡No nos gusta **tener** que estudiar tanto! Mis padres insisten en que yo **estudie** día y noche porque tienen miedo que yo **saque** malas notas. Pero no les gusta que yo no **me divierta** tampoco. No es justo que los profesores nos **traten** así. Pido que usted me **sugiera** una solución. Espero **recibir** su respuesta pronto.

6.1 Margin boxes: pages 286–287

LECCIÓN 1

6.1 EXPRESSIONS OF DOUBT

- The subjunctive forms are used after expressions of doubt. The list that follows includes several common verbal expressions of doubt.

dudar	*to doubt*
es dudoso	*it is doubtful*
es (im)posible	*it is (im)possible*
es (im)probable	*it is (im)probable*
no creer	*not to believe*

Dudo que **necesites** tanta práctica.	*I doubt that you need so much practice.*
No creo que Manuel **esté** allí.	*I don't think Manuel is there.*
Es probable que **tenga** que trabajar.	*I'll probably have to work.*

In negative statements, the verb **creer** expresses doubt and is therefore also followed by the subjunctive. In questions, it may be followed by the subjunctive or the indicative, depending on the degree of doubt being implied.

No creo que **salgan** hoy.	*I don't believe they leave today.*
¿Crees que **es** un puma?	*Do you think it's a puma?*
¿Creen ustedes que **haya** monstruos en la cueva?	*Do you think that there are monsters in the cave?*

- Expressions of certainty do not require subjunctive forms. The list that follows includes several common verbal expressions of certainty.

es cierto	*it's true*	es evidente	*it's obvious*
es verdad	*it's true*	está claro	*it's clear*
es obvio	*it's obvious*		

Es cierto que **hace** frío.	*It's true that it's cold.*
Es evidente que ya **salieron.**	*It's obvious that they already left.*
Está claro que **vamos** a ganar.	*It's clear that we're going to win.*

In affirmative statements, the verb **creer** expresses certainty and is therefore followed by the indicative.

Creo que **llegan** a las nueve.	*I believe they arrive at nine.*
Creemos que ellas lo **tienen.**	*We believe they have it.*

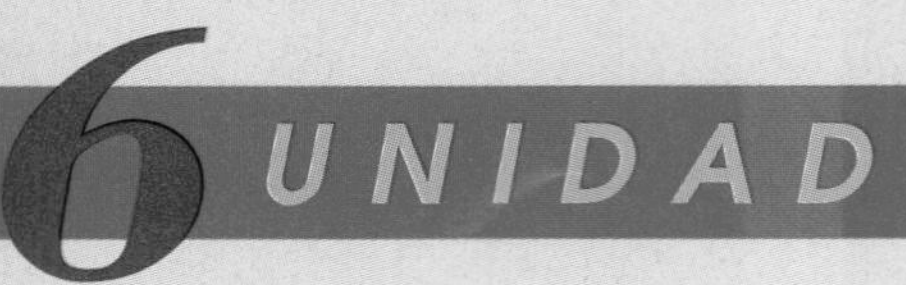

Vamos a practicar

UNIDAD 6

a. Lo dudo. Irene está muy negativa hoy y no acepta nada de lo que oye del campamento Aguirre Springs en Nuevo México. ¿Qué dice cuando alguien hace estos comentarios del campamento?

MODELO Hace calor allí.
Dudo que haga calor allí.

1. Unos animales salvajes viven cerca.
2. No hay que llevar agua para beber.
3. Los sanitarios están cerca.
4. Es interesante visitar «La cueva».
5. Algunas personas suben las montañas.
6. Los arqueólogos hacen excavaciones allí.
7. Las montañas tienen poca vegetación.
8. Llueve mucho en el verano.

b. No puedo. Gabi siempre tiene excusas para no salir los sábados. ¿Cuáles son algunas excusas que usó Gabi recientemente?

MODELO salir con mi familia
Es probable que salga con mi familia.

1. visitar a mis primos
2. tener que limpiar la casa
3. trabajar
4. tener que practicar el piano
5. alquilar un video
6. hacer la tarea
7. escribir cartas
8. organizar mi cuarto

c. En preparación. Julia va a pasar la noche en un campamento por primera vez y tiene muchas preguntas para sus amigos. ¿Qué pregunta?

MODELO necesitar abrigos
¿Crees que necesitemos abrigos? o **¿Crees que necesitamos abrigos?**

1. llover mucho
2. dormir bien en los sacos de dormir
3. hacer frío por la noche
4. haber mesas donde comer
5. ver animales salvajes
6. tener que caminar mucho

ch. Opiniones. Unos estudiantes están expresando sus opiniones sobre asuntos escolares. ¿Qué crees tú de estos asuntos?

MODELO exámenes / ser / necesario
Creo que los exámenes son necesarios. o
No creo que los exámenes sean necesarios.

1. notas / ser / importantes
2. comida de la cafetería / costar / mucho
3. profesores / saber / mucho
4. estudiantes / trabajar / bastante
5. nuestro equipo de fútbol / jugar / bien
6. estudiantes / recibir / notas / justo

Vamos a practicar

These exercises may be done as oral or written work.

Additional Exercises
Textbook: pages 286–287
Cuaderno: Unidad 6, Lección 1

a. Lo dudo.
1 Dudo que unos animales salvajes vivan cerca.
2 Dudo que no haya que llevar agua para beber.
3 Dudo que los sanitorios estén cerca.
4 Dudo que sea interesante visitar "La cueva".
5 Dudo que algunas personas suban las montañas.
6 Dudo que los arqueólogos hagan excavaciones allí.
7 Dudo que las montañas tengan poca vegetación.
8 Dudo que llueva mucho en el verano.

b. No puedo.
1 Es probable que visite a mis primos.
2 Es probable que tenga que limpiar la casa.
3 Es probable que trabaje.
4 Es probable que tenga que practicar el piano.
5 Es probable que alquile un video.
6 Es probable que haga la tarea.
7 Es probable que escriba cartas.
8 Es probable que organice mi cuarto.

c. En preparación.
1 ¿Crees que llueva (llueve) mucho?
2 ¿Crees que durmamos bien en los sacos de dormir?
3 ¿Crees que haga (hace) frío por la noche?
4 ¿Crees que haya (hay) mesas donde comer?
5 ¿Crees que veamos animales salvajes?
6 ¿Crees que tengamos que caminar mucho?

ch. Opiniones. Answers may vary.
1 Creo que las notas son importantes.
2 Creo que la comida de la cafetería cuesta mucho.
3 Creo que los profesores saben mucho.
4 No creo que los estudiantes trabajen bastante.
5 No creo que nuestro equipo de fútbol juegue bien.
6 Creo que los estudiantes reciben notas justas.

d. Al acampar.

1 Es dudoso que podamos beber el agua del río. *Es evidente que podemos beber el agua del río.*
2 Es dudoso que un animal grande viva en la cueva. *Es evidente que un animal grande vive en la cueva.*
3 Es dudoso que haya plantas peligrosas alrededor de la cueva. *Es evidente que hay plantas peligrosas alrededor de la cueva.*
4 Es dudoso que sea posible subir las montañas. *Es evidente que es posible subir las montañas.*
5 Es dudoso que tengamos bastante comida. *Es evidente que tenemos bastante comida.*
6 Es dudoso que los vampiros salgan de noche por aquí. *Es evidente que los vampiros salen de noche por aquí.*

6.2 **Margin boxes:** **pages 287–288**

d. Al acampar. Paco y Trini son muy buenos amigos pero con frecuencia tienen opiniones opuestas porque Paco es muy escéptico mientras Trini cree todo lo que oye. ¿Qué dicen los dos muchachos cuando oyen estos comentarios?

MODELO Hay pumas en la cueva.
Paco: **Es dudoso que haya pumas en la cueva.**
Trini: **Es evidente que hay pumas en la cueva.**

1. Podemos beber el agua del río.
2. Un animal grande vive en la cueva.
3. Hay plantas peligrosas alrededor de la cueva.
4. Es posible subir las montañas.
5. Tenemos bastante comida.
6. Los vampiros salen de noche por aquí.

6.2 DOUBLE OBJECT PRONOUNS: 1ST AND 2ND PERSONS

Sentences may contain both a direct and an indirect object pronoun. When this happens, the indirect object pronoun always precedes the direct object pronoun. The two pronouns always occur together and may not be separated by other words.

- Double object pronouns are placed before conjugated verbs.

¿El café? **Te lo** sirvo.	*The coffee? I'll serve it to you*
Recibimos la carta de David ayer. **Nos la** escribió la semana pasada.	*We got the letter from David yesterday. He wrote it to us last week.*

- In sentences where there is an infinitive or an **-ndo** verb form, the object pronouns may either precede the conjugated verb, or follow and be attached to the infinitive or the **-ndo** verb form.

Me lo van a explicar. Van a explicár**melo**.	*They are going to explain it to me.*
Te las estoy preparando. Estoy preparándo**telas**.	*I'm preparing them for you.*

- Object pronouns always precede negative commands and are always attached to the end of affirmative commands.

No **me lo** lea.	*Don't read it to me.*
Léa**melo**.	*Read it to me.*
No **nos la** cantes.	*Don't sing it to (for) us.*
Cánta**nosla**.	*Sing it to (for) us.*

- When double object pronouns are attached to the end of a verb form, a written accent is always required.

Quiero **comprártelos**.	*I want to buy them for you.*
Están **trayéndonosla**.	*They are bringing it to us.*
Dámelo.	*Give it to me.*

Vamos a practicar

a. ¿Me ayudas? Estás ayudando a mamá a preparar la cena. ¿Qué te dice?

MODELO la sal
Necesito la sal. ¿Me la traes?

1. la leche
2. el ajo
3. el pescado
4. las verduras
5. el aceite de oliva
6. los huevos
7. la cebolla
8. dos manzanas
9. el queso
10. las papas

b. Gracias. Tu abuelito siempre les ofrece ayuda a ti y a tus hermanos. ¿Qué le dicen?

MODELO ¿Les sirvo la limonada?
Sí, sírvenosla. o **No, no nos la sirvas.**

1. ¿Les limpio los cuartos?
2. ¿Les explico la tarea?
3. ¿Les busco los libros?
4. ¿Les doy sus bolígrafos?
5. ¿Les compro esas frutas?
6. ¿Les preparo los sándwiches?
7. ¿Les leo este artículo?
8. ¿Les cuento mi historia favorita?

c. Se me olvidó. Prometiste comprar varios materiales escolares para tu hermano(a) pero olvidaste la lista en casa. ¿Qué pasa cuando regresas a casa?

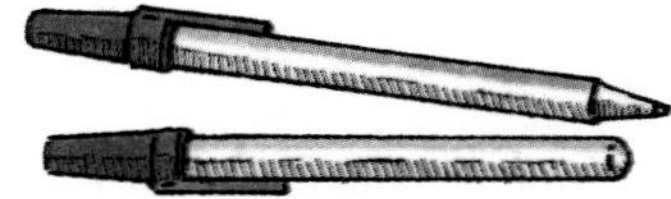

MODELO *Hermano(a):* **¿Me compraste los bolígrafos?**
Tú: **¡Ay, caramba! Te los voy a comprar el sábado.** o **¡Ay, caramba! Voy a comprártelos el sábado.**

1. 2. 3. 4.

5. 6. 7. 8.

Vamos a practicar

These exercises may be done as oral or written work.

Additional Exercises
Textbook: pages 287–288
Cuaderno: Unidad 6, Lección 1

a. ¿Me ayudas?

1 Necesito la leche. ¿Me la traes?
2 Necesito el ajo. ¿Me lo traes?
3 Necesito el pescado. ¿Me lo traes?
4 Necesito las verduras. ¿Me las traes?
5 Necesito el aceite de oliva. ¿Me lo traes?
6 Necesito los huevos. ¿Me los traes?
7 Necesito la cebolla. ¿Me la traes?
8 Necesito dos manzanas. ¿Me las traes?
9 Necesito el queso. ¿Me lo traes?
10 Necesito las papas. ¿Me las traes?

b. Gracias. Answers may vary.

1 No, no nos los limpies.
2 Sí, explícanosla.
3 Sí, búscanoslos.
4 Sí, dánoslos.
5 No, no nos las compres.
6 No, no nos los prepares.
7 No, no nos lo leas.
8 Sí, cuéntanosla.

c. Se me olvidó.

1 ¿Me compraste la regla? *¡Ay, caramba! Te la voy a comprar el sábado.* o *Voy a comprártela el sábado.*
2 ¿Me compraste los cuadernos? *¡Ay, caramba! Te los voy a comprar el sábado.* o *Voy a comprártelos el sábado.*
3 ¿Me compraste el papel? *¡Ay, caramba! Te lo voy a comprar el sábado.* o *Voy a comprártelo el sábado.*
4 ¿Me compraste los lápices? *¡Ay, caramba! Te los voy a comprar el sábado.* o *Voy a comprártelos el sábado.*
5 ¿Me compraste los libros? *¡Ay, caramba! Te los voy a comprar el sábado.* o *Voy a comprártelos el sábado.*
6 ¿Me compraste la mochila? *¡Ay, caramba! Te la voy a comprar el sábado.* o *Voy a comprártela el sábado.*
7 ¿Me compraste el diccionario? *¡Ay, caramba! Te lo voy a comprar el sábado.* o *Voy a comprártelo el sábado.*
8 ¿Me compraste las carpetas? *¡Ay, caramba! Te las voy a comprar el sábado.* o *Voy a comprártelas el sábado.*

ch. ¿Cómo les va?
Answers may vary.
1 ¿Los entremeses? Antonia está preparándomelos.
2 ¿El postre? Carla y Rodrigo están preparándomelo.
3 ¿La limonada? Papá me la está preparando.
4 ¿Los frijoles? Mi abuelita me los está preparando.
5 ¿La ensalada? Joaquín está preparándomela.
6 ¿Los nachos? Mi hermano está preparándomelos.
7 ¿Las tortillas? Mi tía me las está preparando.
8 ¿La carne? Francisco y Javier están preparándomela.

Margin boxes: pages 305–306

ch. ¿Cómo les va? ¿Qué le dices a Marta cuando ella ofrece ayudarte con las preparaciones para una comida mexicana?

MODELO la salsa (Felipe)
¿La salsa? Felipe está preparándomela. o
¿La salsa? Felipe me la está preparando.

1. los entremeses (Antonia)
2. el postre (Carla y Rodrigo)
3. la limonada (papá)
4. los frijoles (mi abuelita)
5. la ensalada (Joaquín)
6. los nachos (mi hermano)
7. las tortillas (mi tía)
8. la carne (Francisco y Javier)

LECCIÓN 2

6.3 THE PRESENT PERFECT TENSE

As in English, the present perfect tense in Spanish is used to talk about what *has happened.* It is formed by combining the present indicative of the verb **haber** with the past participle of the main verb.

- You have already used several *impersonal* forms of the verb **haber**: **hay, hubo, había, haya.**

No **hay** clases hoy.	*There are no classes today.*
Hubo una fiesta ayer.	*There was a party yesterday.*
Antes **había** una estatua en la plaza.	*There used to be a statue in the square.*
Ojalá **haya** mucha gente.	*I hope that there are lots of people.*

- The present indicative of **haber** is used as an auxiliary verb to form the present perfect tense. The present indicative of the verb **haber** is as follows:

Present Indicative	
haber	
he	hemos
has	habéis
ha	han

- The past participle of regular -**ar** verbs is formed by adding **-ado** to the stem of the infinitive. The past participle of **-er** and **-ir** verbs is formed by adding **-ido** to the infinitive stem.

Past Participles		
-ar verbs	**-er** verbs	**-ir** verbs
habl**ado** cont**ado** pens**ado**	com**ido** aprend**ido** le**ído**	sal**ido** ped**ido** divert**ido**

- The present perfect tense is formed by combining the present indicative of the verb **haber** with the past participle of the main verb and is used to talk about past actions with current relevance.

No han hablado mucho.	*They haven't talked a lot.*
¿Has comido?	*Have you eaten?*
Nos hemos divertido.	*We've had a good time.*

- Some verbs have irregular past participles. Following is a list of the most common ones.

abrir	**abierto**
descubrir	**descubierto**
escribir	**escrito**
decir	**dicho**
hacer	**hecho**
resolver	**resuelto**
volver	**vuelto**
morir	**muerto**
poner	**puesto**
romper	**roto**
ver	**visto**

Me **han dicho** otras cosas.	*They've told me other things.*
Hemos hecho muchos planes.	*We've made a lot of plans.*
¿**Has visto** la nueva película?	*Have you seen the new movie?*

- Object pronouns and reflexive pronouns precede the conjugated form of **haber** when the present perfect tense is used.

¿Dónde **lo** has puesto?	*Where have you put it?*
Les he escrito varias veces.	*I've written to them several times.*
Ya **se** han acostado.	*They've already gone to bed.*

Vamos a practicar

a. ¡Qué pasa? Son las doce de la tarde el sábado y todos los miembros de la familia de Beatriz están cansadísimos. Según Beatriz, ¿qué han hecho para estar tan cansados?

MODELO papá: sacar la basura
Papá ha sacado la basura.

1. José: cortar el césped
2. yo: limpiar mi cuarto
3. mi abuela: lavar la ropa
4. mis hermanas: guardar la ropa
5. mamá y yo: preparar el desayuno
6. tú: limpiar el baño
7. papá y José: lavar el coche
8. mamá: pasar la aspiradora

b. ¡Sospechosos! El detective Blanco está observando a una pareja sospechosa en un restaurante. ¿Qué dice al hablar con su sargento por la radio?

MODELO sospechosos / pedir / mesa / privado
Los sospechosos han pedido una mesa privada.

1. yo / escoger / mesa / muy cerca de ellos
2. sospechosos / leer / carta muy interesante
3. camarera / servir / entremeses muy caros
4. pareja / recibir / llamada telefónica muy sospechosa
5. mujer / pedir / sopa
6. sospechoso / comer / mucho toda la noche
7. los dos / recibir / paquete / misterioso
8. pareja / salir / restaurante / rápidamente

c. Titulares. Según estos titulares *(headlines)*, ¿qué ha pasado esta semana?

MODELO Corporación PASO abre nueva tienda
La Corporación PASO ha abierto una nueva tienda.

1. Gobernador dice que sí
2. Cien personas ven OVNI *(Objeto Volante No Identificado)*
3. Cinco personas mueren en accidente
4. Científico propone nueva teoría
5. Jugador favorito rompe brazo
6. Autora local escribe nueva novela
7. Químicos tóxicos ponen a niños en peligro
8. La temperatura sube a 104 grados hoy
9. Astronautas vuelven a la tierra
10. Presidente resuelve problemas con Congreso

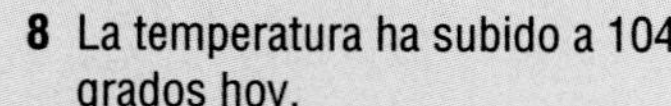

Vamos a practicar

These exercises may be done as oral or written work.

Additional Exercises
Textbook: pages 305–306
Cuaderno: Unidad 6, Lección 2

a. ¿Qué pasa?
1 José ha cortado el césped.
2 Yo he limpiado mi cuarto.
3 Mi abuela ha lavado la ropa.
4 Mis hermanas han guardado la ropa.
5 Mamá y yo hemos preparado el desayuno.
6 Tú has limpiado el baño.
7 Papá y José han lavado el coche.
8 Mamá ha pasado la aspiradora.

b. ¡Sospechosos!
1 Yo he escogido una mesa muy cerca de ellos.
2 Los sospechosos han leído una carta muy interesante.
3 La camarera ha servido unos entremeses muy caros.
4 La pareja ha recibido una llamada telefónica muy sospechosa.
5 La mujer ha pedido sopa.
6 El sospechoso ha comido mucho toda la noche.
7 Los dos han recibido un paquete misterioso.
8 La pareja ha salido del restaurante rápidamente.

c. Titulares.
1 El gobernador ha dicho que sí.
2 Cien personas han visto un OVNI.
3 Cinco personas han muerto en un accidente.
4 Un científico ha propuesto una nueva teoría.
5 El jugador favorito se ha roto el brazo.
6 Una autora local ha escrito una nueva novela.
7 Unos químicos tóxicos han puesto a los niños en peligro.
8 La temperatura ha subido a 104 grados hoy.
9 Los astronautas han vuelto a la tierra.
10 El Presidente ha resuelto los problemas con el Congreso.

ch. Ya, ya. Tu mamá quiere saber si hiciste lo que te pidió. Tú no lo has hecho ¿Qué le dices cuando te pregunta si ya hiciste lo que te pidió?

MODELO ¿Ya lavaste los platos?
Todavía no los he lavado, pero los lava en seguida.

1. ¿Ya pusiste la mesa?
2. ¿Ya pasaste la aspiradora?
3. ¿Ya barriste el patio?
4. ¿Ya hiciste las camas?
5. ¿Ya pasaste un trapo a los muebles?
6. ¿Ya sacaste la basura?
7. ¿Ya limpiaste los baños?
8. ¿Ya lavaste el perro?

6.4 DOUBLE OBJECT PRONOUNS: 3RD PERSON

In sentences with two object pronouns, when both pronouns begin with the letter **l**, the first one (**le** or **les**) becomes **se**.

Yo le di el libro ayer. → Yo ~~le~~ **lo** di ayer → Yo **se lo** di ayer.
Les pidieron las latas. → ~~Les~~ **las** pidieron. → **Se las** pidieron.

¿Me va a servir la leche? Sí, **se la** sirvo ahora mismo.	*Are you going to serve me my milk?* *Yes, I'll serve it to you right away.*
¿Nos enviaron el paquete? Sí, **se lo** enviamos ayer.	*Did you send us the package?* *Yes, we sent it to you yesterday.*

- The indirect object pronoun **se** can be clarified by using

a + *[a name or pronoun]*

Pídaselas **a Inés**. Quiero dárselo **a ustedes**.	*Ask Inés for them.* *I want to give it to you.*

- Remember that object pronouns precede conjugated verbs but follow and are attached to affirmative commands. They also may follow and be attached to infinitives and present participles.

Se lo vamos a llevar el jueves. Vamos a llevár**selo** el jueves.	*We'll take it to you on Thursday.*
Se lo estoy preguntando ahora mismo. Estoy preguntándo**selo** ahora mismo.	*I'm asking her about it right now.*
Sírva**sela**. No **se la** sirva.	*Serve it to them.* *Don't serve it to them.*

Note that written accents are required whenever two object pronouns are added to a word.

ch. Ya, ya.
1 Todavía no la he puesto, pero la pongo en seguida.
2 Todavía no la he pasado, pero la paso en seguida.
3 Todavía no lo he barrido, pero lo barro en seguida.
4 Todavía no las he hecho, pero las hago en seguida.
5 Todavía no lo he pasado, pero lo paso en seguida.
6 Todavía no la he sacado, pero la saco en seguida.
7 Todavía no los he limpiado, pero los limpio en seguida.
8 Todavía no lo he lavado, pero lo lavo en seguida.

6.4 **Margin box: page 307**

Vamos a practicar

These exercises may be done as oral or written work.

Additional Exercises
Textbook: page 307
Cuaderno: Unidad 6, Lección 2

a. Sí, papá.

1 Hijo, dale la linterna a tu mamá. *Sí, papá, se la doy.*
2 Hijo, dale la estufa a tu mamá. *Sí, papá, se la doy.*
3 Hijo, dale las sudaderas a tu mamá. *Sí, papá, se las doy.*
4 Hijo, dale el saco de dormir a tu mamá. *Sí, papá, se lo doy.*
5 Hijo, dale la carpa a tu mamá. *Sí, papá, se la doy.*
6 Hijo, dale la hielera a tu mamá. *Sí, papá, se la doy.*
7 Hijo, dale los abrigos a tu mamá. *Sí, papá, se los doy.*
8 Hijo, dale las botas a tu mamá. *Sí, papá, se las doy.*

Vamos a practicar

a. Sí, papá. Cuando la familia Valenzuela va a acampar, el padre siempre insiste en decirles a todos lo que deben hacer. ¿Qué le dice a su hijo y qué le contesta el hijo?

MODELO mochila
Padre: **Hijo, dale la mochila a tu mamá.**
Hijo: **Sí, papá, se la doy.**

1. linterna
2. estufa
3. sudaderas
4. saco de dormir
5. carpa
6. hielera
7. abrigos
8. botas

b. ¡Navidad! Paquita acaba de regresar con muchísimos paquetes del centro comercial. ¿Para quién dice que son todos los regalos?

José

MODELO **¿El radio? Voy a regalárselo a José.** o
¿El radio? Se lo voy a regalar a José.

1. tía Elena

2. abuelita

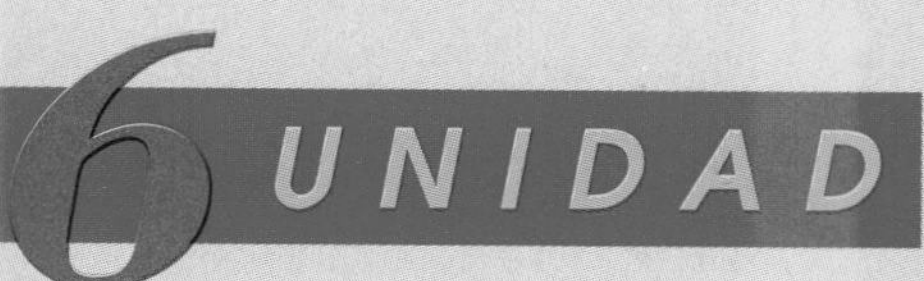

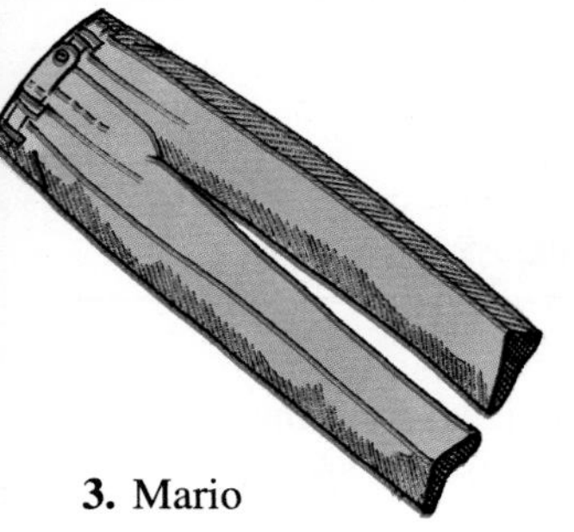

3. Mario

4. papá

5. abuelito

6. Berta

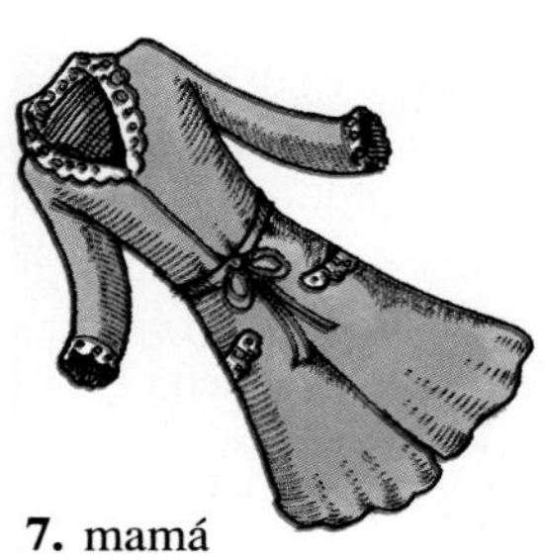

7. mamá

8. mamá

c. El secreto. Elisa tiene un secreto pero todo el mundo lo sabe ya. ¿Cómo lo saben?

MODELO yo: a Julio
Yo se lo dije a Julio.

1. Julio: a María
2. María: al profesor
3. el profesor: a nosotros
4. nosotros: a Jorge y Sara
5. Jorge y Sara: a ti
6. tú: a Román
7. Román: a Carmen
8. Carmen: a mí

b. ¡Navidad!

1 ¿Los discos compactos? Voy a regalárselos a tía Elena. *o* Se los voy a regalar a tía Elena.
2 ¿El suéter? Voy a regalárselo a abuelita. *o* Se lo voy a regalar a abuelita.
3 ¿Los pantalones? Voy a regalárselos a Mario. *o* Se los voy a regalar a Mario.
4 ¿El reloj? Voy a regalárselo a papá. *o* Se lo voy a regalar a papá.
5 ¿Los libros? Voy a regalárselos a abuelito. *o* Se los voy a regalar a abuelito.
6 ¿El video? Voy a regalárselo a Berta. *o* Se lo voy a regalar a Berta.
7 ¿La bata? Voy a regalársela a mamá. *o* Se la voy a regalar a mamá.
8 ¿Las zapatillas? Voy a regalárselas a mamá. *o* Se las voy a regalar a mamá.

c. El secreto.

1 Julio se lo dijo a María.
2 María se lo dijo al profesor.
3 El profesor nos lo dijo a nosotros.
4 Nosotros se lo dijimos a Jorge y Sara.
5 Jorge y Sara te lo dijeron a ti.
6 Tú se lo dijiste a Román.
7 Román se lo dijo a Carmen.
8 Carmen me lo dijo a mí.

6.5 Margin boxes: pages 320–321

UNIDAD

LECCIÓN 3

6.5 PRETERITE AND IMPERFECT: ANOTHER LOOK

You have seen that Spanish uses the preterite and imperfect to talk about something that took place in the past. In **Unidad 4** you learned that each tense has specific uses, as indicated here.

Uses of the Preterite	Uses of the Imperfect
• Completed actions: single action or series of actions *(4.5)* • Focus on beginning of an action *(4.5)* • Focus on an action coming to an end *(4.5)*	• Continuing actions *(4.4)* • Ongoing situations *(4.7)* • Physical or emotional states *(4.7)* • Habitual actions *(4.2)* • Age *(4.1)* • Telling time *(4.1)*

Examples of preterite	Examples of imperfect
Ayer **fui** de compras. **Salí** temprano y **llegué** a buena hora. **Encontré** muchas cosas en oferta. Al mediodía, **almorcé** con una amiga y después **vimos** una película muy interesante. **Volví** a casa a la hora de cenar. *Yesterday I went shopping. I left early and got there at a good time. I found a lot of things on sale. At noon, I ate lunch with a friend and later we saw a very interesting movie. I returned home at supper time.*	Cuando **era** niño, **era** alto y muy fuerte. **Tenía** muchos amigos y todos los días **jugábamos** fútbol después de las clases. Nos **gustaba** mucho el fútbol. Los fines de semana también **nos divertíamos** jugando fútbol. *When I was a child, I was tall and very strong. I had a lot of friends and every day we used to play soccer after school. We liked soccer a lot. On weekends we also had a good time playing soccer.*
Hablé con mamá esta mañana y **dijo** que papá **aceptó** el puesto con la compañía japonesa. Le **hicieron** una oferta tan buena que no **pudo** rechazarla. *I spoke with mom this morning and she said that dad accepted the job with the Japanese firm. They made him such a good offer that he couldn't turn it down.*	**Eran** las once de la noche y **estábamos** en una cueva muy oscura. Mientras **caminábamos**, **oíamos** ruidos muy extraños. ¿Qué animal nos **esperaba**? *It was eleven o'clock at night and we were in a very dark cave. As we were walking, we heard very strange noises. What animal awaited us?*

Examples of the preterite and imperfect	
Los amigos del Ermitaño le **advirtieron** que **era** peligroso vivir allí, pero él no les **hizo** caso. Sin embargo, para complacerlos, **prendía** un fuego cada noche para señalar que **estaba** bien.	*The friends of the Hermit warned him that it was dangerous to live there, but he didn't pay any attention to them. Nevertheless, to placate them, he lit a fire every night to signal that he was all right.*
Daniel nos **contaba** un cuento de espantos cuando de repente **oímos** unos ruidos extraños cerca de nuestra carpa.	*Daniel was telling us a scary story when suddenly we heard strange noises near our tent.*

Vamos a practicar

a. Un sábado terrible. El sábado pasado Federico tuvo interrupciones todo el día. ¿Quiénes lo interrumpieron?

MODELO mamá / llamarlo / desayunar
Federico dormía tranquilamente cuando su mamá lo llamó a desayunar.

1. oír / teléfono

2. hermanita / colgar / telefóno

3. llegar / amiga Susana

4. empezar / llover

5. hermanita / desenchufar / televisor

6. dormirse

Vamos a practicar

These exercises may be done as oral or written work.

Additional Exercises
Textbook: pages 320–323
Cuaderno: Unidad 6, Lección 3

a. Un sábado terrible.

1 Federico desayunaba cuando oyó el teléfono.
2 Federico hablaba por teléfono cuando su hermanita lo colgó.
3 Federico se ponía los zapatos cuando su amiga Susana llegó.
4 Federico y Susana jugaban tenis cuando empezó a llover.
5 Federico y Susana veían televisión cuando su hermanita desenchufó el televisor.
6 Federico estudiaba cuando se durmió.

b. Dripping Springs Resort.

En el siglo diecinueve, el coronel Eugene Van Patten **construyó** un centro turístico al pie de los Órganos, las montañas cerca de Las Cruces, Nuevo México. **Era** impresionante para esos días; **tenía** dieciséis habitaciones, un comedor muy grande y una sala para conciertos. Muchas personas famosas **visitaron** el lugar. Se dice que hasta Pancho Villa **durmió** allí una vez.

El coronel **tenía** una esposa indígena y muchos indígenas de la región **vivían** y **trabajaban** con ellos. A menudo **daban** bailes para los turistas y todos siempre **se divertían** muchísimo.

En 1917, el coronel **perdió** todo su dinero y **tuvo** que vender su propiedad a un médico de San Francisco. Poco después la esposa del médico **se puso** enferma de tuberculosis y el nuevo dueño **decidió** establecer un sanitorio para personas con esa enfermedad.

c. Una aventura.

1 éramos
2 iba
3 Era
4 armábamos
5 preparábamos
6 Comíamos
7 contábamos
8 hacía
9 decidimos
10 descubrimos
11 estábamos
12 se puso
13 empezó
14 comenzó
15 empecé
16 vinieron
17 nos pusimos
18 vimos
19 estaban

b. Dripping Springs Resort. Al leer esta historia sobre un lugar de recreo en Nuevo México, selecciona el verbo correcto en el pretérito o el imperfecto.

En el siglo diecinueve, el coronel Eugene Van Patten (construyó / construía) un centro turístico al pie de los Órganos, las montañas cerca de Las Cruces, Nuevo México. (Fue / Era) impresionante para esos días; (tuvo / tenía) dieciséis habitaciones, un comedor muy grande y una sala para conciertos. Muchas personas famosas (visitaron / visitaban) el lugar. Se dice que hasta Pancho Villa (durmió / dormía) allí una vez.

El coronel (tuvo / tenía) una esposa indígena y muchos indígenas de la región (vivieron / vivían) y (trabajaron / trabajaban) con ellos. A menudo (dieron / daban) bailes para los turistas y todos siempre (se divirtieron / se divertían) muchísimo.

En 1917, el coronel (perdió / perdía) todo su dinero y (tuvo / tenía) que vender su propiedad a un médico de San Francisco. Poco después la esposa del médico (se puso / se ponía) enferma de tuberculosis y el nuevo dueño (decidió / decidía) establecer un sanitorio para personas con esa enfermedad.

c. Una aventura. Mateo cuenta una aventura que él y su hermana Eva tuvieron al acampar. ¿Qué dicen?

1. ser
2. ir
3. ser
4. armar
5. preparar
6. comer
7. contar
8. hacer
9. decidir
10. descubrir
11. estar
12. ponerse
13. empezar
14. comenzar
15. empezar
16. venir
17. ponernos
18. ver
19. estar

Cuando nosotros ___1___ niños, nuestra familia siempre ___2___ a acampar a las montañas Guadalupe a unas cien millas de El Paso. ___3___ un lugar muy pintoresco. Al llegar, nosotros siempre ___4___ la carpa y ___5___ la cena. ___6___ y ___7___ cuentos de espantos antes de acostarnos.

Una vez, como ___8___ muy buen tiempo, mi hermana y yo ___9___ caminar un rato antes de comer. Después de caminar una hora, ___10___ que ___11___ bastante lejos del lugar del campamento. De repente el cielo ___12___ muy oscuro y ___13___ a hacer mucho viento. Cuando ___14___ a llover, yo ___15___ a llorar y mi hermana tuvo que calmarme. Afortunadamente, papá y mi otra hermana ___16___ a buscarnos. ¡Qué contentas ___17___ cuando los ___18___! Ellos también ___19___ muy contentos de vernos.

6.6 ADJECTIVES: SHORTENED FORM

Some adjectives have a shortened form before singular nouns. Following is a list of common adjectives that have a shortened form before masculine singular nouns.

bueno	**buen**	*good*	tercero	**tercer**	*third*
malo	**mal**	*bad, evil*	alguno	**algún**	*some*
primero	**primer**	*first*	ninguno	**ningún**	*no, not any, none*

Algún día vamos a Europa. — *Some day we're going to Europe.*
¡Que tengan **buen** viaje! — *Have a good trip!*
No veo **ningún** fuego. — *I don't see any fire.*

- The adjective **grande** *(big, large)* becomes **gran** *(great)* before a noun of either gender.

Es un **gran** jugador. — *He's a great player.*
Es una **gran** idea. — *It's a great idea.*

Vamos a practicar

a. El Club de español. Muchas personas están hablando de los bailes que presentó el Club de español en el banquete anoche. ¿Qué están diciendo?

MODELO ¿Viste el ____ baile? (primero)
¿Viste el primer baile?

1. Fue un ____ banquete. (grande)
2. José es un ____ guitarrista. (bueno)
3. Fue la ____ fiesta del año. (primero)
4. ¿Sirvieron ____ comida? (bueno)
5. No comí ____ postre, aunque había muchos. (ninguno)
6. Armando fue el ____ bailarín. (tercero)
7. ____ chicas de tu escuela bailaron también. (alguno)
8. Alicia no vino. ¡Qué ____ suerte! (malo)

b. A mediodía. Estás en la cafetería con un grupo de amigos. ¿Qué comentarios están haciendo?

MODELO Sra. Barrios / ser / muy bueno / profesora
La Sra. Barrios es muy buena profesora.

1. hoy / ser / primero / día que Inés / sentarse con Jorge
2. Tomás / ser / malo / jugador de básquetbol
3. nuevo / profesora / ser / tercero / mujer a la izquierda
4. ¿tener (tú) / alguno / libro / interesante?
5. Sr. Uribe / ser / grande / entrenador
6. no haber / ninguno / silla por aquí
7. yo / ir / jugar en / juegos / olímpico / alguno / día
8. director / estar comiendo en / cafetería / por / primero / vez

6.6 Margin box: page 323

Vamos a practicar

These exercises may be done as oral or written work.

Additional Exercises
Textbook: pages 323–324
Cuaderno: Unidad 6, Lección 3

a. El Club de español.
1 gran
2 buen
3 primera
4 buena
5 ningún
6 tercer
7 Algunas
8 mala

b. A mediodía.
1 Hoy es el primer día que Inés se sienta con Jorge.
2 Tomás es un mal jugador de básquetbol.
3 La nueva profesora es la tercera mujer a la izquierda.
4 ¿Tienes algún libro interesante?
5 El Sr. Uribe es un gran entrenador.
6 No hay ninguna silla por aquí.
7 Yo voy a jugar en los juegos olímpicos algún día.
8 El director está comiendo en la cafetería por primera vez.

LECCIÓN 1

7.1 SI CLAUSES IN THE PRESENT TENSE

Although *if* (**si**) expresses doubt, it is followed by the indicative, not the subjunctive, when used in the present tense.

Si yo **hago** más de los quehaceres en casa, ¿me puedes pagar algo?	*If I do more of the chores around the house, can you pay me something?*
Si trabajas, puedes comprarte un carro.	*If you work, you can buy (yourself) a car.*

Vamos a practicar

a. Buenas intenciones. ¿Qué planes tienes para el verano?

MODELO encontrar un trabajo: ir a México para Navidad
Si encuentro un trabajo, puedo ir a México para Navidad.

1. trabajar: ganar mucho dinero
2. ganar mucho dinero: comprar un carro
3. comprar un carro: salir con mis amigos
4. salir con mis amigos: divertirme mucho
5. divertirme mucho: pasar un buen verano
6. pasar un buen verano: regresar contento(a) a las clases

b. A la universidad. Pronto vas a la universidad. ¿Qué consejos te dan tus amigos?

EJEMPLO **Si haces la tarea, vas a entender el curso.**

estudiar	sacar malas notas
asistir a eventos sociales	no dormir bien
hacer muchas preguntas	estar cansado(a)
tomar mucho café	engordar
hacer ejercicio	sacar buenas notas
ver mucha televisión	aprender mucho
comer demasiado	hacer muchos amigos
dormir poco	tener buena salud

7.1 **Margin boxes: pages 343–344**

Vamos a practicar

These exercises may be done as oral or written work.

Additional Exercises
Textbook: pages 343–344
Cuaderno: Unidad 7, Lección 1

a. Buenas intenciones.
1 Si trabajo, puedo ganar mucho dinero.
2 Si gano mucho dinero, puedo comprar un carro.
3 Si compro un carro, puedo salir con mis amigos.
4 Si salgo con mis amigos, puedo divertirme mucho.
5 Si me divierto mucho, puedo pasar un buen verano.
6 Si paso un buen verano, puedo regresar contento(a) a las clases.

b. A la universidad.
Si estudias, vas a sacar buenas notas.
Si asistes a eventos sociales, vas a hacer muchos amigos.
Si haces muchas preguntas, vas a aprender mucho.
Si tomas mucho café, no vas a dormir bien.
Si haces ejercicio, vas a tener buena salud.
Si ves mucha televisión, vas a sacar malas notas.
Si comes demasiado, vas a engordar.
Si duermes poco, vas a estar cansado(a).

7.2 THE PREPOSITION POR

UNIDAD 7

The preposition **por** has several functions in Spanish.

- **Por** expresses the idea of *per,* or *by.*

¿Cuánto pagan **por** hora?	*How much do they pay per hour?*
Vendemos las flores **por** docena.	*We sell the flowers by the dozen.*

- **Por** expresses the concept of *in exchange for.*

¿Pagaste tres mil **por** un carro?	*You paid three thousand for a car?*
Te doy mi reloj **por** tu cámara.	*I'll give you my watch for your camera.*
Te vendo este disco **por** tres dólares.	*I'll sell you this record for three dollars.*

- **Por** is used to express duration of time.

Trabajé allí **por** algún tiempo.	*I worked there for a period of time.*
Estuve allí **por** un mes.	*I was there for a month.*
Lo buscaron **por** tres días.	*They looked for it for three days.*

Vamos a practicar

a. A trabajar. Estos jóvenes trabajan dos horas después de las clases todos los días. Basándote en su pago, ¿cuánto ganan por día, por semana y por mes?

MODELO Yoli gana $4.00 por hora.
Gana $8 por día, $40 por semana y $160 por mes.

1. Beto gana $3.50 por hora.
2. Mónica y Patricio ganan $5.50 por hora.
3. Gloria gana $5.00 por hora.
4. Diego y Clemente ganan $4.50 por hora.
5. Eloísa gana $3.00 por hora.
6. Rodrigo y Cecilia ganan $6.00 por hora.
7. Sergio gana $4.00 por hora.
8. Adán y Chela ganan $6.50 por hora.
9. Amalia gana $3.75 por hora.
10. Carolina gana $4.25 por hora.

7.2 Margin boxes: pages 344–346

Vamos a practicar

These exercises may be done as oral or written work.

Additional Exercises
Textbook: pages 344–346
Cuaderno: Unidad 7, Lección 1

a. A trabajar.

1 Gana $7 por día, $35 por semana y $140 por mes.
2 Ganan $11 por día, $55 por semana y $220 por mes.
3 Gana $10 por día, $50 por semana y $200 por mes.
4 Ganan $9 por día, $45 por semana y $180 por mes.
5 Gana $6 por día, $30 por semana y $120 por mes.
6 Ganan $12 por día, $60 por semana y $240 por mes.
7 Gana $8 por día, $40 por semana y $160 por mes.
8 Ganan $13 por día, $65 por semana y $260 por mes.
9 Gana $7.50 por día, $37.50 por semana y $150 por mes.
10 Gana $8.50 por día, $42.50 por semana y $170 por mes.

b. A buen precio.

1 Pagaría dos mil dólares por la computadora.
2 Pagaría setenta y cinco dólares por el saco de dormir.
3 Pagaría veinticinco dólares por la mochila.
4 Pagaría quince dólares por la pizza.
5 Pagaría ciento cincuenta dólares por el televisor.
6 Pagaría veinte dólares por el disco compacto.
7 Pagaría cinco mil dólares por el carro.
8 Pagaría cien mil dólares por la casa.

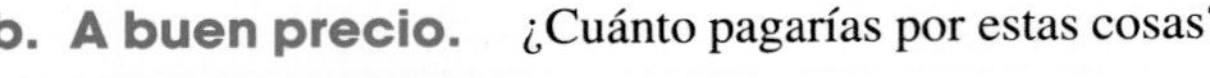

b. A buen precio. ¿Cuánto pagarías por estas cosas?

$20

EJEMPLO **Pagaría veinte dólares por el reloj.**

1. $2.000 **2.** $75 **3.** $25

4. $15 **5.** $150 **6.** $20

7. $5.000

8. $100.000

c. ¿Qué me dio?

1 Gustavo me dio su linterna por mi raqueta de tenis.
2 Julia me dio su jaula y ratoncito por mi serpiente.
3 Gerardo y Soledad me dieron su juego de damas por mi disco compacto.
4 Valentín me dio sus esquíes por mi guitarra.
5 Norma y Leticia me dieron sus collares por mis pulseras.
6 Rosario me dio sus aretes por mis bolígrafos.

c. ¿Qué me dio? Intercambiaste muchas cosas con tus amigos. ¿Qué recibiste?

MODELO Lucas: radio (video)
Lucas me dio su radio por mi video.

1. Gustavo: linterna (raqueta de tenis)
2. Julia: jaula y ratoncito (serpiente)
3. Gerardo y Soledad: juego de damas (disco compacto)
4. Valentín: esquíes (guitarra)
5. Norma y Leticia: collares (pulseras)
6. Rosario: aretes (bolígrafos)

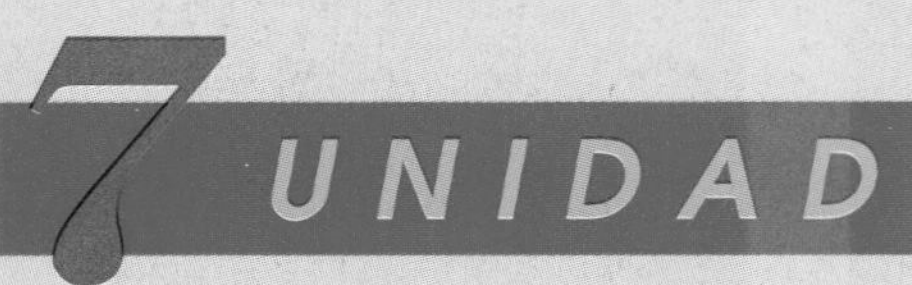

ch. Muchas mudanzas. Felipe ha vivido en muchos lugares. Según él, ¿cuánto tiempo vivió en cada lugar?

MODELO París: 6 meses
Viví en París por seis meses.

1. Londres: 1 año
2. Buenos Aires: 4 meses
3. Moscú: 3 años
4. Santo Domingo: 2 años
5. Roma: 10 meses
6. Caracas: 4 años
7. Los Ángeles: 1 mes
8. Madrid: 2 años

LECCIÓN 2

7.3 PRESENT SUBJUNCTIVE: QUIZÁS, TAL VEZ

The subjunctive is used after **quizás** and **tal vez** when the speaker wishes to express probability or improbability.

Quizás haya vida en otro planeta.	*Maybe (perhaps) there is life on another planet.*
Tal vez tenga que trabajar el domingo.	*Perhaps (maybe) I'll have to work on Sunday.*

Vamos a practicar

a. Nueva escuela. Aurora está preocupada porque va a una nueva escuela y tiene muchas dudas. ¿Qué le dices para calmarla?

MODELO Probablemente los profesores no son simpáticos.
Quizás sean simpáticos.

1. Probablemente no dan exámenes fáciles.
2. Probablemente no tienen buen equipo de fútbol.
3. Probablemente no hay clase de arte.
4. Probablemente la comida no es buena.
5. Probablemente la banda no toca bien.
6. Probablemente no hacen buenas fiestas.
7. Probablemente no hay biblioteca.
8. Probablemente no tienen Club de español.

b. Excusas. Nadie quiere asistir a la primera reunión de un nuevo club. ¿Qué excusas dan?

MODELO visitar a mis abuelos
No puedo porque tal vez visiten a mis abuelos.

1. tener que trabajar (yo)
2. llamar a mi novio(a)
3. haber un programa importante en la tele
4. llegar mis tíos
5. tener que estudiar (yo)
6. ir de compras (mi mamá y yo)

ch. Muchas mudanzas.
1 Viví en Londres por un año.
2 Viví en Buenos Aires por cuatro meses.
3 Viví en Moscú por tres años.
4 Viví en Santo Domingo por dos años.
5 Viví en Roma por diez meses.
6 Viví en Caracas por cuatro años.
7 Viví en Los Ángeles por un mes.
8 Viví en Madrid por dos años.

7.3 Margin boxes: pages 360–361

Vamos a practicar

These exercises may be done as oral or written work.

Additional Exercises
Textbook: pages 360–361
Cuaderno: Unidad 7, Lección 2

a. Nueva escuela.
1 Quizás den exámenes fáciles.
2 Quizás tengan buen equipo de fútbol.
3 Quizás haya clase de arte.
4 Quizás la comida sea buena.
5 Quizás la banda toque bien.
6 Quizás hagan buenas fiestas.
7 Quizás haya biblioteca.
8 Quizás tengan Club de español.

b. Excusas.
1 No puedo porque tal vez tenga que trabajar.
2 No puedo porque tal vez llame a mi novio(a).
3 No puedo porque tal vez haya un programa importante en la tele.
4 No puedo porque tal vez lleguen mis tíos.
5 No puedo porque tal vez tenga que estudiar.
6 No puedo porque tal vez vayamos de compras mi mamá y yo.

7.4 PRESENT SUBJUNCTIVE: ADJECTIVE CLAUSES

In **Unidad 5** you learned that some sentences have two clauses: an independent clause and a dependent clause. You learned that like a truck pulling a trailer, the independent clause can function alone, whereas the dependent clause depends on the other clause to function (just as a trailer depends on a truck to pull it).

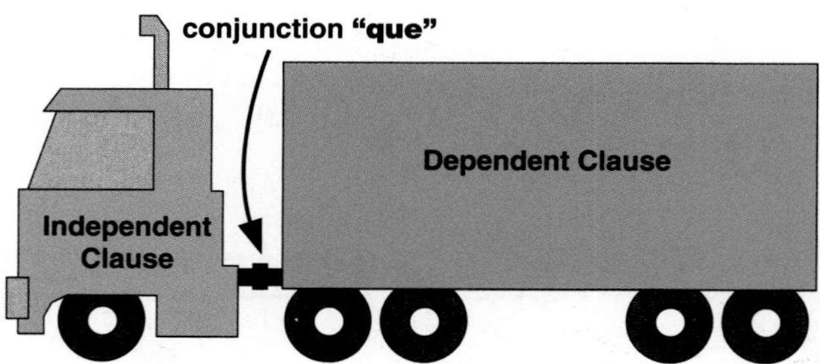

- An adjective clause is a dependent clause that describes a noun in the independent clause.

Tengo dos amigos **que hablan francés.**	*I have two friends who speak French.*
Compré una camiseta **que combina con mis jeans.**	*I bought a T-shirt that matches my jeans.*

- When the noun described by the clause designates something or someone that may not exist or does not exist, the subjunctive is used.

Busco **un carro** que **sea** bueno y barato.	*I'm looking for a car that is good and inexpensive.*
Necesıtan **una persona** que **hable** español.	*They need a person who speaks Spanish.*

- When the noun that an adjective clause describes is real or known to exist, the indicative is used.

Mateo tiene **un carro** que **es** bueno y barato.	*Mateo has a car that is good and inexpensive.*
Conozco a **muchas personas** que **hablan español.**	*I know a lot of people who speak Spanish.*

Vamos a practicar

a. Mi carro. Jacobo quiere comprarse un carro. ¿Cómo describe el carro de sus sueños?

MODELO ser bonito
Quiero un carro que sea bonito.

1. andar bien
2. no costarme mucho
3. ser nuevo
4. tener radio
5. llevarme a todas partes
6. correr rápido
7. usar poca gasolina
8. tener garantía

Vamos a practicar

These exercises may be done as oral or written work.

Additional Exercises
Textbook: pages 361–363
Cuaderno: Unidad 7, Lección 2

a. Mi carro.
1 Quiero un carro que ande bien.
2 Quiero un carro que no me cueste mucho.
3 Quiero un carro que sea nuevo.
4 Quiero un carro que tenga radio.
5 Quiero un carro que me lleve a todas partes.
6 Quiero un carro que corra rápido.
7 Quiero un carro que use poca gasolina.
8 Quiero un carro que tenga garantía.

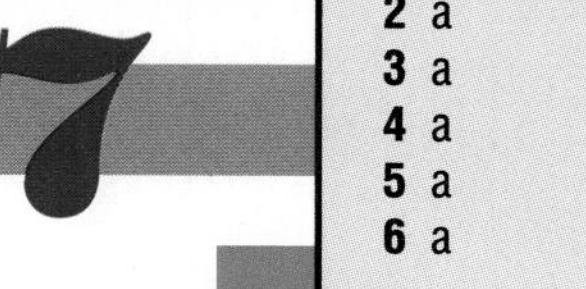

b. Nueva ropa. Carmen y Luci andan de compras. ¿Hablan de lo que encuentran o de lo que buscan? Basándote en el dibujo, selecciona el comentario más apropiado.

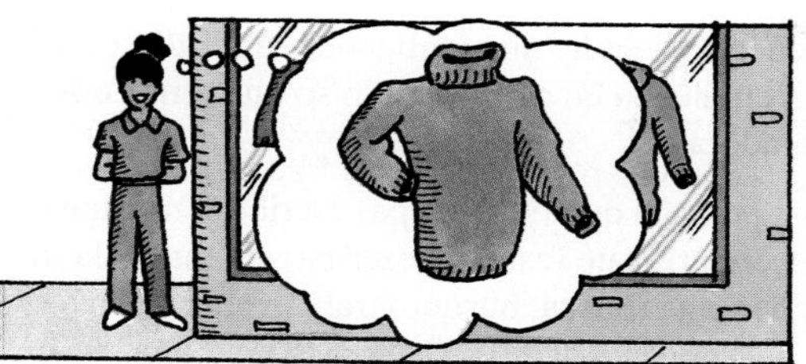

MODELO a. Allí hay un suéter que combina con mis pantalones.
b. Busco un suéter que combine con mis pantalones.
Respuesta correcta: ***b***

1. a. Quiero una camiseta que tenga un dibujo bonito.
b. Veo una camiseta que tiene un dibujo bonito.

2. a. Quiero un vestido que pueda llevar a la fiesta.
b. Allí hay un vestido que puedo llevar a la fiesta.

3. a. Necesito unas botas que sean bastante altas.
b. Ya tengo unas botas que son bastante altas.

4. a. Veo una blusa que le va a gustar a mi mamá.
b. Busco una blusa que le guste a mi mamá.

5. a. Me probé una falda que me llega a las rodillas.
b. No veo ninguna falda que me llegue a las rodillas.

6. a. Necesito unos zapatos que sirvan para jugar tenis.
b. Compré unos zapatos que sirven para jugar tenis.

b. Nueva ropa.
1 a
2 a
3 a
4 a
5 a
6 a

c. Empleados.
1 sepa
2 escribe
3 busca
4 pueda
5 puedan
6 conozca
7 es
8 escriba
9 sabe
10 llegan

ch. Querido Adolfo.
Querido Adolfo:

¿Cómo estás? Estoy bastante contento aunque ahora vivo en una ciudad que no **conozco** muy bien. No hay autobuses que **pasan** cerca de mi casa pero sí hay un metro que **va** a muchas partes. Todavía hay mucho que hacer. Por ejemplo, necesitamos encontrar una escuela que **quede** cerca de la casa para mis hermanos. Yo quiero un carro que **pueda** usar para ir a mi secundaria y también buscamos a una persona que le **ayude** a mi mamá con los quehaceres. Pero por lo general, todo va bien. A propósito, ayer conocí a una joven que **vive** cerca y que **es** muy guapa. Prometió enseñarme la ciudad. ¿Qué te parece?

Te escribo más la semana que viene.

Tu amigo,
Homero

c. Empleados. Los jefes están hablando de los empleados y personas que solicitan trabajo. ¿Hablan de personas que ya conocen o que no conocen? Selecciona el verbo apropiado.

MODELO No encuentro a nadie que (entiende, **entienda**) esta computadora. Hay un empleado en el segundo piso que (**entiende**, entienda) la computadora.

1. Solicitamos una persona que (sabe, sepa) escribir a máquina.
2. Tenemos una secretaria que (escribe, escriba) sesenta palabras por minuto.
3. Conozco a alguien que (busca, busque) trabajo aquí.
4. No hay nadie que (puede, pueda) reparar esta máquina.
5. Buscamos a dos camareros que (pueden, puedan) trabajar de noche.
6. Necesito un joven que (conoce, conozca) bien la ciudad.
7. Encontré a alguien que (es, sea) muy responsable.
8. Quiero emplear a un reportero que (escribe, escriba) bien.
9. Hay un director que (sabe, sepa) hablar japonés en el tercer piso.
10. Tenemos empleados que (llegan, lleguen) puntualmente a la hora del trabajo.

ch. Querido Adolfo. Homero acaba de mudarse a una nueva ciudad. ¿Qué le cuenta a su amigo?

Querido Adolfo:

¿Cómo estás? Estoy bastante contento aunque ahora vivo en una ciudad que no (conocer) muy bien. No hay autobuses que (pasar) cerca de mi casa pero sí hay un metro que (ir) a muchas partes. Todavía hay mucho que hacer. Por ejemplo, necesitamos encontrar una escuela que (quedar) cerca de la casa para mis hermanos. Yo quiero un carro que (poder) usar para ir a mi secundaria y también buscamos a una persona que le (ayudar) a mi mamá con los quehaceres. Pero por lo general, todo va bien. A propósito, ayer conocí a una joven que (vivir) cerca y que (ser) muy guapa. Prometió enseñarme la ciudad. ¿Qué te parece?

Te escribo más la semana que viene.

Tu amigo,
Homero

LECCIÓN 3

7.5 THE IMPERSONAL SE

- In Spanish, the pronoun **se** represents an indefinite or ''impersonal'' subject that refers to people in general, rather than to specific persons.

Se puede ganar hasta $550 al mes.	*One can earn up to $550 a month.*
¿Cómo **se dice** ''job'' en español?	*How do you say ''job'' in Spanish? (you = one)*
Se busca camarero.	*They're looking for a waiter. (they = no one in particular)*

- When talking about a plural noun, the verb is usually plural.

Se necesitan dos periodistas.	*They need two journalists.*
Se venden treinta y dos mil periódicos por día.	*Thirty-two thousand papers are sold per day.*

- The impersonal **se** is often used in signs and announcements.

Se alquilan bicicletas.	*Bicycles for rent.*
Se habla español.	*Spanish is spoken [here].*
Se prohibe fumar.	*No smoking.*

Vamos a practicar

a. Multilingüe. ¿Dónde se hablan estas lenguas?

MODELO: **En Francia se habla francés.**

Brasil	japonés
Inglaterra	chino
Alemania	ruso
Puerto Rico	italiano
China	portugués
Italia	francés
Japón	español
Rusia	inglés
Francia	alemán

7.5 Margin boxes: page 376

Vamos a practicar

These exercises may be done as oral or written work.

Additional Exercises
Textbook: pages 376–377
Cuaderno: Unidad 7, Lección 3

a. Multilingüe.
En Brasil se habla portugués.
En Inglaterra se habla inglés.
En Alemania se habla alemán.
En Puerto Rico se habla español.
En China se habla chino.
En Italia se habla italiano.
En Japón se habla japonés.
En Rusia se habla ruso.
En Francia se habla francés.

b. **¡Es diferente!** Carmen vive en El Paso pero acaba de regresar de un viaje a España. ¿Cómo describe la vida española?

MODELO *Hablan* español con otro acento.
Se habla español con otro acento.

Por la mañana *desayunan* y *van* al trabajo o a la escuela. *Regresan* a casa a almorzar a las dos. Después de almorzar, *toman* una siesta y *vuelven* al trabajo. De noche, *pasean* en las calles. *Cenan* muy tarde y a veces *salen* a ver una película después.

c. **Anuncios.** Estás leyendo los anuncios clasificados. ¿Qué dicen?

MODELO ofrecer sueldos atractivos
Se ofrecen sueldos atractivos.

1. buscar mecánico
2. requerir personas con experiencia
3. necesitar camareros
4. solicitar cajero
5. ofrecer entrenamiento gratis
6. solicitar dos secretarios bilingües
7. buscar operadores de teléfono
8. necesitar vendedora de ropa femenina

ch. **Letreros.** Al pasear por la ciudad, ves estos letreros *(signs)*. ¿Qué dicen?

MODELO alquilar / televisores
Se alquilan televisores.

1. reparar / zapatos
2. comprar / neveras usadas
3. solicitar / pintor de casa
4. hablar / inglés
5. vender / uniformes escolares
6. prohibir / fumar
7. vender / computadora casi nueva
8. alquilar / muebles

7.6 THE PREPOSITION PARA

The preposition **para** has several uses in Spanish.

- **Para** expresses the concept of *purpose*.

Para comprar un carro, hay que tener mucho dinero.	*To (In order to) buy a car you have to have a lot of money.*
Súbanse **para** dar una vuelta.	*Get in so we can go for a ride.*
Este vaso es **para** jugo.	*This glass is for juice.*

b. ¡Es diferente!
Por la mañana **se desayuna** y **se va** al trabajo o a la escuela. **Se regresa** a casa a almorzar a las dos. Después de almorzar, **se toma** una siesta y **se vuelve** al trabajo. De noche, **se pasea** en las calles. **Se cena** muy tarde y a veces **se sale** a ver una película después.

c. Anuncios.
1 Se busca mecánico.
2 Se requieren personas con experiencia.
3 Se necesitan camareros.
4 Se solicita cajero.
5 Se ofrece entrenamiento gratis.
6 Se solicitan dos secretarios bilingües.
7 Se buscan operadores de teléfono.
8 Se necesita vendedora de ropa femenina.

ch. Letreros.
1 Se reparan zapatos.
2 Se compran neveras usadas.
3 Se solicita pintor de casa.
4 Se habla inglés.
5 Se venden uniformes escolares.
6 Se prohibe fumar.
7 Se vende computadora casi nueva.
8 Se alquilan muebles.

7.6 **Margin boxes: pages 377–378**

- **Para** is used to designate the intended recipient of actions or objects.

Este regalo es **para** ti.	*This gift is for you.*
Cantaron **para** nosotros.	*They sang for us.*
No hay trabajo **para** mí.	*There's no job for me.*

- **Para** is used after the verb **trabajar** to indicate *employed by.*

Trabaje **para** una empresa importante.	*Work for an important firm.*
Trabajé **para** mi papá el verano pasado.	*I worked for my Dad last summer.*

Vamos a practicar

a. ¿Para qué? ¿Para qué sirven estas cosas?

MODELO **Las bebidas son para beber.**

la comida	acampar
los libros	beber
la música	cantar
los videos	leer
la carpa	dormir
las canciones	comer
la guitarra	ver
la cama	escuchar
las bebidas	tocar

b. Consejos. Clara Consejera tiene estos consejos para su público.

MODELO dormir mejor / evitar el café
Para dormir mejor hay que evitar el café.

1. perder peso / comer menos
2. no estar cansado / dormir más
3. tener más energía / hacer ejercicio
4. aumentar de peso / comer más
5. divertirse / salir de casa
6. no estar aburrido / ver una película
7. ganar amigos / ser una persona simpática
8. sacar buenas notas / hacer la tarea

Vamos a practicar

These exercises may be done as oral or written work.

Additional Exercises
Textbook: pages 377–378
Cuaderno: Unidad 7, Lección 3

a. ¿Para qué?
La comida es para comer.
Los libros son para leer.
La música es para escuchar.
Los videos son para ver.
La carpa es para acampar.
Las canciones son para cantar.
La guitarra es para tocar.
La cama es para dormir.
Las bebidas son para beber.

b. Consejos.
1 Para perder peso hay que comer menos.
2 Para no estar cansado hay que dormir más.
3 Para tener más energía hay que hacer ejercicio.
4 Para aumentar de peso hay que comer más.
5 Para divertirse hay que salir de casa.
6 Para no estar aburrido hay que ver una película.
7 Para ganar amigos hay que ser una persona simpática.
8 Para sacar buenas notas hay que hacer la tarea.

c. ¿Para mí?
1 El disco compacto es para mi hermano.
2 La lámpara es para tía Estela.
3 El libro es para mamá.
4 La mochila es para mi hermana.
5 El reloj es para mí.
6 La camiseta es para papá.
7 El perro es para tío Ernesto.
8 La computadora es para mis padres.

ch. Profesiones.
El doctor Hugo Pérez trabaja para el hospital Buena Salud.
La cocinera Inés Ponce trabaja para el restaurante La Estrella.
La ingeniera Luisa Rojas trabaja para la compañía eléctrica.
El reportero Noé Colón trabaja para el periódico La Prensa.
La escritora Eva Vargas trabaja para la casa editorial Américas.
El científico Juan Castro trabaja para el laboratorio CMB.
La profesora Irma Cobo trabaja para el colegio De Soto.
El actor León Garza trabaja para el Teatro Nacional.

c. ¿Para mí? En una celebración familiar, todos van a intercambiar regalos. Según Alejandro, ¿para quién(es) son estos regalos?

abuelos

MODELO **El televisor es para mis abuelos.**

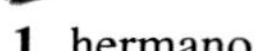

1. hermano

2. tía Estela

3. mamá

4. hermana

5. yo

6. papá

7. tío Ernesto

8. padres

ch. Profesiones. Estas personas están hablando de sus profesiones. ¿Dónde trabajan?

MODELO **El actor León Garza trabaja para el Teatro Nacional.**

doctor Hugo Pérez	casa editorial Américas
cocinera Inés Ponce	Teatro Nacional
ingeniera Luisa Rojas	colegio De Soto
reportero Noé Colón	hospital Buena Salud
escritora Eva Vargas	periódico *La Prensa*
científico Juan Castro	compañía eléctrica
profesora Irma Cobo	restaurante La Estrella
actor León Garza	laboratorio CMB

LECCIÓN 1

8.1 THE FUTURE TENSE: REGULAR FORMS

Spanish has several ways to talk about the future. You already know how to talk about what you are going to do using:

ir a + *infinitive*

Voy a visitar a mi amigo.	*I'm going to visit my friend.*
No **vamos a estudiar** hoy.	*We're not going to study today.*

You may also use the simple present indicative tense with future meaning.

Mis padres **llegan** mañana.	*My parents arrive tomorrow.*
Nuestro avión **sale** a la una.	*Our plane leaves at one.*

Spanish also has a future tense to talk about what you will do in the future. The future tense has the same set of endings for **-ar**, **-er** and **-ir** verbs. To form the future tense, these endings are added to the infinitive form of the verb.

Future Tense Verb Endings	
-é	**-emos**
-ás	**-éis**
-á	**-án**

nadar		correr		dormir	
nadar**é**	nadar**emos**	correr**é**	correr**emos**	dormir**é**	dormir**emos**
nadar**ás**	nadar**éis**	correr**ás**	correr**éis**	dormir**ás**	dormir**éis**
nadar**á**	nadar**án**	correr**á**	correr**án**	dormir**á**	dormir**án**

Margarita **dormirá** mucho.	*Margarita will sleep a lot.*
Mateo y Tina **jugarán** tenis.	*Mateo and Tina will play tennis.*
Correré todos los días.	*I will run every day.*
Nadaremos en el Caribe.	*We will swim in the Caribbean.*

8.1 Margin box: page 397

Vamos a practicar

These exercises may be done as oral or written work.

Additional Exercises
Textbook: pages 397–398
Cuaderno: Unidad 8, Lección 1

a. Dormilones.

1 Mi amiga Beatriz dormirá nueve horas.
2 Yo dormiré diez horas.
3 Mis amigos Memo y Beto dormirán catorce horas.
4 Tú dormirás once horas.
5 Nosotros dormiremos nueve horas.
6 Mis amigos Yoli y Raquel dormirán doce horas.
7 Mi amigo Víctor dormirá diez horas.
8 Ustedes dormirán trece horas.

b. La semana que viene.

1 La semana que viene, Javier y Vicente leerán una buena novela.
2 La semana que viene, yo jugaré volibol tres veces.
3 La semana que viene, ustedes irán de compras.
4 La semana que viene, Tomasa comprará una camiseta nueva.
5 La semana que viene, tú alquilarás un video.
6 La semana que viene, Pablo y yo asistiremos a un concierto.
7 La semana que viene, Marcos y Marisela pedirán una pizza.
8 La semana que viene, usted verá una película nueva.

c. Planes.

1 Mamá tocará el piano.
2 Mis hermanitos pasearán en bicicleta.
3 Yo descansaré.
4 Abuelito verá televisión.
5 Tía Gloria y Mamá irán al cine.
6 Amanda y yo jugaremos baloncesto.
7 Mi hermano y su novia bailarán.
8 Papá lavará el carro.

UNIDAD

Vamos a practicar

a. Dormilones Los jóvenes siempre duermen mucho más en el verano. ¿Cuántas horas dormirán tú y tus amigos cada noche?

MODELO Noé: 12
Mi amigo Noé dormirá doce horas.

1. Beatriz: 9
2. yo: 10
3. Memo y Beto: 14
4. tú: 11
5. nosotros: 9
6. Yoli y Raquel: 12
7. Víctor: 10
8. ustedes: 13

b. La semana que viene. Raquel dice que la rutina diaria de ella y sus amigos es muy similar. Según Raquel, ¿qué van a hacer ella y sus amigos la semana que viene?

MODELO Diana comió en un restaurante italiano la semana pasada.
La semana que viene, Diana comerá en un restaurante italiano.

1. Javier y Vicente leyeron una buena novela la semana pasada.
2. Yo jugué volibol tres veces la semana pasada.
3. Ustedes fueron de compras la semana pasada.
4. Tomasa compró una camiseta nueva la semana pasada.
5. Tú alquilaste un video la semana pasada.
6. Pablo y yo asistimos a un concierto la semana pasada.
7. Marcos y Marisela pidieron una pizza la semana pasada.
8. Usted vio una película nueva la semana pasada.

c. Planes. ¿Qué planes tiene la familia de Eva para el sábado, según ella?

Abuelita

MODELO **Abuelita escribirá cartas.**

1. Mamá

2. mis hermanitos

3. yo

4. Abuelito

5. tía Gloria y Mamá **6.** Amanda y yo **7.** mi hermano y su novia **8.** Papá

ch. Resoluciones. A fines de año, todo el mundo hace resoluciones personales. ¿Cómo piensas cambiar tu vida y qué piensan hacer estas personas?

MODELO perder peso (Paulina)
Paulina perderá peso.

1. practicar más deportes (ustedes)
2. comer comida más nutritiva (Guillermo)
3. nadar todos los días (yo)
4. aprender karate (Paquita)
5. aprender a tocar la guitarra (tú)
6. evitar los dulces (nosotras)
7. seguir una dieta para adelgazar (Lorenzo y Verónica)
8. leer más (todos)

8.2 THE FUTURE TENSE: IRREGULAR FORMS

Some verbs have irregular stems in the future tense. The verb endings are the same ones you learned for regular verbs.

poner	**pondr-**	pondré, pondrás, pondrá, pondremos, pondréis, pondrán
salir	**saldr-**	saldré, saldrás, saldrá, saldremos, saldréis, saldrán
tener	**tendr-**	tendré, tendrás, tendrá, tendremos, tendréis, tendrán
venir	**vendr-**	vendré, vendrás, vendrá, vendremos, vendréis, vendrán
decir	**dir-**	diré, dirás, dirá, diremos, diréis, dirán
hacer	**har-**	haré, harás, hará, haremos, haréis, harán
haber	**habr-**	habré, habrás, habrá, habremos, habréis, habrán
poder	**podr-**	podré, podrás, podrá, podremos, podréis, podrán
querer	**querr-**	querré, querrás, querrá, querremos, querréis, querrán
saber	**sabr-**	sabré, sabrás, sabrá, sabremos, sabréis, sabrán

Habrá un examen mañana.	*There will be a test tomorrow.*
Podré comprar mi carro.	*I'll be able to buy my car.*
Haremos la tarea en casa.	*We'll do our homework at home.*
Querrán salir el sábado.	*They'll want to go out Saturday.*

¿POR QUÉ SE DICE ASÍ?

ch. Resoluciones.
1 Ustedes practicarán más deportes.
2 Guillermo comerá comida más nutritiva.
3 Yo nadaré todos los días.
4 Paquita aprenderá karate.
5 Tú aprenderás a tocar la guitarra.
6 Nosotras evitaremos los dulces.
7 Lorenzo y Verónica seguirán una dieta para adelgazar.
8 Todos leerán más.

8.2 Margin boxes: pages 398–399

These exercises may be done as oral or written work.

Additional Exercises
Textbook: pages 398–399
Cuaderno: Unidad 8, Lección 1

a. Encuesta. Answers may vary.
1 Los entrenadores dirán que no.
2 Los miembros de la banda dirán que no.
3 Yo diré que no.
4 El director dirá que no.
5 Los atletas dirán que no.
6 El consejero dirá que sí.
7 La entrenadora dirá que no.
8 Mis amigos dirán que sí.

b. ¡Qué lástima!
1 César no podrá ir porque tendrá que lavar el carro.
2 Yo no podré ir porque tendré que limpiar la casa.
3 Adriana no podrá ir porque tendrá que trabajar.
4 Tú no podrás ir porque tendrás que ayudar a tu mamá.
5 Nosotros no podremos ir porque tendremos que hacer la tarea.
6 Manuel y Bárbara no podrán ir porque tendrán que escribir una composición.
7 Rolando no podrá ir porque tendrá que practicar el saxofón.
8 Sandra no podrá ir porque tendrá que cuidar a los niños.

c. ¡Haré tacos!
1 Nosotros haremos el ponche.
2 El profesor hará las enchiladas.
3 Diana y León harán los tacos.
4 Yo haré los frijoles.
5 Édgar hará la ensalada.
6 Ustedes harán la salsa.
7 Nilda hará las tortillas.
8 Tina y Esteban harán el postre.
9 La directora hará el arroz.
10 Alfredo hará el pastel.

Vamos a practicar

a. Encuesta. Algunas personas quieren eliminar los deportes en tu escuela. Hoy va a haber una encuesta para ver cuál es la opinión de la mayoría. ¿Qué crees que dirán estas personas en la encuesta?

MODELO el (la) profesor(a) de arte
El (La) profesor(a) de arte dirá que no. o
El (La) profesor(a) de arte dirá que sí.

1. los entrenadores
2. los miembros de la banda
3. yo
4. el (la) director(a)
5. los atletas
6. el (la) consejero(a)
7. el (la) entrenador(a)
8. tus amigos

b. ¡Qué lástima! Habrá muchos eventos especiales este fin de semana. ¿Por qué no irán estas personas?

MODELO Habrá un concierto de rock. (Felisa / estudiar)
Felisa no podrá ir porque tendrá que estudiar.

1. Habrá un partido de béisbol. (César / lavar el carro)
2. Habrá una fiesta. (yo / limpiar la casa)
3. Habrá una película especial. (Adriana / trabajar)
4. Habrá un banquete. (tú / ayudar a tu mamá)
5. Habrá una excursión. (nosotros / hacer la tarea)
6. Habrá una exhibición de arte. (Manuel y Bárbara / escribir una composición)
7. Habrá un concierto de rock. (Rolando / practicar el saxofón)
8. Habrá un baile. (Sandra / cuidar a los niños)

c. ¡Haré tacos! El Club de español va a servir una comida mexicana y todos van a ayudar a preparar la comida. ¿Qué van a hacer estas personas?

MODELO tú: los nachos
Tú harás los nachos.

1. nosotros: el ponche
2. el profesor: las enchiladas
3. Diana y León: los tacos
4. yo: los frijoles
5. Édgar: la ensalada
6. ustedes: la salsa
7. Nilda: las tortillas
8. Tina y Esteban: el postre
9. la directora: el arroz
10. Alfredo: el pastel

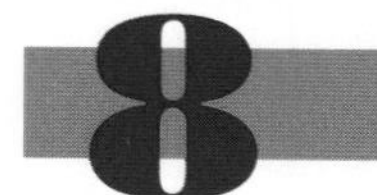

ch. El año 2050. ¿Qué predicciones tienes para el año 2050?

MODELO haber / casas / otros planetas
Habrá casas en otros planetas. o
No habrá casas en otros planetas.

1. nosotros / saber / el origen / universo
2. médicos / descubrir / cura para el cáncer
3. carros / poder andar sin gasolina
4. criaturas / otro / planetas / venir a visitarnos
5. nosotros / hacer viajes / otro / planetas
6. mucho / personas / vivir / la luna
7. estudiantes / tener / menos exámenes
8. medio ambiente / ser / menos contaminado

ch. El año 2050. Answers may vary.
1 Nosotros no sabremos el origen del universo.
2 Los médicos descubrirán la cura para el cáncer.
3 Los carros no podrán andar sin gasolina.
4 Las criaturas de otros planetas no vendrán a visitarnos.
5 Nosotros haremos viajes a otros planetas.
6 Muchas personas no vivirán en la luna.
7 Los estudiantes no tendrán menos exámenes.
8 El medio ambiente será menos contaminado.

LECCIÓN 2

8.3 THE CONDITIONAL: REGULAR AND IRREGULAR VERBS

8.3 Margin boxes: pages 415–416

The conditional has the same set of endings for **-ar**, **-er** and **-ir** verbs. (Note that all endings require a written accent.) To form the conditional, these endings are added to the infinitive form of the verb.

Conditional Verb Endings	
-ía	**-íamos**
-ías	**-íais**
-ía	**-ían**

llevar		ser		conducir	
llevar**ía**	llevar**íamos**	ser**ía**	ser**íamos**	conducir**ía**	conducir**íamos**
llevar**ías**	llevar**íais**	ser**ías**	ser**íais**	conducir**ías**	conducir**íais**
llevar**ía**	llevar**ían**	ser**ía**	ser**ían**	conducir**ía**	conducir**ían**

Para un viaje de un mes, yo **llevaría** más ropa. — *For a month long trip, I would take more clothes.*
Ese trabajo **sería** perfecto. — *That job would be perfect.*
Yo no **conduciría** ese carro. — *I wouldn't drive that car.*

- The conditional is used to talk about what would happen under certain conditions. The conditions may or may not be mentioned.

- Irregular verb stems of the conditional are identical to the irregular verb stems of the future tense.

poner	**pondr-**	pondría, pondrías, pondría, pondríamos, pondríais, pondrían
salir	**saldr-**	saldría, saldrías, saldría, saldríamos, saldríais, saldrían
tener	**tendr-**	tendría, tendrías, tendría, tendríamos, tendríais, tendrían
venir	**vendr-**	vendría, vendrías, vendría, vendríamos, vendríais, vendrían
decir	**dir-**	diría, dirías, diría, diríamos, diríais, dirían
hacer	**har-**	haría, harías, haría, haríamos, haríais, harían
haber	**habr-**	habría, habrías, habría, habríamos, habríais, habrían
poder	**podr-**	podría, podrías, podría, podríamos, podríais, podrían
querer	**querr-**	querría, querrías, querría, querríamos, querríais, querrían
saber	**sabr-**	sabría, sabrías, sabría, sabríamos, sabríais, sabrían

¿Qué **dirías** tú?	*What would you say?*
En ese caso, Beatriz no **podría** ir.	*In that case, Beatrice wouldn't be able to go.*
Yo no **saldría** con ellos.	*I wouldn't go out with them.*

Vamos a practicar

a. ¡Millonarios! Todos están hablando de lo que comprarían con un millón de dólares. ¿Qué dicen?

MODELO nosotros: un yate
Nosotros compraríamos un yate.

1. Gregorio: una casa en las montañas
2. Leticia y Matías: un carro nuevo
3. Nati: un avión
4. tú: una computadora
5. Rodrigo: un restaurante
6. yo: una motocicleta
7. todos nosotros: mucha ropa nueva
8. Constanza: joyas elegantes

b. Si yo fuera Tobías . . . Tobías siempre recibe muy malas notas. Si tú fueras Tobías, ¿qué harías para recibir buenas notas?

MODELO hacer la tarea
Si yo fuera Tobías, haría la tarea.

1. estudiar más
2. hablar con el (la) profesor(a)
3. pasar más tiempo en la biblioteca
4. no salir tanto
5. leer las lecciones con cuidado
6. no ver mucha televisión
7. hacer muchas preguntas
8. poner más atención a los detalles

Vamos a practicar

These exercises may be done as oral or written work.

Additional Exercises
Textbook: pages 415–416
Cuaderno: Unidad 8, Lección 2

a. ¡Millonarios!
1 Gregorio compraría una casa en las montañas.
2 Leticia y Matías comprarían un carro nuevo.
3 Nati compraría un avión.
4 Tú comprarías una computadora.
5 Rodrigo compraría un restaurante.
6 Yo compraría una motocicleta.
7 Todos nosotros compraríamos mucha ropa nueva.
8 Constanza compraría joyas elegantes.

b. Si yo fuera Tobías . . .
1 Si yo fuera Tobías, estudiaría más.
2 Si yo fuera Tobías, hablaría con el (la) profesor(a).
3 Si yo fuera Tobías, pasaría más tiempo en la biblioteca.
4 Si yo fuera Tobías, no saldría tanto.
5 Si yo fuera Tobías, leería las lecciones con cuidado.
6 Si yo fuera Tobías, no vería mucha televisión.
7 Si yo fuera Tobías, haría muchas preguntas.
8 Si yo fuera Tobías, pondría más atención a los detalles.

c. El mundo ideal. En tu opinión, ¿cómo sería el mundo ideal?

MODELO haber (mucha/poca) comida para todos.
Habría mucha comida para todos.

1. todos saber (una/varias) lengua(s)
2. la gente pobre tener (más/menos) dinero
3. haber (poca/mucha) contaminación
4. todos ser (amigos/enemigos)
5. la gente poder viajar (más/menos)
6. haber (más/menos) problemas de salud
7. siempre hacer (buen/mal) tiempo
8. todos querer vivir en (paz/guerra)

8.4 REPASO: TÚ AND USTED / USTEDES COMMANDS

You have learned that commands are used to tell someone what to do.

Tú *commands*

- Regular affirmative **tú** commands are formed by dropping the **-s** of the **tú** form of the present indicative.

Habla más despacio, por favor. — *Talk slower, please.*
Piensa lo que haces. — *Think about what you're doing.*
Corre a la escuela. — *Run to school.*
Repite lo que te digo. — *Repeat what I tell you.*

- There are eight irregular affirmative **tú** commands.

decir	**di**	venir	**ven**
poner	**pon**	hacer	**haz**
salir	**sal**	ir	**ve**
tener	**ten**	ser	**sé**

Di la verdad. — *Tell the truth.*
Sal de aquí. — *Get out of here.*
Haz tu tarea. — *Do your homework.*

- Negative **tú** commands are formed by using the **tú** form of the present subjunctive.

Infinitive	***Yo*** form	Negative ***Tú*** command
escuch**ar**	escuchø	no escuch**es**
dec**ir**	digø	no dig**as**
dorm**ir**	duermø	no duerm**as**

No **juegues** en la casa. — *Don't play in the house.*
No **digas** eso. — *Don't say that.*
No **duermas** tanto. — *Don't sleep so much.*

c. El mundo ideal.
1 Todos sabríamos varias lenguas.
2 La gente pobre tendría más dinero.
3 Habría poca contaminación.
4 Todos seríamos amigos.
5 La gente podría viajar más.
6 Habría menos problemas de salud.
7 Siempre haría buen tiempo.
8 Todos querríamos vivir en paz.

8.4 Margin boxes: pages 416–417

- The following high-frequency verbs have irregular negative **tú** command forms:

Infinitive	Negative ***tú*** command
dar	**no des**
estar	**no estés**
ir	**no vayas**
ser	**no seas**

No le **des** mi libro.	*Don't give her my book.*
No estés preocupado.	*Don't be worried.*
No vayas tan tarde.	*Don't go so late*
No seas travieso.	*Don't be naughty.*

Usted / Ustedes *commands*

- Regular affirmative and negative **usted / ustedes** commands use the **usted / ustedes** forms of the present subjunctive.

Naden todos los días.	*Swim every day.*
Por favor **asista** a nuestro concierto.	*Please attend our concert.*
No vuelvan muy tarde.	*Don't get back too late.*
No se vaya ahora.	*Don't leave now.*

- The following high-frequency verbs have irregular **usted / ustedes** command forms:

Infinitive	***Usted*** command	***Ustedes*** command
dar	dé	den
estar	esté	estén
ir	vaya	vayan
ser	sea	sean

Commands and object pronouns

Direct and indirect object pronouns follow and are attached to affirmative commands, and precede negative commands.

Hazlo ahora.	*Do it now.*
Levántate* ahora mismo.	*Get up right now.*
Díganselo* a Juan.	*Tell Juan about it.*
No **me mires** así.	*Don't look at me like that.*
No **les sirva** pollo.	*Don't serve them chicken.*
No **me los compren**.	*Don't buy them for me.*

*Note that when adding pronouns to affirmative commands, a written accent may be required to preserve the original stress of the verb.

Vamos a practicar

a. A las montañas. Raquelita va a acampar a las montañas con otra familia. ¿Qué le dice su mamá?

MODELO llevar ropa elegante
Lleva ropa elegante. o
No lleves ropa elegante.

1. empacar tu saco de dormir
2. olvidar tu chaqueta
3. hacer lo que te dicen
4. ser bueno
5. comer la comida que te sirvan
6. salir sola del campamento
7. dormir cerca del fuego
8. tener cuidado

b. ¿Cómo llego? Un turista quiere visitar el museo y te pide direcciones. ¿Qué le dices?

MODELO seguir derecho dos cuadras
Siga derecho dos cuadras.

1. doblar a la izquierda en la calle Segovia
2. caminar dos cuadras más
3. no doblar en la primera esquina
4. cruzar la calle
5. ahora doblar a la derecha
6. caminar una cuadra y media
7. no pasar la iglesia
8. entrar en el museo al lado de la iglesia

c. En el campamento. Tú trabajas de consejero(a) en un campamento de verano. Ahora tienes que explicar la rutina diaria a tu grupo de niños. ¿Qué les dices?

MODELO **Despiértense a las seis y media.** 6:30

1. 6:45

2. 6:50

3. 7:00

4. 7:15

5. 7:45

6. 8:30

7. 2:30

8. 9:30

Vamos a practicar

These exercises may be done as oral or written work.

Additional Exercises
Textbook: pages 416–417
Cuaderno: Unidad 8, Lección 2

a. A las montañas.
Answers may vary.
1 Empaca tu saco de dormir.
2 No olvides tu chaqueta.
3 Haz lo que te dicen.
4 Sé buena.
5 Come la comida que te sirvan.
6 No salgas sola del campamento.
7 No duermas cerca del fuego.
8 Ten cuidado.

b. ¿Cómo llego?
1 Doble a la izquierda en la calle Segovia.
2 Camine dos cuadras más.
3 No doble en la primera esquina.
4 Cruce la calle.
5 Ahora doble a la derecha.
6 Camine una cuadra y media.
7 No pase la iglesia.
8 Entre en el museo al lado de la iglesia.

c. En el campamento.
1 Levántense a las siete menos cuarto.
2 Báñense a las siete menos diez.
3 Vístanse a las siete.
4 Desayunen a las siete y cuarto.
5 Lávense los dientes a las ocho menos cuarto.
6 Naden a las ocho y media.
7 Jueguen volibol a las dos y media.
8 Acuéstense a las nueve y media.

ch. Hoy en la oficina.
Answers will vary.
1 Sí, prepárelo ahora.
2 No, no lo llame.
3 Sí, sírvaselo.
4 No, no se la enseñe.
5 Sí, tráiganoslo.
6 Sí, désela.
7 No, no lo pida.
8 Sí, sírvanoslo.

8.5 Margin boxes: pages 418–420

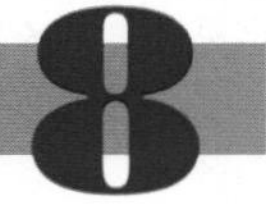

ch. Hoy en la oficina. Tú eres el (la) jefe(a) de una oficina y tienes que darle instrucciones a tu secretario(a). ¿Cómo respondes a sus preguntas?

MODELOS ¿Preparo el café?
Sí, prepárelo ahora. o
No, no lo prepare todavía.

¿Le escribo la carta al señor Carrión?
Sí, escríbasela ahora. o
No, no se la escriba todavía.

1. ¿Preparo el informe?
2. ¿Llamo al cliente?
3. ¿Le sirvo café al cliente?
4. ¿Le enseño la presentación al cliente?
5. ¿Les traigo el nuevo producto a ustedes?
6. ¿Le doy la lista de los precios al cliente?
7. ¿Pido el almuerzo?
8. ¿Les sirvo el almuerzo?

8.5 REPASO: PRESENT SUBJUNCTIVE—DOUBT, PERSUASION, ANTICIPATION AND REACTION

The subjunctive mode consists of verb tenses used to talk about doubt, persuasion, anticipation or reaction, and so forth.

Forms of the subjunctive

- The present subjunctive verb endings simply reverse the theme vowel of the infinitive.

Present subjunctive theme vowels
-ar → **-e**
-er, -ir → **-a**

- The following verbs are irregular in the present subjunctive.

Present Subjunctive: Irregular Verbs					
dar	**estar**	**ir**	**saber**	**ser**	**ver**
dé	esté	vaya	sepa	sea	vea
des	estés	vayas	sepas	seas	veas
dé	esté	vaya	sepa	sea	vea
demos	estemos	vayamos	sepamos	seamos	veamos
deis	estéis	vayáis	sepáis	seáis	veáis
den	estén	vayan	sepan	sean	vean

- The subjunctive form of **hay** is **haya.**

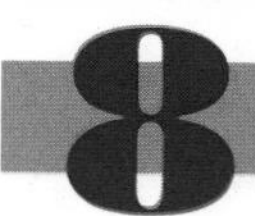

Uses of the subjunctive

- The subjunctive mode is used in dependent clauses after expressions of doubt. After expressions of certainty, the indicative mode is used.

Dudo que **ganemos** el partido.	*I doubt that we'll win the game.*
Es posible que **llueva**.	*It's possible that it will rain.*
No creo que **vengan**.	*I don't think they're coming.*
Es obvio que **eres** listo(a).	*It's obvious that you're smart.*
Sé que no **hay** clase hoy.	*I know that there's no class today.*
Creo que **vienen** hoy.	*I think they're coming today.*

- The subjunctive mode is used in dependent clauses after anticipation or reaction.

Esperamos que **vayas**.	*We hope you go.*
Es triste que **tengamos** que salir ahora.	*It's sad that we have to leave now.*
Ojalá que nos **den** dulces.	*I hope they give us candy.*

- The subjunctive mode is used in dependent clauses after expressions of persuasion.

Quiere que **nos divirtamos**.	*She (He) wants us to have a good time.*
Sugiero que **practiquemos**.	*I suggest that we practice.*
¿**Recomiendas** que **estudie** más?	*Do you recommend that I study more?*

Vamos a practicar

a. Lo dudo. Carmelita siempre tiene dudas. ¿Qué dice cuando oye estos comentarios?

EJEMPLO Habrá un examen difícil mañana.
Dudo que el examen de mañana sea difícil.

1. Ganaremos el campeonato de golf.
2. La familia Pérez irá al Japón este verano.
3. Los profesores calificarán exámenes esta noche.
4. Tendremos una película en la clase de historia.
5. Nos darán refrescos en la clase de español.
6. Habrá una fiesta chévere el sábado.
7. Marta y Ricardo jugarán tenis esta tarde.
8. Todos recibiremos una *A* en la clase de español.

Vamos a practicar

These exercises may be done as oral or written work.

Additional Exercises
Textbook: pages 418–420
Cuaderno: Unidad 8, Lección 2

a. Lo dudo.
1 Dudo que ganemos el campeonato de golf.
2 Dudo que la familia Pérez vaya al Japón este verano.
3 Dudo que los profesores califiquen exámenes esta noche.
4 Dudo que tengamos una película en la clase de historia.
5 Dudo que nos den refrescos en la clase de español.
6 Dudo que haya una fiesta chévere el sábado.
7 Dudo que Marta y Ricardo jueguen tenis esta tarde.
8 Dudo que todos recibamos una *A* en la clase de español.

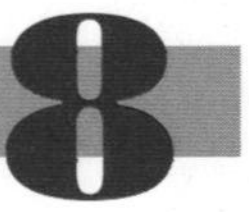

b. Sociología. Un estudiante universitario está haciendo una encuesta para su clase de sociología. Quiere que tu reacciones a estos comentarios usando una de las siguientes expresiones: **Es dudoso que . . . , Creo/No creo que . . . , Es cierto que . . .**

EJEMPLO Los profesores califican exámenes todos los días.
No creo que los profesores califiquen exámenes todos los días. o
Es cierto que los profesores califican exámenes todos los días.

1. Los padres saben mucho más que los hijos.
2. El (La) primer(a) hijo(a) es más inteligente.
3. Los hombres hablan más que las mujeres.
4. Hay poca contaminación en el planeta Tierra.
5. Necesitamos mejor transporte público en nuestras ciudades.
6. Los perros son los mejores amigos de los seres humanos.
7. Debemos ayudar a los habitantes de otros países.
8. Las clases de español son las más interesantes.

c. ¡Desastre! ¿Qué haces tú cuando tienes un problema verdaderamente serio? Para saber lo que hace esta joven, completa la carta que le escribió a Clara Consejera.

Querida Clara Consejera,

Espero que usted me ____ (poder) ayudar con mi problema. Estoy muy preocupada porque mis padres salieron de la ciudad y yo choqué su carro contra un árbol. Es probable que ellos ____ (regresar) la semana que viene y tengo miedo de que ____ (ir) a estar furiosos conmigo. Es terrible que yo no ____ (tener) dinero para arreglarlo pero soy muy pobre. ¿Qué debo hacer? ¿Es mejor que les ____ (decir) la verdad inmediatamente o es preferible que ____ (esperar) hasta que vean el carro? ¡Aconséjeme, por favor!

Es triste que mis padres ____ (tener) que encontrar tan malas noticias al regresar de su viaje, pero me alegro de que ____ (haber) personas como usted para aconsejarme.

Triste y desesperada.

ch. Nuestro club. Según Luisita, ¿qué recomiendan todos para el Club de español para este verano?

MODELO los hermanos Quintana / preferir que / el Club de español / ser más activo
Los hermanos Quintana prefieren que el Club de español sea más activo.

1. yo / sugerir que / el Club de español / hacer un viaje a México
2. los estudiantes de francés / pedir que / (nosotros) ir a Europa con ellos
3. la profesora / insistir en que / (nosotros) trabajar para ganar el dinero
4. nosotros / preferir que / nuestro / padres / pagar el viaje
5. los padres / querer que / (nosotros) vender dulces en la escuela
6. el director / recomendar que / el Club / lavar coches
7. tú / aconsejar que / (nosotros) esperar otro año
8. los estudiantes del cuarto año / insistir en que / (nosotros) viajar este año

b. Sociología. Answers may vary.
1 Es cierto que los padres saben mucho más que los hijos.
2 No creo que el primer hijo sea más inteligente.
3 Es cierto que los hombres hablan más que las mujeres.
4 No creo que haya poca contaminación en el planeta Tierra.
5 Es cierto que necesitamos mejor transporte público en nuestras ciudades.
6 No creo que los perros sean los mejores amigos de los seres humanos.
7 Es cierto que debemos ayudar a los habitantes de otros países.
8 Es cierto que las clases de español son las más interesantes.

c. ¡Desastre!
Querida Clara Consejera,

Espero que usted me **pueda** ayudar con mi problema. Estoy muy preocupada porque mis padres salieron de la ciudad y yo choqué su carro contra un árbol. Es probable que ellos **regresen** la semana que viene y tengo miedo de que **vayan** a estar furiosos conmigo. Es terrible que yo no **tenga** dinero para arreglarlo pero soy muy pobre. ¿Qué debo hacer? ¿Es mejor que les **diga** la verdad inmediatamente o es preferible que **espere** hasta que vean el carro? ¡Aconséjeme, por favor!

Es triste que mis padres **tengan** que encontrar tan malas noticias al regresar de su viaje, pero me alegro de que **haya** personas como usted para aconsejarme.

Triste y desesperada.

ch. Nuestro club.
1 Yo sugiero que el Club de español haga un viaje a México.
2 Los estudiantes de francés piden que vayamos a Europa con ellos.
3 La profesora insiste en que trabajemos para ganar el dinero.
4 Nosotros preferimos que nuestros padres paguen el viaje.
5 Los padres quieren que vendamos dulces en la escuela.
6 El director recomienda que el Club lave coches.
7 Tú aconsejas que esperemos otro año.
8 Los estudiantes del cuarto año insisten en que viajemos este año.

UNIDAD

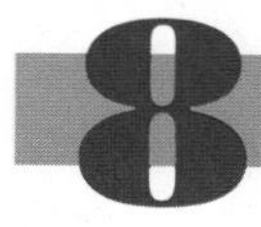

LECCIÓN 3

8.6 REPASO: PRETERITE AND IMPERFECT

You have learned that the preterite and imperfect are used to talk about the past. The specific uses of each tense are summarized in the following chart. The numbers in parentheses indicate the unit and lesson where each concept was introduced.

Preterite	Imperfect
▪ Completed actions: single action or series of actions *(4.5)* ▪ Focus on beginning of an action *(4.5)* ▪ Focus on an action coming to an end *(4.5)*	▪ Continuing actions *(4.4)* ▪ Ongoing situations *(4.7)* ▪ Physical or emotional states *(4.7)* ▪ Habitual actions *(4.2)* ▪ Age (with **tener**) *(4.2)* ▪ Telling time *(4.2)*

Era la medianoche y todo **estaba** tranquilo. El viejito **entró** en la cocina como **acostumbraba**. **Sacó** algo para comer de la nevera. Se **sentó** en la sala y **empezó** a leer unas páginas de su cuento policíaco favorito. Esta noche **iba** a leer la parte más interesante — la parte donde se sabe quién es el criminal.

Según el cuento, el sospechoso **era** un hombre alto, de pelo gris, que **tenía** unos setenta y dos años. La noche anterior, cuando el viejito **dejó** de leer, los detectives en el cuento **salieron** para la casa del sospechoso para arrestarlo.

Mientras el viejito **leía**, **oyó** un ruido de la calle. En seguida alguien **llamó** a la puerta. El viejito **estaba** preocupado. **Suspiró se levantó** y **fue** a abrir la puerta. ¡Qué sorpresa! ¿Qué **quería** la policía a esta hora?

It was midnight and everything was quiet. The old man entered the kitchen as he was accustomed to doing. He took out something to eat from the refrigerator. He sat down in the living room and began to read a few pages of his favorite mystery story. Tonight he was going to read the most interesting part — the part where it's revealed who the criminal is.

According to the story, the suspect was a tall, gray-haired man who was about seventy-two years old. The night before, when the old man stopped reading, the detectives set out for the suspect's house to arrest him.

While the old man read, he heard a noise from the street. Immediately, someone knocked at the door. The old man was worried. He sighed, got up, and went to open the door. What a surprise! What did the police want at this hour?

8.6 Margin box: page 432

Vamos a practicar

These exercises may be done as oral or written work.

Additional Exercises
Textbook: pages 432–434
Cuaderno: Unidad 8, Lección 3

a. ¡Qué vergüenza!

Querido Narciso:

¿Cómo estás? Tengo muchas ganas de verte otra vez y pasar el verano juntos. **Nos divertimos** tanto el verano pasado. ¿Recuerdas como cada día **íbamos** a la playa y **nadábamos** en el océano y **charlábamos** con las chicas bonitas?

¿Recuerdas a Diana? ¿Recuerdas esa noche cuando por fin **salí** con ella?—después de invitarla tantas veces. **Fuimos** al restaurante más elegante de la ciudad. ¡Qué noche! Diana **tenía** mucha hambre y **pidió** el plato más caro de toda la carta. Entonces yo **decidí** pedir el plato más barato.

Mientras **comíamos** ella y yo **conversábamos** sobre los amigos y nuestros pasatiempos favoritos. La conversación **era** tan interesante que yo no **prestaba** atención a lo que **hacía**. De repente derramé la sopa y **sentí** algo caliente sobre mis piernas. ¡Qué vergüenza! **Tuve** que regresar a casa sin siquiera bailar con Diana. Quizás este año . . .

Hasta pronto, mi amigo. ¡Que vengan pronto las vacaciones!

Tu amigo,
Xavier

Vamos a practicar

a. ¡Qué vergüenza! Completa la carta que Xavier le mandó a Narciso para saber cómo él pasó las vacaciones el verano pasado.

Querido Narciso:

¿Cómo estás? Tengo muchas ganas de verte otra vez y pasar el verano juntos. (Nos divertimos, Nos divertíamos) tanto el verano pasado. ¿Recuerdas como cada día (fuimos, íbamos) a la playa y (nadamos, nadábamos) en el océano y (charlamos, charlábamos) con las chicas bonitas?

¿Recuerdas a Diana? ¿Recuerdas esa noche cuando por fin (salí, salía) con ella? — después de invitarla tantas veces. (Fuimos, Íbamos) al restaurante más elegante de la ciudad. ¡Qué noche! Diana (tuvo, tenía) mucha hambre y (pidió, pedía) el plato más caro de toda la carta. Entonces yo (decidí, decidía) pedir el plato más barato.

Mientras (comimos, comíamos) ella y yo (conversamos, conversábamos) sobre los amigos y nuestros pasatiempos favoritos. La conversación (fue, era) tan interesante que yo no (presté, prestaba) atención a lo que (hice, hacía). De repente derramé la sopa y (sentí, sentía) algo caliente sobre mis piernas. ¡Qué vergüenza! (Tuve, Tenía) que regresar a casa sin siquiera bailar con Diana. Quizás este año . . . .

Hasta pronto, mi amigo. ¡Que vengan pronto las vacaciones!

Tu amigo,
Xavier

Frangelico
RESTAURANT
COMIDA INTERNACIONAL
NUESTRA ESPECIALIDAD...
...LA CARNE
UN CONCEPTO DIFERENTE Y
EXCLUSIVO
EN RESTAURANTE
CALLE JOSE MARTI
AV. MASFERRER NTE.
PASEO
HAGA SUS
RESERVACIONES
CALLE JOSE MARTI, No. 7
COLONIA ESCALON
SAN SALVADOR, EL SALVADOR
TELEFONOS:
23-9321

b. La Cenicienta. ¿Recuerdas este cuento de hadas? Cuenta la primera parte.

Había una vez una joven muy bella que (llamarse) Cenicienta. (Vivir) con su madrastra y sus dos hermanastras. Todas la (tratar) muy cruelmente. Cenicienta siempre (tener) muchos quehaceres y no (poder) salir como sus hermanastras. Un día, la familia (recibir) una invitación muy importante. El rey (ir) a tener un baile grande para encontrar una esposa para su hijo. Todas (estar) muy emocionadas, incluso Cenicienta. Pero su madrastra le (decir) que sólo las dos hermanastras (poder) asistir al baile con ella. Y así (pasar).

Cuando (salir) las tres mujeres muy elegantemente vestidas, Cenicienta (empezar) a llorar y llorar. De repente (aparecer) su hada madrina y le (decir), ''No llores. Tú también vas a ir''. En un momento, el hada madrina (cambiar) el viejo y feo vestido de Cenicienta en un vestido largo y bellísimo. Y le (dar) unos zapatos preciosos de cristal. También (cambiar) la calabaza del jardín en un elegante coche de caballos. Cenicienta (estar) contentísima. ''Ya estás lista, niña'', (decir) el hada madrina, ''pero recuerda que tienes que volver a casa antes de la medianoche''.

c. ¡Qué memoria! ¿Tienes una buena memoria? ¿Cuánto recuerdas del cuento *''El leon y las pulgas''?* Completa la siguiente reconstrucción del cuento.

VOCABULARIO ÚTIL:

establecerse	querer	ser	empezar
sentir	picar	tener	estar
proclamar	vencer	perder	matar

1. Los animales de la selva africana _____ al león ''rey de todos los animales''.
2. Desafortunadamente, el león también _____ orgulloso y tiránico.
3. En efecto, todos los animales _____ miedo de su monarca.
4. Las pulgas no _____ ni miedo ni respeto por el rey, ni por ningún otro animal.
5. Las pulgas _____ mostrarle a todos los demás animales que ellas _____ más poderosas que el león.
6. Con esta idea _____ en el lustroso y elegante pelaje dorado del león.
7. Pronto la pequeña colonia _____ a crecer rápidamente.
8. Las pulgas _____ tanto al león que éste acabó por morirse.
9. Las pulgas _____ una gran fiesta para celebrar la muerte del león.
10. Desgraciadamente, al matar al león, las pulgas _____ la fuente de su alimentación.

8.7 REPASO: QUIZÁS AND TAL VEZ

The subjunctive is used after **quizás** and **tal vez** when the speaker wishes to express doubt.

Quizás tengamos refrescos.	*Maybe we'll have soft drinks.*
Tal vez venga mi prima.	*Perhaps my cousin will come.*

b. La Cenicienta.

Había una vez una joven muy bella que **se llamaba** Cenicienta. **Vivía** con su madrastra y sus dos hermanastras. Todas la **trataban** muy cruelmente. Cenicienta siempre **tenía** muchos quehaceres y no **podía** salir como sus hermanastras. Un día, la familia **recibió** una invitación muy importante. El rey **iba** a tener un baile grande para encontrar una esposa para su hijo. Todas **estaban** muy emocionadas, incluso Cenicienta. Pero su madrastra le **dijo** que sólo las dos hermanastras **podían** asistir al baile con ella. Y así **pasó**.

Cuando **salieron** las tres mujeres muy elegantemente vestidas, Cenicienta **empezó** a llorar y llorar. De repente **apareció** su hada madrina y le **dijo**, "No llores. Tú también vas a ir". En un momento, el hada madrina **cambió** el viejo y feo vestido de Cenicienta en un vestido largo y bellísimo. Y le **dio** unos zapatos preciosos de cristal. También **cambió** la calabaza del jardín en un elegante coche de caballos. Cenicienta **estaba** contentísima. "Ya estás lista, niña", **dijo** el hada madrina, "pero recuerda que tienes que volver a casa antes de la medianoche".

c. ¡Qué memoria!

1 proclamaron
2 era
3 tenían
4 sentían
5 querían, eran
6 se establecieron
7 empezó
8 picaron
9 tuvieron
10 perdieron

8.7 Margin box: page 435

These exercises may be done as oral or written work.

Additional Exercises
Textbook: page 435
Cuaderno: Unidad 8, Lección 3

a. El fin de semana.
1 Quizás Mamá lea una novela.
2 Quizás yo coma una hamburguesa.
3 Quizás Papá escriba una carta.
4 Quizás mi hermanito nade.
5 Quizás mis padres vayan al cine.
6 Quizás Felipe y yo cortamos el césped.
7 Quizás mi hermanita vea televisión.
8 Quizás mis hermanitos laven el carro.

b. ¡Qué imaginación!
1 Tal vez el césped sea azul.
2 Tal vez los habitantes coman aire.
3 Tal vez vivan en los árboles.
4 Tal vez haga 200 grados durante el verano.
5 Tal vez nieve todo el invierno.
6 Tal vez los habitantes tengan dos narices.
7 Tal vez haya pocos animales.
8 Tal vez nadie beba agua.

UNIDAD

Vamos a practicar

a. El fin de semana. El abuelito de Gloria quiere saber qué van a hacer todos este fin de semana. ¿Qué le dice Gloria?

Felipe

MODELO **Quizás Felipe vaya de compras.**

1. Mamá

2. yo

3. Papá

4. mi hermanito

5. mis padres

6. Felipe y yo

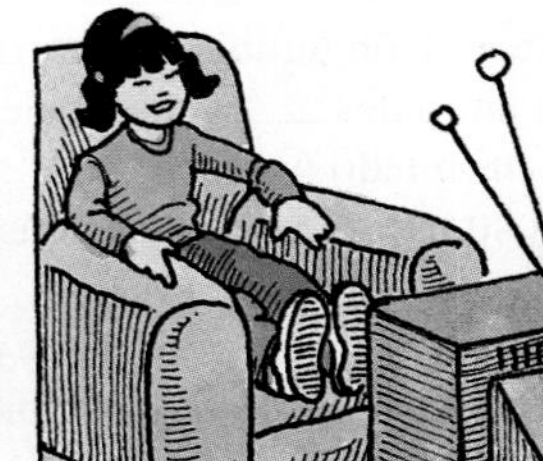

7. mi hermanita

8. mis hermanitos

b. ¡Qué imaginación! Tú hermanito(a) tiene una imaginación muy activa. ¿Cómo reaccionas a sus comentarios sobre la vida en otro planeta?

MODELO Probablemente los habitantes tienen tres brazos.
Tal vez tengan tres brazos.

1. Probablemente el césped es azul.
2. Probablemente los habitantes comen aire.
3. Probablemente viven en los árboles.
4. Probablemente hace 200 grados durante el verano.
5. Probablemente nieva todo el invierno.
6. Probablemente los habitantes tienen dos narices.
7. Probablemente hay pocos animales.
8. Probablemente nadie bebe agua.

MATERIAS DE CONSULTA

APÉNDICE 1

EL ABECEDARIO

Note that the Spanish alphabet has four additional letters: **ch, ll, ñ,** and **rr.** When alphabetizing in Spanish, or when looking up words in a dictionary or names in a telephone directory, words or syllables beginning with **ch, ll,** and **ñ** follow words or syllables beginning with **c, l,** and **n,** respectively, while **rr** is alphabetized as in English.

a	*a*	n	*ene*
b	*be* (*be* grande, *be* large, *be* de burro)	ñ	*eñe*
c	*ce*	o	*o*
ch	*che*	p	*pe*
d	*de*	q	*cu*
e	*e*	r	*ere*
f	*efe*	rr	*erre*
g	*ge*	s	*ese*
h	*hache*	t	*te*
i	*i*	u	*u*
j	*jota*	v	*ve, uve* (*ve* chica, *ve* corta, *ve* de vaca)
k	*ka*	w	*doble ve, doble uve*
l	*ele*	x	*equis*
ll	*elle*	y	*i griega, ye*
m	*eme*	z	*zeta*

APÉNDICE 2

I. REGULAR VERBS

Infinitive	cantar	correr	subir
Present indicative	canto cantas canta cantamos cantáis cantan	corro corres corre corremos corréis corren	subo subes sube subimos subís suben
Preterite	canté cantaste cantó cantamos cantasteis cantaron	corrí corriste corrió corrimos corristeis corrieron	subí subiste subió subimos subisteis subieron
Imperfect	cantaba cantabas cantaba cantábamos cantabais cantaban	corría corrías corría corríamos corríais corrían	subía subías subía subíamos subíais subían
Future	cantaré cantarás cantará cantaremos cantaréis cantarán	correré correrás correrá correremos correréis correrán	subiré subirás subirá subiremos subiréis subirán
Conditional	cantaría cantarías cantaría cantaríamos cantaríais cantarían	correría correrías correría correríamos correríais correrían	subiría subirías subiría subiríamos subiríais subirían

Infinitive	cantar	correr	subir
Commands			
tú	canta	corre	sube
negative tú	no cantes	no corras	no subas
usted	(no) cante	(no) corra	(no) suba
ustedes	(no) canten	(no) corran	(no) suban
Present progressive	estoy cantando estás cantando está cantando estamos cantando estáis cantando están cantando	estoy corriendo estás corriendo está corriendo estamos corriendo estáis corriendo están corriendo	estoy subiendo estás subiendo está subiendo estamos subiendo estáis subiendo están subiendo
Present subjunctive	cante cantes cante cantemos cantéis canten	corra corras corra corramos corráis corran	suba subas suba subamos subáis suban
Present perfect	he cantado has cantado ha cantado hemos cantado habéis cantado han cantado	he corrido has corrido ha corrido hemos corrido habéis corrido han corrido	he subido has subido ha subido hemos subido habéis subido han subido

II. STEM-CHANGING VERBS

Infinitive in *-ar* and *-er*			
Infinitive change	pensar **e → ie**	volver **o → ue**	jugar[1] **u → ue**
Present indicative	**pien**so **pien**sas **pien**sa pensamos pensáis **pien**san	**vuel**vo **vuel**ves **vuel**ve volvemos volvéis **vuel**ven	**jue**go **jue**gas **jue**ga jugamos jugáis **jue**gan
Present subjunctive	**pien**se **pien**ses **pien**se pensemos penséis **pien**sen	**vuel**va **vuel**vas **vuel**va volvamos volváis **vuel**van	**jue**gue **jue**gues **jue**gue juguemos juguéis **jue**guen
Infinitive in *-ir*			
Infinitive change(s)	servir e → i	dormir o → ue, u	divertir e → ie, i
Present indicative	**sir**vo **sir**ves **sir**ve servimos servís **sir**ven	**duer**mo **duer**mes **duer**me dormimos dormís **duer**men	di**vier**to di**vier**tes di**vier**te divertimos divertís di**vier**ten
Present subjunctive	**sir**va **sir**vas **sir**va **sir**vimos **sir**váis **sir**van	**duer**ma **duer**mas **duer**ma **dur**mamos **dur**máis **duer**man	di**vier**ta di**vier**tas di**vier**ta di**vir**tamos di**vir**táis di**vier**tan
Present participle	**sir**viendo	**dur**miendo	di**vir**tiendo

[1] This verb is unique. It is the only **u → ue** stem-changing verb.

Preterite	serví	dormí	divertí
	serviste	dormiste	divertiste
	sirvió	durmió	divirtió
	servimos	dormimos	divertimos
	servisteis	dormisteis	divertisteis
	sirvieron	durmieron	divirtieron

III. IRREGULAR VERBS

andar

Preterite: anduve, anduviste, anduve, anduvimos, anduvisteis, anduvieron

caer

Present indicative: caigo, caes, cae, caemos, caéis, caen
Preterite: caí, caíste, cayó, caímos, caísteis, cayeron
Present subjunctive: caiga, caigas, caiga, caigamos, caigáis, caigan
Present participle: cayendo
Past participle: caído

conocer

Present indicative: conozco, conoces, conoce, conocemos, conocéis, conocen
Present subjunctive: conozca, conozcas, conozca, conozcamos, conozcáis, conozcan

dar

Present indicative: doy, das, da, damos, dais, dan
Preterite: di, diste, dio, dimos, disteis, dieron
Present subjunctive: dé, des, dé, demos, deis, den

decir

Present indicative: digo, dices, dice, decimos, decís, dicen
Preterite: dije, dijiste, dijo, dijimos, dijisteis, dijeron
Future: diré, dirás, dirá, diremos, diréis, dirán
Conditional: diría, dirías, diría, diríamos, diríais, dirían
Commands: di, no digas, (no) diga, (no) digan
Present subjunctive: diga, digas, diga, digamos, digáis, digan
Present participle: diciendo
Past participle: dicho

estar

Present indicative: estoy, estás, está, estamos, estáis, están
Preterite: estuve, estuviste, estuvo, estuvimos, estuvisteis, estuvieron
Present subjunctive: esté, estés, esté, estemos, estéis, estén

haber (impersonal forms)

Present indicative: hay
Preterite: hubo
Future: habrá
Conditional: habría
Present subjunctive: haya

hacer

Present indicative: hago, haces, hace, hacemos, hacéis, hacen
Preterite: hice, hiciste, hizo, hicimos, hicisteis, hicieron
Future: haré, harás, hará, haremos, haréis, harán
Conditional: haría, harías, haría, haríamos, haríais, harían
Commands: haz, no hagas, (no) haga, (no) hagan
Present subjunctive: haga, hagas, haga, hagamos, hagáis, hagan
Past participle: hecho

ir

Present indicative: voy, vas, va, vamos, vais, van
Preterite: fui, fuiste, fue, fuimos, fuisteis, fueron
Imperfect: iba, ibas, iba, íbamos, ibais, iban
Commands: ve, no vayas, (no) vaya, (no) vayan
Present subjunctive: vaya, vayas, vaya, vayamos, vayáis, vayan
Present participle: yendo
Past participle: ido

oír

Present indicative: oigo, oyes, oye, oímos, oís, oyen
Preterite: oí, oíste, oyó, oímos oísteis, oyeron
Present subjunctive: oiga, oigas, oiga, oigamos, oigáis, oigan
Present participle: oyendo

poder

Present indicative: puedo, puedes, puede, podemos, podéis, pueden
Preterite: pude, pudiste, pudo, pudimos, pudisteis, pudieron
Future: podré, podrás, podrá, podremos, podréis, podrán
Conditional: podría, podrías, podría, podríamos, podríais, podrían
Present participle: pudiendo

poner

Present indicative: pongo, pones, pone, ponemos, ponéis, ponen
Preterite: puse, pusiste, puso, pusimos, pusisteis, pusieron
Future: pondré, pondrás, pondrá, pondremos, pondréis, pondrán
Conditional: pondría, pondrías, pondría, pondríamos, pondríais, pondrían
Commands: pon, no pongas, (no) ponga, (no) pongan
Present subjunctive: ponga, pongas, ponga, pongamos, pongáis, pongan
Past participle: puesto

querer

Present indicative: quiero, quieres, quiere, queremos, queréis, quieren
Preterite: quise, quisiste, quiso, quisimos, quisisteis, quisieron
Future: querré, querrás, querrá, querremos, querréis, querrán
Conditional: querría, querrías, querría, querríamos, querríais, querrían
Present subjunctive: quiera, quieras, quiera, queramos, queráis, quieran

saber

Present indicative: sé, sabes, sabe, sabemos, sabéis, saben
Preterite: supe, supiste, supo, supimos, supisteis, supieron
Future: sabré, sabrás, sabrá, sabremos, sabréis, sabrán
Conditional: sabría, sabrías, sabría, sabríamos, sabríais, sabrían
Present subjunctive: sepa, sepas, sepa, sepamos, sepáis, sepan

salir

Present indicative: salgo, sales, sale, salimos, salís, salen
Future: saldré, saldrás, saldrá, saldremos, saldréis, saldrán
Conditional: saldría, saldrías, saldría, saldríamos, saldríais, saldrían
Commands: sal, no salgas, (no) salga, (no) salgan
Present subjunctive: salga, salgas, salga, salgamos, salgáis, salgan

ser

Present indicative: soy, eres, es, somos, sois, son
Preterite: fui, fuiste, fue, fuimos, fuisteis, fueron
Imperfect: era, eras, era, éramos, erais, eran
Commands: sé, no seas, (no) sea, (no) sean
Present subjunctive: sea, seas, sea, seamos, seáis, sean

tener

Present indicative: tengo, tienes, tiene, tenemos, tenéis, tienen
Preterite: tuve, tuviste, tuvo, tuvimos, tuvisteis, tuvieron
Future: tendré, tendrás, tendrá, tendremos, tendréis, tendrán
Conditional: tendría, tendrías, tendría, tendríamos, tendríais, tendrían
Commands: ten, no tengas, (no) tenga, (no) tengan
Present subjunctive: tenga, tengas, tenga, tengamos, tengáis, tengan

traer

Present indicative: traigo, traes, trae, traemos, traéis, traen
Preterite: traje, trajiste, trajo, trajimos, trajisteis, trajeron
Present subjunctive: traiga, traigas, traiga, traigamos, traigáis, traigan
Present participle: trayendo
Past participle: traído

venir

Present indicative: vengo, vienes, viene, venemos, venís, vienen
Preterite: vine, viniste, vino, vinimos, vinisteis, vinieron
Future: vendré, vendrás, vendrá, vendremos, vendréis, vendrán
Conditional: vendría, vendrías, vendría, vendríamos, vendríais, vendrían
Commands: ven, no vengas, (no) venga, (no) vengan
Present subjunctive: venga, vengas, venga, vengamos, vengáis, vengan
Present participle: viniendo

ver

Present indicative: veo, ves, ve, vemos, veis, ven
Preterite: vi, viste, vio, vimos, visteis, vieron
Imperfect: veía, veías, veía, veíamos, veíais, veían
Present subjunctive: vea, veas, vea, veamos, veáis, vean
Past participle: visto

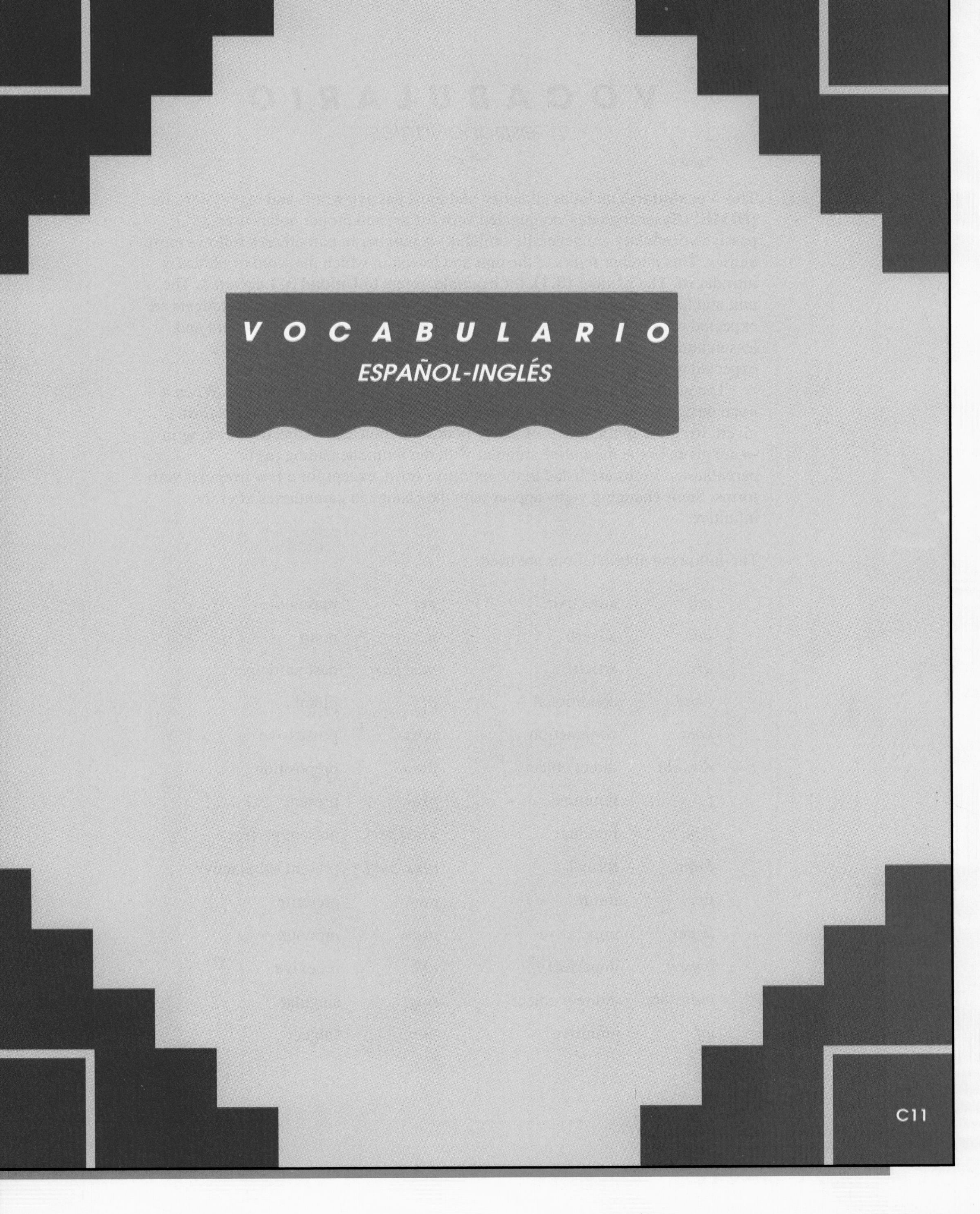
VOCABULARIO
ESPAÑOL-INGLÉS
C11

VOCABULARIO
español-inglés

This **Vocabulario** includes all active and most passive words and expressions in **¡DIME!** (Exact cognates, conjugated verb forms, and proper nouns used as passive vocabulary are generally omitted.) A number in parentheses follows most entries. This number refers to the unit and lesson in which the word or phrase is introduced. The number **(3.1),** for example, refers to **Unidad 3, Lección 1.** The unit and lesson number of active vocabulary—words and expressions students are expected to remember and use—is given in boldface type: **(3.1).** The unit and lesson number of passive vocabulary–words and expressions students are expected to recognize and understand—is given in lightface type: (3.1).

The gender of nouns is indicated as *m.* (masculine) or *f.* (feminine). When a noun designates a person or an animal, both the masculine and feminine form is given. Irregular plural forms of active nouns are indicated. Adjectives ending in **-o** are given in the masculine singular with the feminine ending (**a**) in parentheses. Verbs are listed in the infinitive form, except for a few irregular verb forms. Stem-changing verbs appear with the change in parentheses after the infinitive.

The following abbreviations are used:

adj.	adjective	*m.*	masculine
adv.	adverb	*n.*	noun
art.	article	*past part.*	past participle
cond.	conditional	*pl.*	plural
conj.	conjunction	*poss.*	possessive
dir. obj.	direct object	*prep.*	preposition
f.	feminine	*pres.*	present
fam.	familiar	*pres. perf.*	present perfect
form.	formal	*pres. subj.*	present subjunctive
fut.	future	*pret.*	preterite
imper.	imperative	*pron.*	pronoun
imperf.	imperfect	*refl.*	reflexive
indir. obj.	indirect object	*sing.*	singular
inf.	infinitive	*subj.*	subject

A

a to
a *(personal)*
a caballo on horseback (6.1)
a eso de around, about **(2.2)**
a gritos at the top of one's voice (5.1)
a lo largo de along, alongside (7.3)
a lo mejor probably, maybe, perhaps **(2.1)**
a mediados de in the middle of *(time period)* (8.1)
a medida que as (3.3)
a menudo often **(2.1)**
a pesar de in spite of (1.1)
a propósito by the way (7.1)
a punto de about to (5.1)
abandonado(a) abandoned (1.2)
abandonado(a) *n.* one who has been abandoned (3.2)
abandonar to abandon (8.1)
abierto(a) open **(3.2)**
abogado *m.*, **abogado** *f.* lawyer (7.3)
abrazo *m.* hug (5.2)
abrigar to cover up, wrap up (6.1)
abrigo *m.* coat (3.1)
abrir to open (1.1) *pres. perf.* **(6.2)**
absolutamente absolutely **(7.1)**
absorber to absorb (2.3)
abuelito *m.*, **abuelita** *f.* grandpa, grandma (1.1)
abuelo *m.*, **abuela** *f.* grandfather, grandmother (1.1)
abundante abundant (3.3)
abundar to abound, be plentiful (3.3)
aburrido(a) boring; bored (1.2)
acá here (1.1)
acabar de to have just (1.2) **(1.1)**
acabar por to end up (by) (1.3)
académico(a) academic (7.3)
acampar to camp (1.1) **(1.3)**
acaso *m.* chance **(8.2)**
accesorio *m.* accessory (1.1)
accidente *m.* accident (1.3)
aceite *m.* oil (6.1)
acento *m.* accent (7.3)
aceptar to accept (6.1)
acequia *f.* irrigation ditch (5.1)
acerca de about, concerning (1.2)
acercarse to approach, draw near (6.1) **(3.3)**
acero *m.* steel (2.1)
acertar to guess right; to be correct (1.3)
acompañar to accompany (1.2)
aconsejar to advise (4.1) **(5.2)**
acontecimiento *m.* event, happening (5.2)
acordar (ue) to agree; to remember **(4.1)**
acordarse (ue) to remember (1.3)
acortar to shorten (3.2)
acostarse (ue) to go to bed (1.2)
acostumbrado(a) accustomed (1.3) **(6.3)**
acostumbrar to be customary (1.3)
acostumbrarse (a) to become accustomed (to) (4.2)
acrobacia *f.* **aérea** aerobatics (8.2)
actitud *f.* attitude (2.1)
actividad *f.* activity (1.1)
activo(a) active (1.1)
actriz *f.* (*pl.* **actrices**) actress (2.1)
actual current, present-day (3.3)
actualmente nowadays (2.1)
actuar to act (7.2)
acuerdo *m.* agreement, accord (2.1)
de acuerdo agreed (2.1)
acumular to amass, accumulate (3.2)
adecuado(a) adequate (5.1)
adelante ahead; forward *(sports)* (2.2)
en adelante from now on, henceforth (3.2)
adelantero *m.* forward *(sports)* (7.3)
adelanto *m.* advance (5.1)
adelgazar to make thin, make slender **(5.3)**
además besides; moreover (1.1)
adicional additional (7.1)
adiós good-bye (1.1)
adivinar to guess (1.1) **(8.3)**
adjetivo *m.* adjective (1.3)
administración *f.* administration (7.2)
administrador *m.*, **administradora** *f.* administrator (8.2)
admiración *f.* admiration (1.2)
admirar to admire (4.1) **(6.1)**
adobe sun-dried clay brick (1.2)
¿adónde? (to) where? (1.1)
adoptar to adopt (5.2)
adornado(a) adorned (7.3)
adornar to adorn (4.3)
adulto *m.*, **adulta** *f.* adult (2.3)
advertir (ie, i) to advise, warn **(6.3)**
aeropuerto *m.* airport (1.3)
aeróbico(a) aerobic **(5.1)**
afecto *m.* affection (6.2)
afeitarse to shave (3.3)
aficionado *m.*, **aficionada** *f.* fan (5.1)
afines: palabras afines cognates (3.3)
afirmar to affirm, assert, state (5.3)
afirmativamente affirmatively (1.1)
afirmativo(a) affirmative (2.2)
aflicción *f.* affliction, grief (8.1)
afortunadamente fortunately **(5.1)**
agarrar to grab, clutch (6.3)
agencia *f.* agency (7.2)
agente *m. f.* agent (5.2)
agilidad *f.* agility (8.2)
agitado(a) agitated, upset (3.3)
agradable agreeable, nice (3.2)
agradecido(a) thankful, grateful (1.3)
agrícola agricultural, agrarian (1.1)
agricultor *m.*, **agricultora** *f.* farmer (2.3)
agua *f.* water (2.3)
aguacate *m.* avocado (4.1)
aguafiestas *m. f.* wet blanket, party pooper **(1.1)**

aguantar to bear, endure, put up with (6.1)
águila *f.* eagle (8.1)
ahí there (4.1)
ahogarse to drown (2.2); to suffocate
ahora now (1.2)
ahorrado(a) saved **(3.3)**
ahorrar to save **(7.1)**
aire *m.* air (1.2)
aislado(a) isolated **(3.1)**
ajo *m.* garlic (6.1)
ajustar to adjust (4.3)
al (a + el) to the + *m. sing. noun*
 al aire libre outdoors (1.1)
 al fondo in the background (5.3)
 al instante immediately (4.3)
 al lado on the side (1.3)
 al parecer apparently (3.2)
 al revés backwards, inside-out (6.3)
ala *f.* wing (2.1)
alambre *m.* wire (8.3)
alarmar to alarm (6.3)
albaricoque *m.* apricot (5.1)
albóndiga *f.* meatball (1.1)
albondiguita *f.* small meatball (5.2)
álbum *m.* album **(4.1)**
alcalde *m.* mayor (1.1)
alcaldía *f.* mayor's office (5.1)
alcanzar to reach, attain (1.2)
alcázar *m.* fortress; royal palace (2.1)
alcoba *f.* bedroom (2.1)
alegrarse to be glad, be happy **(5.3)**
alegre happy (1.3)
alegría *f.* happiness, joy (3.2)
alemán, alemana (*m. pl.* **alemanes**) German **(2.2)**
alfabeta literate (8.1)
alfabetismo *m.* literacy (6.1)
alfalfa *f.* alfalfa (5.1)
alfombra *f.* rug, carpet (3.1)
algo something **(1.1)**
algodón *m.* cotton (5.1)
algún, alguno some (1.1)
alguna vez at any point, ever (1.1)
alhaja *f.* jewel, gem (5.1)
alimentación *f.* food; nutrition (2.3)
alimento *m.* food, nourishment (8.3)
alma *f.* soul (1.2)
 alma en pena soul in torment (6.3)
almacén *m.* (*pl.* **almacenes**) department store (1.2)
almendra *f.* almond (5.1)
almohada *f.* pillow (2.3)
almorzar (ue) to eat lunch (1.2)
almuerzo *m.* lunch (1.3)
alquilar to rent (1.1)
alquimia *f.* alchemy (5.1)
alrededor (de) around (1.2)
alrededores *m. pl.* outskirts, surroundings (1.1)
alternar to alternate (3.2)
alto(a) high (1.2); tall
altura *f.* altitude; height (3.3)
alumbrado *m.* **eléctrico** electric wiring (4.1)
aluminio *m.* aluminum (2.1)
alumno *m.*, **alumna** *f.* student (1.2)
allí there (1.1)
amable friendly **(2.1)**
amado(a) dear, beloved (7.3)
amado(a) *n.* loved one (3.2)
amanecer *m.* dawn, daybreak (4.1)
amante *m. f.* lover, fan (3.2)
amar to love (1.3)
amarillo(a) yellow (1.1)
amarrado(a) tied (4.1)
ambiental environmental **(2.2)**
ambiente: medio ambiente environment (7.3)
ambos both (7.1)
ambulancia *f.* ambulance (3.1)
amenazar to threaten (2.3)
americano(a) American (1.1)
amigo *m.*, **amiga** *f.* friend (1.1)
amiguito *m.*, **amiguita** *f.* little friend (2.1)
amor *m.* love (3.2)
amoroso(a) related to love; loving (8.3)
ampliado(a) enlarged (4.3)
amplio(a) broad (7.1); wide
amueblado(a) furnished
anacardo *m.* cashew (2.3); cashew tree
anaconda *f.* anaconda (snake) **(2.2)**
analfabeto *m.* illiterate (person) (8.1)
anaranjado(a) orange (1.1)
anciano(a) old, elderly (1.) **(4.3)**
anciano *m.*, **anciana** *f.* elder (3.2)
andar to walk; to function, run (1.2) *pret.* **(3.1)**
 andar de compras to go shopping (1.2)
 andar de novios to date seriously (1.3)
 andar por las nubes to daydream, have one's head in the clouds (7.2)
andén *m.* (*pl.* **andenes**) (foot)path (4.1)
andino(a) Andean, of the Andes (8.1)
anexión *f.* annexation (1.1)
angelito *m.* little angel (2.2)
ángulo *m.* angle (4.1)
angustia *f.* anguish, distress (6.3)
animado(a) lively, bustling, busy (1.1)
ánima *f.* soul, spirit (5.3)
animar to encourage, cheer up; to enliven (7.2)
anoche last night (1.2)
anochecer to get dark, to become nighttime **(6.1)**
anotar to make a note of, jot down (1.3)
anónimo(a) anonymous (5.1)
ante before, in the face of (8.1)
anteojos *m. pl.* eye glasses (7.1)
antepasado *m.* ancestor (8.2)
anterior *adj.* previous (1.2)
antes (de) before (1.2)
anticipación *f.* anticipation **(8.1)**

anticipar to anticipate (1.3)
anticoagulante *m.* anticoagulant (2.3)
antigüedad *f.* antiquity (4.3)
antiguo(a) ancient, old (2.1)
Antillas *f. pl.* West Indies, the Antilles (2.1)
antipático(a) disagreeable, unpleasant (1.3)
antología *f.* anthology (6.3)
antropología *f.* anthropology (2.1)
anunciar to announce (3.3)
anuncio *m.* announcement, advertisement (2.1)
añadir to add **(3.3)**
año *m.* year (1.1)
apagar to turn off; to extinguish **(3.2)**
aparador *m.* cupboard (3.1)
aparecer to appear **(2.1)**
aparentemente apparently (1.3)
aparición *f.* apparition (6.3)
apariencia *f.* appearance (2.3)
apenas scarcely, hardly (5.2)
apéndice *m.* appendage (2.1); appendix
apertura *f.* opening (5.1)
apetecer to be appetizing to **(2.1);** to appeal to, take one's fancy
apio *m.* celery (6.2)
aplaudir to applaud (8.2)
apoderarse to seize, take possession of (7.3)
aprehensión *f.* apprehension (1.2)
aprender to learn (1.1) *pres. subj.* **(5.1)**
apretar to squeeze (1.2)
aprobar to approve, agree with (3.1)
apropiado(a) appropriate (1.1)
aprovechar to profit by; to take advantage of **(1.1)**
apuntar to point out (7.3)
apunte *m.* note (5.3)
  tomar (sacar) apuntes to take notes
aquel, aquella, aquellos, aquellas *adj.* that, those (*over there*) (3.1)
  aquel entonces that time (4.1)
aquél, aquélla, aquéllos, aquéllas *pron.* that one, those (ones) (3.1)
aquí here (1.1)
árabe *m. f.* Arab (5.1)
araña *f.* spider (5.2)
árbol *m.* tree (1.1) **(2.3)**
arco *m.* arch (5.1)
  arco *m.* **de herradura** horseshoe arch, Moorish arch (5.1)
área *f.* area (6.2)
arena *f.* sand (4.3)
arepa *f.* arepa *(griddle cake made of corn)* **(2.1)**
arepera *f.* cafe specializing in arepas **(8.3)**
arete *m.* earring (1.1) **(1.2)**
argentino(a) Argentine, Argentinian (2.2)
árido(a) arid, dry, barren (1.1)
armadillo *m.* armadillo (6.1)
armar to set up **(6.2)**; to arm
armario *m.* closet (4.1)
armonía *f.* harmony (8.1)
aroma *m.* aroma, fragrance (2.3)
arqueología *f.* archaeology (3.3)
arqueológico(a) archaeological (4.1)
arqueólogo *m.*, **arqueóloga** *f.* archaeologist (3.3)
arquitecto *m.*, **arquitecta** *f.* architect (1.3)
arquitectura *f.* architecture (4.1)
arrancar to pull up, root out (4.3)
arreglar to arrange; to adjust, fix (1.3)
arreglarse to get ready (3.3)
arrepentirse to repent (5.1)
arriba above; up **(4.1)**
arrojar to throw (4.3)
arroz *m.* rice (1.3)
arruinado(a) ruined (8.2)
arte *m. f.* art (1.3)
artefacto *m.* artifact (6.2)
artesanía *f.* handicrafts (1.3)
artículo *m.* article (2.1)
artista *m. f.* artist (1.3); entertainer
asamblea *f.* assembly (8.2)
ascendencia *f.* rise (4.2)
aseador *m.* **de edificios** building caretaker (7.3)
asesinato *m.* murder, assassination (8.1)
asesino *m.* murderer, killer (5.1)
así so, thus (1.2); like this, in this way
asignar to assign (2.2)
asistencia *f.* help, assistance (6.1)
asistir (a) to attend **(1.1)** *pret.* **(2.2)**
asombrado(a) amazed, astonished **(4.3)**
asombrarse to be amazed, be astonished (6.1)
asombroso(a) amazing, astonishing (8.1)
aspiradora *f.* vacuum cleaner **(4.1)**
aspirar to vacuum (7.1)
astronauta *m. f.* astronaut (6.2)
astronomía *f.* astronomy (3.1)
astrónomo *m.*, **astrónoma** *f.* astronomer (3.1)
astucia *f.* cleverness, guile, cunning (7.3)
astuto(a) astute, intelligent, clever (3.1)
asunto *m.* matter, affair (3.3)
asustado(a) frightened (4.2) **(4.3)**
asustar to frighten (3.3) **(4.2)**
asustarse to be frightened, get scared (1.2)
atacar to attack (4.3)
atención *f.* (*pl.* **atenciones**) attention (2.2)
atento(a) attentive **(5.2)**
aterrorizado(a) terrified (5.1)
atleta *m. f.* athlete (8.1)
atlético(a) athletic (1.3)
atmósfera *f.* atmosphere (3.1)
atracción *f.* (*pl.* **atracciones**) attraction (7.1)
atractivo(a) attractive (6.2)
atraer to attract, draw, lure (2.3)
atrapado(a) trapped (8.3)
atrapar to nab; to trap **(4.3)**
atrás backwards (6.3)
atraso *m.* backwardness (7.2); delay

C15

aun even (2.3)
aún still, yet (3.3)
aunque though, although (2.1)
autobús *m.* (*pl.* **autobuses**) bus (2.3)
automovilístico(a) pertaining to automobiles (1.3)
autopista *f.* freeway (7.3)
autor *m.*, **autora** *f.* author (2.1)
autoridad *f.* authority **(3.1)**
autoritario(a) authoritarian (5.2)
autostop: hacer autostop to hitchhike (1.2)
autosuficiente self-sufficient (8.1)
auxilio *m.* help (2.2)
avance *m.* advance (2.3)
avanzado(a) advanced (5.1)
avaro(a) greedy, miserly (4.3)
ave *f.* bird (4.3)
avenida *f.* avenue (6.2)
aventón *m.* ride, lift (1.2)
aventura *f.* adventure (1.1)
aventurero *m.*, **aventurera** *f.* adventurer (4.3)
aventurero(a) adventurous (8.2)
avergonzado(a) embarrassed (1.2)
avión *m.* (*pl.* **aviones**) airplane (2.3)
ayer yesterday (2.2)
ayudante *m.*, *f.* helper, assistant (7.3)
ayudar to help (1.1)
azúcar *m.* sugar (2.1)
azul blue (1.1)
azulejo *m.* tile (5.1)

bailar to dance **(1.1)** *pret.* **(2.2)**
bailarín *m.*, **bailarina** *f.* (*pl.* **bailarines**) dancer (6.3)
baile *m.* dance (1.3)
bajar to go down, lower (2.1)
bajo *prep.* under (1.1)
bajo(a) short (1.3); low (8.1)
balanceado(a) balanced **(5.2)**
balcón *m.* balcony (5.1)
baloncesto *m.* basketball (1.1)
balsa *f.* raft (3.3)
banco *m.* bank (3.2)
banda *f.* band (1.2)
bandada *f.* flock (6.3)
bandera *f.* flag **(8.3)**
bandido *m.* bandit (3.2)
banquete *m.* banquet, feast (2.3)
bañarse to take a bath (3.2)
  bañarse al sol to sunbathe **(3.2)**
baño *m.* bathroom (2.1)
barato(a) cheap, inexpensive **(3.2)**
barbaridad *f.* outrage (5.2); nonsense
barniz *m.* (*pl.* **barnices**) varnish (2.3)
barrer to sweep **(4.1)**
barrio *m.* neighborhood *(of a town)* (5.3)
basado(a) (en) based (on) (2.1)
basar to base (6.3)
básquetbol *m.* basketball (1.3)
basta con to be enough, to suffice (3.1)
bastante more than enough (2.1); enough (3.1); fairly (5.3)
basura *f.* garbage **(1.3)**
basurero *m.*, **basurera** *f.* garbage collector **(3.1)**
bata *f.* bathrobe (3.3)
batería *f.* battery **(6.1)**
batido m. milkshake (2.1)
bebé *m. f.* baby (1.3)
beber to drink (1.1) *pret.* **(2.2)**
bebida *f.* drink (3.2)
beca *f.* scholarship (7.3)
béisbol *m.* baseball (1.2)
belleza *f.* beauty (4.3)
bello(a) beautiful (4.3)
bendición *f.* blessing (1.2)
bendito(a) blessed, holy (5.1)
beneficiarse to benefit, profit (7.1)
beso *m.* kiss (6.1)
biblioteca *f.* library (1.1)
bibliotecario *m.*, **bibliotecaria** *f.* librarian (7.3)
bicicleta *f.* bicycle (1.1)
bien well (1.1)
bienestar *m.* well-being (2.3)
bilingüe bilingual (1.1)
bilingüismo *m.* bilingualism (1.1)
biología *f.* biology (2.2)
blanco(a) white (1.1)
blando(a) soft (2.1)
blusa *f.* blouse (1.2)
boa *f.* boa constrictor **(2.2)**
bobo *m.*, **boba** *f.* fool (7.2)
bobo(a) foolish, stupid (3.1)
boca *f.* mouth (3.2); entrance (6.2)
boda *f.* wedding **(1.2)**
boleto *m.* ticket (7.1)
bolígrafo *m.* ballpoint pen (2.3)
bolívar *m.* bolívar *(monetary unit of Venezuela)* (2.1)
boliviano(a) Bolivian **(2.2)**
bolsa *f.* bag **(3.1)**
bolsillo: dinero *m.* **de bolsillo** allowance **(7.1)**
bomba *f.* **nuclear** nuclear bomb (8.1)
bombero *m.*, **bombera** *f.* fire fighter (7.3)
bondad *f.* good, goodness (7.1)
bondadoso(a) kind-hearted, good-natured (6.1)
bordadura *f.* embroidery (4.3)
bordar to embroider (5.3)
borde *m.* border (3.1)
borrador *m.* draft (1.3); eraser (2.3)
  primer borrador first draft (1.3)
borrega *f.* yearling sheep or lamb (1.3)
bosque *m.* woods, forest (8.3)
bota *f.* boot (6.2)
botar to throw away (4.2)

bote *m.* rowboat (3.3)
botella *f.* bottle (5.1)
brasileño(a) Brazilian **(2.2)**
¡bravo(a)! bravo! hooray! (1.1)
brazo *m.* arm (3.2)
brecha *f.* breach, gap (7.1)
breve brief (1.1)
brillante bright, shining, brilliant (2.1)
brillante *m.* diamond (4.3)
brillar to shine, be outstanding (7.3)
broche *m.* clasp (1.2)
bromear to joke (6.2)
bronceador *m.* suntan lotion **(3.2)**
bruja *f.* witch, sorceress (7.1)
bueno(a) good (1.1)
buey *m.* ox (7.2)
bulto *m.* ghost, apparition (1.2)
burlarse to laugh at, make fun of **(7.1)**
burocracia *f.* bureaucracy (7.2)
burro *m.*, **burra** *f.* donkey (6.2)
buscar to look for (1.2)
búsqueda *f.* search (2.2)

caballo *m.* horse (4.3)
caber to fit (4.1)
  no cabe duda there is no doubt (1.3)
cabeza *f.* head (3.2)
cabezazo *m.* header *(soccer shot)* (7.3)
cacahuate *m.* peanut (4.1)
cacao *m.* cacao, cocoa (2.1)
cacto *m.* cactus (8.1)
cada each, every (1.1)
cadena *f.* chain (4.3)
caer to fall (1.2)
caerse to fall, fall down (3.3)
café *m.* coffee; café (1.1)
cafeína *f.* caffeine (2.3)
cafetería *f.* cafeteria (1.2); café
caída *f.* fall (2.1)
caimán *m.* (*pl.* **caimanes**) caiman *(South American reptile)* **(2.2)**
caja *f.* cash register (3.2); box
  caja *f.* **registradora** cash register (7.1)
cajero *m.*, **cajera** *f.* cashier **(3.3)**
cajeta *f.* cajeta *(browned, sweetened, condensed milk)* (8.2)
cajita *f.* small box **(4.1)**
calabaza *f.* squash; pumpkin (4.1)
calandria *f.* calandra lark (8.2)
calcetín *m.* (*pl.* **calcetines**) sock (1.1)
calcular to calculate (1.2)
calentarse to warm (4.1)
calentito(a) (nice and) warm (3.1)
calibre *m.* caliber (7.3)
calidad *f.* quality (6.3)
caliente hot (8.3)
calientico(a) warm **(2.1)**
calificación *f.* (*pl.* **calificaciones**) qualification **(7.3)**; grade
calificar to grade (1.1)
caligráfico(a) calligraphic (5.1)
calmante *m.* sedative, tranquilizer (3.1)
calmarse to calm oneself **(5.3)**
calor *m.* heat (1.3)
calorcito *m.* warmth (4.3)
caloría *f.* calorie (3.2)
cama *f.* bed (1.3)
camafeo *m.* cameo brooch (1.2)
cámara *f.* camera **(3.2)**
camarero *m.*, **camarera** *m.* waiter, waitress (1.2)
camarón *m.* (*pl.* **camarones**) shrimp (1.3)
cambiar to change (1.2)
cambio *m.* change (5.2)
caminante *m. f.* traveler (3.2)
caminar to walk (1.2)
caminata *f.* hike (6.3)
camino *m.* road; way (3.2)
  camino a on the way to (1.2)
  camino abajo downhill (6.2)
camisa *f.* shirt (1.1)
camiseta *f.* T-shirt (1.1)
camote *m.* sweet potato (4.1)
campamento *m.* camp (1.1)
campaña *f.* campaign (8.1)
campeonato *m.* championship (1.3)
campesino *m.* farmer (8.1)
campo m. country (4.3); field (7.2); countryside
canadiense *m. f.* Canadian (2.2)
canal *m.* television channel, station **(3.1)**
  canal *m.* **de irrigación** irrigation canal (4.2)
canario *m.* canary (7.2)
canasta *f.* basket (4.3)
cancelar to cancel (4.1)
cáncer *m.* cancer (2.3)
canción *f.* (*pl.* **canciones**) song (3.1)
candidato *m.*, **candidata** *f.* candidate (5.1)
cangrejo *m.* crab (1.3)
cansado(a) tired (1.2)
cansarse (de) to get tired (of) (4.1)
cantante *m. f.* singer (1.3)
cantar to sing **(1.1)**
cantidad *f.* amount, quantity (6.2)
cantina *f.* bar (7.3)
canto *m.* song; singing (2.2); song; the art of singing (5.1)
cantor *m.* singer (8.2)
cañón *m.* (*pl.* **cañones**) canyon (4.2)
capacidad *f.* capacity (8.1)
capacitado(a) qualified, capable **(7.2)**
capaz (*pl.* **capaces**) capable (3.3)
caperucita *f.* small hood (4.3)

caperuza *f.* hood
capibara f. capybara *(a large South American rodent)* **(2.2)**
capítulo *m.* chapter (8.1)
caracol *m.* snail (6.3)
característica *f.* characteristic (2.1)
caracterizado(a) characterized (4.3)
caracterizarse to characterize (7.2)
¡caramba! wow! hey! (1.1)
carbón *m.* coal (2.1); charcoal
carcajada *f.* loud laugh, guffaw (6.2)
cárcel *f.* jail (6.1)
carga *f.* load (5.1)
cargado(a) laden, loaded (5.1)
cargar to carry (6.1); to load
cargo *m.* office *(position)* (7.2)
caricatura *f.* caricature, cartoon (4.3)
caricaturista *m. f.* caricaturist, cartoonist (3.1)
cariño *m.* affection, love (1.3)
cariñoso(a) affectionate, loving (7.3)
carne *f.* meat (1.3)
caro(a) expensive (2.3)
carpa *f.* tent **(6.2)**
carpeta *f.* folder (2.3)
carpintero *m.*, **carpintera** *f.* carpenter (5.1)
carrera *f.* career, profession **(5.2)**
carreta *f.* cart, wheelbarrow (6.3)
carretera *f.* highway **(6.1)**
carro *m.* car (1.2); cart, wagon (6.1)
  carros chocones *m. pl.* bumper cars (2.1)
carta *f.* letter (1.1); menu
cartera *f.* wallet (5.3)
casa *f.* house (1.1)
casado(a) married (1.3)
casarse con to get married to (1.3)
cascada *f.* waterfall (2.1)
casete *m.* cassette (6.1)
casi almost (1.1)
caso *m.* case, event (1.1)
castigar to punish (7.1)
casualidad *f.* chance, accident **(3.2)**
catarata *f.* waterfall (2.1) **(8.3)**
catecismo *m.* catechism (7.2)
catedral *f.* cathedral (2.1)
categoría *f.* category (1.1)
catolicismo *m.* Catholicism (4.1)
católico(a) Catholic (5.1)
caucho *m.* rubber (2.1)
causar to cause (2.3)
cazador *m.*, **cazadora** *f.* hunter (4.3)
cebolla *f.* onion (6.1)
celebración *f.* (*pl.* **celebraciones**) celebration (7.3)
celebrar to celebrate (4.2)
cementerio *m.* cemetery (1.2)
cemento *m.* cement (4.1)
cena *f.* dinner (1.1)
cenar to eat dinner (1.2)
ceniza *f.* ashes, cinder (6.1)
censo *m.* census
censura censorship (5.2)
centígrado *m.* centigrade **(3.1)**
centro *m.* center (1.2)
cepillarse (el pelo) to brush (one's hair) **(3.3)**
cepillo *m.* brush (6.1)
  cepillo *m.* **de dientes** toothbrush **(8.2)**
cerámica *f.* ceramics, pottery (4.3)
cerca (de) near (1.1)
cerrar (ie) to close (1.2)
certeza *f.* certainty (3.3)
  de certeza with certainty
cesar to cease, stop (8.1)
césped *m.* grass, lawn **(4.1)**
ciego *m.*, **ciega** *f.* blind person (7.2)
ciego(a) blind (2.2)
cielo *m.* sky (4.2); heavens (8.1)
ciencias *f. pl.* science (1.2)
científico *m.*, **científica** *f.* scientist **(2.2)**
ciento *m.* hundred (7.1)
cierto(a) sure, certain (1.1) **(5.1)**
cifra *f.* number (7.3)
cine m. movie theater (1.1)
cirugía *f.* surgery (2.3)
cita *f.* date, appointment (3.2)
ciudad *f.* city (1.1)
  ciudad *f.* **gemela** twin city (1.1)
ciudadano *m.*, **ciudadana** *f.* citizen (6.1)
civilización *f.* (*pl.* **civilizaciones**) civilization (4.3)
civilizado(a) civilized (4.1)
clarificar to clarify (1.3)
claro of course (1.2)
  ¡claro que sí! of course! (4.1)
claro(a) clear (2.2) **(5.1)**; light *(color)*
clase *f.* class (1.1); type (4.2)
clásico(a) classic, classical **(1.3)**
clasificado(a) classified **(7.2)**
cliente *m. f.* client (3.2)
clima *m.* climate **(1.3)**
cobija *f.* blanket, cover (1.3)
cocina *f.* kitchen (2.1)
cocinar to cook (1.1)
cocinero *m.*, **cocinera** *f.* cook, chef (5.2)
coco *m.* coconut *(fruit)*; coconut tree (2.3)
coche *m.* car (1.3)
cochinada *f.* filthy mess (6.1)
cochinillo *m.* suckling pig (4.3)
cochino *m.* pig **(4.3)**
codicia *f.* greed (6.3)
codicioso(a) *n.* one who is greedy (6.3)
codo *m.* elbow (7.2)
coger to take (hold of); to seize (2.3)
cola *f.* soft drink (2.3); tail (3.3)
colchón *m.* (*pl.* **colchones**) mattress **(3.3)**
colegio *m.* school (1.1)
colgado(a) hung (1.2)

colgar (ue) to hang (up) **(6.1)**
colombiano(a) Colombian (2.2)
colonia *f.* colony (2.3); neighborhood, community (7.1)
colorado(a) red (5.3)
colorido(a) colored (3.2)
columna *f.* column (1.3)
collar *m.* necklace (1.1) **(1.2)**
combatir to fight; to struggle (7.2)
combinar to combine, put together (1.2)
comedor *m.* dining room (2.1)
comentario *m.* comment, commentary (1.3)
comenzar (ie) to begin (1.2)
comer to eat (1.1) *pret.* **(2.2)** *pres. perf.* **(6.2)**
comercial *adj.* commercial (1.2)
comerciante *m. f.* merchant, trader (1.1)
comercio *m.* commerce, trade (2.1)
cómico(a) funny (1.3)
comida *f.* food; meal (1.1)
comienzo *m.* beginning (1.1)
comité *m.* committee (8.2)
¿cómo? how? what? (1.1)
cómodo(a) comfortable (2.1)
compacto(a) compact (4.2)
compadre *m.* friend, companion (6.1); godfather
compañero *m.,* **compañera** *f.* partner (1.1); companion
compañía *f.* company (4.2) **(7.2)**
comparación *f.* (*pl.* **comparaciones**) comparison (5.3)
comparar to compare (1.3) **(2.3)**
comparado compared to (4.2)
compartir to divide (up), share (2.3)
competir (i, i) to compete **(8.1)**
complacer to please (6.3)
complejo(a) complex (4.3)
completado(a) completed (7.3)
completar to complete (1.1)
completo(a) complete, whole **(1.2)**
complicado(a) complicated **(5.2)**
comportamiento behavior, conduct (5.2)
comportarse to behave **(4.1)**
composición *f.* (*pl.* **composiciones**) composition (1.1)
comprar to buy (1.1)
compras *f.* purchase, buying
  de compras shopping (1.1)
comprender to understand (2.1)
compuesto de composed of, made up of (8.1)
computadora *f.* computer (1.3)
común common, ordinary (3.3)
con with (1.1)
concebir: concibiendo conceiving (3.3)
concentrarse to concentrate (3.2)
conciencia: tomar conciencia to become aware of (4.3)
concierto *m.* concert (1.1)
concordar (ue) to agree (1.3)
concurso *m.* contest **(4.2)**
condición *f.* (*pl.* **condiciones**) condition (7.2)
cóndor *m.* condor (8.2)
conducir to drive (1.3) *cond.* **(8.2)**; to lead (1.2)

conejo *m.,* **coneja** *f.* rabbit (3.1)
conferencia *f.* conference, meeting (8.2)
confesar to confess (4.2)
confianza: de confianza trustworthy, reliable (3.2)
confiar to trust, confide in **(3.3)**
confirmar to confirm (1.3)
confundido(a) confused **(5.3)**
confuso(a) confusing (2.2)
congreso *m.* congress; meeting (6.2)
conmigo with me (5.2)
conocer to know, be acquainted with (1.1); to meet
conocido *m.* acquaintance (7.2)
conocido(a) known (1.2)
conocimiento *m.* knowledge (4.2)
conquistador *m.,* **conquistadora** *f.* conquistador (1.1)
consecuencia *f.* consequence (3.2)
conseguir (i, i) to get, obtain (1.2)
consejero *m.,* **consejera** *f.* counselor, adviser **(5.3)**
consejo *m.* advice (1.3) **(3.2)**
consentimiento *m.* consent (6.2)
consentir to consent (4.3)
conservador(a) conservative (7.2)
conservar to preserve, maintain (1.1)
considerar to consider (3.3)
consistente consistent (1.3)
consistir de to consist of (2.3)
consolar to console (1.2)
constantemente constantly (7.3)
constar de to consist of, be composed of (7.1)
constitución *f.* constitution (6.1)
constituir to constitute (3.3)
constructor *m.,* **constructora** *f.* builder (3.3)
construir to build (3.2)
consultar to consult (4.1)
consumirse to consume oneself (3.2)
contacto *m.* contact (2.2)
contaminación *f.* pollution **(5.1)**
contaminado(a) contaminated, polluted (8.1)
contaminante *m.* pollutant (2.3)
contaminar to contaminate, pollute (2.3)
contar (ue) to tell, recount (1.1); to count (1.2)
  contar con to depend on (1.3)
contemplado(a) contemplated; looked at (4.3)
contener to contain (1.2)
contenido *m.* content (1.3)
contentarse to be contented, be satisfied (7.3)
contento(a) happy, content (1.2)
contestar to answer **(1.2)**
contigo with you (1.1)
continente *m.* continent (2.3)
continuación: a continuación following, next, continuation **(3.2)**
continuar to continue (1.3)
continuo(a) continual (2.3)
contra against (1.1)
contrario: al contrario on the contrary **(3.1)**
contraste *m.* contrast (3.1)

contribuir to contribute (6.1)
controlar to control (4.1)
convencer to convince **(4.2)**
conversación *f.* (*pl.* **conversaciones**) conversation (1.1)
conversar to converse, chat (1.3)
convertir (ie, i) to convert (1.1)
convertirse en (ie, i) to convert into (1.2)
convivencia *f.* coexistence (5.1)
cooperar to cooperate (3.2)
corazón *m.* heart (2.3)
corbata *f.* necktie (5.2)
cordillera *f.* mountain range **(2.3)**
cordón *m.* cord, cordon (4.3)
coreano(a) Korean **(2.2)**
coro *m.* chorus, choir (7.3)
corona *f.* crown (3.3)
coronel *m.* colonel (6.3)
corporación *f.* (*pl.* **corporaciones**) corporation (6.2)
correcto(a) correct (5.1)
corregir (i, i) to correct **(4.3)**
correo *m.* mail **(1.1)**
correr to run **(1.1)** *pret.* **(2.2)** *imperf.* **(3.3)** *fut.* **(8.1)**
correspondencia *f.* correspondence **(1.1)**
corriente ordinary, common **(3.1)**
corriente *f.* current (3.3)
corroído(a) corroded (6.1)
cortar to cut (1.2)
corte *f.* court (7.3)
cortés courteous **(5.2)**
cortésmente courteously, politely (3.2)
cortina curtain, screen (5.2)
cosa *f.* thing (1.1)
coser to sew (5.3)
cosmopolita cosmopolitan (2.1)
costa *f.* coast (2.1) **(2.3)**
costar (ue) to cost (1.2)
costarricense *m. f.* Costa Rican (2.2)
costo *m.* cost (7.1)
costoso(a) costly, expensive (2.1)
costumbre *f.* custom, habit (1.3) **(7.1)**
costurera *f.* seamstress (3.3)
cotidiano(a) daily (6.3)
creado: todo lo creado all that is created (3.2)
creador *m.*, **creadora** *f.* creator (3.3)
crear to create (3.3)
creatividad *f.* creativity (4.1)
creativo(a) creative (2.2)
crecer to grow (1.3)
creencia *f.* belief (4.1)
creer to believe (1.1)
crema *f.* cream **(8.2)**
cresta *f.* crest of a rooster (4.2)
cría *f.* baby animal (8.3)
criado *m.*, **criada** *f.* servant (5.2)
criado(a) brought up, raised (2.3)
criar to raise (2.3) **(4.3)**
criarse to grow up (1.1)
criatura *f.* creature (7.2)
crimen *m.* (*pl.* **crímenes**) crime **(5.1)**
cristal *m.* crystal, glass (8.3)
cristalizado(a) crystallized (4.1)
cristiano *m.* Christian (5.1)
crítica criticism (5.2)
criticón *m.* (*pl.* **criticones**) critic, faultfinder (7.2)
cronológico(a) chronological **(3.3)**
cruelmente cruelly (8.3)
cruzar to cross (8.2)
cuaderno *m.* notebook (2.1)
cuadra *f.* city block (1.1)
cuadrado *m.* square **(1.1)**
cuadrado(a) square (4.1)
cuadrícula *f.* a pattern of squares **(1.1)**
cuadro *m.* chart, table, diagram (8.3)
¿cuál(es)? which, which one(s)? (1.1)
cualidad *f.* quality (8.3)
cualquier(a) *pron.* anybody, whoever, whichever (7.3)
cuando when (1.2) **(4.1)**
¿cuándo? when? (1.1)
¿cuánto(a)? ¿cuántos(as)? how much?, how many? (1.1)
cuarto *m.* room (1.2)
cubano(a) Cuban (2.2)
cubierto(a) covered (5.1)
cubiertos *m. pl.* place settings (3.2)
cubrir to cover (4.2)
cuenta *f.* bill, check; account (1.1)
  darse cuenta to realize (7.3)
cuento *m.* tale, story (1.2)
cuerda *f.* rope (4.1)
cuerpo *m.* body (5.2)
cuervo *m.* crow (8.2)
  cuervo *m.* **negro** black crow (8.2)
cuestionario m. questionnaire (1.3) **(3.3)**
cueva *f.* cave (5.2) **(6.2)**
cuidado careful (1.2)
cuidado *m.* care (6.3)
  con cuidado with care, carefully (3.3)
cuidadosamente carefully (6.2)
cuidar to take care of (1.3)
culebra *f.* snake **(2.2)**
cultivar to cultivate; to farm (2.3)
cultivo *m.* cultivation (1.1)
cultura *f.* culture (1.1) **(1.3)**
cumbre *f.* summit (8.1)
cumpleaños *m.* birthday (1.2)
cumplido(a) fulfilled (8.1)
cumplir to fulfill, carry out (1.1)
cura *f.* cure (8.1)
cura *m.* priest (3.3)
curandero *m.*, **curandera** *f.* witch doctor; healer (4.3)
curiosidad *f.* curiosity (1.2) **(8.1)**
curioso(a) curious (3.1)
curso *m.* course *(academic)* (7.1)
  fin *m.* **de curso** end of the school year (7.3)

CH

chaleco *m.* vest (5.3)
chalé *m.* chalet (5.3)
champú *m.* shampoo **(8.2)**
chaqueta *f.* jacket (1.1)
charlar to chat, talk (1.1)
cheque *m.* check (6.1)
¡chévere! fantastic! **(2.1)**
chica *f.* girl (2.2)
chicle *m.* chewing gum (2.3)
chico *m.* boy (1.1)
chile *m.* (chile) pepper (4.1)
  chile colorado *m.* red pepper (1.3)
chileno(a) Chilean (2.2)
chino(a) Chinese **(1.3)**
chisme *m.* gossip, tale (2.1) **(5.3)**
chispa *f.* spark (6.3)
chiste *m.* joke (8.2)
chistoso(a) funny **(6.3)**
chocar to collide, crash, run into (3.1)
chofer *m.* driver (8.2); chauffeur
chorrito *m.* trickle, small stream (7.1)
chuchería candy, junk food **(5.1)**

D

dama *f.* lady (3.2)
damas *f. pl.* checkers **(4.1)**
danés, danesa (*m. pl.* **daneses**) Danish **(2.2)**
danzante *m.* dancer (8.2)
danzar to dance (3.2)
dañino(a) harmful, injurious **(3.2)**
dar to give (1.1) *pres. subj.* **(5.1)**
  dar una vuelta take a ride **(7.1)**
  dar vuelta to turn around; to flip (8.2)
  darle de comer to feed **(4.2)**
  darse cuenta to realize (1.2)
dato *m.* fact (8.1)
de of; from (1.1)
  de acuerdo agreed (2.1)
  de acuerdo a according to (7.1)
  de largo in length (3.1)
  de moda in fashion (1.1)
  de nuevo again (1.2)
  de prisa quickly (5.1)
  de repente suddenly (4.3)
  de vez en cuando from time to time (4.1)
debajo de under, underneath (4.3)
deber to be obliged; should, must (1.2); to owe (6.2)
debido a due to, owing to (5.1)
débil weak **(1.3)**
debilitarse to become weak (1.3)
década *f.* decade (4.3)
decente respectable (7.2); decent
decidir to decide (1.1)
decir to say; to tell (1.1) *pres. subj.* **(5.1)** *pres. perf.* **(6.2)** *fut.* **(8.1)** *cond.* **(8.2)**
decisión *f.* (*pl.* **decisiones**) decision (3.3)
declarar to declare (1.1)
decoración *f.* (*pl.* **decoraciones**) decoration (7.2)
decorado(a) decorated (1.2)
decorar to decorate (4.1)
dedicación *f.* (*pl.* **dedicaciones**) dedication (3.2)
dedicado(a) dedicated (1.1)
dedicarse to devote oneself (3.2)
defenderse to defend oneself (4.1)
definitivamente definitively (4.1)
deforestación *f.* deforestation (6.1)
dejar to allow; to let (1.1); to leave (behind) (1.2)
  déjame ver let me see **(1.2)**
  dejar de + ***inf.*** to stop (4.1)
delgado(a) thin, slender (1.3)
deliberadamente deliberately (8.2)
delicioso(a) delicious (2.3)
delincuencia *f.* delinquency (8.2)
delincuente *m. f.* delinquent, offender (8.2)
demandar to demand, ask for (8.1)
demás: los demás the rest; the others (2.3)
demasiado(a) too, too much (1.2)
democracia *f.* democracy (5.1)
democrático(a) democratic (6.1)
democratización *f.* democratization (8.1)
demonio: un frío de mil demonios bitter cold (3.1)
demostración *f.* (*pl.* **demostraciones**) demonstration **(5.2)**
demostrar to demonstrate (2.3)
dentista *m. f.* dentist (2.1)
dentro within (1.3); inside (3.3)
  dentro de in, within **(8.2)**
denunciar to denounce (4.2)
departamento *m.* department (7.3)
depender (de) to depend (on) (2.1) **(7.1)**
dependiente *m. f.* salesclerk (7.2)
deporte *m.* sport (1.1)
deportista *m. f.* sportsman, sportswoman (2.1)
deportivo(a) athletic; pertaining to sports (2.1)
depositar to deposit **(3.3)**
deprimido(a) depressed **(5.2)**
derecha *f.* right, right side (3.2)
derecho *m.* right *(legal)* (5.2)
derecho *prep.* straight ahead (6.2)
derecho(a) right (3.2)
derrota *f.* defeat (7.3)
desafortunadamente unfortunately (7.2)
desafortunado unfortunate (6.1)
desanimado(a) discouraged, dispirited (7.2)
desaparecer to disappear (2.3)
desaparecidos *m. pl.* the missing (ones) (8.1)
desarmador *m.* screwdriver (6.1)
desarrollar to develop (1.1)

C21

desarrollo *m.* development (2.3)
desastre *m.* disaster (7.2)
desayunar to eat breakfast (1.1)
desayuno *m.* breakfast (1.2)
descansar to rest (1.1)
descanso *m.* rest (2.2)
descendencia *f.* descent, origin (8.1)
descendiente *m. f.* descendant (2.1)
desconcertado(a) disconcerted, flustered (1.2)
desconocer to not know, be ignorant of (3.3)
desconocido *n.* unknown person, stranger (3.2)
desconocido(a) unknown (8.1)
descortés impolite (3.2)
describir to describe (1.1)
descripción *f.* (*pl.* **descripciones**) description **(1.3)**
descubrimiento *m.* discovery (3.1)
descubrir to discover (3.1) *pres. perf.* **(6.2)**
desde from (3.1); since (1.3)
  desde entonces since then (6.3)
desear to desire, wish (3.2)
desembarcar to disembark, to land (2.3)
desembocar to flow into *(river)* **(2.3)**
desempacar to unpack (2.1)
desempeñar to play (a role) (5.2); to fill, hold (an office) (7.2)
desenchufar to disconnect, unplug **(3.2)**
deseo *m.* desire (5.1)
desértico(a) desert-like (1.1)
desesperado(a) desperate **(4.3)**
desfile *m.* parade (5.1)
desgastado(a) worn-out (1.2)
desgraciadamente unfortunately (2.3)
deshonesto(a) dishonest **(3.2)**
desierto *m.* desert (3.1)
desigual unequal, different (7.1)
desilusionarse to be disappointed (1.1)
desmorecido: desmorecidos de risa dying of laughter (6.2)
desolación *f.* desolation; grief (3.2)
desorganizado(a) disorganized (1.2)
despacio slowly (8.2)
despedirse (i, i) to say good-bye (1.1)
despertarse (ie) to wake up (1.2)
despierto(a) *n.* one who is awake (6.3)
después (de) after (3.1)
destinación *f.* (*pl.* **destinaciones**) destination (6.2)
destrozado(a) broken (4.3); destroyed
destrucción *f.* destruction (2.3)
destruido(a) destroyed (2.3)
destruir to destroy (3.3)
desvencijado(a) broken-down; disadvantaged (7.3)
desventaja *f.* disadvantage (7.1)
desventajado(a) disadvantaged (7.3)
desventajado(a) *n.* one who is disadvantaged (7.3)
detalle *m.* detail (3.1) **(4.1)**
detenerse to stop (6.1)
detenidamente slowly, carefully, thoroughly (4.3)
determinar to decide, make up one's mind (6.2); to determine
detrás de behind (4.3)
deuda *f.* debt (7.2)
devorar to devour (1.3)
día *m.* day (1.1)
diablito *m.* little devil (4.1)
diablo *m.*, **diabla** *f.* devil (3.3)
diagrama *m.* diagram (1.3)
diálogo *m.* dialogue (2.2)
diamante *m.* diamond (2.1)
diario(a) daily (1.2) **(2.2)**
dibujar to draw (2.1) **(6.2)**
dibujo *m.* drawing, sketch (1.1)
dictador *m.* dictator (5.2)
dictadura dictatorship (5.2)
dictar to dictate (1.3)
dicho *past part.* **(decir)** said (6.2)
dicho *m.* saying, proverb (7.2)
diente *m.* tooth (2.3)
dieta *f.* diet **(5.1)**
diferencia *f.* difference (4.1)
diferente different (1.3)
difícil difficult (3.2)
dificultad *f.* difficulty (4.2)
dilema *m.* dilemma (3.1)
diminutivo *m.* diminutive (6.2)
dinero *m.* money (1.2)
  dinero *m.* **de bolsillo** allowance, pocket money **(7.1)**
dios *m.* god (3.3)
  ¡dios mío! my God!, my goodness! (3.3)
dirección *f.* (*pl.* **direcciones**) address (5.1); instructions
directamente directly (3.2)
director *m.*, **directora** *f.* principal; director (1.1)
  director *m.* **asociado** associate director (7.3)
  director *m.* **en escena** stage director (5.3)
dirigir to manage, direct (3.2)
dirigirse (a) to address, speak to (2.2); to go to (8.2)
disciplinar to discipline (4.1)
disco *m.* record (1.2)
  disco compacto compact disc
discoteca *f.* discotheque (1.1)
discurso *m.* speech (7.3)
discutir to discuss (1.2) **(8.1)**; to argue
diseñar to design (7.3)
diseño *m.* design *(pattern)* (4.3)
disminuir to diminish (7.2)
disperso(a) dispersed, scattered (3.3)
disponible available (7.3)
distancia *f.* distance (3.1)
  a la distancia in the distance (3.1)
distinguir to distinguish (6.1)
distinto(a) different, distinct (1.1)
diversidad *f.* diversity, variety (2.1)
diversificado(a) diversified (7.1)
diversión *f.* (*pl.* **diversiones**) diversion, entertainment (2.1)

diverso(a) diverse, different (1.1) **(2.3)**
divertido(a) amusing, fun (1.3)
divertirse (ie, i) to have a good time (1.2) *pres. subj.* **(5.2)**
dividir to divide (5.2)
doblar to turn (3.2); to fold (5.1); to double
doble *m.* double (1.1)
docena *f.* dozen (3.3)
doctor *m.*, **doctora** *f.* doctor (1.2)
doler (ue) to hurt (1.2)
dolor *m.* pain (4.3)
doméstico(a) domestic (3.2)
dominación *f.* domination, rule (5.1)
dominar to rule; to control (1.1)
domingo *m.* Sunday (1.2)
dominicano(a) Dominican (2.2)
dominio *m.* dominion, power, authority (5.1)
don *m.* Don *(title of respect)* (4.3)
¿dónde? where? (1.1)
dorado(a) golden (2.3)
dormido(a) asleep (2.2) **(5.1)**
dormilera: té de dormilera sleep-inducing tea (5.1)
dormilón *m.*, **dormilona** *f.* sleepyhead **(8.1)**
dormirse (ue, u) to go to sleep; to fall asleep (3.3) *pres. subj.* **(5.2)** *fut.* **(8.1)**
dote *m.* dowry (4.3)
drama *m.* drama (6.3)
dramático(a) dramatic (4.1)
dramatizar to dramatize (1.1)
duda *f.* doubt (4.3) **(7.1)**
  no cabe duda there is no doubt (1.3)
dudar to doubt **(6.1)**
dudosamente doubtfully (5.2)
dudoso(a) doubtful **(5.1)**
dueño *m.*, **dueña** *f.* owner (1.3)
dulce *m.* candy (2.3) **(5.1)**; sweet
duplicar to duplicate (4.3)
durante during (1.1); for *(time)* (5.1)
durar to last (2.2)
duro(a) hard (2.3)

E

ecología *f.* ecology (6.1)
economía *f.* economy (2.1)
económico(a) economic (1.1); economical **(1.3)**
ecuador *m.* equator (2.3)
ecuatoriano(a) Ecuadorian (2.2)
echar de menos to miss **(1.1)**
echar la culpa to blame (7.3)
echarse to throw oneself (2.2)
edad *f.* age (1.1)
edición *f.* (*pl.* **ediciones**) edition (8.1)
edificio *m.* building (2.3)
educación *f.* education (1.3); good breeding
  educación *f.* **pública** public education (7.2)
educacional educational (3.2)
educador *m.*, **educadora** *f.* educator, teacher (3.2)
educar to educate (3.2)
efectivamente really, in fact (7.2)
efecto *m.* effect (2.3)
ejemplar *m.* specimen, example (6.1)
ejemplo *m.* example (1.1)
ejercicio *m.* exercise (1.1) **(2.3)**
ejército army (5.2)
el the (1.1)
él he (1.1)
elaborado(a) elaborate (4.3)
elección *f.* (*pl.* **elecciones**) election (3.1)
electricidad *f.* electricity (3.3)
eléctrico(a) electric, electrical (7.2)
elefante *m.* elephant (2.3)
elegante elegant (1.1)
elemento *m.* element (6.2)
elevar to erect (3.3); to raise
eliminar to eliminate (8.2)
ella she (1.1)
embrujado(a) haunted (3.3)
emergencia *f.* emergency (3.2)
emisario *m.*, **emisaria** *f.* emissary (7.3)
emoción *f.* (*pl.* **emociones**) emotion (5.3)
emocionado(a) emotional, excited (1.2)
empacar to pack (2.1)
empate *m.* tie *(in sports)* (2.2)
emperador *m.* emperor (4.2)
empezar (ie) to begin (1.2) *pres. subj.* **(5.2)**
empleado *m.*, **empleada** *f.* employee **(3.1)**
emplear to employ **(7.2)**; to use
empleo *m.* employment; job (7.1) **(7.2)**
empresa *f.* enterprise, business **(7.3)**
en in **(1.1)**
  en adelante henceforth (1.3)
  en busca de in search of (2.2)
  en camino on the way (2.3)
  en cuanto a with regard to, as to (6.3)
  en efecto in fact, actually (1.2) **(4.2)**
  en el fondo at heart, really (5.3)
  en gran parte most (2.1)
  en medio in the middle (5.1)
  en oferta on sale (1.2)
  en peligro in danger (6.1)
  en primer lugar in the first place (1.1)
  en punto on the dot *(time)* (1.1)
  en realidad in reality (2.2)
  en seguida right away (1.1)
  en su camino on her (his) way (2.2)
  en vano in vain (4.1)
  en vez de instead of (6.2)
enamorado(a) in love **(5.3)**
enamorarse de to fall in love with (7.3)
encaje *m.* lace (1.2)
encaminarse to set out for, take the road to (7.3)
encantado(a) delighted (1.1); enchanted (2.2)

encantador(a) charming (1.2)
encantar to love, really like (1.1)
encargado(a) in charge (6.2)
encerrar (ie) to shut in, lock up (4.1) to enclose
enciclopedia *f.* encyclopedia (2.3)
encima de on top of; above (6.2)
encontrar (ue) to find; to meet (1.1)
encuentro *m.* encounter, meeting (6.3)
encuesta *f.* survey (1.1) **(3.3)**
enchilada *f.* enchilada *(corn tortilla dipped in hot sauce and filled with meat or cheese)* (1.3)
energía *f.* energy **(5.1)**
energía *f.* **nuclear** nuclear energy (8.1)
enfermarse to become ill (1.3)
enfermedad *f.* illness; disease (2.3)
enfermedad venérea venereal disease (5.2)
enfermero *m.*, **enfermera** *f.* nurse (1.2)
enfermizo(a) sickly (3.3)
enfermo(a) sick (4.3)
enfocado(a) focused (8.1)
enfrente de facing, in front of (6.3)
enfurecer to infuriate **(5.3)**
enfurecerse to become furious (5.1)
enfurecido(a) furious (4.2)
engañar to trick, deceive (6.1)
engaño *m.* trick, deception (8.3)
engordarse to gain weight **(5.1)**
enigmático(a) enigmatic, mysterious (4.3)
enjaulado(a) caged (8.3)
enojado(a) angry (6.1)
enojar to anger (7.1)
enojarse to get angry (4.2) **(5.3)**
enorme enormous (4.3)
enrollado(a) rolled up (1.3)
ensalada *f.* salad (1.1)
enseñanza *f.* teaching (3.2)
enseñar to show; to teach (2.1) **(6.1)**
entender (ie) to understand (1.2)
entero(a) entire, whole (1.3)
enterrado(a) burried (3.3)
enterrar(ie) to bury (2.2)
entierro *m.* burial, funeral (4.1)
entonces then (1.1)
entrada entrance (5.2)
entrar to enter (1.1)
entre among (3.1); between (3.2)
entregar to deliver **(3.3)**; to hand in
entregarse to devote oneself (4.3)
entremés *m.* (*pl.* **entremeses**) appetizer (1.2)
entrenador *m.*, **entrenadora** *f.* trainer (1.2)
entrenamiento *m.* training **(7.3)**
entretener to entertain (8.2)
entrevistador *m.*, **entrevistadora** *f.* interviewer **(7.3)**
entrevistar to interview (1.1)
entristecer to sadden **(5.3)**
entusiasmado(a) excited, delighted, filled with enthusiasm (7.2)
entusiasmo *m.* enthusiasm (8.2)
envenenado(a) poisoned (7.3)
enviar to send (7.1)
envidia *f.* envy **(8.1)**
episodio *m.* episode (3.3)
época *f.* epoch, period, time (5.1)
equilibrio *m.* balance (2.3)
equipo *m.* team (1.2)
ermitaño *m.* hermit **(6.3)**
escalera *f.* stairs, staircase (3.3)
escapar to escape (5.2)
escarbar to dig (3.3)
escargot *(French)* snail (6.3)
escena: director *m.* **en escena** stage director (5.3)
esclavo *m.* slave (2.1)
escocés, escocesa (*m. pl.* **escoceses**) Scottish **(2.2)**
escoger to select (3.2)
escolar pertaining to school (1.1)
esconder(se) to hide (oneself) (4.1) **(4.3)**
escribir to write (1.1) *pret.* **(2.2)** *pres. perf.* **(6.2)**
escribir a máquina to type **(7.2)**
escrito(a) written (3.1)
escritor *m.*, **escritora** *f.* writer (3.2)
escritorio *m.* desk (4.2)
escritura *f.* writing (4.1)
escuchar to listen to (1.1) *pret.* **(2.2)**
escudo *m.* coat-of-arms, shield (8.1)
escuela *f.* school (1.1)
escuela primaria *f.* primary school (3.2)
escultura *f.* sculpture (3.3)
escupir to spit (7.2)
ese, esa *adj.* that (1.2)
ése, ésa *pron.* that (one) (3.1)
esencial essential **(8.2)**
esforzarse (ue) por to strive to (3.3)
esfuerzo *m.* effort (4.3)
esos, esas *adj.* those (3.1)
ésos, ésas *pron.* those (3.1)
espacio *m.* space (5.3)
espada *f.* sword (7.1)
espanto *m.* fright, terror **(6.3)**
espantoso(a) frightful, terrifying (4.1)
español *m.* Spanish *(language)* (1.2)
español *m.*, **española** *f.* Spaniard (2.2)
especial special (1.1)
especialidad *f.* specialty (1.2)
especialista *m. f.* specialist (3.3)
especializar to specialize **(8.3)**
especie *f.* species; kind (2.3) **(4.1)**
específico(a) specific (2.3)
espectáculo *m.* spectacle, sight (2.1); show, performance (7.2)
esperanza *f.* hope **(5.1)**
esperar to wait for (2.1); to hope for (4.3); to expect
espía *m. f.* spy (2.2)
espiar to spy (4.1)
espiral *f.* spiral (4.3)

espléndido(a) splendid (2.3)
esplendor *m.* splendor (7.3)
esposo *m.*, **esposa** *f.* husband, wife (5.1)
espuela *f.* spur (4.1)
esquema *m.* diagram, outline, plan (1.3)
esquema *m.* **araña** clustering, visual mapping (4.2)
esquí *m.* (*pl.* **esquíes**) ski; skiing (7.1)
esquiador *m.*, **esquiadora** *f.* skiier (3.1)
esquiar to ski **(1.3)**
esquina *f.* (street) corner (2.2)
estabilidad *f.* stability (8.1)
establecer to establish (1.1)
establecerse to take up residence (2.3)
establecimiento *m.* establishment, founding, setting-up (6.1)
estaca *f.* stake (4.3)
estación *f.* (*pl.* **estaciones**) television station (3.1); season of the year
estadístico(a) statistical (1.3)
estado *m.* state (1.1)
estadounidense *m. f.* of the United States, American **(2.2)**
estancamiento stagnation, paralysis (5.2)
estante *m.* bookcase (3.1)
estar to be (1.1) *pres. subj.* **(5.1)**
estar frustrado(a) to be frustrated **(1.2)**
estar loco(a) to be crazy (5.2)
estar loco(a) por to be crazy about **(5.3)**
estar muerto(a) to be dead **(5.2)**
estar seguro(a) to be sure **(1.2)**
estatua *f.* statue (3.3)
este *m.* east (3.1)
este, esta *adj.* this (1.1)
éste, ésta *pron.* this (one) (3.1)
estereotipo *m.* stereotype (7.3)
estilizado(a) stylized (4.3)
estilo *m.* style (1.2)
estómago *m.* stomach (4.3)
estos, estas *adj.* these (3.1)
éstos, éstas *pron.* these (3.1)
estrella *f.* star (4.3)
estrofa *f.* verse, stanza (6.3)
estructura *f.* structure (4.1)
estudiante *m. f.* student (1.1)
estudiantil pertaining to students (3.1)
estudiar to study (1.1)
estudio *m.* study **(2.2)**
estudioso(a) studious (1.3)
estufa *f.* stove (3.3)
etapa *f.* stage, phase (5.1)
eterno(a) eternal (1.2)
étnico(a) ethnic **(2.3)**
europeo(a) European (2.1)
evidencia *f.* evidence, proof (7.2)
evitar to avoid **(3.2)**
exactamente exactly (6.3)
exagerado(a) exaggerated **(6.1)**
examen *m.* (*pl.* **exámenes**) exam, test (1.1)
excavación *f.* (*pl.* **excavaciones**) excavation (6.1)
excelente excellent (1.1)
excéntrico(a) eccentric (6.3)
exclusivo(a) exclusive (7.1)
excursión *f.* (*pl.* **excursiones**) excursion, short trip (1.1)
excusa *f.* excuse **(5.2)**
exhibición *f.* (*pl.* **exhibiciones**) exhibition (8.1)
exhibir to exhibit (4.3)
exigente demanding (1.1)
exigir to demand, require **(5.1)**
exiliarse to go into exile (5.2)
existir to exist; to be (3.1)
éxito *m.* success (3.2)
exótico(a) exotic (7.2)
experiencia *f.* experience (4.3)
experimento *m.* experiment (5.3)
explicación *f.* (*pl.* **explicaciones**) explanation (6.3)
explicar to explain (1.3)
explotación *f.* exploitation (2.3)
exportar to export (2.3)
expresar to express (3.2)
expresión *f.* (*pl.* **expresiones**) expression (4.3)
expuesto(a) exposed (5.2)
exquisito(a) exquisite (3.1)
extender(se) (ie) to spread (2.3); to extend (3.1)
extendido(a) widespread (1.1); extended
extensión *f.* size; extension; expanse (4.2)
extenso(a) spacious, vast (2.1)
exterminado(a) exterminated (8.1)
exterminar to exterminate (3.3)
externo(a) external (7.2)
extinción *f.* extinction (2.3)
extranjero(a) foreign (2.1)
extrañar to miss, pine for (4.3); to find strange or odd
extraño(a) strange (1.2)
extraordinario(a) extraordinary (3.2)
extraterrestre *adj.* extraterrestrial (1.2)
extremadamente extremely (5.3)
extremo *m.* outer part (7.2)
extremo(a) extreme (1.1)

F

fábrica *f.* factory (3.1)
fabricar to make (6.3)
fábula *f.* fable; myth; tale (5.1)
fabuloso(a) fabulous (5.2)
falda *f.* skirt (1.2)
falta *f.* lack (1.2)
faltar to be lacking (1.1)
fama *f.* fame (3.2); reputation (4.2)
familia *f.* family (1.1)
familiar familiar (4.3); pertaining to the family (7.3); family member
famoso(a) famous (2.3)

fantasía *f.* fantasy (1.2)
fantasma *m.* ghost, phantom (3.3)
fantástico(a) fantastic (2.1)
fascinado(a) fascinated (1.2)
fascinante fascinating (1.3)
fascinar to fascinate **(1.3)**
fastidioso(a) annoying (2.3)
fatiga *f.* fatigue (5.2)
favorecido(a) favored (6.3)
favorito(a) favorite (1.1)
fecha *f.* date (1.1)
feliz (*pl.* **felices**) happy (1.2)
femenino(a) feminine (7.3)
fenómeno *m.* phenomenon (1.1)
feo(a) ugly (2.1)
feria *f.* fair (5.2)
feroz (*pl.* **feroces**) fierce, ferocious **(2.3)**
ferrocarril *m.* railway, railroad (7.2)
fértil *adj.* fertile (3.1)
fibra *f.* fiber (2.3)
fiel loyal, faithful (5.2)
fiesta *f.* fiesta, party (1.1)
figura *f.* figure (4.3)
figurar to figure, appear (8.1)
figurita *f.* figurine (6.2)
fijarse to pay attention to; to notice; to check **(2.1)**
filipino(a) Philippine **(2.2)**
filo *m.* cutting edge (4.1)
filodendro *m.* philodendron (2.3)
filosófico(a) philosophical (5.1)
fin *m.* end (1.1)
finalista *m. f.* finalist (7.1)
fines de end of *(time period)* (8.1)
fino(a) thin, fine (5.3)
firmar to sign (1.1) **(2.2)**
física *f.* physics (5.1)
físico(a) physical (1.3)
flaco(a) skinny (3.2)
flamenco *m.* flamingo (8.2); a Spanish dance
flan *m.* flan *(custard with a burnt sugar sauce)* (8.2)
flecha *f.* arrow (7.3)
flor *f.* flower (4.1)
flora *f.* flora (6.1)
floral floral (5.1)
florecimiento *m.* flourishing (5.1)
florecita *f.* little flower (1.2)
folklórico(a) folkloric (1.3)
forma *f.* form, shape **(1.2)**; way (4.3)
formado(a) formed (3.1)
formar to form (1.1)
formidable formidable, enormous (3.3)
formulario *m.* form (3.3)
fortaleza *f.* fortress (4.1)
fortificación *f.* (*pl.* **fortificaciones**) fortification (7.3)
fortuna *f.* fortune (2.2) **(3.3)**; luck
foto *f.* photo (1.1)
fotografía *f.* photograph (4.1)
fracasado(a) failed (6.1)
fracaso *m.* disaster, failure (3.1)
fraile *m.* monk (1.1); priest
francés, francesa (*m. pl.* **franceses**) French (1.3) **(2.2)**
franciscano *m.* Franciscan (1.1)
frase *f.* sentence (2.3); phrase
frecuencia *f.* frequency (1.1) **(4.1)**
frecuentemente frequently (1.2)
frente *f.* forehead (6.3); *m.* front
  frente a facing, in front of (1.2)
fresco(a) cool (3.1)
frijol *m.* bean (1.3)
frío *m.* cold (6.1)
  un frío de mil demonios bitter cold (3.1)
frito(a) fried (1.1)
frontera *f.* border (between countries) (1.1)
fronterizo(a) border (1.1)
frustrado(a) frustrated **(1.2)**
fruta *f.* fruit (2.3)
frutal *adj.* fruit, pertaining to fruit (1.1)
  árbol *m.* **frutal** tree that bears fruit (1.1)
fuego *m.* fire (4.2)
fuente *f.* fountain, source (2.3)
fuera outside (3.3) **(7.2)**
  fuera de apart from, except for (2.3); outside (of) (7.1)
fuera were *(imperf. subj. of* ***ir****)* (6.3)
fuerte strong (1.3)
fuerza *f.* force (7.1)
fumar to smoke (7.3)
función *f.* (*pl.* **funciones**) function (1.1)
funcionamiento *m.* functioning (2.3)
funcionar to function (4.1)
fundador *m.*, **fundadora** *f.* founder (3.1)
fundar to found; to establish (1.1)
fundido(a) blown out *(fuse)* (6.1)
fungir to act, function as (7.3)
furia *f.* fury (6.3)
furioso(a) furious (1.2)
fusible *m.* fuse (6.1)
fusión *f.* fusion, uniting (5.1)
fútbol *m.* soccer (1.1)
futuro *m.* future (1.3) **(3.2)**

gabinete *m.* cabinet **(4.2)**
galán *m.* gentleman, leading man (5.3)
galón *m.* (*pl.* **galones**) gallon (1.3)
galleta *f.* cookie **(5.1)**
galletita *f.* small cookie **(5.1)**
gallo *m.* rooster (4.2)
ganadería *f.* cattle raising (8.1)
ganado *m.* cattle, livestock (1.3)
ganar to win (1.1); to earn (6.1)
garaje *m.* garage (3.3)

garantía *f.* guarantee (6.1)
garantizar to guarantee (7.3)
gasolina *f.* gas (7.1)
gasolinera *f.* service station **(5.2)**
gastar to spend *(time)*; to waste (6.3)
gasto *m.* expenditure, expense **(7.1)**
gato *m.* cat (1.3)
gato *m.* **silvestre** wild cat (6.1)
gaucho *m.* gaucho *(Argentinian cowboy)* (8.1)
gazpacho *m.* gazpacho *(cold puréed vegetable soup from Spain)* (5.2)
gemelo *m.*, **gemela** *f.* twin brother, twin sister (1.1)
gemelo(a) twin (1.1)
ciudad gemela twin city (1.1)
gemido *m.* groan, moan (3.3)
generalísimo supreme commander (5.2)
Generalísimo Franco General Franco (5.2)
generalizarse to become general or universal; to become widely used (5.2)
generoso(a) generous (6.1)
genio *m.* genius (4.3) **(6.1)**
gente *f.* people (2.3)
genuino(a) genuine (7.2)
geografía *f.* geography (2.1)
geométrico(a) geometric (4.3)
gerente *m. f.* manager **(7.2)**
gigantesco(a) gigantic (3.3)
gimnasia *f.* gymnastics (1.3)
gimnasio *m.* gymnasium (1.1)
gitana *f.* gypsy (fortuneteller) (5.2)
globo *m.* ball; sphere (7.2)
gobernador *m.*, **gobernadora** *(f.)* governor (6.2)
gobernar (ie) to govern (5.2)
gobierno *m.* government (2.2)
gol *m.* goal *(soccer)* (5.1)
golpeado(a) struck down (6.3)
golpear to hit, strike (7.1)
gordo(a) fat (1.3)
gorila *m.* gorilla (2.3)
gorrioncillo *m.* little sparrow (8.3)
gozar to enjoy **(1.1)**
grabar to record (4.1)
gracias thank you (1.1)
gracioso(a) funny, amusing (2.1)
grado *m.* degree *(temperature)* **(3.1)**
graduado(a) graduated (7.3)
gráfico *m.* graph, diagram (1.3)
gramática *f.* grammar (7.2)
gran great (1.1); a lot (2.1); large
grande large, big (1.2)
grandeza *f.* greatness, magnificence (4.2)
granero *m.* granary, barn (1.3)
grapador *m.* stapler (3.2)
grasa *f.* grease **(5.2)**
grasoso(a) fatty, greasy (5.2)
gratis free, at no cost (7.2)
griego(a) Greek **(2.2)**
gris gray (1.2)
gritar to yell (3.3)
grito *m.* shout, yell (2.1)
grotesco(a) grotesque, bizarre (2.1)
grueso(a) thick, coarse (6.3)
gruñido *m.* growl, grunt (6.2)
grupo *m.* group (1.1)
guacamayo *m.* macaw **(2.2)**
guapo(a) good-looking (1.2)
guardabosque *m., f.* outfielder (3.1)
guardar to keep, save (1.3) **(3.3)**
guardia *f.* guard (6.1)
guatemalteco(a) Guatemalan (2.2)
guayaba *f.* guava jelly; guava apple (4.2)
guerra *f.* war (8.2)
guerrero *m.*, **guerrera** *f.* fighter, warrior (4.3)
guerrero(a) *(adj.)* warlike (7.3)
guerrilla *f.* guerrilla forces (8.1)
guía *m. f.* (tour) guide (6.2)
guiar to guide, lead, direct (8.1)
guitarra *f.* guitar (1.1)
guitarrista *m. f.* guitarist (4.2)
gustar to like (1.1)
gusto *m.* pleasure (1.1); taste (5.2); fancy, liking (5.3)

H

haber to have; to be *pret.* **(3.1)** *fut.* **(8.1)** *cond.* **(8.2)**
había una vez once upon a time (3.3)
hábil skillful (8.1)
habilidad *f.* skill, ability (4.2)
habitación *f.* (*pl.* **habitaciones**) room, bedroom (6.3); dwelling, abode (8.1)
habitado(a) inhabited (3.1)
habitante *m. f.* inhabitant (2.1)
habitar to inhabit (3.3)
habla *f.* language, dialect, speech (6.2)
habla hispana Spanish-speaking (1.3)
hablar to speak, talk (1.1) *pres. perf.* **(6.2)**
hacendado *m.* land-owner, rancher (8.1)
hacer to do, to make *pret.* (2.1) *pres. perf.* **(6.2)** *fut.* **(8.1)** *cond.* **(8.2)**
hacer autostop to hitchhike (1.2)
hacer ejercicio to exercise (1.1) **(5.1)**
hacer el papel to play the role **(2.1)**
hacer una consulta to ask for advice (3.2)
hacer una pregunta to ask a question **(1.2)**
hacerse to become (5.3)
hacia toward (3.1)
hacienda *f.* farm, ranch (3.1)
hada *f.* **madrina** fairy godmother (8.3)
hallar to find
hallarse to find oneself; to be (8.3)
hambre *f.* hunger **(1.2)**
hamburguesa *f.* hamburger (1.1)
harina *f.* flour **(3.2)**

hasta *prep.* until (1.1); up to (2.1)
hasta cierto punto up to a point, to some extent (7.1)
hasta luego good-bye, see you later (1.1)
hasta even (1.3)
hay there is, there are (1.1)
hazaña *f.* heroic feat; achievement; deed (4.2)
hebreo *m.* Hebrew (language) (5.1)
hectárea *f.* hectare *(unit of measure)* (4.3)
hecho *m.* event (1.1); deed (2.2); fact
hecho(a) made (2.2)
helado *m.* ice cream (1.2)
helecho *m.* fern (6.1)
hemisferio *m.* hemisphere (8.1)
heredar to inherit (4.3)
herencia *f.* heritage, inheritance, legacy (5.1)
herida *f.* wound, injury (8.2)
hermanastro *m.*, **hermanastra** *f.* stepbrother, stepsister (2.1)
hermanito *m.*, **hermanita** *f.* little brother, sister (1.2)
hermano *m.*, **hermana** *f.* brother, sister (1.1)
hermoso(a) beautiful (3.1)
herradura *f.* horseshoe (5.1)
herramienta *f.* tool (4.2)
hidroeléctrico(a) hydroelectric (8.1)
hielera *f.* ice chest **(6.2)**
hierba: mala hierba weed (8.1)
hierro *m.* iron (2.1)
hijo *m.* son (2.3)
¡híjole! geez! goodness! *(Mexican)* (1.1)
hilar to spin (5.3)
hilo *m.* thread, yarn (3.2)
hispanohablante Spanish-speaking (7.2)
historia *f.* history (1.1); story (4.1)
historiador *m.*, **historiadora** *f.* historian (3.3)
histórico(a) historic, historical; of historical importance (1.1)
hocico *m.* snout *(animal)* **(4.3)**
hoguera *f.* fire (6.1)
hoja *f.* leaf (4.1)
hoja *f.* **de papel** sheet of paper (3.3)
¡hola! hello!, hi! (1.1)
holandés, holandesa (*m. pl.* **holandeses**) Dutch **(2.2)**
hombre *m.* man (2.1)
hombro *m.* shoulder (1.2)
hondureño(a) Honduran (2.1)
honestidad *f.* honesty (4.2)
honesto(a) honest **(3.1)**
honor *m.* honor, fame **(3.1)**
honorable honorable, worthy (5.1)
honrado(a) honest, honorable, decent (5.1)
hora *f.* hour (1.1)
horario *m.* schedule (1.2)
horno *m.* oven (4.2)
horrorizado(a) horrified (6.1)
horroroso(a) horrible, dreadful (3.1)
hoy today (1.2)
huella *f.* footprint, trace, imprint (8.3)
huérfano *m.*, **huérfana** *f.* orphan (7.2)
huevo *m.* egg (6.1)
huir to flee (4.1)
humanidad *f.* humanity (3.2)
humilde *m. f.* humble (3.2)
humillante humiliating (8.1)

I

idéntico(a) identical (1.3)
identidad *f.* identity (2.2)
identificar to identify **(2.3)**
ideología *f.* ideology (5.2)
ideológico(a) ideological (6.3)
iglesia *f.* church (1.3)
igual same; alike; equal (3.3)
igual a like, the same as (8.2)
igualmente likewise (1.1)
ilusión *f.* (*pl.* **ilusiones**) illusion (7.1)
ilustración *f.* (*pl.* **ilustraciones**) illustration (3.2)
ilustre illustrious, famous (8.2)
imagen *f.* (*pl.* **imágenes**) image (5.3)
imaginación *f.* imagination (2.2)
imaginar to imagine (5.1)
imaginario(a) imaginary (5.3)
lo imaginario that which is imaginary (8.3)
imitar to imitate (5.1)
imperfecto imperfect (4.1)
imperio *m.* empire (4.1)
imponente imposing, majestic (4.2)
imponer to impose (5.2)
importancia *f.* importance (4.2)
importante important (2.3)
importar to be important (2.2) **(5.2)**
le importa to be important to (3.2)
impresión *f.* (*pl.* **impresiones**) impression **(1.2)**; imprint (8.3)
impresionante impressive (2.1)
impresionar to impress, make an impression (2.2)
impropio(a) improper, inappropriate (5.2)
impuesto *m.* tax **(1.2)**
incaico(a) Incan (3.3)
incapacitado(a) disabled
incentivar to encourage, stimulate, provide incentive for (7.1)
incesantemente incessantly, unceasingly (7.2)
incidente *m.* incident, occurrence **(3.1)**
inclinarse to be inclined (3.3); to bend (5.3)
incluir to include (1.1)
incluso including (1.1)
incómodo(a) uncomfortable (2.1)
incomparable without equal **(3.2)**
inconcebible unthinkable, inconceivable (5.2)
incontable countless (4.3)
incorporar to incorporate (5.1)
incorregible incorrigible (2.1)

increíble incredible (5.1)
indeciso(a) undecided; indecisive **(8.3)**
independencia *f.* independence (1.1)
indiano *m.* Spaniard returning prosperous from America (5.3)
indicado(a) indicated (2.2)
indicar to indicate (2.1)
índice *m.* rate (6.1); index
indígena *adj.* indigenous, native (1.1)
indígena *m. f.* native, indigenous person (2.1); Indian
indio *m.* Indian
individualista individualistic (8.1)
individualmente individually (1.3)
individuo *m.* individual (7.1)
índole *f.* class, kind, sort (6.2)
indudablemente undoubtedly (4.3)
industria *f.* industry (7.1)
industrial industrial (7.1)
industrializado(a) industrialized (8.1)
inesperado(a) unexpected (4.2)
inevitablemente inevitably (4.1)
influencia *f.* influence (1.1)
influir to influence (7.2)
información *f.* (*pl.* **informaciones**) information (1.1)
informado(a) informed (3.1)
informar to inform (1.3)
informativo(a) informative **(3.2)**
informe *m.* report **(2.2)**
ingeniería *f.* engineering (4.2)
ingeniero *m.*, **ingeniera** *f.* engineer (1.3)
ingenuo ingenuous, naïve (3.1)
inglés *m.* English (language) (1.1)
inglés, inglesa (*m. pl.* **ingleses**) English **(2.2)**
ingrato(a) ungrateful (8.3)
ingresar to enter, be admitted to (7.2)
iniciado initiated, begun (7.2)
iniciar to initiate, begin **(2.2)**
injusticia *f.* injustice (7.2)
inmediatamente immediately (1.2)
inmediato(a) immediate, next (7.2)
inmenso(a) immense, enormous (4.1)
inmigrante *m. f.* immigrant (8.1)
inquietar to worry, disturb, trouble (5.3)
inquieto(a) restless, unsettled (6.3); anxious, uneasy
inseguridad *f.* insecurity (5.3); unsafeness
inseguro(a) insecure (5.3); unsafe
insignificante insignificant, unimportant (2.3)
insistir to insist (1.1) **(5.2)**
insólito(a) unusual **(3.1)**
inspirarse en to be inspired by (5.1)
instalar to install (6.3)
institución *f.* (*pl.* **instituciones**) institution (2.1)
instituir to institute, establish (7.2)
instituto *m.* institute (7.2)
instrucción *f.* (*pl.* **instrucciones**) instruction (3.2)
instructor *m.*, **instructora** *f.* instructor **(5.1)**
insultar to insult (4.3)
integrar to integrate (8.1)
inteligente intelligent (1.3)
intención *f.* (*pl.* **intenciones**) intention (1.1)
intensamente intensely (4.1)
intenso(a) intense (3.2)
intentar to try, attempt (5.1)
intento *m.* attempt (4.3)
interacción *f.* (*pl.* **interacciones**) interaction (7.3)
intercalar to intercalate, insert (5.1)
intercambiar to exchange (7.1)
intercambio *m.* exchange (7.1)
interdependencia *f.* interdependence (1.1)
interés *m.* (*pl.* **intereses**) interest **(1.3)**
interesado(a) interested **(1.3)**
interesante interesting (1.1)
interesar to interest (5.3)
interesarse (en) to be interested (in) (4.3)
internacional international (3.2)
interpretar to interpret (1.2)
interrumpir to interrupt (6.3)
interrupción *f.* (*pl.* **interrupciones**) interruption **(3.2)**
intervención *f.* intervention (7.2)
íntimo(a) intimate (3.2)
intrigado(a) intrigued (3.3)
introducir to introduce, bring in (2.1)
inundación *f.* (*pl.* **inundaciones**) flood (2.1)
inútil useless, fruitless, in vain (5.2)
invadir to invade (5.1)
inválido(a) disabled (3.2)
invasión *f.* (*pl.* **invasiones**) invasion (5.2)
invencible invincible (2.3)
inventar to invent (4.3) **(5.1)**
invertir (ie, i) to invest (7.1); to invert
investigación *f.* (*pl.* **investigaciones**) investigation **(2.3)**
investigador *m.*, **investigadora** *f.* investigator (2.2)
invierno *m.* winter (1.1)
invitación *f.* (*pl.* **invitaciones**) invitation (5.2)
invitado *m.*, **invitada** *f.* guest (2.2)
invitar to invite (1.2)
involucrado(a) involved (6.3)
ir to go (1.1) *pret.* (2.1) *imperf.* **(4.1)** *pres. subj.* **(5.1)**
  ir de compras to go shopping (1.1)
irse to leave, go; to go away (3.3)
irlandés, irlandesa (*m. pl.* **irlandeses**) Irish **(2.2)**
irrigación *f.* irrigation (4.2)
isla *f.* island (3.3)
israelita *m. f.* Israeli **(2.2)**
italiano(a) Italian **(2.2)**
izquierda left, left side (6.2)
izquierdo(a) left (3.2)

jabón *m.* soap (2.3)
jaguar *m.* jaguar **(2.2)**
jai alai *m.* jai alai *(sport)* (6.3)

jamás never (5.3)
jamón *m.* ham (3.2)
japonés, japonesa (*m. pl.* **japoneses**) Japanese **(2.2)**
jardín *m.* (*pl.* **jardines**) garden (4.2)
jardinero *m.* fielder (3.1)
jardinero *m.* **corto** shortstop (3.1)
jaula *f.* cage **(4.1)**
jefe *m.*, **jefa** *f.* head, chief (5.2); leader (7.3); boss
jefe *m.* **de estado** head (chief) of state (5.2)
jerga *f.* slang (2.2)
joven *m. f.* (*pl.* **jóvenes**) young person (1.2)
joya *f.* jewel, piece of jewelry (3.3)
joyería *f.* jewelry; jewelry department or store (1.2)
judío *m.* Jew (5.1)
juego *m.* game **(1.2)**
juego *m.* **de damas** checkers **(4.1)**
jugador *m.*, **jugadora** *f.* player (2.3)
jugar (ue) to play (1.1)
jugo *m.* juice (5.2)
juguete *m.* toy **(4.1)**
julio July (1.1)
junio June (1.1)
junto a near (to), next to (8.3)
juntos(as) together (1.2)
juramento *m.* oath (4.3)
jurar to swear, promise (1.3)
justicia *f.* justice (3.2)
justo(a) just, fair (6.1)
juventud *f.* youth (3.2)

L

la *dir. obj. pron.* her, it (2.1)
labor *f.* labor, work (7.2)
laca *f.* lacquer, shellac (2.3)
lácteo(a) milky, pertaining to milk (5.2)
lado *m.* side (4.2)
ladrar to bark (3.3)
ladrón *m.* (*pl.* **ladrones**) robber, thief (4.2)
lagar *m.* wine, olive, or apple press (3.2)
lago *m.* lake (2.1)
lágrima *f.* tear (1.2) **(3.2)**
lamentablemente regrettably, unfortunately (5.2)
lámpara *f.* lamp **(3.1)**
lana *f.* wool (3.1)
lancha *f.* small boat; rowboat (4.3)
langosta *f.* lobster (1.3)
lanzador *m.* pitcher (3.1)
lápida *f.* gravestone (1.2)
lápiz *m.* (*pl.* **lapices**) pencil (2.3)
lápiz *m.* **de labio** lipstick (2.3)
largo(a) long (1.2)
a lo largo de along, alongside (7.3)
las *art.* the (1.1)
las *dir. obj. pron.* them (2.1)
lástima: ¡qué lástima! what a shame (3.1)
lastimado(a) hurt (3.1)
lastimar to hurt; to offend **(5.3)**; to bruise, injure (6.3)
latinoamericano(a) Latin American **(1.3)**
lavaplatos *m. sing.* dishwasher (7.2)
lavar to wash **(1.1)**
lavarse to wash oneself (3.3)
lazo *m.* tie, connection (1.1)
le to (for) him, her, or you (1.1)
lealtad *f.* loyalty (7.3)
lección *f.* (*pl.* **lecciones**) lesson (2.1)
lector *m. f.* reader (3.3)
lectura reading (2.1)
leche *f.* milk (3.2)
leer to read (1.1)
legítimamente legitimately, rightfully (6.2)
lejos (de) far (from) (2.1)
lengua *f.* tongue; language (1.3)
lenguaje *m.* language (2.2)
lentamente slowly (3.3)
lentes *m. pl.* eyeglasses (1.1)
lento(a) slow **(1.3)**
leña *f.* firewood (6.3)
leñador *m.* woodsman (6.3)
león *m.* (*pl.* **leones**) lion **(2.3)**
leopardo *m.* leopard **(2.3)**
les to (for) them, you (1.1)
letra *f.* letter (8.3)
letra *f.* **mayúscula** capital letter (1.2)
letras *f. pl.* literature (5.1)
letrero *m.* sign, poster (7.3)
levantarse to get up (1.2)
ley *f.* law (7.2)
leyenda *f.* legend (2.1)
libertad freedom (5.2)
libra *f.* pound (1.3)
libre free (8.3)
libre comercio *m.* free trade (7.1)
libro *m.* book (1.1)
liceo *m.* lycée, high school (3.2)
líder *m. f.* leader (3.1)
lienzo *m.* linen (5.3); canvas
ligado(a) tied, linked (1.1)
limitarse to limit oneself (3.3)
limonada *f.* lemonade (2.3)
limpiar to clean (1.1)
limpieza cleanliness **(4.1)**
lindo(a) pretty (1.2)
línea *f.* line (4.3)
lingüístico(a) linguistic; pertaining to language (6.2) **(8.3)**
lino *m.* flax linen (5.3)
linterna *f.* lantern **(6.2)**
líquido *m.* liquid **(5.2)**
lista *f.* list **(1.1)**
listo(a) ready **(1.1)**; clever
literario(a) literary (3.2) **(4.2)**

literatura *f.* literature **(4.2)**
litro *m.* liter **(5.2)**
lo *dir. obj. pron.* him, it (2.1)
  lo mismo the same **(1.2)**
lobo *m.* wolf (4.3)
localizado(a) located (7.3)
localizar to locate (2.1) **(2.3)**
loción *f.* (*pl.* **lociones**) lotion **(3.2)**
  loción *f.* **protectora** sunscreen (lotion) **(3.2)**
loco(a) crazy **(1.3)**
locutor *m.*, **locutora** *f.* announcer (3.1)
lógico(a) logical (5.1)
lograr to succeed, to manage to (5.1); to achieve, attain (6.1)
logro *m.* achievement (7.3)
lorito *m.* **real** little parrot (2.1)
loro *m.* parrot (2.1)
los *art.* the (1.1)
los *dir. obj. pron.* them (2.1)
lotería *f.* lottery (7.1)
luchar to fight (7.2)
luego then (1.1)
lugar *m.* place (1.1)
luna *f.* moon (8.1)
lunar lunar (4.3); mole
lunes *m.* Monday (1.1)
lustroso(a) shiny (2.3)
luz *f.* (*pl.* **luces**) light (3.3) **(4.2)**

LL

llamada *f.* (phone) call (3.2)
llamar to call (2.1)
  llamar a la puerta to knock at the door (1.2)
llamarse to be named (1.1)
llamativo(a) flashy, showy **(7.1)**; catchy (title) (1.3)
llano *m.* plain, prairie (2.1)
llanta *f.* tire (2.3)
llanto *m.* weeping, crying (4.1)
llanura *f.* plain (2.1)
llegada *f.* arrival (1.1)
llegar to arrive; to reach (3.1)
  llegar a ser to become (3.2)
llenar to fill (3.2)
lleno(a) filled (3.3)
llevar to carry; to take (1.1); to wear *pret.* **(2.2)** *cond.* **(8.2)**
  llevar a cabo to carry out (8.1)
  llevar su merecido to get one's just desserts (6.2)
llorar to cry (1.2)
llorón *m.*, **llorona** *f.* cry baby (6.2)
llover (ue) to rain (3.1)
llovizna *f.* mist, fine rain **(3.1)**
lloviznar to drizzle **(3.1)**
lluvia *f.* rain **(3.1)**

M

macedonio(a) Macedonian (4.2)
madeja *f.* skein (5.3)
madera *f.* wood (2.1)
madrastra *f.* stepmother (2.1)
madre *f.* mother (1.2)
madrugada *f.* dawn, daybreak (6.1)
maduro(a) mature; ripe (3.2)
maestro *m.*, **maestra** *f.* teacher (4.1) **(5.2)**
magia *f.* magic (2.1)
mágico(a) magical (2.2)
  lo mágico that which is magic (7.1)
magnífico(a) magnificent, splendid (2.3)
maíz *m.* corn (4.1)
majestuoso(a) majestic (2.3)
mal bad (1.2)
mala hierba *f.* weed
maldad *f.* evil (7.1)
maleta *f.* suitcase (3.2)
malicioso(a) malicious, nasty (3.3)
malo(a) bad (1.3)
malvado *m.* villain (6.2)
malvado(a) evil, wicked (6.2)
mamá *f.* mom (1.1)
mancha *f.* spot (8.2)
manchar to stain (8.1)
mandar to order (4.2); to send (3.2)
mandato *m.* command **(3.2)**; order (8.1)
mandón, mandona bossy (6.2)
manejar to drive (1.2) **(7.1)**
manera *f.* manner, way (3.2)
mango *m.* mango *(tropical fruit)* **(2.1)**
mano *f.* hand (3.2)
  tener a mano to have at hand
mantener(se) to maintain, keep (5.2)
  mantenerse en forma to stay in shape (3.1)
mantequilla *f.* butter (3.2)
manzana *f.* apple (2.1)
manzano *m.* apple tree (8.3)
mañana *f.* morning (1.2)
mañana tomorrow (1.1)
mapa *m.* map (2.2)
maquiladora *f.* assembly plant (7.1)
máquina *f.* machine **(7.2)**
  máquina *f.* **de coser** sewing machine (3.3)
mar *m.* sea (2.1)
maravilla *f.* marvel, wonder (4.1)
maravilloso(a) marvelous (1.3)
marca *f.* mark (6.2)
marcador *m.* highlighter (1.3)
marcar to mark (6.2)
marciano *m.*, **marciana** *f.* Martian (5.2)
marcha: ponerse en marcha to start (8.1)
marcharse to go (away), leave (8.3)
margen *f.* (*pl.* **márgenes**) border (2.1); margin

mariachi *m.* mariachi *(Mexican band of strolling musicians playing string and brass instruments)* (8.3)
marido *m.* husband (1.3)
marina *f.* navy (3.1)
mariposa *f.* butterfly (6.1)
marisco *m.* seafood (1.3)
marrón brown (1.1)
marroquí *m. f.* (*pl.* **marroquíes**) Moroccan **(2.2)**
marsupial *m.* marsupial (6.1)
más more (1.1)
más adelante later (2.2)
más vale + ***inf.*** to be better to (3.2)
masa *f.* dough (1.3); mass, bulk (8.1)
masas *f. pl.* masses (5.3)
máscara *f.* mask (3.1)
mata *f.* plant (4.2)
matado *past part.* killed (3.2)
matador *m.*, **matadora** *f.* killer (6.3)
"mataestudiantes" *lit.*, "student killer," difficult professor (1.2)
matar to kill (2.3)
matas *f. pl.* thicket, bushes (6.3)
matemáticas *f. pl.* mathematics (1.3)
materia *f.* material (3.2)
materno(a) maternal (2.1)
matricularse to enroll (7.3)
matrimonio *m.* matrimony, marriage (1.3)
máximo(a) maximum **(3.1)**
mayor *adj.* oldest (2.2); greater, older (1.3) **(2.3)**
mayor parte *f.* most (2.1); the majority
mayoría *f.* majority (1.3)
me me (1.1)
mecánico *m.*, **mecánica** *f.* mechanic (5.2)
mecanografía *f.* typewriting **(7.2)**
mediados: a mediados de in the middle of *(time period)* (8.1)
medianoche *f.* midnight (8.3)
mediante by means of, through (5.2)
medias *f. pl.* stockings (1.2)
medicina *f.* medicine (2.3) **(5.1)**
médico *m.*, **médica** *f.* doctor (2.1)
medio *m.* **ambiente** environment (2.3)
medio *m.* **de transporte** means of transportation **(1.1)**
medio(a) *adj.* half (2.1); middle (7.1)
medio tiempo half-time (7.3)
mediodía *m.* noon (1.2)
medir (i, i) to measure (1.3)
mejilla *f.* cheek (1.2)
mejor better (1.1)
mejorar to get better, improve (3.2) **(8.2)**
melodía *f.* melody (8.2)
melodrama *m.* melodrama (6.2)
melón *m.* (*pl.* **melones**) melon (5.2)
memoria *f.* memory (2.1)
mencionar to mention (1.2) **(2.3)**
mendigo *m.*, **mendiga** *f.* beggar (6.2)
menor *adj.* youngest (2.2); smaller, younger **(2.3)**
menos less (1.1)
mensaje *m.* message (3.3)
mensajero *m.*, **mensajera** *f.* messenger (8.3)
mensual monthly (7.1)
mentor *m.* mentor (7.2)
mercado *m.* market (7.2)
mercado *m.* **al aire libre** outdoor (open-air) market **(7.2)**
merecer to deserve (1.3)
merecido *m.* just desserts *(deserving punishment or reward)* (6.2)
merendar to snack (1.2)
mérito *m.* merit (7.3)
mes *m.* month (1.1)
mesa *f.* table (1.2)
mesero *m.*, **mesera** *f.* waiter, waitress (7.2)
meseta *f.* plateau, tableland (1.1)
mesita *f.* little table; nightstand (3.1)
mesonero *m.*, **mesonera** *f.* waiter, waitress **(2.1)**
mestizo *m.* mestizo, person of mixed-race (8.1)
mestizo(a) mestizo, of mixed blood (4.1)
metáfora *f.* metaphor (8.3)
meter to put (in) **(3.3)**; to insert (4.1)
meterse to go into, get into (8.2)
meterse el sol the setting of the sun (7.1)
metro *m.* subway (8.3)
metropolitano(a) metropolitan (3.1)
mexicano(a) Mexican (2.2)
mezcla *f.* mixture (2.1)
mezquita *f.* mosque (5.1)
mi my (1.1)
miedo *m.* fear **(2.2)**
miedoso(a) fearful (5.3)
miembro *m. f.* member (1.1)
mientras while (1.2)
migaja *f.* small bit of bread **(4.3)**
migración *f.* migration (7.1)
miguita *f.* crumb **(3.2)**
mil *m.* thousand (7.1)
milagro *m.* miracle (4.1)
militar military (1.2)
milla *f.* mile (2.1) **(6.2)**
millón *m.* (*pl.* **millones**) million (7.1)
millonario *m.* millionaire **(5.1)**
mimado(a) spoiled (4.3)
mina *f.* mine (2.1)
minería *f.* mining (2.3)
mínimo(a) minimum **(3.1)**; minimal (7.2)
ministro *m.* minister (7.2)
mío my (1.1)
mirar to watch, look at (1.1)
miseria *f.* poverty, destitution (6.3)
misionero *m.*, **misionera** *f.* missionary (3.3)
misión *m.* (*pl.* **misiones**) mission (1.1)
mismo(a) same (1.1)
misterio *m.* mystery **(3.3)**
misterioso(a) mysterious (1.2)

mitad *f.* half (1.3)
mito *m.* myth (6.3)
mixto(a) mixed (2.3)
mochila *f.* backpack (1.2)
moda *f.* fashion (5.2)
  de moda in fashion (1.1)
moderno(a) modern (2.1)
mojarse to get wet (7.1)
moler to grind (4.2)
molestar to disturb; to bother (1.3) **(5.3)**
momento *m.* moment (2.2)
monarca *m.* monarch, king (2.3)
moneda *f.* coin (3.3)
monja *f.* nun (2.2)
mono *m.*, **mona** *f.* monkey **(2.3)**
monolito *m.* monolith (3.3)
montaña *f.* mountain (1.1)
  montaña *f.* **de rocas** pile of rocks (4.3)
montañoso(a) mountainous (2.1)
montar to mount (4.2)
  montar a caballo to ride (horseback) (2.2)
monte *m.* woodlands, forest (6.3); mountain
monumento *m.* monument (6.1)
moño *m.* bun *(a Victorian hairstyle)* (1.2); ribbon
morado(a) purple (1.1)
moral morals, morality (5.2)
moraleja *f.* moral (2.3)
moreno(a) dark-haired, dark-complexioned (1.3)
morir (ue, u) to die (1.2) *pret.* **(4.2)** *pres. perf.* **(6.2)**
  morir de miedo to die of fright **(6.2)**
moro *m.* Moor (5.1)
mortero *m.* mortar (4.1)
mostrar (ue) to show (1.2)
motivo *m.* motif (5.1); motive
motocicleta (moto) *f.* motorcycle (7.2)
movimiento *m.* movement (5.2)
mozo *m.* young man (5.2)
muchacho *m.*, **muchacha** *f.* boy, girl (1.1)
muchísimo a (whole) lot (1.1)
mucho much, a lot (1.1)
mudanza *f.* move (7.1)
mudarse to move (1.1)
mueble *m.* (piece of) furniture (3.1)
mueblería *f.* furniture store (3.1)
muerte *f.* death (3.2)
muerto *m.*, **muerta** *f.* dead person (2.2)
muerto(a) dead (1.2)
  muerto de hambre dying of hunger (1.2)
mujer *f.* woman (2.3)
mula *f.* mule (4.1)
  mula *f.* **de carga** pack mule (4.1)
multa *f.* fine, penalty (5.2)
multilingüe multilingual (7.3)
mundial world-wide (3.1) **(5.1)**
mundo *m.* world (1.2)
municipal municipal **(3.1)**
muñeco *m.*, **muñeca** *f.* doll, puppet (5.1)
músculo *m.* muscle (2.3)
museo *m.* museum (1.1)
música *f.* music (1.1)
músico *m.*, **música** *f.* musician (5.2)
musulmán *m.* (*pl.* **musulmanes**) Moslem (5.1)
muy very (1.1)

N

nacer to be born (3.2)
nación *m.* (*pl.* **naciones**) nation (1.1)
nacional national (3.1)
nacionalidad *f.* nationality **(2.2)**
nacho *m.* nacho *(tortilla chip with cheese and chilis)* **(1.1)**
nada nothing (1.2)
  nada en particular nothing really; nothing special **(1.1)**
nadar to swim **(1.1)** *pres. subj.* **(5.1)** *fut.* **(8.1)**
nadie no one, nobody (2.2)
naranja *f.* orange (4.3)
nariz *f.* (*pl.* **narices**) nose (3.2)
narrar to narrate (3.3)
natación *f.* swimming (1.1)
nativo(a) *adj.* native (3.1)
nativo *m.*, **nativa** *f.* native (3.3)
naturaleza *f.* nature (3.2)
navegante *m. f.* navigator, sailor (3.3)
navegar to navigate (2.1)
Navidad *f.* Christmas (6.2)
necesario(a) necessary (1.1) **(2.3)**
necesidad *f.* necessity (3.2)
necesitar to need (1.2) **(5.1)**
necio(a) bothersome; foolish; stubborn **(7.3)**
negativamente negatively (1.2)
negativo(a) negative **(1.1)**
negocio *m.* business, trade (2.3)
negro(a) black (1.1)
nervioso(a) nervous (1.2)
nevar (ie) to snow (3.1)
nevera *f.* refrigerator (3.2)
ni not even; nor (2.2)
ni siquiera not even (6.1)
nicaragüense *m. f.* Nicaraguan (2.2)
nicle *m.* nickel (6.1)
nido *m.* nest (8.3)
nieto *m.*, **nieta** *f.* grandson, granddaughter (3.3)
ningún, ninguno(a) no, none, not any (1.3)
niñez *f.* childhood; infancy **(4.1)**
niño *m.*, **niña** *f.* boy, girl (2.2)
nivel *m.* level (3.3)
no no; not (1.1)
no obstante nevertheless (3.3)
no sólo . . . sino también not only . . . but also (3.3)
noble noble (2.3)
nocturno *m.* nocturne, relating to night (6.3)

noche *f.* night (1.1)
nombrar to name (2.1)
nombre *m.* name (1.1)
nopal *m.* Mexican cacti with red flowers (8.1)
norma *f.* standard, norm, rule (6.3)
norte *m.* north (1.1)
norteamericano(a) North American (1.2)
norteño(a) northern (2.1)
noruego(a) Norwegian **(2.2)**
nos us; to (for) us (1.1)
nosotros we (1.1)
nota *f.* note; grade (2.2)
notable remarkable (2.1)
notar to note (5.1)
noticias *f. pl.* news (3.1)
noticiero *m.* newscast **(3.2)**
novela *f.* novel (1.1)
novio *m.*, **novia** *f.* boyfriend, girlfriend (1.2)
nube *f.* cloud (4.2)
  andar por las nubes to be daydreaming, to have one's head in the clouds (7.2)
nublado(a) cloudy (3.1)
núcleo *m.* nucleus (4.3)
nudo *m.* knot (4.1)
nuestro(a) our (1.2)
nuevo(a) new (1.1)
  ¿qué hay de nuevo? what's new? (1.1)
nuez *m.* (*pl.* **nueces**) nut (2.3)
número *m.* number (1.1)
numeroso(a) numerous (1.3)
nunca never (1.1)
nutrición *f.* nutrition **(5.2)**
nutritivo(a) nutritious **(5.1)**

O

obedecer to obey (8.1)
objeto *m.* object (2.1)
obligación *f.* (*pl.* **obligaciones**) obligation (1.3)
obligado(a) obliged (3.3); obligated (6.2)
obligar to force (6.3)
obligatorio(a) obligatory (5.2)
obra *f.* work (4.1)
observar to observe **(4.1)**
observatorio *m.* observatory (3.1)
obsesionado(a) obsessed (5.1)
obtener to get, obtain (7.3)
obviamente obviously (5.1)
obvio(a) evident, obvious **(5.1)**
occidental Western (1.1)
occidente *m.* West **(3.1)**
océano *m.* ocean **(2.3)**
ocultarse to hide (5.1)
oculto(a) hidden (5.1)
ocupación *f.* (*pl.* **ocupaciones**) occupation (1.1); job
ocupado(a) busy (1.1); occupied, inhabited (1.1)
ocupar to occupy *(space)* (1.1); to occupy, fill (5.1)
ocurrir to occur (1.1)
odiar to hate **(2.2)**
odio *m.* hatred (6.3)
oeste *m.* west (3.1)
oferta *f.* offer; bargain (1.2)
oficina *f.* office (1.1)
ofrecer to offer (1.2)
oír to hear (1.2)
ojalá let's hope that; I hope that **(5.1)**
ojear to eye quickly, to scan (2.3)
ojo *m.* eye (2.3)
oligarca *m.* oligarch (7.2)
olímpico(a) Olympic **(5.1)**
oliva *f.* olive (6.1)
olvidar to forget (2.1)
olla *f.* pot (3.3)
ondulado(a) wavy, curly (4.1)
operador *m.*, **operadora** *f.* operator **(7.3)**
opinar to form an opinion ; to think (1.1)
opinión *f.* (*pl.* **opiniones**) opinion (5.1)
oportunidad *f.* opportunity, chance (5.1)
optar to choose, decide on, opt for (5.2)
opuesto(a) opposite (1.3)
oración *f.* (*pl.* **oraciones**) sentence (1.1) **(2.1)**
orden *m. f.* (*pl.* **órdenes**) order, sequence (3.2); command **(3.3)**
ordenar to arrange, put in order (4.2)
ordinario(a) ordinary (2.1)
organizado(a) organized (1.3)
organizar to organize (3.2)
orgullo *m.* pride (8.2)
orgulloso(a) proud, haughty (2.1)
oriental oriental (5.1)
oriente *m.* East **(3.1)**
origen *m.* (*pl.* **orígenes**) origin (2.2)
orilla *f.* bank of a river, shore (2.2) **(4.3)**
oro *m.* gold (2.1)
orquesta *f.* orchestra (1.3)
orquídea *f.* orchid (6.1)
oscurecido(a) darkened (6.2); obscured
oscuro(a) dark (1.2) **(6.2)**
osito *m.* little bear **(4.1)**
  osito *m.* **de peluche** teddy bear **(4.1)**
otoño *m.* autumn (8.1)
otorgar to grant, give (5.2)
otro(a) other (1.1)
ovalado(a) oval (8.1)
óvalo *m.* oval (7.2)
oxígeno *m.* oxygen (2.3)
¡oye! *fam.* hey!, listen! (1.2)

P

paciencia *f.* patience (3.2) **(3.3)**
paciente *m. f.* patient (3.2)
pacífico(a) pacific, peaceful (6.1)

padrastro *m.* stepfather (2.1)
padre *f.* father (1.1)
padremonte *m.* Father Woods (6.3)
padrino *m.* godfather, protector (7.2)
paella *f.* paella *(Spanish rice dish seasoned with saffron)* (4.1)
pagado(a) paid **(7.3)**
pagar to pay (3.2)
página *f.* page (1.1)
pago *m.* payment **(7.1)**
país *m.* (*pl.* **países**) country, nation (1.3)
paisaje *m.* landscape, countryside (4.3)
paja *f.* straw **(4.2)**
pajarito *m.* little bird (2.1)
pájaro *m.* bird **(2.2)**
palabra *f.* word (2.2)
  palabras *f. pl.* **afines** cognates (2.3)
paleontólogo *m.*, **paleontóloga** *f.* paleontologist (3.3)
pálido(a) pale (1.2)
palo *m.* stick (7.1)
pampa *f.* pampas, prairie lands in Argentina (8.1)
pan *m.* bread (5.2)
panadería *f.* bakery (5.1)
panameño(a) Panamanian (3.2)
pandilla *f.* gang (7.3)
pandillero *m.* member of a gang (7.3)
panqueque *m.* pancake (1.3)
pantalones *m. pl.* pants (1.1)
  pantalones *m.* **cortos** shorts **(8.2)**
pantalla *f.* screen (5.3)
pantano *m.* marsh (2.3)
pañuelo *m.* handkerchief **(8.1)**
papa *f.* potato (1.1)
papá *m.* dad (1.1)
papel *m.* role **(2.1)**; paper (2.3)
papelería *f.* stationery store (1.1) **(2.3)**
papita *f.* small potato **(5.1)**
  papitas *f. pl.* **fritas** French fries **(5.1)**
paquete *m.* package (6.2)
paquistaní *m. f.* (*pl.* **paquistaníes**) Pakistani **(2.2)**
par *m.* pair (7.1)
para for (1.1)
paraguayo(a) Paraguayan (2.2)
paraíso *m.* paradise (6.1)
paralelo *m.* parallel (2.3)
paralizado(a) paralyzed (6.3)
parar to stop (1.2)
parcela *f.* part, portion (6.3)
parcial partial (7.1)
parecer to appear, seem (1.2) **(1.3)**
  al parecer apparently (3.2)
pared *f.* wall (4.2)
pareja *f.* couple, pair (6.2)
paréntesis *m. pl.* parentheses (5.2)
pariente *m.* relative (1.1)
parque *m.* park (1.2)
párrafo *m.* paragraph (1.2)
parte *f.* part (2.1)
participar to participate (3.2)
particular private (1.2); particular
partido *m.* game (1.2); political party (5.2)
  tomar partido to decide, make up one's mind (6.3)
partir: partido departed, left (3.3)
parvada *f.* flock (8.3)
pasado *m.* past (3.3) **(4.1)**
pasado(a) past (1.3)
pasar to happen; to go past; to spend time (1.1) *pret.* (2.2)
pasatiempo *m.* pastime (8.3)
pascua *f.* Easter (3.3)
Pascua de Resurrección *f.* Easter of Resurrection (3.3)
pasear to walk, stroll (1.1) *pret.* (2.2)
pasillo *m.* hallway (1.1)
paso *m.* pace; step (1.1)
  unos cuantos pasos a few steps (1.1)
pasta *f.* **dental** toothpaste **(8.2)**
pastel *m.* cake (1.2)
paternalista paternalistic (5.2)
paterno(a) paternal (2.1)
patita *f.* paw (3.3)
patria *f.* native land, mother country (6.3)
patrón *m.* (*pl.* **patrones**) master, boss (6.2); patron
paz *f.* peace (1.2)
pedir (i, i) to ask for, to request (1.1) *pres. subj.* **(5.2)** *cond.* **(8.2)**
  pedir perdón to ask forgiveness (1.3)
pegado(a) attached to (5.3)
peinarse to comb one's hair (3.3)
peine *m.* comb **(8.2)**
pelaje *m.* coat, hair (2.3)
pelear to fight (7.3)
película *f.* film, movie (1.1)
peligro *m.* danger (2.2)
peligroso(a) dangerous **(2.3)**
pelo *m.* hair **(1.3)**
pelota *f.* ball (1.2)
pena: alma en pena soul in torment (6.3)
pendiente hanging (8.3)
Península Ibérica Iberian Peninsula (5.1)
pensamiento *m.* thought (5.3)
pensar (ie) to think (1.1) *pres. subj.* **(5.2)**
pensionado retired (7.3)
peor worse (2.2)
pequeño(a) small, little (2.1)
perder (ie) to lose (2.1)
perderse (ie) to get lost (2.2)
pérdida *f.* loss (3.2)
perdido(a) lost (4.3)
perdonar to pardon, excuse (3.2); to forgive (7.3)
peregrinación *f.* (*pl.* **peregrinaciones**) pilgrimage (7.2)
perezoso *m.* sloth (6.1)
perezoso(a) lazy **(1.3)**
perfecto(a) perfect (1.2)
perfumado(a) perfumed (2.3)

perico *m.* parakeet, parrot (2.2)
periódico *m.* newspaper (1.3)
periodístico: de interés periodístico newsworthy (7.3)
periquito *m.* little parakeet (2.1)
perla *f.* pearl (2.1)
permanecer to remain (3.2)
permiso *m.* permission (3.2)
permitir to permit, allow (1.1)
pero but (1.1)
perrito *m.* puppy (1.2)
perro *m.* dog (1.2)
perseguido(a) *n.* one who is persecuted (3.2)
persistir to persist (8.1)
persona *f.* person (1.1)
personaje *m.* person (2.1); character (4.3)
personalidad *f.* personality **(1.1)**
personalizar to personalize (1.2)
pertenecer to belong (6.2)
pertinente pertinent, relevant (5.1)
peruano(a) Peruvian (2.2)
pesar to weigh (3.3) **(6.2)**
pesas *f. pl.* weights **(5.1)**
pescado *m.* fish (3.2)
pesimista *m. f.* pessimist (2.1)
peso *m.* weight **(5.2)**; peso *(Mexican monetary unit)* (7.1)
petición *f.* (*pl.* **peticiones**) request (1.3)
petróleo *m.* oil, petroleum (2.1)
picado(a) chopped, minced
picaflor *m.* humming-bird (6.1)
picante spicy (1.1)
picar to bite (2.3)
pico *m.* peak **(2.3)**; beak (8.1)
pie *m.* foot (2.2)
  a pie on foot (2.2)
piedra *f.* stone (3.3)
  piedra *f.* **preciosa** precious stone (2.1)
piel *f.* skin **(3.2)**
pierna *f.* leg (3.2)
pieza *f.* piece (5.3)
pilote *m.* pile *(bldg.)* (2.1)
pino *m.* pine tree (8.3)
pintado(a) painted (2.3)
pintar to paint (4.2); to depict (7.2)
pintarse to put on make-up (2.3)
pintor *m.,* **pintora** *f.* painter (7.3)
pintoresco(a) picturesque (6.3)
pintura *f.* painting, picture (1.3); paint (2.3)
pipa *f.* pipe (6.3)
pirámide *f.* pyramid (2.1)
piraña *f.* piranha fish **(2.2)**
piscina *f.* swimming pool **(5.1)**
piso *m.* floor (3.2)
piyamas *f. pl.* pajamas (3.3)
pizarra *f.* chalkboard (3.3)
placer *m.* pleasure (1.1)
planchar to iron **(4.1)**
planear to plan (2.1)
planeta *m.* planet (6.1)
planificar to plan (4.1)
planta *f.* plant **(2.3)**
plantación *f.* (*pl.* **plantaciones**) plantation (3.1)
plantar to plant (7.3)
plantear to set forth, state (3.3)
plata *f.* silver **(3.1)**
platillo *m.* saucer (7.3)
plato *m.* plate (1.2)
playa *f.* beach (3.2) **(8.2)**
plaza *f.* town square **(8.3)**
pluma *f.* feather(8.2)
plumaje *m.* plumage, feathers (6.1)
población *f.* (*pl.* **poblaciones**) population (1.1) **(2.3)**
poblar to settle, colonize (1.1)
pobre poor (1.2)
pobreza *f.* poverty (4.3)
poco(a) little
  dentro de poco within a short time, soon (1.3)
  poco a poco little by little (2.1)
  un poco a little (1.2)
poder (ue) to be able (1.1) *pres. subj.* **(5.2)** *fut.* **(8.1)** *cond.* **(8.2)**
poder *m.* power (6.3)
poderoso(a) powerful, mighty (2.3)
podrías *cond.* would be able (2.1)
poema *m.* poem (1.1)
poesía *f.* poetry (3.2)
poeta *m. f.* poet (1.2)
policía *f.* police force; policewoman; *m.* policeman (3.1)
policíaco(a) mystery **(3.1)**
policías policemen, policewomen (5.2)
poligonal polygonal (4.1)
Polinesia *f.* Polynesia (3.3)
polinesio(a) *n.* Polynesian (3.3)
política politics (5.2)
político(a) political (1.1)
pollo *m.* chicken (2.1)
poner to put, place (1.3) *pres. perf.* **(6.2)** *fut.* **(8.1)** *cond.* **(8.2)**
  poner a cargo to put in charge of (3.2)
ponerse to put on (3.3)
  ponerse + *adj.* to become (1.3)
  ponerse a + *inf.* to begin to + *inf.* (5.3)
  ponerse de acuerdo to agree (2.1)
  ponerse en línea to get into shape, slim down **(8.1)**
  ponerse en marcha to start (8.1)
poquísimo very little (4.1)
poquito(a) little (2.1)
por for; by **(1.1) (3.2)**
  por casualidad by accident, coincidence **(3.2)**
  por ciento *m.* percent (1.2)
  por ejemplo for example (1.2)
  por el contrario on the contrary (1.1) **(3.1)**
  por escrito in writing **(3.1)**
  por eso for that reason, therefore (2.1)

por favor please (1.1)
por lo menos at least (1.2)
por lo tanto so, therefore (2.1)
por si acaso if by chance, just in case **(8.2)**
por supuesto of course (1.1)
¿por qué? why? (1.1)
porque because (1.2)
portarse to behave (3.2)
portugués, portuguesa (*m. pl.* **portugueses**) Portuguese **(2.2)**
posada *f.* lodging (4.2)
posado(a) perched (8.1)
poseer to possess, have (8.1)
posesión *f.* (*pl.* **posesiones**) possession (8.1)
posibilidad *f.* possibility (1.2) **(3.1)**
posible possible (2.3)
positivo(a) positive **(1.1)**
poste *m.* post, pole (4.1)
poste *m.* **de alumbrado eléctrico** electrical pole (4.1)
posteriormente subsequently (3.3)
postre *m.* dessert (1.1)
práctica *f.* practice (1.3)
practicar to practice (1.1)
práctico(a) practical (5.3)
precio *m.* price (3.2)
precioso(a) beautiful, precious (4.3)
precisamente precisely (5.3)
preciso(a) necessary **(5.1)**
es preciso it's necessary (5.1)
precolombino(a) pre-Columbian (4.3)
preconcebido(a) preconceived (6.3)
predecir to predict (1.3) **(8.1)**
predicción *f.* (*pl.* **predicciones**) prediction **(8.1)**
predominante predominant (8.1)
predominar to predominate, prevail (6.3)
predominio *m.* predominance (8.1)
preferencia *f.* preference **(1.1)**
preferir (ie, i) to prefer (1.2)
pregunta *f.* question **(1.1)**
preguntarse to ask oneself, to wonder (1.3)
prehistórico(a) prehistoric (4.3)
premio *m.* prize (2.1) **(4.2)**
prenda *f.* article (of clothing) (2.1)
prendedor *m.* brooch (1.1)
prender to ignite, set fire **(6.3)**; to turn on
prendido(a) close to, fond of (1.3)
preocupado(a) worried (1.2)
preparación *f.* (*pl.* **preparaciones**) preparation (5.2)
preparar to prepare (1.1)
presencia *f.* presence (1.3)
presentación *f.* (*pl.* **presentaciones**) presentation (3.1)
presentar to introduce (1.1); to show (7.1); to present
presidente *m., f.* president (2.1)
preso *m.*, **presa** *f.* prisoner (8.3)
prestar to lend, give **(5.1)**
prestar atención to pay attention (3.2)
prestigioso(a) prestigious (3.2)
previo(a) previous, prior (3.3) **(7.2)**
primario(a) primary (3.3)
primate primate (6.1)
primo *m.*, **prima** *f.* cousin (1.3)
principal principal, main (7.1)
principio *m.* beginning (4.2)
principios de beginning of (1.2)
prisa *f.* hurry (1.3)
privarse to give up, go without (7.3)
privilegio *m.* privilege (1.1)
probabilidad *f.* probability (8.2)
probable probable **(5.1)**
probablemente probably (1.2)
probar (ue) to taste (1.2); to prove (5.1)
problema *m.* problem (1.1)
problemático(a) problematic (7.1)
proclamar to proclaim (1.1)
producir to produce (2.3)
producto *m.* product (2.1) **(2.3)**
profecía *f.* prophecy (8.1)
profesión *f.* (*pl.* **profesiones**) profession (5.1)
profesor *m.*, **profesora** *f.* professor, teacher (1.1)
profundamente deeply (5.1)
profundo(a) deep, profound (1.3)
programa *m.* program (2.2)
programación *f.* (*pl.* **programaciones**) programming **(3.2)**
programado(a) programmed; planned **(8.3)**
progresista progressive (5.2)
progreso *m.* progress (7.2)
prohibido(a) prohibited (7.3)
prohibir to prohibit (5.2)
promedio *m.* average (3.1) **(7.3)**
prometer to promise (4.3)
prominente prominent (7.1)
promoción *f.* (*pl.* **promociones**) promotion (3.2)
pronóstico *m.* forecast (3.1); prediction
pronto quickly (1.3)
pronunciar to pronounce (2.1)
propagarse to propagate, spread (5.1)
propiedad *f.* property (6.2)
propietario *m.*, **propietaria** *f.* owner (3.2)
propina *f.* tip (3.2)
propio(a) own (2.3)
proporcionar to provide (1.3)
propósito *m.* purpose (1.3)
prosa *f.* prose (5.1)
prosperar to prosper, flourish (8.1)
próspero(a) prosperous (3.2)
protección *f.* protection **(3.2)**
protector(a) protective **(3.2)**
proteger to protect **(3.2)**
protesta *f.* protest (6.3)
proveer to provide, supply (4.2)
provenir (ie, i) to come from (7.3)
providencial providential (5.2)
provincia *f.* province (3.2)

provocar to provoke (2.1)
próximo(a) next (2.2)
proyectado(a) thrown, hurled (8.2)
proyecto *m.* project (8.1)
prueba *f.* proof (3.3); test, trial (5.1)
publicación *f.* (*pl.* **publicaciones**) publication (6.3)
publicar to publish (3.2); to publicize (5.1)
publicidad *f.* publicity (3.2)
público *m.* public, audience (5.1)
pueblo *m.* town, village (1.1)
puente *m.* bridge (4.2)
puerta *f.* door (1.1)
puerto *m.* port (2.1) **(2.3)**
puertorriqueño(a) Puerto Rican (2.2)
pues well (1.1)
puesto *m.* job, position (3.2) **(7.1)**
puesto(a) placed, set (2.1); in place; on (4.3)
pulga *f.* flea **(2.3)**
pulgada *f.* inch (3.2)
pulsera *f.* bracelet (1.1) **(1.2)**
puma *m.* mountain lion, puma **(6.1)**
puntería *f.* marksmanship, aim (6.3)
punto *m.* point; dot (1.1)
  punto *m.* **de vista** point of view (6.3)
puntualidad *f.* punctuality **(7.3)**
puntualmente punctually (7.2)
puñado *m.* handful (6.1)
pupitre *m.* student desk (3.2)
pureza *f.* purity (5.2)
puro(a) pure (3.1)

Q

que that (1.1)
qué what (1.1)
  ¡qué barbaridad! what an outrage! what nonsense! (5.2)
  ¡qué caballero! what a gentleman! **(5.1)**
  ¡qué culto! how educated! how cultured! **(2.2)**
  ¡qué envidia! what envy! **(8.1)**
  ¡qué fracaso! what a disaster! (3.1)
  ¡qué lástima! what a shame! (3.1)
  ¡qué padre! how great! (6.1)
  ¡qué suerte! what luck! **(1.2)**
  ¡qué susto! what a fright! **(6.3)**
  ¡qué va! no, not at all. (6.2)
  ¡qué vergüenza! how embarrassing! (5.1)
¿qué? what? (1.1)
  ¿qué hay de nuevo? what's new? **(1.1)**
  ¿qué tal? how's it going? (1.1)
  ¿qué va? what's happening? (1.1)
quebrado(a) *n.* one who is broken (3.2)
quebrar (ie) to break, smash (6.3)
quechua *f.* quechua *(indigenous Peruvian language)* (8.2)
quedar to remain (1.2)
quehacer *m.* chore **(4.1)**
quejarse to complain (1.3)
quejido *m.* moan (3.3)
quemado(a) burned **(3.2)**
quemadura *f.* burn **(3.2)**
quemar(se) to burn (oneself) (2.3)
querer (ie) to want, wish (1.1) *pret.* **(3.1)** *fut.* **(8.1)** *cond.* **(8.2)**
querido(a) dear, beloved (1.2)
queso *m.* cheese (2.1)
quetzal *m.* quetzal *(Central American bird with brilliant plumage)* (6.1)
¿quién?, ¿quiénes? who? (1.1)
¡quíhubole! what's happening, what's up **(6.1)**
química *f.* chemistry (1.2)
químico *m.*, **química** *f.* chemist (6.2)
quitar to take away, remove (5.1)
quitarse to take off *(clothes)* (3.3)
¡quítate! stop it! **(2.2)**
quizás perhaps **(5.1)**

R

raíz *f.* (*pl.* **raíces**) root (1.1)
rallado(a) grated (1.3)
rama *f.* branch (6.3)
ranchería *f.* a village in which certain Native-American tribes lived and farmed (1.1)
ranchito *m.* small ranch (1.3)
rancho *m.* ranch (3.2)
rápidamente quickly, rapidly (3.3)
rápido(a) fast (1.1) **(1.3)**
raqueta *f.* racket (7.1)
raro(a) strange (1.2)
rasuradora *f.* razor **(8.2)**
rato *m.* short period of time, a while (1.2)
ratón *m.* (*pl.* **ratones**) mouse **(2.3)**
ratoncito *m.* little mouse **(4.2)**
rayo *m.* ray **(3.2)**
raza *f.* race (2.3)
razón *f.* (*pl.* **razones**) reason (1.3)
razonar to reason (6.2)
reacción *f.* (*pl.* **reacciones**) reaction (3.2)
reaccionar to react; to respond (1.2)
reajustar to readjust (5.3)
real *m.* coin of 25 *céntimos*, one quarter of a peseta (7.1)
real magnificent (2.1) royal; real
realidad *f.* reality (2.2)
realista *m. f.* realist **(7.1)**
realizado(a) carried out (3.3)
realmente really (2.3)
rebajado(a) reduced, discounted (1.2)
recepcionista *m. f.* receptionist **(7.2)**
receptor *m.* catcher (3.1)
receta *f.* recipe (3.2)

recibir to receive (1.1)
recién recently (7.3)
reciente recent **(7.3)**
recientemente recently (1.3)
recitar to recite (5.2)
reclamar to reclaim **(3.1)**; to claim, demand (8.1)
reclutador *m.* **voluntario** voluntary recruiter (7.3)
reclutar to recruit (7.3)
recoger to gather (1.1); to pick up (1.2)
recomendable advisable **(5.1)**; commendable
recomendación *f.* (*pl.* **recomendaciones**) recommendation **(5.1)**
recomendar (ie) to recommend (1.2)
reconocer to realize (6.1); to recognize (7.3)
recordar (ue) to remind (8.1); to remember (1.2)
recrear to recreate (2.3)
recreo *m.* recess, recreation (1.1)
rectitud *f.* rectitude, honesty (7.2)
recuerdo *m.* remembrance, souvenir (4.1); memory
redondo(a) round (7.2)
reducido(a) reduced (6.3)
referencia *f.* reference **(7.3)**
referirse (ie, i) a to refer (to) (2.2)
reflejar to reflect (4.1)
reflexionar to reflect, think (5.3)
reforma *f.* reform (3.2)
reformista *m. f.* reformer (3.2)
refrán *m.* refrain, saying (1.3)
refresco *m.* soft drink (1.1)
refrito(a) refried (1.3)
refugio *m.* refuge (4.1) **(6.2)**
regalar to give (as a gift) **(4.2)**
regalo *m.* gift (1.1)
régimen *m.* regimen, diet **(5.2)**
región *f.* (*pl.* **regiones**) region (1.1)
registrar to register (3.1)
regla *f.* ruler *(for measuring)* (1.2); rule (6.2)
regresar to return, go back (2.3)
regreso *m.* return (3.1)
reguero *m.* stream (4.1)
regular okay, so-so (1.1)
rehusar to refuse (7.2)
reino *m.* reign, kingdom (4.2)
reír (i, i) to laugh **(4.1)**
reírse (i, i) to laugh (6.1)
reírse a carcajadas to roar with laughter (6.2)
rejilla *f.* lattice; canework (4.3)
relación *f.* relation, relationship (7.1)
relacionado(a) related (2.2)
relajar to relax (2.3)
relatar to tell (of), relate (3.2)
relativamente relatively (8.1)
reloj *m.* clock; watch (1.2)
rellenar to fill (1.3) **(3.2)**
relleno(a) filled (1.3)
remedio *m.* remedy, cure (4.3)
remoto(a) remote (3.3)
rendir to render (4.3)
rendir culto to render homage (4.3)
renovar to restore (4.2)
reparar to repair (7.2)
repartir to distribute **(7.2)**
repasar to review, go over (3.3)
repente: de repente suddenly (4.3)
repetir (i, i) to repeat (1.2)
repleto(a) replete, full (3.3)
reporte *m.* report (3.1)
reportero *m.*, **reportera** *f.* reporter (1.3)
representante *m. f.* representative (8.2)
representar to represent (1.3)
república *f.* republic (1.1)
republicano(a) republican (7.2)
reputación *f.* reputation (5.1)
requerir (ie, i) to require **(7.2)**
requisito *m.* requisite **(7.3)**
reserva *f.* reserve (8.1); reservation
residencia *f.* residence (7.3)
resina *f.* resin (2.3)
resolución *f.* (*pl.* **resoluciones**) resolution (8.1)
resolver (ue) to resolve **(3.3)** *pres. perf.* **(6.2)**
respecto a with respect to (5.2)
respetar to respect (1.3)
respeto *m.* respect (1.3)
respirar to breathe **(5.2)**
responder to respond (1.1)
responsabilidad responsibility (5.2)
responsable responsible (3.2)
respuesta *f.* answer, response (1.2)
restaurante *m.* restaurant (1.1)
resto *m.* rest, remainder (2.1)
restos *m. pl.* remains (4.1)
resultado *m.* result **(5.3)**
resultado(a) resulted (1.3)
resultar to turn out to be (1.3)
resumen *m.* summary (4.3)
resumir to sum up (4.3)
reunión *f.* (*pl.* **reuniones**) meeting, (social) gathering (2.1); reunion (4.1)
reunir to assemble, bring together (7.3)
reunirse to get together, meet (1.3)
revés: al revés backwards, inside-out (6.3)
revisar to look over, examine (3.1)
revista *f.* magazine (1.1)
revitalización *f.* revitalization (8.1)
revolucionario(a) revolutionary (7.2)
rico *m.*, **rica** *f.* rich person (7.1)
rico(a) rich; tasty, delicious (1.2)
ridículo(a) ridiculous (3.1)
rima *f.* rhyme (6.3)
rincón *m.* corner (3.3)
río *m.* river (2.1)
riqueza *f.* riches, wealth (2.1); richness (8.3)
riquezas *f. pl.* riches; resources (1.1)
risa *f.* laughter (1.2)

ritmo *m.* rhythm (6.3)
rito *m.* rite, ceremony (7.1)
robar to rob, steal (3.1)
robo *m.* robbery, theft (4.2)
roca *f.* rock (4.3)
rodar to roll (7.2)
rodeado(a) surrounded **(8.3)**
rodear to surround (8.1)
rodilla *f.* knee (7.2)
rojo(a) red (1.1)
romántico(a) romantic (1.1)
romper to break **(2.2)** *pres. perf.* **(6.2)**
rondar to prowl around; to haunt (6.2)
ropa *f.* clothing (1.1)
rosa *adj.* pink (1.2)
rosa *f.* rose (3.3)
rosado(a) pink (1.1)
rubio(a) blond (1.3)
rueda *f.* wheel **(1.3)**
ruido *m.* noise, sound (5.1) **(6.3)**
ruidosamente loudly (8.2)
ruidoso(a) noisy, loud (1.2)
ruina *f.* ruin (8.2)
ruinas *f. pl.* ruins (4.1)
ruiseñor *m.* nightingale (8.2)
ruso(a) Russian **(2.2)**
ruta *f.* route (2.3)
rutina *f.* routine **(1.1)**

S

sábado *m.* Saturday (1.1)
sabana *f.* savanna, a tropical or subtropical grassland (3.3)
sábana *f.* sheet *(on a bed)* (5.1)
sabelotodo *m.* know-it-all (7.2)
saber to know; to know how (1.1) *pret.* **(3.1)** *pres. subj.* **(5.1)** *cond.* **(8.2)**
sabio *m.* wise person (7.2)
sabio(a) wise (3.2) **(4.3)**
sabor *m.* flavor **(3.2)**
sacar to take out (1.2)
  sacar apuntes to take notes (4.3)
  sacar fotos to take photos (1.1)
sacerdote *m.* priest, leader (8.1)
saco *m.* sack, bag (6.1); jacket (5.2)
  saco *m.* **de dormir** sleeping bag **(6.1)**
sal *m.* salt (5.2)
salario *m.* salary **(7.2)**
salchicha *f.* sausage (3.1)
salir to leave (1.1) *pret.* **(2.2)** *imperf.* **(3.3)** *pres. subj.* **(5.1)** *pres. perf.* **(6.2)** *fut.* **(8.1)** *cond.* **(8.2)**
salón *m.* (*pl.* **salones**) living room (3.3)
salsa *f.* sauce (1.1)
saltar to jump (3.2)
saltón (*pl.* **saltones**) bulging (5.3)
salud *f.* health **(2.3)**
saludable healthful **(5.2)**
saludar to greet (1.1)
saludo *m.* greeting (1.3)
salvadoreño(a) Salvadoran (2.2)
salvaje wild, savage **(2.2)**
salvar to save *pret.* **(2.2)**
sanar to heal (8.2)
sandalia *f.* sandal **(8.2)**
sándwich *m.* sandwich (3.2)
sangre *f.* blood (2.3)
sangriento(a) bloody (7.2)
sanitorio *m.* sanatorium (6.3)
sano(a) healthy, wholesome (3.2)
santo *m.* saint's day, birthday (1.2)
sapo *m.* toad (8.2)
sastre *m.* tailor (5.1)
sátira *f.* satire; skit (8.2)
secar to dry (4.2)
secarse to dry up (3.3)
sección *f.* (*pl.* **secciones**) section **(2.1)**
secretario *m.*, **secretaria** *f.* secretary (1.2)
secreto(a) secret **(3.3)**
secundario(a) secondary (1.1)
sed thirst (5.2)
seda *f.* silk (7.2)
seguida: en seguida right away, straightaway (5.2)
seguidor *m.*, **seguidora** *f.* follower (5.2)
seguir (i, i) to follow; *pres. subj.* **(5.2)**
según according to (1.1)
seguramente surely **(2.2)**
seguridad *f.* security (5.1); safety
seguro *m.* insurance **(7.1)**
seguro(a) sure, certain **(1.2)**
seleccionado(a) selected (8.2)
seleccionar to select (1.3)
selva *f.* jungle **(2.2)**
  selva *f.* **tropical** (2.3) rain forest
semana *f.* week (1.3)
  fin *m.* **de semana** weekend (4.2)
sembrar to plant (4.1)
semejante a similar to (4.2)
semejanza *f.* similarity (4.1)
seminario *m.* seminary (7.2)
sencillo(a) simple (2.3)
sensacional sensational (3.2)
sentarse to sit down (1.2)
sentido *m.* sense
  doble sentido double meaning (1.3)
  sentido *m.* **común** common sense (4.1)
sentimiento *m.* feeling (1.3)
sentir (ie, i) to feel (1.2) **(5.2)**
sentirse (ie, i) to feel (7.2)
señal *f.* sign, signal **(6.3)**
señalado(a) indicated (7.1)
señalar to point out (4.1); to point to (6.1); to mark; to indicate

señor (Sr.) *m.* Mr. (1.1)
señora (Sra.) *f.* Mrs. (1.2)
señorita (Srta.) *f.* Miss (6.2)
separación *f.* (*pl.* **separaciones**) separation (1.1)
separado(a) separated, separate (7.2)
separar to separate (1.1)
separarse to separate; to distance oneself **(4.1)**
sequía *f.* drought (2.1)
ser to be (1.1) *pret.* (2.1) *imperf.* **(4.1)** *pres. subj.* **(5.1)** *cond.* **(8.2)**
  ser listo(a) to be clever or sharp (5.2)
ser *m.* **humano** human being (8.2)
sereno(a) serene, calm (6.1)
serie *f.* series **(3.2)**
serio(a) serious (1.3)
serpiente *f.* snake **(2.2)**
servicio *m.* service (1.3); restroom (6.2)
servir (i, i) to serve (1.2) *pres. subj.* **(5.2)**
severo(a) severe (4.2)
si if (1.2)
sí yes (1.1)
SIDA *m.* AIDS (2.3)
siempre always (1.1)
sierra *f.* ridge (of mountains) **(6.1)**
siesta *f.* nap (4.3)
siglo *m.* century (6.3)
significado *m.* meaning (2.3)
significar to mean (5.1)
significativo(a) significant (3.2)
siguiente following, next (2.1)
silencio *m.* silence (4.3)
silencioso(a) silent (4.1)
silla *f.* chair (1.2)
  silla *f.* **de ruedas** wheelchair **(1.3)**
  silla *f.* **mecedora** rocking chair (2.1)
sillón *m.* (*pl.* **sillones**) easy chair (3.1)
simbolismo *m.* symbolism (6.3)
símbolo *m.* symbol (8.3)
similitud *f.* similarity (3.3)
simpático(a) nice (1.2)
sin without (1.3)
  sin duda without a doubt (1.3)
  sin embargo nevertheless (1.1)
singular unique, extraordinary (1.3)
sinnúmero *m.* a great many, a huge number of (5.1)
sino rather (1.1)
sinsonte *m.* mockingbird (8.2)
síntoma *m.* symptom **(1.2)**
siquiera without even (7.3)
sirviente *m.*, **sirvienta** *f.* servant (3.3)
sistema *m.* system (4.1)
sitio *m.* site, place (1.2) **(6.2)**
situación *f.* (*pl.* **situaciones**) situation (1.1)
situado(a) situated, located (4.1)
sobre on; over; about (1.2)
  sobre todo above all **(1.3)**
sobrellevar to bear, to endure (8.1)
sobrenatural: lo sobrenatural the supernatural (7.1)
sobresaliente outstanding (7.3)
sobresalir to stand out, excel (5.3) **(6.2)**
sobrevivir to make it through, survive (3.1)
sobrino *m.*, **sobrina** *f.* nephew, niece (2.1)
sociedad *f.* society (6.1)
socio *m.*, **socia** *f.* member (3.1) **(5.1)**
sociología *f.* sociology (8.2)
sofisticado(a) sophisticated, advanced (3.1)
sol *m.* sun (1.3)
solamente only (1.1)
soledad *f.* loneliness (3.2)
solicitar to apply, solicit **(7.2)**
solicitud *f.* application **(7.3)**
solo(a) alone; single (1.2)
sólo only (1.2)
solución *f.* (*pl.* **soluciones**) solution (3.2)
sombrero *m.* hat (1.1)
sonar (ue) to ring **(4.2)**; to sound (5.3)
soneto *m.* sonnet (3.2)
sonreír (i, i) to smile **(4.1)**
sonreírse (i, i) to smile (1.2)
soñador *m.*, **soñadora** *f.* dreamer
sopa *f.* soup (2.1)
sordo *m.*, **sorda** *f.* deaf person (7.2)
sorprender to surprise (6.2)
sorpresa *f.* surprise (2.3) **(3.3)**
sospechar to suspect **(6.1)**
sospechoso(a) suspicious **(6.2)**
sostener to sustain (2.3)
sotana *f.* cassock, monk's attire (5.1)
sótano *m.* basement (6.2)
su, sus his, her, your; your (*pl.*), their (1.1)
suave smooth, soft **(4.2)**
sub-alcalde deputy mayor (5.1)
subgraduado undergraduate (7.3)
subir to go up; to climb; to get into (2.1)
subterráneo(a) subterranean, underground (4.3)
subtítulo *m.* subtitle, captions (2.3) **(3.3)**
subyugar: subyugado subjugated (3.3)
suceso *m.* event, incident (3.3)
sucio(a) dirty **(6.1)**
sudadera *f.* sweatshirt (1.1)
sudor *m.* sweat (6.3)
sueco(a) Swedish **(2.2)**
suegro *m.*, **suegra** *f.* father-in-law, mother-in-law (1.3)
suela *f.* sole *(of shoe)* (2.3)
sueldo *m.* salary, wages (7.3)
suelo *m.* floor *(of a room)* (1.2); ground (6.1)
sueño *m.* sleep; dream **(5.1)**
suerte *f.* luck (4.1)
suéter *m.* sweater (1.1)
suficiente sufficient, enough (1.1)
sufrir to experience (2.1); to suffer (5.3)
sugerencia *f.* suggestion **(3.3)**
sugerir (ie, i) to suggest **(5.2)**
suicidarse to commit suicide, kill oneself (3.2)

suicidio *m.* suicide (3.2)
suizo(a) Swiss **(2.2)**
sujetarse to conform to (6.3); to subject oneself to
sujeto *m.* subject (1.2)
suma *f.* amount (1.1)
sumamente extremely (5.2)
sumario *m.* summary (4.3)
supermercado *m.* supermarket (1.1)
supervisar to supervise **(4.2)**
suponer to suppose (3.3)
supremo(a) supreme (8.1)
sur *m.* south (2.1)
suroeste *m.* southwest (1.1)
suspender to suspend (4.1)
suspendido(a) hanging (7.1)
suspirar to sigh (8.3)
sustituir to substitute (3.2)
susto *m.* fright **(6.3)**

T

tabulación *f.* (*pl.* **tabulaciones**) tabulation, tally (7.2)
tacaño(a) stingy **(1.3)**
taco *m.* taco *(corn tortilla with filling)* (8.2)
tal such (8.2)
  tal vez maybe, perhaps (1.1)
tala *f.* destruction, devastation (3.2) felling of trees
talento *m.* talent **(1.1)**
talla *f.* size *(clothing)* (7.2)
tallar to carve (3.3)
taller *m.* (work)shop (3.3)
tamaño *m.* size (2.3)
también also (1.1)
tambor *m.* drum (3.2)
tamborito *m.* little drum (3.2)
tampoco neither, not either (1.2)
tan so (1.2)
  tan pronto como as soon as (2.2)
tanto *adv.* so much (2.3)
  tanto como as . . . as (1.2)
tanto(a) so much, so many (1.1)
tapas *f. pl.* appetizers (4.2)
tapir *m.* tapir **(2.2)**
taquería *f.* taco restaurant (7.3)
taquigrafía *f.* shorthand **(7.2)**
taquimecanógrafa *m. f.* shorthand typist (7.2)
tarde *f.* afternoon (3.3)
tarde late (1.1)
tarea *f.* homework (1.1); task
tarjeta *f.* card (2.2)
te *dir. (indir.) obj. pron.* to (for) you (1.1)
  te toca a ti it's your turn **(1.1)**
te *refl. pron.* yourself (1.1)
té *m.* tea (5.1)
  té *m.* **de dormilera** tea that induces sleep (5.1)

teatro *m.* theatre (2.1)
técnico(a) technical **(3.2)**
tecnológico(a) technological (3.3)
techo *m.* ceiling; roof (4.2)
tejer to weave (3.1)
tejido *m.* weaving (4.3)
telaraña spiderweb (5.2)
tele *abbrev.* television (1.1)
telefónico(a) pertaining to the telephone (3.2)
teléfono *m.* telephone (1.1)
telenovela *f.* soap opera **(2.2)**
televisión *f.* television (1.1)
televisor *m.* television set (2.1)
tema *m.* theme, subject (1.3) **(2.2)**
temer to fear (5.3)
temeroso(a) fearful, frightened (6.3)
temor *m.* dread, fear (8.2)
temperamento *m.* temperament, nature, disposition (5.1)
temperatura *f.* temperature (2.1) **(2.3)**
templado(a) mild (6.1)
templo *m.* temple (3.3)
temporada *f.* season (3.1)
temprano *adv.* early (2.1)
temprano(a) early (4.1)
tender (ie) to tend (1.3)
tendido flat, extended (1.3)
tener to have **(1.1)** *pres. subj.* **(5.1)** *fut.* **(8.1)** *cond.* **(8.2)**
  tener a mano to have at hand (3.3)
  tener buen efecto to have a good effect (2.3)
  tener calor to be hot (1.3)
  tener cuidado to be careful (1.3)
  tener derecho to have the right (5.2)
  tener éxito to succeed, be successful (5.1)
  tener frío to be cold (1.3)
  tener ganas de to feel like, to have a mind to (1.1) **(1.3)**
  tener hambre to be hungry (1.3)
  tener lugar to take place (2.1)
  tener miedo to be afraid **(1.3)**
  tener presente to keep in mind (7.3)
  tener prisa to be in a hurry (1.3)
  tener que ver (con) to have to do (with) (2.3)
  tener razón to be right (1.3)
  tener sed to be thirsty (1.3)
  tener sentido to make sense (6.1)
  tener sueños to have dreams **(1.3)**
  tener suerte to be lucky **(1.3)**
tenis *m.* tennis (1.3)
tentación *f.* (*pl.* **tentaciones**) temptation (5.2)
teñido(a) dyed (2.3)
teoría *f.* theory (3.3)
tercio *m.* one third (3.1)
terminar to end (1.1)
ternura *f.* tenderness (3.2)
terraza *f.* terrace *(hillside farming)* (4.1)
terremoto *m.* earthquake (4.1)

terreno *m.* terrain (2.1)
terreno *m.* **de fútbol** soccer (football) field (4.3)
territorio *m.* territory (2.1)
terror *m.* terror (2.3)
tesoro *m.* treasure (3.3) **(4.1)**
testigo *m. f.* witness (3.3)
tiempo *m.* time (1.1)
tienda *f.* store (1.1)
tierra *f.* land (1.1); earth (7.2)
tigre *m.* tiger, mountain lion (6.3)
tijeras *f. pl.* scissors (3.2)
timbre *m.* bell (4.1)
tímido(a) timid (1.3)
tío *m.,* **tía** *f.* uncle (2.1)
típico(a) typical (1.3)
tipo *m.* type (1.3)
tira *f.* strip (3.1)
tira *f.* **cómica** comic strip (3.1)
tiranía *f.* tyranny (2.3)
tiránico(a) tyrannical (2.3)
tirar to pull (3.3); to throw (7.2)
titulado(a) titled, called (2.1)
titular *m.* title; headline **(5.3)**
título *m.* title (2.1); degree (7.2)
toalla *f.* towel **(8.2)**
tocar to play an instrument (1.1); to touch
tocar a la puerta to knock on the door (7.1)
todavía still (1.2)
todo(a), todos(as) all (1.1)
tolerancia *f.* tolerance (5.1)
tomar to eat; to drink; to take (2.1)
tomar apuntes to take notes (4.3)
tomar conciencia to become aware of (4.3)
tomar el sol to sunbathe (3.3)
tomo *m.* volume (6.3)
tonelada *f.* ton (3.3)
tono *m.* tone (7.2)
tonto(a) foolish, silly (1.3)
toparse to run into (7.1)
torbellino *m.* brainstorm (2.3)
torcido(a) bent (5.3); twisted
tormenta *f.* storm (6.2)
tortilla *f.* cornmeal or flour pancake (1.3)
tortilla *f.* **española** Spanish omelet of eggs and potatoes (6.2)
tortillería *f.* tortilla factory (1.3)
tortuga *f.* turtle, tortoise **(2.3)**
totalmente totally (1.3)
tóxico(a) toxic (6.2)
trabajador *m.,* **trabajadora** *f.* worker **(1.3)**
trabajador(a) hard-working (1.3)
trabajar to work (1.1) *pres. subj.* (5.1)
trabajo *m.* work (1.1)
traducir to translate (5.1)
traductor *m.* translator (5.1)
traer to bring (1.2) *pret.* **(3.1)**
tráfico *m.* traffic (4.3)
trágico(a) tragic (3.2) **(4.1)**
traicionar to betray (7.3)
traído(a) brought (2.1)
traje *m.* suit (1.1)
traje de baño bathing suit (5.2)
tranquilo(a) calm, tranquil (1.2)
tranquilizante soothing, lulling (6.3)
transcurrir to pass (4.2)
transporte *m.* transportation (1.1)
trapecio *m.* trapezoid (4.3)
trapo *m.* cloth, rag **(4.1)**
tras after (2.3)
traspasar to transfer over (1.3)
tratado *m.* agreement, treaty (1.1)
tratado(a) treated (8.1)
tratamiento *m.* treatment (8.1)
tratar to treat (1.3)
tratar de to attempt to, try to (1.2); to deal with, be about (5.2)
travieso(a) mischievous, naughty (3.2)
trayectoria *f.* **cronológica** time line (4.3)
trazado *m.* outline (4.3)
trazado(a) outlined, sketched (4.3)
trazar to draw; trace (a line) (1.1)
tren *m.* train (2.3)
triángulo *m.* triangle (4.3)
tribu *f.* tribe (1.1)
tributario *m.* tributary (2.3)
trigo *m.* wheat (1.1)
triste sad (1.2)
tristeza *f.* sadness (3.2)
triunfo *m.* triumph (3.2)
trofeo *m.* trophy (4.1)
tronco *m.* trunk (6.3)
tropical tropical (2.3)
trópico *m.* tropics (2.1)
trotar to trot (6.3)
tu, tus your (1.1)
tú you (1.1)
tucán *m.* (*pl.* **tucanes**) toucan **(2.3)**
tumba *f.* tomb, grave (1.2)
túnico *m.* bride's tunic, blouse (6.2)
turismo *m.* tourism (7.1)
turista *m. f.* tourist (2.1)
turístico(a) tourist(ic) (6.3)
turnar to take turns (1.1)
tuyo(a) your (4.2)

ubicado(a) to be placed, situated (3.3)
último(a) last, final (1.1)
un, una a (1.1)
único(a) only (1.3); unique

unido(a) united **(5.1)**
uniforme *m.* uniform (3.2)
unir to join, unite (1.1)
universidad *f.* university (1.2)
universitario(a) pertaining to the university (1.3); university student **(5.3)**
universo *m.* universe (3.2)
urbano(a) urban (8.1)
uruguayo(a) Uruguayan (2.2)
usado(a) used (7.3)
usar to use (1.1)
uso *m.* use (7.3)
usted(es) you (1.1)
útil useful (3.1)
utilizar to use (4.1)

V

vaca *f.* cow (1.3)
vacaciones *m. pl.* vacation (1.1)
vaciar to empty **(3.1)**
vacío(a) empty (4.2)
vagar to wander, roam (6.3)
vale: mi vale my friend *(Venez.)* (2.2)
valer to be worth (4.3)
válido(a) valid (2.3)
valiente valiant, brave (7.3)
valioso(a) valuable (5.1)
valor *m.* value (7.1)
valorar to value (7.3)
valle *m.* valley (3.1)
vaquero *m.*, **vaquera** *f.* cowboy, cowgirl (1.1)
variado(a) varied (5.2)
variar to vary (2.1)
variedad *f.* variety (2.1)
varios(as) several (1.1)
varón *m.* (*pl.* **varones**) man, male (5.1)
vasto(a) vast, huge (4.2)
vecino *m.*, **vecina** *f.* neighbor **(1.2)**
vecino(a) neighboring, nearby (1.1)
vegetación *f. sing.* vegetation (6.1)
vegetal *m.* vegetable **(5.2)**
velo *m.* veil (6.2)
velorio *m.* wake (4.1)
vencer to conquer, defeat, beat (2.3)
vencido(a) beaten, defeated (7.3)
vendedor *m.*, **vendedora** *f.* salesperson **(7.3)**
vender to sell (3.1)
venerar to venerate, worship (8.1)
venéreo(a) venereal (5.2)
venezolano(a) Venezuelan (1.2)
venir (ie, i) to come (1.1) *fut.* **(8.1)** *cond.* **(8.2)**
venta *f.* sale **(7.2)**
ventaja *f.* advantage (7.1)
ventana *f.* window (4.1)
ver to see (1.1) *imperf.* **(4.1)** *pres. subj.* **(5.1)** *pres. perf.* **(6.2)** *fut.* **(8.1)**
  verse obligado a + *inf.* to be obliged to + *inf.*, find oneself compelled to + *inf.* (6.2)
verano *m.* summer (1.1)
veras: de veras in truth, really (4.2)
verbo *m.* verb (1.1)
verdad *f.* truth (1.1)
verdaderamente truthfully (8.2)
verdadero(a) real, true (1.1); actual, real (1.3)
verde green (1.1)
verduras *f. pl.* green vegetables (6.1)
vereda *f.* path, trail (1.2); sidewalk
vergüenza *f.* shame, embarrassment (5.1)
verificar to verify (1.1)
verso *m.* verse (4.1); line (of a poem) (8.3)
vestido *m.* dress (1.2); clothing (5.2)
vestir *m.* dress, attire (1.2)
vestirse (i, i) to get dressed (3.3)
veterinario *m.*, **veterinaria** *f.* veterinarian **(5.2)**
vez *f.* (*pl.* **veces**) time (1.1)
  a veces at times (1.1)
  de vez en cuando from time to time (8.1)
  en vez de instead of (1.2)
viajar to travel **(1.1)** *pret.* **(2.2)**
viaje *m.* trip (1.3)
vibrante vibrant (6.3)
vice-presidente *m., f.* vice president (5.1)
víctima *f.* victim (8.2)
victoria *f.* victory (7.3)
victoriano(a) Victorian (1.2)
vida *f.* life **(1.1)**
vidrio *m.* glass (7.2)
viejito *m.*, **viejita** *f.* elderly person **(3.3)**
viejo(a) old (1.3)
viento *m.* wind (3.1)
  hace viento it's windy (3.1)
viera would see *(imperf. subj.)* (8.2)
vietnamita *m. f.* Vietnamese **(2.2)**
viga *f.* beam, rafter (7.1)
villano *m.* villain (2.2)
vino *m.* wine (3.1)
viñedo *m.* vineyard (1.1)
violín *m.* violin **(1.3)**
virtual virtual (7.2)
virtualmente virtually (8.1)
virtuoso(a) virtuous (6.2)
visión *f.* view (7.1); vision
visita *f.* visit (4.2)
visitante *m. f.* visitor (1.2)
visitar to visit (1.1) *pret.* **(2.2)**
vista *f.* view (2.1); sight (2.2)
visto seen *(past part.)* (6.1)

visualizar visualize (8.3)
viudo *m.,* **viuda** *f.* widower, widow (1.3)
víveres *m. pl.* food (1.1)
vivir to live **(1.2)**
vivo(a) lively, vivid (7.2); alive
vocabulario *m.* vocabulary (5.1)
volado(a) *adv.* in a rush, hastily (6.2)
volando(a) flying (3.3)
volar (ue) to fly (3.3)
volcán *m.* (*pl.* **volcanes**) volcano (3.1)
volibol *m.* volleyball (5.2)
volteado(a) turned around (6.3)
voluntario *m.,* **voluntaria** *f.* volunteer (1.3)
volver (ue) to return (1.2) *pres. perf.* **(6.2)**
  volver a + ***inf.*** to (*inf.*) again (1.2)
volverse to become (2.3)
voseo the use of **vos** *(Argentina)* (8.2)
voz *f.* (*pl.* **voces**) voice (3.2) **(4.3)**
vuelo *m.* flight **(8.2)**
vuelta *f.* turn (1.2) **(7.1)**

y and (1.1)
ya right now (1.1); already (2.1)
ya no no longer (3.3)
ya que since, as (1.3)
yerno *m.,* **yerna** *f.* son-in-law, daughter-in-law (4.3)
yo I (1.1)

zanahoria *f.* carrot (6.2)
zapatero *m.,* **zapatera** *f.* shoemaker (5.1)
zapatilla *f.* slipper (3.3)
zapato *m.* shoe (1.1)
zarcillo *m.* earring **(4.1)**
zona *f.* zone, area (1.1)
zoológico *m.* zoo (6.1)
zorro *m.* fox (6.3)

ÍNDICE

Gramática / Funciones / Estrategias

This index lists the grammatical structures, their communicative functions, and the reading and writing strategies in the text. Entries preceded by a ● indicate functions. Entries preceded by a ■ indicate strategies. The index also lists important thematic vocabulary (such as household chores, leisure-time activities, weather expressions.) Page references beginning with *G* correspond to the ***¿Por qué se dice así?*** **(Manual de gramática)** section.

A

I

C49

R

S

T

V

VIDEO CREDITS

For D.C. Heath & Company

Producers	Roger D. Coulombe
	Marilyn Lindgren

For Videocraft Productions, Inc.

Executive Producer	Judith M. Webb
Project Director	Bill McCaw
Directors	Juan Mandelbaum
	Chris Schmidt
Producer	Mark Donadio
Associate Producers	Krista D. Thomas
Video Editor	Stephen Bayes
Directors of Photography	Gary Henoch
	Jim Simeone
Sound Recordist	James Mase
Graphic Designer	Alfred DeAngelo
Composer	Jonno Deily
Sound Mixer	Joe O'Connell

El Paso

Local Producer	Michael Charske
Local Associate Producer	John Gutiérrez

Venezuela

For Alter Producciones Cinematográficas	Delfina Catalá
	Cristián Castillo
Local Producer	Hilda de Luca
Local Associate Producers	Miguel Cárdenas
	María Eugenia Jacome

TEXT CREDITS

''La Isla de Pascua y sus misterios'' from *Mundo 21* is reprinted by permission of Editorial América, S.A.

''nocturno sin patria'' by Jorge Debravo from *Nosotros los hombres* is reprinted by permission of Margarita Salazar Madrigal.

''Bailó con un bulto,'' ''La nuera,'' and ''La ceniza'' are reprinted from *Cuentos From My Childhood* by Paulette Atencio by permission of the Museum of New Mexico Press.

''Ahora valoro mucho más España'' by Lola Díaz is used by permission from *Cambio 16* (No.1.068/11-5-92).

''El rico'' and ''Caipora, el Padremonte'' are adapted by permission from *Cuentos de espantos y aparecidos* by Verónica Uribe.

''Los viejitos y el gallo de la cresta de oro'' and ''Cuento del pájaro de los siete colores'' from *Había una vez 26 cuentos* by Pilar Almoina de Carrera is adapted by permission.

''La profecía de la gitana'' and ''Las ánimas'' are adapted from *Leyendas de España* by Genevieve Barlow and William N. Stivers by permission of National Textbook Company.

''La camisa de Margarita'' from *Leyendas latinoamericanas* by Genevieve Barlow is adapted by permission of National Textbook Company.

''Las lágrimas del Sombrerón'' from *Cuentos de espantos y aparecidos* by Luis Alfredo Arango is used by permission of Ediciones Ekaré-Banco del Libro, Venezuela.

''La familia Real,'' ''El león y las pulgas, and ''El hijo ladrón'' from *Aventuras infantiles* by Maricarmen Ohara is reprinted by permission of the author and Alegría Hispana Publications.

''El collar de oro'' from *Cuentos From My Childhood* by Paulette Atencio is used by permission of the Museum of New Mexico Press.

''Los árboles de flores blancas,'' ''El origen del

C52

nopal,'' and ''Las manchas del sapo'' from *Leyendas latinoamericanas* by Genevieve Barlow are adapted by permission of National Textbook Company.

''Out of poverty, into MIT: 5 El Paso students rise, shine'' by Mark McDonald, *Dallas Morning News*, is adapted by permission.

''Good Morning U.S.A.'' is adapted from SPICE by permission of Stanford Program on International and Cross Cultural Education.

ILLUSTRATION CREDITS

Fian Arroyo: 83

Susan Banta: 15, 32, 33, 232, 304, 320

Ron Barrett: 313

Willi Baum: 295

Diana Bryan: 155

Carlos Castellanos: 11, 30, 84-85, 99(b), 122, 125, 157, 158, 160, 198, 211, 223(rt), 248-249, 285, 306, 325, 343, 347, 364, 379, 397

Marilyn Cathcart: 153, 154

Dan Derdula: 18-19, 34-35, 50-51, 72-73, 106-107, 254-255, 404-405, 438-439

Tom Durfee: 207, 208, 209, 277

Randall Enos: 37, 99(t), 101, 194, 345, 400, 432

David Gothard: 414

Tamar Haber-Schaim: 257, 376, 377, 398

Cynthia Jabar: 50, 439(glosses)

Timothy C. Jones: 159, 195, 212-213, 308, 407, 425, 434

Joni Levy Liberman: 11(side), 44, 69, 177, 180

Judy Love: 12-13, 28-29, 178, 181, 223(center), 247, 264-265, 290, 322-323, 380, 436

Claude Martinot: 13(side), 68, 121, 126, 139, 210, 251, 288, 289, 323(b), 421, 433

Tim McGarvey: 45, 65, 67, 417, 424

Kathy Meisl: 21, 294, 303, 335, 353, 362-363, 366-367, 373, 382-383, 388, 389, 422

Morgan Cain & Associates: 71, 86-87, 95, 102, 127, 145, 161, 183, 199, 235, 291, 403, 418

Cyndy Patrick: 106-107(glosses), 123, 124, 143(t), 375

Sean Sheerin: 202, 203

Anna Veltfort: 75

Joe Veno: G6, G10, G12-G13, G25, G36, G39, G40-G41, G52, G56, G58-G59, G63, G71, G74, G85, G90-G91, G93, G98, G101, G106, G108-G109, G115, G122

Anna Vojtech: 82, 138, 143(center), 378

***Para empezar* sections**

Polo Barrera: 170, 171, 172, 426, 427

Ron Barrett: 114, 115, 116

Willi Baum: 224, 225, 226

Gavin Bishop: 92, 93, 94

Diana Bryan: 150, 151, 152

Randall Enos: 58, 59, 60, 188, 189, 190, 354, 355, 356

David Gothard: 22, 23, 24, 408, 409, 410

Hrana Janto: 240, 241, 242

Timothy C. Jones: 278, 279, 280

Paige Leslie Miglio: 314, 315, 316

Cyndy Patrick: 370, 371, 372, 390, 391, 392

Winslow Pels: 204, 205, 206, 296, 297, 298

Elivia Savadier: 76, 77, 78

Beata Szpura: 38, 39, 40

Anna Vojtech: 132, 133, 134, 258, 259, 260, 336, 337, 338

C53

PHOTO CREDITS

Picture Research and Assignment Photography Coordination: Connie Komack/Pictures & Words.

Principal photography: Rob Crandall/Image Works/ ©D.C. Heath. Exceptions noted below.

Front Matter: v: Courtesy of The Hispanic Society of America, New York.

Unit One: 4: *#2tl (mission),* John Elk III; *#2tr (jewelry),* Robert Frerck/Odyssey/Chicago; **6:** *#7l (tin coyote),* Ken O'Donoghue/©DCH; **18:** *b,* Southern Pacific Photograph Collection/University of Texas at El Paso Library Special Collections; **33:** Peter Menzel; **48:** *bl,* Robert Frerck/Odyssey/Chicago; **50-51:** All courtesy of the Whole Enchilada Fiesta,Inc./ Las Cruces Chamber of Commerce; **51:** *tl, ml & bl,* Bob Peticolas; *bc,* John Bryan.

Unit Two: 54-55: ©Rob Crandall; **57:** *tl,* Luis Villota/Stock Market; *tc,* Ulrike Welsch; *bl,* Bud Lehnhausen/Photo Researchers,Inc.; *br,* Warren Garst/ Tom Stack & Associates; **71:** Jack Swenson/Tom Stack & Associates; **72:** *m,* Chip & Rosa Maria Peterson; *b,* Robert Frerck/Odyssey/Chicago; **73:** *t,* Rob Crandall/Picture Group; *ml,* Cameramann Intl., Ltd.; *bl & br,* Ulrike Welsch; **86:** *t,* Alan Oddie/ PhotoEdit; *m,* Robert Fried, *bl,* Michael Major/ Envision; *bc,* Robert Fried; *br,* Richard Steedman/ Stock Market; **87:** *tl,* Richard Lucas/Image Works; *tc,* Margo Granitsas/Image Works; *tr,* Buena Ventura/ Image Works; *ml,* David Edgerton/Photo Researchers,Inc.; *bl,* Kirby Harrison/Image Works; *br,* Cameramann Intl.,Ltd.; **88:** Robert Frerck/Odyssey/ Chicago; **90:** *inset,* Tom McHugh/Photo Researchers,Inc.; **91:** *tl & tm,* Bruce Stein/Nature Conservancy; *tr,* Michael Dick/Animals Animals; *ml,* Nair Benedicto/f4/DDB Stock Photo; *mc,* Mark Greenberg/Visions/Envision; *mr,* Kjell B. Sandved/ Photo Researchers,Inc.; *b,* Jim Cronk; **92:** *tl,* Jim Cronk; *tc,* Bruce Stein/Nature Conservancy; *tr,* Kevin Schafer/Tom Stack & Associates; **96:** *tmr,* Manfred Gottschalk/Tom Stack & Associates; *bml,* Cynthia Brito/f4/DDB Stock Photo; *bmc,* Tim Holt/Photo Researchers,Inc.; *bmr,* G. Buttner/Okapia/Photo Researchers,Inc.; *bl,* Nigel Smith/Earth Scenes; *br,* Rogerio Reis/Black Star; **97:** *tl,* John Maier, Jr./ Picture Group; *tm,* Nair Benedicto/f4/DDB Stock Photo; *mt,* Cynthia Brito/f4/DDB Stock Photo; *mb,* Nigel Smith/Animals Animals; *bl,* Doug Wechsler/ Animals Animals; *br,* Michael Major/Envision; **103:** *tl,* Eduardo Gil/Black Star; *tr, ml, mr & bl,* Jack Swenson/Tom Stack & Associates; *br,* Kevin Schafer & Martha Hill/Tom Stack & Associates; **106:** Tom Van Sant/Photo Researchers,Inc.

Unit Three: 113: *tl,* Wolfgang Kaehler; *tr,* Robert Frerck/Odyssey/Chicago; *bl,* Michael J. Howell/ Envision; *bc,* Jack Fields/Tony Stone Images; *br,* Gary Milburn/Tom Stack & Associates; **127:** Galen Rowell/Mountain Light; **128:** *t,* Marco/Ana/Viesti Associates,Inc.; *m,* Jerry Cooke/Photo Researchers, Inc.; *b,* David A. Harvey/Woodfin Camp & Associates; **129:** *t,* Luis Villota/Stock Market; *m,* Elsa Peterson/DDB Stock Photo; *bl,* Owen Franken/Stock Boston; *br,* Peter Menzel; **146:** *t & b,* AP/Wide World Photos, Inc.; **147:** UPI/Bettmann; **148:** Susan McCartney/Photo Researchers,Inc.; **149:** *tl,* Robert Frerck/Odyssey/Chicago; *tr,* Robert Frerck/Stock Market; *b,* Luis Villota/Stock Market; **161:** Roberto Bunge/DDB Stock Photo; **162-163:** *background,* Ben Simmons/Stock Market; **162:** *bl,* Ben Simmons/Stock Market; *br,* Luis Villota/Stock Market; **163:** *l,* Ben Simmons/Stock Market; *tr,* Anna E. Zuckerman/Tom Stack & Associates; *br,* George Holton/Photo Researchers, Inc.

Unit Four: 166-167: Instituto Autónomo Biblioteca Nacional y de Servicios de Bibliotecas Dirección de Servicios Audiovisuales, Caracas,VZ; **167:** *inset,* ©Rob Crandall; **169:** *t,* Instituto Autónomo Biblioteca Nacional y de Servicios de Bibliotecas Dirección de Servicios Audiovisuales, Caracas, VZ; *bl & br,* ©Rob Crandall; **184:** *t,* Peter Menzel; *mt,* Robert Frerck/ Odyssey/Chicago; *m,* Loren McIntyre/Woodfin Camp & Associates; *mb & b,* Robert Frerck/Odyssey/ Chicago; **185:** *t & m,* Robert Frerck/Odyssey/Chicago; *b,* Mireille Vautier/Woodfin Camp & Associates; **186:** ©Rob Crandall; **187:** *tr & bl,* Instituto Autónomo

Biblioteca Nacional y de Servicios de Bibliotecas Dirección de Servicios Audiovisuales, Caracas, VZ; **198:** *l,* D. Donne Bryant/DDB Stock Photo; *r,* Tom McCarthy/Stock Market; **200:** *l,* Tony Morrison/South American Pictures; *r,* Loren McIntyre/Woodfin Camp & Associates; **201:** *t, mr & b,* Robert Frerck/Odyssey/ Chicago; *ml,* Tony Morrison/South American Pictures; **202:** *l,* Rob Crandall/Image Works; *c,* Robert Frerck/ Stock Market; *r,* C. Schule/DDB Stock Photo; **203:** *tl,* Library of Congress; *tr,* Betty Press/Picture Group; *br,* AP/Wide World Photos, Inc.; **214:** Robert Frerck/ Odyssey/Chicago; **216:** *t,* Tony Morrison/South American Pictures; *inset,* Robert Frerck/Odyssey/ Chicago; **217:** *t,* Robert Frerck/Odyssey/Chicago; *bl,* John Phelan/DDB Stock Photo; *br,* Loren McIntyre/ Woodfin Camp & Associates.

Unit Five: 235: Richard Lucas/Image Works; **236-237:** *background,* Joe Viesti/Viesti Associates,Inc.; **236:** *t,* Robert Frerck/Stock Market; *mt,* John Colombaris/Stock Market; *mb,* Tibor Bognar/Stock Market; *b,* Robert Frerck/Odyssey/Chicago; **237:** *t,* Joe Viesti/Viesti Associates, Inc.; *mt,* Carl Purcell/ Photo Researchers,Inc.; *mb,* Robert Frerck/Odyssey/ Chicago; *b,* Jose Fuste Raga/Stock Market; **239:** *l,* Andy Levin/Photo Researchers,Inc.; *c,* Ulrike Welsch; *r,* Robert Frerck/Odyssey/Chicago; **254:** *t & m,* UPI/ Bettmann; *b,* The Hulton-Deutsch Collection/Hulton Picture Company, London; **255:** *t & b,* Robert Frerck/ Odyssey/Chicago; *m,* AP/Wide World Photos,Inc.; **268:** *l,* Robert Fried; *r,* Bob Daemmrich/Stock Boston; **269:** Bonnie Colodzin/Shooting Star; **270:** Raul Demolina/Shooting Star; **271:** *l,* Photofest; *r,* Wayen Williams/Shooting Star.

Unit Six: 290: Bob Daemmrich; **291:** Larry Hamill/ DDB Stock Photo; **292-293:** *background: l,* Gary Braasch/Woodfin Camp & Associates; *r,* Gregory G. Dimijian/Photo Researchers,Inc.; **292:** *t,* Gerald & Buff Corsi/Tom Stack & Associates; *mt,* D. Donne Bryant/DDB Stock Photo; *m,* Anne Heimann/Stock Market; *mb,* Byron Augustin/Tom Stack & Associates; *bl,* J. Carmichael, Jr./Image Bank; *bcl,* Tom McHugh/Photo Researchers,Inc.; *bc,* Gregory G. Dimijian/Photo Researchers,Inc.; *bcr,* Kevin Schafer & Martha Hill/Tom Stack & Associates; *br,* Gregory G. Dimijian/Photo Researchers,Inc.; **293:** *t,* S.E. Cornelius/Photo Researchers,Inc.; *m,* Chip & Jill Isenhart/Tom Stack & Associates; *b,* Wide World Photos,Inc.; **309:** *t,* Peter Menzel; *br,* Barbara Alper/ Stock Boston; **310:** *l,* Owen Franken/Stock Boston; *r,* Byron Augustin/Tom Stack & Associates; **311:** Jeff Greenberg/Picture Cube; **326:** Bob Daemmrich/Image Works; **328-29:** *background,* Mario Algaze/Image Works.

Unit Seven: 348: *r,* Robert Fried; **350-51:** *background,* Bob Daemmrich; **350:** *t,* John Elk III; *b,* Bob Daemmrich; **351:** *b,* AP/Wide World Photos,Inc.; **352:** *tc,* Michael Newman/PhotoEdit; *tr,* Bob Daemmrich/Image Works; *bl.,* Bob Daemmrich/Stock Boston; *br,* John Eastcott and Yva Momatiuk/Image Works; **365:** *l,* Robert Frerck/Odyssey/Chicago; **366:** Columbus Memorial Library/Organization of American States; **367:** *t,* Archivo General de la Nación, Mexico City and Martha Davidson/Picture Collections of Mexico; *b,* Robert Frerck/Odyssey/ Chicago; **369:** *tl,* Rob Crandall/Stock Boston; *c,* Tony Freeman/PhotoEdit; *tr,* Bob Daemmrich; *bl,* Brian Kanof/The Greater El Paso Civic, Convention and Tourism Department; *br,* Bob Daemmrich/Image Works; **372:** *br,* Robert Frerck/Odyssey/Chicago; *br inset,* Jane Grushow/Grant Heilman; **380:** Nita Winter/ Image Works; **382:** *1,* The Dallas Morning News; *r,* Leonard Harris/Stock Boston.

Unit Eight: 386-87: *background,* ©Rob Crandall; **386:** *b,* ©Rob Crandall; **392:** *b,* Cameramann/Image Works; **402:** *t & bl,* Peter Menzel; *br,* Robert Frerck/ Odyssey/Chicago; **404:** *tr,* Carlos Goldin/Focus/DDB Stock Photo; *tl,* Macintyre/Viesti Associates, Inc.; *mt,* Bettmann Archive; *mb,* Gary Milburn/Tom Stack & Associates; *b,* Ned Gillette/Stock Market; **405:** *t,* Carlos Goldin/Focus/DDB Stock Photo; *m,* Owen Franken/Stock Boston; *bl,* Peter Menzel; *br,* Robert Frerck/Odyssey/Chicago; **422:** *t & b,* Bob Daemmrich; **423:** Peter Menzel; **429:** *l & r,* Ulrike Welsch; **430:** *t,* Mark Antman/Image Works; *bl & br:* Courtesy of Marilyn Lindgren; *bc,* Rob Crandall & Marilyn Lindgren; **431:** *c,* Courtesy of Marilyn Lindgren; **436:** Bob Daemmrich; **438:** Annie Valva/ Courtesy of F.X. Alarcón.

C55